PHOENIX
Der etwas andere Weg zur Pädagogik

Ein Arbeitsbuch
Band 2

Verfasst von
Heinz Dorlöchter
und Edwin Stiller

Schöningh

© 2006 Bildungshaus Schulbuchverlage
Westermann Schroedel Diesterweg Schöningh Winklers GmbH
Braunschweig, Paderborn, Darmstadt

www.schoeningh-schulbuch.de
Schöningh Verlag, Jühenplatz 1–3, 33098 Paderborn

Das Werk und seine Teile sind urheberrechtlich geschützt.
Jede Nutzung in anderen als den gesetzlich zugelassenen Fällen bedarf der
vorherigen schriftlichen Einwilligung des Verlages.
Hinweis zu § 52a UrhG: Weder das Werk noch seine Teile dürfen ohne eine
solche Einwilligung gescannt und in ein Netzwerk gestellt werden.
Das gilt auch für Intranets von Schulen und sonstigen Bildungseinrichtungen.

Auf verschiedenen Seiten dieses Buches befinden sich Verweise (Links) auf
Internet-Adressen. Haftungshinweis: Trotz sorgfältiger inhaltlicher Kontrolle wird
die Haftung für die Inhalte der externen Seiten ausgeschlossen. Für den Inhalt
dieser externen Seiten sind ausschließlich deren Betreiber verantwortlich.
Sollten Sie dabei auf kostenpflichtige, illegale oder anstößige Inhalte treffen, so
bedauern wir dies ausdrücklich und bitten Sie, uns umgehend per E-Mail davon
in Kenntnis zu setzen, damit beim Nachdruck der Verweis gelöscht wird.

Das gilt auch für Intranets von Schulen und sonstigen Bildungseinrichtungen.

Druck 14 13 12 / Jahr 2017 16 15
Die letzte Zahl bezeichnet das Jahr dieses Druckes.

Umschlaggestaltung: Yvonne Junge-Illies, Berlin
Druck und Bindung: westermann druck GmbH, Braunschweig

ISBN 978-3-14-018287-4

Inhaltsübersicht

Vorwort S. 4

	Themenkreis 2.1	Themenkreis 2.2	Themenkreis 3.1	Themenkreis 3.2
Leitfragen	Was brauchen Kinder, um sich physisch, psychisch und sozial stabil zu entwickeln, und wie kann dies pädagogisch gefördert werden?	Warum verlaufen im Jugend- und Erwachsenenalter Entwicklung und Sozialisation oft krisenhaft und wie kann Pädagogik hier präventiv und intervenierend eingreifen?	Wie müssen staatliche und gesellschaftliche Institutionen der Zukunft gestaltet sein, die „die Menschen stärken und die Sachen klären" (Hartmut von Hentig)?	Wie bin ich geworden, wie ich bin? Menschenbilder und ihre Bedeutung für die Personalisation
Inhaltsverzeichnis	**S. 8**	**S. 190**	**S. 356**	**S. 513**
1 Einführung	„Aus Hänschen wird Hans" – Die wissenschaftliche Erforschung von Entwicklung und Sozialisation	Wenn Kinder und Jugendliche anders sind …	Erfahrungen mit Schule – „Zukunftswerkstatt" Schule	Wege zum „großen Ich": Erziehung zur Autonomie und Verantwortung
Methodischer Schwerpunkt	Eigenständig lernen: Facharbeit	Individuelle Fälle erziehungswissenschaftlich betrachtet	Fächerübergreifende Perspektiven: Geschichte/EW	Modelle des Menschen und ihre pädagogischen Implikationen
2 Waben (Wahlteil)	1. Soziale und moralische Entwicklung – Die Modelle von Robert Kegan und Lawrence Kohlberg 2. Wo „Es" war, soll „Ich" werden – Entwicklung aus psychoanalytischer Sicht 3. „Männlein und Weiblein" – Sozialisation als Rollenlernen 4. „Ist ja irre!" – Psychische Krankheiten von Kindern und Jugendlichen	1. Sozialisation im Jugendalter – Ein produktiver und konstruktiver Prozess der Gestaltung von Identität 2. „Für heute reicht's" – Gewalt in der Schule 3. Grenzüberschreitungen – Sexueller Missbrauch von Kindern und Jugendlichen 4. „Alter Mensch, was nun?" – Entwicklung im Alter	1. Die „Häuser des Lernens" – Das deutsche Bildungswesen nach dem PISA-Schock 2. Waldorfpädagogik – eine Alternative? 3. „Für Führer, Volk und Vaterland" – Erziehung und Bildung im Nationalsozialismus 4. Die Pädagogik der Achtung – Janusz Korczak	
3 Reflexionen	Systemisches Denken und Handeln	Vorbeugen ist besser als heilen – pädagogisches Empowerment	Persönlichkeits-Bildung als gesellschaftliche Aufgabe	Der Blick auf das Ganze: Standortbestimmung
4 Perspektiven	Was braucht der Mensch? – Entwicklungs-Wege	Was macht die Schule mit Kindern und Jugendlichen, die anders sind?	Wege erziehungswissenschaftlicher Erkenntnis	• Entspannt und gut vorbereitet in die Prüfung • Was nun? – Lebens- und Berufsplanung

Register **S. 575**

 www.dialogische-fachdidaktik.de

Vorwort

Mit „Phoenix" lernen ...

Lehrbücher stehen im Kontext schulischen Lernens und somit häufig in Verdacht, als Wissensspeicher fachwissenschaftlicher Erkenntnisse einen Beitrag zur Erweiterung des ‚Nürnberger Trichters' zu liefern. So gesehen würde Lernen als Managementproblem betrachtet, frei nach der Devise: Wie lässt sich durch Optimierung und Komprimierung über die Nutzung effektivster Lernstrategien bei Hervorrufung möglichst wenig Widerstandes ein Optimum an gewünschtem Verhalten, insbesondere abfragbarem Wissen und einstudierten Argumentationsstrukturen, erzeugen? Die Begegnung mit einem solchen Schulbuch würde fremdbestimmt bleiben und durch das untrügliche Gefühl zu entlarven sein: Da weiß irgendjemand genau, welcher Schritt dem nächsten folgt, etwa nach der Gleichung: einverleiben (kopflos?) gleich lernen. Eine trügerische Nähe zwischen dem Objekt Buch und dem Subjekt Lernender wird erzeugt, eine Art schützende Vertrautheit, aufgelockert durch einen Frage-Antwort-Mechanismus nach der Methode: Das gedruckte Wort fragt – das gesprochene Wort antwortet ... und das Buch schweigt.
Eine Satire schulischen Lernens? Pauschalisierend und nichtssagend, galt vielleicht noch vor einigen Jahren – aber heutzutage nicht mehr? Schule hat sich verändert, Lehrmittel haben Aufforderungscharakter, Schülerinnen und Schüler gestalten den Unterricht gemeinsam mit dem Lehrer oder der Lehrerin – nicht Schulbücher, das Lernen lernen steht im Vordergrund ...??
Vielleicht – vielleicht aber auch nicht.

Wir wollen mit dem Arbeitsbuch „Phoenix" den Versuch starten, aus der Begegnung mit diesem Buch eine Begegnung mit sich selbst, mit Ihnen als Leserinnen und Lesern, zu ermöglichen, also kein Lernen *durch* „Phoenix", sondern *mit* „Phoenix" zu realisieren.

Der grundsätzliche Aufbau des Arbeitsbuches „Phoenix" (Wabenmodell, Makro- und Mikrostruktur), einige fachdidaktische Überlegungen (Subjektorientierung, ‚Netzmodell') und unser Verständnis von Erziehung wurden bereits im ersten Band von „Phoenix" beschrieben; insofern werden wir an dieser Stelle nur noch einige Aspekte pointieren.

Wir möchten Sie, wie bereits in „Phoenix" Band 1, auch in diesem Buch mit Informationen, Modellen, Theorien und Gedanken konfrontieren. Und zwar so, dass Sie immer wieder die Gelegenheit wahrnehmen können, sich vor dem Hintergrund Ihrer Biografie mit den Erfahrungen und Erkenntnissen anderer Menschen, wie z. B. Fachwissenschaftlern und Romanautoren, auseinanderzusetzen. Insofern ist jede Einführung einer Wabe so angelegt, dass Sie zunächst Ihren eigenen persönlichen Zugang zu einem Thema reflektieren können (vgl. Sie dazu die grafisch gestalteten Anfangsseiten [= Aufmacherseiten] und den Abschnitt: ‚Einführung'); die ‚Ein-Sprüche' und ‚An-Sichten' in diesem Buch bieten dazu eine weitere besondere Möglichkeit. Die fachwissenschaftlichen Inhalte finden Sie insbesondere in den Abschnitten ‚Grundbegriffe und Grundthesen' und ‚Vertiefung'. Die Erziehungswissenschaft nutzt u.a. die Erkenntnisse der Psychologie und der Sozialwissenschaften, um durch eine Analyse und Interpretation die Erziehungswirklichkeit verbessernde und den gesellschaftlichen Kontext einbeziehende Handlungsstrategien zu entwickeln – im Abschnitt ‚Pädagogische Anwendung' soll dieser spezifische Fokus jeweils herausgestellt werden. Der ‚Schluss-Punkt' fordert Sie zu einer persönlichen Stellungnahme heraus; der ‚biografische Einstieg' in eine Wabe mündet damit in eine Standortbestimmung, sodass die wissenschaftspropädeutische Auseinandersetzung eine subjektive Anbindung erfährt. Die ‚Projektvorschläge' ermöglichen eine Erweiterung des Erfahrungsraumes; die dort angeregte Reflexion verbindet theoretische Überlegungen mit praktischen Erfahrungen und soll Sie noch einmal als forschender Lerner ansprechen.
Wir haben uns bei der Zusammenstellung des Materials bemüht, neueste Entwicklungen aufzunehmen, was bedeutet, dass wir Ihnen häufig komplexe Wechselwirkungsmodelle vorstellen; Hinweise auf fächer-

übergreifende Perspektiven ergeben sich daher geradezu zwangsläufig. Andererseits finden Sie in jeder Wabe einen Abschnitt ‚Pädagogische Anwendung', in dem wir ausdrücklich pädagogisch orientierte Aspekte fokussieren.

Die einzelnen Abschnitte der Waben werden in den Kontext subjektorientierten Lernens aufgenommen: Sie werden zur Aus-ei-nan-der-set-zung aufgefordert, wobei wir Sie als aktiven Leser/aktive Leserin ansprechen wollen. Sie werden dabei die Erfahrung machen, dass es nicht immer richtig oder falsch, ja oder nein gibt, sondern dass in der Spannung von ja *und* nein und sich darauf aufbauenden neuen Einsichten eine Form produktiver Auseinandersetzung mit einem Thema und sich selbst zu erfahren ist, welche nicht nur auf das Suchen von Antworten fixiert ist, sondern durch das Eröffnen neuer Fragen zu anderen Wissenshorizonten führen kann. Fragen ist eine produktive Kraft des Lernens, quasi die Dialektik von Abstand und Betroffenheit gegenüber den Erfahrungen und dem Wissen anderer; nur in dieser Spannung kann subjektorientiertes Lernen stattfinden. Ein wichtiger Aspekt für das Entwickeln einer eigenen Stellungnahme ist die Fähigkeit, sich in andere Positionen hineinzuversetzen, also die Bereitschaft, das zunächst Fremde und Unpersönliche auch als ein Teil seines Selbst zuzulassen. Besonders in dem Abschnitt ‚Vertiefung' werden wir Ihnen die Möglichkeit geben, eine (Ihre!) kritisch-konstruktive Stellungnahme zu entwickeln; die Seiten ‚Ein-Spruch' sollen Sie dazu noch einmal besonders herausfordern.

Sie sind aufgefordert, Ihren eigenen Lernweg zu suchen, sich Ihren Fragen anzuvertrauen. Das Buch ist zwar als Arbeitsbuch mit einer Systematik versehen (vgl. Sie dazu den gleichen Aufbau aller Themenkreise und Waben), aber wie schon durch die Formulierung einer sehr allgemein gehaltenen Leitfrage für jeden Themenkreis ersichtlich ist, als ein Buch mit Möglichkeiten und nicht nur Notwendigkeiten konzipiert. Wir wollen Ihnen die Möglichkeit der Individualisierung von Lernwegen anbieten, indem Sie sich

- für einzelne Waben entscheiden;
- Benutzerpfade durch einen Themenkreis bzw. verschiedene Waben suchen, wozu Sie am Ende einer jeden Einführung auf der Seite **Blick-Richtung:** Hinweise finden;
- für ein arbeitsteiliges Vorgehen entscheiden und selbstständig Referate bzw. eine Facharbeit anfertigen. Hinweise, welche Waben dazu besonders geeignet sind, finden Sie ebenfalls auf der Seite **Blick-Richtung:**.

Individualisierung von Lernwegen kann dabei natürlich bedeuten, dass Sie mit Ihren Mitschülerinnen/Mitschülern oder einer kleineren Lerngruppe Ihren Lernweg konzipieren.

Dass dies mit den Möglichkeiten eines Lehrbuches, welches eben keine spontanen Antworten geben kann, nur bedingt möglich ist, ist uns bewusst; wir hoffen aber, Ihnen sowohl durch die Aufbereitung des Materials als auch durch die Systematik des Buches dazu Hilfestellungen geben zu können.

Auch methodisch bieten wir Ihnen Hilfen an:

Sie finden in diesem Buch
- Hinweise für arbeitsteilige Gruppenarbeitsmöglichkeiten;
- Entscheidungshilfen für die Auswahl von Waben;
- Querverweise, die es Ihnen ermöglichen, selbstständig Vertiefungen vorzunehmen;
- Verweise auf fächerübergreifende Aspekte;
- Projektvorschläge für eine handlungsorientierte Praxisanbindung;
- wie schon bei Band 1 Symbole für handlungsorientierte und biografisch orientierte Aufgabenstellungen;
- Hinweise auf Lerntechniken, die Sie dann selbstständig anwenden können.

Subjektorientierung bedeutet, die eigene Betroffenheit wahr- und ernstzunehmen und den persönlichen Sinn des Lernens entdecken zu wollen. Dazu ist die Bereitschaft, sich immer wieder als Bestandteil des eigenen Lernprozesses zu reflektieren, unbedingte Voraussetzung. In dem Buch werden Sie an mehreren Stellen durch biografisch orientierte Übungen wie z.B. Fantasiereisen und gruppendynamische Übungen dazu aufgefordert. Auch das Ihnen bereits aus Band 1 bekannte Journal, Ihr ganz persönlicher Wegbegleiter, ist in diesem Zusammenhang zu nennen.

Da Sie als Subjekt immer auch Teil einer Sie umgebenden Struktur sind, vollzieht sich Subjektorientierung in einem Rhythmus von Selbstbestimmung und Fremdbestimmung, von Autonomie und Aufklärung. Ein kritisch-konstruktiver Lernansatz, welcher Ihnen die Möglichkeit gibt, die Vernetzung der Sie umgebenden Strukturen zu erkennen, kann daher nach unserer Auffassung auch in einem Pädagogikbuch nicht fehlen. Selbstbestimmung und Solidarität im Rahmen humanistischer Werte gehören so verstanden unmittelbar zusammen, ein Aspekt, der bezüglich der Auswahl der Themenkreise bzw. Waben und Materialien für dieses Buch einen wichtigen Grundsatz darstellt.

Im Prozess des subjektorientierten Lernens geht es nicht um das auf das Individuum bezogene passive Aufnehmen und Verarbeiten von Lernthemen, dies würde zu einer ‚subjektorientierten Verlorenheit' führen. Subjektorientiertes Lernen ist dialogisches Lernen, ein durch wechselseitigen Austausch, Empathie und Wertschätzung, fragendes und forschendes Interesse geleitetes Lernen, indem Sie
– in einen Dialog mit sich selbst – biografische Dimension,
– in einen Dialog mit Ihren Mitschülerinnen/Mitschülern, Lehrerinnen/Lehrern – kooperative Dimension,
– in einen Dialog mit einer Sie als Subjekt beeinflussenden Struktur – systemische Dimension – treten.

„Phoenix" will sich in diesen dialogischen Lernprozess einmischen, will zu einer subjekterschließenden Gestaltung des Unterrichts beitragen, indem das Buch entsprechende Anregungen und Materialien bereitstellt. Dazu wird Ihnen eine Vielzahl methodischer Varianten angeboten, die Sie den folgenden Stichworten entnehmen können:

– Traum- bzw. Fantasie-Reisen
– Übungen aus dem therapeutischen Bereich
– Zukunftswerkstatt
– Planspiele und Rollenspiele
– ‚An-Sichten' – Arbeit mit Bildern
– Biografie-Arbeit
– Schreiben/Auseinandersetzen/Gestalten
– Beispiele aus der Moderationsmethode
– Experimente und Versuche
– Erkunden der Realität

(Vergleichen Sie hierzu auch das Methodenregister am Schluss des Bandes.)

Subjektorientiertes Lernen ist ein ganzheitlicher, erfahrungsorientierter Vorgang, der die gesamte Biografie anspricht. Dieses Lernen birgt das Risiko der Betroffenheit und Isolierung, ein Risiko, welches die Chance zur Veränderung enthält, wenn man sie nicht als statische Elemente, sondern als prozesshaft ansieht!

An dieser Stelle kommt dem Lehrer/der Lehrerin und den Mitschülern/den Mitschülerinnen eine besondere Verantwortung zu. Anteilnahme und Wertschätzung, Empathie für Grenzsignale sind dabei unabdingbar, aber sicherlich auch als ein zu entwickelnder gemeinsamer Lernprozess zu verstehen. Für einige Übungen und Abschnitte in diesem Buch gilt dies ganz besonders. Lehrerinnen/Lehrer sollten selbst Erfahrungen mit solchen Übungen haben und diese auch nur in Kursen durchführen, in denen ein entsprechendes Klima vorhanden ist.

 Dieses „Warndreieck" soll alle auf entsprechende Übungen und Passagen aufmerksam machen.

Im Lernprozess ist das Aufnehmen von Informationen von Ihrer Wahrnehmungs- und Verarbeitungsstruktur bestimmt und funktioniert nicht nach der Formel eines mechanistischen Transferprozesses: Output = Input. Insofern sollten Ihre Wahrnehmungsfähigkeiten und Verarbeitungsmöglichkeiten und nicht nur Verarbeitungsmechanismen aktiviert werden, weshalb wir als gestaltende Elemente des dialogischen Lernens

- Ihre Fantasie
- Ihre Kreativität
- Ihr ‚Verrückt-Sein' herausfordern wollen.

Darauf haben wir bei der Auswahl der Aufgaben immer wieder zu achten versucht.

Wir hoffen Ihnen so einen Zugang zu pädagogischen Erkenntnissen und Fragestellungen zu ermöglichen, der Ihnen auch Hilfen zur Wissensverarbeitung und Persönlichkeitsbildung gibt und Sie bei einer aktiven Auseinandersetzung mit der Realität unterstützt, in der Sie sich als handelndes Subjekt mit Möglichkeiten erfahren können.

Die Formulierung unserer Leitideen mag Ihnen zuweilen idealistisch erscheinen; wir wissen selbst, dass wir sie gelegentlich nur zum Teil haben umsetzen können. Jedoch scheint es uns wichtig, Sie mit unseren Ideen vertraut zu machen; dies ist auch ein Aspekt von Offenheit in einem Dialog, den wir mit Ihnen mit dem Buch „Phoenix" führen wollen.

Themenkreis 2.1

Was brauchen Kinder, um sich physisch, psychisch und sozial stabil zu entwickeln, und wie kann dies pädagogisch gefördert werden?

1 Einführung: „Aus Hänschen wird Hans" – Die wissenschaftliche Erforschung von Entwicklung und Sozialisation 10

Was ist Entwicklung? 11
Methode: Leseverständnis durch kooperative Gruppenarbeit: reziprokes Lernen und Lehren 20

Mit welchen Methoden arbeitet die Entwicklungspsychologie? 21
Blick-Richtung 26
Methodische Anregung: Die Facharbeit 28

2 Das Wabenmodell 32

2.1 Soziale und moralische Entwicklung – Die Modelle von Robert Kegan und Lawrence Kohlberg 32

Einführung 33
Soziale Kompetenz im Kleinkindalter 33
Grundbegriffe und Grundthesen 35
Die Entwicklungsstufen des Selbst – Das Modell von Robert Kegan 35
Das Entwicklungsmodell von Jean Piaget aus der Sicht von Robert Kegan 43
Vertiefung 46
Die Entwicklung der Fähigkeit des moralischen Urteilens und Dilemmasituationen 46

Lawrence Kohlbergs Theorie der Entwicklung des moralischen Urteilens 49
Methode: Die Jigsaw-Methode 53
Methode: Fish-Bowl (4 + 1 für alle) 55
Pädagogische Anwendung 59
Förderung sozialer und moralischer Kompetenzen 59
Schluss-Punkt 63
Projektvorschlag zum selbstständigen Weiterarbeiten 64

2.2 Wo ‚Es' war, soll ‚Ich' werden – Entwicklung aus psychoanalytischer Sicht 67

Einführung 68
Ein möglicher Zugang zu unbewussten psychischen Prozessen 68
Was untersucht die Psychoanalyse? 69
Grundbegriffe und Grundthesen 74
Die Grundlagen des Entwicklungsmodells von Sigmund Freud 74
Die psychoanalytische Behandlung 82
Der Stellenwert der Psychoanalyse heute 85

Vertiefung 87
Das psychosoziale Entwicklungsmodell nach Erik H. Erikson 87
Pädagogische Anwendung 95
Die Bedeutung der Modelle von Freud und Erikson für Erziehung 95
Die Bedeutung früher Bindungserfahrungen 99
Schluss-Punkt 103
Projektvorschlag zum selbstständigen Weiterarbeiten 104

2.3 „Männlein und Weiblein" – Sozialisation als Rollenlernen 107

Einführung 108
Unterschiedliche Zugänge zu männlichen/weiblichen Eigenschaften 108
Methode: Eigenschaftslistenprofil Mann/Junge – Frau/Mädchen 111
Grundbegriffe und Grundthesen 114
Die Rollentheorie 115
Defizite der Rollentheorie 119

Vertiefung 121
Geschlechtszugehörigkeit als Inszenierung 121
Pädagogische Anwendung 127
Sind die Jungen die Verlierer? 128
Maßnahmen zur Förderung der Jungen und zur Gleichstellung der Geschlechter 133
Schluss-Punkt 137
Projektvorschlag zum selbstständigen Weiterarbeiten 138

2.4 „Ist ja irre!" – Psychische Krankheiten von Kindern und Jugendlichen 139

Einführung 140
Biografische Einstiegsmöglichkeiten 140
Psychische Gesundheit – auch ein Problem von Schulen? 141
Psychische Krankheiten – Definitionsversuch und Fallbeispiele 142
Grundbegriffe und Grundthesen 146
Depression: Erscheinungsbild und Ursachen 146
Ursachen der Depression aus neurobiologischer Sicht 150
Therapieansätze bei Depression 153
Zum Umgang mit Betroffenen 157

Vertiefung 160
Ein neues psychiatrisches Selbstverständnis 160
Pädagogische Anwendung 163
Wie erhalten wir unsere psychische Gesundheit? 163
Was kann die Schule zum Erhalt der psychischen Gesundheit beitragen? 165
Wie kann die Schule depressiven Kindern helfen? 167
Schluss-Punkt 170
Projektvorschlag zum selbstständigen Weiterarbeiten 172

3 Reflexionen: Systemisches Denken und Handeln 173

„Teufelskreise" 174
Symptome – symptomatisch 176

Systemisch denken und handeln 179
Rück-Blick 182

4 Perspektiven: Was braucht der Mensch? Entwicklungs-Wege 183

Das Recht der Kinder auf Entwicklung 184

1 Einführung: „Aus Hänschen wird Hans" – Die wissenschaftliche Erforschung von Entwicklung und Sozialisation

1. Beschreiben Sie möglichst detailliert, was Sie sehen.

2. Wo stehen Sie? Welche Haltung nehmen Sie ein?

3. Welche Aussagen können Sie anhand der Zeichnung über ‚Entwicklung' treffen?

Was ist Entwicklung?

Auseinandersetzung mit der eigenen Entwicklung

 Zeichnen Sie in Ihr Journal nebeneinander zwei Kästchen in einer ungefähren Größe von 7 x 7 cm.
a) Färben Sie das erste Viereck schwarz. Stechen Sie mit einer Nadel in die Mitte des Blattes. Halten Sie das Blatt gegen Licht, sodass Sie die schwarze Seite vor Augen haben. Dieses winzige schimmernde Loch hat die Originalgröße eines Menscheneis.
b) Kleben Sie in das zweite Viereck ein aktuelles Foto von sich ein.
c) Beschreiben Sie, wie Sie heute sind, indem Sie z. B. Ihr Aussehen, bestimmte Fähigkeiten, Charakterzüge, Verhaltensweisen, Einstellungen und Wertvorstellungen notieren.
d) Denken Sie einen Augenblick darüber nach, wie Sie zu der oder dem geworden sind, die oder der Sie heute sind.

Eine Bilderbuch-Karriere

Wie sich Kinder von der Geburt bis zur Volljährigkeit verändern, wie ihr individuelles Wesen neue Konturen gewinnt und doch erhalten bleibt, lässt sich am eindrucksvollsten in Familienalben verfolgen. Für GEO-Wissen haben der Fotograf Wolfgang Kunz und seine Tochter Anja, geboren im November 1973, ihr Privatarchiv geöffnet.

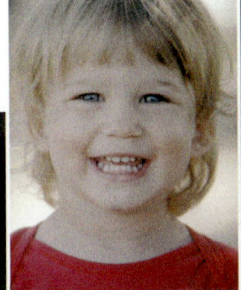

1. Finden Sie treffende Titel für die einzelnen Fotos, die die Entwicklung des Mädchens beschreiben.

2. Welche Veränderungen können Sie feststellen?

3. Versuchen Sie anhand der Fotos zu erläutern, was Sie unter „Entwicklung" verstehen.

4. a) Erstellen Sie für sich selbst eine ähnliche Fotoseite, in der Sie Ihre persönliche Entwicklung dokumentieren.
   b) Vergleichen Sie Ihre fotografisch dokumentierte Entwicklung mit der Ihrer Mitschüler und Mitschülerinnen. Gibt es Ähnlichkeiten oder Gemeinsamkeiten?

 5. Sehen Sie sich noch einmal die Zeichnung auf der Aufmacherseite an. Halten Sie diese Darstellung von Entwicklung für übertragbar auf Ihre eigene Entwicklung?

Was braucht ein Mensch, um sich optimal zu entwickeln?

In jedem Menschen steckt ein kleiner Mozart

„Vor einigen Jahren befand ich mich auf einer langen Reise und mir kam die Lust, die fahrende Heimat anzusehen, der ich mich auf drei Tage verschrieben hatte. Ich erhob mich also in dem Lärm, der dem Geräusch des rollenden Schuttes in der Meerbrandung gleicht, und ging um ein Uhr nachts durch den ganzen Zug.
Die Schlafwagen waren leer, die Wagen erster Klasse gleichfalls, aber die Wagen der dritten beherbergten Hunderte polnischer Arbeiter, die aus Frankreich abgeschoben wurden und ihrer Heimat zufuhren. Ich musste in den Gängen über schlafende Menschen hinwegschreiten. Ich blieb stehen, um sie zu betrachten. [...]
Es schien mir, als hätten sie etwas von ihrem Menschsein eingebüßt, wie sie so von den Wirtschaftsschwankungen von einem Ende Europas zum anderen gefegt wurden. [...]
Ich setzte mich einem Paar gegenüber. Zwischen Mann und Frau hatte sich das Kind ein Nestchen gebaut, so gut es ging, und schlief. Einmal wendete es sich doch im Schlaf, und sein Gesichtchen erschien mir im Licht der Nachtbeleuchtung. Welch liebliches Gesicht! Diesem Paar war eine goldene Frucht geboren, aus den schwerfälligen Lumpen war eine Vollendung von Anmut und Lieblichkeit entsprungen. Ich beugte mich über die glatte Stirn, die fein geschwungenen Lippen und sah, das ist ein Musikerkopf – das ist Mozart als Kind, eine herrliche Verheißung an das Leben! So sind nur die kleinen Prinzen im Märchen. Was könnte aus diesem Kind, wenn es behütet, umhegt, gefördert würde, alles werden! – Wenn in einem Garten durch Artwechsel eine neue Rose entsteht, fasst alle Gärtner größte Aufregung. Man verwahrt die Rose, man pflegt sie, man tut alles für sie. Aber für die Menschen gibt es keinen Gärtner. Das Kind Mozart wird wie alle anderen vom Hammer zerbeult. Vielleicht empfängt es einst seine höchsten Wonnen von einer entarteten Musik in der stickigen Luft eines Nachtcafés.
Mozart ist zum Tode verurteilt.
Ich kehrte in mein Abteil zurück, und meine Gedanken gingen mit: Diese Leute leiden gar nicht unter ihrem Los. Nicht Nächstenliebe bewegt mich hier. Ich will mich nicht über eine nie verheilende Wunde erbarmen; denn die Menschen, die sie am Leibe tragen, fühlen sie nicht. Aber das Menschliche ist hier beleidigt, nicht der einzelne Mensch. An Mitleid glaube ich nicht, aber ich sehe die Menschen an wie ein Gärtner. Darum quält mich nicht die tiefe Armut, in der man sich schließlich ebenso gut zurechtfindet wie in der Faulheit. Generationen von Morgenländern leben im Schmutz und fühlen sich wohl dabei. Mich quält etwas, was die Volksküchen nicht beseitigen können. Nicht Beulen und Falten und alle Hässlichkeit; mich bedrückt, dass in jedem dieser Menschen etwas von einem ermordeten Mozart steckt.

Nur der Geist, wenn er den Lehm behaucht,
kann den Menschen erschaffen."

(Antoine de Saint-Exupéry, Wind, Sand und Sterne, Rauch Verlag, Düsseldorf, S. 230ff.)

1. Welche Auffassung von Entwicklung wird hier deutlich?
2. Welche Fragen und Thesen ergeben sich in diesem Zusammenhang?

Entwicklung – von Reifung, Genen und Umwelt

Das Wort „Entwicklung" scheint auf den ersten Blick klar: Wir assoziieren damit Veränderungen, die sich „stufenweise herausbilden" (so das Herkunftswörterbuch des Duden). [...]
Der schnelle und einleuchtende Konsens über den Gegenstand dieses Textes darf aber nicht über die Schwierigkeiten des Themas hinwegtäuschen: Wie lässt sich Entwicklung denken? Entwickelt sich aus einem Säugling quasi von allein mit der Zeit ein junger Erwachsener? Läuft diese Entwicklung bei allen Menschen ähnlich ab? Oder ist Entwicklung ausschließlich auf individuelle Lernprozesse zurückzuführen? Je nach Entwicklungskonzept lassen sich unterschiedliche Antworten auf diese Fragen finden.

Entwicklungskonzepte: Wie funktioniert „Entwicklung"?

Ein für die Pädagogik dominantes Modell der Entwicklung ist jenes, das sich mit der *Gärtner-Metapher* umreißen lässt. Demnach seien im Menschen bereits alle Möglichkeiten angelegt. Im Verlauf des Aufwachsens seien diese Möglichkeiten zu fördern und zu pflegen. Ein solches Entwicklungskonzept ist beispielsweise für die Erziehungsphilosophie Pestalozzis oder Rousseaus konstitutiv. Dieses Konzept ist eng verknüpft mit Vorstellungen von *Wachstum* und *Reifung*. Demnach wäre die Entwicklung des Menschen als ein Programm zu verstehen, das nach seinen eigenen Regeln determiniert ablaufe.
Im Gegensatz dazu steht die Position der *tabula rasa*, die (in seiner prononcierten Form) vor allem durch den amerikanischen Behaviorismus geprägt wurde. Danach entwickelt sich der Mensch ausschließlich über Erfahrung und Lernen. Nur ein Minimum von Verhaltensweisen sei angeboren, etwa das Bedürfnis nach Nahrung. Die Vielfalt menschlicher Verhaltensweisen sei auf die unterschiedlichen gesellschaftlichen Umgebungen zurückzuführen. Milieus, Lernanregungen, Schule, Familie, Freunde und vielfältige soziale Einflüsse seien es, die den als „unbeschriebene Blätter" geborenen Kindern ihren Stempel aufdrückten. Durch Sozialisation und Erziehung würde das als zunächst inhaltsleer gedachte Gehirn strukturiert. Aus dieser Perspektive erscheint der Mensch beliebig bildsam und erziehbar.
Mit diesen beiden Entwicklungsmodellen eng verbunden ist die Frage, was als *Motor* von Entwicklung angesehen werden kann: die ererbten genetischen Anlagen oder die auf den jungen Menschen einströmenden Einflüsse. Das Modell der *Reifung* stellt die Bedeutung der Anlage, das Modell der *tabula rasa* die Bedeutung der Umwelt heraus.

Ideologieanfälligkeit von Entwicklungsvorstellungen

Beide Positionen führten in der Vergangenheit zu *ideologischer Überhöhung* und *politischem Missbrauch*. Beispielsweise wurde im Nationalsozialismus die Bedeutung der genetischen Anlage für Verhalten und Lernprozesse überbetont und pervertiert. Das Erbgut ganzer Bevölkerungsgruppen wurde als minderwertig eingestuft; damit wurden rassistische Diskriminierung, Verfolgung und Mord legitimiert. Demgegenüber favorisierten kommunistisch geprägte Ideologien die Bedeutung der Umwelt. In der Fortschrittsideologie der Nachkriegszeit wurde in den USA und in Europa ebenfalls intensiv darauf gesetzt, dass jeder alles lernen könne, vorausgesetzt, es würde angemessen vermittelt. [...]

Das heute dominierende Entwicklungsmodell

Heute dominiert ein Modell, das die Interaktion zwischen Anlage und Umwelt betont. Wie kann man sich diese Interaktion bzw. die Beziehung zwischen Anlage und Umwelt vorstellen? Gene definieren die Reaktion auf mögliche äußere Umweltbedingungen. Umweltbedingungen lösen also bestimmte Entwicklungswege aus. Kein Lebewesen reagiert auf alle Aspekte, die es umgeben; vielmehr sind es bestimmte, ausgewählte Milieueigenschaften bzw. Umwelten, die es in seiner Entwicklung anregen. Nicht alle Umweltbedingungen werden relevant, einige hingegen sind äußerst relevant.
Man kann sich das Verhältnis zwischen Anlage

und Umwelt vielleicht wie ein kompliziertes, lernendes Filter- und Weltinterpretationssystem vorstellen: Ein genetisch vorgegebener Filter wählt die Umwelteindrücke aus, die gelernt werden. Die gelernten Eindrücke werden an das bereits bestehende Filtersystem angeschlossen und bedingen die nächsten Eindrücke. Diese kommen wiederum zu dem bestehenden Filter- und Interpretationssystem hinzu. Es handelt sich um einen unendlichen, sich so fein verästelnden Entwicklungsvorgang, dass sich dann letztlich nicht mehr sagen lässt, was eigentlich auf die genetische Information, sozusagen die „Werkseinstellung", und was auf die Lerneindrücke der Umwelt zurückgeht.

Dieses Geflecht von genetischer Ausstattung und Lernerfahrung bestimmt, welches Ereignis in der Umwelt individuell bedeutend wird. Ereignisse wie Erkrankungen oder Bekanntschaften dienen ebenso als Filter für Einflüsse wie subjektive Wahrnehmungen oder persönliche Neigungen und Vorlieben. Da jeder Eindruck Spuren in der neuronalen Vernetzung des Gehirns hinterlässt, wird jedes Ereignis zu einer Folie, auf der sich weitere Entwicklung abspielt. Damit wird als Motor von Entwicklung zwar zunächst einmal die genetische Ausstattung aufgrund ihrer Filterfunktion für bestimmte Umwelten beschrieben, aber alles, was einmal als relevant wahrgenommen wurde, hat wiederum Auswirkungen auf weitere Entwicklung – ein undurchschaubares Netz.

Dieses Modell betont zum einen den Einfluss pädagogischer Förderung – schließlich kann nur etwas eine Entwicklung ermöglichen, was in der Umwelt des Heranwachsenden vorhanden ist. Zum anderen wird aber auch deutlich: Entwicklungsprozesse sind nicht beliebig. Sie basieren auf der individuellen genetischen Ausstattung. Biologen sprechen in diesem Kontext von einer genzentrierten Umwelt-Selektivität, die als Produkt der Evolution im Verlauf der Stammesgeschichte des Menschen entstanden ist. Das Zusammenspiel aller unterschiedlichen Umwelten und der Vielzahl von Geninformationen ist derart komplex, dass es aus grundsätzlichen, erkenntnistheoretischen Gründen nicht möglich sein wird, dieses zu durchschauen und individuelles menschliches Verhalten vorhersehbar zu machen. Allenfalls Wahrscheinlichkeiten lassen sich abschätzen. Daran wird auch die Genforschung vorläufig nichts ändern.

Das Zusammenspiel zwischen Anlage und Umwelt wird beispielsweise am Muttersprachererwerb deutlich: Menschen kommen mit einem genetischen Programm zur Welt, das den Erstspracherwerb in der Kindheit steuert. Es ist genetisch angeboren, während der Kindheit eine menschliche Sprache zu lernen. Allerdings entscheidet sich die Frage, welche Sprache gelernt wird, nach der individuellen Umwelt. Nach dem Ende der Kindheit „schließt" sich dieses Programm und es ist auch mit viel Aufwand nicht mehr aktivierbar: Ist bis zu diesem Zeitpunkt keine Erstsprache gelernt, wird keine mehr gelernt werden.

Entwicklungsphasen: Wie zeigt sich „Entwicklung" über die Zeit?

Offensichtlich entwickeln sich – wie das Beispiel Sprache verdeutlicht – manche Dinge in ganz bestimmten Zeitfenstern. Diese Beobachtung führt zu einer weiteren, allgemeineren Frage nach Entwicklung, nämlich dem Entwicklungsverlauf über die Zeit. Gibt es Entwicklungsphasen? Zunächst fällt die Veränderung des Menschen in den unterschiedlichen Altersstufen ins Auge. Einige bedeutende Entwicklungsschritte spielen sich in der Tat in bestimmten Zeitfenstern ab: das Erlernen des räumlichen Sehens im frühen Kleinkindalter, danach das Laufen und der Spracherwerb oder körperliche Entwicklungen wie die Pubertät. Diese Entwicklungen lassen sich grob nach dem Alter sortieren. Wann ein solcher Entwicklungsschritt genau zu erwarten ist, ist häufig nicht präzise zu bestimmen, lässt sich hier doch eine erhebliche individuelle Varianz feststellen. Die mögliche *Einteilung* von Entwicklungsphasen nach *Altersstufen* und deren inhaltliche Konturierung wird deshalb auch intensiv diskutiert.

Andere Konzepte über den Zeitverlauf von Entwicklung konzentrieren sich auf einen Entwicklungsaspekt und beschreiben diesen über die Zeit. Ein solch differenziertes *Stufenmodell* stellt das der kognitiven Entwicklung von Jean Piaget dar. Hier steht nun nicht mehr das Alter im Mittelpunkt, sondern bestimmte *Niveaus der Entwicklung*, die aufeinander aufbauen. Das Modell der kognitiven Entwicklung von Piaget, das unterschiedliche Stufen im Entwicklungsverlauf des abstrakten Denkens beschreibt, sowie das Modell von Laurence Kohlberg, das unterschiedliche Stufen der moralischen Urteilsfähigkeit diagnostiziert, sind für die

schulische Praxis bedeutsam geworden. Viele Fachdidaktiken beziehen sich auf diese und bemühen sich, den Lernprozess in Anpassung an diese Entwicklungsmodelle zu organisieren.

Ein weiteres, für die schulische Praxis wichtig gewordenes, Konzept ist das der *Entwicklungsaufgaben* nach Robert J. Havighurst. Entwicklungsaufgaben werden als soziale und biologisch bedingte Herausforderungen, die in bestimmten Lebensabschnitten bewältigt werden müssen, beschrieben.

Kritische Einwände

In der Erziehungswissenschaft werden viele dieser Modelle – seien sie alters- oder stufenbezogen – verwendet. [...] Die Frage, welches Entwicklungsmodell bevorzugt wird, hat Auswirkungen auf Vorstellungen und Maßnahmen von Förderung. Gleichwohl sind diese Phasenmodelle, bzw. deren Rezeption in der Pädagogik, kritisch zu diskutieren. Dann, wenn einzelne Modelle feste Phasen und Stufen vorgeben, die zwingend aufeinander aufbauen, können sie problematisch werden. So sind inzwischen einige der Beschreibungen der kognitiven Entwicklung nach Piaget durch die Erkenntnisse der Hirnforschung widerlegt worden. Hier konnte gezeigt werden, dass Kinder sehr unterschiedliche kognitive Strategien aufbauen, die sich nicht in ein zeitlich aufeinander aufbauendes Schema pressen lassen, sondern aktive Strategien vor individuellem Lernhintergrund darstellen. [...] Auch kann angesichts der kulturellen Heterogenität unserer Gesellschaft nicht mehr von einer überindividuell einheitlichen Phasenentwicklung oder kulturell durchgängig homogenen Entwicklungsaufgaben ausgegangen werden.

Das kompetente Kind

In den letzten Jahren rückt vielmehr die Strategie der sich entwickelnden Person in den Mittelpunkt. Entwicklungsphasen werden nicht als sich erfüllende Zeit gesehen, sondern Heranwachsende werden als Agenten ihrer eigenen Entwicklung interpretiert. Die Hirnforschung, die Säuglingsforschung und die Kindheitsforschung konnten dies empirisch zeigen.

(Annette Scheunpflug, Entwicklung – was ist das? In: Schüler 2004: Aufwachsen. Die Entwicklung von Kindern und Jugendlichen, Friedrich Verlag, Seelze 2004, S. 6 – 9 [Auszüge])

1. Erarbeiten Sie auf der Basis dieses Artikels eine Definition von Entwicklung.

2. Die Autorin stellt in ihrem Beitrag unterschiedliche Entwicklungskonzepte vor. Stellen Sie diese tabellarisch gegenüber und arbeiten Sie die Problematik der Konzepte heraus.

3. In der Jahrgangsstufe 11 haben Sie sich mit Erziehung und Entwicklung als Lernprozess auseinandergesetzt und so einige der im Text vertretenen Positionen bereits kennengelernt. Arbeiten Sie diese Komponenten (Gärtner-Metapher und Erziehungsbegriff, Piagets Modell kognitiver Entwicklung, Hirnforschung, neue Säuglingsforschung) in Gruppen noch einmal auf und bringen Sie die Ergebnisse in die Diskussion und das Verständnis von Entwicklung ein.

Weitere Grundbegriffe

Sozialisation bezeichnet den Prozess, in dessen Verlauf sich der mit einer biologischen Ausstattung versehene menschliche Organismus zu einer sozial handlungsfähigen Persönlichkeit bildet, die sich über den Lebenslauf hinweg in Auseinandersetzung mit den Lebensbedingungen weiterentwickelt. Sozialisation ist die lebenslange Aneignung von und Auseinandersetzung mit den natürlichen Anlagen, insbesondere den körperlichen und psychischen Grundmerkmalen, die für den Menschen die „innere Realität" bilden, und der sozialen und physikalischen Umwelt, die für den Menschen die „äußere Realität" bilden. [...]

Mit **Persönlichkeit** wird das unverwechselbare Gefüge von Merkmalen, Eigenschaften, Einstellungen und Handlungskompetenzen bezeichnet, das sich auf der Grundlage der biologischen Ausstattung als Ergebnis der Bewältigung von Lebensauf-

gaben eines Menschen ergibt. Als „Persönlichkeitsentwicklung" lässt sich entsprechend die Veränderung wesentlicher Elemente dieses Gefüges von individuellen Merkmalsbesonderheiten im Verlauf des Lebens bezeichnen. Als umweltbezogene und lernfähige Wesen verändern Menschen bei gleich bleibender Grundstruktur der Merkmale je nach den Herausforderungen im Lebenslauf ihre Verarbeitungsstrategien und bilden so ihre eigene Lebensgeschichte. In der biologischen und anthropologischen Forschung wird für diese Entwicklung der Persönlichkeit im Lebenslauf der Begriff „Ontogenese", in der psychologischen Forschung der Begriff „Psychogenese" verwendet. Die Lebensgeschichte wird auch als „Biografie" bezeichnet.

Bildung: Der Begriff „Bildung" hat eine lange geisteswissenschaftliche Tradition und ist seit über zwei Jahrhunderten ein Zentralbegriff der Pädagogik. In älteren pädagogischen Definitionen wird hierunter die Kultivierung der verschiedenen Facetten von Menschlichkeit verstanden, um an den in einer Gesellschaft üblichen Lebensformen teilhaben zu können. In den deutschen Traditionen des Idealismus und Neuhumanismus wurde dieser Akzent überhöht, sodass unter Bildung vor allem die Herausformung von inneren Werten und die Vervollkommnung der subjektiven Erlebnistiefe in Einsamkeit und Freiheit verstanden wurde. In einer modernen Definition lässt sich unter Bildung die Förderung der Eigenständigkeit und Selbstbestimmung eines Menschen verstehen, die durch die intensive sinnliche Aneignung und gedankliche Auseinandersetzung mit der ökonomischen, kulturellen und sozialen Lebenswelt entsteht. Selbstbestimmung setzt den Aufbau von Fähigkeiten der Selbststeuerung voraus, wozu der Erwerb von Kenntnissen, Informationen und Wissen gehört, die ein eigenständiges Handeln in der sozialen Umwelt erlauben. Bildung schützt gegen die soziale und kulturelle Funktionalisierung des Menschen und sichert seine Individualität. Sie ist in diesem Verständnis die normative Zielsetzung des Sozialisationsprozesses. [...]

Enkulturation: Auch der Begriff der „Enkulturation" lässt sich als ein Unterbegriff von Sozialisation verstehen. Enkulturation bezeichnet den Prozess, über den ein Mensch von Geburt an die kulturellen Überlieferungen der Gesellschaft erlernt [...]. Dazu gehört zentral das Erlernen der Sprache. Ebenso wie der Sozialisationsprozess allgemein vollzieht sich der spezifische Prozess der Enkulturation nur teilweise als eine bewusste Vermittlung von Inhalten und Techniken; die meisten Aspekte werden unbewusst in die alltägliche Interaktion und Kommunikation mit wichtigen Bezugspersonen einbezogen [...]. Hierdurch werden Menschen zu Mitgliedern einer „Kultur". Jede Kultur stellt über die Gestaltung ihrer sozialen Institutionen und sozialen Umwelten und in Form von sozialen Mustern und Normen „Mitgliedschaftsentwürfe" bereit. Dieses sind Vorstellungen, Wünsche, Erwartungen und Merkmale, die für eine aktive Teilnahme an der Gesellschaft als erforderlich erachtet werden. Mitgliedschaftsentwürfe sind Bestandteile der Kultur einer Gesellschaft und bestimmen die sozialen und psychischen Voraussetzungen für das Handeln [...].

(Klaus Hurrelmann, Einführung in die Sozialisationstheorie, Beltz, Weinheim 2002, S. 15 – 18 [Auszüge])

1. Setzen Sie diese Begriffe in Beziehung zu der Definition von Entwicklung nach Scheunpflug.

2. In welcher Beziehung stehen die Begriffe Erziehung, Bildung und Entwicklung? Formulieren Sie jeweils einen Satz, der den Beitrag für die Persönlichkeitsentwicklung beschreibt.

3. Welche Beispiele für Enkulturation haben Sie in der Jahrgangsstufe 11 kennengelernt? Stellen Sie diese in Kurzreferaten vor.

Die Bedeutung der frühen Jahre – Entwicklungsaufgaben der Kleinkindzeit

Kinder, Jugendliche und Erwachsene werden mit einer Serie aufeinander folgender universeller Entwicklungsaufgaben konfrontiert. Zur Bearbeitung dieser Aufgaben sind Menschen mit ebenfalls universellen Verhaltensbereitschaften ausgestattet. Aus diesem Repertoire werden je nach kontextuellen Erfordernissen spezifische Verhaltensbereitschaften eher gefördert als andere.

Die Entwicklung einer Beziehungsmatrix: erste integrative Entwicklungsaufgabe

Säuglinge kommen hilflos zur Welt – sozusagen als physiologische Frühgeburt. Sie sind auf Pflege und Fürsorge angewiesen, um zu überleben und sich zu entwickeln. Um die Pflegemotivation ihrer Bezugspersonen zu erhalten und um in die Alltagskultur hineinzuwachsen, sind Säuglinge mit einem Repertoire von beziehungsstiftenden Verhaltensweisen ausgestattet.

Diese angeborenen Verhaltensbereitschaften erlauben ihnen, von Geburt an aktiv mit ihrer sozialen Umwelt zu kommunizieren. Mit dem von Konrad Lorenz so bezeichneten „Kindchenschema" (großer Kopf im Verhältnis zum Körper und ausgeprägter Hinterkopf) wecken sie Interesse und positive Emotionen. Sie sind sehr an sozialen Interaktionen interessiert; sie bevorzugen das menschliche Gesicht vor allen anderen visuellen Mustern und reagieren auf Menschen anders als auf Gegenstände. Sie sind sensitiv für Stimulation und empfänglich für Trost.

Trotz aller dieser Kompetenzen ist das Design bei der Geburt noch nicht perfekt: Konvergenz und Schärfenregulation sind in der visuellen Wahrnehmung noch nicht möglich, Gesichts- und Bewegungssinn können noch nicht koordiniert werden und die Gedächtnisspanne umfasst nur etwa eine Sekunde. Säuglinge sind also auf eine soziale Umwelt angewiesen, die genau auf ihre Möglichkeiten abgestimmt ist. Daher gehört auch ein komplementäres Programm zur Ausstattung der Eltern. Die biologische Fundierung zeigt sich u.a. darin, dass bereits zwei- bis dreijährige Kinder solche elterlichen Verhaltensweisen im Umgang mit Säuglingen zeigen. Dieses Elternprogramm ist weitgehend intuitiv und nicht intentional. So können Signale des Säuglings sehr schnell beantwortet werden, nämlich innerhalb dessen Gedächtnisspanne von einer Sekunde. Die Bezugspersonen wirken als biologische Spiegel, indem sie die mimischen Signale der Säuglinge reflektieren. Ein spezifisches Sprachregister, bestehend aus einer einfachen Satzstruktur, vielen Wiederholungen und einer hohen Frequenz, ist an die begrenzten Informationsaufnahme- und Verarbeitungskapazitäten des Säuglings angepasst. Der Abstand zwischen dem eigenen Gesicht und dem des Säuglings wird intuitiv auf eine Distanz von 25 bis 30 cm reguliert, der Distanz, in der die Säuglinge scharf sehen können. Mit diesem biologisch angelegten Interaktionsrepertoire verstärkt die kulturelle Umwelt nun diejenigen Komponenten, die die erwünschten Entwicklungskonsequenzen unterstützen. Daher können die Interaktionen von Kindern mit ihren Bezugspersonen als kulturelle Praktiken aufgefasst werden, die an Sozialisationszielen orientiert sind.

Etwa mit dem dritten Lebensmonat ist ein erster Entwicklungsübergang in verschiedenen Kulturen konstatiert worden, wo die frühen Erfahrungen sich in einer ersten, rudimentären Selbststruktur manifestiert haben. Von diesem Zeitpunkt können Vorhersagen über spätere Entwicklungsverläufe gemacht werden. Das bedeutet also, dass die frühen Erfahrungen eine Basis für den weiteren Entwicklungsverlauf gelegt haben. In den folgenden Abschnitten werden diese frühen Sozialisationskontexte für zwei prototypische kulturelle Umwelten charakterisiert: die independente und die relationale soziokulturelle Orientierung.

Die independente soziokulturelle Orientierung gründet sich in einem Selbstkonzept, das geschlossen, stabil, autonom und von anderen abge-

grenzt ist. Beziehungen sind freiwillig, verhandelbar und endlich. Diese Orientierung charakterisiert die Mittelklasse in Industrie- und Informationsgesellschaften.

Die relationale soziokulturelle Orientierung hingegen basiert auf einem Selbstkonzept, das grundsätzlich mit anderen verbunden, heteronom, an Rollen und Normen orientiert und flexibel ist. Beziehungen basieren auf Verpflichtungen, sind durch Rollen definiert, harmonisch und bestehen lebenslang. Diese Orientierung charakterisiert dörfliche Lebensgemeinschaften in Afrika, Asien und Südamerika. Sie ist aber auch – zumindest tendenziell – in der gebildeten Mittelklasse dieser Kulturen vorhanden.

Diese soziokulturellen Orientierungen bestimmen Sozialisationsziele, Vorstellungen über Entwicklung, Praktiken im Umgang mit Kindern und modellieren kindliche Entwicklungsprozesse. Die independente soziokulturelle Orientierung unterstützt Sozialisationsziele wie frühe Selbstständigkeit, Eigenständigkeit und Selbstbestimmtheit. Die relationale soziokulturelle Orientierung unterstützt Sozialisationsziele wie Gehorsam, Einordnung, Respekt vor Älteren und die Fähigkeit zu sozialer Regulation.

Mutter und Kind als exklusive Einheit

Bei *independent soziokultureller Orientierung* sind in der Regel Interaktionssituationen dyadisch exklusiv, d.h. das Kind und ein Erwachsener sind unter sich. Eine geringe Fertilitätsrate – in der Bundesrepublik Deutschland z. B. 1,3 – bedeutet, dass viele Kinder als Einzelkinder aufwachsen und die ersten Lebensmonate zumeist alleine mit der Mutter verbringen. Väter sind natürlich auch wichtige Bezugspersonen, werden aber meist erst dann in größerem Umfang aktiv, wenn die Kinder etwas älter sind. Die kulturellen Vorstellungen darüber, was angemessenes elterliches Verhalten ist, sind in dem Konzept „elterliche Feinfühligkeit" bzw. Sensitivität ausgedrückt, das im Rahmen der Bindungstheorie von Mary Ainsworth entwickelt wurde. Elterliche Sensitivität bedeutet, dass die Aufmerksamkeit ganz auf das Baby gerichtet ist und alle seine Signale wahrgenommen und richtig interpretiert werden und prompt und angemessen darauf reagiert wird. Die prominentesten Verhaltenssysteme sind das Blickkontaktsystem mit dem Austausch positiver Interaktionssignale wie Lächeln und Vokalisationen sowie das Objektsimulationssystem. Die Kommunikation zwischen Eltern und Baby ist auf den Erhalt positiver Emotionen ausgerichtet. In der Sprache, in der die Mutter mit dem Baby von Anfang an kommuniziert, werden besonders mentalistische Konzepte betont: Der Wille des Babys soll von Anfang an respektiert werden, seine Präferenzen, Wünsche, Emotionen und Kognitionen werden berücksichtigt. Babys sind so von Beginn an praktisch gleichberechtigte Interaktionspartner.

Durch die so strukturierten Interaktionen wird die Entwicklung eines separaten Selbstkonzeptes unterstützt. Der Bezug auf Objekte und Spielzeuge wird als Möglichkeit verstanden, dem Baby frühe Lernerfahrungen im Alleinsein zu ermöglichen. Auch die Entwicklung einer abstrakten Intelligenz wird so gefördert.

Mutter und Kind als Teil einer großen Gruppe

Bei *relational soziokultureller Orientierung* findet Sozialisation von Anfang an in einem dichten sozialen Netz aus Familie und Nachbarn statt, wenngleich auch die Mutter in den ersten Lebensmonaten die bedeutendste Bezugsperson ist. Die Konzeption, die angemessenes elterliches Verhalten am besten zum Ausdruck bringt, kann als Training und Kontrolle bezeichnet werden. Interaktionen bilden ein hierarchisches Gefälle zwischen Experten und Novizen ab. Die Mutter weiß schließlich, was die beste Pflege für ihr Baby ist, und muss dafür nicht den Signalen des Babys nachspüren. Das prominenteste Medium des Verhaltensaustausches ist der Körperkontakt. Babys verbringen die meiste Zeit des Tages in enger körperlicher Nähe zur Mutter oder anderen Bezugspersonen. Ein weiterer wesentlicher Pfeiler dieses Elternkonzepts ist die prompte Reaktion auf negative Signale, und zwar in aller Regel durch Stillen. Dabei muss die Aufmerksamkeit der Mutter nicht unbedingt exklusiv auf das Baby gerichtet sein, sondern kann gleichzeitig auf ältere Geschwister und alltägliche Verpflichtungen verteilt sein.

Kulturelle Unterschiede in der Aufmerksamkeitsorganisation sind in kulturvergleichenden Untersuchungen für Erwachsene und Kinder verschiedener Altersstufen nachgewiesen worden und können als Bestandteil kulturspezifischer Lern- und Lehrstrategien aufgefasst werden. Sprache spielt eine weniger prominente Rolle für das frühe

Interaktionsgeschehen; sie fokussiert mehr auf soziale Systeme, auf Rollen und Normen. Sie weist dem Kind seinen Platz in der Familie zu und verbindet es mit den anderen Familienmitgliedern. Durch die körperliche Nähe und die soziale Verflechtung wird die Entwicklung eines relationalen Selbstkonzepts unterstützt. Die sprichwörtliche Wärme des Körperkontakts kann als Entwicklungsmechanismus aufgefasst werden, der Anpassung und Übernahme von Rollen und Normen erleichtert. Auch die Entwicklung einer sozialen Intelligenz wird so unterstützt. In der Tat unterscheiden sich Konzeptionen von Intelligenz, Kognition und Kompetenz in unterschiedlichen Kulturen danach, wie sehr einerseits abstrakte, technologische Fähigkeiten gewertet werden oder wie bedeutsam andererseits soziale Kompetenzen erachtet werden. Diese frühen sozialen Erfahrungen steuern und beeinflussen die Bearbeitung der nächsten Entwicklungsaufgaben [...].

Entwicklungskonsequenzen der frühen sozialen Erfahrungen

Im Alter von 18 bis 20 Monaten findet ein nächster Entwicklungsübergang statt, der die ebenfalls universellen Entwicklungsaufgaben der Selbstregulation und des Selbsterkennens thematisiert. Selbstregulation ist die Fähigkeit des Kindes, soziale Konventionen und Normen, die von Eltern und anderen Personen des soziokulturellen Umfeldes definiert werden, zu beachten und zu befolgen. Diese Kompetenz kann als Voraussetzung für die moralische Entwicklung aufgefasst werden. Selbstregulation beinhaltet das Befolgen von Aufforderungen (z. B. Spielsachen wegzuräumen), das Befolgen von Verboten (z. B. nicht zu essen, bis alle Familienmitglieder am Tisch sind). Die Selbstregulation muss von innen kommen. Nur die selbst gewählte, freiwillige Verpflichtung, Normen und Geboten zu folgen, wird als gelungenes Entwicklungsergebnis betrachtet. Blinder Gehorsam dagegen wird als unreif eingeschätzt. In dieser Sichtweise lässt sich unschwer der Bezug zu einer independenten soziokulturellen Orientierung erkennen. In kulturellen Umwelten mit einer relationalen soziokulturellen Orientierung, z. B. in China oder Westafrika, wurde nachgewiesen, dass die Erziehung eher auf Gehorsam als auf Eigenständigkeit ausgerichtet ist. Das bedeutet, dass Selbstregulation, je nach kulturellem Umfeld, auf unterschiedlichen Entwicklungsmustern basiert. Kinder in soziokulturellen Kontexten mit einer relationalen Orientierung entwickeln zudem soziale Regulation eher als Kinder aus Kontexten mit einer independenten soziokulturellen Orientierung, wie z. B. städtische Euroamerikaner oder städtische Griechen [...].

Selbsterkennen wird als erster Ausdruck eines eigenen und abgegrenzten, kategorialen Selbst verstanden. Diese Fähigkeit wird mit einem klassischen Verfahren erfasst, dem sog. Spiegeltest. Kinder werden angehalten, sich eine Weile vor einem Spiegel aufzuhalten, bevor sie, für sie unmerklich, z. B. beim Naseputzen, mit einem roten Fleck auf der Nase oder der Stirn markiert werden. Die Reaktionen des Kindes auf dieses veränderte Spiegelbild geben Aufschluss über den Stand dieses Entwicklungsmeilensteins. Kinder, die sich selbst erkennen – und damit ein kategoriales Selbst entwickelt haben –, greifen nach dem Fleck in ihrem Gesicht oder nennen ihren Namen. Kinder, die sich noch nicht erkennen, fassen an das Gesicht des Spiegelbildes, manche vermuten darin einen Spielkameraden und versuchen, ihn hinter dem Spiegel zu finden. Sie können den Spiegel auch ignorieren oder versuchen, Beziehungen zum eigenen Verhalten oder zur eigenen Mimik herzustellen.

Selbsterkennen im Spiegel wird als notwendige Voraussetzung für die Entwicklung von Empathie betrachtet. Empathie ist die Fähigkeit, die Gefühlslage und Befindlichkeit eines anderen getrennt von der eigenen zu erleben. Spiegelerkennen und Empathie sind also auf der Grundlage einer frühen Entwicklung eines independenten Selbst definiert. Entsprechend müssten Kinder aus kulturellen Gemeinschaften mit einer independenten soziokulturellen Orientierung Spiegelerkennen und Empathie früher ausbilden als Kinder aus kulturellen Gemeinschaften mit einer relationalen soziokulturellen Orientierung. Leider gibt es nur wenige Untersuchungen, die dieser Frage systematisch nachgegangen sind. Sie bestätigen aber, was zunächst eher kontra-intuitiv erscheint: Griechische Kinder aus der städtischen Mittelklasse erkennen sich eher im Spiegel als kamerunische Nso-Bauernkinder. Deutsche Kinder entwickeln Empathie früher als japanische Kinder.

Im Alter von 18 bis 20 Monaten kann man an der Verhaltensorganisation von Kindern also bereits den Einfluss unterschiedlicher kultureller Erfahrungen erkennen.

(Heidi Keller, Die Bedeutung der frühen Jahre, in: Schüler 2004: Aufwachsen. Die Entwicklung von Kindern und Jugendlichen, Friedrich Verlag, Seelze 2004, S. 18–22 [Auszüge])

Nutzen Sie die nachfolgend beschriebene Methode des „Reziproken Lernens und Lehrens" zur Aufarbeitung des Textes. Danach sollten Sie in der Lage sein,
- die universell geltenden Entwicklungsaufgaben der frühen Kindheit zu beschreiben,
- die beiden genannten kulturellen Entwicklungskontexte, den der independenten und den der relationalen soziokulturellen Orientierung, unter Zuhilfenahme der beiden Fotos erläutern zu können,
- die unterschiedlichen Einflüsse dieser kulturellen Kontexte auf die kindliche Entwicklung darstellen zu können und
- Bezüge zwischen Entwicklung, Sozialisation und Enkulturation aufzeigen zu können.

Methode: Leseverständnis durch kooperative Gruppenarbeit: reziprokes Lernen und Lehren

(nach Annemarie S. Palincsar & Ann L. Brown, 1984)

In Kleingruppen wird ein gemeinsamer Text abschnittsweise bearbeitet, dabei wird für jeden Abschnitt des Textes das folgende Verfahren verwendet:

1. Zunächst liest die Kleingruppe leise gemeinsam einen Abschnitt des Textes.
2. Ein erstes Gruppenmitglied (A) formuliert Fragen zum Text, die textimmanent beantwortet werden können und sich auf die wichtigsten Abschnitte konzentrieren. Die anderen Gruppenmitglieder (B, C, D) beantworten die Fragen oder versuchen ggf. bessere Fragen zu formulieren.
3. Ein zweites Gruppenmitglied (B) schlüpft nun in die Lehrerrolle und fasst den Abschnitt zusammen, die Mitglieder des Teams (A, C, D) korrigieren und ergänzen dessen Ausführungen.
4. Nun fragt ein drittes Gruppenmitglied (C) nach Unklarheiten und nach Erfahrungen, Zusammenhängen und Beispielen, die über den Text hinausgehen, z. B. ob jemand etwas Ähnliches gesehen, gelesen oder gehört hat. Die restlichen Gruppenmitglieder (A, B, D) beantworten diese Fragen.
5. Das letzte Gruppenmitglied (D) äußert Vorhersagen zum weiteren Textverlauf. Die anderen Mitglieder (A, B, C) ergänzen ihre Vermutungen.

Nachdem jedes Gruppenmitglied so einmal die Lehrerrolle übernommen hat, wird gemeinsam der nächste Textabschnitt gelesen und das oben beschriebene Verfahren wiederholt, nur mit der Änderung, dass nun Schüler B mit der ersten Lehrerrolle (1. Strategie) moderiert, Schüler C dann mit der zweiten usw. Alle weiteren Textabschnitte werden mit diesem Verfahren erarbeitet.

Der reziproke Charakter dieses Verfahrens liegt darin begründet, dass die Gruppenmitglieder den Weg vom Lernen zum Lehren und umgekehrt gehen: Als Gruppenleiter sorgen sie für eine effektive Umsetzung und Koordinierung der gegebenen Struktur, als Gruppenmitglied wenden sie die Struktur an.

Wenn der Text vollständig erörtert ist, kann eine gemeinsame Visualisierung oder kritische Stellungnahme in der Gruppe erarbeitet werden.

Die Methode sollte an mehreren Beispielen eingeübt werden.
Eine gemeinsame Reflexion wird helfen, die Einsatzmöglichkeiten und Grenzen zu erkennen.

(Autorentext)

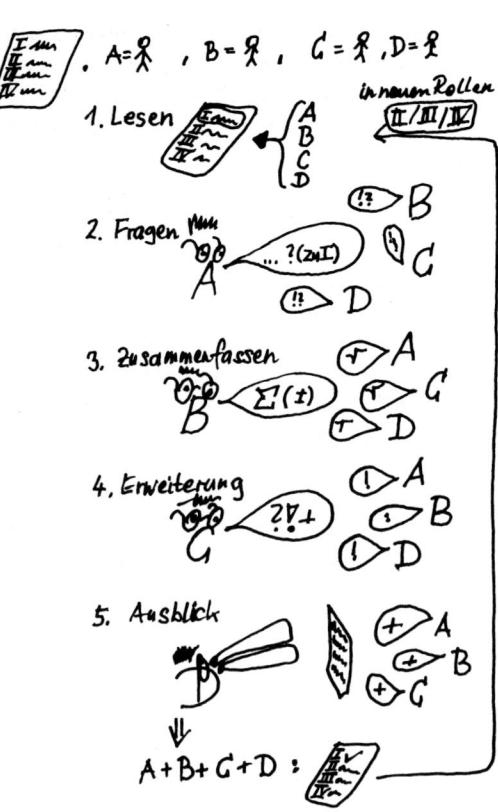

Mit welchen Methoden arbeitet die Entwicklungspsychologie?

Beobachtung während der ersten Lebensmonate: eine Revolution in der Säuglingsforschung

Die folgende Darstellung der Revolution in der Säuglingsforschung hat mehrere Aufgaben: Sie soll kindliche Fähigkeiten aufzeigen, die die Entstehung eines Selbstempfindens beeinflussen, Fähigkeiten, von denen vor zehn oder zwanzig Jahren noch niemand glaubte, dass sie so früh überhaupt schon vorhanden seien; sie entwickelt ein Vokabular und stellt eine Reihe von Begriffen vor, die zum Verständnis der weiteren Ausführungen erforderlich sind; und schließlich soll sie das Bezugssystem erweitern, in das der Säugling von Klinikern und anderen Interessenten, die die schnell anwachsende Literatur über die frühe Kindheit nicht verfolgen konnten, für gewöhnlich gestellt wird. Die Kenntnis der neu entdeckten Fähigkeiten der Säuglinge wird allein schon für eine solche Erweiterung sorgen.

Schon immer hätten die Menschen den Säuglingen gerne mancherlei Fragen gestellt. Was sehen, riechen, fühlen, denken oder wünschen Säuglinge? An guten Fragen war kein Mangel, wohl aber an Antworten. Wie könnte ein Säugling Antwort geben? Die Revolution in der Forschung kam zustande, indem man die Situation auf den Kopf stellte und nicht länger nach geeigneten Fragen suchte, die man dem Säugling stellen könnte, sondern sich überlegte, welches Verhalten des Säuglings (z. B. das Saugen) vielleicht als Antwort dienen könnte. Mit dieser simplen Umkehrung begann die Suche nach kindlichen Fähigkeiten, die man möglicherweise als Antwort verstehen könnte (Reaktionsmessungen), und die Revolution kam in Gang.

Noch eine weitere Veränderung der Sichtweise war nötig, nämlich die Einsicht, dass die Verhaltenszustände des Neugeborenen sich nicht auf Schlaf, Hunger, Nahrungsaufnahme, Unruhe, Schreien oder lebhafte Aktivität beschränken. Wäre dies der Fall, so bestünden alle potenziellen, am Verhalten ablesbaren „Antworten" entweder in der Aktivität selbst oder sie würden durch eine andere Aktivität oder einen anderen Zustand ausgeschlossen. Aber so verhält es sich durchaus nicht. Von Geburt an befindet sich der Säugling oft in einem Zustand der so genannten wachen Inaktivität, in dem er körperlich ruhig und wach ist und offenbar äußere Vorgänge in sich aufnimmt (Wolff 1966). Darüber hinaus kann die wache Inaktivität mehrere Minuten lang, manchmal noch länger, andauern, und sie tritt regelmäßig und oft auf, solange das Kind wach ist. Die wache Inaktivität ist das erforderliche Zeit-„Fenster", durch das hindurch den Neugeborenen Fragen gestellt und aus ihren Aktivitäten Antworten abgelesen werden können.

Die Frage, um die es hier geht, lautet: Wie können wir erfahren, was der Säugling „weiß"? Die guten „Antworten" müssen leicht beobachtbare, häufig ausgeführte Verhaltensweisen sein, die der willkürlichen Muskelkontrolle unterliegen und während der wachen Inaktivität abrufbar sind. Drei Verhaltensweisen können, und zwar von Geburt an, als „gute Antworten" dienen: Kopfwenden, Saugen und Blicken.

Das Neugeborene kann weder seine Kopfbewegungen hinreichend kontrollieren noch den Kopf in aufrechter Position hochhalten. Wenn es aber auf dem Rücken liegt, sodass der Kopf abgestützt ist, reicht seine Muskelkontrolle aus, den Kopf nach rechts oder links zu wenden. Das Kopfwenden wurde zur Antwort auf folgende Frage: Können Säuglinge die Milch ihrer Mutter am Geruch

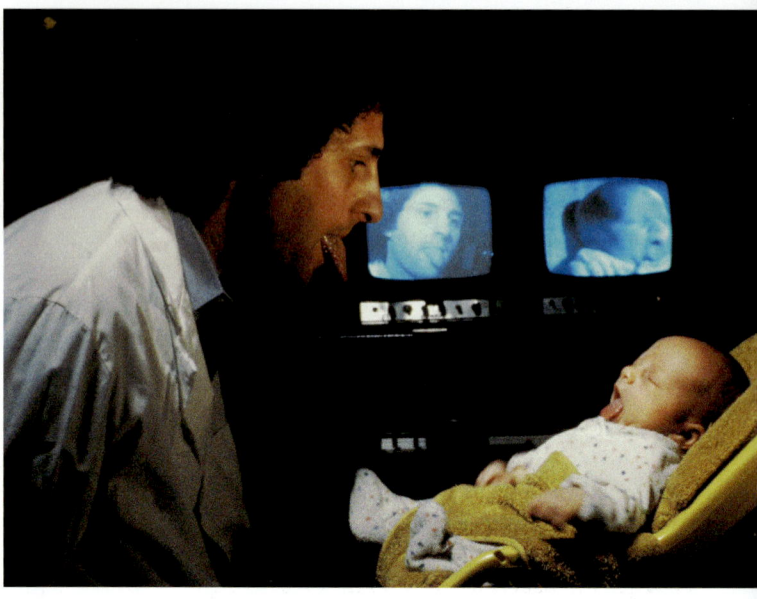

erkennen? MacFarlane (1975) ließ drei Tage alte Säuglinge auf dem Rücken liegen; auf die eine Seite legte er neben ihren Kopf eine Stilleinlage der eigenen, auf die andere Seite die Stilleinlage einer fremden Mutter. Die Neugeborenen drehten den Kopf zuverlässig zur Stilleinlage der eigenen Mutter hin, gleichgültig auf welcher Seite sie lag. Das Kopfwenden beantwortete MacFarlanes Frage also positiv: Säuglinge können die Milch der eigenen Mutter am Geruch erkennen.

Neugeborene verfügen über eine hervorragende Saugfähigkeit. Ihr Leben hängt davon ab, und dieses Verhalten wird mit willkürlichen Muskelbewegungen kontrolliert. Auch wenn sie nicht gestillt werden, saugen sie gern an allem, was sich dazu anbietet, auch an der eigenen Zunge. Dieses nicht-nutritive Saugen erfolgt in den Phasen wacher Inaktivität, sodass es möglicherweise eine „gute Antwort" darstellt. Man kann Neugeborene schnell darauf trainieren zu saugen, damit etwas passiert: Man steckt dem Kind einen Schnuller, in dem sich ein elektronischer Druckumwandler befindet, in den Mund. Dieser ist mit dem Auslösemechanismus eines Tonbands oder eines Bilderkarussells verbunden, und wenn das Kind mit einer bestimmten Intensität und Frequenz saugt, beginnt das Tonband zu laufen bzw. erscheint ein neues Bild. Auf diese Weise kontrolliert das Kind, was es sieht oder hört, indem es eine bestimmte Intensität und Frequenz der Saugbewegungen beibehält (Siqueland und DeLucia 1969). Mit diesem Experiment versuchte man die Frage zu beantworten, ob Säuglinge der menschlichen Stimme besonderes Interesse entgegenbringen und sie anderen Geräuschen gleicher Höhe und Lautstärke vorziehen. Die Saugfrequenz der Kinder beantwortete die Frage positiv (Friedlander 1970).

Die Augenmuskulatur der Säuglinge ist im Wesentlichen schon bei der Geburt voll entwickelt. Neugeborene können in der ihnen angemessenen Fokaldistanz verhältnismäßig gut sehen; die Reflexe, die die Augenbewegungen beim Fixieren und Begleiten eines Objekts steuern, sind bereits vorhanden. Das Blickverhalten ist also eine dritte potenzielle „Antwort". Als Antwort auf die Frage, ob Säuglinge menschliche Gesichter lieber ansehen als verschiedene andere Muster, dienten Fantz (1963) in einer Reihe bahnbrechender Untersuchungen die visuellen Präferenzen der Säuglinge. Tatsächlich zeigen sie eine Vorliebe für Gesichter, aber die Gründe dafür sind kompliziert. (Man beachte, dass alle drei in diesen Untersuchungen gestellten Fragen interpersonale oder soziale Themen betreffen und die frühe Responsivität der Kinder auf ihre soziale Umwelt bezeugen.)

Um solche „Antworten"[1] mit interessanteren Fragen zu verbinden, wurden mehrere Paradigmen entwickelt und ausgearbeitet. Um zu erfahren, ob ein Säugling eine bestimmte Sache lieber mag als eine andere, muss man nur die beiden Reize in einem „gekoppelten Vergleichs-Präferenz-Paradigma" miteinander konkurrieren lassen, um zu sehen, welcher von beiden mehr Aufmerksamkeit auf sich zieht. Wenn man zum Beispiel dem Säugling ein symmetrisches Muster zeigt, in dem die linke Seite das Spiegelbild der rechten ist, und ihm danach dasselbe Muster auf der Seite liegend zeigt, sodass die obere Hälfte die untere spiegelt, wird er das rechts-links-symmetrische Muster länger ansehen als das horizontal-symmetrische (Sherrod 1981). Folgerung: Säuglinge geben der Symmetrie um die vertikale Achse, die für das menschliche Gesicht charakteristisch ist, vor der Symmetrie um die horizontale Achse den Vorzug. (Man beachte, dass Eltern automatisch dazu neigen, ihr Gesicht zu dem des Kindes in die Vertikale zu bringen.)

Aber nehmen wir an, es gäbe keinerlei Präferenz: Können wir trotzdem feststellen, ob das Kind beide Reize auseinanderhalten kann? Um diese Frage zu beantworten, wird man irgendeine Form des „Habituations-/Dishabituations"-Paradigmas benutzen. Diese Methode beruht auf der Beobachtung, dass der Säugling auf einen Gegenstand, den man ihm wiederholt präsentiert, nach und nach schwächer reagiert. Vermutlich ist diese Habituationsreaktion darauf zurückzuführen, dass der ursprüngliche Stimulus mit der Neuheit auch an Wirkung verliert. Tatsächlich wird er für das Kind bald langweilig (Sokolov 1960; Berlyne 1966). Wenn man zum Beispiel wissen will, ob Säuglinge ein lächelndes von einem überraschten Gesicht

---

[1] Auch Veränderungen der Herzfrequenz und andere Messwerte können als psychische Reaktion auf äußere Ereignisse Antworten darstellen, entweder isoliert oder zur Validierung der Verhaltensantworten.

Zuckerwasser schmeckt dem Neugeborenen sichtlich. Der Hang zum Süßen ist offenbar angeboren, denn vor dem Versuch hat das wenige Stunden alte Kind noch keine Milch bekommen, deren Geschmack diese Vorliebe hätte auslösen können.

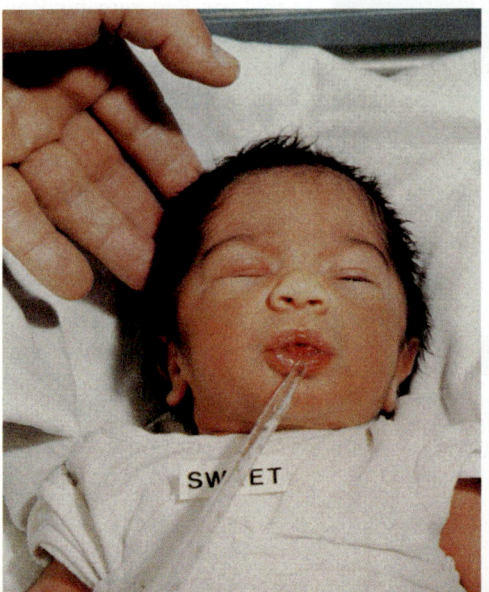
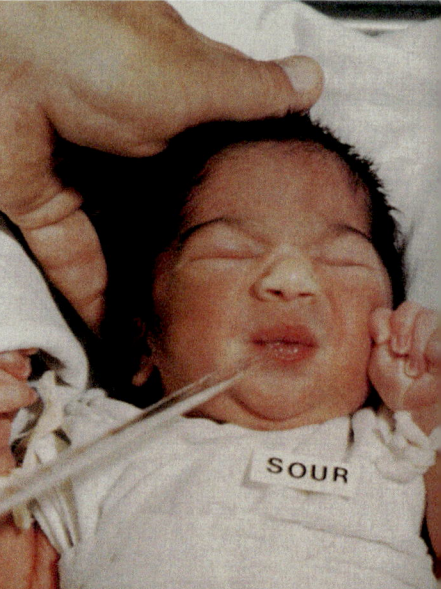

unterscheiden können, zeigt man ihnen das lächelnde Gesicht sechs- bis siebenmal; sie beachten es immer weniger. Statt dem Säugling bei der nächsten Darbietung das lächelnde Gesicht zu zeigen, wie er es erwartet, präsentiert man das überraschte Gesicht derselben Person. Wenn die Säuglinge den Unterschied bemerken, werden sie dishabituieren: Sie schauen das überraschte Gesicht ebenso lange an wie das lächelnde bei der ersten Präsentation. Wenn sie die beiden Gesichter nicht voneinander unterscheiden können, wird die Habituation nicht unterbrochen, d.h. sie schauen das überraschte Gesicht mit dem gleichen, geringen Interesse an, das die wiederholte Präsentation des lächelnden Gesichts auslöste.

Mit diesen Verfahren kann man nur erkennen, ob die Kinder einen Unterschied bemerken oder nicht. Man kann nicht erkennen, ob sie eine Vorstellung oder eine Repräsentation derjenigen Eigenschaften entwickelt haben, die im Allgemeinen ein Lächeln konstituieren. Um das zu erfahren, muss man einen Schritt weiter gehen, indem man zum Beispiel nachweist, dass ein Säugling ein Lächeln erkennt, gleichgültig auf welchem Gesicht es zu sehen ist. Erst dann kann man sagen, dass der Säugling eine abstrakte Repräsentation jener invarianten (unveränderlichen) Eigenschaften entwickelt hat, die unabhängig von Varianten (veränderlichen) Eigenschaften, wie z. B. dem Gesicht, das das Lächeln zeigt, „Lächeln" konstituieren.

Mithilfe solcher **Paradigmen und Methoden**, den Säuglingen „Antworten" zu entlocken, wurde ein ansehnlicher Komplex von Informationen zusammengetragen. Die genannten Beispiele erklären nicht nur, wie man neue Erkenntnisse über Säuglinge gewinnen und welche Fähigkeiten man bei ihnen nachweisen kann; sie helfen uns auch, die Informationen über frühkindliche Wahrnehmung, kognitive und affektive Eigenschaften zu systematisieren, sodass wir einige allgemeine Prinzipien entwickeln können, auf die wir in diesem Kapitel an anderer Stelle angewiesen sein werden. Dies sind in Kürze:

1. Säuglinge suchen nach sensorischer Stimulierung. Mehr noch, dieses Suchen hat jene präemptorische [vorherbestimmende] Qualität, die eine Grundvoraussetzung für eine Hypothesenbildung über Triebe und Motivationssysteme darstellt.

2. Sie haben deutliche Vorlieben und Abneigungen im Hinblick auf die Sinneseindrücke, die sie aufnehmen wollen, und die Wahrnehmungen, die sie sich bilden. Diese sind angeboren.

3. Von Geburt an scheint es ein zentrales Bestreben zur Bildung und Prüfung von Hypothesen über das, was in der Welt geschieht, zu geben (Bruner 1977). Säuglinge nehmen fortwährend „Einschätzungen" vor, indem sie sich fragen: „Ist dies anders als jenes, oder ist es dasselbe? Wie sehr weicht das, was mir eben begegnet ist, von dem ab, was mir früher begegnet ist?" (Kagan et al. 1978). Es ist klar, dass dieses zentrale innerliche Bestreben, wenn es sich fortwährend realisiert, die soziale Welt rasch nach übereinstimmenden und kontrastierenden Mustern, Ereignissen, Zusammenhängen und Erfahrungen kategorisieren wird. Der Säugling wird schnell herausfinden, welche Merkmale eines Erlebnisses invariant und welche variant sind – d.h. welche Merkmale wesentlich zu der Erfahrung „gehören", (J. Gibson 1950, 1979; E.

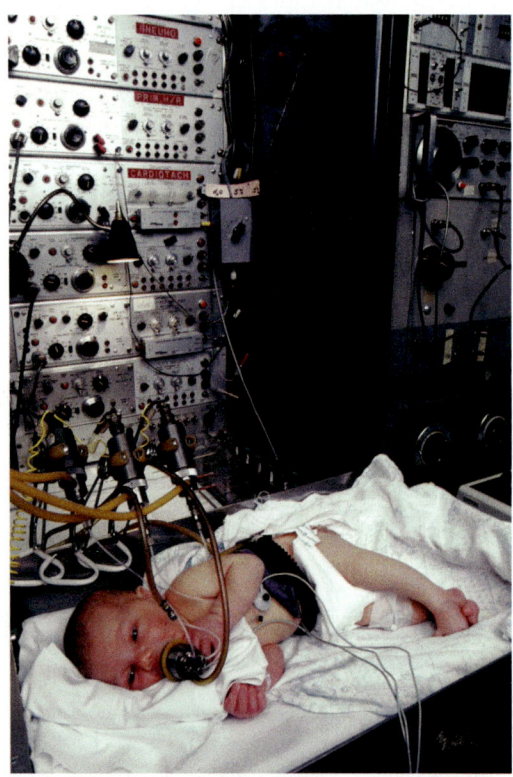

Hilflos scheint das Baby den Apparaten ausgeliefert zu sein. Dabei reguliert es sein Wohlbefinden aktiv. Bei diesem Experiment saugt das Kind umso häufiger am Schnuller, je weniger süß die Lösung in den Schläuchen ist.

Gibson 1969). Er wird dieselben Verfahren auf sämtliche Sinnesempfindungen und Wahrnehmungen anwenden, die ihm zugänglich sind, von den einfachsten bis zu den kompliziertesten – den Gedanken über die Gedanken.

4. Affektive und kognitive Prozesse lassen sich nicht ohne weiteres trennen. Bei einer einfachen Lernaufgabe baut sich Aktivierung auf und fällt wieder ab. Das Lernen selbst ist motiviert und affektgeladen. Ähnlich finden Wahrnehmungs- und kognitive Prozesse auch in intensiv affektiven Momenten weiterhin statt. Und schließlich haben affektive Erlebnisse (z. B. die vielfältigen Situationen der Überraschung) ihre eigenen unveränderlichen und veränderlichen Merkmale. Sich unter diesen zurechtzufinden, ist eine kognitive Leistung, die das affektive Erleben betrifft.

(Daniel Stern, Die Lebenserfahrung des Säuglings. Aus dem Amerik. von Wolfgang Krege. Die Übers. wurde bearbeitet von Elisabeth Vorspohl.© 1985 by Basic Books, Inc., Publishers, New York. Klett-Cotta, Stuttgart 1992, S. 61 – 67 [Auszüge])

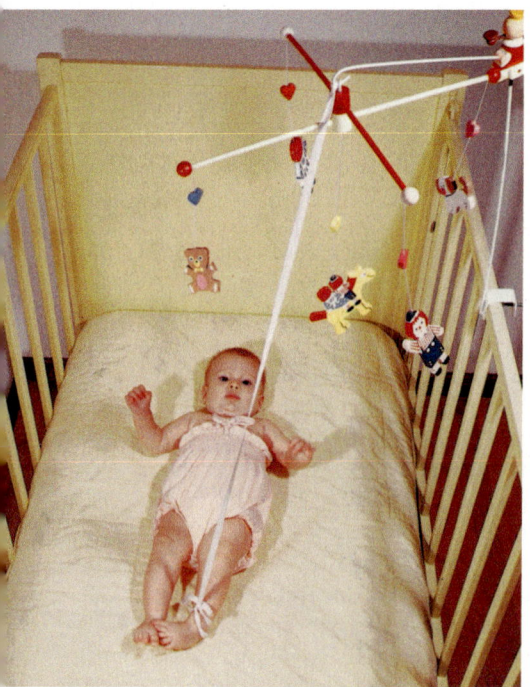
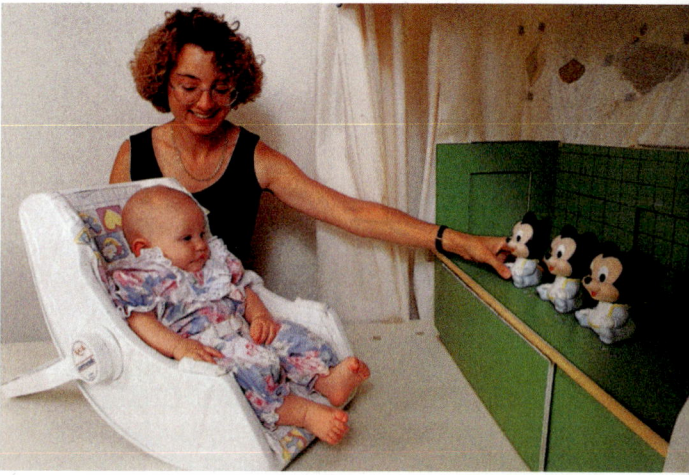

1. „Ein Blick in die Wiege und die Kinderkrippe lehrt uns genauso viel wie ein Blick in die Petrischale oder durchs Teleskop. In mancher Hinsicht lehrt er uns sogar mehr – wir lernen, was es heißt, ein Mensch zu sein." (Alison Gopnik, Patricia Kuhl, Andrew Meltzoff). „Heute sehen wir das Kind von Anfang an als auswählendes, seine Welt- und Selbsterfahrung deutendes und gestaltendes Wesen." (Prof. Dr. Gerd Schäfer, Universität Köln). Erläutern Sie diese Zitate von führenden Vertretern der neuen Säuglingsforschung.

2. Beschreiben Sie die unterschiedlichen Methoden, mit denen die neue Säuglingsforschung arbeitet. Nutzen Sie hierfür auch die abgedruckten Fotos.

3. Greifen Sie zurück auf Ihre Erkenntnisse aus der Jahrgangsstufe 11 zu den Themen Erziehungswissenschaft, Experimente in der Lernpsychologie sowie Methoden der Hirnforschung und nutzen Sie dies für eine Definition der Entwicklungs- und Sozialisationsforschung.

 **Blick-Richtung:**

Dieser Band ist in vier Themenkreise (2.1 bis 3.2) aufgeteilt, die auch den Kurshalbjahren der gymnasialen Oberstufe 12/1 bis 13/2 entsprechen könnten.

Am Ende eines jeden Einführungsteils zu einem Themenkreis finden Sie einen Abschnitt Blick-Richtung, der Ihnen die Möglichkeit geben soll, eine Orientierung auf den Wahlteil mit seinen unterschiedlichen Waben vorzunehmen.

Im Anschluss an diese Seiten finden Sie die methodische Anregung für dieses Kurshalbjahr; bereits im Band 1 haben Sie die ‚Fächerübergreifenden Perspektiven: Biologie/EW' kennengelernt; diese werden in 3.1 für das Fach Geschichte fortgesetzt. Hier im Themenkreis 2.1 werden Sie die Facharbeit als eine Möglichkeit zur Entwicklung eigenständiger Lernwege kennenlernen.

Die „Reflexionen" und „Perspektiven" schließen einen jeweiligen Themenkreis ab bzw. ermöglichen einen Ausblick auf die weiteren Themenkreise dieses Buches. Natürlich wird es aus Zeitgründen nicht möglich sein, mit dem gesamten Kurs alle Waben zu bearbeiten; so haben Sie aber die Möglichkeit, aus einem Angebot auszuwählen.

Da Sie einige Waben auch arbeitsteilig oder im Rahmen einer Facharbeit bearbeiten können, finden Sie in jedem Fall genügend Materialien vor, um Ihren Interessen selbstständig bzw. mit Unterstützung Ihrer Mitschüler/Mitschülerinnen oder des Lehrers/der Lehrerin nachzugehen. Diesen Aspekt haben wir im Vorwort mit dem Begriff ‚Individualisierung von Lernwegen' bereits angesprochen.

Welche der folgenden Waben Sie zur Bearbeitung im Kurs auswählen, hängt u.a. von folgenden Überlegungen ab: Die ersten beiden Waben beschäftigen sich mit zwei grundlegenden Entwicklungsmodellen, die in zahlreiche pädagogische und psychologische Arbeitsfelder Eingang gefunden haben, und zwar mit dem psychoanalytischen Modell nach Sigmund Freud in der Wabe 2 und mit dem neopiagetschen Modell der sozialen Entwicklung nach Robert Kegan sowie dem Modell der moralischen Entwicklung nach Lawrence Kohlberg in der Wabe 1. Da es sich bei diesen Modellen um fundamentale Theorien der Entwicklungspsychologie handelt, die für pädagogische Fragestellungen wesentlich sind, ist es sinnvoll, eine dieser beiden Waben zu wählen. Die Wabe 3 beschäftigt sich mit dem Thema Sozialisation, ein Aspekt, der in der Wabe 1 des Themenkreises 2.2 unter einer spezifischen Fragestellung fortgeführt wird. Auffälligkeiten von Kindern und Jugendlichen werden zu einer pädagogischen Herausforderung. Ist das psychische Gleichgewicht gestört, wie z.B. bei Depressionen, kann durch die Anwendung von Erklärungsmodellen auch deren Nützlichkeit für Intervention und Prävention diskutiert werden – in der Wabe 4 wird dieser Themenbereich angesprochen. In den „Reflexionen" wird der systematische Erklärungsansatz besonders herausgestellt, weil hier versucht wird, Antworten auf Fragen sowohl zum Individuum als auch nach dem sozialen Kontext zu bekommen, also nach der Einheit der Verschiedenheit von Ich und Du im ‚Wir' gesucht wird. Diese Sichtweise soll es Ihnen ermöglichen, die Leitfrage des Themenkreises aus den bislang gewonnenen Erkenntnissen und Einsichten differenziert zu beantworten.

Sie können Ihre Wahl auch davon abhängig machen, welche Wabe Sie später aus dem Themenkreis 2.2 behandeln möchten. Tendieren Sie beispielsweise dazu, sich mit dem Thema ‚Sexueller Missbrauch' zu beschäftigen, ist es hilfreich, als Grundlage das psychoanalytische Entwicklungsmodell bearbeitet zu haben. Daran wird deutlich, dass eine vorläufige Planung für die Themenkreise 2.1 *und* 2.2 sehr sinnvoll sein kann!

Entwicklungs- und Sozialisationstheorien lenken den Blick auf die individuelle bzw. gesellschaftliche Perspektive. In den im Themenkreis 2.2 angebotenen Waben wird diese differenzierte Betrachtung fortgeführt, um so auch die Tragfähigkeit und Leistungsfähigkeit pädagogischer Fragestellungen für eine gelungene Selbstwerdung in sozialer Verantwortung aufzuzeigen.

Für die selbstständige Erarbeitung in Arbeitsgruppen oder im Rahmen einer Facharbeit eignet sich insbesondere die Wabe ‚Männlein und Weiblein – Sozialisation als Rollenlernen'.

Bereits im Band 1 haben wir Sie mit einem Verfahren bekannt gemacht, eine Auswahl zwischen den einzelnen Waben zu treffen für den Fall, dass Sie als gesamter Kurs eine Wabe bearbeiten möchten (vgl. Band 1, S. 52f.).

An dieser Stelle wollen wir Ihnen ein weiteres Verfahren vorstellen, sodass Sie für alle anstehenden Entscheidungsprozesse über die Auswahl von Waben innerhalb eines Themenkreises zumindest zwei Verfahren zur Verfügung haben.

I. Einigung mit sich selbst
Schauen Sie sich die jeweilige Aufmacherseite und die Inhaltsübersicht der einzelnen Waben genau an. Schreiben Sie drei Sie interessierende Waben auf jeweils eine Karteikarte. Überlegen Sie zu jedem der drei Wabenthemen fünf Fragen, die Sie im Zusammenhang mit der Themenstellung der Wabe beantwortet haben möchten, und schreiben Sie diese auch auf die jeweilige Karteikarte. Sollten Sie zu einer Wabe keine fünf Fragen formulieren können, so suchen Sie sich eine andere Wabe aus. Suchen Sie Mitschüler/Mitschülerinnen, die sich auch für Ihre Auswahl entschieden haben, und tauschen Sie Ihre jeweiligen Fragen an das je einzelne Wabenthema aus. Vervollständigen Sie Ihre Fragen gegebenenfalls um weitere, die auch Sie interessieren würden. Schauen Sie noch einmal ins Inhaltsverzeichnis der Waben und überprüfen Sie, ob Ihre Fragen/Erwartungen wohl erfüllt werden könnten. Dazu können Sie auch Ihren Lehrer/Ihre Lehrerin noch einmal fragen. Ansonsten sollten Sie diese Fragen einklammern.
Entscheiden Sie sich jetzt für eine Wunschrangfolge Ihrer drei Waben. Die Karteikarte mit dem Erstwunsch wird auffällig rot markiert, die mit dem Zweitwunsch gelb und die letzte grün (Filzstift, Klebepunkte, ...).

II. Einigung mit den anderen
Auf jeweils einem DIN A4-Blatt wird vom Lehrer/der Lehrerin je ein Wabenthema aufgeschrieben (bzw. die Aufmacherseite kopiert); in einem größeren Abstand voneinander werden diese Blätter an einer Wand aufgehängt. Die Schülerinnen und Schüler hängen ihre markierten Karteikarten passend unter die jeweiligen Wabenthemen, sodass bei jeder Wabe durch die Farbmarkierung sofort erkennbar ist, wie oft sie als Erst-, Zweit- bzw. Drittwunsch angegeben wurde.

Diskutieren Sie nun gemeinsam, wie Sie zu einer Entscheidung kommen wollen:
– Auszählung der Erstwünsche,
– Diskussion und Abstimmung, wobei jeder/jede eine/zwei/... Stimmen hat.

Zusätzlich können Sie überlegen, ob Ihre Interessen durch das Anlegen eigener Benutzerpfade in Form von Einzelarbeit/Partnerarbeit/Gruppenarbeit gewährleistet werden können. Die Karten sollten Sie als Orientierung für Ihre weitere Arbeit gut aufbewahren. Klären Sie am Ende der Arbeitsphase, welche Fragen in welchem Umfang beantwortet werden konnten.
Halten Sie auch fest, ob sich neue Fragen oder Schwerpunktverlagerungen ergeben haben.

> Wir möchten Ihnen an dieser Stelle noch eine Anregung mitgeben:
> Legen Sie im Laufe der Arbeit mit „Phoenix" für Ihren Kurs ein Pädagogiklexikon an, in dem Sie alle wichtigen Stichworte erfassen und Erläuterungen dazu aufschreiben. Dadurch haben Sie auch am Ende Ihres Benutzerpfades durch das ganze Buch eine Möglichkeit der Wiederholung. Schreiben Sie diese Stichworte auf Karteikarten, sodass Sie diese untereinander austauschen und ein für Ihren Kurs optimales gemeinsames Register anlegen können.

Am Ende eines jeden Abschnittes ‚Reflexionen' finden Sie für jeden Themenkreis eine Übung, die Ihnen helfen soll, rückblickend Ihren eigenen Lernweg zu reflektieren und beantwortete wie offen gebliebene Fragen herauszufinden – entsprechend heißt dieser kurze Abschnitt: **Rück-Blick:**.
Hier können Sie darüber nachdenken, was und wie Sie bisher gelernt haben, ob es quantitative und qualitative Lernfortschritte gibt, die sowohl das fachliche Wissen, Ihre Argumentationsfähigkeit, Ihr Einfühlungsvermögen, Ihr Problembewusstsein, Ihre persönliche Weiterentwicklung ... betreffen (vgl. Sie dazu auch den ‚Schluss-Punkt' am Ende einer jeden Wabe).

Jeder Themenkreis hat eine **Leitfrage**; je nach Bearbeitung der Waben können Sie diese aus unterschiedlichen Perspektiven beantworten. Ein Austausch im Kurs am Ende eines Halbjahres über mögliche Antworten und weiterführende Fragen kann Sie bei der Findung eines eigenen Standpunktes unterstützen, eine wichtige Voraussetzung für verantwortliches und reflektiertes pädagogisches Handeln.

Methodische Anregung: Die Facharbeit

Im Unterschied zum mündlichen Referat ist die pädagogische Facharbeit eine schriftliche Ausarbeitung, deren Erarbeitung sich über einen längeren Zeitraum erstreckt.

1. Funktion der pädagogischen Facharbeit

Die pädagogische Facharbeit hat zum einen eine wissenschaftspropädeutische Funktion. Als Vorbereitung auf ein Hochschulstudium im erziehungswissenschaftlichen Bereich soll sie die Selbstständigkeit und Selbsttätigkeit, die Kompetenz, pädagogische Sachverhalte schriftlich zu reflektieren, und die vertiefte inhaltliche Durchdringung eines selbst gewählten Schwerpunktes fördern.

Sie dient aber auch der Individualisierung von Lernwegen und kann, z.B. bei einem aus sehr persönlichen Motiven gewählten Thema, einen wichtigen Beitrag zur Persönlichkeitsentwicklung leisten.

Bei einem sehr erziehungspraktisch ausgerichteten Thema kann sie auch eine berufsorientierende Funktion haben.

2. Die Wahl des Themas

Entsprechend der verschiedenen Funktionen kann es sehr unterschiedliche Themenschwerpunkte der pädagogischen Facharbeit geben:

- *Schwerpunktmäßig biografisch orientierte Themen*
  Wir versuchen in diesem Schulbuch immer wieder, sehr individuelle, persönliche Zugänge zu Themenbereichen zu eröffnen. Daraus kann sich bei einer Schülerin/einem Schüler der Wunsch ergeben, einer sehr persönlichen Frage nachzugehen. Hier bietet sich die Facharbeit an, weil sie zunächst an die Lehrerin/den Lehrer als Adressaten gerichtet ist und nicht an die Kursöffentlichkeit. Die Facharbeit dient hier der Aufarbeitung und trägt so zur analytischen Distanzierung bei, da die Facharbeit der wissenschaftspropädeutischen Fundierung dient. Das persönliche Thema kann aber zu anderen formalen Gestaltungsaspekten führen und die strenge Form der Facharbeit durch Elemente wie Zeichnungen, Fotografien, Gedichte, Tagebuchauszüge o. Ä. ansatzweise auflösen. Wie weit dies gehen kann, ist stark von dem individuellen Verhältnis zur Lehrerin/zum Lehrer abhängig.
- *Schwerpunktmäßig praktisch-pädagogische Themen*
  Probleme der pädagogischen Praxis, die nicht mit dem gesamten Kurs bearbeitet werden konnten, können zu Themen von pädagogischen Facharbeiten werden. Die Nähe zur pädagogischen Praxis ist charakteristisch für diesen Typus der Facharbeit. Dementsprechend gestaltet sich die Informationsbeschaffung hier anders als bei den anderen Typen. Das Aufsuchen pädagogischer Praxis, die Dokumentation pädagogischer Arbeit und die theoretische Reflexion und Fundierung praktischer pädagogischer Probleme müssen hier im Vordergrund stehen.
- *Schwerpunktmäßig theoriebezogene Themen*
  Wir gehen davon aus, dass die Kurse immer eine Auswahl aus den zur Verfügung stehenden Waben treffen. Daher ist es gut möglich, dass einzelne Schülerinnen und Schüler eine Facharbeit zu einem nicht vom Kurs gewählten theoretischen Schwerpunkt schreiben und sich so z.B. den lerntheoretischen Ansatz von Bandura zum Lernen am Modell mithilfe des Buches selbstständig aneignen und dies in einer Facharbeit darlegen. Aber auch hier sollte der Bogen zur pädagogischen Anwendung wissenschaftlicher Theorien geschlagen werden, was mithilfe des Buches auch möglich ist.

Bei der Formulierung des Themas ist es hilfreich, eine klare zugespitzte Problemfrage als plakativen

Obertitel und eine eher wissenschaftsorientierte Formulierung als Untertitel zu nehmen. Dies schafft sowohl für die Verfasserin/den Verfasser wie auch die Adressatin/den Adressaten die nötige Klarheit. Wichtig ist es, schon durch die Themenformulierung, aber auch an verschiedenen Stellen der Facharbeit deutlich zu machen, worin der inhaltliche Zusammenhang zum allgemeinen Kursprogramm besteht.

3. Planungshilfen

- *Zeitplanung*

  Da die Facharbeit ein langfristig angelegtes Vorhaben darstellt, ist es besonders wichtig und auch ein gutes Training, sich über die zeitliche Planung des gesamten Vorhabens einen Überblick zu verschaffen. Für die Themenwahl, die Themenformulierung und Gliederung, für die Materialbeschaffung und die eigentliche schriftliche Ausarbeitung müssen Zeiträume kalkuliert werden. Hierbei ist es ratsam, die Arbeit zu portionieren und sich Zwischenziele und Zwischentermine zu setzen.

- *Gliederung*

  Inhaltlich kann die pädagogische Facharbeit über die Kategorien: Wahrnehmen und Beschreiben, Deuten und Erklären, Planen und Handeln sowie Beurteilen gegliedert werden. Formal bietet sich der übliche Dreischritt Einleitung, Hauptteil, Schluss an.

- *Informationsbeschaffung*

  Abhängig von der Wahl des Themenschwerpunkts bieten sich unterschiedliche Hilfsquellen bzw. Hilfsmittel an. Trainiert werden sollte sicherlich der systematische Umgang mit wissenschaftlicher Fachliteratur, aber auch die Befragung von pädagogischen Experten, die Auswertung von Filmen u. Ä. tragen zu einer erziehungswissenschaftlich propädeutischen Arbeit bei. Die selbstständige Arbeit mit „Phoenix" als kompaktem Oberstufenband mit vielen Querverweisen und Rückgriffsmöglichkeiten ist hier sicherlich eine große Hilfe.

- *Beratung durch die Fachlehrerin/den Fachlehrer*

  Von der Wahl des Themas über die Gliederung der Facharbeit, die Informationsbeschaffung bis hin zur konkreten Schreibarbeit ist die Beratung durch die Fachlehrerin/den Fachlehrer von großer Bedeutung.

4. Formale Fragen

- *Deckblatt*

  Das Deckblatt sollte den Namen der Verfasserin/des Verfassers, der Lehrerin/des Lehrers, das Thema und die Angabe „Eine Facharbeit im Fach Pädagogik" enthalten.

- *Inhaltsverzeichnis*

  Da es sich um eine umfangreichere Ausarbeitung handelt, ist es ratsam, ein Inhaltsverzeichnis anzulegen.

- *Vorwort/Einleitung*

  Ein Vorwort ist eher persönlich ausgerichtet und gibt Auskunft z. B. über die persönlichen Motive der Themenwahl oder die Bedingungen der Erarbeitung. Daher ist dies nur erforderlich, wenn man ein entsprechendes Thema gewählt hat. Die Einleitung ist eher sachlich orientiert und gibt einen Überblick über Ziel und Vorgehensweise der Facharbeit. Daher ist es grundsätzlich wichtig, eine Einleitung zu verfassen.

- *Zitate und Anmerkungen*

  Der gewissenhafte Umgang mit dem geistigen Eigentum anderer Menschen ist ein wichtiges Anliegen der pädagogischen Facharbeit. Wörtlich übernommene Passagen aus der Fachliteratur müssen daher exakt gekennzeichnet („...") sein, Auslassungen müssen erkennbar sein [...], auch sinngemäße Übernahme muss nachgewiesen werden (vgl. Autor, Erscheinungsort und -jahr, Seite). Ein Anmerkungsapparat ist nicht immer notwendig.

- *Schlusswort*

  Eine Zusammenfassung, ein Kommentar aus eigener Perspektive, eine Einordnung in den Kurszusammenhang sowie das Aufzeigen offener Fragen schließen die Arbeit ab.

- *Literatur- und Quellenverzeichnis*

  Am Ende der Arbeit müssen dann alle benutzten Quellen und Hilfsmittel in übersichtlicher und üblicher Form dokumentiert werden: Autor, Titel, Erscheinungsort, Erscheinungsjahr.

Die den Themenkreisen zugeordneten Leitfragen bieten einen Rahmen, in dem je nach eigenem Interesse Facharbeiten geschrieben werden können. Die Waben in „Phoenix" sind so aufgebaut, dass Sie eine nicht im Unterricht behandelte Wabe weitgehend selbstständig bearbeiten können.

Facharbeiten fordern die Eigenständigkeit in einem hohen Maße heraus, deshalb ist es unbedingt nötig, dass die Arbeit begleitet und betreut wird. Dazu sollte die notwendige Zeit, z.B. in Form von Fragestunden, zur Verfügung stehen. Wenn Sie an einem ähnlichen oder an gleichen Themen arbeiten wie andere Kursmitglieder, sollten Sie sich gegenseitig unterstützen.

Die nachfolgende Checkliste kann Ihnen helfen, durch gründliche Vorüberlegungen zu *Ihrem* Thema zu finden.

Checkliste/Hinweise zum Anfertigen einer Facharbeit:

Legen Sie ein Heft an. Dieses dient ausschließlich zur Anfertigung der Facharbeit. Halten Sie in diesem Heft **jeden Schritt** entsprechend der Checkliste fest, auch jeden „Umweg" oder „Irrweg" und die geführten Beratungsgespräche.

- Ausgangs-Punkt:
  Eine Leitfrage aus dem Buch, ein Bild (vgl. Einführungsseiten zu jeder Wabe), eine Fragestellung (vgl. z.B. die Abschnitte ‚Projektvorschlag'), ein ‚Fall', ein (persönliches) Erlebnis, eine Idee (vgl. z.B. die Seiten ‚An-Sichten' oder ‚Ein-Spruch'), ...
  Entspannen Sie sich und lassen Sie sich Ihren Ausgangs-Punkt ‚durch Kopf und Bauch gehen'. Schreiben Sie Gedanken und Assoziationen auf.
- Vielleicht gelingt es Ihnen auch schon, ein wenig Ordnung in Ihre Gedankengänge zu bringen (Cluster, Mind-Map).
- Sprechen Sie mit einem Mitschüler/einer Mitschülerin über Ihre Ideen.
  Welche *weiteren* Fragen und Anregungen ergeben sich aus diesem Gespräch?
- Keine Facharbeit ohne ein Thema: **Ihr** Thema! Die Facharbeit bietet die Möglichkeit, dass Sie innerhalb eines vorgegebenen Rahmens Ihren (Forschungs-) Interessen nachgehen können.
  Formulieren Sie ein vorläufiges Thema und sprechen Sie mit mindestens drei Mitschülern/Mitschülerinnen darüber:
  Ist die Themenstellung verständlich?
  Löst die Themenstellung Interesse aus?
  Welche Inhalte und welche Fragen ergeben sich aus der Themenstellung?
  Hat die Themenstellung eine fachlich pädagogische Orientierung?
  Ist die Themenstellung eingegrenzt genug oder zu umfassend angelegt?
  Sprechen Sie mit Ihrem Lehrer/Ihrer Lehrerin über Ihre bisherigen Überlegungen.
- Erstellen Sie eine vorläufige, detaillierte Gliederung (Mind-Map, ...) über den Aufbau der Facharbeit (Einleitung: .../Hauptteil: .../Schluss: ...).
  Denken Sie immer an den roten Faden innerhalb der Arbeit.
  Bauen Einleitung, Hauptteil und Schluss aufeinander auf?
  Sind Bezüge hergestellt?
  Sprechen Sie mit Ihrem Lehrer/Ihrer Lehrerin und einem Mitschüler/einer Mitschülerin über diese Gliederung und machen Sie möglichst viele Stichworte, Bilder, ... zu den einzelnen Gliederungspunkten.
  Was wollen Sie erreichen, wann sind Sie mit Ihrer Arbeit zufrieden?
  Haben sich Schwerpunkte verlagert, sodass eine Themenänderung notwendig ist?
- Wie bekommen Sie das nötige Wissen für Ihre Facharbeit?
- Notieren Sie in Ihrem Heft:
  Welche weiteren Informationen benötigen Sie und warum sind sie Ihnen wichtig?
  Wissen Sie möglicherweise schon selbst die Antworten?
  Bedenken Sie: Vielleicht gibt es gar nicht immer eine klare Antwort, sondern nur Fragen, die aber neue Denkrichtungen und Perspektivwechsel ermöglichen. Dies kann genauso wichtig sein!

Wie können Sie gegebenenfalls notwendige Informationen bekommen (Bücher, Lexika, Internet, Lehrer/Lehrerin fragen, ...)?
Notieren Sie sich genau Ihre Quellen!
- Ausarbeitung: Jetzt können Sie noch konkreter werden und anfangen, Ihre Stichworte auszuformulieren bzw. auszudrücken (Bilder, Collagen, Gedichte, ...).
Sie schreiben eine **Fach-Arbeit**, d.h. fachwissenschaftliche Aspekte sollen sinnvoll in Ihre Ausführungen aufgenommen werden.
- Reflexion: *Am Schluss Ihrer Facharbeit sollten Sie in jedem Fall die folgenden Fragen beantworten: Sind Sie mit Ihren Ausführungen zufrieden, haben Sie unzulässige Verallgemeinerungen vorgenommen, wurden fachwissenschaftliche Aspekte genügend berücksichtigt, ist die Thematik umfassend genug bearbeitet, ...?*
- *Was würden Sie jetzt anders machen, wo ergeben sich neue Fragen, was bleibt offen ...?*

Eine besondere Form der Erkundung: **Das Interview**
Die Durchführung von Interviews bietet im Rahmen von Facharbeiten eine besondere Möglichkeit, aus der passiven Rolle der Antwortenden in die der Fragenden und Forschenden zu kommen. Im Band 1 von „Phoenix", S. 103ff., finden Sie ein Beispiel eines im Rahmen einer Facharbeit durchgeführten Interviews.
Sie sollten auf jeden Fall die folgenden Punkte beachten:

Checkliste Interview:
- Warum haben Sie die entsprechenden Interviewpartner ausgesucht?
- Wie soll das Interview aufgebaut werden (Einstieg, ..., Abschlussfrage)?
- Welche Fragen sollen auf jeden Fall gestellt werden? (Probieren Sie die Fragen bei einem Mitschüler/einer Mitschülerin aus – wie werden die Fragen verstanden?)
- Sind die Fragen verständlich, zu offen, zu eng, zu allgemein, zu komplex, zu schwer, zu offensichtlich, rhetorisch, lassen sie nur ein Wort als Antwort zu, ...?
- Was soll als Ergebnis des Interviews herauskommen?
- Denken Sie an Protokoll bzw. Tonbandmitschnitt! Informationen zur Person des Befragten aufnehmen!

Auswertende Interpretation des Interviews:
Welche neuen Erkenntnisse haben sich ergeben, an welchen Stellen könnte man auch eine andere Meinung vertreten?
Sind die Ergebnisse des Interviews verallgemeinerbar, lassen sich Hypothesen ableiten, die fachwissenschaftlich zu belegen sind?
Gibt es Bezüge zu Informationen aus dem Unterricht/Buch (Wabenüberschriften, Register), welche weiteren Fragestellungen bieten sich an?

Eine Möglichkeit, die unterschiedlichen Facharbeiten in Ihrem Kurs auszuwerten, besteht darin, in Kleingruppen Antwort-Thesen zu den Leitfragen des jeweiligen Themenkreises zu formulieren und sich darüber auszutauschen.
Weitere Anregungen zum Thema Facharbeit finden Sie in:
- Heinz Dorlöchter, Wege eigenständigen Lernens – Die Facharbeit, in: Edwin Stiller (Hg.), Dialogische Fachdidaktik Pädagogik Band 2, Schöningh Verlag, Paderborn 1999
- Der Kleine Phoenix, Schöningh Verlag, Paderborn 1999, S. 228ff.
- Wolfgang Langer u. a., Facharbeit und besondere Lernleistung (Buch und CD-ROM), Klett Verlag, Stuttgart 1999
- Franz-Josef Bölting/Eberhard Hagemeier, Die Facharbeit – Leitfaden und Tipps für Schülerinnen und Schüler, Landesinstitut für Schule und Weiterbildung, Soest 2000
- Hinweise auf wichtige Arbeitstechniken im Zusammenhang mit der Erstellung einer Facharbeit finden Sie auf der folgenden Website: http://www.ni.schule.de/~pohl/unterricht/facharb/

(Autorentext)

2 Das Wabenmodell

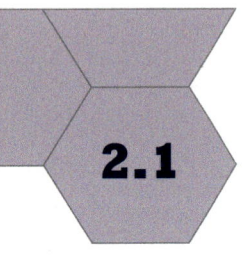

2.1 Soziale und moralische Entwicklung – Die Modelle von Robert Kegan und Lawrence Kohlberg

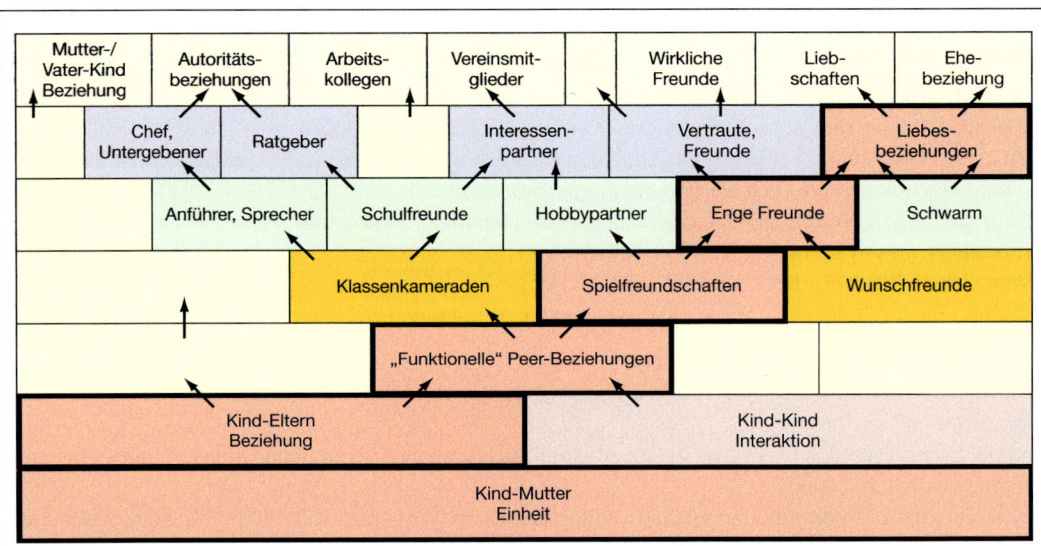

(Lothar Krappmann, Die Entwicklung sozialer Beziehungen, in: Ann Elisabeth Auhagen/Maria von Salisch [Hrsg.], Zwischenmenschliche Beziehungen, Hogrefe Verlag für Psychologie, Göttingen 1993, S. 53)

Dieses Entwicklungsmodell für soziale Beziehungen wird vom Autor folgendermaßen beschrieben:
„Die Abbildung [...] soll als heuristisches Hilfsmittel verstanden werden, um den Weg von der undifferenzierten Mutter-Kind-Einheit zur Beziehungsvielfalt des Erwachsenenlebens besser zu begreifen und weiter zu erforschen. Die eingetragenen Beziehungsausprägungen haben beispielhaften Charakter; leere Felder deuten an, dass weitere Aspekte integriert werden können. Auch weitere Pfeile sind noch hinzuzufügen. Insbesondere fehlen Pfeile, die die wechselseitigen Einflüsse in einer Phase anzeigen. Die Anordnung der Felder und die Pfeile sollen verdeutlichen, wie sich die Beziehungen der Heranwachsenden neben der Hauptlinie der Entwicklung, die über die stark umrahmten Felder verläuft, transformieren und differenzieren." (L. Krappmann, a. a. O., S. 51f.)
Zeichnen Sie Ihr persönliches Entwicklungsmodell für soziale Beziehungen, indem Sie aus der Abbildung entsprechende Felder auswählen bzw. leere Felder ausfüllen und eine Hauptrichtung kennzeichnen. An welchen Stellen können Sie sich Entwicklungsknoten vorstellen (vgl. Sie das Kapitel-Logo*), wie würden Sie diese bezeichnen? Folgen Sie der Anregung des Autors, indem Sie die Richtung der Pfeile ergänzen.

*Das Logo stammt aus einer Zeichnung von Michèle Lemieux, Gewitternacht, Beltz Verlag, Weinheim und Basel 1997, Programm Beltz & Gelberg, Weinheim.

Einführung

Soziale Kompetenz im Kleinkindalter

Nelli und Monika

Nelli (15 Monate) sitzt mit Puppengeschirr in der Hand auf dem Teppich, sie nimmt die Kanne und ‚gießt' etwas in die Tasse, sie stellt die Kanne ab. Monika (15 Monate) kommt hinzu, setzt sich, nimmt eine Tasse und ‚trinkt', nimmt dann die Kanne und ‚gießt' ebenfalls ein. Nelli hält den Deckel der Kanne in der Hand fest und steckt zwischendurch ihren Schnuller in den Mund. Monika führt nun die Tasse an Nellis Mund. Sie nimmt den Schnuller in die Hand, damit sie ‚trinken' kann. Im Wechsel ‚gießen' die Kinder etwas in die Tasse und ‚trinken' davon. [...]
Nelli und Monika sind in ihrer Krabbelstube die Einzigen, bei denen schon symbolische Interaktionen (Als-ob-Spiel) vorkommt. Nelli und Monika waren schon miteinander befreundet, bevor sie in die Krabbelstube kamen. Deswegen kann man sagen: Kinder brauchen nicht nur Gleichaltrige, sie brauchen auch Freunde unter Gleichaltrigen, um ihr Potenzial an sozialer Kompetenz voll ausschöpfen zu können. Kleinkinder haben einander viel zu geben, was durch Erwachsene oder ältere Kinder nicht zu ersetzen ist.

(Kornelia Schneider/Wiebke Wüstenberg, Kinderfreundschaften im Krabbelalter, in: Deutsches Jugendinstitut [Hrsg.], Geschäftsführender Redakteur: Hermann Schwarzer, Was für Kinder – Aufwachsen in Deutschland. Ein Handbuch, Kösel Verlag, München 1993, S. 133)

1. Begründen Sie die zuletzt gemachte Aussage des Textes und ziehen Sie Schlussfolgerungen.
   Kontrastieren Sie die Ausführungen der Autorinnen mit dem nebenstehenden Bild.

2. Sammeln Sie in einer Pro- und Kontra-Diskussion Vor- und Nachteile einer familienergänzenden Erziehung in der Form von Krabbelstuben, Kindertagesstätten etc.

3. Nehmen Sie Kontakte zu Einrichtungen für Kleinkinder auf und erkunden Sie den Einfluss auf die soziale Entwicklung der Kinder. Haben Kinder eine eigene Moral?
   Vielleicht haben Sie auch die Möglichkeit, durch Hospitationen einen eigenen Eindruck zu bekommen.

4. „Was im Rückblick als Unterstützung der individuellen und sozialen Entwicklung des Subjekts verstanden wird, ist ebenso wie all das, was vorausschauend als hilfreich für diese Entwicklung eingeschätzt wird, als ‚Erziehung' zu bezeichnen. Zwischenmenschliche Hilfe und Förderung, Ermutigung und Unterstützung, aber auch Erfahrungen des Zutrauens und des Vertrauens sind Erfahrungsmomente eines derartigen Erziehungsbegriffs." (Aus: Johannes Gruntz-Stoll, Kinder erziehen Kinder, Sozialisationsprozesse in Kindergruppen, München 1989, S. 9ff.)
   Nehmen Sie Stellung zum Titel des Buches: ‚Kinder erziehen Kinder!'

„Wir haben jetzt eine Menge Einzelkinder in unserem Kindergarten!"

Gutes Kind – böses Kind?

Es gehört zu den größten Wünschen der Kinder, sich mit den Eltern zu identifizieren, so zu werden wie Vater und Mutter. Allerdings nur dann, wenn sie die Großen lieben und bewundern können und sich bei ihnen geborgen fühlen. In einem Klima von Vertrauen und gegenseitiger Zuneigung übernehmen die Kinder am ehesten die Wertvorstellungen der Eltern und versuchen, sich ihnen anzugleichen. Harte, strafende Eltern haben dagegen kaum eine Chance, als positive Vorbilder zu bestehen, selbst wenn sie es gut meinen. Anstelle der Werthaltungen, die sie ihnen mit ihrer Strenge aufzwingen wollen, kopieren die Sprösslinge häufig nur die Methoden und neigen selbst zur Gewaltbereitschaft.

Weil Kinder von Anfang an bemüht sind, sich zugehörig zu fühlen und den Verhaltensweisen ihrer Gruppe anzupassen, beobachten sie scharf, was in ihrem Umfeld vorgeht. Sie haben ausgezeichnete Antennen und merken schnell, wenn ihnen etwas aufgedrückt werden soll, was die Großen selbst nicht praktizieren. Bei Kleinen, die noch leicht zu steuern sind, mag das vielleicht eine Weile klappen. Aber Größere, denen bewusst wird, dass im Prinzip allen gleiche Rechte zustehen, begehren oft auf gegen die Verschiebung der Maßstäbe. Wieso sollen sie sich an Regeln halten, die ein Großteil der Erwachsenen offen oder auf spitzfindige Art umgeht? Für die meisten, die sich mit diesem Thema befassen, gilt es inzwischen als ausgemacht, dass viele Kinder und Jugendliche gerade deshalb auf Werte pfeifen, weil sie gegen die weit verbreitete Doppelmoral der Erwachsenen protestieren und sich nicht von denen an der Nase herumführen lassen wollen, die ihnen Ehrlichkeit und Bescheidenheit predigen und dann selbst mit allen Tricks versuchen, ihr Schäflein ins Trockene zu bringen. Wenn Eltern ihre Kinder von humanen Werten überzeugen wollen, bleibt ihnen also nichts anderes übrig, als bei sich selbst anzufangen, in ihrem eigenen Leben damit ernst zu machen und den persönlichen Wertebestand aufzupolieren. [...]

„Als er ein Winzling von 15 Monaten war, gab es für unseren Basti im Park ein wandelndes rotes Tuch – Matthias", erinnert sich eine Mutter. „Wo immer er steckte, in einem Laubhaufen, im Gebüsch oder in der Sandkiste, Basti rannte auf ihn zu und biss ihn in die Backe. Oft hatte ich das arme Opfer noch gar nicht gesichtet, da war es auch schon passiert. Natürlich versuchte ich Basti klarzumachen, wie weh er Matthias tat, und auf unseren Spaziergängen schlug ich alle möglichen Haken, nur um seinen Weg nicht zu kreuzen, aber es klappte nicht immer. Eines Nachmittags baute sich Matthias' erboste Mutter mit ihrem Sohn an der Hand vor Basti auf. ‚Siehst du, Matthias, das ist ein wirklich böses Kind', erklärte sie, ‚ein schlimmer Junge, weil er dich nicht in Ruhe lässt.' Ich konnte ihren Ärger zwar gut verstehen, aber dieses Urteil ging dann doch zu weit. Basti war nämlich, wenn er nicht gerade auf sein ‚rotes Tuch' traf, ein freundliches, verschmustes Kerlchen. Deshalb nahm ich ihn damals auch bei der Hand. ‚Es tut mir wirklich leid, dass Basti Matthias immer wieder beißt', sagte ich den beiden. ‚Ich finde das absolut nicht in Ordnung, aber er ist deswegen doch kein böses Kind, meistens ist er sogar ausgesprochen lieb. Schade, dass er das nicht auch bei Matthias zeigt.' Die beiden Kleinen hörten dem Hin und Her zwischen ihren Müttern sehr aufmerksam zu. Und wenn er auch sicher nicht alles verstanden hat, glaube ich doch, dass Basti mitbekam, wie ich trotz seiner ‚Untaten' zu ihm stand und ihn nicht ganz und gar verurteilte. Ich weiß nicht, ob es etwas mit diesem Erlebnis zu tun hat, jedenfalls hörten seine Überfälle auf Matthias ziemlich bald danach auf."

Kinder können – wie Erwachsene auch – Kritik besser annehmen und auch leichter einen Ansatz finden, ihr Verhalten zu ändern, wenn sie spüren, dass sie trotz ihrer Fehler nicht fallengelassen, sondern weiter akzeptiert werden.

(Brigitte Beil, Gutes Kind, böses Kind – Warum brauchen Kinder Werte?, Deutscher Taschenbuch Verlag, München 1996, S. 36f., 40ff.)

1. Diskutieren Sie: Gibt es „wirklich böse Kinder"?
2. Nehmen Sie Stellung: Gibt es eine Sozialentwicklung zum Egozentrismus? Wie sähe in einem solchen Fall das Krappmann-Modell aus?
3. Welche besonderen Herausforderungen kommen auf Erzieherinnen und Erzieher zu, wollen sie auf eine positive soziale Entwicklung Einfluss nehmen?

Grundbegriffe und Grundthesen

Die Entwicklungsstufen des Selbst – Das Modell von Robert Kegan

Robert Kegan, Psychologe und Erziehungswissenschaftler aus den USA, beschäftigt sich ebenso wie Jean Piaget (vgl. Band 1, Themenkreis 1.2, Wabe: Einsichten – Kognitive Entwicklung und menschliches Lernen) mit den Entwicklungsprozessen von Menschen.
Untersuchungen über die Auseinandersetzung von Heranwachsenden mit der materiellen Welt bzw. Betrachtungen von kognitiven Entwicklungen stehen dabei nicht im Vordergrund seines Interesses. Ihm geht es im Besonderen um die Auseinandersetzung des Individuums mit der sozialen Welt und in diesem Kontext um die Entwicklung eines Selbst-Bewusstseins.
Sein grundsätzliches Verständnis des Entwicklungsprozesses (Erkenntniszuwachs) lehnt sich stark an die Vorstellungen von Piaget an; auch bei Kegan steht das Subjekt in einer aktiven Auseinandersetzung mit seiner Umwelt, welche sich zunächst als fremd und außerhalb seines Erkenntnisbereiches befindlich (Objekt) darstellt. Die Beziehung zwischen Subjekt und Objekt/sozialer Welt gestaltet sich im Laufe der Entwicklung immer wieder neu (vgl. Phasen bei Piaget). Es kommt im Laufe der Lebensjahre bzw. des ‚Erkenntnisprozesses' immer wieder zu einem veränderten Subjekt-Objekt-Verhältnis (von Robert Kegan im folgenden Text auch als Subjekt-Objekt-Gleichgewichtszustand bezeichnet), bei dem das Subjekt eine veränderte Sichtweise seiner Umgebung entwickelt.

Die Bedeutungsentwicklung des Selbst

„Piagets Untersuchungen über die ersten beiden Lebensjahre, während denen sich allmählich die ‚Beständigkeit des Gegenstandes' (Objektpermanenz) herausbildet, zeigen uns, welche Prozesse zum allerersten Subjekt-Objekt-Gleichgewicht in der Entwicklung führen – zur Konstruktion einer eigenständigen ‚objektiven' Welt, einer Welt, die unabhängig davon existiert, ob wir sie erfahren. Das Kind ist nicht mehr länger Sklave seiner Reflexe, Bewegungsabläufe und Empfindungen, sondern es entwickelt sich allmählich zu einer Person, die Reflexe, Bewegungsabläufe und Empfindungen *hat*. Diese werden jetzt zum Objekt, und die psychischen Prozesse des Kindes nehmen die Form von Betrachtungen dieser Objekte an. [...] Unser Eingebundensein, unsere Selbstzentriertheit bewirken, dass wir unser inneres Geschehen auf die Welt projizieren, wenn wir unsere Realität konstruieren. Erst wenn das Kind fähig ist, Reflexe zu haben, anstatt sie zu sein, wird es auch nicht mehr denken, dass es in der Welt dunkel wird, wenn es die Augen schließt. [...]
Zum Wachstum gehört immer ein Prozess der Differenzierung, des Lösens aus dem Eingebundensein; was früher Subjekt war, wird zum Objekt, dem sich das neue Subjekt zuwenden kann. Zwei Vorgänge spielen dabei eine Rolle: Den einen nannte Piaget ‚Dezentrierung', das heißt, Verlust eines alten Zentrums, den anderen wollen wir ‚Rezentrierung' nennen, das Finden eines neuen Zentrums. [...] Damit beginnt eine Geschichte von Transformationen. Mit jeder Stufe, die der Mensch erreicht, nimmt er die Welt etwas mehr als eine von ihm unabhängige Einheit wahr. Es ist eine Geschichte, in der sich der Mensch allmählich aus seiner undifferenzierten Welt löst (Differenzierung), um Beziehungen mit ihr einzugehen (Integration).
Wenn es so weit ist, dass wir unsere Handlungen und Empfindungen nicht mehr sind, sondern sie tun beziehungsweise haben, entsteht eine neue Subjektivität. Unsere Handlungen und Empfindungen werden nun zum Teil einer höher entwickelten psychischen Struktur. Diese Struktur kann über unsere Empfindungen und Handlungen *reflektieren*, das bedeutet auch, sie kann zwischen einem Ich und einem Nicht-Ich unterscheiden."

(Robert Kegan, Die Entwicklungsstufen des Selbst, Kindt Verlag, München 1994, S. 50–55)

1. Interpretieren Sie vor dem Hintergrund des Textes die folgende Episode:
„Auf der obersten Etage des Empire State Buildings angelangt, warfen seine beiden Söhne einen Blick nach unten und riefen beide gleichzeitig: ‚Schau die Leute. Sie sind kleine Ameisen' (so der kleinere Junge). ‚Schau die Leute. Sie sehen wie kleine Ameisen aus' (der ältere Bruder)." (Robert Kegan, Die Entwicklungsstufen des Selbst, Kindt Verlag, München 1994, S. 55)

2. Der Begriff ‚Objektbeziehung' wird von Kegan folgendermaßen definiert:
„Objekt verweist auf etwas, das durch einen Prozess von etwas anderem abgelöst oder verschieden von ihm geworden ist, oder es verweist auf diesen Prozess selbst. So verstanden sind mit dem Begriff ‚Objektbeziehungen' Beziehungen gemeint, die wir zu etwas aufbauen, das durch einen bestimmten Prozess von uns abgelöst oder verschieden geworden ist; das Wort verweist auf unsere Beziehungen zu etwas, das wir von uns weggeworfen haben, oder es verweist auf die Erfahrung des Wegwerfens selbst." (Robert Kegan, Die Entwicklungsstufen des Selbst, Kindt Verlag, München 1994, S. 111)
Erläutern Sie, warum sich der Ansatz Jean Piagets als eine ‚spezifische Theorie über Objektbeziehungen' bezeichnen lässt.

Eine Veränderung des Subjekt-Objekt-Gleichgewichtes hat auch eine veränderte Lebenseinstellung zur Folge; jede aktive Auseinandersetzung mit der Umgebung führt zu einem veränderten Selbst, zu einer Person, die nicht mehr nur durch Anpassungsprozesse (Assimilation) ‚ist', sondern auch ‚hat' (Rezentrierung).

Die folgenden Ausführungen sollen diese Sichtweise weiter verdeutlichen:

„Dem persönlichen Prozess der Bedeutungsentwicklung begegnen wir eigentlich überall: beim Erwachsenen, der im Gewirr widersprüchlicher und veränderlicher Gefühle versucht, sich selbst
5 zu finden, genauso wie bei dem kleinen Mädchen, das ein Wort zu finden sucht; beim Jugendlichen, der sich bemüht, seine Selbstbezogenheit mit dem neu aufkeimenden Interesse an wechselseitigen Beziehungen in der Waage zu halten, wie bei
10 einem Einjährigen, der bei seinen ersten Gehversuchen den Körper im Gleichgewicht zu halten versucht. Bedeutungsbildung spielt eine Rolle bei der lähmenden Depression der Erwachsenen, der Nahrungsverweigerung des Jugendlichen und der
15 Unfähigkeit des Sechsjährigen, das Haus zu verlassen und zur Schule zu gehen. Die Schwierigkeiten des Mannes, sich sein Bedürfnis nach Nähe und Bindung einzugestehen, und die Schwierigkeit der Frau, ihren Wunsch nach persönlicher
20 Auszeichnung und Macht zu akzeptieren, haben ebenso mit Bedeutungsentwicklung zu tun wie das Verlangen des Zehnjährigen, allein zu sein und über sich selbst zu bestimmen, und wie der Anspruch des Dreijährigen, für seine Anhänglichkeit an Bezugspersonen Verständnis und Entge- 25 genkommen zu finden. [...]
Die Fähigkeit, die Mutter mit einem Blick des Erkennens festzuhalten, ist für unsere Entwicklung genauso grundlegend wie die Fähigkeit des Greifens, die es uns ermöglicht, einen Gegenstand 30 festzuhalten. [...] Was wir heute mit der Hand begreifen, begreifen wir morgen vielleicht mit dem Kopf.
Es gibt eine Reihe ähnlicher ursprünglicher Erfahrungen, die das Kind in seiner sozialen Welt 35 macht. Sie unterscheiden sich von dem Begreifen von Gegenständen durch ihre grundsätzlich soziale Natur; das heißt, das ‚Objekt', das begriffen wird, ist ebenfalls ein Selbst, es ist ebenfalls jemand, der be-greift. Keine Erfahrung ist wohl ein- 40 drucksvoller als die Erfahrung des Blickkontaktes, die Erfahrung, mit jemandem Blicke zu tauschen, jemandem in die Augen zu sehen, der unseren Blick erwidert. Die Erfahrung, von anderen gesehen und nicht gesehen zu werden, die Kinder auf 45 der ganzen Welt beim ‚Guck, guck – da!'-Spiel

machen (in Japan sagt der Erwachsene: ‚Nai, nai – bah!' – etwa: ‚Nichts, nichts – hier bin ich!'), wird genauso Gegenstand künftiger Abstraktionen wie das Greifen der Hand. Das Bedürfnis, gesehen zu werden, erkannt zu werden, kann noch so unterschiedliche Formen annehmen, seine Stärke wird es immer behalten.

Das Ergebnis dieser Verführung, das Zusammenspiel zwischen dem Kind und seiner wichtigsten Bezugsperson, leitet zusammen mit den Beziehungen, die das Kind zu materiellen Objekten aufgebaut hat, eine neue Phase in seiner Entwicklung ein. Es entsteht eine neue Form des Bewusstseins, eine qualitativ andere Stufe der Bedeutungsbildung ist erreicht. Hat das Kind bisher die Welt samt allen Personen und Dingen als Teil seiner selbst betrachtet, lernt es nun, zwischen der eigenen Person und anderen zu unterscheiden. Anstatt mit seiner Bezugsperson verschmolzen zu sein, kann es jetzt Beziehungen mit ihr eingehen. Wenn zum ersten Mal eine ‚Objektwelt' oder eine ‚andere Welt' in Erscheinung tritt, die auch das Kind als ‚andere' wahrnimmt, so ist damit der erste Schritt nach draußen getan. Es ist der Beginn eines Weges, auf dem sich das Kind allmählich der Welt anschließt, anstatt sie sich einzuverleiben. Es beginnt die Welt zu begreifen, ohne ihren Status als unabhängige Einheit anzugreifen. So sieht die Geschichte der menschlichen Entwicklung aus."

(Robert Kegan, Die Entwicklungsstufen des Selbst, Kindt Verlag, München 1994, S. 37ff.)

1. „Bedeutung ist in ihrem Wesen körperliche Aktivität (greifen, sehen), soziale Aktivität (es bedarf einer anderen Person) und lebenserhaltende Aktivität (indem wir Bedeutung bilden, leben wir). So verstanden ist Bedeutung der grundlegendste Vorgang im Menschen; ein Vorgang, der auf nichts weiter zurückführbar ist." (Robert Kegan, Die Entwicklungsstufen des Selbst, Kindt Verlag, München 1994, S. 41)
Erläutern Sie dieses Zitat anhand des vorstehenden Textes.

2. Die ‚Selbst-Entwicklung' des Menschen wird von Kegan auch als ‚Bedeutungsentwicklung des Selbst' gekennzeichnet.
Interpretieren Sie diese Bezeichnung und suchen Sie Beispiele.

Stufen des Subjekt-Objekt-Gleichgewichts

„Ein achtjähriger Junge war eines späten Nachmittags zu der Überzeugung gelangt, er habe von seinen Eltern genug, und verkündete seine Absicht, von zu Hause fortzugehen. Die Eltern zeigten Verständnis und sahen zu, wie er einige Sachen in seine Tasche packte. Sie sagten, sie würden ihn sehr vermissen, und verabschiedeten sich von ihm. Heimlich beobachteten sie vom Fenster aus, wie der Sohn das Haus verließ, sich dann einigen Freunden aus der Nachbarschaft anschloss und mit ihnen spielte. Es wurde bald dunkel, Zeit zum Abendessen, und die Freunde des Jungen machten sich auf den Nachhauseweg. Die Eltern sahen, wie ihr Sohn für eine Weile alleine blieb, wie er dann eine lange Zeit neben seinem kleinen Koffer stand und schließlich langsam und niedergeschlagen den Heimweg antrat. Die Eltern machten sich Gedanken darüber, was beim Wiedersehen geschehen würde. Sie sahen die Scham im Gesicht ihres Sohnes und wollten ihn nicht weiter demütigen; sie entschieden sich schließlich für eine Lösung, die besonders dann angemessen ist, wenn man nicht genau weiß, was man tun soll. Als ihr Sohn zurückkam, blieben sie sitzen, sagten kein Wort und zeigten ihm nur eine stille Aufmerksamkeit, ohne Forderungen zu stellen. Sie sahen, wie er sich ihnen gegenübersetzte und dann auch eine stille, nachdenkliche, selbstversunkenen Haltung annahm. Keiner sprach ein Wort. Plötzlich lief die Katze der Familie durch den Raum. Der Junge sah auf und sagte zu seinen Eltern: „Wie ich sehe, habt ihr noch immer diese alte Katze." [...]

Sein Versuch, von zu Hause fortzulaufen, war fehlgeschlagen, sein Schritt auf eine neue Entwicklungsstufe war jedoch gelungen. Es war, als würde

er sagen: „Gut, ich bin zurückgekommen; aber nicht, damit ihr euch wieder auf mich stürzen und mich umsorgen könnt, nicht um wieder abhängig von euch zu sein. Ich bin immer noch für mich selbst verantwortlich. Ich bin eine ziemlich lange Zeit fortgewesen und nun bin ich zurück."

„Wie ich sehe, habt ihr noch immer diese alte Katze", sagte er. Jahre der Entwicklung und hart erkämpfter Differenzierung standen hinter diesem ‚ihr' in diesem Satz."

(Robert Kegan, Die Entwicklungsstufen des Selbst, Kindt Verlag, München 1994, S. 213, 214)

1. Diskutieren Sie diese Fallbeschreibung und Interpretation vor dem Hintergrund Ihrer bisherigen Kenntnisse aus diesem Kapitel.

2. Suchen Sie weitere Beispiele, die einen „Schritt auf eine neue Entwicklungsstufe" verdeutlichen.

3. Nehmen Sie zu dem folgenden Zitat von Hans Aebli Stellung:
„Soziale Entwicklung bedeutet immer auch Individuation, und ihr Ergebnis ist nicht nur Anpassung an eine vorgegebene gesellschaftliche Umwelt, sondern auch die Herausbildung eines individuellen Ich, einer Persönlichkeit mit ihrer Autonomie, ihrer Individualität und ihrer unverwechselbaren Identität." (Aus dem Vorwort von William Damon, Die soziale Entwicklung des Kindes, Klett-Cotta Verlag, Stuttgart 1989, S. 10)

Subjekt-Objekt-Verhältnisse und die mit ihnen verbundene Bedeutungsentwicklung sind ‚etwas Werdendes', ein Prozess, der letztlich (immer wieder neu) bestimmt, wo die Grenze zwischen ‚Selbst' und ‚anderem' zu ziehen ist. Der sich entwickelnde Mensch, das sich entwickelnde ‚Sein', durchläuft nach Robert Kegan mehrere Phasen, die entscheidend durch die jeweilige ‚psychosoziale' Umwelt (auch ‚haltende' Umwelt genannt) geprägt sind. Kegan nennt diese Phasen auch ‚einbindende Kulturen' (bzw. ‚Stützsysteme'), um u.a. darauf aufmerksam zu machen, dass hier der ‚Nährboden' vorhanden ist, der uns hält und aus dem wir uns wieder ablösen, aus dem heraus der Mensch sich weiter entwickeln kann. Die folgende Tabelle gibt eine differenzierte Übersicht über Formen und Funktionen der einbindenden Kulturen:

Gleichgewichtsstufe und psychologisches Eingebundensein	Einbindende Kultur	Funktion 1: Bestätigung (Festhalten)	Funktion 2: Widerspruch (Loslassen)	Funktion 3: Fortdauer (zur Reintegration in der Nähe bleiben)	Einige für Übergangsphasen typische natürliche „Subjekte-Objekte" (Brücken)
(0) Einverleibend Eingebunden in: Reflexe, Empfindungen und Bewegungen	Mutter oder Hauptbezugsperson(en). *Mütterliche Kultur.*	Körperliches Halten: körperliche Nähe, Fürsorge, Schutz, Blickkontakt. Der Säugling wird anerkannt. Abhängigkeit von und Verschmelzung mit dieser Kultur.	Die Ablösung des Säuglings aus dem Eingebundensein wird anerkannt und gefördert. Es wird nicht mehr jedes Bedürfnis des Kindes befriedigt; es wird weniger häufig getragen; Zeichen von Unabhängigkeit und eigensinniger Weigerung werden akzeptiert.	Die Bezugsperson erlaubt, dass sie selbst Teil einer umfassenderen Kultur, der Familie, wird. Hohes Risiko: eine längere Trennung vom Kind während der Übergangsphase (6 Monate – 2 Jahre).	Hilfsmittel der Übergangsphase 0 – 1: *Decke, Teddybär* usw. Ein weicher, kuscheliger, befriedigender Gegenstand, der die undifferenzierte Subjektivität repräsentiert, diesen Zustand gleichzeitig herstellt und „objektiviert".

Stufe	Kultur	Akzeptiert/kultiviert	Ablösung	Risiko	Hilfsmittel Übergangsphase
(1) Impulsiv Eingebunden in: Impulse und Wahrnehmungen	Gewöhnlich die Dreierbeziehung der Familie. *Elterliche Kultur.*	Akzeptiert und kultiviert Fantasievorstellungen, enge Beziehungen und Rivalitäten.	Die Ablösung des Kindes von seinem selbstbezogenen Eingebundensein in Fantasie und Impulse wird anerkannt und gefördert. Dem Kind wird die Verantwortung für seine Gefühle übertragen; es wird von der Ehebeziehung, vom Bett der Eltern und, während der Schulstunden, von zu Hause ausgeschlossen; es wird als eigenständig anerkannt und die eigene Unabhängigkeit wird betont.	Das Ehepaar lässt zu, dass es Teil einer umfassenderen Kultur wird, zu der Schule und Altersgenossen gehören. Hohes Risiko: Auseinandergehen der Ehe oder der Familie während der Übergangsphase (ungefähr 5–7 Jahre).	Hilfsmittel der Übergangsphase 1–2: *imaginärer Freund*. Ein Sammellager für Impulse, die vorher ich *waren* und bald Teil *von* mir werden, die aber im Augenblick noch ein wenig von beidem sind. Z.B. nur ich kann sie sehen, aber sie sind nicht ich.
(2) Souverän Eingebunden in: beständige Disposition, Bedürfnisse, Interessen, Wünsche.	Kultur, die Rollen anerkennt. Schule und Familie als Institutionen der Autorität und Rollendifferenzierung. Gruppe der Gleichaltrigen, die Rollenübernahme verlangt.	Akzeptiert und kultiviert Zeichen der Eigenständigkeit, der Kompetenz und Rollendifferenzierung.	Die zu Beginn des Jugendalters (oder im Jugendalter) stattfindende Ablösung aus dem Eingebundensein in isolierte Eigenständigkeit wird anerkannt und gefördert. Die Auffassung, man soll nur die eigenen Interessen berücksichtigen, wird als unangemessen abgelehnt, es werden wechselseitige Beziehungsformen verlangt. Man erwartet Zuverlässigkeit.	Familie und Schule lassen zu, dass sie gegenüber Beziehungen, die auf gemeinsamen, inneren Erfahrungen beruhen, zweitrangig werden. Hohes Risiko: Ortswechsel der Familie während der Übergangsphase (frühes Jugendalter, ungefähr 12–16).	Hilfsmittel der Übergangsphase 2–3: *Freund/Freundin*. Ein anderer Mensch, der mir gleicht und wirklich existiert, dessen Bedürfnisse und Selbstsystem aber genau den Bedürfnissen entsprechen, die früher ich *waren* und bald Teil *von* mir werden, die aber jetzt noch in einem Zwischenstadium sind.
(3) Zwischenmenschlich Eingebunden in: wechselseitige Beziehungen, zwischenmenschliche Übereinstimmung.	Wechselseitige Eins-zu-eins-Beziehungen. *Kultur der Wechselseitigkeit.*	Akzeptiert und kultiviert die Fähigkeit, kollaborative Selbstopfer in auf Wechselseitigkeit beruhenden zwischenmenschlichen Beziehungen zu bringen. Orientiert sich an inneren Zuständen, gemeinsamen subjektiven Erfahrungen, ‚Gefühlen', Stimmungen.	Die Ablösung des heranwachsenden Jugendlichen oder des Erwachsenen aus seinem Eingebundensein in zwischenmenschliche Beziehungen wird anerkannt und gefördert. Menschen oder Umwelt dieser Kultur wollen nicht mehr mit dem anderen verschmelzen, sind aber weiter an Beziehungen interessiert. Es wird verlangt, dass der andere die Verantwortung für seine Entscheidungen übernimmt. Die Unabhängigkeit des anderen wird bestätigt.	Die Partner zwischenmenschlicher Beziehungen erlauben, dass die Beziehung relativiert oder in den umfassenderen Rahmen einer ideologischen und psychologischen Selbstdefinition gestellt wird. Hohes Risiko: Der Partner verlässt uns gerade dann, wenn wir uns aus dem Eingebundensein lösen. (Es gibt keine festen Altersnormen.)	Hilfsmittel der Übergangsphase 3–4: *Umgebungswechsel durch Universitätsbesuch, vorübergehende Anstellung, Wehrdienst.* Möglichkeiten, vorübergehend Identität zu finden, wobei man die vertraute zwischenmenschliche Umgebung verlässt, sie aber unbeschädigt bewahrt, um zurückzukehren; zeitlich begrenzte Teilnahme am institutionellen Leben (z.B. vierjähriges Studium, Dienstzeit beim Militär).
(4) Institutionell Eingebunden in: persönliche Unabhängigkeit, Identität des Selbstsystems	*Kultur der Identität oder Selbstgestaltung* (in der Liebe oder Arbeit). Typisches Kennzeichen: Zugehörigkeit zur Berufsgruppe, Schritt ins öffentliche Leben.	Akzeptiert und kultiviert das Streben nach Unabhängigkeit, Selbstbestimmung, Autoritätsfunktion; Betonung auf persönlicher Steigerung, Ambition oder Leistung, ‚Karriere' statt ‚Job', ‚Lebenspartner' statt ‚Beziehung' usw.	Die Ablösung des Erwachsenen aus dem Eingebundensein in unabhängige Selbstbestimmung wird anerkannt und gefördert. Vermittelte, mangelnde, formalisierte Beziehungen werden abgelehnt.	Ideologische Werte werden relativiert, um ein Wechselspiel zwischen ihnen zu ermöglichen. Hohes Risiko: Verlust der ideologischen Unterstützung (z.B. Verlust des Arbeitsplatzes) gerade dann, wenn man sich aus diesem Eingebundensein löst. (Es gibt keine festen Altersnormen.)	Hilfsmittel der Übergangsphase 4–5: *ideologische Selbstaufgabe (religiös oder politisch); Liebesbeziehungen werden geschützt, wenn Partner nicht verfügbar.* Man gibt die Identifikation mit ideologischen Werten auf, während man sie gleichzeitig bewahrt.

(Robert Kegan, Die Entwicklungsstufen des Selbst, Kindt Verlag, München 1994, S. 160–162)

Die letzte Gleichgewichtsstufe nennt Robert Kegan „(5) **Überindividuell**; Eingebunden in: Durchdringung der Systeme." Auf jeder Gleichgewichtsstufe entwickelt der Mensch ein bestimmtes ‚Ich-Bewusstsein', eine spezifische Form der Individualität. Werden alle Systeme durchdrungen, werden alle ‚Subjektteile' bewusst und kann man mit ihnen umgehen und sie variieren, so hat man einen Zustand erreicht, der über dem Erfahrungsraum vorher erlebter Individualitätszustände liegt (‚Über-Individualität'). Die vorher durchlebten Gleichgewichtszustände werden zum ‚Objekt' eines sich neu entwickelnden Subjekts, welches die vorigen ‚Subjekt-Objekt'-Erfahrungen als wichtigen Bestandteil seiner Individualität erfährt. Eine innere Orientierung wird möglich, weil man sich selbst als eigenständig und zugleich eingebunden erlebt und sich dessen bewusst ist.

Kegan nennt die dieser Gleichgewichtsstufe zugehörige ‚Einbindende Kultur' die ‚Kultur der Intimität', um zu verdeutlichen, dass man mit sich selbst intim ist.

„Das Selbst der Stufe 5 [...] hat Anteil an sich selbst. Diese intime Form der Anteilnahme erlaubt es, dass Gefühle und Impulse in verschiedenen, sich überschneidenden Teilsystemen leben und zwischen diesen Systemen ‚gelöst' werden können.

[...] Mit jeder neuen Gleichgewichtsstufe erringen wir einen qualitativen Sieg über die Isolation."
(Robert Kegan, Die Entwicklungsstufen des Selbst, Kindt Verlag, München 1994, S. 148)

Für den Bereich der Partnerschaft formuliert Kegan diese fünfte Gleichgewichtsstufe wie folgt:

„Bei einer erwachsenen Beziehung ... tritt das Gebiet der Wechselseitigkeit wieder in den Vordergrund. [...] Wechselseitigkeit bedeutet nun, dass man den zwischen sich selbst und anderen bestehenden Unterschied bewahrt, dabei gleichzeitig aber einen übergeordneten Bezugsrahmen schafft, in dem sich die verschiedenen Identitäten durchdringen können, durch den sie gemeinsam reguliert werden. [...] Anstatt eine Verbindung einzugehen, die nur am gegenwärtig erreichten Entwicklungsniveau der beiden Partner interessiert ist und die einen gemeinsamen Schutzwall gegen Wachstum aufbaut, sind die Partner dieser neuen Beziehungsform vor allem dem Lebensprozess verpflichtet, den sie weniger miteinander teilen, als sie Teil von ihm sind."
(Robert Kegan, Die Entwicklungsstufen des Selbst, Kindt Verlag, München 1994, S. 329, 330)

Am Beispiel zweier Gleichgewichtsstufen soll verdeutlicht werden, wie sich die ‚Entwicklungsstufen des Selbst' vollziehen.

> Gegebenenfalls können Sie diesen Text auch überspringen und gleich die nachfolgenden Aufgaben bearbeiten.

„Kennzeichnend für das neue Subjekt-Objekt-Verhältnis (Stufe 2: das souveräne Gleichgewicht) ist die Entwicklung des Rollenverständnisses. Der Rollenbegriff gewinnt nun sowohl im sozial-kognitiven Bereich Bedeutung – das Kind wird fähig, die Rolle eines anderen Menschen zu übernehmen – wie auch im affektiven Bereich – im impulsiven Leben der Familie beginnen sich Rollen herauszudifferenzieren; das Kind kann nun seine Rolle als ‚Kind' übernehmen und in dieser Rolle den Eltern gegenüberzutreten, anstatt sein mit anderen verwobenes Impulsleben zu *sein*. [...] Das Kind hat nun einen mehr oder weniger stimmigen Begriff von sich selbst, es weiß, *was* es ist (im Unterschied zu dem früheren Selbstverständnis, *dass* es ist, und dem späteren, *wer* es ist).

Mit der Fähigkeit, die eigenen Impulse zu kontrollieren (sie zu haben, anstatt sie zu sein), gewinnen wir ein neues Gefühl von Freiheit, von Unabhängigkeit – vor allem von Einflussvermögen. Wir sehen den Ereignissen der Welt nicht mehr tatenlos zu; wir können hinter die Erscheinungen blicken, wir können auf unsere Erfahrungen zurückgreifen und erleben nun, dass wir am Geschehen beteiligt sind. [...] Wie jedes neue Entwicklungsstadium bringt auch dieser Schritt der Befreiung neue Risiken für uns mit sich und setzt uns neuen Gefahren aus. Wenn wir jetzt am Geschehen der Welt beteiligt sind, heißt das auch, dass es nun von uns abhängt, ob die Dinge günstig oder ungünstig für uns verlaufen. Über der neu gewonnenen Beständigkeit, Kontrolle und Freiheit un-

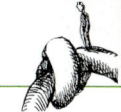

seres Selbstsystems schwebt die Drohung der alten Unbeständigkeit, des Kontrollverlustes und der, wie es jetzt erscheint, ehemaligen Unterdrückung durch äußere Instanzen. [...]

Jedes neue Gleichgewicht stellt einen Triumph über die Einschränkungen des vorangegangenen Gleichgewichtssytems dar, im Vergleich mit der nächsten Stufe hat es aber selbst wieder Grenzen. Welche Grenzen hat die Stufe 2, das souveräne Selbst? Wenn ich einen Vertrauensbruch begehe, weil mir daraus Vorteile entstehen, so erlebe ich dieses Verhalten anders als jemand, der neben den eigenen Impulsen zugleich auch die Impulse anderer berücksichtigt (diese Person erlebt in dieser Situation das, was man gewöhnlich ‚Schuld' nennt). [...] Mir ist auf jeden Fall klar, dass der andere mit meinem Verhalten unzufrieden sein wird, weil ich sehen kann, dass er genauso Bedürfnisse und Interessen hat wie ich. Ich kann verstehen, was der andere bei meinem Vertrauensbruch empfinden wird, aber was er empfindet, bildet nicht die Grundlage meiner eigenen Gefühle oder Bedeutungsbildung. [...]

Auf dieser Stufe bin ich darauf angewiesen, abzuwarten oder vorwegzunehmen, was der andere tatsächlich unternehmen wird, wenn ich die Stimmigkeit meiner Welt wahren möchte. [...] Solange wir die Stimme des anderen noch nicht in unser eigenes Selbstsystem einbauen können, sind wir in unserem Erleben viel stärker davon abhängig, wie andere, außenstehende Menschen reagieren werden. [...] Auf der Stufe 2 des Entwicklungsprozesses projizieren wir auf den anderen, auf unser Objekt, die eigene Eingebundenheit in unsere Bedürfnisse. Wir sehen den anderen in erster Linie als jemanden, der zur Befriedigung unserer Bedürfnisse, zum Erfüllen unserer Wünsche, zum Verwirklichen unserer Interessen beiträgt oder nicht. Anstatt unsere Bedürfnisse zu sehen, sehen wir durch unsere Bedürfnisse. [...] Das Gleichgewicht dieser Stufe ist souverän, weil wir keine gemeinsame Realität kennen. Das Fehlen einer gemeinsamen Realität bildet die für die Struktur dieser zweiten Stufe charakteristische Grenze. [...] Die Gefühle, die auf der Stufe des zwischenmenschlichen Gleichgewichts im Selbst entstehen, sind von vornherein dadurch gekennzeichnet, dass wir sie mit anderen teilen; von Anfang an gehört nun ein anderer dazu. Das Selbst ist umgänglich geworden. Wir können sagen, das Selbst wurde Teil einer zwischenmenschlichen Struktur, was heißen soll, dass es eine Vielzahl von Stimmen verkörpert. Seine Stärke liegt nun in der Fähigkeit zum Umgang mit anderen; die für die vorangegangene Stufe typischen, panikhaften Versuche, ständig herauszufinden, was die Stimme des anderen wohl sagen wird, werden eingestellt. Die Grenzen dieses Selbst aber liegen in seiner Unfähigkeit, über die nun gemeinschaftliche Realität zu reflektieren. Das kann nicht gelingen, weil das Selbst diese gemeinschaftliche Realität *ist*. [...] Wenn wir von jemandem auf dieser Entwicklungsstufe verlangen, persönliche Konflikte zu lösen, indem er sich die verschiedenen gemeinschaftlichen Realitäten vor Augen führt, so haben wir damit die Grenzen dieser Form der Bedeutungsbildung formuliert. ‚Sich etwas vor Augen führen' bedeutet, dass wir dieses etwas nicht sind, sondern dass wir es als Objekt betrachten können; genau das ist, was die gemeinschaftliche Realität angeht, auf dieser Stufe nicht möglich."

(Robert Kegan, Die Entwicklungsstufen des Selbst, Kindt Verlag, München 1994, S. 127ff.)

Gehen Sie bei der Erarbeitung der Tabelle arbeitsteilig vor:
Eine Gruppe beschäftigt sich mit den Gleichgewichtsstufen 1, 2, 3, die nächste Gruppe mit den Gleichgewichtsstufen 2, 3, 4 usw. ...
Setzen Sie sich mit den folgenden Aufgaben auseinander:

1. „In jeder Phase unserer Lebensgeschichte gehört zu dem Prozess, der zur Ablösung von einem bestimmten psychobiologischen Entwicklungsstand führt, auch die Ablösung von einem menschlichen

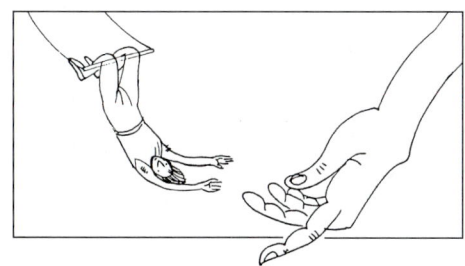

Bezugsrahmen. Es ist ein Vorgang, bei dem ich mich über die eigene Kultur hinwegsetzen und einen Unterschied machen kann zwischen dem, wie die Kultur mich definiert, und dem, wie ‚ich wirklich bin'." (Robert Kegan, Die Entwicklungsstufen des Selbst, Kindt Verlag, München 1994, S. 333)

Erläutern Sie diese Aussage vor dem Hintergrund der vorstehenden Ausführungen.

2. Diskutieren Sie fördernde und hindernde Einflussnahmen der ‚einbindenden Kulturen' für den Entwicklungsprozess.
Die Zeichnung gibt Ihnen zusätzlich die Möglichkeit einer Stellungnahme.

3. Diskutieren Sie die Folgen für die Persönlichkeitsentwicklung eines Menschen, der die einzelnen Stufen nicht durchläuft. Welche Bedingungen können sich dabei als besonders hinderlich herausstellen?

Im Abschnitt ‚Pädagogische Anwendung' finden Sie weitere Auseinandersetzungsmöglichkeiten über die Konsequenzen dieses Ansatzes für das Verhalten der Erziehenden.
Die Übergänge verlaufen nicht harmonisch, sondern sind meistens durch Krisen, von Robert Kegan als ‚natürliche Krisen des Selbst' gekennzeichnet, geprägt. Diese Krisen, denen sich jeder Mensch in seiner Entwicklung stellen muss, sind auf jeder Entwicklungsstufe anders und neu; sie bergen natürlich auch die Gefahr, dass der Mensch das ‚Gleichgewicht' verliert, dass er Angst hat, sich selber zu verlieren.
Hinzu kommt noch, dass sich dieser Entwicklungsprozess in einem Spannungsfeld vollzieht, dessen beide Pole sich durch zwei Grundbedürfnisse beschreiben lassen:

„Das eine dieser Bedürfnisse kann man vielleicht als Verlangen nach Zugehörigkeit bezeichnen, als Verlangen nach Beteiligung, Nähe, Bindung, als Verlangen, von anderen gehalten, aufgenommen, begleitet zu werden. Das andere Bedürfnis kann man Verlangen nach Unabhängigkeit oder Selbstständigkeit nennen; es ist unser Verlangen, verschieden zu sein, unsere eigene Richtung zu bestimmen, die eigene Integrität zu wahren." (Robert Kegan, Die Entwicklungsstufen des Selbst, Kindt Verlag, München 1994, S. 149)

Dieses Spannungsverhältnis stellt quasi die treibende Kraft für den Entwicklungsprozess dar. Auf jeder Gleichgewichtsstufe erfahren wir eine vorübergehende Auflösung dieses Spannungsverhältnisses, jedes Ungleichgewicht (in einer Gleichgewichtsstufe) führt zu Krisen, welche die Chance für eine Weiterentwicklung des Selbst bilden (vgl. Sie z.B. den Fall des achtjährigen Jungen aus diesem Abschnitt, S. 37f.).
Robert Kegan wählt für die Beschreibung des Entwicklungsprozesses das Bild der Spirale, um u.a. die Offenheit des Entwicklungsprozesses zu symbolisieren.

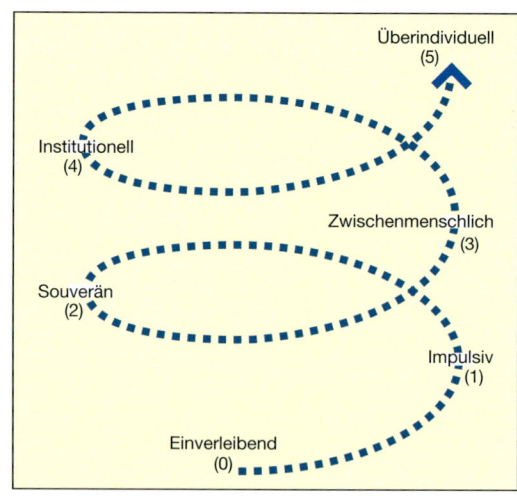

(Robert Kegan, Die Entwicklungsstufen des Selbst, Kindt Verlag, München 1994, S. 152)

1. Verdeutlichen Sie sich an dem Bild der Spirale durch entsprechende Ergänzungen die Hauptaussagen des Entwicklungsmodells von Kegan.

2. Das Bild der Spirale „veranschaulicht in grafischer Form, wie uns im Leben alte Probleme wiederbegegnen, aber auf einem völlig neuen Komplexitätsniveau." (Robert Kegan, Die Entwicklungsstufen des Selbst, München 1994, S. 151)
Suchen Sie Beispiele.
Vergleichen Sie das Bild der Spirale mit der Abbildung zu Beginn dieser Wabe.

 3. Nehmen Sie Ihr Journal zur Hand und machen Sie sich Notizen zu Ihrer persönlichen Spirale der Gleichgewichtsstufen.
Wo waren besondere Krisen? Haben Sie Hilfen bekommen? Welche Hilfen hätten Sie sich gewünscht?

Das Entwicklungsmodell von Jean Piaget aus der Sicht von Robert Kegan

Das Modell von Jean Piaget wird in Band 1 von „Phoenix" in der Wabe „Einsichten – Kognitive Entwicklung und menschliches Lernen" (S. 262ff.) ausführlich beschrieben. Anhand der nachfolgenden Thesen zur Entwicklungstheorie können Sie die dortigen Ausführungen noch einmal wiederholen und sich die zentralen Aussagen vergegenwärtigen.

Zur Wiederholung: Thesen zur Entwicklungstheorie von Jean Piaget

Schemata sind Ergebnisse von Versuchen, die Umwelt durch Akkommodation und Assimilation zu bewältigen.
Mittels der Funktionen Akkommodation und Assimilation werden während der Auseinandersetzung mit der Umwelt (wahrgenommene Inhalte) die kognitiven Strukturen (Schemata) ausgebildet. Passt ein Schema gut auf einen neuen Inhalt, ist der Anteil der Assimilation an der Adaptation größer. Wenn sich ein Schema nicht auf einen neuen Gegenstand anwenden lässt, muss das Schema mittels Akkommodation an neue Gegebenheiten angepasst werden, der Anteil der Assimilation ist gering.

Die Stufen der kognitiven Entwicklung sind gekennzeichnet durch die Qualität der Schemata, die dem Individuum zur Bewältigung der Umwelt zur Verfügung stehen.
Auf der 1. Stufe sind dies sensu-motorische Schemata, auf der 2. werden diese sensu-motorischen Schemata verinnerlicht (interiorisiert), müssen also nicht mehr motorisch ausgeführt werden, sondern können auch im Geiste vollzogen werden. Sie sind aber noch immer an konkret vorgestellte Inhalte gebunden – daher die Bezeichnung konkrete Stufe. Auf der 3. Stufe nun wird Unabhängigkeit von konkreten Inhalten, ja von Inhalten überhaupt erreicht: Zeichen stehen für abstrakte, formale geistige Operationen.

Die Tendenz der Schemata zu assimilieren, wann immer sie können, hält die Entwicklung in Gang (Neugier).
Es liegt für Piaget in der Natur aller Schemata, dass sie bestrebt sind, auf andere, neue Inhalte angewendet zu werden. Dies findet ihren Ausdruck in den von Piaget beschriebenen Kreisreaktionen. Die primäre Kreisreaktion findet statt, wenn eine Handlung (sprich ein Schema), die zu einem angenehmen Ergebnis geführt hat, wiederholt wird (beispielsweise, wenn der Säugling das Strampeln aufrechterhält, um die am Bett hängenden Glöckchen weiterhin klingeln zu hören). Eine sekundäre Kreisreaktion ist gegeben, wenn die Handlung später bei gleicher Gelegenheit wiederholt wird. Dadurch wird dieses Handlungsschema eingeübt. Von tertiärer Kreisreaktion wird gesprochen, wenn das aktivierte Schema spontan variiert wird, quasi „um zu sehen, was dann passiert". So entdeckt das Kind – und auch noch der Erwachsene – neue Möglichkeiten.

Die Herstellung eines Gleichgewichts (Äquilibration) ist eine Grundtendenz des Lebens und Motor der Entwicklung.

Wenn der Mensch ständig versucht, seine Handlungsschemata auf neue Gegenstände (Inhalte) anzuwenden, dann deshalb, um Angemessenheit und Ausgewogenheit zu erreichen. Denn der Zielzustand ist ein Gleichgewicht – z. B. zwischen Schema und Inhalt, aber auch zwischen Individuum und Welt, Oberschema und Unterschema usw. Da der Mensch ohne dieses Gleichgewicht nicht leben kann, das gerade erst errungene Gleichgewicht aber durch immer neue Umweltgegebenheiten immer wieder in Frage gestellt wird, wird die Adaptation der Schemata und Strukturen immer wieder erneut angestoßen. Hierin sieht Piaget den Motor der menschlichen Entwicklung.

Keine kognitive Struktur ist endgültig: Der Mensch konstruiert immer neue Schemata, differenziert alte und integriert sie zu neuen.

Die Strukturen sind nach Piaget also vorläufige Konzepte bzw. Bewältigungsversuche, deren Zweckmäßigkeit sich erst erweisen muss: ob man mit ihnen „mit der Welt zu Rande kommt". Daher kann es auch keine endgültige kognitive Struktur geben, auch wenn das Individuum die höchste Stufe der Intelligenzentwicklung bereits erreicht hat. Entwicklung findet also auch noch in fortgeschrittenem Lebensalter statt, auch wenn Piaget diese Lebensphasen nicht empirisch untersucht hat.

Was nun für das einzelne Individuum gilt, gilt nun aber genauso für die Wissenschaft als solche. Auch hier werden ja Konzepte und Modelle entwickelt, die ihre Angemessenheit erst erweisen müssen, was allzu oft eben nicht der Fall ist. Es ist das Schicksal der menschlichen Erkenntnistätigkeit, beständig auf der Suche zu sein: Alle Erkenntnis ist relativ.

(Autorentext)

Jean Piaget: Entwicklung in einem ‚offenen System'

Man kann keine Theorie der menschlichen Entwicklung ausarbeiten, ohne sich dabei auch ziemlich grundlegend mit unserer biologischen Realität zu beschäftigen. Die Psychoanalyse hat dies getan. Seitdem gibt es keinen neuen Ansatz, der eine ähnlich weite und überzeugende Sichtweise bieten würde. Zu einer grundlegenden Beschäftigung mit der biologischen Realität gehört die Frage nach unserem Antrieb. Dabei geht es jedoch um mehr als um eine Motivationstheorie. Im Grunde geht es um ein Verständnis der Lebenskraft selbst und um die Rolle, die uns dabei zukommt. Ob Psychoanalyse, genetische Biologie oder moderne Soziobiologie, die herrschende Vorstellung über unsere biologische Realität ist – und war – im Grunde immer deterministisch und körperorientiert. Dieser Auffassung zufolge liegt der Schauplatz der Handlung im Inneren jedes einzelnen, biologisch eigenständigen Systems (des Individuums). Dieses System trägt einen angeborenen Kode in sich, gemäß dem es sich in recht genau festgelegter Bahn oder Abfolge entwickelt (und der die Entwicklung des Individuums bewirkt). Der Gedanke vom individuellen oder einzelnen Körper als dem eigentlichen Ursprung der Lebensvorgänge steht im Widerspruch zur behavioristischen Sichtweise. Nach deren Auffassung liegt der Urspung der ‚Handlung' eher in der Umwelt, auf die der Mensch reagiert. Wenn Piaget eher bekannt als verstanden ist, mag das teilweise daran liegen, dass er weder den Erb- und Reifungsfaktoren noch den Umweltfaktoren den Vorrang gibt. Mit diesen beiden Polen scheinen aber nach herkömmlichem Denken die Möglichkeiten erschöpft. Piaget selbst hat oft auf die Schwierigkeit hingewiesen, eine dritte Möglichkeit für andere überhaupt nur sichtbar zu machen: Für Theoretiker, die Reifungsfaktoren betonen, ist der Ansatz Piagets eine Reifungstheorie, während er für diejenigen, die der Umwelt den Platz einräumen, umweltorientiert ist.

Eigentlich ist Piagets Denken am Modell des offenen Systems orientiert, das aus der Entwicklungsbiologie stammt. Anstatt die Lebenskraft in die Zwangsjacke von Individuum oder Umwelt zu stecken, wird hier von einem vorgegebenen System ausgegangen, das den anfänglichen Unterschied von Individuum und Umwelt fortwährend weiter ausgestaltet. [...] Vielleicht sollten wir als Erstes sagen, dass diese Theorie nicht von einem

Energiesystem in uns ausgeht; vielmehr begreift sie uns als Teil eines einheitlichen Energiesystems, das alle Lebewesen umfasst. Diese Theorie wendet sich daher nicht in erster Linie den Verschiebungen und Veränderungen eines inneren Gleichgewichts zu, sondern sie beschäftigt sich mit dem Gleichgewicht, das in der Welt herrscht, das zwischen dem zunehmend eigenständig werdenden Selbst und dem weiteren Lebensfeld besteht. Zwischen Selbst und Umwelt existiert ein Zusammenspiel, auf das beide einwirken; dieses Zusammenspiel ist das, was wir Realität nennen. Im Mittelpunkt von Piagets Ansatz steht die Aktivität, der Gleichgewichtsprozess (Äquilibration) – eine Tatsache, die selbst von seinen Anhängern häufig übersehen wird. Ob er sich mit Weichtieren beschäftigte oder mit dem Kind, immer galt sein Hauptinteresse dem ständigem Wechselspiel zwischen dem eigenständig werdenden Organismus und der Welt. Dieses Wechselspiel wird als Anpassungsprozess (Adaptation) begriffen, der durch die Spannung zwischen dem Angleichen neuer Erfahrung an die alte ‚Grammatik' (Assimilation) und dem Angleichen der alten Grammatik an die neue Erfahrung (Akkommodation) bestimmt ist. Dieser ewige Austausch ist Merkmal alles Organischen; er gehört zur Natur aller Lebewesen. Die Arbeit Piagets hat gezeigt – und viele Arbeiten auf verschiedenen Gebieten der modernen Biologie bestätigen es –, dass dieses Wechselspiel nicht in Form einer unablässigen Veränderung abläuft. Vielmehr werden Phasen dynamischer Stabilität oder Phasen des Gleichgewichts von Phasen der Instabilität und einem qualitativ neuen Gleichgewicht abgelöst. Die Phasen des beweglichen Gleichgewichts laufen auf eine Art neue Vereinbarung hinaus; das bestehende Verhältnis zwischen Organismus und Welt wird durch weitere Assimilation und Akkommodation verändert. Bei solchen Vereinbarungen geht es für den Organismus immer um die Frage, was ist ‚Objekt' und was ist ‚Subjekt'. Oder anders ausgedrückt: Bis zu welchem Grad löst sich der Organismus aus der Welt heraus (um Beziehungen mit ihr einzugehen)? Beim Übergang zu jedem neuen Gleichgewichtszustand wird diese Frage neu beantwortet.

[...] Dieser Prozess, diese Aktivität, dieses auf Anpassung abzielende Wechselspiel ist der eigentliche Ursprung von Denken und Fühlen und bildet den gemeinsamen Rahmen dieser Funktionen. Man kann diesen Prozess beobachten, untersuchen, intersubjektiv überprüfen. Wenn wir leidenden Menschen helfen möchten, müssen wir unbedingt lernen, ihn zu verstehen. Im Unterschied zu anderen Erscheinungen, die man vielleicht für grundlegend in der Persönlichkeit halten könnte, handelt es sich nicht um einen willkürlichen Vorgang; er hat auch nichts mit einer bestimmten Geschlechts- oder Schichtzugehörigkeit oder mit einer bestimmten Kultur oder geschichtlichen Epoche zu tun. Es ist eine Aktivität, die den Menschen immer gemeinsam war und immer gemeinsam sein wird. ‚Psychologisch' betrachtet geht es in diesem Prozess um die Entwicklung des ‚Wissens' (jede Stufe, auf der das Subjekt-Objekt-Gleichgewicht neu organisiert wird, ist eine Form des Wissens über die Welt). Gleichzeitig erfahren wir diese Aktivität aber auch. Diese Erfahrung selbst kann der Ursprung unserer Gefühle sein. Verlust und Wiedergewinnung, Trennung und Bindung, Angst und Spiel, Depression und Veränderung, Auflösung und Zusammenschluss – alle diese Erlebnisse können ihren Ursprung in der bewussten Erfahrung dieser Aktivität haben, in der Erfahrung dieser Bewegung, auf die wir mit den Worten „uns bewegt etwas" hinweisen. Ich nutze das Wort ‚Bedeutung', um diese gleichzeitig auf Erkenntnis und Sein ausgerichtete Aktivität zu bezeichnen. Es geht um Wissen und Sein. [...]

(Robert Kegan, Die Entwicklungsstufen des Selbst, München 1991, S. 70ff.)

1. Welche Grundüberlegungen menschlicher Entwicklung werden hier angesprochen und welche Konsequenzen für pädagogisches Handeln ergeben sich daraus?

2. Interpretieren Sie dieses Modell von Jean Piaget aus der Perspektive von Robert Kegan und seinem Verständnis der Dynamik des Subjekt-Objekt-Verhältnisses im Laufe der menschlichen Entwicklung.

Vertiefung

Die Entwicklung der Fähigkeit des moralischen Urteilens und Dilemmasituationen

Beobachtungen zur Entwicklung moralischen Verhaltens

Dora ist zehn Monate alt, und zu ihren breit gefächerten Interessen zählt eine Vorliebe für Tasteninstrumente. Ihr Forscherdrang gilt Geräten, mit denen auch Erwachsene hantieren: Telefone und Fernbedienungen.

Und schon wieder greift Dora zum Handy. „Neinneinnein!", ruft die Mutter, schließlich hat die Kleine bereits etliche „Ferngespräche" mit Anrufbeantwortern geführt.

Dora hält inne. Sie dreht sich um. Ihr ebenmäßiges Kindergesicht verzieht sich zu einer Fratze, der Mund stößt Wutgeheul aus.

Doch allem Gebrüll zum Trotz: Dora ist auf gutem Wege, sich zu einer moralischen Persönlichkeit zu entwickeln. Denn die Fähigkeit, Regeln zu erkennen – etwa die, dass Handys tabu sind und „Nein" so viel bedeutet wie „Lass das sein!" –, ist eine grundlegende Bedingung moralischen Handelns. Natürlich ist Doras Gehirn noch nicht reif genug, eine solche Regel bewusst zu verstehen. Wie ein Pawlow'scher Hund lernt sie durch Wiederholung, dass auf einen Reiz stets eine bestimmte Reaktion erfolgt.

Dass in Dora auch eine zweite wichtige Voraussetzung für Moral angelegt ist, hat sie schon im Alter von zwei Monaten unter Beweis gestellt. Als während einer Mutter-Kind-Gymnastikstunde einige fremde Babys zu weinen begannen, stimmte Dora, eben noch quietschvergnügt, in das Heulkonzert mit ein. Und schrie auch noch, als sich die anderen Säuglinge längst wieder beruhigt hatten. Jede Mutter kennt und fürchtet dieses Phänomen. Gleichwohl ist es die erste, noch rudimentäre Erscheinungsform einer Regung, ohne die menschliches Miteinander undenkbar wäre: Mitgefühl oder Empathie. Etwas später, im Alter von ungefähr einem Jahr, versuchen Kleinkinder bereits, andere zu trösten – indem sie beispielsweise einem weinenden Altersgenossen den eigenen Schnuller in den Mund stopfen.

Wie aus solchen elementaren Verhaltensweisen Moral entsteht – also Sinn für Gerechtigkeit und Solidarität –, beschäftigt Entwicklungspsychologen seit Jahrzehnten. [...]

„Soziales und moralisches Handeln", sagt Lawrence Kohlberg, „setzt die Existenz eines Selbst voraus, und zwar eines Selbst in einer aus anderen Menschen zusammengesetzten Welt, die sich wiederum als Selbst verstehen." Dazu ist Dora freilich nicht imstande, denn sie betrachtet sich noch nicht als „Ich". Nur wer die eigenen Empfindungen kennt, vermag auch die Belange anderer zu verstehen. Klassischerweise gestehen Psychologen Kindern erst dann ein Bewusstsein ihrer selbst zu, wenn sich die Kleinen einen Farbfleck von der Nase wischen, den sie an ihrem Spiegelbild erspähen. Diesen Test bestehen Kinder gewöhnlich im Alter von anderthalb bis zwei Jahren. Gleichzeitig beginnen sie, Worte wie „ich" und „mein" zu gebrauchen.

Auf die Entdeckung des Ich folgt alsbald ein Schock: Andere Menschen besitzen ebenfalls ein Ich, und sie verfolgen Interessen, die denen des Kindes häufig entgegenstehen! Jetzt sind die Voraussetzungen für moralisches Verhalten im Sinne Lawrence Kohlbergs gegeben.

Allerdings lernen die Kleinen erst nach und nach, die Dinge aus einem fremden Blickwinkel zu betrachten. Bei Zwei- oder Dreijährigen ist die Grenze zwischen dem Ich und den anderen noch unscharf. Erst mit vier Jahren machen Kinder einen intellektuellen Sprung nach vorn: Auf einmal können sie zwischen Schein und Sein unterscheiden; sie beherrschen die Kunst der Lüge; und sie wissen, dass im Kopf anderer Menschen andere Gedanken und Beweggründe kreisen als in ihrem eigenen.

Diesen Fortschritt verdeutlicht eines der berühmtesten Experimente der Entwicklungspsychologie: Man nehme zwei Kinder, zwei Dosen und einen

Keks, den man in eines der Behältnisse legt. Nun schickt man das eine Kind aus dem Zimmer, versteckt den Keks in der anderen Dose und fragt das zweite Kind, wo sein Freund die Leckerei wohl suchen wird. Dreijährige setzen in der Regel voraus, dass andere über die gleichen Informationen verfügen wie sie selbst. Sie tippen also auf das Behältnis, in das der Keks gelegt wurde. Erst Vierjährige begreifen, dass der Spielgefährte in der falschen Dose nachschauen wird – und zeigen nicht selten einen Anflug von Schadenfreude.

Haben Kinder diesen Entwicklungsschritt gemeistert, sind sie auch reif genug, ihre Ansichten und Motive neugierigen Wissenschaftlern anzuvertrauen. In zahllosen Studien konfrontierten Psychologen Kinder mit verzwickten Geschichten und ethischen Dilemmata, um herauszufinden, wie weit das moralische Denken in verschiedenen Altersstufen gediehen ist. Zwar fallen die Ergebnisse – abhängig von der Fragestellung – mitunter widersprüchlich aus, doch kristallisieren sich trotzdem gewisse Stadien der Tugendhaftigkeit heraus. So legte Gertrud Nunner-Winkler vom Münchner Max-Planck-Institut für Kognitions- und Neurowissenschaften ihren jungen Probanden eine Bildergeschichte vor, in der ein Kind einem anderen heimlich die gebrannten Mandeln wegnimmt.

Schon unter Vierjährigen beurteilten so gut wie alle die Tat als falsch: „Stehlen darf man nicht!" Fragte die Forscherin aber, wie sich der Übeltäter jetzt fühle, so meinten drei Viertel der Kinder, der Dieb müsse guter Dinge sein – schließlich schmecken die Süßigkeiten prima. Umgekehrt erklärten die Kinder, jemand, der der Versuchung widerstehe, Bonbons zu stehlen, müsse sich „beknackt" vorkommen. [...]

Die Frage nach dem Ursprung der „moralischen Motivation" können Wissenschaftler bislang nicht erschöpfend beantworten; die Erklärung dürfte jedoch mit Empathie zu tun haben – jenem Mitempfinden, das über das bloße Verständnis fremder Gefühle hinausgeht.

„Man muss in der Lage sein, Schmerz und Lust eines anderen im eigenen Körper nachzuvollziehen", sagt der US-Hirnforscher Antonio Damasio. Er untersuchte Patienten, bei denen im Hirn jene Areale zerstört sind, die ein Abbild des eigenen Körpers erzeugen, und stellte fest, dass diese Menschen nicht nur keine Schmerzen verspüren, sondern auch zu Mitgefühl außerstande sind.

Die Fähigkeit zum Mitempfinden ist dem Gehirn also eingeschrieben, doch unterschiedlich stark ausgeprägt. Die Neurobiologin Lise Eliot berichtet, dass Mädchen schon kurz nach der Geburt stärker auf menschliche Gesichter oder Stimmen reagieren als Jungen; mit vier Jahren können sie den Gesichtsausdruck anderer Menschen besser deuten und deren Gefühle genauer spüren.

Neben den Erbanlagen bestimmen die Erlebnisse der ersten Lebensjahre, ob sich ein Kind zu einem mitfühlenden Menschen entwickeln kann. So beobachtete der US-Psychologe Mark Barnett, wie Vorschulkinder, die in früher Kindheit Misshandlungen erlitten hatten, keinerlei Empathie gegenüber weinenden Altersgenossen zeigten: „Sie schauten zu und taten nichts, oder sie schrien das traurige Kind obendrein noch an und schubsten es."

Einfühlsame Eltern, beruhigt Barnett besorgte Väter und Mütter, ziehen in aller Regel auch mitfühlende Kinder auf. Sprösslinge von Eltern dagegen, die sich unsozial verhalten, laufen Gefahr, von Geburt an in eine Abwärtsspirale gezogen zu werden: Gerade diese Babys müssten viel Zuneigung und Aufmerksamkeit erfahren, um ihr erworbenes Handicap ausgleichen zu können; stattdessen werden sie mit einiger Wahrscheinlichkeit vernachlässigt und lieblos behandelt, was ihre ungünstige Veranlagung verstärkt.

Oft jedoch sind es engagierte, liebevolle Eltern, die sich mit der Sorge plagen, ihre Kinder nicht richtig zu erziehen. Rezepte für eine gelingende Moralerziehung gibt es nicht. [...]

(Alexandra Rigos, Du, du – das darfst du nicht! In: GEO WISSEN, Nr. 35/2005, S. 72ff.)

1. Können Sie die hier beschriebenen Alltagsbeobachtungen bestätigen/erweitern? Welche Vermutungen über den Aufbau der Fähigkeit der Empfindung von Recht und Unrecht bei Kindern und Jugendlichen leiten Sie daraus ab?

2. Wie würden Sie sich in den auf den Fotos gezeigten Situationen verhalten, um den Kindern zu verdeutlichen, was Recht und Unrecht ist?

Bevor die Theorie des moralischen Urteilens von Lawrence Kohlberg dargestellt wird, können Sie sich mit einer Dilemmasituation auseinandersetzen, wie sie auch zur Untersuchung der Begründungen bei moralischen Entscheidungen und zur Entwicklung der Fähigkeit moralischen Urteilens in Schulklassen eingesetzt wird.

Sharon war mit Jill, ihrer besten Freundin, in ein Warenhaus gegangen, um Einkäufe zu machen. Sie schauten sich Verschiedenes an und Jill sah eine Bluse, die ihr sehr gefiel. Sie sagte zu Sharon, dass sie die Bluse anprobieren möchte. Sharon setzte ihre Einkäufe fort.
Kurz darauf kam Jill aus der Umkleidekabine heraus. Sie hatte ihren Mantel an. Sie machte Sharon mit einem Blick auf sich aufmerksam und sah dann kurz auf die Bluse unter ihrem Mantel hinunter. Ohne ein Wort zu sagen, drehte Jill sich um und verließ das Geschäft.
Wenige Augenblicke später kamen der Sicherheitsbeamte des Geschäfts, ein Verkäufer und der Geschäftsleiter auf Sharon zu ...

Sharon erlaubt dem Geschäftspersonal, ihre Tasche zu durchsuchen. Man vermutet richtig, dass Jill die Bluse hat, und verlangt von Sharon, dass sie den Namen des Mädchens, das bei ihr war, nennt. Der Geschäftsleiter erklärt: „Ich kann nicht die Ladendiebe laufen lassen und erwarten, das Geschäft erfolgreich zu führen. [...] Wenn du uns den Namen nicht nennst, kannst du wegen Mithilfe bei einer kriminellen Handlung verklagt werden."
Frage: Sollte Sharon dem Sicherheitsbeamten Jills Namen nennen? Warum oder warum nicht?

(Zit. nach: Lisa Kuhmerker, Die Förderung der moralischen Entwicklung durch Dilemmadiskussionen, in: Lisa Kuhmerker/Uwe Gielen/Richard L. Hayes, Lawrence Kohlberg, Kindt Verlag, München 1996, S. 138ff.)

Was soll Sharon tun?
Welche Argumente sprechen für eine Nennung des Namens, welche dagegen? Schreiben Sie auf je einen Zettel eine Begründung, ordnen Sie die Zettel entsprechend Ihrer Argumentationsstruktur und tauschen Sie sich darüber aus.

(Eine Analyse zum Aufbau dieses Dilemmas finden Sie im Abschnitt ‚Projektvorschlag zum selbstständigen Weiterarbeiten' auf Seite 64ff.)

Lawrence Kohlbergs Theorie der Entwicklung des moralischen Urteilens

Die Auseinandersetzung mit der sozialen Welt ermöglicht eine innere moralische Orientierung, die sich nach Lawrence Kohlberg schrittweise und aufbauend vollzieht. Lawrence Kohlberg geht also nicht davon aus, dass gesellschaftliche Vorstellungen und Normen gleichsam als Abbild die individuellen Moralvorstellungen prägen, sondern dass einzelne Stadien in einer vorgegebenen Reihenfolge nacheinander durchlaufen werden. Für jedes dieser Stadien gibt es nach den Untersuchungen Lawrence Kohlbergs eine diese kennzeichnende Argumentationsstruktur; man kann also von einer Theorie des moralischen Urteilens bzw. einem Modell über die Entwicklung von Gerechtigkeitsvorstellungen sprechen. Nach seiner Ansicht gelten hier das Prinzip der Einheitlichkeit, d.h. moralische Entscheidungen eines bestimmten Entwicklungsstandes werden auf unterschiedliche Gegebenheiten angewendet, und das Prinzip der Universalität, d.h. die Stadien gelten für alle Gesellschaften. Die folgenden Ausführungen geben einen ersten Einblick in Kohlbergs Theorie des ‚moralischen Wachstums':

Kohlbergs psychologisches Modell basiert auf Untersuchungen mit Kindern. Sie wurden mit Geschichten moralisch problematischen Inhalts konfrontiert. Die Kinder sollten sich für die ihrer Meinung nach richtige oder angemessene Lösung entscheiden und ihre Entscheidung begründen. Eine dieser Geschichten ist „Der Fall Heinz":
„Irgendwo in Europa stand eine krebskranke Frau kurz vor dem Tode. Es gab ein Medikament, das sie hätte retten können, eine Radiumverbindung, die ein Apotheker in jener Stadt vor kurzem entdeckt hatte. Der Apotheker verlangte dafür ... [viel Geld], das Zehnfache dessen, was ihn die Herstellung des Medikamentes kostete. Der Mann der kranken Frau, Heinz, bat alle seine Bekannten, ihm Geld zu borgen, aber konnte nur etwa die Hälfte des Preises zusammenbringen. Er sagte dem Apotheker, dass seine Frau im Sterben liege, und bat ihn, ihm das Medikament billiger zu verkaufen oder ihn später bezahlen zu lassen. Aber der Apotheker sagte ‚Nein'. In seiner Verzweiflung brach der Ehemann in die Apotheke ein und stahl das Medikament für seine Frau. Sollte er das tun? Warum?" (Kohlberg, 1974).

Die Antworten auf derartige moralische Entscheidungsfragen werden dann von Kohlberg und seinen Mitarbeitern untersucht, und sechs Entwicklungsstadien geben Aufschluss darüber, welchen Stand des moralischen Urteils die befragten Kinder und Jugendlichen erreicht haben. Dabei reicht es nicht, die Antworten unter Verwendung eines objektiven Antwortvordruckes auszuwerten, vielmehr muss der Analytiker besonders geschult sein, da das Beurteilungsschema von ihm ein gewisses Maß an subjektivem Urteil verlangt.

Kohlberg begann seine Untersuchungen Mitte der Fünfzigerjahre an fünfundsiebzig amerikanischen Jugendlichen und führte Folgeuntersuchungen mit ihnen als Erwachsene durch, um mögliche, sich mit den Jahren ergebende Veränderungsstrukturen aufzudecken. Des Weiteren versuchte Kohlbergs Team den Einfluss kultureller Faktoren auf die Entwicklung des moralischen Urteils festzustellen. Er ließ Geschichten, ähnlich dem bereits genannten Fallbeispiel, von Jugendlichen der nordamerikanischen Mittel- und Arbeiterklasse ebenso analysieren wie von Jugendlichen in Mexiko, Thailand, Israel (Kibbuz), Malaysia, Taiwan, in der Türkei usw. Die Ergebnisse bestätigten Kohlberg, dass seine sechs Stadien der moralischen Entwicklung universell gültig, d.h. in allen Kulturen aufzufinden sind, dass aber der Prozentsatz an Jugendlichen unterschiedlichen Alters, die sich in einem bestimmten Entwicklungsstadium befinden, von einer Nation zur anderen schwankt. [...]

Die Stufen und Stadien des moralischen Wachstums

Sich moralisch zu entwickeln, bedeutet nach Kohlbergs System, drei Entwicklungsstufen zu durchlaufen – angefangen bei der *prämoralischen* bzw. *präkonventionellen* Stufe über die *konventionelle* hin zur *postkonventionellen* oder *autonomen* Stufe, die letztlich alle gesellschaftlichen Konventionen hinter sich lässt und auf persönlichen, vom jeweiligen Menschen selbst akzeptierten moralischen Prinzipien fußt. Jede Stufe wiederum besteht aus zwei Stadien, wie aus Tabelle 1 ersichtlich wird.

Tabelle 1: Beschreibung der Stadien des moralischen Urteils

I. **Präkonventionelle Stufe (prämoralische Stufe)**
Die gesellschaftlichen Regeln darüber, was richtig und was falsch ist, werden befolgt – in Anbetracht ihrer physischen oder hedonistischen Folgen für die Person (Belohnung, Bestrafung, Gefälligkeit) und der machtausübenden Autorität, die die Regeln auferlegt.

Stadium 1. Orientierung an Bestrafung und Gehorsam.
Ob eine Handlung richtig oder falsch ist, hängt davon ab, ob sie Belohnung oder Bestrafung nach sich zieht. Folgt Bestrafung, so hätte anders gehandelt werden sollen. Folgt keine Bestrafung, so darf so gehandelt werden – ungeachtet des Wertes oder der Bedeutung der Handlung.

Stadium 2. Naiv-instrumentelle oder egoistische Orientierung.
Angemessenes Handeln befriedigt die Bedürfnisse des Individuums, manchmal auch die der anderen. Wie in der freien Marktwirtschaft richten sich die menschlichen Beziehungen nach dem, was sie dem Individuum einbringen – nach dem Motto „Eine Hand wäscht die andere" wird verfahren, aber nicht aus Loyalität, Dankbarkeit oder Gerechtigkeit.

II. **Konventionelle Stufe**
Das Individuum entspricht den familiären, Gruppen- und staatlichen Erwartungen. Aktiv unterstützt und verteidigt es die bestehende soziale Ordnung.

Stadium 3. „Guter Junge, liebes Mädchen"-Orientierung.
Es wird gehandelt, um anderen zu helfen oder sie zu erfreuen und um Bestätigung zu erfahren. Zum ersten Mal werden individuelle Absichten bedeutsam; „Sie/Er meint es gut".

Stadium 4. „Gesetz und Ordnung"-Orientierung.
Das Individuum tut seine Pflicht, respektiert Autorität und stützt die herrschende soziale Ordnung um ihrer selbst willen.

III. **Postkonventionelle Stufe (autonome Stufe)**
Das Individuum versucht, universelle, gültige moralische Werte herauszufinden, unabhängig davon, welche Autoritäten oder Gruppen ihnen beipflichten, und unabhängig davon, ob es sich selbst als zu jenen zugehörig fühlt oder nicht.

Stadium 5. Sozialverträgliche Orientierung.
Gewöhnlich legalistisch und utilitaristisch untermalt wird moralisches Verhalten nun im Sinne allgemeiner individueller Rechte vor dem Hintergrund kritisch überprüfter, von der gesamten Gesellschaft gebilligter Normen definiert. Dies ist die „offizielle" Moral der Verfassung der Bundesrepublik Deutschland und der Regierung. Es wird klar erkannt, dass persönliche Werte und Meinungen relativ sind und dass man sich einigen kann und Gesetze zum Wohle der Allgemeinheit geändert werden können (im Gegensatz zu dem „Einfrieren" von Gesetzen in Stadium 4, weil sie als unantastbar gelten).

Stadium 6. Orientierung an universellen ethischen Prinzipien.
Moralisches Urteilen basiert auf universellen Gerechtigkeitsprinzipien, auf Reziprozität und Gleichheit der Menschenrechte und auf der Achtung der Würde des Menschen als Individuum. Was Recht ist, wird vom individuellen Gewissen im Einklang mit selbst gewählten, allgemeinen ethischen Anschauungen festgelegt.

(umgeformt und vereinfacht nach Kohlberg, 1967 und 1974)

Zusammenfassend sei nochmals darauf hingewiesen, dass Kohlbergs sechs Stadien von einer unteren Stufe moralischen Urteilsvermögens, auf der moralische Entscheidungen noch mit anderen Werturteilen verknüpft sind und Regeln je nach zu betrachtendem Fall verändert werden, fließend in höhere Stufen übergehen, auf denen moralische Werte (Gerechtigkeit und Reziprozität) von anderen getrennt und universelle, auf jeden Menschen zutreffende Prinzipien angewendet werden (vgl. Tabelle 2). Als Veranschaulichung für den fließenden Übergang von einer bestimmten zur universellen Regel soll folgendes Beispiel dienen. Betrachten wir den Wert des Lebens. Im ersten Stadium wird nur das Leben wichtiger Menschen hoch eingeschätzt, im dritten nur das der Familienmitglieder und im letzten und sechsten Stadium gilt alles Leben moralisch als gleichermaßen wertvoll (Kohlberg, 1971).

Tabelle 2: Übersicht über Kohlbergs Stadien der moralischen Entwicklung

Geburt	Lebensalter in Jahren:					
	2	6	10	12	21	35 u. älter*
	Orientierung an Bestrafung und Gehorsam (heterogene Moralität)	Naiv-instrumentelle oder egoistische Orientierung (instrumenteller Austausch)	„Guter Junge, liebes Mädchen"-Orientierung (gegenseitige zwischenmenschliche Beziehungen)	„Gesetz und Ordnung"-Orientierung (soziales System und soziales Gewissen)	Sozialvertragliche Orientierung (individuelle Rechte)	Orientierung an universell-ethischen Prinzipien
	1. Stadium	2. Stadium	3. Stadium	4. Stadium	5. Stadium	6. Stadium
	Präkonventionelle Stufe		**Konventionelle Stufe**		**Postkonventionelle Stufe**	

* Die Altersangaben sind Richtwerte nach Fowler, 1981

(Robert Murray Thomas/Birgitt Feldmann. Die Entwicklung des Kindes, Ein Lehr- und Praxisbuch. [Aus dem Amerikan. übers. von Birgitt Feldmann]. – Beltz Taschenbuch, erweiterte Neuauflage 2002, S. 240)

1. Grundlagen moralischen Urteilens sind Normen, die zur Rechtfertigung moralischer Entscheidungen herangezogen werden. L. Kohlberg und seine Mitarbeiter machten folgende Bereiche aus:

Leben: a) Erhaltung, b) Qualität und Quantität
Eigentum — Vertrag
Wahrheit — Strafe
Zwischenmenschliche Beziehungen — Gewissen
— Religion
Erotische Liebe und Sex — Menschenrechte
Autorität   Gesetz

(A. Colby und L. Kohlberg, The measurement of moral judgment, Vol. 1: Theoretical foundations and research validation, Cambridge University Press 1987, zit. nach: Uwe Gielen, Kohlbergs Theorie der moralischen Entwicklung, in: Lisa Kuhmerker/Uwe Gielen/Richard L. Hayes, Lawrence Kohlberg, Kindt Verlag, München 1996, S. 41)
Setzen Sie sich mit dem ‚Heinz-Dilemma' nach der gleichen Methode wie bei dem Sharon-Dilemma auseinander und untersuchen Sie die zugrunde liegenden Normen. Zwischen welchen Normen entsteht ein besonders großes Spannungsfeld?

2. Die Stadien L. Kohlbergs lassen sich folgendermaßen charakterisieren:

Stadien	Orientierung	Soziale Perspektive
1 und 2	Autoritätsmoral	Ich bzw. Ich und der andere
3 und 4	Gruppenmoral	Ich und Du und unsere Gruppe bzw. Ich und Du und unsere Gruppe im sozialen Verbund
5 und 6	Grundsatzmoral	Wir alle, auch Ich bzw. bedeutender als Ich und Wir

Bilden Sie zu jedem Stadium des moralischen Urteilens eine Expertengruppe. Je nach gemeinsamer Absprache können auch die folgenden Aufgaben und kann der nachfolgende Text in Gruppen selbstständig bearbeitet werden.
Anschließend kann ein expertenbezogener Austausch entsprechend der Jigsaw-Methode stattfinden.

3. Diskutieren Sie:

Auf welchen Ebenen könnte man die folgenden Begründungen einordnen:

‚Heinz soll das Medikament stehlen, weil der Apotheker kleinlich ist und es ihm recht geschieht, bestohlen zu werden.'

‚Heinz soll das Medikament nicht stehlen, weil es zur Missachtung des Gesetzes führt, wenn man das Gesetz selber in die Hand nimmt.' (Vgl. auch: Uwe Gielen, Kohlbergs Theorie der moralischen Entwicklung, in: Lisa Kuhmerker/Uwe Gielen/Richard L. Hayes, Lawrence Kohlberg, Kindt Verlag, München 1996, S. 49ff.)

‚Eigentum verpflichtet. Sein Gebrauch soll zugleich dem Wohle der Allgemeinheit dienen.' (Art. 14 II GG)

‚Eine Hand wäscht die andere'.

‚Was du nicht willst, das man dir tu, das füg' auch keinem andren zu!'

4. Nehmen Sie Stellung: ‚Der Mensch ist gut!' bzw. ‚Der Mensch wird gut'.

Ein-Spruch

Lawrence Kohlberg definiert die moralische Urteilsfähigkeit als „das Vermögen, Entscheidungen und Urteile zu treffen, die moralisch sind, das heißt auf inneren Perspektiven beruhen, und in Übereinstimmung mit diesen Urteilen zu handeln." (L. Kohlberg, 1964; zit. nach: Georg Lind: „Moral ist lehrbar. Handbuch zur Theorie und Praxis moralischer und demokratischer Bildung." München. Oldenbourg, 2003, S. 46)

Georg Lind hebt an dieser Definition hervor,
„– dass Moral einen Fähigkeitsaspekt hat und daher nicht bloß auf ihre affektive Seite festgelegt werden kann, dass aber die affektive Bindung an moralische Ideale und Prinzipien sehr wohl eine Voraussetzung für eine entwickelte Moralität darstellt;
- dass Moral auf inneren Prinzipien beruht und nur so, durch die Selbstbindung an eigene moralische Ideale, wichtige demokratische Fähigkeiten wie Autonomie und Mündigkeit begründen kann;
- und dass bloßes Handeln Teil der Definition sein muss, das heißt, dass Moral nicht auf bloße Ideale und Werthaltungen beschränkt bleiben kann, sondern sich im Verhalten manifestieren muss, bevor wir von moralischen Fähigkeiten sprechen können."
(Georg Lind: „Moral ist lehrbar. Handbuch zur Theorie und Praxis moralischer und demokratischer Bildung". München. Oldenbourg, 2003, S. 47)

Wer sagt
     was
          mit welchen Mitteln
               und welcher Absicht
                    zu wem ???

Ist das Gegenteil auch richtig?
Mein Kommentar:

Methode: Die Jigsaw-Methode

Ein Oberthema wird in Unterthemen aufgeteilt und von den Gruppen der Klasse bzw. des Kurses arbeitsteilig bearbeitet.

Beispiel: Eine Gruppe besteht aus 20 Schülerinnen und Schülern, es gibt vier Unterthemen.

1. Phase: Es werden vier Gruppen mit je fünf Teilnehmern gebildet:

Gruppe A:	A1, A2, A3, A4, A5,
Gruppe B:	B1, B2, B3, B4, B5,
Gruppe C:	C1, C2, C3, C4, C5,
Gruppe D:	D1, D2, D3, D4, D5.

Statt eines Plenums tritt eine zweite Gruppenarbeitsphase ein:

2. Phase: Die je fünf Personen der Gruppen A bis D verteilen sich so auf neue Gruppen, dass in den neuen Gruppen nur je eine Person aus der ‚alten' Gruppe sitzt.

Gruppe 1 neu:	A1, B1, C1, D1,
Gruppe 2 neu:	A2, B2, C2, D2,
...	
Gruppe 5 neu:	A5, B5, C5, D5.

„A jigsaw classroom is not a loose, „anything goes" situation. It is highly structured. Interdependence is required. It is the element of ‚required' interdependence among students that makes this a unique learning method, and it is the interdependence that encourages to take an active part in their learning. [...] Within the cooperative paradigm, the teacher learns to be a facilitating resource person, and shares in the learning and teaching process with the students instead of being the sole resource." (Eliot Aronson/Shelley Patnoe, The Jigsaw Classroom – Building Cooperation in the Classroom, Longman, New York 1997, S. 11)

(Autorentext)

Moralstufen und Moralerwerb

In Entsprechung zu den drei Hauptniveaus des moralischen Urteils postulieren wir drei Hauptniveaus der sozialen Perspektive:

Moralisches Urteil	*Soziale Perspektive*
I. Präkonventionell	Konkret-individuelle Perspektive
II. Konventionell	Perspektive eines Mitglieds der Gesellschaft
III. Postkonventionell bzw. prinzipienorientiert	Der Gesellschaft vorgeordnete Perspektive

[...] Die konventionelle Ebene unterscheidet sich z. B. von der präkonventionellen durch die Verwendung der folgenden Begründungen: Besorgt-Sein um (1) soziale Zustimmung, (2) um die Loyalität gegenüber Personen, Gruppen und der Autorität und (3) um das Wohlergehen anderer und der Gesellschaft. Wir müssen die Frage stellen, was diesen Charakteristika des Urteilens zugrunde liegt und sie zusammenhält. Es ist die Sozialperspektive, eine gemeinsame Sichtweise der Partner einer Beziehung oder der Mitglieder einer Gruppe, die die Besonderheiten des Denkens auf der konventionellen Ebene in grundlegender Weise definiert und vereinheitlicht. Das konventio-

nelle Individuum ordnet die Bedürfnisse des Einzelnen dem Standpunkt und den Bedürfnissen der Gruppe oder der gemeinsamen Beziehung unter. Zur illustrativen Veranschaulichung der konventionellen Sozialperspektive mag die Antwort des 17-jährigen Joe auf folgende Frage dienen:

F: Warum sollte man keinen Ladendiebstahl begehen?
A: „Das ist eine Frage des Gesetzes. Zu unseren Regeln gehört, dass wir versuchen, jedermann zu schützen, das Eigentum zu schützen, nicht nur ein Geschäft. So etwas benötigt man in unserer Gesellschaft. Wenn wir diese Gesetze nicht hätten, würden die Leute stehlen, sie müssten nicht für ihren Lebensunterhalt arbeiten, und unsere ganze Gesellschaft würde kaputtgehen."

Joe sorgt sich um die *Einhaltung der Gesetze*, und der Grund für seine Sorge ist, dass ihm *am Wohl der Gesellschaft als ganzer* gelegen ist. Er redet unzweideutig als Mitglied der Gesellschaft: „Es ist eine *unserer* Regeln, die *wir* zum Schutze eines jeden in *unserer* Gesellschaft erlassen." Diese Sorge um das Wohl der Gesellschaft ergibt sich daraus, dass er den Standpunkt von „uns Mitgliedern der Gesellschaft" einnimmt, der den Standpunkt von Joe als einem konkreten, individuellen Selbst übersteigt.

Lassen Sie uns *diese konventionelle Perspektive eines Mitglieds der Gesellschaft mit der präkonventionellen, konkret-individualistischen Perspektive* vergleichen. Letztere ist die Sichtweise der individuell Handelnden, die in der gegebenen Situation über die eigenen Interessen und die anderer, deren Wohl ihnen am Herzen liegt, nachdenken. Sieben Jahre früher, als er 10 Jahre alt war, hatte Joes Antwort auf die gleiche Frage die konkret-individuelle Perspektive verkörpert:

F: Warum sollte man in einem Laden nichts stehlen?
A: „Es ist nicht gut, in einem Laden zu stehlen. Das verstößt gegen das Gesetz. Irgendjemand könnte dich beobachten und die Polizei holen."

„Gegen das Gesetz" zu verstoßen, bedeutet also auf den beiden Ebenen ganz etwas Verschiedenes.

(Lawrence Kohlberg, Moralstufen und Moralerwerb: Der kognitiv-entwicklungstheoretische Ansatz (1976), in: Lawrence Kohlberg, Die Psychologie der Moralentwicklung, herausgegeben von Wolfgang Althof unter der Mitarbeit von Gil Noam und Fritz Oser, Suhrkamp Verlag, Frankfurt/M. 1995, S. 133ff.)

1. Ordnen Sie das folgende Beispiel ein:
F: Warum sollte man keinen Ladendiebstahl begehen?
A: „Man verletzt damit die Rechte einer anderen Person, in diesem Fall ihr Recht auf Eigentum."
Diskutieren Sie diese Frage auch in Ihrem Kurs und reflektieren Sie Ihre Antworten.

2. Setzen Sie sich mit der folgenden Episode auseinander:
Der amerikanische Pädagoge Scharf schildert folgendes Erlebnis mit seiner Tochter: „Meine 5-jährige Tochter badete mit ihrem 2-jährigen Bruder Sage, als ich an das Telefon gerufen wurde. Während dieser Zeit versank Sage im Badewasser, wurde aber von seiner Schwester wieder herausgezogen. Als ich zurückkam und sah, dass eine Beinahe-Katastrophe vermieden war, sagte ich meiner Tochter, wie froh ich sei, dass sie schon groß genug ist, um ihren Bruder zu retten. Darauf ihre Antwort: ‚Ich hab's gemacht, weil du mir kein Eis mehr gekauft hättest, wenn Sage etwas passiert wäre'."
(Zit. nach: Aufenanger/Garz/Zutavern, Erziehung zur Persönlichkeit, Kösel Verlag, München 1981, S. 57)

3. Diskutieren Sie die folgenden Aussagen Kohlbergs entsprechend der Fish-Bowl-Methode und leiten Sie Konsequenzen für das Verhalten eines Erziehenden ab, der zur Förderung der Moralentwicklung beitragen will:
„Erstens gibt es letztlich nur eine Tugend, nicht mehrere, und sie besitzt immer die gleiche ideale Gestalt, unabhängig von dem herrschenden Zeitgeist oder der Kultur. Zweitens ist der Name dieser idealen Gestalt Gerechtigkeit.

Drittens gibt es nur ein Gutes, und Tugend ist Wissen um das Gute. Wer um das Gute weiß, wählt das Gute.

Viertens ist die Art des Wissens um das Gute, das gleichzeitig Tugend ist, ein philosophisches Wissen oder eine Intuition von der idealen Gestalt des Guten; es handelt sich dabei nicht um eine richtige Meinung oder die Anerkennung konventioneller Ansichten.

Fünftens kann das Gute dann wohl gelehrt werden, aber die Lehrer müssen gewissermaßen die Könige unter den Philosophen sein.

Sechstens kann das Gute gelehrt werden, weil wir von Beginn an eine dunkle Ahnung oder eine Kenntnis auf niederer Ebene davon besitzen; das Gute lehren heißt eher, es hervorzurufen als dazu anzuleiten.

Siebtens liegt der Grund für die Annahme, das Gute könne nicht gelehrt werden, in dem Umstand, dass das gleiche Gute auf unterschiedlichen Ebenen unterschiedlich gesehen wird und direkte Anweisungen nicht über verschiedene Ebenen hinweg gegeben werden können.

Achtens besteht folglich das Lehren der Tugend darin, Fragen zu stellen und den Weg zu weisen, nicht darin, Antworten zu geben. Moralische Erziehung heißt, Menschen zu Höherem zu führen, nicht, ihren Geist mit Wissen zu füllen, das vorher nicht vorhanden war." (L. Kohlberg, Essays on moral development, Vol. 1: The psychology of moral development, New York: Harp & Row 1981, S. 30, zit. nach: Uwe Gielen, Kohlbergs Theorie der moralischen Entwicklung, in: Lisa Kuhmerker/Uwe Gielen/Richard L. Hayes, Lawrence Kohlberg, Kindt Verlag, München 1996, S. 56)

Methode: Fish-Bowl (4 + 1 für alle)

Vier Mitglieder des Kurses diskutieren [...] nach einem vorgegebenen inhaltlichen Aspekt. Sie bilden dazu einen kleinen Stuhlkreis. Alle anderen sitzen um sie herum. Im Kreis der vier Teilnehmer steht ein fünfter leerer Stuhl. Während des Gesprächs haben die Teilnehmer aus dem Außenkreis das Recht, sich auf diesen Stuhl zu setzen, um Aspekte einzubringen, die die vier noch nicht erwähnt haben. Haben sie ihr Anliegen jeweils dargestellt, so wechseln sie zurück in den großen Teilnehmerkreis. (Peter Brauneck/Rüdiger Urbanek/Ferdinand Zimmermann, Methodensammlung, Verlag für Schule und Weiterbildung, Soest 1996, Karte 081)

Stufen der Entwicklung: Gemeinsamkeiten zwischen Lawrence Kohlberg und Jean Piaget

Die erste Stufe Kohlbergs betrachte ich als Ergebnis einer ersten Form des Subjekt-Objekt-Gleichgewichts, bei dem die Wahrnehmungen (soziale oder materielle) noch ‚auf der Seite' des Subjekts sind. Kinder der vor-operativen Ebene Piagets geben merkwürdige Antworten auf Fragen, bei denen die über die Wahrnehmung hinausreichende Beständigkeit von Gegenständen erfasst werden muss, weil sie nicht die Rolle ihrer Wahrnehmungen annehmen und dabei gleichzeitig sie selbst sein können; sie können nicht jemand von ihren Wahrnehmungen Verschiedenes sein. Kohlbergs Stufe 1 ergänzt die Befunde Piagets für den sozialen Bereich: Das Kind ist unfähig, zwischen dem anderen und seiner Wahrnehmung des anderen zu unterscheiden, es kann nicht die eigene Wahrnehmung zurückstellen und den anderen so sehen, wie er aufgrund seiner eigenen Eigenschaften ist.

Piaget erzählte Kindern der vor-operativen und der konkret-operativen Phase folgende Geschichte (1948): Einem kleinen Jungen war von der Mutter verboten worden, ihre besonders zerbrechlichen Tassen anzufassen. Er aber nahm eine der Tassen in die Hand und ließ sie absichtlich fallen, sodass sie zersprang. Ein anderer kleiner Junge hatte kein solches Verbot erhalten: Um seiner Mutter zu helfen, wollte er ein Tablett mit zwölf Tassen zu ihr bringen. Aus Versehen ließ er das Tablett fallen, und alle Tassen gingen kaputt. „Sind diese Jungen beide gleich schlimme Übeltäter (la même chose vilain)?", fragte Piaget. Wenn nicht, „welcher der Jungen ist der Schlimmere und warum?" Manche der befragten Kinder hielten den ersten Jungen für den Schlimmeren, andere den zweiten, aber diese Unterschiede waren keinesfalls zufällig. Kinder, die nicht erkennen, dass in den verschiedenen Bechern die gleiche Flüssigkeitsmenge ist, oder bei denen auf sonstige Weise deutlich wird, dass sie noch dem vor-operativen Denken verhaftet sind, meinen gewöhnlich, der Junge, der die zwölf Tassen zerbrochen hat, sei der Schlimmere; für Kinder der konkreten Ebene ist der erste Junge der Schlimmere. [...]

Wechselseitige Rollenübernahme ist Voraussetzung dafür, dass man Übereinkünfte wie die goldene Regel verstehen kann. In Selmans ausgezeichneten Untersuchungen über soziale Urteilsbildung und Rollenübernahme wurden Kinder auch zur goldenen Regel befragt – was das ist, was sie besagt, ob es eine gute Regel ist und warum. Er fand, dass Kinder der konkret-operativen Stufe die Regel fehlerfrei aufsagen konnten. Fragte man sie jedoch, was man dieser Regel zufolge machen sollte, wenn jemand kommt und dich schlägt, so antworteten sie meistens: „Zurückschlagen. Tue dem anderen, was er dir tut." (Eine Parallele dazu findet man auf einer anderen Entwicklungsstufe und in einem anderen Bereich der Bedeutungsbildung: Kinder der vor-operativen Stufe können ihre eigene rechte und linke Hand unterscheiden. Stellen wir uns aber vor sie und fragen, welches unsere linke Hand ist, so fallen ihre Antworten merkwürdig aus.)

Eines der von Selman untersuchten Kinder bringt besonders schön zum Ausdruck, welche Mühen es kostet, die goldene Regel in ihrer Komplexität zu verstehen, wenn man sich gerade erst von der Gebundenheit an das Konkrete gelöst hat und noch mit den neuen Zusammenhängen kämpft, die nun erkannt werden können:

„Also, die goldene Regel ist die beste Regel; denn wenn man reich wäre, könnte man träumen, man wäre arm und wie das ist. Der Traum könnte dann wieder in unseren Kopf zurückgehen, und wir können uns an ihn erinnern und helfen, entsprechende Gesetze zu machen."

(Robert Kegan, Die Entwicklungsstufen des Selbst, Kindt Verlag, München 1994, S. 78, 82, 86)

1. Verdeutlichen Sie sich an anderen Beispielen den Zusammenhang der Stadien nach dem Modell von Piaget und Kohlberg.
2. Vergleichen Sie die nachfolgende Aussage Kohlbergs mit der konstruktivistisch orientierten Sichtweise Piagets:

„Jeder dieser verschiedenen und in der Abfolge festgelegten Denkmodi bildet eine ‚strukturelle Einheit'. Eine für eine bestimmte Stufe charakteristische Beurteilung eines Problems stellt nicht einfach eine spezifische Reaktion dar, die von Wissen um und Vertrautheit mit dem jeweiligen Problem oder ähnlichen Situationen geprägt ist; vielmehr repräsentiert sie eine grundlegende Denkorganisation. Damit ist impliziert, dass die verschiedenen Aspekte der stufenförmig angeordneten Strukturen als konsistente Reaktionsgruppen in der Entwicklung auftreten sollten.

Die Stufen stellen eine Hierachie zunehmend umfassender Systeme dar. Wie bereits gesagt, bilden die Stufen eine Ordnung von zunehmend differenzierteren und umfassenderen Strukturen, die eine gemeinsame Funktion erfüllen. Dementsprechend ersetzen (oder besser gesagt umfassen) höhere Stufen die auf niedrigeren Stufen angesiedelten Strukturen." (A. Colby/L. Kohlberg [1987], The measurement of moral judgement, Vol. 1, S. 6–7, zit. nach: Uwe Gielen, Kohlbergs Theorie der moralischen Entwicklung, in: Lisa Kuhmerker/Uwe Gielen/Richard L. Hayes, Lawrence Kohlberg, Kindt Verlag, München 1996, S. 37)

Lawrence Kohlberg wurde am 25.10.1927 in New York geboren. Er hatte ein sehr bewegtes Leben und wählte am 17.1.1987 im Angesicht einer unheilbaren Krankheit den Freitod.

Im Herbst 1945 traf ich in Europa als Mannschaftsmitglied der Handelsmarine der Vereinigten Staaten ein. Als Sohn eines jüdischen Vaters war ich nicht nur von der durch den Krieg angerichteten Zerstörung von Gebäuden und Menschenleben erschüttert, sondern auch von der Begegnung mit der Not der Überlebenden des Holocaust oder Völkermordes, den die Nazis an Juden, Zigeunern und anderen nichtarischen Gruppen begangen hatten. Hier fand ich nicht nur Zerstörung und Grauen, sondern eine Ungerechtigkeit, wie sie die Welt noch nie gesehen hatte.

Ich leistete rasch meine Dienstzeit bei der amerikanischen Handelsmarine ab und meldete mich dann als Freiwilliger für die unbezahlte Arbeit als Maschinist auf Schiffen, die jüdische Flüchtlinge illegal durch die britische Blockade schmuggelten und nach Palästina brachten, das damals unter britischem Mandat stand. Ich hatte keine moralischen Skrupel, ein britisches Gesetz zu brechen, das gegenüber jüdischen Überlebenden des Holocaust ungerecht war. Diese Menschen waren in Lagern für Verschleppte (displaced persons) untergebracht, und es gab kein Heimatland für sie, in das sie hätten zurückkehren können. Ich war glücklich, als ich sah, wie 2000 Flüchtlinge unser kleines Schiff bestiegen. [...]

Die britischen Marine- und Seetruppen keilten unser Schiff ein, setzten Tränengas und Dampf ein, knüppelten sich den Weg zu den Steuer- und Maschinenräumen frei und stoppten das Schiff. Mehrere Kinder kamen in dem Handgemenge ums Leben, obwohl die Briten sich bemühten, unnötige Gewalt zu vermeiden. Ich selbst, meine Mannschaftskameraden und die Flüchtlinge wurden in ein britisches Gefangenenlager auf Zypern gebracht. Die Hagana half uns, von Zypern nach Palästina zu fliehen, und versorgte uns mit gefälschten Papieren. Die Zeit, die wir warten mussten, bis es sicher war, das Land mit den gefälschten Papieren zu verlassen, verbrachte ich mit einigen Kameraden von der Schiffsmannschaft in einem Kibbuz. Dann ging ich auf ein anderes Schiff, das von Amerika über Europa nach Palästina kam. [...]

Meine Erfahrungen mit der illegalen Auswanderung nach Israel warfen eine Reihe moralischer Fragen auf, die ich als Probleme der Gerechtigkeit betrachtete. War es richtig oder gerecht, zur Erreichung eines politischen Zieles Gewalt zu gebrauchen und den Tod zu riskieren? [...] Wann ist es zulässig, Gewalt als Mittel für vermeintlich gerechte Ziele einzusetzen? [...]

Der israelische Kibbuz repräsentierte für mich ein Ideal sozialer Gerechtigkeit, das ich nur bewundern konnte; aber verlangte man von mir wirklich, dass ich diesem Ideal folgte, oder konnte ich gemäß den vertrauteren und leichter zu erfüllenden Ansprüchen meines amerikanischen Heimatlandes leben? Letzten Endes handelte es sich bei diesen Fragen um Fragen der ethischen Relativität. Gab es eine universelle Moral, oder waren alle moralischen Entscheidungen relativ, das heißt von der Kultur oder von den eigenen persönlichen und gefühlsmäßigen Neigungen abhängig?

(L. Kohlberg, Meine persönliche Suche nach universeller Moral, Vortrag Kohlbergs, gehalten im Oktober 1985 am Institute of Moralogy, Tokio, Japan, zit. nach: Lisa Kuhmerker/Uwe Gielen/ Richard L. Hayes, Lawrence Kohlberg, Kindt Verlag, München 1996, S. 21ff.)

1. Informieren Sie sich über weitere biografische Aspekte. Suchen Sie nach Hinweisen, warum Kohlberg sich gerade so intensiv mit einer Theorie zur moralischen Entwicklung beschäftigt hat.

2. Setzen Sie sich mit den im Text gestellten Fragen auseinander.

Kritische Anmerkungen

Zu Kohlbergs Theorie wurden im Lauf der Zeit immer wieder kritische Anmerkungen gemacht, von denen hier einige genannt werden:

• Kohlberg geht es in erster Linie um den Aufbau moralischer Urteilskompetenz; ihm geht es dabei mehr um Strukturen als um Inhalte.

• Die Dilemmata sind allgemein und wenig auf die jeweilige Person bezogen. Z. B. könnte die Frage: „Sollte ein Arzt jemanden, der todkrank ist, aus Mitleid töten?" auch anders gestellt werden: „Sollte ein Arzt mich töten, wenn ich todkrank bin?"

• Kohlberg geht von der Annahme aus, dass jeder Handlung ein moralisches Urteil vorausgeht – oft wird aber erst gehandelt, dann geurteilt! Zudem lassen sich die Stadien kaum trennscharf unterscheiden.

• Die Skala gibt vor, ein umfassendes Bild moralischen Urteilens wiederzugeben, welches die Zielperspektive einer höheren Stufe hat. Die Verfügbarkeit über ein stufenübergreifendes Spektrum moralischer Urteilsfähigkeit kann aber auch sehr hilfreich für Entscheidungen in einer bestimmten Situation sein und ein moralisch abgewogenes Urteil erst ermöglichen.

• Empathiefähigkeit und die Fähigkeit zur Rollenübernahme sind eine wichtige Voraussetzung zum Lösen von Dilemmasituationen – das Individuum mit seinen persönlichen Voraussetzungen und seiner Kompetenz zur Interaktion wird nicht genügend berücksichtigt.

• Die Förderung des moralischen Urteilens und auch die Moralerziehung ist sehr stark abhängig von der Kompetenz des Erziehers: Er muss die vom Kind erreichte Stufe erkennen und eine jeweils höher liegende Problemsituation bei den Kindern erzeugen, die diese auch anspricht, will er eine Weiterentwicklung moralischen Urteilens anregen.

• „Moralentwicklung vollzieht sich nicht durch oder dank Moralerziehung, nicht einfach in der Konfrontation mit einer Normerwartung. Die zu moralischem Urteil führende sozialisatorische Wirkung von Familie und Schule wird durch die Erfahrung der Diskrepanzen zwischen Sollen und Sein, Anspruch und Wirklichkeit mitbestimmt. Einspruch dagegen meldet sich vor allem während der Pubertät an. Aber schon vorher und nachher besteht die Leistung der Heranwachsenden vor allem darin, solche Diskrepanzen miteinander zu vermitteln bzw. die in den Normen deutlich werdende Widersprüchlichkeit aufzulösen, sie am Ende womöglich selbst völlig wegzuarbeiten." (Andreas Gruschka, Wie lernt man, kalt zu werden?, in: Pädagogische Korrespondenz, Heft 19, Frühjahr 1997, S. 44)

• Die Hintergründe der moralischen Dilemmasituationen werden nicht reflektiert und auch nicht direkt zur Betrachtung herangezogen. So ließe sich beim Heinz-Dilemma fragen, warum der Apotheker überhaupt in eine solche Schlüsselrolle gelangt und welche gesellschaftlichen Normen und Werte diese ermöglichen.

(Autorentext)

 Setzen Sie sich in Gruppen mit diesen Kritikpunkten arbeitsteilig auseinander.

Pädagogische Anwendung

Förderung sozialer und moralischer Kompetenzen

Unterstützende und begleitende Maßnahmen für den Entwicklungsweg von Kindern

Wie gut – so könnte man an jedem Punkt der Lebensentwicklung fragen – erfüllt die einbindende Kultur für einen bestimmten Menschen ihre Funktionen der *Bestätigung*, des *Widerspruchs* und der *Fortdauer*?

Kümmert sich die *mütterliche Kultur* um das Neugeborene – bietet sie ihm eine warme, enge, behagliche körperliche Beziehung, kann sie die völlige Abhängigkeit des Kindes von dieser Kultur und seine Verschmelzung mit ihr anerkennen? [...]

Kann die elterliche Kultur die kindliche Fantasietätigkeit anerkennen und fördern; akzeptiert sie die intensiven Liebes- und Rivalitätsbeziehungen des Kindes innerhalb der Familie, kann sie die psychische Abhängigkeit des Kindes vom Wirken der Eltern innerhalb der Familie und seine Verschmelzung mit ihnen anerkennen? Wird die elterliche Kultur zur gegebenen Zeit die Ablösung des Kindes aus diesem Eingebundensein erkennen und unterstützen; beginnt sie, das Kind für seine eigenen Verhaltensweisen verantwortlich zu machen und den Ursprung der Gedanken und Gefühle des Kindes ihm selbst zuzuschreiben? [...]

Kann die *rollenanerkennende Kultur* die kindlichen Versuche, Selbstgenügsamkeit, Kompetenz und Rollendifferenzierung zu erproben und zu verwirklichen, unterstützen und anerkennen; bietet die Familie oder Schule dem Kind Gelegenheit, im öffentlichen Leben dieser Institutionen zu sprechen und erhört zu werden, besonders was seine eigenen Entscheidungen angeht; gibt sie ihm die Möglichkeit, persönliche Verantwortung, eigene Vorstellungen und selbstständige Kontrolle zu entwickeln (zum Beispiel, indem die Eltern dem Kind eine Armbanduhr kaufen oder ihm Taschengeld geben, indem sie dem Kind erlauben, seine Kleidung auszuwählen, morgens von alleine aufzustehen)? Versucht die Familie oder Schule mindestens einen Bereich zu entdecken und zu fördern, der dem Kind ständig Gelegenheit bieten wird, sich als erfolgreich zu zeigen – sei es Sport, Kunst, Wissenschaft oder Unternehmungsgeist erfordernde Aktivitäten? [...] Wird diese Kultur zum angemessenen Zeitpunkt die Ablösung des Jugendlichen aus seinem Eingebundensein erkennen und unterstützen, [...] zeigt sie Interesse an Aussagen über innere Zustände anstatt über äußere Gegebenheiten; kann sie tolerieren, im Zuge des Aufbaus einer neuen Identität und neuer Identifikationen relativiert zu werden? [...]

Kann die *Kultur der Wechselseitigkeit* an den inneren subjektiven Zuständen, Stimmungen, Gefühlen und geheimsten Gedanken eines Menschen Anteil nehmen? Wird sie darauf bestehen, den anderen als eigenständige Person zu sehen, ohne dabei die Möglichkeit und den Wert der Nähe infrage zu stellen; verlangt sie vom Partner, die Verantwortung für seine eigenen Unternehmungen und Entscheidungen zu übernehmen, für die eigene psychologische Selbstdefinition, und ist sie bereit, sich im Interesse dieser neu auftauchenden, persönlichen Autorität des anderen relativieren zu lassen? [...]

Kann die *Kultur der Selbstgestaltung* die Äußerungsformen der psychologischen Selbstdefinition eines Menschen anerkennen und fördern, bestätigt sie das wachsende Gefühl des Menschen, selbst der Ursprung seiner Bedeutung und Ziele zu sein? [...] Ist die Kultur der Ideologie bereit, sich zugunsten eines übergreifenden Bezugsrahmens relativieren zu lassen, der die gemeinsame Grundlage verschiedener Formen, Systeme und Organisationen bildet und sie von einem übergeordneten Standpunkt aus reguliert? Werden die ideologischen Stützen gerade dann verfügbar bleiben, wenn der Mensch seine Identifikation mit ihnen aufgibt, bleibt ihm der Arbeitsplatz erhalten, ist sein Körper weiterhin gesund, lässt ihn der Partner nicht im Stich?

Kann die *Kultur der Intimität* die Ausdrucksformen der Interdependenz (sogar einer interdependenten Selbstdefinition) anerkennen und fördern, kann sie den Mensch darin unterstützen, das formgebundene unabhängige Selbst preiszugeben (und mit ihm zu spielen), die Identitäten zu kontrapunktieren?

(Robert Kegan, Die Entwicklungsstufen des Selbst, Kindt Verlag, München 1994, S. 334–337)

1. Ordnen Sie den hier formulierten Fragen die Funktionen der ‚einbindenden Kulturen' zu. Formulieren Sie weitere, den einzelnen ‚Kulturen' zugehörige Fragen!

2. Versuchen Sie Antworten auf die Fragen zu geben. Diskutieren Sie dazu auch praktische Beispiele aus dem Erziehungsalltag.

3. Sind die hier gestellten Fragen hilfreich für die eigene Entwicklung?
Suchen Sie für die Zeichnung einen Titel und gestalten Sie sie mit Ihrer Fantasie weiter aus.

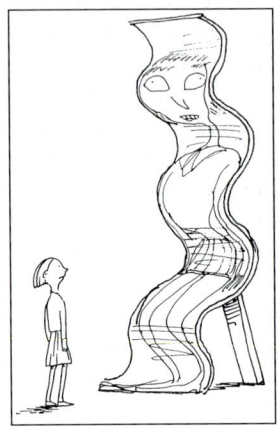

Förderung moralischer Kompetenzen in Institutionen

Kohlberg hat besonders seit 1985 immer wieder Schulen unterstützt, die sich um die Förderung eines verantwortungsbewussten moralischen Handelns bemühten.

Folgende Lernziele lassen sich für diese Schulen zusammenstellen:

In der demokratischen Schulgemeinschaft soll der Heranwachsende lernen …

- die eigene Meinung öffentlich kund zu tun und über existenzielle, persönlich wichtige Fragen mit anderen, sogar mit Fremden reden zu können *(authentische Kommunikation)*,

- an einer Auseinandersetzung über Meinungen teilzunehmen, das heißt, Gleichgesinnte und Gegner zu haben *(Mut zum Diskurs)*,

- durch andere in der eigenen Meinung angenommen und unterstützt zu werden *(Solidarität)*,

- durch andere argumentativ herausgefordert zu werden *(Streit)*,

- an wichtigen Entscheidungen der Institution, der man angehört, mitzuwirken *(Verantwortungsübernahme)*,

- andere argumentativ zu überzeugen und in ihrer Entscheidung beeinflussen zu können *(Macht der Argumente)*,

- die eigene Meinung unter dem Eindruck von neuen Informationen und Argumenten begründet zu verändern *(Rationalität)*,

- dass Regeln Grundlage und Ergebnis sozialer Interaktionen sind *(Konstruktion des Sozialen)*,

- dass Diskussionen und Streit die eigene Entwicklung fördern *(Metakognition)*.

(Georg Lind: „Moral ist lehrbar. Handbuch zur Theorie und Praxis moralischer und demokratischer Bildung." München. Oldenbourg, 2003, S. 98)

Innerhalb eines solchen Schulprojektes wurde im Rahmen des Unterrichtsangebotes ein Cluster von Kursen angeboten – daher hießen solche Schulen auch Cluster-Schulen –, die Raum für Moraldiskussionen und für die Schaffung demokratischer Schulstrukturen ermöglichen sollten. Kohlberg und seine Mitarbeiter erstellten Kursmaterial, sie traten aber auch als Berater auf, wie der folgende Bericht verdeutlicht:

Die Berichte über die Cluster-Schulen illustrieren, wie sehr Kohlberg darauf bestand, dass Schulregeln eingehalten wurden. Ein Beispiel handelt von einem Vorfall, der sich ereignete, als Schüler der Cluster-Schule zu einer Filmvorführung an der Harvard University eingeladen worden waren. Man hatte sich demokratisch darauf geeinigt, dass im Zuschauerraum nicht geraucht werden sollte. Sobald das Licht ausging, begannen einige Schüler zu rauchen. Die Lehrer sagten nichts, aber Kohlberg veranlasste, dass die Filmvorführung unterbrochen wurde, und trat mit den Lehrern zur Beratung in den Flur hinaus. Man war sich einig, dass es den demokratischen Prozess unterlaufen würde, wenn man die Schüler Regeln übertreten ließ, ohne darauf zu reagieren.

Dieser Vorfall verdeutlicht auch die Beziehung zwischen den Vertretern einer Sache und der Rolle des Beraters. Als Berater vertrat Kohlberg gegenüber dem Lehrpersonal einen Standpunkt, der auf dem Modell der gerechten Gemeinschaft gründete. Die Lehrer wiederum, die mit diesem Standpunkt übereinstimmten, vertraten gegenüber den Schülern einen Standpunkt hinsichtlich der Bedeutung, die dem Einhalten sozialer Abmachungen zukommt. In diesem Interventionsmodell wartet der Berater nicht, bis er gefragt wird; er nimmt gegenüber dem Lehrpersonal eine aktiv eingreifende Rolle ein.

Das Problem des Drogenkonsums war der härteste Test, ob die Cluster-Gemeinschaft lernen konnte, eigene Regeln aufzustellen und einzuhalten. Es machte den Schülern keine Schwierigkeiten, im Rahmen demokratischer Abstimmungen Regeln aufzustellen, vorausgesetzt, sie konnten erwarten, dass die Lehrer auf deren Einhaltung achteten. Was dem Erreichen des Ziels der Selbstregulation am meisten im Wege stand, war das ungeschriebene Gesetz, Mitschüler nicht zu verpetzen: „Wenn jemand eine Regel übertritt, ohne dass du davon persönlich verletzt wirst oder betroffen bist, dann überlasse das Aufdecken dieser Übertretung den Autoritäten. Verrate niemanden, es sei denn, der andere verrät dich. In diesem Licht gesehen ist fast jede durch Schüler erfolgende Regelüberwachung ein Akt von Petzen. Die einzige Möglichkeit, diese Art der Wahrnehmung zu ändern, besteht darin, die Mehrheit der Schüler zu der Einsicht zu führen, dass es bei einer von ihnen selbst ausgeübten Regelüberwachung darum geht, dass eine Gruppe von Leuten die Gemeinschaft schützt, indem sie gemeinsam auf das Einhalten ihrer Abmachungen achten und demjenigen, der eine Regel bricht, helfen, ein besseres Mitglied der Gemeinschaft zu werden. Die Teilnahme an Gruppensitzungen sollte zu solcher Uminterpretation erziehen, da die Gruppenmitglieder hier lernen können, Verhaltensprobleme vom Standpunkt ihrer Wirkung auf die Gemeinschaft aus zu betrachten und nicht nur als Akt eines Individuums zu sehen, der Folgen für ein anderes Individuum haben mag oder auch nicht." (Power, Higgins und Kohlberg, 1989)

Sowohl die Cluster-Schule als auch die ihr folgenden Schulen der gerechten Gemeinschaft in Scarsdale, der Bronx und Manhattan machten Gebrauch von Beraterteams, Disziplinar- oder Fairnesskomitees und Kerngruppen, die die für das Funktionieren der wöchentlichen Gemeinschaftssitzungen erforderlichen Fertigkeiten mitbrachten und eine emotionale Stütze boten.

(Lisa Kuhmerker, Die Förderung der moralischen Entwicklung durch Dilemmadiskussionen, in: Lisa Kuhmerker/Uwe Gielen/ Richard L. Hayes, Lawrence Kohlberg, Kindt Verlag, München 1996, S. 146f.)

1. Diskutieren Sie das Verhalten der Erzieher während der Filmvorführung vor dem Hintergrund des Prinzips der Selbstregulation.

2. Edward Zalaznick war Schüler an der Scarsdale Alternative School (eine staatliche Highschool, Klassen 10 – 12, mit weniger als hundert Schülern). Ein Merkmal dieser Schule der ‚gerechten Gemeinschaft' ist, dass Lehrer und Schüler diskutieren, welche Verhaltensnormen für die Gemeinschaft gelten sollen, und dass sie darüber abstimmen, welche Regeln eingeführt werden und wie diese Regeln durchgesetzt werden sollen.

Gegen Ende seiner Schulzeit reflektierte er gemeinsam mit Kohlberg seine Erfahrungen an dieser alternativen Schule. Nehmen Sie Stellung zu dem folgenden Auszug aus dem Interview:

„LK: Du hast gesagt, alle waren sich einig, dass der Gedanke der Gerechtigkeit für die Schule wichtig war. Wie kam es zu dieser Einigkeit? War es etwas, das die Lehrer den Schülern aufzwangen?

Edward Zalaznick: Nun, nein, die erste Form von Zustimmung, die wir zu diesem System gaben, bestand darin, dass wir an die alternative Schule gingen. Es wusste also jeder, dass es sich um ein System handelte, das versuchte, jedem gegenüber fair zu sein, indem es ihm Gelegenheit gab, sich zu äußern. Wir kehrten immer wieder zu dem Gedanken der Fairness als dem zentralen Gedanken der Schule zurück.

LK: Der sogar wichtiger war als der Gedanke der Gemeinschaft?

EZ (lange Pause): Ich glaube, das hätte niemand gesagt, obwohl ich nicht glaube, dass diese beiden Gedanken so verschieden sind, da sie in gewissem Sinne miteinander austauschbar sind. ‚Die Gemeinschaft ist das wichtigste Anliegen.' ‚Fairness ist das wichtigste Anliegen.' Man versuchte, beides als gleichwertig zu sehen. Das eine war Teil des anderen. Als wir unsere Abschlussfeier hatten, war der ursprüngliche Plan, das Fest zu Hause bei einem Mädchen zu feiern. [...] Die Party war Freitagabend geplant, doch die Eltern des Mädchens meldeten sich und sagten: ‚Ihr könnt die Party hier nicht an einem Sabbat feiern.' Da mussten alle überlegen, nun, was würden wir tun? Das Datum der Abschlussfeier verlegen, weil einige Eltern nicht kommen würden? Und so [...] wurden in unseren Diskussionen alle Alternativen danach geordnet, wie fair sie gegenüber jedermann waren. Und das war etwas, was das ganze Jahr über stattfand. Wir wollten alle sicherstellen, dass wir fair bleiben würden; dass es nicht zu einem Zusammenbruch kommen würde, bei dem die Lehrer plötzlich die Macht an sich reißen könnten und etwas unter der Hand tun oder unfair handeln würden, [...] und das heißt auch, dass bei Entscheidungen die Mehrheit ausschlaggebend war. [...] So gelangten wir gewissermaßen selbstständig zu einer gerechten Gemeinschaft."
(William Kolber, Die Wirkung von Erfahrungen mit einer gerechten Gemeinschaft auf die Entwicklung von Schülern: Drei Berichte aus der Scarsdale Alternative School, in: Lisa Kuhmerker/Uwe Gielen/Richard L. Hayes, Lawrence Kohlberg, Kindt Verlag, München 1996, S. 180)

3. Überprüfen Sie, inwiefern die Merkmale der demokratischen Schulgemeinschaft an Ihrer Schule erreicht werden.

Die Art, wie mit Dilemmas (und damit auch mit Problemen und Konflikten, die daraus resultieren) umgegangen wird, hat, wie jeder an sich selbst feststellen kann, eine enorme Bedeutung für unser Verhalten in allen Lebensbereichen: in Familie, in sozialen Beziehungen, in Schule und Beruf. Diese Fähigkeit ist, wie auch die moderne moralpsychologische Forschung zeigt, von großer Bedeutung für die Einhaltung von Regeln und Gesetzen, für das Hilfeverhalten gegenüber Mitmenschen, für den Einsatz für demokratische Grundrechte, für den Widerstand gegen angemaßte Autorität, für unsere Fähigkeit zu lernen und anderes mehr.

Moralische Fähigkeiten haben zwei Gesichter, ein individuelles und ein sozialkommunikatives. Soweit wir allein die Fähigkeit des Einzelnen betrachten, ein moralisches Dilemma allein auf sich gestellt zu entscheiden, sprechen wir von moralischer Urteilsfähigkeit. In gewisser Weise ist der Begriff der individuellen Urteilsfähigkeit aber eine doppelte Abstraktion. Zum einen abstrahiert er von der Tatsache, dass das dafür benötigte Denken auf verinnerlichter Sprache und moralischen Kategorien beruht, die sozialen Ursprungs sind. Zum anderen abstrahiert der Begriff der individuellen Urteilsfähigkeit davon, dass direkt oder indirekt meist andere Menschen von unseren Urteilen betroffen sind und es die Moral gebietet, sich im realen Diskurs mit anderen der Qualität einer Dilemmalösung zu vergewissern.

Wo wir von moralischer Urteilsfähigkeit sprechen, meinen wir daher immer eigentlich auch moralische Diskursfähigkeit. Bei moralischem Handeln im gesellschaftlichen Kontext kann es sich nicht nur um ein Nachdenken ‚im stillen Kämmerlein' handeln, bei dem niemand zuschaut und das von niemandem – außer einem selbst – kritisch hinterfragt werden kann. Es muss auch die Fähigkeit umfassen, sich in der Auseinandersetzung mit anderen Personen und anderen Meinungen an moralischen Prinzipien zu orientieren. Nur wenn die moralische Fähigkeit auch die Fähigkeit umfasst, in schwierigen sozialen Konfliktsituationen Probleme vernunftgeleitet zu lösen, ist sie eine Alternative zur Gewalt- und Machtanwendung bei der ‚Lösung' von Konflikten.

(Georg Lind: „Moral ist lehrbar. Handbuch zur Theorie und Praxis moralischer und demokratischer Bildung." München. Oldenbourg, 2003, S. 19)

1. Nehmen Sie im Rückblick auf das Kapitel Stellung: Ist Moral lehrbar?
2. Wie lässt sich Ihrer Meinung nach die soziale und moralische Entwicklung positiv fördern? Bereiten Sie einen Kurzvortrag vor und halten Sie ihn vor dem Kurs.

Projektvorschlag zum selbstständigen Weiterarbeiten

Moralentwicklung fördern

Prof. Dr. Georg Lind von der Universität Konstanz hat ein Ablaufschema für eine Dilemma-Diskussion entwickelt, die bereits in vielen schulpraktischen Versuchen erprobt wurde.

Ablaufschema einer „Moralisches Dilemma"-Diskussion:

Zeit	Aktivität	Lernziele [Motivationsphase]
0 Min.	Das Dilemma kennenlernen (vortragen, lesen und nacherzählen lassen) und den „Dilemma-Kern" herausarbeiten: Was ist hier das *moralische Problem*? Welche eigenen Prinzipien geraten hier miteinander in Konflikt? Bei Nachfragen betonen, wie gründlich andere Verhaltensalternativen in dem jeweiligen Fall vorher geprüft und verworfen wurden und wie drängend eine schnelle Entscheidung ist.	[Unterstützung] 1. Die Schüler werden mit den Fakten vertraut gemacht. 2. lernen die Natur eines moralischen Dilemmas kennen.
15	Probe-Abstimmung: War das Verhalten der zentralen Person eher richtig oder eher falsch? Pro- und Kontra-Gruppen bilden; falls keine etwa gleich starken Gruppen zustande kommen: das Dilemma erneut darstellen und dabei die „schwache" Seite stärker berücksichtigen; evtl. das Dilemma etwas abändern, sodass einige Teilnehmer in das „schwache" Lager wechseln können. Keine Scheinkontroverse zulassen; Teilnehmer nicht auffordern, eine andere Rolle zu spielen oder eine andere Meinung zu übernehmen. Es ist wichtig, dass jeder seine eigene Meinung vertritt und authentisch Argumente vorbringt.	[Herausforderung] 3. Sich öffentlich mit einer Meinung zu einer Kontroverse exponieren können. 4. Lernen, den Unterschied zwischen Entscheidung unter Druck und druckfreier Meinungsbildung zu verstehen. 5. Die Vielfalt von Meinungen zu einem moralischen Problem anerkennen lernen.
30	In jedem Meinungslager werden *kleine* Gruppen von 3–4 TeilnehmerInnen gebildet, die ihre Gründe für bzw. gegen das Verhalten der Person im Dilemma austauschen und weitere Argumente suchen und diese nach ihrer Wichtigkeit und Bedeutung ordnen. Nicht weniger als 3 und nicht mehr als 4 Teilnehmer in der Gruppe zulassen. Möglichst die Gruppen nach räumlicher Nähe bilden und nicht dazu auffordern, nach eigenen Kriterien zu bilden. Trotzdem auch flexibel auf Wünsche eingehen.	[Unterstützung] 6. Andere Menschen (auch Nicht-Freunde) als Quelle der Unterstützung sehen lernen. 7. Begründungen als Quelle der Stärkung der eigenen Position schätzen lernen. 8. Entdecken, dass Argumente eine unterschiedliche (moralische) Qualität haben können.
40	Diskussion von Pro und Kontra im Plenum: Die Lehrperson erläutert die Diskussionsregeln: **a) Jedes Argument ist zulässig, alles darf gesagt werden; aber keine Person darf angegriffen oder bewertet werden – auch nicht positiv (oft beginnen Abwertungen mit einem Schein-Lob). b) Die Teilnehmer rufen sich gegenseitig auf (Argumente-Ping-Pong); der Lehrer/die Lehrerin achtet nur auf die Einhaltung der Spielregeln.** Danach beginnt ein Argumente-Ping-Pong: Aus einer Gruppe (die kleinere Gruppe fängt in der Regel an) trägt ein Teilnehmer zunächst die eigene Meinung und die (wichtigsten) Gründe hierfür vor. Nach seinem Beitrag folgt eine Entgegnung aus der anderen Gruppe. Wer geantwortet hat, ruft aus der *ersten* Gruppe eine Person auf, die sich zu Wort meldet. Und so weiter. Die Lehrperson wirkt in dieser Phase fast ausschließlich als Schiedsperson, wenn die Diskussionsregeln nicht eingehalten werden. Sie sollte aber eingreifen, wenn z.B. zu leise gesprochen wird oder wenn ein Teilnehmer zu viele Argumente aneinander reiht („Argumente kommen umso besser zur Geltung, je weniger es sind und je kürzer sie sind."). **Die genannten Argumente an der Tafel in Kurzform mitschreiben getrennt nach Pro und Kontra**; das sollten/können auch Schüler machen. Gelegentlich Kollegen/innen als Beobachter einsetzen. Beobachter sollten sich grundsätzlich nicht in die Diskussion einmischen.	[Herausforderung] 9. Öffentliche Diskussionen über wirkliche moralische Probleme schätzen lernen. 10. Sich Gehör verschaffen lernen; die eigenen Argumente pointiert vortragen lernen; Argumente nach ihrer Wichtigkeit ordnen und sich auf die wichtigsten konzentrieren lernen. 11. Anderen genau zuhören lernen. 12. Lernen, zwischen der Qualität von Argumenten (über die man heftig streiten kann) und der Qualität von Menschen (die man immer respektieren sollte) zu unterscheiden.

Zeit	Aktivität	Lernziele [Motivationsphase]
70	Jede Gruppe bringt die Argumente der *anderen* Gruppe in eine Rangreihe: Welches waren die (zwei, drei oder vier) besten Argumente der Gegenseite? Welche Argumente haben mich nachdenklich gemacht? Wieder kleine Gruppen von mindestens drei, höchstens aber vier Teilnehmern bilden lassen. Anschließend im Plenum aus den Gruppen berichten lassen, was sie als das beste Argument der Gegenseite ansahen; mehrere Stimmen einholen.	[Unterstützung] 13. Entdecken, dass Argumente unterschiedliche moralische Qualität haben können. 14. Entdecken, dass auch Gegner gute Argumente haben können. Gute Argumente auch dann schätzen lernen, wenn sie von der Gegenseite kommen.
80	Schluss-Abstimmung: War das Verhalten der Person in dem Dilemma eher richtig oder eher falsch? Nach der Diskussion die Qualität der Diskussion und der Argumente loben und Beispiele geben für besonders schwierige Situationen, die von den Teilnehmern gut gemeistert wurden; die Bedeutung der Abstimmung relativieren („Wenn Sie in eine solche Situation geraten würden, müssten Sie vermutlich ganz neu entscheiden").	[Herausforderung] 15. Kritik der eigenen Position zu schätzen lernen. 16. Lernen, dass auch die kontroverse Diskussion über ernsthafte Probleme zur Qualität des Lebens beiträgt.
85	(Optional:) Rückmeldung an die Klasse 1. Ihr habt miteinander sehr sachlich, aber auch sehr engagiert über die Lösung eines komplexen moralischen Problems diskutiert. 2. Ihr habt den Ablauf dieser Diskussion (im Rahmen einiger weniger Vorgaben) weitgehend selbst gestaltet. 3. Ihr habt einander vielfältige Fragen gestellt und es haben sich in der Diskussion viele neue Einsichten eingestellt. Nachfragen: Wie habt ihr Teilnehmer diese Diskussion empfunden? Was habt ihr daraus gelernt? Was sollte damit erreicht werden? Was fandet ihr nicht so gut? (Optional:) Wer hat schon einmal über ein solches Thema mit anderen vertrauten Personen (Eltern, Lehrer, Mitschüler etc.) diskutiert?	[Unterstützung] 17. Sich der Entwicklung bewusst werden, die man durch die Dilemma-Diskussion selbst durchgemacht hat. Die Lernsituation „Dilemma-Diskussion" wertschätzen lernen. Wozu kann sie mir und anderen helfen?
90	Ende der Dilemma-Stunde	

(Georg Lind: „Moral ist lehrbar. Handbuch zur Theorie und Praxis moralischer und demokratischer Bildung." München. Oldenbourg, 2003)

Für die Durchführung der Konstanzer Methode der Dilemma-Diskussion (KMDD) ist es unbedingt notwendig, dass der Lehrer/die Lehrerin gute praktische und theoretische Kenntnisse der didaktischen Grundprinzipien der KMDD besitzt. Das Ablaufschema reicht dafür nicht aus. Auch wird das Schema immer wieder überarbeitet, um es dem neuesten Stand der Forschung anzupassen. Die jeweils aktuelle Version des Schemas und Hinweise auf Workshops zur KMDD finden sich auf der folgenden Webseite:
http://www.uni-konstanz.de/ag-moral/moral/dildisk-d.htm

Führen Sie in Ihrem oder einem anderen Pädagogikkurs eine solche Doppelstunde durch. Eine vom Lehrer/von der Lehrerin unterstützte Vorbereitungsgruppe kann den Ablauf inhaltlich und organisatorisch weiter vorbereiten und auch für eine entsprechende Durchführung die Verantwortung übernehmen.
Bei der Auswahl einer Dilemmasituation können Sie auf bereits in dieser Wabe vorgestellte Dilemmata zurückgreifen. Wenn Sie selber ein Dilemma konstruieren wollen, ist vielleicht die nachfolgende Analyse des Sharon-Dilemmas für Sie hilfreich.

„Was vielleicht nicht gleich offensichtlich wird, ist, wie geschickt Sharons Dilemma konstruiert ist.
1. Die Frage lautet, was Sharon tun sollte, und nicht, was du an Sharons Stelle tun würdest. Indem das Schwergewicht darauf gelegt wird, was man tun sollte, werden die Befragten gezwungen, Begründungen vorzubringen, die für jedermann Gültigkeit besitzen.

2. In dem Dilemma werden die Persönlichkeiten und die Geschichte der beiden Freundinnen wenig spezifiziert, sodass die Schüler ihre eigenen Vorstellungen und ein Szenario ihrer Wahl auf die gegebenen Informationen projizieren können. Sie werden nicht dazu verleitet zu vergleichen, wie ähnlich oder unähnlich die Personen der Geschichte ihren eigenen besten

Freunden oder Freundinnen und ihnen selbst sind. [...]

3. Das Dilemma gibt keine äußerlichen oder mildernden Umstände vor; wenn man nicht möchte, braucht man nicht in Erwägung zu ziehen, ob Jill arm ist oder nicht oder ob sie so etwas schon einmal getan hat oder nicht.

4. Das Dilemma ist so strukturiert, dass dem Konflikt nicht ausgewichen werden kann und eine Entscheidung erzwungen wird. Sharon kann das Problem nicht lösen, indem sie Jill den Ladendiebstahl ausredet; sie hat keine Ahnung von Jills Plan; Jill verschwindet, bevor Sharon etwas unternehmen könnte. Manche Schüler werden alles daran setzen, die Dilemmadiskussion in eine Problemlösediskussion zu verwandeln. In konkreten Lebenssituationen ist es angemessen, Dilemmata zu vermeiden und Lösungen zu suchen, bei denen man nicht gezwungen ist, ein positives Ergebnis auf Kosten eines anderen zu wählen; ist jedoch die moralische Entwicklung das Ziel der Diskussion, so nötigt der Druck des Entscheidungszwanges, Gründe für das Setzen von Prioritäten anzuführen.

5. Das Dilemma dreht sich in erster Linie um das Hauptthema einer bestimmten Stufe, nämlich um die für Stufe 3 charakteristische Orientierung an Freundschaft; aber es bezieht auch die für die niedrigeren Stufen 1 und 2 typischen Orientierungen ein, bei denen es um das Selbst als „Nummer eins" geht, und es artikuliert zur nächsthöheren Stufe gehörende Begründungen, ohne dabei zu „predigen". Loyalität gegenüber Freunden ist gewiss etwas „Gutes", aber die gesellschaftliche Perspektive des Geschäftsinhabers und des das Gesetz vertretenden Beamten werden ebenfalls zum Ausdruck gebracht. Schüler, die fest in der Stufe 3 verankert sind, wo Loyalität gegenüber Freunden als das Höchste gilt, können die gesellschaftliche Perspektive nicht nur deshalb verstehen, weil man ihnen immer wieder gesagt hat, dass es nicht richtig ist zu stehlen, sondern auch wegen des „Plus-1-Effektes". Untersuchungen zur moralischen Entwicklung haben gezeigt, dass das Verständnis der Untersuchungsteilnehmer jeweils eine Stufe weiter reicht als diejenige, in die sie hauptsächlich eingebettet sind und von der her sie argumentieren.

(Lisa Kuhmerker, Die Förderung der moralischen Entwicklung durch Dilemmadiskussionen, in: Lisa Kuhmerker/Uwe Gielen/Richard L. Hayes, Lawrence Kohlberg, Kindt Verlag, München 1996, S. 138ff.)

Das folgende Dilemma wurde bereits in mehreren Untersuchungen eingesetzt; es wurde so konstruiert, dass einige der unter dem Abschnitt ‚Kritische Anmerkungen' auf Seite 58 genannten Aspekte möglichst nicht zur Geltung kommen.

„Der Mathelehrer gibt einem Schüler, der mehrere Wochen krank war und auf eine Vier angewiesen ist, eine kleine Hilfestellung durch einen Zettel mit Zwischenergebnissen. Richtig rechnen muss er freilich noch selbst. Der Erfolg des Schülers führt zum Protest anderer Schüler, die keine Hilfestellung bekommen haben, eine schlechte Note erhielten und sich nun benachteiligt fühlen. Vor allem ein Mitschüler empört sich darüber, dass er keine Hilfestellung bei der Aufgabe, die er nicht lösen konnte, erhalten habe. Wegen dieser Aufgabe habe er eine Fünf bekommen. Als diese durchgenommen und geübt worden sei, habe er ebenfalls gefehlt. Es sei ungerecht, nur auf den Mitschüler, der lange gefehlt habe, besonders einzugehen. Dieser Protest ermutigt eine Mitschülerin zur Kritik, der Lehrer habe sie beim Üben der Aufgaben nicht drangenommen und deshalb habe sie keine Chance gehabt, eine Vier zu schaffen."

(Andreas Gruschka, Wie man lernt, kalt zu werden – Von den Konflikten auf dem Weg zum guten und schlechten Menschen [Teil 2], Pädagogische Korrespondenz, Heft 19, Frühjahr 1997, S. 48)

Dieses Dilemma eignet sich auch dazu, es Schülern verschiedenen Alters vorzulegen (z.B. mithilfe des Klassenlehrers) und diese ebenfalls ihre Entscheidung begründen zu lassen (anonym!!). Anschließend können Sie die Begründungen unter der Perspektive auswerten, ob sich Unterschiede im Alter auf die Art der Entscheidung und Begründung auswirken.
Wird bei den Antworten auch eine grundsätzliche Kritik am Leistungsdruck von Schulen geäußert?

2.2 Wo ‚Es' war, soll ‚Ich' werden – Entwicklung aus psychoanalytischer Sicht

Nehmen Sie Stellung zu folgender Aussage von Sigmund Freud: „Der Mensch ist nicht Herr seiner selbst."

Diskutieren Sie: „Sind Sie Herr/Herrin Ihrer selbst?"

Einführung

Ein möglicher Zugang zu unbewussten psychischen Prozessen

Das Eisbergmodell

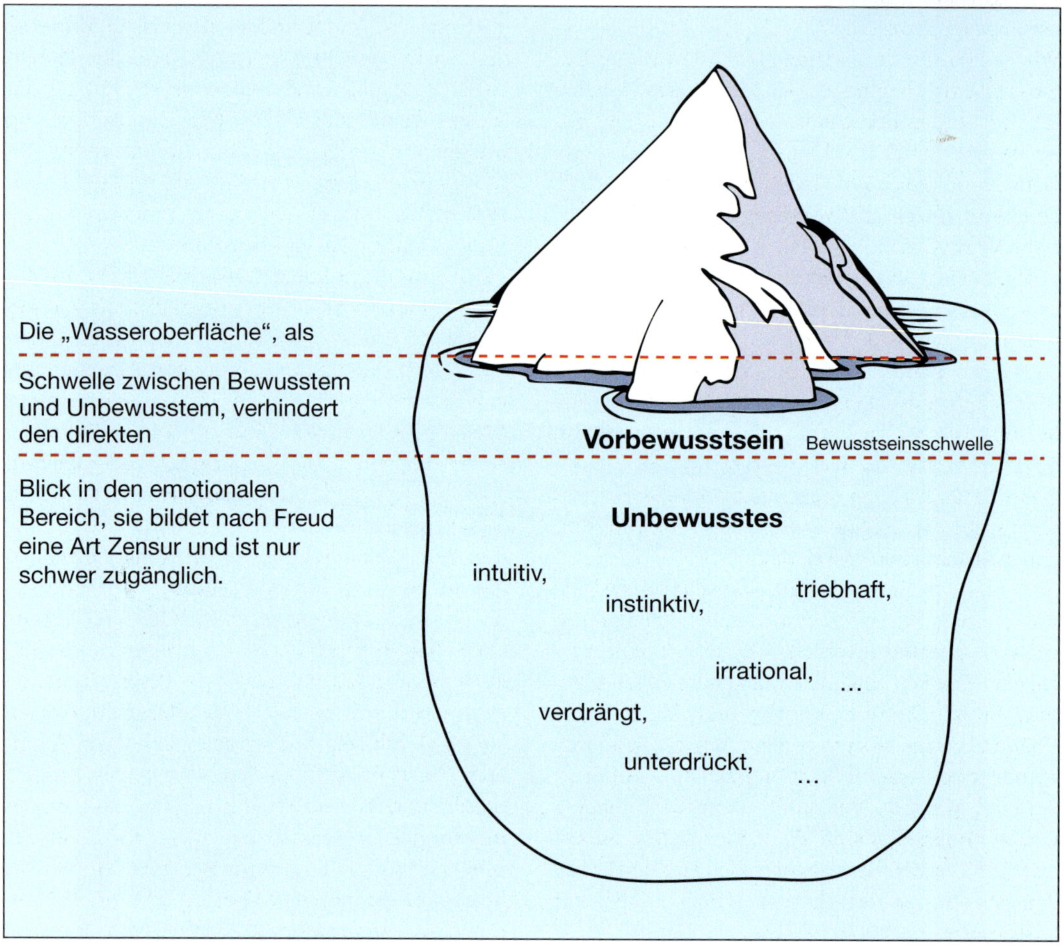

Die „Wasseroberfläche", als

Schwelle zwischen Bewusstem und Unbewusstem, verhindert den direkten

----

Blick in den emotionalen Bereich, sie bildet nach Freud eine Art Zensur und ist nur schwer zugänglich.

Vorbewusstsein Bewusstseinsschwelle

Unbewusstes

intuitiv,
instinktiv,
triebhaft,
irrational, ...
verdrängt,
unterdrückt, ...

1. Diskutieren Sie:
Jeder Mensch ist ein Eisberg. Der größte Teil des Berges befindet sich unter Wasser, ist also für uns selbst und unser Gegenüber unsichtbar (Gefühle, etc.). So passiert es leider allzu leicht, dass wir mit einem anderen (unter Wasser) zusammenstoßen, ohne es zu merken.

2. Finden Sie in Partnerarbeit Beispiele!

Was untersucht die Psychoanalyse?

Grundlagen der Psychoanalyse

Zwei fundamentale Hypothesen bilden die Grundlage für die von Sigmund Freud begründete wissenschaftliche Disziplin der Psychoanalyse: das Prinzip der psychischen Determiniertheit oder Kausalität und der Satz, dass Bewusstheit eher ein außergewöhnliches als ein regelmäßiges Attribut psychischer Prozesse ist.

Wir wollen mit dem Prinzip der psychischen Determiniertheit beginnen. Der Sinn dieses Prinzips ist, dass wie in der uns umgebenden physischen Natur auch in der Psyche nichts zufällig oder aufs Geratewohl geschieht. Jedes psychische Geschehen wird durch die vorangegangenen determiniert. Wenn Geschehnisse in unserem psychischen Leben zufällig und mit dem, was voranging, nicht verknüpft zu sein scheinen, so ist das eben nur scheinbar der Fall. In Wirklichkeit ist bei psychischen Phänomenen ein solches Fehlen kausalen Zusammenhanges genauso unmöglich wie bei physischen. Diskontinuität in diesem Sinne existiert im psychischen Leben nicht.

Das Verständnis und die Anwendung dieses Prinzips ist für die richtige Einstellung beim Studium der menschlichen Psychologie sowohl in ihren normalen wie in ihren pathologischen Aspekten unerlässlich. Wenn wir es wirklich verstehen und richtig anwenden, werden wir niemals eine psychische Erscheinung als sinnlos oder zufällig abtun. Wir werden uns in Bezug auf jedes derartige Phänomen, das uns interessiert, fragen: „Wodurch wurde es verursacht? Warum geschah es auf diese Art und Weise?". Wir stellen uns diese Fragen, weil wir überzeugt sind, dass eine Antwort auf sie existiert. Ob wir die Antwort rasch und leicht finden können, ist freilich etwas anderes, aber wir wissen, dass die Antwort da ist.

Ein Beispiel für diesen Zugang zu psychischen Phänomenen: Es ist eine häufige Erfahrung im täglichen Leben, dass man etwas vergisst oder verlegt. Die übliche Meinung über ein solches Vorkommnis ist, dass es ein ‚Zufall' war, dass es ‚halt geschah'. Aber eine gründliche Untersuchung solcher ‚Zufälle' durch Psychoanalytiker in den letzten fünfundsiebzig Jahren, mit den Untersuchungen Freuds selbst angefangen, hat gezeigt, dass sie keineswegs so zufällig sind, wie sie dem üblichen Urteil erscheinen. Im Gegenteil, es lässt sich zeigen, dass jeder solche ‚Zufall' durch einen Wunsch oder eine Absicht der betreffenden Person verursacht wurde. [...]

Jedes neurotische Symptom, welcher Natur es auch sei, ist durch andere psychische Prozesse verursacht, trotz der Tatsache, dass der Patient selbst oft glaubt, das Symptom sei seinem ganzen Wesen fremd und völlig ohne Zusammenhang mit seinem übrigen psychischen Leben. Die Zusammenhänge sind trotzdem da, und sie lassen sich auch aufzeigen, obwohl der Patient sich ihres Vorhandenseins nicht bewusst ist.

An diesem Punkt kommen wir nicht mehr um das Eingeständnis herum, dass wir nicht nur von der ersten unserer grundlegenden Hypothesen sprechen, dem Prinzip der psychischen Determiniertheit, sondern auch von der zweiten, nämlich der Existenz und Bedeutsamkeit psychischer Prozesse, die der Einzelne selbst nicht bemerkt oder die ihm nicht bewusst sind. Der Zusammenhang zwischen diesen beiden Hypothesen ist tatsächlich so eng, dass man kaum die eine erörtern kann, ohne auch die andere einzubeziehen. Gerade die Tatsache, dass so viel von dem, was sich in unserer Psyche abspielt, unbewusst ist, d.h. uns selbst unbekannt, ist der Grund für die *scheinbaren* Diskontinuitäten in unserem psychischen Leben. Wenn ein Gedanke, ein Gefühl, ein zufälliges Vergessen, ein Traum oder ein pathologisches Symptom keinen Zusammenhang mit dem zu haben scheint, was zuvor in uns vorging, so kommt das daher, dass dieses Geschehen mit einem *unbewussten*, nicht mit einem bewussten psychischen Vorgang in Kausalzusammenhang steht. Wenn die unbewusste Ursache oder die unbewussten Ursachen entdeckt werden können, dann verschwinden alle scheinbaren Diskontinuitäten, und die Kausalkette, der kausale Ablauf wird deutlich. [...]

Tatsächlich verfügen wir bis jetzt über keine Methode, die uns erlauben würde, unbewusste psychische Prozesse direkt zu beobachten, aber unsere Methoden zur Untersuchung solcher Phänomene sind indirekter Art.

Sie gestatten uns, auf die Existenz dieser Phänomene zu schließen und oft auch ihre Natur und ihre Bedeutung im psychischen Leben des einzelnen Menschen zu bestimmen. Die nützlichste und zuverlässigste Methode zum Studium unbewusster psychischer Prozesse, die wir zurzeit besitzen, ist die Technik, die Freud im Verlauf einer Reihe von Jahren entwickelt hat. Er nannte diese Technik Psychoanalyse, eben weil er mit ihrer Hilfe psychische Prozesse erkennen und entdecken konnte, die sonst verborgen geblieben und nicht vermutet worden wären. In eben diesen Jahren, in denen Freud die Technik der Psychoanalyse entwickelte, erkannte er auch mithilfe dieser neuen Technik die wichtige Rolle unbewusster psychischer Vorgänge im psychischen Leben jedes Einzelnen, ob er psychisch krank oder gesund ist. [...] Der wesentlichste Gehalt dieser Technik ist, dass der Patient sich verpflichtet, dem Analytiker ausnahmslos alle Gedanken mitzuteilen, die ihm in den Sinn kommen, und sie in keiner Weise bewusst zu lenken oder zu zensieren. [...]

Der Grund, warum es von so großem Wert ist, dass der Patient die bewusste Kontrolle seiner Gedanken aufgibt, ist folgender: Was der Patient unter diesen Umständen denkt und sagt, wird durch seine unbewussten Gedanken und Motive bestimmt. Freud konnte also dadurch, dass er den ‚freien' Assoziationen des Patienten lauschte – die schließlich nur von bewusster Kontrolle frei waren –, durch Folgerung ein Bild davon gewinnen, was in der Psyche seines Patienten unbewusst vorging. Er befand sich deshalb in der einzigartigen Lage, die unbewussten psychischen Prozesse seiner Patienten studieren zu können; und in Jahren geduldiger Beobachtung entdeckte er, dass nicht nur hysterische Symptome, sondern auch viele andere normale und pathologische Aspekte des Verhaltens und Denkens das Ergebnis dessen waren, was unbewusst in der Psyche der Person vorging, die diese aufwies.

Im Verlauf seines Studiums unbewusster psychischer Phänomene stellte Freud bald fest, dass diese sich in zwei Gruppen einteilen lassen. Die erste Gruppe umfasst Gedanken, Erinnerungen etc., die durch eine verstärkte Bemühung der Aufmerksamkeit ohne Schwierigkeit bewusst gemacht werden können. Derartige psychische Elemente haben leichten Zugang zum Bewusstsein; Freud nannte sie ‚vorbewusst'. Jeder Gedanke zum Beispiel, der in einem gegebenen Augenblick gerade bewusst ist, ist sowohl vor wie nach diesem speziellen Augenblick vorbewusst. Die interessantere Gruppe unbewusster Phänomene jedoch umfasst jene psychischen Elemente, die nur durch Aufwendung erheblicher Bemühung bewusst gemacht werden können. Mit anderen Worten, eine starke Kraft verwehrt ihnen den Zugang zum Bewusstsein, die überwunden werden muss, bevor sie bewusst werden können. Wir finden das zum Beispiel bei den Fällen hysterischer Amnesie.

Dieser zweiten Gruppe von Phänomenen behielt Freud die Bezeichnung ‚unbewusst' im strengeren Sinne vor. Er konnte dartun, dass ihr Unbewusstsein in diesem Sinne sie in keiner Weise daran hinderte, einen sehr bedeutenden Einfluss auf den psychischen Funktionsablauf auszuüben. Darüber hinaus konnte er zeigen, dass unbewusste Prozesse den bewussten an Präzision und Komplexität durchaus vergleichbar sein können.

Wie wir schon sagten, haben wir bisher keine Möglichkeit, unbewusste psychische Tätigkeiten direkt zu beobachten. Wir können nur ihre Wir-

Sigmund Freud und seine Lieblingstochter Anna (1913)

kungen beobachten, so wie sie sich in den Gedanken und Gefühlen des Patienten äußern, die dieser uns berichtet, und in seinen Handlungen, die mitgeteilt oder beobachtet sein können. Solche Daten sind Derivate unbewusster psychischer Tätigkeiten, und aus ihnen können wir Schlüsse auf diese Tätigkeiten selbst ziehen. Die Daten sind besonders reich und deutlich, wenn man die analytische Technik anwendet, die Freud ersann. [...]

Ein anderer, leicht zu demonstrierender Beweis für den Satz, dass die unbewussten psychischen Prozesse eines Menschen für sein psychisches Leben bedeutsam sind, ist folgender: Die Motive für das Verhalten eines Menschen können oft für einen Beobachter offensichtlich sein, obschon sie ihm selber unbekannt sind. Beispiele dafür sind uns aus der klinischen und persönlichen Erfahrung wohlvertraut. Zum Beispiel kann es nach dem Verhalten einer Mutter ganz offensichtlich sein, dass sie ihrem Kind gegenüber herrschsüchtig und anspruchsvoll ist, während sie selbst zugleich glaubt, sie sei die aufopferungsvollste aller Mütter, die nur das Beste für ihr Kind will und an ihre eigenen Wünsche überhaupt nicht denkt. Ich glaube, die meisten von uns wären bereit anzunehmen, dass diese Mutter den unbewussten Wunsch hat, ihr Kind zu beherrschen und nach ihrem Gutdünken zu lenken, obwohl sie sich eines solchen Wunsches nicht nur nicht bewusst ist, sondern ihn auch heftig abstreitet.

(Charles Brenner, Grundzüge der Psychoanalyse, Fischer, Frankfurt a. M. 2001, S. 14ff.)

1. Neben der analytischen Technik (vgl. Seite 82ff.) gibt es noch folgende andere Quellen, die aufzeigen, dass unbewusste psychische Vorgänge die Fähigkeit haben, auf unsere Gedanken und Handlungen einzuwirken:

→ **die posthypnotische Suggestion** (eine Person wird hypnotisiert und im Trancezustand angewiesen, etwas Bestimmtes nach dem Erwachen aus der Trance zu tun)

→ **Träume** (unbewusste Prozesse führen zu Traumbildern, die bewusst erlebt werden und an die man sich unter Umständen erinnert); dazu gehören auch Tagträume.

„Der Münchner Diplom-Psychologe und Therapeut Dr. Max Segeth ist überzeugt, dass Träume nur vom Träumer selbst sinnvoll gedeutet werden können, sich ganz konkret auf seine derzeitige Lebenssituation beziehen und für ihn anstehende Veränderungen und Lösungen aufzeigen. In den vergangenen 20 Jahren hat der Therapeut die Methode ‚Mirror-Talks' entwickelt. Die Kernaussage lautet: „Jeder ist sein eigener Traumdeuter."

Segeths „Spiegelprinzip" basiert auf der Erkenntnis, dass wir unsere Umwelt in Eigenschaften wahrnehmen: schön, gefährlich, strahlend, souverän, modern, altmodisch ... Dabei werden die Eigenschaften assoziiert, die für jeden Menschen aktuell eine Rolle spielen. Das Außen wird zum Spiegel unseres Inneren. Dieses Wahrnehmungssystem verwendet auch der Traum. Auch hier vermitteln Personen und Objekte unsere eigenen Eigenschaften. Eigenschaften, die sich im Laufe der Zeit allerdings wandeln können. [...] Traumbilder sind selektive Ausschnitte unseres Lebens. Jedes Objekt beinhaltet ein bestimmtes Gefühl, eine Einordnung, die nur für diesen einen Traum Gültigkeit hat. [...]

Nach seiner Übersetzungs-Methode werden die Objekt-Namen gegen die Eigenschaften ausgetauscht, die ihnen der Träumer spontan zuordnet. Beim Lesen des neuen Textes soll klar werden, auf welche Lebenssituation sich der Trauminhalt bezieht. Mit der Erkenntnis kommen wir zur Lösung, die manchmal im Traum selbst vorhanden ist, manchmal aus den Erkenntnissen gezogen wird. Diese Prozesse macht nur der Träumer selbst. Erzählte Erlebnisse und Träume sieht jeder durch seine eigene Brille. Ein externer Traumdeuter kann demnach im Traum eines anderen Menschen nur sich selbst sehen. Somit ist der selbst gedeutete Traum auch dem wohlmeinendsten Therapeuten überlegen. Die Arbeit eines Traumtherapeuten bezieht sich also lediglich auf die Frage: „Welche Eigenschaft fällt Ihnen als Erstes zu diesem Symbol, diesem Ort in Ihrem Traum ein?" Der Traumdeuter fragt nach, aber nur der Träumer kann die Antworten finden.

Den folgenden Traum hat der jeweilige Träumer im Gespräch mit Max Segeth und nach dessen Methode entschlüsselt.

Ein 59-jähriger Mann, ledig, träumt:

Ich war auf einer Bergwanderung. Vor mir versuchte ein Vater, den Kinderwagen mit seinem Baby einen steilen Hang hochzuhieven. Ich half ihm dabei. Kurz bevor wir oben angelangt waren, kippte der Kinderwagen um, das Kind fiel heraus, rollte den Abhang hinunter und knallte mit einem lauten Krach gegen einen Baum. Ich sah das Gesicht des Vaters. Er sprach kein Wort.

Wörterbuch

Der Träumer ordnet den Traumsymbolen bestimmte Eigenschaften zu. Der Psychologe stellt die entsprechenden Fragen: „Was war das für ein Krach, wie klang er?"
Ich = helfend
Bergwanderung = kurz, steil
Vater = nicht wahrnehmend
Kinderwagen = geschlossen
Baby = nicht sichtbar
steiler Hang = frei
lauter Krach = dumpf
Baum = zur Verletzung führend
Gesicht des Vaters = betreten
kein Wort sprechend = traurig, erstaunt

Übersetzung

Mithilfe des Wörterbuches kann der Träumer seinen Traum nun zusammen mit dem Psychologen übersetzen: Meine Hilfe ist im Kurzen, Steilen. Vor dieser Hilfe versucht das nicht Wahrnehmende, die Geschlossenheit mit dem Nicht-Sichtbaren in die Freiheit hochzuhieven. Kurz bevor wir oben angelangt sind, kippt die Geschlossenheit um und das Nicht-Sichtbare fällt heraus, rollt in die Freiheit und knallt mit Dumpfheit gegen etwas, was zur Verletzung führt. Ich sehe dann meine Betretenheit, bin traurig und erstaunt.

Erkenntnis

Der Träumer reagiert sehr stark auf die Übersetzung: Sie gibt tatsächlich seine Lebenssituation wieder, sagt er. Er spürt, dass er kurz davor steht, sein Leben verändern zu müssen. Immer habe er sich verschlossen und fast „unsichtbar" für andere gemacht. Diese Verschlossenheit müsse er überwinden, selbst wenn es zu Verletzungen

führe. Der Träumer spürt Defizite, besonders im Umgang mit anderen Menschen. Seine Angst vor Enttäuschung hat dazu geführt, dass er jahrelang in einem „geschlossenen System" lebte, quasi im eigenen Saft kochte und nicht herauskommen konnte. Künftig will er sich erlauben, ohne Angst vor negativen Konsequenzen seine Eigenart zu leben und sie auch zu zeigen.

Lösung

Der Träumer will ergründen, woher die Ängste kommen, die ihn sein Leben lang blockiert haben. Wenn er das Gefühl hat, es alleine nicht zu schaffen, will er professionelle Hilfe in Anspruch nehmen. Er wird versuchen, ehrlicher mit seinen Mitmenschen umzugehen, sich ihnen so zu zeigen, wie er sich innerlich fühlt. Er will sich überwinden, sein Schutzverhalten aufzugeben, um seiner wirklichen Persönlichkeit zum Mitspracherecht in seiner Lebensgestaltung zu verhelfen. Wenn er sich mit viel Übung ohne Angst vor Irritationen vorantastet, werden ihn seine Mitmenschen endlich als den erkennen, der er wirklich ist." (26. März 2005, Magazin der Frankfurter Rundschau)

→ **Psychopathologien des Alltagslebens**, besonders bekannt: Fehlleistungen (Versprecher, Verschreibungen, Verwechslungen, die eben nicht zufällig sind, sondern hinter denen eine Absicht verborgen ist)

→ **das ‚selbstverlorene' Spiel** wie überhaupt die fantasievollen Ausdrucksformen von Kindern (Anna Freud und Erik Erikson nahmen auch Kinder in ihrer psychoanalytischen Praxis auf)

→ **das automatische Schreiben und assoziative Zeichnen** (Informieren Sie sich im Internet über das 1924 von André Breton veröffentlichte ‚Erste Manifest des Surrealismus'.)

„Ich glaube, wir sind noch nicht miteinander verführt worden."

Nehmen Sie Stellung zu den hier aufgeführten Beispielen. Versuchen Sie, entsprechend den Anregungen von Max Segeth, einen Traum zu deuten und diskutieren Sie die Tragfähigkeit dieses Ansatzes.

2. Nehmen Sie Stellung zu dem folgenden Zitat von Sigmund Freud:
„Ein Erzieher kann nur sein, wer sich in das kindliche Seelenleben einfühlen kann, und wir Erwachsenen verstehen die Kinder nicht, weil wir unsere eigene Kindheit nicht mehr verstehen."

Grundbegriffe und Grundthesen

Die Grundlagen des Entwicklungsmodells von Sigmund Freud

Der psychische Apparat

Wir nehmen an, dass das Seelenleben die Funktion eines Apparates ist, dem wir räumliche Ausdehnung und Zusammensetzung aus mehreren Stücken zuschreiben, den wir uns also ähnlich vorstellen wie ein Fernrohr, ein Mikroskop u. dgl. Der konsequente Ausbau einer solchen Vorstellung ist ungeachtet gewisser bereits versuchter Annäherung eine wissenschaftliche Neuheit.

Zur Kenntnis dieses psychischen Apparates sind wir durch das Studium der individuellen Entwicklung des menschlichen Wesens gekommen. Die älteste dieser psychischen Provinzen oder Instanzen nennen wir das Es; sein Inhalt ist alles, was ererbt, bei Geburt mitgebracht, konstitutionell festgelegt ist, vor allem also die aus der Körperorganisation stammenden Triebe, die hier [im Es] einen ersten, uns in seinen Formen unbekannten psychischen Ausdruck finden.

Unter dem Einfluss der uns umgebenden realen Außenwelt hat ein Teil des Es eine besondere Entwicklung erfahren.

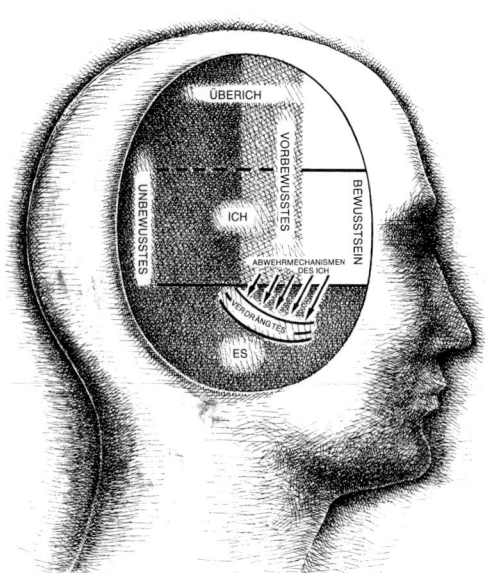

Ursprünglich als Rindenschicht mit den Organen zur Reizaufnahme und den Einrichtungen zum Reizschutz ausgestattet, hat sich eine besondere Organisation hergestellt, die von nun an zwischen Es und Außenwelt vermittelt. Diesem Bezirk unseres Seelenlebens lassen wir den Namen des Ichs.

Die hauptsächlichen Charaktere des Ichs
Infolge der vorgebildeten Beziehung zwischen Sinneswahrnehmung und Muskelaktion hat das Ich die Verfügung über die willkürlichen Bewegungen. Es hat die Aufgabe der Selbstbehauptung, erfüllt sie, indem es nach außen die Reize kennenlernt, Erfahrungen über sie aufspeichert (im Gedächtnis), überstarke Reize vermeidet (durch Flucht), mäßigen Reizen begegnet (durch Anpassung) und endlich lernt, die Außenwelt in zweckmäßiger Weise zu seinem Vorteil zu verändern (Aktivität); nach innen gegen das Es, indem es die Herrschaft über die Triebansprüche gewinnt, entscheidet, ob sie zur Befriedigung zugelassen werden sollen, diese Befriedigung auf die in der Außenwelt günstigen Zeiten und Umstände verschiebt oder ihre Erregungen überhaupt unterdrückt. In seiner Tätigkeit wird es durch die Beachtungen der in ihm vorhandenen oder in dasselbe eingetragenen Reizspannungen geleitet. Deren Erhöhung wird allgemein als Unlust, deren Herabsetzung als Lust empfunden. Wahrscheinlich sind es aber nicht die absoluten Höhen dieser Reizspannung, sondern etwas im Rhythmus ihrer Veränderung, was als Lust und Unlust empfunden wird. Das Ich strebt nach Lust, will der Unlust ausweichen. Eine erwartete, vorausgesehene Unluststeigerung wird mit dem Angstsignal beantwortet, ihr Anlass, ob er von außen oder innen droht, heißt eine Gefahr. Von Zeit zu Zeit löst das Ich seine Verbindung mit der Außenwelt und zieht sich in den Schlafzustand zurück, in dem es seine Organisation weitgehend verändert. Aus dem Schlafzustand ist zu schließen, dass diese Or-

ganisation in einer besonderen Verteilung der seelischen Energie besteht.

Als Niederschlag der langen Kindheitsperiode, während der der werdende Mensch in Abhängigkeit von seinen Eltern lebt, bildet sich in seinem Ich eine besondere Instanz heraus, in der sich dieser elterliche Einfluss fortsetzt. Sie hat den Namen des Über-Ichs erhalten. Insoweit dieses Über-Ich sich vom Ich sondert oder sich ihm entgegenstellt, ist es eine dritte Macht, der das Ich Rechnung tragen muss.

Eine Handlung des Ichs ist dann korrekt, wenn sie gleichzeitig den Anforderungen des Es, des Über-Ichs und der Realität genügt, also deren Ansprüche miteinander zu versöhnen weiß. Die Einzelheiten der Beziehung zwischen Ich und Über-Ich werden durchwegs aus der Zurückführung auf das Verhältnis des Kindes zu seinen Eltern verständlich. Im Elterneinfluss wirkt natürlich nicht nur das persönliche Wesen der Eltern, sondern auch der durch sie fortgepflanzte Einfluss von Familien-, Rassen- und Volkstradition sowie die von ihnen vertretenen Anforderungen des jeweiligen sozialen Milieus. Ebenso nimmt das Über-Ich im Laufe der individuellen Entwicklung Beiträge vonseiten späterer Fortsetzer und Ersatzpersonen der Eltern auf, wie Erzieher, öffentlicher Vorbilder, in der Gesellschaft verehrter Ideale. Man sieht, dass Es und Über-Ich bei all ihrer fundamentalen Verschiedenheit die eine Übereinstimmung zeigen, dass sie die Einflüsse der Vergangenheit repräsentieren, das Es den der ererbten, das Über-Ich im Wesentlichen den der von anderen übernommenen, während das Ich hauptsächlich durch das selbst Erlebte, also Akzidentelle und Aktuelle bestimmt wird.

Dies allgemeine Schema eines psychischen Apparates wird man auch für die höheren, dem Menschen seelisch ähnlichen Tiere gelten lassen. Ein Über-Ich ist überall dort anzunehmen, wo es wie beim Menschen eine längere Zeit kindlicher Abhängigkeit gegeben hat. Eine Scheidung von Ich und Es ist unvermeidlich anzunehmen.

Die Tierpsychologie hat die interessante Aufgabe, die sich hier ergibt, noch nicht in Angriff genommen.

Die Macht des Es drückt die eigentliche Lebensabsicht des Einzelwesens aus. Sie besteht darin, seine mitgebrachten Bedürfnisse zu befriedigen. Eine Absicht, sich am Leben zu erhalten und sich durch die Angst vor Gefahren zu schützen, kann dem Es nicht zugeschrieben werden. Dies ist die Aufgabe des Ichs, das auch die günstigste und gefahrloseste Art der Befriedigung mit Rücksicht auf die Außenwelt herauszufinden hat. Das Über-Ich mag neue Bedürfnisse geltend machen, seine Hauptleistung bleibt aber die Einschränkung der Befriedigungen.

Die Kräfte, die wir hinter den Bedürfnisspannungen des Es annehmen, heißen wir Triebe. Sie repräsentieren die körperlichen Anforderungen an das Seelenleben. Obwohl letzte Ursache jeder Aktivität, sind sie konservativer Natur; aus jedem Zustand, den ein Wesen erreicht hat, geht ein Bestreben hervor, diesen Zustand wiederherzustellen, sobald er verlassen worden ist. [...]

(Sigmund Freud, Abriss der Psychoanalyse [1938], Fischer TB Verlag, Frankfurt a M. 1994, S. 42–44)

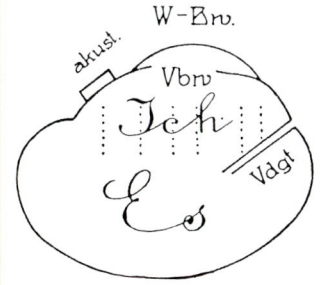

Der psychische Apparat:
W-Bw = Wahrnehmungsbewusstsein,
Vbw   = Vorbewusstes,
Vdgt   = Verdrängtes

1. Erklären Sie anhand dieser Skizze von Freud das Instanzenmodell.

2. Welches Menschenbild lässt sich hieraus erschließen?

3. Welche Grundannahmen über die Persönlichkeit werden hier vorausgesetzt?

Die psychosexuellen Entwicklungsstadien

Die Quelle der Motivation für menschliches Handeln besteht in der psychischen Energie, die jeder Mensch in sich trägt. Freud nahm an, dass der Mensch über angeborene Triebe oder Instinkte verfügt. Darunter muss man sich Systeme vorstellen, die Spannungen erzeugen und an Körperorgane gebunden sind. Diese Energiequellen können, wenn sie aktiviert werden, auf viele unterschiedliche Arten Ausdruck finden. Einer der Beiträge Freuds bestand darin zu zeigen, wie derselbe Trieb, beispielsweise der Sexualtrieb, direkt durch Geschlechtsverkehr oder auch indirekt durch sexuelle Witze oder Mittel der Kunst Ausdruck finden kann. Ursprünglich postulierte Freud zwei grundlegende Triebe:
- Einer bezog sich auf das Ego (Ich) oder die Selbsterhaltung (Hunger, Durst und andere existenzielle körperliche Bedürfnisse).
- Den anderen nannte er Eros. Dieser hängt mit sexuellem Verlangen und mit der Arterhaltung zusammen.

Freud interessierte sich mehr für die sexuellen Impulse. [...] Er hat den Begriff des menschlichen sexuellen Begehrens sehr ausgedehnt. Nicht allein das Verlangen nach sexueller Vereinigung, sondern auch alle anderen Versuche, angenehme Erlebnisse oder körperlichen Kontakt mit anderen aufzusuchen, fielen für ihn darunter.

Die Quelle der Energie der sexuellen Impulse bezeichnete er mit dem Begriff Libido. Diese betrachtete er als psychische Energie, die uns zu allen Formen angenehmer sinnlicher Erfahrungen treibt. Sexuelles Verlangen drängt nach unmittelbarer Befriedigung, entweder durch direkte Handlungen oder durch indirekte Mittel wie Fantasien und Träume.

Nach Freud tritt dieser breit definierte Sexualtrieb nicht erst in der Pubertät auf, sondern ist bereits im Säuglingsalter wirksam. Er wird, so seine Behauptung, in der Lust sichtbar, die Säuglinge bei der körperlichen Stimulation der Genitalien und anderer empfindlicher oder erogener Zonen, wie des Mundes oder des Anus, empfinden. Er unterschied je nach erogener Zone, also nach der Quelle der sexuellen Lust, fünf Stufen psychosexueller Entwicklung:

Stufe	Alter	Erogene Zone	Hauptsächliche Entwicklungsaufgabe (potenzielle Konfliktquelle)	Einige Merkmale Erwachsener, die als Kinder auf dieser Stufe fixiert worden sind
Oral	0–1	Mund, Lippen, Zunge	Entwöhnung	Orales Verhalten, wie etwa Rauchen und übermäßiges Essen; Passivität und Leichtgläubigkeit
Anal	2–3	Anus	Sauberkeitserziehung	Ordentlichkeit, Geiz, Hartnäckigkeit oder das Gegenteil
Phallisch	4–5	Genitalien	Ödipuskomplex	Eitelkeit, Leichtsinn und das Gegenteil
Latenz	6–12	Kein besonderer Bereich	Entwicklung der Abwehrmechanismen	Keine: Auf dieser Stufe tritt normalerweise keine Fixierung auf.
Genital	13–18	Genitalien	Reife sexuelle Intimität	Erwachsene, die die vorhergehenden Stufen erfolgreich in ihr Leben integriert haben, sollten jetzt ein ernsthaftes Interesse an anderen und eine reife Sexualität entwickeln.

Eines der Haupthindernisse der sexuellen Entwicklung, jedenfalls für Jungen, tritt nach Freud auf der phallischen Stufe auf. Hier muss das 4- bis 5-jährige Kind den Ödipuskonflikt überwinden. Freud benannte diesen Konflikt nach der mythologischen Figur des Ödipus, der unwissentlich seinen Vater tötete und seine Mutter heiratete. Er nahm an, dass jeder Junge einen angeborenen Impuls empfindet, seinen Vater als sexuellen Rivalen um die Aufmerksamkeit der Mutter anzusehen. Weil der Sohn aber seinen Vater nicht ersetzen kann, löst er den Konflikt dadurch, dass er sich mit dem mächtigen Vater identifiziert.

Freud nahm weiterhin an, dass zu viel Belohnung

(Triebbefriedigung) oder zu viel Frustration auf den frühen Stufen zur Fixierung führt, einer Unfähigkeit, sich normal zur nächsten Stufe weiterzuentwickeln. Eine solche Fixierung kann je nach Stufe eine Reihe von Auffälligkeiten im Erwachsenenalter hervorrufen.

Das Konzept der frühen Fixierung macht deutlich, warum Freud der frühen Erfahrung einen hohen Wert für die Persönlichkeitsentwicklung beimaß. Er glaubte, dass die Erfahrungen auf den frühen Stufen der psychosexuellen Entwicklung die Persönlichkeitsbildung und die Verhaltensmuster des Erwachsenen nachhaltig beeinflussen.

Anmerkung: Nach dem 1. Weltkrieg postulierte Sigmund Freud, dass Menschen nicht nur vom Lusttrieb (Eros), sondern auch vom Todestrieb (Thanatos) geleitet werden. Dieser diente ihm als Erklärungsansatz für aggressives Verhalten, da Thanatos danach strebt, Lebendiges in den Zustand der anorganischen Ruhe zu überführen. Diese jedem Menschen innewohnende Todestriebenergie kann reduziert werden durch Aggression, die das Individuum gegen sich selbst oder gegen andere Personen bzw. Objekte richtet, wobei Freud davon ausgeht, dass sich Aggression primär gegen das Individuum selbst richtet.

(Philip G. Zimbardo/Richard J. Gerrig, Psychologie. Springer Verlag, Berlin-Heidelberg-New York 1999, S. 531f.)

Nach Sigmund Freud bilden sich in den einzelnen Phasen die unterschiedlichen psychischen Instanzen heraus. So ist er der Meinung, dass sich durch die Übung und Kontrolle der Muskelbeherrschung (des Schließmuskels) beim Kind das Ich und am Ausgang der ödipalen Phase das Über-Ich herausbildet. Recherchieren Sie den nachfolgend skizzierten Fall Jürgen Bartsch (Filmdokumentation) und interpretieren Sie ihn aus psychoanalytischer Sicht.

„Bestie von Langenberg", „Teufel in Menschengestalt" – so titelt die Presse am Morgen des 22. Juni 1966, nachdem die Polizei tags zuvor den 19-jährigen Metzgergesellen Jürgen Bartsch in der Wohnung seiner Adoptiveltern festgenommen hat. Jürgen Bartsch – dieser Name bereitet von da an den gleichen Schrecken wie die Namen der Triebtäter Haarmann und Kürten in den 1920er- und 30er-Jahren. Kein Serienmörder hat sich so offen zu seinen Taten geäußert, kein Sexualstraftäter wurde von so vielen Gutachtern untersucht wie Jürgen Bartsch – dennoch blieb er ein Rätsel.

Jürgen Bartsch wurde 1946 unehelich in Essen geboren. Kurz nach seiner Geburt starb seine Mutter an Tuberkulose. Die Fleischerfrau Bartsch hatte das Kind in der Klinik gesehen und sich in den herzigen Jungen verliebt. Ihre Ehe war kinderlos geblieben. Sie adoptierte den Säugling.

Bartschs Adoptivmutter war eine neurotische Sauberkeitsfanatikerin. Er durfte sich als Kind nicht dreckig machen, nicht mit anderen spielen und wurde später noch als 19-Jähriger von seiner Adoptivmutter in der Badewanne gewaschen. Bartsch dazu: „Sie wollte lieber eine Puppe haben."

Der Vater verachtete und schikanierte seinen Ziehsohn. Im Gefängnis klagte Bartsch später: „Das Fehlen des wirklichen Geborgenseins hat mir immer sehr wehgetan." Jürgen Bartsch war isoliert und fand auch in der Schule keine Freunde. Er blieb ein gehänselter Außenseiter.

Mit 10 Jahren kam er in ein Heim. Zum ersten Mal in seinem Leben fühlte er sich wohl, doch seine Eltern waren der Ansicht, dort ginge es zu leger zu. Sie steckten ihn daraufhin in ein katholisches Internat. Hier herrschten Zucht und Ordnung. Besonders streng ahndete man homosexuelle Kontakte unter den Zöglingen. Bartsch, der mit 8 Jahren sein erstes homosexuelles Erlebnis hatte, musste nun mit der von ihm selbst als abartig empfundenen Sexualität fertig werden, was ihm nie gelang.

Am 8. Mai 1966 ging Bartsch auf eine Kirmes nach Essen-Schonnebeck. Dort sprach er den 11-jährigen Manfred Grassmann an. Unter dem Vorwand, einen Schatz zu suchen, lockt er ihn in einen alten Luftschutzbunker. Dort angekommen, zwang er ihn

sich auszuziehen. Bartsch nahm sexuelle Handlungen an seinem Opfer vor und erschlug es danach. Später nahm er ein Schlachtermesser und zerstückelte die Leiche. Am Sonnabend, dem 18. Juni 1966, streifte Bartsch auf der Suche nach einem neuen Opfer durch Wuppertal-Elberfeld. Er fand es in Peter Freese. Bartsch brachte ihn in den Luftschutzbunker, wo er ihn mit Schlägen und Fußtritten dazu zwang, sich zu entkleiden. Er fesselte Freese und kündigte ihm an, er werde ihn töten. Danach verließ er den Bunker. Freese konnte sich von den Fesseln befreien und entkam.

Eine Sonderkommission der Mordkommission Essen untersuchte daraufhin den Bunker. Man fand die Überreste von vier Kinderleichen. Die Suche nach dem Mörder begann. Bartsch konnte durch Hinweise aus der Bevölkerung verhaftet werden.

Mehr als jedes andere Verbrechen beschäftigt der Fall Bartsch in den 1960er-Jahren Juristen, Ärzte, Psychologen und die Öffentlichkeit. Im Dezember 1967 wird Bartsch nicht zuletzt aufgrund umstrittener Gutachten zu lebenslangem Zuchthaus verurteilt. In einem zweiten Prozess, der von März 1971 an vor der Jugendkammer des Düsseldorfer Landgerichts verhandelt wird, werden weitere Gutachten vorgelegt. Er endet mit einem wesentlich geringeren Strafmaß. Bartsch wird zu zehn Jahren Jugendstrafe verurteilt und später in der psychiatrischen Heil- und Pflegeanstalt Eickelborn untergebracht. Dort heiratet Bartsch am 5. Januar 1974 die Schwesternhelferin Gisela Deike aus Hannover, die schon kurz nach dem Urteil Kontakt zu ihm aufgenommen hatte. Bartsch: „Irgendwann, wenn ich hier raus bin, wollen wir auch Kinder haben." Doch dazu kommt es nicht. Schuldgefühle und Mordfantasien quälen Bartsch täglich. Um ihn von diesem quälenden Leidensdruck zu befreien, schlagen Ärzte verschiedene Psychotherapien vor, auch eine Gehirnoperation wird erwogen. Schließlich stimmt Bartsch 1976 zu, sich kastrieren zu lassen. Bei der Operation im Landeskrankenhaus Eickelborn bricht sein Kreislauf zusammen, Bartsch stirbt. Die Obduktion, die noch am selben Tag in der Leichenhalle des Westfriedhofs in Paderborn durchgeführt wird, ergibt, dass eine falsche Dosierung des Narkosemittels „Halothan" den Tod verursacht hat – ein Kunstfehler, wie die Chirurgen einräumen.

Ein-Spruch

Sophie Freud, Enkelin von Sigmund Freud, befragt nach den Schwachpunkten der Psychoanalyse:

„Die Schwachpunkte – würde ich erstens die Triebtheorie nennen. Und ich meine ja, dass nur ein Mann eine Theorie erfinden konnte, in der die Sexualität der Grundblock aller Motivation ist, das ist eine männliche Idee. Außerdem sind die Triebtheorien politisch sehr konservativ, und es ist, als ob die Gesellschaft, die uns so sehr prägt, keinen Einfluss auf die Entwicklung hat."

(Transkribiert aus dem Film „Die Entdeckung des siebten Kontinents. Der bürgerliche Revolutionär Sigmund Freud", von Thomas Kornbichler und Jürgen Grundmann, SWF 1989)

Wer sagt
    was
        mit welchen Mitteln
            und welcher Absicht
                zu wem ???
Ist das Gegenteil auch richtig?
Mein Kommentar:

Die Abwehrmechanismen

Im Allgemeinen pflegen wir ein positives Bild von uns selbst: „Ego – find ich gut!" Wir bekennen uns eher kokett als selbstkritisch zu einigen Schwächen, weil es unglaubwürdig oder größenwahnsinnig erschiene, sich als perfekt zu stilisieren. Aber jenseits solcher Alibimankos halten wir uns für ziemlich ehrlich, tüchtig, intelligent, liebenswert, witzig, fleißig, schlagfertig, einfühlsam, tolerant, großzügig und so weiter. Um diesem positiven Selbstbild zu entsprechen, schreiben wir uns Eigenschaften und Vorzüge zu, die wir in Wirklichkeit nicht besitzen oder nur selten zeigen. Diese Selbsttäuschung ist weit verbreitet. So glauben beispielsweise 80 Prozent aller Autofahrer, dass sie weit bessere Chauffeure sind als der Durchschnitt. Ähnlich verhält es sich mit der Selbsteinschätzung in puncto Intelligenz, Geschicklichkeit oder Toleranz.

Dieses unrealistisch geschönte Selbstbild entspringt keineswegs einem massenhaften Narzissmus – es ist der psychologische Normalfall. Denn ohne freundliche Illusionen über unseren Charakter, ohne Selbstidealisierung brächten wir kaum genügend Selbstsicherheit und Selbstvertrauen für die Bewältigung des Alltagslebens auf. Es bleibt jedoch nicht aus, dass die polierte Oberfläche unseres Selbstbildes gelegentlich ein paar Kratzer und Flecken bekommt. In gar nicht so seltenen Augenblicken der Wahrheit werden wir mit der Nase darauf gestoßen, dass wir doch nicht ganz so toll sind, wie wir uns einbilden. Wir blamieren uns durch Ungeschick oder Unwissen, uns rutscht eine unangemessene Bemerkung heraus, oder wir entlarven uns in einem fatalen Augenblick als „unerwartet" intolerant, spießig, chauvinistisch oder aggressiv. Wie Dorian Gray in seinem Spiegel erkennen wir dann plötzlich das „wahre Ich" – und sind über uns selbst schockiert. In solchen unangenehmen Momenten müssten wir uns Defizite oder Charaktermängel eingestehen, die wir bisher weit von uns gewiesen haben. Müssten – aber die Demontage des Selbstideals durch die harte Wirklichkeit lässt sich aufhalten. Noch ist das positive Selbstbild nicht verloren. Denn jetzt tritt die Abwehr in Aktion, das Immunsystem der Psyche. Das Ich verteidigt sich gegen den drohenden Imageverlust und versucht, die Realität zurechtzubiegen. Dabei greift es auf ein Arsenal unterschiedlicher Strategien zurück, die Sigmund Freud als die „Abwehrmechanismen" beschrieben hat. Das ist ein Sammelbegriff für die Bemühungen der Psyche, negative oder bedrohliche Wünsche, Fantasien, Erinnerungen oder Affekte aus dem Bewusstsein zu verbannen. Abgewehrt wird alles, was das Ich-Ideal gefährdet oder unangenehme Gefühle wie Unlust, Scham oder Schmerz erzeugt. Zu diesem Zweck hat die Psyche unterschiedliche Techniken und Taktiken entwickelt: Reaktionsbildung, Projektion, Isolierung, Verleugnung und Ungeschehenmachen.

Eine Gruppe amerikanischer Sozialpsychologen hat in einem umfangreichen Forschungsprogramm überprüft, ob und wie dieses seelische Immunsystem tatsächlich funktioniert. Mit einer Serie von Experimenten haben sie Freuds Lehre größtenteils bestätigt – die meisten der Abwehrmechanismen gibt es tatsächlich:

Reaktionsbildung: Ich bin eigentlich ganz lieb

Man spricht von Reaktionsbildung, wenn jemand auf eine unerwünschte und das Selbstbild bedrohende Information mit einer auffälligen Verhaltensänderung reagiert: Wer beispielsweise in Gefahr gerät, sich für aggressiv, intolerant oder unfreundlich halten zu müssen, und dies aus Gründen der positiven Selbststilisierung nicht akzeptieren kann, gibt sich dann ganz besonders liebenswürdig, tolerant und friedlich. Für den Betrachter mag dieses Verhalten aufgesetzt und unecht wirken – subjektiv ist es ernst gemeint und schützt vor der drohenden Einbuße an Selbstwertgefühl.

In einem raffinierten Experiment haben die Sozialpsychologen Dutton und Lake gezeigt, wie die Reaktionsbildung in Aktion tritt, wenn jemand in Verdacht gerät, ein Rassist zu sein. Man zeigte weißen Versuchspersonen, die sich selbst als liberal und tolerant einstuften, eine Reihe von Dias, auf denen gemischtrassige Liebespaare zu sehen waren. Der Hautwiderstand der Versuchspersonen wurde während der Vorführung gemessen. Die Versuchsleiter behaupteten nun (wahrheitswidrig), das Ausmaß der physiologischen Erregung weise auf starke rassistische Vorurteile hin. Als die Versuchspersonen nach diesem Experiment das Gebäude verließen, wurden sie auf der

Straße von einem Bettler angegangen – in der ersten Variante von einem weißen, in der anderen von einem schwarzen. Die soeben des Rassismus Verdächtigten gaben dem schwarzen Bettler deutlich mehr Geld als dem weißen: für die Forscher ein klassischer Fall von Reaktionsbildung. Mit ihrer betonten Großzügigkeit wollten die Versuchspersonen sich selbst beweisen, dass sie keine Vorurteile gegen Schwarze hatten.

In einem Experiment der Psychologen Sherman und Garkin wurden Männer in ähnlicher Weise des Sexismus verdächtigt. Sie füllten einen Fragebogen aus und erhielten ein fingiertes Feedback durch die Versuchsleiter: „Ihre Ergebnisse zeigen, dass Sie ein ziemlicher Macho sind." In einer anschließenden Diskussion sollte dann ein Fall von Geschlechterdiskriminierung an der Universität beurteilt werden. Die Urteile der des Sexismus Verdächtigten über die Benachteiligung von Frauen fielen wesentlich harscher aus als die von „unverdächtigen" Männern. Die Reaktionsbildung sollte ihr lädiertes Selbst reparieren und den Verdacht konterkarieren, ein Frauenfeind zu sein.

Projektion: Gierig und geil sind die anderen

Schon in biblischer Zeit scheint heftig projiziert worden zu sein: Jesus tadelte die Heuchler, die den Splitter im Auge des Nächsten bekritteln, aber den Balken im eigenen Auge nicht bemerken wollen. Die Abwehr durch Projektion besteht darin, dass man einen Charakterdefekt oder einen Fehler weit von sich weist und ihn bei anderen „entdeckt". Klassische Beispiele: Ein Geizkragen bemäkelt die Knausrigkeit der anderen. Der Untreue Ehemann misstraut seiner Gattin. Heterosexuelle Männer ziehen auffällig aggressiv über Schwule her und betonen mit Machosprüchen ihre Distanz zu den „Homos" – die Projektionstheorie sagt: um eigene homophile Neigungen zu überspielen.

Projektion ist häufig im Spiel, wenn Minderheiten von Mehrheiten ausgegrenzt werden. Es fällt leichter, wenn man ihnen negative Eigenschaften zuschreibt. Der Antisemitismus, so schreiben T. W. Adorno und Max Horkheimer in der Dialektik der Aufklärung, ist im Kern eine Projektion: „Im Bild des Juden, das die Völkischen vor der Welt aufrichten, drücken sie ihr eigenes Wesen aus. Ihr Gelüste ist ausschließlich Besitz, Aneignung, Macht ohne Grenzen, um jeden Preis. Die völkischen Fantasien jüdischer Verbrechen, der Kindermorde und sadistischen Exzesse, der Volksvergiftung und internationalen Verschwörung definieren genau den antisemitischen Wunschtraum."

Man kann sich die bösen Wünsche und Impulse nicht eingestehen, sie rumoren jedoch im Unbewussten herum, und man wird sie los, indem man sie anderen unterschiebt. Auch für diesen Abwehrmechanismus gibt es nun einen experimentellen Beleg: Die Sozialpsychologen Leonard Newman, Kimberley Duff und Roy Baumeister haben den psychischen Transfer vom Subjekt auf ein Objekt mit den Methoden der modernen Kognitionsforschung untersucht, und sie fanden die Projektion am Werk. In einem Persönlichkeitstest bekamen die Versuchsteilnehmer einige absichtlich verfälschte Testergebnisse, die ihnen stark negativ gefärbte Eigenschaften bescheinigten. Dann wurden sie aufgefordert, möglichst nicht an diese Eigenschaften zu denken oder sie wieder zu „vergessen". In der nächsten Versuchsphase sahen sie sich einen Videofilm über eine andere Person an und sollten diese beurteilen. Wer nicht an seine eigenen, wenig schmeichelhaften Testwerte denken sollte, projizierte genau diese Eigenschaften auf das Zielobjekt. Das lässt den Schluss zu: Die negative Kognition blieb virulent, sie wurde jedoch externalisiert.

Eine Projektion entspringt in erster Linie dem Versuch, negative Gedanken über sich selbst aus dem Bewusstsein zu bannen. Projektionen, so meint Roy Baumeister, dienen in erster Linie der Stressreduzierung. Wir schreiben jemandem eine negative Eigenschaft oder ein Fehlverhalten zu, um vergleichsweise und zumindest für den Augenblick gut dazustehen. Mit der Projektion schaffen wir uns also selbst einen Maßstab, an dem gemessen wir gut aussehen. [...]

(Das Immunsystem der Psyche: Wie wir uns vor unangenehmen oder bedrohlichen Einsichten schützen, in: PSYCHOLOGIE HEUTE COMPACT, Nov. 2004, S. 20ff.)

Anna Freud (1895 – 1982) veröffentlichte 1936 ein Buch mit dem Titel: Das Ich und die Abwehrmechanismen. Auf dem Klappentext des Buches heißt es:

Anna Freud, die Tochter Sigmund Freuds, trat 1936 mit diesem Buch der Meinung entgegen, die Psychoanalyse beschäftige sich ausschließlich mit dem Unbewussten. In Wahrheit war das Objekt der Analyse immer das Ich und seine Störungen; die Erforschung des Unbewussten dient nur zu seiner Wiederherstellung. Im Einzelnen werden Abwehrvorgänge des Ichs analysiert, zum Beispiel die Verleugnung in der Fantasie, die Ich-Einschränkung die Identifizierung mit dem Angreifer.

(um 1930)

1. Erläutern Sie einem Partner/einer Partnerin anhand des Instanzenmodells und eines neuen Beispiels die im Text genannten Abwehrmechanismen. Erklären Sie so auch folgende weitere Abwehrmechanismen durch Beispiele:

Verleugnung: Schutz vor einer unangenehmen Wirklichkeit durch die Weigerung, sie wahrzunehmen

Identifikation: Erhöhung des Selbstwertgefühls durch Identifikation mit einer Person oder Institution von hohem Rang

Verdrängung: Verhinderung des Eindringens unerwünschter oder gefährlicher Impulse ins Bewusstsein

Sublimierung: Befriedigung nicht erfüllter sexueller Bedürfnisse durch Ersatzhandlungen, die von der Gesellschaft akzeptiert werden

(Nach: Zimbardo/Gerrig, a. a. O., S. 534)

 2. Marion Weber schlägt folgende Übung vor:
„Beobachten Sie sich selbst. Gibt es jemanden oder bestimmte Eigenschaften, die Ihnen immer wieder auf die Nerven fallen, die sie hörbar oder im Stillen immer wieder verurteilen?
Stellen Sie sich dann folgende Fragen:
– Wie bin ich eigentlich in dieser Hinsicht?
– Wie möchte ich in dieser Hinsicht gerne sein?
– Welche inneren Stimmen werden in mir gegen diese Eigenschaften/Tätigkeiten laut und von wem habe ich sie schon einmal gehört?" (Marion Weber: Mit sich selbst in Einklang kommen – Eine Einführung in die Gestalttherapie. Herder Verlag, Freiburg/Basel/Berlin 1992, S. 85)

„Der Splitter in deinem Auge ist das beste Vergrößerungsglas." (Th. W. Adorno)

3. Anregungen für weitere Fragen:
– Welchen Sinn hat eine Projektion für mein Identitätsgefühl, welchen (positiven) Schutz baue ich mir damit auf?
– Welche Kontakte öffne/vermeide ich durch Projektion?

Die psychoanalytische Behandlung

Stellen Sie anhand des folgenden Fallbeispiels Überlegungen dazu an, inwieweit psychoanalytische Erkenntnisse hilfreich für eine Diagnose sind und welche präventiven wie intervenierenden Maßnahmen hilfreich wären.

Das Beispiel Carine

Carine ist ein kleines Mädchen von dreieinhalb Jahren, als sie uns von ihrem Kinderarzt wegen einer Reihe beunruhigender Symptome überwiesen wird, die ihr Leben und das der ganzen Familie durcheinanderbringen.

Sie leidet an einer hartnäckigen Schlaflosigkeit, die erstmals im Alter von acht Monaten aufgetreten ist, als die Familie Ferien auf dem Land machte. Von einer leichten Besserung zwischen dem elften und dem dreizehnten Monat abgesehen, hat die Schlafstörung seit einer zweiten Schwangerschaft der Mutter ständig zugenommen. Ein kleiner Bruder wurde geboren, als Carine 18 Monate alt war.

Seit zwei Jahren geht das Kind allabendlich nur widerwillig ins Bett, nachdem die Eltern die verschiedensten Rituale ausgeführt haben, die ihre Wirkung rasch verlieren und daher immer wieder erneuert werden müssen. Carine wacht gegen ein Uhr morgens schreiend auf und beruhigt sich erst, wenn die Mutter sie zu sich ins Bett nimmt. Sie lutscht dann wimmernd am Daumen, erträgt aber nicht, dass die Mutter die Augen schließt. Sobald diese, von Müdigkeit übermannt, einzuschlafen beginnt, stürzt sich Carine auf sie und zieht ihr mit Gewalt die Augenlider hoch. Erst gegen Morgen schläft das Kind wieder ein, aber sein Schlaf dauert nicht lange. Tagsüber hingegen hält sie ohne Schwierigkeiten Mittagsschlaf und schläft auch manchmal vormittags auf dem Teppich ein. Der Vater zieht inzwischen – wegen des nächtlichen Aufwachens seiner Tochter – aus dem elterlichen Schlafzimmer aus und verbringt den Rest der Nacht im Kinderzimmer. Wie man sich leicht vorstellen kann, nehmen diese Lebensumstände die Mutter sehr mit.

Abgesehen von der Schlaflosigkeit hat sich nach und nach seit der Mitte des ersten Lebensjahres eine ernsthafte Anorexie eingestellt. Die Mutter berichtet, dass die Ernährung des Kindes während der ersten Monate leicht gewesen sei. Carine wurde gestillt und hatte offenbar die Umstellung auf die Flaschennahrung in den ersten drei Monaten, wie auch die ersten Breimahlzeiten, gut vertragen. Die Schwierigkeiten begannen, als die Mutter sie ausschließlich mit dem Löffel ernähren wollte. Carine behielt die Nahrung zunächst im Mund und spuckte sie dann wieder aus. Deswegen setzte die Mutter, ohne sich allzusehr zu beunruhigen, die Ernährung zunächst mit der Flasche fort. Während des Landaufenthaltes, als die Schlaflosigkeit einsetzte, begann Carine die Flasche zu verweigern. Die Mutter machte sich immer mehr Sorgen, umso mehr, als das Kind nicht mehr an Gewicht zunahm. Sie versuchte es schließlich mit Gewalt, und so endeten die sehr stürmischen Mahlzeiten meistens mit Erbrechen. Diese Anorexie verlief besonders dramatisch, als der kleine Bruder geboren wurde und als er, kurz vor Aufnahme der Behandlung Carines, krank wurde.

Als Carine zu uns gebracht wird, nimmt sie lediglich zweimal am Tag die Flasche (sie ist, wie erwähnt, dreieinhalb Jahre alt) und ernährt sich zwischendurch nur von Brot und Schokolade. Jeder Versuch, ihr eine Ernährung anderer Art zu geben, scheitert an ihrer entschiedenen Verweigerung und ruft bei ihr heftige Wutanfälle hervor.

Zu der Schlaflosigkeit und Anorexie kommt hinzu, dass Carine nicht ertragen kann, wenn ihre Mutter sie allein lässt. Sie folgt ihr von einem Zimmer ins andere, fragt dauernd, ob die Mutter sie liebe und niemals verlassen werde. Dennoch zeigt sie sich der Mutter gegenüber oft sehr aggressiv, schlägt, kratzt oder beißt sie, sobald einer ihrer Wünsche nicht sofort erfüllt wird. Ihrem kleinen Bruder gegenüber ist sie genauso heftig, sodass die Mutter Angst hat, die beiden ohne strenge Beaufsichtigung einander nahe kommen zu lassen. Darüber hinaus hat Carine eine Phobie den öffentlichen Verkehrsmitteln (U-Bahn und Autobusse)

gegenüber, was die Bewegungsfreiheit der Mutter einschränkt. Dies ist umso hinderlicher, als die Familie in einer ziemlich weit entfernten Vorstadt von Paris wohnt. Dagegen fühlt sich Carine im Auto ihres Vaters recht wohl.

Ihre ständigen Ängste und die Suche nach der Mutter als einem kontraphobischen Objekt lassen sie nicht zur Ruhe kommen. Carine spielt niemals mit ihren Spielsachen, auch nicht mit ihrem kleinen Bruder. Ein Versuch, sie einen Kindergarten besuchen zu lassen, wie der Kinderarzt vorgeschlagen hatte, endet mit einem Misserfolg. Nachdem das Kind nicht aufhörte zu weinen und sich für nichts interessierte, bat die Leiterin die Mutter sehr bald, das Kind zu Hause zu behalten.

Schließlich ist noch zu erwähnen, dass Carine nachts noch einnässt und die Mutter ihr daher immer noch Windeln anlegen muss. Tagsüber war sie früh sauber, vielleicht durch eine etwas strikte Dressur.

Hingegen scheint ihre psychomotorische Entwicklung die Eltern nicht beunruhigt zu haben. Carine konnte sich in normalem Alter aufsetzen und aufrecht halten. Beim ersten Gespräch war nicht die Rede davon, dass Carine erst verspätet laufen lernte, tatsächlich werden wir aber später erfahren, dass sie es erst mit 18 Monaten lernte und lange Zeit Angst hatte, die Hand der Mutter loszulassen. Desgleichen konnte sie sich nur in ihrem Laufstall oder ihrem Bett aufrecht halten und zeigte sehr früh große Angst, wenn man versuchte, sie in dieser – auf dem motorischen Sektor seit langem erworbenen – Stellung ohne den Schutz des gewohnten Raumes um sie herum verharren zu lassen.

Sie hatte frühzeitig und sehr schnell fehlerfrei sprechen gelernt.

Die Untersuchung des kleinen Kindes war außerordentlich schwierig. Es handelt sich um ein kleines blondes Mädchen mit zarter Haut und der blassen Gesichtsfarbe einer Anorektikerin, das leicht hypotroph ist. Ihre Züge sind gespannt und ängstlich. Sie weist verschiedene Tics auf, von denen die Eltern nicht gesprochen haben. Sie blinzelt, legt die Stirn in Falten und öffnet von Zeit zu Zeit auf eine ziemlich auffällige Art und Weise den Mund.

Sie kauert sich anfangs auf dem Schoß der Mutter zusammen, lutscht am Daumen und antwortet auf keine Frage. Ihr Gesichtsausdruck ist ernst, ohne die Spur eines Lächelns. Sie weigert sich, den Untersuchenden und die angebotenen Spielsachen zu betrachten. Weil sie sich nicht von ihren Eltern trennen konnte, nehmen wir in Carines Beisein Kenntnis von den Einzelheiten ihrer Lebensgeschichte. Am Ende der Unterhaltung ist Carine ein wenig entspannter und lässt sich vom Schoß der Mutter gleiten. Sie nimmt sich deren Handtasche und untersucht den Inhalt.

Kurze Zeit zuvor hatte bereits eine psychologische Untersuchung stattgefunden. Carine hatte mit einem heftigen Wutanfall reagiert, als die Psychologin versuchte, mit ihr allein zu sein. Aber nach einer Atempause auf den Knien der Mutter hatte das Kind dann willig auf die meisten Fragen des Tests von Terman-Merrill geantwortet. So konnten wir uns überzeugen, dass ihr Intelligenzquotient über hundert lag.

Hinzuzufügen wäre noch, dass weder eine erbliche pathologische Belastung vorliegt noch Vorfahren mit einer erwähnenswerten Krankheit bekannt sind.

Die Mutter berichtet von Carines Schwierigkeiten und zeigt sich selbst sehr ängstlich und ziemlich entmutigt. Die schlaflosen Nächte und das kleine Mädchen, das so schwierig zu erziehen ist, haben sie sichtlich erschöpft. Die junge Frau ist sympathisch, intelligent und freundlich. Zu keinem Zeitpunkt zeigt sie sich ihrem Kind gegenüber ablehnend oder aggressiv. Der Vater ist ein leitender Angestellter, der seine Ausbildung im normalen Rahmen abgeschlossen hat. Er scheint seiner Tochter gegenüber ganz und gar positiv eingestellt zu sein, Vater und Mutter scheinen sich gut zu verstehen. Beide wurden streng erzogen und waren auf derartige Schwierigkeiten bei der Kindererziehung keineswegs vorbereitet. Beide zeigten sich manchmal rigide und streng wie die eigenen Eltern, manchmal im Gegensatz dazu schwach, was die sekundären Gewinne der Störungen des Kindes begünstigte. Die Mutter empfand sich mit sich selbst im Widerspruch bei dem Versuch, die strengen Erziehungspraktiken anzuwenden, die sie kennengelernt hatte. Auch der Vater war sich dieses Problems bewusst, aber seine Charakterabwehr schien viel strukturierter.

(René Diatkine/Janine Simon, Der Fall Carine. Protokoll der Analyse eines dreijährigen Mädchens, Kindler, München 1981, S. 17–20)

1. Fassen Sie die Auffälligkeiten in der Entwicklung Carines zusammen.
2. Diskutieren Sie mögliche Ursachen der Symptome Carines aus der Sicht Freuds.
3. Welche erzieherischen Interventionen könnten Ihrer Ansicht nach Carine in ihrer Entwicklung helfen?
4. Vollziehen Sie nach, inwieweit Ihre psychoanalytischen Kenntnisse Ihnen bei der Analyse der Entwicklung Carines und der Entwicklung von Interventionsmöglichkeiten geholfen haben.
An welchen Stellen sind Sie an Grenzen gestoßen?

Behandlungsmethode

In der Regel liegt der Patient auf einer Couch, in einem Zustand größtmöglicher Entspannung. Der Psychoanalytiker sitzt hinter ihm, um ihn nicht abzulenken. Der Patient wird dann gebeten, seinen Gedanken freien Lauf zu lassen und alles zu erzählen, was ihm gerade einfällt. Er darf auf keinen Fall versuchen, seine Gedanken zu ordnen oder logisch zu verketten. Alles muss in dem Moment gesagt werden, da es ihm einfällt. [...] Verständlich, dass am Anfang Schweigen und Zögern nicht zu vermeiden sind, denn die Person kämpft vielfach zwischen den Gedanken und ihrer persönlichen Moral. Sie muss aber wissen, dass der Psychoanalytiker völlig neutral ist und sich niemals schocken lässt, denn für ihn ist alles ebenso natürlich wie essen und trinken. Der Psychoanalytiker gibt nie ein moralisches Urteil ab, sonst wäre er wie ein Chirurg, den der Anblick einer Wunde erblassen lässt ...
Nach und nach wird der Sinn der zusammenhanglosen Worte erkennbar: die Geschichte der Krankheit, die Kindheit, die Eltern, Verdrängung, Triebe, peinliche Erlebnisse ... Alles vermischt mit zahlreichen Bemerkungen aller Art, Aggressivitäten, Zögern, Schweigen ... Zu gegebener Zeit greift der Psychoanalytiker ein, und die eigentliche Interpretation beginnt. Selbstverständlich muss der Psychoanalytiker ein im Umgang mit Menschen

äußerst erfahrener Psychologe sein. Die Psychoanalyse ist für den Patienten oft unangenehm: Der ganze Seelengrund kommt an die Oberfläche, und der Umgang mit einem ängstlichen oder empörten Patienten erfordert viel menschliche Wärme und absolute Objektivität. [...]
Das einfache theoretische Erlernen einiger psychoanalytischer Grundsätze versetzte schon viele Eltern in die Lage, ein gestörtes Familienklima zu verstehen und zu verbessern. [...] Die Psychoanalyse ermöglicht [...], einen riesigen menschlichen Mechanismus zu verstehen, der tagtäglich unser Leben steuert, sowie die Mitmenschen zu akzeptieren und zu lieben.
(Pierre Daco, Psychologie für jedermann, AT Verlag, Aarau 1995, S. 172–173)

1. Welche grundsätzliche Haltung gegenüber dem Menschen wird hier deutlich?
2. Überlegen Sie, welche Funktion diese Haltung hat.
3. Was können Sie daraus für pädagogisches Handeln lernen?
4. Können Sie die positive Einschätzung Dacos zu psychoanalytischem Wissen teilen?
5. Diskutieren Sie: Gibt es eine unbewusste Wahrheit?

Der Stellenwert der Psychoanalyse heute

Hirnforschung und Psychoanalyse

Freud und die Hirnforschung

Im Jahre 1896 verfasste der damals vierzigjährige Sigmund Freud eine umfangreiche Schrift mit dem Titel „Entwurf einer Psychologie". Sie stellte den Versuch dar, eine Theorie des „seelischen Apparates" auf der Grundlage der soeben etablierten Neuronentheorie zu entwickeln. Diese Schrift wurde nie veröffentlicht, sie erschien erst posthum (1950).

Freud hatte eine gründliche Ausbildung als Neurobiologe in einigen der damals berühmtesten Labors hinter sich. Hierzu gehörte das Labor des Physiologen und Histologen Ernst Brücke (1819–1892), eines Schülers von Johannes Müller, der als der Begründer der modernen Physiologie gilt. Neben Brücke zählten zu den Schülern von Müller Hermann von Helmholtz, Emil Dubois-Reymond und Carl Ludwig, die alle als Väter der modernen Natur- und Biowissenschaften angesehen werden. Im Labor von Brücke traf Freud auf den Physiologen Sigmund Exner und den Neurologen Josef Breuer, die ihn auf unterschiedliche Art stark beeinflussen sollten. Nach seiner Promotion in Medizin war Freud im Labor des Hirnanatomen Theodor Meynert tätig und beschäftigte sich mit der Neuroanatomie des Hirnstamms von Wirbeltieren. Meynert (1833–1892) galt neben Paul Flechsig in Leipzig als der führende europäische Neuroanatom; er versuchte psychische und psychopathologische Phänomene mehr oder weniger direkt mit der Aktivität bestimmter Hirnzentren in Verbindung zu bringen und tat damit das, was man damals als „Gehirnmythologie" bezeichnete.

An solcher Gehirnmythologie beteiligte sich auch Freud in seinem erwähnten unveröffentlichten „Entwurf der Psychologie" von 1896, der ihm offenbar – völlig zu Unrecht! – lebenslang peinlich war. Man muss sich dabei vergegenwärtigen, dass erst wenige Jahre zuvor die für die heutige Neurobiologie grundlegende „Neuronen-Doktrin" veröffentlicht worden war, nämlich die Anschauung, dass das Nervensystem aus Nervenzellen, Neurone genannt, aufgebaut ist, und dass die seit langem im Gehirn beobachteten „Ganglienkugeln" und „Fasern" zusammengehören und eben die Nervenzellen mitsamt Fortsatz (Axon genannt) bilden. Völlig unklar war noch zu Freuds Studienzeiten die Frage, welche Art von Kontakten die Nervenzellen untereinander haben; der Begriff „Synapse" wurde erst einige Jahre später von Charles Sherrington geprägt. Von den elektrophysiologischen Vorgängen im Gehirn hatte man wenig, von den neurochemischen Vorgängen keinerlei Kenntnis. Hingegen wusste man über die anatomische Gliederung des menschlichen Gehirns einigermaßen Bescheid und hatte grobe Vorstellungen über die Funktionen der einzelnen Hirnzentren.

Freud hat in seinem unveröffentlichten Aufsatz vieles von dem vorweggenommen, was er einige Jahre später in der „Traumdeutung" veröffentlichte und was zur Grundlage der so genannten ersten Topik, also seiner ersten Version des Verhältnisses zwischen dem Unbewussten, dem Vorbewussten, dem Ich und dem Bewusstsein, wurde. Vom Standpunkt der Neurowissenschaften aus gesehen ist dieser Aufsatz ebenfalls interessant. Es gibt zwar einige aus heutiger Sicht völlig falsche Annahmen, vor allem das von Gustav Fechner übernommene Prinzip, alle seelischen Vorgänge seien auf Abfuhr von übermäßiger Erregung, von Spannung, angelegt, die von außen als Wahrnehmung (furcht-)erregender Umweltgeschehnisse und von innen als Triebe in die Psyche eindringen. Derart erzeugte psychische Spannung sei Unlust; Abfuhr oder zumindest Herabsetzung von Spannung erzeuge dagegen Lust. Freud konnte sich damals ebenso wenig wie alle anderen Neurobiologen vorstellen, dass es Zentren geben könne, die durch ihre Aktivität Lustgefühle erzeugen; ebenso wenig war das Prinzip der neuronalen Hemmung bekannt.

Freud war jedoch einer der ersten, der die Idee vortrug, dass das Gehirn aus untereinander verknüpften Neuronen besteht, die dadurch komplizierte Nervennetze bilden, und dass sich aus der Art der Verknüpfung der Neurone die Funktion dieser Nervennetze ergibt. Dieser Vorstellung wurde aber erst durch die detaillierten Untersu-

chungen des spanischen Neuroanatomen Santiago Ramón y Cajal (1852–1934) zum Durchbruch verholfen; Ramón y Cajal erhielt hierfür 1906 den Nobelpreis.

Freud entwickelte auch – übrigens wohl unabhängig von seinem Laborkollegen Sigmund Exner (1846–1926) – die Idee, dass eine gleichzeitige Tätigkeit zweier neuronaler Kontaktpunkte, die später Synapsen genannt wurden, die Leitfähigkeit dieser Kontakte erhöhte. Erst fünfzig Jahre später wurde diese Idee von Donald Hebb wieder aufgegriffen, die heute als Hebb-Synapse bekannt ist (sie müsste eigentlich Exner-Synapse heißen) und an der das Phänomen der „Langzeitpotenzierung" (LTP) als eine Grundlage von Lernen und Gedächtnisbildung studiert werden kann. Untersuchungen des amerikanischen Neurobiologen Eric Kandel zur Langzeitpotenzierung wurden im Jahre 2000 ebenfalls mit dem Nobelpreis gewürdigt.

Warum Freud seinen „Entwurf der Psychologie" nicht veröffentlichte, darüber habe ich keine genauen Auskünfte gefunden. Ich vermute, dass er die Vergeblichkeit seines Tuns, auf Grundlage der damaligen Kenntnis der Arbeitsweise des Gehirns das Psychische erklären zu wollen, einsah. Er wandte sich enttäuscht von der Neurobiologie ab und äußerte sich später an vielen Stellen skeptisch bis ablehnend über die Möglichkeiten, das Psychische neurobiologisch erklären zu können. [...]

(Prof. Dr. Dr. Gerhard Roth, Direktor am Institut für Hirnforschung der Universität Bremen und Rektor des Hanse-Wissenschaftskollegs Delmenhorst: Wie das Gehirn die Seele macht – Vortrag am 22. April 2001 bei den 51. Lindauer Psychotherapiewochen [www.lptw.de])

Aktuelle neurobiologische Erkenntnisse bestätigen die ursprünglichen Vermutungen Freuds. Insbesondere wird die Bedeutung des Unbewussten von der Neurobiologie hervorgehoben, wie das **„Zwei-Ebenen-Modell"** veranschaulicht:

Expedition in einen dunklen Kontinent

Nach dem „Zwei-Ebenen-Modell" der menschlichen Psyche stellt das Unbewusste das Innere einer Kugel dar. Das Bewusstsein spielt sich lediglich am Rande ab.

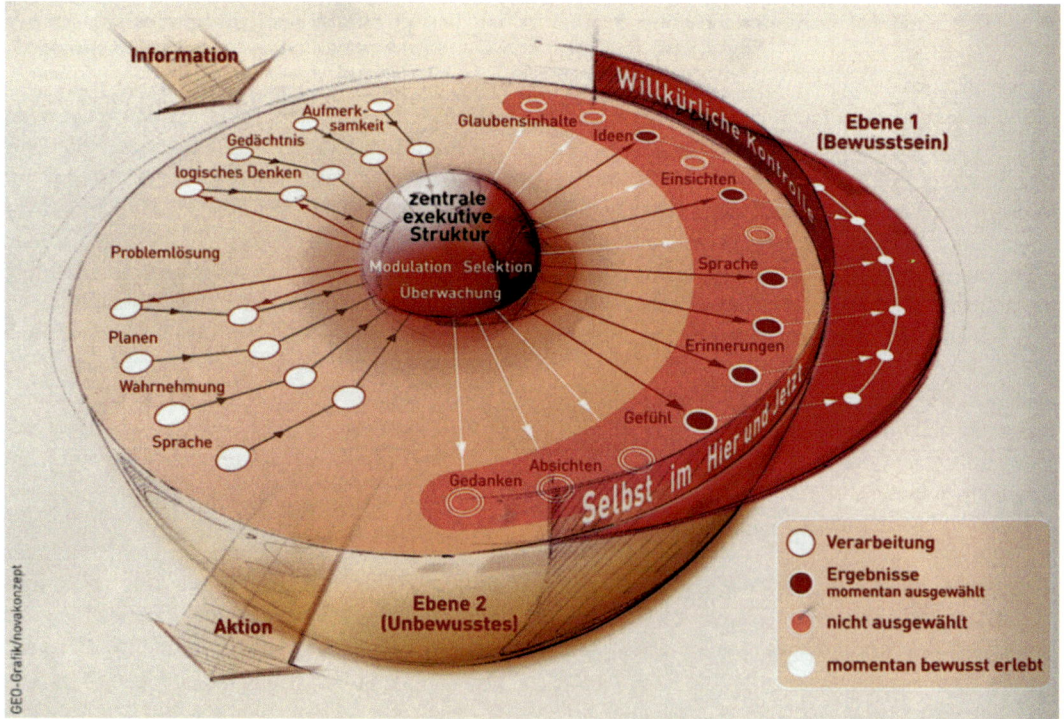

Wie sehr das Unbewusste das Bewusstsein gestaltet, belegen viele Experimente. Die britischen Psychologen Peter Halligan und David Oakley entwarfen ein Modell, welches das Unbewusste als Kugel darstellt. Danach laufen alle Aktivitäten des Gehirns durch die „Ebene 2", also durch den Korpus der Kugel. Dort arbeitet eine „zentrale exekutive Struktur", eine Art „Entscheidungsfinder, der unser Handeln kontrolliert", postulieren die Psychologen. In jedem Moment filtert ein solcher „Erkenntnis-Manager" Daten aus der Informationsflut und hebt sie auf „Ebene 1", ins bewusste „Hier und Jetzt" – lediglich kleine „Ausstülpungen" an der Oberfläche der Kugel. Beispiel: Ist ein Vortrag interessant, lauscht jeder Zuhörer aufmerksam – der Manager wählt nur diese Inhalte für den Aufstieg zur „Ebene 1". Der unbequeme Stuhl, Straßengeräusche, Kaffeegeruch dringen zwar ein, werden aber, da unwichtig, nicht weitergeleitet. Tuschelt jedoch jemand nebenan und es fällt unser Name, schaltet die Zentrale sofort um, und wir registrieren den Vorgang. Selbst Gedanken, meinen die Forscher, die wir konzentriert verfolgen, werden auf „Ebene 2" vorgeformt, bevor wir sie über Sprache und Schrift kundtun. Der tiefere Sinn? Um in komplexen sozialen Gruppen zu bestehen, soll unser Außenbild so beständig wie möglich erscheinen. Deshalb erschaffe der innere Manager auf der Ebene des Unbewussten fortwährend eine stabile Repräsentation des Individuums: unsere Selbstdarstellung.

(GEO Nr. 12/2004, S. 164)

Vertiefung

Das psychosoziale Entwicklungsmodell nach Erik H. Erikson

Übung

Wie bin ich?

Wie möchte ich sein?

Für wen hält man mich?

Bin ich ich selbst?

Sie wollen eine sehr verantwortungsvolle Position in ihrem Unternehmen besetzen und bereiten ein Vorstellungsgespräch vor.
Der Bewerber soll integer sein, eine Persönlichkeitsausstrahlung haben, ‚echt' wirken und von seinem/ihrem gesamten Auftreten her überzeugen. Schließlich soll er durch starken persönlichen Einsatz ein wichtiges Projekt zum Erfolg bringen und die Arbeit mehrerer Mitarbeiter leiten und koordinieren. Er soll Coaching-Fähigkeiten haben und durch persönliche Ansprache der Mitarbeiter einen guten Teamgeist und hohe Leistungsfähigkeit ermöglichen.
Formulieren Sie drei Kernfragen für das Vorstellungsgespräch, deren Antworten für Sie für das oben beschriebene Profil von besonderer Bedeutung sind. Ihnen geht es nicht um das äußere Erscheinungsbild – Sie wollen wissen, wen Sie wirklich vor sich haben!
Simulieren Sie ein solches Vorstellungsgespräch und machen Sie sich Notizen. Achten Sie auf begründete Antworten bzw. vertiefende Erläuterungen, fragen Sie im Zweifelsfall nach.
Diskutieren Sie anschließend:
Wissen Sie jetzt mehr über die Person als vorher? Konnten Sie ihre Identität entschlüsseln?

(Autorentext)

Die Vielschichtigkeit des Identitätsbegriffs bei Erikson

Was hat es mit dem Wort „Identität" auf sich, das uns in der Alltagssprache so selbstverständlich von den Lippen kommt? Auf den ersten Blick scheint der Bedeutungsgehalt ganz klar: Identität ist das Gefühl, „man selbst zu sein", das Wissen, „wer man ist". Aber sobald man sich mit dem Be-

griff ein wenig genauer auseinandersetzt, ergeben sich viele Schwierigkeiten: Ist Identität gleichbedeutend mit Ausdrücken wie „Persönlichkeit", „Selbstgefühl" oder „Charakter"? Handelt es sich um den Status, das „Ansehen" eines Menschen in der Öffentlichkeit, oder ist Identität der Wesenskern, das „Eigentliche" einer Persönlichkeit hinter ihren sozialen Auftritten und Rollen? Zeigt sich Identität in der Charakterfestigkeit, der Fähigkeit, sich selber in seinen Prinzipien treu zu bleiben, oder geht es um etwas, was man in unterschiedlichen Begegnungen stets neu nach außen „präsentiert"? Wann entsteht so etwas wie ein Identitätsgefühl, im ersten Gefühl des Abgegrenztseins von der Mutter, in den Ablösungsprozessen des Jugendlichen oder erst in der Abgeklärtheit der mittleren Jahre? Und wann endet menschliche Identität, in der Psychose, in der Demenz oder im Tod? [...]

Identität, von außen beschrieben, ist bei Erikson oftmals das Bild eines Menschen, der etwas Einheitliches in Erscheinung und Wesen ausstrahlt, seine Interessen, Begabungen und sozialen Rollen in einem typischen Habitus vereinigt hat, der „er selber" ist und gleichzeitig fest in der Tradition seiner Gemeinschaft verwurzelt: z. B. die würdevolle Erscheinung eines amerikanischen Hochland-Indianers; der Anblick eines spielenden Kindes, das in glücklichen Momenten der Kreativität ganz „zusammenzuwachsen" scheint, die vielen Facetten, aus denen sich das Gewaltige der Person Luthers aufbaut.

Meist spricht Erikson jedoch von Ich-Identität im Sinne eines subjektiven Empfindens. Es ist die „Ich-bin-Ich-Erfahrung", das Gefühl, dass ich eine zusammenhängende, abgegrenzte Persönlichkeit bin, im Besitz meiner körperlichen und geistigen Kräfte, aktiv und entscheidungsfähig. Obwohl es sich quasi um den archimedischen Punkt unseres Seelenlebens handelt, unabdingbare Voraussetzung aller Reflexionsfähigkeit und geistiger Gesundheit, ist das Identitätsgefühl doch schwer zu charakterisieren. Es schwingt in all unserem Denken, Fühlen und Handeln selbstverständlich mit, kommt uns aber im Grunde erst dann deutlicher zu Bewusstsein, wenn es in einem psychotischen Schub oder einer schweren Lebenskrise zu zerbrechen droht. Für die meisten Laien und auch für viele wissenschaftliche Autoren ist Identität gleichbedeutend mit dem Selbstbild, der Vorstellung, die ein Mensch sich über seine Charakteristika, seine Stärken und Schwächen, seine Herkunft, sozialen Beziehungen, Werte und Lebensziele macht. Gewiss gäbe es ohne ein gegliedertes Selbst, von dem her und auf das hin wir alle Erfahrungen beziehen, kein Erlebnis psychischen Zusammenhanges. Erikson bezeichnet denn auch das Identitätsgefühl als die Fähigkeit, „sein Selbst als etwas zu erleben, das Kontinuität besitzt, das ‚das Gleiche' bleibt, und dementsprechend handeln zu können" (1982). Andererseits sind die Situationen, in denen wir intensiv über unser Selbst nachdenken – auf langen Spaziergängen, beim Verfassen eines Briefes oder Tagebuches, in der Meditation oder Psychotherapie –, im Alltagsleben selten. Man trägt nicht dauernd ein Bild von sich im Hinterkopf, kreist nicht unablässig, wie der existenzialistische Dramenheld, um die Frage: „Wer bin ich"? Meist bleibt die Identität unbewusst oder macht sich höchstens in vagen Stimmungen bemerkbar. Manchmal, in Grübeleien und Selbstgesprächen, wird die Identität bewusster, um in seltenen Situationen – ein Vorstellungsgespräch, eine Prüfung, ein feierliches Ereignis, ein Schicksalsschlag – ganz intensiv gespürt zu werden. Meist wird uns die Identität eher als eine emotionale Befindlichkeit bewusst: Man fühlt sich müde, traurig oder aufgewühlt, ist abgespannt oder hat Lampenfieber, ist zufrieden mit sich, stolz oder erwartungsvoll. Wenn wir einen Erfolg errungen, eine Arbeit vollendet oder im Gespräch positiv auf einen anderen eingewirkt haben, wenn wir entschlossen unsere Meinung vertreten oder uns Autoritäten widersetzt haben, spüren wir unsere Identität als etwas Motivierendes, Bekräftigendes. Dann wiederum, wenn wir uns mit anderen vergleichen, uns an früher erinnern oder in Tagträumen schwelgen, steht die Identität als eine Abfolge von Bildern vor uns. Es handelt sich um ein schwer fassbares Erleben, das in den vielfältigsten Erfahrungen und Gefühlsnuancen bewusst wird und wieder verschwindet. Längere Formen des Identitätsbewusstseins gibt es häufiger in kritischen Lebensphasen: die empfindliche Selbstbewusstheit Adoleszenter, die Bilanzkrise in der Mitte des Lebens, der Leistungsabfall im hohen Alter, das aufgewühlte Nachdenken über unsere Existenz nach Schicksalsschlägen oder in Phasen schwerer Krankheit. [...]

Meist spricht Erikson in Abgrenzung von stark

mechanistischen Selbst-Theorien der Akademischen Psychologie von einem Identitätsgefühl. So heißt es beispielsweise in „Identität und Lebenszyklus": „Das bewusste Gefühl, eine persönliche Identität zu besitzen, beruht auf zwei gleichzeitigen Beobachtungen: der unmittelbaren Wahrnehmung der eigenen Gleichheit und Kontinuität in der Zeit, und der damit verbundenen Wahrnehmung, dass auch andere diese Gleichheit und Kontinuität erkennen. Was wir hier Ich-Identität nennen wollen, meint also mehr als die bloße Tatsache des Existierens, vermittelt durch persönliche Identität; es ist die Ich-Qualität dieser Existenz" (1981). Das Erleben von Gleichheit und Kontinuität ist Voraussetzung jeder Reflexivität: Egal, ob ich traurig oder fröhlich bin, angestrengt arbeite oder döse, mich vor einer Prüfung als Versager fühle und hinterher als Experte, in all meinem Denken, Fühlen und Handeln bin ich der einheitliche, gleichbleibende Erlebnisträger. Und obwohl ich in meinem Leben stets neue Eigenschaften annehme und nicht mit dem zu vergleichen bin, der ich vor 10 oder 20 Jahren war, erfahre ich mich in all meinen Erinnerungen als kontinuierliches Wesen. [...]

Weiterhin ist das Identitätsgefühl niemals etwas Statisches, etwas, was man einmal erringt und dann als unverlierbaren Besitz mit sich trägt, sondern unterliegt je nach inneren Gestimmtheiten und äußeren sozialen Interaktionen Schwankungen, muss ununterbrochen gegen unbewusste Impulse wie gegen äußere Gefahren und Abwertungen verteidigt werden. Obwohl zentrale Bereiche unseres Selbsterlebens gleich bleiben, unterliegt auch die Identität Veränderungen, müssen wir unsere Selbstauffassung angesichts des wechselnden persönlichen und historischen Schicksals immer wieder erweitern und uns stets aufs Neue in der sozialen Umwelt verankern. Dieser Prozess beginnt nach Erikson „irgendwo in der ersten echten ‚Begegnung' von Mutter und Säugling als zweier Personen, die einander berühren und erkennen können, und er ‚endet' nicht, bis die Kraft eines Menschen zur wechselseitigen Bestätigung schwindet" (1981).

Nur ein Bruchteil dieser „Identitätsfindung" beruht auf bewusster Reflexion. Ein ungemein kompliziertes neurologisch-psychologisches Geschehen bringt Ordnung in unsere Erfahrungswelt und ist Voraussetzung dafür, dass der Einzelne sich überhaupt als ein Ich zu empfinden und angepasst in der Wirklichkeit zu handeln vermag. Man könnte von einem unbewussten „Identitätsprozess" sprechen, der Tag und Nacht unsere Individualität bewahrt, uns vor inneren und äußeren Gefahren schützt und unser Verhalten an die Bedingungen der Außenwelt anpasst. Solange dieser Prozess funktioniert, fühlen wir uns mit uns selbst im Reinen. Das Identitätsgefühl bleibt dann unbewusst oder vorbewusst, genauso selbstverständlich wie die Luft, die wir atmen. [...]

Das Identitätsgefühl ist bei Erikson offenbar eine Leistung des Ich, das angesichts stets neuer Entwicklungsaufgaben und Krisen ein harmonisches, kontinuierliches Selbst aufbaut und ständig an der Aufrechterhaltung des Gefühls arbeitet, dass wir „im Fluss unserer Erfahrung im Zentrum stehen und nicht an irgendeiner Peripherie herumgeschleudert werden; dass die Handlungen, die wir planen, von uns ausgehen und wir nicht herumgestoßen werden; und schließlich, dass wir aktiv sind, andere aktivieren und uns von anderen aktivieren lassen und uns durch schwierige Lagen nicht passiv oder untätig machen lassen" (1975).

(Peter Conzen, Erik H. Erikson, Kohlhammer Verlag, Stuttgart/Berlin/Köln 1996, S. 54–59, 64)

> Überprüfen Sie, inwiefern in dem nachfolgend ausgeführten Modell von Erikson diese hier dargelegte besondere Leistung des Ichs deutlich wird und welche Identitätsvorstellung Erikson letztlich vertritt.

Die epigenetische Perspektive Erik Eriksons

Unser Diagramm (C) enthielt zunächst nur die hervorgehobenen Felder auf der absteigenden Diagonalen (I, 1 – II, 2 – III, 3 – IV, 4 – V, 5 – VI, 6 – VII, 7 – VIII, 8), und der Leser wird gebeten, sich zunächst auf diese Felder zu beschränken. Die Diagonale zeigt die Aufeinanderfolge der psychosozialen Krisen. In jedem Feld steht ein Kriterium relativer psychosozialer Gesundheit und darunter

das korrespondierende Kriterium relativer psychosozialer Störung. In der „normalen" Entwicklung wird das Erstere dauerhaft überwiegen, wenn auch nie ganz das Zweite verdrängen. Die Folge der Stadien ist zugleich die Entwicklungslinie der Komponenten der psychosozialen Persönlichkeit. Jede Komponente existiert in einer gewissen Form (vertikale Spalten) auch schon vor der Zeit, in welcher sie „phasen-spezifisch" wird, d.h. in welcher eine spezifische psychosoziale Krise entsteht, und dies sowohl durch die entsprechende Reife des Individuums als auch durch die zu erwartenden Ansprüche seiner Gesellschaft. So steigt jede Komponente langsam empor und erhält am Schluss „ihres" Stadiums ihre mehr oder weniger dauernde Lösung. Sie bleibt aber mit allen anderen Komponenten systematisch verbunden; alle hängen von der rechtzeitigen Entwicklung jeder einzelnen ab, wobei die „rechte Zeit" und das Tempo der Entwicklung jeder einzelnen Komponente (und damit das Verhältnis aller zueinander) doch von der Individualität des Einzelnen und von dem Charakter seiner Gesellschaft bedingt werden. Die Identität wird am Ende der Adoleszenz phasenspezifisch (V, 5), d.h. das Identitätsproblem muss an dieser Stelle seine Integration als relativ konfliktfreier psychosozialer Kompromiss finden – oder es bleibt unerledigt und konfliktbelastet.

	1	2	3	4	5	6	7	8
I Säuglingsalter	Urvertrauen gg. Misstrauen				Unipolarität gg. vorzeitige Selbstdifferenzierung			
II Kleinkindalter		Autonomie gg. Scham und Zweifel			Bipolarität gg. Autismus			
III Spielalter			Initiative gg. Schuldgefühl		Spiel-Identifikation gg. (ödipale) Fantasie-Identitäten			
IV Schulalter				Werksinn gg. Minderwertigkeitsgefühl	Arbeitsidentifikation gg. Identitätssperre			
V Adoleszenz	Zeitperspektive gg. Zeitdiffusion	Selbstgewissheit gg. peinliche Identitätsbewusstheit	Experimentieren mit Rollen gg. negative Identitätswahl	Zutrauen zur eigenen Leistung gg. Arbeitslähmung	Identität gg. Identitätsdiffusion	Sexuelle Identität gg. bisexuelle Diffusion	Führungspolarisierung gg. Autoritätsdiffusion	Ideologische Polarisierung gg. Diffusion der Ideale
VI Frühes Erwachsenenalter					Solidarität gg. soziale Isolierung	Intimität gg. Isolierung		
VII Erwachsenenalter							Generativität gg. Selbst-Absorption	
VIII Reifes Erwachsenenalter								Integrität gg. Lebens-Ekel

	A Psychosoziale Krisen	B Umkreis der Beziehungspersonen	C Elemente der Sozialordnung	D Psychosoziale Modalitäten	E Psychosexuelle Phasen
I	Vertrauen gg. Misstrauen	Mutter	Kosmische Ordnung	Gegeben bekommen Geben	Oral-respiratorisch, sensorisch kinästhetisch (Einverleibungsmodi)
II	Autonomie gg. Scham, Zweifel	Eltern	„Gesetz und Ordnung"	Halten (Festhalten) Lassen (Loslassen)	Anal-urethral Muskulär (Retentiv-eliminierend)
III	Initiative gg. Schuldgefühl	Familienzelle	Ideale Leitbilder	Tun (Drauflosgehen) Tun als ob (= Spielen)	Infantil-genital Lokomotorisch (Eindringend, einschließend)
IV	Werksinn gg. Minderwertigkeitsgefühl	Wohngegend Schule	Technologische Elemente	Etwas „Richtiges" machen, etwas mit anderen zusammen machen	Latenzzeit
V	Identität und Ablehnung gg. Identitätsdiffusion	„Eigene" Gruppen, „die Anderen", Führer-Vorbilder	Ideologische Perspektiven	Wer bin ich (wer bin ich nicht) Das Ich in der Gemeinschaft	Pubertät
VI	Intimität und Solidarität gg. Isolierung	Freunde, sexuelle Partner, Rivalen, Mitarbeiter	Arbeits- und Rivalitätsordnungen	Sich im anderen verlieren und finden	Genitalität
VII	Generativität gg. Selbstabsorption	Gemeinsame Arbeit, Zusammenleben in der Ehe	Zeitströmungen in Erziehung und Tradition	Schaffen Versorgen	
VIII	Integrität gg. Verzweiflung	„Die Menschheit", „Menschen meiner Art"	Weisheit	Sein, was man geworden ist; wissen, dass man einmal nicht mehr sein wird.	

(Erik H. Erikson, Identität und Lebenszyklus. Suhrkamp Verlag, Frankfurt a. Main 1973 [die Originalausgabe erschien 1959], S. 149ff., 214f.)

1. „Ich bin, was man mir gibt" ist das Gefühl des Säuglingsalters, in dem das Kind völlig von seiner Mutter abhängig ist. In der zweiten Phase des Kleinkindalters ist der Kampf um Autonomie im Gange und es entwickelt sich die Überzeugung: „Ich bin, was ich will". Das Spielalter mit seiner reichhaltigen Vorstellungswelt lässt sich als „Ich bin, was ich mir zu werden vorstellen kann" charakterisieren, während das Schulkind seine Tüchtigkeit an den Dingen bewähren muss, die in der Gesellschaft als wichtig gelten. Seine dementsprechende Erfahrung lautet: „Ich bin, was ich lerne" (vgl. Erikson 1973, S. 98).
Setzen Sie im Sinne dieser Aussagen die Beschreibungen für die anderen Phasen fort.

2. Lothar Krappmann interpretiert Eriksons Entwicklungsmodell folgendermaßen:
„Eriksons Entwicklungsmodell erleichtert es, die Vorstellung, dass in der menschlichen Entwicklung die Identität als Thema stets präsent bleibt, mit der Auffassung zu vereinen, dass die Aufgabe der Identitätsbildung in einer bestimmten Phase der Entwicklung, nämlich der Adoleszenz, Vorrang hat. Er ersetzt das übliche Schema des Entwicklungswegs als einer Leiter, auf der das Kind von Stufe zu Stufe aufsteigt, durch einen Verbund von mehreren Leitern, also – um im Bild zu bleiben – durch eine Sprossenwand, in der jede Leiter ein eigenes Entwicklungsthema präsentiert. Die Heranwachsenden „klettern" auf allen Leitern voran, arbeiten an sämtlichen Themen, aber in jeder Entwicklungsphase stellt eines dieser Themen die zentrale Aufgabe (im Diagramm die Diagonale). Die jeweilige zentrale Aufgabe fordert neue Dispositionen und

Fähigkeiten heraus. Die Bewältigung der Aufgabe wird durch das an früheren zentralen Aufgaben erworbene Können erleichtert, sie zehrt aber auch von den bisherigen Bemühungen um dieses Thema auf vorangegangenen Stufen. Diese Vorstellung von Neubildung und Erweiterung von Können auf der Grundlage des Vorangegangenen weist Eriksons Entwicklungsmodell als eine epigenetische Theorie aus." (Lothar Krappmann, Die Identitätsproblematik nach Erikson aus interaktionistischer Sicht. In: Heiner Keupp und Renate Höfer [Hg.], Identitätsarbeit heute, Suhrkamp Verlag, Frankfurt a. M. 1997, S. 66)
Suchen Sie Belege für Krappmanns Auffassung.

3. Erläutern Sie den Aspekt des Psychosozialen in Eriksons Modell (vgl. Sie dazu auch das Interview mit Erik Erikson, S. 539f.).

Die besondere Bedeutung der ersten Phase: Bildung des Urvertrauens

Als erste Komponente der gesunden Persönlichkeit nenne ich das Gefühl eines Ur-Vertrauens, worunter ich eine auf die Erfahrungen des ersten Lebensjahres zurückgehende Einstellung zu sich selbst und zur Welt verstehen möchte. Mit Vertrauen meine ich das, was man im Allgemeinen als ein Gefühl des Sich-Verlassen-Dürfens kennt, und zwar in Bezug auf die Glaubwürdigkeit anderer wie die Zuverlässigkeit seiner selbst. Wenn ich davon als Urerfahrung spreche, so meine ich damit, dass weder diese noch die später hinzutretenden Komponenten sonderlich bewusst sind, in der Kindheit so wenig wie im Jugendalter. Tatsächlich gehen alle diese Kriterien, wenn sie sich in der Kindheit entwickeln und im Jugendalter integriert werden, in der Gesamtpersönlichkeit auf. [...] Um dieses Wachstum und seine Krisen als die Entwicklung einer Reihe von Grundhaltungen darzustellen, bedienen wir uns der Umschreibung durch den Ausdruck ‚ein Gefühl von'. [...] Solche Gefühle durchdringen Oberfläche und Tiefe, Bewusstsein und Unbewusstes. [...] Das Urvertrauen ist der Eckstein der gesunden Persönlichkeit [...]
Die Psychoanalyse hat uns gelehrt, dass das Kind, indem es nimmt, was ihm gegeben wird, und indem es lernt, die Mutter zum Geben zu veranlassen, auch die notwendigen Grundlagen dafür entwickelt, ein Gebender zu werden, sich mit der Geberin zu identifizieren. Wenn diese Wechselseitigkeit versagt, zerfällt die Situation in eine Reihe von Versuchen, durch einseitige Willensakte in die Gewalt zu bekommen, was durch beiderseitiges Entgegenkommen nicht erreicht wurde. [...] Für manch empfindliche Menschen kann eine solche Situation das Muster sein für eine radikale Störung in ihrem Verhältnis zur Welt, zu den Menschen und besonders zu geliebten und sonst bedeutsamen Personen. [...]
Die Entwöhnung mit dem Verlust der Mutterbrust sollte nicht zugleich auch den Verlust der Sicherheit verleihenden mütterlichen Gegenwart bringen. [...] Der plötzliche Verlust der gewohnten Mutterliebe kann ... aber zu einem chronischen Trauergefühl führen, das vielleicht dem ganzen späteren Leben einen depressiven Unterton verleiht. Aber selbst unter günstigen Umständen scheint diese Phase im Seelenleben ein Gefühl von Trennung und eine undeutliche, doch umfassende Sehnsucht nach einem verlorenen Paradies zu hinterlassen.
Gegen die sich häufenden Eindrücke von Enttäuschung, Trennung und Verlassenwerden, die zusammen einen Niederschlag von Ur-Misstrauen bilden können, muss das Ur-Vertrauen aufrechterhalten und gefestigt werden.
Integrität bedeutet die Annahme seines eigenen und einzigen Lebenszyklus und der Menschen, die in ihm notwendig da sein mussten und durch keine anderen ersetzt werden konnten. Es bedeutet eine neue, andere Liebe zu den Eltern, frei von dem Wunsch, sie möchten anders gewesen sein als sie waren, und die Bejahung der Tatsache, dass man für das eigene Leben allein verantwortlich ist. [...]
Ein Mangel oder Verlust dieser aufgespeicherten Ich-Integration zeigt sich oft in Verzweiflung und einer unbewussten Todesfurcht. [...]
Die erste Komponente seelischer Gesundheit, die sich entwickelt, ist ein Gefühl von Urvertrauen, die zweite das Gefühl eines autonomen Willens und die dritte ein Gefühl von Initiative.

Erstes Stadium (etwa 1. Lebensjahr)	Urvertrauen	Frühform der Autonomie	Frühform der Initiative
Zweites Stadium (etwa 2. u. 3. Lebensjahr)	Spätere Form des Urvertrauens	Autonomie	Frühform der Initiative
Drittes Stadium (etwa 4. und 5. Lebensjahr)	Spätere Form des Urvertrauens	Spätere Form der Autonomie	Initiative

Diese schematische Darstellung soll eine Anzahl fundamentaler Beziehungen, die zwischen den drei Komponenten bestehen, sowie einige der Grund-Tatsachen für jede dieser Komponenten ausdrücken.

Jede kommt zu ihrem Höhepunkt, tritt in ihre kritische Phase und erfährt ihre bleibende Lösung *gegen Ende* des betreffenden Stadiums. Alle aber bestehen schon von Anfang an, auch wenn wir auf diesen Punkt nicht besonders eingehen; um keine Verwirrung zu stiften, werden wir diese Komponenten in den früheren oder späteren Stadien auch nicht mit anderen Bezeichnungen belegen. Ein Säugling kann sehr wohl von Anfang an so etwas wie „Autonomie" zeigen, etwa durch die Art, in der er zornig die Hand zu befreien sucht, wenn man sie festhält. Unter normalen Umständen beginnt das Kleinkind aber erst im zweiten Jahr den ganzen Konflikt seines Zustandes als eines autonomen und zugleich abhängigen Wesens zu erfahren, und erst dann ist es genügend vorbereitet für eine entscheidende Begegnung und Auseinandersetzung mit seiner Umgebung, während diese wiederum gerade dann sich berufen fühlt, dem Kind ihre besonderen Ideen und Begriffe von Autonomie und Zwang zu übermitteln, und zwar in einer Weise, die entscheidend beiträgt zu Charakter, Leistungsfähigkeit und Gesundheit seiner Persönlichkeit innerhalb seiner Kultur.

(Erik H. Erikson, Identität und Lebenszyklus, Suhrkamp Verlag, Frankfurt a. Main 1973 [die Originalausgabe erschien 1959], S. 62ff., 59f.)

Das Jugendalter

Die Lebenswelt eines Jugendlichen unterscheidet sich von der der Kindheit dadurch, dass an die Stelle des Kindheitsmilieus nun eine „größere Einheit tritt: ‚die Gesellschaft'" (Erikson, 1968/1998). Mit dem Eintritt in die Adoleszenz bekommt das soziale Gefüge Individuum – Gesellschaft neue Konturen. Vonseiten der Gesellschaft werden nun Forderungen an den Jugendlichen gestellt, die von ihm erhebliche Anpassungsleistungen erforderlich machen. Wahlen und Entscheidungen sind zu treffen, die in immer stärker werdendem Maße zu Verpflichtungen „fürs Leben" (Erikson, 1968/1998) führen.

Für diese Periode zwischen Kindheit und Erwachsensein gewährt die Gesellschaft – je nach kulturellem Hintergrund unterschiedlich – dem Jugendlichen einen Aufschub. Diesen Aufschub nennt Erikson „psychosoziales Moratorium" (z. B. Erikson 1968/1998). Während dieser Zeit wird es sozial gebilligt, dass der Heranwachsende seine Rollen in der Gesellschaft erst suchen muss, ehe er innerhalb der Gesellschaft einen passenden Platz, seinen Platz findet, „der fest umrissen ist und doch ausschließlich für ihn gemacht zu sein scheint" (Erikson, 1968/1998). Erikson betont, dass es sich bei diesem Moratorium nicht einfach nur um einen Aufschub handelt. Während des Moratoriums sind Jugendliche durchaus zu tiefen, wenngleich häufig nur vorübergehenden Bindungen fähig. Am Ende des Moratoriums besteht eine Bekräftigung der Bindung seitens der Gesellschaft. Von entscheidender Bedeutung für die Identitätsbildung ist die Bestätigung und Anerkennung durch die Gesellschaft, und zwar in dem Sinne, dass der Jugendliche so angenommen und akzeptiert wird, „der so werden musste, wie er ist, und der so, wie er ist, als gegeben hingenommen wird" (Erikson, 1968/1998).

Sollte die Gemeinschaft allerdings den Jugendlichen in seinem So-Sein ablehnen, weil seine Verhaltensweisen, Werthaltungen etc. als unerwünscht gelten, also nicht zu dem gesellschaftlich bevorzugten Kanon gehören, wird der Prozess der Identitätsbildung zumindest unterbrochen oder verzögert, in gravierenden Fällen sogar nachhaltig gestört.

Es geht hier also um eine Art „Passung" zwischen Individuum und Gesellschaft, wobei spezifiziert

werden müsste, welche „Teile" des Individuums (sein Verhalten, seine Aktivitäten, seine Werte, seine Zielsetzungen, seine Entscheidungen) zu welchen „Teilen" der Gesellschaft (Partner, Freunde, Peers, Lehrer und Ausbilder, Vereine, Gruppen, politische Parteien oder Bewegungen etc.) passen müssen, damit als Ergebnis eine wechselseitige Anpassung gelingt in Form der Übernahme von Verpflichtungen vornehmlich im Arbeitsleben und in Form einer Bindung an einen Partner.

Einen besonderen Stellenwert innerhalb des erweiterten Sozialgefüges des Jugendlichen nehmen die Gleichaltrigen ein, die sog. Peers. Es kommt zu einer sehr engen Anbindung an Peers, die Zugehörigkeit zu einer Clique hat einen immens hohen Stellenwert. Innerhalb einer Clique herrschen allerdings strenge Regeln, die Zugehörigkeit zu einer Clique wird nur gewährt, wenn sich das Gruppenmitglied bedingungslos an diese Regeln hält. Gleichzeitig besteht eine massive Abgrenzung gegen andere Cliquen oder in allgemeinerem Sinn gegen andere gesellschaftliche Subgruppen. Dabei können „junge Leute ... auffällig ‚klanhaft' empfinden und grausam im Ausschluss all derer sein, die ‚anders' in der Hautfarbe, im kulturellen Milieu, im Geschmack und in der Begabung sind [...] in geringfügigen Nuancen der Kleidung und Gesten, wie sie gerade als das Abzeichen der Gruppenzugehörigkeit oder Nichtzugehörigkeit gelten" (Erikson, 1950/1999). Diese Intoleranz interpretiert Erikson als Abwehr gegen das Gefühl der Identitätsverwirrung; auch hier zeigt sich also wieder der rote Faden der Identitätssuche bzw. -bildung. [...]

Einige der Probleme in der Adoleszenz [...] sollen hier nur stichwortartig wiederholt werden:
- der Umgang mit der Geschlechtsreife mit dem Ziel, die sexuelle Identität zu finden;
- die Suche nach der eigenen Position in einem erweiterten Sozialgefüge, wobei hier der Aufbau einer beruflichen Identität von herausragender Bedeutung ist; in einem allgemeineren Sinn bedarf es einer Bestätigung der eigenen Identität durch andere;
- der Aufbau eines inneren Wertesystems als Basis für eine erfolgreiche Suche nach Treue.

Erikson behandelt einige weitere Probleme, die er insbesondere im Kontext einer gefährdeten Entwicklung während der Adoleszenz herausstellt. Es handelt sich also um Konflikte, die zum Zustand der Identitätsdiffusion führen können. Im Einzelnen handelt es sich um:
- Diffusion der Intimität
- Diffusion der Zeitperspektive
- Diffusion des Werksinns
- Flucht in die negative Identität

Diese vier Aberrationen sollen nun kurz erläutert werden.

Diffusion der Intimität

Zunächst ist anzumerken, dass diese Problematik eigentlich erst im frühen Erwachsenenalter auftritt. Es handelt sich nicht einfach nur um eine Sexualstörung, es liegt vielmehr eine schwere Behinderung der emotionalen Entwicklung vor. Unter Intimität versteht Erikson nicht nur sexuelle Intimität und Liebesverhältnisse, sondern auch eine intime Freundschaft oder Rivalität. Erst das Versagen, sich auf eine derartige Intimität einzulassen, macht deutlich, dass die Identitätsbildung in der Adoleszenz nicht erfolgreich verlaufen ist. Das Ich dieser Menschen fühlt sich bei zu engem Kontakt bedroht, es entstehen Ängste vor Verschlungenwerden, Entgrenzung und Auflösung. Eine andere Form diffuser Intimität drückt sich im Sexualleben in wahllosen Beziehungen aus, in denen der jeweilige Partner emotionslos als Triebobjekt benutzt wird. Zusätzlich kann hinzukommen, das die oder der Betreffende sich nicht eindeutig als Mann oder Frau identifiziert.

Diffusion der Zeitperspektive

Hier handelt es sich um eine Störung des Zeiterlebens, in dem Sinne, dass der Zeitbegriff als Dimension des Lebens verloren gegangen ist. Dies kann sich als Gefühl der Zeitbedrängnis äußern; es kann sich auch darin äußern, dass sich der Jugendliche sowohl sehr jung als auch sehr alt fühlt. Bezüglich der eigenen Vergangenheit werfen sich die Jugendlichen Unterlassungssünden vor. Solche Jugendlichen zeigen auch Symptome, die dem Krankheitsbild depressiver Verstimmungen sehr ähneln: allgemeine Verlangsamung, Teilnahmslosigkeit, Resignation, Lustlosigkeit bis hin zu Todeswünschen, weil ein Leben nach der Adoleszenz nicht attraktiv, letztendlich gar nicht einmal vorstellbar erscheint.

Diffusion des Werksinns

Hier handelt es sich um ein Syndrom von Störungen, das nach Erikson (1959/1973) bei schweren Identitätsdiffusionen „regelmäßig" zu finden ist. Die Leistungs- bzw. Arbeitsfähigkeit dieser Jugendlichen ist massiv eingeschränkt, vor Verpflichtungen in der Schule oder Ausbildung weichen die Betroffenen aus, auch ein Wechsel von Schulklassen oder Lehrstellen führt nicht weiter. Die Jugendlichen überspielen ihre Probleme mit scheinbarer Gleichgültigkeit, leiden aber im Grunde doch daran, mit Gleichaltrigen nicht mithalten zu können. Gefühle von Entmutigung und Inkompetenz kommen in starkem Maße auf.

Flucht in die negative Identität
Mit der Flucht in die negative Identität meint Erikson eine totale unweigerliche Ablehnung, eine „prahlerische Widersetzlichkeit gegen alles, was dem jungen Menschen von der Familie oder der unmittelbaren Umgebung als gute, wünschenswerte Rollen nahegelegt wird" (Erikson, 1959/1973). Es kann sich um die Geschlechtsrolle handeln, die Nationalität, die Abstammung, die Religion, die Übernahme gesellschaftlicher Werthaltungen und dergleichen mehr. In ihrem Verhalten zeigen solche Jugendliche eine sture Unbeugsamkeit, sie gestalten ihren eigenen Körper und ihre Umgebung mit allen Mitteln als Gegensatz zu der von ihnen so empfundenen „bösen" Außenwelt. Zynismus und Misstrauen, Blockade jeglicher Kommunikation mit Eltern, Erziehern, ggf. Sozialarbeitern und Therapeuten sowie mehr oder weniger massive Aggressionen sind Anzeichen der negativen Identität.

(Tamino Abele, Zur Jugendpsychologie von Erik Homburger Erikson. In: Hubert Hofmann/Arne Stiksrud [Hg.], Dem Leben Gestalt geben. Erik H. Erikson aus interdisziplinärer Sicht. Verlag Krammer, Wien 2004, S. 118f., 123f.)

1. Diskutieren Sie mögliche Stützmechanismen für die Jugendphase.
2. Erläutern Sie den Begriff der Ich-Identität.

Pädagogische Anwendung

Die Bedeutung der Modelle von Freud und Erikson für Erziehung

Erziehung zur Ich-Stärke

Ein starkes Ich verfügt über ausreichende Anpassungstechniken, um (1) die Bedürfnisse des Es befriedigen zu können, ohne irgendein Bedürfnis deswegen vernachlässigen oder zu lange aufschieben zu müssen, und um (2) die an das Individuum von (a) der physischen und sozialen Umwelt und (b) seinem eigenen Über-Ich herangetragenen Erwartungen zu befriedigen.

Im Gegensatz dazu fehlen dem schwachen Ich ausreichende, bewusste, für die Umwelt und sein eigenes Über-Ich akzeptable Methoden zur Ausweitung seiner Energie. Ein schwaches Ich verfällt bei in Konflikt geratenden Anforderungen, die es nicht bewusst lösen kann, zurück auf die Notlösung der Verdrängung. Je schwächer ein Ich ist, desto mehr Verdrängungen werden sich im Unbewussten der Person ansammeln und sie plagen, es sei denn, ein Außenstehender (der Vater, zum Beispiel) schreitet ein, um die von der Umwelt an das Ich herangetragenen Anforderungen zu reduzieren. Und genau an dieser Stelle lässt die Freud'sche Konzeption Raum für wichtige Erziehungsmaßnahmen.

Das Ich des Neugeborenen ist schwach. Es verfügt über wenige, einfache Vermittlungsmethoden zwischen Forderungen des Es und Umweltansprüchen. Das Kind bedarf weit größerer Nervenreifung und mehr Umwelterfahrungen, um eine Bandbreite ausgefeilter Anpassungstechniken als Merkmal eines starken Ichs zu entwickeln. Das Neugeborene braucht die Hilfe seiner Eltern und Unterstützung von anderen, um, ohne übermäßig mit Verdrängungen belastet zu werden, zu überleben.

Zwar können diese Helfer die vom Es ausgehenden Triebe nicht kontrollieren, sie können aber etwas gegen die Umgebung unternehmen. Auf zweierlei Weise können sie die Belastungen für das schwache Ich reduzieren. Die Eltern können erstens den Säugling versorgen mit allem, was er sich nicht selbst verschaffen kann, z. B. mit Nahrung und Wärme. Sie können ebenfalls – ganz allmählich – dem Kind Möglichkeiten verschaffen, seinen Körper und seine Wahrnehmungsfähigkeit zu schulen, sodass es unsere Welt verstehen lernt und in ihr in zunehmend effektiver Weise zum Handeln befähigt wird. Eltern können ihr Kind zweitens vor zu intensiven Reizen schützen, sodass seine Wahrnehmungsfähigkeit nicht überstrapaziert wird, es keine Angst bekommt, weil es die Reize noch nicht verstehen bzw. kontrollieren kann. Beispiele für solche Reize sind Lärm, Blitzlichter und der Entzug von körperlicher Hilfeleistung, sodass das Kind plötzlich hinfällt, böse Worte, Handgreiflichkeiten usw. Aber viel wichtiger ist vielleicht noch, dass die Eltern ihrem Kleinkind Schutz bieten vor gesellschaftlichen Erwartungen, die es überfordern würden. In diesem Punkt kritisierte Freud die europäischen Erziehungspraktiken seiner Zeit ganz besonders. Da seiner Meinung nach nichts getan werden konnte, um die Triebbedürfnisse und die damit verbundenen Anforderungen an ein schwaches Ich zu vermindern, wäre es umso notwendiger, dass die Gesellschaft diesen Trieben freiere und direktere Ausdrucksmöglichkeiten in den ersten Lebensjahren einräume, anstatt sie unter strengste Zensur zu stellen.

„Die biologische Betrachtung muss dann erklären, das Ich scheitere an der Aufgabe, die Erregungen der sexuellen Frühzeit zu bewältigen, während seine Unfertigkeit es nicht dazu befähigt. In diesem Zurückbleiben der Ichentwicklung gegen die Libidoentwicklung erkennen wir die wesentlichen Bedingungen der Neurose und können dem Schluss nicht ausweichen, dass sich die Neurose vermeiden ließe, wenn man dem kindlichen Ich diese Aufgabe ersparte, also das kindliche Sexualleben frei gewähren ließe, wie es bei vielen Primitiven geschieht" (Freud, 1972: 56).

Während Freud einerseits meint, Verdrängung und Neurosen würden sich weniger entwickeln, wenn dem Sexualtrieb (einschließlich Lutschen und Beißen im oralen Stadium und Darm- und Blasenfunktionen im analen Stadium) „freies Spiel" gestattet würde, so war er andererseits aber auch der Ansicht, dass die Zivilisation, so wie wir sie kennen, sich unter solch freien Bedingungen nicht entwickelt hätte. Er glaubte, das frühe Eindämmen des Sexualtriebes zwinge das heranwachsende Kind und später den Erwachsenen, zumindest einen Teil dieser Energie mithilfe der Sublimierung als Anpassungstechnik in andere Kanäle umzuleiten. Diesen Umleitungs- bzw. Sublimierungsprozess hielt er für die Ursache vieler kultureller Entwicklungen, da die umgeleitete Energie für Neuerungen in der Kunst, der Literatur, bei den Dienstleistungen usw. genutzt würde (Freud, 1972: 56). So gesehen wurde also für unsere abwechslungsreiche Kultur zumindest teilweise mit den Verdrängungen eines schwachen Ichs in den ersten Lebensjahren bezahlt.

Was bedeutet all dies nun für Eltern und Erzieher, denen die Förderung eines starken Ichs ihrer Kinder mit einem Minimum an Besorgnis erregenden neurotischen Symptomen am Herzen liegt? Aus psychoanalytischer Sicht besteht die Antwort darauf aus fünf Prinzipien. Eltern und Erzieher sollten:

1. die Natur der Triebe erkennen und das Verlangen des Kindes, ihnen Ausdruck zu verleihen, akzeptieren und erlauben;

2. die normalen psychosexuellen Entwicklungsstadien erkennen und die Konflikte, mit denen das Kind in verschiedenen Stadien konfrontiert wird;

3. in jedem Entwicklungsstadium dem Kind genügend Möglichkeiten schaffen, seine Triebe in verständnisvoller Atmosphäre zu befriedigen. Sie sollten jedoch nicht übermäßiger Befriedigung den Weg bahnen, da das Kind sonst auf den Punkt fixiert und nicht mehr willens wäre, sich zum nächsten Stadium fortzuentwickeln;

4. dem Säugling reichlich Pflege und Schutz geben, damit das schwache Ich nicht von der physischen und sozialen Umwelt überwältigt wird;

5. mit der Zeit zunehmend Anleitungen zum Problemlösen geben, damit das Ich ein expandierendes Repertoire an bewussten Anpassungstechniken entwickeln kann, die allen Triebbedürfnissen unter unterschiedlichen gesellschaftlichen Bedingungen Genüge leisten.

(Robert Murray Thomas/Birgitt Feldmann. Die Entwicklung des Kindes, Ein Lehr- und Praxisbuch. [Aus dem Amerikan. übers. von Birgitt Feldmann]. – Beltz Taschenbuch, erweiterte Neuauflage 2002, S. 117 –119)

1. Diskutieren Sie Möglichkeiten, Chancen und Grenzen einer Erziehung zur Ich-Stärke (Erziehung zu einem starken Ich).
2. Nehmen Sie Stellung: „Der wahre Wert der Psychoanalyse liegt in der Verbesserung der Erziehung." (Sigmund Freud)

Die folgende Kurzübersicht über das Erikson'sche Modell soll Ihnen helfen, die nachfolgende Übung zu gestalten und die Konsequenzen für die Pädagogik aus diesem Ansatz fachgerecht zu diskutieren.

Erziehung zur Ich-Identität

Stufe I – Ur-Vertrauen gegen Ur-Misstrauen:
Es ist die früheste Erfahrung des Menschen, entweder Verlässlichkeit der ersten Bezugsperson zu erleben oder mangelnde Konstanz, Unzuverlässigkeit oder Vernachlässigung. Von der Qualität der ersten Beziehung hängt es ab, ob das Kind ein Gefühl des Sich-Verlassen-Dürfens in Bezug auf die Glaubwürdigkeit anderer wie die Zuverlässigkeit seiner selbst entwickelt. Diese tief ins Unbewusste hineinreichende Ur-Erfahrung ist der „Eckstein der gesunden Persönlichkeit". Misslingt dies, gewinnt ein grundlegendes Gefühl, dass die Welt und man selbst nicht in Ordnung seien, die Überhand: Ur-Misstrauen.

Stufe II – Autonomie gegen Scham und Zweifel:
Es ist die Zeit der Reifung des Muskelsystems, insbesondere der Ausscheidungsorgane, die dem Kind das Experimentieren mit den Grundmodalitäten „Festhalten" und „Loslassen" ermöglichen. Aber über die Sauberkeitserziehung hinaus entwickelt sich die „allgemeine Fähigkeit, ja das heftige Bedürfnis, mit Willen fallen zu lassen und wegzuwerfen und das Festhalten und Loslassen abwechselnd zu üben." Für die Persönlichkeitsstruktur liegt hier die Schaltstelle zur Zwanghaftigkeit, die das Festhalten (in vielerlei Hinsicht) übermäßig betont, vom extremen Konservativismus bis zu Pedanterie und Geiz. In einer gesunden Entwicklung entsteht aus „einer Empfindung der *Selbstbeherrschung ohne Verlust des Selbstgefühls* ... ein dauerndes Gefühl von Autonomie und Stolz". Greifen Eltern z. B. durch eine rigide Reinlichkeitsdressur (aber auch durch permanentes Brechen des kindlichen Trotzes) ein, verliert das Kind das Gefühl der Selbstkontrolle und Autonomie, es entsteht ein dauerndes Gefühl von Scham und Zweifel.

Stufe III – Initiative gegen Schuldgefühl:
Die auch von der empirischen Entwicklungspsychologie bestätigten kräftigen Tendenzen der 4- bis 6-Jährigen zur Erweiterung der Bewegungsmöglichkeiten, der Vervollkommnung des Sprachvermögens und der Ausweitung der kindlichen Vorstellungswelt begünstigen die Entfaltung „*ungebrochener Initiative* als Grundlage eines hochgespannten und doch realistischen Strebens nach Leistung und Unabhängigkeit". Gegenpol ist die Entstehung eines Gefühls beim Kind, „dass es selbst oder doch seine Triebe ihrem Wesen nach schlecht seien"; es entsteht ein Schuldgefühl, das sich „Verbrechen" zuschreibt, die es – schon rein biologisch – gar nicht begehen könnte.

Stufe IV – Werksinn gegen Minderwertigkeitsgefühl:
Psychodynamisch gesehen ist das Kind jetzt reif für die „Schule" (wobei sich in allen Kulturen irgendwelche Formen mehr oder minder systematischer Unterweisung in dieser Altersstufe finden). Kinder wollen jetzt „das Gefühl haben, auch nützlich zu sein, etwas machen zu können und es sogar gut und vollkommen zu machen; dies nenne ich den Werksinn." Kinder lernen, sich Anerkennung zu verschaffen, indem sie etwas produzieren und Fleiß aufwenden; sie haben Lust an der Vollendung eines Werkes. – Die Gefahr dieser Stufe ist die Entwicklung eines Gefühls von Unzulänglichkeit und Minderwertigkeit. (Hier zeigt sich, wie wichtig es für die Grundschule ist, Kinder nicht frühzeitig zu selektieren, sitzenzulassen o. Ä. und ihnen damit ein grundlegend minderwertiges Leistungsselbstbild zu vermitteln.)

Stufe V – Identität gegen Identitätsdiffusion:
Im Zusammenhang mit den einschneidenden körperlichen Veränderungen in der beginnenden Jugendzeit stellt sich nun die Aufgabe, die in den bisherigen Krisenlösungen gesammelten Ich-Werte in eine Ich-Identität münden zu lassen. Alles kreist um die Frage: Wer bin ich, wer bin ich

nicht? Misslingt diese Aufgabe, sich selbst „zusammenzuhalten", kommt es zur Identitätsdiffusion.

Stufe VI – Intimität gegen Isolierung:
Die Fähigkeit zur Intimität, zur Aufnahme stabilerer Beziehungen, ist mit dem frühen Erwachsenenalter verbunden. Ihr Negativpol ist eine generelle Distanzierung, die andere Menschen abwehrt und sich selbst isoliert.

Stufe VII – Generativität gegen Selbstabsorption:
Im Erwachsenenalter bildet sich das Streben nach Generativität im Sinne eines Interesses an der Gründung und Erziehung einer neuen Generation, möglich aber auch in der Form genereller schöpferischer, „hervorbringender" Leistung. Das Gegenteil ist die Verarmung zwischenmenschlicher Beziehungen, Desinteresse an der Weitergabe kultureller Traditionen, ein Gefühl der Stagnation – von Erikson Selbstabsorption genannt.

Stufe VIII – Integrität gegen Lebensekel:
Im reifen Erwachsenenalter – bis zum Tod – hat der Mensch zur Annahme seines einen und einzigen Lebenszyklus (einschließlich der Menschen, die für ihn notwendig da sein mussten) gefunden und vermag ihm Sinn zu geben – oder Enttäuschung und Verzweiflung führen zu Lebensüberdruss und Lebensekel.

(Herbert Gudjons, Pädagogisches Grundwissen, Klinkhardt Verlag, Bad Heilbrunn 2003, S. 115, 118)

Übung

Arrangement eines Identitätsfindungsprozesses im Zeitraffer

Arbeiten Sie in Kleingruppen arbeitsteilig die einzelnen Phasen nach Erikson auf und bereiten Sie das folgende Arrangement vor (siehe Abbildung):
Der Pol einer Krise wird jeweils von einem Schüler/einer Schülerin vertreten (Stuhlreihe links und rechts, die Vertreter der Pole einer Krise sitzen sich gegenüber). Schritt für Schritt durchläuft ein Schüler/eine Schülerin (‚Lebensläufer') im Zeitraffer die Phasen nach Erikson.
In jeder Phase wird diskutiert, welcher Weg zu einer erfolgreichen Identitätsfindung führt bzw. welche Altlasten spätere Lebensaufgaben wie und in welcher Form beeinflussen.
Folgende Fragen können dabei hilfreich sein:

• Was kann dem ‚Lebensläufer' für eine erfolgreiche Bewältigung der nächsten Phasen mitgegeben werden?

• Welche Einsichten ergibt ein Rückblick?

• Gibt es einen idealen Weg? Wenn ja: Welche Grundlinie bildet er auf dem Boden ab?

Diskutieren Sie anschließend gemeinsam:

• Erziehung zur Ich-Identität – welche Unterstützungsmöglichkeiten und pädagogischen Aufgaben lassen sich ableiten?

• Was ist im Sinne Eriksons unter einer identitätsbewussten Erziehung zu verstehen?

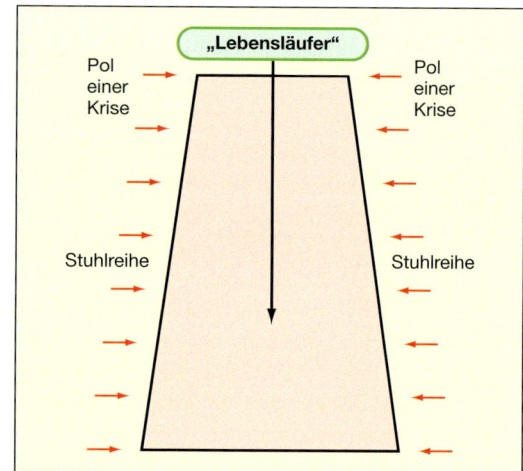

• Diskutieren Sie vor dem Hintergrund der Vorstellungen Eriksons die von Theodor Litt gestellte grundsätzliche Frage an Erziehung: ‚Führung oder Wachsenlassen'?

• Versetzen Sie sich in die Position einer Erzieherin/eines Erziehers (im Kindergarten, Schulpsychologe in der Grundschule, Lehrer einer zehnten Klasse, Sozialarbeiter, Gerontologe, Sozialpädagoge in der Justizvollzugsanstalt, Eltern) und überlegen Sie, welche Konsequenzen sich für die pädagogische Arbeit aufgrund der Kenntnis des Erikson'schen Modells ergeben.

(Autorentext)

Die Bedeutung früher Bindungserfahrungen

Bindungserfahrungen in der frühen Kindheit und ihre Folgen

Manche Menschen sind sich und dem Leben gegenüber optimistisch eingestellt. Sie kennen keine ernsthaften gesundheitlichen Probleme, leben in stabilen Partnerschaften und haben einen verlässlichen Freundeskreis. Geht es ihnen mal schlecht oder müssen sie Probleme bewältigen, scheuen sie sich nicht, andere um Hilfe zu bitten. Umgekehrt sind auch sie zur Stelle, wenn jemand sie braucht. Manchen Menschen fällt das Leben eher schwer. Sie ziehen sich von der Welt zurück, wenn sie Probleme haben, geraten oft an Partner, die ihnen keine wirkliche Liebe schenken, sind meist eher Gebende als Nehmende. Sie sehnen sich nach Nähe, doch wenn sie entsteht, können sie diese oftmals nicht ertragen. Häufig leiden sie unter seelischen und körperlichen Beschwerden.

Was ist der Grund für dieses unterschiedliche Verhalten und Erleben? Warum gelingt den einen scheinbar spielerisch, was anderen schmerzlich verwehrt bleibt: enge, tragfähige Beziehungen zu anderen Menschen und eine ausgeglichene Seelenlage? Was die einen besitzen und was den anderen fehlt, haben Psychologen in den letzten Jahrzehnten ausgiebig erforscht und den ausschlaggebenden Faktor gefunden: psychische Sicherheit. „Psychische Sicherheit bereichert das Leben, während psychische Unsicherheit einschränkt", schreiben die Psychologen Karin und Klaus Grossmann und führen aus, was sie unter diesem Begriff verstehen: Psychische Sicherheit erkennt man daran, „dass die Person kein oder nur wenig ‚abweichendes' Verhalten zeigt, sich zusammen mit nahestehenden Menschen um die Bewältigung kommender Anforderungen bemüht, sich nicht entmutigen lässt, nicht verzagt oder resigniert und keine Widersprüche ausblendet". Menschen, die nicht über diese Sicherheit verfügen, haben es in ihrem Leben schwerer, vor allem in ihren Beziehungen zu anderen.

Sein ganzes Berufsleben widmete das Forscherpaar Grossmann der Frage, unter welchen Bedingungen psychische Sicherheit entsteht beziehungsweise wodurch sie verhindert wird. Drei Jahrzehnte lang begleiteten sie zusammen mit anderen Wissenschaftlern Menschen von der Geburt bis ins junge Erwachsenenalter. Nun stellen sie in ihrem umfangreichen Buch „Bindungen – das Gefüge psychischer Sicherheit" die zentralen Erkenntnisse ihrer – wie sie es selbst nennen – „Lebensarbeit" vor: „Psychische Sicherheit entsteht aus menschlicher Zuneigung." Bindungen zu anderen entscheiden darüber, wie ein Mensch sich fühlt, wie er handelt, was er denkt und wie gesund er ist. Welche Qualität diese Bindungen haben, ob sie Sicherheit vermitteln oder eher Unsicherheit bewirken, das bahnt sich schon sehr früh an und beeinflusst das gesamte weitere Leben. Der enge Kontakt zwischen dem Säugling und seiner wichtigsten Bezugsperson legt den Grundstein für psychische Sicherheit oder Unsicherheit.

Der englische Psychiater und Psychoanalytiker John Bowlby wies als einer der Ersten auf die enorme Bedeutung der frühen Bindungsqualität für eine gesunde psychische Entwicklung hin. Wurden seine Veröffentlichungen Anfang der 1960er-Jahre von der Fachwelt noch reserviert bis ablehnend aufgenommen, so ist in den vergangenen 20 Jahren eine Fülle an Studien durchgeführt worden, die Bowlbys Konzepte bestätigen: Die frühen Bindungserfahrungen beeinflussen in fundamentaler Art und Weise die spätere Gesundheit, Beziehungsfähigkeit und Stressresistenz eines Menschen.

Wie aber entsteht Bindung? Und vor allem: Unter welchen Bedingungen entsteht „gute" Bindung, wann entwickelt sich eine weniger sichere oder gar „gestörte"?

Die Bindungstheorie geht davon aus, dass der Mensch von Geburt an ein biologisches Bedürfnis nach Bindung hat. Durch so genannte Bindungsverhaltensweisen – Weinen, Rufen, Anklammern, Nachfolgen, Protestieren – versucht das Kleinkind, seine nächste Bezugsperson auf sein Bedürfnis nach Zuwendung und Schutz aufmerksam zu machen. Entscheidend ist, ob diese angemessen auf das Bindungsbedürfnis des Kindes reagiert. Angemessen bedeutet: Die bemutternde Person erkennt, was der Säugling in der aktuellen Situation braucht. Sie reagiert „feinfühlig", wie die Bindungsforscherin Mary Ainsworth es nannte. Das heißt, sie gibt dem Kind nur das, wonach es verlangt. Und sie gibt es ihm sofort und schnell. „Wenn eine Mutter ihr Kind zärtlich streichelt, küsst oder in den Arm nimmt, wenn das Kind gar nicht danach verlangt hat, kann dieses mütterliche Verhalten ein störender Eingriff in die Selbstbestimmung des Kindes sein. Wenn das Kind aber den Wunsch nach Nähe ausdrückt, dann sind solche Zärtlichkeiten feinfühlige Reaktionen", erklären Karin und Klaus Grossmann. Eine feinfühlige Betreuungsperson respektiert die kindliche Autonomie. Sie lässt das Kind gewähren und bevormundet es nicht, wenn es etwas selbst tun kann oder selbst tun möchte. Durch eine derart feinfühlige Betreuung entwickelt das Kind an die bemutternde Person eine sichere Bindung. Es empfindet sie als „sicheren Hafen", den es ruhig verlassen darf, in den es aber bei Gefahr und Unsicherheit sofort zurückkehren kann. [...]

Bindungsforscher nehmen an, dass die Kleinkindzeit der ersten drei Jahre für die Entwicklung eines sicheren Bindungsstils ganz entscheidend ist.

Macht das Kind in diesem Zeitraum keine positiven Erfahrungen mit der bemutternden Person, dann kann das unter Umständen fatale Folgen haben. Denn die Beziehungsregeln, die es in dieser Zeit lernt, sind nur schwer zu verändern und können es für den Rest seines Lebens beeinflussen – im Guten wie im Schlechten. „Das Bindungssystem, das sich im ersten Lebensjahr entwickelt, bleibt während des ganzes Lebens aktiv", sagt der Kinder- und Jugendpsychiater Karl-Heinz Brisch, Leiter der Abteilung für Pädiatrische Psychosomatik und Psychotherapie am Dr. von Hauner'schen Kinderspital der Universität München.

Nach den Ergebnissen von Langzeitstudien unterscheiden sich Kinder, die sich der schützenden Bindung an die Eltern sicher sind, in verschiedenen Lebensaltern deutlich von ihren unsicher gebundenen Altersgenossen: Im Kindergarten, in der Schule, in der Pubertät und als junge Erwachsene verhalten sich Bindungssichere sozialer, sind weniger aggressiv, erbringen bessere Leistungen, suchen in schwierigen Situationen Unterstützung bei anderen, haben mehr Selbstvertrauen.

Und sie sind als Erwachsene gesünder. So ist die Wahrscheinlichkeit, eine psychische oder psychosomatische Erkrankung zu entwickeln, für jene Menschen um das 5- bis 20fache erhöht, deren frühe Kindheit stark belastet war.

Als Hauptrisikofaktor für spätere gesundheitliche und psychische Probleme nennt Ulrich Tiber Egle, Professor an der Klinik und Poliklinik für Psychosomatische Medizin und Psychotherapie an der Universität Mainz, „emotionale Vernachlässigung" und zählt auf, was darunter zu verstehen ist:

● Das Kind wird von seinen engsten Bezugspersonen ignoriert.

● Das Kind wird abgelehnt oder abgewertet, indem ihm negative Eigenschaften zugeschrieben werden.

● Das Kind wird überfordert, überbehütet oder in seinem Erkundungsdrang eingeengt.

● Das Kind wird zur Befriedigung eigener Bedürfnisse missbraucht.

● Das Kind wird nicht angemessen gefördert, ihm werden kindgerechte Erfahrungen verwehrt.

Emotionale Vernachlässigung, so Egle, kann „nicht nur im Hinblick auf die spätere Bindungsfähigkeit dieses Kindes weit reichende Langzeitfolgen haben, sondern führt auch zu erheblichen Einschränkungen und biologischen Störungen bei der Entwicklung des Stressverarbeitungssystems". Lang anhaltende frühe psychosoziale Belastungen bewirken eine verstärkte Ausschüttung von Stresshormonen und können die Gehirnentwicklung eines Kindes schädigen. „Angst, Stress, Überreizung und Überforderung behindern die Herausformung komplexer Verschaltungen im kindlichen Gehirn", erklärt der Hirnforscher Gerald Hüther. Es bilden sich „biologische Narben", die lebenslang den Umgang mit Stress erschweren und zu einer erhöhten Verletzlichkeit in Krisensituationen führen können. [...]

Ist Bindung also Schicksal? Kann die früh entwickelte Bindungsqualität nicht verändert werden? Frühe Einflüsse bahnen den Weg zu psychischer Sicherheit oder Unsicherheit „aber sie legen noch nichts fest", beruhigen Karin und Klaus Grossmann. „Bindung ist veränderlich!", davon ist auch Inge Seiffge-Krenke, Professorin für Psychologie an der Universität Mainz, überzeugt. Und zwar sind Veränderungen zum Positiven wie zum Negativen denkbar: Ein bindungssicheres Kind kann im Laufe seines Lebens unsicher im Hinblick auf die Verlässlichkeit von Bindungen werden, wenn es in seinem Leben viele enttäuschende Erfahrungen machen muss. Umgekehrt kann aus einem bindungsunsicheren Kind später ein durchaus psychisch sicherer Erwachsener werden, wenn er das Glück hat, gute Erfahrungen mit anderen Menschen zu machen. Zum Beispiel im Rahmen einer Psychotherapie: In einer Studie wurde der Bindungsstil von 82 Patienten vor Beginn und am Ende einer Therapie untersucht. Als Kontrollgruppe dienten 85 Erwachsene, die nicht in Therapie waren. Zu Beginn der Therapie konnten 50 Prozent der Kontrollpersonen als sicher gebunden eingestuft werden, aber nur 9 Prozent der Therapiepatienten. Nach der therapeutischen Behandlung hatten vor allem jene Patienten, die vorher als unsicher-distanziert galten, an psychischer Sicherheit gewonnen.

(Ursula Nuber, Der lange Schatten der Kindheit. In: Psychologie Heute, Januar 2005, S. 20ff.)

1. Grossmann und Grossmann unterscheiden drei ‚Hauptklassen' des Bindungsmusters bei einem Kleinkind (Karin Grossmann/Klaus E. Grossmann, Bindungen – Das Gefüge psychischer Sicherheit, Klett-Cotta, Stuttgart 2004, S. 140, 146f.):

Tabelle: Kennzeichnende Bindungs- und Explorationsverhaltensweisen von Einjährigen in der Fremden Situation geordnet nach den organisierten Bindungsmustern sicher (B), unsicher-vermeidend (A) und unsicher-ambivalent (C).
BP = Bindungsperson, F = Fremde Person.

Bindungsmuster/ Bindungsqualität Situation des Kindes	Sicheres Bindungsmuster (B)	Unsicher-vermeidendes Bindungsmuster (A)	Unsicher-ambivalentes Bindungsmuster (C)
Im Beisein der Bindungsperson (BP)	Spontane Exploration, freundlich zur BP und zur Fremden. Offene Kommunikation auch der negativen Gefühle. BP ist sichere Basis.	Spontane Exploration, wenig Kommunikation, freundlich zur Fremden. Keine negativen Gefühle beobachtbar.	Wenig Exploration, bleibt nahe bei BP. Ängstlich gegenüber der Fremden, misstrauisch gegenüber BP hinsichtlich Weggehen
Während der Trennung	Vermisst BP. Lässt sich nur unzureichend und ungern von F. trösten	Registriert scheinbar unbekümmert das Weggehen der BP. Spielqualität nimmt jedoch ab. Lässt sich gern von F. ablenken und trösten.	Toleriert gar keine Trennung. Schreit verzweifelt. Starke Zurückweisung der Fremden
Rückkehr der Bindungsperson	Aktives, initiatives, starkes Drängen nach Nähe und Kontakt zur BP. Zuwendung beruhigt das Kind, es kann weiter spielen. BP ist wieder sichere Basis	Ignorieren, Fortbewegen, Abwenden von der BP. Weiter freundlich zur Fremden. Spielt weiter. Je stärker die Belastung wird, desto weniger werden die negativen Gefühle gezeigt.	Starkes, verzweifeltes Drängen zur BP. Vermischt mit Ärger oder kleinen Wutausbrüchen. Oder hilflos, passiv, unfähig zu irgendeinem Verhalten außer Weinen. Keine Exploration mehr möglich
Gesamtstrategie und Erwartung an die Bindungsperson	Flexibler Wechsel/ ausgewogene Balance von Bindungs- und Explorationsverhalten je nach Trennungsgrad. *Umgang mit Belastung* ↪ aktive Suche nach Nähe und Hilfe bei vertrauten Personen; Vertrauen in die Unterstützung der BP, wenn gewünscht	Exploration wird überbetont auf Kosten der Bindungsgefühle und -verhaltensweisen. *Umgang mit Belastung* ↪ Ablenkung und Beschwichtigung. Angst vor Zurückweisung durch die BP, wenn man sich selbst schwach fühlt	Bindungsgefühle und -verhalten werden überbetont auf Kosten der Exploration. Große Angst vor Verlust; unbeherrschbare Vermischung aus Angst und Ärger. *Umgang mit Belastung* ↪ Verzweiflung

Abbildungen a) – f): Ausgewählte typische Verhaltensweisen von Kindern in sicheren („B") Bindungsbeziehungen

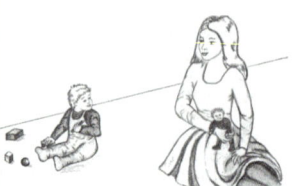

a) Das Kind (K) spielt interessiert und vergewissert sich an der Mutter (M);

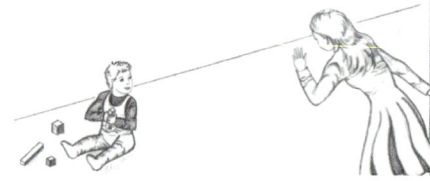

b) M verlässt den Raum;

c) K sucht beunruhigt nach M;

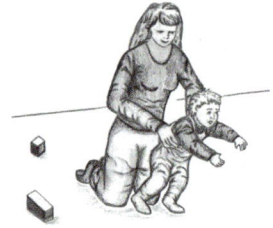

d) die Fremde ist nicht für das Trösten zuständig, wohl aber für Spiel, wenn es K gutgeht;

e und f) M wird freudig begrüßt und nach (oft körperlicher liebevoller) Nähe ist das Bindungssystem beruhigt und K spielt wieder zufrieden und konzentriert unter gelegentlicher Vergewisserung seiner Mutter.

Diskutieren Sie vor dem Hintergrund dieser Klassifizierung den Titel des Beitrages von Ursula Nuber: „Der lange Schatten der Kindheit".

2. Diskutieren Sie aus der Perspektive Sigmund Freuds und Erik Eriksons pädagogische Konsequenzen aus der Bindungstheorie.

Wenn die Polizei die „Identität" einer Person feststellt, so geht es ihr darum, einen einzigen Menschen als unterscheidbar von anderen und verantwortlich für sich und sein Tun dingfest zu machen. Wer „Identität" besitzt, ist unterscheidbar von anderen und weiß dies auch selbst. Kein Zweifel, dass die Entwicklung des Ichs viele Stufen und Verwandlungen durchmacht bis zum Identitätspunkt, der in der Jugendzeit liegt. Ein wenige Monate altes Kind hat noch kein Bewusstsein von seinem eigenen Körper, vermag also auch nicht, sich und seine Empfindungen von der Umwelt abzugrenzen. Es erfährt die Umwelt symbiotisch, diskriminiert also nicht Farben, Bewegungen, Geräusche, Berührungen und andere Reize als verschieden und von verschiedenen Dingen bzw. Personen ausgehend. Leben ist ein System ohne Trennungen. Erst allmählich differenziert sich die Umwelt als unterschiedene und unterscheidbare aus. Zunächst freilich ist sie ökologischer Nahraum, und das Kind empfindet alles, was es umgibt, auf sich bezogen. Es ist egozentrisch, wobei hier keine moralische Bewertung gemeint ist, sondern eine Beschreibung: Das eigene Ich ist „Zentrum", rückbezüglicher Mittelpunkt aller Antriebe. Zunehmend spielen dann soziale Beziehungen eine Rolle, und sie werden unterschieden von den Sachen, die nunmehr nicht nur gegeben erscheinen, sondern auch als machbar. Jeder muss eine Stufe konkreter Operationen erreichen, ehe er danach – im Jugendalter – zu universalistischen Orientierungen fähig wird, also solchen, die nicht nur als Reaktion auf Reize der unmittelbaren Umwelt erfolgen. Die konkrete Umwelt ist nicht Bedingungszentrum des Denkens und Handelns. Und das eigene Ich erscheint nicht mehr als alleiniger Mittelpunkt. Offenbar gehört diese Relativierung des Ichs zur Identität dazu, die jetzt erst auch eine Erwerbungsleistung ist: Indem ich andere als anders sehe, kann ich mich selbst ebenfalls als anders entdecken und damit meine Identität gegen andere behaupten. [...]
Schließlich setzt eine erfolgreiche Identitätsentwicklung offenbar auch ein gewisses Stadium psychosexueller Reife voraus. Nach Freud ist die genitale Phase dadurch bestimmt, dass die Selbstliebe nunmehr durch altruistische Einstellungen ersetzt wird, die Wirklichkeit als Grenze und Möglichkeit erfahren wird und die Aufnahme gegenseitiger sexueller Beziehungen möglich ist. Auch dieses Stadium, Abschluss einer gewissen Entwicklung, fällt in die Jugendzeit. [...] Die Erfahrung der eigenen Sexualität und damit der eigenen Leiblichkeit sowie die Nötigung, die Handlungsantriebe selbstverantwortlich zu kontrollieren, können zu Reaktionsformen führen, die auffällig sind, aber angesichts der besonderen Krisen dennoch „normal". [...]
Wenn nicht alles täuscht, ist also die Jugendzeit eine Periode, in der sich in Sachen Identität Entscheidendes ereignet.

(Dieter Baacke [Überarbeitung: Ralf Vollbrecht], Die 13- bis 18-Jährigen. Einführung in die Probleme des Jugendalters, Beltz Verlag, Weinheim und Basel 2003, S. 178ff.)

1. Diskutieren Sie: Wie kann Erziehung helfen, Heranwachsenden zu ‚ihrer Identität' zu verhelfen?
2. Nehmen Sie Stellung: Was bedeutet für Sie persönlich eine erfolgreiche Identitätsentwicklung?

P Projektvorschlag zum selbstständigen Weiterarbeiten

Psychoanalyse und Märchen

Sein ganzes Leben lang hat das „Aschenputtel" gelernt, dass man es niemals lieben wird: nicht dafür, dass es da ist – es ist den anderen zu viel, dass es da ist; nicht dafür, dass es so ist, wie es ist – es ist den anderen lästig in der ganzen Art seines Wesens; nicht für die Demütigungen, die man ihm auferlegt und die es erträgt – man wird es ganz einfach verächtlich finden für die Schändlichkeit, in der es erniedrigt wird. Es darf nicht einmal andeuten, wie es wirklich um es steht – das hat es gelernt. Wenn es sich hätte beklagen wollen – wer je wäre bereit gewesen, ihm zuzuhören? Seine „gute" Mutter war tot, seine „Stiefmutter" fühlte sich stets als die Überlegene – immer war sie „im Recht", und der Vater war all die Zeit über irgendwie abwesend und unerreichbar. Es war niemals möglich, mit den Menschen zu sprechen, die eigentlich „ansprechbar" hätten sein müssen; und umso weniger scheint es jetzt möglich, mit demjenigen Menschen zu reden, den man eigentlich am meisten liebt.
Eine sonderbare Wirkung jeglicher Erniedrigung liegt darin, dass sie innerlich als Gefühl, wirklich „niedrig" zu sein, sich verfestigt; aus der Schändung wird die Schande, aus der Strafe – die Schuld! Wie oft hat das „Aschenputtel" mit all seiner „Erbsenzählerei" ergrübeln müssen, warum es überhaupt derart misshandelt wird? Immer musste es „verstehen", was eigentlich niemals zu verstehen war! Und den anderen vor sich selber zu entschuldigen, war stets weit wichtiger, als ihn all seiner Lieblosigkeit wegen offen zu beschuldigen. Wie könnte ein „Aschenputtel" da jemals glauben, es dürfte dem Menschen, dessen Zuneigung ihm am meisten auf Erden bedeutet, die Wahrheit gestehen? Wenn es jemals versuchte, mit seiner (Stief-)Mutter oder mit seinem Vater zu reden, wurde eher alles noch schlimmer – das war seine Erfahrung; wenn es schlimm wurde, lag die einzige noch verbleibende Rettung stets im Verschweigen – das hat es gelernt; in die Einsamkeit zu fliehen und darin so lange durchzuhalten, bis es den anderen wieder „tragfähig" und „zumutbar" sein würde – darin lag für das „Aschenputtel" am Ende der letzte Rest eines gewissen Stolzes. Jetzt wäre es schon von daher unsäglich beschämend, dem anderen, an dessen Urteil doch so viel liegt, die eigene Ohnmacht und Hilflosigkeit eingestehen zu sollen.
Insofern erzählt das Grimm'sche Märchen außerordentlich treffsicher, wenn es berichtet, dass es dem „Aschenputtel" von sich selbst her keineswegs gelingt, den ersten Schritt auf den „Königssohn" zuzugehen und sich ihm vorbehaltlos zu öffnen. Gegen einen solchen Schritt steht verständlicherweise nach wie vor die Dauerangst, dem anderen lästig zu werden. Das „Aschenputtel" kann über lange Zeit hin durchaus nicht sehen, dass es mit seiner Rücksichtnahme des Schweigens, in der Absicht, nur niemandem „lästig" zu werden, in Wahrheit gerade in die Gefahr gerät, dem anderen wirklich zur Last zu fallen. [...]
Das Märchen vom „Aschenputtel" trägt den richtigen Titel – es ist keinesfalls ein Märchen von dem „Prinzen und der rechten Braut", es ist einzig die Geschichte eines Mädchens, das aus einem unerhörten Maß an Traurigkeit, Selbstunterdrückung und Einsamkeit hinfindet zu einem Vertrauen, das es erlaubt, in der Liebe eines anderen glücklich zu werden.

(Eugen Drewermann, Hänsel und Gretel – Aschenputtel – Der Wolf und die sieben Geißlein: Grimms Märchen tiefenpsychologisch gedeutet, Deutscher Taschenbuch Verlag, München 2003, S. 264f., 272)

1. Suchen Sie einen neuen Titel für das Märchen „Aschenputtel", sodass die Dramatik und der Lebensbezug deutlich werden.

2. Erinnern Sie sich an Ihr Lieblingsmärchen und versuchen Sie die Symbolik und die tiefer liegenden Interpretationsschichten aufzuzeigen.

3. Welches Märchen hat Ihnen überhaupt nicht gefallen? Versuchen Sie nach tiefer liegenden Gründen zu forschen.

4. Diskutieren Sie in Ihrem Kurs nach der Methode der konstruktiven Kontroverse die Frage: Sind Märchen gute pädagogische Ratgeber?
Konstruktive Kontroverse
1. Es werden Gruppen zu je vier Personen gebildet.
2. Jeweils ein Lerntandem wendet sich einem Teilgebiet einer kontroversen Frage- bzw. Problemstellung zu. Jedes Tandem arbeitet seinen Teil aus. In Partnerarbeit klären die Teilnehmer die eigene Position und suchen Argumente zur Stützung der eigenen, aber auch zur Entkräftung der vermeintlichen Gegenargumente des anderen Paares.
3. Anschließend werden die Inhalte in der Vierer-Gruppe zusammengetragen und diskutiert. Hier wird die Kontroverse ausgetragen.
4. Nach einer festgelegten Zeitspanne wechseln die Lernpaare die Seite und argumentieren aus der Sicht des oppositionellen Paares (,role-taking').
5. Am Ende soll ein gemeinsames Kommuniqué, eine Presse-Erklärung, eine Wandzeitung etc. als Basis der Präsentation einer Auseinandersetzung vor der Gesamtgruppe erarbeitet werden.

5. Suchen Sie einen Kindergarten auf und erkundigen Sie sich, ob Märchen in der didaktischen Konzeption der heutigen Kindergartenarbeit von Bedeutung sind.

Hinweise

1. Diese **CD-ROM** bietet Ihnen vielfältige Möglichkeiten der Recherche zur Biografie Freuds und zu seiner Zeit. Durch originale Filmdokumente erhalten Sie einen sehr authentischen Einblick.

United SoftMedia/Navigo, ISBN: 3-8032-1500-5

2. Die Freud-Museen in Wien und London

http://www.freud-museum.at/

http://www.freud.org.uk/

3. Filmtipp: Intime Fremde

Weil sie sich in der Tür geirrt hat, vertraut Anna (Sandrine Bonnaire) dem Steuerberater William Faber (Fabrice Luchini) ihre Eheprobleme an. Da ihm ihre Nöte sehr zu Herzen gehen und er ihre Geständnisse auch aufregend findet, bringt er es nicht fertig, ihr die Wahrheit zu sagen – dass er keineswegs der Psychotherapeut ist, für den Anna ihn hält. Im Lauf der Zeit stellt sich zwischen ihm und der jungen Frau ein seltsames Ritual ein, das von Termin zu Termin und mit jedem Geständnis ein engeres Band zwischen ihnen webt. Jedes Mal ist William aufs Neue bewegt – fasziniert erfährt er Geheimnisse, die jede Frau für sich behalten würde und die außer ihm nie jemand erfahren wird. Aber wer ist Anna wirklich? Und durchschaut sie sein Spiel tatsächlich nicht? Obwohl das Doppel Anna/William an sich bereits komödiantische Güte garantiert, lockert Patrice Leconte mithilfe von Nebenfiguren wie der dauerfernsehenden Concierge, der missmutig die Veränderungen ihres Chefs beäugenden Kanzleisekretärin, einem von einer Aufzugphobie gezeichneten Psychopathen und nicht zuletzt dem Besuch von Annas eifersüchtigem und ebenfalls einem Missverständnis aufsitzenden Ehemann die „Sitzungen" im engen Steuerbüro auf. Mit einfachen Mitteln gelingt es Patrice Leconte, die immer gleiche Geschichte eines Beziehungsproblems und die mit ihr verknüpften Themen zu einem amüsanten Thriller zu verknüpfen.
Frankreich 2003. Regie: Patrice Leconte. Mit: Sandrine Bonnaire, Fabrice Luchini u.a.; 104 Min.
www.arsenalfilm.de/intime-fremde

2.3 „Männlein und Weiblein" – Sozialisation als Rollenlernen

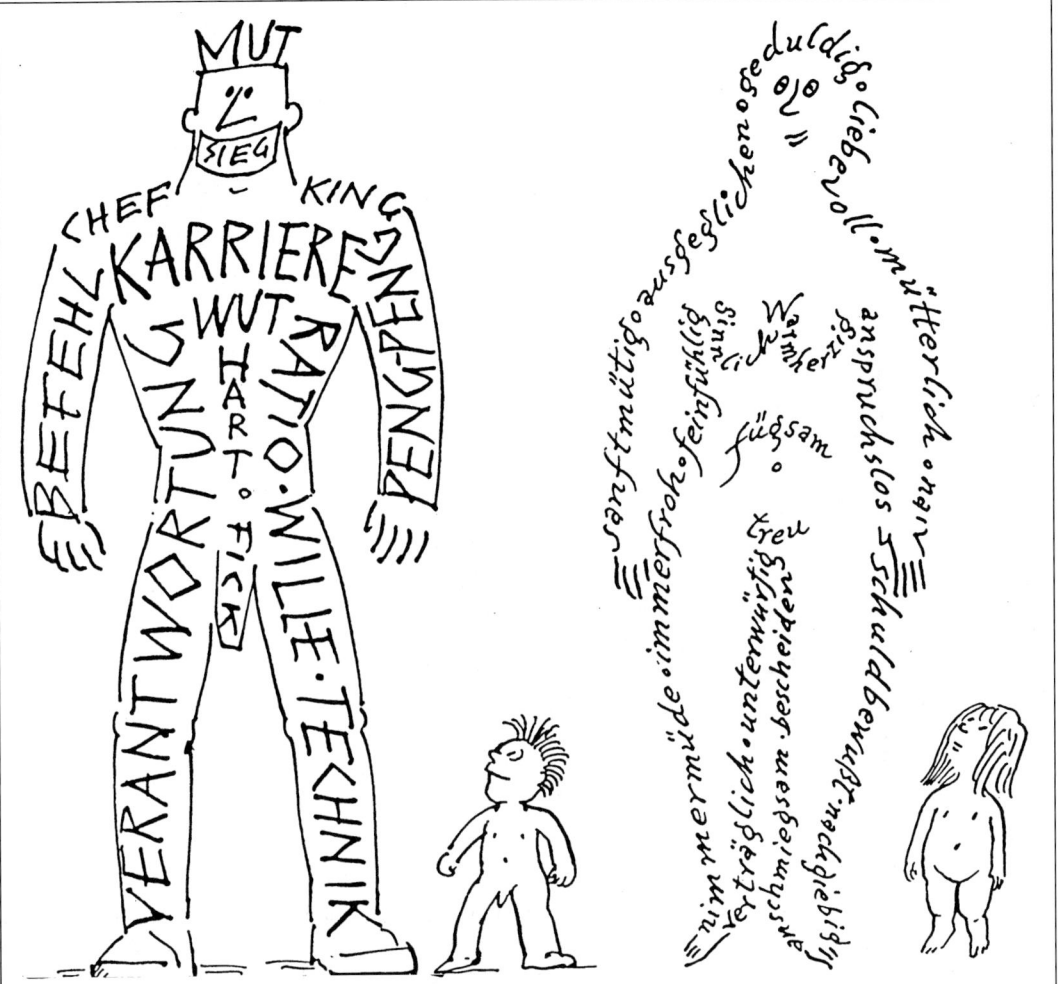

Das ist er, der Mann – und das ist seine Ergänzung

1. Beschreiben Sie die Karikatur möglichst detailliert.
2. Sammeln Sie die dem jeweiligen Geschlecht zugeschriebenen Eigenschaften in einer Tabelle und ergänzen Sie diese nach Ihren Vorstellungen.
3. Was ist die Botschaft der Karikaturistin?
4. Schreiben Sie einen Kommentar zur Karikatur.

Einführung

Unterschiedliche Zugänge zu männlichen/weiblichen Eigenschaften

Wer ist die ärmste Sau?

Wer hat es besser: Frauen oder Männer? Mädchen oder Jungs? Ein aktueller Schnelltest zu einer Neidfrage, die alle bewegt:

Kopieren Sie die Aussagen und kreuzen Sie pro Buchstabe eine Aussage an; addieren Sie anschließend die Faktoren nach Geschlechtern getrennt (F = Frauen, M = Männer):

A1: Mädchen haben es heutzutage leichter als Jungs: Mehr Mädchen gehen aufs Gymnasium, mehr Frauen als Männer machen Abitur. Und LehrerInnen bevorzugen im Unterricht Mädchen, weil die sich öfter melden.
Sieger-Faktor (F)

A2: Jungs tun das einzig Richtige: Schon in der Schule testen sie permanent Grenzen aus, scheren sich einen Dreck um ihren guten Ruf, studieren dann später aber BWL, Jura oder Informatik und kommen so zu Geld und Ruhm.
Sieger-Faktor (M)

B1: Mädchen sind die Alpha-Wesen von morgen, den Mädchen können mühelos 6 000 Wörter am Tag heraussprudeln, 8 000 nonverbale Zeichen von sich geben und kennen sich schon von klein auf in der Kunst der Intrige aus, genau das Richtige also in einer Gesellschaft, in der subtile Kommunikation immer wichtiger wird.
Sieger-Faktor (F)

B2: Jungs geben täglich nur 4 000 Wörter von sich und beschränken sich auf 3 000 Körpersignale. Sie wissen, dass es darauf ankommt, so zu tun, als höre man zu, und ein bisschen zu schmeicheln (zum Beispiel den Mädchen) – am Ende siegt sowieso der, der handelt.
Sieger-Faktor (M)

C1: Mädchen dürfen alles, was Jungs auch machen, nämlich Fußball spielen, Armeehosen tragen, Motorrad fahren. Zusätzlich dürfen sie aber auch noch Miniröcke anziehen, endlos shoppen gehen und sich schminken. Mädchen haben also mehr Möglichkeiten der Selbstverwirklichung.
Sieger-Faktor (F)

C2: Jungs vertun nicht so viel Zeit mit der Klamottenfrage und sparen sich die Zeit fürs Schminken. Stattdessen bauen sie lieber stundenlang am Computer die Helden von „Empire Earth", das steigert fast mühelos das Selbstbewusstsein.
Sieger-Faktor (M)

D1: Frauen werden mehr nach ihrem Äußeren beurteilt als Männer. Dabei kann man an der ererbten Statur, den Fettdepots an Bauch und Hüften und der Haarqualität nun mal wenig ändern.
Arme-Sau-Faktor (F)

D2: Männer werden genauso nach ihrem Äußeren beurteilt, nur wird nicht so offen darüber gesprochen. Dabei können Männer an ihrer Körperhöhe und Penisform auch nichts ändern und eine Glatze nicht zukämmen. Nicht mal Pickel dürfen sie überpudern.
Arme-Sau-Faktor (M)

E1: Frauen müssen nicht unbedingt Karriere machen und sich auf einen langweiligen Chefposten hochschleimen, um von der Umwelt gelobt zu werden. Es reicht ein Teilzeitjob und die Mutterschaft, um als Siegerin durchzugehen, die Beruf und Familie „ganz prima" unter einen Hut bringt. Der Mann darf sich dann in einem nervenzerfetzenden Vollzeitjob aufreiben.
Sieger-Faktor (F)

E2: Männer können in Ruhe Karriere machen und darauf setzen, dass die Frauen sich doch mehr um Heim und Familie kümmern und sich mit einem Teilzeitjob zufrieden geben, weil die Frauen sich dem ganzen „Karriere-Scheiß" moralisch überlegen fühlen. Äußerst praktisch.
Sieger-Faktor (M)

E3: Viele Männer wollen gar keine Karriere machen, aber sie müssen es!
Arme-Sau-Faktor (M)

F1: Frauen sind im Haushalt der Chef, denn sie können aufgrund ihrer Hirnstruktur vieles gleichzeitig, zum Beispiel kochen, die Geschirrspülmaschine beschicken und mit der besten Freundin telefonieren.
Sieger-Faktor (F)

F2: Männer verfügen hirnbiologisch über ein stärker ausgeprägtes räumliches Denken. Sie müssen dieses Potenzial beim Putzen nur nutzen, schon sind sie auch im Haushalt der König.
Sieger-Faktor (M)

G1: Frauen müssen nicht wissen, wie eine Abseitsfalle funktioniert, und gelten trotzdem als vollwertige Menschen.
Sieger-Faktor (F)

G2: Männer müssen nicht wissen, wie Epiliergeräte funktionieren, und gelten trotzdem als vollwertige Menschen.
Sieger-Faktor (M)

H1: Frauen müssen ihre sexuelle Biografie sorgfältig planen. Bis 30 herrscht ein Überangebot an Männern, ab 35 werden die Offerten weniger. Dann hören Frauen anerkennende Sätze wie: „Du hast dich aber gut gehalten!", als sei frau ein Jogurt, dessen Mindesthaltbarkeitsdatum schon überschritten ist.
Arme-Sau-Faktor (M)

H2: Männer können auch noch mit 50 Jahren Vater werden.
Sieger-Faktor (M)

I1: Männer können keine Kinder gebären.
Arme-Sau-Faktor (M)

I2: Frauen können auch ohne Partner via Internet Spendersamen ordern [...], wenn sie ein Kind haben wollen.
Sieger-Faktor (F)

I3: Die allermeisten Frauen wollen nicht zur Samenbank gehen und manche suchen dringend einen verantwortungsbewussten Vater für ihr Kind.
Arme-Sau-Faktor (F)

J1: Männer sind im Unterschied zu Frauen eitel genug, um nicht dauernd in den Spiegel zu schauen.
Sieger-Faktor (M)

J2: Männer dürfen den Bauch bequem über den Hosenbund hängen lassen und dabei jede Frau anflirten.
Sieger-Faktor (M)

K1: Männer dürfen darauf rechnen, dass sie viele schöne Frauen kriegen, auch noch im Alter; das sieht man ja zum Beispiel an unserem ehemaligen Außenminister Joschka Fischer.
Sieger-Faktor (M)

K2: Die allermeisten Männer werden nie Außenminister.
Arme-Sau-Faktor (M)

L1: Manche Männer brauchen eine schöne Frau an ihrer Seite, um besser auszusehen.
Arme-Sau-Faktor (M)

L2: Manche Frauen brauchen einen Mann an ihrer Seite, um sich wertvoll zu fühlen.
Arme-Sau-Faktor (F)

M1: Frauen leben länger als Männer.
Sieger-Faktor (F)

M2: Frauen müssen länger leben als Männer.
Arme-Sau-Faktor (F)

(taz Nr. 7609 vom 8.3.2005, S. 2, gekürzt; Verf.: Barbara Dribbusch)

1. Was ist Ihr persönliches Ergebnis? Wie sieht das Ergebnis im Kursdurchschnitt aus?
2. Welche Hypothesen über geschlechtsspezifische Unterschiede und ihre Ursachen verbergen sich in den Auswahlantworten?
3. Wie bewerten Sie diese Aussagen? Debattieren Sie – hart, aber fair!

 Schreibimpulse zum biografischen Schreiben:
a) Ich möchte kein Junge (Mädchen) sein, weil …
b) Ich bin froh, dass ich ein Mädchen (Junge) bin, weil …
c) Eine Situation, in der ich lieber ein Junge (Mädchen) gewesen wäre: …
d) Eine Situation, in der mir bewusst wurde, dass von mir ein „weibliches" („männliches") Verhalten erwartet wurde: …
e) Wenn sich über Nacht mein Geschlecht ändern würde, würde Folgendes anders werden: …

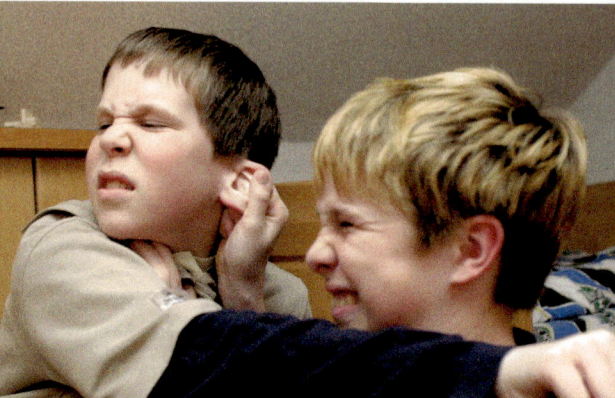

1. Schreiben Sie eine Geschichte zu einem der Fotos.

2. Würde die Geschichte anders verlaufen oder enden, wenn das Kind ein Junge statt ein Mädchen (bzw. umgekehrt) wäre?

Methode: Eigenschaftslistenprofil Mann/Junge (m) – Frau/Mädchen (w)

Kenn-Nr.:
weibl. ( )
männl. ( )

Eigenschaften	Individ. Profil Selbstbild	Individ. Profil Fremdbild	Gruppen- profil – m Selbstbild	Gruppen- profil – m Fremdbild	Gruppen- profil – w Selbstbild	Gruppen- profil – w Fremdbild
1. intelligent						
2. sportlich						
3. groß						
4. tiefe Stimme						
5. stark						
6. attraktives Aussehen						
7. kann auch mal weinen						
8. beruflich erfolgreich						
9. romantisch						
10. selbstgenügsam						
11. kinderlieb						
12. aggressiv						
13. warmherzig						
14. hohes Einkommen						
15. weich						
16. risikofreudig						
17. treu (sexuell)						
18. ehrgeizig						
19. sanft						
20. steht zu seinen Überzeugungen						
21. guter Vater/gute Mutter						
22. viele sexuelle Eroberungen						
23. liebesfähig						
24. tut alles, um Familie zu beschützen						

Gewichtung der Eigenschaften:
1 = ganz wesentlich, 2 = wichtig, 3 = relativ wichtig, 4 = nicht ganz unwichtig, 5 = völlig unwichtig

(Autorentext)

Zur Vorgehensweise (nach dem Kopieren der Liste):

1. Jede Schülerin/jeder Schüler füllt die Spalten Individuelles Profil Selbstbild (so wie er/sie die Eigenschaften für sich als Junge/Mädchen sieht) und Fremdbild (so wie er die Eigenschaften für das andere Geschlecht gewichtet) aus. Die Kenn-Nr. (vierstellig) ist wichtig, damit die anonym ausgefüllten Bögen an den Ausfüller/die Ausfüllerin zurückgegeben werden können.

2. Damit eine möglichst gleiche Anzahl von weiblichen bzw. männlichen Befragten erzielt wird, können Schüler aus anderen Kursen (z. B. LK Physik als Pendant zu LK EW) befragt werden.

3. Die Auswertung können Schülergruppen übernehmen. Die errechneten Durchschnittswerte können dann, nachdem die Bögen wieder zurückgegeben wurden, in die frei gebliebenen Spalten eingetragen werden.

4. Die Interpretation der Daten kann arbeitsteilig vorbereitet werden (z.B. Rangreihen, Ermittlung der größten Differenzen bzw. Übereinstimmungen, Vergleiche Selbstbild m/w usw.).

Ich bin Ich – eine Geschichte (nicht nur) für Kinder

Es ist halb zwölf. Gemütlich schlendern Benni und Liese nach Hause. Eigentlich heißt Benni ja Bernhardine, aber Benni ist kürzer und es gefällt ihr auch viel besser. Benni und Liese sind beide sieben Jahre alt und gehen in die zweite Klasse, doch sonst sind sie sich gar nicht ähnlich, denn Benni spielt fast nur mit Jungen und trägt immer Hosen. Liese spielt gerne mit Puppen oder geht mit ihrer Mutter spazieren. „Wie du bloß wieder aussiehst!", sagt Liese geringschätzig zu Benni. „Guck dir mal deine Hose an, ganz zerrissen und nass und schmutzig. Wenn das dein Vater sieht!" „Meinem Vater macht das gar nichts, und schließlich kann ich ja nichts dafür, wenn ich den Frederik mal tüchtig verhauen muss. Der hat's verdient", erwidert Benni. „Dafür hast du auch ein blaues Auge. Das sieht nicht gut aus", meint Liese altklug, „und Fräulein Bilke war schön böse auf euch, weil ihr eine Schneeballschlacht gemacht habt." „Die soll sich mal nicht aufregen", wirft Benni ein, „und du bist sowieso 'ne Zimperliese und verstehst nichts." Liese zieht ein beleidigtes Gesicht. „Ach, du bist viel zu langweilig", ruft Benni und rennt zur Gartenpforte. Sie stürmt den kleinen Gartenweg entlang und will gerade klingeln, als Vater ihr schon die Tür aufmacht. „Hallo Paps", schreit Benni und fällt ihm um den Hals.

„Igitt, bist du nass", sagt Vater und hält sie grinsend von sich. Da sieht er das blaue Auge und die zerrissene Hose. „Hast dich wieder einmal geprügelt, he? Stimmt's oder hab' ich Recht?" „Na klar, der Frederik hat mich mit Schneebällen beworfen und da hab' ich's ihm ordentlich gegeben." „Was ja nicht zu übersehen ist", sagt Vater schmunzelnd. „Nun komm erst mal rein und zieh dir trockene Sachen an. Das Essen ist auch schon fertig." In der Diele schmeißt Benni ihre Schultasche in die Ecke und zieht sich die Mütze vom Kopf und die Handschuhe von den Händen. „Ich möchte aber lieber erst essen", sagt Benni, rennt ins Wohnzimmer und setzt sich an den gedeckten Tisch. „Hallo Oma", begrüßt Benni munter ihre Oma, die bereits wartend am Tisch sitzt. Sie essen jeden Tag zu dritt, die Oma, der Vater und Benni. Bennis Mutter arbeitet und muss deshalb viel verreisen. So sieht Benni ihre Mutter nur sehr selten.

„Bernhardine, ich muss schon sagen, wie du heute wieder aussiehst, wie ein richtiger Junge, dreckig und unordentlich!", sagt Oma stirnrunzelnd. „Mein Gott Kind, du bist doch ein Mädchen. Nimm dir ein Beispiel an Liese, die ist immer ordentlich und sauber. Wo soll das noch mit dir hinführen?" Oma schüttelt seufzend den Kopf. Benni verzieht verächtlich den Mund. „Die Zimperliese", sagt sie, „die ist viel zu langweilig. Ich bin froh, dass ich nicht so bin." Und sie greift zu der Schüssel mit den Kartoffeln. „Klaus – nun sag' doch du auch mal was", meint Oma zu Vater. „Aber das ist ja nicht verwunderlich, dass das Kind so wird, wenn die Mutter nicht hier ist und sich darum kümmert." „Mutter, bitte", sagt Vater zu Oma, „das hat nichts mit dem Kind zu tun." Benni legt die Gabel aus der Hand und sagt mit vollem Mund: „Ich will später auch so werden wie Mutti, viel Geld verdienen und viel reisen. Ich will nicht kochen und putzen, das ist nicht so aufregend. Das macht bestimmt Liese später."
Oma guckt Benni entsetzt an: „Aber Kind, du bist doch ein Mädchen!" „Na und", meint Benni, „Mutti doch auch". Vater lacht, und Oma murmelt etwas vor sich hin, aber so leise, dass Benni und ihr Vater es nicht verstehen können. Benni steht auf und während sie den Stuhl an den Tisch schiebt, sagt sie: „Paps, gleich kommt Mark vorbei. Wir wollen eine Schneeballschlacht im Garten machen und einen Schneemann bauen, ja?" „Aber keine Prügelei, Benni, ein blaues Auge reicht mir schon!", erwidert

Vater mahnend. „Ehrenwort Paps, ich prügel mich nicht wieder!", verspricht Benni. „Willst du nicht lieber mit Liese im Haus etwas spielen? Mit der Puppenstube zum Beispiel, die du zu Weihnachten von mir bekommen hast. Damit hast du noch kein einziges Mal gespielt. Das ist auch besser, als sich mit den Jungen herumzubalgen. Außerdem, Bernhardine, Lieses Mutter hat sich heute Morgen bei mir beschwert. Du hast Lieses Kleid mit Zahnpasta beschmiert, und nun muss es gereinigt werden. Was soll das denn?", schließt Oma ihre lange Rede atemlos. Auch Vater guckt Benni nun fragend an. [...]
„Ich will nicht brav und lieb sein wie Liese", denkt Benni. „Ich möchte auch Spaß haben. Ach, warum bin ich nicht wie die anderen Mädchen? Liese und Jutta, die haben es leicht, die sind immer brav und sauber. Und haben ihre Schularbeiten stets ordentlich gemacht. Aber so bin ich ja nicht. Und so will ich auch gar nicht werden! Ich bin so, wie ich eben bin", denkt Benni trotzig und zieht einen Schmollmund. Doch dann fällt ihr Vater wieder ein. „Paps hat mich bestimmt lieber, wenn ich mich wie ein Mädchen benehme. Dann mach ich ihm auch weniger Ärger." [...]
Da hört sie Vater von unten her rufen: „Benni! Benni! Komm' doch runter." Sie steht auf, öffnet die Tür und geht zur Treppe. Unten steht Mark neben Vater. Mark hat eine lustige Pudelmütze auf dem Kopf und einen dicken roten Schal um den Hals gewickelt. „Hallo Benni!", ruft er ihr freudig zu. „Was ist, kommst du raus spielen?" „Nein, ich kann jetzt nicht", gibt Benni zur Antwort, „ich muss erst meine Hausaufgaben machen. Und wenn ich fertig bin, ist es schon dunkel." Vater ist erstaunt über Benni. „Aber Kind", sagt er, „geh' doch ruhig spielen. Ihr könnt ja auch mit Liese spielen." Mark druckst herum. „Nee, lieber nicht ... Das ist ja ein Mädchen!" Vater runzelt die Stirn und will gerade etwas sagen, da schreit Benni trotzig von oben: „Ich bin auch ein Mädchen!" „Nee", wirft Mark sofort ein, „du bist mehr wie ein Junge, nicht so ein richtiges Mädchen." Darüber muss Vater lachen und Benni ist wütend. Nun versucht sie, sich wie ein Mädchen zu benehmen, und keiner nimmt sie ernst. Aber eigentlich möchte sie viel lieber draußen im Schnee spielen, anstatt ihre Schularbeiten zu machen. Sie ist hin- und hergerissen und weiß nicht, wofür sie sich jetzt entscheiden soll. Sie seufzt tief und denkt dabei: „Ich bin eben ich. Ich kann mich schlecht ändern!"

Leise fragt sie Vater, ob sie denn nach draußen darf. Als er ja sagt, flitzt sie in ihr Zimmer und zieht sich saubere und trockene Sachen an. Im Nu saust sie die Treppe hinunter, streift sich Mütze und Schal und Handschuhe über und umarmt Vater stürmisch. „Danke, Paps", sagt sie und schon ist sie mit Mark durch die große Eingangstür in den weiß glänzenden Vorgarten verschwunden. Da trifft sie ein Schneeball an der Schulter. Erschreckt dreht Benni sich um. Frederik ist bereits aus seinem Versteck, einem großen Busch, hervorgekommen, und lacht über das ganze Gesicht. Mark, der von diesem Streich wusste, kichert hinter ihrem Rücken. „Na warte", denkt Benni, und ehe Mark sich versieht, reibt Benni ihm Schnee ins Gesicht. Danach trifft eine geballte Ladung Schnee auf Frederiks Jackenkragen. Blitzschnell ist eine muntere Schneeballschlacht im Gange, und Vater hört das Lachen der drei Kinder bis in die Küche hinein. [...]
Vater, Oma und Benni gehen in den Hausflur. Als Oma die nasse Jacke abnimmt, sagt sie tadelnd: „Bernhardine, Bernhardine, was hast du nur wieder angestellt! Lieses Mutter hat schon Recht, du bist genauso wild wie ein Junge." Jetzt wird Benni aber trotzig. Keiner versteht mich, denkt sie, keiner mag mich so, wie ich bin. Dann schreit sie: „Na und, ich möchte auch viel lieber ein Junge sein! Die dürfen sich herumbalgen, Schneeballschlachten machen. Jungen dürfen schreien und sich dreckig machen. Und die Hausaufgaben müssen sie auch nicht so ordentlich machen." Wütend guckt sie Oma an. Benni ist richtig ärgerlich über diese Ungerechtigkeiten. „Bah, wie hasse ich es manchmal, ein Mädchen sein!", stößt sie hervor. Dann dreht sie sich um, rennt die Treppe hinauf und stürzt in ihr Kinderzimmer. Laut knallt sie die Tür hinter sich zu. Oma ist verdutzt und erschrocken über Benni. Vater legt Oma die Hand auf die Schulter und sagt: „Lass mal, Mutter, Benni muss sich erst einmal beruhigen. Ich werde gleich mal nach ihr sehen und mit ihr reden." Mit diesen Worten geht er in seinen Hobbykeller und Oma nimmt nervös ihr Strickzeug zur Hand.
Benni hat sich sofort auf ihr Bett geschmissen und hält sich die Ohren zu. „Ich kann das nicht mehr hören", denkt sie, „dieses Gerede, dass ich ein Junge bin. Und nur weil ich gerne herumtolle. Warum müssen denn Mädchen immer lieb und sauber sein und Jungen laut und unordentlich? So ein Quatsch", denkt Benni böse. Je mehr sie darüber nachdenkt,

desto wütender wird sie. Als Vater in ihr Zimmer kommt, liegt sie noch immer auf dem Bett. Sie guckt sich ein Asterix-Heft an. Benni möchte nicht mit ihrem Vater reden, sie möchte lieber allein sein. Kurze Zeit später verlässt Vater wieder Bennis Zimmer.

Den ganzen Nachmittag liegt Benni auf ihrem Bett und versucht über sich nachzudenken. „Ich werde mich nicht ändern", beschließt sie, „denn das kann ich nicht. Ich hab' es ja schon versucht. Ich bin eben ich, da kann man nichts ändern." Nach dieser Erkenntnis fühlt sie sich besser. Sie sucht ihr Lieblingsbuch aus den Bücherreihen im Regal heraus. Es ist ein Abenteuerbuch von Indianern und Soldaten.

Um sieben Uhr abends kommt Vater noch einmal in Bennis Zimmer, er setzt sich zu ihr auf das Bett und streichelt ihr über das braune, kurze Haar.

„Paps", beginnt Benni zaghaft. Vater schaut sie fragend und aufmerksam an. „Paps", sagt Benni, „ist es sehr schlimm, wenn ich so bleibe, wie ich bin? Ich meine so wie ein Junge, so wild und unordentlich?" „Nein", antwortet Vater ernst, „das macht nichts, Benni, solange du du selbst bleibst und es dir Spaß macht. Man muss nicht nach den Vorstellungen anderer Leute leben, dabei wird man nicht glücklich. Und ein Junge", beruhigt Vater sie, „bist du deshalb noch lange nicht!" Er schmunzelt. Benni ist glücklich. Vater löscht das Licht. „Ich bin ich!", sagt Benni laut und zufrieden in die Dunkelheit hinein. „Und ich werde es auch bleiben!" Da sie von den Aufregungen des Tages sehr müde ist, schläft sie bald ein.

(Angelika Klamt [Schülerin der Jahrgangsstufe 12], Ich bin ich; veröff. in: Kursheft Heisenberg-Gym., Jahresschrift 1985, S. 40ff.)

1. Auf welche Probleme des Erwerbs der Geschlechterrolle macht die Geschichte aufmerksam?

2. Setzen Sie sich kritisch mit der Mädchenperspektive in dieser Geschichte auseinander.

Grundbegriffe und Grundthesen

Die Erziehungswissenschaft zieht zur Klärung zentraler Fragen, wie z.B. der geschlechtsspezifischen Erziehung, Beiträge aus anderen Wissenschaften heran. Im Folgenden wird ein soziologischer Erklärungsansatz herangezogen: die Rollentheorie.

1. Klären Sie mithilfe des folgenden Lexikonartikels die folgenden Grundbegriffe der Rollentheorie und formulieren Sie Definitionen für ein Glossar:

- Rolle
- soziale Position
- Sanktionen
- Rollenerwartungen:
  • Muss-Erwartungen
  • Soll-Erwartungen
  • Kann-Erwartungen
- zugeschriebene Rollen
- erworbene Rollen
- Rollensatz
- Rollensegmente
- Intra-Rollenkonflikt
- Inter-Rollenkonflikt
- soziale Interaktion
- Rollenübernahme (role taking)
- Rollengestaltung (role making)
- persönliche Identität
- soziale Identität
- Grundqualifikationen des Rollenhandelns:
  • Rollendistanz
  • Empathie
  • Ambiguitätstoleranz

2. Veranschaulichen Sie diese Begriffe mithilfe von Beispielen aus dem Bereich der Geschlechtsrollen.

Die Rollentheorie

Soziale Rolle

Darunter versteht man ein Bündel normativer Verhaltenserwartungen, die von einer Bezugsgruppe oder mehreren Bezugsgruppen an Inhaber bestimmter sozialer Positionen herangetragen werden.

Rollen sorgen für regelmäßiges, vorhersagbares Verhalten als Voraussetzung für kontinuierlich planbare Interaktionen und erfüllen somit eine allgemeine soziale Orientierungsfunktion. Die Verhaltenserwartungen werden zwar an Individuen herangetragen, beziehen sich aber auf die *sozialen Positionen*, die die Individuen einnehmen, sind also auf Individuen als Positionsträger gerichtet. Soziale Positionen (amerik. Autoren sprechen häufig von Status) bezeichnen dabei dauerhafte, von einzelnen Personen ablösbare Schnittpunkte sozialer Beziehungen im gesellschaftlichen Beziehungsgeflecht (z.B. Vater, Lehrer).

Die Verhaltenserwartungen werden an den Positionsträger von Personen oder Gruppen herangetragen, deren Positionen auf seine Position strukturell bezogen sind: den *Bezugspersonen* oder *Bezugsgruppen* (bezogen auf die Position des Lehrers z.B. die Schüler und Kollegen). „Normiert" heißen die R.n-Erwartungen, weil die Bezugsgruppen i.d.R. über bestimmte Sanktionsmöglichkeiten verfügen. Die tatsächliche Erfüllung der R.n-Erwartungen erfolgt jedoch v.a. durch die im Verlauf des Sozialisationsprozesses erfolgten Internalisierungen der Erwartungen.

Der R.n-Begriff ist demnach, streng genommen, keine Elementarkategorie, sondern ableitbar aus einer spezifischen Verknüpfung der grundlegenden Phänomene der sozialen Differenzierung und der sozialen Normierung. Trotz dieser Einschränkung und trotz seiner Unschärfe und Vieldeutigkeit gilt der Begriff der R. als eine (bei einigen Autoren als *die*) zentrale Kategorie der Soziologie. Seine herausragende Wirkung beruht sicherlich z.T. auf seiner Nähe zum Alltagsleben und insbes. zur Welt des Theaters. Die Welt wird als Bühne aufgefasst, auf der der Einzelne auftritt und von der er, nachdem er seine R. gespielt hat, wieder abtritt.

Das traditionelle R.n-Konzept ist eng mit der *strukturell-funktionalen* Theorie verbunden und wurde systematisch zuerst im Jahre 1936 von dem amerik. Kulturanthropologen Ralph Linton (1893–1953) entwickelt. In der Bundesrepublik haben sich folgende begriffliche Differenzierungen weitgehend durchgesetzt:

• R.n-Erwartungen können sich auf Eigenschaften und Merkmale des R.n-Trägers (*R.n-Attribute*) oder auf sein äußeres Verhalten (*R.n-Verhalten*) beziehen;

• nach dem Ausmaß der Institutionalisierung und der Schärfe der Sanktionen wird unterschieden zwischen rechtlich fixierten *Muss-Erwartungen*, deren Verbindlichkeit hoch ist, *Soll-Erwartungen*, die nicht rechtlich abgesichert sind, deren Einhaltung aber durch Sanktionen kontrolliert wird, die von „jedermann" verhängt werden können, und *Kann-Erwartungen*, für die es keine besonderen Kontrollmechanismen gibt;

• R.n sind analog den sozialen Positionen entweder *zugeschrieben* (ascribed) oder *erworben* (achieved), wobei seit dem Ende der Ständegesellschaft die Bedeutung zugeschriebener R.n tendenziell ab- und die Bedeutung erworbener R.n tendenziell zugenommen hat;

• unter einem *R.n-Satz* (role set) wird in Anlehnung an Robert K. Merton die Gesamtheit aller sich ergänzenden Teil-R.n (Komplementär-R.n) verstanden, die mit einer bestimmten Position verbunden sind (z.B. im Falle des Lehrers die R.n-Erwartungen der Schüler, Kollegen u.a.). Alternativ hierzu werden die mit einer sozialen Position verbundenen R.n-Beziehungen zu verschiedenen Bezugsgruppen auch als *R.n-Segmente* oder *R.n-Sektoren* einer einzigen R. bezeichnet;

• geraten die Erwartungen verschiedener Bezugsgruppen an ein und dieselbe Person in Konflikt miteinander, so handelt es sich um einen *Intra-R.n-Konflikt*. Ein *Inter-R.n-Konflikt* liegt vor, wenn sich die Erwartungen an verschiedene Positionen, die eine Person gleichzeitig innehat (z.B. Mutter, Lehrerin), widersprechen. R. K. Merton hat eine

Reihe struktureller Mechanismen aufgedeckt, die eine Milderung derartiger R.n-Konflikte bewirken (z. B. die räumliche oder zeitliche Trennung von Verhaltensbereichen).

In der Bundesrepublik entwickelte sich eine intensive Diskussion um die Dahrendorf'sche Konzeption des *„Homo Sociologicus"*, des Menschen als „Träger sozial vorgeformter R.n", und der Gesellschaft als eine für den Menschen „ärgerliche Tatsache". Die Auseinandersetzung konzentrierte sich dabei auf das dem Modell des „Homo Sociologicus" zugrunde liegende Menschenbild, insbes. auf die Frage, inwieweit sich der Mensch entäußere oder entfremde.

Der Anwendungsbereich der traditionellen, dem Strukturfunktionalismus von Talcott Parsons verpflichteten R.n-Theorie ist überall dort zu finden, wo es differenzierte, institutionalisierte soziale Strukturen mit vielen unterschiedlichen Positionen und Funktionen gibt. Jeder R.n-Inhaber folgt je nach seiner Position im Sozialsystem spezifischen Normen, die in ein umfassendes, gemeinsames Wertsystem integriert sind, und trägt durch sein rollengemäßes Verhalten zur Wertverwirklichung und zur Systemerhaltung bei.

Grundannahme des *interaktionistischen R.n-Konzepts*, das seine Wurzeln bei George H. Mead (1863-1931) hat und die Grenze zur Sozialpsychologie und phil. Anthropologie überschreitet, ist, dass sich die Gesellschaft aus Individuen bzw. aus den Interaktionen einzelner Individuen konstituiert. Das Interesse richtet sich auf die Analyse des *R.n-Handelns* oder *R.n-Spiels* von Individuen in sozialen Interaktionen und den Aufbau von R.n-Strukturen durch Interaktionen. Am konventionellen Modell wird kritisiert, dass es zu mechanistisch sei und nicht hinreichend die aktiven Beiträge berücksichtige, die das Subjekt bei der Übernahme der R.n und beim R.n-Handeln leiste. Kennzeichnend für das interaktionistische R.n-Konzept (z.B. Erving Goffman, Lothar Krappmann) ist ferner die enge Verbindung mit Problemen der Identität.

Soziale Interaktion wird als Prozess wechselseitiger Wahrnehmungen, Typisierungen und R.n-Übernahmen aufgefasst. Beim Eintritt in eine offene Handlungssituation muss diese von den Beteiligten definiert und die übrigen Interaktionspartner müssen typisiert werden. Typisierungen sind immer abstrakt und unvollständig und bedürfen in der jeweiligen Situation der Konkretisierung, Ergänzung und ggf. Modifikation durch zusätzliche, ad hoc zu erbringende Interpretations- und Verständigungsleistungen. Von besonderer Bedeutung für das R.n-Handeln ist der Prozess der *R.n-Übernahme* (role taking), worunter G. H. Mead die Fähigkeit versteht, sich in den anderen hineinversetzen zu können, um dessen Verhalten antizipieren und in den eigenen Handlungsentwürfen berücksichtigen zu können. Mit dem Begriff der *R.n-Gestaltung* (role making) wird auf das individuelle, spontane, kreative Moment im R.n-Handeln verwiesen. Wiederholen sich Handlungssituationen, so erfolgt allmählich eine Verfestigung; die Definition der Situation und die Typisierung der Handlungspartner werden nicht mehr „frei ausgehandelt", sondern unterliegen zunehmend spezifischen normierten Verhaltenserwartungen. Bei der Analyse von Interaktionsprozessen muss die *Identität* der Handelnden berücksichtigt werden. In Erving Goffman's Modell der Ich-Identität wird R.n-Spiel zum Versuch, eine Balance zwischen persönlicher und sozialer Identität herzustellen. Persönliche Identität bezieht sich auf die Einmaligkeit (nach G. H. Mead auf das „I", die Individualität) eines Menschen als Ausdruck einer einzigartigen, unverwechselbaren Biografie, soziale Identität als Ausdruck verinnerlichter R.n-Erwartungen bzw. R.n-Übernahmen auf die R.n-haftigkeit (das „me") eines Menschen. Ich-Identität bezeichnet die Leistung des Individuums, zwischen der persönlichen und sozialen Identität zu vermitteln. Eine gelungene Identitätsbalance bedeutet, dass sich das Individuum einerseits trotz seiner Einzigartigkeit nicht durch Isolierung aus den Interaktionen mit anderen ausschließen lässt und sich andererseits nicht total unter die an es herangetragenen Erwartungen subsumieren lässt. Ein Beispiel für den zweiten Fall stellt die totale R. dar, die durch eindeutige, rigide Verhaltensvorschriften bei intensiver, formal geregelter sozialer Kontrolle gekennzeichnet ist. Hierunter fällt die Situation von Insassen von Haftanstalten oder psychiatrischen Anstalten (*sog. totalen Institutionen*). Zu den Grundqualifikationen des R.n-Handelns, die im Sozialisationsprozess entwickelt werden, gehören die Fähigkeit zur *R.-Distanz* (die Fähigkeit, beim R.n-Handeln die eigene R. distanzierend und reflektierend zu betrachten) sowie die Ausbildung von *Empathie* (Einfühlungsvermögen) und von *Ambiguitätstoleranz* (die Fähigkeit, Uneindeutigkeiten einer Situation zu ertragen).

Indem die interaktionistische R.n-Theorie den Akzent sehr stark auf die aktiven Beiträge legt, die ein Subjekt bei der Definition und beim Spiel von R.n zu leisten hat, wird leicht der Anschein erweckt, als seien die beteiligten Partner mehr oder weniger gleichberechtigt. Besonders von marx. Seite wird kritisiert, dass nicht hinreichend thematisiert wird, in welchem Maß das R.n-Spiel vorbestimmt und fremdbestimmt ist, inwieweit Macht- und Herrschaftsverhältnisse bis in die jeweiligen R.n-Definitionen hineinreichen.

Seit Ende der 1970er-Jahre sind die Auseinandersetzungen über die R.ntheorie(n) weitgehend abgeflaut, und es wird verstärkt auf den instrumentalen Charakter des R.n-Begriffs hingewiesen. Das herkömmliche R.n-Konzept ist dann am fruchtbarsten, wenn es sich um in hohem Maße institutionalisierte und formalisierte Situationen handelt, sodass für die Entfaltung der interpretativen Komponenten des R.n-Handelns wenig Raum bleibt. Der interpretative Ansatz verspricht den höchsten Erkenntniswert in relativ offenen, d.h. wenig strukturierten und vordefinierten Situationen.

(Rüdiger Peuckert, Soziale Rolle, in: Bernhard Schäfers, Grundbegriffe der Soziologie, Leske + Budrich, Opladen 1995)

---

1. In dem Lexikonartikel werden zwei Grundströmungen der Rollentheorie genannt: die traditionelle Rollentheorie und die interaktionistische Rollentheorie. Zum besseren Verständnis dieser beiden Richtungen finden Sie auf den nächsten Seiten zwei repräsentative Textauszüge. Versuchen Sie nach der Lektüre die zentralen Unterschiede beider Richtungen thesenförmig gegenüberzustellen.
Im Anschluss daran können Sie sich die weiteren Aufgabenstellungen vornehmen:

2. Wie sieht die traditionelle Rollentheorie die Übernahme der Geschlechtsrolle?

3. Wie sieht die interaktionistische Rollentheorie die Übernahme der Geschlechtsrolle?

4. Kann man mithilfe der Rollentheorie das unterschiedliche soziale Handeln von Frauen und Männern, Jungen und Mädchen erklären?

Rollenerwartungen und Sozialisierung

Soziale Rollen sind ein Zwang, der auf den Einzelnen ausgeübt wird – mag dieser als eine Fessel seiner privaten Wünsche oder als ein Halt, der ihm Sicherheit gibt, erlebt werden. Dieser Charakter von Rollenerwartungen beruht darauf, dass die Gesellschaft *Sanktionen* zur Verfügung hat, mit deren Hilfe sie die Vorschriften zu erzwingen vermag. Wer seine Rolle nicht spielt, wird bestraft; wer sie spielt, wird belohnt, zumindest aber nicht bestraft. Konformismus mit den vorgeprägten Rollen ist keineswegs nur die Forderung bestimmter moderner Gesellschaften, sondern ein universelles Merkmal aller gesellschaftlichen Formen. [...]

Bevor der Einzelne aber seine Rolle spielen kann, muss er sie kennen; wie der Schauspieler muss auch das gesellschaftliche Wesen Mensch seine Rolle lernen, sich mit ihrem Inhalt und ihren Sanktionen vertraut machen. Hier begegnen wir einem zweiten Grundmechanismus der Gesellschaft, dem Prozess der Sozialisierung durch Verinnerlichung von Verhaltensmustern. Erst indem der Einzelne die außer ihm bestehenden Vorschriften der Gesellschaft in sich hineinnimmt und zu einem Bestimmungsgrund seines Verhaltens macht, wird er mit der Gesellschaft vermittelt und als *homo sociologicus* zum zweiten Male geboren. [...]

Vom Standpunkt der Gesellschaft und der Soziologie ist das Lernen von Rollenerwartungen ein Vorgang, der den Menschen, indem er ihn zum *homo sociologicus* entfremdet, ihr überhaupt erst zugänglich macht und Bedeutung verschafft. Der rollenlose Mensch ist für Gesellschaft und Soziologie

ein nicht existierendes Wesen. Um Teil der Gesellschaft und Objekt soziologischer Analyse zu werden, muss der „reine" Mensch vergesellschaftet, an die Tatsache der Gesellschaft gekettet und dadurch zu ihrem Glied gemacht werden. Durch Beobachtung, Nachahmung, Indoktrination und bewusstes Lernen muss er in die Formen hineinwachsen, die die Gesellschaft für ihn als Träger seiner Positionen bereithält. Seine Eltern, Freunde, Lehrer, Priester und Vorgesetzten sind der Gesellschaft vorwiegend als Agenten wichtig, die der sozialen *tabula rasa* des rollenlosen Menschen den Plan seines Lebens in Gesellschaft einritzen. In dem Interesse der Gesellschaft an Familie, Schule und Kirche bekundet sich keineswegs nur der Wunsch, dem Einzelnen zur vollen Entfaltung seiner individuellen Anlagen zu verhelfen, sondern vor allem auch die Absicht, ihn auf die Aufgaben, deren Erfüllung die Gesellschaft von ihm erwartet, effektiv und kostensparend vorzubereiten.

Für Gesellschaft und Soziologie ist der Prozess der Sozialisierung stets ein Prozess der Entpersönlichung, in dem die absolute Individualität und Freiheit des Einzelnen in der Kontrolle und Allgemeinheit sozialer Rollen aufgehoben wird. Der zum *homo sociologicus* gewordene Mensch ist den Gesetzen der Gesellschaft und den Hypothesen der Soziologie schutzlos ausgeliefert; dennoch kann nur Robinson hoffen, seine entfremdete Wiedergeburt als *homo sociologicus* zu verhindern.

(Ralf Dahrendorf, Homo Sociologicus, Leske + Budrich, Opladen 1958, S. 36ff. [Auszüge])

Ich-Identität als Balance

Nach E. Goffman (1967: Stigma) lassen sich die Erwartungen, mit denen sich das Individuum bei seiner Selbst-Präsentation in Interaktion auseinanderzusetzen hat, in zwei Dimensionen ordnen: die vertikale Zeitdimension, in der die Ereignisse im Leben des Individuums zu einer „personal identity" zusammengefasst werden, und die horizontale Dimension, in der die zu einem gewissen Zeitpunkt nebeneinander aktualisierbaren Rollen zu einer „social identity" vereinigt werden. Beides sind von den anderen zugeschriebene, nicht selbst entworfene Identitäten. Sie stehen zueinander im Widerstreit, denn in der biografischen Dimension der „personal identity" wird vom Individuum verlangt, zu sein wie kein anderer. In der horizontalen Dimension der „social identity" dagegen wird das Individuum betrachtet, als ob es mit den vorgegebenen Normen voll zur Deckung zu bringen sei. In dieser Dimension wird ihm folglich zugeschrieben, zu sein wie alle anderen.

Diese sich ausschließenden Anforderungen verlangen dennoch sämtlich Berücksichtigung. Zwischen ihnen zu balancieren, ist die Leistung des Individuums, die als Ich-Identität bezeichnet werden soll. Eine gelungene Identitätsbalance bewirkt, dass das Individuum einerseits trotz der ihm angesonnenen Einzigartigkeit sich nicht durch Isolierung aus der Kommunikation und Interaktion mit anderen ausschließen lässt und andererseits sich nicht unter die für es bereitgehaltenen sozialen Erwartungen in einer Weise subsumieren lässt, die es ihm unmöglich macht, seine eigenen Bedürfnispositionen in die Interaktion einzubringen. Das Individuum verhält sich daher einerseits, „als ob" es einzigartig, und

Erwartungsdimensionen und Ich-Leistungen zur Bewältigung des Identitätsproblems

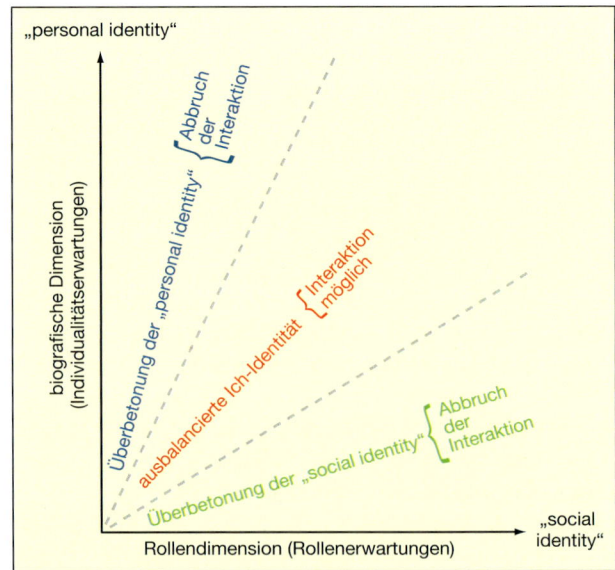

(Aus: Hermann L. Gukenbiehl, Felder der Sozialisation, Westermann, Braunschweig 1979; © Hahner Verlagsgesellschaft)

40 andererseits, „als ob" es wie alle anderen wäre. […]
Es ist eine Art „via negativa", in der der Interaktionsbeteiligte Identität behauptet: Er negiert zunächst, was er vorher war, und übernimmt die Erwartungen der anderen („role taking"). Auf der nächsten Stufe aber negiert er dann diese Erwartungen, um zu zeigen, dass sie nicht ausreichen, um zu beschreiben, was er in dieser Interaktionssituation zu berücksichtigen verlangen muss („role making").

(Lothar Krappmann, Soziologische Dimensionen der Identität, Hahner Verlagsges., Aachen, S. 316f.)

Defizite der Rollentheorie

1. Beschreiben Sie die Karikatur möglichst detailliert.
2. Interpretieren Sie die Karikatur auf dem Hintergrund der bisher erworbenen Kenntnisse.
3. Kann man mit den Geschlechtsrollen so umgehen, wie es die Karikatur nahelegt?

Rolle – ein ungeeigneter Begriff für geschlechtstypisches Verhalten

Was ist eine *Rolle*? Eine Rolle lässt sich als ein „Bündel von Verhaltenserwartungen" definieren. Die Bezeichnung von erlerntem geschlechtstypischen Verhalten als „Rolle" verleitet dazu, die Männerrolle als etwas zu sehen, was wie andere Rollen („Lehrerrolle", Schülerrolle", „Führerrolle", …) angenommen und ausgetauscht werden kann. Der Rollenbegriff wird daher kritisiert. Mit ihm wird „lediglich die äußerste Schicht der Zwiebel" erfasst, wie Anja Meulenbelt schreibt. Er legt nahe,

dass wir auch die Geschlechts„rolle" nur spielen – ein „Rollen"tausch erweist sich aber als sehr schwierig, selbst bei besten Absichten. Dies liegt daran, dass eine Rolle nicht nur das ist, „was wir *haben*, und somit nicht einfach nur abzulegen; in einem bestimmten Maß sind wir das, was wir gelernt haben, *geworden*" (1984, S. 150). Männer- und Frauen„rolle" sind zudem, anders als andere Rollen, untrennbar mit biologischen Gegebenheiten verknüpft. Mann- oder Frausein lässt sich nicht als „Nebenrolle" abwickeln, denn diese Differenzierung durchzieht unsere Gesellschaft bis hin zu Kleinigkeiten. Zwar können Frauen fordern, dass sich Männer auf dem Klo hinsetzen, aber nicht selber die Fähigkeit erlangen, im Stehen zu pinkeln.

Theodor W. Adorno machte darauf aufmerksam, „dass allein im Begriff der Rolle selbst, der ja vom Theater genommen ist, die Unidentität mit sich selbst verlängert wird. Das heißt, wenn die Rolle zu einem sozialen Muss gemacht wird, so wird darin auch perpetuiert (weiter aufrechterhalten, T.R.), dass die Menschen nicht die sind, die sie selbst sind, also dass sie unidentisch sind." Er meinte, dass es „ungezählte Erwachsene gibt, die eigentlich nur den Erwachsenen spielen, der sie nie ganz geworden sind". Diesen Mangel müssen sie „überspielen, übertreiben, sich in die Brust werfen [...]" (1970, S. 141f.). Damit sprach er ja von Männern. Dieses typische Verhalten lässt auf eine misslungene Identitätsentwicklung schließen. [...] Durch „veränderte Rollen" lässt sich die Problematik nicht lösen. „Es führt also", wie Hartmann Tyrell schreibt, „am Begriff der *Geschlechtsidentität* kein Weg vorbei" (1986, S. 453).

Zudem kann die Rollentheorie Entwicklung und Veränderung von Geschlechtsstereotypen überhaupt nicht erklären. Rollenerwartungen werden erfüllt, weil dies belohnt und Abweichungen bestraft werden. Aber warum belohnt und bestraft die andere Seite? Dies wiederum mit Rollenerwartungen erklären zu wollen, führt zu einem Zirkelschluss; letztlich verbirgt sich dahinter die allgemeine Annahme, dass sich Menschen dafür entscheiden, dass alles so bleibt, wie es ist. Zwar ist der „Wandel der Geschlechtsrollen" seit Jahrzehnten Diskussionsthema. Die Rollentheorie hilft aber nicht dabei, Wandel als etwas zu begreifen, was innerhalb der Geschlechtsverhältnisse entsteht. „Wandel ist immer etwas, was den Geschlechterrollen *widerfährt*, was auf sie einwirkt", schreibt Connell (1986, S. 334). Er kommt von außen, nämlich von gesellschaftlichen Prozessen, oder aus dem Inneren des Menschen, dem „Wahren Selbst", das gegen Rollenzwänge protestiert. Insbesondere vernachlässigt die Rollenkonzeption gesellschaftliche Machtverhältnisse. Rollen sind austauschbar, aber in einer männerdominierten Gesellschaft müssen sowohl Frauen als auch Männer (!) mit starken Anfeindungen rechnen, wenn sie die entgegengesetzte „Rolle" einnehmen wollen. Dies gilt nicht nur für den Fall der Frau in einer Führungsposition, die bekanntermaßen besser sein muss als die Männer um sie herum, um bestehen zu können. Die Rollenerwartungen an Jungen und Männer scheinen sogar noch rigider und stärker zu sein: Jungen müssen sich wehren, um nicht von Gleichaltrigen abgelehnt zu werden, und ein Mann, der nur noch halbtags arbeiten möchte, um Zeit für seine Kinder zu haben, wird mit diesem Ansinnen in der freien Wirtschaft kaum einmal auf Verständnis treffen.

Geschlechtsspezifische Arbeitsteilung

Es ist die gegensätzliche Zuordnung der Männer zu *Produktion*, also Arbeit und materieller Versorgung, und der Frauen zu *Reproduktion*, also Familie, Kinderaufzucht und emotionaler Versorgung, die hierfür den Hintergrund bildet. *Geschlechtsspezifische Arbeitsteilung* ist ein zentraler Begriff in einer zweiten Gruppe soziologischer und insbesondere feministischer Ansätze, bei denen die Analyse von Machtverhältnissen im Vordergrund steht. Anknüpfend an marxistische Gedankengänge werden viele Themen unter dem Gesichtspunkt der Arbeitsteilung neu diskutiert. Ist es das „Sein", das das „Bewusstsein" bestimmt? Dann entstehen Anschauungen vom „Wesen" des Mannes aufgrund seiner beruflichen Aufgaben. Nicht überraschend ist es dann, wenn Frauen als „häuslich" oder „fürsorglich", Männer als „sachlich" oder „leistungsorientiert" angesehen werden. Beobachtungen wie die strikte Aufgabentrennung der Geschlechter in indigenen Kulturen oder die Entwicklung der Polarität von „männlich-aktiv-draußen" und „weiblich-passiv-drinnen" in der bürgerlichen Gesellschaft des 18. Jahrhunderts lassen sich von hier aus verstehen.

Obwohl diese Sichtweise dabei hilft, gesellschaftliche Machtverhältnisse nicht zu übersehen, läuft

sie doch Gefahr, den ursprünglichen marxistischen Ansatz von den Produktionsverhältnissen als Grundbedingung menschlichen Daseins allzu unkritisch auf das Geschlechterverhältnis zu übertragen. Wird der Arbeitsbegriff eng angesetzt, so fällt aus ihm zu viel heraus, weil er psychologische Aspekte oder Bereiche wie Sexualität oder Kindererziehung nicht ausreichend erfasst. Wird er aber sehr weit angesetzt, wie z. B. in dem Wort „Beziehungsarbeit", so wird er vage und unbestimmt, und es ließe sich genauso gut von ‚Handeln' oder ‚Verhalten' sprechen. Darüber hinaus setzen viele dieser Theorien eine Unterscheidung zwischen Männern und Frauen unhinterfragt voraus. Sie nehmen diese Kategorien als gegeben an und beschäftigen sich nicht damit, wie sie wurden, was sie sind. Derartige Kategorisierungen, die dann von „den Männern" und „den Frauen" sprechen, finden sich vor allem auch in radikalfeministischen Äußerungen.

(Tim Rohrmann, Junge Junge – Mann, o Mann. Die Entwicklung zur Männlichkeit, Rowohlt, Reinbek 1994, S. 48ff.)

1. Welche Einwände werden gegen die rollentheoretische Erklärung geschlechtsspezifischen Verhaltens gemacht?
2. Versuchen Sie mithilfe des Strukturmodells der Sozialisation von Geulen/Hurrelmann (s. S. 558) Verursachungsfaktoren geschlechtsspezifischen Verhaltens zu ermitteln
3. Wie erklären Biologie und Neurobiologie geschlechtsspezifische Unterschiede? Recherchieren Sie im Internet oder befragen Sie Schülerinnen/Schüler oder Lehrerinnen/Lehrer der Biologie-Kurse Ihrer Schule.
4. Simulieren Sie im Anschluss ein Streitgespräch zwischen Biologen und Soziologen. Zu welchen pädagogischen Schlussfolgerungen gelangt man aus diesen Perspektiven?

Vertiefung

Geschlechtszugehörigkeit als Inszenierung

Echt oder falsch?

Die Fotografin Janine Antoni fotografierte ihre Eltern in tauschenden Rollen.

1. Welche Person ist „richtig", welche ist „falsch"? Sind Sie sicher?
2. Was bedeutet das?

Inszenierung von Geschlechtszugehörigkeit analysiert mit Methoden der qualitativen Sozialforschung

Die Erziehungswissenschaftlerin Damaris Güting geht in ihrem Untersuchungsansatz davon aus, dass Geschlechtsidentität nicht eindeutig biologisch vorgegeben ist, sondern durch soziale Konstruktionsprozesse entsteht.

Mit einem ethnographischen Analyseansatz versucht sie, diesen Konstruktionsprozessen auf die Spur zu kommen. Ethnographen versuchen, Menschen in ihren kulturellen Kontexten zu porträtieren, um ihre Gewohnheiten, ihre Einstellungen und ihr Verhalten aus ihrer Perspektive heraus zu verstehen und erklären zu können. Dabei forschen sie grundsätzlich im natürlichen Umfeld der Menschen und setzen Methoden der teilnehmenden Beobachtung sowie offene Interviewformen ein. Hypothesen entstehen erst im Verlauf der Untersuchung, um nicht den Blick einzuengen auf die eigenen Vorannahmen.

Damaris Güting beobachtete mit mehreren Mitarbeiterinnen und Mitarbeitern im Zeitraum von 1998 bis 2001 Schülerinnen und Schüler aus achten bis zehnten Klassen an einem Hamburger Gymnasium in den Fächern Deutsch, Mathematik, Physik und Biologie. Video- und Tonbandaufnahmen, standardisierte Befragungen und Interviews ergänzten die Beobachtungen.

Die Inszenierungspraxis von SchülerInnen

Im folgenden Abschnitt werde ich zunächst anhand eines Interviewausschnittes zeigen, dass die Körper- und Kleidungspraxis aus der Sicht der Schülerinnen einen hohen Stellenwert hat. Im Weiteren beschreibe ich die Körper- und Kleidungspraktiken der SchülerInnen, die beobachtet worden sind. Die beobachteten Inszenierungsformen werden dann eingeordnet in ihrer Funktion als optische Vergegenwärtigung von Geschlechtszugehörigkeit. Darüber hinaus werden Praktiken betrachtet, die weniger statisch sind als das Tragen von Frisuren und Kleidung. Durch Haarrituale werden die körperbezogenen Inszenierungsformen situativ zusätzlich hervorgehoben. Des Weiteren zeigt sich bei Schminkpraktiken, dass diese Formen der Inszenierung von Geschlechtszugehörigkeit, die für Schülerinnen mit der Attraktivität der Inszenierung von Reife und Ältersein verbunden sind, die Inszenierungseindeutigkeit der Geschlechterunterscheidung verstärken.

Mit ihren Kleidungsgewohnheiten sowie mit ihren Haarfrisuren sind die SchülerInnen an einer körperbezogenen Inszenierungspraxis beteiligt. Diese Körper- und Kleidungspraxis hat für die SchülerInnen selbst eine hohe Bedeutung, wie folgende Abschnitte aus einem Interview zeigen:

Ich frage, was jemand, der noch nie in einer Schule oder in einer Klasse war,... tun müsse, um bei ihnen dazuzugehören. Das erste qualitative Kriterium, das sie nennen, ist die Kleidung (Cp00112d).

DG: *Was würdet ihr jetzt der Person sagen, ähm, worauf es bei euch ankommt, wenn man dazugehören möchte?...*

?: *Ja, wie soll man das denn sagen?*

Wanja: *So anziehen wie die sozusagen (Interviewtranskript VID-INTC-M).*

Michaela *meint unter anderem: ‚Er sollte nicht so ‚Boss'-Kleidung tragen und auf cool machen.' (Cp00112d).*

Auffällig ist, dass als Kriterium für die Zugehörigkeit zu ihrer Gruppe als erstes Kleidungspraktiken benannt werden. Dieses Thema hat wohl generell eine hohe Bedeutung für die SchülerInnen. Nachfolgend wird nun betrachtet, wie die Kleidungs- und Haarpraktiken der SchülerInnen aussehen und inwiefern damit Geschlecht inszeniert wird.

Optische Vergegenwärtigung von Geschlechtszugehörigkeit

Die äußere Erscheinung von SchülerInnen wird mittels diverser sozialer Praktiken geformt. Dazu gehören Körperpraktiken am Körper einerseits (z. B. Schneiden, Formen, Modulieren der Haare) und Praktiken des Tragens unterschiedlicher Kleidungsstücke (zum praktischen Zweck der Bekleidung, zum Schmücken etc.) andererseits. In einem Beobachtungsprotokoll einer 7. Klasse ließen sich die Praktiken des Kleidens und des Schmückens auf wenige bestimmte Stile reduzieren. In den beobachteten Klassen waren die Praktiken der äußeren Inszenierung mittels *Kleidung* – in Bezug auf die Darstellung der Geschlechtszugehörigkeit – zum Teil wenig eindeutig, es gab viele „Uni-Sex"-Kleidungsstücke. Dazu zählen Kapuzenpullis, Jeans, Pullover mit Aufdruck und entweder Turn- oder Lederschuhe (Bu81008d). Andere Bekleidungsstücke wurden überwiegend von einer Geschlechtergruppe getragen, einige Mädchen trugen etwa extrem enge Stoffhosen oder seltener Röcke. Schmuck wie Ohrringe, Ketten oder Armreifen fanden sich nur bei Schülerinnen. Die extrem weiten modischen Jeans mit großen Taschen wurden überwiegend von Jungen getragen. Einige wenige Insignien scheinen exklusiv in einer Geschlechtergruppe vorzukommen, wie etwa das Tragen spezifischer Schmuckstücke oder bestimmter Farben (z. B. rosa).

Die *Haarlänge* jedoch lässt sich als ein Kriterium fassen, mit dem die hier beschriebenen SchülerInnen relativ eindeutig einer der beiden Geschlechtergruppen zugeordnet werden können. In einem Protokollauszug werden die Haarlängen folgendermaßen beschrieben:

Antje trägt die Haare etwa schulterlang, wobei sie einen Schnitt haben, der schon lange herausgewachsen ist, sodass die Haare einfach runterhängen und es eher nachlässig wirkt ... Susanne, Silvia, Nathalie, Claudia und Sylvia haben alle lange Haare, die weit über die Schulter noch ein gutes Stück bis auf den Rücken gehen, wobei keine die Haare offen trägt. Claudia hat sie auf dem Kopf hochgesteckt, die anderen vier tragen Zöpfe. Alle Jungen tragen einen Kurzhaarschnitt. Auffällig im Vergleich zu den anderen ist zum einen Siegfried, der die Haare fast abgeschoren trägt, also nur noch ein kleiner Mecki übrig bleibt (ich glaube, er hat stark gelocktes Haar, was jedoch durch

das kurzgeschorene Haar nicht sichtbar ist). Zum anderen fällt Joachim auf, dessen Schnitt schon lange herausgewachsen sein muss, die Haare sind im Vergleich zu den anderen Kurzhaarschnitten etwas länger. Die Haarlänge ist jedoch immer noch insgesamt eine kurze Haarlänge (etwas über die Ohren) (Ax91102d).

Auch wenn es von dem in diesem Protokollauszug deutlich werdenden Gesamtbild Ausnahmen gibt (selten ein Mädchen mit Kurzhaarschnitt, in einer der drei Klassen einen Jungen mit langen Haaren, der Dreadlocks trägt), lässt sich festhalten, dass die Schülerinnen in der Regel mindestens pagenkopflange, meist jedoch deutlich längere Haare bis hin zu rückenlangen Haaren trugen, während fast alle Schüler kurze Haare hatten. Unter den beobachteten SchülerInnen ist also die Haarlänge ein sehr herausstechendes Merkmal, mit welchem die Geschlechter sich in sichtbarer und fast ausnahmslos für alle zutreffender Weise voneinander unterscheiden. Allein durch das sich gegenseitige Erblicken ist also sofort Geschlecht eine präsente Kategorie, die sichtbar inszeniert wird und durch die eine Unterscheidung der anwesenden SchülerInnen praktiziert wird, an welcher diese aktiv teilnehmen. [...]

Situatives Hervorheben der symbolischen Unterscheidung durch die Haarlänge

Über die Differenz der Haarlänge hinaus lassen sich in der Schule (in Pausen wie im Unterricht) Praktiken im Umgang mit dem Körper beobachten, mit welchen die Schülerinnen ihre langen Haare zusätzlich hervorheben. Häufig zu beobachtende Rituale sind dabei verschiedene routinierte Formen der Bearbeitung von Haaren, die mit der Herstellung von „Schönheit" zu tun haben oder in denen Haare zum „Spielgegenstand" im Unterricht werden. Dazu einige exemplarische Protokollauszüge:

„Michaela ... nimmt dazu ihre Arme weit zurück und streckt ihre Brust raus. Dann greift sie in das Haar und bändigt es, indem sie immer wieder nachgreift, auch wenn gar keine Haarsträhne abtrünnig geworden ist. Schließlich dreht und schraubt sie das Haar, sodass die Fülle und der Starrsinn der eingeschraubten Haare geradezu expressiv wirkt. Nachdem sie das Haar dann zu einer sich um sich selbst windenden Rolle geschraubt hat und sie dem Drill der Haare nachgibt und sie schließlich blitzschnell zu einem Dutt fertig geordnet hat, schließt sie ihr Haar in ein elastisches Band mit Samtbezug. Dieses Bändigungsritual habe ich heute in der Stunde mindestens fünfmal gesehen" (Cd81127n).

Sonja streckt sich, lässt ihren Kopf nach hinten fallen und fasst sich in ihr Haar. Sie fasst sich immer wieder in die Haare (Bd00130o).

Kerstin hat sich eine dünne Strähne ihrer langen, blonden Haare vor das Gesicht gezogen und fängt an, diese aufzudrehen. Eine ähnliche Geste entdecke ich bei Marianne, die sich eine Strähne nimmt, mit beiden Händen über den Kopf hält und anfängt sie zu flechten (Be01101j).

Die langen Haare, die unter den SchülerInnen der Klasse als relativ eindeutiges Zuordnungssymbol für ein Geschlecht gelten können, werden durch solche Rituale zusätzlich hervorgehoben: Vor den Augen der Mitschülerinnen, der Mitschüler und der Lehrkraft wird der Gegenstand der optischen Unterscheidung im Sinne des Wortes „In-Szene gesetzt". Es handelt sich dabei nicht um ein banales und irrelevantes Ritual, während die „eigentliche Interaktion" anderswo, etwa in den verbalen Aushandlungen, stattfindet. Durch diese Stilisierung der langen Haare erlangt Geschlecht eine zusätzliche Aktualität, die über eine relativ ‚statische' Unterscheidung hinausgeht. Dadurch wird die Aufmerksamkeit auf die Geschlechtszugehörigkeit der Person in der ablaufenden Situation gelenkt.

Verstärkung der Inszenierungseindeutigkeit

Die Körperpraktiken der SchülerInnen haben sich in den von uns beobachteten Klassen im Untersuchungszeitraum der Studie verändert: Zugenommen haben die Praktiken, dass die Schülerinnen Lidschatten auflegen, Wimpern tuschen und Lippenstift tragen, während die Schüler ihre Haare mit Gel stylen. Diese neu hinzugekommenen Praktiken werden *geschlechtsexklusiv* – also nicht von allen Personen des Geschlechts, aber ausschließlich von Personen des Geschlechts – ausgeführt: Das Schminken als Inszenierungsmittel von Weiblichkeit, das Stylen der kurzen Haare mit Gel als zusätzliches Stilisierungsmittel der kurzen Haare, des Inszenierungsmittels von Männlichkeit. [...]

Das Erschweren des „Absehens" von Geschlecht

Die körperbezogenen Inszenierungspraktiken in der Schulklasse führen zu einer optischen Vergegenwärtigung von Geschlecht in den Face-to-Face-Interaktionen. Diese bewerkstelligt für das Wissen der Anwesenden von Geschlecht eine paradoxe Leistung: ein „weitgehendes Vergessen für den Darsteller und ein Erinnern für das Publikum" (Hirschauer 1994: 675). Die Interagierenden sind dabei gleichzeitig Darstellende als auch Publikum. Insbesondere in der Schulklasse haben die Handlungen aller Personen eine *hohe Öffentlichkeit* und stets ein *großes Publikum*. Die permanente Visualisierung von Geschlecht vor den Augen von MitschülerInnen und Lehrperson hält ein Wissen von Geschlecht *präsent*. Die optische Präsenz von Geschlecht wird situativ noch hervorgehoben durch Rituale des Bearbeitens der Haare vor den Augen der MitschülerInnen. Verstärkt wird die Inszenierungseindeutigkeit von Geschlecht durch kulturell mit dem Lebensalter Adoleszenz verbundene Praktiken wie die des Schminkens.

Die optische Vergegenwärtigung von Geschlecht im Klassenzimmer hat für die SchülerInnen und Lehrkräfte eine wichtige Bedeutung: Das *Absehen* von Geschlecht wird durch diese bildförmige Allgegenwart, die soziale Realität verkörpert, erschwert.

Aushandlungen zur Haarlänge

Wie die SchülerInnen ihre Haare tragen und in welcher Länge, wird von den Mitschülerinnen nicht als Privatsache betrachtet, sondern durchaus registriert und kommentiert.

Dennis nimmt seine Mütze ab (er trägt die ganze Zeit und als Einziger in der Klasse ein Baseballkäppi), sodass man seine Haare sieht. Sie stehen wild nach oben ab und sehen nach meinem Empfinden wie ein rausgewachsener Kurzhaarschnitt aus – zu lang, um ‚passend' auszusehen. Irgendwer sagt etwas von ‚Elektroschocks', ein anderer sagt: „Du musst mal wieder zum Friseur gehen." Er antwortet: „Nee, ich habe nur nichts reingelt" und setzt die Mütze wieder auf (ein anderer nimmt sie ihm wieder ab, er kriegt sie dann aber gleich wieder) (Cy00831s).

Zunächst sind Dennis' Haare nicht zu sehen. Als er die Mütze abnimmt, werden sie verschiedentlich kommentiert. Neben dem Kommentar des Elektroschocks, der sich auf die vermutlich durcheinander aussehenden Haare bezieht, wird er auch aufgefordert, zum Friseur zu gehen. Auch die Ethnographin beschreibt die Haare als unpassend lang. Dennis geht auf die Kommentare ein und rechtfertigt das Aussehen seiner Haare mit fehlendem Gel und versteckt seine Haare dann wieder unter der Mütze. Es wird also von einem Mitschüler deutlich gemacht, dass die Haarlänge – obgleich es sich immer noch um kurze Haare handelt – als zu lang betrachtet wird. Auch im folgenden Beispiel wird die Haarlänge eines Schülers zum Thema.

Michelle sieht sich Detlefs Haare an. Sie meint, dass er zu lange Haare hätte. Detlef hat blonde Locken und diese mit Haargel zurückgekämmt. Michelle zieht eine Haarsträhne lang. Sie meint, dass die Haare da zu lang wären. Mit Detlefs Einwilligung nimmt sie eine Schere und schneidet die Haarsträhne etwas kürzer (Cp00109g).

Michelle kommentiert nicht nur seine aus ihrer Sicht zu langen Haare. Sie fungiert selbst spontan als Friseurin und schneidet ihrem Mitschüler mit seiner Einwilligung eine Haarsträhne kürzer. [...]

Herabsetzung durch verschiedene Praktiken des Ärgerns

Einzelne Schüler aus verschiedenen Klassen tragen etwas längere Haare als die anderen Jungen. Ein großer Teil dieser Schüler erfährt in verschiedener Hinsicht Herabsetzungen durch MitschülerInnen. Typisch für solche Interaktionen ist nicht das explizite Thematisieren der Haarlänge, sondern das Ärgern mit nonverbalen Praktiken, die um die Haare des Schülers kreisen, zum Teil während des Unterrichts.

Joachim trägt in dem Schuljahr des folgenden Protokollauszuges während unserer Anwesenheit im Feld einen herausgewachsenen Rundschnitt und halblange Haare, bis etwa zwischen Ohr und Kinn, die ihm häufig ins Gesicht fallen. Er trägt die Haare deutlich länger als alle Jungen der Klasse.

„Veith legt Joachim die ganze Zeit kleine zusammengeknüllte Papierschnipsel ins Haar, die dort hängen bleiben. Als dieser es nach langer Zeit endlich bemerkt, macht sich Veith über ihn lustig, dass er es die ganze Zeit nicht gerafft hat" (Ap80702d).

Joachims Haar wird in den Mittelpunkt der Interaktion gestellt, er wird mit Papierschnipseln geär-

gert. Dass es sich um Ärgern handelt, zeigt auch die Reaktion des Mitschülers, der sich über ihn lustig macht.

„Kurt und Christof sitzen hinter Joachim und Veith. Kurt greift ununterbrochen in die Haare von Joachim. Der streicht sie sich unermüdlich glatt, wobei ihm regelmäßig die Haare vor das Gesicht fallen. Er trägt einen extremen Seitenscheitel, sodass die Haare kraft der Gravitation herunterfallen: sprich nicht über die Schläfen bis zur Stirn, sondern direkt vors Auge. Ab und zu sagt Joachim: Hör auf!" (Ap80917n).

In dieser Situation greift sein Mitschüler direkt in das Haar. Die Reaktion von Joachim (die Aufforderung zum Aufhören) zeigt, dass die Situation von ihm als Ärgern aufgefasst wird.

„Veith hebt mit seinem Lineal die Haare von ‚Möcki' (Anm.: Spitzname von Joachim) hoch. Mustafa ruft rüber: Geh doch zu den Kellys! (Zur Kelly Family)" (Ak80909d). [...]
*„Siegfried zieht Möcki auf und ruft herüber zu ihm: ‚Hey, Möcki, was ist denn mit deiner Stimme? Die ist so hell!' Siegfried macht eine hohe und quietschige Stimme nach. Er sagt etwas von: ‚So weibliche Formen, ein weiblicher Körper.' Siegfried ruft dann zu ihm: ‚Möcki, wann ist deine Operation?' Möcki zeigt keine Reaktion.
Mathias (?) ruft nun: ‚Er lässt sich operieren, dass er ein Mann wird!' Die anderen lachen"* (Ad91015d).

Siegfried lästert über Möcki und bezieht sich neben der hohen Stimme auf die *äußere Erscheinung* von Möcki. Im Laufe der Interaktion wird Joachims Geschlechtszugehörigkeit zunehmend infrage gestellt. Die Geltung der Geschlechtszugehörigkeit wird mit der fiktiven Logik der Transsexualität unterhöhlt: Es existiert ein anderes, „eigentliches" Geschlecht, welches nur im falschen Körper ist. Deshalb muss Joachims Körper baldmöglichst operativ verändert werden. Der Gipfel der Anwendung dieser Logik auf Joachim besteht darin, das Vorhandensein der materiellen Substanz – nämlich der „männlichen" Genitalien, anhand derer die ursprüngliche symbolische Zuordnung von Geschlecht vorgenommen wurde – infrage zu stellen, sodass eine umgekehrte Operation notwendig würde, damit er überhaupt legitimerweise in seiner bisherigen Kategorie eingeordnet werden könne.

Zusammenfassung

In der Schulklasse geben die SchülerInnen den Haarpraktiken in ihren Aushandlungen situative Bedeutung. Es zeigt sich dabei, dass diese keiner Beliebigkeit überlassen bleiben. In expliziten Aushandlungen zur Haarlänge kommentieren MitschülerInnen bei einzelnen Schülern, deren Haare nicht einem Kurzhaarschnitt entsprechen, die Haarlänge als zu lang, oder es wird situativ sogar ein Teil abgeschnitten. Die Haarlängen von Mädchen werden weniger kommentiert, von der Bedeutung her werden aber abgeschnittene Haare von einem Mädchen selbst als „Unglück" betrachtet. Insgesamt deuten die Aushandlungen zur Haarlänge in der Tendenz darauf hin, dass Haarpraxis im Klassenzimmer verhandelt und durch die Reaktionen der Mitschüler die Inszenierung von Geschlecht in der Tendenz bestätigt wird.
Im sozialen Umgang mit Schülern, deren Haarpraxis im Bezug auf Geschlecht weniger eindeutig ist, zeigt sich, dass diese Schüler in der Gefahr stehen, als Individuen herabgesetzt zu werden. Diese Praktiken sind bei Jungen beobachtet worden (bei den wenigen Mädchen mit Kurzhaarschnitt wurden keine solchen Praktiken der Herabsetzung beobachtet, allerdings gab es auch nur wenige wirklich kurzhaarige Mädchen, die z.T. nur kurzzeitig anwesend waren, sodass nicht sicher ist, ob sich diese Beobachtung vielleicht auch aus der geringen Gelegenheit dazu ergeben hat). In verschiedenen Praktiken des Ärgerns, oftmals während des Unterrichts, setzen Mitschüler diese Jungen herab, indem sie die Haare selbst in nonverbaler Weise zum Interaktionsgegenstand machen, Schnipsel ins Haar legen, in die Haare greifen etc.
In weiteren Praktiken der Herabsetzung zeigt sich jedoch, dass in den Reaktionen der Mitschüler auf die Haarlänge die Geschlechtszugehörigkeit thematisiert wird. Insofern wird mit der Haarlänge nicht nur Geschlechtszugehörigkeit inszeniert, sondern diese ist eine Praxis, die von den SchülerInnen selbst offenbar eng mit der Geschlechtszugehörigkeit in Verbindung gebracht wird und welche deshalb als besonders konstitutiv für die Inszenierung von Geschlecht zu betrachten ist.

(Damaris Güting, Soziale Konstruktion von Geschlecht im Unterricht. Ethnographische Analysen alltäglicher Inszenierung, Klinkhardt, Bad Heilbrunn 2004, S. 127ff. [Auszüge])

1. Formulieren Sie den Forschungsansatz der Erziehungswissenschaftlerin als Ausgangsthese.
2. Wie interpretieren Sie die dokumentierten Äußerungen der Schülerinnen und Schüler?
3. Stimmen Sie dem Erklärungsansatz der Autorin zu oder halten Sie ihn für „an den Haaren herbeigezogen"?
4. Welche eigenen Beobachtungen machen Sie in Ihrem Schulalltag? Mit welchen anderen Praktiken inszenieren Jungen und Mädchen ihre Geschlechtsidentität?
5. Der Begriff „Inszenierung" stammt aus dem Theater-Kontext. Spielen wir alle Theater?
6. Wie bewerten Sie die von der Autorin behauptete kulturelle Forderung nach Einheitlichkeit in der Geschlechtsinszenierung? Haben Zwiespältigkeiten und Ambivalenzen in der Jugendphase genug Spielraum?

Pädagogische Anwendung

1. Beschreiben Sie das SPIEGEL-Cover in allen Details.
2. Welche Botschaften sind mit den Details verbunden?
3. Was ist Ihre eigene Wahrnehmung der Situation von Mädchen und Jungen in der Schule?

Sind die Jungen die Verlierer?

„Angeknackste Helden"

Jungen der Klasse H7 in der Hamburger Schule Hinschenfelde; Notendurchschnitt im Halbjahreszeugnis 2004, gemeinsamer Unterricht
3,9 Mathe
3,3 Deutsch

Pädagogen sorgen sich um die Männer von morgen: Immer mehr Jungen verlassen die Schule mit miserablen Noten. Sie sind tief verunsichert, männliche Vorbilder fehlen. Forscher rufen bereits die „Jungenkatastrophe" aus, die Leistungen der Mädchen werden unterdessen immer besser.
August Ferdinand Möbius, Mathematiker und Astronom zu Leipzig, nahm den Mund ganz schön voll. „Das Mathematische ist der Gegensatz des Weiblichen", verkündete der Elite-Wissenschaftler, gerade mal zwei Menschenleben ist es her. „Möchte dieses in grenzenlosen Gefühlen verschwimmen, so gipfelt männliche Klarheit in der Exaktheit." Eine Frau, talentiert für Algebra oder Geometrie und auch sonst nicht blöd? „Wider die Natur" wie „eine mit Bart".
Das Schicksal ersparte dem Gelehrten Einsicht. Als die ersten Schülerinnen 1896 in Berlin das Abitur bestanden, lag Möbius bereits unter den Toten.
So befremdlich die Töne des Spitzenforschers heute klingen mögen – Großprotz Möbius verhielt sich seinem Geschlecht gemäß. Den Trägern des Y-Chromosoms sei eines gemein, fasst Doris Bischof-Köhler zahlreiche Verhaltensstudien zusammen: „Das Selbst wird meistens überschätzt."
Schon im Kindesalter, so führt die Münchner Entwicklungspsychologin aus, zeigen sich Jungen eher unbeirrt von Schlappen und Gemäkel. Konsequent zieht sich der Befund durch Leistungstests in Kindergarten, Schule und Beruf: „Ist die Versetzung gefährdet oder die Karriere ungewiss: Männliche Selbstwahrnehmung ist auch in aussichtsloser Lage meist rosarot."
Die Schönfärberei wird langsam riskant. Obwohl Männer einparken können, obwohl sie rund 30 Prozent mehr verdienen als Kolleginnen in gleicher Position und noch immer die mächtigsten Ämter besetzen: Der Nachwuchs schwächelt. Ernsthaft.
Ärzte attestieren Jungen dreimal so oft das Zappelphilipp-Syndrom ADHS wie Mädchen; wenn Lehrer sich zur Disziplinarkonferenz versammeln, dann geht es in den meisten Fällen um einen männlichen Delinquenten; auch unter den Legasthenikern stellen Jungen die große Mehr-

heit. Ja, mehr noch: „In Klassen für Verhaltensauffällige überwiegen sie zu 90, unter Schülern mit Lernschwierigkeiten zu 75 Prozent", berichtet die Oldenburger Pädagogikprofessorin Astrid Kaiser. Unterdessen steigen die Frauen von morgen auf.

Seit 1992 schaffen mehr Mädchen als Jungen das Abitur – mit durchweg besseren Noten. Seit zwei Jahren überwiegen sie auch an den Hochschulen. 55 Prozent aller Gymnasiasten und 60 Prozent aller vorzeitig Eingeschulten sind weiblich.

Mädchen der Klasse H7 in der Hamburger Schule Hinschenfelde; Notendurchschnitt im Halbjahreszeugnis 2004, gemeinsamer Unterricht

2,6 Mathe   2,7 Deutsch

Die Jungen hingegen dominieren unter den Sitzenbleibern; 150 000, rund ein Drittel mehr als bei den Mädchen, waren es 2003 (siehe Grafik Seite 130). Je anspruchsvoller der Schultyp, desto stärker sind Mädchen vertreten, so lautet die eine Wahrheit. Die andere: Wer nicht einmal die Hauptschule zu Ende bringt, ist meist männlichen Geschlechts.

Fast durchweg erreichten Schülerinnen bei internationalen Schulleistungsstudien wie Iglu (Lesekompetenz in der Grundschule), Tims (Mathematik, Naturwissenschaften) und Pisa (Textverständnis, Lesen, Mathematik, Naturwissenschaften) die höheren Werte: Vor allem beim Lesen und beim Textverständnis liegen sie weit vorn. Gerade erst bestätigten britische Wissenschaftler diese Tendenz. Unter zehntausend Kindern fanden sie doppelt so viele Jungen wie Mädchen mit starken Leseschwächen.

In ihrem Problemfach Mathe hinken die Mädchen zwar hinterher – doch weitaus weniger als die Jungen ihren Mitschülerinnen in den sprachlichen Fächern. Auch in Chemie holen sie auf, in Biologie sind sie längst überlegen. Allein in Physik schneiden die Jungen noch deutlich besser ab.

„Lange beschäftigte uns allenfalls die mangelnde Sozialkompetenz von Jungen", sagt Barbara Koch-Priewe, Erziehungswissenschaftlerin an der Universität Dortmund. „Nun bekommt die Debatte eine neue Brisanz. Die Pisa-Studie hat den Blick auf die Leistungsdefizite gelenkt."

Die Kerle, so sorgen sich Eltern, Lehrer und Forscher, manövrieren sich ins Abseits. „Viele riskieren ihre Zukunft", meint Uli Boldt, Buchautor und Lehrer an der Martin-Niemöller-Gesamtschule in Bielefeld[1].

„Es bahnt sich eine Jungenkatastrophe an", sagt auch Henning Scheich, Direktor und Lernforscher am Leibniz-Institut für Neurobiologie in Magde-

---

[1] Uli Boldt: „Ich bin froh, dass ich ein Junge bin'. Schneider Verlag, Hohengehren; 203 Seiten; 16 Euro.

Hamburger Schule Hinschenfelde

Rund 370 Schüler besuchen die Grund-, Haupt- und Realschulklassen der Schule Hinschenfelde im Hamburger Stadtteil Wandsbek. Die Jungen und Mädchen der Klasse H7 seien eine ganz normale Hauptschulklasse, sagt ihre Klassenlehrerin Gabriele Stuhr, eine von 27 Pädagogen an der Schule. „Die Mädchen sind durchweg bemühter und fleißiger." Das wirke sich in allen Fächern aus, doch vor allem könnten sie besser lesen und schreiben. Nach Stuhrs Erfahrung können die Lehrer immer weniger Ansprüche an ihre Schüler stellen. An den Lehrplan allein hält sie sich längst nicht mehr. „Die nötige Förderung sieht der nicht vor." Die Klassenlehrerin wünscht sich mehr Unterrichtszeit für musische Fächer, in denen Kinder sich erproben, ohne bewertet zu werden.

burg. „Da entwickelt sich eine handfeste Versagerquote."

Die Aktiven des Vereins MANNdat forderten vor drei Wochen in einer Petition an den Bundestag bereits Jungenrechte ein; der Elternverein des schülerreichsten Bundeslandes Nordrhein-Westfalen mahnt aufgeschreckt, die Zahl männlicher Schulabgänger ohne Abschluss sei Besorgnis erregend: „Hier braut sich persönliches Unglück, aber auch ein gefährliches gesellschaftliches Problem zusammen."

Denn die Versager von heute werden kaum zu denen heranreifen, die eine Gesellschaft so dringend nötig hat – Steuerzahler mit hohem Einkommen und beziehungsfeste Väter wohlgeratener Kinder. Wer von der Schulbank zum Sozialamt schlittert, verdient meist lebenslang wenig und sieht auch auf dem Heiratsmarkt schlecht aus. Die wenigsten Abbrecher gründen eine Familie.

Ist es also so weit? Kommen nach Jahren der Mädchenförderung, nach „Girls-Days" in Schulen und „Mädchen-AGs" in Kindergärten, nach „Mädchenfreiräumen" auf städtischen Spielplätzen und „Mädchen-Ermutigungs-Nachmittagen" in Jugendzentren, nun die Jungen zu kurz? Wer diese Frage stelle, der rüttle an einer „gesellschaftlichen Vereinbarung", erklärt die Leipziger Soziologin Heike Diefenbach. Als politisch korrekt gelte es nun einmal, die Mädchen im

Nachteil zu sehen. Detailliert hat die Wissenschaftlerin aktuelle Bildungsstatistiken ausgewertet und folgert aus den Daten unverblümt und gegen alle Konvention: „In deutschen Schulen haben Jungen deutliche Nachteile gegenüber Mädchen."

Häufig bekommen sie es frühzeitig zu spüren. „Viele melden sich bei uns an, weil sie sich in der gemischten Grundschule übervorteilt gefühlt haben", erzählt Barbara Gauger, Lehrerin an einer der letzten Jungenschulen Deutschlands. Selbst Pädagogen wie Johannes Glötzner, die sich dem Wohl der künftigen Männer verschrieben haben, ertappen sich dabei, Schülerinnen zu bevorzugen. „Wir machen es Mädchen leichter, weil sie es uns leichter machen", sagt der Jungenbeauftragte für die städtischen Schulen in München. „Sie rüpeln weniger, plustern sich nicht so auf, haben oft lesbarere Handschriften und organisieren verlässlich das Drumherum vom Tafelputzen bis zum Klassenfest." Kurzum und im Pädagogendeutsch: Mädchen zeigen „schulangepasstes Verhalten".

Zwar bereiten auch sie Sorgen – vor allem in der Pubertät. Doch die Probleme mit Körper und Selbstwert, im schlimmsten Fall Magersucht und Depression, spiegeln sich selten in den Zeugnissen wider.

Im Gegenteil, womöglich trägt eine typisch weibliche Unart dazu bei, dass Mädchen häufig die aufmerksameren Schüler sind. Nahezu einhellig belegen psychologische Studien, dass sie sich trotz der besseren Noten durchweg schlechter einschätzen als Jungen.

Der Zweifel treibe zu gründlichem Lernen, und die „Schulangepassten" machten es sich auch selbst leichter, so die Forscher. „Eine ruhige Schülerin bekommt nun mal mehr mit als ein Kerl, der seinen Kumpel ständig mit dem Zirkel in den Rücken piken will", sagt Lehrer Boldt. „Es ist das Verhalten, das die Leistungen von Jungen und Mädchen auseinandertreibt. Das eine Geschlecht ist ja nicht grundsätzlich intelligenter als das andere."

Oder vielleicht doch? Und falls die Jungen wirklich nicht dümmer sind, warum kriegen sie die schlechteren Noten? Warum verhalten sie sich so viel unangepasster und rebellischer? Und wie lässt sich ihnen helfen? [...]

Knabe und Flachlandgorilla beim Imponiergehabe: „Drohen, bis der andere den Schwanz einzieht"

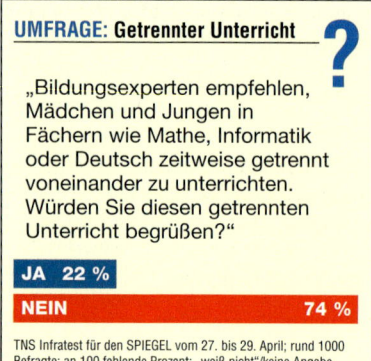

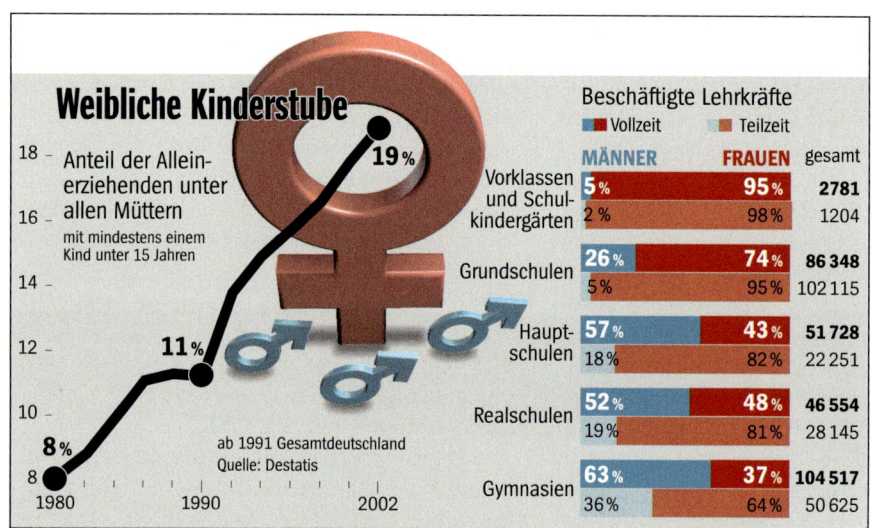

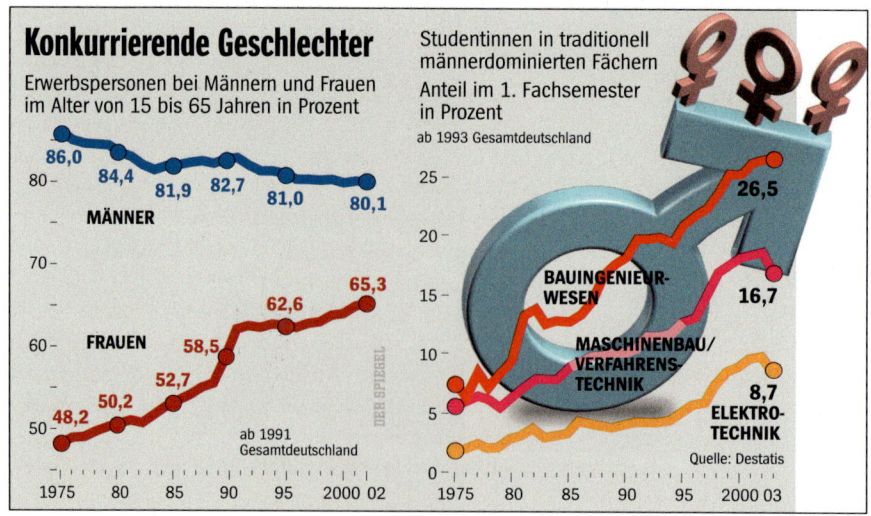

(Katja Thimm, Angeknackste Helden in: DER SPIEGEL Nr. 21/2004, S. 82–95 [Auszüge])

1. Bilanzieren Sie: Wie lässt sich die Situation von Jungen und Mädchen in der Schule nach den Recherchen der SPIEGEL-Autorin beschreiben?
2. Wie deuten Sie die geschlechtsspezifischen Unterschiede vor dem Hintergrund der thematischen Erklärungsansätze?
3. Am Ende des Auszugs aus dem SPIEGEL-Artikel wird die Frage nach den pädagogischen Konsequenzen gestellt. Welche Ansatzpunkte sehen Sie?
4. Eine mögliche Antwort ist die zeitweise oder völlige Aufhebung der Koedukation. Welche Vor- und Nachteile sehen Sie? Zu welcher Position gelangen Sie?

Maßnahmen zur Förderung der Jungen und zur Gleichstellung der Geschlechter

Anforderungen an eine jungenfreundliche Schule

Das Reden über leistungsschwache, gewalttätige und verhaltensgestörte Jugen hat in den letzten Jahren in Deutschland Konjunktur. Zwar war ein Teil der männlichen Jugend schon immer Gegenstand besorgter Beobachter – jener Teil, der den Älteren nicht Respekt erwies, sich rüpelhaft benahm, der als Halbstarke über die Stränge schlug, als Beatniks und Hippies sich der Normalbürgerschaft verwehrte oder als rebellische Studenten Autorität und „das Kapital" bekriegte. Aber irgendwann, so die Einschätzung, fügt sich auch jener Teil der männlichen Jugend wieder ein in den Strom der beruflichen und privaten Verantwortungsübernahme, wird Vater, Partner und Kollege und gleitet in den mainstream männlicher Normalbiografien, die die Gesellschaft, je nach Stand und Herkunft, für ihn bereithält.

Allerdings gerieten drei Dekaden lang, zwischen 1970 und 2000, die erwachsenen Männer in den Ruf, in jedem stecke ein borniter Verteidiger seiner ökonomischen, beruflichen und privaten Macht, sie seien potenzielle Vergewaltiger und hätten ansonsten ein trostloses, weil sich selbst nicht begreifendes inneres Leben. Jungen sind in diesem Diskurs die kleinen Machos, in denen das erwachsene Böse schlummert. Das ist eine Vorstellung, die die säkularisiert-christliche Erbsünde den Jungen zuschreibt, deren Eigensinn und Trieb zu brechen sei; ihnen werden die Mädchen als die reinen, unschuldigen Engel-Opfer gegenübersteht – natürlich ohne diesen religiös-kulturellen Kontext zu benennen. [...]

Ausgangsfragen: Des Kaisers neue Kleider oder wie sieht die Realität aus?

Seit den Siebzigerjahren hat die Öffentlichkeit Furcht erregende Meldungen aus dem Inneren des Monstrums Schule erhalten, wonach die Mädchen vernachlässigt, benachteiligt und diskriminiert würden. Sie würden in ihrem Selbstbewusstsein beschädigt, zu einem konservativen Frauenbild und in gesellschaftlich unattraktive Berufe gedrängt. Ihnen müsse mit *getrenntem Unterricht ein Schonraum*, mit *Selbstverteidigungskursen mehr Selbstbewusstsein* und mit *mehr Aufmerksamkeit durch die Lehrkräfte* eine erfolgreichere Schullaufbahn und damit Zukunft überhaupt erst ermöglicht werden. Ihre Berufschancen seien durch auf Mädchen zugeschnittene Computer- und Technikkurse zu verbessern. Hauptaufgabe der Schule sei also „MädchenStärken" (Pfister/Valtin 1993).

Die „Benachteiligung der Mädchen in Schulen der Bundesrepublik", wie eine entsprechende Veröffentlichung lautete (Borris 1972), sei begründet darin, dass der „Schulalltag von männlichen Strukturen geprägt" sei (Birmily 1991). „Die Schule ist männlich!" (Birmily 1991) wurde apodiktisch konstatiert, sie sei „Schule im Patriarchat" (Brehmer 1991). Diese empörten Feministinnen (und einige Männer, die sich selbst als Feministen verstanden) fragten nicht, wie dies sein könne, waren doch etwa in den Grundschulen schon in den Achtzigerjahren vorwiegend Frauen im Lehramt. Auch nahmen sie wenig Bezug zur Schule der DDR, wodurch unklar blieb, ob in ihren Augen auch diese patriarchalisch war oder der reale Sozialismus die „Frauenfrage" in der Schule erledigt hatte. Beiträgen von Männern, die kritisch auf die dünne *empirische* Basis dieser pauschalen Schulschelte verwiesen (Preuss-Lausitz 1991), wurde „ideologische Voreingenommenheit" unterstellt, ja Angst vor Verlust männlicher Herrschaft (Nyssen 1991). Das Wesen solcher Unterstellungen ist, dass sie nicht widerlegbar sind; es ist eine Kritik, die sich gegen Kritik immunisiert. Zum Glück haben andere Forscherinnen einen differenzierteren Blick auf die Wirklichkeit geworfen (Alfermann 1996, Faulstich-Wieland/Horstkemper 1995, Kaiser 1997).

Die koedukative Schule, die vor allem im höheren Schulwesen der alten Bundesrepublik erst in den 60er-Jahren in aller Breite und mit großer gesellschaftlicher Akzeptanz realisiert wurde, war von Teilen der feministischen Schulkritik wieder infrage gestellt worden. Über 30 Jahre lang wurde in der pädagogischen wie in der allgemeinen Öffentlichkeit die Frage hin und her gewendet, ob es für Jungen und Mädchen getrennte Schulen oder doch wenigstens getrennten Unterricht in einzelnen Fächern geben solle, vor allem im Sport (um sexuelle Anmache zu verhindern), in Physik, Chemie, Mathematik und im Informatikunterricht (um die Leistungen der Mädchen zu steigern). Von getrenntem Sprachunterricht, um die Leistungen der Jungen zu verbessern, war nie die Rede – Jungen galten ja als bevorzugt (auch wenn die Sprachlehrkräfte das besser wissen mussten).

Nun aber hören wir kaum noch etwas davon, auch nicht von den vormaligen Protagonistinnen, und zwar ohne dass es nachlesbare Argumente gibt, warum die Forderungen nach Trennung nicht aufrechterhalten bleiben. Gab es nicht Modellversuche, die bessere Schulleistungen der getrennten Mädchen belegten (Kessel 2003)? Haben die Lehrerinnen, die diese Versuche trugen, nicht begeistert von ihren Erfahrungen berichtet? Die großen Programme aus den Bildungs- und Jugendministerien sind weitgehend ausgelaufen, und es scheint politisch nicht mehr werbewirksam zu sein, die Klagen über die benachteiligten Mädchen zu wiederholen. Die Frauen-Schul-Forschung ist verstummt, äußert auch keine selbstreflexive Kritik früherer Positionen. Schulforschung und Öffentlichkeit blicken verstärkt auf die Jungen (vgl. z. B. Stürzer/Roisch/Hunze/Cornelißen 2003). [...]

Dies alles ist nur möglich, wenn sich die Lehrkräfte und das gesamte Personal einer Schule selbst mit den eigenen und mit fremden Einstellungen von „richtiger" und „falscher" Männlichkeit auseinandersetzen und mit außerschulischer Jugendarbeit kooperieren. Sie müssen sich bewusst sein, dass ihre spontanen Nebenbemerkungen, ihre Mimik und Gestik bei Kindern oft mehr transportieren als das offizielle Curriculum. Deshalb empfehle ich drei Dinge:

• Erstens: Arbeit an der *Sprache* der Schüler, gerade wo sie abfällig über „falsche" Jungen und Mädchen richtet – vom „Weichei" über „du Schwuler" bis zur „Hure". Das Weghören ist keine sinnvolle pädagogische Strategie. Arbeit an der Sprache der Jungen und Mädchen schließt den Kampf gegen Mobbing mit ein. Erwachsene sollten auch ihre eigene Sprache prüfen. Sie sollten Jugendsprache nicht schein-empathisch und nähebedürftig reproduzieren.

• Zweitens: Das *Nachdenken über sich selbst* und die Reflexion der Außenwirkung des eigenen Verhaltens sollte professionell durch *Supervision* gestärkt werden. Vor allem die verborgenen Ängste, die Wut über manche Jungen und die Hilflosigkeit, wie darauf zu reagieren sei, kann nicht nur im eigenen Kämmerlein aufgearbeitet werden. Dazu brauchen Lehrer wie Sozialarbeiter das von einem Professionellen geleitete themenzentrierte Gespräch. Supervision sollte sich natürlich auch auf andere pädagogische Problembereiche beziehen, aber die Genderfrage ausdrücklich mit einschließen.

• Drittens: Lehrer dürfen nicht mehr allein in der Schule das Gender-Klima bestimmen. Es ist nötig, dass die *autonomere Schule sich Männer in die Schule holt,* natürlich auch Frauen, die ganz andere Berufe, Erfahrungen, Biografien, Zukunftshoffnungen und Kompetenzen haben, die in der Arbeit mit Jungen (und mit Mädchen) Erfahrungen haben, aber bislang wenig wissen über die aktuellen Probleme von Lehrern, aber auch von Jungen im Schulalltag. Die Kooperation von Lehrern und Externen bringt eine jungenfreundliche Schule wirklich auf den Weg. Kooperation meint

einerseits gemeinsame Vorhaben, gegenseitige Hospitationen und Erkundungen, aber auch Respekt vor dem Blick, den andere haben, und der den eigenen erweitern kann.

Wenn nach diesen Vorschlägen auf der mentalen, strukturellen, inhaltlichen und selbstlernenden Ebene ein reflexiver Umgang mit Jungen und Mädchen, mit den Geschlechterrollen, mit dem eigenen Selbstverständnis von Lehrern, Sozialarbeitern und andern Externen erfolgte, würde sich die Benachteiligung, die ein Teil der Jungen derzeit in den Schulen erfährt, überwinden lassen. Das müssen Schulen aber als Ganzes wollen. Sie könnten solche Ziele in das Leitbild ihrer Schule schreiben und konkrete Wege im Schulprogramm verankern. Dann würde die Schule weder „männlich" noch „weiblich" sein, sondern jungen- und mädchenfreundlich, kurzum: den Kindern und Jugendlichen ihren je eigenen aufrechten Gang ermöglichen.

(Ulf Preuss-Lausitz, Anforderungen an eine jungenfreundliche Schule, in: Die Deutsche Schule Nr. 2/2005, S. 202ff. [Auszüge])

1. Der Autor beschreibt z. T. mit polemischem Unterton einen historischen Wandel in der Betrachtung der Geschlechterfrage. Sind Mädchen zu sehr gefördert worden? Ist die Gleichberechtigung von Mann und Frau in der Gesellschaft erreicht bzw. haben die Frauen inzwischen eine bevorzugte Position in Schule und Gesellschaft? Beziehen Sie in Ihre Stellungnahme auch die empirischen Daten aus dem SPIEGEL-Artikel ein.
2. Der Autor formuliert am Ende seiner Ausführungen drei Reformvorschläge. Welche konkreten pädagogischen Maßnahmen können Sie sich hierzu vorstellen?
3. Für wie hilfreich halten Sie diese Vorschläge?
4. Welche Rolle kann der Pädagogikunterricht in diesem Kontext spielen?

Wir machen eine Jungenkonferenz

Jungenkonferenzen sollten regelmäßig stattfinden, sich deutlich von anderen Unterrichtsstunden abheben und möglichst 90 Minuten dauern. Dass Jungenkonferenzen ein zensurenfreier Raum sein müssen, versteht sich von selbst.

Themenwahl: Bei den ersten Treffen mit einer Jungengruppe werden die Inhalte von den Erwachsenen festgelegt. Da am Ende eines Treffens Wünsche von den Jungen geäußert werden, sind sie schnell in Planung und Gestaltung der Treffen verantwortlich einbezogen.

Mann oder Frau: Nach Möglichkeit sollten die Konferenzen von einem Mann geleitet werden. Jungen brauchen eine Person ihres Vertrauens, der sie sich öffnen können. Wo Männer fehlen, können Teile der Jungenarbeit auch von Frauen übernommen werden.

Einstieg/Beginn: Nach einer Begrüßung beginnt jedes Treffen mit einer ruhigen Einstimmung (Traumreise, Entspannungstrainings und/oder Vertrauens-/Körperübung im Stuhlkreis). Die Übungen sind freiwillig. Es gilt die Regel: keine Störung der anderen, keine Kommentierung während der Übung.

Gespräche: Der Lehrer achtet darauf, dass sich alle Jungen zum Thema äußern und Gesprächsregeln eingehalten werden: Niemand wird unterbrochen, Nachfragen sind erlaubt. Da es Jungen schwerfällt, über das eigene Verhalten zu reden, dienen diese Übungen auch der Kompetenzerweiterung. Für Einzelthemen muss kein konsensfähiges Ergebnis erarbeitet werden. Auf starke moralische Zurechtweisungen wird verzichtet. Die geäußerten Aussagen werden vertraulich behandelt.

Praktische Übung: Den Gesprächen folgen immer praktische Übungen und Rollenspiele, die im Zusammenhang mit dem Gesprächsthema stehen. Die Übungen sollen die Jungen anregen, über Verhaltensalternativen nachzudenken, die sie in ihr Alltagshandeln übernehmen können. Die Rollenspiele thematisieren erlebte Konflikte, die nach ausführlicher Schilderung zuerst von den beteilig-

ten Jungen selbst gespielt werden. Danach werden einzelne Rollen durch andere Jungen neu „besetzt", sodass andere Konfliktlösungen dargestellt werden. Nach Übung und Rollenspiel wird eine Reflexionsrunde durchgeführt: „Hat es euch gefallen?", „Was war neu?", „Haben sich alle an die Regeln gehalten?", „Könnt ihr mit dieser Übung im Alltag etwas anfangen?". Im Rahmen der Auswertung können auch Methoden wie Blitzlichter, Evaluationszielscheiben usw. eingesetzt werden.

Fazit/Ausblick: Am Ende der Konferenz stellt der Lehrer die Frage, welche Themen und Inhalte die Jungen gerne in einer der nächsten Konferenzen behandeln möchten. Dabei versucht er, möglichst die Vorstellungen aller Jungen zu erfragen. Es kann ratsam sein, diese Abfrage schriftlich zu machen. Dies verhindert, dass die Meinungen der Minderheit verloren gehen.

(Uli Boldt, Das alte männliche Rollenmodell ist noch immer gültig, in: Neue Deutsche Schule Nr. 7/8 2005, S. 9)

1. Skizzieren Sie Zielsetzung und pädagogisches Konzept einer Jungenkonferenz.
2. Entwerfen Sie in Grundzügen eine entsprechende Mädchenkonferenz.

Woran erkennt man die Gleichstellung der Geschlechter an einer Schule? – Zehn Qualitätsstandards zur Geschlechterfrage

A Lerninhalte

1. In Sprache, Texten und Bildern werden beide Geschlechter gleichwertig behandelt.

2. Lehrpläne, Lehrmittel und Lerninhalte orientieren sich an den Interessen beider Geschlechter und zeigen Frauen und Männer, Mädchen und Knaben in zeitgemäßen, vielfältigen Rollen.

3. Lehrpersonen sensibilisieren Schülerinnen und Schüler dafür, geschlechtsspezifische Stereotypen und Diskriminierungen zu erkennen und aufzubrechen.

B Unterricht

4. Mädchen und Knaben kommen im Unterricht quantitativ und qualitativ ausgewogen zum Zug.

5. Lehrpersonen fördern Mädchen und Knaben geschlechterbewusst und methodisch gezielt.

C Schulentwicklung und Bildungsperspektiven

6. Bildungsverantwortliche nehmen Gleichstellung als Querschnittaufgabe wahr.

7. Frauen und Männer sind auf allen Hierarchiestufen und in allen Gremien möglichst ausgewogen vertreten.

8. Der Stand der Gleichstellung wird regelmäßig in der Qualitätssicherung überprüft.

D Aus- und Weiterbildung

9. In der Ausbildung ist sichergestellt, dass alle Lehrpersonen Genderkompetenzen erwerben und diese vermitteln können.

10. In der Weiterbildung ist der Umgang mit Heterogenität und Geschlechterdifferenz fester Bestandteil des Angebots und als Querschnittthema etabliert.

(Kanton Zürich, Gender Mainstreaming an den Schulen der Schweiz, zit. nach: Lehren und Lernen Nr. 1/2004, S. 43)

1. Konkretisieren Sie die Standards und suchen Sie Erfolgskriterien für eine konsequente Umsetzung.
2. Erreicht Ihre Schule diese Standards? Recherchieren Sie und schreiben Sie Ihrer Schule ein „Gender-Zeugnis".
3. Wie sieht Ihre Bilanz für Ihren Pädagogikunterricht aus?

Schluss-Punkt

Warum es Frauenzeitungen gibt und warum diese so sind, wie sie sind, ist allgemein bekannt: Das Geschäft mit Kosmetik- und Modeartikeln ist ausgesprochen lukrativ. Zu diesem Zweck wird ein Frauenbild erschaffen, das den Konsumentinnen suggeriert, durch den Kauf jenes Lippenstifts oder dieser Caprihose würde ihr Leben interessant und glücklich. Bei einem Blick in die entsprechenden Männermagazine wird deutlich, dass diese Branche längst auch den männlichen Teil der Gesellschaft erfasst hat und „ihm" einzureden beginnt, bei Verwenden des richtigen Rasierwassers würde ihm die weibliche Welt zu Füßen liegen.

Nun die Frage: Ist das schlimm? Wird irgendjemand zum Lesen dieser Magazine gezwungen? Wem folgt das Programm einer Frauenzeitung – einem politischen Konzept oder schlicht den Gesetzen von Angebot und Nachfrage? Brauchen wir eine Zensur für Diätpläne und Schminktipps? Wollen wir wirklich erwarten, dass ein starker Wirtschaftszweig in freiwilliger Selbstbeschränkung Verantwortung für mögliche soziale Auswirkungen seiner werbewirksamen Geschlechterbilder übernimmt?

Das politische System, in dem wir leben, stützt sich auf die Idee von Eigenverantwortung und Selbstbestimmtheit seiner Bürger. Ein solches System kann nicht mehr tun, als – solange es einem freiheitlichen Gedanken folgt – möglichst breite Chancen für möglichst breite Teile der Bevölkerung zu eröffnen. Es gibt heutzutage keine Universitäten mehr, die keine weiblichen Studenten akzeptieren, Frauen können wählen, arbeiten, politisch aktiv sein, Karriere machen – und sie können es auch sein lassen. Ab einem bestimmten Punkt geht die Entscheidung, wie man sein Leben gestalten will, auf den Einzelnen über – und das heißt nicht, dass eine weibliche Vollbeschäftigung erreicht werden muss, nur weil einst die arbeitende Frau als die selbstverwirklichte Frau definiert wurde. Wenn jemand lieber Zeit in Wellness und Schönheit investiert als in Beruf oder Karriere – dann lassen wir sie doch einfach.

Wo es an der nötigen Chancengleichheit für berufstätige Frauen fehlt, muss noch einiges getan werden – zum Beispiel bei den immer noch mangelhaften Möglichkeiten für Kinderbetreuung und der Weigerung vieler Arbeitgeber, auf flexible Arbeitszeiten zu setzen. Das hat aber mit Frauenmagazinen eher wenig zu tun. Weil man Statistiken nur glauben sollte, wenn man sie selbst gefälscht hat, blicke ich lieber in mein Umfeld, um herauszufinden, wie ein kleiner Teil der Welt beschaffen ist, und siehe da: Alle meine Freundinnen arbeiten oder nicht, haben Kinder oder nicht, einen Freund oder Ehemann oder eben nicht – und keine von ihnen fühlt sich unterdrückt, diskriminiert und von der „Brigitte" gehirngewaschen. Von einer solchen Idee würden sie sich als selbstständig denkende Menschen wohl eher beleidigt fühlen. Zu Recht, wie ich finde.

(Juli Zeh, in: DIE ZEIT v. 17.03.2005; Juli Zeh, 30, geboren in Bonn, Völkerrechtlerin und Schriftstellerin, lebt in Leipzig; letzte Veröffentlichung: *Spieltrieb*, Roman, Schöffling Verlag 2004; schreibt u.a. für ZEIT, SPIEGEL, *Merian* und *Brigitte*)

1. Nehmen Sie Stellung!
2. Schreiben Sie eine Erwiderung auf der Basis Ihrer Erkenntnisse aus der Arbeit an diesem Thema!

Projektvorschlag zum selbstständigen Weiterarbeiten

Was machen die Jungs ...

am Girls' Day???

Recherchieren Sie in Ihrer Region, ob und wann es einen „Girls' Day" gibt (meistens findet dieser im Monat Mai statt).
Entwickeln Sie ein Konzept für einen entsprechenden „Boys' Day". Sie können sich Anregungen aus Aachen holen – dort hat man schon Erfahrungen damit gesammelt:

http://www.aachener-boysday.de

Da am Girls' Day Werbung für Frauen in Männerberufen, vor allem in technischen Berufen, gemacht wird, würde es entsprechend am Boys' Day darum gehen, Männer für Frauenberufe zu gewinnen. Sie müssten daher in Ihrer Region ermitteln:

- Was sind typische Frauenberufe (über 70% Frauenanteil)?
- Welche beruflichen Tätigkeiten werden ausgeübt?
- Welche Erfahrungen können Jungen an einem Boys' Day in diesen Berufen machen?

Sprechen Sie mit möglichen Veranstaltern (Schulleitung, Berufsberatern, Gleichstellungsbeauftragten ...) über Ihr Konzept.

2.4 „Ist ja irre!" – Psychische Krankheiten von Kindern und Jugendlichen

Vorgehensweise:

1. Was sehe ich?
   Stichpunktartig das Bild in allen Einzelheiten beschreiben.
2. Was fällt mir dazu ein?
   Schnellschreiben: In 6 Minuten alles, was zu dem Bild assoziativ im Kopf umhergeht, notieren.
3. Was sagt es mir?
   Die Assoziationen durchgehen und das mir Wichtige markieren oder unterstreichen. Dann einen kurzen Text schreiben, bei dem der erste und der letzte Satz gleich ist.

Einführung

Ohnmächtig, frech und rasend sich gebärden,
großmütig, sanft, scheu und vor Wut erbeben,
stark, sterblich, schon gestorben leben,
feig, treu, verräterisch, tollkühn werden,

ohn' Ruhe wie im Himmel so auf Erden,
sich fröhlich, trüb, stolz und erniedrigt geben,
streitsüchtig, fest und – flugs entschweben,
zufrieden, doch zerfetzt vor Argwohn sterben,

die Blicke jedem Lug und Trug entziehen,
Gift trinken wie ein Glas des allerbesten Weins,
das Unheil suchen und dem Glück entfliehen,

glauben, dass Höll' und Himmel eins,
Leben und Seele geben für ein falsches Blühen:

> Formulieren Sie eine letzte Zeile zu diesem Gedicht.
> Was meinen Sie: Wer hat es wann geschrieben?
> Auflösung folgt!

Biografische Einstiegsmöglichkeiten

Übungen

1. Das ABC der psychischen Krankheit/psychischen Gesundheit
- Individuelle Variante:
  Jedes Kursmitglied schreibt zu jedem Buchstaben des Alphabets assoziierte Begriffe, die zum einen psychische Krankheit (von „abgedreht" bis „zu") und zum anderen die psychische Gesundheit betreffen (von „anerkannt" bis „zufrieden"). Jede Assoziation ist erlaubt, auch diskriminierende, da diese Assoziationen immer vorhanden sind. Ein Aufschreiben macht sie bearbeitbar.
  Im Kurszusammenhang kann in der Auswertung dann nach Gemeinsamkeiten, Auffälligkeiten usw. gesucht und Fragen und Thesen für die weitere Arbeit gesammelt werden.
- Kollektive Variante (entwickelt von Christiane Loos und Christina Vogt):
  Der Kurs wird in zwei Großgruppen (eine bearbeitet das ABC der psychischen Gesundheit, die andere das der psychischen Krankheit) aufgeteilt. Diese erhalten lange Tapetenbahnen mit den Buchstaben des Alphabets und sollen sie dann, ausgestattet mit dicken Markern, in einem kollektiven Brainstorming ausfüllen.
  Jede der beiden Gruppen soll sich eine ihrer Themenstellung entsprechende Art der Präsentation überlegen. (Auswertung wie oben)

2. Vertrautes und befremdendes Verhalten

Jede Schülerin und jeder Schüler schreibt in konzentrischen Kreisen um einen Mittelpunkt ihnen vertrautes bzw. sie befremdendes Verhalten auf – je weiter vom Mittelpunkt entfernt, desto befremdender ist das Verhalten.
In der Auswertung im Kurs kann dann überlegt werden: Ist eine Grenzziehung möglich? Wo endet Normalität? Wo beginnt das „Irre"?

3. Etwas „Verrücktes" tun:

„Mutige" Schülerinnen und Schüler könnten in der Schulöffentlichkeit oder in der allgemeinen Öffentlichkeit gezielt ungewöhnliche Dinge tun und Reaktionen darauf beobachten und festhalten. Also z.B.:

- rückwärts die Treppen in der Schule hochgehen
- auf dem Schulhof singen und tanzen
- auf dem Marktplatz Münzen in die Luft werfen usw.

Die Schülerinnen und Schüler haben sicher noch viele Ideen, sie sollten nur darauf achten, kein „öffentliches Ärgernis zu erregen".

Psychische Gesundheit – auch ein Problem von Schulen?

Psychische Auffälligkeiten von Kindern und Jugendlichen

Kinder und Jugendliche haben in nicht unerheblichem Ausmaß und in unterschiedlichen Formen psychische Probleme. Kindheit ist keine unbeschwerte Zeit mehr und Jugend ist nicht mehr so, wie sie noch Joseph von Eichendorff (1788–1857) als „das noch gesunde und unzerknitterte, vom kleinlichen Treiben der Welt noch unberührte Gefühl der ursprünglichen Freiheit" beschrieben hat. Einige Zahlen aus epidemiologischen Studien, die die oben genannten ergänzen und präzisieren, sollen diese verdeutlichen […].

Hyperaktivität: 3 bis 5 Prozent der Kinder im Grundschulalter sind von Aufmerksamkeitsdefizit-Hyperaktivitäts-Syndromen betroffen (ADHS).
Ängste: 10 Prozent der Kinder in Grundschulen leiden unter Ängsten, 16 Prozent der Jugendlichen; Mädchen mehr als Jungen, Hauptschüler mehr als Gymnasiasten.
Depressionen: 10 Prozent der Jugendlichen leiden im Verlauf des Jugendalters mindestens an einer ernsthaften depressiven Episode. Am häufigsten sind Schülerinnen und Schüler von Realschulen betroffen, gefolgt von Hauptschülern. Am wenigsten betroffen sind Schülerinnen und Schüler von Gymnasien.
Selbstmorde: 50 bis 60 Kinder mit depressiven Störungen im Alter von 10 bis 15 Jahren nehmen sich jährlich das Leben. Bei Jugendlichen und jungen Erwachsenen bis 25 Jahren sind es 1500.
Psychosomatische Beeinträchtigungen: 30 bis 40 Prozent vornehmlich der Jugendlichen klagen über psychosomatische Beeinträchtigungen wie z.B. Kopfschmerzen, Magenschmerzen, Rückenschmerzen, Nervosität, Schlafprobleme, Müdigkeit/Erschöpfung. Bis zu 60 Prozent der Hauptschülerinnen und -schüler geben solche Beschwerden an, bei Gymnasiastinnen und Gymnasiasten sind es 45 Prozent. […]

Insgesamt sind es etwa 12 bis 18 Prozent der Kinder und Jugendlichen, die psychische Störungen aufweisen. Das sind 1,8 bis 2,7 Millionen der bis zu 18-Jährigen. 5 Prozent von ihnen sind psychisch so beeinträchtigt, dass sie dringend fachkundige Hilfe benötigen, 7 bis 13 Prozent zeigen beobachtungs- und beratungsbedürftige Auffälligkeiten. Generell haben Jungen im Kindesalter ein etwa 2–3fach höheres Risiko, an psychischen Störungen zu erkranken, als Mädchen. Im späteren Jugendalter gleichen sich die Raten allerdings wieder an.

Neben diesen Fakten gibt es weitere Hinweise, die als Indikatoren für eine noch viel breitere Gefährdung der psychischen Gesundheit von Kindern und Jugendlichen gelten können. So ist z. B. bei den „Sorgentelefonen" für Kinder und Jugendliche eine wachsende Inanspruchnahme festzustellen. Mehr als 4 Millionen Anrufversuche sind allein beim Kinder- und Jugendtelefon des Kinderschutzbundes im Jahr 2002 registriert worden. Von mehreren zehntausenden sog. „Ausreißern" ist jährlich auszugehen. Bei Kindern und Jugendlichen unter 14 Jahren sind steigende Delinquenzraten festzustellen und eine zunehmende Gewaltbereitschaft bei Absenkung der Hemmschwellen. Zudem ist eine hohe Nachfrage nach psychosozialen Diensten, wie Kinder- und Jugendpsychotherapeuten und -psychiatern oder Erziehungsberatungsstellen, zu verzeichnen. So ist z. B. die Inanspruchnahme von Erziehungsberatung als Jugendhilfeleistung in der Bundesrepublik seit 1993 um fast 39 Prozent auf 274 600 beendete Beratungen in 2000 gestiegen.

All dies zeigt: Ein nicht unerheblicher und in der Tendenz steigender Anteil der jungen Generation kann mit den Chancen und Risiken, die das Aufwachsen in der heutigen Gesellschaft mit sich bringt, nicht angemessen umgehen. Immer mehr Kinder und Jugendliche sind hiermit mehr oder weniger überfordert, sind von Eltern, Kindergarten und Schule nicht genügend vorbereitet worden, sind sich oft allein überlassen und empfinden Stress, „Frust", Wut, Sinnlosigkeit und Ausgeschlossensein. Psychische Gesundheit, verstanden als die Fähigkeit, sich kompetent mit den gesellschaftlichen Anforderungen auseinandersetzen zu können („produktive Anpassung") und im Leben auch eigene Wünsche, Bedürfnisse und Hoffnungen konstruktiv zu verwirklichen („Selbstverwirklichung"), ist für sie in weitere Ferne gerückt. Ebenso gefährdet ist die Entwicklung eines selbstbestimmten Lebens, das sich auf einer soliden Bildungsbasis gründet: Durch psychische Beeinträchtigungen steht auch der schulische Lernerfolg auf dem Spiel [...]. Damit rückt aber die psychische Gesundheit immer deutlicher ins Zentrum der Aufmerksamkeit der schulischen Gesundheitsförderung. Für sie gilt erst recht, was die Weltgesundheitsorganisation in dem eingängigen Slogan allgemeiner formuliert: „There is no health without mental health".

(Peter Paulus, Psychische Gesundheit – auch ein Problem von Schulen? In: Heinz Hundeloh u.a. [Hrsg.], Gute und gesunde Schule. Kongressdokumentation, Düsseldorf 2004, S. 76ff. [Auszug])

Psychische Krankheiten – Definitionsversuch und Fallbeispiele

Das Dunkelfeld der psychischen Krankheiten ist weitgehend unerforscht. Die Probleme, psychische Krankheiten von Kindern und Jugendlichen objektiv zu erfassen, beginnen mit den Definitionsproblemen. Sie werden bei den Einführungsübungen schon darauf gestoßen sein, dass es sehr schwierig ist, das „Normale" vom „Verrückten", das „Gesunde" vom „Kranken" abzugrenzen.
Wir wollen Ihnen eine vorsichtige Definition der „Aktion Psychisch Kranke" anbieten:

Ein Definitionsversuch

Gesundheit – das ist ein „Zustand vollkommenen körperlichen, psychischen und sozialen Wohlbefindens ...". So beschreibt die Weltgesundheitsorganisation (WHO) einen idealen Zustand, der selten erreicht wird: Einem Menschen geht es rundherum gut. Er ist zufrieden. Er ist körperlich gesund. Er lebt mit Menschen zusammen, die er liebt und die ihn lieben. Er hat Freunde. Er hat einen Beruf, dessen Ausübung ihn befriedigt und der ihm einen sicheren Arbeitsplatz garantiert. Er hat Hobbys, die ihm Spaß machen.

Gesundheit bedeutet also nicht nur, dass der Mensch körperlich gesund ist. Zu ihr gehören auch seelisches Gleichgewicht und befriedigende Beziehungen zu seiner Umwelt.

Das, was den Menschen ausmacht – seine Persönlichkeit –, bildet eine Einheit aus Seele, Geist und Körper. Körper und körperliche Fähigkeiten sind klar erkennbar. Beim Sport sind sie unmittelbar zu erleben und zu beobachten.

Bricht sich jemand ein Bein, dann kann er davon ausgehen, dass er eine bestimmte Zeit lang behandelt wird und danach wieder laufen kann. Er bleibt in seinem gewohnten Lebensbereich und behält seinen Arbeitsplatz. Die ganze Sache ist schnell vergessen.

Seele und Geist, seelische und geistige Fähigkeiten jedoch sind nicht so ohne weiteres sichtbar, obwohl jeder Mensch in unterschiedlichem Maße über diese Fähigkeiten verfügt: Wahrnehmen, Erinnern, Denken, Sprechen, Fühlen, Wollen. Solange der Mensch über diese Fähigkeiten uneingeschränkt verfügt, wird er sich ihrer kaum bewusst. Sie sind ihm selbstverständlich. Sind jedoch Wahrnehmen, Erinnern, Denken, Sprechen, Fühlen oder Wollen gestört, dann sind zwangsläufig auch die Beziehungen des Menschen zu seiner Umwelt gestört, zu seiner Familie, zu seinen Freunden, seinen Kollegen. Sie erleben ihn als verändert und bei schweren psychischen Störungen als ver-rückt.

Kleinere psychische Störungen und Konflikte gehören zum täglichen Leben. Unsere Sprichwörter spiegeln wider, wie sich manche seelischen Störungen äußern können:

- Das ist mir auf den Magen geschlagen.
- Der ersäuft seinen Kummer in Alkohol.
- Das hat ihr den Schlaf geraubt.
- Sie hat die Nase voll.
- Der ist aus dem Häuschen geraten.

Diese Sprichwörter signalisieren ein belastendes Ereignis, eine problematische Situation, eine Krise. In eine Krise kann jeder geraten.

Krise ist das griechische Wort für Entscheidung. Krise bedeutet: ein Wendepunkt, eine Veränderung, eine bedenkliche Lage, die vor einer Verbesserung oder Verschlechterung steht. Jeder Mensch erlebt Veränderungen. Probleme können sich zuspitzen. Er muss sich mit ihnen auseinandersetzen, ob er will oder nicht. Eine Krise kann durch äußere Ereignisse hervorgerufen werden, wie durch den Tod eines nahestehenden Menschen, Scheidung, Übergang von der Schule in die Arbeitswelt. Eine Krise kann aber auch durch das Innenleben eines Menschen, durch innere Veränderungsprozesse ausgelöst werden; beispielsweise bei Jugendlichen, die erwachsen werden, aber noch nicht stabil sind.

Der Mensch kann eine Krise bewältigen. Das bringt ihm in der Regel Selbstvertrauen, das Gefühl, das Leben zu meistern, mehr Stabilität gegenüber ungünstigen Einwirkungen, eine größere Integrität, mehr Unabhängigkeit. Dieser Mensch kann kreativer und mutiger werden. Seine Persönlichkeit ist gereift.

Eine Krise kann aber auch unbewältigt bleiben. Das bedeutet in der Regel mehr Unsicherheit, mehr Angst, weniger Selbstvertrauen, größere Verletzbarkeit, mehr Abhängigkeit von anderen, Rückzug in sich selbst.

Es ist möglich, diesen Misserfolg mit den dazugehörigen schlechten Gefühlen durch spätere gute Erfahrungen wieder auszugleichen. Geschieht das jedoch nicht, und häufen sich die Probleme und die ausweglos erscheinenden Situationen, dann kann am Ende einer Entwicklung eine psychische Krankheit stehen.

Schwere psychische Krankheiten können aber nicht nur im Anschluss an ernstere psychische Krisen, sondern auch ohne erkennbaren Anlass verhältnismäßig plötzlich anfangen. Oft sprechen Patienten und Angehörige dann von einem „Nervenzusammenbruch".

Oder die Störung entwickelt sich langsam, beginnt zunächst mit leichten Veränderungen des Verhaltens oder der Leistung, was von Angehörigen und Kollegen kaum bemerkt und nicht als krankhaft empfunden wird. Erst von einer bestimmten Ausprägung an entsteht dann der Verdacht auf eine psychische Krankheit. Spätestens zu diesem Zeitpunkt sollte fachlicher Rat gesucht werden. Denn wenn wirklich eine psychische Krankheit vorliegt, dann ist rechtzeitige Hilfe besonders wichtig.

(Aktion Psychisch Kranke e. V., Gestörte Einheit, Informationen über seelische Störungen, Bonn 1995, S. 9ff.; Bei dieser Organisation sind zu allen Formen psychischer Krankheiten Informationen erhältlich, die kostenfrei gegen Erstattung des Porto abgegeben werden. Anschrift: Brunsgasse 4–6, 53117 Bonn, Tel.: 0228/676740, Fax: 0228/676742)

1. Fertigen Sie mithilfe der Materialien ein Doppelcluster an. Ausgehend von den eingekreisten Wörtern „Psychische Gesundheit" und „Psychische Krankheit" gestalten Sie Gedankenketten, die die Begriffe vom Allgemeinen zum Konkreten hin erläutern.

2. Erläutern Sie vor diesem Hintergrund die folgende These von Klaus Dörner, dem Leiter des Landeskrankenhauses in Gütersloh, und Ursula Plog, Leiterin einer Tagesklinik in Berlin:
„Ein psychisch Kranker ist ein Mensch, der bei der Lösung einer altersgemäßen Lebensaufgabe in eine Krise und Sackgasse geraten ist, weil seine Verletzbarkeit und damit sein Schutzbedürfnis und sein Bedürfnis, Nicht-Erklärbares zu erklären, für ihn zu groß geworden sind. Das Ergebnis nennen wir Krankheit, Störung, Leiden. Weil all dies jedem von uns jeden Tag widerfahren kann, ist es uns grundsätzlich innerlich zugänglich und bekannt." (Klaus Dörner/Ursula Plog, Irren ist menschlich. Lehrbuch der Psychiatrie/Psychotherapie, Psychiatrie Verlag, Bonn 1996, S. 16)
Sie können hier auch auf die Wabe zur Sozialisation im Jugendalter zurückgreifen.

Fallbeispiele

Können Kinder und Jugendliche wirklich depressiv werden? Hier drei Berichte über die Depression von drei verschiedenen Kindern, beschrieben von einer Mutter, einem Lehrer und einem 14-jährigen Mädchen (die Namen und einige Einzelheiten wurden geändert).

Die Mutter
Bens Mutter, eine Kunstlehrerin, beschreibt die Veränderungen ihres Sohnes nach einer kurzen Viruserkrankung: „Er veränderte sich irgendwie. Die Veränderung fand so allmählich statt, dass sie am Anfang schwierig zu erkennen war. Wir dachten, dass er sich noch immer von der Viruserkrankung erholt, und brachten ihn zum Arzt, aber langsam wurde uns klar, dass es schlimmer wurde. Er schien sein sprühendes Wesen verloren zu haben. Er war immer so ein lebendiger, interessierter und interessanter Zehnjähriger, der sich leidenschaftlich für Fußball interessierte. Schließlich verlor jedoch sogar der Fußball jeglichen Reiz für ihn. Wir hatten das Gefühl, dass er im Alltagsleben nachlässig wurde. Er war mit dem meisten einverstanden, tat aber alles ohne Freude. Schon bei kleineren Anlässen brach er leicht in Tränen aus. Er blieb mehr und mehr zu Hause, und wir bemerkten, dass er immer weniger von seinen Freunden und ihren gemeinsamen Unternehmungen erzählte. Wenn wir ihn nicht zwangen, etwas zu unternehmen, tat er einfach gar nichts. Der Unterschied zu dem energischen, manchmal anstrengenden und lebhaften Kind, das wir bisher gekannt hatten, war alarmierend."

Der Lehrer
Angela ist ein 8-jähriges, intelligentes Mädchen, mit dem seine Klasse laut ihrem Lehrer dennoch „bestraft" war. In dieser halbwegs angenehmen Klasse von 32 Kindern war sie die totale Außenseiterin. Manche Kinder, vor allem die Jungen, amüsierten sich zwar über ihre merkwürdigen Geräusche, wenn die Klasse gerade still sein sollte, die meisten anderen aber fühlten sich, so wie der Lehrer, gestört von der Art, wie sie die Aufmerksamkeit auf sich zog. Wenn sie einmal nicht störte, saß sie da und sah aus dem Fenster, offensichtlich in eine eigene Welt versunken. Auf dem Schulhof mischte sie sich oft unter eine Gruppe kleiner Kinder, die sie manchmal herumschubste und denen sie dabei wehtat, sodass der Lehrer dazwischengehen musste. Obwohl Angelas Mutter kürzlich behauptet hatte, mit ihr zu Hause kein Problem zu haben, beschloss der Lehrer, beim nächsten Zusammentreffen beharrlicher nachzufragen. Schließlich erklärte Angelas Mutter unter Tränen, dass ihr Mann arbeitslos geworden sei, dass er sehr viel trank und selbst depressiv war. Das Geld war sehr, sehr knapp. Angela war ihm die Liebste seiner vier Kinder, aber er nahm sich jetzt weniger Zeit für sie und schob sie weg, wenn

sie auf seinem Schoß sitzen wollte. Die Mutter selbst machte sich Sorgen um ihre Tochter, die zu Hause überhaupt nicht ungezogen, sondern vielmehr unglücklich und teilnahmslos wirkte. Angela wollte auch nicht mehr mit ihren Freunden spielen und sagte manchmal sogar, sie wäre am liebsten tot.

Auf den Vorschlag des Lehrers hin wurde Angela durch ihren Hausarzt in die örtliche Kinder- und Familienpsychiatrie überwiesen. Dreimal erschienen alle Familienmitglieder gemeinsam in der Sprechstunde, und Angelas Vater konnte über seine Versagensängste sprechen. Die familiären Probleme blieben zwar immer noch beträchtlich, aber Angela schien die Situation zu verstehen, war ruhiger und weniger unglücklich, spielte wieder mit ihren Freunden und verursachte in der Schule weniger Ärger.

Der Teenager
Anna ist ein 14-jähriges Mädchen, das seine Depression sehr bewegend schildert.

„Ich hatte das Gefühl, niemand könne mich leiden. Ich begann mich zu fragen, was eigentlich der Sinn von allem war. Zuerst verlor ich an allem mein Interesse. Ich fühlte mich die ganze Zeit müde und schlief nicht richtig. Ich wachte als Erste der Familie auf, lag da und fühlte mich allein und von der ganzen Welt vergessen. Ich fühlte mich, als ob alles dunkel wäre und voll von einem Nichts, das sich bis zum Horizont erstreckte und jede Ecke ausfüllte."

Wenn Erwachsene auf ihre Kindheit zurückblicken, beschreiben sie manchmal eindeutig depressive Phasen. Sir Peter Hall, Theaterdirektor und Gründer der Royal Shakespeare Company, beschreibt in seiner Autobiografie „Making an Exhibition of Myself", wie er immer wieder in seinem Leben bis hin zu Selbstmordgedanken depressiv wurde. Beim ersten Mal war er 8 Jahre alt. Seine Familie war von einem kleinen Dorf in die, wie ihm schien, riesige Stadt Cambridge gezogen. Er schreibt:

„Ich habe oft an Selbstmord gedacht ... Damals war es das erste Mal, dass es mich traf, vielleicht weil ich weniger inneren Rückhalt hatte und mich nicht so gut zerstreuen konnte wie ein Erwachsener. Vielleicht war es zu diesem Zeitpunkt am allerschlimmsten. Ich war dem Abgrund sehr nahe ... Man schickte mich in die Grundschule gleich um die Ecke ... Als achtjähriges Kind, als Einzelgänger aus dem hintersten Winkel von Suffolk, wurde ich von krakeelenden Jungen und kichernden Mädchen verspottet – vielleicht wegen meines gutturalen Suffolk-Dialekts. Ich erinnere mich, wie die Kinder mir zuhörten und dann in Gelächter ausbrachen ... Meine Depression war heftig, heute würde ich sie gefährlich nennen. Ich überlebte, so wie ich immer überleben sollte, durch verzweifelte Tätigkeit. Allmählich entfernte ich mich vom Abgrund."

Sylvia Plath, die Dichterin, die 1962 Selbstmord beging, als sie Anfang 30 war, schrieb in einem ihrer letzten Gedichte „Lady Lazarus":

„Ich hab es wieder getan.
Alle 10 Jahre einmal schaffe ich es.
Eine Art wandelndes Wunder ...
Ich bin erst dreißig.
Und wie eine Katze kann ich neunmal sterben.
Dies ist Nummer drei ..."

Sylvia Plath hat als Kind mit Sicherheit depressive Phasen durchlebt, in denen sie zumindest mit dem Gedanken an Selbstmord spielte, wenn sie nicht sogar im Alter von 10 Jahren einen Suizidversuch unternommen hat.

(Philip Graham/Carol Hughes, Traurige Kinder verstehen, übers. von Luise Poustka, Beltz, Weinheim 1998, S. 21ff.)

Beschreiben und interpretieren Sie die Fallbeispiele vor dem Hintergrund Ihres bisher erworbenen Wissens.

Grundbegriffe und Grundthesen

Depression: Erscheinungsbild und Ursachen

Das Krankheitsbild der Depression

Wie lässt sich eine Depression feststellen?

Test: Bin ich depressiv?

Eine Depression ist – besonders für den Laien – schwer zu beschreiben. Die Schwierigkeit liegt auch darin begründet, dass sie weder mit den Augen zu sehen noch mit dem Tastsinn zu spüren ist. Deshalb haben depressive Menschen oft Mühe, ihr momentanes Erleben in Worte zu fassen. Einfache Gefühlsqualitäten wie traurig und lustlos reichen meist nicht aus, um sich ihren Mitmenschen verständlich zu machen und die Depression von einem normalen Stimmungstief zu unterscheiden.

Um eine Depression zu erkennen, ist es hilfreich, sich folgende Fragen zu stellen:

- Kann ich mich noch freuen?
- Habe ich Mühe, mich zu konzentrieren?
- Fühle ich mich lustlos und ohne jegliches Interesse?
- Fällt es mir schwer, Entscheidungen zu treffen?
- Neige ich in letzter Zeit häufiger zum Grübeln?
- Fühle ich mich müde und energielos?
- Schlafe ich schlechter als früher?
- Habe ich keinen Appetit mehr?
- Habe ich keinen Spaß mehr, mit meinem Partner sexuell zusammen zu sein?
- Fühlt sich mein Körper kraftlos und schwer?
- Denke ich an Sterben und Tod?

Der Test kann jedoch immer nur Hinweise auf eine Depression liefern – keine Gewissheit. Erschrecken Sie also nicht, wenn Ihre Zustimmung zu den Aussagen sehr hoch ausfällt. In diesem Fall sollten Sie den Rat eines Experten suchen und sich gründlich untersuchen lassen. Denn je früher eine Depression erkannt wird, desto besser ist sie zu behandeln.

Was ist eine Depression?

Heike stöhnt über ihren Job. Die Arbeit mache sie „depressiv". Die Nachrichten aus aller Welt findet Jochen „deprimierend". Felix zieht sich jedes Mal auf sein „Wettertief" zurück, wenn es in Strömen regnet. Steffen kommt morgens kaum aus dem Bett: „Morgendepression"! Und Karla „erlebt ihre schlimmste Depression", seit sie sich von Michael getrennt hat. Sind diese Menschen alle depressiv? Depressionen haben sich in unseren Wortschatz eingeschlichen, ohne dass wir genau wissen, was wir damit eigentlich meinen. Auch bei unpassenden Gelegenheiten sprechen wir von „Depressionen".

Stimmungstiefs sind normal

Dabei befindet sich jeder hin und wieder in einem Stimmungstief. Wir reagieren verärgert auf einen verregneten Urlaub oder auf einen motzigen Chef. An trüben Tagen fühlen wir uns mut- und lustlos. Das sind normale Gefühlsschwankungen. Bliebe die Stimmung des Menschen immer gleich, wäre unser Leben eintönig und fad.

Auch Leid, Schmerz und Tod sind Erfahrungen, die zu unserem Leben gehören. Wir sind unglücklich, weil uns der Partner verlassen hat. Der Tod eines Angehörigen macht uns traurig. Auch dies ist eine natürliche Reaktion. Manchmal fühlen wir uns auch grundlos niedergeschlagen. Doch wer eine Zeit lang trauert, bedrückt oder verstimmt ist, leidet noch nicht an einer Depression.

Trauer ist keine Depression

Gerade trauernde Menschen, die sich nach dem Tod ihres Partners eine Zeit lang in ihre Wohnung oder in sich selbst zurückziehen, werden häufig als „depressiv" bezeichnet. Dabei ist Trauer nicht mit einer Depression zu verwechseln. Dazu ein klassisches Beispiel: Ein Depressiver wird in fröhlicher Runde noch depressiver. Ein trauriger Mensch ist dagegen ablenkbar. Denn im Gegensatz zu einem Trauernden können sich Depressive nicht mehr freuen. Dieser fühlt sich auch im Umgang mit anderen völlig hoffnungslos.

Mit Stimmungstiefs und leichtem Niedergedrücktsein wissen wir in der Regel umzugehen. Unsere schlechten Tage gehen vorbei, und wir erleben bald wieder auch gute Tage. Wenn die Stimmungstiefs aber nicht mehr abrücken, die schlechten Tage fast unerträglich scheinen, immer häufiger werden und länger als gewöhnlich andauern, dann sollten wir etwas dagegen unternehmen. Wir brauchen sogar Hilfe.

Verschiedene Schweregrade von Depressionen

Die Depression hat viele Gesichter. Ihre Erscheinungsformen, aber vor allem ihre Ursachen sind vielfältig. Eindeutige, sichere Antworten auf die Frage nach einer bestimmten Ursache gibt es kaum. Depressionen entstehen vielmehr durch ein Zusammenwirken verschiedener – biologischer, sozialer, persönlicher oder psychischer – Faktoren.
Viele Ärzte fragen daher nicht mehr nach Ursachen, sondern teilen Depressionen heute nur noch nach der Schwere der Erkrankung ein. Sie unterscheiden ausschließlich
- leichte
- mittelschwere und
- schwere

Depressionen, die mit und ohne Wahnvorstellungen oder körperliche Symptome auftreten können.

(Claudia Röttger, Depressionen – Stimmung in Moll, Frankfurt 1995, S. 7ff. Die Autorin ist Apothekerin und will mit ihrem Buch Patienten aufklären und beraten.)

Unterschieden werden heute unterschiedliche Formen der Depression:
- Unipolare Depression – rein depressive Symptomatik
- Bipolare Depression – Wechsel von manischen (heiter-euphorischen) und depressiven Momenten
- Psychogene Depression – ausgelöst durch nachweisbare Anlässe und Faktoren, reaktiv – z. B. nach Schicksalsschlag, neurotisch – als Störung der psychischen Erlebnisverarbeitung.
- Endogene Depression – durchgehende affektive Herabgestimmtheit, die durch äußeren Einfluss kaum veränderbar ist und die sich bis zu Wahnvorstellungen steigern kann.

Unterscheiden kann man auch Depressionen nach besonderen Lebenslagen:
- Involutionsdepression, klimakterische Depression – treten bei körperlichen Umstellungsprozessen, etwa dem Klimakterium, auf
- Wochenbettdepression – in den ersten Wochen nach der Niederkunft, bedingt durch körperliche Umstellungsprozesse, Überforderungssituationen und Beziehungsstörungen
- Altersdepression – häufig auftretende Verstimmungen im hohen Alter, hervorgerufen auch durch Isolation, körperliche Einschränkungen, Verlust der Selbstständigkeit ...
- Depression im Kindes- und Jugendalter – Minderwertigkeitsgefühle bis zu Suizidwünschen durch das Scheitern an altersspezifischen Entwicklungsaufgaben.

(Nach: Manfred Wolfersdorf, Depression. Verstehen und bewältigen, Springer, Berlin 2002, S. 51ff.)

1. Beantworten Sie individuell die Fragen des Tests und tauschen Sie sich dann mit Ihrem Nachbarn aus.
2. Gibt es im Umfeld der Schule „depressionsfördernde Elemente"?
3. Erstellen Sie eine (nach oben offene?) Skala der Moll-Gefühle. An welchem Punkt Ihrer Skala beginnt der Krankheitsbereich Depression?

Daten zur Depression bei Kindern

Etwa zwei von 100 Kindern unter zwölf Jahren sind so depressiv, dass sie von der Behandlung eines Kinderpsychiaters profitieren würden. Weitere vier bis fünf von 100 Kindern dieser Altersgruppe zeigen deutliche Herabgestimmtheit, einige von ihnen könnte man als „am Rande der Depressivität" beschreiben. Der Anteil steigt mit dem Alter an, sodass ungefähr fünf von 100 Teenagern ernsthaft depressiv sind und etwa doppelt so viele unter erheblicher Belastung stehen. Diese Zahlen beziehen sich auf Kinder, die unter angemessenen sozialen Umständen in einer sicheren, geordneten Umgebung leben. In unsicheren Stadtbezirken mit einem hohen Anteil an zerbro-

chenen Familien, mit wenig Unterstützung durch die Gemeindeverwaltung und hoher Kriminalitätsrate in der unmittelbaren Umgebung, kann die Depressionsquote doppelt so hoch liegen. Ungefähr 6 von 100 000 Jungen im Alter zwischen 15 und 19 Jahren und etwa zwei von 100 000 Mädchen im selben Alter begehen jährlich Selbstmord. Der Anteil der 10- bis 14-Jährigen ist geringer, bei Kindern unter 10 Jahren kommt Selbstmord sehr selten vor. Selbstmordversuche dagegen sind sehr viel häufiger, besonders bei Mädchen. Von 100 Mädchen unternehmen nicht weniger als zwei oder drei irgendwann im Teenageralter einen Selbstmordversuch. Üblicherweise werden Tabletten eingenommen. Der Grad der Ernsthaftigkeit solcher Versuche schwankt sehr stark.

Diese Zahlen, die sich auf Depression und Selbstmord beziehen, bedeuten, dass in einer halbwegs ruhig gelegenen höheren Schule mit 1 000 Kindern etwa 50 in irgendeinem Jahr an einer Depression leiden. In einer Grundschule mit etwa 400 Kindern in einem Problembezirk werden etwa acht Kinder ernsthaft depressiv sein und doppelt so viele unter deutlichen Belastungen leiden. Eine große Anzahl anderer Kinder zeigt störendes (aggressives) Verhalten und hat Lernschwierigkeiten.

Unterschiede zwischen Mädchen und Jungen

Vor der Pubertät leiden Jungen und Mädchen etwa zu gleichen Teilen an der Depression. Nach der Pubertät steigt der Anteil der depressiven Mädchen an, sodass er im Alter zwischen 15 und 16 Jahren gegenüber den Jungen ungefähr doppelt so hoch ist. Dafür könnte es psychische, vielleicht auch hormonelle oder genetische Ursachen geben. Es ist jedoch wahrscheinlicher, dass Mädchen auf Belastungen sehr viel häufiger depressiv reagieren, weil sie auf persönliche Bindungen sensibler reagieren oder in anderen Lebensbereichen emotional stärker engagiert sind.

(Philip Graham/Carol Hughes, Traurige Kinder verstehen, übers. von Luise Poustka, Beltz, Weinheim 1998, S. 55f.)

1. Beschreiben Sie die quantitative Bedeutung der Depression im Kindes- und Jugendalter.
2. Welche geschlechtsspezifischen und sozialen Unterschiede nennen die Autoren? Welche Rückschlüsse lässt dies zu?

Ursachen der Depression

Die Depression wird etwas global als *multifaktorielles* Geschehen bezeichnet, womit gemeint ist, dass viele Bedingungen an der Entstehung und der Auslösung sowie Aufrechterhaltung einer depressiven Erkrankung beteiligt sind. Spricht man von „Ursachen", der Ätiologie einer Erkrankung, meint man diejenigen Faktoren bei einem Menschen, die Grundvoraussetzung für die Entstehung der Erkrankung sind. In der Infektionslehre wäre dies zum Beispiel bei der echten Virusgrippe das Vorhandensein von Grippeviren, bei der Tuberkulose von entsprechenden Bakterien. Das Vorliegen von Ursachen bedeutet jedoch nicht, dass der Betroffene krank werden muss, er hat jedoch eine erhöhte Disposition, beim Vorhandensein zusätzlicher auslösender Faktoren zu erkranken (Abb. 1).

Psychologische Faktoren

Das tiefpsychologische Modell der Entstehung einer Disposition zur Depression ist in der Abb. 2 dargestellt. Eine wichtige Rolle spielen dabei frühkindliche Erfahrungen, vor allem in der Beziehung zur Mutter bzw. zu der frühen Bezugsperson.

Biologische Faktoren

Ein *neurobiochemisches* Modell der Depressionsverursachung ist in Abb. 3 skizziert. Hier kommt den Neurotransmittern im zentralen Nervensystem (Gehirn, vor allem Zwischenhirn) eine besondere Bedeutung zu. Am besten erforscht ist dabei die Rolle von Serotonin und Noradrenalin. Wie alle Neurotransmitter dienen sie der Informationsübertragung innerhalb des Nervensystems.

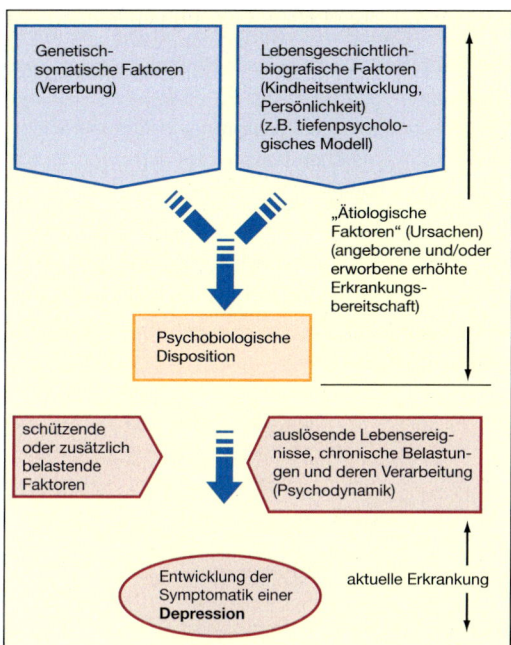

Abb. 1: Psychobiologisches Modell der Depressionsentstehung (Ursachen, Auslösung)

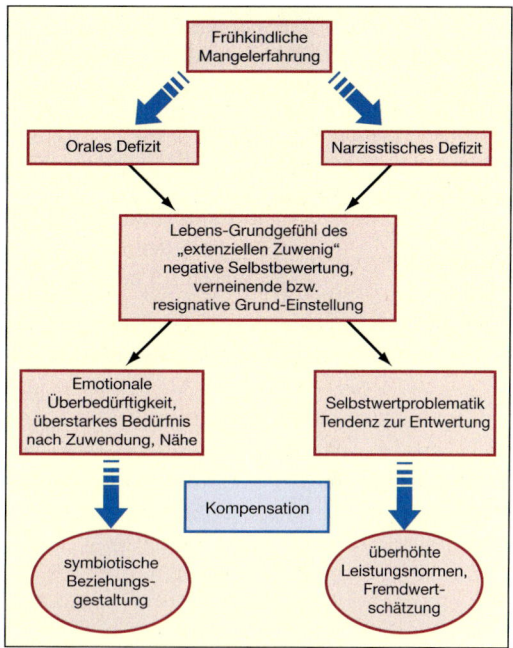

Abb. 2: Tiefenpsychologisches Modell der Entstehung einer Disposition zur Depression

Zahlreiche Untersuchungen haben gezeigt, dass bei Depressionskranken ein Noradrenalin- und Serotoninmangel besteht. Die medikamentöse Depressionstherapie zielt deshalb darauf ab, diesen Mangel zu beheben.

Man kann zusammenfassen, dass bei der Entstehung einer Depression sowohl genetisch-biologische als auch lebensgeschichtlich-biografische Faktoren eine Rolle spielen. Sie führen zu einer erhöhten Erkrankungsbereitschaft bei entsprechenden auslösenden Lebensereignissen und/oder chronischen Belastungen.

(Manfred Wolfersdorf, Depression. Verstehen und bewältigen, Springer, Berlin 2002, S. 38ff.; Wolfersdorf leitet die Depressionsabteilung eines psychiatrischen Landeskrankenhauses und lehrt an der Universität Ulm.)

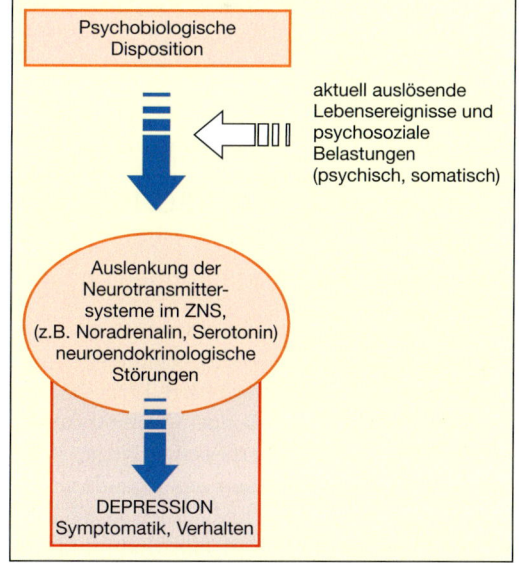

Abb. 3: Neurobiochemisches Modell der Depressionsursachen und -auslösung

1. Erläutern Sie die unterschiedlichen Komponenten im multifaktoriellen Zusammenhang.

2. Schlagen Sie im Kapitel zur Psychoanalyse nach und erläutern Sie im Anschluss daran die möglichen einer Depression zugrunde liegenden frühkindlichen Defizite.

3. Welche Rolle chemische Prozesse, genetische Faktoren und konkrete Lebensbedingungen für Ursachenanalyse und Therapie spielen, wird weiterhin sehr kontrovers diskutiert. So wird in der März-Ausgabe 1999 der Zeitschrift ‚Psychologie' die These vertreten, dass die Wirkung von Antidepressiva auf Placebo-Effekten beruhe (man also genauso gut ein Scheinpräparat nehmen könne). Der Psychiater Prof. Dr. Jörg Aldenhoff geht davon aus, dass sowohl psychosoziale Faktoren wie auch genetisch-körperliche Faktoren „biologische Narben" entstehen lassen, die Menschen für Depressionen anfällig werden lassen (vgl. Klaus Wilhelm, Das depressive Gehirn, in: Psychologie heute 3/99, S. 26ff.).
Erläutern Sie das Wechselspiel von körperlichen und sozialen Faktoren mithilfe der Grafiken auf Seite 149.

4. Welche Faktoren können aus einer Stimmung der Traurigkeit eine Depression werden lassen? Welche Faktoren können diesen Prozess wieder umkehrbar machen?

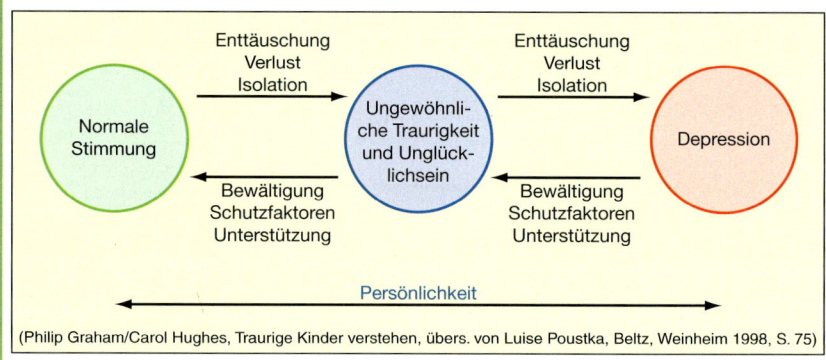

(Philip Graham/Carol Hughes, Traurige Kinder verstehen, übers. von Luise Poustka, Beltz, Weinheim 1998, S. 75)

Ursachen der Depression aus neurobiologischer Sicht

Abgespeicherte Vorerfahrungen und ihr Zusammenhang mit dem Risiko einer Depression

Zur Klärung der Frage, ob Personen mit erhöhtem Depressionsrisiko kritische äußere Ereignisse anders bewerten, weil sie besondere Vorerfahrungen abgespeichert haben, bedarf es eines Blickes in die Speicher, in denen Vorerfahrungen „aufbewahrt" sind. Ein solcher Einblick in die Seele beziehungsweise in die Netzwerke von Hirnrinde und limbischem System ist nicht ganz einfach. Zunächst besteht ein Problem darin, dass frühere Erfahrungen unabhängig davon gespeichert werden, ob diese Erfahrungen dem Bewusstsein und damit auch der bewussten Erinnerung zugänglich sind oder nicht (dies wurde unter anderem anhand einer Reihe von eleganten Versuchen durch den amerikanischen Hirnforscher Antonio Damasio nachgewiesen). Dies bedeutet, dass ein Teil der Speicherinhalte zwar wirksam, dem bewussten Gedächtnis des Betroffenen jedoch nicht zugänglich ist. Ein weiteres Problem ist, dass das innere Bewertungssystem auch im Moment seines Tätigwerdens, also bei der Beurteilung einer neuen aktuellen Situation, größtenteils automatisch und außerhalb der Kontrolle des Betroffenen operiert. Und doch gelang es, auf zwei Wegen etwas über abgespeicherte Vorerfahrungen von Personen mit Depression zu erfahren.

Die zuverlässigsten Aussagen über individuelle Vorerfahrungen, die bei Personen mit erhöhtem Depressionsrisiko in Nervenzell-Netzwerken gespeichert sind, ergaben sich aus objektiven Untersuchungen über die biografische Vorgeschichte. Tatsächlich zeigte sich, dass Personen, die später an einer Depression erkranken, in den ersten Jahren ihres Lebens überdurchschnittlich häufig von Trennungserfahrungen oder schweren Gefährdungen ihrer maßgeblichen, beschützenden Beziehungen betroffen sind. Insoweit stützen die hierzu vorliegenden objektiven Studien die aus der Praxis kommenden Beobachtungen an Patienten mit Depression, über die Psychotherapeuten bereits seit langem übereinstimmend berichten. Ohne jede Frage werden solche Erfahrungen in synaptischen Verknüpfungsmustern der Hirnrinde und des limbischen Systems codiert und gespeichert.

Ein Blick in die Nervenzell-Netzwerke, die biografische Vorerfahrungen speichern

Zusätzlich zur Erforschung der biografischen Vorgeschichte von Patienten mit Depression bedienten sich Samual Slipp und Steven Nissenfeld, zwei Forscher des New York University Medical Center, eines recht genialen Tricks, um die Reaktion des inneren Bewertungssystems bei Personen mit und ohne Depression zu testen (die Methode war einige Jahre zuvor von Lloyd Siverman entwickelt worden). Sie zeigten Testpersonen auf einem Bildschirm Bilder oder Worte zum Thema Trennung und Verlust, allerdings jeweils nur für einen derart kurzen Moment (das heißt, für eine Dauer von weniger als 80 Tausendstel einer Sekunde), dass die Getesteten den Inhalt zwar wahrnehmen, aber nicht sagen konnten, was sie genau gesehen hatten. Diese Methode wird als „subliminale", das heißt unterschwellige, Stimulation bezeichnet, da das dargebotene Signal das Gehirn zwar erreicht und die neurobiologischen Systeme auch beeinflusst, aber der bewussten Wahrnehmung und Kontrolle entzogen ist (da die Methode hervorragend funktioniert, ist ihr Einsatz in der Werbung verboten). Samual Slipp und Steven Nissenfeld hatten die pfiffige Idee, mit dieser Methode das innere Bewertungssystem zu überprüfen. Unterschwellig, also unter Ausschaltung der bewussten Kontrolle, dargebotene Worte und Bilder zum Thema Trennung und Verlust lösen bei Personen, die eine Depression durchgemacht haben (inzwischen aber wieder völlig gesund sind), in deutlich höherem Maße depressive Gefühle aus als bei Personen ohne Depression. Aus zahlreichen Versuchen in anderem Zusammenhang (z. B. aus Tests mit Personen mit posttraumatischer Stresserkrankung) ist bekannt, dass unterschwellig (subliminal) dargebotene Reize tatsächlich direkt das Bewertungszentrum im limbischen System, insbesondere den Mandelkern (Amygdala), „anfunken", in dem frühere Vorerfahrungen abgespeichert sind. Aus den erwähnten Beobachtungen an Personen mit Depression lässt sich daher in der Tat der Schluss ziehen, dass in den Nervenzell-Netzwerken von Personen mit erhöhtem Depressionsrisiko zwischenmenschliche Vorerfahrungen abgespeichert sind, die bei neuen, kritischen Ereignissen das Bewertungssystem schneller als bei anderen Personen in Alarm versetzen.

Wie die Angst vor Bindungsverlust die Persönlichkeit beeinflusst

Der nachhaltige Einfluss durch frühere Erfahrungen von Bindungsverlust zeigt sich bei Personen mit erhöhtem Depressionsrisiko interessanterweise auch im „normalen" Alltagsverhalten. Untersuchungen ergaben, dass Personen, die eine Depression erlitten haben, außerhalb der Depression in ihrem Alltag überdurchschnittlich häufig ein intuitives Verhaltensmuster zeigen, das mehr – deutlich ausgeprägter als bei anderen Personen – auf die Sicherung zwischenmenschlicher Beziehungen abzielt. Dabei handelt es sich keineswegs um problematische oder unsympathische Eigenschaften: Überdurchschnittliche Gewissenhaftigkeit, Wertorientierung, Arbeitseifer und Hilfsbereitschaft im Alltagsverhalten wurden bei Personen mit erhöhtem Depressionsrisiko erstmals von Hubert Teilenbach erkannt, einem herausragenden Psychiater der so genannten „Heidelberger Schule" aus den 1970er-Jahren. Zahlreiche statistisch bestens abgesicherte Folgeuntersuchungen, insbesondere durch den Münchner Psychiater Detlef von Zerssen, haben diese Beobachtung abgesichert.

Die biologische „Bahnung" wiederholter Depressionen

Zu den Besonderheiten der Depression gehört, dass sie bei etwa der Hälfte der Personen, die sie ein erstes Mal erleiden, wiederholt auftritt (wenn, dann meistens im Abstand von zwei bis fünf Jahren). Auffallend ist dabei die bereits erwähnte Beobachtung, dass bei den depressiven „Phasen" nach der ersten Depression deutlich geringere auslösende Ereignisse ausreichen, um erneut und in vollem Umfang eine Depression hervorzurufen.

Da diese Beobachtung durch objektive Studien abgesichert ist, nimmt man mit Recht an, dass ihr eine Gesetzmäßigkeit zugrunde liegt. Aus der Verhaltensforschung ist gut bekannt, dass sich Reaktionen auf einen auslösenden Reiz so trainieren lassen, dass die durch den Auslöser veranlasste biologische Reaktion nicht nur immer schneller und „besser" abläuft, sondern dass die biologische Reaktion bei entsprechendem Training auch dann in gleicher Stärke abläuft, wenn die Stärke des auslösenden Signals vermindert wird. Dieses Phänomen wurde in Untersuchungen an Tieren eingehend untersucht und neurobiologisch aufgeklärt. Dabei zeigte sich, dass körperliche Reaktionsketten „gebahnt" werden können. Im zentralen Nervensystem erfolgt dies dadurch, dass Nervenzell-Verbindungen (Synapsen), die bei solchen seelisch-körperlichen Reaktionsketten benutzt werden, durch diese Nutzung strukturell stabilisiert und in ihrer Effizienz erhöht werden. Eine einmal voll „durchgespielte" Depression läuft – leider – beim darauf folgenden Mal „leichter" ab (für den Betroffenen bedeutet sie jedoch die gleiche Qual). Interessant ist die Beobachtung, dass eine *psychotherapeutische* Behandlung bei der ersten Depression das Risiko einer späteren zweiten Depression nachweislich senkt. Psychotherapie scheint also einen positiven Einfluss auf depressionsverursachende Nervenzell-Netzwerke zu nehmen. Die *medikamentöse* Behandlung einer ersten Depression scheint das Risiko, später erneut an einer Depression zu erkranken, dagegen eher zu erhöhen, wie groß angelegte Studien der Arbeitsgruppen um Mark Evans (University of Minnesota), Anne Simons (University of Pittsburgh) und Tracie Shea (University of Chicago) zeigten. Diesem Nachteil versuchen einige Psychiater mit der nicht ganz unproblematischen Empfehlung zu begegnen, eine möglichst lange medikamentöse Behandlung oder gar eine Dauerbehandlung durchzuführen (entweder mit antidepressiv wirkenden Medikamenten oder mit so genannten „Phasenprophylaxe"-Medikamenten). Eine sehr lange oder auf unbegrenzte Zeit laufende Behandlung mit diesen Mitteln wirft für den Patienten jedoch aus einer ganzen Reihe von unterschiedlichen Gründen verschiedene Probleme auf. Wichtig ist an dieser Stelle aber der Hinweis, dass antidepressive Medikamente auf keinen Fall schlagartig, sondern nur äußerst langsam (das heißt über mehrere Wochen oder Monate hinweg langsam „ausschleichend") abgesetzt werden dürfen, da sich für den Patienten anderenfalls sehr ernste, potenziell gefährliche Auswirkungen ergeben können.

Die Depression: mehr als ein Stresserlebnis

Bei unserer Gesamtbetrachtung der Depression sollten wir nicht übersehen, dass die Depression zwar alle Elemente einer „Stresskrankheit" enthält, dass sie aber mehr ist als „nur" die Reaktion auf Stress. Sie beinhaltet zwei sehr wesentliche weitere Elemente: Durch den *Absturz des Selbstwertgefühls*, der den Schwerpunkt des depressiven Leidens ausmacht, trifft sie den Kern des Menschen, sie verändert die Beziehung, die der Mensch zu sich selbst hat. Aus dieser tief gehenden Infragestellung der eigenen Person können sich für den in einer Depression befindlichen Menschen Zustände äußerster, nicht mehr erträglicher Qual ergeben.

Auch das Selbstgefühl hat im Laufe seiner Entstehung, also während unserer biografischen Entwicklung, zur Bildung von Nervenzell-Netzwerken geführt. Diese Netzwerke, in denen das Selbstgefühl gleichsam „aufbewahrt" ist, befinden sich im Gyrus cinguli, einer zum limbischen System (also zum „Zentrum für emotionale Intelligenz") gehörenden Hirnstruktur. Daher kann es nicht verwundern, dass schwere Veränderungen des Selbstgefühls, wie sie in der Depression auftreten, diese Nervenzell-Netze verändern. Dies ließ sich in Untersuchungen mit modernen bildgebenden Untersuchungsverfahren zeigen (eines dieser Verfahren ist die „Positronen-Emissions-Tomographie" oder PET). Faszinierenderweise bilden sich die bei der Depression im Gyrus cinguli auftretenden Veränderungen im Rahmen einer psychotherapeutischen Behandlung wieder zurück.

(Joachim Bauer, Das Gedächtnis des Körpers. Wie Beziehungen und Lebensstile unsere Gene steuern, Piper, München 2004, S. 92–95)

1. Inwieweit unterscheidet sich diese neurobiologische Sicht von den anderen vorgestellten Betrachtungsweisen?
2. Interpretieren Sie den Untertitel des Buches „Wie Beziehungen und Lebensstile unsere Gene steuern" in Bezug auf Depressionen.
3. Welche Konsequenzen für eine Therapie ergeben sich?

Therapieansätze bei Depression

Therapie der Depression

Bei den heutigen klinischen Therapieformen in der ambulanten und klinischen Psychiatrie und Psychotherapie unterscheidet man zwischen
- biologisch-körperbezogenen,
- psychotherapeutischen und
- soziotherapeutisch-systemischen Maßnahmen (Tabelle).

Helfender Umgang mit Depressiven

Wesentlicher Bestandteil jeglicher Interaktion zwischen einem Therapeuten (Arzt, Psychologe) und einem Patienten ist das *Gespräch*. Es dient der Kontaktaufnahme, der Erhebung der Krankengeschichte, der Erklärung von Untersuchungsmaßnahmen und der Erläuterung der Diagnose sowie schließlich dem Entwurf und dem Angebot von Behandlungsmaßnahmen. Dabei haben Ärzte gegenüber psychologischen Therapeuten, die ihre Patienten nicht körperlich untersuchen dürfen, den Vorteil, bereits über diese Schiene einen Kontakt herzustellen. Die körperliche (internistisch-neurologische) Untersuchung erleichtert häufig den Zugang zur *Frage nach der seelischen Befindlichkeit*. [...]

Was sind, wie wirken Antidepressiva?

Sicherlich ist es schwierig für den einzelnen depressiv Kranken, den Einfluss von Medikamenten, hier von Antidepressiva, auf seine Symptomatik zu beschreiben, denn dies würde eine distanzierte Beobachtung voraussetzen, die in der depressiven Einengung kaum möglich ist. Dies ist erst am Ende einer Behandlung oder in einem etwas gebesserten Zustand möglich. Ärzte sollten nicht nur nach den Nebenwirkungen fragen, sondern auch danach, wie Patienten diese eingenommene chemische Substanz für sich selber, hinsichtlich ihres Krankheitskonzeptes, ihres Bewältigungskonzeptes von Krankheit, hinsichtlich ihres Erlebens von Wirkung beurteilen. Denn in dem Moment, in dem ein Patient ein Antidepressivum zur

Tabelle: Übersicht über die Therapieformen in der Depressionsbehandlung

Zeitlich	Akutbehandlung, Rückfall- bzw. Verschlechterungsprophylaxe, Langzeittherapie
Ort	ambulant (z. B. Hausarzt; Psychiater, Psychologe); stationär (psychiatrische Abteilung, Klinik, Depressionsstation)
Biologische Therapien	– Psychopharmaka (Antidepressiva) – Lithium-Prophylaxe, Carbamazepin – Schlafentzug (sog. Wachtherapie) – Lichttherapie
Psychotherapie	– tiefenpsychologische Kurz-, Fokaltherapien, seltener klassische Psychoanalyse – kognitive Verhaltenstherapie – Familientherapie, Angehörigenarbeit
Systematische Therapie	– Angehörigenarbeit – Sozialarbeit – Arbeitsplatz, auf die Lebenssituation bezogene Arbeit
Ergänzende Therapieformen	– Ergotherapie, Kunsttherapie – Musiktherapie – Bewegungstherapie – Entspannungsmethoden – Massagen, Sport [...]

Behandlung seiner Erkrankung einnimmt, akzeptiert er auch ein somatisches Krankheitskonzept, sozusagen die biologische Seite seiner Depression, die ja, in Worte übersetzt, lauten kann: „Ich habe eine Depression, und diese wird behandelt". Der psychotherapeutische Ansatz wäre dagegen ein anderer, er würde die Einsicht beinhalten: „Ich bin depressiv aus bestimmten Gründen, die in meinem Denken, meinem Verhalten, meiner Lebensgeschichte liegen", und die Psychotherapie würde dann eher auf die Entwicklung von Erkenntnis, auf die Stärkung von eigenen Veränderungsmöglichkeiten und Eigenverantwortlichkeit des Patienten abheben. Beide Konzepte, das Sichbehandelnlassen mit Medikamenten und das aktive Nachdenken als eigenverantwortliche Leistung, sollen sich in der Therapie ergänzen.

In der Behandlung psychischer Störungen werden heute so genannte Psychopharmaka eingesetzt. Unter Psychopharmaka versteht man Medikamente, die auf die Psyche, die seelische Befindlichkeit einwirken, und zwar auf dem Wege über die Beeinflussung der Erregungsbildung und Informationsübertragung an den Neuronen des zentralen Nervensystems, hier des Gehirns.

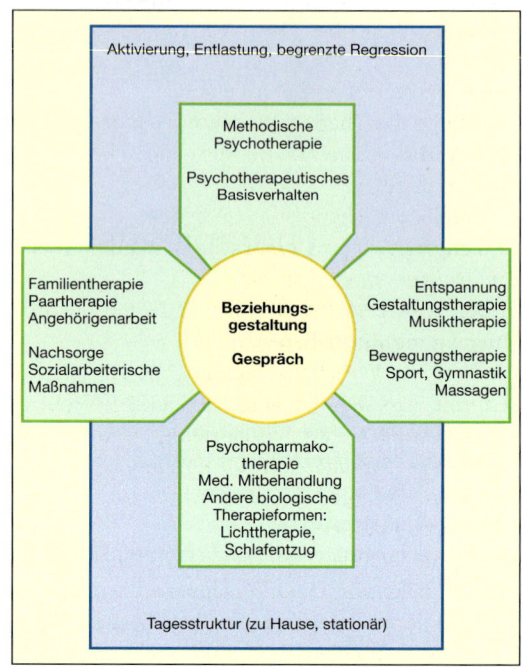

Abb.: Schematische Darstellung antidepressiver Therapie

(Manfred Wolfersdorf, Depression. Verstehen und bewältigen, Springer, Berlin 2002, S. 72, 100 [Auszüge])

Genau wie man heute von einem multikausalen Erklärungszusammenhang ausgeht, werden unterschiedliche Therapieformen und Therapieelemente individuell auf den einzelnen Patienten abgestimmt.

1. Die einzelnen Therapieformen können hier nicht im Detail vorgestellt werden. In Büchereien oder im Internet können Sie sich ggf. arbeitsteilig das nötige Wissen beschaffen.
2. Welche Rolle sollten Medikamente in der Therapie spielen?
3. In den USA wird ein Psychopharmakon frei auf dem Markt angeboten, das für ein (zumindest während der Einnahme) andauerndes Hochgefühl sorgt. Wäre dies nicht ein Weg, depressive Stimmungen grundsätzlich auszuschalten?

Hinter der Tür des Therapeuten – kognitive Verhaltenstherapie

Rund 25 Sitzungen sieht eine Kurzzeittherapie vor. Aber was passiert da eigentlich? Eine richtig angewendete kognitive Verhaltenstherapie folgt einer klaren Struktur – und bedeutet für den Patienten reichlich Training zwischen den Terminen. Denn er muss Gewohnheiten ändern, und das klappt nicht mit Reden allein.

Verhaltenstherapien verheißen einen Weg aus der Depression. Aber nicht alles, was so genannt wird, ist auch eine. Die richtig angewendete kognitive Verhaltenstherapie folgt einer klaren Struktur:
1. Der Patient wird darüber informiert, was eine Depression ist.
2. Patient und Therapeut analysieren, was sie ausgelöst hat und welche persönlichen Eigenarten und Einstellungen dazu beigetragen haben. Auch die

Folgen werden besprochen: Fühlt der Betroffene Angst oder Schuld? Reagiert sein Körper mit Schlafstörungen, Appetitlosigkeit? Wie hat sich sein Verhalten geändert: Besucht er den Sportverein nicht mehr? Verkriecht er sich im Haus?
3. Mithilfe des Therapeuten entwickelt der Patient neue Verhaltensweisen für den Tagesablauf und trainiert diese.
4. Mithilfe des Therapeuten erarbeitet er neue Gedankengänge zu problematischen Situationen und Erfahrungen und übt sie ein.
5. Der Therapeut bereitet den Patienten auf den Umgang mit Rückfällen vor.
Die kognitive Verhaltenstherapie basiert auf der Erkenntnis, dass sich Verhalten, Gedanken, Körperreaktionen und Gefühle gegenseitig beeinflussen. Geändertes Verhalten führt zu kleinen Erfolgserlebnissen. Die erzeugen positive Gedanken und schließlich gute Gefühle.
Der Patient trainiert, und das ist wörtlich zu nehmen: Er bekommt einen Wochenplan und vereinbart mit dem Therapeuten, an bestimmten Tagen zu festgelegten Zeiten bestimmte Aufgaben auszuführen. Wer zum Beispiel die meiste Zeit lethargisch im Bett gelegen hat, muss die liegengebliebene Hausarbeit erledigen, saugen, abwaschen, bügeln. Wer sich in ein Schneckenhaus zurückgezogen hat, muss einen Freund anrufen und sich in einem Cafe verabreden.
In der nächsten Sitzung werden die Hausaufgaben analysiert: Was lief gut? Was bereitet noch Probleme? Der Arbeitsplan darf den Patienten nicht überfordern und muss die Balance halten zwischen Notwendigkeiten wie Behördengängen und Freuden wie Sport oder einem Restaurantbesuch. Wichtig ist, kontinuierlich zu arbeiten, Schritt für Schritt aktiver zu werden und Angenehmes zu entdecken. So gelingt es, die Depressionsspirale ganz allmählich zurückzudrehen – es erhöht sich die wachsende Zahl von Teilerfolgen, die schließlich spürbare Besserung bringt.
Ein guter Verhaltenstherapeut ist kein Guru, der den Weg zur Erleuchtung weist, sondern eher ein Coach. Daraus folgt auch: Der Patient muss verstehen, was er tut. Wer als Hausaufgabe hat, seine Geschirrberge wegzuspülen, möchte wissen, warum ihm das hilft, seinen Alltag zu meistern und seine depressiven Symptome schrittweise abzubauen.
Wenn der Patient in seinem Verhalten erste Erfolge erreicht hat, schließt der kognitive Teil der Therapie an. Jetzt soll er herausfinden, welche Einstellungen und Gedankengänge die Entwicklung der Depression bestärkt haben. Auch in diesem Abschnitt wird trainiert: Der Betroffene schreibt Gedankenprotokolle, um herauszufinden, welche Gedankengänge mit unangenehmem Befinden verbunden sind und welche Situationen dies ausgelöst haben. Eine von Arbeitslosigkeit betroffene Person erkennt so, wie sie der Gedanke, total versagt zu haben, in einen düsteren Abgrund der Gefühle gezogen hat. Der Therapeut übt mit dem Kranken, solche Sichtweisen zu hinterfragen und neu zu bewerten. In diesem Beispiel heißt das: Hilft mir diese Bewertung, mich besser zu fühlen? Was wäre ein hilfreicher Gedanke? Entspricht die Vorstellung, ein Versager zu sein, den Tatsachen? Welche konkreten Umstände führten zur Arbeitslosigkeit? Lag es auch an eigenen Fähigkeiten, dass ich zuvor zwanzig Jahre lang mit meinem Beruf zufrieden war? Sehen andere das auch so?
Auf Arbeitspapieren sammelt der Patient Munition gegen seine depressive Weltsicht. Wenn ihn dann dunkle Gedanken anschleichen, ist er nicht schutzlos, sondern kann ihnen mit guten Argumenten den Schrecken nehmen.
Eine Verhaltenstherapie kann dauerhaft nur dann helfen, wenn sie nicht schon nach ersten kleinen Erfolgen abgebrochen wird. An ihrem Ende sollten die belastenden Symptome vollständig verschwunden sein. Der Patient sollte wieder hoffnungsvoll auf sein Leben schauen und in der Lage sein, sich sowohl kurz- als auch langfristige Ziele zu setzen.
Vor Beendigung der Therapie ist es immens wichtig, den Patienten auf mögliche Rückfälle vorzubereiten. Er muss wissen, welche Situationen für ihn gefährlich sein können, und er sollte in der Lage sein, die frühen Symptome zu erkennen und angemessen zu reagieren.
Eine übliche so genannte Kurzzeittherapie sieht etwa 25 Sitzungen von jeweils 50 Minuten Dauer vor. Wichtig für einen kontinuierlichen Erfolg ist, dass gerade zu Beginn die Abstände zwischen den Terminen nicht zu groß sind und man sich anfangs möglichst wöchentlich zur Therapie trifft. Wer beispielsweise nach den ersten zwei Stunden erst in vier Wochen wiederkommen soll, hat den falschen Therapeuten gewählt.

(Michael Kraske, Hinter der Tür des Therapeuten, in: stern – Gesund leben, Nr. 2/2005, S. 30f.)

1. Stellen Sie die wesentlichen Aspekte des hier vorgestellten therapeutischen Ansatzes zusammen.
2. Reaktivieren Sie Ihre lernpsychologischen Kenntnisse, grenzen Sie den Ansatz von behavioristischer Verhaltenstherapie ab und identifizieren Sie kognitive und konstruktivistische Elemente.
3. Vergleichen Sie den Ansatz mit einer psychoanalytisch konzipierten Therapie (vgl. S. 82ff.).
4. Nach einer amerikanischen empirischen Studie (siehe http://www.aerzteblatt.de/v4/news/newsdruck.asp?id=19702) ist die kognitive Verhaltenstherapie mindestens so erfolgreich wie eine medikamentöse Behandlung und hat zudem den Vorteil, dass die Wirkung nach Abschluss lange anhält, während die medikamentöse Behandlung häufig dauerhaft durchgeführt werden muss. Gibt es möglicherweise neurobiologische Gründe für diesen Unterschied? (Greifen Sie auf den Text von Joachim Bauer zurück.)

Was geschieht in der Kindertherapie?

Psychotherapie findet in einem persönlichen Raum statt – immer derselbe Raum mit demselben Spielzeug und denselben Möbeln. Der Therapeut und das Kind treffen aufeinander. Das Kind kann durch Spiele oder Zeichnungen dazu ermutigt werden, sich auszudrücken. Besonders bei älteren Kindern findet jedoch die Behandlung hauptsächlich in Form von Gesprächen statt.

Die folgenden zwei Beispiele zeigen, wie zwei depressive Jungen ziemlich unterschiedlich auf die Entwicklung einer Diabetes reagiert haben. Beide Jungen wehrten sich gegen die Behandlung und weigerten sich, an der Planung einer Diät beziehungsweise Insulin-Kur teilzunehmen. Beide zogen sich in sich zurück, und ihre schulischen Leistungen wurden immer schlechter.

Stefan war ausschließlich an Sport interessiert, sowohl was die Ausübung selbst als auch das Zusehen betraf. Seine ständigen sportlichen Aktivitäten verursachten andererseits bei der Kontrolle seiner Diabetes Probleme. Während der Psychotherapie stellte sich heraus, dass er große Ängste hatte, die Kontrolle über seinen Körper zu verlieren. Er hatte das Gefühl, dass all die Injektionen die Fähigkeit seines Körpers beschädigten, ihn „zusammenzuhalten", so als würde seine Haut überall durchlöchert und könne ihn dadurch nicht mehr in sich festhalten.

Daniel hatte ganz andere Sorgen. Er war vorrangig darüber beunruhigt, „anders" zu sein. Er konnte sich nicht vorstellen, zu einem aktiven und leistungsstarken Mann heranzuwachsen, weil er sich doch von seinem gesunden Vater so völlig unterschied.

Als diese Punkte einmal entdeckt und in der Therapie angesprochen wurden, waren beide Jungen in der Lage, sich an der Kontrolle ihrer Diabetes zu beteiligen, und konnten auf diese Weise zu einem normalen Leben zurückkehren.

Psychotherapie ist für jene Kinder hilfreich, deren emotionale Entwicklung verzögert oder auf irgendeine Weise steckengeblieben ist. Veränderungen innerhalb der Familie oder die Beseitigung von Problemen, die auf ihnen lasten, ist für manche Kinder keine ausreichende Hilfe, um mit ihren komplexen Gefühlen fertigzuwerden. Die Psychotherapie konzentriert sich auf die Hoffnungslosigkeit und auf die Verzweiflung, die ein depressives Kind empfindet. Gemeinsam mit dem Kind versucht der Therapeut zu verstehen, was passiert, wenn es depressiv ist. Die Psychotherapie beschäftigt sich jedoch nicht nur mit problematischen Anteilen, sondern mit der gesamten Persönlichkeit des Kindes und seinen Bewältigungsstrategien. Mithilfe von Spielen, Zeichnungen oder durch das Gespräch wird ein depressives Kind schrittweise eine Beziehung zu seinem Therapeuten entwickeln. Auf diese Weise erkunden der Therapeut und das Kind gemeinsam, wie es mit dem Leben fertig wird. Der Psychotherapeut wird dem Kind helfen, Verständnis für die eigenen Gefühle zu entwickeln und zu begreifen, auf welche Weise diese

Gefühle Verhalten und Beziehungen beeinflussen. Dazu gehört vielleicht auch herauszufinden, wie frühere Erfahrungen und Beziehungen darauf einwirken, wie das Kind jetzt zurechtkommt. Der Therapeut wird indes keine fertigen Lösungen für die Schwierigkeiten des Kindes vorschlagen wollen, weil es für das Kind besser ist, über seine eigenen Fähigkeiten nachzudenken und Alternativen zu finden, die es stärken, als vom Therapeuten abhängig zu sein. Psychotherapie ist ein allmählicher Prozess, der Kindern erlaubt, ihre Depression zu erforschen. Der Therapeut respektiert, was das Kind durchmacht; dieses Einfühlungsvermögen und die Möglichkeit, Gefühle zum Ausdruck zu bringen, schafft Erleichterung. Er versetzt das Kind in die Lage, sich psychologisch weiterzuentwickeln, um neue Stärken und Fähigkeiten bei sich zu entdecken, die ihm helfen, mit Problemen zurechtzukommen.

Im Verlauf der Therapie werden Kinder erwartungsgemäß dem Therapeuten gegenüber eine ganze Reihe von Gefühlen erleben und durchmachen, was heilsam ist. Manchmal wollen die Kinder deswegen eine Therapie abbrechen. Für ihre Eltern kann es dann schwer werden, sie weiterhin zur Therapiestunde zu bringen, und sie werden selbst Ermutigung brauchen, um dem Kind zu helfen, die Therapie weiter fortzusetzen und seine negativen Gefühle auszudrücken. Bei der Depression ist es besonders wichtig, dass aufkeimende Gefühle von Zorn oder Aggressivität zur Sprache gebracht werden. Es ist eine Erleichterung für das Kind, wenn es entdeckt, dass diese negativen Gefühle ausgesprochen und toleriert werden können.

Üblicherweise schreiben Therapeuten den Kindern nicht vor, was sie tun oder wie sie sich ausdrücken sollen. Oft werden sie abwarten, was das Kind zur Sprache bringt. Psychotherapeuten glauben, dass sie sich auf diese Weise mit dem Anliegen des Kindes befassen und dem Kind nicht ihr Programm aufzwängen. Die Kinder haben die Freiheit zu spielen, zu zeichnen, zu sprechen oder zu malen, wie sie Lust haben. Der Therapeut schließt sich dabei ihrer Art der Kommunikation an. Unter diesen Umständen erwartet man, dass wichtige Gefühle an die Oberfläche dringen und dass man dem Kind helfen kann, sie zu verstehen. Dieser Vorgang selbst wird zu Verbesserungen führen.

(Philip Graham/Carol Hughes, Traurige Kinder verstehen, übers. von Luise Poustka, Beltz, Weinheim 1998, S. 100ff.)

1. Was unterscheidet die Kindertherapie von der therapeutischen Arbeit mit Erwachsenen?

2. Welche psychoanalytischen und systemischen Elemente erkennen Sie in dem hier beschriebenen Ansatz?

Zum Umgang mit Betroffenen

Welchen Sinn macht Depression?

Diesen Titel gibt ein Depressionsexperte seinem neuesten Buch. Versuchen Sie diese Frage zunächst selbst auf der Basis Ihres Vorwissens zu beantworten.
Wie lassen sich die hier abgedruckten Zeichnungen einer Depressionspatientin interpretieren? Versuchen Sie zunächst eine eigene Interpretation. Auf der nächsten Seite finden Sie Erklärungen aus der Sicht des Therapeuten.

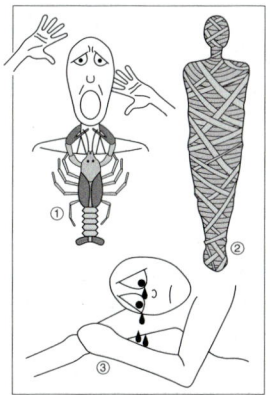

Veränderte Fragestellungen
Gewöhnlich versuchen Depressionsforscher Antwort auf die Frage zu geben, *warum* eine depressive Erkrankung eintritt. Mit dieser „kausalen" (auf die Ursachen bezogenen) Art der Fragestellung wird jedoch das Untersuchungsfeld – und damit auch die Zahl und Art der möglichen

Antworten – bereits eingeschränkt. Ich möchte deshalb auch noch einer anderen Frage Raum geben: der Frage „Wozu", „zu welchem Ziele?", die im Laufe der letzten Jahrzehnte wissenschaftlich dank der Kybernetik wieder mehr Bedeutung gewonnen hat. Dies ist aber auch die Frage, die einen Roman spannend macht: Wohin führt die Handlung? Wozu tut der Held das? Diese auf das Ziel gerichtete („finale") Frage ist es, die auch unseren Alltag zumeist leitet: Wozu muss ich um acht Uhr aufstehen? Damit ich um Punkt neun Uhr im Geschäft bin. Rein kausale Fragestellungen würden unser Leben praktisch nicht führbar machen. Wie soll ich denn kausal erklären, dass ich um acht Uhr aufstehen muss, obwohl ich noch müde bin und das Bett so kuschelig warm ist?

Der Vorteil einer um das „Wozu?" erweiterten Fragestellung liegt auch wissenschaftlich darin, dass sich neue Antwortmöglichkeiten ergeben. Diese können wiederum zu neuen Sichtweisen und praktikableren Handlungsanweisungen führen. Solange eine Depression ausschließlich als pathologische Folge schädlicher Kindheitsverhältnisse, als Wirkung einer belastenden Lebens- und Beziehungssituation oder als Konsequenz einer biologischen Stoffwechselstörung betrachtet wird, werden nur Warum-Fragen beantwortet. Infolgedessen wird die Depression als Endglied einer kürzeren oder längeren Kausalkette gesehen. Erst die Frage nach der Botschaft, die eine Depression ebenfalls enthält, oder die Frage, wie denn der betroffene Mensch in der belastenden Lebenssituation ohne Depression zurechtkommen könnte, führt über das gewohnte Denkschema einer ausschließlich kausal gesehenen Welt hinaus.

Diese über das „Warum?" hinausführende Frage- und Sichtweise ist in der Psychiatrie und Psychotherapie nicht prinzipiell neu. Doch sind Wozu-Fragen lange Zeit von älteren Therapeuten eher intuitiv als systematisch angewandt worden.

So hat zum Beispiel C. G. Jung ein großartiges „finales" Bild geprägt, um die Depression zu beschreiben. Sie gleiche, sagte er, einer schwarz gekleideten alten Dame. Wenn diese „Frau in Schwarz" auftauche, solle man sie nicht vertreiben, sondern im Gegenteil als Gast zu Tisch bitten und hören, was sie zu sagen habe. Ein anderer führender Psychotherapeut, Victor Emil Freiherr von Gebsattel, empfiehlt, sich auf die Depression einzulassen und dem Patienten gewissermaßen Mut zur Depression zu machen: „Nicht ist hier die Not dem Notleidenden auszureden, sondern umgekehrt: Aufgestellt muss sie werden rings um ihn, wie ein Spiegel seines in die Irre der Lebensflucht ausgewichenen Daseins."

(Daniel Hell, Welchen Sinn macht Depression? Ein integrativer Ansatz, Rowohlt, Reinbek 1994, S. 15f., 207; Grafik: S. 267; der Autor ist ärztlicher Direktor der Psychiatrischen Klinik Zürich)

1. Welche Antwort gibt der Autor auf seine Frage: Welchen Sinn macht Depression?

2. Daniel Hell erklärt die Zeichnungssequenz einer depressiven Frau (S. 157) wie folgt: Mit Beginn der Depression fühlt sich die Patientin in einer Alarmphase existenziell bedroht ①. Mit zunehmender depressiver Erstarrung empfindet sie sich handlungsunfähig ②. Bei Aufhellung der Depression löst sich die Erstarrung in Trauer und Tränen ③. Vergleichen Sie Ihre Interpretation mit den Angaben von Daniel Hell. Wenn Sie z. B. die dritte Zeichnung anders interpretiert haben, diskutieren Sie im Kurs über die möglichen Gründe dafür.

Wie soll man sich depressiven Menschen gegenüber verhalten?

- Die negativen Empfindungen des Depressiven (z. B. Klagen über Unlust, körperliche Beschwerden, Schlaflosigkeit) nicht bagatellisieren, wegdeuten oder ausreden. Kein platter Trost oder triviale Aufmunterungen. Keine weiteren Aufheiterungsmanöver, wenn erste Versuche nichts fruchten.
- Die momentane Hoffnungslosigkeit des Depressiven als ein Zeichen des depressiven Zustands nehmen, realistisch Hoffnung auf ein Ende der Depression geben.
- Nicht an den Willen appellieren. Nicht sagen, der Depressive solle sich zusammennehmen; er

könne schon, wenn er nur wolle. Ihn hingegen spüren lassen, dass er kein Versager ist, dass er nicht einfach an seiner gegenwärtigen Befindlichkeit Schuld hat.
- Nicht an Tugenden wie Glaube oder Verantwortung appellieren.
- Dem schwer Depressiven Entscheidungen abnehmen, wenn sie ihm qualvoll sind. Ruhige, bestimmte, sichere Führung. Allenfalls selber Arztbesuche organisieren und ihn dorthin begleiten.
- Keinesfalls lebenswichtige Entscheidungen während der depressiven Episode treffen lassen, wie z. B. Berufswechsel, Scheidung, Kinder bekommen etc.
- Nur relative Entlastung im Beziehungs- und Berufsbereich (außer bei schweren Depressionen). Keine einschneidende Veränderung der bisherigen Lebensgewohnheiten. Bei deutlich ausgeprägter Depression nicht in die Ferien gehen.
- Einfühlendes Verständnis zeigen, wenn der Depressive Schwierigkeiten hat, etwas zu tun; ihn jedoch darin unterstützen, dass er eigene und realistisch angesetzte Aufgaben durchführt. Den Depressiven auf alles, was ihm gelungen ist, aufmerksam machen ohne triumphierenden Ton.
- Auf eine regelmäßige, rhythmische Gliederung des Tagesablaufs achten (aufstehen, arbeiten, essen, zu Bett gehen), die auch an Fest- und Feiertagen beibehalten werden sollte.
- Den Depressiven unterstützen, dass er am Morgen nicht regelmäßig im Bett liegen bleibt, sich am Abend nicht zu früh ins Bett zurückzieht und sich während des Tages nicht völlig isoliert.
- Verständnis dafür zeigen, dass sexuelle Gefühle während der Depression schwinden oder verloren gehen.
- Selbstständige Körperpflege unterstützen.
- Sich im Umgang mit Depressiven nicht entmutigen lassen, z. B. wenn man spürt, dass der Depressive auf alles nur negativ reagiert und alles abwertet. Beziehung nicht verdünnen oder gar abbrechen, wenn die verbale Verständigung stockt.
- Vorgespielte Fröhlichkeit, Umtriebigkeit, dralle Aktivität im Zusammensein mit Depressiven meiden.
- Äußerungen vermeiden, die den Depressiven lächerlich machen könnten, die bei ihm Schuldgefühle wecken oder die ihn bloßstellen. Keine Vorwürfe oder Vorhaltungen. Daran denken, dass er sehr empfindlich und verletzbar ist und leicht heraushört, er sei nichtswürdig und unwert.
- Vorsicht mit Ironie, Sarkasmus und sog. harmlosen Scherzen. Der Sinn für Humor geht in der Depression oft verloren.
- Nicht auf das Grübeln über vergangene Ereignisse eingehen. Während einer schweren depressiven Phase nicht nach Anlässen und Gründen für die Verstimmung forschen. Möglichst in der Gegenwart, beim aktuellen Empfinden bleiben.
- Wenn der Depressive weinen kann (was viele Depressive nicht können), fördern, dass er sich ausweint. Die Tendenz, dass er immer Selbstbeherrschung von sich verlangt, nicht unterstützen.
- Bei nicht zu schweren Depressionen evtl. die Atmung anregen (Atemtherapie, Schwimmen, Leibtherapie). Evtl. spezifische Massage, z. B. Nacken, Bauch.
- Kreativen Selbstausdruck (Malen, Musik, Tanz) erst dann und nur dann fördern, wenn der Depressive selbst danach Verlangen hat.

(Daniel Hell, Welchen Sinn macht Depression? Ein integrativer Ansatz, Rowohlt, Reinbek 1994, S. 267)

1. Diese Hinweise gelten für Partner von stark an Depression erkrankten Patienten. Welche Aspekte könnten für depressive Vorformen übernommen werden? Vielleicht haben Sie eigene Vorschläge zum Umgang mit depressionsgefährdeten Mitschülerinnen und Mitschülern.

2. Welche Konsequenzen kann man allgemein für die Beziehungsgestaltung in der Schule und für Depressionsprophylaxe in der Institution Schule ziehen?

Vertiefung

Ein neues psychiatrisches Selbstverständnis

In dem folgenden Auszug aus einem Lehrbuch der Psychiatrie und Psychotherapie skizziert die Autorengruppe eine neue therapeutische Sichtweise im Umgang mit Depressiven.

Annäherung von innen (Grundhaltung)

Jedem psychiatrischen Problem liegt zugrunde, dass ein Mensch und seine Angehörigen/Bezugspartner Gefühle von Angst, Schmerz, Verunsicherung, die ein gemeinsames Lebensproblem signalisieren, nicht nutzen, sondern abwehren. Daher haben wir psychiatrisch Tätigen so zu handeln, dass der Mensch und seine Angehörigen wieder genug Selbstvertrauen finden, sich der Angst von innen zu nähern, um das zugrunde liegende Lebensproblem zu verstehen und zu lösen. Das ist die Grundlage für jede Hilfs- und Veränderungsaktion. Ich habe mich also dem Anderen auszusetzen. Dabei muss uns klar sein, dass es sich um eine Begegnung von Gegnern handelt, beide Seiten mit Sicherheit anfangs Unterschiedliches wollen. [...]

Selbstwahrnehmung (gesprächstherapeutischer Aspekt)

Beim Einfühlen (Empathie) in einen Anderen kann ich ihn mir leicht aneignen: „Ich verstehe Sie" oder ich kann mich leicht in ihn verlieren: „Schrecklich, wie schlecht es Ihnen geht". Einfühlen geht gar nicht, kann vielmehr nur heißen, dass beide zugleich sich mehr in sich selbst einfühlen. Wie geht das?
Übung, dringend zu empfehlen: Bitten Sie eine Gruppe von Freunden oder Team-Kollegen, jeder solle beschreiben, wie er sich depressiv fühlt. Die Vollständigkeit des Gruppen-Ergebnisses wird Sie überraschen.
Beispiele: „Das Gefühl, dass mir alles misslingt, was ich anfasse, dass ich alle Menschen schädige, die mit mir in Berührung kommen, besetzt mich zwar nur manchmal; aber ich weiß, dass es eine Grundstimmung ist, die tief in meinem Inneren mein ganzes Leben begleiten wird." – „Ich bin gelähmt und leer, wenn ich einen Schritt, z. B. zu mehr Unabhängigkeit, tun möchte, ihn mir aber verbiete, weil mein Wunsch nach Abhängigkeit, Geborgenheit gleich stark ist. Ich rede mir dann ein: Ich verzichte um des lieben Friedens meines Partners willen." – „Solange ich mich mit meinem Partner offen auseinandersetze, spüre ich Angst. Vermeide ich sie, ziehe ich mich ins Bett zurück, bin ich wütend, fühle mich schuldig, bin gehemmt; aber die Angst ist dann weg." – „Manchmal fühle ich mich grundlos niedergeschlagen, auch körperlich schlecht. Den Grund dafür kann ich erst wahrnehmen, wenn es mir wieder besser geht." – „Ich spüre, dass ich nicht mehr kann. Will ich mich entsprechend fallenlassen, wird meine Leistungserwartung immer stärker (‚das darfst du nicht') und treibt mich ausweglos in noch größere Unfähigkeit hinein." – „Ich kenne von mir, dass ich in der Auseinandersetzung mit jemandem auch durch Hilflosigkeit, Langsamkeit oder Schwäche den Anderen niederschlagen und Sieger bleiben kann." – „Ich kann meinen Freund auch so kontrollieren: Ich sitze für jeden sichtbar deprimiert, kummervoll herum. Der Freund fragt: ‚Was ist?' Ich antworte: ‚Nichts!'"

Diese „Suchhaltung in mir selbst" erweitert die Chance jeder Begegnung mehrfach:
a. Früher wollten Psychiater den Patienten (= Objekt) besser verstehen. Unser Ziel sollte vielmehr sein, dass der Patient (= Subjekt) sich selbst besser versteht – auf dem Umweg über mich, indem ich mich vom Anderen zu seinem Mittel, Objekt machen lasse. Indem der Andere mich in Dienst nimmt, erschließt er in mir ein neues Organ, wodurch ich – auf ihn hörend – mich besser verstehe und er dadurch sich. Ich zeige in meiner Suchhaltung, dass ich durch Begegnung und Austausch mit dem Patienten mich besser verstehe und dadurch er auch sich. Ich suche in mir, nicht in ihm: nur dadurch kann eine Subjekt-Subjekt-Beziehung entstehen. Ich teile ihm mit Wort und Hal-

tung mit: „Dich verstehen geht gar nicht, denn ich kann nicht an deine Stelle treten. Du bleibst für dich, mir radikal fremd. Nähe entsteht nur über Respekt vor Abstand. Aber deinen depressiven Selbsthilfeversuch kenne ich – anders – von mir. Ich kann die Erfahrung mit dir teilen. Du musst mit ihr nicht mehr total isoliert sein. Es gibt Gemeinsames zwischen uns." (Übrigens: „Ich verstehe dich" heißt vom Wortsinn her präzise: „Ich verstehe *mich* auf dich". Das tritt an die Stelle des objektivierenden besitzergreifenden Anspruchs, einen Anderen überhaupt verstehen zu wollen.) Ich kann einem Patienten eine eigene depressive Erfahrung mitteilen. Noch besser ist es, Bilder zu suchen, die der Andere als für seinen Zustand zutreffend annehmen oder ablehnen kann und die die Erfahrung mitteilbar machen.
Beispiel: „Ich bin so depressiv, alles ist sinnlos." Antwort: „Ihre Verzweiflung ist uferlos und Sie haben keinen Strohhalm, an den Sie sich klammern können."
Merke: Gefühle können wir überhaupt nur in Bildern sprachlich ausdrücken.

b. Indem der Andere mich (durch mein Hören in Gehorsam ohne Hörigkeit) in meine Suchhaltung in mir schickt, nimmt er mir zwar meine gesunde Selbsterhaltungs- und Aneignungsidentität, setzt mich aber dafür in eine neue moralische Identität des Auf-ihn-Antwortens, der Verantwortung für ihn ein; denn die Freiheit des Anderen kann unmöglich in der meinen ihren Anfang finden.

c. Die Suchhaltung bei mir selbst wird fast zwangsläufig zum Modell für den Patienten: Meine ihm wahrnehmbare Haltung steckt ihn unmerklich an, verführt ihn. Statt, wie bisher, mich mit seinen endlosen Hilfserwartungen zu lähmen, kann sich meine auch für mich schmerzliche Zurückweisung, dass ich ihn nicht verstehen kann, allmählich auszahlen: Von mir angesteckt beginnt er, auch bei sich selbst zu suchen, sich zu fragen, sich wahrzunehmen, sich zu diagnostizieren. Damit tut er, wozu er seit langem den Mut verloren hatte, was unvereinbar mit seiner Depression ist. Er hofft nicht mehr hoffnungslos nur auf Hilfe von Anderen, sondern beginnt, auf Hilfe von sich selbst zu hoffen. Es entsteht eine gemeinsame Arbeitsatmosphäre, in der jeder bei sich selbst sucht. Zurückweisung von etwas, was nicht geht (direktes Verstehen oder helfen) ist nicht Ablehnung, sondern Voraussetzung für Annahme. Es entsteht eine Begegnungsstruktur: Ich bin ich, und du bist du, und: Ich bin Du, wenn ich ich bin (Paul Celan).

d. Die Suchhaltung bei mir selbst schützt auch die Handlungsfreiheit des Patienten: Sie schützt ihn vor mir, nämlich vor meinem Aktivismus in Worten und Werken. Denn mit der Suchhaltung drücke ich aus: „Innerhalb unserer Begegnung bleibst du ein Fremder, Gegenüber, Gegner. Daher kann ich nicht etwas für dich tun oder dich für dich verstehen. Ich will dir auch nicht meine theoretische Erklärung über deinen Kopf stülpen; denn sie gilt für mich und nicht für dich. Meine Suchhaltung bei mir ist Ausdruck meiner Solidarität mit dir. Sie kann dich ermutigen, dass du tiefer in dir suchst, als du dich allein bisher getraut hast, weil das so schmerzlich ist; dass du nicht stehenbleibst; dich nach dem Sinn deines Depressiv-Sein fragst; dich fragst, welches Lebensproblem du mit dem Depressiv-Sein lösen bzw. verdecken wolltest." Diesen Prozess kann ich etwa mit folgenden Äußerungen fördern: „Wie kommt es, dass das, was Sie gerade sagen, mir Angst macht?" – „Die Trauer, die Sie gerade äußern, möchte ich gern noch tiefer verstehen; können Sie sie noch genauer (mal anders) ausdrücken?" – „Ich frage mich (nicht: Ich frage Sie), was ihnen das Gefühl X bedeutet." – „Ich frage mich, wie stark Ihr Wunsch nach Unabhängigkeit eigentlich ist; ist er wie ..." und dann biete ich immer umfassendere Bilder an, bis der Patient sich selbst einschätzt und mich korrigiert: „Das eine Bild trifft zu, das andere ist übertrieben." Das Gemeinsame an diesen Äußerungen ist das Bemühen, die Suchhaltung, die Selbstwahrnehmung immer wieder auf die Seite des Patienten hinüberzuspielen, in diesem Sinn: kein Mitleid mit ihm zu haben.

(Klaus Dörner/Ursula Plog/Christine Teller/Frank Wendt [Hg.], Irren ist menschlich. Lehrbuch der Psychiatrie und Psychotherapie, Bonn 2004, S. 202–205 [Auszug])

1. Welches Bild der psychischen Krankheit Depression haben die Autoren? Rufen Sie sich die Definition von psychischer Krankheit von Dörner/Plog aus der Einleitung in Erinnerung.
2. Welche Rollen haben in diesem therapeutischen Konzept Patient, Therapeut und Angehörige?
3. Lässt sich dieses therapeutische Selbstverständnis auch auf pädagogische Handlungssituationen übertragen?

Gesundheitswissenschaftliche Ansätze in der Sozialisationsforschung

Ein Bedingungsgefüge für Gesundheitsbeeinträchtigungen und Verhaltensauffälligkeiten

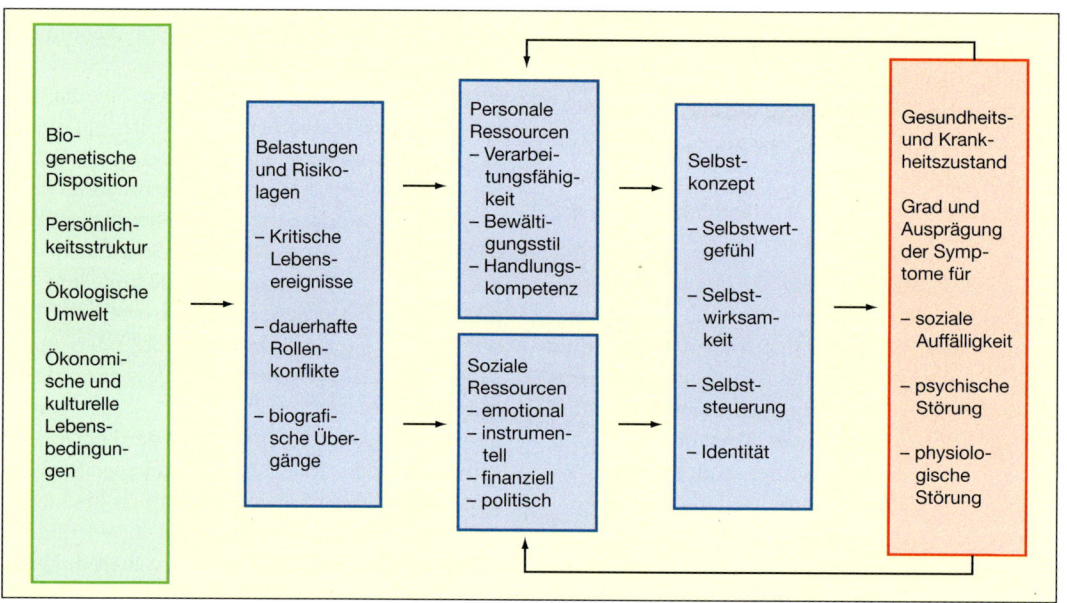

(Klaus Hurrelmann, Gesundheitswissenschaftliche Ansätze in der Sozialisationsforschung, in: K. Hurrelmann/D. Ulich, Neues Handbuch der Sozialisationsforschung, Beltz, Weinheim und Basel, 4. Aufl. 1991, S. 190)

1. Konkretisieren Sie die einzelnen Komponenten des Bedingungsgefüges für die Krankheit Depression. Zum Verständnis der einzelnen Begriffe können Sie auf das Kapitel zum Jugendalter zurückgreifen, in dem der Ansatz von Hurrelmann ausführlich dargestellt wird.
2. Welche Möglichkeiten zur Prävention und Therapie lassen sich aus diesen Überlegungen ableiten?
3. Welche Rolle spielt Erziehung in Familie, Kindergarten und Schule bei der (Mit-) Verursachung, der Therapie und der Prävention?

Pädagogische Anwendung

Wie erhalten wir unsere psychische Gesundheit?

Wenn ein Kurs sich über lange Zeit mit psychischem Leid von Kindern und Jugendlichen befasst, ist es sehr wichtig, sich auch mit positiven, stärkenden Aspekten zu beschäftigen. In diesem Bereich soll es daher zunächst um die Frage gehen, was wir – Lehrerinnen und Lehrer, Schülerinnen und Schüler – zum Erhalt und zur Stabilisierung unserer psychischen Gesundheit tun können.

Ich bin ich! – eine Meditationsübung nach Virginia Satir

Vorbereitung: Benötigt werden: Papier und Buntstifte, evtl. Vorlagen für Mandala-Bilder, eine CD oder Kassette mit Meditationsmusik, ein ruhiger, evtl. abgedunkelter Raum.

Durchführung: Die Lehrerin/der Lehrer liest den Text „Ich bin ich" (s. u.) langsam und mit ruhiger Stimme vor. Die Schülerinnen und Schüler schließen die Augen oder fixieren einen Punkt in der Ferne und konzentrieren sich auf den Text.

Nach der Lesung des Textes gestaltet jeder ein Bild mit freien Farben und Formen oder malt ein Mandala nach seinen Farbvorstellungen. Mandalas sind ursprünglich aus dem Buddhismus stammende Bilder, die Einheit und Vielfalt symbolhaft darstellen und der Meditation dienen sollen. Sie sind aber in allen Kulturen auf der ganzen Welt in unterschiedlicher Ausprägung zu finden.

Zum Schluss schreibt jeder einen kurzen Satz unter das Bild mit der Botschaft, die ihr/ihm die Meditation gebracht hat. So soll das Bild Erinnerung und Auslöser für die Botschaft werden.

Auswertung: Eine Besichtigung aller Bilder kann sich anschließen. Eine inhaltliche Diskussion ist in der Folgestunde sinnvoll, wenn alle Zeit hatten, das Erlebte zu verarbeiten.

Ich bin ich

Auf der ganzen Welt gibt es niemanden, der genauso ist wie ich.
Alles, was aus mir herauskommt, ist auf authentische Weise mein eigen, denn ich allein habe es gewählt.
Alles, was mit mir zu tun hat, gehört mir – mein Körper, meine Gefühle, mein Mund, meine Stimme; alles, was ich tue, sei es anderen oder mir selbst gegenüber.
Mir gehören meine Fantasien, meine Träume, meine Hoffnungen, meine Ängste.
Mir gehören all meine Triumphe und Erfolge, all meine Misserfolge und Fehler.
Weil alles, was mich ausmacht, mir gehört, werde ich mit mir selbst sehr vertraut. Und indem ich dies werde, kann ich mich lieben und zu mir mit allen meinen Teilen freundlich sein.
Ich weiß, dass es Aspekte von mir gibt, die mir rätselhaft sind, und andere Aspekte, die ich nicht kenne.
Doch solange ich freundlich und liebevoll zu mir selbst bin, kann ich mich ermutigen und hoff-

nungsvoll nach den Lösungen der Rätsel suchen und nach Möglichkeiten, mehr über mich selbst herauszufinden.

Wie immer ich aussehe und klinge, was immer ich sage und tue, und was immer ich denke und fühle in jedem beliebigen Augenblick und zu jeder Zeit, ist authentisch ich selbst.

Später, wenn einige Teile dessen, wie ich ausgesehen, geklungen, gedacht und gefühlt habe, sich als etwas herausgestellt haben, das nicht passt, kann ich das, was nicht passt, ablegen, den Rest behalten und für das, was ich abgeworfen habe, etwas Neues erfinden.

Ich kann sehen, hören, fühlen, denken, reden und handeln.

Ich verfüge über die Mittel zu überleben, anderen nahe zu sein, produktiv zu sein und der Welt der Menschen und der Dinge außerhalb von mir einen Sinn abzugewinnen und Ordnung zu geben.

Ich gehöre mir, und deshalb kann ich mich selbst organisieren.

Ich bin ich selbst, und ich bin okay.

(Virginia Satir u. a., Das Satir-Modell, Paderborn 1995, S. 41)

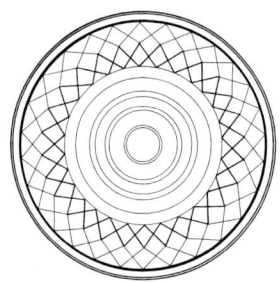  

Die Selbstheilungskräfte des emotionalen Gehirns

Der erste Schritt ist zu lernen, wie man sein Innenleben kontrolliert. Jeder entwickelt im Laufe seines Lebens Methoden der Selbsttröstung und Bewältigungsstrategien für schwierige Phasen. Leider sind es nur allzu oft Zigaretten, Schokolade, Eiscreme, Bier oder Whisky oder Betäubung durch Fernsehen. Damit tröstet sich die große Mehrheit über die unliebsamen Wechselfälle des Lebens hinweg. Wenn die Schulmedizin ins Spiel kommt, werden diese Alltagsgifte schnell durch ein Beruhigungsmittel (wie Valium, Ativan oder Xanax) oder ein Antidepressivum übertroffen. In den 1960er-Jahren wurde in fast allen Medizinzeitschriften für Librium geworben, den Vorläufer von Valium. Die Anzeigen verkündeten: „Librium – die Sonnenbrille der Seele". Es scheint, dass Frankreich diese Botschaft besonders getreu übernommen hat: Die Franzosen sind bis heute die größten Konsumenten von Beruhigungsmitteln weltweit.

Wenn wir uns nicht an einen Arzt wenden, sondern bei einer etwas ausgeflippten Gruppe von Schülern, Studenten oder Freunden Rat suchen, werden die Beruhigungsmittel in der Regel durch härtere Methoden der Selbsttröstung wie Haschisch, Kokain und Heroin abgelöst.

Es ist offensichtlich von größter Wichtigkeit, dass an die Stelle dieser wenig erfolgreichen – und überwiegend giftigen – Methoden Techniken treten, die auf die Selbstheilungskräfte des emotionalen Gehirns bauen und das Gleichgewicht zwischen Kognition, Emotionen und Lebensvertrauen wiederherstellen helfen. [...].

Wir müssen uns stets darüber klar werden, welche chronischen Konflikte in den wichtigsten affektiven Beziehungen präsent sind, im persönlichen Umfeld in der Beziehung zu Eltern, Kindern, Ehepartnern, Geschwistern und am Arbeitsplatz im Umgang mit Vorgesetzten, Kollegen, Angestellten. Diese Beziehungen gestalten unser emotionales Ökosystem. Wenn wir sie verbessern, ermöglichen sie uns, unser inneres Gleichgewicht wiederzufinden. Wenn sie kontinuierlich den Fluss unseres emotionalen Gehirns verschmutzen, werden sie schließlich seine Selbstheilungsmechanismen blockieren. Manchmal genügt es, ein traumatisches Ereignis der Vergangenheit zu bearbeiten, und in die affektiven Beziehungen strömt neue Energie. Befreit von den Gespenstern der Vergangenheit, die in der Gegenwart nichts zu suchen haben, können wir auf ganz neue Art in Beziehung zu anderen treten. [...]

Und schließlich hilft es uns, zum wahren inneren Frieden zu gelangen, wenn wir einen tieferen Sinn in der Rolle finden, die wir in der größeren Gemeinschaft, außerhalb unserer engeren Familie spielen. Die Menschen, die für sich eine solche Quelle von Sinn erschließen können, finden in der Regel über die Wiederherstellung der Gesundheit hinaus noch eine weitere Energiequelle für sich.

(David Servan-Schreiber, Die Neue Medizin der Emotionen, Kunstmann, München 2004, S. 263–267 [Auszüge])

1. Stellen Sie fachliche Begründungen zu diesen Ratschlägen zusammen, die Sie in unterschiedlichen Kapiteln von „Phoenix" (Band 1 und 2) kennengelernt haben.
2. Vieles ist leicht gesagt, aber schwer getan. Was wären erste kleine Schritte in die von Servan-Schreiber beschriebene Richtung?
3. Was könnte die Institution Schule tun, um dies pädagogisch zu unterstützen?

Was kann die Schule zum Erhalt der psychischen Gesundheit beitragen?

Mit MindMatters eine psychisch gesunde Schule „bauen"

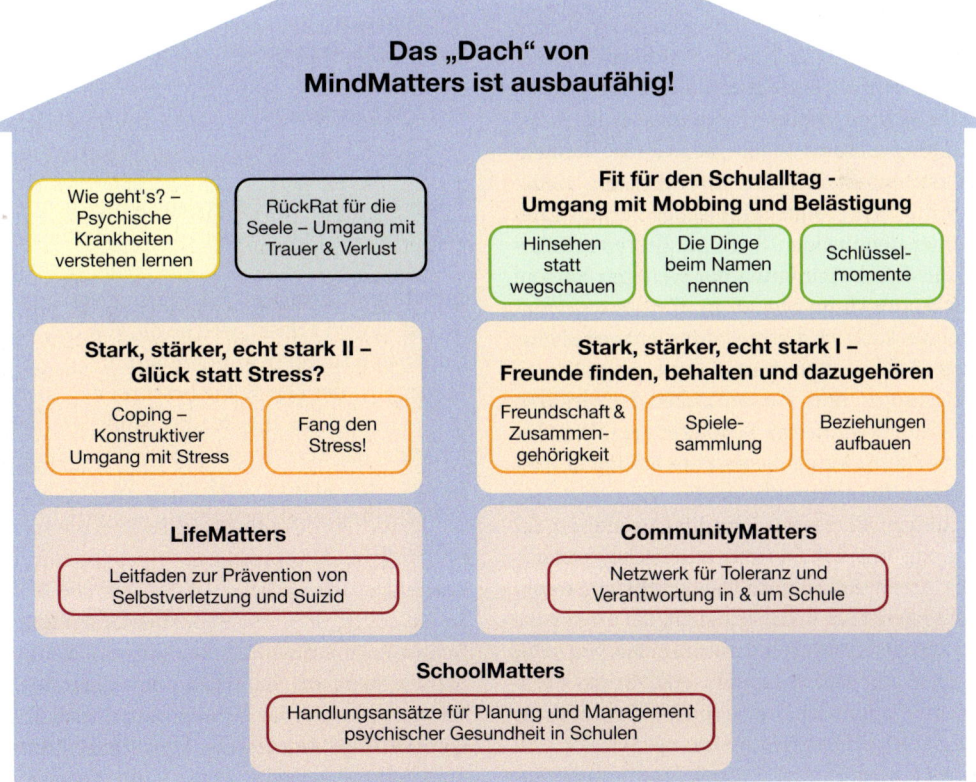

(Zentrum für Angewandte Gesundheitswissenschaften, Infopaket MindMatters, Lüneburg o.J., www.mindmatters-schule.de)

1. Recherchieren Sie im Internet, welche konkreten Projekte mit den Überschriften der einzelnen „Bausteine" gemeint sind.
2. Welche konkreten Maßnahmen zum Erhalt der psychischen Gesundheit an Schulen können Sie sich vorstellen?
3. Ermitteln Sie, was an Ihrer Schule in diesem Bereich getan wird.
4. In NRW, aber auch in anderen Bundesländern gibt es Netzwerke gesundheitsfördernder Schulen. Recherchieren Sie mithilfe der Website www.opus-nrw.de schulische Projekte der Gesundheitsförderung.

Schule als Chance oder Schule als Bedrohung?

Anforderungen an eine moderne Schul- und Unterrichtsorganisation

Dieser kurze Überblick über wissenschaftliche Befunde zur körperlichen, psychischen und sozialen Befindlichkeit von Schülerinnen und Schülern macht deutlich, wie stark kognitives Lernen in der Schule durch soziale, psychische und körperliche Rahmenbedingungen beeinflusst wird. Im Idealfall benötigen Schülerinnen und Schüler deswegen eine Schule, die sie mit allen ihren Erfahrungen und Gegebenheiten aufnimmt und annimmt. Schulisches Lernen kann ein Prozess sein, der enorme Impulse für die Persönlichkeitsentwicklung mit sich bringt, weil er eine elementare Bestätigung und eine Erschließung neuer Welten mit sich bringt. Schulisches Lernen kann aber unter ungünstigen Bedingungen eine Belastung und Beeinträchtigung der weiteren Persönlichkeitsentwicklung bedeuten.

Die Schule kann in diesem Sinne entweder eine Chance oder eine Belastung für die gesamte weitere Leistungs- und Persönlichkeitsentwicklung eines Schülers und einer Schülerin sein. Von dieser Entwicklung hängt die psychische und körperliche Gesundheit wesentlich ab.

Unter diesem Blickwinkel ist die Gesundheit der Kinder eng mit der Qualität schulischer pädagogischer Arbeit verbunden. Dabei geht es sowohl um die so genannte Prozessqualität, die produktive und möglichst stressfreie Zusammenarbeit aller Beteiligten, als auch die Ergebnisqualität, das Erreichen eines optimalen individuellen Schulerfolgs für möglichst viele Schülerinnen und Schüler.

Die Ergebnisse unseres Jugendgesundheitssurveys bieten stichhaltige Argumente für die Auswirkungen der Schule auf die Gesundheit und die Notwendigkeit einer schulischen Gesundheitsforderung. Um die Gesamtheit aller schulischen Prozesse zu erfassen, die Handeln, Lernen und Beziehungen der Beteiligten betreffen, und mit Gesundheit in Beziehung zu setzen, wurde im Jugendgesundheitssurvey von Bilz, Hähne und Melzer das Konzept der „Schulkultur" entwickelt. Dieses Konzept zeichnet sich durch seine Integration verschiedener Aspekte der schulischen Lebenswelt, ihrer Anforderungsstruktur sowie des Schulalltags aus. Es besteht aus den folgenden sechs Dimensionen.

Dimensionen der Schulkultur

1. Die Qualität des Unterrichts: Hier geht es um das professionelle Handeln der Lehrkräfte und die Qualität des Unterrichts aus Sicht der Schülerinnen und Schüler. Die Unterrichtsqualität wurde mit Fragen erfasst, welche die von den Schülerinnen und Schülern wahrgenommene didaktische Kompetenz der Lehrkräfte beschreiben. Diese Fragen beziehen sich auf die Anschaulichkeit des Unterrichts, das Lerntempo, auf die Erklärungskompetenz der Lehrer und ihre Fähigkeit, einen abwechslungsreich gestalteten Unterricht durchzuführen.

2. Schülerpartizipation: Hier werden die Möglichkeiten der Schüler erfasst, an der Gestaltung ihres Schulalltags mitwirken zu können. Wenn sich Schüler aktiv am Schulalltag beteiligen, die Klassenzimmer und das Schulgebäude mit gestalten können, ihre Interessen beim Lehrer oder der Schulleitung gewahrt sehen, kann dies für sie einen positiven Einfluss auf ihre Motivation, ihre

Lernhaltung und das Engagement für schulische Belange haben. Die Schülerpartizipation wurde mit Fragen ermittelt, die sich auf die Möglichkeiten des Arbeitens nach eigenem Tempo, die freie Wahl von Partnern für Gruppenarbeiten und ein Mitspracherecht bei der Nutzung von Unterrichtszeit, Lerninhalten sowie Schüleraktivitäten beziehen.

3. Schulische Kompetenz: Hier geht es um das Gefühl, im schulischen Unterricht gut mitzukommen, und inhaltlich um die Fähigkeiten und Fertigkeiten hinsichtlich der Bewältigung schulischer Anforderungen. Die Schülerinnen und Schüler sollten ihre Zustimmung oder Ablehnung gegenüber folgenden Aussagen angeben: „Ich bin ziemlich langsam bei der Schularbeit"; „Ich bin sehr gut bei der Klassenarbeit/in der Schule"; „Ich habe Probleme bei der Beantwortung von Fragen in der Schule". Die schulische Kompetenz ist etwas, das nicht allein durch die Schule selbst zu verantworten ist. Der Grundstein dazu wird in der Familie gelegt.

4. Unterstützung durch Mitschülerinnen und Mitschüler: Diese Dimension berücksichtigt die Möglichkeit, Unterstützung und Hilfe von Gleichaltrigen in der Schule zu bekommen. Der Zusammenhalt und die gegenseitige Unterstützung der Mitschülerinnen und Mitschüler einer Klasse wurde durch Fragen gemessen, die sich darauf beziehen, ob die Schüler einer Klasse gern zusammen sind, ob die meisten Schülerinnen und Schüler nett und hilfsbereit sind, ob Mitschülerinnen und Mitschüler unterstützt werden, wenn es jemandem in der Klasse schlecht geht, und ob die anderen Schülerinnen und Schüler die eigene Person so akzeptieren, wie sie/er ist.

5. Hilfe durch die Eltern und andere Erziehungsberechtigte: Hier wird das von Vater, Mutter und anderen Erziehungsberechtigten gezeigte Interesse an der schulischen Lernarbeit erfasst. Es wurde danach gefragt, inwieweit die Eltern und Erziehungsberechtigten ihre Kinder in schulischer Hinsicht unterstützen. Dazu gab es Fragen, die sich auf das Interesse der Eltern und Erziehungsberechtigten am schulischen Alltag der Kinder und auf die Hilfestellung bei den Hausaufgaben beziehen.

6. Schulfreude: Diese Dimension berücksichtigt die emotionale Bewertung der Schule als Aufenthaltsort und „Arbeitsplatz". Die Freude an der Schule wird durch die subjektive Einschätzung der Schülerinnen und Schüler erfasst: „Wie gefällt dir derzeit die Schule?". Hierin drückt sich ein Gefühl der Integration in den sozialen Schulkontext, die Motivation zur Beteiligung am Schulleben und das „Wohlfühlen" in der Schule aus.

(Klaus Hurrelmann, Schule als Chance oder als Bedrohung?, in: Heinz Hundeloh u.a. [Hg.], Gute und gesunde Schule – Kongressdokumentation, Düsseldorf 2004, S. 25ff.)

1. Formulieren Sie den Zusammenhang von Schulqualität und Schülergesundheit in einer zusammenfassenden These.
2. Ist aus Ihrer Sicht Schule in Bezug auf Depression eher Chance (auf Verhinderung) oder eher Bedrohung? Begründen Sie Ihre Einschätzung auf der Basis Ihrer bisherigen Erkenntnisse.

Wie kann die Schule depressiven Kindern helfen?

Depressive Kinder in der Schule

In der Klasse können depressiv-ängstliche Kinder aufgrund der beschriebenen Dynamik dafür sorgen, dass sie beständig abgelehnt werden, was in einem Teufelskreis ihr depressives Erleben verstärkt. Das kann wiederum zu vermehrten Ausstoßungstendenzen führen. Häufig werden ihre depressiven Symptome fehlinterpretiert, z.B. als mürrischer Rückzug, als Verweigerung. Zu Be-

ginn werden depressive Kinder oft als still-unkompliziert („pflegeleicht") verkannt. Depressive Zirkel können sehr mächtig sein und viel Einfühlung und Beharrlichkeit vonseiten des Lehrers verlangen. Entscheidend ist, das Verhalten der Schülerin oder des Schülers richtig einzuschätzen – erst das ist die Eintrittskarte in adäquate pädagogische Reaktionen.

Der enge Zusammenhang zwischen Depression, Angst und Selbstwert hat häufig zwei Folgen: Depressive Kinder und Jugendliche entwickeln

a) in unbekannten oder neuen Situationen einen depressionserhaltenden spezifischen Erklärungsstil,

b) – verstärkt durch Misserfolgserwartungen – ein defizitäres Lernverhalten (dies hat sich in einigen Untertests des bekannten Intelligenztests HAWIK herausgestellt).

Dieser Zusammenhang ist wichtig für die Beurteilung des Lernverhaltens depressiver Kinder in der Schule. Jeder länger anhaltende Rückzug, jeder Leistungsknick ist so lange abzuklären, bis die Ursachen nachvollziehbar sind.

Die Prognose wird mit verstreichender Zeit immer schlechter

Bevor man einem depressiv-ängstlichen Kind wirkungsvoll helfen kann, muss man wissen, was es überhaupt genau hat. Dazu gehört zuerst ein Grundwissen über die Erkrankung und ihre Symptome – aber vor allem auch das Wissen, dass die Prognose depressiver Erkrankungen mit verstreichender Zeit immer schlechter wird. Häufig wird bei schwierigem und gerade noch im Bereich des Üblichen liegenden Verhalten eines Kindes der Satz angewandt: „Das wächst sich aus." Dieser Satz gilt aber nur für sehr wenige Symptome und nur, wenn es vorher zu einer fundierten Diagnostik gekommen ist. Kindliche Depressionen und Angststörungen werden immer noch zu wenig ernst genommen und viel zu häufig übersehen. Jede anhaltende depressive/ängstliche Symptomatik bedarf einer Untersuchung durch Fachleute! Wenn bei einem Schüler oder einer Schülerin der Verdacht auf eine depressive Erkrankung besteht, so gehört es zur Fürsorgepflicht aller an der Erziehung der Kinder/Jugendlichen beteiligten Erwachsenen, sich entsprechend zu kümmern. Da Eltern aufgrund ihrer emotionalen Nähe zum Kind der Blick für abweichendes Verhalten/veränderte Emotionen manchmal verlorengeht, sind es oft die Lehrerinnen und Lehrer, die als Außenstehende und Vertraute gleichzeitig Veränderungen beim Kind als Erste bemerken. Und dann gilt:

- den Schüler/die Schülerin behutsam, aber bestimmt ansprechen,
- Eltern einbeziehen,
- sich nicht vorschnell zurückweisen lassen,
- auf Diagnostik/Behandlung hinweisen/bestehen,
- die Notwendigkeit und Grenzen des eigenen Handelns als Lehrerin/Lehrer beachten: nicht wegsehen, sich nicht überschätzen, sich nicht durch die Schülerin oder den Schüler vereinnahmen oder binden lassen („… das dürfen Sie niemandem sagen …"). Lehrerinnen und Lehrer sind – von ihrer Ausbildung und ihrer Rolle her – in der Regel keine Therapeuten.

Der Notfall – Selbstmordgefährdung

Besonders bedeutsam ist dies, wenn ein Schüler oder eine Schülerin offen Selbstmordabsichten äußert oder wenn man Selbstmordabsichten vermuten kann. Wichtig ist dann, sich als Lehrerin oder Lehrer nicht durch den eigenen Schreck beeindrucken zu lassen, sondern offen nachzufragen:

- Denkst du manchmal daran, dich umzubringen?
- Hast du dir schon überlegt, wie du das anstellen willst?
- Gibt es jemanden, mit dem du darüber sprichst?
- Wissen deine Eltern Bescheid?

Die immer wieder auch durch die Medien geisternde Unterscheidung zwischen „demonstrativen" und „echten" Suizidabsichten ist dabei weder hilfreich noch angemessen! Jede suizidale Äußerung eines Kindes/Jugendlichen – und sei es „nur" ein „das Leben macht ja doch keinen Sinn" – muss ernst genommen und darauf entsprechend reagiert werden. Auch wenn auf etwa 40 Suizidversuche im Jugendalter ein erfolgreicher Suizid kommt, so gilt immer noch, dass Suizide die zweithäufigste Todesursache im Jugendalter sind. Wenn die Kinder/Jugendlichen merken, dass ihre Aussagen ernst genommen und nicht bagatelli-

siert werden, beantworten sie den ihnen entgegengebrachten Respekt in der Regel mit Ehrlichkeit. Wenn Lehrpersonen nach einem solchen Gespräch nicht absolut sicherstellen können (in einem überschaubaren Rahmen von maximal 24 Stunden), dass die Schülerin/der Schüler sich nichts antut, muss auf diese lebensbedrohliche psychische Situation reagiert werden durch

- Information der Eltern mit Verweis auf die akute Gefährdung des Kindes bzw. Jugendlichen und die sich daraus ergebende Notwendigkeit einer unmittelbaren kinder- und jugendpsychiatrischen Untersuchung.

- Reagieren die Eltern nicht angemessen, sollte die Lehrperson direkt Kontakt zu einem Notarzt oder Kinder- und Jugendpsychiater aufnehmen.

Zusammengefasst

- Angststörungen und Depressionen im Kindes- und Jugendalter werden häufig übersehen und in der Regel erst nach (viel zu) langer Zeit einer differenzierten Diagnostik und Behandlung zugeführt.

- Nur wenige Symptome ausgeprägter Angst und Depression „wachsen sich aus".

- Die Integration depressiv-ängstlicher Kinder in den Klassenverband kann hilfreicher Teil eines umfassenden Behandlungskonzepts sein und ist eine anspruchsvolle pädagogische Aufgabe, die viel Einfühlung und Geduld erfordert.

- Enge Absprachen zwischen Kind, Eltern, Therapeut und Lehrer helfen, Behandlungen effektiver zu machen.

- Suizidalität im Kindes- und Jugendalter ist ein Notfall, auf den immer entsprechend reagiert werden muss.

(Michael Schulte-Markwort/Carola Bindt, Depressiven Kindern in der Schule helfen, in: Pädagogik Nr. 3/2005, S. 45 – 48 [Auszug])

Prof. Dr. med. Michael Schulte-Markwort, Jg. 1956, ist Direktor der Klinik und Poliklinik für Kinder- und Jugendpsychosomatik in Hamburg. E-Mail: schulte.markwort@uke.uni-hamburg.de

Carola Bindt, Jg. 1956, ist Oberärztin in der Klinik und Poliklinik für Kinder- und Jugendpsychosomatik in Hamburg.

Adresse: Universitätsklinikum Hamburg-Eppendorf, Martinistr. 52, 20251 Hamburg

1. Stellen Sie einen Bezug her zwischen den hier vorgeschlagenen pädagogischen Maßnahmen und den thematisierten Erklärungsansätzen.

2. Welche Rolle könnten Pädagogikschülerinnen und -schüler bzw. Pädagogikkurse in diesem Zusammenhang übernehmen?

Nachtrag

Auflösung zu Seite 140:
Der letzte Satz in diesem Gedicht lautet:
wer dies je fühlte, von der Liebe weiß.

(Autor des Gedichtes: Felix Lope de Vega Carpio (1562 – 1635), in: Fliegende Wörter, Kalenderblatt 12. – 18.2.1996, Übers.: Hiltrud Herbst, Daedalus Verlag, Münster 1995).

Was sagen Sie nun? Wie erklären Sie sich Ihre Interpretationen im Kurs?

Schluss-Punkt

Für den französischen Soziologen Alain Ehrenberg ist die Volkskrankheit Depression ein Ausdruck gesellschaftlicher Zustände. Er vergleicht sie mit der Volkskrankheit Neurose zu Freuds Lebzeiten. In der Gesellschaft des beginnenden 19. Jahrhunderts mit harten Normen und starren Strukturen, die die Menschen sehr einschränkte und zur Anpassung zwang, war die Neurose ein Ausbruchsversuch aus einengenden Verhältnissen. Die heutige Gesellschaft dagegen ist gekennzeichnet durch Vielfalt, Flexibilität, Individualität. Normen und Werte haben nicht mehr die regulierende Kraft, gesellschaftliche Strukturen wandeln sich in rasantem Tempo. Dies bringt neue Formen psychischer Verarbeitungsformen mit sich:

Die Depression zeigt uns die aktuelle Erfahrung der Person, denn sie ist die Krankheit einer Gesellschaft, deren Verhaltensnorm nicht mehr auf Schuld und Disziplin gründet, sondern auf Verantwortung und Initiative. Gestern verlangten die sozialen Regeln Konformismen im Denken, wenn nicht Automatismen im Verhalten; heute fordern sie Initiative und mentale Fähigkeiten. Die Depression ist eher eine Krankheit der Unzulänglichkeit als ein schuldhaftes Fehlverhalten, sie gehört mehr ins Reich der Dysfunktion als in das des Gesetzes: Der Depressive ist ein Mensch mit einem Defekt.

Die Depression ist ein Laboratorium für die Ambivalenzen einer Gesellschaft, in der der Massenmensch sein eigener Souverän sein soll. Sie macht die Veränderung der Beschränkungen sichtbar, die das Individuum strukturieren: Nach innen hin verschwindet die Schuld, von außen wird keine Disziplin mehr verlangt.

Aus der biografischen Perspektive des Individuums gesehen ist es unwichtig, ob die Depression Lebenskummer oder eine echte Krankheit bezeichnet: Die Besonderheit der Depression liegt darin, dass sie die Unfähigkeit zu leben als solche zeigt, dass sie sich durch Schwermut, Asthenie (Erschöpfung), Gehemmtheit oder eine Apathie ausdrückt, die von Psychiatern auch „psychomotorische Verlangsamung" genannt wird: Der Depressive, den eine Zeit ohne Zukunft erfasst hat, hat keine Energie und verharrt in einem Zustand des „Nichts-ist-Möglich". Müde und leer, unruhig und heftig, kurz gesagt, neurotisch, wiegen wir in unseren Körpern das Gewicht der Souveränität. Das ist die entscheidende Verschiebung der schweren Aufgabe, sich richtig zu verhalten, die nach Freud das Schicksal des Zivilisierten ist.

Die Neurose ist die Krankheit des Individuums, das durch seine Konflikte gespalten wird, das durch die Spaltung zwischen dem Erlaubten und dem Verbotenen zerrissen wurde. Die Depression ist die Krankheit des Individuums, das sich scheinbar von den Verboten emanzipiert hat, das aber durch die Spannung zwischen dem Möglichen und dem Unmöglichen zerrissen wird. Wenn die Neurose das Drama der Schuld ist, so ist die Depression die Tragödie der Unzulänglichkeit. Sie ist der vertraute Schatten des führungslosen Menschen, der des Projekts, er selbst zu werden, müde ist und der versucht ist, sich bis zum Zwanghaften Produkten oder Verhaltensweisen zu unterwerfen.

(Alain Ehrenberg, Das erschöpfte Selbst. Depression und Gesellschaft in der Gegenwart, Campus, Frankfurt/New York 2004, übers. von Manuela Lenzen und Martin Klaus)

1. Wie beurteilen Sie am Ende dieses Kapitels diesen soziologischen Ansatz?
2. Ziehen Sie andere Kapitel (z.B. Psychoanalyse, Jugend) zur Überprüfung Ihrer Einschätzung heran und ergänzen Sie Ihre Einschätzung.
3. Welche pädagogischen und therapeutischen Konsequenzen resultieren aus dieser soziologischen Sichtweise?

Nick Hornby, der englische Kult- und Bestseller-Autor, hat seinen neuen Roman *A Long Way Down* vorgelegt. Der Plot: Vier Menschen treffen sich zufällig auf einem Hochhausdach – alle mit der Absicht, sich das Leben zu nehmen.

In einer Rezension (DIE ZEIT v. 14.7.2005, S. 49) argumentiert Walter van Rossum ganz im Sinne von Alain Ehrenberg:

„Die Moderne versucht uns ein schönes Bild vom Individuum schmackhaft zu machen: Wir sitzen als Piloten am Steuerknüppel unseres Lebens und manövrieren es durchs Gelände der Zivilisation. Doch wir haben weder ein Ziel noch einen Auftrag, vom Pilotenschein gar nicht zu reden. Wir verfügen bloß über unendlich viele Apparate, die uns darüber hinwegtäuschen, dass es sich um einen lebenslangen Blindflug handelt.

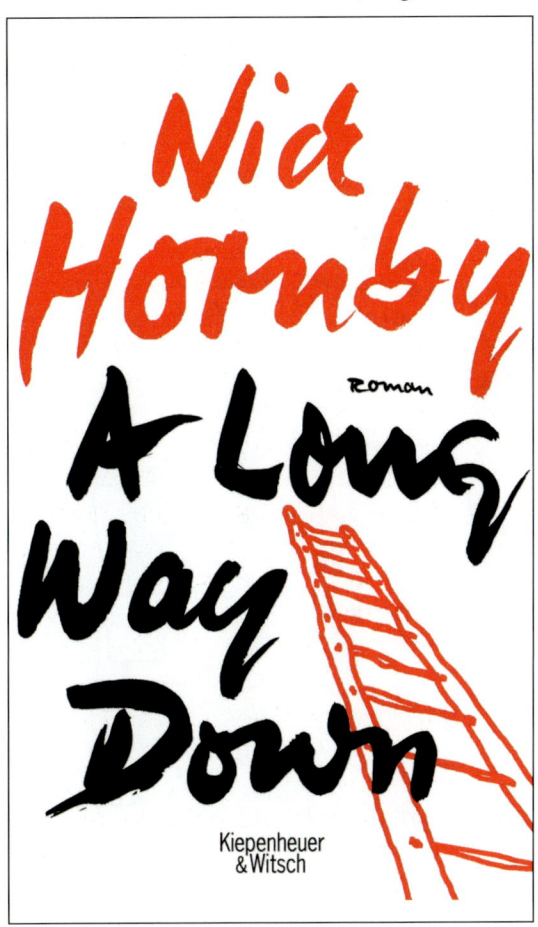

Willkommen also an Bord von Nick Hornbys Blindflugsimulator „A Long Way Down". Wollten Romanciers Probleme lösen, dann hieße dieses Problem in Hornbys Roman: Warum gleiten manche Menschen durch die Wirrnis der Existenz, und warum stürzen andere ab? Und wenn man abgestürzt ist, wie repariert man den gerissenen Faden? Nun ist aber Nick Hornby Romancier, ein hinreißender sogar, und deshalb löst er keine Probleme, sondern erzählt Geschichten. Und am Ende dämmert uns, dass vielleicht genau darin die Lösung besteht."

1. Auch ohne den Roman gelesen zu haben, können Sie auf die Fragen des Rezensenten nach dem „Warum?", „Warum nicht?" und „Wie reparieren?" antworten.
2. Warum könnte im „Geschichtenerzählen" ein Teil der Lösung bestehen?
3. Tipp: Der Roman wird inzwischen sogar von Depressions-Notruf-Telefonen empfohlen. Er eignet sich nicht zuletzt deshalb auch gut für Referate oder Facharbeiten.

P Projektvorschlag zum selbstständigen Weiterarbeiten

Nutzen Sie die Zeichnungen für die Gestaltung eines Info-Blattes über Depressionen von Kindern und Jugendlichen. Ziehen Sie dabei möglichst viele im Unterricht erarbeitete Erkenntnisse heran.

3 Reflexionen: Systemisches Denken und Handeln

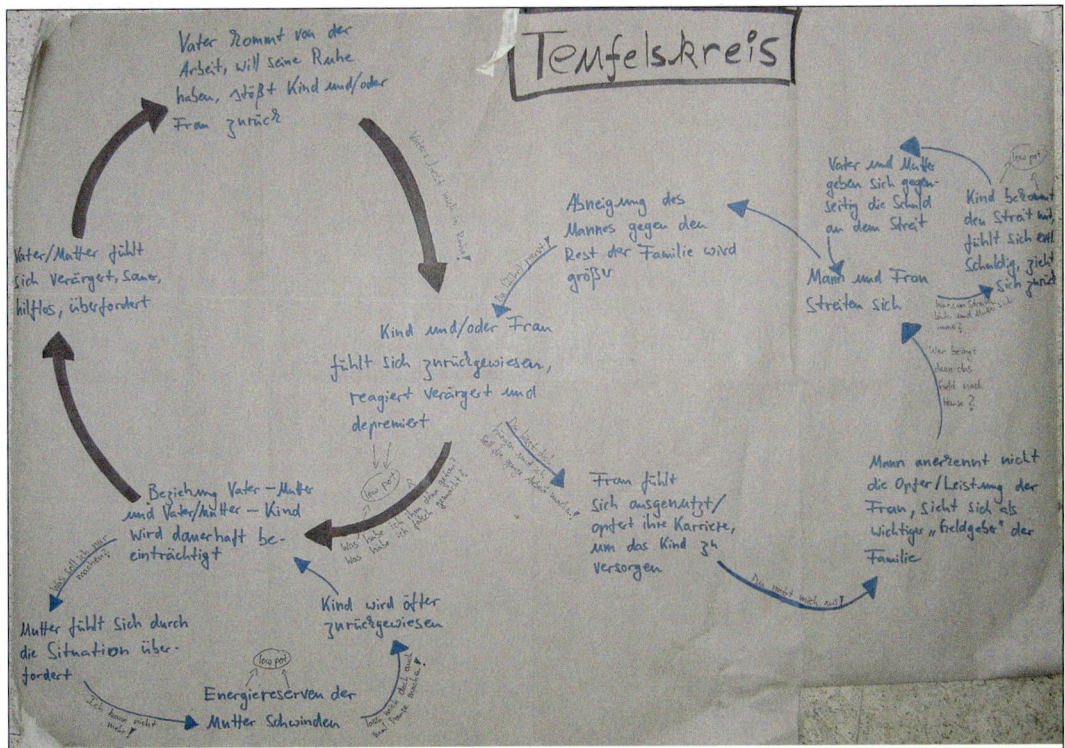

Während einer Projektwoche eines Leistungskurses Pädagogik zum Thema ‚Systemisches Denken und Handeln in pädagogischen Kontexten' an der Gesamtschule Wulfen in Dorsten hat eine Gruppe dieses Plakat erarbeitet, um an einem Beispiel familiendynamische Prozessstrukturen in ihrer Bedingtheit darzustellen. Grundlage für diese Überlegungen waren die Ausführungen in „Phoenix", Band 1, Kapitel ‚Familie und familiale Erziehung'.

Diskutieren Sie den Begriff „Teufelskreis".

Zur Beantwortung der Leitfrage dieses Themenkreises: „Was brauchen Kinder, um sich physisch, psychisch und sozial stabil zu entwickeln, und wie kann dies pädagogisch gefördert werden?" haben Sie bereits einige Theorien und Modelle kennengelernt – Sie haben Wissen und Erkenntnisse über die pädagogische Praxis gewonnen. Dadurch wurden Handlungsmöglichkeiten aufgezeigt (vgl. Sie besonders die Abschnitte: ‚Pädagogische Anwendung'), von denen Sie allerdings nicht mit Sicherheit sagen können, ob sie auch eine Wirkung haben. Hier stoßen wir auf eine Grundfrage pädagogischen Einwirkens: Das Aufzeigen von Ursachen und die theoriegeleitete Reflexion müssen nicht unbedingt zu einem eindeutigen Ergebnis im Sinne einer berechenbaren Wirkung führen. Das aus den Naturwissenschaften in vielen Lebensbereichen bekannte Schema von Ursache und vorhersehbarer Wirkung lässt sich nicht 1 zu 1 auf die Pädagogik übertragen; das pädagogische Feld ist viel zu komplex, als dass es sich auf diese Betrachtungsweise reduzieren ließe. Die Vielfalt der Ergebnisse ist geradezu ein Kennzeichen menschlicher Freiheit und eine Aufforderung, sich ständig miteinander auszutauschen und auseinanderzusetzen.

Für den Bereich der Interventionen bedeutet dies, dass letztlich nur Prozesse in Gang gesetzt werden können. Die Wirkung der Intervention löst eine Rückkopplung aus, sodass die am Erziehungsprozess Beteiligten sich in einem Wirkzusammenhang von Reaktion und Aktion befinden, ohne dass eindeutig festzustellen ist, wer welchen Part übernimmt. Diese Sichtweise ist komplex, da sie nicht nach Ursachen und Wirkungen fragt, sondern die Wechselwirkung in ihrer Komplexität in einem pädagogischen Feld betrachtet. Konsequent weitergeführt bedeutet dies, dass es eigentlich auch keine Ursachen und Wirkungen gibt, da dieses letztlich eine Frage der Betrachtung bzw. des Betrachter bleibt.

Bereits im Band 1 von „Phoenix" haben Sie sich mit dieser Denkweise im Rahmen der Betrachtung familialer Systeme vertraut gemacht. An dieser Stelle soll diese Sichtweise weiter systematisiert werden, wozu das nachfolgende Beispiel hinführen soll.

„Teufelskreise"

„Tat-Kranke"

Vielen Menschen – ich nenne sie Tat-Kranke – ist Krankheit so willkommen, dass man ihnen alles nehmen darf, nur nicht ihre Beschwerden. Sie sind ihnen ein Quell der Schonung, der Aufmerksamkeit, eine Möglichkeit, andere zu manipulieren. Kranksein macht den Tat-Kranken stark, denn er versteht es meisterhaft, von seinen eigentlichen Wünschen und Zielen abzulenken. [...] Er weist klar diagnostizierte und diffuse Beschwerden vor. Verborgen bleibt, dass er eigentlich etwas will, dass er mit der Waffe Krankheit um seelisches Wohlbefinden kämpft.

Was ihm fehlt, muss der Tat-Kranke jemandem abringen. Dazu bedarf es eines Gegenübers: des Schuld-Partners. Ihm weist man Schuld zu, um Schuldgefühle zu erzeugen. Wer Schuldgefühle hat, ist manipulierbar. [...] Das Stichwort „krank" versetzt den Schuld-Partner in eine emotionale Stimmung, die ihn eingleisig polt – und zwar in Richtung des Tat-Kranken. Dem Appell „Ich bin krank, kann also Rücksichtnahme verlangen" muss die Reaktion „Ich tue, was du verlangst" fol-

gen. Was passiert mit jemandem, der mit einem leidenden Menschen konfrontiert wird? Er wendet sich von sich selbst ab und dem anderen zu. Er versucht, Zuspruch zu leisten, zu trösten, zeigt Anteilnahme, fragt, was geschehen ist, stellt die eigenen Sorgen und Probleme zurück und lässt sich auf die des Gegenübers ein. Was immer er selber gerade vorhatte oder wollte – es verblasst angesichts des scheinbar Schlimmeren, das dem anderen widerfahren ist. [...] Wer über etwas klagt, sorgt dafür, dass andere sich ihm zuwenden: „Was brauchst du? Kann ich helfen? Probiere doch mal dieses Mittel aus! Möchtest du, dass ich bei dir bleibe?" [...] Menschen setzen Krankheit ein, um das Defizit an Liebe nicht spüren zu müssen, das möglicherweise in ihrem Leben herrscht. Andere Kranke vermeiden es – oder haben es nie richtig gelernt –, direkt ihre emotionalen Bedürfnisse auszusprechen, sie haben unbewusst entdeckt, dass sie ihre Wünsche erfüllt bekommen, wenn sie ihren Körper sprechen lassen. [...] In der Krankheit sehen sie die einzige Möglichkeit, um andere darauf aufmerksam zu machen, dass in ihrem Leben etwas fehlt oder schiefläuft.

(Rita Stiens, „Du machst mich krank"/Ursula Nuber, Krankheit als SOS-Signal der Seele. in: PSYCHOLOGIE HEUTE, Heft 2/Februar 1998, S. 20, 22, 27)

Hinweis: Einen interessanten Aufsatz von Prof. Dr. Günther Ossimitz (Universität Klagenfurt) zu systemischer Sichtweise und komplexen Wechselwirkungsmodellen finden Sie im Internet unter http://www.uni-klu.ac.at/users/gosimit/pap/sysdenk2.htm.

1. Analysieren Sie das System ‚Tat-Kranke und Schuldpartner' anhand der Ausführungen des Textes und stellen Sie es grafisch – z.B. in der Form eines Teufelskreises – dar. Überlegen Sie auch, was den Teufelskreis in Gang hält bzw. ob es mehrere sich überlagernde und ergänzende Kreise geben könnte.
Geben Sie unter Bezugnahme auf die Abbildung einige Antworten auf die Frage: „Wozu wird ein Kind – im Sinne eines Tat-Kranken – krank?"

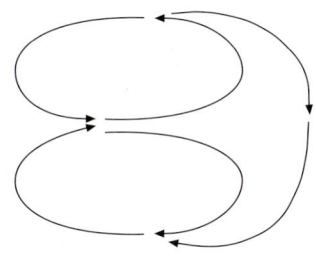

2. Diskutieren Sie Möglichkeiten, den Teufelskreis zwischen tat-kranken Kindern und Schuldpartnern Eltern aufzulösen.

3. Diskutieren Sie die folgenden Aussagen:
   - Jede Veränderung an einem Element erzeugt eine Veränderung bei allen übrigen Elementen des Systems.
   - Jedes Verhalten, sei es auch noch so verrückt, ist in seinem Systemkontext sinnvoll.
   - In einem System gibt es keinen Anfang und kein Ende. Jede Aussage und jedes Verhalten ist zugleich Ursache und Wirkung. Deswegen ist das Tun des einen gleichzeitig Ursache und Reaktion auf das Tun des oder der anderen. Die Frage: „Wer hat angefangen?" ist deswegen im systemischen Denken uninteressant.
   - Ein System reagiert nicht auf seine Umwelt, sondern nur darauf, wie es seine Umwelt wahrnimmt.
   - Die Nicht-Berechenbarkeit ist der Regelfall.
   - Systemisch denken bedeutet: „Die Kunst, den Wald und die Bäume zu sehen" (Peter M. Senge).

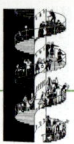

Symptome – symptomatisch

Symptomverschiebung

Heimliche Familienregeln, komplizierte Interaktionssysteme und verschiedene Wahrnehmungskompetenzen machen es oft schwierig, sich so auszudrücken und zu verhalten, wie man sich wirklich fühlt – besonders gilt dies bei einer ‚kranken Triade'.
Die folgenden Beispiele aus dem Bereich des schulischen Lebens geben in diese Problematik einen kurzen Einblick:

Symptomverschiebungen

- Zu spät kommen:
  Ausdruck von Desinteresse → Zeichen für besonderes Interesse, weil sonst die Stunde vollends geschwänzt worden wäre

- Freche Bemerkungen:
  Angriff auf die Selbstachtung des Lehrers → ungeschickte Bitte um Zuwendung

- Abschreiben:
  Betrugsversuch → Ausdruck von Angst; Bitte um Ermutigung

- Prügelei:
  Aggression → missglückte Form von Körperkontakt; Suche nach Zärtlichkeit
  usw.

(Claudius Hennig/Gustav Keller, Lehrer lösen Schulprobleme, Ludwig Auer Vlg., Donauwörth 1993, S. 86)

 Suchen Sie weitere Beispiele (Paarbeziehungen, Freundschaften, Kursgruppe, Familie, ...) und spekulieren Sie über Hintergründe für das gezeigte Verhalten.

Was tun ...?

Ein Fallbeispiel: Tobias

Der achtjährige Tobias fällt u.a. dadurch in der zweiten Grundschulklasse auf, dass er enorme Schwierigkeiten hat, sich an die von der Klassenlehrerin gesetzten Regeln und Grenzen zu halten. Er stört den Unterricht durch häufiges „Hereinplatzen" mit seinen Unterrichtsbeiträgen ohne vorheriges Melden, Gespräche mit den Nachbarn, Umherlaufen im Klassenzimmer u.v.m. Außerdem sagt er des Öfteren die Unwahrheit.
Die Verhaltensschwierigkeiten haben auch mittlerweile zu deutlichen Leistungsverschlechterungen geführt, die seine Klassenlehrerin mit den Verhaltensproblemen in Verbindung bringt.
Im Beratungsgespräch mit beiden Eltern erfährt die Klassenlehrerin dann, dass sich Tobias' Eltern (er hat noch einen fünf Jahre alten Bruder) in ihrem Erziehungsverhalten sehr uneinig sind: Die Mutter ist eher gutmütig, nachsichtig, inkonsequent, d.h., sie „fährt" die weichere Erziehungslinie. Das rührt u.a. daher, dass sie selbst aus einer sehr autoritären Herkunftsfamilie stammt und sich innerlich vorgenommen hat, ihren Kindern gegenüber weniger streng zu sein.
Tobias' Vater hingegen, dem das „Verwöhnen und Verhätscheln" des Tobias vonseiten seiner Frau ein Dorn im Auge ist, versucht strenger und konsequenter zu sein. Allerdings ist er tagsüber bei der Arbeit, und seine Frau ist sozusagen „zuständig" für die Bereiche Kindererziehung und Schule. Abends, wenn er von der Arbeit heimkommt, lässt er sich manchmal noch die Hausaufgaben von Tobias zeigen und ihn die schlampig gemachten Teile nochmals abschreiben. Das führt immer wieder zu Tränen bei Tobias und bringt die Mutter dazu, sich schützend vor ihn zu stellen bzw. gemeinsam mit ihm schulische Misserfolge und Hausaufgaben vor dem Vater zu verbergen.
Der Vater ist übrigens allgemein eher nach außen orientiert: Als Manager mit viel Außendienst und Hobbys wie Bergsteigen und Tennis hat er wenig Zeit für seine Frau und die Kinder übrig.
Das unterschiedliche Erziehungsverhalten der Eltern wiederum führt bei Tobias zu Verwirrungen

hinsichtlich der Gültigkeit von Regeln und Grenzen. Was gilt? Vaters Regeln oder Mutters Regeln? Wie viele Kinder in dieser Situation schlägt Tobias sich innerlich auf die Seite des „bequemeren" Elternteils, d. h. auf die Seite der Mutter. Außerdem hat er gelernt, dass man den strengen Vater ab und zu hinters Licht führen kann und es mit der Wahrheit nicht so genau nehmen muss.

Diese beiden Verhaltensmuster, nämlich Regeln zu missachten und es mit der Wahrheit nicht so genau zu nehmen, überträgt Tobias nun auf einen anderen sozialen Kontext, nämlich seine Schulklasse. Dort macht er außerdem die Erfahrung, dass er als „Störenfried" eine Menge Aufmerksamkeit bekommt: negative von der Klassenlehrerin, die ihn ermahnt und bestraft, positive von den Klassenkameraden, die über seine Unterrichtsstörungen lachen oder sich von ihnen anstecken lassen. Freilich bleibt dabei weniger Energie für aufmerksames und konzentriertes Unterrichtsverhalten übrig. Aber statt durch gute Leistungen kann er durch Kasperein Bewunderung von den Mitschülern erreichen.

Die Rückmeldungen der schwachen Schulleistungen durch die Klassenlehrerin an die Mutter führen dann wieder dazu, dass diese meint, sich noch mehr um die Hausaufgaben ihres Sohnes kümmern zu müssen, was bei ihm wiederum dazu führt, sich noch weniger anzustrengen.

Die Klagen der Klassenlehrerin über Tobias' Verhaltensschwierigkeiten führen beim Vater dazu, seiner Frau Vorwürfe zu machen und Tobias noch härter anzupacken. Bei Tobias' Mutter lösen die Vorwürfe des Vaters und sein härteres Durchgreifen eine Verstärkung ihres Schutzbedürfnisses für Tobias aus usw.

Wir sehen Symptome als verzweifelte Versuche an, mit emotionalem Stress, destruktiven Interaktionen u. Ä. in einem der beiden oder beiden sozialen Beziehungssystemen (Familie und Schulklasse) zurechtzukommen.

Symptome sind sozusagen Problemlöseversuche, die Probleme schaffen oder aufrechterhalten. Die Problemlösung wird so zum Problem. Symptome haben stets eine Funktion, auch wenn sie meist auf den ersten Blick nicht erkennbar ist. Im Folgenden wollen wir die verschiedenen Betrachtungsebenen eines Symptoms anhand einer Skizze und eines Fallbeispiels verdeutlichen:

Abb.: Mögliche Betrachtungsweisen eines Symptoms (Welchen Fokus wähle ich?); Abkürzungen: Sp: Schüler mit Schulproblemen; M: Mutter; V: Vater

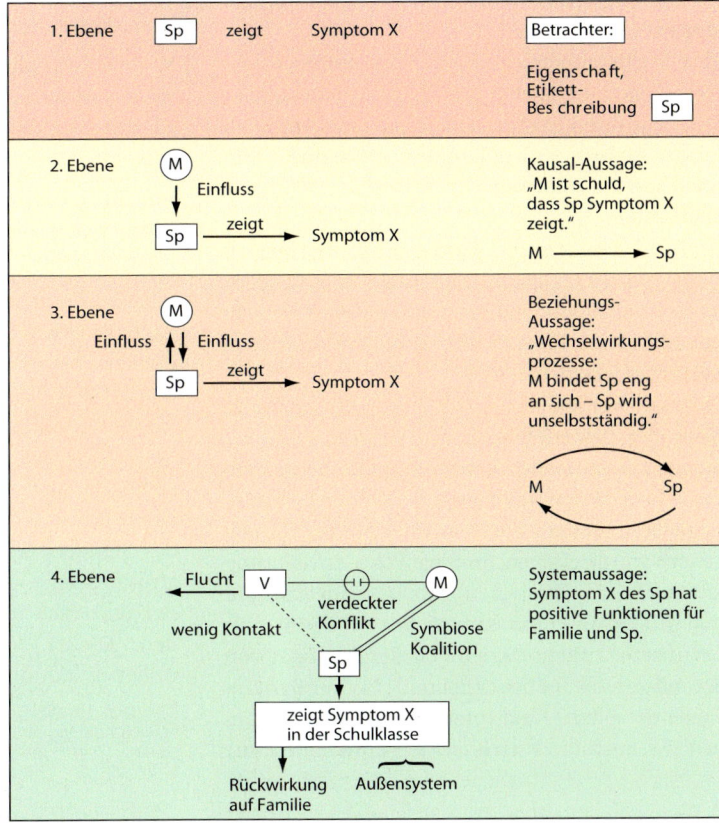

Wir können Symptome mit einem relativ engen oder sehr weiten Fokus betrachten. Wenn wir den Fokus sehr verengen (1. Ebene), können wir zum Beispiel Tobias' Verhaltensschwierigkeiten etikettierend beschreiben, sozusagen als isolierte Eigenschaft, wie z. B. er sei „ungezogen", „unkonzentriert" oder „verhaltensgestört" [...]. Eine nützlichere Beschreibung auf dieser ersten Betrachtungsebene wäre es dann schon, wenn konkret sein Verhalten ohne Wertung geschildert würde, also zum Beispiel: „Er zeigt sich öfter nicht in der Lage, Arbeitsanweisungen der Klassenlehrerin auszuführen." [...]

Begeben wir uns als Beobachter des Tobias auf die zweite Ebene und erweitern wir den Fokus etwas, indem wir die Mutter mit einbeziehen, könnten wir zu *Kausalaussagen* etwa der folgenden Art kommen: „Weil die Mutter Tobias bei den Hausaufgaben stets hilft, hat er nicht gelernt, sie selbstständig zu machen." [...] Die Gefahr solcher Kausalaussagen ist allerdings die einer schnellen *Schuldzuweisung* an die Mutter nach dem Motto: „Kein Wunder, dass Tobias sich so verhält – bei *der* Mutter."

Eine Symptombetrachtung auf der dritten Ebene würde auch die Mutter im Blickfeld haben, aber nicht nur ihren Einfluss auf Tobias, sondern auch seinen Einfluss auf die Mutter mitberücksichtigen. Eine *Beziehungsaussage* könnte dann etwa wie folgt lauten:

„Indem Tobias unselbstständiges Arbeiten bei den Hausaufgaben zeigt und die Mutter herausfordert, ihm zu helfen, und indem ihm die Mutter tatsächlich hilft, lernt Tobias nicht, seine Hausaufgaben selbstständig zu machen!" [...] Die Interaktionsprozesse werden also nicht nur von der Warte eines der beiden Beteiligten, sondern von den Standpunkten beider Betroffener aus betrachtet. Da jedoch Mutter und Sohn nicht allein zusammenleben, sondern noch ein Vater mit zur Familie gehört, würde eine nochmalige Fokuserweiterung die Interaktion zwischen Tobias, seiner Mutter und seinem Vater mit einbeziehen (Ebene 4). [...] An unserer zunehmenden Fokuserweiterung von der individuellen Ebene (Ebene 1) bis zur Systemebene der Eltern-Kind-Interaktion (Ebene 4) können wir auch die verschiedenen Funktionen, die ein Symptom in der Schule hat, zunehmend klarer erkennen:

● Tobias erhält Aufmerksamkeit und Zuwendung von der Lehrerin und den Klassenkameraden.

● Die Mutter erhält einen „Kontaktersatz" für den häufig abwesenden Ehemann.

● Der Vater wird als möglicher Helfer zur Beseitigung der Schwierigkeiten wieder wichtiger, indem die Mutter ihm mehr und mehr signalisiert, dass sie alleine nicht mit den Problemen fertig wird.

● Tobias' Probleme können vom verdeckten Paarkonflikt der Eltern ablenken (so kann die Mutter unter den mangelnden Kontakten mit dem Ehemann leiden, dies ihm gegenüber aber nicht klar und offen äußern).

● Tobias' Probleme können die Eltern im gemeinsamen Abwehrkampf gegen die Schule bzw. die Klassenlehrerin zusammenschweißen.

● Der Vater muss sich gezwungenermaßen mehr mit Tobias auseinandersetzen, als dies der Fall wäre, wenn alles zu Hause und in der Schule „glatt" liefe usw.

Es gibt also unserer Überzeugung und Erfahrung nach bei jedem Symptom, das nicht auf der individuellen Ebene des einzelnen Schulkindes angesiedelt ist, wie z.B. Begabungsmängel, körperliche Einschränkungen, Allergien, Benutzung falscher Lernkanäle usw., zwei Seiten: eine nach außen sichtbare destruktive, die scheinbar in selbstzerstörerischer Weise das schulische Fortkommen des Schülers behindert, und eine verdeckte konstruktive Seite, die einen Versuch darstellt, mit einer psychisch belastenden Situation fertigzuwerden. Diese Prozesse laufen selbstverständlich unbewusst und nicht absichtlich oder geplant ab.

(Claudius Hennig/Gustav Keller, Lehrer lösen Schulprobleme, Ludwig Auer Vlg., Donauwörth 1993, S. 71ff.)

1. Diskutieren Sie die nachfolgende Definition vor dem Hintergrund dieser Ausführungen:

Systemisches Denken bedeutet, die Gesamtheit von Prozessen, Konstellationen von Situationen und Phänomenen zu begreifen. Ein herausgelöster Teil gibt nur wenige oder falsche Informationen über das Ganze. Um etwas oder jemanden zu verstehen, muss man die Ganzheit bzw. das System sehen und in den Denkprozess mit einbeziehen. So bedeutet systemisches Denken erstens, dass es im pädagogischen, sozialen und biologisch-medizinischen Bereich (im Gegensatz z.B. zur Mechanik) keine einfachen Ursache-Wirkungs-Zusammenhänge von Prozessen oder Erscheinungen gibt.

So kann z.B. die Ursache einer geistigen Behinderung nicht allein auf eine Entwicklungsabweichung im Aufbau der Nervenzellen zurückgeführt werden. Vielmehr bestimmen die wechselseitigen Beziehungen der Teilprozesse einen entsprechenden Ablauf.

Zweitens wird mit systemischem Denken betont, dass sich Prozesse immer im Spannungsbogen zwischen Vergangenheit und Zukunft bewegen und somit nur eine bestimmte Zeit wirksam sind. Sie beziehen sich auf Vorerfahrungen und sollen aber auch in die Zukunft hineinwirken. Dieser Zusammenhang führt z.B. zur Erkenntnis, dass ein Lernerfolg wesentlich von der Vorerfahrung mitbestimmt wird und dass die Lernmotivation wesentlich steigt, wenn sich der Lernende vorstellen kann, wann und wo er das Gelernte anwenden wird.

Drittens verbindet sich mit systemischem Denken die Erkenntnis, dass der Mensch zumindest unter dem Blickwinkel sozialer Interaktion ein geschlossenes System darstellt. Dies bedeutet, dass ein Mensch keinen unmittelbaren Zugang zu den Gedanken und Gefühlen seiner Mitmenschen hat. Es sind immer nur subjektive Deutungen physikalischer Impulse, die im Innern einer Person stattfinden, z.B. die Schallwellen der Sprache oder die optischen Eindrücke von einem lachenden Gesicht. (Leander Pflüger, Lexikon Sociologicus)

2. Diskutieren Sie die folgende Aussage:
Es gibt keine Probleme, sondern nur Tatsachen. Tatsachen an und für sich haben keine Bedeutung, es muss jemanden geben, für den es Sinn macht, diesen Tatsachen eine Bedeutung zu geben, zum Beispiel die Deutung eines Problems. Daher ist in therapeutischer Arbeit zu fragen: Wie kommt jemand dazu, welche Ursachen liegen dahinter und was hat er davon, wenn er aus einer Tatsache ein Problem *macht*?

3. Wie würde ein Systemtheoretiker die Begriffe Prävention und Intervention einordnen?

Systemisch denken und handeln

Die Systemkriterien

Ich denke, es gibt einige Berechtigung, zwei grundlegend entgegengesetzte Arten von Denken zu unterscheiden, analytisch-dualistisches und ganzheitlich-systemisches. Aus diesen Denkformen folgen m. E. zwei voneinander grundverschiedene Paradigmen, nämlich eins, das ich jetzt polemisch linear-kausal nennen möchte, und ein anderes, das ich ebenso parteiisch als ganzheitlich, ökologisch und systemisch bezeichnen möchte.

Kernpunkt des linearen Denkens ist die Suche nach Ursachen. Es beruht auf einem individualistischen Ursache-Wirkungs-Denken [...]. Demgegenüber sieht systemisches Denken jedes Verhalten als bedingt durch die Struktur eines komplexen transaktionellen Feldes, innerhalb dessen es selbst eine Einflussgröße darstellt. Unter dieser Sichtweise erscheinen Regeln besser geeignet, die Wirklichkeit zu erklären, als Reiz-Reaktions-Mechanismen. Zentraler Begriff ist hier der der Zirkularität statt Linearität. [...]

Im Folgenden werde ich versuchen, die abstrakte Sprache der Systemtheorie auf menschliche und soziale Systeme (vor allem Familien) hin anwendbar bzw. verstehbar zu machen.

Verbundenheit der Elemente, Holismus

Systeme sind Ganzheiten. Alles, was existiert, existiert in ganzheitlichen Zusammenhängen. Als System betrachtet, ist die Familie ein Ganzes, etwas qualitativ anderes als die Summe ihrer Teile, mit denen sie sich (und diese untereinander) in Wechselwirkung befindet: Jeder Einzelne ist mit dem anderen so verbunden, dass eine Änderung des einen automatisch eine Veränderung des gesamten Systems mit sich bringt. Statt das System in seine Bestandteile aufzusplittern und damit seine Ganzheit zu zerstören, ist es möglich, es als Ganzes zu untersuchen und seine Eigenschaften und Verhaltensweisen zu beschreiben. [...]

Zielorientierung, Prozess

[...] Die Familie ist nicht statisch, sondern ständig im Prozess begriffen [...] Es wird zwischen zwei Arten von Prozessen unterschieden, dem der progressiven Segregation, also der zunehmenden Desintegration des Systems bis zu dessen Zerfall, und dem der progressiven Systematisierung, den zunehmenden Fortschritt in Richtung auf Ganzheit. Beide Prozesse können gleichzeitig in demselben System auftreten, und es kann für Familientherapeuten bedeutsam sein zu wissen, auf welchem Weg sich eine Familie befindet. So kann z. B. das Ziel eines 18-Jährigen sein, die Familie zu verlassen (Segregation), und das der Eltern, ihn zu halten (Systematisierung). Wenn auch die Eltern ihn gehen lassen, finden wir ein Stadium der Desintegration, dem u. U. eine neue Systematisierung des Ehesystems folgen kann, wenn es z. B. das einzige oder letzte Kind war, das die Familie verließ. [...]

Regulierung

Hierunter ist zu verstehen, dass ein System auf dem Weg zu seinem Ziel selbstregulierende Prozesse durchführt. [...]. Wie überall, wo wir der Wirklichkeit begegnen, stoßen wir auch bei der Familie auf eine dialektische Beziehung, auf ein Spannungsfeld, in dem sich Leben abspielt. Es ist das Spannungsfeld zwischen morphostatischen Kräften, die den Status quo erhalten und auf die Homöostase der Gesamtfamilie hinwirken, und morphogenetischen, die über Reg(el)änderung Entwicklung vorantreiben. Beide Tendenzen sind notwendig. Die morphostatischen, um den Bestand des Systems zu erhalten, um Konstanz in einer sich wandelnden Umwelt zu bieten; die morphogenetischen erreichen Entwicklung, Veränderung und Bewegung und damit auch wiederum Anpassung an die gewandelte Umwelt. [...]

Homöostase

Ein lebendes System ist ständig im Fluss, ständig im Übergang. Homöostase lässt sich als Gleichgewicht übersetzen, ein Zustand, den jedes System anstrebt, jedoch nur kurze Zeit halten kann, weshalb man auch den Begriff ‚Fließgleichgewicht' benutzt.

In einer Familie mit einem funktionalen ‚homöostatischen Plateau' finden wir ein harmonisches Wechselspiel zwischen Gleichgewicht und Ungleichgewicht. Veränderung ist akzeptiert, Konflikte werden als Chance angesehen. Paradoxerweise ist eine solche Familie also in der Lage, sich auf Ungleichgewichtszustände einzulassen, wie z. B. die Modifizierung der Ausgehzeiten. Eine rigide Familie kann dagegen oft nur über Symptombildung ihre Homöostase aufrechterhalten.

Wir können bei jedem Symptom fragen, welche Bedeutung es für die familiäre Homöostase hat – Beispiel: Ein Kind unterbricht mit irrelevantem Verhalten jegliche Transaktion der Eltern. Dazu lässt sich die Hypothese aufstellen, dass es mit diesem Mittel dafür sorgt, dass der elterliche Konflikt nicht virulent wird. (Dahinter steht möglicherweise der Familienmythos: Wenn die Eltern sich streiten, bricht unsere Familie auseinander.) [...]

Kalibrierung, Stufenfunktion

Ein weiterer wesentlicher Aspekt systemischer Sichtweise ist das Phänomen diskontinuierlicher Sprünge. Entwicklung vollzieht sich – systemtheoretisch gesehen – nicht linear, sondern in Stufen. [...] Wir können intrafamiliäre Entwicklungsprozesse (Geburt von Kindern, Pubertät, Altern, Reife) und außerfamiliäre (Schule, Militärdienst, Ablösung der Kinder durch Beruf oder Heirat, Arbeitslosigkeit, Pensionierung usw.) unterscheiden, die ständige Herausforderungen an das Familiensystem darstellen, sich neu zu kalibrieren.

Hierarchie

Systeme sind zerlegbar in Subsysteme, auch Untersysteme genannt, die ebenfalls für sich als ein System zu betrachten sind. [...]. Ein System (z. B. Familie) kann also immer auch als ein Untersystem zu Übersystemen (einer Dorfgemeinschaft) gesehen werden oder als Übersystem für Untersysteme (z. B. geschwisterliches Subsystem). [...]

Regeln

[...] Es sind die Wege gemeint, mit denen sich ein System in der Balance hält, mit denen es den Fluss von Gleichgewicht und Ungleichgewicht steuert. [...] Regeln können offen, (explizit) und verdeckt (implizit), funktional oder dysfunktional sein. Auch hier gibt es keine absoluten Werte. So kann die Regel „keiner darf sich vom anderen trennen" für ein Baby und seine Mutter sinnvoll, zwanzig Jahre später für beide dysfunktional sein. Offene Regeln sind nicht direkt leiderzeugend (z. B. Tischsitten), anders die verdeckten, die Tabus, die die offenen auch heimlich verändern können: „Bei uns gibt es keine Unstimmigkeiten, wir können über alles reden" – dieser expliziten Regel der Familie kann die implizite Regel: „Bei uns darf es keine Unstimmigkeiten geben" unterliegen. Der Familientherapeut wird in diesem Fall ein leichtes Unbehagen in der Familie feststellen, wenn Schwierigkeiten, Differenzen auftauchen, ein plötzliches Abschweifen, Wechsel des Themas [...]. Die impliziten Regeln sind den Systemmitgliedern nicht bewusst und können daher nicht ohne weiteres verändert werden wie z.B. die Taschengeldration der Kinder. Überraschende Effekte erzielt dagegen die Bewusstmachung solcher Regeln. Eine Familie, der aufgegeben wurde, die Regel: „Nur wer stark ist, zählt etwas in dieser Familie" auf ein Plakat zu schreiben und dieses einen Monat über dem Esstisch hängen zu lassen, kann nicht mehr in gleicher Weise dieser Regel unausgesprochen gehorchen wie früher.
[...]
Systemisches Denken erfasst Ganzheiten und nicht Individuen. Es achtet auf die in diesen Ganzheiten geltenden Regeln und die zwischen ihnen bestehenden Wechselwirkungen. Das systemische Denken verlässt somit die Kategorien von Ursache – Wirkung (und damit Schuld) zugunsten einer zirkulären Sichtweise. Alles im System ist aufeinander in Wechselwirkung bezogen. Menschen sind keine isolierten Einzelwesen, und daher ist jede Handlung darauf zu befragen, welche Bedeutung sie für das System hat, in dem der Mensch lebt. [...]
Das, was menschliche Systeme von anderen unterscheidet, ist Kommunikation, die einen Dialog konstituiert, anders als bei Information, die auch im Austausch zwischen Computern fließen kann. Im Dialog werden menschliche Systeme mit Sinn erfüllt. Sinn entsteht im Kontext zwischen den Sprechenden. Menschen sprechen miteinander, und nicht nur das, sie sprechen auch über etwas, über ein Thema.

(Arist von Schlippe, Familientherapie im Überblick, Paderborn 1991 [9. Auflg.], S. 16ff.)

1. Versuchen Sie Beispiele aus dem Bereich der Naturwissenschaften für das analytisch-dualistische und für das ganzheitlich-systemische Denken zu finden.

2. Suchen Sie weitere Beispiele für die einzelnen, hier angeführten Systemkriterien.

3. Ein/e systemisch denkende/r Erzieher/in, Berater/in, Therapeut/in kann helfen, Sichtweisen zu verdeutlichen, er/sie kennt aber keine ‚objektiven Wahrheiten'.
Erörtern Sie die Möglichkeiten und Grenzen, die sich aus diesem Ansatz ergeben.

4. Formulieren Sie über die Beispiele im Text hinaus typische Fragestellungen aus der Sicht systemischen Denkens und stellen Sie diesen Fragestellungen mehr analytisch orientierte Fragen gegenüber. Diskutieren Sie die Unterschiede!
Beispiel:
Was glauben Sie, welchen Sinn/welche Funktion es für ein Kind und seine Familie haben kann, wenn es seine Eltern bei ihrem Zweiergespräch (ständig) unterbricht?
Bzw.:
Welche entwicklungspsychologisch (Pubertät, ...) bedingten Ursachen oder nicht verarbeiteten früheren Erlebnisse können ein Kind dazu veranlassen, seine Eltern bei ihrem Zweiergespräch (ständig) zu unterbrechen?

Rück-Blick

Wie in den einleitenden Bemerkungen angedeutet, ergeben sich für Interventionen aus der systemischen Sichtweise neue Ansatzpunkte – dies gilt auch für eine so ausgerichtete Therapieform. Die Konzentration in der systemischen Therapie ist nicht nur auf den Betroffenen gerichtet, sondern auch auf die Personen des für diese Person relevanten Lebensumfeldes. So ist die Familie ein selbstregulierendes System, das von eigenen Gesetzen beherrscht wird. Solche lebendigen Systeme beinhalten die beiden sich widersprechenden Tendenzen der Homöostase und der Veränderung. Üblicherweise hält das Zusammenspiel dieser das System Familie im provisorischen Gleichgewicht. Pathologische Systeme zeichnen sich durch starre Regeln und sich ständig wiederholende Verhaltensweisen aus. In der Therapie werden diese starren Verhaltensweisen und Regeln ausfindig gemacht und es wird nach Lösungsmöglichkeiten gesucht, diese zu verändern.

Die Mitglieder eines Systems kommen im Laufe der Zeit zu einer eigenen Sichtweise der Realität, eine eigene Sichtweise der Realität wird „konstruiert". Dadurch können viele verschiedene Sichtweisen, was unter Realität verstanden bzw. gesehen wird, entstehen, so z. B., wie das Verhalten eines anderen Menschen einzuschätzen oder eine Sache beschaffen ist. Je massiver eine Sicht der Realität durchgesetzt wird, umso glaubhafter wird es für die Mitmenschen, dass es sich dabei um die Realität schlechthin handelt. Abweichungen davon können sich nur noch schwer oder gar nicht mehr durchsetzen. Der systemisch orientierte Therapeut bewegt sich in diesen verschiedenen Realitäten und unterstützt die Beteiligten darin, über ihre Situation ein Gespräch zu führen. Er fragt nach dem Sinn der Handlungen und geht davon aus, dass jeder Mensch, so wie er mit all seinen Stärken und Schwächen ist, „o.k." ist – ein Grundgefühl, welches für viele in ‚geschlossenen Systemen' verlorengegangen ist (vgl. auch „Phoenix", Band 1, familiale Erziehung). Die Frage nach dem ‚Wozu' einer Verhaltensweise ist für den Betroffenen entlastend, da er als Person in seinem ‚So-Sein' nicht infrage gestellt, sondern grundsätzlich so, wie er ist, akzeptiert wird. Für angestrebte Veränderungsprozesse ist es wesentlich, sich der Wirkzusammenhänge im entsprechenden System bewusst zu werden, da nur so innerlich freie und verantwortbare Entscheidungen getroffen werden können.

(Autorentext)

Vergleichen Sie die systemische Sichtweise mit dem Ansatz der Psychoanalyse und dem des Behaviorismus (vgl. „Phoenix" Bd. 1). Welche leitenden Fragestellungen und welche Menschenbilder liegen diesen Modellvorstellungen zugrunde?

Hinweis

ecopolicy ist ein Produkt der frederic vester GmbH, München. In diesem Strategiespiel soll „vernetztes Denken" geübt werden.

4 Perspektiven: Was braucht der Mensch? Entwicklungs-Wege

Erweitern Sie den obigen Ausschnitt durch eine Skizze oder Collage, um Ihre Vorstellungen von einem gelungenen Entwicklungs-Weg zu verdeutlichen.

Wie stellen Sie sich dabei die Haltung des Kindes vor, wie verhält sich der Erwachsene zum Kind, wohin ist der Kopf des Kindes gerichtet, was ist mit seinen Händen, in welcher Umgebung stehen die beiden Personen, wie sieht der weitere Weg aus, ...?

Tauschen Sie sich mit Ihren Mitschülern/Mitschülerinnen über Ihre Ergebnisse aus.

Das Recht der Kinder auf Entwicklung

Kinder als Subjekte

Kinder sind nicht an dem zu messen, was sie noch nicht sind, sondern sie sind junge Menschen mit eigener Wahrnehmung, eigenen Bedürfnissen und eigenen Erwartungen, die grundsätzlich denselben Respekt verdienen wie die Wahrnehmungen, Bedürfnisse und Erwartungen der anderen Gesellschaftsmitglieder. Die Gesellschaft ist darauf angewiesen, dass Kinder mit ursprünglicher Neugier ihre Welt erkunden, denn Wissen, Können und Verständnis lassen sich nicht einflößen. Nur weil Kinder Subjekte sind und sich in ihrem Subjekt-Sein entfalten, können Kinder zu aktiven Mitgliedern in Beziehungen und Gruppen, in Institutionen und der Gesellschaft werden.

Diesen Weg finden Kinder vor allem dann, wenn alle, die an den Prozessen der Entwicklung, Erziehung und Bildung beteiligt sind, sie nicht nur einzupassen versuchen, sondern sie ihr eigenes Sinnverständnis entfalten lassen. Regeln und Normen, Wissen und Werte einer Gesellschaft stehen auf dem Prüfstand, wenn die „Neuen" kommen und prüfen, was ihnen geboten wird. Selbstverständlich machen sie Fehler, wie nur Subjekte sie machen können. Aber sie stoßen auch auf schlechte Kompromisse und Doppelmoral. Wenn jedoch Kinder in einer Gesellschaft aussprechen können, was sie entdecken, gibt es Entwicklungschancen für Kinder und die Gesellschaft.

In gewisser Weise sind Kinder die „moderneren" Menschen. Veränderungen, die Erwachsenen Sorgen bereiten, weil sie das Gewohnte infrage stellen, sind Kindern selbstverständlich. Sie gehören zu all dem, worauf sie sich ohnehin einstellen müssen. Diese Haltung bezieht sich nicht nur auf technische Neuerungen; Kinder wissen, dass Erwachsene oft große Probleme miteinander haben.

Sie sind Realisten, sie akzeptieren, dass es Dinge gibt, an denen man nichts ändern kann. Aber sie verlangen, dass man sie anerkennt, dass es Menschen gibt, die sie lieben, dass Menschen ihnen gegenüber ehrlich und zuverlässig sind und ihnen Schutz geben, wo sie nicht weiterwissen und weiterkönnen. Insofern sind Kinder „konservativ", und die Gesellschaft hätte keinen Grund, vor Kindern Angst zu haben.

Das Subjekt-Sein der Kinder hat noch eine andere Seite: Kinder reagieren auf das, was sie vorfinden, nicht selten in unerwarteter Weise. Sie sind mit Beziehungen oder Regeln nicht zufrieden und bringen dies zum Ausdruck; sie sind irritiert oder verstört, entziehen sich oder sabotieren. Es zeigt sich, dass sie starke Subjekte sind und Erziehungsberater, Sozialarbeiter, Sonderpädagogen und Therapeuten an den Rand ihrer Kompetenz und Kraft zu bringen vermögen. Weil Kinder Subjekte sind, können sie sich intolerabel destruktiv verhalten. Allerdings begegnet sich die Gesellschaft in diesen Akten der Verweigerung, Selbstzerstörung und Gewalt gegen Sachen und Personen selber. Was sie beklagt, ist eine erschreckende Antwort auf das, was Menschen diesen Kindern vorgeben.

Die Subjektstellung der Kinder hat auch ihre rechtliche Seite. Kinder sind Träger von unveräußerlichen Rechten, die das Grundgesetz ihnen zuerkennt. Die Würde der Kinder als Person ist geschützt und ihre körperliche Unversehrtheit garantiert. Es gab Bemühungen, das Recht der Kinder auf Entwicklung ebenfalls in das Grundgesetz aufzunehmen. Diese Entwicklungschancen dürfen Kindern nicht aus ausländer- oder aufenthaltsrechtlichen Gründen vorenthalten werden.

(Bundesministerium für Familie, Senioren, Frauen und Jugend [Hg.], Zehnter Kinder- und Jugendbericht, Bonn 1998, S. 288)

---

1. Erstellen Sie zum Thema ‚Subjekt-Sein' eine Mind-Map, die die hier angesprochenen Aspekte zum Ausgangspunkt nimmt. Über den Text hinausgehende Verzweigungen sollten Sie dann besonders farbig kennzeichnen.

2. Nehmen Sie zu dem folgenden Zitat von Erhard Meueler Stellung.

„Niemand von uns kann über seine Lebensumstände beliebig verfügen, aber wir sind frei, diese Begrenzungen zu erkennen, um – stets Objekt und Subjekt zugleich – die Subjektanteile zu vermehren und zu erweitern. Wir können dazu ein Vermögen nutzen, das nur unserer Gattung eigen ist: Wir können uns zu uns selbst verhalten. Wir können uns mit uns selbst und all unseren Lebensumständen auseinandersetzen und über notwendige Veränderungen nachsinnen. [...] Wenn als Richtung all dieser Bemühungen um Orientierung und Selbsterweiterung ‚Bildung zum Subjekt' angegeben wird, dann steht der Subjektbegriff als Chiffre für freiheitliches Fühlen, Denken, Wollen und Handeln, selbstständige Entscheidungen. Er steht für Widerständigkeit, Selbstbewusstsein und weitgehend selbstbestimmte Verfügung über Lebensaktivitäten. [...] Sie (die Subjektivität) ist anderen Zielen verpflichtet als der rigiden Selbstdurchsetzung im alltäglichen Konkurrenzkampf. Sie bedarf, um zustande zu kommen, der solidarischen Wertschätzung durch andere ebenso wie der eigenen Offenheit für fremdes Leid." (Erhard Meueler, Die Türen des Käfigs, Klett-Cotta, Stuttgart, 2. Aufl. 1998, S. 8)

Das entwicklungszentrierte Erziehungsverständnis

In welcher Gesellschaft oder Kultur Erzieher auch immer tätig sein mögen (als Väter und Mütter, als Erzieherinnen in Kindertagesstätten, als Lehrer usw.) – stets verkörpern sie gleichsam eine *Mittlerfunktion* im Sinne der Vorbereitung, Ausrüstung, Förderung des Kindes für seinen Weg in und durch die Bewährungsfelder der Gesellschaft. Die hier entstehende Frage lautet: *Wie interpretiert der Erzieher diese Mittlerfunktion?* Die Antwort ist u.a. abhängig von folgenden Bedingungen:
von den Merkmalen des gesellschaftlichen Systems, soweit sie anthropologisch bedeutsam sind; vom offiziellen Menschenbild dieses Systems; vom offiziellen Kind-Bild dieses Systems, d.h. von Anschauungen über das Wesen, die Natur des Kindes und seiner Entwicklung, die Position und Funktion des Kindes in den sozialen Strukturen, die Rechte und Pflichten des Kindes, den Rangplatz des Kindes im hierarchischen System der Werte, die Normen für den Umgang mit dem Kind; vom Ausmaß der Identifizierung der Erzieher mit dem gesellschaftlichen System, seinem Menschenbild und seinem offiziellen Kind-Bild; und schließlich von der Erfahrungsverarbeitung der Erzieher, bezogen auf die eigene Kindheit und Jugendzeit, auf das an ihnen praktizierte Kind-Bild ihrer Erzieher.
Aus dem Zusammenspiel dieser Bedingungen erwachsen viele Möglichkeiten der Interpretation der erzieherischen Mittlerfunktion. Dennoch lassen sie sich in der Regel *zwei Typen* zuordnen:
• Ausgehen vom Vorrang gesellschaftlicher Anforderungen/Erwartungen, denen sich das Kind schrittweise anpassen muss. Erzieher sind hier Förderer und Kontrolleure dieser schrittweisen Anpassung an die Bedingungen kindlicher Lebensräume in Familie, Krippe, Kindergarten, Schule und an vorgegebene Entwicklungsziele;
• Ausgehen vom Vorrang kindlicher Bedürfnisse, Ansprüche, Rechte, auf die kindliche Lebensräume und Lebensweisen zugeschnitten und für sie passfähig gemacht werden. Erzieher sind hier Mitgestalter kindlicher Lebenssphären und Lebensweisen, die den altersspezifischen Bedürfnissen, Ansprüchen und Fähigkeiten des Kindes entsprechen und deshalb kindliche Selbstverwirklichung ermöglichen.
Ich plädiere für Interpretationen erzieherischer Vermittlung, die dem zuletzt genannten Typ zuzuordnen sind! Diese Aussage provoziert aber eine Frage: Ist das nicht illusionär – angesichts der Tatsache, dass das Kind unwiderruflich in kulturelle Strukturen hineinwächst, die Bewährungslagen definieren, an die es sich anpassen muss, ob es will oder nicht, die auch Erzieher respektieren müssen, wenn sie Aufgaben und Ziele ins Auge fassen?! Auf diese Frage antworte ich folgendermaßen:

● Kindliche Bedürfnisse, Ansprüche, Fähigkeiten usw. sind – aus ihren *Entstehungs*bedingungen heraus (in der Phylogenese, Anthropogenese, Ontogenese) – auf soziale, kulturelle, zivilisatorische Kontexte menschlicher Umwelten zugeschnitten; wir verstehen sie falsch, wenn wir sie aus diesen Entstehungs- und Wirkungskontexten heraustrennen.
– Vorrang kindlicher Bedürfnisse und Ansprüche bedeutet nicht Negierung von Bewährung in Situationen, die Erfolg *und* Misserfolg, Triumph *und* Enttäuschung, Bewältigung *und* Versagen einschließen. Kindliche Bedürfnisse und Ansprüche sind die eines flexiblen menschlichen *Lernwesens*, dessen physische und psychische Konstitution aufgrund seiner biotischen und soziokulturellen Evolution Anforderung und Bewährung *braucht* (und auch anstrebt!), um die anthropologische Besonderheit seines „Bauplans" herauszubilden!
● Das Kind verkörpert Menschenrechte! Kindliche Rechte sind Rechte von Schwachen, die deshalb ethische Pflichten der Erzieher definieren: die Pflicht des Schutzes, der Vor- und Fürsorge, der Hilfe, der Schaffung einer kinderfreundlichen Kultur.

Das Recht des Kindes auf Entwicklung

Eine Interpretation der erzieherischen Mittlerfunktion im Sinne der Anerkennung des Vorrangs kindlicher Bedürfnisse, Ansprüche und Rechte unter dem Aspekt der Beachtung ihrer Entstehungsbedingungen – sie schließt ein: Anerkennung des Vorrangs kindlicher Entwicklung und die Entscheidung für ein *entwicklungszentriertes* Erziehungsverständnis. Wie wären seine Inhalte zu kennzeichnen?
Sie sind identisch mit Anschauungen über den Sinn von Kindheit, die man als entwicklungszentriertes Kind-Bild beschreiben kann. Ich will seine drei wesentlichen Merkmale nennen: Dieses Kind-Bild akzentuiert die *„Offenheit"* der Entwicklung (analog der Offenheit von Geschichte), d.h. eine Absage an Auffassungen einliniger Entwicklung mit vorgegebenem Entwicklungsziel; ferner *qualitative* Veränderungen (Niveaustufen, Phasen) des Entwicklungsverlaufs als Abfolge alterstypischer ganzheitlicher Strukturen; und die *eigenaktive* Entwicklungsdynamik als Ergebnis der Wechselwirkung biotischer, sozialer, innerpsychischer Komponenten, die das Kind als Subjekt seiner Entwicklung verarbeitet.

Was besagen diese drei Merkmale, wenn sie entfaltet und präzisiert, wenn Voraussetzungen hinzugefügt und pädagogische Konsequenzen abgeleitet werden? – Ich versuche, diese Fragen zu beantworten:
1. Stets ist das Kind ein empfindendes, fühlendes, strebendes, denkendes und lernendes Wesen – also eine *ganzheitlich* handelnde Persönlichkeit. Bildung und Erziehung müssen auf diese Ganzheit zugeschnitten sein; es geht um die Entfaltung der Emotionalität, der Intelligenz, der Antriebskräfte und des Lernens, ohne Vereinseitigung des einen oder anderen.
2. Kindliches Handeln ist auf die Auseinandersetzung mit der Natur und Sachwelt, mit der sozialen Welt seiner Partner, mit der Welt gesellschaftlicher Prozesse und Ereignisse und nicht zuletzt mit sich selbst (d.h. der eigenen Stellung in allen diesen Strukturen) gerichtet. Als ganzheitliche Person steht das Kind also seiner Lebenswelt als Mikrokosmos gegenüber und muss sich in ihm bewähren. Bildung und Erziehung haben dementsprechend (auch durch eine „Öffnung" der Institutionen nach „außen", d.h. unter Einbeziehung *aller* kindlichen Lebensräume) die *Gesamtheit* des Lebens zu repräsentieren – wiederum ohne Vereinseitigung.
3. Entwicklung ist die *Existenzweise* des Kosmos, der Lebewesen, des Menschen und also auch des Kindes: Kindliche Entwicklung ist zugleich *Sozialisation*, d.h. sozial vermittelter Erwerb von Kompetenzen, um in sozialen Strukturen handlungsfähig zu werden und zu sein; *Akkulturation*, d.h. Hineinwachsen in die alterstypischen Lebensräume als Kultursphären der gesellschaftlichen Umwelt, dabei Aneignung von Techniken, Werten und Normen, die – in ihrer Vielfalt – eine individuelle Ausprägung der „Verhaltenskultur" zulassen; *Humanisation*, d.h. Erwerb kulturübergreifender menschlicher Handlungswerte, -ziele, -normen und -formen; und *Individuation*, d.h. Herausbildung des je einmaligen, unverwechselbaren Individuums mit der ihm wesenseigenen Subjektivität.

Das Recht des Kindes auf Gegenwart

Darum sollten Bildungs- und Erziehungsanforderungen mindestens drei Funktionen zugleich erfüllen. Sie sollten, um als angemessen zu gelten, *Entwicklungsaufgaben* verkörpern, und zwar solche, die auf die Bewährung des Kindes in der „Zone seiner *nächstfolgenden* Entwicklung" (Wygotski) gerichtet sind und eben nicht auf das abstrakte, kindfremde Fernziel „Erwachsensein"; sie sollten ausgewählte sozial-kulturelle Techniken, Güter und Werte vertreten, die für die produktive, kritische Aneignung und „Fortschreibung" der Menschheitskultur unerlässlich sind; und sie sollten es zulassen, dass das Kind seine individuellen Bedürfnisse, Interessen und Denkweisen, kurz: sein Anderssein, in allen diesen Entwicklungsvorgängen zur Geltung bringt. Letzteres gehört zu seiner Selbstbestimmung und schließt das pädagogische Bekenntnis zu pluralen Entwicklungszielen ein.

Kindliche Entwicklung ist Selbstentwicklung, in der das Kind gleichsam als Schöpfer seiner selbst tätig ist. Bildung und Erziehung sind, so gesehen, Angebote für die Selbstentwicklung. Sie sind als Auslöser und Medien von Entwicklung umso wirksamer, je besser sie die selbsttätigen Entwicklungsantriebe des Kindes zu wecken, zu nutzen und am Leben zu erhalten verstehen: den natürlichen Erkundungsdrang, die kindliche Neugier, die Lust am Probieren und Knobeln, das Auskosten von Risiken.

Im „Verhaltensbauplan" des Kindes ist ein stammes- und menschheitsgeschichtliches Erbe enthalten und wirksam. Das Kind verfügt also nach seiner Geburt über biotische *„Prädispositionen"* seiner Entwicklung, die allen Verhaltensbereichen zugrunde liegen. Je jünger das Kind ist, desto stärker sind sie als unbedingt zu beachtende Rahmenbedingungen wie Zielfunktionen von Bildung und Erziehung anzusehen. Das gilt z. B. für die biologischen Rhythmen von Schlafen und Wachen, von Ruhe und Bewegung; es gilt für das intensive Explorationsstreben, das soziale Kontakt- und Bindungsbedürfnis, die erotisch-sexuellen Tendenzen; es gilt für den Bewegungsdrang und die Spielneigung unserer Jüngsten. Damit sind zugleich Vorgaben für Bildungsangebote der Kindergärten und Schulen und für deren organisatorische Vorbereitung beschrieben. Mit dem Älterwerden des Kindes nimmt das Gewicht der soziokulturellen Umweltbedingungen und ihres Einflusses auf die Entwicklung immer mehr zu.

Das Recht des Kindes auf Achtung

Wohin zielt die kindliche Entwicklung? Seine entscheidenden Entwicklungsziele liegen im *Hier* und *Jetzt* tätiger individueller Bewährung, sodann im *nahen* Woanders und Danach – nicht aber in der weiten Ferne der Kompetenzen des Erwachsenen. Die wesentlichsten Quellen der Entwicklungsdynamik entspringen dem *aktuellen* kindlichen Erleben von Erfolg und Bewährung, z. B. gebunden an das Verwandeln von Nichtwissen in Wissen, an den Umschlag von Noch-nicht-Können in Könnerschaft, an die Erfahrung der gelungenen Herstellung sozialer Akzeptanz seitens der „Großen".

Die Welt, in die sich das Kind hineinentwickelt, ist aus seiner Sicht ungemein kompliziert, weitgehend undurchschaubar und rätselhaft. Und sie wird von den Erwachsenen beherrscht! So ist es nicht verwunderlich, wenn neben Zugriff und Wagnis auch Unsicherheit, Gehemmtheit, ja Angst sich ausdrücken. Die Position des Kindes ist die eines zwar weithin naiv und unerschrocken zupackenden, aber eben auch tastenden, suchenden, fragenden Wesens.

Daraus erwachsen Konflikte und Gefährdungen, und sie wiederum definieren Erziehungsaufgaben: Schutz vor Unbill und Traumatisierung, Schaffung von Feldern entspannten Tätigseins, Hilfe bei der Überwindung von Schwierigkeiten – und das alles, ohne dem Kind das Gefühl zu geben, es sei abhängig, unterlegen und schwach! Das Kind muss erleben, dass es ein ernst genommener, *gleichberechtigter* Partner im gemeinsamen Lösen von Entwicklungsaufgaben ist.

Aus dem entwicklungszentrierten Bild des Kindes erwachsen Konsequenzen für die erzieherische *Positionsbestimmung*. Sie reichen über das oben Gesagte hinaus. Erzieher können sich mit diesem Bild als *kritische* (und das heißt auch: kreative) Vermittler zwischen Kind und Gesellschaft verstehen. Zunächst prüfen sie empfohlene Bildungsgüter und Erziehungsinhalte auf ihren Wahrheitsgehalt, ihre Bedeutung. Bei Anforderungen, welche dieser Prüfung standhalten, fragen sie sich, wie sie am besten in kindgerechte Entwicklungsaufgaben zu verwandeln sind. Dabei blicken sie zunächst auf das Kind: Welche alterstypischen Fähigkeiten und Eigenschaften besitzt es, welche individuellen Eigenarten kommen ihm zu, welche Entwicklungspotenziale sind zu wecken, wo liegen seine produktiven Lernmöglichkeiten?

Dieser Blick auf das Kind ist Erkennen und Wertschätzen zugleich, und das Resultat ist ein *empfin-*

dendes Wissen um die Würde, um den Eigenwert des Kindes, den es zu bewahren und zu mehren gilt. Aus der Palette der Bildungsstoffe und Erziehungsziele wählen sie aus (oder komponieren es), was ihrer Meinung nach am besten geeignet ist, die Entwicklung des Kindes zu fördern. Dabei gilt es vor allem, Fähigkeiten des eigenständigen Wissens- und *Könnenserwerbs* und Bewertens auszubilden, die angesichts der dramatischen Zunahme möglicher Bildungsstoffe und der komplizierten Wertevielfalt immer bedeutsamer werden. Sie knüpfen an das im Kind Vorhandene, Gegebene an, gewähren – soweit möglich und vernünftig – Alternativen des Wählens und verbinden das mit einer Aktivierung, die dem Kind „Appetit macht" auf neues Wissen, besseres Können, auf Erahnen und Verstehen. Außerdem sind sie vorsichtig und sparsam mit Lob und Tadel – wohl bedenkend, dass Fremdbewertung und -kontrolle durch den Erwachsenen abgelöst werden müssen durch die kritische Selbstreflexion des Kindes, weil nur so Gewissen und Scham, Selbstsicherheit und Stolz entstehen und wirksam werden.

Erzieherinnen wissen – über das alles hinaus: Pädagogisches Tätigsein bedeutet Achtung vor der Würde des Partners, emotionale Wärme der Beziehung, Tolerieren des Andersseins und das Gewähren von Freiraum; es darf nicht darauf hinauslaufen, Planziele durchzusetzen, Stoffe abzuarbeiten, Überlegenheit zu demonstrieren oder Macht auszuüben.

(Hans-Dieter Schmidt, Anmerkungen zu einem entwicklungszentrierten Erziehungsverständnis, in: Welt des Kindes 4/92, S. 17–19)

1. Stellen Sie die Merkmale eines entwicklungszentrierten Erziehungsverständnisses in einer Mind-Map dar.
   Diskutieren Sie die von dem Autor vorgenommene ‚erzieherische Positionsbestimmung' und ergänzen Sie diese gegebenenfalls.

2. Suchen Sie für ein Gegenmodell des entwicklungszentrierten Erziehungsverständnisses einen Namen und stellen Sie die Merkmale dieses Modells ebenfalls in einer Mind-Map dar; formulieren Sie für dieses Modell eine erzieherische Positionsbestimmung.

3. Teilen Sie sich in zwei Gruppen auf und ordnen Sie sich dem Modell 1 bzw. dem Modell 2 zu.
   Diskutieren Sie zunächst, ob sich die in diesem Kapitel bearbeiteten Waben den zwei Modellen (näherungsweise) zuordnen lassen.
   Wählen Sie einen/mehrere Gruppensprecher Ihrer Gruppe, der/die dann mit dem/den Gruppensprecher/n der anderen Gruppe eine kontroverse Diskussion führen soll/sollen. Protokollieren Sie deutliche Gegensätze und Annäherungen der Positionen.

4. Diskutieren Sie gemeinsam die Möglichkeit eines dritten Modells und erörtern Sie dessen Merkmale und Forderungen an eine Erziehung.

5. Von Maria Montessori stammt der Satz: „Hilf mir, es selbst zu tun". Informieren Sie sich über die Montessori-Pädagogik im entsprechenden Kapitel im Band 1 von „Phoenix" (S. 350ff.).

6. Diskutieren Sie folgende Aussage:
   „Entwicklung kann sich in pädagogischen Prozessen nur dort vollziehen, wo das Kind die Freiheit hat, nicht zu kommunizieren. Das Kind braucht den Raum zum Alleinsein in Gegenwart eines anderen ..." (Aus: Günther Bittner, Kinder in die Welt, die Welt in die Kinder setzen, Kohlhammer, Stuttgart 1996, S. 256)

Ein-Spruch

Ich vermute,

dass Kinder in der

Erwachsenenentwicklung

eine ähnlich

bedeutsame Rolle spielen

wie wir Erwachsenen

in der Entwicklung

der Kinder.

(Ronald D. Laing)

Wer sagt
        was
                mit welchen Mitteln
                            und welcher Absicht
                                        zu wem ???

Welche Konsequenzen hat diese Aussage für Erziehung?

Themenkreis 2.2

Warum verlaufen im Jugend- und Erwachsenenalter Entwicklung und Sozialisation oft krisenhaft und wie kann Pädagogik hier präventiv und intervenierend eingreifen?

1 Einführung: Wenn Kinder und Jugendliche anders sind ... 192

Die Sicht von Straßenkindern 193
Mögliche Funktionen des „Anders-Seins" von Jugendlichen 195
Blick-Richtung 196
Methodische Anregung: Individuelle Fälle erziehungswissenschaftlich betrachtet 197

2 Das Wabenmodell 199

Sozialisation im Jugendalter – Ein produktiver und konstruktiver Prozess der Gestaltung von Identität 199

Einführung 200
Jugendliche und ihr Sozialisationsprozess 200
Biografische Zugänge 204
Grundbegriffe und Grundthesen 205
Charakteristika der Lebensphase Jugend 206
Die Synthese von innerer und äußerer Realität 211

Vertiefung 219
Quantitative empirische Methoden: Sind Jugendliche heute „Nesthocker"? 219
Methode: Empirisches Arbeiten in der Wissenschaft 222
Pädagogische Anwendung 223
Wann ist Sozialisation erfolgreich? – Hilfen von im Erziehungsbereich Tätigen für eine gelingende Sozialisation 223
Schluss-Punkt 228
Projektvorschlag zum selbstständigen Weiterarbeiten 229

2.2 „Für heute reichts!" – Gewalt in der Schule 231

Einführung 232
Assoziationsfeld Gewalt 232
Der Amoklauf von Erfurt (26. April 2002) 234
Grundbegriffe und Grundthesen 242
Gewalt – Definitionsversuche und Erscheinungsformen 242
Wissenschaftliche Erklärungsansätze 249
Vertiefung 259
Die Amok-Typologie 259
Statements 263
Handreichung zur Einschätzung bedrohlicher Situationen in Schulen 264

Pädagogische Anwendung 267
Streitschlichtung 268
Trainingsraumprogramm 270
„Faustlos" – ein Gewaltpräventions-Curriculum 273
Coolness-Training für gewaltbereite Kinder und Jugendliche 276
Methode: Ampelspiel zu Gewalt und Vandalismus an Schulen 278
Schluss-Punkt 279
Projektvorschlag zum selbstständigen Weiterarbeiten 280

2.3 Grenzüberschreitungen – Sexueller Missbrauch von Kindern und Jugendlichen 282

Einführung 283
Was ist sexueller Missbrauch? 283
Grundbegriffe und Grundthesen 285
Die Situation missbrauchter Kinder und Jugendlicher 285
Die Beurteilung des sexuellen Missbrauchs aus der Sicht von Tätern 288
Die Situation von Müttern sexuell missbrauchter Kinder 291
Auswirkungen des sexuellen Missbrauchs auf die Persönlichkeitsentwicklung der Betroffenen 293
Vertiefung 298
Entstehungsbedingungen des sexuellen Missbrauchs 298
Der familiendynamische Erklärungsansatz 301
Der soziologisch-feministische Erklärungsansatz 302
Pädagogische Anwendung 305
Eignet sich die Familientherapie bei sexuellem Kindesmissbrauch? 305
Pädagogische Arbeit mit sexuell missbrauchten Mädchen in der Heim-Erziehung 308
Ambulante Therapie für junge Sexualtäter 311
CAP – ein Programm zur Prävention von sexuellem Missbrauch 313
Schluss-Punkt 315
Projektvorschlag zum selbstständigen Weiterarbeiten 316

2.4 Alter Mensch, was nun? – Entwicklung im Alter 318

Einführung 319
Vorstellungen von Alter 319
Das Verhältnis von Alt und Jung in unserer Gesellschaft 320
Grundbegriffe und Grundthesen 323
Alter – Dimensionen und Entwicklungspsychologie 323
Vertiefung 327
Realistische Altersbilder 327
Auseinandersetzung mit Krankheiten im Alter 329
Kompetenzen, Entwicklungsaufgaben und Lernen im Alter 331
Pädagogische Anwendung 336
Geragogik 336
Interventionsgerontologie 338
Schluss-Punkt 341
Projektvorschlag zum selbstständigen Weiterarbeiten 342

3 Reflexionen: Vorbeugen ist besser als heilen – pädagogisches Empowerment 343

Salutogenese und Kohärenzsinn 344
Rück-Blick 349

4 Perspektiven: Was macht die Schule mit Kindern und Jugendlichen, die anders sind? 350

Fallbeispiele 350
Zum Umgang des Bildungssystems mit Kindern, die besonderer pädagogischer Förderung bedürfen 352

 Einführung: Wenn Kinder und Jugendliche anders sind …

Welche Assoziationen löst dieses Foto in Ihnen aus?
Sammeln Sie diese in einem gemeinsamen „Brain-Writing" an der Tafel.

Die Sicht von Straßenkindern

Fotos und Texte von Straßenkindern

Anonym

Eines kotzt mich wirklich sagenhaft an, was man nicht in einem Bild zusammenfassen kann. Die meisten Leute denken vollkommen falsch von Straßenkindern. Sie denken zum Beispiel, das Leben auf der Straße wäre einfach cool und gehört bei vielen Jugendlichen eben zur „Mutprobe", um in eine ganz tolle Clique reinzukommen. Sie denken, Drogen werden genommen, weil's cool ist.

So ein Schwachsinn!!!
Selbst meine Eltern, naja, was heißt selbst …! Ich halte nicht viel von denen, aber sie denken auch so. Sie meinen immer alles am besten zu wissen und auf dem allerneusten Stand zu sein. Aber in Wirklichkeit sind sie „von gestern". Sie haben nicht die geringste Ahnung von dem, was in der Welt los ist, und haben übelste Vorurteile gegenüber Menschen, die Drogen nehmen oder weglaufen. Weiter denken die nicht. Fast keiner, der ein Dach überm Kopf hat und genug Geld in der Tasche, tut das. Meine Eltern: Pfarrersleute! Das muss man sich mal überlegen! Da, wo alles nach außen hin so harmonisch wirkt. Eine Scheinwelt! Aber der Schein trügt, wie so oft …!

Wer guckt denn mal hinter die Kulissen?
Was muss passiert sein, wenn jemand die Straße dem Elternhaus vorzieht?! Was gehört alles dazu, dass jemand, um nicht psychisch zu krepieren, sich in schweren Drogen verliert?! Was ist da alles zerbrochen?!

Nein, ich nenne keine Beispiele! Es würde zu viel werden und außerdem kann jeder selbst mal nachdenken – endlich!

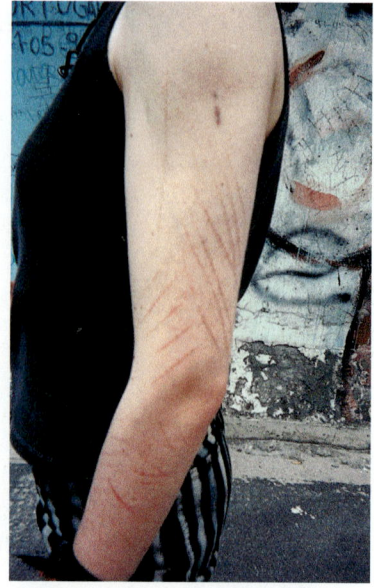

Anonym
Unendliche Leere
Weinende Augen
Quälende Dunkelheit
Grausame Lieder
Suche nach Wärme
Haltloses Schluchzen
Große Verzweiflung
Unnehmbare Ängste
Einsame Gedichte
Ernüchternde Stille
und die Frage: „WARUM?"

Du fühlst, wie Dein warmes Blut Deinen
Arm hinunterläuft.
Unendliche Erleichterung!
Du liegst da. Gedankenlos?
Du merkst, wie Dir schwindlig wird,
Du spürst Dich und Dein Leben.
Die „ALTEN BILDER" ziehen an Dir vorbei,
doch Du bist glücklich.
Erlöst?

Die Erniedrigung, ausgelacht zu werden,
war noch erträglich.
Die Abweisung fast unerträglich
Dann noch getreten zu werden, fast
undenkbar
Der Schrei nach Hilfe geht in Spott unter.
Die Ohnmacht befällt Dich, Du lässt Dich
fallen und hast niemanden, der Dich
auffängt!
Die Einsamkeit siegt!

Fortgeworfen wie ein benutztes
Taschentuch
Ausgetreten wie eine Zigarettenkippe
Beachtet wie ein Stück Scheiße am
Wegrand

– Doch es gibt immer einen Weg, der
Dir die Kurve ermöglicht, auch wenn er an
Hindernissen vorbeiführt.
Irgendwo gibt es eine Rose, die in Dir
Sehnsucht erweckt.
Das Messer lag neben mir.
Meine Augen! Ich hatte Angst vor mir
selbst
Die Resignation verhüllte Mordgedanken.
In meiner Brust schmerzte es fast
unerträglich.
Dieser Druck in meinem Kopf,
unaufhörlich.
Meine Augen leer und ausdruckslos
Ein erstickter Schrei in meiner Brust:
„HELFT MIR!"

(Fotos und Text aus der Wanderausstellung „Kennen wir uns?" – Straßenkinder fotografieren ihre Welt, initiiert von Mannesmann Mobilfunk zugunsten des Straßenkinder-Hilfsvereins Off-Road-Kids e. V., Düsseldorf 1998)

1. Wie drückt sich „Anders-Sein" in diesen Texten und Bildern aus?
2. Welche erziehungswissenschaftlichen Fragen und Thesen lassen sich daraus ableiten?

3. Warum sind Sie nicht in einer vergleichbaren Situation wie die Straßenkinder? Reflektieren Sie dies zunächst für sich selbst, tauschen Sie sich dann mit einem selbst gewählten Partner/einer Partnerin aus. Berichten Sie dann über Ihren Austausch im Plenum unter dem Gesichtspunkt ‚Gründe für Anderssein und Ausgegrenztsein – Gründe für Integriertsein und Anerkanntsein'. Dabei entscheiden Sie allein, was Sie anderen mitteilen wollen!

Mögliche Funktionen des „Anders-Seins" von Jugendlichen

Mögliche Funktionen von Jugendkrisen

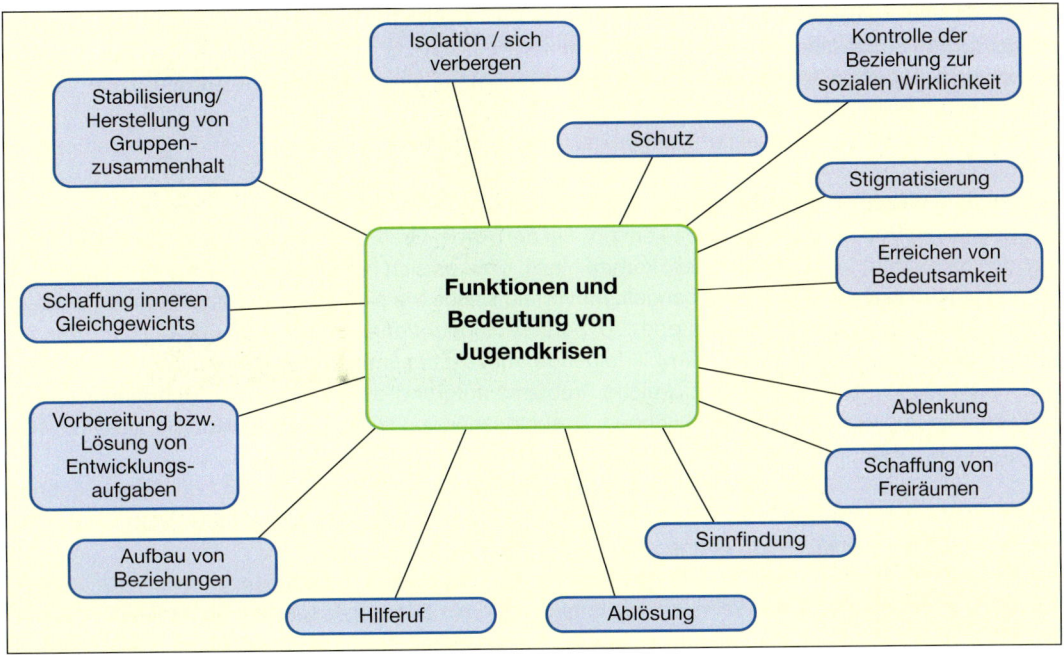

(Gerhardt Eikenbusch, Das alltägliche Besondere. In: PÄDAGOGIK Nr. 7 – 8/2005)

1. Erörtern Sie im Kurs, welche Aspekte erklärenden Charakter für die Situation der Straßenkinder haben könnten.

2. Welche Fragen und Thesen ergeben sich daraus für die weitere Arbeit?

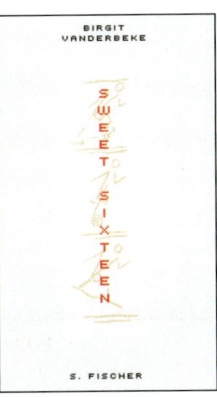

Lesetipp:

Ein aktuelles literarisches Beispiel für die Auseinandersetzung mit Anders-Sein in der Jugendphase hat die Schriftstellerin Birgit Vanderbeke mit *Sweet Sixteen* vorgelegt. Sie beschreibt, wie sich der Gedanke, genau zum 16. Geburtstag von zu Hause zu verschwinden, wie eine ansteckende Krankheit ausbreitet und Eltern, Lehrer und Politiker völlig ratlos macht. Die beißende Satire, die sich sehr kritisch mit der Erziehung in Elternhaus und Schule auseinandersetzt, eignet sich gut für Facharbeiten oder Referate.

Zitat: „Pädagogische Mittel seien ... nur bedingt geeignet, ... es gebe da offensichtlich eine Phase im Leben junger Menschen, in der diese nur wenig oder gar nicht zugänglich seien für die liebevolle und bestimmte Führung seitens der Großen ..."

Blick-Richtung:

Sucht man nach Gründen, warum Entwicklung und Sozialisation im Jugend- und Erwachsenenalter krisenhaft verlaufen – wie es für diesen Themenkreis als Leitfrage formuliert wurde –, so gibt es verschiedene Möglichkeiten, auf Ursachenforschung zu gehen. Unter entwicklungspsychologischen Gesichtspunkten wird man nach störenden Einflussgrößen im Entwicklungsverlauf eines Menschen suchen; die Betrachtung der Bedeutung und Funktion ‚unterbewusster' Verarbeitungsprozesse legt den Fokus sehr stark auf das ‚Innenleben' eines Menschen – hierzu haben Sie bereits im Themenkreis 2.1 wichtige Erkenntnisse erlangt. Bei den Überlegungen zu den Sozialisationstheorien haben Sie die Bedeutung sozialer Kontexte auch unter geschlechtsspezifischen Aspekten kennengelernt; unter der Perspektive des Jugendalters werden diese Überlegungen in der Wabe 2.1 weitergeführt.

Bei der Wahl der Wabe(n) in diesem Themenkreis sollten Sie einige besondere Bedingungen berücksichtigen:

Einige der in diesem Themenkreis vorgestellten Inhalte zeichnen sich dadurch aus, dass sie grundsätzlich eine starke Betroffenheit auslösen können. Bei der Wabe ‚Grenzüberschreitungen – Sexueller Missbrauch von Kindern und Jugendlichen' kommt hinzu, dass es sich hierbei um ein weitgehend tabuisiertes und emotionsgeladenes Thema handelt. Im Vorfeld sollten Sie sich als Lehrer bzw. Lehrerin deshalb bewusst machen, dass in der Kursgruppe u. U. persönlich betroffene Schülerinnen und Schüler sind. Als Lehrer oder Lehrerin ist es daher sinnvoll, folgende Vorsichtsmaßnahmen zu treffen: Wichtig erscheint uns, dass Sie sich bewusst machen, welche Probleme aufgrund des persönlichen Betroffenseins von Schülerinnen und Schülern auftreten können. Deshalb ist es von besonderer Bedeutung, dass Sie sich selbst bereits mit dem Thema auseinandergesetzt haben.

Als vorsorgende Maßnahme empfehlen wir, sich Adressen von Beratungsstellen für betroffene Mädchen und Jungen in der jeweiligen Region zu besorgen, um Betroffene ggf. an kompetente Ansprechpartner oder -partnerinnen verweisen zu können.

Als Schülerinnen und Schüler sollten Sie die Abstimmung über die Wahl der Wabe grundsätzlich anonym durchführen. Wichtig ist auch, keine ad-hoc-Entscheidungen zu treffen, sondern sich möglichst einige Tage Zeit zu lassen und sich zu überlegen, was die Auseinandersetzung mit dem Thema ‚Sexueller Missbrauch' Ihnen persönlich bedeutet. Im Kurs sollten auch Absprachen darüber getroffen werden, wie verfahren werden soll, wenn nur ein Schüler oder eine Schülerin sich gegen das Thema des sexuellen Missbrauchs ausspricht. Gerade im Umgang mit diesem Thema sollte darauf geachtet werden, die Grenzen anderer zu respektieren.

Letztlich müssen Sie selbst entscheiden, welche Betrachtungsweisen Ihnen besonders ergiebig erscheinen; einfache Antworten für die diesen Themenkreis kennzeichnende Leitfrage werden Sie sicherlich nicht finden. Versuchen Sie die besondere Fragerichtung eines Erklärungsansatzes ausfindig zu machen, denn jede Theorie hat auch besondere Anliegen und bevorzugte Sichtweisen und kommt damit zu unterschiedlichen Ansätzen für präventive und intervenierende Maßnahmen – im Kapitel „Reflexionen" haben Sie Gelegenheit, zugrunde liegende ‚Menschenbilder' vor dem Hintergrund der hier angebotenen Diskussion zu hinterfragen.

Methodische Anregung:
Individuelle Fälle erziehungswissenschaftlich betrachtet

Während man mit quantitativ-statistischen Methoden eine große Zahl von Fällen erforschen und so repräsentative Aussagen mit hohem Verallgemeinerungsgrad treffen kann, ist es möglich, mit qualitativen Methoden eine kleine Zahl von Fällen, diese dafür aber mit hoher Genauigkeit und Differenziertheit zu erforschen. So ist es möglich, durch eine sehr intensive Ausrichtung auf den Einzelnen sein Leben, seine Wahrnehmung der Welt und seine Erfahrung als Erzogener oder Erzieher sehr authentisch und sehr konkret nachzuvollziehen.

Die Grundannahmen qualitativer Forschung lassen sich wie folgt beschreiben:

Theoretische Grundannahmen (vgl. Flick/v. Kardorff/Steinke 2000, S. 22):
1. Soziale Wirklichkeit als gemeinsame Herstellung und Zuschreibung von Bedeutungen
2. Prozesscharakter und Reflexivität sozialer Wirklichkeit
3. ‚Objektive' Lebensbedingungen werden durch subjektive Bedeutungen für die Lebenswelt relevant.
4. Der kommunikative Charakter sozialer Wirklichkeit lässt die Rekonstruktion von Konstruktionen sozialer Wirklichkeit zum Ansatzpunkt der Forschung werden.

(Nach: U. Flick/E. von Kardoff/I. Steinke, Qualitative Forschung – ein Handbuch, Rowohlt, Reinbek 2000, S. 22)

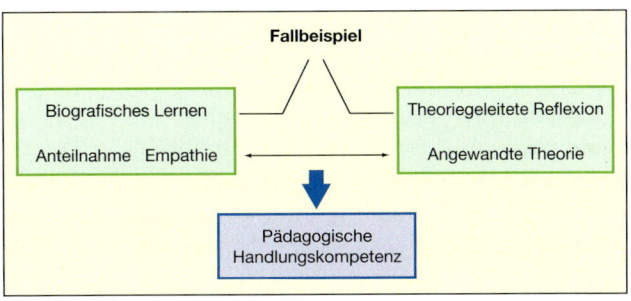

Die oben angesprochene ‚Ausrichtung auf den Einzelnen und sein Leben' lässt sich auch als ‚biografisches Lernen' interpretieren. Es ermöglicht Anteilnahme und Empathie. Das systematische Nachdenken über einen Fall ermöglicht eine theoriegeleitete Reflexion, bei der es zu einer Hypothesenbildung kommen kann bzw. bekannte Modellvorstellungen bzgl. ihrer Interpretationsmöglichkeit über die Wirklichkeit genutzt werden können. Der pädagogisch Handelnde kann damit seine Kompetenzen bzgl. der Analyse der Situation und der Abschätzung der Wirkung seines Verhaltens erheblich steigern. Die Erweiterung des Handlungsrepertoires erhöht die Wahrscheinlichkeit einer sinnvollen Prävention wie Intervention, wobei systemische Aspekte und eine ethische Orientierung immer mitbedacht werden sollten. Bei der Arbeit mit Fallbeispielen (z.B. Fälle aus der psychoanalytischen Praxis, siehe z.B. „Das Beispiel Carine", S. 82f., Fälle von sexuellem Missbrauch, S. 285ff., oder die Rekonstruktion einer Biografie im Nationalsozialismus, S. 437ff.) sollte berücksichtigt werden, dass jede Rekonstruktion eines Falles eine Konstruktion aus einer Beobachterperspektive darstellt: Jemand wird zum Fall gemacht.

Im Pädagogikunterricht haben wir es oft mit sehr plakativen und verkürzten Fallbeispielen zu tun, die z.T. zu Lehr- und Demonstrationszwecken geschrieben wurden. Hier ist die Gefahr der unkritischen, monoperspektivischen Sichtweise sehr groß. Um hier nicht in Fallen zu laufen, ist es ratsam, sich bei jedem Fallbeispiel zu vergegenwärtigen:

a) Was ist das Besondere an dem Fall? Wer ist wie zum Fall geworden?
b) Was ist das Allgemeine an diesem Fall? Vor welchem theoretischen Hintergrund soll der Fall betrachtet werden? Welche gesellschaftlichen Rahmenbedingungen sind zu berücksichtigen?
c) Aus welcher Perspektive ist der Fall berichtet worden?
d) Welche anderen Perspektiven sind denkbar und welche anderen Interpretationen ergeben sich dadurch?
e) Wie sehen wir nach diesen methodischen Schritten das Verhältnis von Konkretem und Allgemeinem in diesem Fall und was heißt dies für erzieherisches Handeln?

Bearbeiten Sie diese Fragestellungen an dem nachfolgenden Fallbeispiel.

Fallbeispiel „Nane"

Die Eltern der 16-jährigen Nane beantragen Erziehungsbeistandschaft. Anlass war eine massive Beziehungsstörung zwischen Mutter und Tochter, die ihren Höhepunkt fand, als der Vater mehrere Wochen zur Kur weg war. Nane setzte ihre Mutter mit aggressiven Wutanfällen so unter Druck, dass diese ihren hohen Geldforderungen und sonstigen Wünschen immer wieder nachgab.

Das Mädchen will von zu Hause ausziehen. Um dieses Ziel auch realisieren zu können, möchte es eine gut bezahlte Arbeit annehmen und ihre Ausbildung abbrechen. Ihre Eltern sind damit nicht einverstanden, wissen aber nicht, wie sie sich gegenüber der Tochter durchsetzen sollen.

Die Mutter selbst ist seit dem 9. Lebensjahr ihrer Tochter im Nachtdienst bei der Post beschäftigt. Der Vater ist als Facharbeiter bei der Bundesbahn auswärts tätig und kommt meist nur am Wochenende nach Hause. Nane arbeitet, nachdem sie mit einem schlechten Zeugnis die Hauptschule verlassen hatte, als Auszubildende im Frisörhandwerk. Innerhalb eines Jahres wechselte sie schon zweimal den Ausbildungsbetrieb, weil sie sich mit ihren jeweiligen Kolleginnen nicht verstand. Das Geld, das Nane als Auszubildende verdient, genügt nicht, um einen eigenen Hausstand zu gründen. Sie möchte daher eine Tätigkeit als Hilfsarbeiterin im Schichtdienst annehmen.

Die Familie bewohnt eine gepflegte Drei-Zimmer-Wohnung mit Küche. Das Mädchen hat ein eigenes Zimmer.

Beide Elternteile hatten eine recht schwierige Jugend. Die Mutter musste als Älteste weitgehend die Verantwortung und Sorge für ihre drei jüngeren Geschwister übernehmen, da sich ihre Mutter selbst weniger um diese kümmern wollte. Mit 15 Jahren flüchtete die Mutter von Nane mit ihren Geschwistern allein aus der DDR über die Zonengrenze; die Eltern kamen erst später nach. Der Vater von Nane verlor als Jüngster von sieben Geschwistern sehr früh seine Eltern.

Nane hatte als Kleinkind kaum Kontakte zu Gleichaltrigen. Kontakt hatte sie, da sie auch keine Kindertagesstätte besuchte, lediglich zu den Eltern und Großeltern mütterlicherseits. Seit der Einschulung soll Nane – nach Berichten der Mutter – Schwierigkeiten im Umgang mit Gleichaltrigen gehabt haben. Sie fühlte sich von den Eltern nicht verstanden. Nane berichtet, dass sie sich immer wieder sehr unglücklich fühlt; sie hat mit 14 Jahren zwei Selbstmordversuche unternommen. Das Mädchen erzählt, dass es unter Angstgefühlen leide. Auch meinte Nane, dass sie wegen ihrer Angstzustände sehr viel Alkohol trinke, wenn sie mit Freundinnen ausgehe. Für ihre Freundinnen übernehme sie auch immer die Kosten der Zeche, um sich deren Freundschaft zu sichern.

(Frau Dr. Marianne Oppl; http://www.mbnord.de/fachbereiche/paepsy/paepsy52htm#bamberg, 11.09.2002; Arbeitsblatt für das Fach Pädagogik/Psychologie, Thema: Sozialpädagogisches Handeln)

Eine andere Möglichkeit, zu qualitativen Erkenntnissen zu gelangen, ist die Biografiearbeit, mit der man sich selbst zum eigenen Fall macht und die eigene Lebensgeschichte zu rekonstruieren versucht. Viele biografische Schreibanlässe in diesem Buch haben dazu einen Anreiz geschaffen. Der Rückblick auf die eigene Lebensgeschichte kann für jeden Aufschluss darüber geben, wie er geworden ist und wie er ist, und kann dazu führen, sich selbst mit allen „Macken" und Stärken besser wahr- und anzunehmen. Dies eröffnet zugleich Perspektiven für die Zukunft.

Für Pädagoginnen und Pädagogen sowie alle, die es werden wollen, ist die Auseinandersetzung mit der eigenen Biografie noch aus einem anderen Grund wichtig. Wir alle sind erzogen worden und diese Erziehung hat großen Einfluss auf unser Denken und Handeln. Wenn wir uns diese Einflüsse bewusst machen, schützen wir uns davor, unser eigenes Erzogen-Sein, ohne es zu merken, auf die, die wir erziehen, zu übertragen. So neigt vielleicht jemand, der in seiner Kindheit sehr streng erzogen wurde, dazu, seine Kinder zu verwöhnen oder aber genauso streng zu erziehen, nach dem Motto: Mir hat das auch nicht geschadet. In beiden Fällen merkt der Erzieher oft nicht, dass seine Auffassung von Erziehung die Reaktion auf eigene Erziehungserfahrungen ist.

2 Das Wabenmodell

2.1 Sozialisation im Jugendalter – Ein produktiver und konstruktiver Prozess der Gestaltung von Identität

Der Begriff Sozialisation kann definiert werden als die Entstehung und Bildung der Persönlichkeit aufgrund ihrer Interaktion mit einer spezifischen, materiellen, kulturellen und sozialen Umwelt. [...] Sozialisationsforschung erforscht bzw. erweitert unser Verständnis vom Menschen, seiner Bildsamkeit und der verschiedenen anthropologischen und psychologischen Bedingungen für menschliche Bildungsprozesse. Insbesondere klärt sie genauer, welche äußeren Bedingungen hierbei wichtig sind und welche Art der Wechselwirkung zwischen ihnen und dem Subjekt besteht.

(Dieter Geulen, Sozialisation, in: Dieter Lenzen [Hrsg.], Erziehungswissenschaft. Ein Grundkurs, Rowohlt, Reinbek 1994, S. 101f.)

Stellen Sie sich vor, Sie würden in einem Institut für Sozialisationsforschung arbeiten und sollten dort Forschungsaufträge formulieren und durchführen. Wie könnten diese lauten?

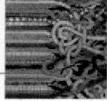

Einführung

Bildgestaltung

Legen Sie sowohl links wie auch rechts von der Grafik auf S. 199 ein leeres Blatt Papier. Lassen Sie Ihrer Fantasie und Kreativität freien Lauf:
Was war ‚vor' dieser Grafik (links liegendes leeres Blatt Papier), wie wird sich das Bild ‚weiter entwickeln' (rechts liegendes Blatt Papier)? Gestalten Sie die beiden leeren Blätter links und rechts der vorgegebenen Grafik aus! Nehmen Sie sich dafür genügend Zeit!
Wenn Sie mit der Ausgestaltung fertig sind, befassen Sie sich mit den folgenden Fragen:
– Drehen Sie Ihr Bild: Verändert sich etwas?
– Was für einen Rahmen möchten Sie Ihrem Bild geben? Gestalten Sie diesen aus!
– Welchen Titel möchten Sie Ihrem Bild geben?
– Gibt es Bezüge Ihres Bildes zur Kapitelüberschrift?

 Entscheiden Sie in der Kursgruppe, ob Sie Ihr Bild einem Partner oder der gesamten Gruppe vorstellen wollen. Tauschen Sie Ihre Wahrnehmungen und die Antworten auf die oben gestellten Fragen aus. Diskutieren Sie anschließend die Frage: War diese Übung für Sie eher eine ‚Beschäftigungs-Therapie' oder ein Beispiel für einen ‚kreativen Pädagogikunterricht'?

Jugendliche und ihr Sozialisationsprozess

Zur Struktur des Sozialisationsprozesses

Aus der Bestimmung, dass die Persönlichkeitsentwicklung ein Austauschprozess zwischen dem Subjekt und seiner gesellschaftlich vermittelten Umwelt ist, ergibt sich eine Gliederung des Sozialisationsfeldes in gesellschaftliche Ebenen: Es ist begrifflich zu fassen, über welche Zwischenstufen eine Vermittlung zwischen „Persönlichkeit" und „Gesamtgesellschaft" vorstellbar ist. Aus der weiteren Bestimmung, dass dies ein individueller Entwicklungsprozess hin zur Handlungsfähigkeit ist, ergibt sich eine biografische Gliederung des Sozialisationsprozesses in Phasen: Es ist darzulegen, in welchen Altersabschnitten typischerweise welche Entwicklungsaufgaben zu bewältigen sind. Beide Dimensionen [...] sollen hier verdeutlicht werden.

Ebenen des Sozialisationsprozesses

Bisher wurde in eher globaler Weise die „Persönlichkeit" der „gesellschaftlich vermittelten Umwelt" gegenübergestellt. Nun tritt im Sozialisationsprozess dem Einzelnen „die" Gesellschaft aber nie in ihrer Totalität und Komplexität gegenüber, sondern das Individuum bewegt sich in konkreten sozialen Umwelten, die wiederum in größere Zusammenhänge eingebunden sind. Daraus ergibt sich ein Gefüge von Abhängigkeiten, das an einem Beispiel erläutert werden kann.
Die Interaktionsformen zwischen Eltern und Kindern lassen sich als unmittelbare Bedingungen der vorschulischen Sozialisation ansehen. Sie werden vor allem bestimmt von den Persönlichkeitsmerkmalen der Eltern, die wiederum vielfältig beeinflusst sind. Die Erfahrungen am Arbeitsplatz spielen dabei ebenso eine Rolle wie die gegenwärtigen Belastungen in der Familie. Nicht weniger bedeutsam sind die Entlastungen, die durch gesellschaftliche Erziehungseinrichtungen (z. B. Kinderkrippen, Kindergärten) geboten werden. Damit wird deutlich, dass Sozialisationsprozesse in Kleingruppen (Familie) und Institutionen (Betrieb, Kindergarten) eingebunden sind und davon auch beeinflusst werden. Diese wiederum sind Bestandteil eines umfassenden gesellschaftlichen Gefüges, sie werden durch gesamtgesellschaftliche Prozesse (etwa Arbeitszeitverkürzung) verändert, die wiederum in längerfristige historische Entwicklungen eingegliedert sind (Veränderung des Systems gesellschaftlicher Arbeit). Auf diese Weise wirken gesellschaftliche Strukturverände-

rungen indirekt auf die Interaktion zwischen Eltern und Kindern in der Familie und damit auf die Persönlichkeitsentwicklung des Kindes. An diesem Beispiel wird zum einen deutlich, dass soziale und ökonomische Grundstrukturen einer Gesellschaft (System der Arbeitsteilung, soziale Schichtung etc.) den Sozialisationsprozess beeinflussen; zugleich wird gezeigt, dass diese Grundstrukturen nicht direkt auf Heranwachsende einwirken, sondern einer Vermittlung z. B. über familiale Lebensbedingungen, über elterliches Handeln oder auch über spielerisches Lernen im Kindergarten bedürfen. Zwar sind all die genannten Faktoren als Sozialisationsbedingungen zu bezeichnen, weil sie von der gesellschaftlichen Seite her den Sozialisationsprozess beeinflussen. Doch diese Bedingungen – von „Sozialschicht" bis „mütterliche Zuwendung" – haben höchst unterschiedliche Konkretheitsgrade, ihr Verhältnis zueinander ist zunächst ungeklärt.

Geulen/Hurrelmann (1980) unterscheiden vier Ebenen des Sozialisationsprozesses, die verschiedenen gesellschaftlichen Komponenten werden dabei nach ihrer Nähe bzw. Ferne zum unmittelbaren Sozialisationsprozess (zur Subjektwerdung) geordnet:

Struktur der Sozialisationsbedingungen

Ebene	Komponenten (beispielhaft)
(4) Gesamtgesellschaft	ökonomische, soziale, politische, kulturelle Struktur
(3) Institutionen	Betriebe, Massenmedien, Schulen, Universitäten, Militär, Kirchen
(2) Interaktionen und Tätigkeiten	Eltern-Kind-Beziehungen; schulischer Unterricht; Kommunikation zwischen Gleichaltrigen, Freunden, Verwandten
(1) Subjekt	Erfahrungsmuster, Einstellungen, Wissen, emotionale Strukturen, kognitive Fähigkeiten

Die erste Ebene wird als zentrale Betrachtungsperspektive benannt. Es geht um die Entwicklung der Individuen, um die Herausbildung von Persönlichkeitsmerkmalen und damit um Erfahrungsmuster und Einstellungen, um Wissen und um emotionale Strukturen. All diese Fähigkeiten leisten einen Beitrag, um das Subjekt handlungsfähig zu machen. Der Erwerb dieser Fähigkeiten vollzieht sich im gesellschaftlichen Austausch; denn der sich entwickelnde Mensch steht in Interaktion mit anderen Menschen und betreibt zugleich die handelnde Aneignung und Umgestaltung der dinglichen Umwelt (zunächst im Spiel, später auch in der Arbeit). Die zweite Ebene der unmittelbaren sozialisatorischen Umwelt lässt sich daher mit den Begriffen „Interaktionen und Tätigkeiten" fassen. In unserer Gesellschaft sind solche sozialisatorischen Umwelten überwiegend in Institutionen wie Kindergarten, Schule und Betrieb eingebettet (dritte Ebene). Bestimmte Institutionen sind ausschließlich zum Zweck der Sozialisation eingerichtet worden (z. B. die Schule), andere Institutionen haben andere Hauptaufgaben und erledigen die Sozialisation überwiegend „nebenbei" mit (etwa der Betrieb). Das Ganze wiederum ist Teil eines gesamtgesellschaftlichen Systems (vierte Ebene), in deren Zusammenhang sich Veränderungen institutioneller Strukturen und Bedeutungen vollziehen.

Diese Skizzierung hat verdeutlicht, dass die Bedingungsebenen, die auf die Subjektentwicklung Einfluss nehmen, in einem hierarchischen Verhältnis zueinander stehen. Die jeweils höhere setzt die Rahmenbedingungen für die Strukturen und Abläufe in der nächstniedrigen. Dass damit kein deterministisches Verhältnis gemeint ist, deuten die doppelseitigen Pfeile an: Strukturen und Abläufe der unteren Ebene wirken immer auch auf die nächsthöhere zurück und können dort Veränderungen bewirken. Auf diese Weise sind Prozesse der gesellschaftlichen Makroebene (gesamtgesellschaftliche Strukturen, Institutionen) mit Prozessen der Mikroebene (Interaktion, Subjektentwicklung) verknüpft. Es ist Aufgabe der Sozialisationsforschung, diese Verknüpfungen unter dem Aspekt ihrer Bedeutung für die Subjektentwicklung zu analysieren.

(Klaus Jürgen Tillmann, Sozialisationstheorien – Eine Einführung in den Zusammenhang von Gesellschaft, Institution und Subjektwerdung, Rowohlts Enzyklopädie, Reinbek 2004, S. 15ff.)

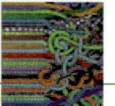

Klaus Jürgen Tillmann fordert: „An sozialisationstheoretische Entwürfe ist damit die grundsätzliche Anforderung zu stellen, dass sie auch darzustellen haben, wie sich Kompetenzen und Persönlichkeitsstrukturen in der Genese der verschiedenen Phasen verändern und wie dabei die Erfahrungen der einen Phase die der nächsten beeinflussen." (a. a. O., S. 22)

Versuchen Sie anhand des Strukturmodells einen biografisch orientierten Entwurf und schreiben Sie eine Kurzgeschichte: Wie vollzog sich aus dieser Perspektive Ihre Subjektwerdung?

Pubertät, Jugend, Adoleszenz

Der Begriff Pubertät verweist darauf, dass sich etwa zwischen dem 12. und dem 15. Lebensjahr bei den Heranwachsenden massive körperliche Veränderungen vollziehen. Der Eintritt der Ge-
5 schlechtsreife, verbunden mit einem beschleunigten Längenwachstum und einer Veränderung der Körperformen, macht für die Umwelt auch optisch deutlich, dass die Phase der Kindheit zu Ende gegangen ist. [...]
10 Für junge Menschen in unserer Gesellschaft ergeben sich aus den körperlichen Veränderungen der Pubertät etliche Probleme, die sie psychisch verarbeiten müssen:
● Weil sich das äußere Erscheinungsbild rasch
15 ändert, müssen die Heranwachsenden die Vorstellungen von sich selbst und ihrem Körper – und damit ihr Selbstbild – korrigieren. Dabei spielt der Vergleich mit Gleichaltrigen und Älteren eine große Rolle.
20 ● Die sexuellen Bedürfnisse, die überwiegend durch Masturbation befriedigt werden, führen zu neuen Körpererfahrungen. Zugleich stellt sich in völlig neuer Weise die Frage nach „Erlaubtem" und „Verbotenem" in der eigenen Sexualität.
25 ● Vor allem Jungen erleben in dieser Zeit einen sprunghaften Anstieg ihrer Körperkraft und neue, bisher nicht gekannte Handlungsmöglichkeiten. Der Umgang damit muss gelernt werden.
● Vor allem Mädchen erleben, dass sie infolge ih-
30 res veränderten Erscheinungsbildes verstärkt als Personen mit sexueller Ausstrahlung wahrgenommen und angesprochen werden. Dies dürfte faszinierend und ängstigend zugleich sein.
Diese Auflistung verdeutlicht, dass die psychischen
35 Folgen der körperlichen Entwicklung nicht isoliert betrachtet werden können, sondern eng verkoppelt sind mit den veränderten sozialen Erwartungen, die den Heranwachsenden entgegentreten: Welche Sexualmoral beansprucht Gültigkeit? In welchen Bereichen werden die Heranwachsenden nun als 40 „Erwachsene" akzeptiert (z. B. als Konsumenten), in welchen Bereichen wird ihnen dies hingegen weiterhin verweigert (z. B. durch den Jugendschutz)? Aus dieser Verkoppelung folgt, dass die Einsichten über die psychischen Folgen der Puber- 45 tät einzubringen sind in eine umfassendere Analyse, die die Veränderung der Lebenssituation nach Abschluss der Kindheit insgesamt in den Blick nimmt.
Damit ist nicht mehr Pubertät als eine biologische, 50 sondern Jugend als eine soziologische Kategorie angesprochen. Fragt man, was gegenwärtig unter Jugend verstanden werden soll, so ist es gar nicht einfach, mit einer Definition zur Klärung beizutragen. Der Begriff des gesellschaftlichen Moratori- 55 ums – des Aufschubs – kann wohl noch am ehesten erklärend wirken: Mit der Pubertät sind die Heranwachsenden zwar geschlechtsreif, werden aber noch nicht in die Rechte und Pflichten eines vollgültigen Erwachsenen eingesetzt. Aufgescho- 60 ben ist vor allem die Verpflichtung, durch Berufsarbeit den eigenen Unterhalt zu sichern. In dieser Zeit befinden sich Jungen und Mädchen überwiegend in Bildungs- und Ausbildungsinstitutionen, in denen sie auf das Erwachsenendasein vorberei- 65 tet werden. Aufgeschoben ist auch die Notwendigkeit, für eine eigene Familie mit eigenen Kindern sorgen zu müssen. Gesellschaftlich eingeräumt wird zugleich, dass die Heranwachsenden – in Grenzen – mit Verhaltenskonzepten, Beziehungen 70 und Überzeugungen experimentieren dürfen, um einen eigenen Standort zu gewinnen. Mit diesem Moratorium sind jedoch soziale Anforderungen verbunden, denen sich die Jugendlichen stellen müssen: Die schrittweise Ablösung vom Eltern- 75 haus gehört ebenso dazu wie die Wahl eines Aus-

bildungsgangs und eines Berufs; die eigene Geschlechterrolle muss entwickelt werden; die Leistungsansprüche in Schule und Berufsausbildung gilt es zu erfüllen. Jugend als Moratorium ist zwar einerseits so etwas wie ein Schonraum für Selbstfindung und Selbsterprobung; andererseits wird aber die erfolgreiche Bewältigung biografisch höchst bedeutsamer Aufgaben gefordert. Während der Eintritt in diese Jugendzeit mit der Pubertät (also ca. mit 13 Jahren) erreicht wird, kann das Ende weit weniger präzise – und schon gar nicht mit einer exakten Altersangabe – gekennzeichnet werden. Als traditionelle Kriterien hierzu wurden in der Jugendsoziologie vor allem die volle Berufstätigkeit und die Heirat genannt.

Die gesellschaftlichen Entwicklungen der letzten 20 Jahre haben diese Kriterien jedoch immer unschärfer, tendenziell sogar unbrauchbar werden lassen. Ausbildungszeiten wurden immer länger, sodass etwa bei Studierenden der Berufseintritt nicht selten erst um das 30. Lebensjahr erfolgt. Die Ehe hat ihr Monopol als einzig „normale" Lebensform für Erwachsene verloren; nichteheliche Partnerschaften, Wohngemeinschaften oder auch ein Leben als Single spielen gerade bei den 20- bis 30-Jährigen inzwischen eine erhebliche Rolle. Die Lebenswege sind individuell so unterschiedlich geworden, dass über das „Ende" der Jugend nur noch eine globale Angabe möglich ist: Gegenwärtig wechseln die meisten Menschen irgendwann zwischen dem 20. und 30. Lebensjahr in den Status eines „vollgültigen" Erwachsenen über; dabei hängt der genaue Zeitpunkt vor allem von der Länge der Ausbildung ab. Eine Hauptschülerin, die nach dreijähriger Lehre mit etwa 20 Jahren heiratet, hat nur eine „kurze" Jugend durchlaufen. Eine Abiturientin, die ein Universitätsstudium absolviert und die Gründung einer eigenen Familie hinausschiebt, erlebt hingegen eine erheblich längere Jugend. Während „Jugend" früher als feste Statuspassage mit deutlich benennbaren Übergängen beschrieben werden konnte, finden sich heute immer unterschiedlichere Lebenswege durch die Jugendphase. Dies wird als „Pluralisierung" des Jugendalters bezeichnet. Allerdings: Durch die Schul- und Berufsschulpflicht ist in unserer Gesellschaft jedem Heranwachsenden ein zeitliches Minimum an Jugend garantiert.

(Klaus Jürgen Tillmann, Sozialisationstheorien – Eine Einführung in den Zusammenhang von Gesellschaft, Institution und Subjektwerdung, Rowohlts Enzyklopädie, Reinbek 2004, S. 195f.)

1. Vergleichen Sie diese Charakterisierung der Jugendphase mit dem Modell von Erikson.

2. Erläutern Sie die folgende Aussage und nehmen Sie Stellung:
„Die Jugendlichen befinden sich in einer Übergangssituation von der sozialen Kategorie ‚unmündiger Heranwachsender' in die des ‚selbstverantwortlichen Erwachsenen'. Das heißt, sie genießen bei vielen Aktivitäten und in vielen Situationen nicht mehr den unbedingten Schutz ihrer ‚Aufbewahr-Institution' Familie, ohne dass sie bereits voll in den Genuss der verschiedenen sozialen Schwimmgürtel kommen, die dem einzelnen Erwachsenen helfen, sein eigenes Leben zu organisieren und vor unkontrollierten Störungen zu bewahren." (Projektgruppe Jugendbüro und Schülerarbeit, Die Lebenswelt von Hauptschülern, München 1975, S. 180ff., zit. nach: Dieter Baacke, Die 13- bis 18-Jährigen, Beltz, Weinheim und Basel 1994, S. 60)

3. Stellen Sie gegenüber und vergleichen Sie: Welche Erwartungen werden an Kinder, welche werden an Jugendliche gestellt? Formulieren Sie dazu Sätze der Art: ‚Kinder sollen ...', ‚Jugendliche sollen ...'. Diskutieren Sie geschlechtsspezifische Unterschiede.

4. Welche Initiationsriten (materiell orientierte wie Verhaltensweisen) sind für die Lebensphase Jugend Ihrer Meinung nach in unserer Gesellschaft kennzeichnend, um zu einem „richtigen Erwachsenen" zu werden? Unterscheiden Sie zwischen Erwartungen von außen und von Jugendlichen selbst entwickelten ‚rites de passage'. Gibt es Ihrer Meinung nach geschlechtsspezifische Unterschiede?

5. Gibt es Ihrer Meinung nach auch eine Erwachsenen-Initiation?

Biografische Zugänge

Ein Bild von mir – ein Bild von mir

Julia Stichel/
Deutscher
Jugendfotopreis
2002

Lebensgestaltung – ein Balanceakt

Erhard Meueler schlägt vor, die einzelnen Komponenten eines Hochseillaufes metaphorisch zu nutzen, und regt folgende Fragen an:

- Wie bin ich auf dieses hohe Seil hinaufgekommen?
- Woraus besteht das Fundament, an dem mein Seil als Ausgangspunkt festgemacht ist?
5 • Woraus besteht das Seil? Was gibt ihm die Spannung?
- Wo ist das andere Ende des Seils festgemacht? Was ist das Ziel meines Hochseillaufes?
- Mit welchen Seilverstrebungen (Traversen) ist
10 das Seil gegen Windstöße gesichert? Wo sind sie am Boden festgezurrt?

- Welche Stationen habe ich bei meinem Gang auf dem Seil bislang schon durchquert? Wo befinde ich mich derzeit? Welche weiteren Stationen habe ich vorgesehen? 15
- Wie gestalte ich meine Auftritte?
- Wer ist mein Publikum? Habe ich ein Team, das mich unterstützt?
- Woraus besteht meine Balancierstange? Wie balanciere ich mein Gleichgewicht aus? 20

(Erhard Meueler, Die Freiheit auf dem hohen Seil und auf dem harten Boden – Berufliche Selbstvergewisserung. In: PädForum Juni 1996, S. 272)

1. Versuchen Sie eine Bildinstallation ähnlich wie bei diesem Foto und machen Sie sich ein Bild von sich!

 2. Arbeiten Sie in Ihrem Journal: Wie sehen Sie sich als Jugendliche/r in Ihrer jetzigen Lebenssituation auf dem hohen Seil?

Grundbegriffe und Grundthesen

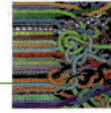

Übung

Verwenden Sie bei der Bearbeitung dieser Übung Ihr Journal. Die Übung soll Sie für die nachfolgenden theoretischen Ausführungen sensibilisieren.

A	B	C	D
Norm „........................... ....„	Wie bin ich damit früher umgegangen? „........................... ....„ Und welche Folgen hatte das für meine Laune und meine Gesundheit? „........................... ....„	Wie wirkt diese Norm jetzt noch?	Leibsprache 1. Bestimmt werden 2. Freiheit
Dieselbe Norm	Was will ich von dieser Norm jetzt noch behalten?	– und was nicht?	Leibsprache
A	B	C	D

Fülle nacheinander aus: 1A, 1B, 1C, 1D, danach: 2A, 2B, 2C, 2D.

1A Schreibe hier nur eine Norm aus einer der Einflusssphären auf. Wähle eine Norm, die irgendwie deine Neugier anstachelt und die du näher untersuchen möchtest. Eine Norm, die dir etwas bedeutet.
(Wird diese Aufgabe in einer Gruppe gemacht, dann kann zu demselben Thema jeder eine eigene Norm für die Übung wählen, beispielsweise zu „arbeiten", zu „Geld" oder zu „Aggression".)

1B Trage ein, wie du in der *Vergangenheit* mit dieser Norm umgegangen bist:
1. unterwürfig = *ja* sagend;
2. aufmüpfig = *nein* sagend;
3. ausweichend = versteckt *nein* sagend
4. bewusst entscheidend, teilweise 1, 2 oder 3.

1C Welchen Einfluss hat diese Norm jetzt noch in deinem Leben? Das heißt: In welchen Handlungen, Gedanken, Prinzipien, Gefühlen und Situationen kannst du den Einfluss dieser Norm jetzt erkennen?
Beispiel: die Norm „Wenn du dich normal benimmst, bist du schon verrückt genug."
Was bewirkt diese Norm heute noch bei dir?
Antwort: Ich möchte nicht auffallen, darum halte ich mich unter Menschen immer ein bisschen zurück. Ich erzähle auch nicht gerne, was ich mache oder womit ich mich gerade beschäftige, sonst halten mich die Leute vielleicht für einen Angeber oder Wichtigtuer.

1D Schreibe in den Körper des Selbstbildnisses, was du dabei an einer bestimmten Stelle fühlst, wenn du auf diese Weise über die Norm nachdenkst.

2A Stell das Blatt Papier auf den Kopf und fange außen rechts bei A an, indem du die gleiche Norm hinschreibst wie bei 1A.

2B Was möchte ich von dieser Norm beibehalten? In dieser Norm steckt etwas Wertvolles, aber was? Sei so konkret wie möglich, nenne ein Beispiel.

2C Was will ich von dieser Norm nicht behalten? In dieser Norm steckt auch etwas, was ich nicht mehr will und also nicht tue ... oder immer weniger tue oder tun will. Einfach weil ich es nicht mehr will. Was? Konkret, mit Beispiel!

2D Schreibe in den Körper des Selbstbildnisses, was du an welcher Stelle dabei fühlst. Achte darauf, wie dein Körper sich jetzt verhält.

(Bruno-Paul De Roeck/Joos van den Abeele, Leben lernen statt gelebt zu werden, Offenbach/M. 1988, S. 86–88)

Suchen Sie sich aus Ihrer Gruppe einen Gesprächspartner/eine Gesprächspartnerin, mit dem/der Sie sich austauschen wollen.

Charakteristika der Lebensphase Jugend

Entwicklungsaufgaben des Jugendalters

In *idealtypischer Sicht befindet sich jeder Jugendliche auf dem biografischen und gesellschaftlichen Weg vom Kind zum Erwachsenen.* Das Jugendalter wird als ein Zwischenschritt zwischen dem abhängigen Kind und dem unabhängigen Erwachsenen verstanden. Der Austritt aus der Jugendphase ist in dieser Sicht erst dann vollzogen, wenn in allen relevanten Handlungsbereichen ein vollständiger oder zumindest weit reichender Grad an Autonomie erreicht ist.

Als entscheidend gilt dabei der *Grad von Verselbstständigung* auf den beiden ersten Ebenen:

– Der Schritt in Richtung Erwachsenenstatus wird vollzogen, wenn im „öffentlichen" Bereich die schulischen und die anschließenden beruflichen Ausbildungsverhältnisse verlassen werden und Jugendliche den Übertritt in den Berufs- und Erwerbstätigensektor vornehmen.

– Die zweite wichtige Markierungsstelle ist im „privaten" Bereich gegeben und besteht in der Ablösung von den Eltern, dem Auszug aus dem Elternhaus und der Gründung von fester Partnerschaft und eigener Familie mit Kind.

Die gesellschaftliche und biografische Logik dieser beiden Schritte ist eindeutig. Erwachsen ist demnach, wer sowohl ökonomisch als auch biologisch die bestehende Gesellschaft weiterführen („*reproduzieren*") kann. Er ist vollwertiges und verantwortliches Gesellschaftsmitglied. Etwas geringeres Gewicht hat der Grad der Beteiligung in den Teilrollen „Konsument" und „Bürger", also die erreichte Autonomie in den Handlungssektoren mit Konsummöglichkeiten und Verfügbarkeit über Geld und eigenem aktiven und passiven Wahlrecht und Mitbestimmungsmöglichkeiten von politischen und kulturellen Sachverhalten. Alle vier Verselbstständigungsprozesse sind Markierungspunkte für den Übergang vom Jugendlichen zum Erwachsenen.

In Abbildung 1 sind diese idealtypischen Formen des Übergangs vom Kindesalter in das Jugendalter und vom Jugendalter in das Erwachsenenalter veranschaulicht. Während der Übergang vom Kind zum Jugendlichen im Wesentlichen auf den beiden Dimensionen der Übernahme verantwortlicher Rollen im Bereich sozialer Kontakte und individueller schulischer Leistungserbringung erfolgt, hat sich der Übergang ins Erwachsenenalter schon weiter ausdifferenziert und spielt sich in den vier Teilpassagen ab, die mit Erwerbsrolle, Familienrolle, Konsumentenrolle und politischer Bürgerrolle gekennzeichnet sind.

Abb. 1: Idealtypische Darstellung der Entwicklungsaufgaben in drei Lebensphasen und dazwischenliegende Statusübergänge

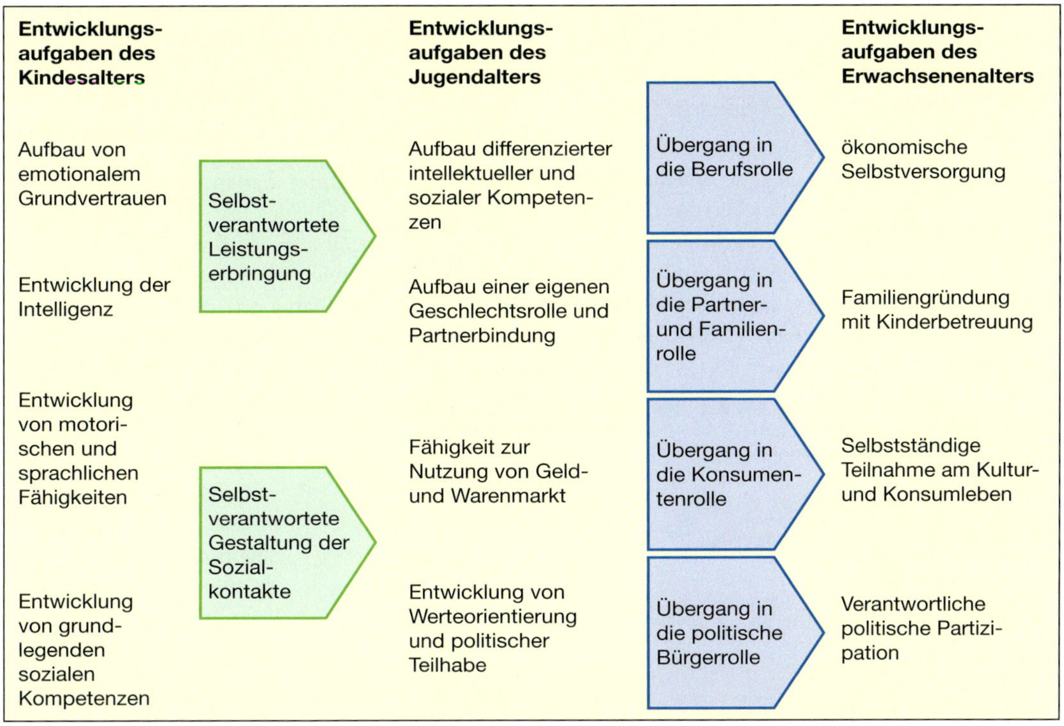

Entwicklungsaufgaben des Kindesalters		Entwicklungsaufgaben des Jugendalters		Entwicklungsaufgaben des Erwachsenenalters
Aufbau von emotionalem Grundvertrauen	Selbstverantwortete Leistungserbringung	Aufbau differenzierter intellektueller und sozialer Kompetenzen	Übergang in die Berufsrolle	ökonomische Selbstversorgung
Entwicklung der Intelligenz		Aufbau einer eigenen Geschlechtsrolle und Partnerbindung	Übergang in die Partner- und Familienrolle	Familiengründung mit Kinderbetreuung
Entwicklung von motorischen und sprachlichen Fähigkeiten	Selbstverantwortete Gestaltung der Sozialkontakte	Fähigkeit zur Nutzung von Geld- und Warenmarkt	Übergang in die Konsumentenrolle	Selbstständige Teilnahme am Kultur- und Konsumleben
Entwicklung von grundlegenden sozialen Kompetenzen		Entwicklung von Werteorientierung und politischer Teilhabe	Übergang in die politische Bürgerrolle	Verantwortliche politische Partizipation

Die tatsächliche Struktur der Statusübergänge

Die tatsächliche Struktur der Statusübergänge weicht heute in allen westlichen Gesellschaften von dem Idealtypus deutlich ab. Folgende Abweichungen fallen auf:

1. Der Übergang in die ökonomische Selbstversorgung ist für einen großen Teil von Jugendlichen nicht möglich, weil keine Erwerbsarbeitsplätze zur Verfügung stehen. Im Kontrast dazu verdienen viele Jugendliche schon während der Schulzeit Geld mit einer legalen oder illegalen (Neben-) Arbeitstätigkeit, für die sie nicht ausgebildet sind. Nach der idealtypischen soziologischen Analyse erreichen diese Jugendlichen den Erwachsenenstatus ansatzweise schon sehr früh, aber viele von ihnen treten nicht oder sogar nie in den Vollerwerbsstatus ein, der traditionell als Voraussetzung für die Erwachsenenrolle gilt. Sie werden gewissermaßen „nicht richtig erwachsen".

2. War in früheren Generationen ein zeitliches Zusammenfallen von Heirat und Geburt eigener Kinder charakteristisch, so liegen heute diese beiden Teilereignisse oft viele Jahre auseinander. Immer häufiger wird das Ereignis „feste Partnerbindung" sogar völlig unabhängig von dem Ereignis „eigene Kinder" gesehen, wird also die *Partner- von der Familienrolle abgekoppelt*. Bei vielen Jugendlichen werden Heirat und eigene Kinder nicht mehr als fester konstitutiver Bestandteil des Zusammenlebens angesehen. Tatsächlich hat etwa die Hälfte aller Ehepaare in Deutschland heute keine Kinder. Die meisten Haushalte von Erwachsenen sind Ein-Personen-Haushalte. Wie stark sich die privaten Lebensformen gewandelt haben, lässt sich auch daran ablesen, dass immer mehr Erwachsene in *homosexuellen Beziehungen* zusammenleben. Gemessen an den traditionellen Vorstellungen erfolgt also bei einem sehr großen Teil der Jugendlichen heute auch der Übergang in den familialen, reproduktiven Teil der Erwachsenenrolle nicht mehr.

3. Ein deutlicher Gestaltwandel ist auch beim Übergang in die Konsumentenrolle festzustellen. Diese Teilrolle hat an Stellenwert gewonnen. Sie ist in einer Gesellschaft westlichen Typs ein wichtiger Bereich der gesellschaftlichen Einordnung

und persönlichen Definition geworden. Durch den frühen Umgang mit Geld können sich Jugendliche praktisch den gesamten Freizeit- und Medienmarkt erschließen, auch wenn sie formalrechtlich noch nicht voll geschäftsfähig sind. Nach traditionellen Vorstellungen werden sie in diesem Bereich *sehr früh „erwachsen"*.

4. Ähnliches gilt für die politische Beteiligung. Sie kann formal erst mit der Gewährung des *Wahlrechts* ausgeübt werden, aber faktisch wirken Jugendliche auch schon davor in Familie, Schule und Gleichaltrigengruppen an der Gestaltung von öffentlichen und privaten Lebensbereichen mit.

Statusinkonsistenz als Strukturmerkmal der Jugendphase

[...] In Abbildung 2 ist die heute vorherrschende Gestalt der Statusübergänge dargestellt. Wie die Abbildung zeigt, erfolgen die Übergänge nach einem gestaffelten Muster. Typisch ist für Jugendliche heute, dass sie im Bereich der politischen Partizipation und der Konsumbeteiligung schon sehr früh in die Rolle des Erwachsenen einrücken können, hingegen aber im Bereich der Familienrolle und im Bereich der Erwerbstätigenrolle erst sehr spät diesen Status erreichen. Ihre Situation ist durch *frühe öffentliche, finanzielle, mediale, konsumptive, erotische und freundesbezogene Teilselbstständigkeit* bei – gemessen an den traditionellen Vorstellungen – *später ökonomischer und familialer Selbstständigkeit mit „reproduktiver" Verantwortung* gekennzeichnet. Teilweise wird die ökonomische und biologische Reproduktionsrolle sogar überhaupt nicht erreicht.

(Klaus Hurrelmann, Lebensphase Jugend – Eine Einführung in die sozialwissenschaftliche Jugendforschung, Juventa Verlag, Weinheim und München 2004, S. 36ff.)

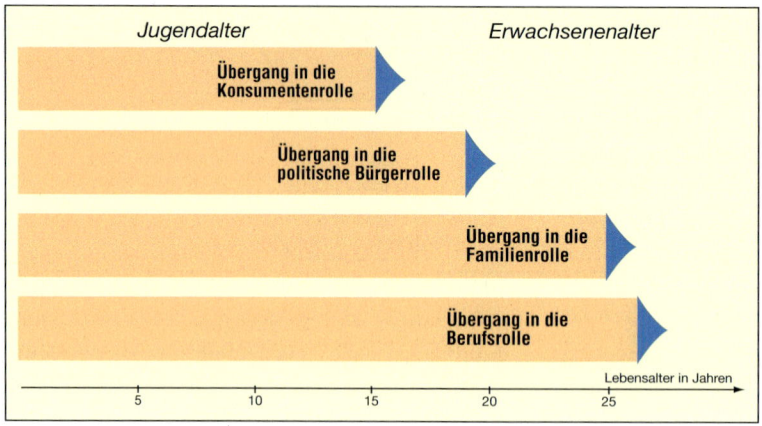

Abb. 2: Tatsächliche zeitliche Muster des Übergangs vom Jugend- zum Erwachsenenalter

Erstellen Sie eine Tabelle:

	dürfen	sollen	müssen
Kinder			
Jugendliche			
Erwachsene			

Acht Maximen zur Lebensphase Jugend

Im Folgenden werden in Thesenform die wichtigsten Grundannahmen der sozialisationstheoretischen Jugendforschung zusammengefasst. Das geschieht in der Form von „Maximen", also theoretischen Setzungen, die als Ausgangspunkt für die weiteren Darstellungen in diesem Buch gelten sollen.

• *Erste Maxime*

Wie in jeder Lebensphase gestaltet sich im Jugendalter die Persönlichkeitsentwicklung in einem Wechselspiel von Anlage und Umwelt. Hierdurch werden auch die Grundstrukturen für Geschlechtsmerkmale definiert.

[...] Im Jugendalter wird das interaktive Verhältnis von Anlage und Umwelt bei der Ausprägung von männlichen und weiblichen Persönlichkeitsmerkmalen deutlich. Die angeborenen Unterschiede nach Körperbau, Organen und hormoneller Ausstattung werden durch kulturelle Vorstellungen von „Weiblichkeit" und „Männlichkeit" überformt. Viele Persönlichkeitsmerkmale und Verhaltensweisen von jungen Frauen und Männern sind sozial erlernt und werden im Verlauf des Sozialisationsprozesses gebildet. Die genetische Ausstattung mit der Anlage der Persönlichkeitsmerkmale dient als Ausgangslage und Möglichkeitsraum für die geschlechtsspezifische Entfaltung.

• *Zweite Maxime*

Im Jugendalter erreicht der Prozess der Sozialisation, verstanden als die dynamische und produktive Verarbeitung der inneren und äußeren Realität, eine besonders intensive Phase und zugleich einen für den ganzen weiteren Lebenslauf Muster bildenden Charakter.

Wie in keiner anderen Lebensphase kommt es durch körperliche, psychische und soziale Umbrüche zu einem intensiven Prozess der Auseinandersetzung mit der inneren und äußeren Realität. Die körperlichen und psychischen Grundstrukturen bilden dabei die „innere" Realität, die sozialen und physischen Umweltbedingungen die „äußere" Realität.

Sozialisation im Jugendalter ist die ständige Beobachtung und Diagnose der eigenen Anlagen und ihrer Veränderung. Durchgehend stellt sich einem jungen Menschen die Aufgabe, die jeweilige Veränderung von körperlichen und psychischen Ausgangsgrößen sensibel aufzunehmen und das eigene Handeln hierauf abzustellen. Analoges gilt für die Auseinandersetzung mit der sozialen und physischen Umwelt.

Das Wort „produktiv" soll ausdrücken, dass es sich bei der individuell je spezifischen Verarbeitung der inneren und der äußeren Realität um „agentische" Prozesse handelt, bei denen ein Jugendlicher eine individuelle, den eigenen Voraussetzungen und Bedürfnissen angemessene und flexibel angepasste Form wählt. Die Verarbeitung ist „produktiv", weil sie sich aus der jeweils individuell kreativen Aneignung der inneren und der äußeren Bedingungen ergibt.

Im Jugendalter sind die inneren und äußeren Anforderungen an die Verarbeitung, die sich aus den entwicklungsgemäßen Konstellationen ergeben, besonders hoch. Diese Anforderungen lassen sich als „Entwicklungsaufgaben" bezeichnen. Entwicklungsaufgaben sind Zielprojektionen, die in jeder Kultur existieren, um die Anforderungen zu definieren, die ein Jugendlicher bei der Auseinandersetzung mit den Lebensbedingungen zu erfüllen hat.

Die Entwicklungsaufgaben werden in einem Prozess der Selbstregulation bearbeitet. Voraussetzung ist die ständige „Arbeit an der eigenen Person", eine „Selbstorganisation" mit dem permanenten Bemühen um eine Strukturierung und Gestaltung der Persönlichkeit. Die soziale und gegenständliche Umwelt wird nach Inhalt und Struktur mit allen Sinnen aufgenommen, eingeordnet, bewertet und interpretiert, in Vergleiche einbezogen, erneut eingeordnet, bewertet und interpretiert und dann auf der kognitiven wie der affektiven Ebene mit den eigenen Bedürfnissen und Handlungsplänen abgestimmt.

Im Jugendalter werden Formen und Strategien der Selbstorganisation entwickelt, die in der Regel für den gesamten weiteren Lebenslauf bestehen bleiben. Sie stellen ein Muster der Lebensführung dar, auf das ein Mensch immer wieder zurückgreift, wenn er vor Herausforderungen und Beanspruchung steht.

• *Dritte Maxime*

Menschen im Jugendalter sind schöpferische Konstrukteure ihrer Persönlichkeit mit der Kompetenz zur eigengesteuerten Lebensführung.

Menschen in der Lebensphase Jugend müssen sich – gerade weil sie im Vergleich zu Erwachsenen typischerweise noch nicht den vollen Grad der Autonomie des Handelns und das volle Spektrum von Kompetenzen für den Umgang mit den Lebensanforderungen besitzen – als aktiv handelnde Individuen profilieren. In der Lebensphase Jugend kommt es wegen der alterstypischen Umbruchsituationen zu einem ständigen Prozess des Suchens und Tastens, des Ausprobierens von Spielräumen und Verhaltensmöglichkeiten und zum Versuch, aktiven Einfluss auf die gegebenen Bedingungen in der sozialen und physischen Umwelt zu nehmen. Der unfertige, noch offene Charakter dieses Lebensabschnittes ermöglicht eine eigengesteuerte und letztlich auch selbstverantwortliche Lebensführung. [...]

• *Vierte Maxime*

Die Lebensphase Jugend ist durch die lebensgeschichtlich erstmalige Chance gekennzeichnet, eine Ich-Identität zu entwickeln. Sie entsteht aus der Synthese von

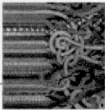

Individuation und Integration, die in einem spannungsreichen Prozess immer wieder neu hergestellt werden muss.

– Im Unterschied zum Kindesalter wird es im Jugendalter möglich, Individualität zu entwickeln. Jugendliche besitzen die Fähigkeit, in einen Prozess der Kommunikation mit anderen über Werte, Normen und soziale Bedeutungen einzutreten und diese mit ihren eigenen Interessen, Neigungen und Handlungsmöglichkeiten in Verbindung zu bringen. Sie werden zur Teilnahme an sozialen Interaktionen fähig, weil sie sich selbst im Prozess des Handelns auch als „Akteur" und „Objekt" für andere wahrzunehmen vermögen. Sie bauen auf diese reflexive Weise ein Bild von sich selbst auf, indem sie alle Ergebnisse der bisherigen Interaktionen auswerten und zu einem in sich stimmigen und schlüssigen Entwurf als „Selbstbild" („Selbstkonzept") zusammenfügen. Im Jugendalter bietet sich zum ersten Mal im Lebenslauf die Chance, ein identitätsstiftendes Selbstbild zu entwickeln.

– Von „Identität" kann gesprochen werden, wenn ein Mensch über verschiedene Entwicklungs- und Lebensphasen hinweg eine Kontinuität des Selbsterlebens auf der Grundlage des positiv geführten Selbstbildes wahrt. Obwohl sich Körper und Psyche verändern und soziale und physische Umweltbedingungen in jedem Lebensabschnitt eine andere Ausprägung haben, steht jeder junge Mann und jede junge Frau vor der Aufgabe, sich als „sich selbst gleiche" Persönlichkeit wahrzunehmen. Voraussetzung dafür ist die Synthese von Individuation und Integration.

– Unter Integration kann der Prozess der „Vergesellschaftung" der menschlichen Natur verstanden werden, also die Anpassung an die gesellschaftlichen Werte, Normen, Verhaltensstandards und Anforderungen und die Platzierung in der ökonomischen Chancenstruktur. Der Prozess der sozialen Integration ist die Basis für die Entwicklung der „sozialen Identität" von Jugendlichen, also für das subjektive Erleben einer anerkannten gesellschaftlichen Mitgliedschaftsrolle.

– Unter Individuation kann der Prozess des Aufbaus einer individuellen Persönlichkeitsstruktur mit unverwechselbaren kognitiven, motivationalen, sprachlichen, moralischen und sozialen Merkmalen und Kompetenzen verstanden werden. Zur Individuation gehört auch das subjektive Erleben als einzigartige, einmalige Persönlichkeit, das mit dem Aufbau der „personalen Identität" gleichzusetzen ist.

Eine Kontinuität des Selbsterlebens und des inneren Sich-selbst-gleich-Seins kann nur aus der Verbindung von Individuation und Integration entstehen. Das sich hieraus notwendig ergebende Spannungsverhältnis wird im Jugendalter zum ersten Mal bewusst erlebt. Das Austragen dieses Spannungsverhältnisses entscheidet über die Belastbarkeit und damit über die Entfaltungsmöglichkeiten der weiteren Persönlichkeitsentwicklung.

– Typisch für das Jugendalter ist es, dieses Spannungsverhältnis in einer besonders intensiven Weise zu erleben. Jugendliche befinden sich im Aufbau ihrer personalen und sozialen Identität, sie fragen die dazu vorhandenen Sozial- und Wertstrukturen der Gesellschaft nach Sinn und Bedeutung ab und stellen sie mitunter fundamental infrage. Die sozialstrukturellen Gegebenheiten, denen sich Jugendliche gegenübersehen, werden zum Gegenstand von Reflexion, Widerstand und möglicher Veränderung. Das bezieht sich sowohl auf die institutionellen und organisatorischen Strukturen der gesellschaftlichen Welt wie auf die Normstrukturen und Wertmuster. Aus diesen Impulsen ergibt sich die innovative Kraft, die von der jungen Generation in einer Gesellschaft ausgeht.

● *Fünfte Maxime*

Der Sozialisationsprozess im Jugendalter kann krisenhafte Formen annehmen, wenn es Jugendlichen nicht gelingt, die Anforderungen der Individuation und der Integration aufeinander zu beziehen und miteinander zu verbinden. In diesem Fall werden die Entwicklungsaufgaben des Jugendalters nicht gelöst und es entsteht Entwicklungsdruck.

[...]

● *Sechste Maxime*

Um die Entwicklungsaufgaben zu bewältigen und das Spannungsverhältnis von Individuations- und Integrationsanforderungen abzuarbeiten, sind neben individuellen Bewältigungsfähigkeiten („personale Ressourcen") auch soziale Unterstützungen durch die

wichtigsten Bezugsgruppen („soziale Ressourcen") notwendig.
[...]

– Wie Jugendliche mit diesen Anforderungen zurechtkommen, hängt in entscheidendem Ausmaß von den Hilfestellungen ihrer sozialen Umwelt ab. Die sozialen Unterstützungen können dabei materiellen Charakter haben und sollten so eingesetzt werden, dass sie die Fähigkeit zur Selbstorganisation stärken. Wichtig ist auch, dass Spielräume für verschiedene Lösungswege akzeptiert werden und probeweises Handeln erlaubt ist. [...]

– Diese Mischung aus dem Einräumen von Spielräumen und dem Festlegen von Regeln und Umgangsformen ist in vielen sozialen Beziehungsnetzen heute aus der Balance geraten. Einseitig liberalistische oder einseitig autoritäre Impulse sind für die Stabilisierung der Persönlichkeit im Jugendalter nicht hilfreich. Vielmehr ist eine ausgewogene Mischung zwischen der Anregung von Selbstständigkeit auf der einen Seite und der Übernahme von Verantwortung und dem Einhalten von gesellschaftlichen Regeln auf der anderen Seite notwendig, um den Prozess der Identitätsbildung zu fördern. [...]

- **Siebte Maxime**

Neben der Herkunftsfamilie sind Schulen, Ausbildungsstätten, Gleichaltrige und Medien als „Sozialisationsinstanzen" die wichtigsten Vermittler und Unterstützer im Entwicklungsprozess des Jugendalters. Günstig für die Sozialisation sind sich ergänzende und gegenseitig anregende Impulse dieser Instanzen. [...]

- **Achte Maxime**

Die Lebensphase Jugend muss unter den heutigen historischen, sozialen und ökonomischen Bedingungen in westlichen Gesellschaften als eine eigenständige Phase im Lebenslauf identifiziert werden. Sie hat ihren früheren Charakter als Übergangsphase vom Kind zum Erwachsenen verloren.
[...]
Angesichts der Länge von in der Regel 15 Jahren muss die Lebensphase Jugend heute als ein biografischer Abschnitt mit Eigenbedeutung konzipiert werden. Die Komponenten der Transition und des Moratoriums verbinden sich miteinander und geben dem Jugendalter damit eine unverwechselbare und im Vergleich zu früheren Generationen höhere biografische Bedeutung im gesamten Lebenslauf.

(Klaus Hurrelmann, Lebensphase Jugend – Eine Einführung in die sozialwissenschaftliche Jugendforschung, Juventa Verlag, Weinheim und München 2004, S. 64ff.)

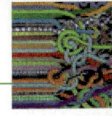

1. Diskutieren Sie, ob eine arbeitsteilige Gruppenarbeit zur Bearbeitung der Maximen sinnvoll ist. Fertigen Sie zu jeder Maxime eine Mind-Map an. Vertiefen Sie Ihre Auseinandersetzung mit den Maximen durch Zuhilfenahme entsprechender Beispiele.
2. Skizzieren Sie eine entsprechend dieser Maximen gelungene Sozialisation. Erörtern Sie auch geschlechtsspezifische Aspekte.
3. Diskutieren Sie: Welche Maximen erscheinen Ihnen besonders bedeutsam?

Die Synthese von innerer und äußerer Realität

„Hilf mir gefälligst – aber lass mich in Ruh'!"

„Raus hier! Immer musst du mir überall reinfunken! Ich hab's satt! Ich kann das allein! Kapier's endlich: Ich bin kein Baby mehr!"
Ninas Zimmertür donnert direkt vor meiner Nase ins Schloss, die Glasscheiben vibrieren in den Fassungen. Und ich stehe im Halbdunkel des Flurs wie ein begossener Pudel. Eine Sekunde später dröhnt die Stimme von Britney Spears aus den Boxen: You drive me crazy ...
Es ist wirklich zum Verrücktwerden. So geht das im Moment ständig: Wüste Drohungen, lautstarkes Gebrüll, Türenschlagen und Beschimpfungen

aller Art gehören bei uns zur Tagesordnung. Anlässe zum Ausrasten gibt es mehr als genug: Manchmal ist es die Frisur, die morgens nach dem Aufstehen nicht so sitzt, wie sie soll, dann das Lieblings-Sweatshirt, das sich leider gerade in der Wäsche befindet, ein Pickel, der sich über Nacht ungefragt am Kinn breitgemacht hat, oder die Mutter, die immer wieder die falschen Fragen zur falschen Zeit stellt … Diesmal nach den Englisch-Vokabeln für den morgigen Test.

Je länger ich im Halbdunkel des Flurs über die frisch erteilte Abfuhr nachdenke, umso mehr komme ich zu dem Schluss, dass Nina in diesem Fall eigentlich völlig Recht hat: Ich sollte mich da wirklich nicht mehr einmischen. Nichts ist schlimmer, als beim Selbstständigwerden von einer überfürsorglichen, kontrollierenden Mutter behindert zu werden. Mit dreizehn ist unsere Tochter außerdem alt genug, selbst zu entscheiden, wann und wie viel sie für welches Fach üben muss. Bisher fand ich zwar, dass ihr noch der Überblick fehlte, was Zeiteinteilung und Arbeitsstrukturierung anging. Aber jetzt sieht es plötzlich ganz so aus, als habe sie einen neuen Schritt in Richtung Selbstständigkeit gemacht und wolle die Sache selbst in die Hand nehmen. Wie wundervoll: Sie braucht meine Hilfe nicht mehr! Sie weiß jetzt, wie's geht! Hat ja schließlich lang genug gedauert.

„Du hast immer schon dazu geneigt, dich für andere verantwortlich zu fühlen – oft mehr als nötig", mahnt die tiefe Bassstimme meines Gewissens. „Kein Wunder also, wenn deine Tochter jetzt so heftig protestiert." Okay, okay. Aber sollten Mütter nicht auch eine Chance bekommen dazuzulernen? Es ist einfach schwer herauszufinden, an welchen Ecken diese hinreißenden, liebenswerten, unberechenbaren Teenies noch Unterstützung brauchen und wo sie schon so flügge sind, dass sie ihre Dinge allein regeln können. Das immer richtig einzuschätzen, bedarf oft hellseherischer Fähigkeiten – und eines Nervenkorsetts aus Stahl, um die ständigen Zornausbrüche und Konfrontationen besser zu verkraften …

Ich sehe es meiner Tochter an, wenn es losgeht: Sie kneift den Mund zusammen, ballt die Fäuste, die Augen werden schmal, der Gesichtsausdruck undurchdringlich wie eine Maske. Komm' mir nicht zu nah'!, signalisiert jede Faser ihres Körpers. Sonst kannst du was erleben!

Und was tut man dann? In Deckung gehen, am besten gar nichts sagen, Ruhe bewahren und abwarten? Auf keinen Fall sich weiter provozieren lassen – und schon gar nicht selber laut werden! Mit meiner Geduld und Gelassenheit ist es leider oft nicht weit her und meine Frustrationstoleranz lässt sehr zu wünschen übrig, wenn ich morgens, im halbwachen Zustand, schräg von der Seite angefaucht werde, nur weil die Cornflakes nicht wie gewohnt an ihrem Platz stehen … Ich finde, Nina muss lernen, dass sie nicht immer gleich losbrüllen kann, wenn ihr was nicht passt, dass Konflikte nicht mit Phonstärke zu lösen sind und …

„Vergiss es", schmunzelt mein Gewissen mit Weichspüler-Stimme. „Spar' dir deine überflüssigen Erziehungsanweisungen! Deine Tochter hört sowieso nicht zu. Sie ist mitten in der Pubertät – und ihr Verstand gerade auf Urlaub!" [...]

Ich stehe noch immer im halbdunklen Flur und nage versunken an meiner Unterlippe. Unschlüssig bleibt mein Blick an Ninas Zimmertür hängen. „Komm', bring die Sache vernünftig zu Ende", drängt mein Gewissen. „Geh zu ihr und sag' ihr, dass es blöd war, nach den Vokabeln zu fragen, und dass du es gut findest, wenn sie sich selbst darum kümmert." Entschlossen klopfe ich an Ninas Tür. Don't go knocking on my door, skandiert die Spears, unterstützt von einem Background-Chor. Aber ich lasse mich nicht abschrecken.

„Nina!" Ich klopfe lauter. Die Stimme der Pop-Queen verstummt abrupt. „Was willst du?", knurrt es feindselig von drinnen. – „Mit dir reden. Nur kurz. Kann ich reinkommen?" – „Ich will nicht reden. Lass mich in Ruhe!"

„Nina, bitte! Ich wollte dir doch nur sagen, dass ich es toll finde, wenn du von jetzt an selbst darauf achtest, wann und wie viel du für deine Arbeiten üben musst. Es war absolut blöd von mir, dass ich danach gefragt habe … Alte Gewohnheit, weißt du. Ich möchte nicht, dass du denkst, ich lass dich nicht. Oder ich will dich kontrollieren. Es tut mir leid." Die Tür fliegt auf. Da steht sie.

Nina ist fast so groß wie ich, schmal und gertenschlank, die ellenlangen Beine stecken in getigerten Hosen mit weitem Schlag. Im linken Arm hält sie Antonio, ihren Schlaf- und Kuschelbären. Und auf ihrem Gedicht zeichnet sich tiefe Bestürzung ab. „Du sollst mich aber weiter fragen! Ich will nicht, dass du damit aufhörst! Wenn du nichts gesagt hättest, hätte ich den Test total vergessen. Ich wollte gerade anfangen zu lernen. Kannst du mich vielleicht nachher abhören?" Ich traue meinen Ohren nicht. „Aber du hast doch ... gerade gesagt, du willst nicht ... wie ein Baby behandelt werden!" Mein Gestammel ist peinlich. Nina legt den Kopf schief und grinst mich schelmisch an. „Quatsch! Es ist ganz toll, eine Mama zu haben, die sich um alles kümmert." Antonio fliegt im hohen Bogen aufs Bett. Mit zwei Schritten ist sie bei mir und schlingt ihre Arme liebevoll um meinen Hals. „Ich find' es toll, dass du das alles für mich machst. Du bist die liebste Mami der Welt!"

„So", druckse ich in ihrer Halsbeuge. „Aber ich dachte, es macht dir Spaß, selbstständig und erwachsen zu werden!" – „Nö!" Ohne Zögern kommt die Antwort und klingt sehr entschieden. Mit großen Kinderaugen schaut sie mich an. „Erwachsen ist doof. Ich will viel lieber klein bleiben. Und spielen. Und eine Mama haben, die mich beschützt. Und auf mich aufpasst."

Fassungslos sehe ich meine Tochter an. „Da hast du den Salat", höre ich mein Gewissen spotten. „Das kommt dabei heraus, wenn du dein Kind so verwöhnst und ihm zu viel abnimmst: Irgendwann wollen die Küken gar nicht mehr aus dem Ei!" „Also, Nina, jetzt hör' mir mal zu." Ich fasse sie sanft bei den Schultern. „Groß werden muss jeder. Das weißt du. Und es macht doch auch Spaß, wenn man selbstständig ist und nicht dauernd die Hilfe von anderen braucht."

„Nö." Trotzig schiebt sie das Kinn vor. „Am tollsten war es im Kindergarten. Da konnte ich den ganzen Tag spielen und machen, was ich wollte. Ich musste über gar nichts nachdenken. In der Schule muss man immer bloß lernen, bis einem der Kopf raucht. Ich will lieber klein bleiben." Unfasslich. Eben noch knallt mir dieses Kind die Tür vor der Nase zu, wirft mir vor, ich würde mich in alles einmischen. Und jetzt will sie doch lieber wieder vier sein ...

Hilflos suche ich nach Worten. „Aber deine Freundinnen ... Wollen die denn auch alle ... klein bleiben?" Nina zuckt nur mit den Schultern. „Is' mir doch egal, was die denken. Ich finde Großsein bescheuert." Sie schmiegt sich Schutz suchend an mich. „Mami, kannst du mir jetzt vielleicht 'ne Quarkspeise machen? So 'ne leckere wie neulich. Du kannst das so gut: mit Apfel und Banane und Zimt. Bitte!" Ich nicke seufzend. Klar, kann ich. „Und wann machst du dir mal selbst 'ne Quarkspeise?" Nina zwinkert mir zu. „Wenn ich groß bin."
[...]

Bei Dreizehnjährigen muss man ständig auf Überraschungen gefasst sein, jeden Tag wieder. Und wie lange geht das noch so?

„Wart's ab, das dicke Ende kommt erst noch", warnen die, deren Sprösslinge schon fünfzehn und sechzehn sind und die noch ganze andere Strophen zum Thema Pubertät singen können.

Vor allem wollen sie ernst genommen werden, die kleinen Großen und die großen Kleinen. Aber nicht gleich so ernst, dass sie das Gefühl bekommen, sie müssten sich schon festlegen. Noch nicht. Sie stecken schließlich erst in den Proben für ein Stück mit lebenslanger Spielzeit. Und bis es so weit ist, werden täglich andere Kostüme probiert, Kulissen geschoben, der Text geändert, die Rollen getauscht und neue Szenen entworfen. Je breiter die Palette der Möglichkeiten, desto bunter, vielfältiger, fantastischer und lebendiger wird irgendwann das Resultat aussehen. Aber zunächst sind Proben angesagt. Und die sind höllisch anstrengend. Auch für die, die dabei eher im Hintergrund wirken, die Garderobieren, Souffleusen, Requisiteure, Kulissenschieber, Techniker, das Küchenpersonal, die Repetitoren, die Agenten und Assistenten: die Eltern und Erzieher eben ...

(Dagmar Eichler, Hilf mir gefälligst – aber lass mich in Ruh'! Mutter und Tochter zu Hause. In: Pädagogik Nr. 7 – 8/2001, S. 18ff.)

> Beziehen Sie die nachfolgenden Ausführungen von Klaus Hurrelmann zum Erzieherverhalten auf das oben dargestellte Beispiel.
> Nehmen Sie anschließend Stellung: Welches Erzieherverhalten ist für eine gelingende Sozialisation im Sinne Hurrelmanns (Syntheseleistung zwischen ‚innerer' und ‚äußerer' Realität') hilfreich?
> „Erziehung kann als ein Versuch der Beeinflussung (Intervention) verstanden werden, durch den eine Verbesserung und Vervollkommnung der Persönlichkeit des Erzogenen erreicht werden soll. Erziehungsziele entsprechen den wünschens- und erstrebenswerten Verhaltensweisen, Fähigkeiten, Einstellungen und Persönlichkeitseigenschaften, die für ein Kind als wertvoll angesehen werden.

Erziehungsziele der Eltern drücken ihre Vorstellungen über die Persönlichkeitsmerkmale, Fähigkeiten und Einstellungen des Kindes aus, zu deren Verwirklichung ihr Erziehungsverhalten beitragen soll. Die Ausprägungen des Erziehungsverhaltens der Eltern werden in der Forschung meist zu bestimmten Gruppen zusammengefasst, die als Erziehungsstile bezeichnet werden. Unter Erziehungsstilen werden die beobachtbaren und verhältnismäßig überdauernden tatsächlichen Praktiken der Eltern verstanden, mit ihren Kindern umzugehen. In das Verhalten geht ein Erziehungswissen ein, nämlich Informationen und Kenntnisse über die Entwicklung der kindlichen Persönlichkeit und die Möglichkeiten und Grenzen der Beeinflussung von Einstellungen und Verhalten des Kindes durch eigene Aktivitäten. [...]

Typisierung unterschiedlicher Erziehungsstile

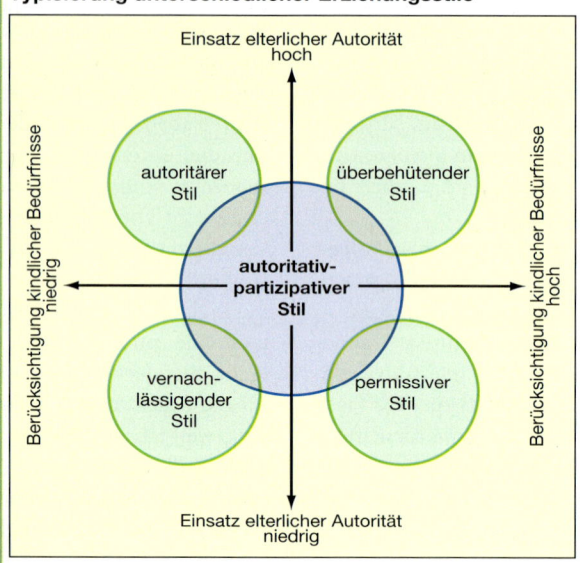

Die extrem positionierten Erziehungsstile sind durch Praktiken gekennzeichnet, die weder zum gewünschten Erfolg führen noch einer pädagogisch wertenden Diskussion standhalten. Die Konsequenz ist eindeutig: Der extreme Einsatz von elterlicher Autorität und die extreme Berücksichtigung von kindlichen Bedürfnissen sollten durch einen moderaten und nachvollziehbaren Gebrauch von persönlicher, immer neu zu rechtfertigender Autorität von Eltern und eine sensible, aber nicht übertriebene Berücksichtigung der Bedürfnisse des Kindes ersetzt werden. Ein solcher ausgewogener Erziehungsstil ist autoritativ, weil er die Autorität der Eltern zurückhaltend und umsichtig einsetzt, und er ist partizipativ, weil er auf die Bedürfnisse des Kindes im Sinne einer Mitgestaltung der gemeinsamen Beziehung eingeht. Wie die Abbildung zeigt, enthält der autoritativ-partizipative Erziehungsstil (im Folgenden kurz als partizipativer Stil bezeichnet) Elemente aller vier extremen Erziehungsstile.

Der partizipative Erziehungsstil betont die partnerschaftliche und kooperative Komponente des Erziehungsprozesses. Im Unterschied zum permissiven Erziehungsstil sollen nicht die Kinder die Erziehung bestimmen, im Unterschied zum autoritären Stil nicht die Erwachsenen die Beziehung dominieren, beide sollen sich vielmehr offen abstimmen und austauschen und auf ihre gegenseitigen Bedürfnisse eingehen. Der partizipative Stil trägt der Erkenntnis Rechnung, dass Erziehung ohne eine gute Beziehung nicht möglich ist und diese Beziehung eine Interaktion auf Gegenseitigkeit darstellt. Partizipative Erziehung ist die gemeinsame Absprache und das Aushandeln von Umgangsformen und Regeln mit Begründung und Erläuterung, angepasst an die jeweilige Entwicklungs- und Altersstufe aller Beteiligten mit dem Ziel, beim Kind Selbstständigkeit und Autonomie zu fördern und Leistungsfähigkeit und soziale Verantwortlichkeit zu stärken."
(Klaus Hurrelmann, Einführung in die Sozialisationstheorie, Beltz Verlag, Weinheim und Basel 2004, S. 156f., 161f.)

Das Modell der ‚produktiven Realitätsverarbeitung' von Klaus Hurrelmann

Sozialisation bezeichnet den Prozess, in dessen Verlauf sich der mit einer biologischen Ausstattung versehene menschliche Organismus zu einer sozial handlungsfähigen Persönlichkeit bildet, die sich über den Lebenslauf hinweg in Auseinandersetzung mit den Lebensbedingungen weiterentwickelt. Sozialisation ist die lebenslange Aneignung von und Auseinandersetzung mit den natürlichen Anlagen, insbesondere den körperlichen und psychischen Grundmerkmalen, die für den Menschen die ‚innere Realität' bilden, und der sozialen und physikalischen Umwelt, die für den Menschen die ‚äußere Realität' bilden.

Sozialisation ist der Prozess der Persönlichkeitsentwicklung in wechselseitiger Abhängigkeit von den körperlichen und psychischen Grundstrukturen und den sozialen und physikalischen Umweltbedingungen. Die körperlichen und psychischen Grundstrukturen bilden die innere, die sozialen und physikalischen Umweltbedingungen die äußere Realität.

Die Persönlichkeitsentwicklung von Menschen wird sowohl durch körperliche als auch durch psychische und soziale Bedingungen beeinflusst. Kein Mensch kann die körperlichen und psychischen Vorgaben abstreifen, mit denen er geboren wird und die sich im Laufe des Lebens nur in engen Grenzen verändern. Kein Mensch kann auch die sozialen und physikalischen (materiellen) Umweltbedingungen ausschalten, die für sein Handeln die Rahmenbedingungen setzen. Die Art und Weise aber, wie sich jeder einzelne Mensch mit seinen Anlagen und seiner Umwelt auseinandersetzt und wie er sie verarbeitet, ist individuell und einmalig. Das gilt verstärkt in heutigen Gesellschaften, weil die gesellschaftlichen Vorgaben durch soziale Rollen und kulturelle Normen vergleichsweise offen sind, wodurch jedem Menschen ein großer Spielraum für die persönliche Entfaltung eingeräumt wird. [...]

Im Laufe der Persönlichkeitsentwicklung wird das Verhältnis zwischen der inneren und der äußeren Realität ständig neu eingestellt und in jeweils vorübergehende Gleichgewichtszustände überführt. Sowohl die innere als auch die äußere Realität müssen von einem Menschen in jeder Phase der Entwicklung aufgenommen, angeeignet und verarbeitet werden, wobei es zu einer subjektiven Repräsentanz der äußeren und der inneren Realität mit einer Einschätzung der Bedingungen für das eigene Handeln kommt. Wie ein Mensch mit den inneren Anlagen umgeht und in welcher Weise er sie auf die äußeren (Umwelt-)Bedingungen anzupassen versteht, entscheidet sich nach der Kompetenz, die innere Realität realistisch einzuschätzen und ihr Potenzial für eigene Handlungen und Entwicklungen auszuschöpfen. [...]

Der Prozess der Auseinandersetzung mit der inneren und äußeren Realität wird als „produktiv" im Sinne von „prozesshaft" bezeichnet, um zum Ausdruck zu bringen, dass es sich hierbei nicht um eine passive Informationsverarbeitung, sondern um eine dynamische und aktive Form von Tätigkeit handelt, auch wenn sie nicht immer im Bewusstsein präsent ist. Das gilt für die innere und die äußere Realität:

– Sozialisation ist die ständige aktive Beobachtung und Diagnose der eigenen Anlagen und ihrer Veränderung im Laufe des Lebens. Durchgehend stellt sich einem Menschen die Aufgabe, die jeweilige Veränderung von körperlichen und psychischen Ausgangsgrößen sensibel aufzunehmen und das eigene Handeln hierauf abzustellen.

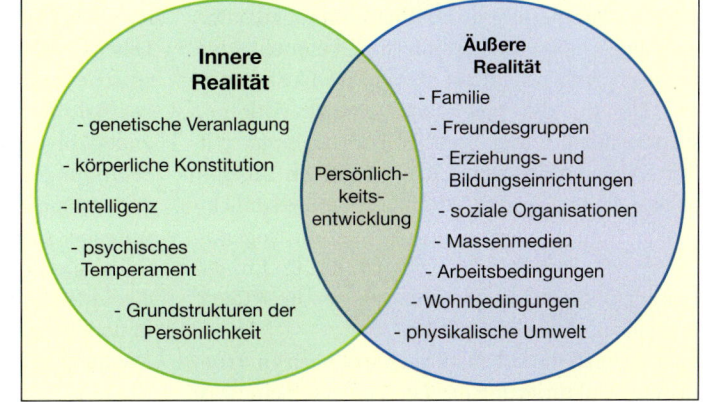

Das Verhältnis von innerer und äußerer Realität

– Analoges gilt für die Auseinandersetzung mit der sozialen und physikalischen Umwelt. Auch hier ist es für die Weiterentwicklung der Persönlichkeit unabdingbar, sensibel auf alle Veränderungen einzugehen und sie in das eigene Handeln einzubeziehen. [...]

In der Regel wird bis spätestens zum Ende des zweiten Lebensjahrzehnts eine solche Qualität der Verarbeitungsfähigkeit aufgebaut, dass es zu einem individuellen Verständnis der äußeren und inneren Realität mit entsprechenden Strukturen der Selbstwahrnehmung und Interpretation kommt. Jeder gesunde Mensch entwickelt in dieser Phase bis zum Abschluss des Jugendalters feste Grundstrukturen der Abstimmung zwischen inneren Bedürfnissen und äußeren Erwartungen und baut ein System von Erfahrungen und Kompetenzen auf, die für die nachfolgenden Lebensabschnitte jeweils flexibel weiterentwickelt werden.

Vor allem im Jugendalter kommt es dabei zu einer intensiven Spannung zwischen den Anforderungen an „Individualität" (im Sinne einer persönlichen Einmaligkeit) und sozialer Integration, also der Übernahme gesellschaftlicher Rollen. Jede neue Lebenssituation und jedes neuartige Lebensereignis in den nachfolgenden Lebensphasen stellt Anforderungen an die Fähigkeiten des Aushaltens dieses Spannungsverhältnisses, die auf den in der Jugendzeit entwickelten Grundstrukturen aufbauen.

Durch die Verlängerung der Lebensdauer und die heute typischen großen Spielräume für einen individuellen Lebensstil kann sich die lebensgeschichtliche Bedeutung der frühen Lebensphasen abschwächen. Deswegen lässt sich auch sagen, dass in den hoch entwickelten Industriegesellschaften noch deutlicher als in früheren historischen Epochen eine Persönlichkeitsentwicklung trotz der Fundierung in Kindheit und Jugendalter nie „abgeschlossen" ist, sondern sich in mehr oder weniger großen Schüben ständig im Fluss befindet. Die für das Jugendalter charakteristische, selbstsuchende und sondierende Haltung gilt heute vielen Menschen auch in späteren Lebensphasen als Muster und Vorbild für die Persönlichkeitsbildung. In diesem Sinn werden die „jugendtypischen" Formen der Lebensführung immer aussagekräftiger für die Lebensphasen im frühen und späten Erwachsenenalter.

Auch in späteren Lebensphasen tritt noch eine formative Strukturierung der Persönlichkeit ein. Das kann zum Beispiel bei einschneidenden persönlichen Erlebnissen wie Trennung oder Scheidung oder bei gravierenden Umstellungen der ökonomischen Basis wie etwa Arbeitslosigkeit und Armut der Fall sein. In solchen Situationen wird eine grundlegende Neustrukturierung der Persönlichkeit und eine neue Austarierung der Verarbeitungsfähigkeiten von innerer und äußerer Realität notwendig, um mit den völlig veränderten Ausgangssituationen zurechtzukommen. Die Spannung zwischen Individualisierung und Vergesellschaftung der menschlichen Persönlichkeit hält ein Leben lang an. Sozialisation kann deshalb auch als ein permanentes Bewältigungsverhalten verstanden werden.

Ein reflektiertes Selbstbild ist Voraussetzung für die Fähigkeit zur ständigen Abstimmung der Verarbeitungsfähigkeiten. Das Selbstbild ist eine innere Konzeption der Gesamtheit der Einstellungen, Bewertungen und Einschätzungen, die ein Mensch im Blick auf die eigenen Handlungsmöglichkeiten in der äußeren Realität besitzt. Voraussetzung hierfür ist eine realistische, sensible Wahrnehmung der Grundbedingungen der inneren Realität, also der genetischen, körperlichen und psychischen Potenziale. Kommt es zu dieser Wahrnehmung, sind die Voraussetzungen für ein stabiles und zuversichtliches Selbstvertrauen (Selbstwertgefühl) gelegt, das für die Persönlichkeitsentwicklung im gesamten Lebenslauf die gesunde Basis bildet. Von „Identität" kann gesprochen werden, wenn ein Mensch über verschiedene Entwicklungs- und Lebensphasen hinweg eine Kontinuität des Selbsterlebens auf der Grundlage des positiv gefärbten Selbstbildes wahrt. Das Erleben des Sich-gleich-Seins bezieht sich auf die verschiedenen Stadien der eigenen Lebensgeschichte, es zieht sich also durch den gesamten Lebenslauf. Obwohl sich die körperliche und psychische Struktur der Persönlichkeit – innerhalb des Rahmens einer angelegten Disposition – verändert, obwohl soziale und physikalische Umweltbedingungen in jedem Lebensabschnitt eine andere Ausprägung haben, steht ein Mensch vor der Aufgabe, sich selbst als Persönlichkeit, als „sich selbst gleich" wahrzunehmen. Das gilt auch für die unterschiedlichen Situationen und Kontexte, in denen er in jedem Lebensabschnitt steht.

Die Identität (oft auch als Ich-Identität bezeichnet) ist Dreh- und Angelpunkt einer gesunden Persön-

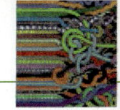

lichkeitsentwicklung. Je entscheidungsfähiger und handlungssicherer ein Mensch ist, je mehr Fertigkeiten zur Bewältigung psychischer und sozialer Probleme er besitzt, je mehr er in sichere soziale Beziehungsstrukturen und Netzwerke einbezogen und in wichtigen gesellschaftlichen Rollenzusammenhängen anerkannt ist, desto besser sind die Voraussetzungen für die Identität und damit die selbstständige und autonome Handlungsfähigkeit. Störungen der Identitätsbildung haben ihren Ausgangspunkt in einer mangelnden Übereinstimmung zwischen den personalen und sozialen Komponenten der Identität, also den Bedürfnissen, Motiven und Interessen auf der einen und den gesellschaftlichen Erwartungen auf der anderen Seite. Sie führen zu Störungen des Selbstvertrauens und in der Folge zu sozial unangepasstem und gesundheitsschädigendem Verhalten.

(Klaus Hurrelmann, Einführung in die Sozialisationstheorie, Beltz Verlag, Weinheim und Basel 2002, S. 15, 27, 28, 37 – 39)

1. Diskutieren Sie vor dem Hintergrund der Ausführungen von Hurrelmann in dem Text über die acht Maximen zur Lebensphase Jugend, unter welchen Voraussetzungen von einer gesunden Persönlichkeitsentwicklung gesprochen werden kann.

2. Ergänzen Sie das folgende Bild so, dass die wesentlichen Elemente des Modells der produktiven Realitätsverarbeitung deutlich werden.

Persönliche Identität:
Versuch, unverwechselbar ich selbst zu sein, mich von anderen zu unterscheiden, meinen eigenen Bedürfnissen zu entsprechen, eine persönliche Linie durchzuhalten

Morgen

Heute

Gestern

Soziale Identität:
Versuch, normierten Erwartungen anderer zu entsprechen, nicht aufzufallen, ununterscheidbar zu sein, den Zusammenhalt mit anderen nicht durch Extravaganzen zu gefährden

(Aus: Erhard Meueler, Wie aus Schwäche Stärke wird, Schibri-Verlag, Milow 2003, S. 54)

3. Welche Folgerungen für die Erziehung sind aus dieser Sichtweise von ‚Identität' abzuleiten? Beachten Sie: Der Erzieher/die Erzieherin ist Teil der ‚äußeren' und auch Teil der ‚inneren Realität'.
Erläutern Sie Ihre Überlegungen durch Beispiele.

Erwachsen werden – eine Typologie jugendlicher Entwicklungswege

Zwischen Transition und Moratorium

Für Jugendliche stellt sich für die Lebensführung die grundsätzliche Frage, wie die Strategie des Übergangs in die Lebensphase Erwachsener und die des möglichst langfristigen Verweilens in der von gesellschaftlicher Verantwortung teilweise abgeschirmten Lebensphase Jugend möglichst geschickt kombiniert werden soll. Es ist eine Entschei-

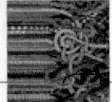

dung zwischen einem raschen Übergang in den Erwachsenenstatus im Sinne einer „Transition" und einem langsamen Übergang mit vorübergehendem Rückzug in den Schonraum, den die Jugendphase bietet („Moratorium") (Reinders 2003).

- Die Orientierung am Konzept „Transition" zielt auf einen zielstrebigen Übergang in die Erwachsenengesellschaft, meist verbunden mit einer Orientierung an den Standards der etablierten mittleren und älteren Generation. Die Deutung der Lebensphase Jugend richtet sich an dem Ziel aus, sie möglichst schnell wieder zu verlassen. Es handelt sich insofern um eine teleologische Orientierung, weil der Wunsch besteht, so schnell wie möglich den statusinkonsistenten Lebensabschnitt Jugend zu verlassen und den gesellschaftlich anerkannten Status des Erwachsenen zu erreichen.
- Beim Konzept „Moratorium" wird das Jugendalter nicht als eine Zwischenposition zwischen Kindheit und Erwachsenalter betrachtet, sondern als eine gesellschaftliche „Auszeit" mit der Möglichkeit der vorübergehenden Abgrenzung zur Gesellschaft der Erwachsenen. Das Jugendalter wird zu einer Karenzzeit zwischen Kindheit und Erwachsenenalter. Bei diesem Konzept herrscht eine eher hedonistische, bedürfnisorientierte Haltung mit einer individuellen, nach dem eigenen Lebensrhythmus vorgegebenen Verortung auf der subjektiven Zeitachse vor.

Die hier vertretene sozialisationstheoretische Ausrichtung mit ihrer Betonung des Akteurscharakters von Jugendlichen ist eine gute Basis für dieses Konzept der Lebensführung. Jugendliche werden als Produzenten ihrer eigenen persönlichen Entwicklung verstanden, die in der Lage sind, dynamische Beeinflussungsprozesse zwischen sich selbst und ihrer Umwelt herbeizuführen. Sie verarbeiten demnach die innere und die äußere Realität aktiv und sind in der Lage, sie mit Interpretationen und Bedeutungen zu versehen und sie sich auf diese Weise subjektiv anzueignen und gestalterisch zu beeinflussen. Die theoretische Grundannahme ist, dass Jugendliche sowohl eine Transitions- als auch eine Moratoriumskonzeption und auch verschiedene Kombinationen dieser Konzeptionen realisieren können.

Reinders (2003) unterscheidet insgesamt vier Ausprägungen der Kombination dieser beiden Perspektiven:

- Sind sowohl die Transitionsorientierung als auch die Moratoriumsorientierung hoch, ist der Lebensentwurf von Jugendlichen durch das Konzept der „Integration" gekennzeichnet. Jugendliche orientieren sich tendenziell an gesellschaftlich anerkannten Lebensverläufen, erkennen jedoch darüber hinaus die sich durch den gesellschaftlichen Strukturwandel ergebende Chance, Alternativen in Form einer ausgeprägten Gegenwartsorientierung in der Jugendzeit aufzubauen.
- Ist die Transitionsorientierung hoch, aber die Moratoriumsorientierung niedrig, sind Jugendliche auf „Assimilation" ausgerichtet. Sie orientieren sich an vorgegebenen Lebensmustern und wollen die Anforderungen der Jugendphase zielstrebig bewältigen. Sie nehmen dabei in Kauf, die gesellschaftlich vorstrukturierten Biografiemuster einfach zu kopieren und keine kreativen Neuschöpfungen von Lebensentwürfen auszuprobieren.
- Ist die Transitionsorientierung niedrig und die Moratoriumsorientierung hoch, neigen Jugendliche zur „Segregation". Die Bewältigung der Entwicklungsaufgaben wird nicht angestrebt oder gelingt faktisch nicht, vielmehr liegt der Schwerpunkt des Lebensentwurfs auf eigenen biografischen Orientierungen in gesellschaftlichen Nischen. Den Herausforderungen der Zukunftsorientierung weichen sie durch Anlehnung an soziale Milieus mit eigenwilligem Lebensstil und emotionaler Bindungskraft aus.
- Ist die Transitionsorientierung und die Moratoriumsorientierung niedrig, neigen Jugendliche zur „Marginalisierung". Auch bei diesem Lebensentwurf verweigern sie sich (wie bei der Segregation) den Entwicklungsaufgaben und sehen für sich nicht die Möglichkeit eines schnellen Überganges in den Erwachsenenstatus. Zugleich aber können sie sich auch keine eigenen Optionen für die Gestaltung ihrer Lebensphase Jugend aufbauen.

In der folgenden Abbildung wird diese Typologie der jugendlichen Entwicklungswege im Anschluss an Reinders (2003) anschaulich dargestellt.

Von den vier Typen ist der Lebensentwurf der „Integration" zweifellos der anspruchsvollste. Er kommt dem Ideal der produktiven Verarbeitung von innerer und äußerer Realität am nächsten. Nicht immer aber sind die persönlichen und ge-

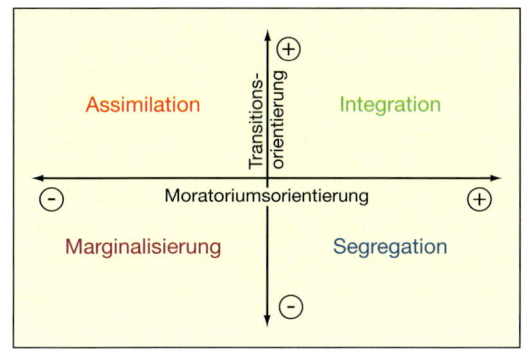

sellschaftlichen Bedingungen dafür gegeben, diesen Lebensentwurf einzuschlagen. So können Beeinträchtigungen der Gesundheit, psychische Probleme und biografische Irritationen dazu führen, vorübergehend auf den Lebensentwurf der Segregation umzuschalten und sich zum Beispiel in einer Umwelt- oder Friedensbewegung oder auch in Subgruppen mit einer skeptischen, pessimistischen oder hedonistischen Orientierung für einige Zeit zurückzuziehen. Auch können ökonomische Rahmenbedingungen wie etwa eine dauerhafte Arbeitslosigkeit zu einer unfreiwilligen Orientierung am Lebensentwurf der Segregation führen.

Anmerkung: Die Ausführungen von Heinz Reinders sind auch im Online-Familienhandbuch nachzulesen.

(Klaus Hurrelmann, Lebensphase Jugend – Eine Einführung in die sozialwissenschaftliche Jugendforschung, Juventa Verlag, Weinheim und München 2004, S. 43ff.)

Welches Erziehungskonzept fördert, welches hemmt die hier dargelegten unterschiedlichen Entwicklungswege?

Vertiefung

Quantitative empirische Methoden: Sind Jugendliche heute „Nesthocker"?

Wenn Kinder erwachsen werden – der lange Weg zur Autonomie

Wandlungen der Eltern-Kind-Beziehung

Die Umgestaltung der Eltern-Kind-Beziehung ist ein schrittweiser Prozess, der bereits in der Kindheit beginnt und auch mit dem Auszug der Kinder aus dem Elternhaus noch nicht abgeschlossen ist: Während in der Kindheit die Beziehung zu den Eltern noch sehr asymmetrisch ist und das Verhalten der Kinder stark durch die elterlichen Erwartungen und Forderungen bestimmt wird, erfolgt im Jugendalter eine Umgestaltung der Beziehung zu mehr Symmetrie, ohne dass freilich bis zum Ende des Jugendalters schon eine völlige Symmetrie erreicht wird. Dieser Umgestaltungsprozess beinhaltet kognitive, affektive und verhaltensbezogene Aspekte.

Kognitive Aspekte betreffen die Veränderung der Wahrnehmung der jeweils anderen Seite, des Selbstbilds sowie des Ziel- und Wertesystems der Jugendlichen: Während im Kindesalter die elterliche Autorität weitgehend akzeptiert wird, nehmen Jugendliche ihre Eltern nicht mehr als allwissend und übermächtig wahr, sondern setzen sich kritischer und, aufgrund der wachsenden kognitiven und sprachlichen Fähigkeiten, auch kompetenter mit den Meinungen der Eltern auseinander (Entidealisierung der Eltern). Es wächst der Wunsch der Jugendlichen, wichtige Lebensaspekte selbst zu bestimmen, etwa wie man sich kleidet, wie (un-)aufgeräumt das Kinderzimmer sein darf oder wann man am Abend nach Hause kommt. Die Jugendlichen verbringen weniger Zeit mit den Eltern und mehr Zeit mit Gleichaltrigen. Sie erzählen ihren Eltern weniger über ihre Erlebnisse und nutzen häufiger Gleichaltrige als

Ratgeber, vor allem wenn es um jugendtypische Themen geht (wie Mode, Musik oder Liebeskummer). Die Umgestaltung der Eltern-Kind-Beziehung stellt an alle Familienmitglieder Lernanforderungen: Die Jugendlichen müssen lernen, eigene Präferenzen zu entwickeln und kompetent gegenüber den Eltern zu vertreten. Die Eltern wiederum müssen lernen, ihre Töchter und Söhne nicht länger als „Kinder" zu sehen und zu behandeln, sondern zunehmend als gleichberechtigte Partner. Eltern sind – vor allem am Beginn des Jugendalters – allerdings nur begrenzt bereit, die von ihren Kindern geforderten Freiräume bereits zu gewähren. Dies wird besonders bei Frühpubertierenden (d.h. wenn die Menarche vor dem 12. bzw. bei Jungen der Beginn des Wachstumsschubs vor dem 11. Lebensjahr einsetzt) deutlich: Während sie aufgrund ihrer beschleunigten körperlichen Entwicklung schon früh erwarten, als Erwachsene behandelt zu werden, werden die Erwartungen und Restriktionen der Eltern und der übrigen sozialen Umwelt dagegen am kalendarischen Alter gemessen. Aus Widersprüchen zwischen den gestiegenen Autonomiewünschen Jugendlicher und der Aufrechterhaltung elterlicher Kontrolle entstehen Konflikte. Diese treten zwar im Jugendalter im Mittel nicht häufiger als zuvor auf, jedoch nimmt ihre Heftigkeit zu, etwa weil Jugendliche nicht mehr so schnell wie früher zum Nachgeben bereit sind. Trotzdem sind derartige Konflikte in den meisten Familien nur von mäßiger Intensität und zudem sogar nützlich, da sie dem Neuaushandeln der Eltern-Kind-Beziehung dienen. Wo allerdings zuvor schon wenig unterstützende Familienbeziehungen bestanden, wird im Jugendalter oft ein Eskalieren der Konflikte und ein damit verbundener Anstieg von Verhaltensproblemen der Jugendlichen beobachtet.

Das schrittweise Erreichen *emotionaler Unabhängigkeit* von den Eltern beinhaltet die Wahrnehmung der Unabhängigkeit von den Eltern, das Freisein von starken kindlichen Bedürfnissen nach Anerkennung und Unterstützung durch die Eltern sowie nach Nähe zu den Eltern.

Der dritte Aspekt der Unabhängigkeit von den Eltern betrifft die *funktionale Unabhängigkeit*, also sein Leben ohne die Unterstützung der Eltern zu gestalten. Dies umfasst z. B. die Fähigkeit, sich selbst zu versorgen, das Erreichen materieller Unabhängigkeit und die Gründung eines eigenen Haushalts.

Zwischen „Hotel Mama" und Unabhängigkeit

In den letzten Jahrzehnten traten in westlichen Industriestaaten bedeutsame Veränderungen in den Entwicklungsfahrplänen von Jugendlichen und jungen Erwachsenen auf: Früher war der Weg in das Erwachsenwerden noch stark strukturiert und folgte einer weitgehend normativen Abfolge: Mit etwa 14 Jahren beendete ein Großteil der Jugendlichen die Schule und nahm eine Berufsausbildung auf, mit 16–18 Jahren wurde erstmals eigenes Geld verdient und mit Beginn des dritten Lebensjahrzehnts erfolgte die Gründung einer eigenen Familie. Bedingt durch soziokulturelle und ökonomische Entwicklungen (wie etwa die Ausweitung und Differenzierung des Bildungssystems) sind Entwicklungsfahrpläne flexibler geworden und haben sich die durchschnittlichen Zeitpunkte für wichtige Entwicklungsschritte verändert. So wird heute die materielle Unabhängigkeit und der Auszug aus dem Elternhaus deutlich später erreicht. In einer 1996 durchgeführten Studie mit 1696 20- bis 29-Jährigen wurde erstmals eigenes Geld zu verdienen von der Hälfte der Befragten bis zum Alter von 20,5 Jahren und der Wegzug von den Eltern etwa ein Jahr später erreicht (Abb. 1). Allerdings hatten von den 29-Jährigen 7,9 % noch nicht ihr erstes Geld verdient und 15,6 % lebten weiterhin im Elternhaus. Die

Abb. 1: Entwicklungsschritte auf dem Weg zur Unabhängigkeit von den Eltern (Altersmedian)

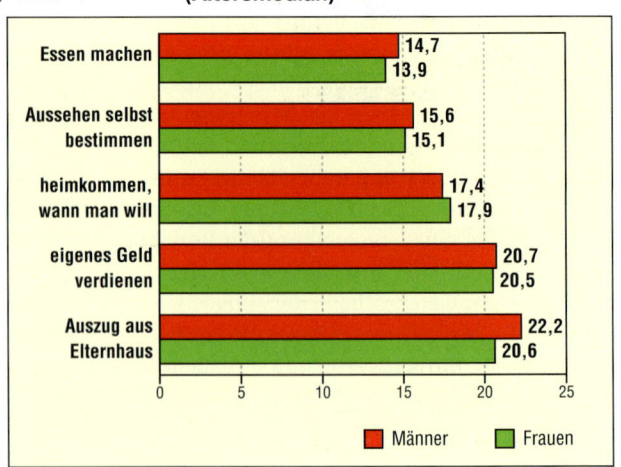

Zunahme der „Nesthocker" und das längere Verbleiben im „Hotel Mama" scheint hierbei je nach Geschlecht unterschiedlich motiviert zu sein. Während Töchter eher aufgrund finanzieller Probleme weiter im Elternhaus wohnen, tun dies Söhne eher aus Bequemlichkeit. [...]

Autonomie als Anforderung an Kinder

Da der Autonomiezuwachs eine Entwicklungsaufgabe des Jugendalters ist, sollte er eigentlich mit einer höheren psychosozialen Anpassung der Jugendlichen einhergehen, also z.B. mit mehr Selbstvertrauen und einem besseren psychischen Befinden. Andererseits setzt aber die Selbstgestaltung des Lebens zahlreiche Kompetenzen voraus, sodass eine sehr frühe Ablösung von den Eltern auch Entwicklungsrisiken birgt, wenn die Kompetenzen noch nicht in ausreichendem Maße vorhanden sind und elterliche Unterstützung nicht mehr ausreichend verfügbar ist. Effekte der Autonomie auf die psychosoziale Entwicklung der Jugendlichen und jungen Erwachsenen variieren zudem in Abhängigkeit von den familiären Bedingungen: Wenn Eltern wenig Wärme zeigen, viele Eltern-Kind-Konflikte auftreten und wenig Familienzusammenhalt besteht, wirkt eine frühe emotionale Ablösung von den Eltern als Schutzfaktor und damit adaptiv für die psychosoziale Anpassung. Überwiegt dagegen in Familien eine positive Beziehungsqualität, so bedeutet eine frühe Ablösung, dass die Jugendlichen nicht länger die elterliche Unterstützung nutzen können, häufig in Kontakt mit devianten [abweichenden] Peers geraten und die weitere psychosoziale Entwicklung beeinträchtigt wird. Demgegenüber geht die Aufrechterhaltung eines Mindestmaßes an Verbundenheit mit den Eltern mit einer hohen psychosozialen Anpassung einher.

Die Eltern-Kind-Beziehung nach dem Auszug

Der Auszug aus dem Elternhaus bedeutet nicht, dass keine Hilfen mehr zwischen Kindern und Eltern ausgetauscht würden. In der oben zitierten Studie fanden wir, dass auch nach dem Auszug aus dem Elternhaus rund 20% der Eltern und Kinder der jeweils anderen Seite häufig Hilfe im Haushalt leisteten (etwa bei der Hausarbeit oder Reparaturen). Zudem berichtete mehr als die Hälfte der nicht mehr bei den Eltern wohnenden jungen Erwachsenen, dass ihnen ihre Eltern oft bei persönlichen Problemen mit Rat und Tat zu Seite stehen. Umgekehrt half etwa ein Drittel der erwachsenen Kinder ihren Eltern oftmals bei der Lösung persönlicher Probleme (Abb. 2). Allerdings zeigt der Vergleich zu jungen Erwachsenen, die nach wie vor mit ihren Eltern zusammenlebten, dass der Auszug aus dem Elternhaus zu einem deutlichen Rückgang gegenseitiger praktischer Hilfen und in geringerem Maße auch zur Abnahme der wechselseitigen Unterstützung bei persönlichen Problemen führt. Es fällt zudem auf, dass die Eltern weiterhin mehr Unterstützung für ihre Kinder leisten als umgekehrt. Prozesse der Umgestaltung der Eltern-Kind-Beziehung sind mit dem Auszug der Kinder aus dem Elternhaus noch nicht abgeschlossen. Nach einer Phase weitgehender Autonomie (bei Aufrechterhaltung der Verbundenheit) entstehen neue Herausforderungen, wenn die alten Eltern hilfsbedürftig werden und viele erwachsene Kinder ihre Autonomie einschränken, um den Eltern Unterstützung zu leisten.

(Martin Pinquart, Wenn die Kinder erwachsen werden, in: Schüler 2001, Friedrich Verlag, Seelze 2000, S. 97–99 [gekürzt])

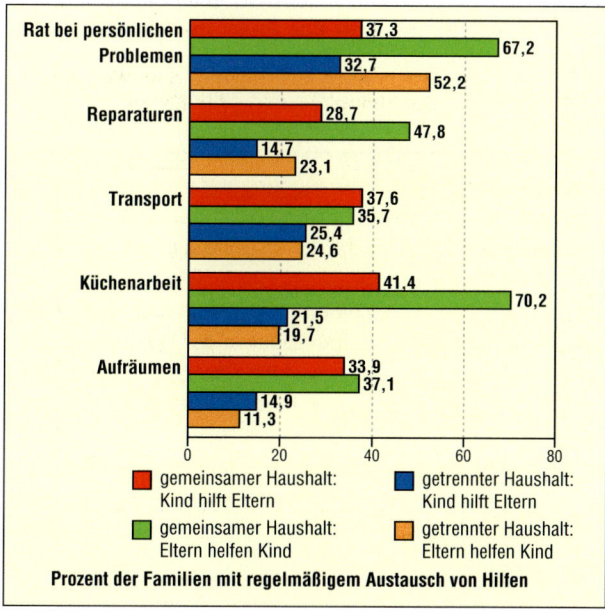

Abb. 2: Wechselseitige Hilfen von Eltern und erwachsenen Kindern in Abhängigkeit von der Wohnform

Prozent der Familien mit regelmäßigem Austausch von Hilfen

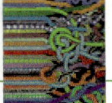

1. Formulieren Sie eine bzw. mehrere Hypothesen, die dieser Untersuchung zugrunde liegen.
2. Versuchen Sie anhand der nachfolgenden Überlegungen eine Hypothese aufzustellen, die eine inhaltliche Aussage zu den Ablöseprozessen Jugendlicher von ihren Eltern macht.
Führen Sie im Rahmen Ihrer Möglichkeiten eine Untersuchung entsprechend der im Folgenden beschriebenen Abfolge einer empirisch orientierten Vorgehensweise durch. Es soll dabei in erster Linie nicht um eine statistisch tragfähige Aussage gehen, vielmehr soll Ihnen das Verfahren einer empirisch gestützten Vorgehensweise deutlich werden.
3. Diskutieren Sie anschließend die Vor- und Nachteile empirischer Verfahren für den Bereich der Pädagogik (vgl. Sie dazu auch S. 510f.).

Methode: Empirisches Arbeiten in der Wissenschaft

Empirisches Arbeiten in der Wissenschaft bedeutet, in der Realität gewonnene Daten zu systematisieren und einer generalisierenden Aussage mit einem hohen Wahrheitsgehalt über die Realität zuzuführen. Diese wiederum muss einen Bezug zur Realität herstellen, die der Erfahrung (Empirie) zugänglich ist. Die Empirie ist auf die Gegenwart beschränkt, denn nur in der Gegenwart kann der geforderte Bezug zur realen Welt hergestellt werden.

Daten werden erst gewonnen, wenn man Fragestellungen entwickelt hat, in der Regel sind dies Mutmaßungen über vermutete Zusammenhänge. Diese noch zu prüfenden Aussagen bzw. diese vorläufigen wissenschaftlichen Annahmen, die zur Erklärung verschiedener Sachverhalte oder Ereignisse zugrunde gelegt werden, nennt man *Hypothesen*. Eine Hypothese ist somit die Formulierung einer Kenntnislücke, die man bei einer empirischen Vorgehensweise mithilfe von Daten aus der Realität schließen möchte. Sie ist deshalb ein wichtiges Werkzeug in der empirischen Forschung.

Da sich psychologische Begriffe und Phänomene nicht „aus sich selbst heraus" erklären, muss es zusätzlich eine bestimmte Messvorschrift geben, damit der Begriff bzw. das Phänomen erfasst werden kann. Dies geschieht durch Operationalisierungen. Psychologische Begriffe (z.B. Angst oder Vorurteil) können nicht wie in der Naturwissenschaft unmittelbar gemessen werden, sie sind noch nicht einmal direkt beobachtbar. Man nennt sie hypothetische Konstrukte. Für die empirische Untersuchung ist erforderlich, dass sie in Messvorschriften verwandelt werden. Dabei gibt es oft eine Vielzahl möglicher Operationalisierungen. So lässt sich ‚Angst' beispielsweise durch eine Untersuchung mit einem Fragebogen erfassen, ebenso aber auch durch die Messung der Pulsfrequenz. Für den Forschungsprozess ist die präzise Operationalisierung wichtig, und nicht zuletzt wird die Qualität einer Untersuchung durch die Qualität der Operationalisierung bestimmt.

Die Erhebung von Daten und ihre systematische Auswertung haben eine hohe Beweiskraft für die Tragfähigkeit einer Aussage. Dennoch muss bedacht werden, dass die Zielperspektive der Untersuchung einer vorgegebenen Hypothese die Datensuche steuert; bestimmte Daten werden der Hypothese entsprechend wahrgenommen, andere gelangen gar nicht erst ins Blickfeld, d.h. eine Datenerhebung wird durchaus durch die vorgegebene Fragestellung gefiltert.

Eine empirisch orientierte Vorgehensweise lässt sich in folgende Schritte unterteilen:

1. Klärung der Problemstellung
   - Auswahl des Forschungsproblems
   - Welche Fragestellung(en) soll(en) untersucht werden?
   - Warum sind diese interessant?

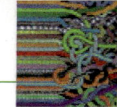

2. Formulierung der Hypothese(n)
   - Wie lautet die zu untersuchende Hypothese?
3. Operationalisierung (Messbarmachen)
   - Finden von Stellvertretergrößen (Indikatoren) für nicht direkt messbare Merkmale
   - Festlegen von Merkmalsausprägungen und Konstruktion von Skalen
   - Aufstellen von Regeln/Instrumenten für die Erfassung der Indikatoren
4. Datenerhebung
   - Zusammenstellung geeigneter Datensammlungstechniken
   - Beobachtung, Befragung, Messung, ...
5. Datenauswertung
   - Statistische Datenanalyse
   - (Grafische) Aufbereitung der Ergebnisse
6. Fachliche Interpretation der Ergebnisse
   - Lässt sich die Hypothese bestätigen?
   - Sind einschränkende Aussagen zu treffen?
   - Welches weitere Forschungsvorhaben bietet sich an?

Hinweis: Mit dem Programm „Forschen mit GrafStat" können Sie empirische Untersuchungen auswerten und übersichtlich darstellen (Bundeszentrale für politische Bildung, www.bpb.de/grafstat).

Pädagogische Anwendung

Wann ist Sozialisation erfolgreich? – Hilfen von im Erziehungsbereich Tätigen für eine gelingende Sozialisation

Sozialisation als Bewältigungsverhalten: Das Belastungs-Bewältigungs-Modell

Sozialisation kann als Prozess der permanenten Bewältigung von Lebensanforderungen verstanden werden. [...] Ziel ist es, die persönliche Handlungsfähigkeit zu erhalten, um die Ursachen der nicht zu bewältigenden Belastung zurückzudrängen oder – falls dieses nicht möglich ist – die Belastung durch die Umstellung der Handlungsfähigkeiten und der emotionalen Verarbeitung zu ertragen.

Ist der Bewältigungsprozess erfolgreich, sind soziale Integration, psychisches Wohlbefinden und körperliche Integrität gewährleistet. Die erfolgreiche Bewältigung ist Voraussetzung dafür, dass ein Mensch auch weiterhin eine produktive Verarbeitung von Belastungen und Anforderungen mit gesunder Persönlichkeitsentwicklung im sozialen, psychischen und körperlichen Bereich leisten kann. Ist der Bewältigungsprozess nicht erfolgreich, kann es zu einer gestörten Realitätsverarbeitung mit Symptomen der Überbeanspruchung in Form von sozialer Abweichung, psychischen Störungen und körperlichen Krankheiten kommen.

In der Abbildung (S. 224) ist dieses „Belastungs-Bewältigungs-Modell" veranschaulicht. Als Belastungen werden neben Entwicklungsaufgaben und Übergängen im Lebenslauf auch dauerhafte Rollenkonflikte (etwa chronische Spannungen in Familie, Bildungs- und Arbeitsbereich, Freizeit und Freundeskreis) und kritische Lebensereignisse (Tod, Trennung, Verlust des Arbeitsplatzes und schwere Krankheit) aufgeführt.

– Das Ergebnis einer gelingenden Bewältigung kann an produktiv-angepassten sozialen, psychischen und körperlichen Verhaltensweisen und Befindlichkeiten abgelesen werden. Sie sichern die Aufrechterhaltung der Identität. Hierzu können auch leichte psychosomatische Störungen, schwache Varianten des aggressiven Verhaltens und noch nicht dauerhaft gesundheitsgefährdende körperliche Beeinträchtigungen gehören.

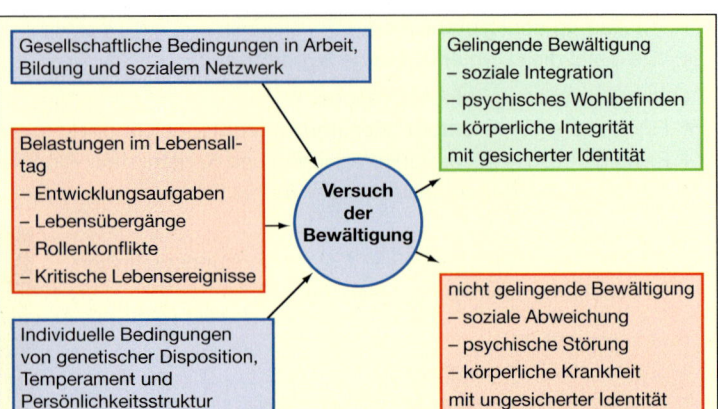

– Das Ergebnis der nicht gelingenden Bewältigung schlägt sich in der Regel in spürbaren Störungen der Entwicklung und der Gesundheit der Persönlichkeit nieder, die den Schwellenwert des grenzwertig Angepassten überschreiten und sich in sozial abweichendem, dissozialem Verhalten, psychischen und psychiatrischen Störungen und körperlichen Krankheiten ausdrücken und eine Gefährdung der Identität mit sich bringen.

Die Bewältigungsversuche sind auf die Meisterung einer belastenden Lebenslagen- und lebensphasenspezifischen Situation gerichtet. Je aktiver und flexibler eine Person sich um die Diagnose einer belastenden Situation und die Mobilisierung von Ressourcen für eine Veränderung bemüht, desto größer ist die Chance, dass sich keine Symptome von abweichendem und störendem Verhalten einstellen. Je passiver die Bemühungen oder je rigider die Steuerungsversuche sind, desto größer wird das Risiko, dass sich solche Symptome zeigen.

Entscheidend für die gelingende Bewältigung ist der Variationsreichtum bei der Auswahl von Bewältigungsstrategien und die Widerstandskraft (Resilienz) eines Menschen, sich durch herausfordernde und bedrohende Lebenssituationen nicht in Panikreaktionen hineintreiben zu lassen. Der Begriff „Resilienz" wurde durch die entwicklungspsychologischen Arbeiten von Werner und Smith (1982) populär. Die Autoren konnten nachweisen, dass viele Kinder und Jugendliche trotz Armut der Eltern, angeborenen Behinderungen, Spannungen und Trennungen der Eltern und schweren Erkrankungen der Eltern zu sozial integrierten und schulisch-beruflich erfolgreichen Erwachsenen mit einer optimistischen Lebensperspektive wurden. Sie führen dies auf Bewältigungsstrategien zurück, die vor allem durch ein hohes Maß an Selbstkontrolle, sozialer Aufgeschlossenheit und die Bereitschaft gekennzeichnet sind, sich in kritischen Situationen emotional und praktisch unterstützen zu lassen. Die Fähigkeit zur reflexiven Auseinandersetzung mit dem eigenen Leben erwies sich als der entscheidende Faktor.

Das Konzept „Gesundheit" eignet sich besonders, um die theoretische Idee von Sozialisation als Bewältigungsverhalten auszuarbeiten. Gesundheit lässt sich als Zustand des objektiven und subjektiven Befindens einer Person verstehen, der gegeben ist, wenn diese Person sich in körperlichen, psychischen und sozialen Bereichen ihrer Entwicklung im Einklang mit den eigenen Bedürfnissen und persönlichen Möglichkeiten und den jeweils gegebenen äußeren Lebensbedingungen befindet. Gesundheit ist beeinträchtigt, wenn sich Anforderungen von innen oder von außen ergeben, die von der Person in der jeweiligen Phase im Lebenslauf nicht bewältigt werden können.

In diesem Verständnis, das stark von der Stress- und Bewältigungstheorie und der Handlungstheorie beeinflusst ist, wird Gesundheit als ein Gleichgewichtszustand konzipiert, der zu jedem lebensgeschichtlichen Zeitpunkt immer wieder erneut hergestellt werden muss. Die Balance führt zu körperlicher Stabilität, psychischem Wohlbefinden und sozialer Aktionsfähigkeit. Kann das Gleichgewicht nicht hergestellt werden, kommt es zum Abweichen vom Zustand „Gesundheit" und

zu Störungen in den körperlichen, psychischen und sozialen Funktionsbereichen.
In dieser Sichtweise wird Gesundheit als Stadium des Gleichgewichts, Krankheit als Stadium des Ungleichgewichts von Risiko- und Schutzfaktoren auf körperlicher und psychischer Ebene definiert.

(Klaus Hurrelmann, Einführung in die Sozialisationstheorie, Beltz Verlag, Weinheim und Basel 2002, S. 269ff.)

1. Wie sieht nach diesem Modell eine gelungene Sozialisation aus?
2. Welche gesundheitsförderlichen Maßnahmen sind aus der pädagogischen Perspektive einzufordern?
3. Konkretisieren Sie Ihre Überlegungen an dem nachfolgenden Fallbeispiel. Diskutieren Sie auch Unterstützungsmaßnahmen für Hülya, die von Personen oder Institutionen ausgehen können.

Fallbeispiel: Hülya

Hülya ist 14 Jahre alt, türkischer Nationalität, wohnt in Hamburg-Wilhelmsburg in einem heruntergekommenen Mehrfamilienwohnhaus im dritten Stockwerk und besucht eine dortige Haupt- und Realschule. Sie ist die älteste von insgesamt vier Kindern – die jüngste Schwester ist gerade vier Jahre alt geworden. Hülyas Eltern stammen beide aus kleinen Dörfern in Ost-Anatolien. Ihr Vater kam 1976 im Alter von 14 Jahren durch Familiennachzug nach Deutschland. Da er bislang bei den türkischen Großeltern aufwuchs, konnte er kein Wort Deutsch sprechen und fühlte sich hier sehr fremd. Mit großer Energie gelang es ihm jedoch, seine Sprachkenntnisse zu verbessern und den Hauptschulabschluss zu machen. Anschließend absolvierte er noch ein Berufsgrundbildungsjahr und eine Ausbildung zum Krankenpfleger. Gegenwärtig arbeitet er als Krankenpfleger im Allgemeinen Krankenhaus und verdient im Jahr 18 000 € brutto ohne Kindergeld.

1985 fuhr er in die Türkei, heiratete dort und brachte seine Frau mit nach Hamburg, die damals erst 16 Jahre alt war. Zwei Jahre später wurde Hülya in Hamburg geboren. In Wilhelmsburg gab es auch damals schon viele türkische Familien, sodass Hülya viele Kontakte zu anderen türkischen Kindern hatte. Ihre Mutter ist nicht berufstätig, versteht und spricht kaum Deutsch. In der Familie wird fast immer türkisch gesprochen. Da Hülya keinen Kindergarten besuchte, erlebte sie mit der Einschulung einen „Kulturschock".

Zum Glück fühlte sie sich in der Klasse sehr wohl. Sie lernte rasch Deutsch und wurde eine gute Schülerin. Am Ende der 4. Klasse waren ihre Leistungen durchgängig gut – dennoch empfahl die Lehrerin Hülya in die Beobachtungsstufe einer Haupt- und Realschule, da sie Hülya einen gymnasialen Bildungsgang, auch mit Rücksicht auf die familialen Verhältnisse, nicht zutraute. Sie begründete diese Entscheidung zum einen damit, dass Hülya zwar ganz gut Deutsch sprechen könnte, jedoch mit dem Abstrahieren auf einem Gymnasium Schwierigkeiten bekommen würde. Ein weiterer Grund für die Empfehlung bezog sich auf den Sachverhalt, dass Hülya zu Hause kein eigenes Zimmer hätte und in der elterlichen Wohnung aufgrund der beengten räumlichen Verhältnisse ein ungestörtes Lernen unwahrscheinlich zu sein schien. Den Eltern war die Entscheidung der Schule ganz recht, denn die Hauptschule liegt ganz in der Nähe; dort gibt es viele türkische Kinder, mit denen Hülya zusammen zur Schule gehen könnte. Und wenn sie gut lernt – so die Eltern –, könnte sie ja immer noch ihren Realschulabschluss dort machen.

Gegenwärtig besucht Hülya die 8. Klasse im Realschulzweig. Zu Hause muss sie viel helfen und sich um ihre jüngeren Geschwister kümmern, da ihre Mutter stundenweise eine Putzstelle angenommen hat. Wenn die Mutter zum Arzt geht, begleitet Hülya sie, um zu dolmetschen. Hülya spricht beide Sprachen fließend und besucht an der Schule den muttersprachlichen Ergänzungsunterricht. Sie möchte gerne noch weiter die Schule besuchen und evtl. das Abitur machen. Und vor allem will sie nicht so früh wie ihre Mutter heiraten.

(Ulrike Popp/Klaus Jürgen Tillmann, Sozialisation – Eine Einführung, FernUni Hagen 2002, S. 55f.)

Strategien pädagogischen Handelns

Hier wird keine Erziehungsphilosophie ausgebreitet. Vielmehr geht es um pädagogische Strategien, die erprobt worden sind (bis auf die letzte). Unter ihnen muss sich jeder pädagogisch Tätige die seine begründet auswählen. Ich selber meine allerdings, dass die pädagogischen Strategien nicht beliebig sind und die mit dem letzten Stichwort mitgeteilte Strategie „Austausch von Kompetenzen" am angemessensten ist.

Strategie 1: Kontrolle

Kontrolle meint, dass die Erwachsenen sich gegenüber der neuen Generation vollständig verantwortlich fühlen, und zwar in der Rolle des „Führers". Es sind die Erwachsenen, die die Welt gemacht haben und die den Nachwuchs in diese ihre Welt einführen. Es gilt ihre Ordnungen zu *tradieren*.

Praktisch kann sich diese Strategie ausdrücken in Haltungen wie: Wer abweicht, muss eben ins Gefängnis und muss dort sühnen; Ursachenuntersuchungen sind einzuschränken, denn wer sich erzieherischen Bemühungen verweigert, versieht das Erziehungsverhältnis mit einem Makel, den er selbst beseitigen muss; zeigen mehr Jugendliche kriminelles Verhalten, brauchen wir eben mehr Polizei, mehr strenge Erzieher, mehr Regeln, mehr „Dinge, an die man sich halten kann". [...] Jugendlicher Narzissmus kann nicht durch Strenge und Verweis auf „objektive Ordnungen" eingeholt werden. Natürlich gibt es Maßstäbe, gibt es vernünftige Überzeugungen, die Ältere den Jüngeren vorleben und plausibel machen sollen. Dazu gehören: Humanität, Antifaschismus, Fairness, Ehrlichkeit und andere „Grundtugenden", deren Wert eigentlich nie umstritten war. Natürlich gilt auch dies: Der Heranwachsende braucht zunächst eine *verlässliche Welt*, damit er sich überhaupt orientieren kann. Aber nichts Verlässliches lässt sich heute einzementieren als unveränderlich; der Jugendliche muss früh lernen, mit sich verändernden Situationen fertig zu werden und sie dennoch deuten zu können. Trainiert er dies nicht, wird er mit Flucht, Ablehnung und Gleichgültigkeit reagieren. „Kontrolle" scheint mir keine probate Erziehungsstrategie mehr zu sein.

Strategie 2: Hereinnahme

Mit diesem Ausdruck bezeichne ich eine pädagogische Strategie, die beispielsweise der amerikanische Soziologe Coleman (1961) vorgeschlagen hat. In seinem Buch „The Adolescent Society" stellte er fest, dass sehr viele Jugendliche ihre entscheidenden Erlebnisse in Altersgruppenbildungen suchen und die Einflüsse der Schule dagegen verblassen. So ist für Jungen Popularität ein hoher Wert, und sie wird erworben durch Erfolg im Fußball, durch die Zugehörigkeit zu einer höheren sozialen Schicht und durch Erfolg in der Schule, der erst an dritter Stelle rangiert. [...] Coleman meint nun, es sei nicht angemessen, diesen Dingen ihren Lauf zu lassen. Andererseits könne man den Jugendlichen nicht verbieten, ihre neuen Interessen auszuleben. Kontrollen und Verbote würden die Probleme nur vergrößern. Statt dessen schlägt Coleman vor, dass die Schule, will sie erfolgreich sein, das Interesse für Autos, für Sport und vor allem gesellige Aktivitäten innerhalb ihres eigenen Angebots befriedigen muss. Sie muss für den Jugendlichen so attraktiv sein, dass sie seine intellektuellen und vitalen Energien bindet und auf diese Weise kanalisiert.

Dies sind Überlegungen, die in viele Konzepte zur Schulreform eingegangen sind. Man will die Schule lebendiger, realitätsgerechter machen und nicht nur von den Forderungen des Gegenstands ausgehen, sondern auch von den artikulierten Bedürfnissen der Heranwachsenden. [...]

„Hereinnahme" in die Erziehungswelt ist eine vernünftige Strategie, wenn man darunter nicht die totale Institutionalisierung der Lebenswelt von Jugendlichen versteht und Fluchtwege, Abenteuerräume offen lässt.

Strategie 3: Akzeptanz der Distanzierung

Diese Verhaltensstrategie „akzeptiert" einfach, dass Jugendliche von einem gewissen Alter ab (etwa ab 14 Jahren) sich von Erwachsenen zurückziehen, Vertrauen nur noch in kleinen Dosen schenken (oder gar nicht). Es gibt ein Schamgefühl, das auch Pädagogen gegenüber Jugendlichen wiedererwerben müssen. Freilich, dieses Verhalten setzt voraus eine hohe Risikobereitschaft und das Vertrauen, dass die Mehrzahl der Jugendlichen nicht scheitert, wenn sie ohne pädagogischen Einfluss, ohne pädagogischen Rat bleibt. [...]

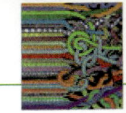

Die hier gemeinte Strategie setzt ein hohes Maß von pädagogischer Intuition und Sensibilität voraus: zu wissen, wann Rückzug angemessen ist, wann Hilfe angeboten werden muss, auch wenn sie nicht erbeten wurde.

Strategie 4: Dialektik von Distanz und Nähe

Aus den Überlegungen zur „Akzeptanz der Distanzierung" ergibt sich eine vierte Grundhaltung, die am angemessensten mit „Dialektik von Distanz und Nähe" bezeichnet wird. Stierlin hat auf zentripetale und zentrifugale Tendenzen im Rahmen der Familiendynamik hingewiesen. Einerseits weicht der Jugendliche aus, er sucht seine eigenen Erfahrungen und Abenteuer, ja er lässt sich von Erwachsenen unbewusst „ausschicken", um für sie die Fülle des Erlebnisses einzuheimsen. Doch er kehrt auch gern zurück, um Schutz zu suchen, um zu berichten, sich anhören zu lassen. Nach Stierlin glückt der Ablösungsprozess dann problemlos, wenn der Jugendliche nicht zu sehr gebunden bleibt, aber doch die *Fähigkeit zur Bindung* nicht aufgibt.

Strategie 5: Austausch von Kompetenzen

Es bleibt ein fünfter Weg zu skizzieren, für den bisher praktische Einlösungen noch ausstehen. [...] Wenn „Erziehungsberechtigte" und Jugendliche partnerschaftlich miteinander umgehen, so muss dies keine liberale Ideologie sein, sondern ist Folge eines gewandelten Generationsverhältnisses. Von „retroaktiver Sozialisation" war schon die Rede: Jugendliche lernen nicht nur von Erwachsenen, sondern diese auch von jenen. Dies bedeutet: In einer sich schnell wandelnden Welt besitzen alle Menschen, welcher Alterskohorte sie sich auch zugehörig fühlen, bestimmte Kompetenzen, über die sie verfügen und die sie weitergeben können. Ganz deutlich wird dies beim Computer, der vor allem von geisteswissenschaftlich gebildeten Pädagogen noch heute mit Misstrauen betrachtet wird, während Jugendliche (übrigens auch Mädchen!) sich grundsätzlich durchaus unbefangen mit den neuen elektronischen Möglichkeiten und ihren Leistungskapazitäten auseinandersetzen, sodass in Computercamps häufig Jüngere Ältere belehren, ohne dass dies zu Schwierigkeiten führt.

Nach dem Konzept „Austausch von Kompetenzen" gibt es kein kategoriales Prius einer Altersgruppe mehr. Nur dies erlaubt letztlich, heute noch von „Erziehung" zu sprechen: wenn kein anmaßendes Besserwissen, kein kontrolliert-orientiertes Bescheidwissen zugrunde liegen, sondern die Einsicht, dass sozialer Wandel eine Fülle von Kompetenzen braucht, die mehr oder weniger ungleich unter den Menschen verteilt sind.

(Dieter Baacke, Die 13- bis 18-Jährigen, Überarbeitung: Ralf Vollbrecht, Beltz, Weinheim und Basel 2003, S. 312ff.)

1. Diskutieren Sie Vor- und Nachteile der einzelnen Strategien.
2. Welche erleichternden und behindernden Faktoren zur Umsetzung dieser Strategien lassen sich aufführen?
3. Welche Auffassung von Erziehung spiegelt sich in den Ausführungen Dieter Baackes wider? Erläutern Sie diese an konkreten Beispielen. Versuchen Sie auch eine inhaltliche Festlegung des Begriffs ‚Erziehung im Jugendalter' vorzunehmen.
Für welche der oben angeführten Strategien würden Sie sich entscheiden?
4. Auf die Frage: Welchen Rat, welche Lebensweisheit würdest du den Jugendlichen weitergeben?, antwortete Wolfgang Hemel:
„Du bist nicht auf der Welt, um sie zu beeindrucken. Sei, wer du bist. Übersetzt heißt das: Lass dir die Zeit, die du brauchst, um zu wachsen. Auch eine Kastanie braucht ihre Zeit, bis sie ein Kastanienbaum ist. In dieser Entwicklung gibt es viel Regen und Unwetter. Dein Traum fürs Leben muss nicht morgen realisiert sein und daran musst du auch nicht zerbrechen. Dies bewirkt nur Unglücklichsein. In all dem Erlebten und Erlernten siehst du Veränderung und kannst diese schätzen." (Aus einem Gespräch mit Wolfgang Hemel, in: Ulrich Baer u. a. [Hrsg.], Lernziel: Lebenskunst, Kallmeyer'sche Verlagsbuchhandlung, Seelze 1997, S. 67)
Nehmen Sie Stellung!

Schluss-Punkt

In den „enttraditionalisierten" Gesellschaften der Gegenwart sind im Vergleich zu früheren gesellschaftlichen Formationen infolge der neuen Freiheiten einerseits und der geringeren Sichtbarkeit derjenigen Strukturen, die diesen Freiheiten Grenzen setzen, die Anforderungen bei der Gestaltung des eigenen Lebenslaufes angewachsen. Subjekte haben im hohen Maße Eigenleistungen zu vollbringen, um sich selbst und ihre Entwicklung zu organisieren. Sie müssen über flexible Kompetenzen des Selbstmanagements verfügen, um sich zu behaupten und die Identität zu bewahren. Die gestiegenen Anforderungen bei der Selbstorganisation bergen von daher immer Gefahren des Scheiterns der auf sich selbst gestellten Subjekte.

In der Lebensphase Jugend, in der die Kompetenzen eines Menschen noch nicht im vollen Umfang entwickelt sind, sind deshalb Unterstützungsleistungen aus dem sozialen Umfeld erforderlich, um die Gefahren des Scheiterns zu reduzieren. Unterstützungsangebote dürfen sich deshalb nicht auf materielle Hilfeleistungen (z. B. Geld- und Warengeschenke) beschränken, sondern sie sollten darüber hinaus auch

- *informationeller Art* sein, damit die Heranwachsenden Problemlagen überhaupt erkennen, dann aber auch selbst Wege finden können, um die Schwierigkeiten zu beheben,
- *instrumenteller Art* sein, damit Jugendliche sich die Kompetenzen aneignen und die Fähigkeiten entwickeln können, die zur Bewältigung spezifischer Anforderungen erforderlich sind,
- *sozialer Art* sein, damit Betroffene selbst weitere Kontakte knüpfen können, durch welche neue „Tore" geöffnet werden können,
- *emotionaler Art* sein, damit junge Menschen wissen, dass sie bei Problemen nicht allein gelassen werden, dass es Personen gibt, die bei Bedarf zur Seite stehen und helfend eingreifen, und dadurch einen positiven Rückkoppelungseffekt erzielen, der hilft, ein gefestigtes Selbstbild entwickeln zu können, das erforderlich ist, damit ihnen auch schwierige Aufgaben lösbar erscheinen.

Gerade Unterstützungsleistungen letzterer Art sind von grundlegender Bedeutung. Die emotionale Nähe wichtiger Bezugspersonen, die Geborgenheit in der Familie, die erfahrene Anerkennung als eigenständige Person (und nicht nur aufgrund erbrachter Leistungen z. B. in der Schule), das entgegengebrachte Vertrauen und die zuteil gewordene Liebe ist eine wichtige Basis für die Stabilisierung des Selbstwertgefühls. Und das Selbstwertgefühl sowie die generalisierten Selbstwirksamkeitserwartungen sind ausschlaggebend dafür, dass Jugendliche bereit sind, sich auch schwierigen Aufgaben zu stellen. Jugendliche, die unsicher sind, werden bei schwer erscheinenden Aufgaben zurückschrecken, ggf. versuchen, diese zu umgehen und/oder beiseite zu schieben. Jugendliche, die demgegenüber über die Gewissheit verfügen, dass ihnen zur Not bei einem drohenden Scheitern andere Personen zur Seite stehen, werden sich eher Problemlagen stellen. Sie haben damit sehr viel größere Chancen, eine Aufgabe produktiv zu bewältigen, als diejenigen, die mit sich hadern und sich zurückziehen.

(Jürgen Mansel, Lebensgestaltung im Jugendalter – Möglichkeiten und Grenzen. http://www.familienhandbuch.de/cmain/f_Fachbeitrag/a_Jugendforschung/s_1366.html; 21.03.2005)

1. Nehmen Sie Stellung: Was benötigen Jugendliche heute?
2. Klären Sie im Rückblick auf das Kapitel, welche Erziehungsvorstellung für eine gelingende Sozialisation Sie für sich überzeugend finden.
3. Ziehen Sie ein ganz persönliches Fazit, indem Sie Rangfolgen von persönlichkeitsfördernden bzw. -hemmenden Faktoren erstellen.

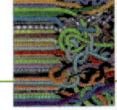

Projektvorschlag zum selbstständigen Weiterarbeiten

In der Zeit der Adoleszenz bzw. Pubertät wirken insbesondere folgende, sehr unterschiedliche, z.T. nur schwer vereinbare Anforderungen auf den Jugendlichen ein:

- Akzeptanz der eigenen Geschlechterrolle,
- Knüpfung und Aufrechterhaltung zufriedenstellender sozialer Beziehungen zu Gleichaltrigen beiderlei Geschlechts,
- Aufbau und Planung der „beruflichen Karriere" durch gute Schulleistungen,
- Gewinnung einer weitgehenden emotionalen und sozialen Unabhängigkeit von den Eltern,
- Entwicklung eigener Werte und Handlungsmuster unter Berücksichtigung des gesellschaftlichen Normensystems.

Der Kernkonflikt besteht im Aufbau einer personalen Identität mit positivem Selbstkonzept, d.h. einer Abgrenzung zu seiner Umwelt durch Betonung der individuellen Einmaligkeit und zugleich einer Anpassung an bzw. Integration von bestehenden gesellschaftlichen Wertvorstellungen.

Ob die vom Jugendlichen verlangten Ablösungs- und Anpassungsleistungen eher als Stimulierung oder als Belastung erlebt werden, hängt neben den individuellen Problemlösungsstrategien und den situationsspezifischen Entwicklungsstrategien auch vom sozialen Netzwerk ab. Je fester der Jugendliche in ein Beziehungsgefüge mit wichtigen Bezugspersonen eingebunden ist, desto weniger zeigt er in kritischen Lebenssituationen Symptome der Belastung wie psychische Störungen, psychosomatische und chronische Erkrankungen. Eine feste und tragfähige Einbindung in ein soziales Netzwerk verhilft, eine so genannte „Resilienz" gegenüber Belastungen aufzubauen.

(Harald Jöhrens, „Mich wird sowieso niemand vermissen...". In: Pädagogik 7–8/2001, S. 33)

Klaus Hurrelmann betont ebenso den Aufbau eines Unterstützungsnetzwerkes für Jugendliche:

Als günstig für den Aufbau des Unterstützungsnetzwerkes kann die „system-übergreifende" Verknüpfung der Kontakte von Repräsentanten verschiedener Unterstützungskreise angesehen werden. In der Abbildung ist diese Verknüpfung durch die Querstriche zwischen jeweils zwei Kreisen ausgedrückt, die eine Verbindung von Personen in unterschiedlichen Systemen anzeigen. Bestehen keine Vernetzungen, sind die Jugendlichen in Belastungssituationen auf die direkte und punktuelle Unterstützung jeweils eines einzigen Unterstützungssystems angewiesen, die sich als unzureichend erweisen kann. Zum Beispiel ist es im Falle des Schulversagens hilfreich, wenn neben dem Unterstützungsangebot der Schule auch eine emotionale Hilfe durch einen psychologischen Berater und eine Begleitung durch ein Geschwisterteil und einen

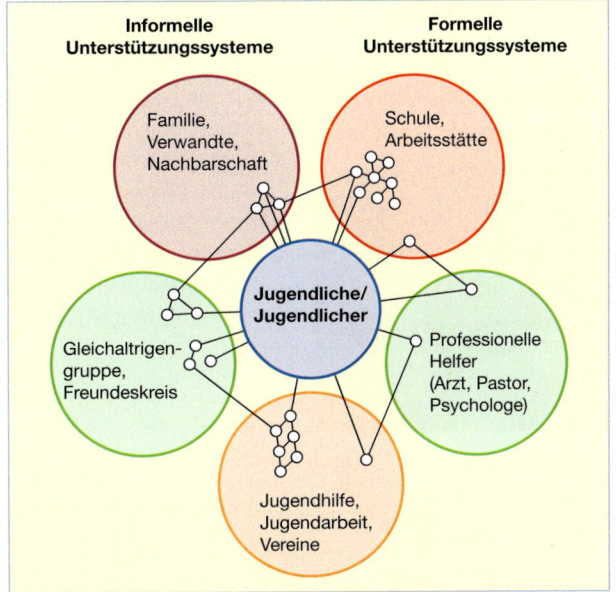

Abb.: Idealtypische Struktur des Unterstützungsnetzwerkes im Jugendalter

Freund erfolgt. Nur die fachliche Nachhilfe der Schulen allein kann ihre Wirkung verfehlen.

Ziel der professionell gesteuerten Netzwerkförderung ist die Stabilisierung oder Wiederherstellung von effektiv funktionierenden Unterstützungssystemen. Das ist nur möglich, wenn die gesamte Lebenssituation eines Jugendlichen einbezogen wird.

(Klaus Hurrelmann, Lebensphase Jugend – Eine Einführung in die sozialwissenschaftliche Jugendforschung, Juventa Verlag, Weinheim und München 2004, S. 203f.)

Erstellen Sie einen Leitfaden zum Thema „Unterstützungskonzepte in unserer Umgebung", der die oben formulierten Anforderungen berücksichtigt. Welche informellen und formellen Unterstützungssysteme gibt es in Ihrer Umgebung? Wählen Sie eine übersichtliche Darstellung z. B. unter der Fragestellung: An wen kann ich mich wenden für den Fall ...?

Hinweise

1. http://www.shell-jugendstudie.de/

50 Jahre Shell Jugendstudien
Fünf Jahrzehnte Jugend in Deutschland – Jahrzehnte voll Leben, Dynamik und Veränderung. Jugendliche und junge Erwachsene haben in dieser Zeit unzählige Trends gesetzt. Sie haben unsere Gesellschaft in Bewegung gebracht und geprägt. Begleitet und beobachtet durch die von Shell geförderte Jugendforschung.
„50 Jahre Shell Jugendstudie" lässt die vergangenen fünf Jahrzehnte Revue passieren – lebhaft, umfassend und spannend. Ein Rückblick auf 50 Jahre Jugend und Gesellschaft im Wandel. Ein wunderbarer Band zum Lesen, Schauen und staunendes Erinnern.

Die 15. Shell Jugendstudie
- hat den hochaktuellen Schwerpunkt „Jugend und Reformen",
- basiert auf den neuesten Ergebnissen einer repräsentativen Befragung durch die renommierten Jugendforscher Klaus Hurrelmann und Mathias Albert in Zusammenarbeit mit Infratest Sozialforschung,
- informiert umfassend über Werte und Wertewandel der Heranwachsenden, über ihre Lebenssituationen in Schulen und Familie und über ihre Wünsche und Erwartungen an die Zukunft.

Seit über 50 Jahren das Standardwerk der Jugendforschung in Deutschland!

2. http://www.institut-fuer-jugendforschung.de/german/index_blickpunkt.htm

2.2 „Für heute reichts!"* – Gewalt in der Schule

Bewaffnet in den Leistungskampf (DIE ZEIT vom 8. Mai 2002, S. 40)

1. Ist Ihnen in Ihrer Schullaufbahn Gewalt begegnet? In welchem Ausmaß? In welcher Form? Als Täter, Opfer oder Zuschauer? Welche Fragen und Thesen ergeben sich aus diesen ersten Einschätzungen?
2. Reflektieren Sie diese Fragen zunächst für sich selbst, tauschen Sie sich dann mit einem selbstgewählten Partner/einer Partnerin aus und tragen Sie Ihre Überlegungen im Plenum vor.
3. „Unsere Schule ruft Gegengewalt hervor", sagt der Bildungsforscher Wolfgang Edelstein! Wie sehen Sie das?

* Mit dieser Äußerung beendete Robert Steinhäuser sein Massaker in Erfurt 2002 (dokumentiert in: Ines Geipel, „Für heute reichts". Amok in Erfurt, Rowohlt, Berlin 2004).

Einführung

Assoziationsfeld Gewalt

Schriftliches Bewertungs-Brainstorming

Das „Brainstorming" ist eine recht bekannte Methode, um möglichst viele Einfälle oder Assoziationen zu einem Thema in kurzer Zeit zu produzieren. Die hier gewählte Variante (entwickelt von Udo Baer, Akademie Remscheid) hat überdies den Vorteil, dass die Ergebnisse des Brainstormings für die weitere Planung im Kurs weiterverwendet werden können.

1. Vorbereitung

benötigt werden:	für jede Schülerin/jeden Schüler mindestens 10 DIN A5-Zettel und dicke Marker
	für alle
	DIN A4-Karton
	Wandzeitungspapier
	Krepp-Klebeband
	Klebepunkte

2. Durchführung (Dauer: etwa 90 Minuten)

Ausgangsfrage:	„Woran denken Sie, wenn Sie den Begriff Gewalt hören?"
Brainstorming	Innerhalb von 10 Minuten werden alle Einfälle, Gedanken usw. stichpunktartig individuell notiert, auch ganz abwegige oder unsinnig erscheinende Aspekte. Wichtig ist, dass der „Sturm der Gedanken" ohne Zensur wirbelt.
	Für jeden Einfall wird ein DIN A5-Zettel benutzt. Am besten mit dicken Markern groß schreiben, damit die Zettel nachher auch aus größerer Distanz lesbar sind.
Sichtungsphase (ca. 30 Min.)	In Kleingruppen werden die geschriebenen Karten gesichtet und strukturiert. Alle Karten müssen benutzt werden, damit kein Aspekt verlorengeht. Übergeordnete Stichpunkte, Fragen oder Thesen werden auf DIN A4-Karton geschrieben.
Bewertungsphase (ca. 15 Min.)	Die Gruppen stellen ihr Ergebnis im Plenum vor. Alle erhalten Gelegenheit, sich die Wandzeitungen der anderen Gruppen in Ruhe anzusehen.
	Anschließend erhält jede Schülerin/jeder Schüler drei Klebepunkte, die sie/er an den Begriff, die Frage oder These klebt, die sie/er persönlich für so dringlich und wichtig hält, dass sie in der weiteren Arbeit des Kurses berücksichtigt werden sollen.
Auswertungsphase (ca. 30 Min.)	Alle haben jetzt das strukturierte und bewertete Assoziationsspektrum des Kurses zum Thema Gewalt vor Augen und können darauf aufbauend interpretieren: Was heißt dieses Ergebnis für uns? Danach kann der Kurs in die Planung der weiteren Arbeit eintreten.

Partnerübung: „Wie würden Sie sich verhalten, wenn ...?"

Wie würden Sie sich verhalten, wenn Ihre Eltern Ihnen einen Fetenbesuch verbieten?	Wie würden Sie sich verhalten, wenn Sie auf der Straße von Gleichaltrigen absichtlich angerempelt werden?
Wie würden Sie sich verhalten, wenn Ihre Lehrerin/Ihr Lehrer Sie vor dem ganzen Kurs blamiert?	Wie würden Sie sich verhalten, wenn Sie bei einer Diskussion im Kurs nie zu Wort kommen?

Wie würden Sie sich verhalten, wenn Ihr Freund/Ihre Freundin seine/ihre Wut an Ihnen auslässt?	Wie würden Sie sich verhalten, wenn Ihr Vater/Ihre Mutter Ihnen eine Ohrfeige gibt?
Wie würden Sie sich verhalten, wenn auf der Autobahn ein Autofahrer dicht auffährt und die Lichthupe betätigt?	Wie würden Sie sich verhalten, wenn Ihr Lehrer/Ihre Lehrerin Ihnen den Kurs wegen zu hoher Fehlzeiten nicht anerkennen will?
Wie würden Sie sich verhalten, wenn Ihr Klausurnachbar/Ihre Klausurnachbarin Sie nicht abschreiben lässt?	Wie würden Sie sich verhalten, wenn Ihre jüngeren Geschwister oder Besuchskinder lärmend in Ihrem Zimmer toben?
Wie würden Sie sich verhalten, wenn ...	Wie würden Sie sich verhalten, wenn Ihre Clique Sie ausschließen will?

 Jedes Partnerpaar sucht sich zwei Situationen aus und tauscht sich über Erfahrungen in solchen Situationen und darin spontan gezeigtes Verhalten aus.
Folgende Fragen könnten im Partnergespräch und anschließend im Plenum angesprochen werden:
1. Ist das auslösende Verhalten als Gewalt zu bezeichnen? Wenn ja, warum? Wenn nein, wie könnte man es sonst nennen?
2. Ist das spontan-reaktive Verhalten als Gewalt zu bezeichnen? Wenn ja, warum? Wenn nein, wie könnte man es sonst nennen?
3. Welche alternativen gewaltärmeren oder gewaltfreien Reaktionsweisen sind vorstellbar?

 Im Gesamtkurs könnten Partnerpaare ihre gewählten Situationen im Rollenspiel vorstellen und ihre Überlegungen dazu zur Diskussion stellen.
Zum Schluss können Thesen-und Fragen für die weitere Arbeit gesammelt werden.

 Selbstreflexion

Übertragen Sie die folgende Matrix in Ihr Journal.

	Körperliche Gewalt	Psychische Gewalt
Ich als		
Opfer		
Täter(in)		
Zuschauer(in)		

Jede(r) von uns hat die unterschiedlichsten Erfahrungen mit Gewalt. Versuchen Sie für jedes dieser Felder eine Situation zu finden und schreiben Sie Stichpunkte zu dieser Situation in das entsprechende Feld der Matrix.
Überlegen Sie dann: Was war der Anlass? Was ging in mir vor? Was habe ich getan bzw. nicht getan? Wie könnte ich beim nächsten Mal anders handeln? Was müsste ich dafür lernen?
Tauschen Sie sich mit einer Partnerin oder einem Partner aus und überlegen Sie, welche Thesen und Fragen Sie den anderen mitteilen möchten.

Der Amoklauf von Erfurt (26. April 2002)

1. Welche Signale gehen von einer solchen Tat aus?
2. Bekommt jede Gesellschaft die Taten, die sie verdient?
3. Entwickeln Sie Fragen und Thesen für die Arbeit an diesem Thema.

Roberts Welt

Tod in der Schule Mutmaßlicher Ablauf der Erfurter Amoktat

1 Kurz vor 11 Uhr betritt **Robert Steinhäuser** das Gutenberg-Gymnasium.

2 Er zieht sich in der Schultoilette um. In „Ninja"-Kluft, mit Pistole und Pumpgun, beginnt er seinen Amoklauf.

Vermutlich stürmt Steinhäuser zunächst ins Schulsekretariat und ermordet dort als erste

3 **Anneliese Schwertner**, die **Sekretärin**, an ihrem Schreibtisch.

4 Dann richtet er die „Glock"-Pistole auf die **stellvertretende Direktorin Rosemarie Hajna** und erschießt auch sie.

Wahrscheinlich systematisch von unten nach oben durchsucht Steinhäuser nun das Gebäude nach Lehrern.
Im 1. Stock tötet er den

5 **Physiklehrer Peter Wolff**, den
6 **Mathematiklehrer Hans-Joachim Schwertfeger**, den
7 **Mathematiklehrer Helmut Schwarzer** und, schon auf der Treppe zur nächsten Etage, den
8 **Biologielehrer Hans Lippe**.

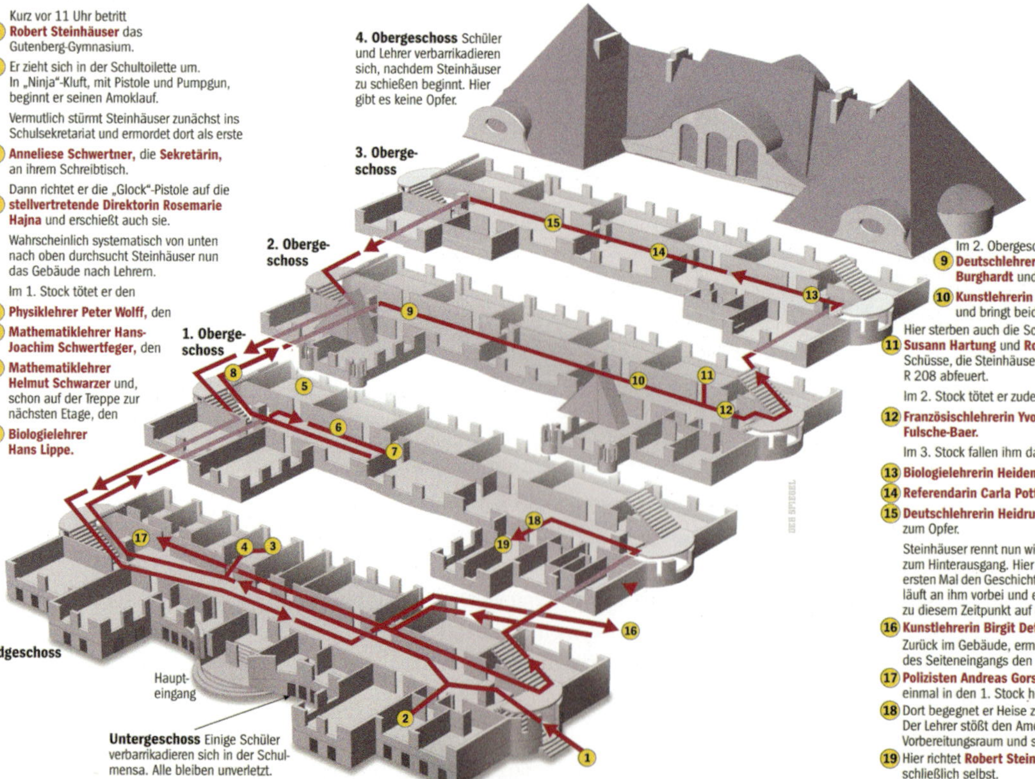

4. Obergeschoss Schüler und Lehrer verbarrikadieren sich, nachdem Steinhäuser zu schießen beginnt. Hier gibt es keine Opfer.

Im 2. Obergeschoss trifft er auf die
9 **Deutschlehrerin Monika Burghardt** und die
10 **Kunstlehrerin Gabriele Klement** und bringt beide kaltblütig um.
Hier sterben auch die Schüler
11 **Susann Hartung** und **Ronny Möckel** durch Schüsse, die Steinhäuser in den Klassenraum R 208 abfeuert.
Im 2. Stock tötet er zudem die
12 **Französischlehrerin Yvonne-Sofia Fulsche-Baer**.
Im 3. Stock fallen ihm dann die
13 **Biologielehrerin Heidemarie Sicker**, die
14 **Referendarin Carla Pott** und die
15 **Deutschlehrerin Heidrun Baumbach** zum Opfer.

Steinhäuser rennt nun wieder nach unten und zum Hinterausgang. Hier trifft er offenbar zum ersten Mal den Geschichtslehrer Rainer Heise, läuft an ihm vorbei und erschießt vermutlich zu diesem Zeitpunkt auf dem Parkplatz die
16 **Kunstlehrerin Birgit Dettke**.
Zurück im Gebäude, ermordet er im Bereich des Seiteneingangs den
17 **Polizisten Andreas Gorski**, bevor er noch einmal in den 1. Stock hinaufsteigt.
18 Dort begegnet er Heise zum zweiten Mal. Der Lehrer stößt den Amokläufer in einen Vorbereitungsraum und schließt ab.
19 Hier richtet **Robert Steinhäuser** sich schließlich selbst.

Untergeschoss Einige Schüler verbarrikadieren sich in der Schulmensa. Alle bleiben unverletzt.

1. Ein Team des SPIEGEL hat versucht, das Leben des Amokläufers Robert Steinhäuser zu rekonstruieren. Analysieren Sie die folgende biografische Rekonstruktion, indem Sie
   - Fakten zum Lebenslauf,
   - dokumentierte Aussagen aus seinem Umfeld,
   - Interpretationen und Mutmaßungen

   getrennt herausarbeiten.

2. Welches Gesamtbild ergibt sich für Sie, welche Fragen, welche Thesen?

[...]

Als Robert zwei Jahre alt war, blieb seine Mutter, Kinderkrankenschwester in der Erfurter Hautklinik, zu Hause, damit er nicht in die Krippe musste. Der Junge „war ein ganz anhängliches Kind", sagt Christel Steinhäuser, „er musste beschützt werden, damit er seinem Bruder nicht ständig unterlegen war". Das Kind konnte nur schlafen, wenn die Mutter durch die Gitterstäbe hindurch seine Hand hielt.

Als er acht Jahre alt war, baute er in seinem Zimmer Modelle von der „Titanic" oder vom „Raumschiff Enterprise". Robert verehrte Captain Kirk, und er wollte Astronaut werden. Anders als sein Bruder Peter ging Robert nicht auf die Straße, zum Bolzen. Die Eltern ließen sich von Freunden aus dem Westen Lego-Steine schicken. „Wir wollten doch kreatives Spielzeug", sagt der Vater. „Ich habe ihm vorgelesen", sagt die Mutter. „Felix der Pinguin" war Roberts Lieblingsbuch. Der Junge konnte nur schlafen, wenn er zu seinen Eltern ins Ehebett kriechen durfte.

Als er 14 Jahre alt war, bekam Robert Steinhäuser eine Katze, die schon in seinem Bett schlief, wenn er noch seine Ballerspiele am Computer machte. Dann kroch er zu Susi.

„Die Pubertät", dachte seine Mutter, als ihr Sohn 16 Jahre alt war und allmählich verstummte.

„Wie war dein Tag?"
„Ganz okay."
Danke für das Gespräch.

Und jetzt kleben drei graue Siegel-Streifen der Polizei an der verschlossenen Tür zum Kinderzimmer, in dem ihr Sohn die Morde so gewissenhaft geplant hatte. Und im Wohnzimmer gegenüber kauern Günter und Christel Steinhäuser eng nebeneinander auf dem grünen Ledersofa, zusammengefallen, so als ob ihre Muskeln nur noch zum Zittern taugten. „Wir hätten es doch merken müssen", stammelt der Vater und verschluckt die Vokale: „Warum haben wir's nicht gemerkt?"

Christel und Günter Steinhäuser gingen, so erzählen sie, 1989 zu den Montagsdemonstrationen gegen die Staats- und Parteiführung der DDR. Sie

machten ihre Wahlzettel ungültig. Sie übten zaghaften Protest. Sie kennen auch dieses Unbehagen, das viele Menschen im Osten spürten, „diese ständige Flexibilität, dieses Verlieren aller Wurzeln", wie der Vater klagt, aber sie fassten Tritt im vereinigten Deutschland. Er arbeitet als Elektroingenieur bei Siemens, sie im Schichtdienst in der Hautklinik. Sie bezogen eine Vierzimmerwohnung in dieser Gründerzeitvilla in der Ottostraße, unterm Dach, hundert Quadratmeter.

Und Günter Steinhäuser war ein ziemlich eifriger Elternvertreter. Er fuhr mit auf Klassenfahrten, und wenn Kinder auffällig waren, ging er zusammen mit dem Klassenlehrer zu den Eltern. „Ich habe versucht, mit Eltern zu beraten, wie man etwas wieder geradebiegen kann", sagt er und weiß, wie grotesk das heute klingt. Ein Sorgenkind wie seinen Sohn hat es in Erfurt noch nie gegeben.

Nach der Grundschule schickten die Steinhäusers ihren Robert auf die Haupt- und Realschule, die in Thüringen Regelschule heißt – doch nach einem Jahr meldeten sie ihn wieder ab. Sie waren geschockt, denn die Lehrerinnen hatten von Messern auf dem Schulhof erzählt und von Prügeleien und Drogen. „Wir dachten, nichts wie weg hier", sagt der Vater. Roberts Zensuren waren in Ordnung; „er ist ein höflicher und strebsamer Schüler", stand im Zeugnis der fünften Klasse, und darum kam er aufs Gutenberg-Gymnasium.

„Ein grauenhafter Fehler", sagt die Mutter heute. Der erste von vielen grauenhaften Fehlern in dieser Geschichte einer schrecklich normalen Familie.

Die Mutter sah, dass Robert schlechte Noten nach Hause brachte, dass er ernster wurde und verschlossener. „Robert darf die Freude an der Schule nicht verlieren. Er muss eine richtige Arbeitstechnik finden", stand im Zeugnis der neunten Klasse. „Vielleicht war er auf dem Gymnasium all die Jahre überfordert und deswegen kreuzunglücklich. Wir haben das doch nicht geahnt", sagt die Mutter. Denn Robert schwieg.

Und Robert floh. Gegen die Proteste seiner Eltern legte er sich einen Gameboy zu, und nachts sah er fern. Als er 14 Jahre alt war, kaufte er sich von dem Geld, das er zur Jugendweihe bekommen hatte, seinen ersten Computer, und den rüstete er ständig nach. Am Ende hatte er einen Pentium-II-Rechner, dazu Lautsprecher, so genannte Booster, für authentische Schussgeräusche, dazu Scanner und 17-Zoll-Monitor. Das alles stand auf einem weißen Metalltisch auf Rollen – Roberts Altar.

Wenn die Eltern damals die Tür zum Kinderzimmer öffneten, Eiche-Furnier mit Messinggriff, betraten sie eine bizarre Welt. Alles lief gleichzeitig, Computer, Fernseher, Videorekorder, und Robert hockte da und starrte auf den Bildschirm und hörte nur das, was aus seinen Kopfhörern kam.

Es war eine Scheinwelt, natürlich, es war eine brutale Welt, auch das, aber für Robert war es die bessere Welt.

Die Musiksammlung des Robert Steinhäuser enthielt CDs von Gute-Laune-Gruppen wie Ace of Base, und sie enthielt Werke der Metal- und Teufelsanbeter-Fraktion, neben zwei CDs der US-Band Slipknot zum Beispiel Platten von System of a Down oder Entombed. Die Gruppe verehrt Luzifer als „Chief Rebel Angel", und zu ihren erfolgreichsten Songs zählen Titel wie „Living Dead" oder „Seeing Red".

Und während er sich dieses Zeug anhörte, saß er an so ziemlich jeder Waffe, mit der sich Menschen töten lassen. Robert übte mit Pistolen, halb- und vollautomatischen, mit Pumpguns, Granatwerfern, Kanonen und Präzisionsgewehren. In seiner Dachkammer schlitzte er Bäuche mit dem Kampfmesser auf, und er durchbohrte seine Gegner mit Pfeilen; er äscherte sie mit Molotow-Cocktails und Flammenwerfern ein, atomisierte sie mit Panzerkanonen, und das alles tat er, ohne selbst Angst spüren zu müssen.

Als Polizisten nach dem Amoklauf Roberts Zimmer filzen, finden sie Strategiespiele wie „Homeworld", Schießorgien wie „Hidden & Dangerous" – und mindestens sechs indizierte Spiele, die für den Versandhandel gesperrt sind und Minderjährigen nicht in die Hände fallen sollen.

Unter Steinhäusers Baller-Titeln ist das Brutalste und Bestialischste, also das Begehrteste, was die Erfinder von Einzelkämpfer-Spielen je auf den Markt geworfen haben. Zum Beispiel „Half-Life", ein so genannter Ego-Shooter, mit dem Robert über die Mündung seiner Waffe auf seine Opfer sah. Wie man im Laufschritt mordet, konnte er auch in seinen indizierten Spielen „Return to Castle Wolfenstein", „Commandos – Behind Enemy Lines", „Alien versus Predator" und „Soldier of Fortune" trainieren, nirgendwo aber so perfekt wie im Cyber-Epos „Medal of Honor".

Wenn dort Lieutenant Mike Powell am D-Day am

Omaha Beach landet, ist nur der finale Treffer ein guter Schuss; je mehr Kopftreffer, desto besser. Dass eine Statistik am Ende aufführt, wo die Projektile in die Körper eingeschlagen sind, hält die Bundesprüfstelle für jugendgefährdende Schriften für „äußerst problematisch", denn dadurch werde das „gezielte und kaltblütige Töten eingeübt".

Es war so etwas wie ein Entwurf für den 26. April. Das perfekte Trainingslager.

Von Zimmer zu Zimmer, von Flur zu Flur musste der Killer Robert Steinhäuser in seiner virtuellen Computerwelt vordringen, immer eine Stufe höher, und er musste Türen öffnen und Treppen hinaufsteigen und wieder hinab, und deshalb wirken diese Spiele im Nachhinein wie eine Blaupause für den realen Massenmord.

Es wirkt, als hätte Robert Steinhäuser, maskiert und verkleidet wie ein „Ninja"-Kämpfer, an jenem Morgen in den Gängen und Treppenhäusern des Gutenberg-Gymnasiums das letzte und das größte Spiel seines Lebens gespielt, so lange, bis ihn der Lehrer Rainer Heise beim Namen nannte und auf die Erde zurückholte. [...]

„Es ging immer ums Schießen, es ging immer um Gewalt", sagt der Vater. Er schimpfte, drohte, schrie. Es änderte nichts; der Vater kam an den Sohn nicht mehr heran.

Die Steinhäusers versuchten es mit Gesprächen, dann mit Zwang: Der Vater baute eine Sperrvorrichtung an das Fernsehgerät – pro Stunde musste Robert eine Mark einwerfen, sonst ging das Gerät aus.

Robert lernte trotzdem nicht, er machte längst keine Hausaufgaben mehr.

„Er saß immer vor dem Computer. Das war wie eine Sucht", sagt die Mutter. Einmal riss Christel Steinhäuser vor Verzweiflung alle Kabel aus den Wänden und den Geräten und versteckte sie. Robert suchte alles wieder zusammen und kaufte noch neue Programme dazu.

„Es gab diese Auseinandersetzung, dass er sich das einteilt, Fernsehen, Computer, Schule. Das hat Robert nicht beherrscht", sagt der Vater. Und wenn er von dieser grünen Couch aufsteht, geht er so schleppend, als könnte er jeden Moment hinfallen. [...]

„Wir haben alles falsch gemacht", sagt die Mutter wieder und weint.

Robert, der Weiche, der sanfte Robert. Der doch nur seine Gefühle nicht mehr ausdrücken konnte, der es nicht schaffte, erwachsen zu werden. Und dessen Mutter sich freute, wenn die Kumpels hinter der Kinderzimmertür mit ihm so albern kicherten. Für sie war er bloß einer dieser pubertierenden Teenager, der Abstand von den Eltern halten wollte.

Der große Bruder nahm den kleinen mit zum Handballtraining, auf Drängen der Mutter. „Er sollte sich mal bewegen, mit Kumpels zusammen sein", sagt sie. Es funktionierte, scheinbar. Im Handballclub SSV Erfurt-Nord stand Robert bald im Tor. Er war kein guter Spieler, nicht besonders gelenkig und nicht wirklich mutig, wenn ihm die Kreisläufer entgegensprangen. Aber er nahm die Jüngeren in Schutz, wenn sie gepiesackt wurden. Ehrgeizig sei er nie gewesen, sagen die Eltern. Phlegmatisch. Antriebslos. Er habe auf kaum etwas Lust gehabt, nur auf die verdammten Computerspiele. „Mach was, streng dich an", sagte der Vater; „du musst doch was lernen", sagte die Mutter. Dass er möglicherweise depressiv war, dass er nicht nur ein paar Worte, sondern professionelle Hilfe gebraucht hätte, die Eltern allein nicht leisten können, sahen sie nicht.

Nicht damals.

Als Robert 18 Jahre alt wurde, schenkten sie ihm ein Poster der Tennisschönheit Anna Kurnikowa; er hasste es. Und sie schenkten ihm das Geld für die Fahrschule; den Kurs sollte er in den Sommerferien machen. Robert träumte von einem Mustang, dem Flitzer aus dem Actionfilm „Nur noch 60 Sekunden", aber er schaffte es nicht, sich den Erste-Hilfe-Schein rechtzeitig zu besorgen, und als die Fahrschule ihn deshalb abwies, trat er gegen den Bürgersteig und schimpfte auf die „Scheißbürokraten". Danach sprach er nie wieder über den Führerschein.

So ähnlich ging es mit dem Urlaub. Bis vor zwei Jahren war er mit seinen Eltern zusammen gefahren, nach Zypern, in die USA, nach Teneriffa.

[...] Als ihm auch das keinen Spaß mehr machte, suchten die Eltern im Internet nach Jugendreisen. „Da haben wir gesagt: ‚Such dir einen Kumpel und zieht zusammen los.' Das hat ihn aber auch nicht interessiert", sagt die Mutter.
Robert rauchte nicht, Robert tanzte nicht, Robert hatte keine Freundin. Wer war er?
Ein Monster, ein jämmerlicher Psychopath, der Kassettenhüllen aus dem „Video Buster" am Juri-Gagarin-Ring klaute, ein terroristischer Schläfer in eigener Sache? Könnte man denken, einerseits.
Andererseits gab es da einen scheuen Jungen, der den Futternapf seiner Katze Susi füllte, pünktlich auf die Minute. Und wenn seine Mutter ihn um einen Gefallen bat, war er der aufmerksamste Sohn, den sie sich wünschen konnte; einkaufen, Müll raustragen, stets war er hilfsbereit.
„Still war er", erzählt sein Schulkamerad Falko Kuhnt, 19, „und auf Abstand bedacht – aber kein Stück aggressiv."
„Er war unsicher", sagt sein einstiger Stammkurslehrer Rainer Heise.
„Höflich und freundlich war er", sagt seine einstige Lehrerin Martina Holland, „als ich ihm mal sagte, dass ich mir Sorgen mache um ihn, hat er verlegen gelächelt."
Je mehr man über Robert Steinhäuser erfährt, desto mehr kann man den Eindruck gewinnen, man hätte es mit zwei, drei verschiedenen Menschen zu tun. Mit einer multiplen Persönlichkeit. Oder einer schizophrenen?
Die meisten kannten den Schul-Robert. Einen Jungen, der tagein, tagaus in schwarzen Jeans und schwarzer Lederjacke über schwarzen Sweatshirts auftrat, einer Montur, die nichts verrät, einer Rüstung. Tadel, schlechte Noten quittierte der Schul-Robert mit einem Achselzucken. Seht ihr, wie kalt mich das lässt? „Bullshit", sagt ein Mitschüler, „war so ein Lieblingswort von ihm", und Robert sprach es aus, als würde er die zwei Silben ausspucken.
Gute Zensuren, hübsche Mädchen, Erfolge im Sport – all das, was das Wertesystem seiner Schulkameraden ausmachte, für Robert Steinhäuser war es Bullshit. Er war dieser Schüler, der immer allein sitzt. Der im Unterricht einschläft, die Arme auf dem Pult verschränkt, den Kopf auf die Arme gestützt, leise schnarchend. Er war der Junge, der sich nicht verliebt, auch mit 17, mit 18 nicht, in diesem Alter, in dem alle Sinne auf Empfang stehen.

Alles *Bullshit*?
„Ich sage es ungern", sagt Rainer Heise, „aber meiner Einschätzung nach war Robert Steinhäuser kein besonders intelligenter Junge – er lag deutlich unterm Schnitt."
Es ist bezeichnend, dass Robert Steinhäuser den eifrigsten Einsatz seiner ansonsten ruhmlosen Schulkarriere zeigte, als er gemeinsam mit vier anderen Schülern ein paar Szenen aus Sophokles' „Antigone" einstudieren sollte. Die Jungs hatten die Idee, die Tragödie ins Mafia-Milieu zu verlegen – und hier war Robert Steinhäuser, der Bühnenbild und Kostüme entwarf, sehr eifrig dabei.
„Es war erstaunlich", erinnert sich sein Mitschüler Falko Kuhnt, damals betraut mit der Rolle des Kreon, „wie viel Robert dazu einfiel, was wir anziehen sollten, während wir den Text aufsagten."
Niko K., der Klassenclown, war sein bester Kumpel. Mit ihm zelebrierte er seine düsteren Abende vor dem Computer: Ego-Shootings im Cyberspace, dazu die dumpfen Beats des Death-Metals. Nur Niko präsentierte er stolz seine Waffen und die Munition im Kinderzimmer. Niko war auch bei ihm, am letzten Abend, den Robert Steinhäuser erleben sollte, dem Donnerstag vor Erfurts schwarzem Freitag.
Niko und Robert gehörten zu einer seltsamen Clique. Peter E. etwa zählte noch dazu, ein belesener Typ, eine Art Redner gegen die Lehrerschaft; und Robert H., ein scheinbar braver Bub, der seine wilde Seite in einer Death-Metal-Band auslebt; und der Lehrersohn Robert S., immer wieder lustig frisiert. Einige der Jungs guckten zusammen Filme wie Mike Mendez' „Killers", in dem gleich zu Beginn zwei Maskierte mit Pumpguns in ein Haus eindringen und alles abknallen, was sich bewegt. Ein Menschenleben, so behauptet der Film, ist nicht mehr wert als die Patrone, mit der man es beendet.
Manchmal traf sich Roberts Gang auch auf dem Domplatz, auf dem vergangenen Freitag hunderttausend Menschen trauerten, und sie guckten den Mädchen nach, oder sie zogen durch Kneipen. Ihr Bermuda-Dreieck bestand aus dem Drogeriemarkt Müller, wo sie nach billigen Spielen suchten, dem Plattenladen Saturn und der Videothek Video Buster.
Und diese Clique war Robert Steinhäusers Raum der Ruhe. Hier durfte er sein, wie er war, verschlossen und einsilbig, denn hier war das cool.

Es gab keine Nachfragen, keine Diskussionen. „Es ist erschreckend, wir wussten von Robert nahezu nichts", sagt Peter E.

Einige aus der Clique organisierten Netzwerkpartys, so genannte LANs, Local Area Networks. Der Vater erlaubte Robert, dass die Jungs für ein Wochenende in einer leer stehenden Wohnung in der Ottostraße 40 die Computer zusammenschlossen und online spielten. „Es ging Tag und Nacht und wieder nur ums Schießen, Leute, die hinter Ecken hervorkommen und abgeschossen werden. Da hab ich sie rausgeschmissen", sagt Günter Steinhäuser. Über die Zukunft sprachen sie selten. „Was mit Computern" wollte Robert machen, aber mehr sagte er nicht. Der Vater suchte Ausbildungswege für Computerberufe zusammen, aber Robert winkte ab. Die Mutter kniete den Sohn, sich doch wenigstens eine Zivildienststelle zu suchen; zur Bundeswehr wollte er ja nicht, seit ihm ein Kumpel erzählt hatte, wie anstrengend die nächtlichen Märsche seien.

Die Hoffnung, dass er die Schule schaffen würde, hatten die Eltern da längst aufgegeben. „Machste eben keinen Abschluss, geht ja auch", sagte die Mutter.

„Ich hab ja das Abitur auch nicht", sagt der Vater. Übersteigerte Erwartungen haben diese Eltern nicht gehabt, aber sie halfen auch nicht. Es scheint, als hätten sie Robert in einen Alltag mit Kaffee und Kuchen gesteckt und gehofft, dass alles irgendwie gut gehen würde. Wie bei Millionen anderen Kindern auch.

„Ich dachte wirklich, er hat keine Sorgen", sagt der Vater. Seine Frau sieht ihn zweifelnd an. „Er hat uns nur nicht vertraut", sagt sie.

Es solle ja keine Entschuldigung sein, sagt der Vater, aber es sei dennoch wahr: Beim Elternsprechtag in der 11. Klasse habe er gewartet, bis alle gegangen waren, und dann habe er zum Klassenlehrer gesagt: „Wenn es etwas gibt, rufen Sie mich bitte an. Auch wenn es schlechte Nachrichten sind. Ich kann das aushalten."

Es gab keinen Anruf. Bis zum 26. April nicht.

Und Robert hatte sehr schlechte Noten. Er sei faul, sagten die Lehrer, mache die Aufgaben nicht; er könne zwar erzählen, aber nicht auf Fragen antworten, und deshalb erzähle er irgendetwas, nur nicht das Richtige. Einmal sollte er ein Referat über Gutenberg halten; er schaffte zwei Sätze, sagte „Bullshit" und setzte sich wieder.

Doch statt Hilfe gab es Demütigungen. Ein Lehrer sagte: „Man muss doch an Wunder glauben, wenn man meint, dass der das Abitur schafft."

Die elfte Klasse machte Robert noch mal, „weil er das Gefühl hatte, er packt es überhaupt nicht", wie die Mutter sagt. Während der elften Klasse versuchte er, an einer Gesamtschule die Prüfung zum Realschulabschluss zu machen, aber sehr schnell gab er auf. Die Eltern hofften. Worauf?

Robert versteckte seine Antriebslosigkeit hinter einer barschen Fassade, und das neue Schuljahr lief nur wenig besser als das alte. Dann schwänzte er. Und um das Schwänzen zu verstecken, fälschte er Atteste.

„Auf die Schliche" sei man Robert gekommen, als sich beim feuchten Überwischen der Arzt-Atteste, der Stempel und Unterschriften keine Schmierspuren gezeigt hätten, erzählt Martina Holland, seine Lehrerin aus dem Deutsch-Leistungskurs. Also riefen Lehrer den vermeintlichen Arzt an, und der war sich sicher, dass ein Patient namens Robert Steinhäuser „nie bei ihm gewesen war".

Dann ging alles ziemlich schnell, und möglicherweise ging es ein bisschen zu schnell. Joachim Koch, Roberts letzter Stammkursleiter, erzählt, dass Robert im September 2001 zu einem Gespräch mit einem Fachlehrer, der Schulleitung und dem Kurssprecher gebeten worden sei. In seiner Gegenwart habe man beschlossen, ihn an eine andere Schule zu verweisen.

Im Schulgesetz des Freistaats Thüringen steht, dass für den Fall, dass „Erziehungsmaßnahmen" keinen Erfolg erzielten, „eine schriftliche Mitteilung" an die Eltern gehen solle. Und „bei schweren oder häufigen Pflichtverletzungen muss ein Hinweis erfolgen". Die Zuweisung an eine andere Schule beschließe das Schulamt; „den Antrag stellt der Schulleiter auf Beschluss der Lehrerkonferenz".

Der Schulpsychologische Dienst des Schulamtes wurde im Fall des Robert S. nicht eingeschaltet. Eine Schulkonferenz hat es für Robert S. nie gegeben. Die sei, so Lehrer Koch, „rechtlich auch nicht nötig" gewesen, „weil es sich ja um eine Urkundenfälschung gehandelt hat". War die im strafrechtlichen Sinn wirklich bewiesen? [...]

Aber er [Robert] log.

Es begann damit, dass er am ersten Tag nach dem Rauswurf seinen Rucksack nahm und sagte, er gehe jetzt in die Schule. Ins Gutenberg-Gymnasium natürlich.

Es ging damit weiter, dass er seinen Freunden vom Gutenberg-Gymnasium sagte, er habe die Schule gewechselt.

Wo aber trieb er sich herum in all den Monaten? Morgen für Morgen nahm er seinen Rucksack – und dann? Es gibt Zeugen dafür, dass er seit Februar ins Café Marathon zog, dorthin, wo keiner einen wie ihn vermuten würde. [...]

Und daheim verstrickte er sich in immer wildere Lügen. Den Eltern legte er im Dezember 2001 ein Zwischenzeugnis vor, zwei Monate ging er da schon nicht mehr auf die Schule. „Es war für uns eine Freude. Es war für seine Verhältnisse gut", sagt die Mutter.

„Gefälscht", sagt der Vater.

Sie waren erleichtert. Robert ließ sich jeden Morgen von seinen Eltern wecken, um Viertel vor acht. Heute kommt es denen natürlich merkwürdig vor, dass er so oft sagte, er müsse erst zur zweiten Stunde erscheinen. Er trank Kaffee, steckte das Schulbrot ein und ging. Ins Café.

„Für mich war mein Sohn am 26. April in der Abiturprüfung", sagt der Vater.

Und dann war es zu Ende. Der 26. April war der Tag der letzten Klausur, und bald wäre er aufgeflogen. Durch die Lokalzeitung, die Jahr für Jahr die Abiturienten meldet. Oder durch Freunde, die vom Abi erzählt hätten. Es lässt sich nicht sagen, wie es herausgekommen wäre, aber es wäre herausgekommen, irgendwie.

Jürgen Gautzsch, 52, Mitglied des Schützenvereins „Domblick e. V.", tat Dienst an der Rekrutierungsfront. Der Freizeitpädagoge, der damals als ABM-Kraft beim Erfurter Schulverwaltungsamt angestellt war, sollte Kinder und Jugendliche für den Schießsport begeistern und sie, wie er sagt, „zu einer sinnvollen Freizeitbeschäftigung im Verein anschubsen". Deshalb führte Gautzsch seine Informationsveranstaltungen an Erfurter Schulen durch, mehrmals auch am Gutenberg-Gymnasium. „Das lief so ab, dass wir nach dem Sportunterricht Broschüren verteilt oder die Schüler zum Schnupperschießen eingeladen haben", sagt Gautzsch, „aber nur mit Luftgewehren, unter fachkundiger Betreuung."

„Ein- oder zweimal" nur will Gautzsch Robert Steinhäuser gesehen haben; aber der Junge, der am Computer längst nahezu perfekt war, fühlte sich inspiriert. Bereit fürs echte Schießen.

Ehrenschütze und Ehrenmitglied im Schützenverein Domblick ist seit September 2000 Thüringens Innenminister Christian Köckert (CDU). Bis vor einem halben Jahr trainierte der Verein im Schießkeller vom „Schützenhaus-Erfurt-Kalkreiße", einem rot-weiß gestrichenen Flachbau am Rande der Stadt, wo die Güterzüge stehen. Vier Meter unter dem Parkplatz liegen die beiden 25-Meter-Schießbahnen, mit automatischer Zuganlage. Ein Schuss 9-mm-Munition kostet hier 20 Cent. Man kann auch Kaliber .357-Magnum kaufen; aber das ist teurer, 30 Cent.

Der Vereinsvorsitzende Martin Eilers, 43, erinnert sich gern an Robert Steinhäuser. Der spätere Killer von Erfurt sei ein „ordentlicher Junge" gewesen. Am 17. Oktober 2000, es war eine Zeit der besonders großen Sorgen in der Schule, stellte Steinhäuser den Aufnahmeantrag, den auch seine Eltern unterschrieben.

„Ich habe was gegen die Schützenvereine. Das ist so Burschenschaftsmentalität, so mittelalterlich. Aber ich hätte es ja nur um drei Monate aufhalten können, dann wäre er volljährig gewesen", sagt der Vater.

Der Junge sei interessiert gewesen, sagt Eilers, „präzise mit der Waffe umzugehen, gut zu treffen, das hat er hier gelernt".

Seine ersten Stunden am Schießstand verbrachte er mit einem Profi. Jürgen Birnbaum, 48, ist Sportwart im Verein und im Hauptberuf Oberkommissar im Führungsstab der

Erfurter Bereitschaftspolizei. Als Schießtrainer schult er die Beamten im zielsicheren Umgang mit der Waffe, und er betreut auch die Auswahlmannschaft der thüringischen Polizei. Dass ausgerechnet dieser Mann den Massenmörder ausgebildet hat, ist eine der besonders absurden Wendungen dieser Geschichte.

Ein durchschnittlicher Schütze sei dieser Robert Steinhäuser gewesen, sagt Birnbaum, „das war kein Waffennarr".

Eine eigene Waffe wollte Steinhäuser nach Angaben von Eilers und Birnbaum erstmals im Frühjahr 2001 besitzen, doch weil eine Waffenbesitzkarte nur ausgestellt wird, wenn der Schütze regelmäßiges Schießtraining nachweisen kann, scheiterte auch dieser Versuch im Ansatz. „Ich habe ihm erklärt, dass er in seinem Schützenbuch zu wenige Stempel für Trainingsschießen hat", sagt Birnbaum.

Fortan wurde Robert fleißiger. Er schoss regelmäßig, bis ihm das Erfurter Ordnungsamt nach Erkenntnissen der Staatsanwaltschaft am 16. Oktober 2001 die lang ersehnte Waffenbesitzkarte ausstellte. Die Karte berechtigt zum Kauf einer 9-mm-Pistole und einer Pumpgun. Martin Eilers hat Steinhäuser in beiden Fällen den Antrag zum Eintrag einer Waffe selbst unterzeichnet. Der Jugendliche habe mit der Flinte auf Tontauben schießen wollen. Die Begründung für den Kauf eigener Waffen war simpel: Steinhäuser sei die auf den Schießständen angebotene Munition zu teuer gewesen, und deshalb wollte er diese künftig selbst kaufen.

Bevor Eilers dem späteren Killer das sogenannte Bedürfnis zum Kauf einer Waffe mit Stempel und Unterschrift quittierte, habe er ein langes Gespräch mit dem Schützen geführt, sagt er. Aber er sagt auch, dass er „psychologischer Laie" sei und „seelische Zustände nicht beurteilen" könne.

Sehr flink, noch im Oktober 2001, erwarb der Schüler die spätere Tatwaffe, die 9-mm-Glock. Entgegen den gesetzlichen Bestimmungen ist die Pistole nicht in der Waffenbesitzkarte mit Hersteller und Fabrikatnummer eingetragen. Innerhalb einer 14-Tage-Frist hätte dies erfolgen müssen; das war eine Ordnungswidrigkeit, die Steinhäuser ein Bußgeld eingebracht hätte, wenn sie der Erfurter Ordnungsbehörde aufgefallen wäre. Die Pumpgun hingegen wurde am 30. Oktober ordnungsgemäß vermerkt.

Eine Glock-Pistole kostet in Erfurt in Läden wie dem „Frankonia Jagd" zwischen 717 und 948 Euro. Der Waffenhändler vermerkt den Verkauf in der Waffenbesitzkarte. Und mit der Karte kann dann Munition in jeder Menge bestellt werden, auch per Katalog. [...] Sein ehemaliger Schießwart Hans Meitz zeigte ihm, wie man den Abzug nur mit der Fingerkuppe bedient und nicht mit dem Gelenk, weil das die Waffe zur Seite ziehen kann. „Er machte gute Fortschritte. Zum Schluss hat er ziemlich gut geschossen, auf 25 Metern dicht am Schwarzen", sagt er. Steinhäuser hatte die Registriernummer 128. Er kam erstmals im Juli 2001, zum letzten Mal am 17. Dezember. Der Computer des Schießclubs verzeichnet die Registriernummer 128 für die letzten vier Monate nicht mehr.

Zu Hause erzählte Robert wenig vom Verein. Aber er erzählte, dass die Waffen dort aufbewahrt würden. Dass Robert selbst zwei Waffen besaß, wussten seine Eltern, wie sie sagen, nicht. „Wer eine Waffe kauft, benutzt sie auch", meint sein Vater. Sie wussten nichts, sie bemerkten nichts. Und der große Bruder, sein großes Vorbild? Peter Steinhäuser, der Sonnenschein der Familie, groß, dunkle Haare, der exzellente Handballtorwart? Der bemerkte nichts, weil er nicht mehr zu Hause wohnte. Robert muss sich neben Peter gefühlt haben wie das hässliche Entlein, picklig, käsig, schüchtern und klein, immer zweite Wahl. „Seine Videospiele", sagt sein Bruder, „habe ich nicht als so abwegig empfunden. Das machen so viele."

Es gab diese Momente, wo die Eltern ganz kurz Verdacht schöpften. Es war drei Wochen vor dem 26. April. Da sah die Mutter, dass der Schulrucksack leer war. „Gehst du etwa nicht mehr in die Schule?", fragte sie. „Ruf doch an, natürlich gehe ich da noch hin", sagte er. Der Anruf unterblieb.

Und dann, am 11. April, einen Tag bevor sie mit ihrem Mann in Urlaub fuhr, suchte Christel Steinhäuser eine Reisetasche und fand sie in Roberts Zimmer; voll und schwer war sie, und ein kleines Vorhängeschloss baumelte am Reißverschluss. „Willst du sie haben?", fragte er. „Lass nur, ich nehme eine andere", sagte sie.

Hätte sie doch nur nachgefragt. Das Schloss geöffnet. Wäre sie doch bloß schärfer und bestimmter gewesen. „Der Zufall hat uns nicht geholfen, nicht ein einziges Mal", sagt der Vater. . [...]

(Klaus Brinkbäumer, Dominik Cziesche, Ralf Hoppe, Felix Kurz, Cordula Meyer, Irina Repke, Sven Röbel, Alexander Smoltczyk, Andreas Wassermann, Steffen Winter: Das Spiel seines Lebens, in: DER SPIEGEL Nr. 19/2002 v. 6.5.2002, S. 121 – 142 [Auszüge])

Grundbegriffe und Grundthesen

Gewalt – Definitionsversuche und Erscheinungsformen

Gewalt – was ist das eigentlich?

Über Gewalt wird in letzter Zeit viel geschrieben und viel diskutiert: nicht nur in Talk-Shows und Regierungskommissionen, sondern auch in Lehrerkonferenzen und Elternversammlungen. Dabei unterstellen die Beteiligten oft, dass man schon wisse, was mit „Gewalt" gemeint sei. Dieser Artikel soll zeigen, dass diese Unterstellung falsch ist, dass der Gewaltbegriff „ungenau und zweideutig ist, dass die Leute sehr leicht meinen können, sie sprächen über dieselbe Sache, wenn das gar nicht der Fall ist" (Borkowski u.a. 1983, S. 50).

Beispiel Elternversammlung

In der Elternversammlung einer 7. Klasse wird über „Gewalt an der Schule" gesprochen. Unter einer Vielzahl von Diskussionsbeiträgen fallen mir einige Äußerungen auf: Während eine Mutter die Zunahme der Prügeleien auf dem Schulweg beklagt, erklärt ein Vater: „Solche Kämpfe zwischen Jungen sind in dem Alter ganz normal, da sollte man nicht gleich von ‚Gewalt' reden." Gewalt – so ein anderer Vater – übe die Schule selbst aus: Sie zwinge den Jugendlichen sechs Stunden hintereinander einen bewegungsarmen, verkopften und leistungsorientierten Unterricht auf und wundere sich dann, wenn sich die Heranwachsenden anschließend körperlich ausagierten. Auf einen anderen Aspekt verweist die Lehrerin: Nicht so sehr die körperliche, vielmehr die verbale Gewalt mache ihr besondere Sorgen: Zynische Spitzen, verbale Anmache, massive Beschimpfungen zwischen den Jugendlichen – das sei die alltägliche Gewalt an der Schule. Hier wird deutlich: Über „Gewalt" wird viel gesprochen, doch selten wird nachgefragt, was die Einzelnen darunter verstehen. Genau das soll im Folgenden geschehen.

Minimalkonsens: Gewalt als körperliche Attacke

Bei bestimmten Erscheinungsweisen, die in der Diskussion immer wieder angesprochen werden, ist es wohl unstrittig, dass es sich um „Gewalt" handelt: Ehemänner, die ihre Frauen verprügeln; deutsche Jugendliche, die Ausländer mit dem Messer bedrohen; Schüler, die zu dritt einen Klassenkameraden zusammenschlagen. Sie alle üben Gewalt aus, das scheint unstrittig; doch nach welchem Kriterium wird hier „Gewalt" definiert? In allen Fällen haben wir es hier mit Konflikten zwischen zwei oder mehreren Personen zu tun. In diesem Konflikt wendet mindestens eine Seite physische Mittel (Körperkräfte, Waffen) an, um die andere Seite zu schädigen bzw. mit einer solchen Schädigung zu drohen. Dabei sind die Schädigungen ebenfalls körperlicher Natur: Von der brennenden Wange nach einer Ohrfeige über gebrochene Knochen bis hin zu lebensgefährlichen Verletzungen kann dabei das Spektrum reichen. So eingesetzter physischer Zwang, der zu körperlich geschädigten Opfern führt, wird als „Gewalt" bezeichnet – im Alltagsverständnis genauso wie im wissenschaftlichen Diskurs. Doch Vorsicht! So klar und unstrittig, wie es zunächst aussieht, ist auch dieses enge Verständnis von Gewalt nicht: Ist jede Ohrfeige „Gewalt", oder kommt es da nicht auf die soziale Situation an? Wenn man einen Betrunkenen daran hindert, sein Auto zu besteigen, und er dabei blaue Flecken abbekommt – hat man dann Gewalt angewendet, hat man ihn gar geschädigt? Der „Klaps" auf den Hintern eines Dreijährigen galt lange Zeit als normales Erziehungsmittel. Ist er nun als „Gewalt" zu bezeichnen? Also: Auch bei der körperlichen Attacke sind die Grenzen des Gewaltbegriffs fließend. Ob eine konkrete Handlung „Gewalt" ist oder nicht, ob sie als gut oder schlecht, als normal oder abweichend angesehen wird, ist eine soziale Interpretation (vgl. Honig 1985, S. 90). Insgesamt gilt jedoch: Bei der körperlichen Attacke ist der Konsens, dass es sich hier um „Gewalt" handelt, am leichtesten herzustellen. […]

Erste Erweiterung: Gewalt als verbale Attacke

Dass man Menschen nicht nur mit einem Faustschlag, sondern oft viel wirkungsvoller mit Worten treffen kann, ist offensichtlich. An dieser Stelle setzt auch die Kritik an einem allzu engen, allein physisch definierten Gewaltbegriff an. Indem man Einzelne ausgrenzt oder abwertet, indem man sie beleidigt, erniedrigt oder emotional erpresst, wird eine Person oft viel stärker „verletzt" als durch einen Tritt gegen das Schienbein.

Wenn man in dieser Weise auch verbale Attacken (bis hin zu sublimen Formen verletzender Ironie) als gewaltförmiges Verhalten ansieht, so vollzieht sich die „Schädigung" des Opfers auf einer anderen, auf der psychischen Ebene: Sie ist – anders als ein „blaues Auge" – nicht mehr klar sichtbar, sondern muss jeweils interpretiert werden.

Zum einen haben wir vielfältige Berichte, dass gerade im schulischen Bereich verbale Attacken häufig vorkommen und von vielen als psychische Gewalt erlebt werden. Zugleich wird aber auch deutlich, dass die Grenzen hier immer fließender werden, dass in einer konkreten Situation die Bewertungen, ob „Gewalt" vorliegt, höchst unterschiedlich ausfallen können. Was ein Schüler als „lockeren Spruch" über die neue Frisur der Lehrerin versteht, sieht diese unter Umständen als verbale Attacke mit sexistischem Inhalt. Und auch umgekehrt gilt: Was Lehrkräfte als humorvolle Anmerkungen verstehen, kann von Schülerinnen und Schülern als Bloßstellung verstanden werden. [...]

Doch verbale Gewalt kommt nicht weniger selten auch zwischen den Jugendlichen vor. Niebel u.a. (1993, S. 788) ermittelten, dass Sekundarschüler besonders häufig von „Spotten, Beschimpfen, Auslachen, gemeinen Ausdrücken" zwischen den Heranwachsenden berichten – und dass solche verbalen Attacken sehr häufig der Ausgangspunkt für Prügeleien sind. Ob „verbale Gewalt", ob „psychische Schädigung" vorliegt, kann im konkreten Fall mal sehr eindeutig, mal höchst umstritten sein. Das gemeinsame „Mobbing" einer Schülergruppe gegen eine(n) Einzelne(n) dürfte ein solch eindeutiger Fall sein.

Wann aber aus „Witzeln" verbale Gewalt wird, ist äußerst schwer zu bestimmen. Deutlich wird allerdings, dass eine solche Definitionsrichtung zugleich auch als Türöffner für eine Entgrenzung des Gewaltbegriffs dienen kann: Was wir früher als „Unhöflichkeit" bezeichnet haben, heißt dann möglicherweise auf einmal „Gewalt".

Zweite Erweiterung: Gewalt als institutioneller Zwang

Die bisher vorgestellten Definitionen von „Gewalt" beziehen sich immer auf eine unmittelbare Interaktion zwischen Personen: Gewalt – ob körperlich oder psychisch – wird von einer konkreten Person gegen eine andere ausgeübt. Doch lassen bereits die Verweise auf die Schüler-Lehrer-Interaktion erkennen, dass sie ja in institutionelle Verhältnisse eingebunden ist. Die Lehrperson ist – so gesehen – ausführendes Organ institutioneller Anforderungen.

Diese Institution handelt gegenüber den Schülerinnen und Schülern in machtvoller Weise, sie fordert Konformität und Leistung, sie verhindert spontanes und bedürfnisorientiertes Verhalten, sie verteilt Chancen, und sie liest aus. Gemäß dieser Sichtweise stehen Schüler(innen) einer übermächtigen Institution gegenüber: Diese Machtausübung lässt sich in ihrer konkreten Ausprägung auch als „Gewalt" bezeichnen: Gewalt durch die Schulklingel, Gewalt durch das Versetzungszeugnis, Gewalt durch den Notendruck, Gewalt durch den Stoffplan. Die Vertreter solcher Definitionen verweisen darauf, dass solche entpersonalisierte Gewalt besonders schwer zu erkennen sei, dass es aber gerade deshalb darauf ankomme, solche verdeckten Formen von „Gewalt" sichtbar zu machen (vgl. Neidhardt 1986, S. 119). Solche Verweise können helfen, eine gewisse Einseitigkeit der gegenwärtigen Diskussion zu relativieren: Nicht allein die Schüler(innen) sind als potenzielle Gewalttäter in den Blick zu nehmen, die Institution selbst hat gewaltförmige Aspekte. Und in der Tat wird dies von Jugendlichen nicht selten so empfunden: „Noten" und „Stofffülle" werden von Schüler(innen) als Gewaltmittel der Schule und der Lehrer bezeichnet (vgl. Staudt 1993, S. 19f.) Doch spätestens mit einer solchen Ausweitung besteht die Gefahr, dass der Gewaltbegriff uferlos wird.

Alle Probleme, die bisher unter der weiten Überschrift „Schulkritik" behandelt wurden – von der Vorherrschaft des Frontalunterrichts über die Fachorientierung – sind damit auf einmal Teil des Gewaltdiskurses. Individuelle „Opfer" können nicht mehr so leicht ausgemacht werden. Deshalb wird die Schülerschaft generell als eine Gruppe von Opfern angesehen, und dabei wird eine kollektive Schädigung unterstellt. Für die Diskussion der Sache

(Kritik der bestehenden Schule) ist damit zwar kein einziger neuer Aspekt gewonnen, allerdings erhält diese Kritik durch den Gewaltbegriff eine zusätzliche, eine dramatisierende Verschärfung. Zu vermuten ist, dass hierin auch das Interesse an einer solchen Begriffserweiterung liegt. Davon weiter unten mehr.

Die Aufweichung des Begriffs: Strukturelle Gewalt ist überall

Mit der oben skizzierten Definition wird Gewalt „entpersonalisiert". Noch weiter in diese Richtung geht ein Begriffsverständnis, das in der sozialwissenschaftlichen Literatur der letzten Jahre eine große Karriere gemacht hat: die „strukturelle Gewalt". Der Begriff stammt von dem norwegischen Friedensforscher Johan Galtung, der den Begriff der „Gewalt" als generellen Gegensatz zu „Frieden" entwickelt. Dabei dient ihm der Gewaltbegriff der Idealisierung von Friedensvorstellungen: Je mehr unerwünschte gesellschaftliche Phänomene als „Gewalt" bezeichnet werden, desto gehaltvoller ist die Qualität von „Frieden" (vgl. Galtung 1978, S. 11ff.).

Die Erweiterung des Gewaltbegriffs bei Galtung erfolgt an zwei Fronten und führt zu einem kaum noch überschaubaren Geländegewinn. Zum einen fragt Galtung, „wieso es für etwas, das als Gewalt definiert werden soll, einen identifizierbaren Täter geben muss – Gewalt kann dem menschlichen Körper auch auf eine andere Weise angetan werden (1978, S. 21). „Strukturelle Gewalt" braucht daher keinen Täter, sondern wird als Dauerzustand, etwa als „Armut" (S. 14), beschrieben. Zum Zweiten fragt Galtung, „ob diese Gewalt unbedingt dem menschlichen Körper zugefügt werden muss, um als Gewalt charakterisiert zu werden" (S. 21). Damit ist „Gewalt" sowohl zur Täter- wie zur Opferseite hin weitgehend geöffnet, nun gehört alles dazu, „was einem Menschen Schaden zufügt" (S. 20). Daraus ergibt sich dann als Definition für „strukturelle Gewalt": „Gewalt liegt dann vor, wenn Menschen so beeinflusst werden, dass ihre aktuelle somatische und geistige Verwirklichung geringer ist als ihre potenzielle Verwirklichung." (1975, S. 9).

Oder – noch weiter: Gewalt ist „etwas Vermeidbares, das der menschlichen Selbstverwirklichung im Wege steht" (1978, S. 11).

In einem solchen Gewaltbegriff geht es nur noch am Rande um körperliche Schädigungen, vielmehr geraten grundlegende (und sicher kritikwürdige) gesellschaftliche Zustände wie Armut, Unterdrückung, Entfremdung in den Rang von Definitionsbestandteilen. „Gewalt" wird zur zentralen Kategorie einer Gesellschaftskritik und zum „Oberbegriff für alles menschliche Leid, von dem man sich vorstellen kann, dass es nicht so sein müsste, wie es ist" (Neidhardt 1986, S. 129).

Eine solche Begriffs-Entgrenzung transportiert zum einen ein wichtiges politisches Argument: Verwiesen wird damit auf die gewalthaltigen Potenziale, die in den Strukturen gesellschaftlicher Ungleichheit, Ausbeutung und Ungerechtigkeit stecken. Dass es andere, dass es schlimmere Gewalt gibt als den Faustschlag eines Jugendlichen – das ist der Kern dieses Verständnisses. Zum anderen führt eine solche Definition aber dazu, dass alles Leid, dass alle Ungerechtigkeit der Welt nun als „strukturelle Gewalt" bezeichnet wird.

Gewalt wird damit zu einem „catch-all"-Begriff, der zu einer sinnvollen Verständigung nicht beiträgt: Dass Grundschullehrerinnen nur nach A 12 (und nicht nach A 13) bezahlt werden, fällt nämlich genauso unter „Gewalt" wie der Verkehrsstau auf der Autobahn; denn in beiden Fällen handelt es sich um „etwas Vermeidbares, das der menschlichen Selbstverwirklichung im Wege steht" (Galtung 1978, S. 11).

Mein Vorschlag: Man sollte die kritischen Intentionen, die mit dem Begriff der „strukturellen Gewalt" verbunden sind, sehr wohl aufnehmen, aber die Definition deutlich enger fassen. Armut, Ungleichheit und Unterdrückung sind als Ursachenkomplexe, als „Nährboden" für Gewalt anzusehen; aber sie selbst als „Gewalt" zu bezeichnen, trägt mehr zur Verwirrung als zur Klärung bei.

(Klaus-Jürgen Tillmann, Gewalt – was ist das eigentlich? in: Wolfgang Melzer u.a. [Hrsg.], Schüler 1995: GewaltLösungen, Friedrich Verlag, Seelze 1995, S. 10 – 13)

1. Vergleichen Sie die Begriffseingrenzungen des Autors mit Ihrem in der Einführung verwendeten Gewaltverständnis.

2. Diskutieren Sie die Position des Autors, strukturelle Gewalt aus einer engeren Definition von Gewalt auszugrenzen.

Verdrehungen, Beschwichtigungen, Instrumentalisierungen

Verzerrungen und Übertreibungen, Schuldzuweisungen und Polemiken in der laufenden Gewaltdiskussion veranlassen uns, das Herausgeberteam, zu einigen kritischen Anmerkungen und Einwänden, mit denen wir uns einmischen wollen:

1. Die in den Medien vielfach breit vorgetragene Sorge und Erregung über zunehmende Gewalt von Heranwachsenden hat häufig einen spektakulären, ja sogar zynischen Zug: Kinder und Jugendliche werden als Gewalttäter dargestellt, denen eine friedliche Welt fassungslos gegenübersteht. Ohne hier im Einzelnen auf Ignoranz und zum Teil auch Verlogenheit solcher Darstellungen eingehen zu können, möchten wir aber nachdrücklich dagegenstellen, *dass Kinder und Jugendliche in aller Regel nicht Gewalttäter, sondern Gewaltopfer sind.* [...]

2. Gegen viele reine Medieninszenierungen schulischer Gewaltexzesse stellen wir fest, *dass die Schule keine Gewaltinsel inmitten einer friedlichen Welt ist.* Die ideologische Verklärung der Gewalt allein zu einem pädagogischen Problem, das vor allem Kinder und Jugendliche sowie die Schule betrifft, blendet die vielfältigen realen Ursachenzusammenhänge aus, macht Opfer zu Tätern und entlastet herrschende Gewaltverhältnisse und deren Verantwortliche und Repräsentanten von Kritik und Schuldfragen. Schule ist in vieler Hinsicht ein Spiegelbild ihrer Gesellschaft; sie hat ihre Gewaltprobleme wie andere Institutionen auch. Sie hat eigene Handlungsmöglichkeiten gegen die Gewalt und nimmt diese auch vielfach wahr.

3. *Es gibt keine gewaltfreie Schule!* Wo immer Menschen zusammenleben und -arbeiten, entstehen Reibungen, Störungen und Konflikte, die dazugehören. Das ist in der Familie so, im Sportverein, in der Kommunalverwaltung, im Supermarkt oder im Parlament – auch in der Schule. Entscheidend ist, wie mit diesen Konflikten umgegangen wird, wie sie bearbeitet oder gelöst werden. Die Gewaltfrage spielt dabei häufig eine Rolle; denn was für die einen (körperlich oder sozial Stärkeren) als ganz normal erscheint, wird von den anderen (körperlich, seelisch, sozial oder institutionell Schwächeren) vielleicht schon als Gewalt erlebt. Schule ohne Aggression und bestimmte Gewaltsamkeiten gibt es nicht; sie muss damit leben. Aber wie? Gewalt ist keine Infektionskrankheit. Sie kann nicht durch Antibiotika und Hygienemaßnahmen bekämpft werden; darum wird die Schule nie eine keimfreie und sterile Einrichtung werden. Sie muss sich tagtäglich mit der Gewalt von außen auseinandersetzen sowie mit ihren schuleigenen Bedingungsfaktoren von Gewalt.

4. Diese Differenzierung zwischen schulinternen und schulexternen Gewaltursachen, zwischen hausgemachten und außerschulischen Gewaltfaktoren ist unter der Frage nach aussichtsreichen Handlungsmöglichkeiten die angemessene pädagogische Reaktion auf Gewalterscheinungen in der Schule. Das Ziel einer gewaltfreien Schule ist illusionär. Deswegen ist die Schule der Gewalt aber nicht ausgeliefert; es kommt darauf an, sie zu verringern und eine (humane und soziale) gewaltarme Schulkultur zu entwickeln.

(Botho Priebe, Verdrehungen, Beschwichtigungen, Instrumentalisierungen, in: Wolfgang Melzer u.a. [Hrsg.], Schüler 1995: GewaltLösungen, Friedrich Verlag, Seelze 1995, S. 8f.)

1. Visualisieren Sie in einer Mind-Map, welchen Formen der Gewalt Kinder und Jugendliche ausgesetzt sind.
2. Stellen Sie mithilfe des Textes schulinterne und schulexterne Gewaltursachen gegenüber.
3. Diskutieren Sie die These des Autors: „Das Ziel einer gewaltfreien Schule ist illusionär."

Welche Formen hat Gewalt?

```
                    [+] GEWALT [-]
    Anwendung von physischem und psychischem Zwang gegenüber Menschen
```

Gewalt in Macht- und Herrschaftsbeziehungen [+] / [-]

lat.: potestas, engl.: power, franz.: pouvoir

- staatliche, legitimierte Amtsausübung und Machtbefugnis
- Gewaltenteilung (Legislative, Exekutive, Judikative)
- (selbst-)reflexiver Umgang mit staatlichen Machtmöglichkeiten und gesellschaftliche Teilhabe

versus

staatliche Übergriffe und Repression

- Despotismus und Staatsterrorismus
- Kriege und Kriegsverbrechen

Strukturelle Gewalt [-]

- Indirekte Gewalt geht nicht von Akteuren aus, sondern ist im gesellschaftlichen System eingebaut
- gesellschaftliche systemimmanente Strukturen, die die Entfaltung der individuellen Möglichkeiten verhindern (z.B. ungleiche Verteilung von Eigentum und Macht, ungleiche Lebensverhältnisse)

Personale Gewalt [-]

lat.: violentia, engl.: violence, franz.: violence

- rohe, gegen Sitte und Recht verstoßende Einwirkung auf Personen

physische Gewalt
- Prügelei
- Raub
- Freiheitsberaubung
- Schläge
- Vandalismus
- Diebstahl

psychische Gewalt
- Beschimpfung
- Beleidigung
- Bedrohung
- Diskriminierung
- Mobbing

Voraussetzung für Demokratie [+] versus **Missbrauch politischer Macht [-]**

Schädigung und Leiden von Menschen [-]

(Wolfgang Melzer/Wilfried Schubarth/Frank Ehringer, Gewaltprävention und Schulentwicklung, Klinkhardt, Bad Heilbrunn 2004, S. 53)

1. Nutzen Sie die Grafik als Strukturierungshilfe und erläutern Sie die Begriffsklärungen von Tillmann mithilfe des Schaubilds.
2. Welche Rolle spielt der Staat in diesem Kontext?

Daten und Fakten zum Thema Gewalt in der Schule

Straftaten im Schuljahr – die Dunkelziffer liegt höher
560 Gewaltvorfälle meldeten die Berliner Schulen 2003/04, davon …
- Körperverletzung: 183
- gefährliche Körperverletzung: 182
- Bedrohung: 96
- [Rechts-] Extremismus: 39
- Raub: 24
- Sachbeschädigung: 11
- Beleidigung: 10
- Erpressung: 4
- sonstige: 11

221 Opfer von Schulgewalt mussten zum Arzt oder in die Klinik. 78-mal kam es zu einer Versöhnung durch Täter-Opfer-Ausgleich.

Quelle: Berliner Senatsverwaltung für Bildung, Jugend und Sport

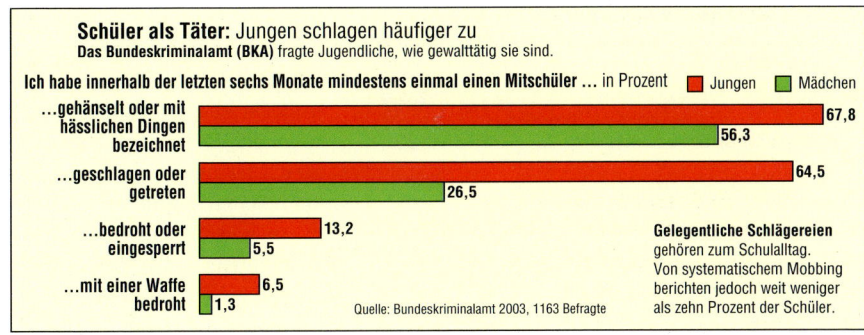

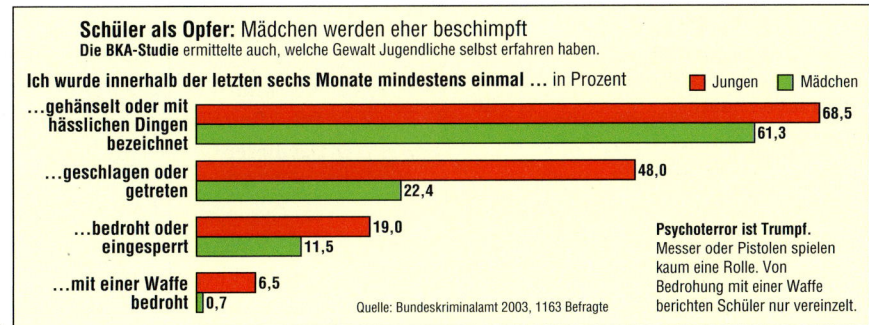

(FOCUS Schule Nr. 2 März/April 2005, S. 29f.)

Hat Gewalt in der Schule zugenommen?

Eine Bilanz des Forschungsstandes muss mit dieser Frage enden, die alle Welt diskutiert. Die meisten Menschen würden diese Frage, wenn sie ihnen vorgelegt würde, bejahen. Da aber bislang in Deutschland keine Longitudinalstudien zur schulischen Gewalt vorliegen, sind wissenschaftlich exakte Aussagen über ein mögliches Anwachsen nur eingeschränkt und mit Hilfskonstruktionen möglich. In Bezug auf Ostdeutschland ist aus eigenen Untersuchungen die subjektive Einschätzung von Lehrern festzuhalten, dass das Problem seit der Wende deutlich gravierender geworden ist. Über zwei Drittel der von uns im Jahr 1996 befragten sächsischen Lehrer – darunter 78,2 % der Mittelschul- und 86,8 % der Förderschullehrer an Schulen für Lernbehinderte und Erziehungshilfe – sind dieser Auffassung, während die Mehrzahl der Gymnasiallehrer feststellte, dass in ihrem Bereich das Problem gleich geblieben sei bzw. sich die Situation sogar gebessert habe.

In unseren Schulleitungsuntersuchungen sowie einer Reihe sekundäranalytisch ausgewerteter Schulleiter- und Lehrerbefragungen ist als mehrheitliche Tendenz die einer Zunahme von gewaltförmigen Verhaltensweisen an den Schulen festzustellen. Bei dieser Diagnose könnte sich jedoch die angewachsene öffentliche Sensibilisierung für dieses Thema auf die Urteilsbildung ausgewirkt und zu einer Überzeichnung beigetragen haben. Auch die z.T. auf soziometrischen Methoden fußenden Untersuchungen von Rainer Dollase (2000) geben kein klares Bild der Entwicklung von Gewalt. In Grundschulen stellt er zwischen 1974 und 1997 einen Trend zu mehr positiven Wahlen, aber auch zu mehr Ablehnungen und Ausgrenzungen fest. Die Vergleichszahlen in der Tabelle zeigen, dass es bei den gewaltaffinen Verhaltensweisen im Vergleichszeitraum einen nicht zu vernachlässigenden Anstieg gegeben hat. In jedem Fall ist zu bedenken, dass Körperkontakte und Hänseleien bei kleineren Kindern häufiger vorkommen und nicht denselben Bedeutungsgehalt haben wie etwa ein identisches Verhalten unter Jugendlichen.

In Hauptschulen gibt es den entgegengesetzten Trend, den der Autor als „Entstrukturierung soziometrischer Beziehungen in Hauptschulklassen" (ebd.) bezeichnet. Die Ergebnisse legen die Annahme nahe, dass sich die Gewaltentwicklung schulartspezifisch vollzogen hat.

Tab.: Vergleichszahlen aus einer Grundschuluntersuchung von Zweitklässlern (1974/1997, Angaben in Prozent)

Items	1974	1997
Lachen dich andere Kinder oft aus?	15	25
Ärgern dich die anderen Kinder in der Klasse viel?	17	31
Fangen die anderen Kinder oft Streit mit dir an?	25	43
Wirst du oft wütend, wenn etwas nicht klappt?	30	48
Ist es schon einmal vorgekommen, dass du ein Kind aus deiner Klasse geschubst, gestoßen oder geschlagen hast?	50	54

(Quelle: Dollase 2000, S. 186)

Mansel und Hurrelmann (1998) stellen für den Zeitraum zwischen 1988 und 1996 für Nordrhein-Westfalen einen erheblichen Anstieg an aggressiven und delinquenten Handlungen in der Schülerschaft fest, wobei nicht genau zu ermitteln ist, ob diese Taten innerhalb oder außerhalb der Schule verübt werden; für die sächsische Vergleichsstichprobe und den Vergleichszeitraum von 1990 bis 1996 ist das Bild dagegen uneinheitlich: Bei vier von sechs Items gibt es keinen Anstieg, wohl aber bei „Jemandem eine Sache wegnehmen" und „Irgendwo einbrechen" einen leichten und bei „Urkundenfälschung" einen starken Anstieg.

Die von unserer eigenen Forschungsgruppe im Jahre 1996 und 1998 in Sachsen durchgeführten Schülerbefragungen ergaben für diesen späteren Zeitpunkt und den relativ geringen Abstand von zwei Jahren zwischen den Erhebungen keine bedeutsamen Veränderungen; eine ganz leichte Zunahme ließ sich lediglich bei den beiden Formen der Aggression gegen die Lehrer und der Waffengewalt feststellen.

Zu den methodisch gut abgesicherten Aussagen in Bezug auf einen möglichen Anstieg schulischer Gewalt kommt die Arbeitsgruppe von Klaus-Jürgen Tillmann. Durch eine nachträgliche Anpassung einer Teilstichprobe ihrer Hessischen Studie aus dem Jahre 1995 an die Stichprobe der Delinquenzstudie von Brusten/Hurrelmann 1972 kommen die Bielefelder Forscher zu einem Zeitvergleich zwischen zwei sozialstrukturell ähnlichen städtischen Regionen mit Daten für einen Zeitraum von 23 Jahren. Durch diese methodische Hilfskonstruktion ließen sich insgesamt leichte, in Hauptschulen deutliche Zuwachsraten bei delinquenten Handlungen ermitteln: So hatten zum ersten Messzeitpunkt nur 10% der Hauptschüler „bei einer Schlägerei mitgemacht und dabei jemanden zusammengeschlagen und arg zugerichtet", Mitte der 1990er-Jahre war es fast ein Viertel. Die „Beschädigung fremden Eigentums" wuchs bei dieser Gruppe im selben Zeitraum von 11,0% auf 17,5% und „Einbruch" von 1,0% auf 13,2%, bei Gymnasien von 0% auf 1,2%.

Der Autor relativiert diese Zuwachsraten, indem er darauf hinweist, dass dieser Trend auch mit der Entwicklung der „Hauptschule als Restschule" zu tun haben könne. Denn im Vergleichzeitraum sei der Anteil der Hauptschüler an den entsprechenden Altersjahrgängen von etwa der Hälfte auf ein Fünftel zurückgegangen.

Insgesamt kommen wir nach Abwägen aller Befunde und subjektiver Einschätzungen der Betroffenen zu der Auffassung, dass sich die Gewaltproblematik an deutschen Schulen insgesamt spürbar, in sozialen Brennpunkten und unteren Schulformen deutlich verstärkt hat. Es scheint so, dass das Gewaltausmaß in den 1980er- und 1990er-Jahren angestiegen und auf diesem Niveau bis heute konstant geblieben ist. Eine Dramatisierung, wie von den Medien und der Öffentlichkeit teilweise suggeriert, ist jedoch vor dem Hintergrund der vorliegenden wissenschaftlich-empirischen Studien nicht vertretbar.

(Wolfgang Melzer/Wilfried Schubarth/Frank Ehringer, Gewaltprävention und Schulentwicklung, Klinkhardt, Bad Heilbrunn 2004, S. 92–95)

1. Fassen Sie die Trends, die aus den Schaubildern deutlich werden, zusammen und nehmen Sie erste Einschätzungen vor (viel/wenig, dramatisch/harmlos …).
2. Bewertungen lassen sich erst vor dem Hintergrund von Vergleichsdaten vornehmen. Wie schätzen Sie die längerfristigen Entwicklungstrends, die die Verfasser beschreiben, ein?
3. Nehmen Sie zu den abschließenden Einschätzungen der Verfasser Stellung.

Wissenschaftliche Erklärungsansätze

Sozialisationsforschung

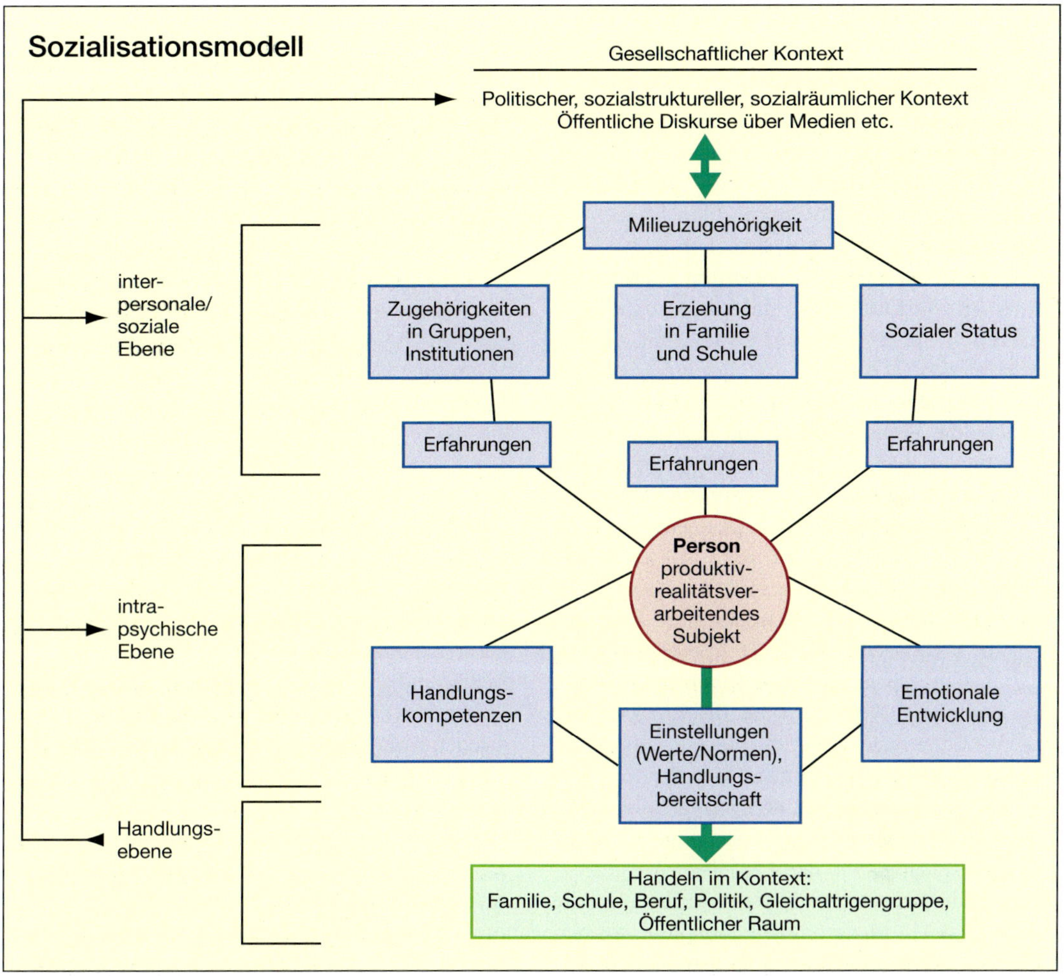

Sozialisationsmodell

Gesellschaftlicher Kontext
Politischer, sozialstruktureller, sozialräumlicher Kontext
Öffentliche Diskurse über Medien etc.

- inter-personale/soziale Ebene
- intra-psychische Ebene
- Handlungsebene

Milieuzugehörigkeit

Zugehörigkeiten in Gruppen, Institutionen — Erziehung in Familie und Schule — Sozialer Status

Erfahrungen — Erfahrungen — Erfahrungen

Person produktiv-realitätsverarbeitendes Subjekt

Handlungskompetenzen — Einstellungen (Werte/Normen), Handlungsbereitschaft — Emotionale Entwicklung

Handeln im Kontext: Familie, Schule, Beruf, Politik, Gleichaltrigengruppe, Öffentlicher Raum

(Aus: W. Heitmeyer u.a., Gewalt. Schattenseiten der Individualisierung bei Jugendlichen aus unterschiedlichen Milieus, Juventa, Weinheim/München 1995, S. 32)

1. Heitmeyer orientiert sich bei seinen Überlegungen am allgemeinen Sozialisationsmodell von Klaus Hurrelmann. Informieren Sie sich anhand von Kap. 2.1 über dieses Modell und erörtern Sie, ob produktive Realitätsverarbeitung und Gewalt einen Gegensatz darstellen.

2. Versuchen Sie die grafische Darstellung für eine erste eigene Erklärung zu nutzen: An welchen Stellen des Schaubilds könnte man Ansatzpunkte für die Entstehung von Gewalt im Sozialisationsprozess festmachen?

Was ist eine Gewaltkarriere? – Gewalt aus der Perspektive der Biografieforschung

Mit den Methoden der Biografieforschung, vor allem leitfadengestützten Interviews mit 18 Jugendlichen zwischen 15 und 21 Jahren (15 männliche und 3 weibliche Jugendliche, die fast alle mehrfach und in schwerwiegender Weise gewalttätig geworden sind), hat der Sozialwissenschaftler Ferdinand Sutterlüty Muster von Gewaltbiografien herausgearbeitet.

Zum Begriff der Gewaltkarriere

Edwin M. Lemert (1967) hat schon vor einigen Jahrzehnten die Rede von „abweichenden Karrieren" kritisiert, weil sie zu stark an Vorbilder aus der Berufswelt gebunden sei und die schiefe Vorstellung nahelege, deviante Personen durchliefen gewisse Stadien in einer bestimmten Reihenfolge. Mit einem Karrierebegriff, der von fest gefügten Strukturen und Opportunitäten ausgeht, vor deren Hintergrund Akteure strategisch planend auf einen kontinuierlichen Aufstieg hinarbeiten, lassen sich die Entwicklungen, die jugendliche Gewalttäter durchlaufen, in der Tat nicht fassen. Denn Gewaltkarrieren von Jugendlichen weisen nicht nur Phasen des zielgerichteten Handelns auf. Die Akteure durchleben auch Phasen, in denen sie das Gefühl haben, von den Umständen „herumgeschoben" zu werden und die Kontrolle über ihr Leben zu verlieren. Desgleichen spielen biografische Brüche in ihren Lebensgeschichten eine gewichtige Rolle. Um auf die Entstehungs- und Verlaufsmuster jugendlicher Gewaltsamkeit angewandt werden zu können, muss der Karrierebegriff Diskontinuitäten und Kontingenzen ebenso mit einbegreifen wie die zeitweilige Unfähigkeit der Protagonisten, den Lauf ihrer Angelegenheiten zu bestimmen. In dieser Weise hat etwa die „Suchtkarriere" in den alltäglichen und wissenschaftlichen Sprachgebrauch Eingang gefunden. Einem solchen Verlaufsprozess, der von bewussten Entscheidungen, zwanghaften Verhaltensweisen und tragischem Erleiden, von Zufällen, Schüben und Kehrtwenden bestimmt ist, steht der Begriff der Gewaltkarriere wesentlich näher als der traditionellen Idee einer beruflichen Laufbahn, die einem institutionell vorgefertigten Struktur- und Handlungsmuster folgt.

Die Kriminalsoziologie kennt seit David Matzas (1964) Analyse jugendlicher Delinquenz die Figur des „Drifters", der in einem schleichend beginnenden Prozess sukzessive in Subkulturen der Delinquenz hineinrutscht. Der Drifter schlittert in eine Lebensführung, die sich ständig zwischen Erfahrungen des Kontrollverlusts und Versuchen, die Kontrolle über das eigene Leben zurückzugewinnen, hin- und herbewegt. [...]

Familiäre Gewalt und Ohnmacht

Wie die Interviews meiner Untersuchung zeigen, waren Jugendliche, die wiederholt als Gewalttäter in Erscheinung getreten sind, fast ausnahmslos über einen längeren Zeitraum hinweg und bereits in frühen Phasen ihrer familiären Sozialisation Opfer von Gewalt.

Die Jahre der Kindheit lassen sich bei diesen Jugendlichen als Verlaufskurven des Gewalterleidens beschreiben, deren charakteristisches Merkmal das der Ohnmacht ist. Misshandlungen in der Familie gehen den Aussagen der Jugendlichen zufolge stets mit Gefühlen des physischen Ausgeliefertseins und der Wehrlosigkeit einher, sofern es keine Bezugspersonen gibt, die wirksamen Schutz bieten und als Anwälte der Kinder auftreten. Ähnlich verhält es sich bei jenen Jugendlichen, die miterleben mussten, wie ihre Mutter vom Vater oder eines ihrer Geschwister von einem Elternteil geschlagen wurde. Auch sie berichten, dass sie sich als hilflose, zur Handlungsunfähigkeit verurteilte Zeugen erfuhren. „Ich konnte nichts machen, ich war ja noch klein" ist eine Formulierung, mit der mehrere Jugendliche in nahezu identischer Weise einmal ihre Erfahrungen der eigenen Misshandlung, dann wieder die der Zeugenschaft familiärer Gewalt auf den Punkt bringen. [...]

Bei der direkten Viktimisierung durch die am eigenen Leib erlittene Gewalt geht die kindliche Ohnmacht aus der physischen Wehrlosigkeit hervor. Die betroffenen Kinder sehen sich den Schlägen der Eltern, manchmal auch der Geschwister ohnmächtig ausgeliefert. Oft wird dies durch die Unberechenbarkeit der – auffallend häufig dem Alkohol zugeneigten – familiären Täter sowie dadurch verstärkt, dass die Opfer die wiederkehrenden Situationen der Gewalt nur in begrenztem Maße steuern und durch ihr Verhalten verhindern können. So erzählt der 21-jährige Skinhead Kilian, dass er als Kind immer wieder von seiner Mutter für kaum kontrollierbare Tatbestände geschlagen wurde – etwa wenn er mit dreckiger Kleidung nach Hause kam, wenn ein Spielzeug kaputtgegangen war oder wenn er nicht gleich begriff, wie die Hausaufgaben zu lösen waren. Die aus solchen Situationen resultierende Ausweglosigkeit führt dazu, dass die Kinder sich ihrer schutzlosen Lage anpassen: Sie übernehmen die Perspektive des familiären Täters und schließen in ihrer kindlichen Logik von den Schlägen auf ihre eigene Strafwürdigkeit. In diesem Sinne berichtet etwa der 16-jährige, aus Polen stammende Murat von Situationen, in denen er von seinem Stiefvater grundlos geschlagen wurde: „Ja, war schon komisch, der hat mir einfach eine runtergehauen. Und manchmal hab ich so gedacht: Der hat mir eine runtergehauen, weil es sein *musste*, oder so, weil ich des verdient hab."

Missachtung in der Familie

Jugendliche, die wiederholt gewalttätig geworden sind, haben in aller Regel auch Erfahrungen massiver Missachtung in der Familie gemacht. Während Ohnmachtserfahrungen aus dem physischen Ausgeliefertsein in Gewaltsituationen hervorgehen, bestehen Missachtungserfahrungen in der nicht gewaltförmigen Verletzung von Anerkennungsbedürfnissen und -ansprüchen. Ohnmachts- und Missachtungserfahrungen können empirisch ineinandergreifen, wie etwa die Rede vom „Schmerz der Seele" plastisch vor Augen führt, mit der die 16-jährige Kurdin Bebek beschreibt, wie sie die brutalen und erniedrigenden Schläge ihres Bruders erlebt hat. Dennoch ist es angebracht, diese beiden Erfahrungstypen begrifflich zu unterscheiden. Sie gehen auf verschiedenartige Interaktionssituationen zurück und zeichnen sich durch eine unterschiedliche Körpernähe aus: *Ohnmachtserfahrungen* sind unmittelbar an den Körper gebunden, insofern die Betroffenen, wenn sie Opfer der Gewalt werden, ihre Handlungsunfähigkeit direkt am eigenen Leib erfahren oder, wenn sie Zeugen der Gewalt werden, mit der physischen Unfähigkeit konfrontiert sind, so zu handeln, wie es ihren affektiven und moralischen Impulsen entspräche. *Missachtungserfahrungen* beziehen sich auf familiäre Interaktionen, die Anerkennungsbedürfnisse und Ansprüche auf Zuwendung, Achtung und Wertschätzung auf nicht gewaltsame Weise verletzen. *Missachtungserfahrungen* in diesem Sinne können eine Beeinträchtigung des Selbst- und Weltvertrauens herbeiführen, die nicht die physische, sondern die psychische und soziale Integrität betrifft.

Der familiären Sozialisation von Jugendlichen mit einer Gewaltkarriere wohnt meist von Anfang an eine Dynamik der Missachtung inne. Einige knappe Hinweise auf die beiden folgenden, jeweils etwas anders gelagerten Beispiele mögen einen Eindruck davon vermitteln. Die Biografie des 21-jährigen Xaver, der zeitweilig in der Skinheadszene aktiv war, durchziehen Erfahrungen der *aktiven Demütigung* durch die Mutter. Schon früh bekam er von seiner Mutter zu hören, sie wolle ihn „nicht mehr haben". Xavers Darstellung zufolge ließ sie kaum eine Gelegenheit aus, ihn herabzuwürdigen – etwa indem sie ihm und seiner Schwester zu verstehen gab, dass sie eine bloße Last für sie darstellen, und die Forderung an die beiden Schulkinder richtete, für das Wäschewaschen und das Essen zu bezahlen. Als sich schulische Probleme bei Xaver zeigten, bezeichnete ihn seine Mutter als „das schwarze Schaf der Familie". Diese Rolle sollte ihm fortan bleiben, und nachdem er mit 13 Jahren in der Schule ein Hakenkreuz an die Wand gemalt hatte, wurde er auf Betreiben der Mutter in ein Kinderheim eingewiesen oder – wie er es empfand – „abgeschoben". Auf weitere Eskapaden und Straftaten Xavers, die sich wie paradoxe Versuche ausnehmen, von anderen aufgefangen zu werden, reagierte seine Mutter mit weiteren negativen Etikettierungen: Er werde ein „Trinker" und ein „Knasti" wie sein Vater, gab sie ihm mit auf den Weg, bevor sie sich ganz von ihm distanzierte.

Epiphanische Erfahrungen und biografische Wendepunkte

Bestimmten Gewaltakten, die sie selbst begangen haben, schreiben die interviewten Jugendlichen eine bleibende Bedeutung für ihr weiteres Leben zu. Dieses Phänomen lässt sich mit dem Begriff der epiphanischen Erfahrung analysieren, den Denzin (1989) in die soziologische Biografieforschung eingeführt hat. Epiphanien (*epiphanies*) im Sinne Denzins bezeichnen Momente der Offenbarung im Leben einer Person: In einem signifikanten, oft krisenhaften Ereignis zeigt sich ihr individueller Charakter in neuem Licht. Die

Erfahrungen, die Personen in solchen Situationen und Ereignissen machen, hinterlassen tiefe Spuren in ihrem Leben. Weil sie Potenzen der Verwandlung besitzen, verknüpft Denzin epiphanische Erfahrungen mit dem ursprünglich auf Everett C. Hughes (1971/1952) zurückgehenden Konzept des Wendepunktes. Nach einer epiphanischen Erfahrung, so die Implikation dieses Begriffs, ist die Person nie mehr dieselbe, die sie vorher war. Sie durchläuft subjektiv eine Statuspassage und gewinnt ein anderes Verhältnis zu sich selbst.

Kilian berichtet, dass seine Mutter ihn öfter mit den Worten „runtergemacht" habe: „Du wirst et nie zu irgendwat bringen und nie zu irgendwat schaffen!", bis er ihr einmal „die Meinung gesagt" und seine Fäuste habe „sprechen lassen". Dass er seiner Mutter „eine verpasst" hat, als sie ihn gerade schlagen wollte, verbindet Kilian mit einer entscheidenden Veränderung: Seine lapidare Bemerkung, es durch diese „Aktion" seiner Mutter „endlich gezeigt" zu haben, bringt die Umkehrung der früheren Konstellation ebenso deutlich zum Ausdruck wie seine Feststellung: „Seit da hat sie Angst vor mir gehabt". Mit Springerstiefeln an den Füßen verlässt Kilian das Haus der Mutter und kehrt bald darauf mit Freunden aus der Skinheadszene zurück, um das begonnene Werk zu vollenden. Wie er erzählt, hat er mit seinen Kameraden die Wohnung „eingenommen", die klagende Mutter „geschlagen" und sie später „rausgeschmissen". Die ganze Situation ist so angeordnet, als habe er den vollzogenen Rollentausch neu inszenieren, sein „authentisches" Selbst öffentlich darstellen und die damit verbundene biografische Wende endgültig besiegeln wollen. Mit seinen Übergriffen auf die Mutter führte Kilian tatsächlich den endgültigen Bruch mit ihr herbei und wandte sich nunmehr vollends, wie er einmal sagt, seiner „Ersatzfamilie", der rechtsradikalen Skinheadszene zu.

Wenn Jugendliche ihre biografischen Erzählungen um besondere Gewalterfahrungen herum konstruieren, die sie als Wendepunkte ihres Lebens interpretieren, dann bestätigt sich daran einerseits die als Thomas-Theorem bekannt gewordene soziologische Einsicht, dass Situationen, die von Akteuren als real definiert werden, auch ganz reale Auswirkungen haben. Zum anderen zeigt sich daran, dass auch Lebensgeschichten, die von einer Gewaltkarriere geprägt sind, „Deutungsmuster" im vollen Sinne des Wortes darstellen. Biografische Erzählungen, wie die interviewten Mehrfachtäter sie darbieten, geben nicht nur eine Abfolge von Ereignissen wieder, sondern folgen in ihrer Tiefenstruktur einem Muster, das fest in der westlichen Kultur verankert zu sein scheint. Die eigene Biografie von einem Ereignis und entscheidenden Wendepunkt her zu begreifen, hat eine lange Tradition im Christentum und anderen Religionen. [...]

Handlungsschemata der Gewaltausübung

Dass bestimmten Akten der Gewaltausübung ein epiphanischer, also ein Offenbarungscharakter zukommt, basiert wesentlich auf dem Umstand, dass die Jugendlichen dabei mit der Erfahrung einer Handlungsmacht in Berührung kommen, die sie im familiären Gewaltzusammenhang verloren hatten. Aber die Folgen einer Verlaufskurve des Erleidens sind freilich nicht mit einem einmaligen Gewaltakt aus der Welt geschafft, sondern wirken fort: Die Jugendlichen wollen ihre Aktionsmacht, die eine Vorgeschichte der Misshandlung und des Anerkennungsentzugs wenden und vergessen machen soll, immer wieder aufs Neue beweisen. Es entstehen von Gewalt bestimmte Handlungsschemata. Diese sind von „gewaltaffinen Interpretationsregimes" durchdrungen, in denen sich die Langzeitwirkungen familiärer Verlaufskurven der Ohnmacht und Missachtung manifestieren. Aus solchen Handlungsschemata gehen aber auch neue, sich verselbstständigende „intrinsische Tatmotive" hervor, durch die sich die Jugendlichen tiefer und tiefer in eine von Gewaltausübung geprägte Lebensführung verstricken. Schließlich bilden sich „Gewaltmythologien" heraus, mit denen die Jugendlichen ihre Gewaltsamkeit normativ aufladen und ihr neu gewonnenes Selbstbild ausstaffieren.

Gewaltaffine Interpretationsregimes

Gewaltaffine Interpretationsregimes sind in der familiären Sozialisation erworbene Wahrnehmungsmuster. Sie bringen eine besondere Vulnerabilität der Jugendlichen in Interaktionssituationen mit sich, die ihre früheren Ohnmachts- und Missachtungserfahrungen wachrufen. Die Jugendlichen erkennen im Verhalten ihrer Interaktionspartner vorschnell die Absicht, sie erniedri-

gen oder ihnen zu Leibe gehen zu wollen. Diese Wahrnehmung bestimmt ihre Situationsdefinitionen, wenn sie gewalttätig werden. Oft genügt ein Blick des anderen, in den sie dessen Verachtung oder Aggressionsbereitschaft hineinlesen; ein falsches Wort des anderen kann Anlass genug sein, um ihre gewaltsame Gegenwehr herauszufordern. [...]

Die folgende Episode aus dem Interview mit der 16-jährigen Bebek, einer in Berlin geborenen Kurdin, lässt die Wirkungsweise gewaltaffiner Interpretationsregimes deutlich hervortreten. Der Vorfall beginnt damit, dass Bebek in ihrem Jugendzentrum den Raum, in dem gerade ein paar Freunde von ihr tanzen, betreten will, um mit diesen kurz zu sprechen. An der Tür entwickelt sich ein Wortwechsel mit einem gleichaltrigen iranischen Mädchen, das ihr zunächst von sich aus, dann mit Verweis auf eine Direktive des Erziehers den Zutritt zur bereits laufenden Tanzübung verwehren will. Nach einigem Hin und Her schlägt Bebek ihre Kontrahentin mit solchem Ingrimm, dass diese mit einem Schädeltrauma und Rippenbrüchen ins Krankenhaus eingeliefert werden muss; ein gerichtliches Nachspiel sollte folgen. Die zwischen Bebek und dem Mädchen eskalierende Spannung bezieht ihre Kraft aus der Thematik des Ausschlusses. Bebek, die gleich zu Beginn ihrer Erzählung betont, dass sie früher „fast jeden Tag" im Jugendzentrum war und dort gewissermaßen ein Heimrecht genießt, sieht ihre Zugehörigkeit von ihrer Kontrahentin infrage gestellt. [...]

Intrinsische Gewaltmotive

Im Zuge von Gewaltkarrieren treten meist Tatmotive auf den Plan, die sich nicht mehr auf die beschriebenen Situationsdefinitionen und Interpretationsmuster reduzieren lassen. Die Gewalt bekommt ein überschießendes Moment an Grausamkeit und eine Eigendynamik, für die eine „dispositionale" Erklärung, die auf biografisch bedingte Handlungsneigungen der Täter rekurriert, nicht ausreicht. Hier muss die Erklärung der Gewalt und ihrer Motive um eine – in der Kriminalsoziologie weit weniger entwickelte – „situative" Analyse ergänzt werden. Denn in den Schilderungen der interviewten Jugendlichen stößt man immer wieder darauf, dass sie mit ihren Gewalthandlungen einen unmittelbaren subjektiven Gewinn verbinden, der in der Erfahrung einer besonderen Intensität besteht. In der einen oder anderen Weise berichten sie von faszinierenden Erlebnissen der Gewaltausübung, die nicht nur eine enthemmende Dynamik in der Gewaltsituation mit sich bringen, sondern auch zum Motiv für weitere Gewalttaten werden können.

Murat berichtet von einem Vorfall, der dies veranschaulichen kann. Er nimmt seinen Ausgang an Murats Schule in West-Berlin, als ein arabischer Jugendlicher die Nachricht verbreitet, er und sein schwarzer Freund seien an ihrer Ost-Berliner Schule von einer Skinheadgruppe als „Scheißausländer" beschimpft und geschlagen worden. Das Ansinnen, Murat und einige türkische Schulkameraden dafür zu gewinnen, das Vergehen der Skinheads zu ahnden, hat schließlich Erfolg, nachdem der Anstifter darauf hingewiesen hat, die „Nazis" hätten sie zum Kampf herausgefordert. Die sechzehnköpfige, mit Schlagstöcken bewaffnete Gruppe sucht schließlich die Skinheads auf, und nach einem Wortwechsel kommt es zu einer heftigen Auseinandersetzung, bei der zwei türkische Mitstreiter Murats ihr Messer ziehen, mehrmals auf einen der Skinheads einstechen und ihn lebensbedrohlich verletzen. Worum es bei dieser Auseinandersetzung geht, scheint in Murats Beschreibung der Situation zunächst völlig klar – darum nämlich, die Skinheads für ihre ausländerfeindlichen Sprüche und Taten zur Rechenschaft zu ziehen und, mehr noch, die Herausforderung zum Kampf anzunehmen. Im Zuge der Situationsdynamik kommt jedoch ein zusätzliches Handlungsmotiv ins Spiel, das Murat mit folgenden Worten beschreibt: „Wir wollten die richtig so kaputtschlagen, dass sie auf dem Boden liegen, dass die uns schon so anbetteln: ‚Nicht schlagen bitte! Okay, tut uns leid, was wir gesagt haben.' So richtig kaputtschlagen wollten wir die!" Dieser Beschreibung zufolge hatten es Murat und seine Gruppe darauf abgesehen, eine Situation der völligen Unterwerfung der Gegner herbeizuführen und sich am Entsetzen der Unterlegenen zu weiden. Die Gewalt zielt nicht nur auf die physische Bezwingung des Gegners, sondern auch auf das verbale Eingeständnis seiner Unterlegenheit und das maliziöse Auskosten seiner Angst: Die Skinheads sollten zittern und um Gnade betteln. Mit einem Kniefall sollten sie die Verfügungsgewalt Murats und seiner Gruppe in einem

geradezu formellen Akt der Unterwerfung bestätigen. Hier wird das triumphale Erlebnis, sich durch die körperliche Überwältigung des Gegners als bedingungslos überlegen zu erweisen, im Vollzug des gewaltsamen Unterfangens zur entscheidenden Triebfeder des Handelns.

Gewaltmythologien

Die wiederholte Gewaltausübung lässt das Selbstbild und die normativen Ideale der jugendlichen Täter nicht unberührt. Wenn in der Erfahrung der Gewaltausübung selbst ein anziehendes, weil Ekstasezustände und Machtgefühle verbürgendes Moment steckt, kann das nicht ohne nachhaltige Folgen für die Werthaltungen der Jugendlichen bleiben. Dies zeigte bereits die Analyse epiphanischer Gewalterfahrungen, die von den Akteuren als Schlüssel zu einem neuen Selbstverständnis und als authentischer Ausdruck ihrer selbst wahrgenommen werden. Das in epiphanischen Erfahrungen aufkeimende Selbstbild erfährt eine Veralltäglichung, und die Jugendlichen erheben die Gewaltsamkeit zu einem positiven Wert. Für andere eine leibhaftige Bedrohung darzustellen und stets zum gewalttätigen Kampf bereit zu sein, gelten ihnen als Ideale. Sie schicken sich an, diese Ideale zu realisieren, und leiden darunter, wenn sie ihnen – etwa mangels Mut und Muskelkraft – nicht nachzukommen vermögen. Sie kämpfen, trainieren und leiden auf der Grundlage von Werten.

„Ein Machtgefühl, ist ein einziges Machtgefühl. Fühlst dich gut, denkst, du bist der Boss und kannst dem allet sagen, und der *macht* det. Ja, so ist det! Machtgefühl! Kribbeln! Und man fühlt sich einfach gut. Obwohl, wenn man zu Hause ist oder alleine oder so, denkt man manchmal, wozu det vielleicht führt, oder so. Und wat es dir eigentlich bringt. Ich meine, die denken doch eigentlich, dass du ein *Arschloch* bist. So ist det ja! [...] Also, manchmal, im stillen Kämmerchen, denkst du schon, wat det bringt. Oder du kannst das nicht absehen: was es für dich bringt, oder so. Weiß ich nicht. Dass sie bloß Angst haben. Also, so aus reiner Angst det machen, wat du sagst." Kilian findet hier recht deutliche Worte für die Ambiguität, die er angesichts der auf Angst gegründeten Unterwerfung anderer empfindet. Sein erhebendes „Machtgefühl" hat eine bittere Kehrseite, nämlich das Bewusstsein, von anderen abgelehnt zu werden. Den Gratifikationen der Gewalt treten bedenkliche Nebenfolgen gegenüber; zu ihnen gehört nicht zuletzt, dass Kilian bei seinen Interaktionspartnern nicht mehr zwischen wirklicher Achtung und vorauseilendem Gehorsam unterscheiden kann.

Wie sich am Beispiel Kilians zeigt, kann dieses Bewusstsein der Jugendlichen lange folgenlos bleiben, weil sie um jeden Preis verhindern wollen, dass die anderen sich negativ über sie äußern können. Es ist ihre Angst, auf Ablehnung zu stoßen, die sie an Praktiken festhalten lässt, die, wenn sie schon keine Anerkennung bringen, die anderen wenigstens mundtot machen. Dieser Teufelskreis bleibt bestehen, solange das biografisch erworbene Problem der Anerkennung und der Selbstachtung nicht gelöst ist und die gewaltaffinen Interpretationsregimes in Kraft bleiben. Bis dahin halten sich die mythisch aufgeladenen Idealbilder der Gewalt, die dafür verantwortlich sind, dass die – ebenso schnell verderblichen wie erneuerbaren – Früchte der Gewaltsamkeit den Jugendlichen als erstrebenswerte Güter erscheinen. Dennoch erhält die Ära der Gewalt mit der späten Einsicht, dass man Anerkennung nicht erzwingen kann, wiederum Momente einer Verlaufskurve. Gerade die Phasen größter Aktionsmacht können schnell als Zeiten der verpassten Chancen und der zerstörten Sozialbeziehungen erscheinen. Während mit gewaltaffinen Interpretationsregimes eine Verlaufskurve des Erleidens in ein Handlungsmuster der Gewalt hineinragt, kann dieses Handlungsmuster nun selbst den Charakter einer Verlaufskurve des Erleidens annehmen. Die jugendlichen Akteure müssen erfahren, dass ihre Handlungsschemata nie davor gefeit sind, in neue Formen des Erleidens einzugehen. Sie bleiben gezeichnet von ihren lebensgeschichtlichen Wegen, die von *points of no return* gepflastert sind.

(Ferdinand Sutterlüty, Was ist eine „Gewaltkarriere"? in: Zeitschrift für Soziologie Nr. 4/2004, S. 266–284 [Auszüge])

1. Arbeiten Sie mithilfe der Auszüge aus der Untersuchung das typische Muster einer Gewaltkarriere heraus.

2. Lässt sich mithilfe dieses Ansatzes der Amoklauf von Erfurt erklären?
3. Lebensgeschichten kann man verstehen als Aufschichtungsprozess – Schicht auf Schicht bildet sich eine einmalige Lebensgeschichte. Visualisieren Sie die Lebensgeschichte von Robert Steinhäuser, z. B. in Form einer Lebenskurve, und heben Sie beschleunigende und verfestigende Faktoren besonders hervor.
4. Welche Ansatzpunkte für pädagogische Intervention können Sie erkennen? Wo gibt es „points of return"?
5. In welchem Verhältnis stehen biografisch-einmalige Konstellationen und Verläufe zu allgemein-gesellschaftlichen Rahmenbedingungen?

Soziologische Ansätze zur Erklärung von Gewalt

Anomietheorie

Anomie ist vom griechischen Wort Nomos (Gesetz oder Regel) abgeleitet und bedeutet im soziologischen Verständnis Normlosigkeit. Der Anomiebegriff wurde um die Jahrhundertwende vom Soziologen Emile Durkheim eingeführt. Anomie ist ein Zustand der sozialen Desintegration, der durch die Verhinderung bzw. den Abbau sozial befriedigender solidarischer Kontakte infolge der wachsenden Arbeitsteilung zwischen den arbeitenden Menschen einer Gesellschaft entsteht. Die Anerkennung sozialer Regeln und Zwänge, die Achtung der moralischen Autorität der Gesellschaft sind – nach Durkheim – für die Kanalisierung menschlicher Bedürfnisse notwendig. Diese Sicherheit der Normgeltung geht aber bei instabilen Verhältnissen verloren, sodass der Zustand der Anomie eintritt. Anomie äußert sich also im Fehlen von gemeinsamen Verbindlichkeiten und normativen Regulierungen, was letztlich zu abweichendem Verhalten führen kann. Dieses entsteht einerseits durch eine starke Individualisierung der Gesellschaftsmitglieder und andererseits durch die Diskrepanzen zwischen dem Anspruchsniveau der Menschen und den nur begrenzt zur Verfügung stehenden Gütern.

Die Anomietheorie Durkheims wurde von Robert Merton (1968) weiterentwickelt. Mertons Ansatzpunkt ist die Unterscheidung von „kultureller" und „gesellschaftlicher" Struktur. Unter kultureller Struktur werden dabei die kulturell definierten Ziele und die legitimen Mittel zur Erreichung dieser Ziele verstanden, unter gesellschaftlicher Struktur die reale Chancenstruktur, z. B. die schichtbedingte beschränkte Verwirklichungschance. Entsprechend der Ideologie der Chancengleichheit ist Reichtum als kulturell definiertes Ziel für alle Gesellschaftsmitglieder prinzipiell erreichbar. Aber die tatsächliche Sozialstruktur beschränkt für die unterprivilegierten Schichten den Zugang zu den legitimen Mitteln, um diese Ziele zu erreichen. Aus diesem anomischen Zustand der Gesellschaft resultiert ein Druck zu deviantem Verhalten auf die unterprivilegierten Schichten. Dieser ist umso größer, je mehr die gesellschaftlich definierten Ziele und die individuell vorhandenen Mittel auseinanderklaffen. Gesellschaftlich anomische Zustände sind nach Merton entscheidend für die Erklärung devianten Verhaltens, wobei das Anpassungsverhalten an gleiche anomische Zustände unterschiedlich ausfallen kann:

– *Konformität* heißt, dass sowohl die Ziele als auch die Mittel bejaht werden. Hierbei handelt es sich nicht um deviantes Verhalten.
– *Ritualismus* heißt, dass die Ziele vernachlässigt, die Mittel hingegen nicht nur bejaht, sondern sogar überbetont werden (z. B. übertriebener Arbeitseifer oder Geiz). Dies gilt ebenfalls nicht als deviantes Verhalten.
– *Eskapismus* bedeutet Rückzug, Flucht, Apathie. Hier werden sowohl die Ziele als auch die Mittel abgelehnt. Man zieht sich weitgehend aus der Gesellschaft zurück, „steigt aus".
– *Rebellion* meint, dass sowohl die Ziele als auch die Mittel abgelehnt werden und durch neue, alternative Ziele und Mittel ersetzt werden.

– *Innovation* heißt, dass zwar die Ziele bejaht werden, dass jedoch neue, innovative Mittel angewandt werden. Hier wird die Ziel-Mittel-Diskrepanz durch Rückgriff auf illegitime Verhaltensweisen wie Diebstahl, Raub, Betrug, Erpressung u. Ä. gelöst.

Die Anomietheorie als ein übergreifender, makrotheoretischer Ansatz hat große Erklärungskraft für die Entstehung abweichenden Verhaltens (z. B. Gewalt) unter Kindern und Jugendlichen. Nach der Anomietheorie kommt es bei ihnen dann zu Aggression und Gewalt, wenn sie keine anderen, alternativen Chancen sehen, die in der Gesellschaft vorherrschenden Ziele (Wohlstand, Erfolg, Anerkennung), die ja auch ihre Ziele sind, zu erreichen. Kinder und Jugendliche sind meist sehr sensibel dafür, welche persönlichen und beruflichen Chancen sie haben. Die Anomietheorie weist darauf hin, dass das Aggressionspotenzial insbesondere bei den Jugendlichen ansteigen kann, die sich schon früh als Verlierer empfinden (z. B. wenn aufgrund eines fehlenden oder schlechten Schulabschlusses kaum Chancen für den Einstieg ins Erwerbsleben bestehen). Wenn Jugendliche eine solche anomische Situation erleben, d. h., wenn sie tagtäglich erfahren, wie wichtig Erfolg, Geld und Prestige in dieser Gesellschaft sind, und sie sich gleichzeitig von dem Erreichen dieser Ziele gesellschaftlich ausgeschlossen fühlen, werden Aggression und Gewalt wahrscheinlich. Auf die „strukturelle Gewalt" einer Gesellschaft, die ihnen kaum Entwicklungschancen bietet, reagieren Kinder und Jugendliche ihrerseits gewalttätig, um auf diesem Wege Erfolg und Anerkennung zu erreichen. Das gilt sowohl für den schulischen wie den außerschulischen Bereich. So ist z. B. bei einer auf Status und Prestige ausgerichteten Freizeit- und Freundeskultur (Stichwort: „Markenklamotten") derjenige, der nicht mithalten kann, für die Anwendung illegitimer Mittel anfällig.

Etikettierungstheorien

In vielen soziologischen Theorien gilt es als unproblematisch, das Merkmal „abweichend", „delinquent" oder „kriminell" zu verwenden. Dies wird jedoch vom Etikettierungsansatz (labeling approach) hinterfragt. Obwohl es aufgrund der vielen unterschiedlichen Einzelansätze innerhalb des labeling approach schwierig ist, eine Gesamtbeschreibung vorzunehmen, können folgende grundlegende Gemeinsamkeiten dieses Ansatzes festgehalten werden:

– Der labeling approach beschäftigt sich mit der sozial determinierten Normsetzung; jene, die Macht haben, können ihre interessengeleiteten Normen durchsetzen (Normsetzung).
– Die Normsetzung allein konstituiert allerdings noch nicht abweichendes Verhalten. Erst durch die Anwendung von Normen wird Verhalten zu konformem oder zu abweichendem Verhalten. Die Klassifikation als abweichendes Verhalten kommt durch gesellschaftliche Definitions- und Zuschreibungsprozesse zustande. Diese werden selektiv vorgenommen, da die Normsetzung wie auch die Normanwendung durch das sozialstrukturelle Machtgefälle determiniert sind.
– Durch die selektive Normanwendung werden Zuschreibungsprozesse initiiert, die den Verhaltensspielraum der „gelabelten" Individuen reduzieren. In Ermangelung ausreichend konformer Verhaltensmöglichkeiten wird der Ausweg in den als abweichend definierten Verhaltensweisen gesucht; das „Labeln" führt also zu sekundär abweichendem Verhalten. Dadurch bilden sich abweichende Selbstdefinitionen heraus.

Zentral für den labeling approach ist die Unterscheidung zwischen primärer und sekundärer Devianz, wobei die sekundäre Devianz von größerer Bedeutung ist. Während sich die primäre Devianz auf die verschiedenen Ursachen für abweichendes Verhalten bezieht, beruht die sekundäre Devianz allein auf der Reaktion und Rollenzuschreibung seitens der sozialen Umwelt. Diese Reaktionen und die Etikettierung, die auf primäre Devianz folgen, führen zu einem eingeengten Handlungsspielraum, zu einer Einschränkung des „Symbol- und Aktionsfeldes", was Konsequenzen für die soziale Rolle und das Selbstkonzept der betreffenden Person hat: Auf primäre Devianz folgen Strafen, weitere Abweichungen, härtere Strafen usw., bis sich abweichendes Verhalten stabilisiert und die abweichende Rolle akzeptiert wird. Große Bedeutung kommt dabei den „Kontrollagenturen" zu. Ihr Wirken führt dazu, dass sie Devianz nicht nur nicht vermindern, sondern diese erst schaffen, indem sie in der Gemeinschaft ein Stereotyp von Devianz, also eine Vorstellung von dem, was Abweichung ist und wie man sich einem Abweichler gegenüber zu verhalten hat, erzeugen.

Der labeling approach hat für die Erklärung von Aggression und Gewalt unter Kindern und Jugendlichen eine hervorragende Bedeutung, weil er zum einen die Prozesshaftigkeit der Gewaltgenese abbildet und zum anderen, weil er Gewalt nicht nur durch primäre Ursachen, sondern auf sekundärer Ebene über Interaktionshandelnde und interaktionelle Reaktionsformen erklärt. Zudem ist mit dem interaktionistischen Ansatz ein Identitätskonzept verknüpft, das sich auf solche Rollenqualifikationen und kommunikative Kompetenzen stützt, wie Frustrations-, Ambiguitäts- und Rollendistanz. Da die interaktiven Grundqualifikationen meist unterschiedlich ausgeprägt sind, kommt es zu misslingenden Aushandlungen, Interaktionskonflikten und somit u. U. auch zu Gewalt. Ein zweiter Erklärungsstrang des labeling approach betrifft die interaktionelle Dynamik im Prozess der Etikettierung. Wer in der Schule negativ auffällt, ist von „Devianzzuweisungen" bedroht. Diese Typisierungen sind mit Statuszuschreibungen verbunden, die sich mit der Zeit verfestigen und zu Stigmatisierungen führen können. Am Ende des Prozesses verhält sich der etikettierte Schüler so abweichend, wie es seine Umwelt erwartet. Das Fremdbild über den Abweichenden wird zum Selbstbild.

Die Schulforschung hat gezeigt, dass solche Etikettierungsprozesse immer wieder zwischen Lehrern und Schüler ablaufen, diese den Lehrpersonen aber meist verborgen bleiben. Etikettierungsprozesse können zur Konstituierung abweichender Schulkarrieren beitragen. So haben soziale Etikette und Vorurteile (z. B. „das aggressive Kind") starke Wirkungen und können ein Kind gegen seine Absicht in die Rolle eines Aggressors drängen. Umgekehrt können aber auch „abgestempelte Kinder" aus ihrem „sozialen Käfig" herausgeführt werden, indem z. B. die Mitschüler angehalten werden, nicht über vermeintlich negative, sondern über positive Verhaltensweisen des betreffenden Kindes zu berichten. Dadurch wird auch dem betreffenden Kind Gelegenheit gegeben, ein anderes Verhalten zu zeigen.

Abweichendes Verhalten – und damit auch Gewalt – wird aus interaktionistischer Sicht als ein Interaktionsprozess zwischen Individuum und Gesellschaft, als ein Prozess gegenseitiger Bedingtheit des Verhaltens von auffällig gewordenen Individuen und Instanzen sozialer Kontrolle aufgefasst. Der labeling approach hat zu einem Wechsel der Betrachtungsweise geführt: von den persönlichen oder gesellschaftlichen Merkmalen des Individuums hin zu den Prozessen, die dazu führen, dass jemand als Außenseiter angesehen wird, und zu den Reaktionen auf dieses Urteil. Dieser Perspektivenwechsel stellt eine deutliche Erweiterung des Betrachtungshorizonts im Hinblick auf die Erklärung von Aggression und Gewalt dar. Gewalt erscheint dann auch als Ergebnis schulischer Etikettierungsprozesse und misslungener Identitätsbildung, woran nicht zuletzt Lehrer, Erzieher, Sozialpädagogen u.a. beteiligt sind.

Maßnahmen zu Reduzierung von Gewalt bzw. abweichenden Verhaltens zielen dann nicht nur auf die Persönlichkeit des Täters, sondern auch auf die Instanzen sozialer Kontrolle. So sollte die Schule ihre eigene Rolle im Verfestigungsprozess abweichenden Verhaltens erkennen, reflektieren und abbauen. Zugleich sollten Techniken der Entstigmatisierung entwickelt werden. Lehrer und Erzieher müssen sich die meist unbewusst ablaufenden Stigmatisierungsprozesse bewusst machen und Gegenstrategien entwickeln. Dazu gehört u.a., abwertende Zuschreibungen den Schülern gegenüber zu vermeiden (z.B. „gewaltbereit", „asozial") und außerinstitutionelle Sanktionen bzw. informelle Kontrollen zu bevorzugen. Der Hinweis darauf, dass mit solchen Bewertungen und Urteilen höchst sorgsam und reflektiert umgegangen werden muss und dass auch die zugrunde liegenden Normen stets zu hinterfragen sind, ist das Verdienst des labeling approach.

Sozialökologischer Ansatz

Beim sozialökologischen Ansatz wird das Umfeld der Handelnden – und in unserem Zusammenhang besonders akzentuiert die Schule – als gewaltfördernder Faktor betrachtet. Sozialökologische Theorieansätze sehen den Menschen als Gestalter seiner Entwicklung und als erkennendes und sich selbst reflektierendes Wesen. So ist der Mensch Produkt und Gestalter seiner Umwelt zugleich. Die ökologische Perspektive betont insbesondere die Wechselbeziehungen zwischen dem Individuum und den Umweltsystemen. Durch

Handeln, das sich in Interaktionen vollzieht, gelangt das Individuum zu Erkenntnissen und erwirbt Kompetenzen. Sozialökologische Ansätze knüpfen somit an interaktionistische Theorien an.

Die Grundannahme ist, dass Gewalt das Ergebnis der subjektiven Verarbeitung von Wechselbeziehungen zwischen innerschulischen Umweltbedingungen und individuellen Personenmerkmalen ist. Die Einflussfaktoren der schulischen Lern- und Sozialumwelt werden dabei mit der subjektiven Verarbeitung in Beziehung gesetzt und unter interaktionistischer Perspektive betrachtet. Dem symbolischen Interaktionismus zufolge handeln Menschen (hier: Schüler) den Dingen gegenüber (hier: Schule) auf der Grundlage der Bedeutungen, die diese Dinge für sie besitzen. Die wahrgenommenen Strukturen und Erfahrungen innerhalb der Schule erscheinen somit als situative und interaktionelle Determinanten der Persönlichkeitsentwicklung. So können z. B. Sinndefizite, ein mangelndes Vertrauensverhältnis zwischen Lehrer und Schüler, ein schlechtes Schul- oder Klassenklima, Defizite im Lehrerhandeln, schulökologische Bedingungen u. Ä. ein bestimmtes Schulinvolvement und die Identifikation mit Schule und ihren Normen und Werten beeinträchtigen und Aggression, Gewalt, Schuldistanz, Apathie oder andere Ersatzhandlungen befördern.

Im Rahmen der Entwicklung eines *Schulqualitätsindex* haben Melzer/Stenke (1996) folgende Merkmale ermittelt, die die Qualität einer Schule und damit auch die Persönlichkeitsentwicklung der Schüler maßgeblich beeinflussen können: Schul- und Klassenatmosphäre, Schulfreude, Gewaltvorkommen, räumliche Gestaltung, außerunterrichtliches Angebot, Lehrer-Schüler-Beziehung, Förder- und Integrationskompetenz der Lehrer, Partizipationsmöglichkeiten, Leistungsstatus, Schulangst, Unterstützung durch die Eltern. Diese aus Schülersicht wahrgenommenen Merkmale können durch Merkmale aus der Lehrerperspektive (z. B. Schulleitungsqualität, Lehrer-Lehrer-Kooperation und Zufriedenheit mit den Arbeitsbedingungen) ergänzt werden. Bezogen auf die Ausprägung abweichenden Verhaltens hat Holtappels vor allem folgende schulspezifischen Risikofaktoren herausgearbeitet: ein mangelnder Lebensweltbezug von Lerninhalten, ein als problematisch empfundener Unterrichtsverlauf, ein niedriges pädagogisch-soziales Lehrerengagement sowie geringe Mitbestimmungsmöglichkeiten der Schüler. Diese Befunde wurden – mit dem Fokus auf schulische Aggression und Gewalt – durch neuere empirische Studien bestätigt bzw. modifiziert:

- „Unter einem einschränkend-disziplinierenden Erziehungsverhalten und praktizierten Formen sozialer Etikettierung der Missetäter neigen Jugendliche besonders stark zu physischer Gewalt wie psychischen Aggressionsformen. Das, was manche Schulen mit autoritär-strafenden Maßnahmen abzustellen hoffen, kann möglicherweise ins Gegenteil umschlagen und zur Verschärfung beitragen.
- Weniger physische und psychische Gewalt zeigt sich vor allem in einem Schulklima, das durch ein förderndes Lehrerengagement und gute Sozialbeziehungen mit hoher Integrationskraft und von Gruppenzusammenhalt unter den Schülern geprägt ist.
- Eine Lernkultur, die durch lebensweltbezogenes und schülerorientiertes Lernen gekennzeichnet ist sowie Leistungsüberforderung vermeidet und prinzipielle Lernerfolgschancen gewährt, scheint geeignet, gewalttätiges Verhalten zu mindern, vor allem was psychische Aggressionsformen anbetrifft" (Holtappels/Meier 1997, S. 58f.).

Der schulbezogene sozialökologische Ansatz rückt die innerschulischen Umweltbedingungen, vor allem die Schul- und Lernkultur, die aufgrund individueller Personenmerkmale unterschiedlich verarbeitet werden, in den Mittelpunkt. Dabei interessiert auch der Zusammenhang zwischen der Qualität der sozialökologischen schulischen Umwelt und aggressiven bzw. gewaltförmigen Verhaltensweisen. Die erkenntnisleitende Annahme ist, dass eine problembegünstigende schulische Umwelt mit zur Entstehung von Aggression und Gewalt beiträgt. Insbesondere sind Belastungskonzentrationen und Kumulationseffekte in Rechnung zu stellen (z. B. schlechtes Sozialklima, mangelndes Lehrerengagement und unzureichende didaktische Kompetenzen, rigide Sanktionen, Etikettierungsprozesse).

Dass Schule durch eine spezifische Lern- und Erziehungsumwelt das Gewaltniveau beeinflussen kann, gilt mittlerweile als eine empirisch gut be-

stätigte Erkenntnis. Umgekehrt heißt das aber auch, dass Schule selbst durch eine entsprechende Gestaltung der Schul- und Lernkultur die Gewaltentwicklung in Schulen mehr oder weniger beeinflussen kann. Hier liegen vielfältige pädagogische Handlungsmöglichkeiten begründet, z. B. die Entwicklung des Klassen- und Schulklimas, die Gestaltung eines interessanten Schullebens, die Erweiterung der demokratischen Mitbestimmung durch die Schüler, die Förderung vertrauensvoller Lehrer-Schüler-Beziehungen, die Entwicklung sozialer Kompetenzen bei Schülern und Lehrern, die Vermeidung von Etikettierungen, die Verbesserung des Unterrichts und der Lernkultur, der Ausbau von Förderangeboten usw. Der Zusammenhang von Schulqualität, Schulentwicklung und Gewaltprävention wird hier besonders evident. Zugleich rücken auch Fragen der Entwicklung der Lehrerprofessionalität ins Blickfeld.

(Wolfgang Melzer/Wilfried Schubarth/Frank Ehringer, Gewaltprävention und Schulentwicklung, Klinkhardt, Bad Heilbrunn 2004, S. 62–67 [Auszüge])

1. Stellen Sie vergleichend in einer Tabelle zusammen:

Erklärungsansatz	Kurzcharakteristik	Bezugspunkte zur Gewalt in der Schule	Ansatzpunkte für Prävention
Anomietheorie			
Etikettierungstheorien			
Sozialökologischer Ansatz			

2. Ziehen Sie weitere Ansätze heran, die Sie in der Jahrgangsstufe 11 (z. B. Lerntheorien) oder in der Jahrgangsstufe 12 (z. B. Psychoanalyse) bereits kennengelernt haben, und erweitern Sie dementsprechend Ihre Matrix.

3. Welcher Ansatz oder welche Kombination von Ansätzen bietet Ihnen plausible Erklärungen für Gewaltphänomene in der Schule?

Vertiefung

Die Amok-Typologie

„Dann ist er Rambo"

Der Psychiater Lothar Adler über das typische Täterprofil von Amokläufern und den Weg Robert Steinhäusers vom kontaktgestörten Jugendlichen zum rächenden Massenmörder; Adler, 54, ist Direktor der Ökumenischen Hainich-Klinik in Mühlhausen (Thüringen). Der Psychiater hat fast 200 Fälle von Amokläufen analysiert und die Ergebnisse in dem Buch „Amok – Eine Studie" veröffentlicht.

SPIEGEL: Viele Schüler bleiben sitzen oder werden der Schule verwiesen. Kann jeder von ihnen zum Amokläufer werden?

Adler: Glücklicherweise spricht die Statistik dagegen: Die Wahrscheinlichkeit, dass ein Mann in Deutschland Amok läuft, liegt bei 1 : 1 Million, dass eine Frau so etwas tut, bei 1 : 20 Millionen. In den allermeisten Fällen sind es völlig alltägliche

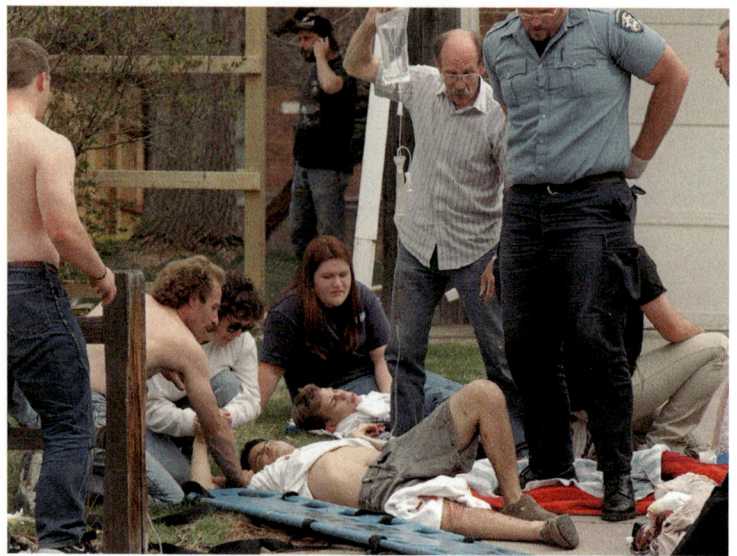

Massaker in der Littleton-Highschool

Probleme oder Kränkungen, die später als Auslöser für einen Massenmord gelten. Aber gottlob können die meisten Menschen so etwas entweder verarbeiten oder verdrängen.

SPIEGEL: Gibt es so etwas wie ein typisches Täterprofil?

Adler: Der klassische Amokläufer ist männlich, gut ausgebildet, meist um die 30 bis 40 und steht vor der deprimierenden Bilanz seines Lebens. Zur Zeit seiner Tat ist er arbeitslos, trotz seiner guten Ausbildung. Und je gebildeter er ist, desto gefährlicher.

SPIEGEL: Robert Steinhäuser war aber wesentlich jünger ...

Adler: ... gerade darin sehe ich ein sehr beunruhigendes, neues Phänomen: Bis in die Neunzigerjahre war die Zahl der Amokläufe weitgehend konstant. Seither steigt sie an, weil zunehmend Schüler ausrasten. Eine Häufung lässt besonders aufhorchen: In nur zwei Jahren passieren drei tödliche Fälle allein in Deutschland, und zwar mit wachsender Brutalität. Nachahmung scheint dabei eine große Rolle zu spielen, eine Art fataler Werther-Effekt wie bei Selbstmorden.

SPIEGEL: Gibt es verschiedene Tätertypen?

Adler: Wir unterscheiden drei Gruppen: Das eine sind die Schizophrenen. Sie bekämpfen aus einer Wahnvorstellung heraus irgendwelche bösen Mächte oder Invasoren aus dem All. Solch einen Jugendlichen haben wir derzeit bei uns im Krankenhaus. Er sah in seiner Großmutter den Teufel und brachte erst sie, dann seine Schwester um. Täter wie dieser ballern meist wild um sich und töten nur wenige Menschen. Auf der anderen Seite gibt es die Depressiven. Sie bilden sich ein, durch eine schandhafte Tat etwa die Ehre ihrer Familie zerstört zu haben, und töten, um den ihnen Nahestehenden die Schmach zu ersparen.

SPIEGEL: Können Sie ein Beispiel nennen?

Adler: Der wohl am besten untersuchte Fall ist der des Hauptlehrers Ernst Wagner, der sich eingebildet hatte, eine sodomistische Handlung begangen zu haben. Er tötete 1913 seine Frau und seine Kinder, wollte seine gesamte Sippe auslöschen und steckte deshalb seinen Geburtsort Mühlhausen (Baden-Württemberg) in Brand.

SPIEGEL: Robert Steinhäuser scheint weder in die eine noch in die andere dieser Kategorien zu passen.

Adler: Nach allem, was wir bislang wissen, gehört er zu der dritten Gruppe: den Persönlichkeitsgestörten, zu denen ich übrigens auch den 16-jährigen Martin Peyerl zählen würde, mit dessen Amoklauf in Bad Reichenhall die jüngste Serie vor gut zwei Jahren begann. Diese Täter verüben die spektakulärsten und opferreichsten Amokläufe. In der Regel verbergen sich dahinter narzisstische Persönlichkeiten, die beziehungsgestört und leicht kränkbar sind. Sie sind sehr bemüht, sich anzupassen. Zugleich haben sie ganz genaue, hochstrebende Vorstellungen von sich selber, die mit der Wirklichkeit überhaupt nicht übereinstimmen. Diese Menschen erleiden deshalb eine Kränkung nach der anderen, und im Gegensatz zu den meisten Menschen vergessen sie keine davon. Die Schmach wühlt und wühlt in ihnen, bis sie irgendwann gegen die ihrer Meinung nach ungerechte Welt losschlagen.

SPIEGEL: Welche Rolle spielt dabei die Familie, aus der ein Amokläufer stammt?

Adler: Häufig ist dieser Typ des Täters sehr auf die Mutter fixiert, er will vor ihr gut dastehen, ihr imponieren. Er scheint zufrieden, obwohl er in Wahrheit nach Anerkennung hungert. Er baut sich Stück für Stück eine utopische Welt im Kopf zurecht. Und damit steuert er auf Riesenprobleme zu, wenn seine Vorstellungen, spätestens mit dem Beginn der Pubertät, immer mehr in Widerspruch zur Realität kommen.

SPIEGEL: Bahnt sich die Mordtat also schon im Alter von 12 oder 13 an?

Adler: Im Prinzip ja. Wenn sich ein Junge in sich kehrt und sich isoliert, dann kann das ein Hinweis auf eine Störung sein, die sich aus der Diskrepanz zwischen Fantasiewelt und Wirklichkeit ergibt.

SPIEGEL: Besonders auffällig soll an Robert seine Antriebsschwäche gewesen sein. Die Eltern konnten ihn für kein Hobby begeistern, er blieb oft zu Hause, war faul in der Schule. Steuerte der Junge geradewegs in eine Depression?

Adler: Schwer zu sagen. In dem für die Eltern sichtbaren Leben mag er antriebsgestört gewesen sein. Aber das lag vermutlich nur daran, dass er seine ganze Kraft und Aufmerksamkeit in die fiktive Welt steckte. Robert driftete in eine hochaggressive Ersatzwelt, aus der er schon damals mithilfe eines Jugendpsychologen oder einer anderen Bezugsperson hätte herausgeholt werden müssen.

SPIEGEL: Ihrer Studie zufolge gibt es einen bestimmten Punkt, an dem die akute Entwicklung hin zum Amoklauf einsetzt. Wann war Robert an diesem Punkt angekommen?

Adler: Es ist zum Beispiel möglich, dass diese so genannte Grübelphase für ihn begann, als klar wurde, dass er eine Klasse wiederholen würde – von außen besehen nicht sehr dramatisch, der Junge aber könnte es als traumatisch empfunden haben.

SPIEGEL: Wie muss man sich diese Grübelphase vorstellen?

Adler: Die Gedanken kreisen nur noch um Rache- und Selbstmordgedanken – ähnlich wie bei Lebensmüden. Äußerlich wirken solche Menschen wie Maschinen, sie scheinen abwesend, kalt und abgebrüht. In dieser Phase, unmittelbar vor dem Gewaltausbruch, wird der Geist immer mehr beherrscht von dem Motto: alles oder nichts. Steuernde Gedanken von außen dringen nicht mehr zu diesen Menschen vor: Ein „Ist doch nicht so schlimm" oder ein „Wird schon weitergehen" gibt es nicht mehr.

SPIEGEL: Trotzdem hat Robert in dieser Phase offenbar noch ganz normal am Esstisch gesessen und wie selbstverständlich an den Gesprächen teilgenommen.

Adler: Daran ist überhaupt nichts ungewöhnlich. Ein Mensch, der so viele Kränkungen nicht verarbeitet hat, ist in der Lage, seine Rolle weiterzuspielen.

SPIEGEL: Robert war dauernd in seinem Zimmer, spielte gewalttätige Computerspiele, schaute Videofilme. Was suchte er dort?

Adler: Der Rückzug aus der realen Welt bewirkt nicht nur eine Isolation, sondern er lässt auch eine Leere entstehen. Diese Leere wird ausgefüllt mit einer Welt, die er sich aus Videofilmen und Computerspielen zusammenbastelt. Er gerät damit in einen Teufelskreis: Er lernt nicht mehr, weil er so viel Computer spielt. Dadurch bekommt er schlechte Noten, fühlt sich also gekränkt und spielt noch mehr Computer.

Typologie eines Amokläufers

Nach einer wissenschaftlichen Auswertung von 196 Amoktaten ist der Täter:

- im Durchschnitt 35 Jahre alt
- in 95 Prozent der Fälle männlich
- eher gut ausgebildet
- zum Tatzeitpunkt schlecht beruflich integriert
- häufig mit Schusswaffen vertraut (hohe Waffenaffinität)
- oft aggressiv, passiv-gehemmt, sexuell abstinent und/oder kontaktscheu
- auf die Tat vorbereitet und hat seine Waffe vorher ausgewählt

Quelle: Lothar Adler

SPIEGEL: Wie kommt es dann zum Realitätsdurchbruch? Wann also wird die Fiktion der Filme und Spiele Wirklichkeit?

Adler: Liebe und Sexualität laufen bei ihm nicht; Schule auch nicht. Nur Videofilme. Er kann seine Wünsche nur in der Fantasie ausleben. Das wird irgendwann unbefriedigend. Ähnlich wie beim Betrachten eines Pornofilms entsteht der Wunsch, es auch in der Realität zu versuchen.

SPIEGEL: Welche Bedeutung hatte dann der Schulverweis?

Adler: Damit stand Robert endgültig vor den Trümmern seiner Trugbilder, und das machte ihn vermutlich zornig. Wenn das Leid zu groß wird, dann schaltet das Gehirn die Gefühle vollständig ab; dann handelt er wie im Film. Dann ist er Rambo.

SPIEGEL: Er zeigte den Eltern im Dezember ein gefälschtes Zeugnis ...

Adler: ... ein letzter Versuch, den Realitätsverlust aufrechtzuerhalten. In seiner Situation musste er stur weitermachen, oder sein Lügengebilde wäre zusammengebrochen. Das ist eine extreme Stresssituation.

SPIEGEL: Er fälscht die Noten und will damit sagen: Schaut her, ich bin besser geworden.

Adler: Er will natürlich seinem narzisstischen Bild entsprechen, vor allem aber will er signalisieren: Lasst mich in Ruhe, ich habe alles im Griff.

SPIEGEL: Was gab dann am 26. April den Ausschlag, jetzt loszuschlagen?

Adler: Am Ende bedarf es gar keines Auslösers mehr. Die Mordgedanken reifen eher wie eine Eiterbeule, die irgendwann platzt. Auch der Hauptlehrer Wagner ist so vorgegangen: Er hat alles kühl geplant, Schießübungen absolviert, und nach einer schönen Sommernacht ist er dann plötzlich aufgestanden und hat mit der Tötung seiner Familie begonnen.

SPIEGEL: Was geht während der Tat im Kopf des Amokläufers vor?

Adler: Das eigentliche Töten geht meist rasend schnell, kalt, maschinenhaft. Martin Bryant etwa ist durch ein Café marschiert und hat wahllos um sich geschossen. An einem bestimmten Punkt haben sich Amokläufer abgearbeitet. Mit der Wiederkehr des Verstands bringen sie sich dann selber um – je mehr Leichen sie hinterlassen haben, desto wahrscheinlicher ist ihre Selbsttötung. Dadurch bedingt wissen wir nur wenig darüber, wie sie sich während und nach der Tat fühlen. Bryant hat überlebt und sagte anschließend aus: Er konnte sich an nichts erinnern. Das könne unmöglich er selber angerichtet haben.

SPIEGEL: Warum hat sich Robert in einen Kampfdress gekleidet?

Adler: Das ist charakteristisch: Die Uniform macht aus der Tat eine Art Ritual. Sie soll signalisieren, dass es hier um Ehre geht.

SPIEGEL: Hat sich Robert in diesem Moment im Recht gefühlt?

Adler: Subjektiv ja. Das Gefühl, im Recht zu sein, hat ja auch den Amokläufern in Malaysia ihre Kraft gegeben, wo einst der Mordrausch als Kriegstaktik eingesetzt wurde. Robert wollte seine Ehre und sein Selbstwertgefühl wieder herstellen – wobei ich allerdings bezweifle, dass er in diesem Stadium noch in moralischen Kategorien gedacht hat.

SPIEGEL: Als ihm der Lehrer Rainer Heise entgegentrat, war da die Tat vorüber?

Adler: In jedem Fall. Während Amokläufer noch im Blutrausch sind, ist jede Beschwichtigung völlig sinnlos. Auch beim Amoklauf in Littleton hat sich gezeigt: Der Versuch, mutig zu sein, geht in der Regel schief. Heise hatte ein unverschämtes Glück. Wäre Roberts Wut noch nicht verraucht gewesen, hätte er ihn gnadenlos abgeknallt.

(Interview von Gerald Traufetter mit dem Amok-Experten Lothar Adler, in: DER SPIEGEL Nr. 19/2002 v. 6.5.2002, S. 145f.)

1. Überprüfen Sie den Fall Robert Steinhäuser nach den Kriterien der Amok-Typologie.
2. Welche Elemente der thematisierten Erklärungsansätze fließen hier zusammen?
3. Welche Schlussfolgerungen für Prävention lassen sich daraus ziehen?

Statements

Anerkennungsverfall

„Meine These lautet: Rache als Ausdruck von Hass stellt nur ein vordergründiges Motiv für Gewalt dar. Rache ist das letzte Glied in einer langen Ursachenkette. Man hat es mit Anerkennungsverfall zu tun – mit dem Gefühl, das entweder nur befürchtet wird oder sich auf Erfahrungen stützt. Ein solcher Prozess greift die Substanz eines jeden Menschen an, wobei der Punkt, wann dieser Anerkennungszerfall einsetzt und wann er einen „Grenzwert" erreicht, von Fall zu Fall variiert. Es gibt keinen Automatismus, der in Gewalt mündet. Das bedeutet aber auch, dass es kaum Vorwarnungen für die Außenwelt gibt. Deshalb führen solche Taten zu einer so tiefen Verunsicherung der ganzen Gesellschaft."

(Wilhelm Heitmeyer, Süchtig nach Anerkennung, in: DIE ZEIT v 2.5.2002)

Gewalt und Gesellschaft

„Ich habe betont, dass Gewalt Produkt von Lebensenge und Angst ist. Das ist nicht in einem beschränkt materiellen Sinne zu verstehen; die Verarmung der Bildungsverhältnisse gehört ebenso dazu wie die Verarmung des emotionalen Haushalts von Menschen. Die Todesschützen von Erfurt und Littleton kamen aus Mittelschichtfamilien; weder in den Familien noch in der Umgebung wusste man, was in ihnen vorgeht, wie es in ihrem Inneren aussieht. Die „Einbeziehung des anderen", die sinnverstehende, vielleicht zeitaufwändige Deutung seiner Gefühle und seiner Handlung, scheinen ein wesentliches Element der Aufhebung jener sozialen Kälte zu sein, die für Gewaltanwendungen in der Gesamtgesellschaft wie im einzelnen Individuum charakteristisch ist. Selbst wenn wir das Gewaltpotenzial, das in jedem Menschen schlummert, nicht im Einzelnen entziffern können, sind doch kollektive Leistungen notwendig, die gesellschaftlichen Zustände friedensfähiger zu machen."

(Oskar Negt, Gewalt und Gesellschaft, in: Aus Politik und Zeitgeschichte B44/2002, S. 5)

> Analysieren Sie die beiden soziologischen Statements: Welche Ergänzung einer eher psychologischen Amoktheorie wird hier geleistet? Welche präventiven Schlussfolgerungen ergeben sich daraus?

„Sind wir nicht alle ein bisschen Robert?"

In der Stadt begegnet mir ein junger Mann, der den Verdrängungsprozess offensichtlich nicht mitmachen möchte. Er trägt ein T-Shirt mit dem Aufdruck: „Erfurt – sind wir nicht alle ein bisschen Robert?" Was Erfurter Schüler und Studierende in elaboriertem Code in der *Frankfurter Rundschau* vorgebracht haben, trägt dieser junge Mann, in zeittypischer Form und auf eine Frage verkürzt, auf der Haut. Seine Botschaft fordert uns auf, den Täter nicht zu isolieren und zur Inkarnation des Bösen zu erklären. Viele von uns „haben einen Hass" und könnten gelegentlich zur von André Breton ironisch propagierten „einfachsten surrealistischen Handlung" schreiten, nämlich „mit Revolvern in den Fäusten auf die Straße gehen und blindlings so viel wie möglich in die Menge schießen". Würde unser junger Mann die Tagebücher von Max Frisch kennen, hätte er in leicht abgewandelter Form die 22. Frage seines dort formulierten Fragebogens auf sein T-Shirt drucken können: „Gesetzt den Fall, Sie sind noch nie Amok gelaufen: Wie erklären Sie es sich, dass es dazu nie gekommen ist?"

(Götz Eisenberg, Die Innenseite der Globalisierung. Über die Ursachen von Wut und Hass, in: Aus Politik und Zeitgeschichte B44/2002, S. 21)

> 1. Beantworten Sie die Frage für sich!
> 2. Würden Sie ein solches T-Shirt in der Öffentlichkeit tragen?

Handreichung zur Einschätzung bedrohlicher Situationen in Schulen

Eine amerikanische Studie zu Gewalttaten an amerikanischen Schulen

Der amerikanische Secret Service hat mit dem United States Department of Education nach dem Massaker an der Columbine Highschool auf der Basis einer umfassenden Analyse von Gewalttaten an amerikanischen Schulen eine Handreichung zur Bedrohungsanalyse und Prävention verfasst. In Deutschland wurde sie von Karl Landscheidt, einem Schulpsychologen aus Oberhausen, übersetzt und ins Internet gestellt:

Die wichtigsten Ergebnisse der SSI-Studie zu gezielten Anschlägen auf Schulen

Dieses Kapitel fasst die Ergebnisse der SSI-Studie zusammen, aus denen sich ein Prozess der Bedrohungsanalyse ableiten lässt, um gefährliche Situationen in Schulen zu erkennen und effektiv mit ihnen umzugehen. Die SSI-Studie hat die Vorgeschichte gezielter Anschläge auf Schulen daraufhin untersucht, ob typische Verhaltens- und Kommunikationsmuster der Täter erkennbar sind, die es ermöglichen, etwaige zukünftige Anschläge im Voraus zu erkennen und zu verhindern.

Aus den Ergebnissen der SSI-Studie lassen sich eine Reihe von Strategien ableiten, die geeignet sind, solche Anschläge zu verhindern. Schulen sollten in Zusammenarbeit mit der Polizei in der Lage sein,
- die verfügbaren Informationen, die anzeigen, dass ein echtes Risiko eines Anschlages besteht, zu sammeln und zu bewerten,
- aus diesen Risiko- oder Bedrohungsanalysen Strategien zur Vermeidung oder Verhinderung eines möglichen Anschlags entwickeln.

Die zehn wichtigsten Ergebnisse:

1. Vorfälle gezielter Gewalttaten an Schulen sind selten impulsive, plötzliche Handlungen.
2. Bei den meisten Vorfällen wussten andere Personen vor dem Anschlag von der Idee oder dem Plan des Täters.
3. Unmittelbar vor der Tat haben die meisten Täter ihre Opfer nicht bedroht.
4. Es gibt kein genaues oder nützliches Profil von Schülern, die gezielte Gewalttaten begehen.
5. Die meisten Täter zeigten vor der Tat auffälliges Verhalten, das Besorgnis erregend war oder ein Bedürfnis nach Unterstützung anzeigte.
6. Die meisten Täter hatten Schwierigkeiten, mit bedeutsamen Verlust- oder Versagenssituationen fertigzuwerden. Viele hatten Selbstmordgedanken geäußert oder versucht, Selbstmord zu begehen.
7. Viele Täter fühlten sich vor der Tat von anderen gemobbt, verfolgt oder beleidigt.
8. Die meisten Täter hatten vor der Tat Zugang zu Waffen und hatten Waffen vor der Tat benutzt.
9. In vielen Fällen waren andere Schüler in irgendeiner Form beteiligt.
10. Obwohl die Polizei regelmäßig schnell informiert wurde und sofort reagierte, sind die meisten Vorfälle nicht durch die Polizei beendet worden.

Eine Atmosphäre von Sicherheit: die Grundlage für die Reduzierung von Gewalt an Schulen

- „Was ich an dieser Schule hasse, ist, dass alle auf mir herumhacken, auf den Fluren und überall." *Ein 14-jähriger Schüler*

- „Die Schule war immer schlimm für mich, buchstäblich vom ersten Tag in der Grundschule. Die Leute betrachteten mich als ein ... gutes Ziel. Sie begannen auf mir herumzuhacken, ohne jeden Grund ... sie machten sich über mich lustig (und jetzt) hab ich dieses Zeugs mit dem Selbstwertgefühl am Hals, weil ich elf Jahre lang ein Ziel war." *Ein 18-jähriger Schüler*

- „Sie wollen, dass ich mich öffne, dass ich sage, was mit mir los ist. Ziemlich komische Bemerkung, ironisch. Wenn irgendjemand mir geholfen hätte, das vor ein paar Jahren zu machen, wäre alles wohl gut ausgegangen." *Tagebucheintrag eines 17-jährigen Schülers, der Mitschüler in der Schule angegriffen und sich danach umgebracht hat*

Der Prozess der Bedrohungsanalyse, der in dieser Handreichung beschrieben wird, stellt einen Ansatz im Umgang mit dem Problem „Gewalt in der Schule" dar. Anschläge auf Schulen sind extreme und glücklicherweise seltene Ereignisse. Allerdings stellen solche gezielten Gewalttaten nur die Spitze eines Eisbergs von Kummer, Einsamkeit, Verzweiflung und Hoffnungslosigkeit dar – Situationen, mit denen viele Schüler an unseren Schulen jeden Tag zurechtkommen müssen.

Die Bedrohungsanalyse sollte als eine Komponente in einem übergreifenden Konzept zur Reduzierung von Gewalt in der Schule verstanden werden. Der Analyseprozess allein hat wahrscheinlich keine langfristigen Auswirkungen auf das Problem gezielter schulischer Gewalt, wenn dieser Prozess nicht in einen größeren Kontext von Strategien eingebettet ist, die das Ziel haben, Schülern eine sichere und zuverlässige Lernumgebung zu bieten. Das Hauptziel von Strategien zur Reduktion schulischer Gewalt sollte darin bestehen, eine Kultur und eine Atmosphäre der Sicherheit, des Respekts und der emotionalen Unterstützung in schulischen Einrichtungen zu schaffen.

Eine Kultur des Respekts

In schulischen Einrichtungen, die eine Atmosphäre der Sicherheit ausstrahlen, respektieren Erwachsene und Schüler einander. Eine sichere schulische Umgebung bietet positive persönliche Modelle durch die Kollegiumsmitglieder. Es gibt Raum für eine offene Diskussion, wobei Unterschiede und abweichende Meinungen respektiert werden. Die Kommunikation zwischen Erwachsenen und Schülern wird gefördert und unterstützt und bei Konflikten gibt es konstruktive Lösungen.

In Schulen mit einer sicheren Atmosphäre achten die Lehrer auf die sozialen und emotionalen Bedürfnisse ebenso wie auf die schulischen Leistungsanforderungen.

Solche Schulen legen ebenso viel Wert auf „emotionale Intelligenz" wie auf schulische Leistungen. Die Schüler erleben eine Art emotionaler „Passung" und haben das Gefühl, in der Schule respektiert zu werden. Aus diesem Grunde gibt es weniger gewalttätiges Verhalten und weniger Opfer an solchen Schulen. Ärgern und Mobbing wird nicht als ein normaler Teil der Jugendkultur akzeptiert.

Schulische Umgebungen, in denen es Mobbing und Gemeinheiten gibt, können dazu führen, dass Schüler in Angst und Isolation leben müssen. Im günstigsten Fall behindern Schulen, in denen man ein Auge zudrückt, wenn es um Mobbing oder Schikanieren geht, das schulische Lernen und den schulischen Erfolg. Im schlimmsten Fall erlauben solche Umgebungen Verhaltensweisen, die Wut und Angst auslösen und eine gesunde Entwicklung der Opfer dieser Verhaltensweisen verhindern und so zu physischer oder psychischer Gewalt führen können.

Gute Beziehungen zwischen Erwachsenen und Schülern

Gute zwischenmenschliche Beziehungen stellen eine zentrale Komponente einer Kultur der Sicherheit, des Respekts dar. Solche Beziehungen sind der kritische „emotionale Klebstoff" unter Schülern und zwischen Schülern einerseits und den Erwachsenen andererseits, die die Aufgabe haben, die emotionalen, sozialen und intellektuellen Bedürfnisse sowie das Bedürfnis nach Sicherheit zufriedenzustellen.

In einem sicheren Klima haben Schüler eine positive Beziehung zu mindestens einem verantwortlichen Erwachsenen. Jeder Schüler hat das Gefühl, dass es einen Erwachsenen gibt, an den er sich um Unterstützung oder Rat wenden kann, wenn es Schwierigkeiten gibt, dem er seine Sorgen offen und ohne Angst vor Scham oder Zurechtweisung erzählen kann. Schulen, in denen Schüler das Gefühl haben, mit ihren Lehrern und anderen Erwachsenen reden zu können, unterstützen aktiv die Kommunikation zwischen Schülern und Erwachsenen über Sorgen und Probleme.

Schulen, die Wert auf persönlichen Kontakt und auf persönliche Beziehungen zwischen Schülern und Lehrern legen, unternehmen Schritte, um mit den Schülern ins Gespräch zu kommen, die wenig wahrnehmbare Beziehungen zur Schule haben. So werden zum Beispiel in einer Schule in Kalifornien bei einer bestimmten Konferenz alle Namen der Schüler aufgelistet. Im Anschluss werden die Lehrer aufgefordert, Sterne neben die Namen zu kleben, zu denen sie die besten Beziehungen haben. In der Folgezeit konzentriert sich das Kollegium darauf, die Beziehung zu den Schülern mit wenigen Sternen zu verbessern.

Das Durchbrechen des Schweigegebotes

In vielen Schulen gibt es unter Schülern und manchen Erwachsenen das Bewusstsein, dass ein mächtiges, aber ungeschriebenes Gesetz des Schweigens verletzt wird, wenn man einem Erwachsenen erzählt, dass ein anderer Schüler Kummer oder Schwierigkeiten hat oder vielleicht eine Bedrohung für andere darstellt. Das Schweigegebot wirkt sich zunächst schädlich aus, weil es Schüler zwingt, ihre Schwierigkeiten und Probleme ohne die Hilfe von Erwachsenen zu lösen. Dieses Gebot impliziert auch, dass ein Schüler Sorgen, die er sich über das Verhalten eines Mitschülers macht, nicht an verantwortliche Erwachsene weitergibt. Die Ergebnisse der *Initiative für sichere Schulen* (SSI) zeigen, dass Schweigen alles andere als Gold ist. Im Gegenteil wurde durch diese Ergebnisse deutlich, dass Schweigen äußerst gefährlich sein kann. Es hat sich nämlich gezeigt, dass die meisten Täter, die Anschläge auf Schulen verübt haben, ihre Pläne zuvor anderen Schülern mitgeteilt hatten. Diese Schüler hatten aber Erwachsene nur selten davon unterrichtet.

In einem Klima der Sicherheit sind Schüler bereit, das Schweigegebot zu brechen. Sie wenden sich eher an Erwachsene, denen sie vertrauen, um diese um Hilfe bei der Lösung von Problemen zu bitten. Darüber hinaus teilen Schüler in solchen Schulen eher ihre Besorgnisse über das Verhalten eines Mitschülers einem Lehrer oder anderen verantwortlichen Erwachsenen mit, ohne das Gefühl zu haben, einen Freund zu verpetzen oder schlecht über ihn zu reden.

Das Ergebnis dieses verantwortungsbewussten Verhaltens ist, dass Erwachsene auf ernsthafte Probleme aufmerksam werden, bevor diese Probleme zu Gewalt führen. Da Probleme frühzeitig angegangen werden, wird insgesamt das Potenzial für schulische Gewalt gesenkt. In einer Umgebung, in der die Kommunikation zwischen Schülern und Lehrern systematisch gefördert wird, bleibt Information nicht so lange geheim, bis es zu spät ist. Im Gegenteil, es wird als verantwortungsbewusstes Handeln angesehen, zu einem Lehrer zu gehen und ihm zu erzählen, dass ein Mitschüler Schwierigkeiten hat und möglicherweise eine gefährliche Handlung vorhat.

Wie schafft man eine Atmosphäre der Sicherheit und des Zusammengehörigkeitsgefühls?

● Erfassung des emotionalen Klimas einer Schule;
● Betonung der Wichtigkeit des Zuhörens;
● Einnahme einer festen, aber fürsorglichen Position gegen das Schweigegebot;
● Prävention von und Intervention bei Mobbing;
● Beteiligung aller Mitglieder der Schulgemeinde bei der Planung, Schaffung und Pflege einer schulischen Atmosphäre von Sicherheit und Respekt;
● Entwicklung von vertrauensvollen Beziehungen zwischen jedem Schüler und mindestens einem Erwachsenen in der Schule und
● Entwicklung von Mechanismen für den Aufbau und die Pflege eines sicheren schulischen Klimas.

(Robert A. Fein u.a., Treat Assessment in Schools: A guide to managing threatening situations and to creating safe school, Washington, D.C., Mai 2002 [Auszüge]; Übersetzung: Dr. Karl Landscheidt, http://www.schulpsychologie.de/downloads/kuhlmann/landscheidt4.pdf)

1. Erörtern Sie die Ergebnisse der amerikanischen Studie vor dem Hintergrund Ihrer Auseinandersetzung mit den Erklärungsansätzen.

2. Wie lässt sich an einer Schule eine Bedrohungsanalyse anfertigen? Vergleichen Sie Ihre Vorschläge mit denen aus der amerikanischen Handreichung (vollständige Fassung im Internet einsehbar).

3. Wie lässt sich eine „Atmosphäre der Sicherheit" an Schulen herstellen? Entwickeln Sie konkrete Vorschläge.

Pädagogische Anwendung

Männer, nehmt eure Kinder öfter zur Brust.

Scharfsinn gegen Stumpfsinn

Auf den folgenden Seiten stellen wir fünf pädagogische Ansätze vor, die präventiv und intervenierend Gewalt an Schulen reduzieren wollen.
Untersuchen Sie diese Ansätze in arbeitsteiliger Gruppenarbeit und erarbeiten Sie jeweils folgende Aspekte:
1. Beschreiben Sie konkrete Zielsetzungen und pädagogische Konzeption.
2. Erläutern Sie die Vorgehensweise an einem konkreten Beispiel.
3. Recherchieren Sie im Internet und an Ihrer Schule, ob ähnliche Projekte in Ihrer Region an Schulen zu finden sind. Versuchen Sie im positiven Falle Kontakt aufzunehmen und praktische Erfahrungen mit dem Ansatz zu dokumentieren.
4. Bewerten Sie den von Ihnen untersuchten Ansatz.

Nach Abschluss der arbeitsteiligen Recherche können Sie die Ergebnisse auf Plakatkartons illustrierend zusammenfassen und auf einem „Marktplatz der pädagogischen Ansätze" in Ihrem Kursraum vorstellen. Verständigen Sie sich im Kurs darauf, welchen Ansatz Sie an Ihrer Schule bevorzugen würden. Sie können zu dieser Präsentation Vertreter der Schulleitung, der Schülervertretung und der Elternschaft einladen.

Streitschlichtung

Schülerinnen und Schüler als Streitschlichter

Schülerinnen und Schüler können „Zoff" untereinander auch selbst regeln – oft genauso gut oder besser als Erwachsene. Deshalb sollen an den Schulen vermehrt so genannte „Streitschlichter"
5 oder „Konfliktlotsen" ausgebildet werden.
Die ausgebildeten Schülerinnen und Schüler übernehmen die Aufgabe, bei Konflikten zwischen Mitschülern vermittelnd tätig zu werden. Für sie ist diese Tätigkeit auch eine Chance, eigene Kon-
10 fliktfähigkeit zu erfahren und weiterzuentwickeln.

1. Streitschlichtung: Was ist das eigentlich?

Ein Schüler, Markus Kaiser, Streitschlichter Kl. 10, gibt Auskunft:

15 *Was sind Streitschlichter?*

Streitschlichter sind Schüler, die Mitschülern helfen, Konflikte auf eine gute Art und Weise zu lösen. Sie bestrafen oder disziplinieren niemanden, sondern versuchen, eine langfristige Lösung für ein Problem zu finden. Die Schüler müssen frei- 20
willig zu den Streitschlichtern kommen. Sie sollen keine Art Schulpolizei sein. Die Informationen, die sie bekommen, müssen sie streng vertraulich behandeln, d.h. sie dürfen diese nicht an andere Schüler oder Lehrer weitergeben. 25

Wer kann Streitschlichter werden?

Jeder interessierte Schüler oder Schülerin kann dies werden. Er oder sie sollten sozial orientiert sein, d.h., dass er oder sie anderen Menschen gut zuhören und auf sie eingehen kann. Derjenige, 30
der diese Aufgabe übernehmen möchte, sollte sich klarmachen, dass er/sie Freizeit opfern muss und auch manche Schulstunde ausfallen muss.

Wie wird man Schlichter?

Streitschlichter wird man, indem man an einer 35 Ausbildung teilnimmt. Ausbildung ist vielleicht nicht das richtige Wort. Man lernt eher die wichtigsten Fähigkeiten kennen, die ein Streitschlichter haben sollte. Diese Fähigkeiten und ein „Schema", nach dem die Schlichtung abläuft, können dann bei den Gesprächen eine Hilfe sein.

Was muss ein Schlichter können?
- Konflikte und ihre Wirkung kennen
- Unparteiisch sein
- Verschwiegen sein
- Unterschiedliche Standpunkte gelten lassen
- Gefühle anderer wahrnehmen können
- Gute kommunikative Fähigkeiten haben

Was ist das Ziel der Schlichtung?
Das Ziel ist, eine für beide Parteien akzeptable Lösung zu finden, d.h. eine Lösung, die beide Parteien möglichst *auf Dauer* zufriedenstellt. Wenn dies beim ersten Gespräch nicht möglich ist, trifft man sich noch einmal.

2. Streitschlichtung: Was soll ich da eigentlich?

Schülerstimmen zu Streitschlichtung –
und was die Schüler dazu meinen.
Man kennt die Schlichter nicht.
Stimmt. Deshalb ist es gar nicht so einfach, euer Vertrauen zu gewinnen.
Man hat Angst vor der Meinung der Klasse.
Wenn man ein Problem lösen will, sollte man sich davon nicht einschüchtern lassen. Manche denken sowieso positiv, manche negativ über einen. So ist das halt.
Man befürchtet,
... dass die Schlichter etwas weitererzählen.
Wir erzählen nichts weiter. Darauf könnt ihr euch verlassen. Wir haben uns zum Schweigen verpflichtet und finden dies ganz wichtig.

... dass man nicht gerecht behandelt wird.
Wir versuchen unparteiisch zu sein und bemühen uns, eine Lösung zu finden, mit der beide Seiten einverstanden und zufrieden sind. Sonst geht der Streit sowieso weiter.
... dass man etwas zahlen muss.
Es gibt in der Schlichtung keine Strafen. Es kann höchstens vorkommen, dass jemand einem anderen etwas beschädigt hat und bereit ist, dies ganz oder teilweise zu ersetzen.
... dass man etwas falsch macht.
Wir erklären euch die Regeln zu Beginn der Schlichtung. Eine Regel lautet z. B., dass man den anderen ausreden lässt. Das sagen wir gleich, dann wisst ihr Bescheid.
... dass man für etwas beschuldigt wird, was man nicht gemacht hat.
Uns liegt nichts an einer Beschuldigung. Uns liegt etwas an einer Lösung.
... dass man für etwas bestraft wird.
Das ist ja gerade der Vorteil, wenn ihr zur Schlichtung kommt. Niemand wird bestraft.
... dass der Streitpartner einen hinterher verprügelt.
Wir suchen nach einer Lösung, die jedem gefällt. Warum sollte dann jemand den anderen verprügeln. Wenn das geschieht, kommt ihr nochmals zu uns oder ihr wendet euch an einen Lehrer. Wir haben dies bisher jedoch nie erlebt.
... dass es peinlich sein könnte.
Wir hoffen, dass dieses Gefühl nach ein paar Minuten verfliegt, wenn ihr bei uns seid.
... dass die Schlichter unser Problem kindisch finden und darüber lachen.
Wir finden Probleme nicht kindisch. Wir freuen uns, wenn ihr uns vertraut.
... dass ich mit der Lösung hinterher nicht einverstanden bin.
Ihr tragt selbst die Verantwortung. Ihr solltet nur zustimmen, wenn ihr den Vorschlag wirklich okay findet.

... dass die Schlichter einen anmotzen.
Das tun wir auf keinen Fall.
... dass die Klasse einen hinterher auslacht.
Wenn du dazu stehst, wird dich niemand auslachen. Außerdem ist es viel mutiger, zur Streitschlichtung zu gehen, als sich ewig zu streiten oder über etwas zu ärgern. Der Einsatz lohnt sich für alle.

3. Schlichtungsformular

Beteiligte an der Schlichtung
Konfliktpartei: _____ Kl. _____
Konfliktpartei: _____ Kl. _____
Konfliktpartei: _____ Kl. _____
Schlichter/in: _____ Kl. _____
Schlichter/in: _____ Kl. _____
Kurze Beschreibung des Konflikts
_____
_____
_____
Lösung/Vereinbarung (Wer macht was – bis wann?):
_____
_____
_____
eventueller Nachtermin: _____
Datum: _____ Ort: _____
Unterschriften   Streitschlichter/in
KP _____   _____
KP _____   _____
KP _____   _____

(Irene Heinzelmann-Arnold, in: Lernende Schule Nr. 13/2001, S. 18f.)

Trainingsraumprogramm

Ziel: Reduzierung von Unterrichtsstörungen durch Schülerinnen und Schüler

Wer kennt nicht die Situation im Unterricht, in der Schülerinnen und Schüler derart den Stundenablauf stören, dass ein sinnvolles Unterrichten unmöglich erscheint? Hinweise, Ermahnungen oder gar Drohungen zeigen wenig Wirkung. Sie provozieren im Gegenteil unendliche Diskussio-

nen über die Ungerechtigkeit der Ermahnung oder der Strafe und stören damit noch mehr den Unterricht, sodass die vorgesehene Unterrichtsplanung schon allein aus Zeitgründen nicht umgesetzt werden kann.

Lehrerinnen und Lehrer sind frustriert, weil die investierte Vorbereitungszeit keine Früchte tragen konnte, und mitarbeitbereite Schülerinnen und Schüler sind enttäuscht, weil sie nicht am Thema arbeiten konnten.

Es gibt im Schulalltag Verhaltensweisen von Schülerinnen und Schülern, die so gravierend sind, dass sie im Rahmen des Unterrichts nicht (mehr) bewältigbar sind, sondern außerhalb des Klassenzimmers gelöst werden müssen.

Seit einigen Jahren ist in der BRD ein Programm bekannt geworden, das aus den USA stammt, von Edward E. Ford in Schulen in Phoenix (Arizona) entwickelt wurde und unter der Leitung von Dr. Stefan Balke in der Lutherschule in Bielefeld zum ersten Mal in Deutschland praktiziert wurde (ausführlich siehe: Stefan Balke: Eigenverantwortliches Denken in der Schule. Ein Trainingsprogramm zur Lösung von Disziplinproblemen. In: Lernchancen 1998, H. 4, S. 46–51).

Das Programm hat zum Ziel, „für die Lehrerinnen und Lehrer ein ungestörtes Unterrichten und für die Schülerinnen einen störungsfreien Unterricht zu ermöglichen. Als Voraussetzung dafür muss die Schule die Einhaltung vernünftiger sozialer Umgangsregeln gewährleisten können." (Balke 1984, S. 46)

Zugrunde liegt das Prinzip der Eigenverantwortlichkeit und des respektvollen Umgangs miteinander. Bei diesem Prozess wird den Schülerinnen und Schülern qualifiziert geholfen. Wesentlich sind dabei folgende Grundregeln (die immer wieder „erarbeitet" werden müssen):

1. Jede Schülerin, jeder Schüler hat das Recht, ungestört zu lernen.
2. Jede Lehrerin, jeder Lehrer hat das Recht, ungestört unterrichten zu können.
3. Jede/Jeder muss stets die Rechte der anderen respektieren.

Folgende Voraussetzungen zur Durchführung des Programmes müssen gewährleistet sein:

- eine volle inhaltliche Unterstützung durch Schulleitung, Kollegium, Eltern, Schülerinnen und Schüler;
- eine wertschätzende Haltung seitens der Lehrerinnen und Lehrer und „guten" Unterrichts;
- ein offenes, kooperatives Team von Mitarbeiterinnen und Mitarbeitern im Trainingsraum für eigenverantwortliches Denken;
- eine entsprechende kollegiumsinterne Fortbildung und fortlaufende Supervision;
- ein geeigneter Trainingsraum und betreuende Lehrerinnen und Lehrer.

Nachdem allen Schülerinnen und Schülern und allen schulischen Gremien die Regeln und die Konsequenzen bei grober Missachtung vorgestellt wurden, ergeben sich folgende Abläufe:

1. Bei groben Verstößen gegen die Regeln stellt der Lehrer oder die Lehrerin zur Wahl:
a) das Verhalten unmittelbar und ohne Diskussion zu ändern oder
b) den Trainingsraum (freiwillig!) aufzusuchen (in dem jeweils eine Lehrerin, ein Lehrer oder die Schulsozialarbeiterin anwesend ist). Normalerweise verspricht die Schülerin bzw. der Schüler, die Regeln künftig zu beachten.
c) Bei einer weiteren Störung werden die Alternativen nicht mehr zur Wahl gestellt. Dem Bruch des Schülerversprechens folgt die Konsequenz, dass weitere Versprechungen unglaubwürdig seien und nunmehr der Trainingsraum zum Überdenken des Verhaltens aufzusuchen sei.

2. Im Trainingsraum stellt der Schüler bzw. die Schülerin einen Plan auf,
- in dem sie bzw. er zu seinen Störungen Stellung bezieht,
- Überlegungen anstellt, welche Folgen sich für sie bzw. ihn und für andere aus seinem Verhalten ergeben und
- Vorstellungen angibt, wie sie bzw. er sein Verhalten zu ändern gedenkt.

3. Im Trainingsraum herrscht Ruhe. Hält sich ein Schüler/eine Schülerin auch dort nicht an die Regeln, werden die Eltern benachrichtigt. Falls möglich wird er/sie mit einem Informationsblatt nach Hause geschickt und muss dann am nächsten Tag, zusammen mit den Eltern, einen Plan zur Rückkehr in den Trainingsraum erstellen.

4. Es liegt in der Eigenverantwortung der Schülerinnen und Schüler, sich die Unterlagen des versäumten Unterrichtes zu besorgen und den Lehrstoff nachzuarbeiten.

5. Nach Erstellen des Planes zur Rückkehr in den Unterricht und nach der Beratung durch den Betreuungslehrer im Trainingsraum, in dem Verhaltensänderungen vereinbart werden, geht die Schülerin bzw. der Schüler in das Klassenzimmer zurück.

6. Es erfolgt immer ein Gespräch mit dem Konfliktpartner (Lehrerin bzw. Lehrer, Mitschülerin bzw. Mitschüler). Jeder Beteiligte am Konflikt muss mit dem Plan und den Ausführungen des Schülers einverstanden sein. Sollten Meinungsverschiedenheiten bestehen, geht der Schüler zurück in den Trainingsraum und überarbeitet den Plan.

7. Bei „Mehrfachkommern" finden Klassenkonferenzen und Elterngespräche statt.

8. In hartnäckigen Fällen sind weitere Gespräche mit Eltern, Schulleitung, den Mitarbeitern schulischer Sozialarbeit, dem Jugendamt und anderen schulischen Kooperationspartnern erforderlich.

Erfahrungen

Die folgenden Ausführungen basieren auf der Grundlage der Erfahrungen an der Theodor-Heuss-Schule in Sinsheim, die seit dem Schuljahr 1998/1999 mit dem Programm arbeitet.

positive:

- Für die Lehrerinnen und Lehrer treten spürbare Entlastungen ein; die Schülerinnen und Schüler können störungsfrei arbeiten; das Klassenklima verbessert sich, das Gleiche gilt für das gesamte Schulklima.
- Hinweise auf das Einhalten der Regeln an störende Schülerinnen und Schüler haben Auswirkungen auf die ganze Klasse und nicht nur auf die Störenden.
- Die Schülerinnen und Schüler akzeptieren den Trainingsraum. Auf dem Weg dorthin ist noch kein Schüler „verlorengegangen".
- Die Aufarbeitung der Ereignisse erfolgt in einem störungsfreien Raum.
- Die individuelle Beratung der Schülerinnen und Schüler ist ohne Zeitdruck möglich.
- Das Konfliktgespräch mit dem Konfliktpartner erfolgt zu einem Zeitpunkt, wo bei beiden Gesprächspartnern wieder emotionale Ruhe eingekehrt ist.
- Die Fragebögen ermöglichen es den Störenden, zur „Besinnung" zu kommen.

- Die Eltern werden in die Verantwortung genommen.
- Durch die Dokumentation der Vorfälle werden qualifiziertere Klassenkonferenzen und Elterngespräche mit konkreten Hilfsangeboten für die Schülerinnen und Schüler geführt.

Zu beachten ist:

- Das Programm ist für *gravierende* Unterrichtsstörungen vorgesehen. Der Lehrer bzw. die Lehrerin darf und soll nicht aus seiner/ihrer pädagogischen, methodisch-didaktischen Verantwortung genommen werden.
- Es sollten möglichst viele Lehrerinnen und Lehrer an dem Projekt teilnehmen, damit sich die Schülerinnen und Schüler an einer konsequenten Handlungsweise orientieren können.
- Das Frageritual, ob man sich an die Regeln halten möchte, ist deshalb erforderlich, damit das Projekt nicht zu einem „Rauswerf-Programm" degradiert wird.
- Die auszufüllenden Pläne dürfen nicht stereotyp ausgefüllt werden.
- Es muss allen bewusst sein, dass der Trainingsraum weder ein Therapieraum noch ein Strafraum ist.
- Fortbildung der Betreuer im Trainingsraum und Absprachen im Kollegium müssen gewährleistet sein.

Fazit

Störende Schülerinnen und Schüler haben in der Regel persönliche Probleme. Auffälligkeiten sind häufig Hilferufe oder Notsignale. Im Trainingsraum können viele Kinder und Jugendliche nun zum ersten Mal ihre Probleme äußern, und die Schule kann diesen Kindern und Jugendlichen, aber auch deren Eltern Hilfen zur Bewältigung dieser Probleme vermitteln.

An der Theodor-Heuss-Schule Sinsheim hat sich der Trainingsraum zu einem Gesprächsraum entwickelt, der Hilfen für Kinder und Jugendliche in schwierigen Situationen anbietet und vermittelt. Er steht nicht isoliert als Konzept oder Programm im schulischen Raum. Er ist vielmehr flankiert von zahlreichen Projekten, die sich teilweise aus der Arbeit im Trainingsraum entwickelt und unter dem Titel *Erziehung zu eigenverantwortlichem Denken und Handeln (EDH)** an unserer Grund- und Hauptschule etabliert haben. Hierzu gehören:

- Schüler helfen Schülern bei den Hausaufgaben
- Schüler helfen Schülern als Streitschlichter
- Schüler helfen Schülern als Erste-Hilfe-Helfer
- Schüler organisieren ihr Schüler-Café
- Regelmäßiges monatliches Jour fixe mit dem Jugendamt
- Kooperationen mit psychologischen Beratungsstellen
- Kooperationen mit den verschiedensten örtlichen Vereinen, Einrichtungen, Gremien und Behörden
- Finanzierung einer Schulsozialarbeiterin durch den Freundeskreis der Schule und weiterer Sponsoren.

(Fred Wingerter, in: Lernende Schule Nr. 13/2001, S. 39f.)

„Faustlos" – ein Gewaltpräventions-Curriculum

Inhalte, Implementation und Effektivität

Das Thema Gewalt und Aggression unter Schülern ist in den letzten Jahren immer mehr ins Zentrum der Öffentlichkeit und der wissenschaftlichen Diskussion gerückt. Unter der Zunahme von Gewalt und der veränderten Qualität gewalttätiger Handlungen leiden nicht nur die betroffenen Kinder, sondern auch die Lehrkräfte, deren Toleranz- und Belastbarkeitsschwelle gegenüber dem Gewaltproblem inzwischen deutlich überschritten zu sein scheint. Erklärt wird die Entstehung von Gewalt und Aggression anhand verschiedener Modelle mit je unterschiedlichen Risikofaktoren. Insgesamt ist von einem multikausalen Bedingungsgefüge auszugehen, von einem Zusammenspiel gesellschaftlicher, interpersoneller und intrapersoneller Faktoren. Die sich abzeichnende Entwicklung verlangt zunehmend nach Lösungen im Sinne von Intervention und vor allem in Sinne von Prävention, denn Präventionskonzepte scheinen sowohl langfristig erfolgreicher als auch deutlich kostengünstiger zu sein als Interventionsmaßnahmen.

Obwohl die Schule nicht der einzige Ort sein kann und darf, von dem Veränderungen ausgehen, bestimmt sie doch über einen langen und entwicklungspsychologisch entscheidenden Zeitraum das Leben von Kindern und Jugendlichen und hat dadurch einen starken Einfluss auf deren Entwicklung. Schulen sind daher eine zentrale Instanz für die Umsetzung gewaltpräventiver Maßnahmen. So erreicht man mit Programmen, die an Schulen durchgeführt werden, sehr viele Kinder, und Stigmatisierungsprozesse können vermieden werden. Zudem sind Schulen hervorragend für die Durchführung langfristig angelegter Curricula geeignet und ermöglichen ein direktes und permanentes Umsetzen des Gelernten auf konkrete soziale Situationen. Mit *Faustlos* (Cierpka, 2001) liegt nun erstmals ein ausgearbeitetes, deutschsprachiges Curriculum zur Prävention aggressiven und gewaltbereiten Verhaltens bei Kindern vor, das speziell für den Einsatz an Grundschulen (und Kindergärten, vgl. Cierpka, 2002) konzipiert ist und die für eine effektive Gewaltprävention zentralen Prinzipien verwirklicht: Das Curriculum setzt früh in der Entwicklung von Kindern an, es ist auf eine längerfristige Anwendung hin angelegt, es beruht auf einer entwicklungspsychologisch fundierten theoretischen Basis und wurde und wird kontinuierlich evaluiert. *Faustlos* basiert auf dem bewährten amerikanischen Ansatz Second Step (Beland, 1988a), der europaweit – und vor allem in den skandinavischen Ländern – umgesetzt wird. Die Originalmaterialien wurden in einem mehrstufigen Prozess übersetzt, im ständigen Feedbackprozess mit ErzieherInnen und Lehrkräften weiterentwickelt, evaluiert und für den deutschsprachigen Kulturraum angepasst. Inzwischen wird *Faustlos* bundesweit (und auch in Österreich und der Schweiz) in zahlreichen Grundschulen und Kindertagesstätten eingesetzt. Die Inhalte des Curriculums sind aus Forschungsbefunden und entwicklungspsychologischen Theorien zu den Defiziten aggressiver Kinder abgeleitet. Demnach fehlen aggressiven Kindern Kompetenzen in den Bereichen *Empathiefähigkeit, Impulskontrolle* und *Umgang mit Ärger und Wut*. *Faustlos* setzt an der Förderung eben dieser sozialen und emotionalen Kompetenzen an. Übergeordnetes Ziel des Curriculums ist die Erweiterung des Verhaltens- und

Erlebensrepertoires von Kindern, damit sie so flexibler im Umgang mit den verschiedensten sozialen Situationen werden und an Konfliktfähigkeit gewinnen.

Inhalte und Aufbau des Faustlos-Curriculums

Entsprechend der oben aufgeführten Kompetenzbereiche ist *Faustlos* in die drei Einheiten Empathieförderung, Impulskontrolle und Umgang mit Ärger und Wut unterteilt (vgl. Tabelle). Diese Einheiten sind wiederum in insgesamt 51 Lektionen untergliedert. Unterrichtet werden die Lektionen von Lehrkräften, die vorab an einer Fortbildung teilgenommen haben. Der „*Faustlos*"-Unterricht beginnt in der ersten Klasse und wird bis zur dritten Klasse fortgeführt. Für den praktischen Unterricht stehen in einem mehrstufigen Prozess optimierte und adaptierte Materialien zur Verfügung (vgl. Cierpka, 2001).

Tabelle: Der Aufbau des Faustlos-Curriculums im Überblick

Einheiten	Lektionen		
	1. Klasse	2. Klasse	3. Klasse
Einheit I *Empathieförderung*	1–7	8–12	13–17
Einheit II *Impulskontrolle*	1–8	9–14	15–19
Einheit III *Umgang mit Ärger und Wut*	1–7	8–11	12–15
Insgesamt	22	15	14

Empathie ist eine maßgebliche Grundlage für den Erwerb prosozialer Fähigkeiten und ein wesentlicher Antagonist aggressiven Verhaltens. *Faustlos* fördert die Empathiefähigkeit der Kinder, indem sie lernen, den emotionalen Zustand anderer Menschen zutreffend einzuschätzen, die Perspektive anderer Menschen zu übernehmen und emotional angemessen auf diese zu reagieren. Die Kontrolle impulsiven Verhaltens ist der zweite Baustein des *Faustlos*-Curriculums. Häufig sind es gerade impulsive Handlungen von Kindern, die – oft gar nicht böse gemeint – Konflikte heraufbeschwören oder in aggressives Verhalten münden. Dieser Prozess kann auf Defizite in der sozialen Informationsverarbeitung und fehlende Verhaltenskompetenzen zurückgeführt werden. In der Einheit „Impulskontrolle" werden deshalb zwei erfolgreiche Unterrichtsstrategien zur Reduktion impulsiven und aggressiven Verhaltens miteinander verbunden: ein Problemlöseverfahren und die Übung einzelner sozial kompetenter Verhaltensweisen. Das im *Faustlos*-Curriculum verwendete Problemlöseverfahren baut auf dem Ansatz von Spivack & Shure (1974) auf. Im Wesentlichen wurde ein Problemlöseprozess, der ursprünglich zur Lösung intellektueller Aufgaben entwickelt wurde, auf zwischenmenschliche Beziehungen übertragen. Neben dem Brainstorming ist ein weiteres Schlüsselelement dieser Einheit die Methode des lauten Denkens. Durch den Dialog mit sich selbst und verbale Selbstinstruktionen werden die zur Problemlösung wichtigen kognitiven Strukturen gefestigt und mehr und mehr in die individuelle Denk- und Handlungsweise des Kindes integriert. Wesentliches Ziel des spielerischen Einübens neuer Verhaltensweisen ist es, die Kinder darin zu unterstützen, sich in sozialen Situationen angemessen und erfolgreich zu verhalten. Zu diesem Zweck werden die Kinder in Form von Rollenspielen, die wesentlicher Bestandteil aller Lektionen sind, an verschiedene soziale Situationen aus ihrem Alltagsleben herangeführt. Rollenspiele sind in dieser Einheit von besonderer Bedeutung, da sie den Kindern einen geschützten Raum zum Experimentieren und Umsetzen der erlernten Strategien bieten. Die Kinder üben in dieser Einheit z. B., wie sie Ablenkungen und Störungen ignorieren können, wie sie jemanden höflich unterbrechen können, wie sie damit umgehen können, etwas haben zu wollen, was ihnen nicht gehört, oder wie sie dem Impuls, zu lügen oder zu stehlen, widerstehen können.

In der Einheit „Umgang mit Ärger und Wut" werden Techniken zur Stressreduktion vermittelt, um mit Gefühlen von Ärger und Wut konstruktiv umgehen zu lernen. An den Lektionen dieser Einheit wird besonders deutlich, dass *Faustlos* nicht darauf abzielt, elementare und situationsangemessene Impulse und vordergründig negative Emotionen wie Wut und Ärger zu unterdrücken und „wegzuerziehen". Vielmehr soll unsoziales und schädigendes Verhalten korrigiert und in eine sozialverträgliche Richtung gelenkt werden.

Nicht Wut oder Ärger sind das Problem, sondern das sich daraus möglicherweise ergebende destruktive aggressive Verhalten. Um das zu erreichen, werden in den entsprechenden Lektionen affektive Komponenten physischer Entspannung mit kognitiven Strategien der Selbstinstruktion und des Problemlösens verbunden. Somit lernen die Kinder, Auslöser von Ärger und Wut zu erkennen und mit dem Gebrauch positiver Selbst-Verstärkungen und mit Beruhigungstechniken zu verbinden.

Implementation des Curriculums

Faustlos ist ein sehr praxisorientiertes Curriculum, das sich in seinem didaktischen Aufbau eng an die pädagogischen Anforderungen einer Schulstunde anlehnt. Das Programm wird nicht von externen Experten, sondern von den Lehrkräften selbst unterrichtet und kann problemlos in verschiedene Stunden des Regelunterrichts integriert werden. Im Mittel wird pro Woche eine Lektion unterrichtet. Um die hohe Qualität und Effektivität des Curriculums zu gewährleisten, durchlaufen die Lehrkräfte zu Beginn ein eintägiges Fortbildungsseminar durch das Heidelberger Präventionszentrum (ausführliche Informationen unter www.faustlos.de), in dem ein Überblick über das Curriculum gegeben wird, die Ziele des Programms erläutert werden und Unterrichtsstrategien anhand von Videobeispielen demonstriert werden. Zentraler Bestandteil der Fortbildung ist die praktische Übung einzelner Lektionen in Form von Rollenspielen und intensiver Kleingruppenarbeit, in denen ein besonderer Schwerpunkt auf die Anleitung zu und die Durchführung von Rollenspielen gelegt wird. Für den praktischen Unterricht stehen ein Handbuch, ein Anweisungsheft mit den ausgearbeiteten Lektionen und Fotofolien zur Verfügung.

Der Aufbau der FAUSTLOS-Lektionen

• **Vorbereitung**
- Allgemeine Zielsetzung der Einheit (nur zu Beginn einer neuen Einheit)
- Konzepte (wichtigste Fähigkeiten und Kenntnisse)
- Schlüsselbegriffe
- Lernziele der Lektion
- Sie benötigen (Unterrichtsmaterialien)
- Anmerkungen für LehrerInnen

• **Unterrichten der Lektion**
- Geschichte und Diskussion
- Rollenspiele (oder andere Aktivitäten)

• **Vertiefung des Gelernten**
- Rollenspiele
- Rollenspiele für die SchülerInnen
- Übertragung des Gelernten
- Materialien für zu Hause (teilweise)

Beispiel: Lektion 7: Gefühle mitteilen

Vorbereitung
Konzept
„Ich"-Botschaften sind wirkungsvolle Äußerungen, um Gefühle mitzuteilen.

Schlüsselbegriff
„Ich"-Botschaften

Lernziele
Die Schüler und Schülerinnen sollen lernen:
– „Ich"-Botschaften zu formulieren, wenn sie anderen ihre Gefühle mitteilen;
– zwischen den Effekten von „Ich"-Botschaften und von weniger konstruktiven Möglichkeiten, Gefühle mitzuteilen, zu unterscheiden.

Anmerkungen für Lehrerinnen und Lehrer
Es ist für Kinder oft schwer, physische und psychologische Hinweise zu interpretieren, um herauszufinden, wie sich jemand anderes fühlen könnte. Darüber hinaus ist es schwer, empathisch auf andere zu reagieren, wenn diese ihre Gefühle in einer aggressiven oder beschämenden Art und Weise zum Ausdruck bringen. Durch das Mitteilen von „Ich"-Botschaften, wie zum Beispiel „Ich bin traurig, wenn du mich nicht beachtest", können Kinder für die Gefühle anderer sensibler werden. Diese Methode wird weniger konstruktiven Möglichkeiten der Kommunikation gegenübergestellt, wie zum Beispiel „Du"-Botschaften, dem Schmollen oder dem Agieren körperlicher oder verbaler Aggressionen. Wenn Sie die Schüler und Schülerinnen auffordern, „Ich"-Botschaften zu gebrauchen, unterstreichen Sie Äußerungen wie „Ich fühle mich ..., wenn ...". Bedenken Sie, dass die Angehörigen einiger Kulturen eher in der „Wir"-Form über sich sprechen als in der „Ich"- Form.

Unterrichten der Lektion

Geschichte und Diskussion

In der heutigen Lektion werdet ihr lernen, jemand anderem zu erzählen, wie ihr euch fühlt.
– Zeigen Sie das Bild: **Leonie klebt Papier für ein Bild. Ihr Klebstoff ist ausgegangen, sodass sie Stefans Klebstoff dafür genommen hat. Stefan ist sauer. Er hat das Gefühl, Leonie anschreien zu müssen: „Du nimmst einfach meinen Klebstoff, das macht mich wütend!"**

1. Warum ist Stefan wütend auf Leonie? (Weil Leonie ihn nicht gefragt hat, ob sie sich den Klebstoff ausleihen kann.)

2. Wie fühlt ihr euch, wenn sich jemand etwas nimmt, ohne zu fragen? (ärgerlich; von der Person enttäuscht)

3. Glaubt ihr, dass Leonie beabsichtigt hat, Stefan sauer zu machen oder ihn zu ärgern? (Nein, sie hatte nicht die Absicht, ihn wütend zu machen; wahrscheinlich hat sie nicht darüber nachgedacht, wie Stefan sich fühlen könnte.)

4. Was würde passieren, wenn Stefan Leonie anschreien würde? (Sie könnte wütend werden; sie könnte sich verletzt fühlen, einen Streit beginnen, usw.; Stefan würde Ärger bekommen.)
Andere wissen zu lassen, wie ihr euch fühlt, kann dabei helfen, Probleme zu lösen. Anschreien, Knuffen, Boxen, Schimpfereien usw. helfen dagegen nicht, Probleme zu lösen. Jemand anderem zu erzählen, wie ihr euch fühlt, indem ihr mit dem Wort „Du" beginnt, kann die andere Person wütend machen, wie zum Beispiel „Du bist blöd!" oder „Du nervst mich!". Von jetzt an solltet ihr mal versuchen, eure Sätze mit „Ich" zu beginnen, wenn ihr jemandem sagen möchtet, wie ihr euch fühlt.
(Geben Sie Beispiele, wie „Ich bin ärgerlich, wenn ...", und lassen Sie die Schüler und Schülerinnen die Sätze vervollständigen.)
Heute habt ihr gelernt, wie ihr „Ich"-Botschaften formulieren könnt. „Ich"-Botschaften sagen anderen, wie ihr euch fühlt.

(Andreas Schick, in: SchulVerwaltung spezial Nr. 3/2004, S. 22–24)

Coolness-Training für gewaltbereite Kinder und Jugendliche

Ein Konzept zur konfrontativen Pädagogik

Das Handlungsviereck

Im Gegensatz zum Anti-Aggressivitäts-Training, das sich ausschließlich deliktbezogen mit dem Täter auseinandersetzt, ist das Coolness-Training (CT) konfrontativ-prophylaktisch ausgerichtet und wird vor allem in Schulen und Jugendeinrichtungen durchgeführt.
Das CT richtet sich an gewaltbereite Kinder und Jugendliche, deren potenzielle und tatsächliche Opfer und an die scheinbar unbeteiligten Beobachter.
Im Handlungsviereck von *Täter, Opfer, Gruppe und Schule* (Einrichtung), die alle auf ihre spezifische Weise und in vernetzter Form für die Bedingungen der Gewaltereignisse verantwortlich sind, werden im CT Verhaltensalternativen erarbeitet.

Voraussetzungen für ein längeres Coolness-Training® in Schulen und Jugendheimen

Um ein länger andauerndes, konfrontatives Coolness-Training (3 bis 5 Monate, 2 bis 3 Schulstunden pro Woche) in Schulklassen und Jugendgruppen durchführen zu können, müssen die Bedingungen stimmen. Schulen und Jugendeinrichtungen müssen bestimmte Voraussetzungen erfüllen bzw. Bedingungen akzeptieren.

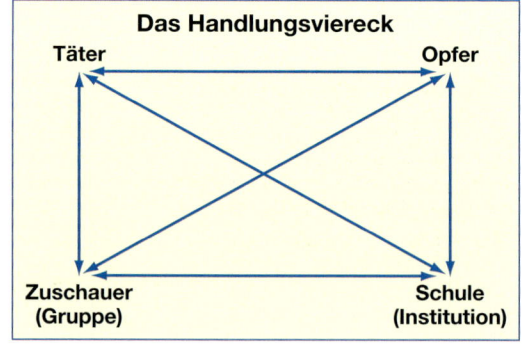

- Das CT ist keine „medikamentöse Eingabe", die zukünftig alle Konflikte verhindert. Es ist ein Angebot an Lehrer und Lehrerinnen, sich neue, erweiterte Zugänge zu ihrer Klasse zu erschließen.

Die Teilnahme der Pädagogen und der Wille zur dauerhaften Begleitung der neuen Prozesse ist grundsätzlich Voraussetzung zur Durchführung des Trainings.

- Zwischen Schülerinnen und Schülern sowie den Lehrkräften muss zumindest im Ansatz ein belastbares Verhältnis bestehen, das auf gegenseitigem wohlwollenden Interesse begründet ist. Das Training scheiterte immer dann, wenn sich bei den Schülerinnen und Schülern der Eindruck eines neuen „pädagogischen Tricks" vonseiten der Lehrerinnen und Lehrer aufdrängte. Die Einschätzung ihrer Beziehung zu ihrer Klasse ist für die Lehrkräfte ein wichtiger Aspekt.

- Die Schülerinnen und Schüler müssen eine Mindestmotivation für das Training haben. Erfahrungsgemäß stellt dies keine nennenswerte Hürde dar. „Alles ist besser als Schule."

- Für die Schülerinnen und Schüler muss klar sein, worum es thematisch geht und dass möglicherweise neue Anforderungen und Zumutungen auf sie zukommen Die jugendspezifische Interpretation von „Cool-Sein" meint Durchsetzung, Souveränität, Erfolg und Sicherheit. Aus dieser Grundannahme ergibt sich bei den Jugendlichen manchmal eine falsch interpretierte Faszination für das Coolness-Training.

Die Interventionsvoraussetzungen

Die Trainer haben im Coolness-Training nicht das Recht, die Widerstände der Teilnehmer niederzuwalzen. Die Teilnahme ist immer freiwillig. Im konfrontativen Umgang mit den Kindern und Jugendlichen benötigen die Coolness-Trainer daher mehrere Interventionsberechtigungen.

1. Die grundsätzliche Bereitschaft der Einrichtung (Schule – Jugendhaus) zur Durchführung des Trainings mit seinen besonderen Prinzipien.

2. Die Bereitschaft der Gruppe oder Klasse, das Training mitzumachen.

3. Das Einverständnis der Eltern, die im Rahmen eines Info-Abends zum Thema Gewaltprävention informiert und auf die besonderen Inhalte des CT hingewiesen werden.

4. Die situative Interventionsberechtigung des Teilnehmers oder der Teilnehmerin unmittelbar vor der Konfrontation.

Die situative Interventionsberechtigung des Teilnehmers/der Teilnehmerin nimmt neben dem Einverständnis der Eltern eine bedeutsame Stellung ein. Keiner der Teilnehmer ist verpflichtet, mit uns zusammenzuarbeiten. Das Angebot ist eine freiwillige Maßnahme.

Das Curriculum des Coolness-Trainings (CT)

Lernziele	Lerninhalte	Methoden/Medien
1. Wahrnehmung aggressiver Gefühle mit körperlichen Empfindungen (Herzklopfen, gerötete Haut, Anschwellung von Adern), Wahrnehmung von Nähe mit alten Sinnen	Gewalt fasziniert, verschafft rauschartige Zustände, Gewalt ist geil. Kennenlernen der Existenz von Aggressionen als natürlichen Persönlichkeitsanteil	Körperbetonte, sportliche Spiele. Kämpfen als pädagogische Disziplin (Müller 1994), Kämpfen nach Regeln, Stunts, Erlebnispädagogische Projekte
2. Erkennen der eigenen Befindlichkeit in Konflikten, Wahrnehmung eigener Täter- und Opferdispositionen	Selbstexploration als Täter und Opfer. Das Mittel: die Visualisierung von Erfahrungen und Befindlichkeiten	Fragebogen, Rollenspiele, Interaktionspädagogische Übungen, Partnerinterviews, Statuen-Theater, Stunts
3. Erkennen der eigenen persönlichen Möglichkeiten, Erkennen der eigenen Stärken und Schwächen, sich selbst akzeptieren	Auseinandersetzung mit positiven und negativen Persönlichkeitsanteilen	Partnerinterviews, Rollenspiel, Konfrontation im heißen Stuhl (J. Weidner)
4. Akzeptanz eigener begrenzter Kommunikation, individuelle Voraussetzungen für Kommunikation, Erkennen vieler subjektiver Wahrheiten	Ich-Botschaften, Du-Botschaften, Beziehungs-, Inhalts- und Gefühlsaspekt erkennen, Wahrnehmungseinschränkungen durch Launen, Projektionen, Kommunikation in Stresssituationen	Interaktionspädagogische Übungen, Non-verbale Kommunikation, das Eisbergmodell (O. Hagedorn, Ch. Besemer), Rollenspiele
5. Interesse an gemeinsamen Zielen, Wecken von gegenseitigem Interesse und Akzeptanz	Modelle von Kooperationen in Schulklassen und Gruppen, Beispiele zur Stärkung der Gruppenkohäsion, Peer-Group-Education	Arbeit in Kleingruppen, Kooperationsspiele, Vertrauensübungen, gemeinsame Aufgaben

6. Aushalten erster leichter Konfrontationen, zum Problem bekennen, Erkenntnisgewinn, nicht alleine zu sein	Visualisierung von Befindlichkeiten in Gruppen (Themen: Sexismus, Rassismus, Macht und Ohnmacht, Gewalt und Adultismus)	Rollenspiel, Interaktionspädagogische Übungen, Methoden der Visualisierung
7. Erkennen von Rollenverhalten, Rollenzuweisungen und Rollenerwartungen	Visualisierung von männlichen und weiblichen Rollenbildern, die Rolle als Kind, Jugendlicher, Erwachsener, Funktionsträger	Analyse der Verhaltensweisen durch Rollentausch, Rollenspiel, Texte, Befragungen, Rollen im Hoch- und Tiefstatus (K. Johnstone)
8. Aushalten von Provokationen, Erhöhung der Frustrationstoleranz, kreative, lockere Reaktion auf Anmache	Hierarchisierung von Empfindlichkeiten (Beleidigungen, Schimpfworte, Rempeleien, Provokationen). Was bringt dich auf die Palme?	Übungen gegen Anmache, Gruppen-/Klassengespräche, Rollenspiele, Konfrontationsübungen, belastende Situationen werden möglichst realistisch gestellt. Boalisches Theater (A. Boal)
9. Reduzierung der Feindlichkeitswahrnehmung	Strukturen menschlicher Begegnung kennenlernen (Rituale, Territorien, Nähe und Distanz)	Interaktionsspiele, Rollenspiele, Stunts, Körpersprache, Konfrontationsübungen
10. Sinnvolles Verhalten in Bedrohungssituationen	Gewaltvermeidung durch aktive Kommunikation, aus der Rolle des Opfers ausbrechen	Rollenspiele und szenische Darstellung belastender, bedrohlicher Situationen, Forum-Theater, Stunts, Deeskalationsstrategien, eigenes Drehbuch
11. Verbesserung der Körperwahrnehmung (physiologische und psychologische Hintergründe)	Entspannungsverfahren, Ruhe- und Stilleerfahrung	Atemübungen, Traum-/Fantasiereisen, Meditationsübungen, Entspannung nach Jacobsen
12. Erkennen widersprüchlicher Signale und Anforderungen der Erwachsenen, Akzeptanz der eigenen Verantwortung, Erkennen der eigenen Möglichkeiten	Informationen über die Bedingungen des Aufwachsens in unserer Gesellschaft (Veränderung der Jugendphase, Individualisierung, Pluralisierung)	Befragung, Karikaturen, Comics, Referat

(Rainer Gall, in: Lernende Schule Nr. 13/2001, S. 46f.)

Methode: Ampelspiel zu Gewalt und Vandalismus an Schulen

Der Kölner Schulpsychologe Albert Zimmermann hat einige provozierende Thesen formuliert, zu denen Sie im Kurs zunächst mit einem Ampelspiel ein Meinungsbild erstellen können. Auf dieser Basis können Sie dann über die Thesen diskutieren, die die meiste Zustimmung oder die meiste Ablehnung erzielten.
Für dieses Ampelspiel benötigen Sie rote (Ablehnung), grüne (Zustimmung) und evtl. gelbe (Enthaltung) Karten. Auf die gelben Karten können Sie auch verzichten, wenn Sie keine Enthaltungen zulassen wollen. Sie lesen jedes Statement zweimal vor und führen dann die Abstimmung durch. Halten Sie die Ergebnisse fest. Verzichten Sie zunächst auf eine Diskussion und führen Sie diese erst, wenn Sie über alle Statements abgestimmt haben. Sie können dieses Ampelspiel auch in Unter- und Mittelstufen-Klassen oder im Lehrerkollegium durchführen.

1. Gewalt kann man erklären, aber nicht entschuldigen!
2. Weggehen ist „unterlassene Hilfeleistung" und damit strafbar!
3. Solange der Gewalttäter seine Ziele durch Gewaltanwendung sicher, leicht und für ihn ungefährlich erreicht, besteht für ihn kein Anlass, sein Verhalten zu ändern!
4. Wer einen Gewalttäter schont, schlägt dem Opfer ins Gesicht!
5. Gewalt wird so lange ausgeübt, wie sie sich lohnt!
6. Wer als Lehrer regelmäßig 5 Minuten zu spät zum Unterricht erscheint und die Klasse ohne Aufsicht lässt, hat kein Recht, sich über Gewalt zu beklagen!
7. Die wirksamste Form des Lernens ist das Modell-Lernen: Fassen wir uns an die eigene Nase!
8. Worte können Wunden schlagen, gegen die kein Pflaster hilft!
9. Spaßkämpfchen sind nur für die Überlegenen spaßig!

(Albert Zimmermann, Gewalt und Vandalismus: Grundlagen erfolgreicher Prävention und Intervention, unveröffentlichtes Manuskript, Köln 1999)

Schluss-Punkt

Motivationsforschung
Von Hans Magnus Enzensberger

Es bleibt mir leider nichts anderes übrig, als euch umzubringen,

- ☐ *weil ihr euch weigert, baskisch zu sprechen*
- ☐ *weil mir die Bank den Überziehungskredit gesperrt hat*
- ☐ *wegen Papa*
- ☐ *weil ich den Anblick unverschleierter Frauen nicht ertragen kann*
- ☐ *weil mir die Reichen auf den Keks gehen*
- ☐ *dem Lieben Gott zuliebe*
- ☐ *weil ihr mir kein Geld für die nächste Spritze gebt*
- ☐ *weil ihr mir nicht katholisch genug/viel zu katholisch seid*
- ☐ *weil ich beleidigt bin*
- ☐ *wegen Mama*
- ☐ *weil ihr mich immer so komisch anguckt*
- ☐ *weil ich bei der Prüfung das falsche Kästchen angekreuzt habe und durchgefallen bin*
- ☐ *weil ich Stimmen höre*
- ☐ *und überhaupt. Nur so.*

Ich danke für euer Verständnis.

(Zutreffendes bitte vor der Tat ankreuzen!)

Wie betrachten Sie nach der Auseinandersetzung mit dem Thema „Gewalt in der Schule" das Verhältnis von

„Freiheit" und „Verantwortung",
von „Einzelnem" und „Gesellschaft",
von „Erziehung" und „Selbststeuerung"?

Formulieren Sie Ihre Positionen!

P Projektvorschlag zum selbstständigen Weiterarbeiten

Die filmische Verarbeitung von Schulmassakern

Diesen preisgekrönten Dokumentarfilm von Michael Moore beschreibt die Filmzeitschrift Cinema als „... böse, informativ, witzig und provokant."
In einer Montage aus Originaldokumenten vom Massaker an der Columbine Highschool in Littleton vom 20.04.1999, Interviews (u.a. mit Marilyn Manson), Reportagen über Veranstaltungen der amerikanischen Waffenlobby unmittelbar nach dem Massaker sowie Beschreibungen des sozialen Umfeldes der High School wird der Frage nachgegangen: „Sind wir verrückt nach Waffen – oder sind wir nur verrückt?"

Der Spielfilm „Elephant" von Gus Van Sant rekonstruiert die letzten Stunden vor dem Littleton-Massaker aus der Perspektive der Opfer und der Täter. Der Film zeigt die Banalität des Alltags, porträtiert einfühlsam und detailliert die Jugendlichen mit ihren Beziehungen, Ritualen, Erfolgen und Misserfolgen, ihrer Isolation und ihrem Frust. Der Regisseur entdramatisiert die Situation im Filmstil des „cinema vérité", er macht nur Andeutungen auf mögliche Ursachen. Er macht Beziehungslosigkeit und Oberflächlichkeit erlebbar, liefert aber keine einfache Erklärung oder Verurteilung. Dies hat ihm neben der „Goldenen Palme" auf dem Filmfestival in Cannes auch viel Kritik eingebracht.

Beide Filme sind auf DVD erhältlich.

Vergleichen Sie die beiden filmischen Darstellungen des Schulmassakers von Littleton:
Mit welchen filmischen Mitteln arbeiten die beiden Regisseure?
Welche unterschiedlichen Erklärungsansätze liefern die Filme?
Welche emotionalen Wirkungen erzielen die Filme? Befragen Sie auch andere Zuschauer.

Welchen der beiden Filme würden Sie eher für Gewaltprävention in der Schule nutzen?
Nutzen Sie die Hinweise zur Filmanalyse in Phoenix, Band 1 (2005), S. 31–37.

Die literarische Verarbeitung

„Ada hatte noch nie Counterstrike gespielt und schaute, seit sie zu alt für die Sendung mit der Maus geworden war, kaum noch fern. Sie fühlte sich nicht verrückt. Sie fühlte sich auch nicht übermäßig normal, was bei weitem verdächtiger gewesen wäre. Obwohl sie seit der Schlagringepisode meinte, grundsätzlich zu fast allem in der Lage zu sein, plante sie nicht, eines Tages im wirklichen Leben Köpfe von Rümpfen zu trennen. Nach dem Erfurter Massaker hatte sie wochenlang unter dem Empfinden gelitten, eine Wahrheit zu kennen, die außer ihr niemand begriff. Die Tatsache, dass ihr keine Zeitungsspalten, kein TV-Sendeplatz und keine Zwanzig-Sekunden-Fenster in den Radionachrichten zur Verfügung standen, legte sich wie Klebeband über den Mund. Sie tröstete sich damit, dass der überwältigende Teil der Menschheit keine Sprechzeit besaß. Sprechzeit gab es nur für jene, die auf egal welches Ereignis die immer gleichen Antworten parat hatten: Wir sind geschockt und tief betroffen und hoffen, dass die Regierung etwas unternimmt.

So blieb die Wahrheit ungehört. Es blieb ungesagt, dass die Nation Grund zur Freude hatte. Dass es Anlass gab für republikweiten Jubel und die Einrichtung eines Nationalfeiertags, weil sich Amokläufer wie jener aus Erfurt nicht viel häufiger durch die Welt frästen. Trotz der Rattenenge, in der man in diesem Land zu vegetieren hatte, trotz PH-neutraler Pädagogen, die selbst keinen der Werte in sich bewahrten, die zu vermitteln einst ihr Auftrag gewesen war, trotz des ewigen Missverständnisses zwischen Liberalismus und Indifferenz, trotz einer Bevölkerung, deren Hauptanliegen darin bestand, sich selbst auf die Nerven zu gehen, lebte man tagein, tagaus in relativem Frieden zusammen. Niemand bedankte sich dafür."

(Juli Zeh, Spieltrieb, Schöffling & Co., Auszug, S. 198f.)

Nach dem Vorbild des Massakers an der amerikanischen Highschool in Littleton im Jahr 1999 beschreibt der Autor Morton Rhue die Geschichte zweier Schüler, die desintegriert sind und sich durch zahlreiche gewalttätige Übergriffe ihrer Mitschüler gedemütigt und ausgegrenzt fühlen. Als brutalen Racheakt verüben sie am Tag des Abschlussballs ein Blutbad.

Beide Romane eignen sich für Facharbeiten und Referate. Ein vertiefendes Projekt könnte aber auch Lesungen oder Rezensionen als produktorientierte Ergebnisse hervorbringen.

2.3 Grenzüberschreitungen – Sexueller Missbrauch von Kindern und Jugendlichen

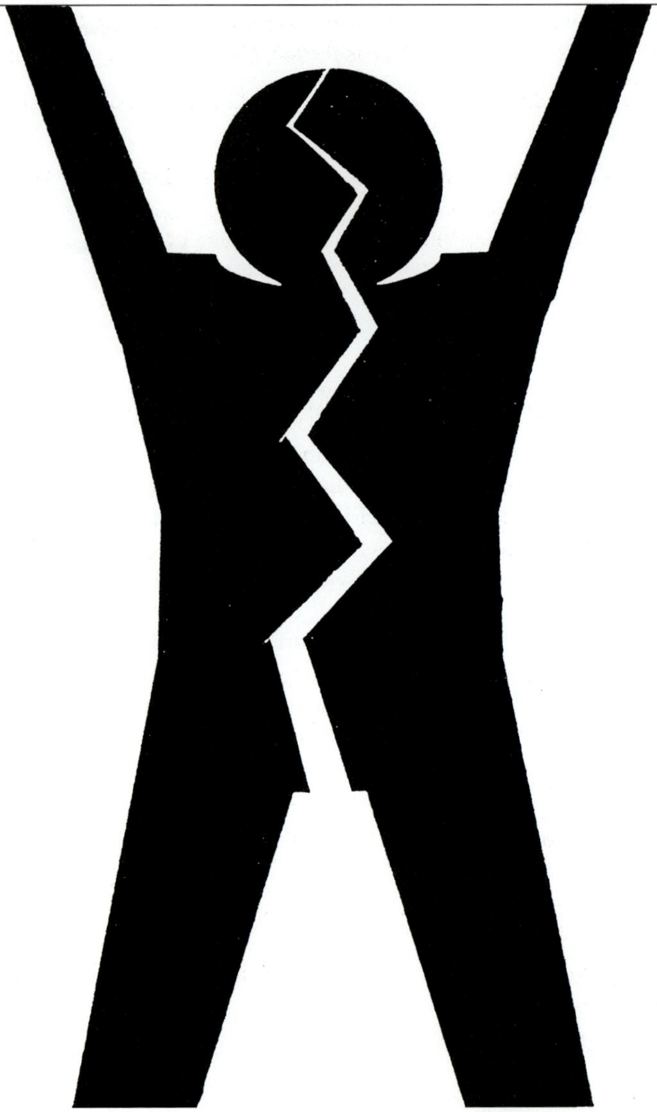

1. Beschreiben Sie die Zeichnung möglichst detailliert.
2. Welche Assoziationen löst die Zeichnung bei Ihnen aus?
3. Vielleicht trauen Sie sich zu, die oben abgebildete Körperhaltung selbst einzunehmen? Beschreiben Sie Ihre Gefühle dabei.

Einführung

1. Stellen Sie sich vor, Sie wären Redakteur/Redakteurin bei einer Zeitung und hätten die Aufgabe, einen Artikel zum Thema „Sexueller Missbrauch von Kindern und Jugendlichen" zu schreiben. Für diesen Zeitungsbeitrag sollen Sie ein Bild auswählen. Für welches würden Sie sich entscheiden? Welchen Titel würden Sie für das Bild wählen? Suchen Sie in Zeitschriften, Bildbänden etc. nach geeigneten Bildern.

2. Stellen Sie in einem Rundgespräch Ihr Ergebnis vor und tauschen Sie Ihre Meinungen aus.

3. Haben sich für Sie durch die Auseinandersetzung mit der Zeichnung auf der Aufmacherseite und den Bildern für einen fiktiven Zeitungsbeitrag Fragen und/oder Anregungen für den Unterricht ergeben? Halten Sie diese auf einem Plakat schriftlich fest.

Was ist sexueller Missbrauch?

Im Folgenden finden Sie verschiedene Situationen von Grenzüberschreitungen. Schätzen Sie die einzelnen Situationen daraufhin ein, ob es sich dabei Ihrer Ansicht nach um einen sehr intensiven (5), einen intensiven (4), einen weniger intensiven Missbrauch (3), um Missbrauch ohne Körperkontakt (2) oder um gar keinen Missbrauch (1) handelt.

Situationen von Grenzüberschreitungen

(in Anlehnung an Marion Mebes)	1	2	3	4	5
Der Freund der Mutter zeigt der 12-jährigen Pia Pornofilme und masturbiert dabei.					
Der 19-jährige Jugendgruppenleiter gibt der 12-jährigen Ingrid einen Zungenkuss.					
Eine Mutter nimmt ihren Säugling zwischen die Beine und befriedigt sich dabei.					
Vater küsst die 8-jährige Tochter auf den Mund.					
Vater möchte seine 12-jährige nackte Tochter nach Pickeln untersuchen. Er ist dabei erregt.					
Onkel Dieter steckt seinen Finger in den After der 4-jährigen Sabine, um zu gucken, ob sie dort gesund ist. Sie soll das nicht ihren Eltern erzählen.					
Vater fordert seinen 12-jährigen Jungen auf, vor ihm zu masturbieren. Als Vater müsse er wissen, ob sein Sohn das schon kann.					
Zwei Kinder – 6 und 4 Jahre alt – tauschen Zungenküsse aus.					

	1	2	3	4	5
Onkel Ernst legt es darauf an, die 14-jährige Nichte beim Baden zu beobachten. Er macht ihr dabei Komplimente zu ihren schönen Brüsten.					
Der Freund des Vaters streichelt der 14-jährigen Claudia über den Po und sagt: „Der ist aber schön knackig".					
Stiefvater Rudi schläft mit seiner 13-jährigen Tochter, weil „er sie so gerne hat". Mutter darf das nie erfahren.					
Peter, 14 Jahre, lebt im Kinderheim. Er spielt mit dem 10-jährigen Dieter auf dem Dachboden. Er zieht dann sowohl Dieters als auch seine Hose herunter, um sich und Dieter zu befriedigen. Dieter hat Angst. Peter wurde über Jahre von seinem Vater missbraucht.					
Vater badet mit der 13-jährigen Tochter.					
Lehrer läuft mit einer 15-jährigen Schülerin Arm in Arm die Straße runter.					

Diskutieren Sie Ihre Ergebnisse im Plenum. Nach welchen Kriterien haben Sie die einzelnen Situationen als intensiven, weniger intensiven Missbrauch etc. eingeschätzt?

Definitionsvorschläge

1. Sexueller Missbrauch ist „all das, was einem Mädchen vermittelt, dass es nicht als Mensch interessant und wichtig ist, sondern dass Männer frei über es verfügen dürfen, dass es durch seine Reduzierung zum Sexualobjekt Bedeutung erlangt; dass es mit körperlicher Attraktivität und Einrichtungen ausgestattet ist, um Männern ‚Lust' zu verschaffen."

(Aus: Barbara Kavemann/Ingrid Lohstöter, Väter als Täter. Sexuelle Gewalt gegen Mädchen. „Erinnerungen sind wie eine Zeitbombe", Rowohlt, Reinbek b. Hamburg 1994, S. 10)

2. „Inzest liegt vor, wenn ein Familienmitglied (d. h. eine Person, die ständig oder nur zeitweise diese Rolle innehat) in einer Machtposition ein Bedürfnis (z. B. Machtbedürfnis, Bedürfnis nach Körperkontakt, nach Anerkennung) bei einem anderen Familienmitglied in einer schwächeren Position durch Sexualisierung zu befriedigen sucht."

(Aus: Eva Hildebrand, Therapie erwachsener Frauen, die in ihrer Kindheit inzestuösen Vergehen ausgesetzt waren, S. 52–69. In: L. Backe/N. Leick/J. Merrick/N. Michelsen, Sexueller Missbrauch von Kindern in Familien. Mit einer Einführung zur deutschen Ausgabe von G. Rust und einem kriminalpolitischen Beitrag von H. Ostendorf, Deutscher Ärzte-Verlag, Köln 1986, S. 52)

1. Erarbeiten Sie Unterschiede und Gemeinsamkeiten der beiden Definitionen.
2. Welche der beiden Definitionen sagt Ihnen eher zu?
3. Versuchen Sie selbst eine Definition zu entwickeln. Überlegen Sie zunächst, welche Kriterien die Definition umfassen sollte.
4. In dem Fragebogen „Was ist sexueller Missbrauch?" wird zwischen sehr intensivem, intensivem, weniger intensivem Missbrauch und Missbrauch ohne Körperkontakt unterschieden. Welchen Vorteil besitzt eine solche Differenzierung?

Grundbegriffe und Grundthesen

Die Situation missbrauchter Kinder und Jugendlicher

Fallbeispiele

I. J., 29 Jahre, Gärtner

Es fing an, als ich neun oder zehn Jahre alt war. Ich bin jetzt neunundzwanzig. Ich bin damals in eine Jugendgruppe eingetreten, in eine Pfadfindergruppe, mit sehr viel Spaß und Freude. Der Leiter dieser Pfadfindergruppe war ein Mann, der bei uns im gleichen Haus gewohnt hat. Er hatte Medizin studiert, seine Doktorarbeit fertig und war deswegen sehr angesehen. Er war an sich sehr sympathisch, freundlich und nett und für meine Eltern, als Leiter der Jugendgruppe, eine Vertrauensperson. Sie kannten ihn eben, er wohnte ja im gleichen Haus. Und zu dem bin ich dann ab und zu mal hochgegangen, wenn zu Hause nichts weiter los war. Zu dem raufgehen und dann mit dem Auto irgendwo hinfahren oder zu irgendeinem Gruppentreffen gehen, das lief am Anfang ganz normal ab. Und irgendwann fing es dann an, dass er Übergriffe gestartet hat, Kabbeleien. Er hielt meine Hand an seinen Schwanz und fing an zu reiben. Damit kam ich überhaupt nicht klar. Das war jemand, zu dem ich Vertrauen gehabt habe, und es war eine Situation, in der ich vorher nie gewesen war. Das war sehr verwirrend. Ich konnte ihn in dem Moment nicht wegstoßen, weil ich nicht wusste, ist es Spiel oder etwas anderes. Mit Sexualität hatte ich bis dahin auch nie etwas zu tun gehabt. Er meinte dann, ihm würde das gefallen, und ob mir das denn auch gefallen würde? Und dann ging es so hin und her; sich auch die Hose auszuziehen und so. Lange Zeit blieb es nur beim Onanieren. Ich musste ihn befriedigen und er machte das dann auch mit mir. Das ging bestimmt zwei Jahre. Er tat so, als wollte er mich aufklären. Dass das eben ganz normal sei, ich sollte aber keinem anderen Menschen davon erzählen, weil es dann Schwierigkeiten gäbe. Wenn da mal irgendjemand darauf käme, wenn meine Eltern mich zum Beispiel beim Onanieren sehen und erschreckt gucken würden, dann sollte ich sagen, das hätte ich von irgendwelchen Leuten in der Schule gehört, dass ja kein Verdacht auf ihn fällt. Das wurde dann immer aufdringlicher und unangenehmer, weil ich mit meinen Eltern eigentlich wenig zu tun hatte und diese Jugendgruppe mein Halt und meine Bindung war. Deswegen war ich überhaupt nicht in der Lage zu sagen, das will ich nicht.

II. A., 22 Jahre, Tischlerlehrling

Angefangen hat alles, da war ich etwa drei, vier Jahre alt. Ich habe ganz erschreckende Erinnerungsblitze an diese Zeit. Meine Mutter hat mich damals ziemlich oft geschlagen, und mein Vater war für mich immer unheimlich dominant. Ich hatte große Angst vor ihm. Das fing sonntagsmorgens an, wenn meine Schwester und ich aufwachten und es im Kinderzimmer laut wurde. Da riss er auf einmal die Tür auf und schmiss einen Pantoffel ins Zimmer. Und zwar mit ziemlicher Wucht, manchmal traf er uns auch. Wir hatten höllische Angst vor unserem Vater. Da waren wir noch ganz klein. Meine Schwester ist drei Jahre älter als ich. An so einem Sonntag hat er mich dann aus dem Kinderzimmer rausgeholt ins Wohnzimmer. Ich weiß noch, dass das Wohnzimmer dunkel war. Die Jalousien waren noch unten. Er hat sie auch nicht hochgezogen, es fand alles im Dunkeln statt. Er hat mich mit ganz lieber Stimme ins Wohnzimmer gebracht. Ich habe überhaupt nicht geschnallt, was er von mir wollte. Ich weiß nicht mehr genau, ob er mich dann ganz ausgezogen hat oder nur die Hose runtergezogen, und hat mir dann am Glied gelutscht. Es muss wohl mehrere Male gewesen sein. Er hat mich dann mehrmals sonntags – er war immer nur sonntags zu Hause – ins Badezimmer geholt, mir die Hose ausgezogen und mich auf die Waschmaschine gesetzt. Da wollte er eben, dass ich auch an seinem Glied lutsche. Und ich weiß noch ganz genau, wie groß das war, einfach riesig, und auch so hoch für mich als Drei-, Vierjähriger. Damit ich

dann nicht schmecke, wie widerlich das schmeckt, hat er mir einen Lolli in die Hand gedrückt. Er hat mir den Lolli mit dieser Begründung gegeben. Es kostet mich unheimliche Überwindung, das Wort „lutschen" auszusprechen. Wenn ich sage, dass ich ein Eis lutsche, wird mir schon übel. Ich musste ihn richtig mit dem Mund befriedigen. Bei mir hat er das ja auch gemacht. Da kann ich nun nicht sagen, dass ich das als unangenehm empfunden hatte, im Gegenteil, ich fand das angenehm. Aber ich wusste damit überhaupt nichts anzufangen. Ich wusste gar nicht, was los ist. Für mich war das völlig unverständlich, was wir da gemacht haben.

(Nele Glöer/Irmgard Schmiedeskamp-Böhler, Verlorene Kindheit. Jungen als Opfer sexueller Gewalt, München 1990, S. 40f., 60f.)

1. Beschreiben Sie das Verhältnis zwischen den Tätern und den Kindern vor dem Missbrauch.
2. Wie nutzen die Täter dieses Verhältnis für ihren Zweck aus?
3. Warum wehren die Kinder sich nicht?
4. In welche Situation geraten die Kinder durch den Missbrauch?

III. Sandy, die mit vier Jahren erstmals von ihrem Vater missbraucht wurde, schreibt:

„Dann schob er seinen Penis zwischen meine Schenkel und begann, ihn hin und her zu reiben. ‚Mommy hat das gern, wenn ich das tue', sagte er. Ich lag nur da. Ich hatte keine Ahnung, was er da machte. Ich erinnere mich, wie ich dahinterkommen wollte, was das für ein Ding zwischen meinen Beinen war. Ich konnte mir nicht vorstellen, dass das ein Körperteil von jemandem sein sollte. Wenn wir Kinder zusammen spielten, hatte ich schon die Penisse kleiner Jungen gesehen, aber die waren nicht so. [...] Ich habe nie irgendjemand erzählt, was er tat – wahrscheinlich, weil ich es selbst nicht wusste." (Armstrong, L., 1985, S. 65)

(Karin Gutjahr/Anke Schrader, Sexueller Mädchenmissbrauch, Papyrossa, Köln, 2. überarb. Aufl. 1993, S. 89)

IV. „Das Verhältnis zum Vater änderte sich. Als ich etwa 13 Jahre alt war, fing mein Vater an, Bemerkungen über meine kleinen Brüste zu machen, wenn er mich zudeckte – er fasste sie an und berührte mich weiter unten am Körper bis hin zum Schritt und der Klitoris. Nach und nach ging er immer gezielter an meinem Körper vor, bat mich, seinen Körper und seinen Penis anzufassen, zeigte mir wie. Ich war neugierig, aber auch schockiert und voller Ekel vor seinem Körper. Er kam im Unterhemd herein, manchmal war sein Penis steif, wenn er kam. Dabei hatte ich sehr gemischte Gefühle. Gleichzeitig, wie ich ihn anfasste, berührte er mich mit sehr sanften Bewegungen und sagte viel Schönes über mich, dass er mich nicht entbehren könnte, dass er alles für mich tun wollte. Ich empfand Lust, wenn er mich anfasste, aber wenn ich sah, dass er sonderbar wurde, seine Augen so sonderbar wurden und das, was er sagte, sonderbar war, dann kam es mir irgendwie verkehrt vor, und ich bekam Angst, fand es widerlich. Ich fühlte mich auch meiner Mutter gegenüber schuldig, weil ich glaubte, dass sie und Vater dasselbe miteinander taten.

Ich sagte ihm oft, dass ich es doch sehr merkwürdig fand, was da geschah, aber er antwortete, dass er nichts Merkwürdiges dabei fände, da wir uns doch so gern hätten und unser Verhältnis so vertraut sei. Er sagte auch, dass es wichtig sei, dass er mir etwas über die Sexualität beibrachte, jetzt wo ich dabei war, erwachsen zu werden. Ich merkte, dass mein Vertrauen zu ihm allmählich verschwand. Ich spürte, dass es nicht mir zuliebe geschah, sondern dass er es selber nötig hatte."

(L. Backe u.a. [Hg.], Sexueller Missbrauch von Kindern in Familien, Dt. Ärzte-Verlag, Köln 1986, S. 49)

V. „Ich hab mir nachts die Hose festgehalten aus lauter Angst, dass er wieder an mich rangeht. Wenn ich morgens aufwachte, war mein erster Gedanke wegzukommen [...] wenn ich zur Schule ging und es war wieder so 'ne Nacht – in der Schule kam mir alles wie ein Traum vor."

(Wildwasser [Hg.], Sexueller Missbrauch von Mädchen. Strategien zur Befreiung, Donna Vita, Berlin 1985, S. 44)

VI. „Ich dachte, dieses Verhalten gehört in den Familien dazu, sodass ich den Eindruck hatte: Das ist meine Macke, dass ich dabei so ein schlechtes Gefühl habe, denn offensichtlich machen es ja alle so. Das ist normal, damit musst du leben."

(Barbara Kavemann/Ingrid Lohstöter, Väter als Täter. Sexuelle Gewalt gegen Mädchen, Rowohlt, Reinbek 1984, S. 66)

VII. „Obgleich ich schon in Therapien über den sexuellen Missbrauch gesprochen habe und die Therapeuten mir glaubten, habe ich mich geschämt, ein Erlebnis mit meinem Vater zu erzählen. An einem Samstagnachmittag rief er mich. Ich war es gewohnt, dass ich mich vor ihm befriedigen musste – oft auch ihn. Manchmal setzte er uns vier Geschwister in einen Kreis und wir mussten uns alle selbst befriedigen. Wir haben uns alle so geschämt, dass wir niemals miteinander darüber gesprochen haben."

(Ursula Enders [Hg.], Zart war ich, bitter war's, Sexueller Missbrauch an Mädchen und Jungen – Erkennen – Schützen – Beraten, Kölner Volksblatt Verlag, Köln 1990, S. 49)

1. Erarbeiten Sie anhand der Fallsituationen in Partnerarbeit, welche Faktoren zur Isolation des Kindes und zur Unmöglichkeit, über den Missbrauch zu reden, beitragen.
2. Stellen Sie Vermutungen darüber an, welche Möglichkeiten ein Kind hat, diese Situationen einigermaßen ertragen zu können.
3. Interpretieren Sie die nachfolgenden Bilder sexuell missbrauchter Kinder:

Die Zeichnungen stammen von einem fünfjährigen Mädchen. Die linke Zeichnung ist ein Selbstbild, dazu formulierte es: „Ich bin ein Ballon". Das Mädchen zeichnete auch seinen dreijährigen Bruder (rechtes Bild), ebenfalls Opfer von sexuellem Missbrauch, missbraucht von demselben Täter. (C. Schachtsiek, Sexueller Missbrauch – Ein Thema für die Sonderpädagogik, Studienbrief 4096 der FernUniversität Hagen, 1998, S. 83)

Abwehrmechanismen als Schutzmaßnahme sexuell missbrauchter Kinder und Jugendlicher

Beispiele:
1. „Ich habe mich gewaschen und gewaschen. Zweimal zog ich mir am Tag von Kopf bis Fuß saubere Kleidung an. Niemand sollte mir den Dreck ansehen, und so habe ich versucht, ihn abzuschrubben."

2. „Viele Jahre bin ich aus der Wirklichkeit in eine Fantasiewelt geflüchtet. Ich wurde zur Anne von der Alm. Damals sammelte ich Lindt-Schokoladen, denn auf der Verpackung waren kleine Puppenbilder. Ich schnitt die Püppchen aus und illustrierte mit ihnen meine Geschichten über das

Leben auf der Alm. In den Bergen lebte ich zusammen mit Heidi und ihrem Großvater, der auch zu mir gut war und mich beschützte. Im wirklichen Leben gab es keinen Opa. Als kleine Anne war ich ein liebenswertes und glückliches Mädchen. Tagelang malte, schrieb und klebte ich meine Geschichten. Um mich herum konnte passieren, was wollte, ich lebte auf der Alm und bekam vom Alltag nichts mehr mit."

3. „Ich hab relativ früh angefangen, mir Schmerzen zuzufügen [...] das war eine Zeit, die war so schlimm, dass ich mit dem Kopf gegen die Wand gerannt bin, ich wusste, dass diese Handlungen so eine Macht über mich haben [...] ich hab mir überlegt, mir an der Brotmaschine den Arm abzuschneiden."

4. „Ich bin nichts wert ... Mir sieht jeder den sexuellen Missbrauch an ... Ich schäme mich, solch einen Vater, solch eine Familie zu haben ... Ich bin nur noch dreckig ... Wie soll ich etwas wert sein, wenn in mir nur dieser Dreck und Ekel steckt! ... Ich bin eine Zumutung."

5. „Ich war Opas Lieblingsenkel, auch wenn er noch so ekelig war – eigentlich habe ich mit ihm viel Spaß gehabt. Er war halt ein alter, kranker Mann!"

(1, 2, 4, 5 aus: Ursula Enders [Hg.], Zart war ich, bitter war's. Sexueller Missbrauch an Mädchen und Jungen – Erkennen – Schützen – Beraten, Kölner Volksblatt Verlag, 1990, S. 48, 58, 60, 80; 3 aus: Wildwasser, Arbeitsgemeinschaft gegen sex. Missbrauch von Mädchen e.V. [Hg.], Sexueller Missbrauch von Mädchen. Strategien zur Befreiung. Neue Materialien, vorgestellt auf der Fachtagung im Wannseeheim für Jugendarbeit Berlin, 12.–16. Oktober 1985, Donna Vita Verlag, Berlin o. J., S. 47)

1. Beschreiben Sie anhand der Beispiele das jeweilige Verhalten des Kindes/Jugendlichen und interpretieren Sie es hinsichtlich seiner möglichen Funktion.
2. Lesen Sie im Kapitel „Wo Es war, soll Ich werden" den Text über die Abwehrmechanismen (S. 79f.) und versuchen Sie die o. g. Verhaltensweisen mithilfe der unterschiedlichen Abwehrmechanismen zu kategorisieren.
3. Überlegen Sie, welche grundsätzliche unbewusste Absicht hinter allen Formen der Abwehr des sexuell missbrauchten Kindes stecken könnte.
4. Inwiefern könnte es pädagogisch wichtig sein, die Verhaltensweisen der Kinder als Abwehrmechanismus zu identifizieren?

Die Beurteilung des sexuellen Missbrauchs aus der Sicht von Tätern

Im Folgenden sind zwei Interviews mit Männern abgedruckt, die Kinder sexuell missbraucht haben. Hierbei handelt es sich um Fremdtäter, d. h. den Tätern waren die Kinder vor dem Zeitpunkt des Missbrauchs kaum oder gar nicht bekannt. Das Bild, das durch die Aussagen der Täter entsteht, kann sicher nicht auf alle Täter und auch Täterinnen übertragen werden. Diese Beispiele wurden jedoch aus dem Grund gewählt, weil an ihnen eine Tendenz zu erkennen ist, die sich auch bei anderen Tätern und Täterinnen abzeichnet: das scheinbar fehlende Schuldbewusstsein. Zugleich wird deutlich, mit welchen – vermutlich größtenteils unbewussten – Abwehrstrategien Täter den sexuellen Missbrauch von Kindern von sich weisen.

Täter kommen zu Wort

Beispiel 1: Täter: Ich halte mich halt auf Kinderspielplätzen auf, nicht unbedingt immer, und in gewissen Abständen bin ich auf Kinderspielplätzen, aber nicht um sexuellen Sachen, sondern es ergibt sich halt.
Interviewer: Wie überzeugst du denn die Kinder?

T.: Es wird halt auf Neugierde gearbeitet, nicht, das heißt, die Kinder sind so neugierig, um zu wissen, was ist da los und Sex, ja, kenn ich, hab ich schon was von gehört und das hat Mutti verboten, Vati verboten, darf nicht sein, aber ich hab das schon von Vati gesehen mit Mama, da kommt dann die Neugierde langsam auf und, ähm, halt muss ich dann mal zur Toilette oder irgend, dann ich da ins Gebüsch, dann is die Neugierde bei den Kindern so angegriffen, dass sie halt, eh, dann doch auch ma, da nich, nich grad den Weg nehmen, wo ich grad zum Penicken war, sondern andre Wege gehn.

I.: Und erstmal zugucken?

T.: Ja, erstmal zugucken. Und dann kommt das dann ansprechen: Was has du da und und und. Ganz klare Sache. Ne, und da is die Gehirnzellen der Kinder groß. Und das ist bei den Kindern meistens so. Da wo die Sexualität, wie sagt man, ja Sexualität gehemmt ist, also, da, Sex, Pornos ja – mein Kind nie, da solche Dinger, kriegen Sie am meisten an Kindern. Also z. B. die offen über Sexualität sprechen, in der Familie, passiert so etwas nicht.

Beispiel 2: Interviewer: Kennen Sie Sexualität mit Kindern?

Täter: Ich kenne Sexualität mit Kindern.

I.: Und hat das zu Schwierigkeiten geführt?

T.: Nein, niemals.

I.: Warum nicht?

T.: Weil ich das, weil ich das so geschickt gemacht habe und dann auch schon in einem Alter war, wo man sagen kann, man hat eine hohe Erfahrung. Da hab ich erst damit angefangen.

I.: Das Kind hat sich also wohl gefühlt?

T.: Das Kind hat sich völlig wohl gefühlt, nich wahr. Im Gegenteil, hat sich gefreut, und wir haben dann so Spiele gemacht, unter der Bettdecke, wie: Ich spiel mal den Maulwurf, nich wahr. Is dann unter die Bettdecke gekrochen, nich wahr. Hat mich dann am am am Penis angefasst, nich wahr. Das war eine völlige Selbstverständlichkeit, das war überhaupt nichts, überhaupt nichts (Lachen), nich wahr, mir hat es gewissermaßen Freude gemacht, nich wahr.

I.: Wie alt war denn das Kind, von dem Sie gerade erzählt haben?

T.: Das Kind, das war, ja, das war vier, das war vier, und das hab ich immer mal wieder getroffen, bis es in die Pubertät kam. Dann war Schluss. Da plötzlich wollte sie wissen, und da hat es gesagt, „also, weißt du, Onkel, wenn ich das damals, ich hab damals das überhaupt gar nicht, gar nich empfunden, ja, ich wusste das gar nich, was es bedeutet. Jetzt weiß ich es, was was das is."

I.: Sollte Sex mit Kindern nach Ihrer Meinung generell legalisiert werden?

T.: Ja. Ja.

I.: Bei welchen Ereignissen?

T.: Ja. Ja.

I.: Würden Sie auch in ein Kinderbordell gehen?

T.: Au ja.

I.: Kennen Sie Kinderpornos?

T.: Äh, nur die, die ich selbst gemacht hab.

(Transkribiert nach: „Männergewalt – sexueller Missbrauch von Jungen", Fernsehsendung [NDR 3 Direkt – Nahaufnahme, Autoren: Burkhard Oelemann/Jürgen Drossart], ausgestrahlt am 6.2.1991)

---

1. Äußern Sie sich möglichst spontan zu den Aussagen der Täter.
2. Versuchen Sie die Rechtfertigungsversuche der Täter mithilfe Ihrer psychologischen Kenntnisse über Abwehrmechanismen zu erklären.
3. Welche Bedeutung und welche Konsequenzen haben derartige Aussagen Ihrer Ansicht nach für die betroffenen Kinder und Jugendlichen?
4. Versuchen Sie unter Berücksichtigung Ihrer Kenntnisse über die Situation von missbrauchten Kindern und Jugendlichen die Argumente der Täter zu entkräften. Nehmen Sie dabei Bezug auf die nachfolgende Merkmalsliste.

Wesentliche Merkmale sexuellen Missbrauchs sind (nach Wittrock 1992):	
Gewalt	– Sexueller Missbrauch ist eine Form von Gewalt sowie ein Macht- und Vertrauensmissbrauch, d. h. die TäterInnen nutzen ein Autoritäts- bzw. Macht- und Altersgefälle aus.
Planung	– Sexueller Missbrauch entsteht nicht zufällig oder plötzlich, sondern er ist beabsichtigt und gewollt. Er erfolgt nicht einmalig, sondern er unterliegt meist einem fortschreitenden Prozess.
Altersdifferenz	– Kinder und Jugendliche aller Altersklassen sind betroffen. Sie sind aufgrund ihres emotionalen und kognitiven Entwicklungsstandes nicht in der Lage, sexuellen Kontakten zu Erwachsenen wissentlich zuzustimmen. Die Verantwortung liegt immer beim Erwachsenen (Jugendlichen).
Objektivierung	– Kinder sind Objekt sexueller Handlungen von Erwachsenen (Jugendlichen). Sie werden benutzt. Sexualität wird hier zu einer, meist genitalen, Handlung reduziert, sie hat reinen Surrogatcharakter.
Geheimhaltungszwang	– Sexueller Missbrauch ist gekennzeichnet vom Geheimhaltungsgebot der TäterInnen. Es weist das Unrechtsbewusstsein der TäterInnen nach. Das Kind wird damit zur Sprachlosigkeit verurteilt.

(M. Wittrock/M. Niemeyer, Sexueller Missbrauch an Mädchen und Jungen. Fakten – Meinungen – Vermutungen. Konsequenzen für pädagogische Handlungsfelder. In: C. Schachtsiek, Sexueller Missbrauch – Ein Thema für die Sonderpädagogik, Studienbrief 4096 der FernUniversität Hagen, 1998, S. 37 – 49 [Auszug])

Ein-Spruch

„Der Inzesttäter hat mehr und mehr die Züge eines ‚normalen' Mannes angenommen. Diese Entwicklung hat ihr Gutes; inzestuöse Väter sind keine Ungeheuer, sondern Menschen, und wir müssen uns darüber im Klaren sein, dass auch normale Menschen zu Ungeheuerlichem fähig sind. Vor zwei Jahrzehnten erst schrieb Herbert Maisch, dass von der Art der Tat nicht ohne weiteres gültige Rückschlüsse auf die Täterpersönlichkeit möglich sind. Er meint damit, dass Inzest zwar fraglos ein abscheuliches Verbrechen ist, der Inzesttäter deswegen aber nicht ein durch und durch abscheulicher Mensch sein muss. Ich habe das Gefühl, dass heute eher umgekehrt von der Persönlichkeit des Täters auf die Art der Tat geschlossen wird und dass die „Vermenschlichung" des Inzesttäters zur Verharmlosung seines Verbrechens führt."

(Josephine Rijnaarts [dt. von Barbara Heller], Lots Töchter, Claassen, Düsseldorf 1988, S. 240)

Wer sagt
    was
        mit welchen Mitteln
            und welcher Absicht
                zu wem ???
Welche Kontroverse wird deutlich?
Mein Kommentar:

Die Situation von Müttern sexuell missbrauchter Kinder

Die nachfolgenden Texte beschäftigen sich mit der Frage, warum Mütter von Kindern, die vom eigenen Vater missbraucht werden, ihren Kindern oftmals nicht helfen. Das heißt, die Situation von Müttern, deren Kinder von Fremdtätern missbraucht werden, wird hier außer Acht gelassen.

1. Überlegen Sie zunächst, bevor Sie die Texte lesen, welche Erwartungen die Gesellschaft an eine Frau in ihrer Rolle als Mutter und in ihrer Rolle als Ehefrau stellt. Halten Sie das Ergebnis in einem Schaubild fest.
2. In welche Situation gerät eine Frau in Bezug auf die Rollenerfüllung durch den Missbrauch ihres Kindes durch den eigenen Ehemann?

Der stumme Partner

Täter und Opfer werden zu ausgezeichneten Schauspielern, um ihr Geheimnis für sich zu behalten. Aber was ist mit dem anderen Elternteil? Zu Beginn meiner Arbeit mit Erwachsenen, die als Kinder sexuell misshandelt worden waren, stellte ich fest, dass viele Vater-Tochter-Opfer auf die Mütter wütender waren als auf die eigentlichen Täter. Viele Opfer quälten sich mit der oft nicht zu beantwortenden Frage, wie viel ihre Mütter über den Inzest wussten. Häufig waren sie davon überzeugt, ihre Mütter müssten es zumindest geahnt haben, weil die Zeichen für die Misshandlung in einigen Fällen recht offensichtlich waren. Andere waren sich sicher, ihre Mütter hätten Bescheid wissen müssen. Sie hätten die Verhaltensveränderungen an den Töchtern bemerken und spüren müssen, was sich in der Familie abspielte.

Tracy, die eigentlich sehr sachlich beschrieben hatte, wie ihr Vater, der Versicherungsvertreter, allmählich vom Beobachten, wenn sie sich auszog, dazu überging, ihre Genitalien zu streicheln, weinte mehrere Male, als sie über ihre Mutter sprach.

„Ich schien immer auf meine Mutter wütend zu sein. Ich konnte sie immer zugleich lieben und hassen. Diese Frau sah mich ständig bedrückt und erlebte, wie ich hysterisch in meinem Zimmer weinte, aber sie hat niemals auch nur ein Wort gesagt. Ist es möglich, dass eine Mutter bei rechtem Verstand es nicht ungewöhnlich findet, wenn ihre Tochter ständig in Tränen aufgelöst ist? Ich konnte ihr einfach nicht sagen, was vor sich ging, aber wenn sie mich gefragt hätte ... ich weiß es nicht. Vielleicht hätte ich es ihr auch dann nicht sagen können. Gott, ich wünschte, sie hätte herausbekommen, was er mir antat."

Tracy drückte einen Wunsch aus, den ich von Tausenden von Inzestopfern gehört habe – dass irgendjemand, besonders aber die Mutter, den Inzest entdeckt, ohne dass das Opfer es auf sich nehmen muss, davon zu berichten.

Mit dreizehn unternahm Liz einen verzweifelten Versuch, ihrer Mutter über die zunehmenden sexuellen Übergriffe ihres Stiefvaters zu erzählen. „Ich saß in der Falle. Ich dachte, wenn ich es meiner Mutter erzähle, wird sie zumindest mit ihm reden. Das war ein Witz. Sie brach fast in Tränen aus und sagte – ich werde niemals ihre Worte vergessen: ‚Warum erzählst du mir das? Weißt du, was du mir antust? Ich lebe seit neun Jahren mit deinem Stiefvater zusammen. Ich bin sicher, das könnte er nie tun. Er ist schließlich Pfarrer. Jedermann respektiert uns. Du musst geträumt haben. Warum willst du mein Leben ruinieren? Gott wird dich strafen.' – Ich konnte es kaum glauben. Es hatte mich so viel gekostet, es ihr zu erzählen, aber sie wandte sich einfach gegen mich. Am Ende habe ich sie getröstet."

Liz begann zu weinen. Ich nahm sie ein paar Minuten in den Arm, als sie sich den Schmerz und den Kummer von der Seele weinte, weil ihre Mutter allzu typisch auf die Wahrheit reagiert hatte. Liz' Mutter war der klassische stumme Partner –

passiv, abhängig und infantil. Sie war stark mit dem eigenen Überleben beschäftigt und bemüht, die Familie intakt zu halten. Daher musste sie alles ableugnen, was das Familienboot ins Schaukeln gebracht hätte.

Einige Mütter drängen die Töchter geradezu zum Inzest. Debra, ein anderes Mitglied von Liz' Inzestgruppe, erzählte eine besonders schockierende Geschichte:

„Man sagte mir immer, ich sei hübsch – ich weiß auch, dass Männer mich anziehend finden –, aber ich habe fast mein ganzes Leben mit dem Gedanken zugebracht, ein Wesen von einem anderen Stern zu sein. Ich fühlte mich immer schleimig und abstoßend. Was mein Vater mir antat, war schlimm genug, doch wirklich wehgetan hat mir meine Mutter. Sie war die Vermittlerin. Sie bestimmte Zeit und Ort und hielt manchmal sogar meinen Kopf im Schoß, wenn er es mit mir machte. Ich flehte sie an, mich nicht dazu zu zwingen, aber sie sagte: „Bitte, Schatz, tu es für mich. Ich bin nicht genug für ihn, und wenn du ihm nicht gibst, was er will, sucht er sich eine andere Frau. Dann stehen wir auf der Straße."

Viele Psychologen glauben, dass stumme Partner die Frau-/Mutterrolle auf die Tochter übertragen. Dies traf mit Sicherheit auf Debras Mutter zu, doch so ist es offensichtlich ungewöhnlich.

Meiner Erfahrung nach übertragen stumme Partner nicht nur ihre Rolle, sondern entsagen auch jeglicher persönlicher Macht. Sie drängen gewöhnlich die Tochter nicht, sie zu ersetzen, sondern lassen zu, dass sie und die Tochter von dem Aggressor beherrscht werden. Ihre Ängste und Abhängigkeitsbedürfnisse erweisen sich als stärker als alle mütterlichen Instinkte und lassen die Tochter völlig ungeschützt.

(Susan Forward, Vergiftete Kindheit. Vom Missbrauch elterlicher Macht und seinen Folgen, München 1990, S. 155–158)

Warum schützen Mütter ihre Töchter nicht?

Das Verhalten einer Mutter, den sexuellen Missbrauch an der Tochter nicht wahrhaben zu wollen oder gar zu verleugnen, hat verschiedene Ursachen: Alle Frauen in dieser Gesellschaft leben in Gewaltverhältnissen. Gewalt gegen Frauen ist „ganz alltäglich", sie ist so subtil, dass Frauen sie oftmals nicht bemerken. Frauen stellen sich unter den Schutz eines Mannes, dem sie vertrauen, um vor sexuellen Übergriffen durch einen Fremden sicher zu sein. Aber: gerade im häuslichen Rahmen, in „vertrauensvollen Beziehungen", spielt sich die brutalste Gewalt von Männern gegen Mädchen und Frauen ab; das zeigt die Arbeit der Frauenhaus- und Notrufbewegung. Diese Gewalt durch männliche Familienmitglieder, Verwandte und gute Bekannte ist deshalb so entsetzlich und gefährlich, weil sie heimtückisch, unausgesprochen und gemein ist – und weil Mädchen und Frauen sich gerade zu Hause am sichersten glauben.

Frauen, die ausschließlich Hausfrau und Mutter sind, haben die Verantwortung für ihr Leben und das ihrer Kinder meist abgegeben und diese vertrauensvoll in die Hände ihrer Männer gelegt. Gerade Frauen, die das traditionelle Rollenbild leben, sich über Mann und Kinder definieren und von ihrem Mann finanziell abhängig sind, wird ihr gesamter Lebensplan zerstört, wenn sie den sexuellen Missbrauch als Realität anerkennen. Ihre Vorstellung, „in einer heilen Familie zu leben", eine gute Hausfrau, Ehefrau und Mutter zu sein, „es besser gemacht zu haben als die eigenen Eltern", zerbricht. Sie haben das Gefühl, als Hausfrau, Ehefrau und Mutter versagt zu haben. Ihr gesamtes Lebenskonzept ist zerstört, nichts bleibt übrig.

Konsequentes Handeln bedeutet für die Mutter, ihr Leben grundsätzlich zu verändern, und endet immer in einer Trennung vom Ehemann bzw. Partner (Täter). Es ist ihnen nicht möglich, ihre Lebensgrundlage aufrechtzuerhalten und gleichzeitig den Schutz der Tochter zu sichern. Konsequentes Handeln bedeutet neben Trennung und Auseinanderbrechen der Familie in dieser Gesellschaft in der Regel auch sozialen Abstieg für die Frauen. Frauen, die sich in dieser Situation von ihren dominierenden Männern trennen und mit ihren Kindern alleine leben, finden keine neuen Rollenmodelle vor. Sie haben ihre gesellschaftlich definierte Rolle, sich ihrem herrschenden Mann unterzuordnen, verlassen und sich von ihm abgegrenzt. Mit ihrer neuen Rolle als Alleinerziehende und damit „Rabenmutter" stehen sie allein gegenüber vielfältigen Vorurteilen und sozialen Stigmatisierungen.

Nicht selten haben Mütter, deren Tochter vom Ehemann bzw. Partner sexuell missbraucht wird, als Mädchen selbst sexuelle Gewalt in ihrer Familie erlebt. Sie haben die eigenen Erfahrungen nicht verarbeitet und sind deshalb auch nicht in der Lage, die Tochter zu schützen. Weil sie ihren eigenen Schmerz in der Kindheit nicht wahrnehmen durften, können sie auch die Signale ihrer Tochter nicht sehen. Werden sie direkt auf die sexuellen Übergriffe angesprochen, reagieren sie so, wie sie der sexuellen Gewalt ihres Vaters gegenüberstanden: Sie sind wie gelähmt, hilflos und unfähig, etwas zu unternehmen und die Tochter zu schützen.

Eine Frau, die die Gewalttätigkeiten ihres Mannes erduldet, ist auch nicht fähig, sich zum Schutz ihrer Tochter gegen ihn zu stellen. Sie reagiert auf den Missbrauch, indem sie ihren Wahrnehmungen nicht vertraut und die sexuellen Übergriffe verdrängt. Ihre Wut und Enttäuschung, ihr Ärger und ihr Hass richten sich überwiegend gegen die Tochter, nicht gegen den Mann.

Die gesellschaftliche Tabuisierung und auch gesellschaftliche Vorurteile über das Verhalten von Müttern hindern diese, sich um Rat und Unterstützung an Dritte zu wenden. Selbst wenn sie ihre Scham überwinden, gibt es kaum Beratungsstellen, wo Mütter kompetente Beratung erfahren können. Zu Recht befürchten sie, dass sie bei öffentlichen Institutionen mit Vorwürfen konfrontiert werden, über ihren Kopf hinweg Dinge unternommen werden und sie keine Möglichkeit haben, selbst zu entscheiden oder auch nur mitzubestimmen.

Konsequentes Handeln heißt für diese Frauen aber auch, das eigene Leben selbstbestimmt in die Hand zu nehmen und nicht wieder an einen Mann abzugeben. Und das macht Angst, für Frauen besonders, denn das haben Frauen nicht gelernt. Immerhin gilt es immer noch als „normales Frauenleben" in dieser Gesellschaft: zusammen mit einem Mann zu leben, von diesem ökonomisch abhängig zu sein, den eigenen Arbeitsplatz aufzugeben und Kinder zu haben.

Zu diesen gesellschaftlichen Faktoren, die verhindern, dass Mütter sich schützend auf die Seite ihrer Töchter stellen, kommen immer auch persönliche hinzu; oft sind beide nicht voneinander zu lösen.

(Rosemarie Steinhage, Sexueller Missbrauch an Mädchen. Ein Handbuch für Beratung und Therapie, Rowohlt, Reinbek bei Hamburg 1989, S. 103–105)

Untersuchen Sie die Texte unter folgenden Fragestellungen:

1. Welche Gründe nennt die jeweilige Autorin dafür, dass manche Mütter ihre Kinder nicht schützen?
2. Welcher Standpunkt deutet sich in der jeweiligen Darstellung an?
3. An wen sind die Texte möglicherweise gerichtet und mit welcher Absicht?
4. Diskutieren Sie, ob man die Mütter, die ihre Kinder nicht schützen, Ihrer Ansicht nach dafür verantwortlich machen kann.
5. Wo sehen Sie Ansatzpunkte für Hilfen für die Mütter?

Auswirkungen des sexuellen Missbrauchs auf die Persönlichkeitsentwicklung der Betroffenen

Persönlichkeitsentwicklung

Die materialistische Pädagogik geht davon aus, dass der Mensch ein aktives Wesen ist, das sich in der Auseinandersetzung mit seiner Umwelt entwickelt. Für die Persönlichkeitsentwicklung ist weniger das biologische Erbe als vielmehr die Wechselwirkung zwischen Mensch und Umwelt von Bedeutung.

Menschliche Lernprozesse zeichnen sich dadurch

aus, dass der Mensch sich die ihm gegebenen gesellschaftlichen Verhältnisse aneignet, jedoch gleichzeitig auf diese Verhältnisse einwirken und sie verändern kann. Ziel aller Tätigkeiten/Lernprozesse ist der Gewinn einer zunehmenden Realitätskontrolle, die aber nur erreicht werden kann, wenn bestimmte Bedingungen gegeben sind. [...]
Die Isolationstheorie ist das materialistische Erklärungsmodell für die Entstehung psychischer und psychosomatischer Störungen. Der Begriff der Isolation wird zur Bezeichnung dieser Theorie benutzt, weil Störungen zurückzuführen sind auf beeinträchtigte Lernprozesse, also auf Isolation von dem, was Menschen lernen können und müssen.
Isolation tritt erst dann auf, wenn *Ursachen* und *Bedingungen* von Isolation bei einem Menschen zusammentreffen.
Die Ursachen sind in unmittelbar und mittelbar soziale Ursachen aufzuteilen:
Unmittelbar soziale Ursachen sind das Vorenthalten von Objekten (z. B. von Spielzeug) und von menschlichem Kontakt (z. B. bei Vernachlässigung).
Mittelbar soziale Ursachen sind krankheitsbedingte, individuelle Defekte (z. B. Körperbehinderungen). [...]
Zu den isolierenden Bedingungen zählen Situationen der Unterforderung, der Reizüberflutung und des „double bind" (widersprüchliche Situation). In Verbindung mit den Ursachen verhindern sie jeweils angemessenes Lernen.
Obwohl also der Schweregrad der Folgen isolierender Bedingungen von vielen individuellen Faktoren abhängt und deshalb Einzelfalluntersuchungen aufgrund von Biografien unerlässlich sind, können allgemein *folgende fünf Störungsstufen* festgestellt werden: 1. Situationen der Unter- bzw. Überforderung oder „double bind"; 2. Konflikt; 3. negative Emotionen; 4. Stress; 5. massive psychosomatische Erkrankungen, psychische Störungen.

Sexueller Missbrauch und Persönlichkeitsentwicklung
Bei der Übertragung sexuellen Missbrauchs auf das Isolationskonzept sind zum einen die Ursachen der Isolation zu analysieren und zum anderen die isolierenden Bedingungen herauszuarbeiten.
Von den mittelbaren und unmittelbaren Ursachen werden die mittelbaren sozialen Ursachen wie z. B. Defekte der Sinnesorgane oder gelähmte Körpergliedmaßen nur am Rande erwähnt. Sie kommen indirekt als Ursache der Isolation bei sexuellem Missbrauch infrage, weil davon auszugehen ist, dass „behinderte" Mädchen häufiger als andere von sexuellen Übergriffen betroffen sind. Erklärbar wird dies durch die größere Wehr- und evtl. auch Sprachlosigkeit der Mädchen aufgrund ihrer „Behinderung". [...]
Für alle Betroffenen von Bedeutung sind dagegen die unmittelbaren sozialen Ursachen. Darunter fallen das Vorenthalten der Objektwelt und realer Verhältnisse sowie das Vorenthalten menschlichen Kontakts.
Vorenthaltung der Objektwelt und realer Verhältnisse bedeutet, dass Mädchen weder einen Zugang zu adäquatem Aufklärungsmaterial haben noch von Eltern, LehrerInnen oder anderen Bezugspersonen umfassend aufgeklärt werden. Zum Vorenthalten der Objektwelt gehört auch, Mädchen kein Recht auf sexuelle Selbstbestimmung zu vermitteln. Die Mädchensozialisation gestaltet sich in der Regel derart, dass Mädchen zur Passivität und zum Gehorsam erzogen werden. Bei sexuellen Übergriffen werden sie, infolge dieser Sozialisation, den Angriff stillschweigend erdulden, ohne das Tun des Missbrauchers infrage zu stellen. Das Vorenthalten menschlichen Kontakts realisiert sich dann, wenn Mädchen keine Möglichkeit haben, ihre Erlebnisse sexueller Gewalt einer Vertrauensperson mitzuteilen. Hinderungsgründe dafür können sein, dass die Mädchen keine Worte finden, sei es, dass sie nicht beschreiben können, was passiert ist, oder dass ihnen in ihrer Erziehung vermittelt wurde, nicht über Sexualität zu sprechen. Diese Faktoren bedingen selbst noch nicht die Isolation. Hinzu kommen *isolierende Bedingungen:* Für sexuellen Missbrauch sind Reizüberflutung und „double bind"-Situationen relevant.
Reizüberflutung – eine Situation, die für das jeweilige Entwicklungsniveau des Kindes zu vielfältig strukturiert ist – betrifft vor allen Dingen Mädchen vor der Pubertät. Sie werden mit der Sexualität der erwachsenen Männer (z. B. Vorzeigen des erigierten Penis) wider Willen konfrontiert und können das geheimnisvolle Verhalten der Männer nicht einordnen.
„Double bind"-Situationen ergeben sich fast ausnahmslos für alle sexuell missbrauchten Mädchen. Aus der Vielzahl der Widersprüche sollen einige wesentliche hier genannt werden.

Da die meisten Mädchen nicht von Fremden, sondern von engen Bekannten oder Verwandten missbraucht werden, stoßen sie auf den Widerspruch zwischen Gelerntem und gemachten Erfahrungen. Mädchen lernen z. B., nicht mit fremden Männern in den Park zu gehen, weil diese „Böses" mit ihnen vorhaben. Eines Tages erleben sie, dass es nicht der Fremde ist, der sie lockt, sondern der nette Nachbar, Onkel oder auch Vater. [...]

Um diese Widersprüche lösen zu können, wäre es für die Mädchen notwendig, ihre Erfahrungen zu schildern. Durch Drohungen oder durch Erpressung werden sie jedoch am Aussprechen gehindert. Damit stehen sie vor einem erneuten „double bind", dem Reden-Wollen und Nicht-Reden-Können.

Aus innerfamiliärem Missbrauch erwachsen weitere Widersprüche. Auf der einen Seite wird den Mädchen eingeprägt, dass Eltern ihre Kinder lieben und nur das „Beste" wollen, auf der anderen Seite machen sie die Erfahrung, dass der Vater sie missbraucht. [...]

Mögliche Auswirkungen von sexuellem Missbrauch

Hier soll von *möglichen* Auswirkungen die Rede sein, weil sie nach sexuellem Missbrauch auftreten können, aber nicht müssen. Jedes betroffene Mädchen, jede betroffene Frau verarbeitet sexuelle Übergriffe anders. Der Schweregrad der psychischen und psychosomatischen Störungen ist abhängig von vielen individuellen und gesellschaftlichen Faktoren. [...]

Demnach lässt sich bei allen Betroffenen nachzeichnen, zu welchem Zeitpunkt ihrer Geschichte Ursachen der Isolation und isolierende Bedingungen aufeinander trafen und auf welcher Stufe des gestörten Aneignungsprozesses sich das Individuum momentan befindet.

Der Isolationsprozess schreitet dann von Stufe zu Stufe, wenn die Probleme der vorangegangenen Stufe nicht gelöst werden können. Das bedeutet aber auch, dass der Isolationsprozess an jeder beliebigen Stelle gestoppt werden kann. [...]

Überforderungen und „double bind"-Situationen führen zum Konflikt – der *zweiten Stufe* des Isolationsprozesses (vgl. S. 294, Z. 46f.). Ein Konflikt, der als Mangel, Bedrohung oder Hindernis erlebt wird, kann Verwirrung und Orientierungsunfähigkeit zur Folge haben. Schwere psychische Konflikte werden von negativen Emotionen – *dritte Stufe* – begleitet. Emotionen stellen eine subjektive Bewertung der Situation dar; beim sexuellen Missbrauch findet man Hass, Wut, Angst, Selbstzweifel, Schuldgefühle, Gefühle des Verlassenwerdens.

Hass und Wut sind sehr diffuse Gefühle, da nicht zugelassen wird, dass Mädchen den Tätern die Verantwortung für Missbrauch geben, und die Mädchen deshalb diese negativen Emotionen selten auf die Täter richten (können).

Angst ist ein Gefühl, das in allen Erfahrungsberichten betroffener Frauen und Mädchen vorkommt. Die Angst bezieht sich dabei nicht nur auf die Furcht vor weiteren sexuellen Übergriffen, sondern auch auf Drohungen der Missbraucher. Die Drohungen erstrecken sich von körperlicher bis hin zu psychischer Misshandlung.

Selbstzweifel und *Minderwertigkeitsgefühle* kennt ebenfalls jedes sexuell missbrauchte Mädchen. Diese Gefühle resultieren aus den oft tagtäglich erfahrenen Demütigungen. Die Mädchen werden in ihren Bedürfnissen und Wünschen nicht ernst genommen, sie sind ausschließlich zur Bedürfnisbefriedigung ihrer Väter, Onkel, Nachbarn da. [...]

Weitere, fast allen sexuell missbrauchten Mädchen bekannte, negative Emotionen sind *Schuldgefühle*. Viele Mädchen nehmen aufgrund mangelnder Aufklärung an, dass sie die Einzigen sind, die sexuell missbraucht werden, und suchen deshalb die Schuld dafür einzig und allein bei sich. [...] Diese Selbstvorwürfe führen zu Schuldgefühlen, die die Mädchen zum Schweigen über den Missbrauch verurteilen.

Andere Mädchen befinden sich für schuldig, weil sie das Gefühl haben, „mitgemacht zu haben", nur weil sie sich nicht körperlich wehrten. [...]

Gefühle des Verlassenwerdens können durch den Vertrauensbruch zwischen Missbraucher und Opfer hervorgerufen werden. Der Vertrauensbruch wird in der Literatur oft als Schlüsselerlebnis des innerfamiliären sexuellen Missbrauchs beschrieben. Das verwundert nicht angesichts der Tatsache, dass die ersten Bezugspersonen aus der nahen Verwandtschaft hervorgehen. Die ersten Vertrauensverhältnisse sind von elementarer Bedeutung für die gesamte weitere Persönlichkeitsentwicklung, da Vertrauen eine Voraussetzung für Lernen und Entwicklung ist.

Nicht nur das Vertrauensverhältnis zwischen Missbraucher und Opfer wird durch den Miss-

brauch grundlegend gestört, sondern meist auch weitere wichtige Beziehungen zu Vertrauenspersonen wie z. B. der Mutter.

Aber nicht nur der innerfamiliäre Missbrauch ist durch einen Vertrauensbruch gekennzeichnet. Auch sexueller Missbrauch außerhalb der Familie hat gravierende Folgen, da die Mädchen merken, dass ihr in diese Menschen gesetztes Vertrauen missbraucht wird. Mit Misstrauen, Angst, Schuldgefühlen oder anderen negativen Emotionen können Menschen auf Dauer nicht leben. Sie müssen aktiv werden und handeln, um eine für sie weniger belastende Situation herzustellen. Drei Reaktionsweisen sind möglich: erstens zufälliges, unbewusstes Handeln aufgrund emotionaler Erregtheit, zweitens Anpassung und drittens Verdrängung.

1. Von dieser Reaktionsweise – zufälligen, unbewussten Handelns – ist nur in ganz wenigen Erfahrungsberichten die Rede. Meistens sind die Mädchen wie gelähmt und handlungsunfähig. [...]

2. Ein Anpassungsprozess ist immer ein bewusster oder unbewusster Prozess der Resignation. Die Mädchen merken, dass sie an den sexuellen Übergriffen nichts ändern können. Um ihre Leiden nicht ins Unerträgliche zu steigern und mit ihren Emotionen leben zu können, erscheint ihnen die Anpassung als einzig gangbarer Weg. Dieser kann verschiedene Formen annehmen:

– Sexuell missbrauchte Mädchen und Frauen können *extrem angepasst* wirken. Da sie oft ab der frühen Kindheit gelernt haben, an ihren eigenen Gefühlen und Wahrnehmungen zu zweifeln, da oft gegen ihre Bedürfnisse verstoßen wurde, sind ihnen ihre eigenen Bedürfnisse nicht bewusst. Sie haben dagegen frühzeitig gelernt, Bedürfnisse anderer Menschen (z. B. des Missbrauchers) über ihre eigenen zu stellen. Dadurch entwickelt sich ein extrem angepasstes Verhalten, das sich im Umgang mit anderen Menschen in Entscheidungsunfähigkeit und Unterordnung unter den Willen anderer zeigt. [...]

– Eine weitere Form der Anpassung sind die *indirekten Abwehrstrategien der Opfer* gegen die Täter. Die Mädchen wissen, dass sie sich ihrem Missbraucher nicht entziehen können, und treten ihm deshalb nicht offensiv entgegen. Sie versuchen, Situationen des Missbrauchs zu entgehen oder mit allen erdenklichen Mitteln das Interesse des Missbrauchers von sich abzulenken.

– Eine andere, oft beschriebene Abwehrstrategie ist die des Bettnässens oder Einkotens. Da der Missbrauch häufig nachts stattfindet, versuchen die Mädchen mit solchen Mitteln, die Täter aus dem Bett zu ekeln, und erhoffen sich dadurch ein Ende des Missbrauchs.

Alle diese Strategien sind eine Form der Anpassung, weil sich die Mädchen nicht grundsätzlich gegen die sexuellen Übergriffe wehren (können). Andererseits stellen sie eine Form des Widerstandes dar, weil die Mädchen versuchen, sich handelnd Missbrauchssituationen zu entziehen. Häufig zeigen die als Kind erworbenen Anpassungsstrategien bis ins Erwachsenenalter hinein ihre Auswirkungen:

– Aus vielen Erfahrungsberichten betroffener Frauen und Mädchen wird deutlich, dass sie auch als Erwachsene *Gewalt in allen Formen* erdulden. Dies ist eine Form der Anpassung, weil sie nie lernen konnten, sich gegen direkte Gewalt, wie z. B. sexuellen Missbrauch, zu wehren. [...]

– Viele Mädchen und Frauen berichten von einer *Verarmung ihrer Erlebnisfähigkeit*. Sie passen sich an die oft täglich erfahrenen Demütigungen und ihre Ohnmachtsgefühle an, indem sie bestimmte Gefühle wie Hass, Wut, Angst, Ekel abtöten. Dadurch erhalten sie den Eindruck, als wenn sie sich einen kleinen Teil ihres Lebens nicht zerstören ließen. [...]

3. Verdrängung ist ein Schutzreflex gegen belastende, für das Individuum unauflösbar erscheinende Widersprüche. Verdrängungsprozesse können ein unterschiedliches Ausmaß haben. [...] Langfristige Verdrängungsprozesse treten besonders bei jungen Mädchen auf, weil diese durch Missbrauchssituationen überfordert sind und sie als Situationen des völligen Ausgeliefertseins empfinden. Bei vielen funktioniert der Schutzmechanismus Verdrängung so „perfekt", dass sie sich später nicht mehr erinnern können.

Für das Leben von sexuell missbrauchten Mädchen und Frauen können die Verdrängungsprozesse vielerlei Konsequenzen haben:

– Betroffene Mädchen und Frauen berichten von Schwierigkeiten im zwischenmenschlichen Bereich. Wird der oft grundlegende Vertrauensbruch der Kindheit nicht verarbeitet, sondern verdrängt, dann bestimmen die daraus resultierenden Folgen das weitere Leben der Frauen. Sie werden kaum in der Lage sein, Vertrauen zu anderen

Menschen zu entwickeln, Wärme, Liebe und Geborgenheit zu geben und anzunehmen. Dies kann zu extremen Formen der Isolation führen.
Eine andere Schwierigkeit im zwischenmenschlichen Bereich kann darin bestehen, dass hauptsächlich über den Körper Zuwendung bezogen wird. Denn die Missbrauchserlebnisse haben die Mädchen gelehrt, dass ihr Körper und nicht ihre gesamte Persönlichkeit von Interesse ist. [...]
– Weitere Schwierigkeiten liegen in der Sexualität. Sexualität ist der Bereich, in dem die Mädchen nie nach ihren Wünschen und Bedürfnissen gefragt, sondern in dem immer gegen sie gehandelt wurde. Durch sexuellen Missbrauch ist Frauen und Mädchen die Möglichkeit genommen, sich in Zärtlichkeiten zu entspannen und Sicherheit und Wärme über körperliche Zuwendung zu erhalten. Die Folge ist keine Möglichkeit der Entspannung und des Fallen-Lassens, kein Genießen des Körpers und seiner Reaktionen ohne Angst vor erneutem Missbrauch. [...]
– Eine weitere Folge von Verdrängungsprozessen sind Depressionen. Meist kennen Betroffene die Ursache ihrer Depressionen nicht, fühlen nur Trauer, Einsamkeit und Leblosigkeit. Diese Gefühle sind sehr diffus und stellen die Frauen vor – scheinbar ohne jeden Auslöser auftretende – negative Gefühlslagen. [...]
Unaufgelöste, negative Emotionen führen zu Stress – der *vierten Stufe* des Isolationsschemas. Diese immer häufiger und langfristig auftretenden Emotionen haben im Bereich des autonomen Nervensystems erhöhte Beanspruchungsvorgänge zur Folge. Dabei kommt es zu Adaptionsvorgängen auf dieser Ebene, d.h. zu Veränderungen in der Regulation von Körperfunktionen. Es treten Hormonstörungen im Rahmen der autonom-nervösen Steuerung ein, die letztendlich dann zu psychosomatischen Syndromen wie z.B. Magengeschwüren führen. Im Kontext mit sexuellem Missbrauch werden hauptsächlich Schlaf- und Essstörungen (Appetitlosigkeit und Bauchschmerzen), Nervosität und Konzentrationsstörungen genannt.

Mädchen, die nachts sexuell missbraucht werden, gehen mit großer Angst schlafen. [...]
Der Körper reagiert mit erhöhter Anspannung und Wachsamkeit, Schlafstörungen sind die Folge.
Darüber hinaus berichten Frauen von Hauterkrankungen, Sprachstörungen und chronischen Unterleibsbeschwerden. Die durch Stress hervorgerufenen körperlichen Symptome entwickeln sich bei fortgesetztem Missbrauch zu psychosomatischen Störungen. Sie bilden zusammen mit den schweren psychischen Schäden die *fünfte Stufe* des Schemas. Sexuell missbrauchte Mädchen berichten am häufigsten von Essstörungen, selbstverletzendem Verhalten und Missbrauch von Rauschmitteln – Drogen, Alkohol, Psychopharmaka. Gemeinsam ist diesen Symptomen, dass sie sich selbstzerstörerisch gegen den Körper des Opfers richten und nicht mehr vom Bewusstsein gesteuert werden.
Auf den vorherigen Stufen des Isolationsprozesses kommt es durch Verdrängung, Anpassung oder zufälligem, unbewusstem Agieren nicht zu einer „Lösung" der Konflikte. Die negativen Emotionen und Widersprüche bleiben aufrechterhalten, sie bedürfen der individuellen Auflösung, ansonsten ist das Individuum nicht überlebensfähig. Die Auflösung erfolgt in individuellen Schuldzugeständnissen. [...]
Ein anderes Verhaltensmuster zur Bewältigung des Schuldzugeständnisses ist die Selbstbestrafung. Mit der Selbstbestrafung in Form von selbstverletzendem Verhalten sieht das Mädchen seine Schuld „gesühnt" und fühlt sich zumindest kurzfristig erleichtert.
Alle Auswirkungen sexuellen Missbrauchs verstehen wir als „Ergebnis" eines sich fortsetzenden gestörten Aneignungsprozesses, als Bewältigungsmechanismus und individuell angemessene Reaktion, als zweckmäßige Überlebenspraktik. [...]

(Karin Gutjahr/Anke Schrader, Sexueller Mädchenmissbrauch. Ursachen, Erscheinungen, Folgewirkungen und Interventionsmöglichkeiten, Papyrossa, Köln, 2. überarb. Aufl. 1993, S. 87–108)

1. Erarbeiten Sie zunächst das Grundmodell der Isolationstheorie.

2. Versuchen Sie die Anwendung der Isolationstheorie auf die Bedeutung des sexuellen Missbrauchs für die Persönlichkeitsentwicklung in einem Schema grafisch darzustellen.

Vertiefung

Entstehungsbedingungen des sexuellen Missbrauchs

Ein Fallbeispiel

Der Beginn des Interviews mit A. ist auf S. 285f. abgedruckt, lesen Sie dort zunächst noch einmal nach.

A., 22 Jahre, Tischlerlehrling

[...] Niemand wusste das von mir. Ich habe das erst gesagt, als meine Eltern sich getrennt haben und meine Schwester damit rausgerückt ist. Mit der hat er das auch gemacht. Ich habe das nie gemerkt. Es kam alles erst raus, als meine Eltern sich scheiden ließen. Ich war damals etwa zwölf Jahre alt, konnte aber nur sagen, dass mein Vater mich sexuell missbraucht hatte. Vor einem halben Jahr konnte ich zum ersten Mal wirklich darüber reden. Was für mich grauenhaft ist, ist aber weniger die Erinnerung an die Misshandlungen. Was danach gekommen ist, hat mir Angst vor mir selber gemacht. Er hat in mir das Bedürfnis geweckt, das Gefühl wieder haben zu wollen. Ich habe mir als Kind gewünscht, dass das wieder jemand mit mir macht, aber nicht er. Ich habe damals schon eine kleine Freundin gehabt, die das gemacht hat. Die habe ich dazu aufgefordert, auf die gleiche Art wie er. Das war aber nicht das einzige Mal, sondern ich habe das noch mit mehreren Kindern danach getan. [...]
Ich schäme mich dafür. Auch heute noch, wo ich mir einigermaßen darüber im Klaren bin, dass ich nichts dafür kann, ekelt es mich noch vor mir selbst.
[...] Von meinem Vater bin ich ab und zu geschlagen worden, von meiner Mutter bin ich ziemlich viel geschlagen worden, als ich klein war, und ich musste früher oft zu meiner Großtante, die mich ziemlich oft geschlagen hat. Ich weiß, dass auf mir früher manch ein Bügel kaputtgegangen ist. Das Schlimmste ist für mich, dass zwischen meiner Schwester und mir auch ähnliche Sachen abliefen. Das ging immer von meiner Schwester aus und lief bis zur Scheidung meiner Eltern. [...]
Auch heute noch habe ich unheimliche Angst, dass meine Freundin das Gefühl hat, von mir ausgenutzt zu werden. Es fällt mir schwer, auch eigene Wünsche zuzulassen. Es ist mir wahnsinnig wichtig, dass meine Freundin sich wohl fühlt und dass es für sie angenehm ist. Das ist mir viel wichtiger, als dass ich meine eigenen Wünsche äußern könnte. [...]

Interviewer: Sind dir deine eigenen Wünsche unheimlich?

A: Es geht so. Es ist wie Licht und Schatten. Teilweise sind sie mir unheimlich, teilweise weiß ich, dass ich sie auch äußern kann. Ich äußere sie ja auch. Ich habe immer das Gefühl, auch weil ich so klein war, dass ein Gefühlsgespenst in mir rumspukt und von Zeit zu Zeit wieder auftaucht. Im Moment ist es wieder ganz schrecklich durch den Verdacht, den meine Schwester und ich momentan gegenüber meinem Vater hegen. Wir befürchten, dass er eventuell seine Patenkinder sexuell missbrauchen könnte. [...]
Ich weiß noch ganz genau, dass ich, als ich klein war, mit meiner Schwester von zu Hause weglaufen wollte und wir uns auch schon ein Versteck ausgesucht hatten. Wir wurden zu Hause halt sehr häufig von unserer Mutter geschlagen. Schlimm war die Hundekette. Aber die schrecklichste Erinnerung habe ich an das Springseil. Ich war ungefähr vier oder fünf Jahre alt, da tauchte bei uns zu Hause ein Springseil auf. Ich hatte das nie vorher gesehen. Meine Mutter war wahnsinnig wütend, weil die dachte, wir hätten das Seil geklaut. Und dann fragte sie nur: Wem gehört das? Und meine Schwester sagte, es sei von unserem Nachbarn, ich hätte das mitgebracht. Ich hatte das aber nicht mitgenommen, das weiß ich noch ganz genau. Meine Mutter ist zu mir gekommen, hat mir das Seil gezeigt, hat mich fürchterlich angeschrien und mich mit dem Seil geschlagen. Und nicht nur einmal, sondern ganz oft. Ich weiß noch, dass ich hinterher richtige Striemen hatte. Sie hat mir

dann geholfen und die Striemen mit Salbe eingerieben. Erst hat sie mich geschlagen, dann ist sie zu dem Nachbarn rüber und hat ihn dann erst gefragt, ob das Seil ihm gehört, und es ihm gegeben. Dann ist sie zu mir gekommen und hat geheult und hat mir die Striemen eingerieben. Ich habe sie gar nicht wahrgenommen. Ich habe sie teilweise gehasst. Meine Mutter hat mich immer aus nichtigem Anlass geschlagen.

I: Wie hat deine Mutter reagiert, als sie erfahren hat, dass du von deinem Vater sexuell missbraucht worden bist?

A: Sie war schockiert. Meine Schwester hat ihr im Alter von etwa drei Jahren zum ersten Mal von den sexuellen Misshandlungen erzählt. Sie hat gesagt: „Du Mammi, der Pappi fasst mich dauernd an der Scheide an." Ich weiß nicht, wie sie da reagiert hat. Meine Mutter hat sie, glaube ich, nicht ernst genommen, weil meine Schwester nie wieder darüber gesprochen hat. Zwischen meiner Mutter und meiner Schwester war das Verhältnis ganz schlecht. Meine Schwester hat dann später sechs Jahre lang überhaupt nicht mehr mit meiner Mutter gesprochen.

I: Aber ihr habt nach der Scheidung bei deiner Mutter gelebt?

A: Das war dann so, dass meine Schwester es gesagt hat. Meine Mutter war völlig hilflos und ist dann mit uns zur Erziehungsberatung gegangen. Da fing eigentlich für mich die erste Therapie an. Ich habe eine Spieltherapie gemacht, und parallel dazu hatten wir zu dritt Familientherapiesitzungen. Später wechselte das bei mir in eine Gesprächstherapie. Ich bin eigentlich, seit ich dreizehn bin, mit längeren Unterbrechungen in therapeutischer Behandlung.

I: Wann haben die Schläge aufgehört?

A: Seit der Trennung meiner Eltern bin ich nie wieder von meiner Mutter geschlagen worden. Völlig abrupt war das zu Ende. Meine Schwester und ich haben uns früher auch viel geprügelt. Unser Verhältnis war früher ganz schlecht. Im Grund hatten wir uns auch wahnsinnig lieb, aber trotzdem hatten wir uns schrecklich in der Wolle. [...]

I: Hattest du irgendeinen Menschen, in dessen Gegenwart du dich einigermaßen sicher gefühlt hast?

A: Ich fand eigentlich erst jemand in der sechsten Klasse, das war mein Deutschlehrer. In der Zeit fing dann die Trennung meiner Eltern an. Das ging hin und her und dauerte fast zwei Jahre. Mein Vater hatte zusätzlich zu meiner Mutter, die wohl einiges über sich ergehen lassen musste, und meiner Schwester und zeitweise auch mir auch noch mehrere Freundinnen. Ein Monster, würde ich mal sagen. In der Zeit hatte er halt auch eine Freundin und meine Mutter hat ihn dann irgendwann rausgeworfen. Dann war er drei Monate bei seiner Freundin, dann wieder bei uns und dann wieder bei ihr usw. Als Kind hatte ich niemanden. Ich habe mich unheimlich lange allein gefühlt, ganz allein. Allein gelassen auch im Spiel, und ich war auch in der Schule immer der Außenseiter. [...]

Mit meinem Vater war das eigentlich immer ganz komisch. In einer normalen Familie freuen sich die Kinder, wenn der Vater von der Arbeit nach Hause kommt, fallen ihm um den Hals und jubeln. Wenn er nach Hause kam, mussten wir nach oben in unsere Zimmer gehen und uns möglichst ruhig verhalten, damit er erst einmal ins Wohnzimmer gehen, Schuhe ausziehen und sich ausruhen konnte. Wir durften ihn nicht sofort begrüßen. Und dann durften wir nach unten kommen, guten Abend sagen und wieder nach oben gehen. Das war alles an Kommunikation wochentags, weil er seine Ruhe haben wollte. Mein Vater ist in einem technischen Beruf tätig. An Wochenenden haben wir auch kaum zusammen gespielt. Ich habe wenig gute Erinnerungen an meinen Vater. Wirklich schön war, wenn wir mit ihm rumgetobt haben. Ansonsten hat er immer Sachen von mir gefordert, die ich nicht erfüllen konnte. Beispielsweise hat er mal meiner Schwester – da war ich so acht, neun – beigebracht, wie man ein Fahrrad flickt. Und das sollte ich dann natürlich auch lernen. Ich habe das einfach nicht geschafft, das war alles für mich viel zu groß und zu schwer und überhaupt nicht hinzukriegen. Meine Mutter hat das hinterher auch erzählt, wie er mich dann immer angeschrieen hat. Und er hat mich auch geschlagen, weil ich es nicht hingekriegt habe. Meine Mutter hat erzählt, sie stand drinnen in der Küche und hat geheult, weil er so mit mir umgegangen ist. Ich war im Vergleich zu meiner Schwester mehr der Liebling meiner Mutter. Meine Schwester ist öfter von ihr geschlagen worden. Ich weiß gar nicht, wie oft das war. Ich weiß nur, dass wir immer unheimliche Angst vor ihr hatten.

I: Du konntest ja keinen Augenblick Kind sein.

A: Nein, Kind sein konnte ich erst in der Spieltherapie und da auch nur ein gekünsteltes Kind. Ich konnte nicht mehr richtig Kind sein. [...] Im Moment ekelt es mich total vor meinem Vater. Mich widert es schon an, mit ihm am Telefon sprechen zu müssen, seine Stimme zu hören. Nach außen hin ist er der netteste Mensch überhaupt. Wir waren auch früher nach außen hin die intakte Familie. Es waren alle völlig schockiert, als meine Eltern sich getrennt haben. Wir waren sehr religiös, und meine Eltern waren aktiv in der Gemeinde. Meine Eltern hatten Freunde, und wir hatten auch Besuch zu Hause.

I: Und dann wurde heile Familie gespielt.

A: Ja ... Bei uns sind auch Kindergartenfeste gelaufen, und meine Eltern haben Kinderfahrten mitorganisiert.

I: Mochtest du Kinder mit nach Hause nehmen?

A: Ich habe keine Freunde gehabt, die mit mir nach Hause gekommen wären. Ich habe mich von Kindern sehr zurückgezogen, ich habe sehr viel alleine gespielt. Meistens habe ich einen kleinen Jungen gespielt, der von allen unterdrückt wird, der aber trotzdem unheimlich stark ist und alle Sachen schafft und besser ist als alle anderen. [...] Meine Mutter hat von meiner Schwester, als sie etwa drei Jahre alt war, zum ersten Mal von den sexuellen Misshandlungen erfahren. Sie hat meinen Vater in psychiatrische Behandlung geschickt, und er ist ein halbes Jahr in dieser Behandlung gewesen. Es ging bis zu dem Punkt, dass der Psychiater, um die Behandlung weiter fortzusetzen, es vor der Krankenkasse quasi hätte öffentlich machen müssen. Und das wollte meine Mutter nicht und hat dann darauf bestanden, dass er die Behandlung abbricht. Und in seiner Therapie ging es damals darum.

I: Deine Mutter hätte also unter Umständen deine Misshandlung und die weitere sexuelle Ausbeutung deiner Schwester verhindern können?

A: Ja, im Prinzip schon. Ich habe auch mehr Probleme mit meiner Mutter. Ich wüsste gar nicht, wie ich an ihrer Stelle mit der Schuld, die sie auf sich geladen hat, leben könnte. Sie hat die ganze Sache überhaupt zugelassen, und sie hat uns so viel geschlagen, weil eigentlich die ganze Familie ein völliges Chaos war. Wir waren für sie der Blitzableiter. Ich weiß auch, dass sie als Kind vergewaltigt worden ist. Das weiß ich übrigens auch von meinem Vater. Für mich war von beiden Elternteilen eigentlich meine Mutter immer die dominantere Person gewesen. Ich hatte zwar vor meinem Vater auch einen ungeheuren Respekt, aber er war ja viel seltener zu Hause. Ich bin von ihm immer zu meinen Verwandten geschickt worden, weil ich ihn gestört habe. Er hat mich richtig aus dem Weg geräumt. Ich war ihm lästig. [...] Als ich ausgezogen bin, war zwischen meiner Mutter und mir der totale Horror. Sie hat es mir sehr übel genommen, dass ich, in ihren Augen so Hals über Kopf, umgezogen bin. Sie empfand es als ein bewusstes Wegstoßen ihrer Person. Nach der Scheidung hatte sie sich an mich geklammert. Ich habe mich zu Hause emotional unheimlich gebunden gefühlt. Im Moment hat sich die Situation zwischen uns aber wieder etwas entspannt.

(Nele Glöer/Irmgard Schmiedeskamp-Böhler, Verlorene Kindheit. Jungen als Opfer sexueller Gewalt, München 1990, S. 60–68 u. S. 74–75)

---

1. Untersuchen Sie das Fallbeispiel im Hinblick auf:
   a) das Verhalten und die Persönlichkeit der Familienmitglieder,
   b) die Beziehungen der Familienmitglieder zueinander,
   c) die Art der sozialen Kontakte der Familienmitglieder zur Umwelt.

2. Formulieren Sie unter Berücksichtigung der Ergebnisse aus Aufgabe 1 Thesen zu möglichen Entstehungsbedingungen des sexuellen Missbrauchs von Kindern bzw. Jugendlichen.

Der familiendynamische Erklärungsansatz

Macht und Ohnmacht – Familiale Dynamik im Prozess sexueller Ausbeutung von Kindern

[...] Sexuelle Gefühle und Fantasien, die Kinder bei Erwachsenen auslösen können, gehören zu den – für die meisten Erwachsenen – völlig unaussprechbaren Bereichen. Dabei ist wichtig, dass wir uns vergegenwärtigen, dass nicht diese Fantasien für ein Kind schädlich sind, sondern wenn die damit verbundenen sexuellen Bedürfnisse mit dem Kind befriedigt werden. Auch Kinder haben ihre eigene Sexualität, die sich jedoch ganz wesentlich von Erwachsenensexualität unterscheidet. Kindliche Sexualität richtet sich nicht auf die Herstellung und Gestaltung sozialer Beziehungen, sondern ist in einem umfassenden Sinne autoerotisch.

Welche Bedingungen müssen zusammenkommen, damit ein Erwachsener die Grenze von der Fantasie zum sexuellen Handeln überschreitet, seine Sexualität mit der des Kindes gleichsetzt und die Andersartigkeit kindlicher Bedürfnisse nicht mehr wahrnehmen kann?

In den Anfängen unterscheiden sich oft die sexuell ausbeuterischen Verhaltensweisen des Erwachsenen nur in der Intention von nichtsexuellen Zärtlichkeiten.

Marquit, ein amerikanischer Psychotherapeut, beschreibt aus seiner Praxis einen solchen Prozess, in dem sich sexuelle Ausbeutung entwickelt hat: „Der Vater, der sich meist einsam fühlte, hatte zu seiner Tochter ein ‚inniges' Verhältnis entwickelt. Oft saß sie auf seinem Schoß oder schmuste mit ihm. Immer häufiger dachte er daran, was für ein gutes Kind sie sei. Er suchte ihre Nähe, da er sich dann immer erleichtert und besser fühlte. Ständig dachte er daran, wie glücklich sie ihn machte, wenig daran, wie sie sich dabei fühlte. [...] Es gelang ihm oft, Situationen zu arrangieren, in denen er mit ihr zusammen sein konnte. Da für ihn Zuneigung und Sexualität eins waren, suchte er sie zu berühren und von ihr berührt zu werden. Sobald er an sie dachte und an das, was sie zusammen taten, verspürte er eine zunehmende sexuell erregende Euphorie. Langsam wurde er von diesem Gefühl vollständig beherrscht. Jeder Streit mit seiner Frau oder seinem Chef geriet in Vergessenheit, und er fühlte sich wieder wohl, sobald er an seine Tochter dachte, die ihn wirklich verstand."

Um diesen Prozess, in dem der Erwachsene die Beziehung zum Kind sexualisiert, wirklich zu verstehen, ist es notwendig, sich zum einen die lebensgeschichtlichen Erfahrungen des Erwachsenen, zum anderen die Struktur und Dynamik seiner Familie anzusehen.

Es gibt keine repräsentativen Untersuchungen über sexuell ausbeutende Erwachsene. In einer eigenen Untersuchung von 50 Klienten stellte Marquit fest, dass die sexuell ausbeutenden Erwachsenen zu 48 Prozent selber sexuellen Übergriffen in ihrer Kindheit ausgesetzt waren, 20 Prozent hielten es durchaus für möglich, waren sich aber nicht sicher. 27 Prozent waren körperlichen, aber nicht sexuellen Übergriffen ausgesetzt. Von diesen 27 Prozent berichteten die meisten von sexueller Ausbeutung von Geschwistern oder nahen Verwandten durch andere Verwandte. Nur fünf Prozent sagten, sie wären weder physisch noch sexuell missbraucht worden. Auch die Mütter sexuell ausgebeuteter Kinder sind zu 70 bis 80 Prozent selber als Kinder sexuell ausgebeutet worden.

Obwohl die Eheleute ähnliche Erfahrungen gemacht haben, teilen sie sich diese Erfahrungen nicht mit. Die Erfahrung sexueller Ausbeutung ist stillschweigendes Erbe, das Mann oder Frau in ihre Familien einbringen.

Die Persönlichkeit sexuell ausbeutender Erwachsener zeichnet sich besonders durch zwei Merkmale aus: ein geringes Selbstwertgefühl und eine Persönlichkeit voller Scham; einer Scham, die sie an der Existenzberechtigung ihrer Person zweifeln lässt. Nach meinen Erfahrungen äußert sich dies häufig in zwanghaftem Verhalten; Kritik an ihrem Verhalten beziehen sie schnell auf die ganze Person. Außerdem können sie sich selbst kaum als Individuen wahrnehmen, ihre Identität ist eine Gruppenidentität. Daher ist es für sie schwer, eigene Gefühle wahrzunehmen oder sich zuzugestehen, sie verwechseln ihre Gefühle mit den Gefühlen anderer. Dadurch sind auch ihre sozialen Fähigkeiten eher gering, und sie sind wenig in der Lage, sich in andere hineinzuversetzen. Ihre Allmachtsfantasien sind begleitet von großen Versagensängsten, und sie leugnen ihre negativen Er-

fahrungen als Abwehr gegen den erlittenen Schmerz.

Ausbeutende Erwachsene wiederholen häufig ihre in der Kindheit erlebten Erfahrungen, diesmal aber mit vertauschten Rollen: Sie sind jetzt diejenigen, die Macht und Kontrolle ausüben, und andere sind diejenigen, die ohnmächtig und hilflos sind. Um in dieser Position so wenig wie möglich gefährdet zu sein, fällt ihre „Wahl" auf Kinder. Kinder bringen ihren Bezugspersonen normalerweise großes Vertrauen entgegen. Der Erwachsene kann bei Kindern nahezu sicher sein, dass er von ihnen nicht zurückgewiesen, gedemütigt und nicht infrage gestellt wird, dass er auf jeden Fall der Überlegene bleibt.

Durch ihre Missbrauchserfahrungen haben diese Erwachsenen gelernt, Nähe häufig in sexualisierter Form zu suchen und zu geben, sie können zwischen Zuneigung, nichtsexueller Zärtlichkeit und Sexualität nicht unterscheiden.

Diese Verhaltensmuster hat der Erwachsene in einem Familiensystem gelernt, das er häufig in seiner Familie zusammen mit seinem Partner/seiner Partnerin neu wiederherstellt. Aufgrund ihrer eigenen negativen Kindheitserfahrungen entwickeln Erwachsene eine Vorstellung von Familie, die ihnen die Erfüllung aller Wünsche und Bedürfnisse verspricht.

Um diese Vorstellung zu verwirklichen, schaffen die Familienmitglieder ein Familiensystem, das nach außen sehr geschlossen und harmonisch wirkt. Diese Geschlossenheit erreichen sie um den Preis, dass sie sich von ihrer Umwelt stark isolieren, diese häufig als feindlich erleben und beschreiben. Damit wird wiederum die Notwendigkeit verstärkt, die Familie tatsächlich als den (einzigen) Ort anzusehen, an dem eine Erfüllung von emotionalen Bedürfnissen möglich ist.

Da die Eltern aufgrund ihrer lebensgeschichtlichen Erfahrungen wenig dazu in der Lage sind, Zuneigung und Anerkennung zu geben, vielmehr ständig auf der Suche, diese für sich zu bekommen, sind, entsteht in der Familie eine Konkurrenz aller gegen alle um die knappen emotionalen Zuwendungen. Das führt dazu, dass die Generationsgrenzen – zwischen Eltern und Kindern – nicht mehr klar erkennbar sind. Kinder spüren die emotionale Bedürftigkeit ihrer Eltern schon sehr früh und versuchen, diese zu befriedigen. Häufig lässt sich in diesen Familien eine Rollenumkehr beobachten: Die Kinder übernehmen fürsorgliche, tröstende und pflegende Aufgaben, während die Eltern abhängig, hilflos und kindlich erscheinen.

Die Not dieser Familien ist ihnen meistens nicht anzumerken, sie gelten als freundlich und harmonisch. Was ihnen nicht gelingt, ist, durch eine Willensentscheidung den Kreislauf ihrer Verstrickung anzuhalten. Dazu benötigen sie professionelle Hilfe von außen, die sie als so wenig bedrohlich erleben, dass es ihnen möglich wird, diese zu akzeptieren.

(Deutscher Kinderschutzbund e.V. [Hg.], Das ist unser Geheimnis. Sexuelle Ausbeutung von Kindern. Bedingungen, Familiendynamik, Handlungsfelder. Sonderdruck aus „Kinderschutz aktuell" 2/89, S. 7–9)

1. Lassen sich aus dem familiendynamischen Erklärungsmodell Handlungsmöglichkeiten für die pädagogische Praxis ableiten?

2. Beurteilen Sie den familiendynamischen Ansatz kritisch. Erklärt der Ansatz die Ursachen des sexuellen Missbrauchs ausreichend oder bleiben Fragen offen? Wenn Fragen nicht geklärt werden, formulieren Sie diese und halten Sie sie schriftlich fest.

Der soziologisch-feministische Erklärungsansatz

Sexuelle Ausbeutung als Ausdruck struktureller Gewalt

[...] Der feministische Ansatz innerhalb der Soziologie geht von einem Geschlechterverhältnis aus, das durch die Herrschaft von Männern über Frauen gekennzeichnet ist. Ein konstitutives Element der patriarchalen Ordnung ist die geschlechtsspezifische Arbeitsteilung. Die gesellschaftliche Teilhabe an Produktion und Reproduktion, Macht und Einfluss wird getrennt nach Geschlecht und Klasse verteilt. Unabhängig von der Klassenzugehörigkeit besetzen Männer die oberen Positionen der Hierarchie, wohingegen Frauen auf die unteren Plätze verwiesen werden. [...]

Sexueller Missbrauch als Ausdruck struktureller Gewalt

Der Begriff strukturelle Gewalt zielt auf die ungleichen Lebenschancen von Frauen gegenüber Männern, auf die Differenz von „Wirklichem" und „Möglichem" in ihrem Leben.
Die Geschlechtsanalyse bietet für die Darstellung des sexuellen Missbrauchs zwei grundlegende Fakten: Die Täter sind zu über 90 % Männer und die Opfer sind zu 75 bis 80 % Mädchen. Damit steht nicht die elterliche Gewalt gegen Kinder (wie z. B. bei Kindesmisshandlungen), sondern die Männergewalt gegen Mädchen im Mittelpunkt der feministischen Betrachtung. Die Bezeichnungen Gewalt in der Familie, Gewalt gegen Kinder und elterliche Gewalt verschleiern die tatsächliche Situation, indem sie weder die Inhaber der Macht noch die Opfer der Gewalt beim Namen nennen.
Bei der Analyse der Geschlechterverhältnisse geht es nicht primär um die Betrachtung geschlechtsspezifischen Verhaltens und die Beziehungen der Geschlechter zueinander, sondern um die gesellschaftliche Verteilung von Macht. Verhältnisse und Verhalten sind in diesem Zusammenhang zwei grundsätzlich zu unterscheidende Ebenen. Die gesellschaftliche Organisation ist durch ein Herrschaftsverhältnis gekennzeichnet, das sich in der Macht von Männern über Frauen manifestiert. Diese gesellschaftliche Organisationsform legitimiert die Verfügungsmacht des einzelnen Mannes über die Frau.
Die zunehmende Diskussion um den Täter als Opfer (durch selbst erlittene Übergriffe in der Kindheit, Rache an der übermächtigen Mutter bzw. an der sich verweigernden Ehefrau) vermischt gerade die beiden Ebenen, Verhältnisse und Verhalten: Sie ignoriert, dass der Täter aufgrund seines Geschlechts Teilhaber an der Bestimmung der Verhältnisse ist. Auch als Opfer im konkreten Einzelfall (das Patriarchat stigmatisiert auch das männliche Geschlecht) gehört er dem Geschlecht der Herrschenden an und hat damit gegenüber der Frau als Opfer den Zugriff auf die gesellschaftliche Verfügungs- und Gestaltungsmacht (Partizipation am Arbeitsmarkt, autonome Lebensführung, Verbleib in der Wohnung, allg.: Verfügung über Ressourcen). [...]
Ohne diese strukturelle Verankerung der Privilegien des männlichen Geschlechts wären die subjektiven Vorrechte und Möglichkeiten qua Geschlecht eingeschränkt. Das Fehlen einer männerbündischen Ordnung würde die stillschweigende Duldung der individuellen Gewalthandlung gegen Mädchen und Frauen gesellschaftlich aufheben. Zudem ist die Ausbeutung Gleichgestellter entschieden schwerer zu realisieren.
Die dem Patriarchat inhärente strukturelle Gewalt, die bezüglich der Gewalt gegen Frauen hinlänglich untersucht und beschrieben wurde, wirkt auf Mädchen in besonderer Weise, da sie a) auf die Rolle der Frau, also zur Duldsamkeit und Unterordnung hin erzogen und sozialisiert werden und b) zu einer sozioökonomisch unabhängigen und autonomen Lebensführung noch nicht in der Lage sind. Insofern sind sie – im Falle der sexuellen Gewalterfahrung – im doppelten Sinne unterdrückt und ausgebeutet. [...]
Was bedeutet diese Struktur nun für die sexuellen Gewalthandlungen von Männern an Mädchen? Die Autorität des Vaters gegenüber dem Mädchen ist institutionalisiert durch die Stellung, die der Vater in der Familie innehat.
„Ihr Kennzeichen (das der Autorität, L. H.) ist die fraglose Anerkennung seitens derer, denen Gehorsam abverlangt wird; sie bedarf weder des Zwangs noch der Überredung."
Die persönliche, individuelle Autorität des Vaters gegenüber dem Mädchen wird aber durch Gewalthandlungen untergraben, indem Schläge als Gewaltmittel zur Sicherung der Autorität eingesetzt werden, die aber tatsächlich Ausdruck von Machtverlust sind. Dieser Sachverhalt ist für die Mädchen selbst nicht oder nur sehr eingeschränkt durchschaubar, weshalb sie sich existenziell ausgeliefert fühlen. [...]

Geschlechtliche Arbeitsteilung und patriarchale Ordnung der Familie

[...] Familie zeichnet sich strukturell durch generative und geschlechtliche Hierarchie aus. Beide ‚Ordnungsprinzipien' werden mittels Intimität und Abhängigkeit sichergestellt. Die Familie als

Keimzelle des Staates sichert gesellschaftlich notwendige Reproduktionsaufgaben und wird daher in Artikel 6 des Grundgesetzes dem besonderen Schutz des Staates unterstellt.

Die Zuständigkeit von Frauen für die Reproduktionsarbeit, ihre Dienstleistungen an Mann und Kindern sichern die familialen Strukturen. Hausarbeit als „Arbeit aus Liebe" an einem ‚Produkt', das Frauen nicht gehört und das sie, sofern die Arbeit erfolgreich war, wieder verlieren, weist zahlreiche Übereinstimmungen zur Lohnarbeit auf. Nur der Lohn als Voraussetzung für die ökonomische Eigenständigkeit fehlt Frauen bei der Hausarbeit. Familienfrauen sind in besonderer Weise von ihrem Ehemann und der Familie finanziell und psychosozial abhängig. [...]

Nun deutet der Machtmissbrauch im Falle der ehelichen Vergewaltigung und des sexuellen Missbrauchs bereits auf die Stellung des Mannes/Vaters in der Familie hin. Das System Familie wird durch sexuellen Missbrauch nicht infrage gestellt, im Gegenteil: Hierarchie und Abhängigkeit werden durch die sexuelle Ausbeutung der Tochter stabilisiert und intensiviert.

Sexuelle Ausbeutung dient schon seit Jahrhunderten der Herrschaftssicherung. Diese Form der Gewalt setzt sich unverändert fort, weil Frauen die Arbeit an der Wiederherstellung des Ehe- und Familienbündnisses als Geschlechtsrolle zugewiesen wurde und ihnen darüber hinaus die Machtmittel zur Befreiung und Gleichstellung bislang versagt blieben. Ohne individuelle Existenzsicherung gibt es für Frauen keine freie Entscheidung, den Mann als Missbraucher zu verlassen. Als notwendige (aber nicht hinreichende) Voraussetzung ist ein existenzsicherndes Einkommen erforderlich.

Häufig gehen schwere Beziehungsstörungen den sexuellen Übergriffen voraus. Mit Gewalt versucht der Mann, die familiale Ordnung und damit die Reproduktionsfunktion seiner Familie aufrechtzuerhalten. Er stützt seine Position – im Falle des sexuellen Missbrauchs – durch die Geschlechts- und Generationshierarchie in der Familie. Das Mittel zur Erstellung dieser Ordnung ist Gewalt; sie konkretisiert sich in sexuellen Übergriffen.

In diesem Zusammenhang hat die Alleinverantwortlichkeit der Frau für Haushalt und Kinder, die ihre reale Abhängigkeit manifestiert, besonders fatale Folgen.

„Aufgrund ihrer Schlüsselfunktion dominiert faktisch die Frau in den Familien, was oftmals den Mann autoritär und gewalttätig werden lässt, da sein Selbstverständnis als ‚Herr im Haus' ständig bedroht wird." (Schuhmacher 1987) [...]

Familie als Gefahrenort für Mädchen

In der Bevorzugung der Familie als Form privater Lebensorganisation überträgt der Staat den Schutz des Einzelnen auf die Familie. Dort wird dieser ‚Schutz' funktionalisiert durch Maßnahmen der Gefahrenvermeidung. Durch Einschränkungen bei Ausgangszeiten, das Begrenzen der räumlichen Bewegungsfreiheit, die Warnung vor dem fremden Mann und die Empfehlung für einen festen Freund als Beschützer („Zieh dich nicht so aufreizend an", „geh nicht alleine aus", etc.) werden Mädchen systematisch auf Gefahrenvermeidung als einzige Strategie zur Sicherung ihrer körperlichen Integrität hin erzogen.

Die Verhaltensnormen, die den Mädchen zu ihrem Schutz vermittelt werden, bedeuten für sie jedoch in erster Linie die Einschränkung ihres Lebens- und Aktionsraums. Der vermeintliche Schutz vor gefährlichen Fremden widerspricht zudem den tatsächlichen Gewalterfahrungen der Mädchen, denn sexueller Missbrauch geschieht vorwiegend in der Familie, an dem Ort, wo Mädchen sich sicher und beschützt fühlen sollten. Die Warnungen und Einschränkungen – wie sie z. B. von der Kriminalpolizei proklamiert werden – verschleiern also die tatsächliche Gefahr und fördern den Rückzug der Mädchen in die Privatheit und damit de facto in den Gefahrenbereich.

In der Familie werden Mädchen nicht auf eine Auseinandersetzung mit der Gefahr vorbereitet. Sie lernen nicht, sich zu wehren, sich der Gefahr zu stellen, und auch nicht, sich Hilfe zu organisieren. Sie sind seltener als Jungen in Gruppen von Gleichaltrigen organisiert, sehen die Freundin nicht als kraftvolle Stütze gegen Übergriffe, sondern ‚suchen' den Freund bzw. den Vater als Schützenden. Mädchen lernen so nicht, auf die eigene Stärke zu setzen und ihre eigene körperliche Unversehrtheit selbst zu verteidigen. Sie lernen lediglich, Bedrohungen von außerhalb der Familie aus dem Weg zu gehen. Den innerfamilialen sind sie uninformiert ausgesetzt.

Der Gefahr in der Familie können Mädchen durch ihren Status als Kind nicht einfach ausweichen.

Zudem lernen sie in ihrer Erziehung keine Mechanismen der Gegenwehr. Ihre Verantwortung für den Zusammenhalt der Familie, die Betreuung jüngerer Geschwister und die Mithilfe im Haushalt binden sie geradezu an den Ort, an dem sexueller Missbrauch droht. [...]

(Luise Hartwig, Sexuelle Gewalterfahrungen von Mädchen. Konfliktlagen und Konzepte mädchenorientierter Heimerziehung, Juventa Verlag, Weinheim/München 1992, S. 59–68)

1. Beurteilen Sie den soziologisch-feministischen Erklärungsansatz unter den gleichen Kriterien wie den familiendynamischen.
2. Prüfen Sie, inwieweit die beiden Erklärungsmodelle auf das Fallbeispiel des Tischlerlehrlings anzuwenden sind.
   a) Welche Stärken und Schwächen der Modelle zeigen sich dabei?
   b) Welche Aspekte können durch die Modelle nicht erklärt werden?
   c) An welchen Fragen/Aspekten müssten weitere wissenschaftliche Untersuchungen ansetzen, um die Ursachen des sexuellen Missbrauchs möglichst umfassend erklären zu können?

Pädagogische Anwendung

Eignet sich die Familientherapie bei sexuellem Kindesmissbrauch?

Pro und Kontra

Gründe gegen die Familientherapie

Gerade die grundlegende Voraussetzung aller Therapien, die Freiwilligkeit der Inanspruchnahme, ist im Fall von innerfamilialem sexuellem Kindesmissbrauch oft nicht gegeben, da Täter kaum Schuldgefühle entwickeln und die Notwendigkeit zur Therapie nicht einsehen. Auch das der Therapie zugrunde liegende Erklärungsmodell für den sexuellen Missbrauch von Kindern in Familien ist kritisch zu hinterfragen: Das Verständnis von sexuellem Missbrauch als Ausdruck und Symptom familialer Funktionsstörungen beinhaltet, dass eine Familie als Einheit versagt hat: Der Missbraucher wird zu einem Opfer unter vielen. So wird die Schuld am Geschehen in diesem Erklärungsmodell umverteilt: Frauen werden zu (Mit-)Verantwortlichen, während die Täter in ihren Handlungen entschuldigt werden, da es bei dem Inzest „weniger um Sexualität als um die Möglichkeit geht, sich durch ein offenes Geheimnis gegen Trennung und Verlust zu schützen"

(Sperling, Eckhardt: 1982). Die Ursachen für den sexuellen Missbrauch liegen nach dem familientherapeutischen Erklärungsansatz ausschließlich in der Familie selbst. [...]

KritikerInnen sehen hier die Privatisierung eines gesellschaftlichen Problems und lehnen eine Lösung auf privater Ebene mithilfe der Familientherapie ab.

Auch das familientherapeutische Behandlungsmodell an sich ist in seiner Anwendung bei Familien mit Missbrauchsproblematik fragwürdig. Mit der Behandlungseinheit „Familie" und dem Ziel, diese zu erhalten, wird der Familientherapie vorgeworfen, eine gesellschaftliche Institution zu therapieren, ohne deren Qualität als geeignete Lebensform zu prüfen. [...]

Die Familientherapie, so die Kritik, geht besonders im Fall von sexuellem Kindesmissbrauch „auf Kosten von Frauen und Mädchen, denn es wird nur gelingen, das Verhalten der meist unwilligen Männer zu korrigieren, wenn die Tochter

verzeihend und kooperativ ist und eigene Bedürfnisse erneut verleugnet und wenn die Frau fest an der Seite ihres Mannes steht" (Kavemann, Barbara; Lohstöter, Ingrid; 1985).

Die in der Familientherapie geforderten Grundhaltungen der TherapeutInnen lassen ebenso Zweifel an ihrer Eignung für das Problem sexuellen Kindesmissbrauchs aufkommen. Bedingungslose Achtung und Wertschätzung aller an der Therapie teilnehmenden Personen – also auch des Täters –, die Bereitschaft, davon auszugehen, dass alle Handlungen verständlich werden, wenn Hintergründe und Kontext deutlich werden – also auch der sexuelle Missbrauch eigener Kinder –, die Einstellung der Allparteilichkeit, die Kinder nicht als Opfer, sondern als Mitwirkende an Ereignissen im Familienleben betrachtet, sowie die angenommene Gleichberechtigung aller Familienangehörigen sind im Umgang mit Familien mit Missbrauchsproblematik von zweifelhaftem Wert. Sie machen deutlich, dass die Familientherapie bei dem Problem Inzest wohl kaum als geeignete Methode anzusehen ist.

Notwendigkeiten zur Veränderung – Ansätze zum Wandel

Die gegensätzlichen Schlussfolgerungen bezüglich der Familientherapie als geeignete bzw. ungeeignete Herangehensweise an das Problem innerfamilialen sexuellen Kindesmissbrauchs sind m. E. beide nachvollziehbar. Sie führen – besonders im Hinblick auf fehlende ausschließlich positiv zu bewertende Handlungsansätze – noch zu keiner Verbesserung im praktischen Umgang mit dem Problem. Um dies zu erreichen, ist es notwendig, die Kritik am familientherapeutischen Hilfskonzept als Herausforderung anzunehmen und die Familientherapie im Hinblick auf die Anwendung bei Familien mit Missbrauchsproblematik zu modifizieren.

Grundsätzliche Voraussetzungen

Zunächst gilt es, einige grundsätzliche Voraussetzungen für eine Familientherapie mit Familien mit Missbrauchsproblematik zu gewährleisten:

1. Hat die Familie überhaupt den Wunsch, trotz eines so ungeheuerlichen Geschehens weiterhin zusammenzuleben, und kommt sie zu dem Schluss, Möglichkeiten zu haben, mit der Situation zurechtzukommen? Insbesondere sind hier die Wünsche und Befürchtungen des vom Missbrauch betroffenen Kindes zu berücksichtigen. Möchte es aus einem eigenen Bedürfnis heraus weiterhin in der Familie leben oder sind es die fehlenden Möglichkeiten, eine andere Lebensform zu realisieren, und die Propaganda für die Familie als einzig mögliche Gemeinschaft, die es am Familienverband festhalten lassen?

2. Verfügt die Familie neben dem Wunsch, weiterhin zusammenzuleben, über die notwendigen Ressourcen, eine Therapie konsequent zu Ende zu führen und ihre Zukunft anders zu gestalten? Hier sind Kategorien zu entwickeln, die eine Anwendung der Familientherapie indizieren. Die Einschätzung der generellen Behandlungsfähigkeit einer Familie sollte immer auf dem Hintergrund erfolgen, „dass in manchen Fällen das Kind niemals in seiner eigenen Familie gedeihen wird, selbst wenn die den Eltern angebotene Behandlung hervorragend ist und lange genug andauert" (Kempe, C. Henry; Kempe, Ruth S.; 1980).

3. Ist nach eingehender Untersuchung jeder einzelnen Familie eine Indikation zur Familientherapie gegeben, muss der Schutz des Kindes während der Therapie gewährleistet sein. Der sexuelle Missbrauch muss sofort und dauerhaft unterbunden werden.

4. Zu Beginn der Therapie muss deutlich werden, dass „nicht Familien Kinder sexuell missbrauchen, sondern dass es Männer sind, die das tun" (Fegert, Jörg: 1987). Der Täter muss vor dem Kind und allen Familienangehörigen seine alleinige Schuld bekennen.

5. Die Mütter müssen den Aussagen ihrer missbrauchten Kinder uneingeschränkten Glauben schenken und bereit sein, sich zumindest zeitweise von ihrem Mann zu trennen.

Ein erweitertes Erklärungsmodell

In einem nächsten Schritt sollten Familientherapeut(inn)en ihr Erklärungskonzept für den sexuellen Missbrauch von Kindern in der Familie um gesellschaftliche Aspekte, die das Familiengeschehen mitbestimmen, erweitern. So ist die ökonomische Abhängigkeit der Frauen und Kinder von den Männern als Ernährer der Familie als ein Faktor zu sehen, der dazu beiträgt, die Missbrauchssituation über einen langen Zeitraum aufrechtzuerhalten. Auch die von den TherapeutInnen oft zitierte Ablehnung der Frauen- und Mutterrolle, die sexuelle Verweigerungshaltung der Frauen, in deren Familien sexueller Kindesmissbrauch vorkommt, sind in ihren gesellschaftlichen Ursachen zu hinterfragen. Der Vorwurf, die Frau sei ihren „ehelichen Pflichten" nicht nachgekommen und habe damit automatisch ihre Tochter gefährdet, impliziert schließlich, „was in unserer Gesellschaft meist fraglos angenommen wird: Eine Frau hat ihrem Mann auf Abruf zur Verfügung zu stehen" (Saller, Helga; 1985).

Als einen weiteren Faktor, der den sexuellen Missbrauch von Kindern mitbedingt, nennen die FamilientherapeutInnen den inadäquaten Umgang mit Macht und Autorität. Dass das Verhältnis zwischen Kindern und Erwachsenen gesellschaftlich grundsätzlich als ein Abhängigkeitsverhältnis mit ungleicher Machtverteilung konzipiert ist, in dem Gewalt auch heute als legitimes Erziehungsmittel in vielen Erscheinungsformen auftritt, bleibt dabei unberücksichtigt.

Schließlich – und gerade hier sollten gesellschaftliche Zusammenhänge ins Auge springen – erklären TherapeutInnen den innerfamilialen sexuellen Kindesmissbrauch als Symptom einer Familienstruktur, die sich vor allem durch starre, rigide Grenzen zwischen Familie und sozialer Umwelt, also in sozialer Isolation darstellt. Unerkannt bleiben hierbei gesellschaftliche Bedingungen, wie z.B. Arbeitslosigkeit, moderne Städteplanung und Städtebau. Bedingungen, die das Familienleben stark beeinflussen und die mit dem Begriff „excessive change and stress" (Justice, Blair; Justice, Ruth; 1979) treffend beschrieben sind. [...]

Veränderte therapeutische Grundhaltungen

Die Berücksichtigung gesellschaftlicher Aspekte bei der Erklärung innerfamilialen sexuellen Kindesmissbrauchs führt zu einem Verständnis von Familie als einer historisch gewachsenen und gesellschaftlich geprägten Institution. Nur das Bewusstsein darüber, „dass auch die Familie in unserer Gesellschaft [...] im Grunde genommen wie alle anderen sozialen Einheiten ein Machtsystem mit zum Teil sehr subtilen Strukturen, Verpflichtungen und Einschränkungen, die in Form von Familienrollen verteilt sind und letztlich auf Gewalt basieren, (ist)" (Gravenhorst, Lerke; et. al.; 1985) und insbesondere für Frauen und Mädchen viele Negativseiten hat, verhindert, dass in der Familientherapie fraglos stereotype Rollenzuschreibungen verstärkt werden. Die kritische Sicht der „Sozialform Familie" führt zudem zu einem veränderten Verständnis von gelungener Therapie, da sich ein Therapieziel, das ausschließlich auf den Erhalt der Familie gerichtet ist, erübrigt. Gerade im familientherapeutischen Umgang mit innerfamilialem sexuellem Kindesmissbrauch „kann eine gute Klärung sein, dass eine Familie auch auseinander geht" (Steinhage, Rosemarie; 1987).

Die Grundhaltung der Allparteilichkeit ist im Fall von sexuellem Kindesmissbrauch zugunsten einer kindzentrierten Haltung aufzugeben. Auch der Grundsatz der Gleichheit aller Familienmitglieder, der mit dem Alltag und der Realität der Familie sowieso wenig zu tun hat, sollte fallen. [...]

Ein erweiterter Behandlungsansatz

Schließlich geht es bei der Modifizierung der Familientherapie um die Erweiterung der eigentlichen Behandlungsform. Sie richtet sich zum einen nach „außen" und meint z.B. die Zusammenarbeit der TherapeutInnen mit den Strafverfolgungsbehörden. Eine rechtliche Intervention ist oft das einzige Mittel, das Kind vor weiteren sexuellen Übergriffen zu schützen, dem Missbraucher deutlich zu machen, dass sein Verhalten falsch und strafenswert war, und seine konsequente Teilnahme an der Therapie zu garantieren. Zudem ist die Kombination von therapeutischen und sozialen Hilfsmaßnahmen anzustreben. Soziale Unterstützung wird dann nötig, wenn Familien aufgrund rechtlicher Interventionen in finanzielle Schwierigkeiten geraten, wenn im Umgang mit Behörden Hilfe gefordert ist oder auch zur Unterstützung der Organisation des Familienalltags. [...]

Zum anderen richtet sich die Ausweitung des familientherapeutischen Behandlungsansatzes nach „innen" und bezieht sich auf die notwendige Kombination mit anderen therapeutischen Maßnahmen. Bevor eine Familientherapie einsetzt, sollten verschiedene therapeutische Settings mit einzelnen Angehörigen oder Teilgruppen der Familie durchgeführt werden. Giaretto (1975) fordert für das Problem innerfamilialen sexuellen Kindesmissbrauchs einen Behandlungsrahmen, der folgende Einheiten umfasst:

1. Einzeltherapien für das Kind, die Mutter und den Vater;
2. Therapiesitzungen, in denen an der Mutter-Kind-Beziehung gearbeitet wird;
3. Paartherapie für Mann und Frau;
4. Therapiesitzungen, in denen an der Vater-Kind-Beziehung gearbeitet wird;
5. Familientherapie;
6. Gruppentherapie für betroffene Kinder und Eltern.

Sofern alle Voraussetzungen für eine Familientherapie gegeben sind und alle unterschiedlichen Settings auf eine solche hinauslaufen, werden sie unter dem Blickwinkel der Familie als Einheit durchgeführt; alle an der Behandlung beteiligten TherapeutInnen (und Personen aus anderen HelferInnenberufen) erarbeiten gemeinsam einen Behandlungsplan, der unter größtmöglicher Transparenz realisiert wird. [...]

(Nicole Sornig, in: päd extra und demokratische Erziehung, Mai 1989, S. 38–41)

1. Erarbeiten Sie mögliche Therapieziele
   – für das sexuell missbrauchte Kind und
   – für das Verhältnis des Kindes zu den Eltern und den restlichen Familienmitgliedern.

2. Entwickeln Sie ausgehend von dem Text eine Podiumsdiskussion zu der Frage: „Familientherapie bei sexuellem Kindesmissbrauch?" Erarbeiten Sie dazu zunächst unterschiedliche Positionen, z. B. Vertreter oder Vertreterinnen gegen die Familientherapie, Vertreter oder Vertreterinnen für die Familientherapie, Vertreter oder Vertreterinnen des erweiterten Behandlungsansatzes u. a. Überlegen Sie vorher, welche Meinung Sie persönlich am ehesten vertreten.
Ist es möglich, bei der Diskussion zu einer allgemein akzeptierten Lösung zu gelangen?

3. Welche Bedeutung spielt die Diskussion um die Familientherapie bei sexuellem Missbrauch für Pädagogen und Pädagoginnen? Befragen Sie hierzu, wenn Sie die Möglichkeit haben, Heimerzieher und -erzieherinnen.

Pädagogische Arbeit mit sexuell missbrauchten Mädchen in der Heimerziehung

Konzepte mädchenorientierter Heimerziehung

Der familientherapeutische Ansatz scheint nur in den Fällen sinnvoll, in denen allen Beteiligten an einem weiteren Zusammenleben in der Familie gelegen ist. Zu überlegen ist jedoch, wie den Jugendlichen geholfen werden kann, bei denen ein Zusammenleben in der Familie nicht mehr sinnvoll oder möglich ist.

Die in dieser Untersuchung befragten Mädchen wollen – mit einer Ausnahme – nicht in ihr Elternhaus zurück. Die Reintegration in die Familie kann demnach nicht das Ziel der Jugendhilfemaßnahme sein. Das Heim oder die Wohngemeinschaft ist der angestrebte Lebensort der Mädchen geworden. Trotzdem besteht bei den meisten Mädchen ein Klärungsbedarf bezüglich der familialen Bindungen. Insofern ist eine Trauerarbeit im Hinblick auf das Wunschbild Familie und auf die real erlebte Familie sowie auf eine Loslösung von ihr zu erarbeiten. Gewünschte Kontakte zu Geschwistern müssen neu hergestellt und bei drei Mädchen muss eine Wiederannäherung an die Mutter – ohne Kontakt zum Vater – ermöglicht werden.
Da in der Regel das Personensorgerecht weiterhin bei den Eltern liegt, ist über eine neue Kooperationsform mit ihnen nachzudenken. Für das Mädchen selbst kann Elternarbeit mit oder ohne Eltern verlaufen. Dabei ist genau darauf zu achten, dass notwendige Kontakte zu den Eltern *nicht* gegen den Willen des Mädchens geknüpft oder unterhalten werden, damit die Entmündigung der Tochter nicht weiter fortgesetzt wird. [...]

Im Rahmen der Aufarbeitung der familialen Bezüge gilt es auch zu klären, ob die Mädchen Vertrauenspersonen außerhalb der Familie und außerhalb des Heims gefunden haben. Gibt es eine neue soziale Mutter, einen neuen sozialen Vater, die oder der für das Mädchen wichtig geworden ist? Die Bezugspersonen, die für das Mädchen im Zusammenhang mit dem sexuellen Missbrauch bedeutsam geworden sind, tragen zur Verarbeitung des Erlebten bei. Diese Beziehungen der Mädchen zu fördern ist wichtiger, als die Arbeit ausschließlich auf die Herkunftsfamilie zu richten. [...]

Daneben ist der Aufbau neuer Beziehungen für die Mädchen wichtig, um die in der Familie erfahrene Isolation zu beenden.

Ausflüge auf dem Weg zur Autonomie

Wie die Darstellung der Folgen von sexuellem Missbrauch zeigt, sind die Widerstandsformen und Überlebensstrategien der Mädchen sehr unterschiedlich. Sie flüchten in Traumwelten, greifen zu Drogen oder Alkohol, isolieren sich, werden krank oder wählen die Flucht aus dem Elternhaus. Heimliche Widerstandsformen wie die Flucht in Krankheiten wählen eher die Mädchen, die für sich keine Chance sehen, das Missbrauchsgeschehen als Faktum anzunehmen und ihnen Sprache zu geben.

Spätestens hier reagieren die Institutionen sozialer Kontrolle. Die ‚Abweichlerinnen' werden in Öffentlicher Erziehung untergebracht, wobei sie scheinbar selbst die Indikation geliefert haben. So werden die Mädchen für ihre Befreiungsversuche wie Weglaufen, Prostitution und Drogenkonsum von der Heimerziehung bestraft, und zugleich wird die notwendige Hilfe für die Bearbeitung der Erlebnisse unterlassen. Damit weist die Jugendhilfe den Opfern sexueller Gewalt Schuld und Versagen zu, macht sie zu ‚Täterinnen'. [...]

Statt Unterstützung und Entlastung erfahren betroffene Mädchen so weitere Stigmatisierung und Schuldzuweisung. Auf ihr auffälliges Verhalten reagiert Heimerziehung mit ‚Einschluss und Behüten', d.h. mit der Einschränkung ihrer Erfahrungs- und Handlungsräume. Dies führt Mädchen wieder zurück in die Isolation, der sie gerade entflohen waren. Die erlebten Strukturen der Mädchen werden so weiter verfestigt, anstatt einen Lebensraum zu schaffen, in dem Mädchen sich mit der erfahrenen Gewalt auseinandersetzen können. Wenn sie sich in ihrer eigenen Geschichte erkennen und verstehen lernen, könnten sie sich von eigenen Schuldgefühlen, den Ängsten und den Stigmatisierungen befreien, um neue Strategien zu entwickeln, die auf Erhaltung der eigenen Unversehrtheit, Herstellung von Wehrhaftigkeit und auf ein Leben in Selbstständigkeit zielen.

Aufgrund der mangelnden Bearbeitung ihrer Erlebnisse flüchten einige Mädchen in neue Abhängigkeitsbeziehungen, für die sie im Rahmen der Heimerziehung abermals sanktioniert werden.

Auf der fachlichen Ebene verlangt dies, dass Erzieherinnen und Erzieher sich für die Problematik sensibilisieren und jedem Anzeichen, jeder Spur (Krankheit oder Devianz), die auf einen sexuellen Missbrauch hinweisen könnte, nachgehen. Dies gilt für die Mädchen, die im jeweiligen Heim leben, und insbesondere für die Aufnahmegespräche. Alle Handlungen müssen dabei parteilich im Sinne der Betroffenen und auf die Vermeidung von Sekundärfolgen bedacht sein. Hilfen dürfen die Mädchen und ihre spezifischen Konfliktzusammenhänge nicht länger individualisieren, sondern müssen das Verständnis für die gemeinschaftliche Betroffenheit durch strukturelle gesellschaftliche Benachteiligungen bei den Mädchen fördern.

Dabei müssen die Hilfen auf Stärkung des Selbstbewusstseins und der individuellen Verteidigungsmöglichkeiten abzielen, indem sie an bereits vorhandenen Widerstandsformen und Überlebensstrategien (z.B. Flucht aus dem Elternhaus) ansetzen. Der pädagogische Alltag sollte die Erprobung von alternativen Handlungs- und Durchsetzungsmöglichkeiten bieten, z.B. durch Auseinandersetzungsmöglichkeiten mit Jungen/Männern. [...]

Neue Erfahrungs- und Lebensräume

Die Mädchen dieser Untersuchung sind in ihren Erfahrungs- und Entfaltungsräumen durch den sexuellen Missbrauch und die familiale Isolation entscheidend beeinträchtigt worden. Sie brauchen neue Möglichkeiten der Erfahrungs- und Handlungsräume – im wörtlichen und übertragenen Sinne. Eine wesentliche Forderung für die Arbeit in den Heimen mit Mädchen lautet daher: „Mädchenräume schaffen".

Für die praktische Arbeit bedeutet die Forderung nach Mädchenräumen zuerst und unmittelbar wörtlich die Überprüfung der architektonischen Bedingungen sowie der Raumausstattung dahingehend, ob hier männliche Dominanz eine Raumaneignung durch Mädchen verhindert. Gemütlich gestaltete Gemeinschaftsräume, wenn möglich ein besonderer Mädchenraum, Raumunterteilungen, ein großer beweglicher Spiegel als Pendant zum Tischtennis etc. können geeignete Mittel sein, um Mädchen ‚Räume' bereitzustellen.

Das Anbieten von ‚Lern- und Lebensräumen' (d. h. Räumen im übertragenen Sinne) erfordert *geschlechtshomogene* Angebote für Mädchen: „Räume, die frei von Beobachtung, Leistungs- und Konkurrenzdruck, männlichen Maßstäben und/oder autoritären Sanktionen sind" (Schuhmacher, 1987).

Die Konzipierung von Angeboten für Mädchen setzt dabei notwendigerweise die Kenntnis ihrer Interessen und Bedürfnisse voraus, damit Mädchen für eine aktive Teilnahme motiviert werden können. Freizeitangebote müssen an den Kompetenzen der Mädchen ansetzen, die ihnen als eigene Stärken bewusst werden können. Hier eignen sich viele ‚mädchentypische' Tätigkeiten wie gemeinsam kochen, nähen, tanzen, schminken, Theater, Briefe oder Tagebücher schreiben, die in diesem Rahmen eine Neubewertung erfahren können. Darüber hinaus sind jedoch Beschäftigungsangebote notwendig, die Gegenerfahrungen und Kompetenzerweiterungen ermöglichen, wie handwerkliche Tätigkeiten, Kampfsportarten und Fotoaktionen. Aktionen und Erkundungen außerhalb der Wohngruppe können dazu beitragen, neue ‚Räume' zu erforschen und sich anzueignen. Jugendarbeiterinnen und Jugendarbeiter stellen immer wieder fest, dass Mädchen freie Angebote gut nutzen können, z. B. bereitgestellte Materialien, mit denen sie selbstständig experimentieren und gestalten können, oder offene Sportangebote.

Für Angebote in homogenen Gruppen muss beachtet werden, dass „die Arbeit in ihnen nicht zu oder in neue(n) Zwänge(n) führen darf. Es muss die Entscheidung jedes einzelnen Mädchens bleiben, ob und inwieweit es sich (ver-)ändern, sich auf neue, unkonventionelle Lebenskonzepte/-modelle einlassen will" (Schuhmacher 1987). [...]

Ein wichtiger Schritt in der Arbeit mit sexuell missbrauchten Mädchen ist, dass sie wieder Zugang zu den eigenen originären Gefühlen finden, dass sie sie ausdrücken lernen und darüber hinaus neue (Körper-)Erfahrungen machen. Wenn die Mädchen Zärtlichkeit wünschen, müssen sie diese endlich nicht mehr mit Sex bezahlen. Zärtlichkeit können sie auch bei Mitarbeiterinnen bekommen und damit ein Stück mehr weibliche Autonomie erlernen, weil sie an dieser Stelle von einem Jungen/Mann unabhängiger werden. In der Regel war das Verhältnis zur Mutter nicht durch Liebe, Geborgenheit und Zuwendung geprägt. Umso wichtiger ist eine vertrauensvolle Beziehung zu einer Erzieherin.

Um diese Gedanken umzusetzen, bietet Sexualpädagogik vielfältige Möglichkeiten. Eine Sexualpädagogik, die selbstbestimmte Sexualität und autonome Körperlichkeit entwickeln und unterstützen will, muss zunächst die gängige und einschränkende Gleichsetzung von Sexualität und Geschlechtsverkehr aufgeben, die die Mädchen dieser Untersuchung in extremster Form erleben mussten. Die Form gelebter Sexualität ist immer Ausdruck des Verhältnisses zum eigenen Körper und zum eigenen Geschlecht. [...]

Weibliche Körperkonzepte drücken eine weibliche Biografie aus, die die Mädchen eher ein Gefühl der Unterlegenheit, Objekthaftigkeit, Begrenzung und Distanz zu ihrem Körper entwickeln lassen. Entsprechend diesem Verhältnis zum eigenen Körper wird Sexualität gelebt. In der Untersuchung berichten fast alle Mädchen, wie sie sich in ihrem Körper unwohl fühlen, ihn ablehnen oder ein sehr ambivalentes Verhältnis zu ihm haben. Sie beurteilen ihn kritisch, suchen ihn zu ignorieren oder zu verändern, schmücken und verpacken ihn, setzen ihn ein, arbeiten mit ihm, zerstören ihn durch Alkohol oder Drogen oder bringen dem eigenen Körper Schnittwunden bei, um ihn überhaupt noch zu spüren. Die Mädchen haben auf gewaltvolle Weise die Missachtung ihrer körperlichen und sexuellen Integrität erlebt. Sie wurden missbraucht und vergewaltigt. Sie mussten immer wieder erleben, dass Freundschaften und Existenzsicherung nur über den Einsatz ihres Körpers zu erreichen sind.

Mädchenarbeit setzt hier an mit dem Ziel, der Fremdbestimmung weiblicher Körperkonzepte und der Enteignung weiblicher Sexualität offensiv Raum und Möglichkeiten entgegenzusetzen, um Körper und Sexualität selbstbestimmt zu entdecken und zu erfahren.

Körperarbeit bietet einen sinnvollen Ansatz, ein

von anderen unabhängiges Verhältnis zum eigenen Körper, eine (sexuelle) Selbstbewusstheit und ein ganzheitliches Selbstwertgefühl zu gewinnen. Nur wem der eigene Körper etwas wert ist, kann ihn gegen (sexuelle) Ausbeutungs- und Abhängigkeitsverhältnisse verteidigen. [...]
Auch *sportliche Aktivitäten* beinhalten vielfache Möglichkeiten der Körpererfahrung. [...]

Berufsintegration: Autonomie statt Abhängigkeit
Berufliche Integration ist eine wesentliche Voraussetzung, um sexuell missbrauchte Mädchen zu einer autonomen Lebensführung zu befähigen. Beide Funktionen von Berufstätigkeit – materielle Existenzsicherung und Beitrag zur Identitätsbildung – wirken sich bei einer gelungenen beruflichen Integration für Mädchen positiv aus: Sie werden unabhängig von Ehe/Familie als Form der Existenzsicherung, und sie erfahren sich selbst als leistungsfähige und gesellschaftlich wertvolle Personen. Berufliche Integration mit der Prämisse möglicher sozialer Unabhängigkeit trägt der bei Mädchen zunehmenden Doppelorientierung auf Beruf *und* Familie Rechnung.

(Luise Hartwig, Sexuelle Gewalterfahrungen von Mädchen: Konfliktlagen und Konzepte mädchenorientierter Heimerziehung, Juventa Verlag, Weinheim/München 1992, S. 268ff.)

1. Erarbeiten Sie anhand des Textes Erziehungsziele der pädagogischen Arbeit mit sexuell missbrauchten Mädchen. Begründen Sie Ihre Zielvorstellungen mithilfe Ihres Wissens zum Thema des sexuellen Missbrauchs. Würden Sie für sexuell missbrauchte Jungen die gleichen Ziele setzen oder sehen Sie Unterschiede?

2. Luise Hartwig erklärt in dem Text, dass für die Eltern der sexuell missbrauchten Mädchen auch Hilfen notwendig seien, auch wenn eine Rückführung des Mädchens in die Familie ausgeschlossen wird. Warum könnten derartige Hilfen für die Eltern wichtig sein?

3. Sehen Sie ausgehend von den Überlegungen Luise Hartwigs Möglichkeiten der Schule, in Bezug auf das Problem des sexuellen Missbrauchs aktiv zu werden? Welche Möglichkeiten hat Schule, wo sehen Sie Grenzen?

Ambulante Therapie für junge Sexualtäter

Beispiele aus Gelsenkirchen und Bochum

David (Name geändert) hat sich in seinen Stuhl zurückgelehnt, konzentriert ist der 19-Jährige und still. Aufmerksam verfolgt er das Video, das der Gelsenkirchener Kinder- und Jugendtherapeut Rainer Kulessa zum Programm dieser Therapiesitzung erklärt hat. Es zeigt ihn, gut 16 Monate zuvor. Sichtlich nervös steht er vor seiner Therapiegruppe und versucht zu erklären, was er seinem zehnjährigen Pflegebruder mit 16 Jahren auf einem Hochsitz im Wald angetan hat. „Vergewaltigt hab ich ihn, hab einfach mein Gehirn abgestellt", presst er stockend hervor. Gewollt habe er das nicht, sagt er im Film. Aber ein bisschen sei daran auch seine Pflegemutter Schuld gewesen. „Sie war viel zu streng, und geschlagen hat sie auch."

Heute rutscht David an dieser Stelle des Videos unruhig hin und her. „Quatsch", ruft er und sagt, was ihn so empört: „Da war ich noch richtig bescheuert im Kopf". Dass er ganz allein für seine Tat verantwortlich sei, das wisse er jetzt. „Mein Pflegebruder muss sich jetzt fürchterlich fühlen." Seit zwei Jahren besucht David die Gelsenkirchener Beratungsstelle für Kinder und Jugendliche – neben Bochum die einzige im Revier mit einem solchen Angebot. Fortschritte habe der 19-Jährige gemacht, sagt Kulessa. „Er steht zu seiner Tat, er bagatellisiert nicht mehr."

Neun Jahre ist es her, da haben Jugendgerichtshilfe und Beratungsstelle hier mit ihrer engen Zusammenarbeit begonnen: Noch vor der Gerichtsverhandlung werden die Jugendlichen automatisch

in Gruppen- oder Einzeltherapie vermittelt. Statt gemeinnützigen Bewährungsauflagen oder Jugendgefängnis ordnet der Richter dann meist an, die begonnene Therapie zu Ende zu führen. „Die Rückfallquote", betont Kulessa, „ist sehr gering". Im jungen Alter lasse sich noch sehr viel ändern, besonders das Sexualverhalten. Lernen sollen die 14- bis 18-Jährigen, mit ihrer Sexualität umzugehen, ohne anderen zu schaden. Lernen müssen sie in den wöchentlichen Sitzungen aber auch, mit dem Opfer zu fühlen, seine Situation zu begreifen.

In der „Deliktaufarbeitung" müssen sich die Jugendlichen ihrer Therapiegruppe stellen, minutiös ihre Tat rekonstruieren und sich jede noch so unangenehme Nachfrage gefallen lassen. Und es geht um die eigene Biografie. „Gerade dieser Prozess tut richtig weh", weiß Co-Therapeutin Gabriele Zander von der Jugendgerichtshilfe. Denn in der Mehrheit seien die Täter-Kinder vernachlässigt, hätten Heim- und Pflegestationen hinter sich, Misshandlungen oder auch selbst sexuellen Missbrauch erfahren. Um mit den Therapeuten ins Gespräch zu kommen, malen die Jugendlichen ihr Leben auf einen Zahlenstrahl. Bei David prangt ein Teufel über seinem dritten Lebensjahr. „Das ist mein Vater", erklärt er. „Er hat meine Mutter immer geschlagen." Mit zehn kam er in die Kinder- und Jugendpsychiatrie, dann folgte die strenge Pflegefamilie, in der er nur schwer zurechtkam.

Ängste, Aggressionen und selbst erfahrene Demütigungen – damit umzugehen lernen, ist auch wichtiger Bestandteil der Täter-Therapie in der Caritas-Beratungsstelle „Neue Wege" in Bochum. Hier sind die meisten der rund 60 Jugendlichen pro Jahr nicht aufgrund gerichtlicher Auflagen in der „ambulanten Rückfallvorbeugung". Kinder-, Jugendheime, Lehrer oder Eltern melden sich hier, weil die Kinder sexuell gewalttätig geworden sind. Allerdings können Werner Meyer-Deters und seine zwei Kollegen den vielen Anfragen

---

Stichwort: Sexuelle Gewalt

In durchschnittlich 25 Prozent aller Fälle von Kindesmissbrauch oder sexuellen Gewaltdelikten, so die Kriminalstatistik, sind Menschen unter 21 tatverdächtig. „Eine hohe Zahl", sagt Jutta Elz von der Kriminologischen Zentralstelle in Wiesbaden. Das zeige, „wie dringend nötig ein flächendeckendes Therapieangebot für junge Sexualtäter ist." Eben darum bemüht sich das NRW-Familienministerium. In einem Modellprojekt wurden drei Jahre lang fünf Beratungsstellen, darunter Gelsenkirchen und Bochum, in ihrer ambulanten Arbeit mit jugendlichen Sexualtätern unterstützt und wissenschaftlich begleitet.

Die Bilanz ist „äußerst positiv", sagt Diplom-Psychologin Prof. Sabine Nowara. Ergebnis ihrer Auswertung: Nur 2,7 Prozent der über 300 behandelten Kinder und Jugendlichen sind rückfällig geworden. „Daran sieht man, wie groß die Chancen sind, das Leben solcher Täter wieder in den Griff zu bekommen."

Gut nachvollziehen kann auch die Wiesbadener Kriminologin diese Erfolgsbilanz: „Die Garantie auf eine Rückfallquote Null gibt es sicherlich nie, aber man hat weltweit festgestellt, dass gerade junge Täter positiv auf solche Therapiemöglichkeiten ansprechen."

Über die Hälfte der im Projekt behandelten 6- bis 24-Jährigen hatten kleinere Kinder sexuell missbraucht, 25 Prozent waren Vergewaltiger, der Rest war durch Grapschen oder Exhibitionismus aufgefallen.

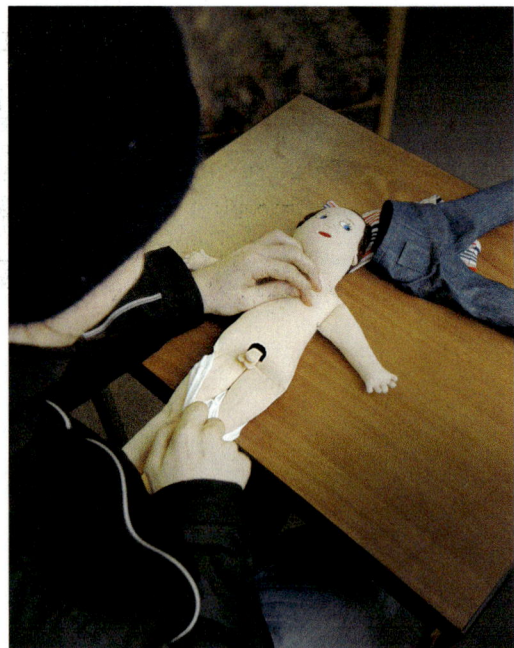

In wöchentlichen Sitzungen lernen die Patienten vor allem, mit dem Opfer zu fühlen, seine Situation zu begreifen. Die Rückfallquote sei gering, betonen die Therapeuten.

kaum gerecht werden. „Es gibt einfach zu wenig ambulante Therapien. Familien werden mit diesem Problem oft allein gelassen – nicht jeder Missbraucher ist schließlich gleich ein Fall für die stationäre Behandlung", sagt Meyer-Deters. Die Gründe für den Mangel solcher Therapie-Möglichkeiten liegen für den Sozialpädagogen auf der Hand: Noch immer sei die Auseinandersetzung mit Sexualtätern tabuisiert, und weil jedes Zusatzangebot viel Geld kostet, fällt die Täter-Therapie meist unter den Tisch. Allerdings würde dabei meistens eines vergessen: „Wenn wir so früh wie möglich eingreifen, ist das letztlich auch der beste Opferschutz."

(Daniela Pegna, „Ein Teufel auf dem Zahlenstrahl: Das ist mein Vater", in: WAZ Nr. 39 v. 16.2.2005)

> In den IKK-Nachrichten des Deutschen Jugendinstituts werden mehrere Projekte zur „Behandlung sexuell grenzverletzender Jugendlicher" vorgestellt (http://cgi.dji.de/bibs/ikknachrichten6.pdf). Recherchieren Sie diese und stellen Sie die Vor- und Nachteile in einer Tabelle zusammen.

CAP – ein Programm zur Prävention von sexuellem Missbrauch

„Sicher, stark und frei" – Sicherung von Grundrechten für Jungen und Mädchen

In den USA ist die Öffentlichkeit viel aufmerksamer [als in Deutschland] für sexuelle Übergriffe gegen Mädchen, Frauen und Jungen. Die polizeiliche wie die sozialarbeiterische Intervention ist dort wesentlich massiver. Ein Programm zur Prävention und zur Sicherung von Grundrechten fasst jetzt auch bei uns Fuß.

Mit dem einprägsamen Motto „Sicher, stark und frei" arbeitet das CAP-Programm aus den USA (Child Assault Prevention). Ziel des Programms ist die Prävention von Übergriffen und sexueller Gewalt gegen Mädchen und Jungen. Das nationale CAP-Büro in Kolumbus/Ohio führt Trainingsprogramme durch, in denen Erwachsene für die Durchführung der Präventions-Workshops mit Kindern qualifiziert werden. Inzwischen gibt es ein Netz von etwa 220 CAP-Projekten in den USA, Kanada und England, die vor Ort in Kindergärten und Schulen Kurse abhalten. [...]

Bestimmend für den Status in der Gesellschaft ist für Kinder und Frauen – mit graduellen Unterschieden –, dass sie machtlos, abhängig und isoliert sind. Diese Faktoren prägen die Gefährdung und Verwundbarkeit von Kindern und Frauen; dem entgegenzuwirken setzt sich das CAP-Modell als Aufgabe und formuliert entsprechend Ziele:
- richtige Information
- Wissen um und Macht über die eigene Stärke
- Abhängigkeit von Erwachsenen
- Isolation

Vermittlung von Information, Macht über die eigene Stärke, Reduzierung der Abhängigkeit und Aufhebung der Isolation sind deshalb die zentralen Punkte der einstündigen Workshops, den die CAP-Frauen im Kindergartenalter, im Schulalter und mit Jugendlichen durchführen. In aufeinander aufbauenden, fest vorgegebenen Rollenspielen sind die zu vermittelnden Strategien immer gleich, der didaktische Rahmen wird altersgemäß angepasst:

Zwei Rollenspielerinnen führen die Szenen vor, die dritte leitet die Gespräche, erklärt die Szenen und beobachtet die Reaktionen in der Gruppe. In der ersten Szene nimmt eine ältere Schülerin einer jüngeren ihr Pausengeld ab, in der zweiten greift ein Fremder ein Kind an und in der dritten Szene zwingt ein Onkel seine Nichte, ihn zu küssen. Auf jede Szene folgt ein Gespräch über die Gefühle des Kindes und die Strategien, wie er oder sie sich schützen könnte.

„Nein" wird zum Schlüsselwort für die Durchsetzung der Grundrechte von Mädchen und Jungen, sicher, stark und frei zu sein. Die Rollenspiele werden mit der Klasse wiederholt. Alle können so die erarbeiteten Strategien der Gegenwehr üben. Sie lernen, sich Hilfe unter Gleichaltrigen zu ho-

len, z. B. indem eine Freundin in der ersten Szene dabei hilft, der älteren Schülerin die Herausgabe des Pausengeldes zu verweigern.

Die positive Wendung der zweiten Szene passiert ebenso mit Unterstützung von Gleichaltrigen, die in einen Selbstverteidigungsschrei mit einstimmen, zu dem betroffenen Kind laufen und so den Angreifer in die Flucht schlagen. Die Mädchen und Jungen lernen den lauten, tiefen Ton als Sicherheitsmittel, den sie nur verwenden dürfen, wenn Gefahr droht – nicht zum Spaß.

Neben dem Schrei werden einfache, wirksame und für Kinder handhabbare Selbstverteidigungselemente eingeübt, für den Fall, dass sie nicht wegrennen können. Davor steht jedoch der ganz einfache Hinweis, zwei oder mehr Armlängen vom Fremden wegzubleiben. Im Spiel wird die Wirksamkeit dieser Möglichkeiten sichtbar gemacht.

Die dritte Szene ist so gehalten, dass Mädchen und Jungen, die Opfer sexuellen Missbrauchs sind oder waren, sich wiederfinden können, nicht betroffene Kinder aber nicht verschreckt werden. Das Hamburger Fundus-Theater, das die Problematik am Beispiel einer Mäusefamilie darstellt, berichtet über einen ähnlichen Effekt – betroffene Kinder nehmen die Missbrauchsszene wahr, für Nichtbetroffene bleibt es ein lustiges Puppenspiel.

Im CAP-Workshop wird anhand der Onkel Harry-Szene über gute und schlechte Geheimnisse gesprochen. Onkel Harry verlangt von der verängstigten Nichte Zärtlichkeiten und zwingt sie, nicht über das Geschehene zu sprechen, das „gemeinsame" Geheimnis zu wahren. Kinder verstehen, dass gute Geheimnisse, wie z. B. Geburtstagsüberraschungen, nur für kurze Zeit gelten und gute Gefühle machen. Ein Geheimnis wie dieses macht jedoch Angst und ist „schlecht".

Mädchen und Jungen werden ermutigt, schlechte Geheimnisse nicht für sich zu behalten und einem Erwachsenen weiterzuerzählen, dem sie vertrauen können. Dass nicht jeder Erwachsene Kindern glaubt, wird nicht verschwiegen. Gleichzeitig werden sie aufgefordert, nicht aufzugeben und weiter zu suchen, bis ihnen jemand glaubt und hilft.

In der positiven Wendung der Szene – die allerdings ohne Mitwirkung von Kindern aus der Gruppe gespielt wird – sagt die Nichte „Nein" und macht klar, dass sie ihrer Tante von seinen Angriffen erzählen wird. Sie ist kein schweigendes, verfügbares Opfer mehr.

In den Teenager-Workshops werden Mädchen und Jungen getrennt. CAP meint, dass in diesem Alter die Geschlechterrollen so stark antrainiert und eingeprägt sind, dass sich Aufgaben deutlich unterscheiden, ja geradezu widersprechen. „Mädchen müssen lernen, wo ihre Rechte anfangen, Jungen dagegen, wo ihre Rechte aufhören." Macho-Verhalten auf der einen, gefügiges Unterordnen auf der anderen Seite sind zentrale Diskussionspunkte in beiden Gruppen. Außerdem wird besonders auf „date rape" eingegangen: Verabredungen zwischen Mädchen und Jungen in diesem Alter – dating – sind fast als Institution zu bezeichnen und liefern oft den Deckmantel für sexuelle Übergriffe auf Mädchen.

Nach dem Workshop stehen die drei CAP-Frauen oder -Männer für persönliche Gespräche zur Verfügung. Die Gelegenheit wird oft genutzt, um von selbst erfahrenem Missbrauch zu berichten und um Hilfe zu bitten. Vor dem Workshop hat CAP mit dem Lehrerkollegium und den Eltern gearbeitet, wurden die Hilfsmöglichkeiten im Rahmen der Schule, dem Kindergarten und vor Ort erkundet. Deshalb können sie die Kinder jetzt an Vertrauenspersonen weiterleiten. Da in den USA bei sexuellem Missbrauch Meldepflicht für Professionelle besteht, stellen die Mitarbeiterinnen sicher, dass die Schule dieser Meldepflicht nachkommt.

[...]

Präventionsarbeit hat immer auch aufdeckende Wirkung. Gerade dieser Effekt ist – neben vielen anderen Dingen – zu bedenken, wenn die Übertragbarkeit dieses emanzipatorischen Präventionsansatzes auf unsere Verhältnisse überlegt wird.

(Marion Mebes, in: Sozial extra. Magazin für soziale Arbeit 10/1987, S. 44–45)

1. Erarbeiten Sie Ziele und Methoden des CAP-Programms.

2. Beurteilen Sie dieses Programm hinsichtlich möglicher Vor- und Nachteile.

3. Halten Sie es für möglich, dieses Programm auf Deutschland zu übertragen?

Sexuelle Gewalt ist eine starke Störung des inneren Gleichgewichtes, des psychischen und manchmal auch des physischen Gesundseins. Heilung braucht Zeit. Um zu hohe Erwartungen der Betroffenen an sich selber und an die Beratung – und selbstverständlich auch der BeraterInnen an ihre Arbeit – zu relativieren, sind m. E. die folgenden Einstellungen hilfreich:

a) Heilung braucht Zeit: Das Problem ‚sexuelle Gewalt' ist nicht in ein paar Tagen oder Wochen zu lösen.

b) Menschen holen sich Hilfe, wenn sie Hilfe verarbeiten können. Wenn sie dies nicht tun, haben sie gute Gründe dafür.

c) Erinnerungen werden nicht grundlos blockiert. Sich gar nicht oder nur sehr ausschnitthaft an schmerzliche Erlebnisse zu erinnern, ist ein guter innerer Schutz, es wird nur so viel erinnert, wie aushaltbar zu verarbeiten ist. Wenn genügend Schutz und Kraft vorhanden ist, kommen die Erinnerungen von selbst.

d) Es ist auch nach langer Zeit und vielen Gesprächen in Ordnung, Schmerz, Verzweiflung, Scham und Schuld zu empfinden.

e) Sexuelle Gewalt kann nicht ungeschehen gemacht werden. Es kann aber behutsam, mit Unterstützung und Schutz, mit Kraft und Mut in die Lebensgeschichte integriert werden. Trotzdem kann es immer wieder – besonders in Phasen größerer Belastung – „Rückfälle" in alte Symptome geben.

(http://www.mannigfaltig-minden-luebbecke.de/artikel-opfer4.htm)

1. Welche Grundannahmen werden in diesem Auszug aus einem Flyer zum Thema „Sexuelle Gewalt" deutlich?

2. Nehmen Sie durch Bezug auf fachliche Aspekte begründet Stellung.

Projektvorschlag zum selbstständigen Weiterarbeiten

A Analysieren Sie Kinder- und Jugendbücher zum Thema. Bücherlisten erhalten Sie bei Beratungsstellen wie Erziehungsberatungsstellen, Dt. Kinderschutzbund, Deutscher Paritätischer Wohlfahrtsverband, Zartbitter e. V., Pro Familia, Caritas-Beratungsstelle, Jugendamt etc.

Analyseaspekte könnten folgende sein:

a) Was sagt das Buch aus
   - über das Verhalten des Opfers als Folge des bzw. im Zusammenhang mit dem sexuellen Missbrauch?
   - über Empfindungen und Gedanken der Opfer?

b) Welche Beweggründe veranlassen das Mädchen, den Jungen,
   – nicht
   – dann doch
   – in welcher Form/mit wem über den sexuellen Missbrauch zu sprechen?

c) Welche Hinweise gibt das Buch auf
   – das Bild vom Täter,
   – sein Verhalten,
   – seine psycho-soziale Persönlichkeitsstruktur?

d) Wie reagiert das soziale Umfeld auf den sexuellen Missbrauch bzw. auf das Verhalten des Opfers/des Täters?
   – Mutter
   – Freund/Freundin
   – Lehrer/Lehrerin bzw. andere Bezugspersonen?

e) Wie glaubwürdig/überzeugend werden die einzelnen Verhaltens- und Gefühlsebenen dargestellt
   – für sich genommen
   – aufeinander bezogen?

f) Ist das Buch geeignet, um (auch betroffene) Kinder/Jugendliche mit dem Thema zu konfrontieren? Für welches Lesealter?

B Immer wieder werden Broschüren für Eltern und Kinder zum sexuellen Missbrauch aufgelegt, so auch vom Bundesministerium für Familie, Senioren, Frauen und Jugend (die abgebildete können Sie kostenlos anfordern unter: www.bmfsfj.de).

Untersuchen Sie die Ihnen zur Verfügung stehenden Broschüren nach ihrem pädagogischen Nutzwert. Machen Sie gegebenenfalls begründete Veränderungsvorschläge (neben inhaltlichen Aspekten können sich diese auch auf den Titel und die grafische Gestaltung beziehen).

Hinweise

- http://www.donnavita.de

- N.I.N.A.: Nationale Infoline, Netzwerk und Anlaufstelle zu sexueller Gewalt an Mädchen und Jungen; http://www.nina-info.de

2.4 Alter Mensch, was nun? – Entwicklung im Alter

1. Beschreiben Sie zunächst das Foto möglichst genau.
2. Schreiben Sie eine Geschichte, in der der Kontext, das Vorher und Nachher der Situation deutlich wird.
3. Schreiben Sie aus der Perspektive einer der Personen einen charakteristischen Satz.

Einführung

Vorstellungen von Alter

Bei den nachfolgenden Übungen empfiehlt es sich, diese in der angegebenen Reihenfolge durchzuführen und die Ergebnisse sowohl individuell als auch gemeinsam für die weitere Arbeit zu sichern.

Übungen

1. Wie stelle ich mir „das Alter" vor?

Notieren Sie in Ihr Journal:
a) Mit dem Wort „alt" verbinde ich folgende Eigenschaften: ...
b) Ältere Leute werden mit zunehmendem Alter ...
Sammeln Sie anschließend die notierten Eigenschaften im Kurs.
(Autorentext)

2. Wie stelle ich mir mein Alter vor?

Was verbinden Sie ganz persönlich mit Ihrem zukünftigen Alt-Sein? Welche Befürchtungen haben Sie? Welche Wünsche haben Sie? Halten Sie diese, abgestuft nach Bedeutung für sich, im Journal fest. Tauschen Sie sich dann in einer Kleingruppe aus und überlegen Sie, was Sie dem Plenum mitteilen können. Vielleicht gibt es interessante Differenzen zwischen Punkt 1 und 2.
(Autorentext)

3. Wie stellen sich Kinder das Alter vor?

Patrick: Ich will so alt wie möglich werden.
Paul: So 90 ungefähr.
Cornelius: Bis 91 möchte ich knackgesund bleiben, und dann, so langsam ... Wahrscheinlich sieht man ziemlich viel fern, weil man nicht mehr viel tun kann.
Paul: Man geht viel spazieren. Fußball und Tennis spielen geht auch nicht mehr.
Antonia: Ich kann das gar nicht sagen. Manche Menschen finden es ja nicht schlimm, alt zu werden, und andere sagen, es ist gar nicht gut.
Coraly: 85 Jahre will ich werden.
Leonie: Ich auch. Oder noch älter. So 95.
Antonia: Aber stell dir das vor: Du hast keine Freunde mehr. Du hast nicht mehr so viel Spaß.
Leonie: Doch, du hast ja auch Enkelkinder.
Coraly: Aber die vergessen dich auch, gut möglich.
Solche alten Menschen kenne ich auch, die Kinder haben, die sich überhaupt nicht mehr kümmern. Sie freuen sich über jeden Besuch, unheimlich.
Bernhard: Die jungen Menschen wünschen sich immer, älter zu sein. Und wenn man alt ist, dann will man wieder ein kleines Kind sein, um das ganze Leben wiederholen zu können.
Coraly: Die Alten sagen immer zu den Kindern: Als ich so alt war wie ihr, war ich ja viel netter zu alten Menschen und habe auch immer gleich guten Tag gesagt.
Leonie: Alt sein ist nicht schön. Wenn man alt ist, ärgern einen die Kinder. Gucken frech und rufen: Hey Opi! Sie können sich auch nicht mehr so gut bewegen. Aber man ist weise. Man weiß genau, was früher alles passiert ist. Ich kann erzählen, was ich früher erlebt habe.
Cornelius: Ich will mal sechzehn Enkelkinder haben. Wenn ich 85 bin, ist schon das Jahr 2070. Ob die Welt dann noch so aussieht wie heute?
Antonia: Wenn ich alt bin und sehe Kinder, dann denke ich an meine Kindheit zurück. Dann denke ich: Jetzt haben die Kinder alles, was wir gar nicht kannten. Ich habe dann auch Enkelkinder.

(DIE ZEIT v. 8.12.1995, S. 82f. [Auszüge]; Bearb.: Anna von Münchhausen)

4. Meine verschiedenen Lebensalter

Übertragen Sie den Lückentext in Ihr Journal und füllen Sie die Lücken.
Ich bin ___ Jahre alt.
Ich fühle mich wie eine/ein ___-Jährige/r.
Manchmal fühle ich mich ___ Jahre alt.
Es gibt Gelegenheiten, da habe ich das Gefühl, wie eine/ein ___-Jährige/r behandelt zu werden.
Manche sagen zu mir, ich sähe aus wie ___.
Am liebsten wäre ich ___ Jahre alt.
(Autorentext)

> **1.** Welches Bild vom Alter haben die Kinder in Text 3? Ist es realistisch? Klischeehaft? Wie kommt es zustande?
>
> **2.** Welche Fragen und Thesen ergeben sich für die weitere Arbeit?

Das Verhältnis von Alt und Jung in unserer Gesellschaft

„Instant Aging" – Altsein für kurze Zeit selbst erfahren

Fühlen sich alte Menschen wirklich so? Wird mir das auch passieren, wenn ich einmal alt bin? Diese Hilflosigkeit und die Wut über das eigene Unvermögen und keine Macht mehr über seinen Körper zu besitzen – plötzlich verstehe ich die Verbitterung vieler Senioren. Wie muss sich jemand fühlen, der will, aber nicht kann und dann auch noch auf Unverständnis stößt?

Die Idee, durch Selbsterfahrung mehr Einfühlungsvermögen für kranke Menschen zu schaffen, kommt aus den Vereinigten Staaten. Ärzte, Schwestern und Pfleger wurden aufgefordert, sich im Rahmen ihrer Ausbildung selbst einiger Untersuchungsmethoden zu unterziehen. Medizinstudenten sollten mittels einer Darmspiegelung oder einer Lumbalpunktion mit der Patientenrealität vertraut gemacht werden. Nach Deutschland importiert und für die spezifischen Belange alter Menschen modifiziert wurde diese Idee vor drei Jahren von Professor Robert Heinrich.

Der Chef des Zentrums für Akutgeriatrie und Frührehabilitation in München kennt die Probleme und Nöte seiner betagten Patienten und weiß um das Dilemma bei ihrer ärztlichen Versorgung: Denn Arzt und Patient leben in einer anderen Erfahrungswelt. Das Personal einer Klinik, die Mitglieder einer Praxis sind fast ausnahmslos jünger als die Mehrheit ihrer Patienten. Leiden, Behinderungen und die damit verbundenen Mühseligkeiten eines hohen Lebensalters kennen sie nicht. Da eigene Erfahrungen bekanntlich nachhaltiger und wirkungsvoller sind als alle theoretischen Exkurse, entwickelte Professor Heinrich gemeinsam mit den Ergotherapeutinnen Birgit Endmann und Claudia Keck das „Instant Aging"-Programm. Mit einfachsten Hilfsmitteln soll ein künstlicher Alterungsprozess erreicht werden. Verschmierte Brillen, Ohrstöpsel und Halsmanschetten schränken die Seh- und Hörfähigkeit ein, beeinträchtigen die Mobilität. Durch Schuhsohlen, die kleine Kieselsteine enthalten, einen falsch herum aufgezogenen Rucksackverband oder Knieschienen und Beinbandagen werden häufige Krankheitsbilder des Alters nachgestellt. Der summende Walkman sollte mich mit dem von Senioren oft beklagten Ohrensausen vertraut machen. Die Gummihandschuhe meines Vorgängers dienten dazu, ihm die durch Diabetes hervorgerufenen Sensibilitätsstörungen näherzubringen. Der jungen Frau, die nach mir nach vorne gekommen ist, wird ein Sandsackarm umgebunden. Er soll ihr ein Gefühl von Hemiplegie, halbseitiger Lähmung, vermitteln.

„Instant Aging", als Möglichkeit eines artifiziellen Alterungsprozesses, wird in Zukunft für viele Ärzte und Angehörige von Pflegeberufen an Bedeutung gewinnen. Schon jetzt stellen ältere Patienten die Stammkundschaft der meisten Praxen und Kliniken. 20 Prozent der Bevölkerung sind älter als 60, der Trend ist steigend. Bereits heute wächst die Gruppe der über 85-Jährigen am schnellsten. Nach der Jahrtausendwende wird die allmählich ergrauende Gesellschaft immer auffälliger in Erscheinung treten. Aufgrund der zunehmend ambulanten Versorgung von pflegebedürftigen Senioren wird die Sensibilisierung für ihre Gebrechen bald auch für die Angehörigen ratsam werden.

(Felicitas Stephan, „Instant Aging" – Altsein für kurze Zeit selbst erfahren, in: Rheinische Post v. 7.1.1995)

Was unterscheidet alte Deutsche von alten Indianern?

Es gibt Lebensabschnitte, die positiver gewertet werden als die des Alters – sowohl von Einzelpersonen als auch von Gruppen, Gesellschaftsschichten und Meinungsmachern.
Der Einzelne denkt sich in die Kindheit zurück und stellt fest, dass er ein gutes Stück Unbeschwertheit, Vertrauen in sich selbst und Lebensfreude verloren hat.
Eine Gruppe von – z. B. – Leistungssportlern und deren Funktionäre legen fest, dass man ab dem 26. Lebensjahr zu alt für einen Weltrekord im 100-Meter-Lauf sei. Relativ jugendliche Vertreter unserer Gesellschaft halten am Vorurteil fest, dass ältere Menschen schlechter Auto fahren als jüngere, obwohl dies keiner statistischen Überprüfung standhält.
Und zu allem Überfluss sorgen Fernsehen und Presse täglich für einen Jugendkult, der nur eine Funktion erfüllen soll: die Steigerung der Einschaltquoten und der langfristigen Verkaufszahlen. In welcher Gesellschaft leben wir eigentlich, wenn unbewusst das 25. Lebensjahr positiver bewertet wird als das 66.? Da hilft auch der einzelne Song eines einzelnen Popsängers nichts, da wird mehr oder weniger amüsiert darüber berichtet, wenn ältere Menschen sich zusammenschließen, um gemeinsame Ziele zu verfolgen, und geradezu hämisch wird den Lesern ein Exklusivfoto mit dem Beweis angeboten, dass die ehemals schöne Schauspielerin nun auch schon einige Falten um die Augen hat.
Der „alte Deutsche" sieht sich einer Flut von Vorurteilen gegenüber, die fast alle aus den typisch deutschen Tugenden abzuleiten sind: die Mitglieder der Gesellschaft haben *zuverlässig*, *gehorsam* und *fleißig* zu sein.
Zuverlässig ist man dann, wenn man nicht vergisst, Akten zur Abteilungsleiter-Besprechung mitzubringen. Sucht der 58-jährige Mitarbeiter dennoch verzweifelt und vergeblich in seiner Aktentasche, kann er sich des Spotts seiner Kollegen sicher sein: Na ja, in seinem Alter vergisst man schon einmal leicht was. Trifft das gleiche Missgeschick einen jungen Mitarbeiter, reagiert man eher amüsiert: Der mit seinem ungestümen Temperament – der vergisst noch einmal seinen eigenen Kopf zu Hause.
Gehorsam ist man dann, wenn die Regeln der Hierarchie respektiert werden. Sagt der Chef „Mach' das", dann macht man das. Ist man als langjähriger und erfahrener Mitarbeiter gänzlich anderer Meinung als der Chef, bleibt meist nur die Alternative: resignieren oder opponieren. *Doch Vorsicht*: Resignation ist ein typisches Altersmerkmal! Schnell sind die Mitarbeiter und Vorgesetzten zu dem Urteil bereit: Der kümmert sich überhaupt nicht mehr um den Betrieb, der lässt alles schleifen, der ist wohl mit den Gedanken schon im Ruhestand. Also bleibt die Opposition. *Doch Vorsicht*: Opposition ist ein typisches Altersmerkmal, weil renitentes Opponieren nichts weiter ist als die Vorstufe zum Altersstarrsinn! Resigniert ein jüngerer Mitarbeiter, tritt man ihm in den Hintern oder schmeißt ihn raus. Opponiert ein jüngerer Mitarbeiter, schmeißt man ihn entweder raus, oder man hält ihn für geeignet, Führungspositionen zu erreichen. Gehorsam zu sein, ist für ältere Menschen also gar nicht so einfach – abgesehen davon, dass im Arbeitsumfeld auch immer eine gehörige Portion Stolz und Selbstwertgefühl mitspielt.
Fleißig ist man dann, wenn man die Leistungsanforderungen übertrifft. In vielen Berufszweigen wird das mit zunehmendem Alter immer schwieriger, weil die körperliche Belastbarkeit im Alter einfach nachlässt, Sehschwächen sich verschlimmern oder die Koordination nicht mehr so gut ist wie in jungen Jahren. Dass andere Fähigkeiten wie Präzision, Behutsamkeit oder Umsicht diese Defizite meist wettmachen, scheint z. B. in den Betrieben mit Massenproduktion von untergeordneter Bedeutung zu sein – Hauptsache, die Mitarbeiter halten mit der Bandgeschwindigkeit Schritt.
Die Einstellung zum Älterwerden ist hierzulande so erbärmlich und demütigend, dass man sich über handfeste Skandale eigentlich nicht zu wundern braucht: Häufiger liest man in der Zeitung, dass wieder einmal eine vereinsamte Witwe erst Wochen nach ihrem Tod in der Wohnung aufgefunden wurde. Vermisst hatte sie keiner, weder die Söhne und Töchter ... noch die Enkelkinder ... noch die Hausbewohner ... noch irgendeine Behörde.
Geht es in unserem Land um Einsparungen, sind die älteren Leute immer mit von der Partie, sei es durch die Verzögerung von Rentenerhöhungen,

sei es durch das Anheben von Arzt- oder Arzneimittelkosten, sei es durch die Erhöhung der Mineralölsteuer, die den Alten den letzten Rest an Mobilität nimmt.

Sieht man die „Altenaufbewahrungsstätten" an, hat man zunächst einmal einen denkbar guten Eindruck. Die Flure sind klinikmäßig steril, die Grünanlagen vor den Betonklötzen gut gepflegt und garantiert unbetreten. Auch die Verwaltung von Eigenanteilen, Zuschüssen von Bund, Ländern und Gemeinden, privaten Spenden usw. funktioniert ausgezeichnet. Das Personal ist unterbezahlt und nett, mit anderen Worten: Die Betriebe funktionieren ausgezeichnet. Das Einzige, was hin und wieder stört, sind die Alten.

Aber nicht nur in der öffentlichen oder veröffentlichten Meinung kommen die älteren Menschen meist schlechter weg als andere Altersgruppen – auch im familiären Bereich hat sich einiges verändert. Ich bin nun nicht der Typ, der einer Familienidylle aus der Jahrhundertwende nachtrauert, aber einige meiner Beobachtungen machen mich schon stutzig. Bis auf wenige Ausnahmen lassen alte Menschen mit sich machen, was andere wollen. Wird darüber diskutiert, ob die eigene Mutter nicht besser in einem Altenheim untergebracht sei, steht nicht die Frage im Vordergrund, *ob* sie in einer solchen Institution untergebracht werden soll, sondern *wie*.

„Ja, Mutter, freu dich doch – du brauchst keine Treppen mehr zu steigen, hast deine regelmäßigen Mahlzeiten und du darfst sogar deine geliebte Kommode mitnehmen."

„Im *Altersruh* können wir dich ja auch viel bequemer und öfter besuchen."

„Sicher wirst du dort auch nette Freundinnen finden, und du bist nicht mehr so einsam – um die Finanzen kümmern wir uns dann schon."

[...] Es ist doch nicht einzusehen, dass ältere Indianer von ihren jüngeren Stammesbrüdern und -schwestern noch immer respektvoller behandelt werden, als dies in einem hoch entwickelten Industriestaat wie Deutschland überhaupt denkbar wäre. Kein Indianer käme auf die Idee, den Häuptling abzuwählen, weil der gerade das Rentenalter von 62 Jahren erreicht hat, keine Alt-Squaw würde in die Berge gejagt, nur weil sie nicht einmal mehr für die Sippe kochen kann. Die Achtung des Alters ist bei den Naturvölkern ganz anders ausgeprägt als bei uns, weil jahrhundertelange Erfahrung gezeigt hat, wie man von den Lebenserfahrungen der Älteren profitieren kann. So ist es auch nicht verwunderlich, wenn die Friedenspfeife nicht von den jugendlichen Heißspornen, sondern von den Ältesten der bislang verfeindeten Stämme geraucht wird. Nach einer solchen Zeremonie kann sich ein Jung-Indianer den Mund fusselig reden – es findet bis auf weiteres keine Stammesfehde mehr statt.

Auch in anderen Regionen und Kulturen dieser Welt sind andere – und auch positivere – Einstellungen zum Alter erkennbar ... in Indien, Japan, Zentralafrika, und, und, und ... ja, man braucht sich nur ins Auto zu setzen, in zwei Stunden den Brennerpass zu bewältigen, und schon sieht man sich einer völlig anderen Mentalität bei der Behandlung älterer Menschen gegenüber. „La mama" gehören Achtung und Respekt der gesamten Familie – warum nur sind die Deutschen ihren Alten gegenüber so kalt, desinteressiert und manchmal sogar respektlos und gehässig?

(Wolfgang E. Lehmann, Leben schützt vor Alter nicht, Frankfurt 1995, S. 15ff.)

1. Wie charakterisiert der Autor das Verhältnis von Alt und Jung in unserer Gesellschaft?

2. Implizit ist in dem Text auch eine Vision eines besseren Verhältnisses enthalten. Arbeiten Sie diese heraus und diskutieren Sie diese Vision im Kurs.

3. Welche Folgen des realen und des idealen Verhältnisses ergeben sich für die Erziehung?

Grundbegriffe und Grundthesen

Alter – Dimensionen und Entwicklungspsychologie

Dimensionen des Alters

Der Begriff Alter ist mehrdeutig, weil er verschiedene Dimensionen und Aspekte umfasst. Schon in der Alltagssprache verwenden wir das Wort Alter in verschiedener Weise, und zwar zur Kennzeichnung einer Zeitspanne, die seit einem bestimmten Datum vergangen ist (jemand oder etwas ist so und so alt), als Bezeichnung eines Lebensabschnitts, in dem sich ein Individuum befindet (Kindesalter, Jugendalter, Erwachsenenalter, Greisenalter), zur Kennzeichnung der Sozialkategorie der alten Menschen (die Alten), und schließlich meinen wir mit Alter eine bestimmte Lebensphase (das Alter).
Der Begriff Alter enthält verschiedene Aspekte, die zueinander in mehr oder weniger enger Beziehung stehen. Für alle Altersaspekte gilt, dass sie sich sowohl auf das gesamte Leben als auch auf die Lebensphase beziehen, die wir das Alter nennen. Die folgenden Altersaspekte sind nur eine Auswahl der wichtigsten.

1. Das *chronologische (oder kalendarische) Alter* ist die seit der Geburt verstrichene Lebenszeit. Alle anderen Altersaspekte werden zu ihm in Beziehung gesetzt.

2. Das *rechtliche Alter* betrifft Veränderungen, die eintreten, wenn ein bestimmtes kalendarisches Alter erreicht ist (z.B. Schulpflicht, Volljährigkeit, Rentenalter).

3. Das *biologische Alter* ist auf die gesamte Lebensspanne bezogen, die seit der Entstehung des Organismus verstrichen ist, und auf den ihr entsprechenden Entwicklungs- oder Erhaltungszustand. Im engeren Sinn kennzeichnet der biologische Begriff Alter die Lebensphase eines Organismus, die „post-reproduktiv" ist, d.h. auf die Zeit der Fortpflanzungsfähigkeit folgt und durch zunehmende Anfälligkeit für Krankheiten gekennzeichnet ist.

4. Das *soziale Alter* bezeichnet die Übernahme von Positionen und Rollen, die ein Individuum in einer bestimmten Altersphase aufgrund gesellschaftlicher Erwartungen vorfindet (z.B. Schulkind, Berufstätiger, Rentner). Für die Altersphase gilt, dass die Zuordnung zur Sozialkategorie „Alter" zwischen den verschiedenen sozialen Bereichen beträchtlich variieren kann. So kann eine Person bei früher Elternschaft schon zu der Alterskategorie „Großeltern" gehören, wenn sie im beruflichen Bereich noch weit von der Alterskategorie „Rentner" entfernt ist. Ein Fußballspieler zählt spätestens mit 40 Jahren zu den „Alten", während ein 50-jähriger Politiker durchaus noch zur „jungen" Politikergeneration gerechnet werden kann. Es hat aber den Anschein, dass sich auch in diesem Bereich die „Jugendlichkeit als Maßstab" (Rosenmayr 1989) immer mehr durchsetzt.

5. Das *funktionale Alter* oder psychologische Alter im weiteren Sinn bedeutete ursprünglich auf die Altersphase bezogen den „Aufweis individueller Unterschiede in der Funktionskapazität des alternden Menschen" (Thomae 1987). Mittlerweile wird der Begriff erweitert auf die verschiedenen Aspekte sozialer Kompetenz und schließt biologische und psychologische Alternsaspekte mit ein.

6. Das *subjektive Alter* oder psychologische Alter im engeren Sinn meint die Art und Weise, in der ein Mensch seinen körperlichen, seelischen und geistigen Zustand auf dem Hintergrund seines kalendarischen Alters deutet. Dieser Aspekt drückt sich in dem bekannten Spruch aus: „Man ist so alt, wie man sich fühlt".

Auch der Versuch, den Begriff „Altern" zu bestimmen, gestaltet sich schwierig, und das Ergebnis ist je nach Blickwinkel (biologisch, sozial, psychologisch) ein anderes: Während Rosenmayr (1990)

Altern durch einen biologischen Prozess der Rückbildung aller Organe und ihrer Leistungen (Involutionsprozess) bestimmt sieht, der allerdings psychisch, sozial und kulturell beinflussbar und zum Teil steuerbar ist, betont Thomae (1969) die soziale Komponente: „Altern ist heute primär soziales Schicksal und erst sekundär funktionelle oder organische Veränderung".

Eine allgemeine und unspezifische Begriffsbestimmung des Alterns geben Shock et al. (1984): „Altern (wird) heute als Ausdruck einer ganzen Anzahl von Prozessen angesehen, die teils unabhängig voneinander, teils im Konzert mit anderen die Veränderungen im Individuum bewirken, die wir als Altern bezeichnen".

Was versteht man in der *Biologie* unter Altern? Die Tatsache, dass die Lebensdauer der Arten sehr unterschiedlich ist, spricht für die Wirksamkeit biologischer Mechanismen beim Altern. Das bedeutet aber nicht, dass die Steuerung von Altersprozessen nur durch sie erfolgt. Der Mensch ist ein „entwicklungsoffenes System" (Rosenmayr 1990). Sein Organismus steht in Wechselwirkung mit seinen seelischen und geistigen Fähigkeiten. „Leib" und „Seele" wiederum sind im Austausch mit der natürlichen und sozialen Umwelt, die ihrerseits von der Kultur und dem Stand der Zivilisation bestimmt werden. Diese haben einen erheblichen Einfluss auf die Lebensdauer.

In der Biologie wird Altern allgemein als progressiver Verlust lebenserhaltender Mechanismen verstanden, der zu einer Verringerung der biologischen Kapazität und Funktionstüchtigkeit führt. So nimmt z.B. vom 30. Lebensjahr an die funktionelle Kapazität der Organe um etwa 1,5% pro Jahr ab (Fries 1989). Weil die Mechanismen der Selbstregulation mit steigendem Alter immer fehlerhafter werden, lässt auch die Anpassungsfähigkeit an innere und äußere Reize nach und damit die Fähigkeit des Organismus, sich selbst zu erhalten.

Beim biologischen Altern laufen mehrere Prozesse nebeneinander ab und greifen in verschiedener Weise ineinander ein, d.h. biologische Alternsveränderungen sind „*multifaktoriell*". Wovon letztlich die entscheidenden Wirkungen für das Altern ausgehen, ist noch nicht hinreichend bekannt. Deshalb konkurrieren auch noch verschiedene biologische Alternstheorien miteinander.

Eine *molekulare Theorie* des Alterns nimmt an, das während des ganzen Lebens die DNS (Desoxyribonukleinsäuren), die Kernsäuren der Chromosomen, schädigenden Einflüssen ausgesetzt sind und entstehende Defekte mit der Zeit nicht mehr „repariert" werden können. Schließlich komme es zur „Fehlerkatastrophe", die zeitlich mit der maximalen Lebensdauer zusammenfalle.

Zelluläre Theorien des Alterns vermuten, dass Altern sehr wahrscheinlich zu charakteristischen Schädigungen im Zellkern führt. Sie gehen von Hinweisen aus, dass Altern besonders hoch differenzierte Zellen im Nerven-, Gefäß- und Muskelsystem betrifft, die ihre Fähigkeit zur Zellteilung erschöpft haben. Die dafür verantwortliche „biologische Uhr" scheint im Zellkern zu liegen, und eine fehlerhafte Protein- und Enzymsynthese dürfte das Gangwerk der Uhr beeinflussen (Riede et al. 1989). Rosenmayr (1990) berichtet von immunologischen Forschungen, nach denen es mit dem Altern zu einer vermehrten Bildung von Antikörpern gegen körpereigenes Gewebe, sog. „Auto-Antikörpern" kommt. Vereinfacht ausgedrückt, wendet sich die „Körperpolizei" nicht mehr gegen fremde Eindringlinge, sondern trägt zu einer Art organischer Selbstzerstörung bei.

Eine auf den *gesamten Organismus* bezogene biologische Theorie sieht Altern durch lebenslangen Stress verursacht. Nach Selye (1967) verfügt jeder Mensch über eine individuelle Menge an „Anpassungsenergie". Je nach Art der Lebensführung und der Lebensumstände kann diese Energie früher oder später verbraucht sein. Die experimentelle Bestätigung für diese Theorie steht allerdings noch aus.

(Helmut Walter, Das Alter leben!, Herausforderungen und neue Lebensqualitäten, Darmstadt, Wissenschaftliche Buchgesellschaft 1995, S. 7 – 10 und 40 – 43 [Auszüge])

Tipps:

http://www.gesund-im-alter.de
http://mypage.bluewin.ch/hoepf/fhtop/fhalter1.html
http://www.quarks.de/leben/index.htm

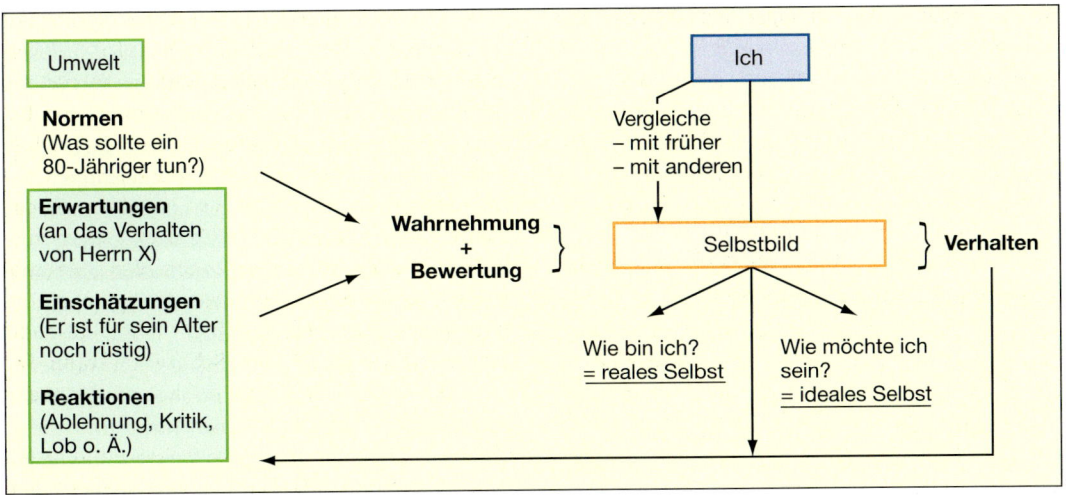

(Silvia Kauffeld/Sabine Kuhnert/Andreas Wittrahm, Psychologische Grundlagen der Altenarbeit, Ferd. Dümmler's Verlag, Bonn 1995, S. 57)

1. Erläutern Sie die verschiedenen Dimensionen des Alters an einem konkreten Beispiel. Sie können dies auch in einem Rollenspiel verdeutlichen.

2. Nicht nur biologische Altersveränderungen verlaufen multifaktoriell, sondern auch das Zusammenspiel der biologischen mit den nicht-biologischen Faktoren. Erläutern Sie diesen Sachverhalt an Ihrem Ausgangsbeispiel.

3. Alle multifaktoriellen Stränge laufen im konkreten Individuum zusammen. Erläutern Sie mithilfe der Grafik, inwieweit das Selbstbild des Menschen von diesen Prozessen beeinflusst wird. Orientieren Sie sich anhand der Wabe ‚Sozialisation im Jugendalter' über den Zusammenhang von Selbstbild und Identität aus der Sicht von Hurrelmann.

Entwicklungspsychologie der gesamten Lebensspanne

Der Entwicklungs- und Gerontopsychologe Paul B. Baltes veröffentlichte 1990 „theoretische Leitsätze" einer ‚Entwicklungspsychologie der Lebensspanne' in einer deutschen Zeitschrift, die er bereits zehn Jahre zuvor in den USA der Fachöffentlichkeit vorgelegt hatte. Die wichtigsten Thesen seines Konzepts sind:

1. Entwicklung ist ein lebenslanger Prozess: Entwicklungsprozesse finden auf allen Altersstufen statt. Jede Altersstufe ist nur im Zusammenhang der Entwicklung über die gesamte Lebensspanne zu verstehen. Das Altern eines Menschen steht im Kontext seiner Kindheits-, Jugend- und Erwachsenenbiografie. Diese These stimmt mit der Auffassung von Ch. Bühler, Erikson und Havighurst überein.

2. Die Entwicklung kann kontinuierlich oder diskontinuierlich verlaufen: Für einen Menschen mag der „Lebensabend" die Fortsetzung seines bisherigen Lebens sein, für einen anderen jedoch der Schritt in einen neuen Abschnitt der Entwicklung. [...]

3. Entwicklung verläuft multidirektional und multidimensional: Es gibt nicht nur einen Weg der Entwicklung, sondern viele. Auf das Altern bezogen bedeutet dies: Altern vollzieht sich auf mehreren Ebenen, z.B. körperlich und geistig (Multidimensionalität). Daraus folgt, dass es *den* Verlauf des Alterns nicht gibt, da der Altersverlauf von Person zu Person und innerhalb der Person von Bereich zu Bereich verschieden ist. Entwicklung im Alter ist „richtungsoffen" und „typische Ver-

haltensweisen des alten Menschen gibt es nicht" (Lehr 1983).

4. **Entwicklung bedeutet über die gesamte Lebensspanne hinweg Wachstum (Gewinn) und Abbau (Verlust):** Diese These ist in der Entwicklungspsychologie relativ neu. Sie bedeutet, dass jeglicher Entwicklungsprozess, in der Kindheit wie im Alter, ein Produkt von Wachstums- und Abbauprozessen ist. Entwicklung bringt auf „allen Altersstufen Gewinne und Verluste von Erkenntnis- und Erlebnismöglichkeiten mit sich" (Weinert 1992). Für das psychologische Verständnis von Altern und Alter ist diese These von großer Bedeutung. Altern wird nicht nur in den umfassenderen Begriff von Entwicklung eingebettet (Wachstum- und Abbauprozesse), sondern dem Alter werden, wie jeder anderen Entwicklungsstufe auch, Möglichkeiten zur *Weiterentwicklung* zugesprochen. Die Unterordnung des Alternsbegriffs unter den Begriff der Entwicklung bedeutet aber nicht, dass auch das Verhältnis von Gewinnen und Verlusten über die gesamte Lebensspanne gleich bleibt. Mit dem Alter steigen die *Entwicklungsverluste*. Dazu trägt vor allem die nachlassende Fähigkeit des Organismus zur Selbsterhaltung bzw. Anpassung bei und damit die sich verringernde „Kapazitätsreserve" (Baltes 1990). Außerdem schließt jeder Entwicklungsschritt den Verzicht auf mögliche andere Optionen zur Entwicklung ein. Die Chancen für neue Wendungen im Leben verringern sich deshalb mit steigendem Alter.

5. **Entwicklung ist intraindividuell plastisch.** Menschen können sich – auch im Alter – stärker verändern, als noch bis vor wenigen Jahren angenommen wurde. Im Bereich der kognitiven Entwicklung, speziell der Intelligenz, konnte nachgewiesen werden, dass es auch im Alter ein Entwicklungspotenzial, eine „Kapazitätsreserve" gibt. „Es ist deshalb zu einem Hauptanliegen der Life-Span-Forschung geworden, die intraindividuelle Variationsbreite und die Leistungsgrenzen des Einzelnen zu bestimmen" (Baltes 1990).

6. **Entwicklung wird durch drei sich wechselseitig beeinflussende Systeme bedingt:**
– normativ-altersbezogene Einflüsse,
– normativ-historische Einflüsse,
– nicht-normative Einflüsse.

„Normativ-altersbezogene Einflüsse" sind die biologischen Prozesse (Reifung) und die Umweltbedingungen (Sozialisation), die eng mit dem chronologischen Alter verknüpft sind. Die Einflüsse sind normativ, weil die meisten Menschen (einer Gesellschaft) in einem bestimmten Alter von ihnen betroffen sind. Beispiele für biologische Prozesse sind die körperlichen Veränderungen der Jugendlichen in der Pubertät oder die nachlassende Sehfähigkeit im Erwachsenenalter. Beispiele für altersbezogene Sozialisationseinflüsse sind der Schulbesuch und die Pensionierung.

„Normativ-historische Einflüsse" können ebenfalls auf der biologischen und der umweltbezogenen Ebene auftreten. Sie sind aber mit der historischen Zeit verknüpft und nicht mit dem Lebensalter. Sie betreffen die meisten Mitglieder einer Generation (Kohorte). Baltes verweist auf Untersuchungen zum Einfluss des historischen Kontextes auf die individuelle Entwicklung. So konnte z. B. nachgewiesen werden, dass sich die Intelligenz nicht nur mit dem chronologischen Alter verändert, sondern auch von Generation zu Generation, und dass historische Ereignisse wie z. B. die „Große Depression" in den USA in den 1930er-Jahren oder der Vietnamkrieg die Entwicklung der Persönlichkeit beeinflussten. „Auch für die Gruppe der jeweils Älteren und Alterwerdenden gilt jene *Generationsgesetzmäßigkeit*, die für die Jugend in die Augen springt und die aus gemeinsamen Erlebnissen, aus gemeinsamer zeitgeschichtlicher Beeinflussung und gemeinsamen Versuchen, das Leben zu bewältigen, sich ergibt" (Rosenmayr & Rosenmayr 1983).

„Nicht-normative Einflüsse" schließlich sind die Bedingungen, die nicht für die Mehrzahl einer Altersgruppe gelten, sondern Einzelne in unterschiedlicher und nicht vorhersagbarer Weise betreffen. Sogenannte „kritische Lebensereignisse", wie z. B. Krankheiten, Tod naher Angehöriger, Verlust des Arbeitsplatzes, sind solche nicht-normativen Einflüsse. Ihre Auswirkungen auf die Entwicklung dürfen nicht unterschätzt werden.

Für Baltes ist jeder individuelle Entwicklungsverlauf das Ergebnis der Wechselwirkung (Dialektik) der drei Systemgruppen von Entwicklungseinflüssen. Das dialektische Entwicklungsmodell, das von der „Entwicklungspsychologie der Lebensspanne" favorisiert wird, ist erst in Umrissen erkennbar, bietet aber für die psychologische Betrachtung des Alterns Vorteile. Es kann nämlich „die Vielfalt von individuellen Entwicklungspro-

zessen einfangen" (Faltermaier et al. 1992). Im Mittelpunkt dieses Modells steht das Individuum als handelndes Subjekt, das mithilfe seiner kognitiven Struktur die Umwelteinflüsse interpretiert und gestaltet, dabei ständig auf seine Umwelt einwirkt und sich dadurch selbst wieder verändert. Wenn man bedenkt, wie unterschiedlich und vielfältig Entwicklungsverläufe unter den drei Einflusskomplexen sein können, liegt die Schlussfolgerung nahe, dass es keine Entwicklungspsychologie geben kann, die für längere Zeit gültig ist.

(Helmut Walter, Das Alter leben!, Herausforderungen und neue Lebensqualitäten, Wiss. Buchges., Darmstadt 1995, S. 40ff.)

1. Vergleichen Sie diese Aussagen mit den allgemeinen Thesen zur Entwicklungspsychologie zu Beginn des Kapitels. Welche neuen Aspekte nennt der Autor?
2. An welche Aussagen der Sozialisationsforschung knüpft der Autor an?
3. Welche pädagogischen Konsequenzen kann man aus einem solchen Verständnis von Entwicklung und Sozialisation im Alter ziehen?

Vertiefung

Realistische Altersbilder

Entwicklung hin zum Kompetenzmodell

Klischeehafte und unrealistische Altersbilder sind in unserer Gesellschaft noch tief verwurzelt. Es gibt sie überall: in der Politik, in den Medien, in der Werbung und der Wirtschaft, in der gemeinwesenorientierten Arbeit mit Seniorinnen und Senioren ebenso wie in der Pflege. Überall tauchen immer wieder objektiv diskriminierende Bilder von „den Alten" auf. Die Vielfalt des Alters und die Tatsache, dass ältere Menschen eine sehr heterogene Gruppe – und faktisch bis zu zwei Generationen – innerhalb der Gesamtgesellschaft bilden, kommen in den vorherrschenden Altersbildern nicht zum Ausdruck.

Die erste Voraussetzung für ein künftiges, engagiertes Miteinander ist, allen Bürgerinnen und Bürgern ein differenziertes und realistisches Bild über das Leben im Alter zu vermitteln. Dies gilt gleichermaßen für das Bild vom Leben Jugendlicher. Begegnungen von Jung und Alt fördern realistische gegenseitige Vorstellungen und sollten zum festen Bestandteil in möglichst vielen gesellschaftlichen Bereichen werden.

Kompetenzmodell

Das sogenannte Defizitmodell des Alters, von der Wissenschaft und der Politik für Ältere längst abgeschrieben, wirkt immer noch weiter. Es unterstellt generell mit zunehmendem Alter einen fortschreitenden körperlichen und seelisch-geistigen Abbau und einen gleichzeitigen Rückzug aus sozialen Beziehungen.

Die Veränderung des Altersbildes „weg vom Defizit – hin zum Kompetenzmodell" ist wichtiger Bestandteil des Paradigmenwechsels, der bei der Gestaltung des Alterungsprozesses unserer Gesellschaft gefordert ist. Es geht im Kern darum, die auf wissenschaftlicher Ebene schon lange gesicherte Erkenntnis in neue realistische Bilder vom Alter umzusetzen: Lebenslang erworbene Fähigkeiten erfahren zwar im Alter Veränderungen, gehen jedoch in aller Regel nicht verloren. Die sozialen Umweltbedingungen entscheiden wesentlich darüber, wie bestehende Kompetenzen älterer Menschen erhalten, erweitert oder neu entwickelt werden können. Es müssen Rahmenbedingungen

geschaffen werden, damit ältere Menschen sich engagieren können. Negative Altersbilder sollen nun nicht etwa durch neue Klischees von ewiger Jugend und Fitness ersetzt werden. Die Altersgeneration ist in sich stark differenziert. Politik für Seniorinnen und Senioren bezieht sich auf die gesamte Altersgeneration und ebenso auf die sogenannten jungen Alten wie auf die Hochbetagten. Sie muss stets die Belange sozialhilfe- und unterstützungsbedürftiger Älterer in den Blick nehmen, um entsprechende Rahmenbedingungen und Angebote zu gestalten.

Die Strategie des „Aktiven Alters" meint eine dem Alter angemessene Unterstützung und Förderung von Aktivitäten und Engagement der älteren Menschen. Sie schließt Angebot und Nutzung bedarfsgerechter Hilfe ein. Sie fördert die individuelle Suche nach einer ausgewogenen Balance zwischen den Möglichkeiten, Herausforderungen und den Grenzen, die das zunehmende Alter setzt. Diese Balance, wünschenswert für jedes Alter, gewinnt im höheren Alter besonders an Bedeutung für die Lebenszufriedenheit und Gesundheit. Das gegenwärtige Alter ist nicht vom Rückzug geprägt. Wir haben es vielmehr mit einem differenzierten Aktivitätsspektrum zu tun. Stärker als vom kalendarischen Alter ist es von den bisherigen Lebensumständen, dem biografischen Hintergrund, Gesundheitsstatus sowie den sozialen Netzwerken und ebenso wie alle anderen Lebensphasen auch maßgeblich durch die individuelle psychologische Konstitution geprägt.

Verantwortung der Medien

In vielen Fernsehsendungen, z. B. in Familienserien und in der Werbung, treten zunehmend ältere Menschen in Erscheinung. Es werden jedoch in vielen Fällen zwei sehr einseitige Muster von Altersbildern gezeigt: Einerseits werden ältere Menschen als wenig aktiv, inkompetent, krank und hilfe- oder pflegebedürftig dargestellt und andererseits als leistungsstark, souverän, gesund und vollkommen selbstständig und aktiv. Die unterschiedlichen Facetten des Alters, die zwischen diesen beiden Extremen liegen, finden hingegen selten Berücksichtigung. Geschlechtsspezifische Unterschiede werden häufig überzeichnet. [...]

Verantwortung der Politik für Seniorinnen und Senioren

Die Politik für Ältere hat die Aufgabe, die Verbreitung realistischer Altersbilder in der Gesellschaft und die Auseinandersetzung mit negativen Klischees zu fördern. Langfristig muss auch eine differenzierte Behandlung des Alters in der Erziehung und Bildung erreicht werden, zum Beispiel in Kinder- und Jugendbüchern sowie in der Schul-, Fachhochschul- und Hochschulausbildung.

Abbau der Altersdiskriminierung

Eine negative und ungerechtfertigte Beurteilung und Behandlung von Personengruppen aufgrund ihres Alters verletzt die Menschenwürde und ist unsozial. Negative Altersbilder und negativ gefärbte Selbstbilder älterer Menschen werden dadurch verfestigt und gesellschaftliche Ressourcen verschwendet. [...]

Selbstbestimmen und Mitgestalten

Ältere Menschen fordern mehr Selbstbestimmung ein, weil sie sich nicht mehr länger als Empfangende gewährter Leistungen, sondern zunehmend in ihrer Rolle als gesellschaftlich stärker werdende Gruppe verstehen. Sie formulieren selber, wie alle anderen Generationen auch, wie sie leben wollen. Soziale und politische Konzepte, die diese Selbstbestimmtheit nicht für die Gruppe der aktiven älteren Menschen vorsehen, werden deshalb an Bedeutung verlieren. [...]

Gemeinschaft der Generationen

Die Familienstrukturen und der Familienzusammenhalt haben sich stark verändert. Das Gewicht der Generationen zueinander wandelt sich, kulturelle und soziale Unterschiede werden größer. Das wirft Fragen nach einer Neugestaltung des Generationenverhältnisses und der Generationensolidarität in unserer Gesellschaft auf.
Politik für Ältere fördert und unterstützt zwischen den Generationen

- die Begegnung zwischen den Generationen,
- den gerechten Ausgleich,
- Austausch und Solidarität,
- Überwindung bestehender Trennungen,
- gemeinsames Handeln.

Geben und Nehmen

Ältere Menschen unterstützen ihre Familien in vielerlei Hinsicht, sowohl materiell als auch im-

materiell, zum Beispiel durch Transferzahlungen Älterer an Jüngere und durch Kinderbetreuung. Für ein ausgewogenes Generationenverhältnis und die Generationensolidarität ist es wichtig, dies zu betonen. Ebenso soll unterstrichen werden, dass alle Generationen von entsprechenden politischen Maßnahmen profitieren, die ältere Menschen in die Lage versetzen und motivieren, aktiv im Arbeits- und Wirtschaftsleben und im sozialen Leben zu bleiben.

Respekt und Dialog

Ältere sind kein segmentierter Teil der Gesellschaft und wollen auch nicht so behandelt werden. Die Mehrzahl wünscht den selbstverständlichen, von gegenseitigem Respekt getragenen Kontakt zu Jüngeren. Dies ist bei allen seniorenpolitischen Maßnahmen zu berücksichtigen. Gleichzeitig ergeben sich im konkreten Alltag selbstverständlich auch Probleme zwischen den Generationen. [...]

Gemeinsames bürgerschaftliches Engagement

Bürgerschaftliches Engagement hat eine wichtige intergenerative Funktion. Der soziale Dienstleistungsbereich sollte sich im Sinne einer modernen Koproduktion dem Engagement der verschiedenen Generationen noch stärker öffnen. [...]

(Ministerium für Gesundheit, Soziales, Frauen und Familie des Landes NRW [Hrsg.], Alter gestaltet Zukunft. Politik für Ältere in NRW, Düsseldorf, Oktober 2004, online verfügbar unter www.mgsff.nrw.de)

1. Erläutern Sie das hier skizzierte Kompetenzmodell vor dem Hintergrund Ihrer bisherigen Arbeit.
2. Recherchieren Sie das Altersbild in den Medien (Fernsehen, Zeitungen, Illustrierte, Filme ...).
3. Recherchieren Sie, inwieweit es in Ihrer Region Ansätze für eine „Gemeinschaft der Generationen", wie sie im Text beschrieben wird, gibt.

Auseinandersetzung mit Krankheiten im Alter

Das Monster der Vergesslichkeit

Alzheimer ist eine komplexe und verwirrende Krankheit. Das Verhalten einer dementen Person ist allerdings weniger unerklärlich, als es bisweilen den Anschein hat. Man muss nur die beiden ‚Demenz-Gesetze' kennen. Das Verhalten einer dementen Person gibt dem Umfeld oft Rätsel auf. Sich nicht mehr an den gestrigen Tag erinnern zu können und sich zugleich in der fernen Vergangenheit gut auszukennen. Nach Hause zu wollen, obwohl man zu Hause ist. Alles Mögliche zu vergessen, aber selten über Vergesslichkeit zu klagen. Mit einer Puppe zu spielen und dennoch beleidigt zu sein, wenn man die Person wie ein Kind anspricht. Was das Umfeld am meisten verwirrt, ist die Tatsache, dass das Verhalten nicht mehr wie früher vorhersehbar ist. [...] *Das erste Demenz-Gesetz* nun besagt: Dementen Menschen gelingt es nicht mehr, Informationen vom Kurzzeit- ins Langzeitgedächtnis zu transportieren. Die Brücke zwischen Kurzzeit- und Langzeitgedächtnis ist zerstört. [...] Dass man sich etwas nur eine halbe Minute lang merken kann, hat nun eine ganze Reihe anderer Demenzsymptome zur Folge:

- immer und immer wieder die gleichen Fragen zu stellen,
- mehrmals am Tag die gleichen Besorgungen zu machen,
- ununterbrochen irgendetwas zu vermissen, weil man vergessen hat, wo man es hingelegt hat. [...]

Kurzum: Alles, was die demente Person erlebt, verschwindet sofort im gierigen Maul des Monsters der Vergesslichkeit. [...] Mit Fortschreiten der Alzheimerkrankheit fängt auch das Langzeitge-

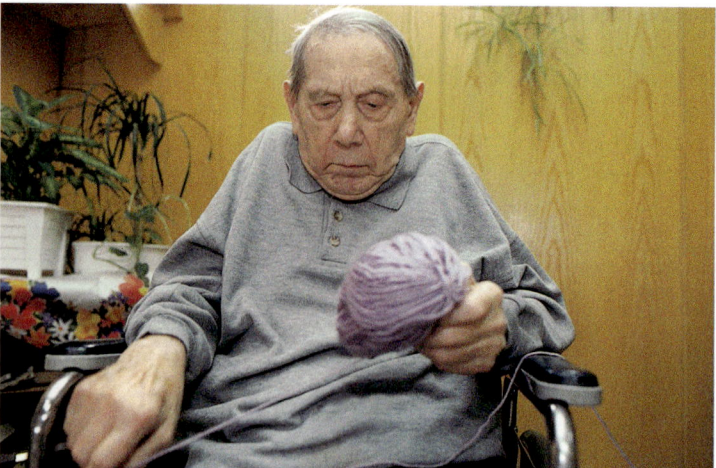

dächtnis an abzubröckeln. Die Informationen, die vor Ausbruch der Krankheit gespeichert wurden, verschwinden. Und zwar auf eine ganz besondere Weise: Das Gedächtnis wird wie ein Wollknäuel abgewickelt. Das ist *das zweite Demenz-Gesetz*. Zuerst verschwinden die Tagebücher der letzten zehn Jahre, später die der letzten zwanzig, dann die letzten dreißig usw. Schließlich bleiben nur Reste der Erinnerung aus frühester Jugend übrig. [...] Neuere Tagebücher, die häufig aufgeschlagen werden, und solche, die Ereignisse enthalten, die einen tiefen emotionalen Eindruck hinterlassen haben, bleiben bisweilen länger verschont. [...] Wenn man das Gedächtnis mit einem Videorekorder vergleicht, führt die Alzheimerkrankheit zu einem defekten Aufnahmekopf. Infolgedessen können keine neuen Aufnahmen mehr gemacht werden, lediglich alte Bänder können abgespielt werden (erstes Demenz-Gesetz). Wenn die Demenz fortschreitet, geht auch der Wiedergabekopf kaputt (zweites Demenz-Gesetz). Dabei können zunächst nur Bänder der letzten zwanzig Jahre nicht mehr abgespielt werden, später gilt das dann auch für immer ältere Bänder.

(Huub Buijssen, Das Monster der Vergesslichkeit, in: Altenpflege 3/1999, S. 30ff. [Auszüge])

Therapieansätze

1. Realitätsorientierungstraining (ROT)

Dies ist eine kognitiv orientierte Methode, die mit verschiedenen Gedächtnisübungen arbeitet, u.a. mit Bildtafeln, auf denen bekannte Gegenstände abgebildet sind, die von den desorientierten alten Menschen benannt werden sollen. Diese Übungen sollen vorhandene Fähigkeiten und Kenntnisse möglichst lange erhalten oder sogar verbessern. Mit zunehmender Demenz führt dieses Training allerdings zu Misserfolgserlebnissen, weil die Demenz-Kranken zwar den Gegenstand kennen, aber nicht mehr richtig benennen können.
Diese Methode wird heute überwiegend ersetzt durch humanere Ansätze.

2. Validation

„Jemanden zu validieren bedeutet, seine Gefühle anzuerkennen, ihm zu sagen, dass seine Gefühle wahr sind." (Naomi Feil) Naomi Feil nennt ihre Methode „einfühlende Kommunikation". Der Ausgangspunkt ist immer die Frage, welches Gefühl sich hinter dem verwirrten Verhalten und den verwirrten Ausdrucksformen befindet. Dieses dahinterliegende Gefühl wird akzeptiert und wertgeschätzt; dabei wird vermieden, die Verhaltensweisen zu korrigieren, abzuschwächen oder die Dementen in unsere Realität zu holen.

(Autorentext)

1. Gibt es Erfahrungen von Kursmitgliedern im Umgang mit verwirrten älteren Angehörigen? Wie kann man im Alltag handeln?

2. In allen größeren Städten gibt es inzwischen gerontopsychiatrische Einrichtungen. Experten könnten zu diesem Thema befragt oder Einrichtungen besucht werden.

3. Welche Folgen kann es haben, dass sich im Alter der pädagogische Bezug umkehren kann und die Kinder für ihre Eltern zuständig sind? Erziehen dann Kinder ihre Eltern?

Weitere Informationen über die Alzheimer-Krankheit erteilen:

- Deutsche Alzheimer Gesellschaft e. V. (DAlzG), Friedrichstr. 236, 10969 Berlin, Tel: 030/2593795-0;
  www.deutsche-alzheimer.de
- Alzheimer Forschung Initiative e. V., Grabenstr. 5, 40213 Düsseldorf, Tel. 0800/2004001;
  www.alzheimer-forschung.de
- Tipp: www.altern-in-wuerde.de

Die Alzheimer Forschung Initiative hat ein Kinderbuch (für Kinder im Alter von 5 bis 9 Jahren) über den Umgang mit Alzheimer-Kranken herausgegeben: „Meine Oma Gisela". Es ist unter der o. g. Adresse zu beziehen.

Kompetenzen, Entwicklungsaufgaben und Lernen im Alter

Altern als Auseinandersetzung mit inneren und äußeren Veränderungen

Das Verständnis vom Altern als einem Prozess der aktiven Auseinandersetzung des Individuums mit inneren und äußeren Veränderungen fordert Mitarbeiter in der Altenarbeit zu einer ganzheitlichen Sichtweise auf. Der alte Mensch kann nicht nur in seinen Einschränkungen und als Hilfs- und Unterstützungsbedürftiger wahrgenommen werden. Stattdessen sind – selbst bei starker körperlicher und/oder psychischer Beeinträchtigung – auch die vorhandenen Kompetenzen zu berücksichtigen. Wie ein alter Mensch auf seine spezifischen Lebensumstände reagiert, liegt letztendlich in seiner Verantwortung und Entscheidung und ist nicht ausschließlich von der gewährten Unterstützung anderer abhängig.

Das bedeutet, dass jede Altenpflegekraft sich mit ihren Möglichkeiten und Grenzen von Hilfe und mit ihrem Verständnis von Kompetenz auseinandersetzen muss. Dass ein rüstiger 80-jähriger Mann, der mit seiner Frau im eigenen Haus lebt, seinen Garten in Ordnung hält und die Einkäufe übernimmt, über Kompetenzen verfügt, ist unbestritten. Welche Kompetenzen besitzt aber ein 80-jähriger Mann, der desorientiert und bettlägrig ist und sich nicht allein waschen und anziehen kann und Hilfe beim Essen benötigt?

Um diese Frage beantworten zu können, ist es erforderlich zu klären, was unter *Kompetenz im Alter* verstanden wird und wodurch Kompetenz beeinflusst wird.

Häufig werden als Kompetenzen Fähigkeiten zur selbstständigen Lebensführung und zur effektiven Bewältigung von Umweltanforderungen bezeichnet. Dazu zählen eine Vielzahl körperlicher, psychischer und sozialer Fähigkeiten wie zum Beispiel

– sensomotorische und psychomotorische Fähigkeiten wie Bewegungssicherheit, Bewegungskoordination, Zielsicherheit und die Fähigkeit, auf Reize angemessen zu reagieren,

– die Fähigkeit, sich in neuen Situationen zurechtzufinden,

– der Aufbau und die Wiedergewinnung eines positiven Selbstbildes und einer realistischen Einschätzung der eigenen Fähigkeiten,

– die Fähigkeit, mögliche Belastungssituationen

vorherzusehen und angemessen zu bewältigen; darunter fällt auch die Fähigkeit, eigene Problemlösungsmöglichkeiten sowie Hilfestellungen aus der Umwelt wahrzunehmen und zu nutzen,
– die Fähigkeit zur Entwicklung einer realistischen Lebensperspektive, darunter fallen u. a. die Anerkennung der eigenen Grenzen und das Aufgreifen noch verbliebener Lebensmöglichkeiten,
– die Fähigkeit, neue soziale Kontakte zu schließen.

Über welche Kompetenzen ein Mensch verfügt, ist immer von seiner Persönlichkeit und von seinem sozialen Umfeld abhängig, wie folgendes Beispiel zeigt:
Frau X ist nach einem Schlaganfall halbseitengelähmt und kann sich nur im Rollstuhl fortbewegen. Sie wohnt allein im zweiten Stock einer Altbauwohnung ohne Fahrstuhl. Da sie ohne fremde Hilfe ihre Wohnung nicht mehr verlassen kann und die Tür zum Badezimmer zu schmal für einen Rollstuhl ist, ist eine selbstständige Lebensführung für sie nicht mehr möglich. Unter diesen Lebensbedingungen reichen ihre Kompetenzen nicht aus, um eine Heimübersiedlung zu verhindern. Würde Frau X jedoch in einer rollstuhlgerecht ausgebauten Wohnung im Erdgeschoss wohnen und würde sie über ausreichende Hilfsmittel für Halbseitengelähmte verfügen, wären ihre Kompetenzen für eine selbstständige Lebensführung ausreichend, vorausgesetzt sie wäre bereit und in der Lage, die angebotenen Hilfen auch zu nutzen. [...]

Wohlbefinden entsteht dann, wenn ein Gleichgewicht zwischen persönlichen Kompetenzen und Umweltanforderungen besteht. Sind die Umweltanforderungen größer als die verfügbaren Fähigkeiten zu deren Bewältigung, stellt sich ein Gefühl der Überforderung ein. So ist z. B. ein desorientierter Heimbewohner, der in ein neues Zimmer umziehen muss, mit der Anpassung an diese Veränderung überfordert und wird mit Unruhe, Angst oder verstärkter Verwirrtheit reagieren.

Doch nicht nur Überforderung, sondern auch Unterforderung wird als unangenehm erlebt. Eine rüstige Bewohnerin wird sich im Altenheim unwohl fühlen, wenn sie dort keine Betätigungsmöglichkeiten mehr findet.
Sind die Anforderungen jedoch etwas größer als die verfügbaren Fähigkeiten, wird dies als Herausforderung erlebt und spornt die Leistungsfähigkeit an. Reichen die persönlichen Kompetenzen jedoch aus, um die gestellten Umweltanforderungen zu bewältigen, so wird Zufriedenheit erlebt. Es besteht jedoch kein Anreiz, sich anzustrengen.

Aus diesem Modell lassen sich folgende Schlüsse ziehen:

1. Ein alter Mensch kann nie einfach als kompetent oder inkompetent bezeichnet werden, sondern erscheint immer für bestimmte Umwelten mehr oder weniger kompetent.

2. Je geringer die eigenen Kompetenzen sind, desto weniger Umweltanforderungen können bewältigt werden. Die Belastbarkeit eines desorientierten alten Menschen ist geringer als die eines rüstigen Menschen. Damit gewinnen mit abnehmender Kompetenz Umwelteinflüsse für Anpassung und Wohlbefinden zunehmend an Bedeutung. Über je mehr Kompetenzen ein Mensch verfügt, desto eher ist er in der Lage, ungünstige Umweltbedingungen zu bewältigen.

3. Eine optimale Anpassung an Umweltgegebenheiten ist auf zweifache Art möglich; erstens durch die Veränderung individueller Kompetenzen und zweitens durch Veränderung des Lebensumfeldes. So können z. B. zur Verminderung der Desorientierung eines Heimbewohners sowohl dessen noch verbliebene Orientierungsfähigkeiten trainiert werden (Förderung individueller Kompetenzen) als auch Orientierungshilfen im Heim angebracht werden (Umweltveränderungen).

(Silvia Kauffeld u. a., Psychologische Grundlagen der Altenarbeit, Ferd. Dümmler's Verlag, Bonn 1995, S. 14ff. [Auszüge])

1. Erläutern Sie vor dem Hintergrund des Sozialisationsmodells von Klaus Hurrelmann (s. Wabe „Sozialisation im Jugendalter") die Sozialisationsprozesse im Alter.

2. Welche pädagogischen und sozialpolitischen Konsequenzen lassen sich aus einem solchen Verständnis der Lebensphase Alter ziehen?

Entwicklungsaufgaben im Alter

Neben körperlichen Reifungsprozessen sind vor allem Umweltanforderungen und selbst gesetzte Ansprüche und Ziele als die wichtigsten Triebkräfte für die menschliche Entwicklung anzusehen, die für viele alte Menschen zu folgenden Entwicklungsaufgaben führen:

1. Durch körperliche Veränderungen hervorgerufene Entwicklungsaufgaben:
– Anpassung an eine abnehmende körperliche Leistungsfähigkeit
– Anpassung an Veränderungen der Wahrnehmungsfähigkeit (Sehkraft, Hörvermögen)
– Anpassung an ein verändertes äußeres Erscheinungsbild
– Anpassung an eine veränderte Sexualität
– Bewältigung von Gesundheitsbeeinträchtigungen, ggf. Anpassung an eintretende Hilfs- und Pflegebedürftigkeit
– Anpassung an Veränderungen der kognitiven Leistungsfähigkeit des Gedächtnisses, der Informationsverarbeitung und der Reaktionsfähigkeit

2. Durch soziale Lebensumstände hervorgerufene Entwicklungsaufgaben:
– Anpassung an den Auszug der Kinder aus dem Elternhaus und Neudefinition des Verhältnisses zu den erwachsenen Kindern
– Anpassung an die Großelternrolle
– Anpassung an Veränderungen in der Partnerschaft bedingt durch die Pensionierung und den Auszug der Kinder aus dem Elternhaus
– Anpassung an den Tod des Partners
– Anpassung an den Tod von Freunden und Verwandten
– Anpassung an die Pensionierung
– Anpassung an eine veränderte finanzielle Situation
– Anpassung an eine veränderte Wohnsituation, ggf. Anpassung an eine Heimübersiedlung
– Auseinandersetzung mit bestehenden Erwartungen an alte Menschen

3. Selbst gesetzte individuelle Entwicklungsaufgaben:
– Suche nach neuen Lebensaufgaben
– Auseinandersetzung mit der Gestaltung des bisherigen Lebens und Anerkennung des persönlichen Lebensweges als sinnhaft
– Auseinandersetzung mit der Endlichkeit des eigenen Daseins, ggf. Anerkennung und Aufgabe nicht erreichter Ziele

Diese Auflistung von Entwicklungsaufgaben ist weder vollständig noch für alle alten Menschen zutreffend. Manche von ihnen – wie die Anpassung an die Pensionierung – stellen sich für viele alte Menschen, andere wiederum sind einzigartig. Darüber hinaus sind auch keine Aussagen darüber möglich, wie der Einzelne auf die ihm gestellten Anforderungen reagiert, da dies von einer Vielzahl von persönlichen Faktoren wie den bisherigen Erfahrungen, den verfügbaren Ressourcen und den persönlichen Kompetenzen sowie von weiteren Umwelteinflüssen, so z. B. der Wohnsituation oder den vorhandenen sozialen Kontakten, abhängig ist.

(S. Kauffeld/S. Kuhnert/A. Wittrahm, Psychologische Grundlagen der Altenarbeit, Ferd. Dümmler's Verlag, Bonn 1995, S. 14)

---

1. Orientieren Sie sich zum Begriff der Entwicklungsaufgabe in der Wabe „Sozialisation im Jugendalter" und erläutern Sie auf dieser Basis ausgewählte Entwicklungsaufgaben des Alters.

2. Recherchieren Sie in Ihrem lokalen Umfeld (evtl. in arbeitsteiliger Gruppenarbeit), welche Institutionen sich mit der Lebenssituation von alten Menschen beschäftigen. Nutzen Sie die hier skizzierten Entwicklungsaufgaben als Strukturierungshilfe. Wie sehen die in den aufgesuchten Institutionen arbeitenden Fachleute die sozialen Lebensumstände, die körperlichen Veränderungen und individuellen Wünsche ihrer Klienten?

3. Lohnend könnte für Sie sein, Kontakt mit Menschen aufzunehmen, die in einer Altenpflegeausbildung sind. Fachseminare gibt es in jeder größeren Stadt.

4. Ist diese Sicht des Alters, als einer Phase mit neuen Entwicklungsaufgaben, im Bewusstsein der Öffentlichkeit verankert? Erörtern Sie diese Frage im Kurs. Verfolgen Sie die Darstellung alter Menschen in den Medien und schreiben Sie ggf. Leserbriefe.

Lernen im Alter

● **Gehirn – Organ mit langer Laufzeit:** Der alte Spruch ist bekannt: Was Hänschen nicht lernt, lernt Hans nimmermehr. Einspruch! Dies ist nur die halbe Wahrheit. Wissenschaftler haben entdeckt, dass das Gehirn ein elastisches Organ ist. Sogenannte NMDA-Rezeptoren verbinden ständig Nervenzellen miteinander. Bis ins hohe Alter werden diese gebildet. Kein Wunder, dass sich unter der älteren Generation etwa Rezitierkünstler finden, denen Schillers „Lied von der Glocke" mühelos über die Lippen kommt. Menschen wie diese profitieren von früher erworbenen Lernstrategien. Dank der kristallinen Intelligenz, die ältere Menschen auszeichnet, können sie auf der Basis ihres kulturell erworbenen Wissens zudem Probleme des Alltags effizient lösen.

● **Im Alter lernt es sich anders:** Bei der Gestaltung von Bildungsangeboten sind bestimmte Faktoren zu beachten, die Leistungen im Alter beeinflussen: Anders als bei jüngeren Kandidaten sind Lernprozesse störanfälliger. „Ältere Menschen sind vor allem in jenen Fällen benachteiligt, in denen sie verschiedene Informationen gleichzeitig speichern oder in denen sie neben dem Lernen noch andere Aufgaben ausführen müssen", so Andreas Kruse, Gerontologe an der Uni Heidelberg. Ist Lehrmaterial übersichtlich und so konzipiert, dass sich Ältere auf eine einzige Aufgabe konzentrieren können, nehmen ihre Leistungen zu. Auch das wiederholte Training bestimmter Fertigkeiten erhöht die Aufmerksamkeit.

● **Themen aus dem Leben:** Sämtliche Bildungsthemen sind für Ältere denkbar. Sinnvoll ist vor allem, was aktiv hält, wie zum Beispiel Diskussionsrunden oder der Besuch von Seniorenuniversitäten. Dasselbe gilt für Angebote, die zur selbstständigen Lebensführung beitragen (Beispiel: Kurs zur Sicherheit im Haushalt oder im Straßenverkehr, Kochkurse) und zur Teilhabe am gesellschaftlichen Leben befähigen (Lernen neuer Techniken, Wissensweitergabe an die jüngere Generation).

(Jeanette Goddar, Lernen im Alter, in: Frankfurter Rundschau v. 6.9.2005, S. 24)

1. Erläutern Sie diese neurobiologischen Befunde vor dem Hintergrund Ihrer Kenntnisse über Lernen und Entwicklung.
2. Welche Konsequenzen haben diese Erkenntnisse für das Bild vom Alter und für die pädagogische Arbeit mit alten Menschen?
3. Prof. Kruse, Direktor des Instituts für Gerontologie der Universität Heidelberg, sagte in einem Interview: „Die Grundlage für ein gesundes Alter wird bereits in der Schule gelegt. Die eigene Vorsorge gehört zu den Schlüsselkompetenzen des Menschen. Diese Erkenntnis müsste viel stärker in den Schulunterricht, aber auch in die Arbeitswelt einfließen." (zit. nach: Frankfurter Rundschau v. 30.8.2005, S. 25). Inwieweit fließen gerontologische Erkenntnisse schon in den Unterricht ein? Welche Rolle kann das Fach EW hier spielen?

An-Sichten

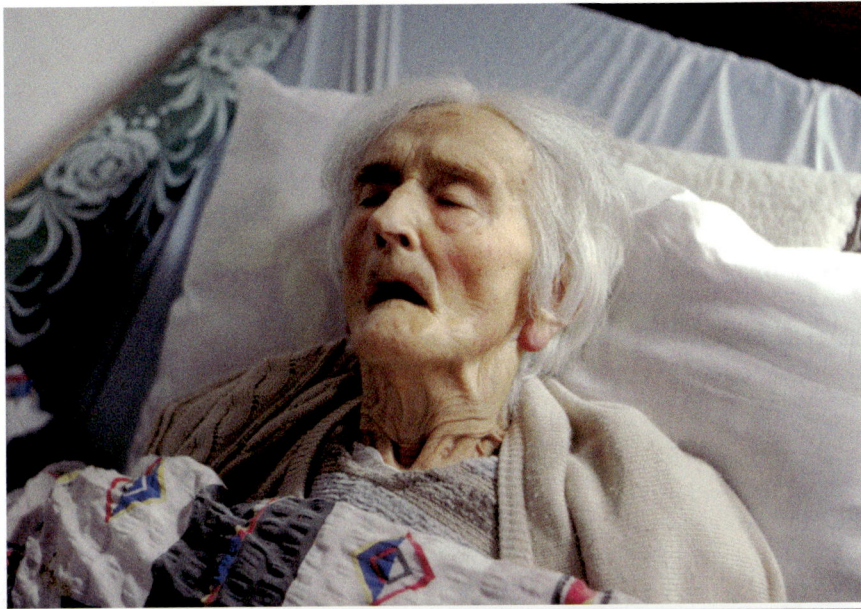

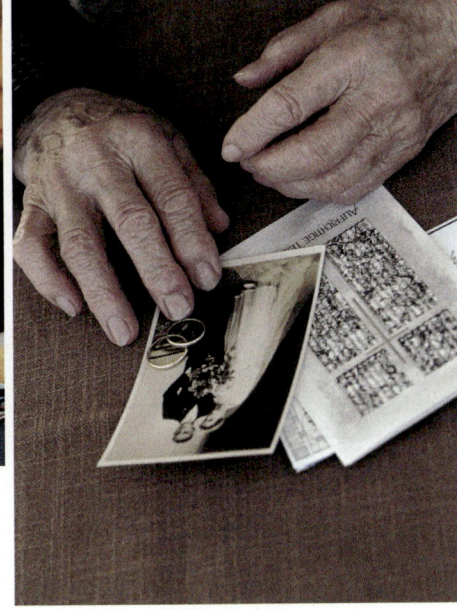

1. Beschreiben Sie die Fotos in allen Details.
2. Erfinden Sie eine Geschichte, in der der Kontext, das Vorher und Nachher deutlich wird.
3. Schreiben Sie aus der Perspektive der abgebildeten Personen einige Sätze, die auf den Aspekt Entwicklungsaufgabe Bezug nehmen.

Pädagogische Anwendung

Geragogik

Die „Erziehung" alter Menschen

Das Wort Päd-agogik setzt sich aus zwei griechischen Wörtern zusammen und bedeutet so viel wie „Knaben-Führung": Kinder und Heranwachsende werden von ihren Erziehern zu verbindlichen Erziehungszielen hingeführt; sie werden erzogen. Unter Andragogik wird die „Führung der Erwachsenen" [die Erwachsenen-Bildung] verstanden.

Gerontagogik: Wer führt die Greise?

Bereits 1962 sprach der Pädagoge Otto Friedrich Bollnow von Gerontagogik, von der „Führung der Greise". Hierunter verstand er die Lehre von der „Erziehung" alter Menschen:
Er erachtete es nicht als ausreichend, den Senioren auf der einen Seite medizinische Hilfen anzubieten, die darauf hinzielen, einzelne Beschwerden zu erleichtern bzw. auf der anderen Seite durch Unterhaltungsangebote hiervon abzulenken. Vielmehr argumentierte der Autor, dass es notwendig sei, Hilfen anzubieten, die den Einzelnen befähigen, sein Alter selbstständig und sinnvoll zu gestalten. Diesen Prozess bezeichnete er als Erziehung alter Menschen und umschrieb ihn mit dem Begriff Gerontagogik.
Auch Bollnow musste sich mit dem Einwand auseinandersetzen, dass es unsinnig sei, von einer Erziehung alter Menschen zu sprechen, da nur die Heranwachsenden form- und erziehbar seien, dass alte Menschen hingegen ihre Persönlichkeitsentwicklung schon längst abgeschlossen hätten und in ihrem Wesen fast erstarrt seien. Die Senioren, so hieß es, seien höchstens noch pflegerisch zu betreuen.
Eine solche Kritik verkennt aber das tatsächliche Anliegen der alten Menschen: Wenn uns die Erfahrung lehrt, dass ein großer Teil der Senioren nicht in der Lage ist, sich mit den Fragen des Alters und des Alterns kompetent auseinanderzusetzen, so kann eine mögliche Hilfe sich nicht auf die Linderung körperlicher und seelischer Beschwerden beschränken. Vielmehr sollen die Betroffenen befähigt werden, sich mit ihrem Alter aktiv auseinanderzusetzen, und zu einer sinnvollen Erfüllung der darin liegenden Möglichkeiten angeleitet werden.
Wollte Otto Friedrich Bollnow den alten Menschen Hilfen bei der Auseinandersetzung mit ihrem Alter anbieten, so wird die „Erziehung alter Menschen" in der Umgangssprache doch meist als etwas Negatives gesehen.
„Es dauerte lange, bis ich meine Eltern richtig erzogen hatte", sagte eine Klientin in der Sprechstunde zu ihrem Therapeuten. Solche Äußerungen lassen vermuten, dass die alten Menschen hier zu Unmündigen, Abhängigen geworden sind, die – gleich kleinen Kindern – „erzogen" werden. Tatsächlich beschreibt Erziehung aber etwas ganz anderes als die Manipulation der zu Erziehenden durch einen Erzieher!

„Erziehung" als Bildungshilfe

Erziehung ist im Leben allgegenwärtig und meint immer mehr als eine reine Informationsvermittlung. Unter dem Begriff Erziehung werden alle Hilfen zusammengefasst, die dem Menschen von frühester Kindheit an zuteil werden,
– um ihm eine selbstbestimmte und selbstverantwortete Lebensführung zu ermöglichen,
– um zu einem selbstständigen Denken, Fühlen, Werten und Handeln gelangen zu können,
– um seine Persönlichkeit ausbilden zu können (Persönlichkeits-Bildung).
Erziehung meint nichts anderes als den Prozess, durch den einzelne Gesellschaftsmitglieder die Persönlichkeitsentwicklung anderer beeinflussen, die hierauf durch Anpassung oder Widerstand reagieren (können).
Die Begriffe Bildung und Erziehung beschreiben nur zwei Seiten der selben Medaille. Bildung kennzeichnet eine innere Haltung und Geformtheit des Menschen, das Bemühen, einen eigenen Standpunkt (immer wieder neu!) zu finden; damit betont sie die Seite des Betroffenen. Bildung ist nach diesem Verständnis immer Selbst-Bildung.

Erziehung meint demgegenüber die Unterstützung dieses Bemühens von außen; sie ist Bildungshilfe. Die einseitige Manipulation Heranwachsender ist keine Erziehung, sondern Manipulation oder Dressur. Wenn es in der Erziehung um die Ausformung einer inneren Haltung, um das Werden der Persönlichkeit geht, so ist offenbar, dass es hierbei nicht nur um ein beschränktes Sachlernen, um eine einseitige Informationsvermittlung geht.

Ein unangemessenes Verhalten (z. B. Schwierigkeiten, auf andere Menschen zuzugehen) wird nicht nur durch einen Mangel an Informationen hervorgerufen; vielmehr ist es das Ergebnis der vielfältigen Lebenserfahrungen und unterschiedlichen Erlebnisse. Die Zielsetzung, Menschen zu befähigen, Gefühle zu äußern, Kontakte zu knüpfen, sich durchzusetzen, ist auch im Rahmen der Arbeit mit Erwachsenen und alten Menschen nicht mit einer Vermittlung von Informationen umzusetzen. Vielmehr müssen entsprechende positive Erfahrungen erst ermöglicht werden. [...]

Die Ausweitung des Begriffs: „Geragogik"

Der 1962 von Otto Friedrich Bollnow geprägte Begriff „Gerontagogik" konnte sich allerdings nicht durchsetzen. Gebräuchlicher ist ein Begriff, den Hilarion Petzold drei Jahre später in einer französisch-sprachigen Veröffentlichung wählte, in der er von „Geragogik" sprach.

Das, was Petzold mit Geragogik umschrieb, geht aber auch inhaltlich über die Ausführungen O. F. Bollnows hinaus. Wie wir noch sehen werden, wird der Grundstein für die Art und Weise, wie der Einzelne sein Alter vollzieht, bereits in der Kindheit und Jugend gelegt. Eine Auseinandersetzung mit Fragen des Alters schließt immer Fragen nach den Formen des Alterns, also nach den Formen, wie der Einzelne alt wurde, mit ein. So beschäftigt sich die Geragogik nicht nur mit Fragen der „Erziehung alter Menschen", sondern schließt alle pädagogischen Fragestellungen, die mit dem Altern zu tun haben, mit ein.

Geragogik ist jenes Teilgebiet der Gerontologie und Erziehungswissenschaft, das sich in Forschung, Lehre, Theorie und Praxis mit allen Problemen, Lerninhalten und Lernprozessen befasst, die mit dem Altern und dem Alter zusammenhängen.

In seinem Gutachten zur Erwachsenenbildung definierte der „Deutsche Ausschuss für Erziehung und Bildungswesen" 1960, dass derjenige – im Sinne der Erwachsenenbildung – als gebildet anzusehen ist, der sich ständig bemüht, sich selbst, die Gesellschaft und die Welt zu verstehen und diesem Verständnis gemäß zu leben. Für Ludger Veelken hat Bildung die Aufgabe, den Menschen mit den Fähigkeiten auszustatten, die es ihm ermöglichen, sich in der politischen, sozialen und beruflichen Welt zurechtzufinden. Dieses Verständnis von Bildung zeigt eine große inhaltliche Nähe zum Kompetenz-Begriff.

Über die Ausbildung von Fähigkeiten und Fertigkeiten, die der Bewältigung konkreter Umweltanforderungen dienen (Kompetenz), hinaus beinhaltet Bildung aber noch das Bemühen, einen eigenen Standpunkt zu entwickeln, „sich selbst zu verstehen und diesem Verständnis gemäß zu leben" und zu einem selbstbestimmten Leben zu gelangen.

Es wäre demnach falsch, Bildungsarbeit mit alten Menschen oder Alten-Bildung mit einer Auseinandersetzung mit den sogenannten „höheren Kulturgütern" gleichzusetzen. Vielmehr soll Bildung zur Bewältigung konkreter Lebenslagen, zur praktischen Lebensführung befähigen.

(Jürgen Wingchen, Geragogik. Lehr- und Arbeitsbuch für Altenpflegeberufe, Kunz, Hagen 1995, S. 20ff. [Auszüge])

---

1. Mit der Problematik des Begriffes Erziehung haben Sie sich schon auseinandergesetzt (Phoenix, Bd. 1). Im Alter taucht diese Problematik vielleicht mit besonderer Schärfe auf. Setzen Sie sich mit dem Erziehungsverständnis des Autors auseinander und formulieren Sie eine Stellungnahme, die auch das vorher Erarbeitete einbezieht.

2. Wo sehen Sie spezielle Möglichkeiten und Grenzen von Erziehung in der Lebensphase Alter?

Interventionsgerontologie

Interventionsmaßnahmen im Alter

In der Gerontologie werden unter dem Begriff der **Intervention alle Maßnahmen und Bemühungen zusammengefasst, die ein größeres psychophysisches Wohlbefinden des alternden Menschen zum Ziel haben.**

Intervenieren bedeutet wörtlich: dazwischenkommen, eingreifen. Durch Interventionen wird etwas verändert: Wenn ich im Flur einer Pflegestation Bilder an die Wände hänge, wenn ich von „Essen anreichen" statt von „füttern" spreche, wenn ich Frau X. zum Besuch des Sommerfestes überrede, interveniere ich, indem ich eine Situation, ein Verhalten oder eine Befindlichkeit beeinflusse oder verändere.

Die gerontologische Forschung der vergangenen Jahre hat zu der Einsicht geführt, dass Interventionsmaßnahmen im Alter nützlich sind.

1. Es wurde deutlich, dass Altern nicht unvermeidlich mit Abbau, Verlust und Defizit gleichzusetzen ist. Erst auf dem Hintergrund dieser Erkenntnis bekommen Interventionsmaßnahmen überhaupt einen Sinn, und es wird wichtig, dass auch an ältere Menschen Anforderungen gestellt werden: „fördern durch fordern".

2. Es wurde nachgewiesen, dass die Alternsprozesse nicht nur durch biologische Faktoren, sondern auch durch soziale und biografische Bedingungen mitbestimmt werden. Dementsprechend müssen sich auch die Interventionsmaßnahmen auf verschiedene Bereiche erstrecken und mehrgleisig sein (medizinische, physische, psychosoziale, ökologische, d.h. die Umgebung betreffende, und andere Interventionen).

3. Es wurde erkannt, dass das Altern verschiedener Personen sehr unterschiedlich verläuft und dass es daher keine gesetzmäßigen Alternsvorgänge gibt. Dies bedeutet für die Intervention eine Abkehr von allgemeinen Beschäftigungsprogrammen und eine Hinwendung zu individueller, persönlichkeitsspezifischer Förderung.

4. Es wurde ersichtlich, dass nicht so sehr die objektiven Lebensumstände (z. B. objektiver Gesundheitszustand, objektive finanzielle Situation) den Zustand und das Verhalten des Menschen beeinflussen, sondern vielmehr die Tatsache, wie er diese Umstände subjektiv erlebt. Dementsprechend sollte bei jeder Interventionsmaßnahme darauf geachtet werden, wie der ältere Mensch seine Situation erlebt und ob er sie noch als veränderbar wahrnimmt.

Mit der Erkenntnis, dass Altern nicht nur durch biologische Prozesse bedingt ist, sondern durch die Umwelt stark beeinflusst wird, werden therapeutische Interventionen bis ins hohe Lebensalter hinein nicht nur sinnvoll, sondern auch notwendig. Ein „therapeutischer Nihilismus" („Da ist doch sowieso nichts mehr zu machen") ist also weder angebracht noch gerechtfertigt!

Lehr unterscheidet im Wesentlichen zwei Gruppen von Interventionen, die den Alternsprozess positiv beeinflussen:

1. Intervention im Sinne von Optimierung und Prävention

Optimierung bedeutet in diesem Zusammenhang die Schaffung günstiger Entwicklungsbedingungen für den Einzelnen. Prävention bezeichnet die Maßnahmen zur Vorbeugung des Altersabbaus. Wie mein Alter aussieht, ist in hohem Maße davon abhängig, wie ich mein Leben vorher gestaltet habe. Die Lebensführung in der Jugend und im Erwachsenenalter ist mitentscheidend für den Verlauf des Alternsprozesses. Zu den günstigen Voraussetzungen für ein psychophysisches Wohlergehen im höheren Alter zählen: lebenslange körperliche Bewegung, richtige Ernährung, das Training geistiger Fähigkeiten, die Pflege von Freizeitinteressen und sozialen Kontakten, Gesundheitsvorsorge und das ständige Bemühen um Anregung und Abwechslung.

Um ein positiv erlebtes Altern zu unterstützen und dem Altersabbau vorzubeugen, sollte älteren Menschen der Zugang zu Bildungs- und Freizeiteinrichtungen erleichtert werden. Sie sollten sich ermutigt fühlen, aktiv am gesellschaftlichen Leben teilzunehmen. Das setzt voraus, dass die Gesellschaft das immer noch negativ gefärbte Altersbild korrigiert.

2. Intervention im Sinne von Rehabilitation und der Bewältigung von Problemsituationen

Rehabilitationsbemühungen haben zum Ziel, Selbstständigkeit und Unabhängigkeit in den verschiedenen Lebensbereichen nach bereits eingetretenen Störungen wiederzugewinnen. Körperliche, geistig-seelische und soziale Fähigkeiten sollen wieder reaktiviert und eingetretene Abbauerscheinungen rückgängig gemacht werden (z. B. durch Krankengymnastik, Logopädie, Ergotherapie, Psychotherapie). Falls es sich um nicht mehr zu verändernde Einschränkungen handelt, besteht die Intervention in dem Bemühen, alten Menschen zu helfen, mit dieser Situation zurechtzukommen, und mögliche Hilfsmittel (z. B. Rollstuhl, Greifhilfen, Hörgerät) zur Verfügung zu stellen sowie deren Benutzung einzuüben.

In der gegenwärtigen Altenarbeit stehen – besonders in der stationären Altenpflege – die Interventionen im Sinne von Rehabilitation und der Bewältigung der Situation im Vordergrund. Präventive (vorbeugende) Maßnahmen spielen bisher nur in seltenen Fällen, meistens im Bereich der Offenen Altenhilfe (Altenclubs, Seniorenbegegnungsstätten oder Bildungsstätten), eine Rolle. Dies ist zu bedauern, da das Fehlen von Präventivmaßnahmen meistens kostenträchtige Folgen nach sich zieht (z. B. Pflegekosten).

(Silvia Kauffeld/Sabine Kuhnert/Andreas Wittrahm, Psychologische Grundlagen der Altenarbeit, Ferd. Dümmler's Verlag, Bonn 1995, S. 239ff.)

Interventionsgerontologie muss das Umfeld und die ‚Lebenslage' des alten Menschen mit einbeziehen. Dies erfordert eine Sozialpolitik, die durch Prävention und Kompensation angemessene Rahmenbedingungen schafft, damit der Einzelne sein Leben nach seinen Interessen gestalten kann (vgl. Gerhard Naegele, Lebenslagen älterer Menschen, in: A. Kruse [Hrsg.], Psychosoziale Gerontologie, Band 2: Interventionen, Hogrefe, Göttingen 1998, S. 106ff.).

1. Die Begriffe Prävention, Kompensation und Intervention sind auch in anderen pädagogischen Arbeitsfeldern von großer Bedeutung. Erläutern Sie diese Begriffe mithilfe des Textes.

2. Hurrelmann geht davon aus, dass es für pädagogische Intervention entscheidend wichtig ist, die individuelle Problemlösungskompetenz der Menschen zu stärken und nicht, wie es durch institutionelles Handeln auch möglich ist, zu schwächen. Überprüfen und diskutieren Sie an konkreten Beispielen, ob dies von der Interventionsgerontologie auch angestrebt wird. Hierzu können Sie auch die folgende Grafik nutzen.

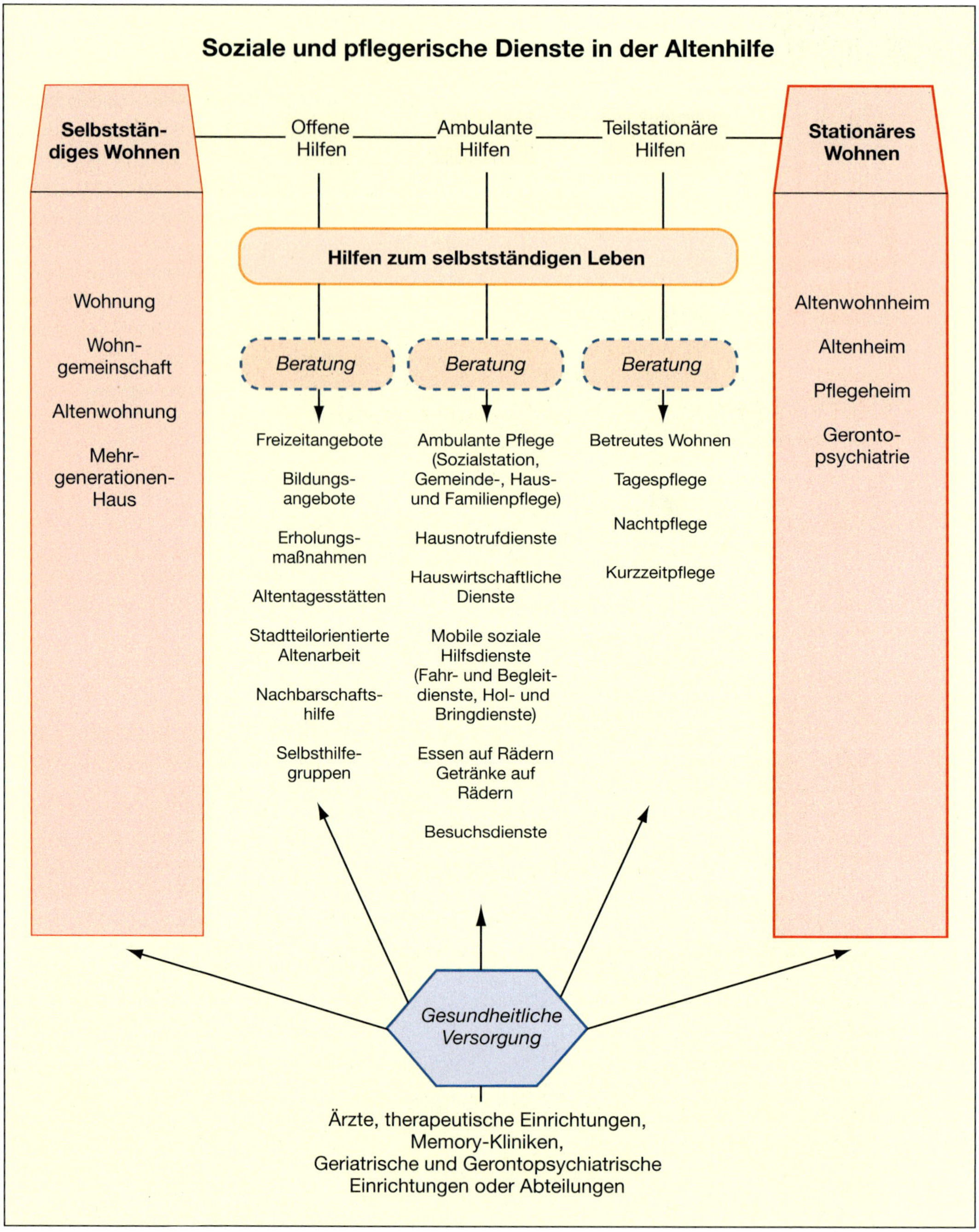

Soziale und pflegerische Dienste in der Altenhilfe

Selbstständiges Wohnen — Offene Hilfen — Ambulante Hilfen — Teilstationäre Hilfen — **Stationäres Wohnen**

Hilfen zum selbstständigen Leben

Selbstständiges Wohnen:
- Wohnung
- Wohngemeinschaft
- Altenwohnung
- Mehrgenerationen-Haus

Offene Hilfen (Beratung):
- Freizeitangebote
- Bildungsangebote
- Erholungsmaßnahmen
- Altentagesstätten
- Stadtteilorientierte Altenarbeit
- Nachbarschaftshilfe
- Selbsthilfegruppen

Ambulante Hilfen (Beratung):
- Ambulante Pflege (Sozialstation, Gemeinde-, Haus- und Familienpflege)
- Hausnotrufdienste
- Hauswirtschaftliche Dienste
- Mobile soziale Hilfsdienste (Fahr- und Begleitdienste, Hol- und Bringdienste)
- Essen auf Rädern Getränke auf Rädern
- Besuchsdienste

Teilstationäre Hilfen (Beratung):
- Betreutes Wohnen
- Tagespflege
- Nachtpflege
- Kurzzeitpflege

Stationäres Wohnen:
- Altenwohnheim
- Altenheim
- Pflegeheim
- Gerontopsychiatrie

Gesundheitliche Versorgung

Ärzte, therapeutische Einrichtungen, Memory-Kliniken, Geriatrische und Gerontopsychiatrische Einrichtungen oder Abteilungen

(Barbara Buchmann-Stiller, Arbeitsmaterial für das Fach „Angewandte Gerontologie" in der Altenpflegeausbildung, unveröff. Manuskript, Dorsten 2005)

> Erläutern Sie mithilfe der Grafik die pädagogischen Möglichkeiten, alten Menschen bei der Bewältigung ihrer Entwicklungsaufgaben zu helfen.

Schluss-Punkt

Der multinationale Pharma-Konzern Sanofi-Aventis veröffentlichte die Ausgabe 2/2002 seines Magazins „Future" zum Thema „Nachhaltige Gesundheit" mit dieser Fotomontage als Titelbild.

Stellen Sie sich so Ihre eigene Zukunft vor?
Welche Folgen könnte dies für das Verhältnis der Generationen haben?

P Projektvorschlag zum selbstständigen Weiterarbeiten

Dialog der Generationen

In der Bundesrepublik Deutschland gibt es Hunderte von Projekten, die auf unterschiedliche Weise den Dialog der Generationen fördern. Inzwischen existiert ein Projektbüro „Dialog der Generationen", welches die Arbeit koordiniert und für Öffentlichkeitsarbeit zuständig ist:
Projektbüro „Dialog der Generationen", Fehrbelliner Str. 92, 10119 Berlin,
Tel.: 030/44383475, Fax: 030/44383452, Internet: http://www.pfefferwerk.de/projektebuero.

Als Begründung der Arbeit führt das Projektbüro auf der Homepage an: „Die demographische Entwicklung hält uns in Atem: Immer mehr Alte und ältere Menschen leben künftig mit immer weniger Jungen zusammen. Bereits heute werden die Veränderung des Bevölkerungsaufbaus und ihre Konsequenzen vielerorts diskutiert. Entsolidarisierung und einen ‚Krieg der Generationen' prophezeien die einen, neue Formen sozialen Engagements und eine Solidargemeinschaft der Generationen die anderen."

In diesen Projekten geht es um
– Miteinander reden – voneinander lernen
– Miteinander spielen
– Gemeinsam erleben
– Gemeinsam handeln
– Gemeinsam leben
– Einander helfen

Beteiligt an diesen Dialog-Projekten sind Kindergärten, Jugendgruppen, Jugendzentren, Schulklassen und Kurse, die mit Bürgerzentren, Altentagesstätten, Altenheimen usw. etwas Gemeinsames tun.

Für Pädagogik-Kurse wäre es denkbar, Kontakt zu einer Einrichtung der pädagogischen Altenarbeit aufzunehmen, um zu sondieren, was gemeinsam getan werden könnte. Gerade die Thematik dieses Halbjahres legt es nahe, Lebensläufe, Bedingungen der Entwicklung und Sozialisation im Dialog forschend zu erkunden.

Im „Kleinen Phoenix" (für die Jahrgänge 9 und 10) beschreiben wir ein solches Projekt am Albert-Schweitzer-Gymnasium in Marl. Der Pädagogik-Leistungskurs 12 unter der Leitung von Christel Schrieverhoff besuchte ein Seniorenheim in der Nachbarschaft. Die vielen intensiven Gespräche wurden fortgesetzt bei einem Besuch der Senioren im Unterricht der Jgst. 12 (Englisch, Philosophie, SoWi, Pädagogik). So konnten im Anschluss Schulerfahrungen authentisch miteinander verglichen werden.

3 Reflexionen: Vorbeugen ist besser als heilen – pädagogisches Empowerment

Der Begriff „Empowerment" lässt sich mit „Selbstbemächtigung", „Selbstkompetenz" oder auch „Stärkung von Autonomie und Eigenmacht" übersetzen. Die sich dahinter verbergende Grundeinstellung umfasst Strategien und Maßnahmen, die Menschen dabei helfen, ein selbstbestimmtes und unabhängiges Leben zu führen. Durch Empowerment sollen sie in die Lage versetzt werden, ihre Belange selbst zu vertreten und zu gestalten. Im Mittelpunkt steht dabei die Stärkung der vorhandenen Ressourcen und Potenziale – der Blick auf die „Menschenstärke".

Tauschen Sie Ihre Eindrücke über das Bild von Keith Haring vor dem Hintergrund dieser Aussagen aus.

Salutogenese und Kohärenzsinn

Das Konzept der Salutogenese – drei Fallbeispiele

Lebenserfahrungen, in denen Subjekte sich als ihr Leben Gestaltende konstruieren können, in denen sie sich in ihren Identitätsentwürfen als aktive Produzenten ihrer Biografie begreifen können, sind offensichtlich wichtige Bedingungen der Gesunderhaltung.

Der israelische Gesundheitsforscher Aaron Antonovsky hat diesen Gedanken in das Zentrum seines „salutogenetischen Modells" gestellt. Es stellt die Ressourcen in den Mittelpunkt der Analyse, die ein Subjekt mobilisieren kann, um mit belastenden, widrigen und widersprüchlichen Alltagserfahrungen produktiv umgehen zu können und nicht krank zu werden.

Was ist Salutogenese?

Das Konzept stammt von dem israelischen Gesundheitsforscher Aaron Antonovsky. Sein „salutogenetisches" Denkmodell (abgeleitet vom lateinischen Begriff ‚saluto' für Gesundheit) formuliert eine Alternative zu Pathogenese, also zur Entstehung von Krankheiten. Gefragt ist nicht, was krank macht, sondern wie es Menschen schaffen, gesund zu bleiben trotz unterschiedlicher gesundheitlicher Belastungen. Von besonderer gesundheitsförderlicher Bedeutung sind die Widerstandsressourcen einer Person. Dazu zählen:
- körperliche Resistenzbedingungen,
- psychische Ressourcen,
- materielle Ressourcen,
- psychosoziale Ressourcen.

Von besonderer Relevanz ist der „Kohärenzsinn", die Fähigkeit, in seinem Leben Sinn zu entdecken oder zu stiften.

Dieses Modell geht von der Prämisse aus, dass Menschen ständig mit belastenden Lebenssituationen konfrontiert werden. Der Organismus reagiert auf Stressoren mit einem erhöhten Spannungszustand, der pathologische, neutrale oder gesunde Folgen haben kann, je nachdem, wie mit dieser Spannung umgegangen wird. Es gibt eine Reihe von allgemeinen Widerstandsfaktoren, die innerhalb einer spezifischen soziokulturellen Welt als Potenzial gegeben sind.

Sie hängen von dem kulturellen, materiellen und sozialen Entwicklungsniveau einer konkreten Gesellschaft ab. Mit organismisch-konstitutionellen Widerstandsquellen ist das körpereigene Immunsystem einer Person gemeint. Unter materiellen Widerstandsquellen ist der Zugang zu materiellen Ressourcen gemeint (Verfügbarkeit über Geld, Arbeit, Wohnung etc.). Kognitive Widerstandsquellen sind „symbolisches Kapital", also Intelligenz, Wissen und Bildung. Eine zentrale Widerstandsquelle bezeichnet die Ich-Identität, also eine emotionale Sicherheit in Bezug auf die eigene Person. Die Ressourcen einer Person schließen als zentralen Bereich seine zwischenmenschlichen Beziehungen ein, also die Möglichkeit, sich von anderen Menschen soziale Unterstützung zu holen, sich sozial zugehörig und verortet zu fühlen.

Antonovsky zeigt auf, dass alle mobilisierbaren Ressourcen in ihrer Wirksamkeit letztlich von einer zentralen subjektiven Kompetenz abhängen: dem „Gefühl von Kohärenz". Er definiert dieses Gefühl so: „Das Gefühl der Kohärenz, des inneren Zusammenhangs, ist eine globale Orientierung, die ausdrückt, inwieweit jemand ein sich auf alle Lebensbereiche erstreckendes, überdauerndes und doch dynamisches Vertrauen darin hat, dass
(1) die Reize aus der inneren und äußeren Welt im Laufe des Lebens strukturiert, vorhersagbar und erklärbar sind;
(2) es Mittel und Wege gibt, die Aufgaben zu lösen, die durch diese Reize gestellt werden;
(3) diese Aufgaben Herausforderungen sind, für die es sich lohnt, sich zu engagieren und zu investieren".

Kohärenzsinn: das Herzstück der Salutogenese

Kohärenz ist das Gefühl, dass es Zusammenhang und Sinn im Leben gibt, dass das Leben nicht einem unbeeinflussbaren Schicksal unterworfen ist. Der *Kohärenzsinn* beschreibt eine geistige Haltung: Meine Welt ist verständlich, stimmig, geordnet; auch Probleme und Belastungen, die ich erlebe, kann ich in einem größeren Zusammenhang sehen. Das Leben stellt mir Aufgaben, die ich lösen kann. Ich verfüge über Ressourcen, die ich zur Meisterung meines Lebens, meiner aktuellen Probleme mobilisieren kann. Für meine Lebensführung ist jede Anstrengung sinnvoll. Es gibt

Ziele und Projekte, für die es sich zu engagieren lohnt. Der Zustand der Demoralisierung bildet den Gegenpol zum Kohärenzsinn.

Antonovsky transformiert eine zentrale Überlegung aus dem Bereich der Sozialwissenschaften zu einer grundlegenden Bedingung für Gesundheit: Als Kohärenzsinn wird ein positives Bild der eigenen Handlungsfähigkeit verstanden, die von dem Gefühl der Bewältigbarkeit von externen und internen Lebensbedingungen, der Gewissheit der Selbststeuerungsfähigkeit und der Gestaltbarkeit der Lebensbedingungen getragen ist. Der Kohärenzsinn ist durch das Bestreben charakterisiert, den Lebensbedingungen einen subjektiven Sinn zu geben und sie mit den eigenen Wünschen und Bedürfnissen in Einklang bringen zu können.

Gerade für Heranwachsende scheint der Kohärenzsinn von zentraler Bedeutung zu sein. Eine zentrale Entwicklungsaufgabe des Jugendalters ist die Entwicklung einer eigenständigen Identität. Identität stellt die Antwort auf die Frage dar: „Wer bin ich?" In einer solchen Antwort wird die eigene Person in einem soziokulturellen Rahmen verortet, in dem sie persönlichen Lebenssinn gewinnen kann. Je weniger es gelingt, für sich Lebenssinn zu konstruieren, desto weniger besteht die Möglichkeit, sich für oder gegen etwas zu engagieren und Ressourcen zur Realisierung spezifischer Ziele zu mobilisieren.

In unserer eigenen Untersuchung haben wir eindrucksvolle Befunde für die Bedeutung des Kohärenzsinns gefunden. Wir haben Antonovskys Messinstrument zur Messung des Kohärenzsinns (abgekürzt: soc für „sense of coherence") eingesetzt und klar belegen können, dass Heranwachsende umso mehr über psychosomatische Beschwerden berichten, je geringer ihre Werte für den Kohärenzsinn sind.

Wenn Menschen keine sinnhafte Ordnung in ihrem Leben finden oder entwickeln können, dann wirkt sich das in dem Phänomen der „Demoralisierung" aus. Dieses Muster beinhaltet Einstellungen und Grundhaltungen, die durch ein geringes Selbstwertgefühl, Hilflosigkeit, Hoffnungslosigkeit, unbestimmte Zukunftsängste und allgemein gedrückte Grundstimmung geprägt sind. Für die USA liegen folgende Ergebnisse vor: Demoralisiert in dem beschriebenen Sinne wurde etwa ein Drittel der Bevölkerung eingeschätzt. Die Demoralisierungsrate von Frauen liegt um 10% höher als die von Männern. Etwa die Hälfte der Angehörigen der untersten sozialen Schicht erwies sich als demoralisiert. Etwa die Hälfte des Bevölkerungsanteils, der als demoralisiert eingeschätzt wurde, wies klinisch auffällige Symptome auf. Bei dieser Gruppe hatten die verfügbaren Ressourcen offensichtlich nicht ausgereicht, um mit Lebensproblemen und Krisen produktiv umgehen zu können. Das Demoralisierungssyndrom bringt zum Ausdruck, dass ein erheblicher Anteil der Bevölkerung für sich keinen Sinn mehr darin sieht, sich für oder gegen etwas einzusetzen. Diese Personen lassen Ereignisse fatalistisch auf sich zukommen und über sich hereinstürzen, weil sie nicht mehr daran glauben, dass sie wirksam etwas gegen diese unternehmen könnten.

Bei unserer Untersuchung zeigt sich deutlich die umgekehrte Relation zwischen Kohärenzgefühl und Demoralisierung: Je ausgeprägter das Demoralisierungsgefühl vorhanden ist, desto geringer ist das Kohärenzgefühl entwickelt.

Unsere quantitativen Befunde haben wir als Hinweisspuren genommen, denen wir in dem qualitativen Teil unseres Projektes weiter nachgegangen sind. Uns hat vor allem folgende Frage interessiert: Was kennzeichnet nun Jugendliche mit einem hohen bzw. niedrigen Kohärenzsinn genauer? Betrachtet man Gesundheit als aktiven Herstellungsprozess, dann interessiert vor allem, ob und wie der Kohärenzsinn diesen Prozess beeinflusst. Dies soll im Folgenden anhand von Material aus unseren qualitativen Interviews aufgezeigt werden.

Die drei Jugendlichen, die ich exemplarisch vorstellen werde, sind zwischen siebzehn und achtzehn Jahre alt. Allen gemeinsam ist, dass ihre Biografien einige Brüche aufweisen. Sie waren zur Zeit des Interviews stark mit den identitätsbezogenen Fragen „wer bin ich" und „wer möchte ich sein" beschäftigt, die auch starke Gefühle der Unsicherheit und Angst auslösten.

Kati lebt nach der Scheidung der Eltern im letzten Jahr bei der Mutter. Die Beziehung zu den Eltern ist eher gespannt, zur kühlen rationalen Mutter wie auch zum Vater, der als psychisch krank etikettiert wurde. Ihre beste Freundin hat sie durch den Umzug verloren, der mit der Scheidung verbunden war. Neue wirkliche Freunde hat sie keine gefunden.

Kati hat diffuse Ängste vor Situationen, die Enttäuschungen bzw. für sie negative Gefühle bedeu-

ten könnten. Sie sagt, man kann sich nie sicher sein, dass man verletzt wird. Damit sie nicht krank wird, muss sie sich aber ihrer Vorstellung nach vor allen Belastungen schützen. Sie versucht dies zu tun, indem sie alle Situationen vermeidet, in denen sie verletzt werden könnte, und sie wappnet sich gegen Enttäuschungen. Sie schraubt ihre Erwartung herunter und sie versteckt sich in sozialen Situationen: Sie sagt selten etwas, zeigt anderen wenig Gefühle, zieht sich ganz zurück. Gleichzeitig wächst ihre Selbstkritik, denn sie möchte nicht so sein, wie sie ist. Wenn sie schwierige Situationen nicht verhindern kann, wie die Scheidung ihrer Eltern, dann „hadert" sie, wie sie sagt, „mit dem Schicksal". Sie selbst sieht, dass ihre „Sicherheitsstrategie" dazu führt, dass sie dadurch auch weniger positive Erfahrungen macht, aber sie schafft es nicht, dieses Muster zu durchbrechen. Auch ihre jetzige Lebenssituation bietet dazu im Moment keine Möglichkeitsräume.

Alex lebt bei seiner Mutter. Die Beziehung zu ihr beschreibt er als eher schlecht. Sie ist sehr verschlossen, gibt kein Lob und keine Streicheleinheiten. Der Vater, alkoholabhängig und gewalttätig, hat die Familie vor dreizehn Jahren verlassen. Er hat etliche Freunde aus zwei Szenen: Raver und die „Bronxgang", wie sie sich bezeichnen. Alex fühlt sich durch neue Situationen schnell verunsichert. Er kann sich, wie er sagt, nur schwer auf neue Situationen einstellen, die Erwartungen an ihn, die damit verbunden sind, zu antizipieren und auch danach zu handeln. Um sich sicher fühlen zu können, sagt er, braucht er Situationen, die klar strukturiert sind, die Schule oder die Bundeswehr. Der Verlust seines Jobs hat ihn tief getroffen und seine Lebenslust, die, wie er meint, von Erfolgen abhängt, sehr reduziert. Er empfindet seinen Alltag als ziemlich sinnlos und langweilig. Er hat neue berufliche Perspektiven entwickelt, er will die Mittlere Reife bei der Bundeswehr nachmachen, zweifelt aber immer wieder daran, dass er es schafft. Auch seine Clique ändert wenig an seinen Selbstzweifeln. Hier versucht er durch die Anpassung an äußere Gruppennormen, die nicht seine eigenen sind, dazuzugehören. Er trägt die „geforderten" teuren Raverklamotten, er macht mit bei Schlägereien gegen andere Gangs, die ihm aber nichts bedeuten, und er geht öfter, als es ihm Spaß macht, auf Raverparties, tanzt 72 Stunden durch und nimmt Drogen, damit er „in" ist und es auch bleibt. Metaphorisch drückt sich diese Sicherungsstrategie in seinem Körperbezug aus: Er macht Kampfsport, damit seine Muskeln alle Schläge (wohl auch die des Lebens) abwehren können, ihn unverwundbar machen.

Kevin war, wie er sagt, ein richtiges Muttersöhnchen. Er hatte kaum Freunde, er hatte Schulschwierigkeiten und litt unter Angst und psychosomatischen Beschwerden. Die Beziehung zu seiner Mutter ist eher negativ, er hofft, dass sie, wie angekündigt, bald auszieht. Die Beziehung zu seinem Vater ist von Vertrauen geprägt, auch wenn sie teilweise durch den zu hohen Alkoholkonsum des Vaters getrübt ist. Kevin hat auch heute noch Angst vor „unklaren Situationen bzw. Anforderungen". Eine solche stellt zurzeit seine Rolle als Mann für ihn dar. Einerseits sieht er sich als der Starke, als Beschützer der Frau, andererseits spürt er auch seine eigenen Gefühle und Verletzlichkeiten. Im Unterschied zu Kati und teilweise auch zu Alex versucht Kevin aktive Lösungswege. Einer ist beispielsweise, dass er in einem Fantasyspiel, das er mit seinen Freunden seit einigen Monaten spielt, bewusst die Rolle einer Frau übernommen hat. Die Beziehung zwischen den Freunden ist durch diese Spielregeln festgelegt und erlaubt ihm im Sinne eines „Probehandelns" ohne „Risiko", neue Erfahrungen zuzulassen und auszuprobieren.

Auch die Beziehung zu seiner ersten Freundin hat ihn verunsichert, da es für das Zusammenleben keine allgemein geteilten Regeln mehr gibt. Seine Zwischenlösung war, dass sie nach dem keltischen Ritus „geheiratet" haben und sich damit Regeln für die Gestaltung ihrer Beziehung gestaltet haben. Typisch für Kevin ist auch, dass er den schulischen Abstieg vom Gymnasium in die Realschule eher positiv sieht. Er hat eine berufliche Perspektive entwickelt, für die seine jetzige Schulform genau geeignet ist. Außerdem hat er dort in relativ kurzer Zeit auch Freunde und seine Freundin gefunden.

Die drei Beispiele zeigen Heranwachsende mit einem unterschiedlich hohen Kohärenzsinn.

> **Bevor Sie weiterlesen:**
> **1.** Versuchen Sie den Kohärenzsinn dieser drei Jugendlichen zu charakterisieren.

2. Diskutieren Sie mit Bezug auf das Anfangsstatement dieses Betrages von Heiner Keupp, welche Ressourcen diese hier beschriebenen Jugendlichen mobilisieren können, und stellen Sie Vermutungen darüber an, welche Schwierigkeiten auf sie zukommen werden.

3. Lesen Sie den Text dann zu Ende und gleichen Sie Ihren jetzigen Diskussionsstand mit der Analyse des Autors ab. Was können diese Jugendlichen für ihre ‚Gesunderhaltung' tun?

Analysiert man nun die Alltagsstrategien dieser drei Adoleszenten unter den analytischen Kategorien, die Antonovsky für den Kohärenzsinn angenommen hat, so finden sich diese in den Fallgeschichten relativ genau wieder.

Auf die Fallgeschichten bezogen zeigen sich
1. auf der Sinnebene:
Kati und Alex finden in ihrer gegenwärtigen Lebenssituation eher wenig Sinn. Kati ist von dem, was sie tut, oft gelangweilt, ist damit unzufrieden und hat keine Wünsche, Träume in Bezug auf ihre Zukunft, außer der Hoffnung, dass nach dem Schulabschluss eine geeignete Lösung kommt.
Alex hat sich zwar eine neue Perspektive erarbeitet, die er allerdings nicht alleine und bald verwirklichen kann. Er ist abhängig davon, ob die gewählte Perspektive auch von außen (von der Bundeswehr) ermöglicht wird. Seinen gegenwärtigen Alltag findet er stinklangweilig und sinnlos.
Kevin dagegen ist überzeugt, dass sein gegenwärtiges Leben äußerst lebenswert ist und auch seine Zukunftsperspektiven seinem Leben einen Sinn geben. Es ist genau das, was zu ihm passt und was er tun bzw. wie er sein möchte.

2. auf der Ebene der Bewältigung:
Alex befürchtet, dass er seine Ziele nicht verwirklichen kann, dass er nicht durchhalten kann bzw. alles anders kommt, als er sich das vorstellt. Er sagt von sich selbst, dass er intelligent genug sei (also hier Ressourcen habe), aber zu dumm sei, dies für seine Ziele zu nutzen.

Kati sieht nur ihre Defizite (zu schüchtern, zu wenig eindeutig begabt), nicht ihre Stärken (sie ist intelligent, pflichtbewusst, musisch, künstlerisch begabt). Durch ihre Strategie kann sie kaum Erfahrungen des Gelingens ihrer Projekte machen, da sie sich keine richtigen Ziele steckt bzw. von vornherein die Erwartungen minimiert.

Kevin dagegen ist überzeugt, dass er die Ziele, die er sich gesteckt hat, auch erreichen kann und die Energie hat, sich dafür einzusetzen. Er vertraut dabei, und dies unterscheidet ihn von Alex und Kati, auch auf die Hilfe seiner Freunde und seiner Freundin. Hier macht er Erfahrungen, die seine „inneren" Ressourcen stärken.

3. auf der Verstehensebene:
Kati und Kevin versuchen beide, den Umgang mit Gefühlen, die ihnen Angst machen und die verletzen könnten, zu vermeiden. Kati zieht sich in sich selbst zurück und versucht solche Situationen zu vermeiden. Sie kann Situationen schwer einschätzen und, wie sie sagt, kann man sich nie sicher sein, was passieren wird.

Auch Alex ist oft von Situationen und deren Bedeutung überrascht. Alex wünscht sich und arbeitet an einem „Panzer", der ihn unverwundbar macht, bzw. versteckt sich hinter Äußerlichkeiten und hat so wenig Chancen, sich selbst in Situationen zu testen und daraus zu lernen. Kevin hat sich „Bereiche" geschaffen, in denen er sich wohlfühlt und in denen er Erfahrungen macht, die ihm helfen werden, auch andere, neue Situationen besser einschätzen zu können.

Aus der Gesundheitsforschung bin ich damit unversehens in die Identitätsforschung übergegangen und das nicht ohne guten Grund. Kohärenz ist nicht nur eine zentrale Basis für Gesundheit, sondern auch ein klassisches Kriterium für gelingende Identitätsarbeit. Und es mehren sich Versuche, Identitätsarbeit selbst mit salutogenetischen Fragen zu verknüpfen. Alex, Kati und Kevin zeigen den hochindividualisierten Prozess der Identitätsbildung, den Heranwachsende zunehmend zu bewältigen haben.

(Heiner Keupp, Von der (Un-)Möglichkeit, erwachsen zu werden – Jugend heute als ‚Kinder der Freiheit' oder als ‚verlorene Generation'; http://www.familienhandbuch.de/cms/Kindheitsforschung-Jugend.pdf)

Anmerkung: Ein Interview mit Heiner Keupp (10.3.2005) können Sie auf der folgenden Website abrufen: Studiozeit: http://ondemand-mp3.dradio.de/file/dradio/2005/03/10/dlf_2010.mp3

1. Diskutieren Sie vor dem Hintergrund der hier beschriebenen drei Fallbeispiele: Ist Vorbeugen besser als Heilen?

2. In dem gleichen Aufsatz formuliert Heiner Keupp zentrale Grundbedürfnisse der ‚Subjekte in einer postmodernen Gesellschaft':
   1. Befriedigung elementarer vitaler Grundbedürfnisse
   2. Ein authentisches Leben führen – unverwechselbar sein
   3. Für sich einen inneren Lebenssinn finden
   4. Einen Rahmen sozialer Anerkennung für sich finden
   5. An der Gestaltung der eigenen Lebenswelt beteiligt sein
   6. Subjekt des eigenen Handelns sein

   Diskutieren Sie: Welche Aufgaben für Erzieher lassen sich aus diesen Grundbedürfnissen ableiten?

3. Diskutieren Sie im **Rückblick** auf die Waben dieses Themenkreises: Ist ein gelungener Kohärenzsinn der Schlüssel einer präventiven Pädagogik, damit Entwicklung und Sozialisation nicht krisenhaft verlaufen?

An-Sichten

1. Was sehe ich?
   Beschreiben Sie stichpunktartig das Bild in allen Einzelheiten.

2. Was fällt mir zu dem Bild ein?
   Notieren Sie alles, was Ihnen zu dem Bild assoziativ im Kopf umhergeht.

3. Halten Sie ein Vergrößerungsglas auf das Bild und ergänzen Sie Details, um zu verdeutlichen, wie Ihrer Meinung nach die Pädagogik in schwierigen Situationen helfen kann.

Rück-Blick

Nehmen Sie die Leitfrage dieses Themenkreises zum Anlass einer Diskussion.
Gehen Sie dabei nach der Übung ‚4+1 für alle' vor:

Vier Mitglieder des Kurses diskutieren nach einem vorgegebenen inhaltlichen Aspekt. Sie bilden dazu einen kleinen Stuhlkreis. Alle anderen sitzen um sie herum. Im Kreis der vier Teilnehmer steht ein fünfter leerer Stuhl. Während des Gesprächs haben die Teilnehmer aus dem Außenkreis das Recht, sich auf diesen Stuhl zu setzen, um Aspekte einzubringen, die die vier noch nicht erwähnt haben. Haben sie ihr Anliegen jeweils dargestellt, so wechseln sie zurück in den großen Teilnehmerkreis. (Nach: Peter Brauneck/Rüdiger Urbanek/Ferdinand Zimmermann, Methodensammlung, Verlag für Schule und Weiterbildung, Soest 1996, Karte 081)

Nehmen Sie sich einen zu Beginn des Themenkreises bearbeiteten Text oder eine Übung nochmals vor.
Hat sich Ihre Einstellung, Ihr Wissen, ... verändert?
Worin genau besteht Ihr Lernfortschritt?

4 Perspektiven: Was macht die Schule mit Kindern und Jugendlichen, die anders sind?

Fallbeispiele

Der Ruhiggestellte

Mit fünf Jahren hatte der Junge die anderen Jungen gebissen. Die meisten wendeten sich von ihm ab. Die Mutter, die ihn allein aufzog, hatte den Psychologen aufgesucht. Doch der hatte den Jungen nicht von seiner Wut befreien können. Sie hatte sich verschoben und richtete sich auf Gegenstände, die der Junge in seiner Umgebung fand.
Als er in die Schule kam, zerkratzte er die Schulbänke, stach Löcher in die Reifen der Lehrerautos und riss die Mantelaufhänger in den Schulfluren ab. Obwohl er sich bemüht hatte, seine Attacken geheim zu halten, wurde er entdeckt. Die Lehrer hatten keine Zeit für ihn. Sie empfahlen der Mutter, ihn in ein Erziehungsheim einzuweisen.
Aussichtslose Einkerkerung der Seele über Jahre. Dabei war seine Wut aus den unglücklichen Interaktionserfahrungen aufgestiegen, die er täglich mit den Jungen seiner Schulklasse gemacht hatte.

Schon im Kindergarten hatten sie ihn bei ihren Spielen ausgeschlossen. Er war zu dick und zu weichlich gewesen. Und als die Jungen anfingen, Fußball zu spielen und prahlerisch vorführten, wie geschickt sie mit dem Ball umgehen und wie hart sie ihn schießen konnten, hatte er sich aus der Jungengesellschaft zurückgezogen. Mit angeschlagenem Ich.
Der Psychologe hatte ihm die Wut fortgenommen, die die schreiende Jungenhorde, die ihn ausgeschlossen hatte, dauernd in ihm erzeugte. Doch die Wut verlagerte sich auf die Gegenstände. Was hatte sich darin ausgedrückt?
Am Ende fragte danach niemand mehr.
Als er abtransportiert wurde, weinte er.
Der Junge war elf Jahre alt.
Der therapeutische Diskurs thematisiert die kindlichen Seelen und ihre ungezähmte, wilde Impulsivität. Es geht um deren Befriedigung. Doch sie gelingt nicht. Die Abschiebung in die Anstalt verlagert den therapeutischen Diskurs von der Ebene psychologischer Gesprächsführung auf die psychiatrisch-pharmakologischer Beruhigungsverfahren.

(Friedrich Thiemann, Zeit für einen neuen Dialog zwischen den Generationen. Fallgeschichten gegen die Therapeutisierung von Kindern, in: Pädagogik 2/94, S. 43 f.; der Autor ist Professor für Pädagogik an der Universität Köln)

1. Wie äußert sich Anderssein in dieser Fallgeschichte?
2. Wer ist an der Ausgrenzung mit welchem Anteil beteiligt?
3. Stellen Sie den Fall in den Kontext Ihrer Arbeit in diesem Halbjahr und skizzieren Sie vor diesem Hintergrund alternative Handlungsmöglichkeiten.

Neu in der Klasse – Ausgrenzung

Ende 1994 wurde in mehreren pädagogischen Fachzeitschriften (so auch in PÄDAGOGIK 11/1994) zum ersten Mal ein Anne-Frank-Jugendpreis für Deutschland veröffentlicht, der sich an zehn- bis sechzehnjährige Jungen und Mädchen aller Schularten richtete. Gefragt wurde nach Textbeiträgen (Briefe, Tagebucheintragungen, Aufsätze), die berichten könnten über positive Erfahrungen zwischen Menschen, die auf den ersten Blick als unterschiedlich wahrgenommen werden – weil sie anders aussehen, sich anders verhalten oder andere Überzeugungen haben. [...]

Dabei fiel zuerst auf, wie viele Kinder und Jugendliche von einem fast immer schlimmen Anfang berichten, wenn jemand als Neue oder Neuer in eine Klasse kommt. Dies scheint beinah jede(r) schon einmal erlebt zu haben, da braucht man gar nicht Ausländerin oder Ausländer zu sein. Und offenbar sind Situationen, wo Lehrerinnen und Lehrer außer mit allgemein-freundlichen Worten („Seid mal nett zu dem!") so eine Ur-Fremdheitserfahrung einfühlsam vorbereiten, noch immer eher die Ausnahme.

Die 13-jährige Annemarie beschreibt ihre Ausgrenzungserfahrung als „Neue" so: „Ich machte mich auf die Suche nach meinem Klassenzimmer. Ah, hier war es. Durch die offene Tür hörte ich laute Gespräche. Noch einmal tief Luft holen, und dann trat ich ein. Zuerst bemerkte mich keiner, bis einer schrie: ‚Hej, die Neue!', und dann wurde es schlagartig still. Ich spürte die Blicke aller auf mir, und die Röte schoss mir in die Wangen. Schließlich zwang ich mich zu einem schüchternen ‚Hallo!' Nun, während ich zum einzigen freien Platz in der letzten Reihe ging, setzte das Gemurmel und Geflüster wieder ein, nur drehte es sich wohl jetzt nicht um mich, wie ich deutlich vernahm. Als ich mich setzte, rückte das Mädchen gleich ein Stück ab, und ich hätte am liebsten geschrien: ‚Ich bin doch genauso wie ihr!' Doch dazu fehlte mir der Mut. In den folgenden Minuten bis zum Schulanfang, die mir wie Stunden vorkamen und in denen ich kaum den Kopf hob, fühlte ich immer wieder Seitenblicke auf mir ... Nun gongte es, und der Lehrer kam herein. Er grüßte und kam dann auf mich zu, stellte sich und mich vor, er sich mir, dann er mich der Klasse, und danach ging der Unterricht schon los. Von den ersten zwei Stunden bekam ich nicht viel mit. Ich sah mich verstohlen um, und mein erster Eindruck war folgender: Hier bin ich bestimmt nicht beliebt, so wie die mich ansehen ..."

Viele berichten Ähnliches wie Annemarie. „Die Lehrerin oder der Lehrer ... haben mir guten Tag gesagt und dann begann der normale Unterricht", „... haben mich auf den einzigen freien Platz ge-

setzt und den anderen meinen Namen gesagt" oder „... haben mich vor die Klasse geholt und den anderen erzählt, dass ich aus T. komme." Und dann beginnt der normale Unterricht. Normal ist in diesen Berichten, dass so ein Anfang ein Leidensweg sein muss, da geht es zuerst um Unterricht (welchen auch immer) und die Kinder werden das schon irgendwie regeln.

Noch fünf Jahre nach der Vereinigung beider deutschen Staaten erinnern sich mehrere ehemals ostdeutsche Jugendliche, die mit ihren Eltern in den Westen gekommen waren, an ihren ersten Tag in der neuen Klasse. Die jetzt fünfzehnjährige Babett schreibt: „Als ich das erste Mal meine neue Klasse betrat, wurde ich gleich ‚runtergemacht', denn ich trug ja keine Levi's oder einen Pullover von Benetton. Als ich mich dann endlich mit Worten zur Wehr setzte, hagelte es noch mehr Kritik, und es kamen Sprüche wie: ‚Du Ossi-Kuh, sprich' mal Deutsch!' Seitdem zog ich mich immer mehr zurück und fand natürlich auch keine Freunde. Dadurch sanken auch meine Zensuren immer mehr in den Keller."

Viele haben Szenen miterlebt, wo schließlich nur noch brutale Gewalt regiert, nicht immer unter den Augen der Lehrerinnen und Lehrer, sondern zum Beispiel in der Pause, wie es der vierzehnjährige Nico beschreibt: „... Du abgefucktes Türkenschwein!' Diese Worte kamen von niemand anderem als von Kevin und seinen Kumpels Uwe und Thomas. ‚He, Kümmelfresse, du hirnloser Hintern!' Sie traten ihn und verhöhnten ihn, wo es gerade nur ging. Hakeem hatte es nicht leicht als Neuer. Er war gerade erst mit seinen Eltern und seiner kleinen Schwester nach Deutschland gezogen ... Der Pausengong rettete Hakeem gerade noch einmal." Aus der Sicht der fünfzehnjährigen Jasintha sieht so eine Ausgrenzung im Rückblick so aus: „Ich kam mit fünf Jahren von Sri Lanka nach Deutschland und bin jetzt zehn Jahre hier. Vom Kindergarten bis in die 5. Klasse hatte ich so gut wie keine deutschen Freunde. Viele Mitschüler wollten nicht, dass ich mit ihnen zusammen war, meistens stand ich in den Pausen ganz allein. Wenn ich von der Schule nach Hause kam, war ich ab und zu traurig und musste sogar weinen."

(Lutz van Dijk, Wie Kinder und Jugendliche Ausgrenzung erleben, in: Pädagogik 10/1995, S. 18f.; der Autor ist pädagogischer Mitarbeiter des Anne-Frank-Hauses in Amsterdam.)

1. Wie äußert sich Anderssein in diesen Fällen?
2. Wer ist an der Ausgrenzung mit welchem Anteil beteiligt?
3. Stellen Sie die Fälle in den Kontext Ihrer Arbeit in diesem Halbjahr und skizzieren Sie vor diesem Hintergrund alternative Handlungsmöglichkeiten.
4. Äußern sich in den beiden Fotos unterschiedliche pädagogische Haltungen?

Zum Umgang des Bildungssystems mit Kindern, die besonderer pädagogischer Förderung bedürfen

Integration oder getrennte Förderung?

Unterrichten ist dann am leichtesten, wenn Lehrerinnen und Lehrer mit Kindern arbeiten können, die in ihrer sozialen und emotionalen Entwicklung und in ihrem Wunsch zu lernen auf die Schule gut vorbereitet sind. Selbst dann ist es manchmal schwierig genug, jedem Kind das Maß an individueller Anerkennung und Unterstützung zu geben, das es benötigt. Viele Kinder ertragen diese übliche Situation mit vergeblichem Fragen, zu knappen Auskünften und anderen Enttäuschungen ohne auffallende Reaktionen. Einige können sich selbstständig Hilfe besorgen, manchen gibt das Elternhaus zusätzliche Erklärungen und psychischen Halt bei Misserfolgen. Viele finden Halt in der Freundesgruppe.

Aber es gibt andere Kinder, denen Menschen und Mittel fehlen, um beim Aufrechnen von Enttäuschungen, Fehlern und Tadeln einerseits und gelösten Aufgaben, Lob und Anerkennung andererseits zu einer überwiegend positiven Bilanz zu gelangen. In manchen Schulen, in manchen Klassen häufen sich langsam lernende Kinder, unruhige und aggressive Kinder oder auch Kinder, die sich völlig zurückziehen. Zu einem hohen Anteil stammen sie aus sozial benachteiligten Lebensverhältnissen und aus Familien, die in eine Krise geraten sind. Aber auch Wohlstand und intakte Verhältnisse schützen Kinder nicht vor Problemen. In manchen Fällen scheint offensichtlich, was ein Kind hindert zu lernen wie die anderen, nämlich bei Kindern mit organischen Beeinträchtigungen oder physiologischen Fehlfunktionen. Oft genügt aufmerksame Rücksichtnahme, um diesen Kindern zu helfen; in anderen Fällen lassen sich Vorkehrungen treffen, die ausgleichen, was sie weniger gut können; manchmal sind aufwändige Maßnahmen erforderlich, die nicht jede Schule leisten kann oder will oder die in besonderen Einrichtungen effizient zur Verfügung gestellt werden können.

Immer wieder waren Diagnosen von Lernschwierigkeiten auch umstritten, wie etwa die der Legasthenie, einer – wie vermutet wurde – in basalen kognitiven Dysfunktionen begründeten Form der Rechtschreibschwäche, die in den 1970er-Jahren in fast jeder Schulklasse bei einigen Kindern festgestellt wurde. In jüngeren Jahren zählt dazu die verbreitete Diagnose eines *attention deficit syndrom* (ADS), das häufig medikamentös behandelt wird, obwohl andere Stimmen in dieser Konzentrationsschwäche eine Reaktion der Kinder auf vielgestaltige Überforderungen in ihren Lebensverhältnissen zu sehen meinen. So ist auch dann, wenn körperliche, geistige oder seelische Ursachen für mangelnden oder nicht auf üblichem Wege erreichbaren Lernerfolg wahrscheinlich sind, die Diagnose der Ursachen im Einzelfall meist sehr schwer, in vielen Fällen nicht eindeutig und vom einzelnen Lehrer allein oft nicht zu leisten.

Um ein oder zwei Kinder mit derartigen Problemen in einer Lerngruppe werden sich Lehrer neben allen anderen Aufgaben kümmern können.

Wenn die Zahl jedoch steigt, fehlt oft nicht nur die Zeit, sondern meist auch pädagogische Ausbildung und Erfahrung, um Kindern in besonderen Problemlagen wirksam zu helfen. Diese Probleme spitzen sich zu, wenn es sich um Kinder handelt, die nicht nur „schwierig" und „langsam" im allgemeinen Sinne sind, sondern deren kognitive Leistungsfähigkeit deutlich unter den altersangemessenen Erwartungen liegt. Meist die Lehrer, in manchen Fällen auch die Eltern, leiten bei anhaltenden Lernschwierigkeiten ein Verfahren ein, das die Aufnahme von Kindern, denen man im üblichen Unterricht nicht glaubt helfen zu können, in besondere Schuleinrichtungen prüft. Vor allem dann, wenn ein Kind das Lernen und das Sozialleben der Klasse nicht stört und bei zumutbarer Rücksichtnahme, differenzierendem Vorgehen im Unterricht und mit einigen leicht bereitstellbaren Hilfsmitteln mitarbeiten kann, wird weiterhin versucht, diese Kinder im üblichen Unterricht und in der Regelschule zu halten.

Die Forderung nach Integration von Kindern, die in ihrem Lernen unter besonderen Beeinträchtigungen stehen, ist in der Vergangenheit immer wieder erhoben, auf mannigfache Weise begründet und in jüngerer Zeit vermehrt auch durch Berufung auf Menschenrechte unterstützt worden. Bereits seit dem ausgehenden 18. Jahrhundert wurde diskutiert, auf welche Weise behinderte Kinder ihren Anteil an der allgemeinen Bildung erhalten können. Befürwortern getrennter Einrichtungen standen immer schon Anhänger der Eingliederung dieser Kinder in die Schulen für alle gegenüber, denn das „geistesschwache" Kind „abzusondern, sei aus Gründen, die leicht einzusehen seien, nicht anzuraten" (Weise, 1820). Betroffene Eltern haben sich immer wieder dafür eingesetzt, dass ihre Kinder mit abweichenden Fähigkeiten nicht von den anderen ferngehalten werden, sondern eine gemeinsame Schule besuchen können. Im Zuge von – oft durchaus umstrittenen – Reformbestrebungen wurde nach und nach eine Anstaltsunterbringung von behinderten Kindern und Jugendlichen ohne systematische Beschulung durch Unterricht in separaten Sonderschulen oder Sonderklassen der Regelschulen ersetzt.

In der Bundesrepublik ist die Diskussion durch Empfehlungen des Deutschen Bildungsrats in den 1970er-Jahren sehr belebt worden, weil in ihnen auf die Gefahren der schulischen Separierung behinderter Kinder hingewiesen wurde. Der Bildungsrat forderte, den Kindern „mit besonderem Lernverhalten [...] die für sie notwendige Förderung in abgestufter Weise unter möglichst geringer institutioneller Aussonderung" anzubieten (Deutscher Bildungsrat, 1973). Die Bund-Länder-Kommission für Bildungsplanung (1973) sprach sich damals ebenfalls für eine enge Zusammenarbeit zwischen Sonderschulen und Regelschulen sowie für eine verstärkte Aufnahme der Sonderpädagogik in die Regelschulen aus. Allerdings formulierte die Kultusministerkonferenz (KMK) in den 1980er-Jahren wieder sehr zurückhaltend: „In keinem Fall sollte die nachweisbar erfolgreiche Förderung in Sonderschulen aufgegeben werden, solange nicht gewährleistet ist, dass den besonderen Förderbedürfnissen Behinderter in Regelschulen in gleicher Weise entsprochen werden kann" (KMK, 1983). Die aufgestellte Richtschnur berücksichtigte offenbar primär die gezielte Lernförderung, die Sonderschulen oft kompetent betreiben, und maß dieser Förderung größeres Gewicht bei als einem anregungsreichen Lern- und Sozialmilieu in einer Regelschulklasse, in der alle Kinder vom gemeinsamen Sprechen, Arbeiten und Spielen mit den anderen profitieren können. Diese ganzheitliche Sicht hat in der Integrationsdebatte eine wichtige Rolle gespielt, denn in ihr wurde mit Nachdruck gefordert, diese Kinder nicht nur kognitiv zu fördern, sondern auch ihre persönliche Entwicklung zu unterstützen. In Sondereinrichtungen wird der behinderte Schüler stets mit sich und seinesgleichen konfrontiert, bleibt von den Themen, Freuden und Problemen seiner Altersgruppe getrennt und geht daher abgesonderte Wege in der Entwicklung seines Selbst. Sowohl Belastungen, die das Lernen in der Regelklasse mit sich bringt, aber auch Herausforderungen, die das gemeinsame Leben und Lernen enthält, bleiben diesem Schüler erspart.

Die Debatte um die Integration steht auch unter dem Einfluss der Auffassung, dass unsere staatliche Ordnung und ihre Institutionen allen Menschen ein Zusammenleben ohne Diskriminierung verbürgen müssen. Daher müssen auch Menschen, die aus irgendwelchen Gründen ihre Fähigkeiten nicht so entfalten können wie andere (und dies in vielen Fällen in höherem Maße könnten, wenn ihnen dafür bessere Möglichkeiten und Bedingungen geboten würden), Wege eröffnet werden, die sie zu gleich geachteten, in ihrer Besonderheit akzeptierten Mitgliedern sozialer Gruppen und Einrichtungen machen. Durch die besondere Rolle, die der Schule für die Entwicklung des menschlichen Zusammenlebens zukommt, ist sie ein herausgehobener Ort auch für das Erlernen wechselseitigen Respekts und einfühlsamer Rücksichtnahme. Im Hinblick auf die Bildungsprozesse junger Menschen hat das von den Vereinten Nationen verabschiedete und von 191 Staaten ratifizierte *Übereinkommen über die Rechte des Kindes* in Art. 23 eine eindeutige Richtschnur vorgegeben (BGBl. II 992, 990). Weitere gesetzliche Änderungen, zuletzt das Gesetz zur Gleichstellung behinderter Menschen (2002), haben die Bemühungen um die Aufnahme von Kindern mit Behinderungen in Regelschulen verstärkt.

Die Forderung nach vermehrter Integration wird grundsätzlich für die Kinder sämtlicher Behinderungsarten erhoben. Dennoch muss bei den Bemühungen um Integration das Kind in seinem Umfeld berücksichtigt werden, denn ein langsam lernendes oder ein durch sein Verhalten im Klassenleben schwer erträgliches Kind belastet die Lernprozesse in einer Schulklasse in anderer, möglicherweise gravierenderer Weise als ein in Bewegung oder Wahrnehmung eingeschränktes Kind, das jedoch normal lernt, allerdings möglicherweise aufwändige instrumentelle Hilfen oder gar Umbauten der Schule benötigt, während das im Lernen oder allgemeinen Verhalten auffällige Kind „nur" eine differenzierende Unterrichtsorganisation verlangt. Trotz dieser wichtigen Unterscheidungen bezieht sich die Forderung nach Integration auf Kinder und Jugendliche mit allen Arten von Behinderung, denn von keiner Beeinträchtigung lässt sich sagen, dass sie das Lernen im Unterricht einer Regelschule generell ausschließt. Viele Kinder bedürfen nur vorübergehend oder in einigen Fächern zusätzlicher Hilfen. Erst die Abwägung aller Aspekte des individuellen Falles im Kontext der Handlungsmöglichkeiten kann Gründe für eine Entscheidung liefern, ob der Besuch eines entsprechend vorbereiteten Unterrichts in der Regelschule oder der Übergang in eine sonderpädagogische Einrichtung im Einzelfall ratsam ist. [...]

Die dargestellte Diskussion der letzten Jahrzehnte um erweiterte Integration, konzeptionelle Revisionen und Differenzierungen des Förderbedarfs, aber auch Schritte der Veränderung in Regel- und Sonderschulen zeigen an, dass eine „Pädagogik der Vielfalt" (Prengel, 1993) entsteht, in der mit der Förderbedürftigkeit zahlreicher Schüler anders umgegangen wird, als es bisher der Fall war. Es ist deutlich geworden, dass es nicht um abgegrenzte Gruppen von Schülern geht, die eindeutig einer besonderen Einrichtung zugewiesen werden können. Es geht auch nicht nur um eine kleine Minderheit von Schülern, die besonders behandelt werden muss, sondern um die Berücksichtigung vielfältiger, aus zahlreichen Gründen mehr oder weniger belasteter Lern- und Entwicklungswege, die der Unterrichtsorganisation und der Didaktik der Schule generell neue Vorgehensweisen abverlangen. Auch genügt es nicht, sich auf kognitive Förderung und gesteigerte Schulleistung zu konzentrieren, sondern die Persönlichkeit junger Menschen muss wahrgenommen werden: Die belastende Verbindung von körperlicher Ausstattung, psychischen Verletzungen oder Beziehungsmängeln und die sozioemotionalen Reaktionen auf die eigene Lebenslage führen oft zu einem eigenen, allerdings oft ineffektiven und manchmal sogar selbstschädigenden Weg der Auseinandersetzung mit den Anforderungen an Wissen und Können.

Die Debatte hat die Frontstellung im Streit um angemessene Lösungen hinter sich gelassen, in der Integration und Sonderschulen als eine Entweder-oder-Alternative präsentiert wurden. Nicht nur jene besonders intensiv und aufwändig zu fördernden Kinder unterstreichen, dass es eigene Einrichtungen weiterhin geben sollte, sondern auch die professionelle Kompetenz der Sonderpädagogen wird durch die Arbeit dieser Einrichtungen und die mit ihnen verbundene Ausbildung und Forschung gestützt. Um diese Kompetenz zu nutzen, ist es wichtig, diese Einrichtungen nicht negativ zu etikettieren, sondern als einen der Kristallisationspunkte von sonderpädagogischer Erfahrung und Kompetenzzuwachs zu nutzen.

(Max-Planck-Institut für Bildungsforschung [Hg.], Das Bildungssystem in der Bundesrepublik Deutschland, Rowohlt, Reinbek 2002, S. 755ff.)

1. Wie beschreiben die Verfasser die Gruppe der Kinder mit besonderem Förderungsbedarf?

2. Skizzieren Sie das Spannungsfeld zwischen Integration und getrennter Förderung.

3. Informieren Sie sich über sonderpädagogische Einrichtungen sowie über Integrationsansätze in Ihrer Region und berichten Sie darüber im Kurs.

Themenkreis 3.1

Wie müssen staatliche und gesellschaftliche Institutionen der Zukunft gestaltet sein, die „die Menschen stärken und die Sachen klären" (Hartmut von Hentig)?

1 Einführung: Erfahrungen mit Schule – Zukunftswerkstatt Schule 358

Zukunftswerkstatt Schule 359
Übungen 362
Schule als Sozialisationsinstanz 363
Blick-Richtung 365

Methodische Anregung: Fächerübergreifende Perspektiven: Wie können EW-Kurse mit Geschichtskursen zusammenarbeiten? 366

2 Das Wabenmodell 368

Die „Häuser des Lernens" – Das deutsche Bildungswesen nach dem „PISA-Schock" 368

Einführung 369
Wie beurteilen die Bundesbürger das deutsche Bildungssystem? 369
Das deutsche Bildungssystem im OECD-Vergleich und in der Experten- und Parteienmeinung 372
Übung 375
Grundbegriffe und Grundthesen 376
Institution Schule – Funktionen und kritische Anforderungen 376
Struktur und Besonderheiten des deutschen Bildungssystems 377

Die PISA-Studie 2000 – Schwerpunkt Lesekompetenz 380
Die PISA-Hauptstudie 2003 385
PISA 2003 im Bundesländervergleich 390
Vertiefung 393
Schulen der Zukunft – neue Ansätze 393
Die neue Lehrerrolle 397
Pädagogische Anwendung 399
Die Laborschule Bielefeld – Modell für die Schule der Zukunft? 399
Schluss-Punkt 405
Projektvorschlag zum selbstständigen Weiterarbeiten 406

2.2 Waldorfpädagogik – eine Alternative? 407

Einführung 408
Waldorf-Pädagogik – Voreinstellungen, Zeugnis, Lehrplan 408
Grundbegriffe und Grundthesen 411
Informationen zum Gründer und zur Geschichte 411
Die Grundlagen der Waldorf-Pädagogik 414

Vertiefung 420
Waldorf-Pädagogik in der kontroversen Diskussion 420
Betroffene über Waldorf-Pädagogik 425
Pädagogische Anwendung 427
Von Waldorfschulen lernen? 427
Schluss-Punkt 431
Projektvorschlag zum selbstständigen Weiterarbeiten 432

2.3 Für Führer, Volk und Vaterland – Erziehung und Bildung im Nationalsozialismus 433

Einführung 434
„Was geht mich das an …?" 434
Grundbegriffe und Grundthesen 436
Walter – eine Kindheit und Jugend im Nationalsozialismus 436
Arbeitsdienst, militärische Ausbildung, HJ und BDM 444
Politik und Erziehung 449

Vertiefung 452
Erklärungsversuche 452
Pädagogische Anwendung 458
Erziehung nach Auschwitz 458
Schluss-Punkt 466
Projektvorschlag zum selbstständigen Weiterarbeiten 467

2.4 Die Pädagogik der Achtung – Janusz Korczak 470

Einführung 471
Janusz Korczak – sein Leben und seine Zeit 471
Grundbegriffe und Grundthesen 475
Janusz Korczak und seine „Pädagogik der Achtung" 475

Vertiefung 482
Der dialogische Erziehungsbegriff 482
Pädagogische Anwendung 488
Beispiele aus Korczaks pädagogischer Praxis: Tagebuch und Parlament 488
Schluss-Punkt 492
Projektvorschlag zum selbstständigen Weiterarbeiten 493

3 Reflexionen: Persönlichkeits-Bildung als gesellschaftliche Aufgabe 494

Menschen-Bildung 495
Exkurs: Schule im Film 502

Rück-Blick 505

4 Perspektiven: Wege erziehungswissenschaftlicher Erkenntnis 506

Forschungsmethoden 507

1 Einführung: Erfahrungen mit Schule – Zukunftswerkstatt Schule

Die Figur des Lehrers Lämpel von Wilhelm Busch (aus: Max und Moritz – Vierter Streich) aus dem Jahre 1865 ist sicherlich die bekannteste Karikatur eines Lehrers. Was drückt sie über Lehrer und Schule aus?

Wie müsste eine aktuelle Karikatur aussehen? Sammeln Sie aktuelle Karikaturen zum Thema Schule und Lehrerinnen/Lehrer.

Zukunftswerkstatt Schule

Wir wollen Ihnen zu Beginn eine Methode vorstellen, die Sie, je nach Zeit und Interesse, in einer Kurzversion oder in zwei Langversionen einsetzen können. Sie können aber auch auf die Methode verzichten und die anderen Einführungsmaterialien nutzen. Die Methode „Zukunftswerkstatt" wurde von dem Zukunftsforscher Robert Jungk in den 1960er-Jahren entwickelt, um zur Demokratisierung aller Lebensbereiche beizutragen. Seitdem ist sie im Bildungsbereich, in der Industrie und in Bürgerinitiativen, Parteien usw. sehr oft eingesetzt und weiterentwickelt worden.

Zielsetzung und Merkmale von Zukunftswerkstätten

Die Ziele und Merkmale von Zukunftswerkstätten können schlagwortartig und zusammenfassend wie folgt beschrieben werden:
- Zukunftswerkstätten sind *basisdemokratisch*, das heißt, sie verstehen sich als Demokratisierungsinstrument, als Plattform, von der aus eine maßgebliche Bürgerbeteiligung an der Ausgestaltung des Kommenden möglich wird.
- Zukunftswerkstätten sind *integrativ*, das heißt, sie versuchen eine Aufhebung des Gegensatzes von Experten und Laien, Herrschenden und Beherrschten, Wissenden und Unwissenden, Planern und Verplanten sowie Aktiven und Passiven.
- Zukunftswerkstätten sind *ganzheitlich*, das heißt, sie versuchen eine Integration von Selbst- und Gesellschaftsveränderung, Rationalität und Intuition, Intellektualität und Spiritualität sowie Kognition und Emotion.
- Zukunftswerkstätten sind *kreativ*, das heißt, es handelt sich um eine Methode des Planens, Entwerfens und Entwickelns, die die schöpferische Fantasie und den sozialen Erfindungsgeist der Beteiligten herausfordert.
- Zukunftswerkstätten sind *kommunikativ*, das heißt, sie sind eine Chance für die sonst Sprachlosen, die vielen Ungefragten in der Gesellschaft, um ihre Bedürfnisse und Sehnsüchte, ihre Vorstellungen und Ideen, aber auch ihre Ängste und Befürchtungen frei zu äußern.
- Zukunftswerkstätten sind *provokativ*, das heißt, sie sind eine Herausforderung an die staatlichen und wirtschaftlichen Institutionen, aus der Bevölkerung kommende Lösungsvorschläge und soziale Erfindungen ernst zu nehmen und aufzugreifen. [...]

Kritikphase

In dieser ersten Hauptphase geht es um eine möglichst präzise und radikale Kritik gegenwärtiger Missstände und ungelöster sozialer Verhältnisse. Es wird in folgenden Schritten vorgegangen:

1. *Kritiksammlung*: Der Moderator formuliert zunächst provozierende Leitfragen, wie etwa: „Was stört Sie?", „Was haben Sie zu kritisieren?" oder „Wovor haben Sie Angst, was bedrückt Sie?", „Worüber empfinden Sie Wut und Empörung?" Die Teilnehmer sollen sich in kurzen Stichworten äußern; alle Aussagen werden auf einem Papierbogen protokolliert. Die Teilnehmer können auch ihre Kritikpunkte auf einem DIN-A4-Blatt mit großer Schrift notieren und dieses Blatt in die Mitte des Kreises legen und laut vorlesen.

2. *Systematisierung und Bewertung*: Nach der Kritiksammlung sollen die Kritikpunkte nach Problembereichen zusammengefasst werden. Danach findet eine Bewertung dieser Problembereiche durch die Gruppe statt, und zwar in der Form, dass jeder Teilnehmer etwa drei bis fünf Punkte nach Belieben und Interesse auf die einzelnen Problembereiche verteilt.

3. *Thematische Schwerpunkte bilden*: Durch diese Bewertung kristallisieren sich Problemthemen heraus, von denen die Teilnehmer meinen, dass sie vorrangig diskutiert werden sollen. Die Kritikphase endet mit der für alle Teilnehmer deutlich sichtbaren Zusammenstellung dieser vorrangigen Problembereiche.

Fantasiephase

In dieser Phase geht es darum, die in der Kritikphase aufgedeckten Probleme, Schwierigkeiten, Ängste und Befürchtungen ins Positive zu wenden. Die Teilnehmer werden durch den Moderator

ermuntert, ihrer Fantasie freien Lauf zu lassen. Es wird ihnen zugestanden, dass sie alle Macht und alles Geld haben, um sich ihre neue Zukunft zu schaffen. In der Regel werden die Problemschwerpunkte der Kritikphase aufgenommen und in Arbeitsgruppen durch die Einbindung sozialer Fantasie und utopischen Denkens positiv gewendet. Auch diese Phase ist wieder in einzelne Schritte untergliedert, und zwar:

1. *Kritikpunkte positiv umformulieren:* Hier wird zu jedem Kritikpunkt eine positive Alternative gesucht. Das ist jedoch erst die Vorbereitung für die eigentliche Fantasie- oder Utopiephase, denn diese Umformulierungen enthalten in der Regel noch keine Fantasien oder Utopien. Dies geschieht im nächsten Schritt, dem

2. *Brainstorming:* Hier werden die Teilnehmer aufgefordert, in Stichworten möglichst fantasievolle Vorschläge zur Problemlösung zu entwickeln, ohne Rücksicht auf irgendwelche Gesetze, Vorschriften, ökonomische oder soziale Zwänge. Alles ist möglich, alles ist machbar.

3. *Systematisierung und Bewertung:* Die von den Teilnehmern geäußerten Ideen werden im nächsten Schritt systematisiert und wiederum durch Punktvergabe bewertet. Die besten Ideen, also diejenigen mit den höchsten Punktzahlen, werden dann im nächsten Schritt von den Kleingruppen weiterentwickelt.

4. *Ausarbeitung und Konkretisierung eines utopischen Entwurfs:* In diesem letzten Schritt sollen die Ideen so weit konkretisiert werden, dass sie zu möglichst vollständigen und anschaulichen Projektskizzen bzw. „utopischen Entwürfen" ausgearbeitet werden. Die Gruppen überlegen sich dann, in welcher Weise sie den anderen Gruppenmitgliedern ihre Ergebnisse in möglichst anschaulicher Form präsentieren. Hierzu bieten sich vielfältige Darstellungsformen an (Kurzgeschichte, Rollenspiel, Pantomime, Gedicht, Gesang, Collage, Comic, Gruppenbild usw.).

Verwirklichungsphase

In dieser dritten Hauptphase geht es darum, die Zukunftsentwürfe und sozialen Fantasien mit den realen Verhältnissen der Gegenwart zusammenzubringen sowie Wege und Strategien zu ihrer Durchsetzung zu finden. Jetzt darf die bis dahin aufgestaute Kritik wieder voll zum Zuge kommen, ohne dass die Zukunftsentwürfe gleich wieder erdrückt werden. Vielmehr sind auch in dieser Phase wieder Erfindungsreichtum und soziale Fantasie notwendig, um möglichst vielfältige, neuartige und erfolgversprechende Wege zur Verwirklichung der besseren Zukunft zu finden. Auch diese letzte Phase wird in mehrere Verwirklichungsschritte untergliedert, und zwar:

1. *Kritische Prüfung der utopischen Entwürfe:* Hierbei sollen die Entwürfe auf ihre Realisierbarkeit unter den gegenwärtigen und noch zu schaffenden Bedingungen überprüft werden. „Inwieweit lassen sie sich schon jetzt in Angriff nehmen? Gibt es bereits reale Ansätze in der gewünschten Richtung? Welche Hindernisse stehen ihnen entgegen? Welche Beharrungskräfte müssen über-

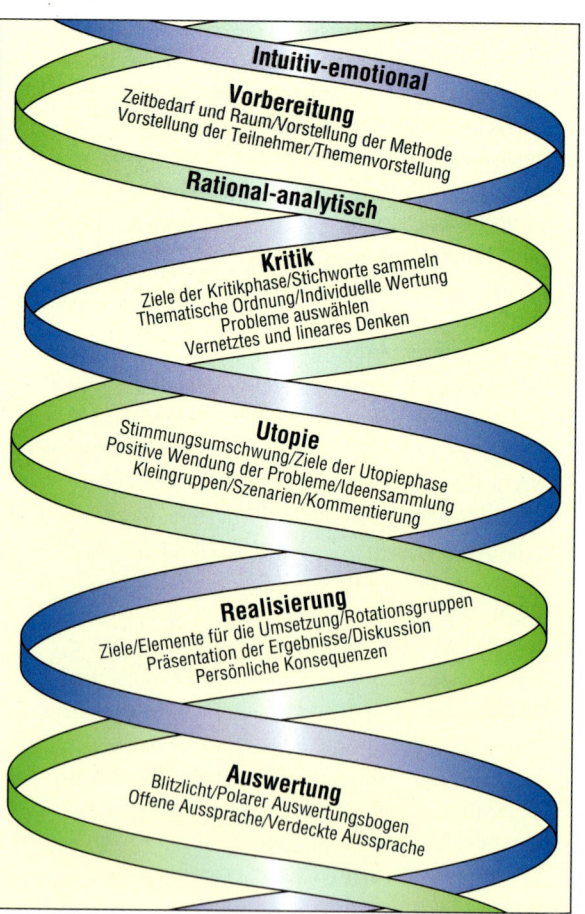

wunden werden? Wie beurteilen Fachleute, Wissenschaftler, Politiker ihre Erfolgschancen?"

2. *Entwicklung von Durchsetzungsstrategien:* „Woran muss unbedingt festgehalten werden? Wie müsste vorgegangen und taktiert werden, um wenigstens Teile zu retten? Welche politischen und ökonomischen Voraussetzungen wären notwendig? Gibt es Bündnispartner, die für eine Unterstützung infrage kommen? Soll man offen vorgehen oder so lange wie möglich ohne große Publizität arbeiten?"

3. *Planung eines gemeinsamen Projekts bzw. einer Aktion:* Keine Zukunftswerkstatt sollte folgenlos bleiben. Im günstigsten Fall entwirft die Gruppe selbst einen Projektplan bzw. bereitet eine gemeinsame Aktion vor, um Neuerungen, Vorstellungen oder Utopien zu verwirklichen. „Was muss bei einem solchen Unternehmen bedacht werden? Wie sieht es mit der Finanzierung aus? Wer engagiert sich und mit welchem Einsatz? Wie wird die Öffentlichkeit hergestellt? Welche Repressalien sind zu befürchten, und wie ist ihnen zu begegnen? Welche Absicherungen des Projekts sind möglich, welche sollten vorgenommen werden?"

Nachbereitungsphase

Da alle Zukunftswerkstätten letztlich dazu beitragen sollen, eine bessere, das heißt *sozial- und umweltverträgliche* Zukunft vorzubereiten, sollten sie nicht auf der Ebene eines intellektuellen Spielvergnügens verbleiben, sondern unmittelbar in die Gesellschaft und ihre Verhältnisse positiv verändernd eingreifen. Daher umfasst die Konzeption der Zukunftswerkstatt grundsätzlich eine nachbereitende Phase, und zwar als Idee einer „permanenten Werkstatt" beziehungsweise einer „weiterführenden Werkstattarbeit".

(Peter Weinbrenner/Walter Häcker, Theorie und Praxis von Zukunftswerkstätten, in: Olaf-Axel Burow/Marina Neumann-Schönwetter [Hrsg.], Zukunftswerkstatt in Schule und Unterricht, Hamburg 1995, S. 25ff. [Auszüge])

Einsatzvarianten:

1. Sie können die Methode als Einstieg in das Halbjahr verwenden und drei Doppelstunden dafür nutzen (pro Kernphase eine Doppelstunde). Entsprechend der so gewonnenen Fragen und Thesen können Sie dann die Wahl der Waben treffen. Die alternativen Einführungsübungen und Texte brauchen Sie dann nicht unbedingt.

2. Sie können die Kernphasen der Zukunftswerkstatt auf das Halbjahr verteilen und sich so viel Zeit für jede Phase nehmen, wie Sie brauchen. Als Einstieg in die Kritikphase können Sie eine oder mehrere Übungen („Meine Schulzeit", „Das mach' ich doch mit links", Biografisches Schreiben) nutzen. Dann formulieren Sie in einem Brainstorming Ihre Kritik. Ergänzen können Sie Ihre Kritik durch das Material „Schule als Sozialisationsinstanz".
Anschließend durchlaufen Sie die Utopiephase und können dann mit der Wabe 2 fortsetzen. Dann treten Sie in die Verwirklichungsphase ein und können die dort entwickelten Vorschläge mit Materialien aus der Wabe 1 vergleichen und anreichern. Das Halbjahr schließen Sie dann mit „Reflexionen" und „Perspektiven" ab.

3. Wenn Sie die günstige Gelegenheit einer Projektwoche haben, können Sie die Zukunftswerkstatt, wie es auch ursprünglich von Robert Jungk vorgesehen war, in aller Ausführlichkeit und viel Kreativität an drei Tagen bzw. Halbtagen durchführen.

4. Mit Methoden sind immer auch Inhalte und Ziele verbunden. Der Pädagoge Otto Herz fordert, Schulen sollen sich von Lehranstalten zu Zukunftswerkstätten wandeln. Diskutieren Sie im Kurs: Was könnte eine Schulreform von der Methode Zukunftswerkstatt lernen?

Übungen

Übung: Meine Schulzeit

Übertragen Sie diese Übung ins Journal oder kopieren Sie diese Seite zum Ausfüllen.

 Versuchen Sie Ihre bisherigen Erfahrungen mit Schule mit neun Begriffen zu charakterisieren und tragen Sie diese in die Kästchen ein:

Formulieren Sie nun mit jedem dieser Begriffe einen Satz, der Ihre Erfahrungen auf den Punkt bringt:

Wenn Sie Lehrer wären, welche Konsequenzen würden Sie aus Ihren Überlegungen ziehen? – Notieren Sie Stichpunkte:

Setzen Sie sich nun in Gruppen zusammen und diskutieren Sie über die in den Begriffen und Sätzen sowie in den Konsequenzen deutlich gewordenen Erfahrungen mit Schule und die vorgeschlagenen Konsequenzen.
Überlegen Sie, welche Aspekte Sie im Gesamtkurs besprechen und sich evtl. als Thesen und Fragen für das Halbjahr vornehmen wollen.

Übung: „Das mach' ich doch mit links ...!"

Nehmen Sie Ihren Füller oder Kugelschreiber in die linke Hand (Linkshänder in die rechte Hand) und schreiben Sie drei Sätze zum Thema „Mein erster Schultag".
Was fällt Ihnen auf? Was schließen Sie daraus? Unterhalten Sie sich darüber mit Ihrem Nachbarn und tauschen Sie sich dann im Kurs darüber aus.

Schule als Sozialisationsinstanz

Die Sicht von Jugendlichen

Alle Sozialisationsinstanzen haben einen Doppelcharakter als gesellschaftlich prägende und zugleich individuell gestaltbare Institutionen. Sie können erst dann erfolgreich ihre Aufgabe der Integration des gesellschaftlichen Nachwuchses in die bestehenden Sozialstrukturen erfüllen, wenn sie einen ausreichenden Spielraum für die Individuation, die individuelle Gestaltung und Bedeutungsgebung anbieten.

Da sich der Übergang in das Beschäftigungssystem aus den oben genannten Gründen lebensgeschichtlich immer weiter aufschiebt, kommt den Bildungs- und Ausbildungsinstitutionen ein immer größerer Stellenwert als Sozialisationsinstanzen im Jugendalter zu. Um die späteren Sozialchancen zu wahren, müssen sich Jugendliche immer länger auf die von Schule, Berufsausbildung und Hochschule vorgegebenen Anforderungen und Erwartungen einlassen.

Die gesamte Jugendzeit ist in den heutigen westlichen Gesellschaften zur Ausbildungszeit geworden. [...] Bildungseinrichtungen bestimmen bis an das Ende des dritten Lebensjahrzehnts den täglichen Lebensrhythmus. Wegen der hohen Bedeutung, die hochwertige Schulabschlüsse haben, bestimmt die Sozialisationsinstanz Schule inzwischen für praktisch alle Angehörigen der jungen Generation den zeitlichen Tages-, Wochen- und Jahresplan und wichtige soziale Orientierungen. Sie ist der „Arbeitsplatz" der Jugendlichen, der über eine lange Spanne der Lebenszeit hinweg Intellekt, Emotion und soziales Verhalten prägt.

Schulen spiegeln den Charakter heutiger Gesellschaften als Leistungsgesellschaft wider, weil sie den gesellschaftlichen Nachwuchs mit den Spielregeln einer Wettbewerbsgesellschaft vertraut machen, in der im Prinzip nur die individuelle Leistung über die Platzierung in einem Gefüge von sozialen Privilegien entscheidet. Die Schule gehört zu denjenigen gesellschaftlichen Instanzen, in denen das Leistungsprinzip als Basis der Selektionsfunktion und damit der Vergabe von Privilegien in der reinsten Form in Kraft ist. Hierdurch soll die Schule den Jugendlichen Vorstellungen von sozialer Rangfolge und Erfahrungen von Erfolg und Misserfolg vermitteln, die auf die Lebensrealität im Arbeitsleben vorbereiten.

Die subjektive Einschätzung der Schulzeit

Wie diese Analyse zeigt, kommt der subjektiven Wahrnehmung der Schule als „äußerer Realität" eine wichtige Bedeutung für den Prozess der Persönlichkeits- und Leistungsentwicklung zu. Aus Studien mit 14- bis 21-jährigen Jugendlichen ergibt sich das folgende subjektive, von den Schülerinnen und Schülern als sinnstiftendes Deutungsmuster entwickelte Bild von der Schule als Sozialisationsinstanz:

– Die entscheidende Bestimmung der Aufgaben schulischer Bildung wird von der Mehrzahl der befragten Schülerinnen und Schüler in Einklang mit den Lehrern und Eltern in der „Vorbereitung auf das spätere Leben" gesehen.
– Der Schule wird ein subjektiv nachvollziehbarer Sinn für die eigene Lebensplanung nur insoweit zugesprochen, als sie etwas für die Gestaltung und Bewältigung der Zeit nach der Schule leistet.
– Die gesellschaftliche Auslese- und Platzierungsfunktion der Schule wird von den Jugendlichen erkannt und für notwendig und legitim gehalten.
– Damit zusammen hängt die Einschätzung, dass das Abschlusszeugnis das eigentlich wichtige Resultat der Lernvorgänge in der Schule sei. Dem Abschlusszeugnis wird eine Art „Tauschwert" für den Eintritt in das „Leben nach der Schule" zugesprochen, das mit der Berufs- und Erwerbstätigkeit gleichgesetzt wird.

Dieses Deutungsmuster ist bei der Mehrheit der Schülerinnen und Schüler verbreitet. Es zwingt sie zu einer instrumentellen Sicht der Schule. Der Wert des schulischen Bildungsprozesses drückt sich demnach maßgeblich in dem Wert des Abschlusszertifikats aus. Die Schüler bewältigen diese Orientierung, indem sie die schulische Tätigkeit wie eine industrielle, quasi den Gesetzen von Lohnarbeit folgende Beschäftigung definieren und gestalten. Der Lohn ist für sie das Zeugnis mit seinem Tauschwert für vermeintlich erfüllendere Lebensbereiche.

Diese Untersuchungsergebnisse sind aus erziehungswissenschaftlicher und biografietheoretischer Perspektive ernüchternd, denn der Sozialisationsinstanz Schule wird keine pädagogisch wertvolle Bildungsfunktion, sondern nur eine Qualifizierungsfunktion zugeschrieben. Die Jugendlichen fühlen sich zu einer die Berufs- und Lebenschancen sichernden „Optimierungsstrategie" gezwungen, die gegenüber den Bildungsinhalten der Schule offen oder sogar indifferent ist. Die schulischen Bildungsgänge werden im Rahmen dieser Strategie instrumentalisiert. Sie sind Mittel zum Zweck des Erwerbs eines Abschlusszertifikates. Was dabei gelernt wird, erscheint als zweitrangig.

Die biografische Bedeutung von Schulerfolg und Schulversagen

Aus diesen Bewertungen des schulischen Bildungsganges durch die Jugendlichen lässt sich ableiten, welch hohe biografische Bedeutung Erfolg und Versagen im schulischen Bildungsprozess haben. Versagensereignisse werden von den Jugendlichen als empfindliche Rückschläge im Lebenslauf empfunden. Das umso mehr, als die versagenden Schülerinnen und Schüler die Legitimität der bestehenden Lern-, Beurteilungs- und Auslesemechanismen der Schule ausdrücklich nicht infrage stellen, obwohl sie davon negativ betroffen sind.

- Die Leistungsanforderungen der Schule werden als unvermeidbar und formal gerechtfertigt verstanden und hingenommen. Auch die versagenden Schülerinnen und Schüler haben die Anforderungen so stark verinnerlicht, dass sie die eigentliche „Schuld" für ihr Versagen bei sich selbst suchen. Das heißt: Sie können ihre schmerzlichen Enttäuschungen und die damit verbundene Identitätsbedrohung nicht öffentlich innerhalb der Institution Schule artikulieren und abarbeiten. Was ihnen – außer Resignation – bleibt, ist eine mechanische und fast opportunistische Leistungsanstrengung, um vielleicht doch noch einen akzeptablen Schulabschluss zu erreichen. Gelingt auch das nicht, bleibt vielen Jugendlichen als Ausweg nur noch ein Ausweichen auf Anerkennungsfelder jenseits der offiziellen Schulkultur, also auf sozial abweichendes Verhalten wie Aggressivität, Gewalt und Drogenkonsum.
- Vor allem an Hauptschulen und Sonderschulen und dort vor allem bei Jüngeren treten solche Ausweichmuster auf. Schlechte Schulleistungen schwächen das Selbstwertgefühl der Jugendlichen und führen zu Anerkennungsdefiziten mit starken inneren Spannungen. Vor allem die männlichen Jugendlichen an Haupt- und Sonderschulen können diesen Druck nicht lange aushalten. Sie fühlen sich als die „Verlierer der Wettbewerbsgesellschaft" und reagieren auf diese für sie unerträgliche Situation mit Unsicherheit und Beschämung, oft auch mit einem Rückgriff auf traditionelle Männerklischees mit Machtausübung und demonstrativer Ablehnung gegenüber Fremden und gesellschaftlich Schwachen. Dahinter verbirgt sich eine irritierte und verängstigte Persönlichkeit, die den Spielregeln der „individualisierten" Gesellschaft nicht gewachsen ist (Shell Jugendstudie 2002, S. 68).

(Klaus Hurrelmann, Lebensphase Jugend, München 2004, S. 93–97 [Auszüge])

1. Welche Antworten und Erklärungen für die bisher im Einführungskapitel aufgeworfenen Fragen und Probleme lassen sich aus diesen Ergebnissen der Sozialisationsforschung ableiten?
2. Welche weiter führenden Fragen und Thesen ergeben sich?

Blick-Richtung: Wie Sie jetzt weiterarbeiten, hängt besonders in diesem Themenkreis davon ab, ob Sie eine der Varianten der Zukunftswerkstatt durchgeführt haben bzw. durchführen. Dann werden Ihnen die dort aufgetauchten Fragen, Probleme und utopischen Entwürfe den Weg weisen.

Grundsätzlich eignen sich alle Waben dazu, die für den Themenkreis aufgeworfene Frage einer Antwort zuzuführen. Sie könnten also eine Wabe für die gemeinsame Arbeit im Kurs auswählen und ergänzende Materialien aus anderen Waben hinzuziehen – beachten Sie dazu auch die an verschiedenen Stellen aufgenommenen Querverweise.

Sie können auch Waben kombinieren, um so eine historische Vertiefung oder einen Vergleich unterschiedlicher pädagogischer Konzepte vorzunehmen.

Damit Sie die Auswahl leichter treffen können, wollen wir Ihnen hier einen Überblick über die Waben geben:

- Die Wabe 1 „Die Häuser des Lernens" beschäftigt sich mit der Struktur, den Besonderheiten und der gegenwärtigen Entwicklung des Bildungssystems der Bundesrepublik Deutschland nach dem „PISA-Schock".
- In der Wabe 2 stellen wir eine Schule in freier Trägerschaft mit ihren pädagogischen Besonderheiten vor: die Waldorf-Schule.
- Einen historisch-politischen Rückgriff leistet die Wabe 3: Sie setzt sich intensiv mit Erziehung und Bildung im Nationalsozialismus auseinander.
- Die Wabe 4 stellt einen modernen Klassiker der Pädagogik – Janusz Korczak – und sein Denken und Handeln in seiner Zeit vor und stellt zur Diskussion, was die heutige Pädagogik von ihm lernen könnte.

Mit der ersten Wabe könnten Sie also eine gemeinsame Grundlage im Kurs erarbeiten und weitere Waben in arbeitsteiliger Gruppenarbeit bzw. auch in individuellen Facharbeiten oder Referaten hinzuziehen.

Wenn Sie sich in der Zukunftswerkstatt schon intensiv mit Kritik am Bildungssystem und utopischen Gegenentwürfen befasst haben, könnten Sie die Waben 2 und 4 in den Mittelpunkt der gemeinsamen Arbeit stellen, vertiefende Elemente aus der ersten Wabe hinzuziehen und historische und vergleichbare Exkurse in Referate auslagern.

Für die fächerübergreifende Kooperation eignet sich vor allem die Wabe 3. Hier könnte mit einem Geschichtskurs zusammengearbeitet werden oder punktuell ein Austausch bzw. eine Ergänzung der fachlichen Arbeit stattfinden.

Die Frage, ob Bildung die Menschen stärkt, ist eine genuin pädagogische. Im Abschnitt „Reflexionen" haben Sie rückblickend auf diesen Themenkreis die Gelegenheit zu diskutieren, welche Voraussetzungen und Zielsetzungen im Sinne Hartmut von Hentigs sinnvoll sind, damit es zu einer Persönlichkeitsbildung kommen kann, sodass ‚die Menschen gestärkt und die Sachen geklärt sind' – also eine Erziehung zur Autonomie und Verantwortung (vgl. 13/2) geleistet werden kann.

Methodische Anregung

Fächerübergreifende Perspektiven: Wie können EW-Kurse mit Geschichtskursen zusammenarbeiten?

1. Inhaltliche Basis:

Unter den unverzichtbaren Gegenstandsbereichen nennt der Lehrplan Geschichte die NS-Herrschaft, wobei betont wird, dass ein Unterrichtsthema im Sinne einer Problemorientierung zu formulieren ist. Zugrunde liegende Leitprobleme, die als Orientierungshilfe für eine problematisierende Themenstellung dienen, sind u. a.: Menschenbild und Weltauffassung, Das Eigene und das Fremde, Menschliche Entwicklung und Umwelt. Diese Aufzählung macht bereits deutlich, dass es viele Möglichkeiten der Zusammenarbeit gibt, wird eine für beide Fächer gemeinsame Problemstellung gefunden. Für 13/1 könnte diese z. B. lauten: ‚Erziehung im Dienste der Herrschenden – der Nationalsozialismus'.

2. Ziele fächerübergreifenden Lernens:

- Zusammenhänge erkennen
  Das folgende Zitat ist geradezu kennzeichnend für die nationalsozialistische Ideologie:
  „Beides, das Politische sowohl als auch das Erzieherische, ist eine organische Funktionseinheit, nur jedes Mal von einem anderen Blickpunkt betrachtet, das eine Mal von der Gemeinschaft her, das andere Mal von der Persönlichkeit her." (Friedrich Adolf Beck, Geistige Grundlagen der neuen Erziehung, dargestellt aus der nationalsozialistischen Idee, Osterwieck 1933).
  Das Erkennen und Analysieren der Verwobenheit zwischen Erziehung und Politik im historischen Kontext hilft Zusammenhänge besser zu verstehen.
- Differenzen wahrnehmen
  Die historische Perspektive hilft, das kollektive Bewusstsein der damaligen Zeit zu verstehen; die Verarbeitungsmechanismen und Identitätsprozesse sowohl aus individueller wie aus kollektiver Sicht lassen sich aus einer pädagogischen/psychologischen Sicht erschließen. Der auf den Seiten 437ff. dargestellte Fall Walter und weitere Lebensgeschichten, die zusammengetragen werden können, helfen beide Perspektiven aufzuzeigen.
- Multiperspektivisch denken
  Die Fächer Geschichte und Erziehungswissenschaft haben unterschiedliche Betrachtungsweisen, aber beiden geht es u. a. um ein Verständnis menschlicher Verhaltensweisen in historischen Kontexten, also auch um das Verhältnis Individuum/Gesellschaft. Begreift man diese Sichtweisen als zwei Gläser einer Brille, so ergibt sich durch diese gemeinsame Perspektive erst die richtige Tiefenschärfe. Das Ideologramm auf S. 451 gibt weitere Hinweise!
- Gemeinsamkeiten formulieren
  „Das Gegenteil der Vergangenheit ist nicht die Zukunft, sondern deren Abwesenheit, das Gegenteil der Zukunft ist nicht die Vergangenheit, sondern deren Abwesenheit. Der Verlust einer der beiden Zeiten ist gleichbedeutend mit einer Opferung der anderen." (Elie Wiesel, 1986)
  Das Thema ‚Vergangenheitsbewältigung' (... über das Wort lässt sich streiten!) ist auch heute noch aktuell, sowohl auf politischer wie auf persönlicher Ebene – für viele Familien ergibt sich hieraus ein besonderer Generationenkonflikt!
- Kontroversen austragen
  ‚Erziehung nach Auschwitz' heißt ein berühmt gewordener Aufsatz von Th. W. Adorno – ‚Gesellschaftliche Strukturen nach der Zeit des Nationalsozialismus, wie sollten sie aussehen?' ist eine weitere sich ergebende Frage.

Ist der Mensch ein Produkt gesellschaftlicher Verhältnisse? Welche Aufgaben hat die Erziehung, soll sie Formen des Widerstandes ermöglichen? Wie sollte eine Erziehung zur Verantwortung aussehen, welche Verantwortungsbereiche sind gemeint? Wie ist das Verhältnis von Erziehung und Politik? Hier ergeben sich viele Fragen für Streitgespräche und Podiumsdiskussionen, die so grundsätzlich sind, dass sie auch heute noch Bedeutung haben.

3. Vorteile fächerübergreifenden Lernens:

Der Zugewinn fächerübergreifenden Lernens besteht u. a. darin, dass die Schülerinnen und Schüler Wissen aus unterschiedlichen Disziplinen zusammentragen und die Nützlichkeit ihres Wissens bezogen auf die Fragestellung überprüfen – es kommt so zu einer ganzheitlichen Betrachtung der Wirklichkeit.
Durch diesen Transfer des Wissens aus dem ursprünglichen Kontext in einen neuen Anwendungskontext entsteht aus isoliertem Faktenwissen ein Netz flexibel nutzbarer Kenntnisse. Eine Einordnung der eigenen Fächerperspektive wird so möglich, ebenso wie ein Erkenntnisnetz mit dichteren ‚Verwebungen' und ‚größerem Umfang' geknüpft werden kann.
Der ‚Verknüpfungsvorgang' erfordert das Erlernen und Erproben methodischer Kenntnisse: die gezielte Recherche, das Formulieren zielgerichteter Fragen, die Zusammenarbeit im Team, die Fähigkeit, Referate ‚aufzunehmen', ... Hier ergeben sich vielfältige Möglichkeiten, das ‚Lernen zu lernen'.
Der Lern- und Erkenntnisvorgang bleibt in seiner Komplexität erhalten. Eigenständigkeit und soziales Lernen werden gefordert und können geübt werden. Ein kritischer Rückblick sollte helfen, nach Möglichkeiten zu suchen, es beim nächsten Mal noch besser zu machen.

4. Organisationsformen:

Es wird sehr stark von der Abstimmung der Fachkonferenzen und der schulinternen Lehrpläne abhängen, wann genau sich eine Kooperation zwischen den Fächern anbietet; aus der Perspektive von Pädagogik bietet sich in erster Linie das (frühe) Kurshalbjahr 13/1 an. Bei einer entsprechenden Vorbereitung durch ein Lehrer-/Schüler-Team können z. B. kurze Sequenzen zu bestimmten Themen angeboten werden, bei denen die Schülerinnen und Schüler aus beiden Kursen ein freies Belegrecht haben. In gemeinsamen kursübergreifenden Veranstaltungen können Referate oder Facharbeiten vorgetragen werden, die zu einer anschließenden Diskussion genutzt werden. ‚Oral history' ist für beide Kurse eine aufschlussreiche Methode, biografische wie gesellschaftliche/politische Aspekte zu erkunden, eine kleine Gruppe kann hier begleitend arbeiten. Eine gemeinsam geplante Ausstellung kann abschließend die Ergebnisse einer Öffentlichkeit präsentieren.

„Na, Herr Kollege, wie wär's mal mit fächerübergreifendem Unterricht?"

2 Das Wabenmodell

2.1 Die „Häuser des Lernens" – Das Deutsche Bildungswesen nach dem „PISA-Schock"

1. Welche Elemente dieser Karikatur halten Sie für sinnvolle Elemente einer guten Schule der Zukunft?
2. Welche Elemente halten Sie für nicht ernst gemeinte Überspitzungen eines Karikaturisten?
3. Der Zeichner hat die Karikatur im Jahr 1996 gezeichnet – vor dem „PISA-Schock". Recherchieren Sie Karikaturen, die nach PISA 2000 entstanden sind (vgl. z.B. auch die Karikatur für das SPIEGEL-Cover, S. 380), und vergleichen Sie diese mit dem obigen Bild des „Haus des Lernens". Welche Fragen und Thesen ergeben sich dazu?

Einführung

Wie beurteilen die Bundesbürger das deutsche Bildungssystem?

Ergebnisse des „Bildungsbarometers" des zepf der Universität Koblenz-Landau, Campus Landau, aus dem Jahr 2005

Wie gut ist das Bildungssystem?

Das deutsche Bildungssystem wird als „gut ausreichend" bewertet. Der Bildungsindex fasst drei Einzelfragen zusammen: Wie bewerten Sie das Bildungsniveau der Bevölkerung in Deutschland? Wie gut bereiten deutsche Bildungseinrichtungen auf den Beruf vor? Und: Welche Note geben Sie dem Bildungswesen in Deutschland?

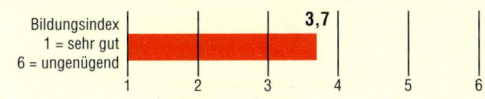

Welches Fach streichen?

Zwei von vier Befragten würden das Fach Religion streichen, um mehr Zeit für Mathematik und Deutsch zu haben.

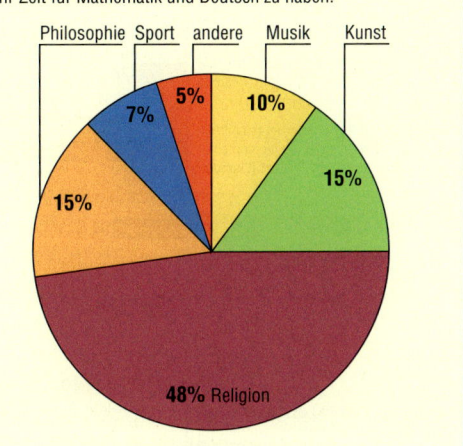

Wer ist schuld an der Misere?

Mehr als die Hälfte der Befragten sagt, dass die Politiker die Hauptverantwortung für die schlechte Bildungslage tragen. Auch die Eltern haben nach Meinung vieler versagt. Lehrer dagegen kommen glimpflich davon.

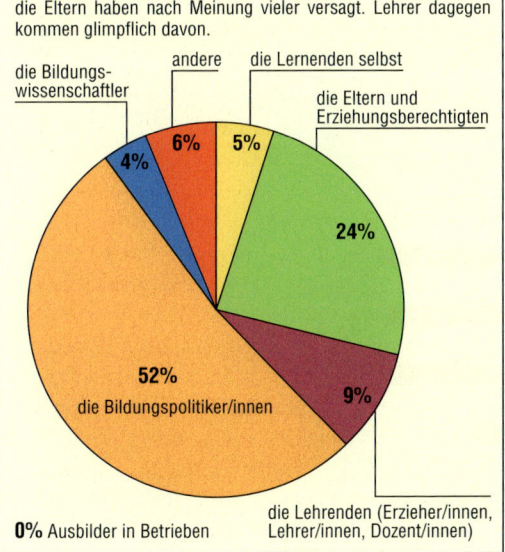

Skepsis gegenüber Studiengebühren

Auch nach dem Urteil des Bundesverfassungsgerichts befürchtet eine große Mehrheit der Befragten, dass die Studiengebühren im Staatshaushalt verschwinden könnten und sozial schwache Studenten benachteiligt bleiben. Eine knappe Mehrheit ist daher gegen Studiengebühren.

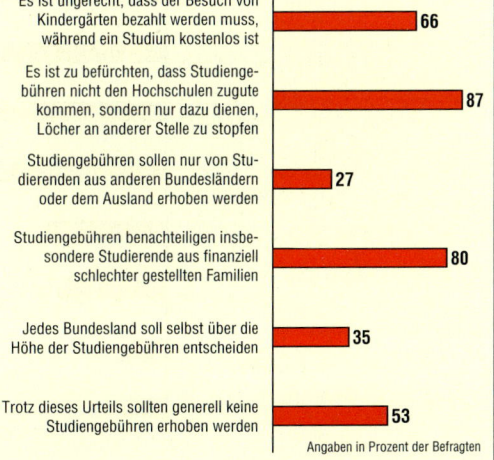

PISA-STUDIE

Regelmäßige Qualitätskontrollen, mehr Engagement der Eltern und eine bessere Förderung der sozial benachteiligten Schüler: Diese Folgerungen aus PISA sind den Befragten am wichtigsten. Nur ein Drittel würde dagegen die Hauptschule abschaffen.

Aussage	%
Im Kindergarten wird zu viel gespielt und gebastelt und zu wenig gelernt	38
Für Erzieher sollte ein Studium genauso verbindlich sein wie für Lehrer	66
Die Eltern kümmern sich zu wenig um die Schulleistungen ihrer Kinder	80
Das deutsche Bildungssystem benachteiligt Kinder aus sozial schwächeren Elternhäusern	66
Internationale Vergleichsstudien wie PISA sind unsinnig	25
Der Erfolg des Schulunterrichts sollte in regelmäßigen Abständen von einer neutralen Stelle überprüft werden	88
Die Hauptschule sollte abgeschafft werden	34
Unsere Kinder sollten bereits mit 5 Jahren eingeschult werden	37
Wenn alle Kinder während ihrer gesamten Schulzeit gemeinsam unterrichtet werden, profitieren weder die Leistungsschwächeren noch die Leistungsstärkeren	52
Das dreigliedrige deutsche Schulsystem (Haupt-, Realschule, Gymnasium) sollte abgeschafft werden	44

Angaben in Prozent der Befragten

Der Weg zur besseren Bildung

Es gibt viele Vorschläge zur Verbesserung der Bildung in Deutschland. Wie wichtig sind die folgenden Vorschläge?

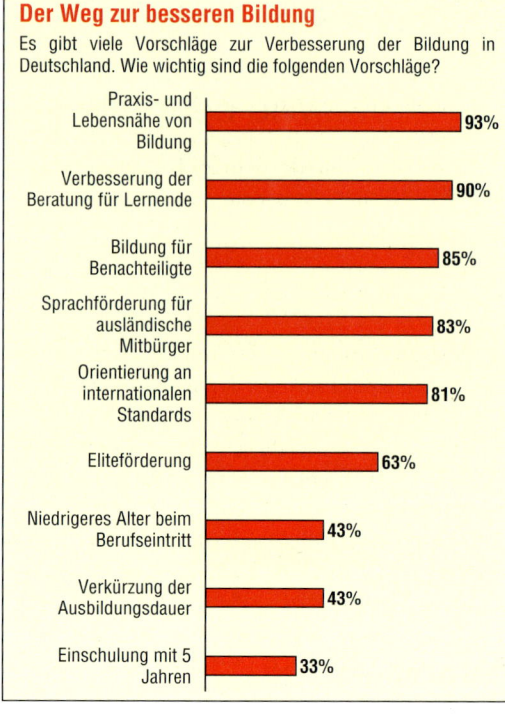

Vorschlag	%
Praxis- und Lebensnähe von Bildung	93%
Verbesserung der Beratung für Lernende	90%
Bildung für Benachteiligte	85%
Sprachförderung für ausländische Mitbürger	83%
Orientierung an internationalen Standards	81%
Eliteförderung	63%
Niedrigeres Alter beim Berufseintritt	43%
Verkürzung der Ausbildungsdauer	43%
Einschulung mit 5 Jahren	33%

Heilige Kühe des deutschen Schulsystems

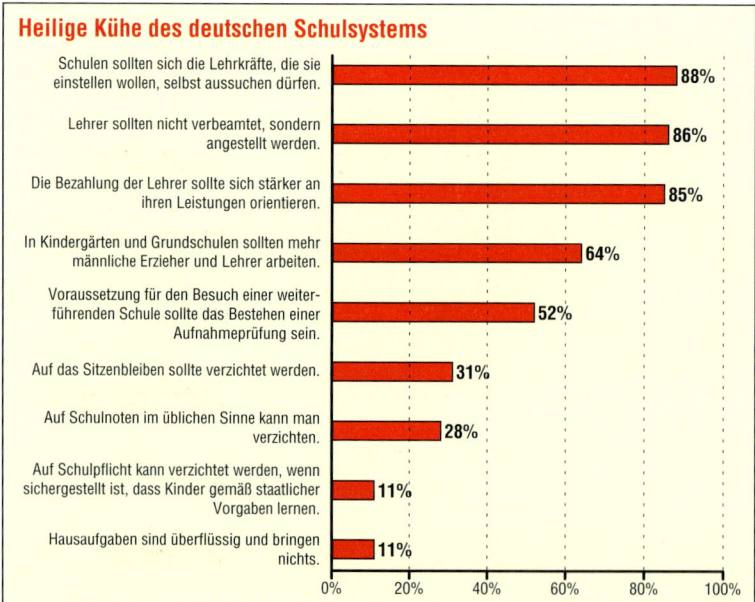

Aussage	%
Schulen sollten sich die Lehrkräfte, die sie einstellen wollen, selbst aussuchen dürfen.	88%
Lehrer sollten nicht verbeamtet, sondern angestellt werden.	86%
Die Bezahlung der Lehrer sollte sich stärker an ihren Leistungen orientieren.	85%
In Kindergärten und Grundschulen sollten mehr männliche Erzieher und Lehrer arbeiten.	64%
Voraussetzung für den Besuch einer weiterführenden Schule sollte das Bestehen einer Aufnahmeprüfung sein.	52%
Auf das Sitzenbleiben sollte verzichtet werden.	31%
Auf Schulnoten im üblichen Sinne kann man verzichten.	28%
Auf Schulpflicht kann verzichtet werden, wenn sichergestellt ist, dass Kinder gemäß staatlicher Vorgaben lernen.	11%
Hausaufgaben sind überflüssig und bringen nichts.	11%

(Zentrum für empirische pädagogische Forschung [zepf], Bildungsbarometer, Landau 2005; http://www.bildungsbarometer.de)

Ergebnisse der neuen Repräsentativbefragung des Instituts für Schulforschung (IFS, Universität Dortmund) aus dem Jahr 2004

Wachsende Ansprüche, abnehmende Zufriedenheit und nur mäßige Bereitschaft zu strukturellen Veränderungen – so lässt sich die Einstellung der bundesdeutschen Bevölkerung zur Schule knapp kennzeichnen.

Im Frühjahr 2002, von Mitte Februar bis Mitte April, wurde die 12. Repräsentativbefragung des IFS der Universität Dortmund durchgeführt, also über zwei Monate nach Bekanntgabe der PISA-Ergebnisse und vor den Ereignissen von Erfurt. Bundesweit wurden 2 916 über 18-jährige Personen mit Wohnsitz in Deutschland befragt, eine weitere Stichprobe umfasste insgesamt 1 432 Eltern mit mindestens einem Kind in der allgemein- oder berufsbildenden Schule.

Die Leistungsanforderungen in der Schule sind...
(viel) zu hoch / gerade richtig / (viel) zu niedrig
Datenquelle: IFS-Umfragen 1979 – 2002 (bis 1989 Westdeutschland)

Es sollten mehr Ganztagsschulen/Privatschulen eingerichtet werden
Ganztagsschule / Privatschule
(Zustimmungswerte in Prozent)
Datenquelle: IFS-Umfragen 1991 – 2002

Tab. 1: Wie beurteilen Sie das Bemühen der heutigen Schulen, die Kinder zu fördern?

Die Schule gibt sich ...	1991	1993	1995	1997	2000	2002
sehr große/große Mühe	37	33	34	34	39	26
etwas Mühe	46	45	45	47	43	47
kaum/keine Mühe	17	22	21	19	18	26

Datenquelle: IFS-Umfragen 1991 – 2002

Tab. 2: Worum sollen sich Schulen zukünftig mehr kümmern als bisher? (Angaben in Prozent)

Jahr	1995	1997	2000	2002
Vermittlung einer guten Allgemeinbildung	63	62	72	77
Problemlösekompetenz	62	57	73	77
Förderung von Selbstdisziplin und Durchhaltevermögen	61	58	72	75
Förderung von sozialen Kompetenzen und Teamfähigkeit	53	51	72	74
Vorbereitung auf das Berufsleben	69	67	72	72
Vermittlung vertieften Fachwissens	40	47	57	62
Hinführung zu möglichst hohen Schulabschlüssen	31	31	42	49

Datenquelle: IFS-Umfragen 1995 – 2002

(Michael Kanders/Hans-Günter Rolff, Mehr von allem, aber wenig ändern! – Ergebnisse der neuen IFS-Repräsentativbefragung zu Schule und Bildung, SchulVerwaltung NRW, 14. Jg. März 2003, Nr. 3, S. 69 – 72 [Carl Link Verlag]; www.ifs.uni-dortmund.de)

1. Wie wird die „Bildungs-Großwetterlage" im Bildungsbarometer des zepf eingeschätzt? Formulieren Sie die Hauptergebnisse.

2. Ziehen Sie die Ergebnisse des Instituts für Schulforschung heran und beschreiben Sie, wie sich im Wandel der Zeit und vor allem nach PISA 2000 die Einschätzungen verändert haben.

Das deutsche Bildungssystem im OECD-Vergleich und in der Experten- und Parteienmeinung

Auszug aus der OECD-Studie 2005

Unterrichtszeit an Grundschulen
Durchschnittliche jährliche Gesamtzahl an Zeitstunden Pflichtunterrichtszeit, ausgewählte Länder

Frankreich	865
Griechenland	864
Großbritannien	861
Luxemburg	847
OECD-Durchschnitt	748
Österreich	678
Japan	656
Tschechien	628
Deutschland	625
Dänemark	615

Ausgaben für Bildungseinrichtungen
Jährliche Ausgaben pro Grundschüler, in Dollar, kaufkraftbereinigt, ausgewählte Länder

Luxemburg	10 611
USA	
Dänemark	
Österreich	
Japan	
Großbritannien	
Frankreich	
OECD-Durchschnitt	5313
Deutschland	4537
Griechenland	
Tschechien	

SZ-Grafik, Quelle: OECD

(Süddeutsche Zeitung vom 14.09.2005, S. 7)

Experten über das deutsche Bildungssystem

Bernhard Bueb (Leiter der Schulen Schloss Salem)
Ich bin der Meinung, dass die unheilige Allianz von Herkunft und Bildung, die Tatsache, dass gerade die Unterschicht besonders geringe Chancen
5 hat, die höhere Bildung zu erreichen, auch dadurch verursacht ist, dass der emotionale Bereich der Erziehung in unserem Land total vernachlässigt wird.

Gisela Erler (Familienforscherin)
Die deutsche Schule ist aus der Sicht berufstätiger 10 Mütter und ihrer Kinder eine Katastrophe, unabhängig davon, wie unterrichtet wird.

Peter Fauser (Erziehungswissenschaftler)
Ich glaube, dass in Deutschland immer noch zwei Kulturen im Streit liegen: die alte obrigkeitlich- 15

bürokratische, autoritäre, deutsche Tradition aus wilheminischen Zeiten und die Einsicht, die von der Reformpädagogik zum ersten Mal wie in einer Explosion formuliert worden ist, dass wir eine Schule brauchen, die die Verstehensprozesse der Kinder in den Mittelpunkt stellt, die auf Achtung und Respekt beruht.

Renate Hendricks (bis 2004 Vorsitzende des Bundeselternrats)
Mein Ideal ist, dass Schulen Räume werden, in denen sich die ganze Community trifft, nicht nur Eltern, Schüler und Lehrer, sondern dass sie ein kultureller Mittelpunkt wird.

Hartmut von Hentig (Professor emeritus für Pädagogik, Gründer der Laborschule Bielefeld)
Das größte Wunder hat sich an den Personen zu vollziehen, an den Lehrenden, die ja durch unsere Lehrerausbildung auf einen schmalen Pfad gesetzt sind. Der Lehrer repräsentiert durch seine Person, wie nützlich und angenehm es ist, die und die Dinge gelernt zu haben, statt dass er sie dem Kind sagt und vorlegt. Das ist doch ein Pfund. Das ist das indirekte Verfahren der Pädagogik.

Alfred Hinz (Rektor der Bodensee-Schule St. Martin, Friedrichshafen)
Jedes Kind ist einmalig und existiert nicht noch mal auf der Welt. Da kann ich doch nicht morgens einen Einheitsbrei über die Schüler gießen.

Jürgen Hogeforster (langjähriger Hauptgeschäftsführer der Handwerkskammer Hamburg)
In unserem dreigliedrigen Schulsystem bekommen viele Schüler zu hören: Du gehörst eigentlich nicht her. Sie sind dann eigentlich nirgends zu Hause, sind heimatlos.

Gisela John (Schulleiterin der Jenaplan-Schule, Jena)
Das Einfachste ist, dass man den Kindern das Gefühl gibt, dass sie angenommen sind, dass sie wichtig sind, dass sie nicht gedemütigt werden, dass sie nicht in Schubläden gepackt werden, dass sie nicht sortiert werden, sondern dass man einfach zulässt, dass jeder etwas besonders gut kann, und sich das zunutze macht.

Jürgen Kluge (Chef von McKinsey in Deutschland)
Aus meiner Sicht fehlt noch ein Bewusstsein, dass wir uns diesen Skandal mit unserem Bildungssystem als Gesellschaft nicht leisten können. Es sind nicht die gleichförmigen „Kadetten" für die Wirtschaft, die gefordert sind, sondern es sind flexible, sich auf rapide Veränderungen einstellende Mitarbeiter, die aus eigener Motivation die höchstmögliche Leistung bringen.

(Reinhard Kahl, Treibhäuser der Zukunft. Wie in Deutschland Schulen gelingen, Beltz, Weinheim 2004 [Auszüge]; in dem Buch und auf drei beiliegenden DVDs sind die vollständigen Statements wiedergegeben – außerdem werden deutsche Schulen vorgestellt, die den Experteneinschätzungen entsprechen)

1. Welchen Einschätzungen stimmen Sie eher zu, welchen eher nicht oder nur eingeschränkt?
2. Erklären diese Statements die momentane Unzufriedenheit mit dem Bildungssystem?
3. Welche positiven Utopien sind in den Statements enthalten? Recherchieren Sie, wenn möglich, mithilfe der DVDs die in Deutschland vorhandenen positiven Ansätze einer Bildungsreform.

Streitfall Schule – mit diesen Positionen traten die Parteien zur NRW-Landtagswahl am 22.5.2005 an:

	SPD	CDU	Grüne	FDP
Gesamtschul-System	Keine Aussage im Wahlprogramm. Die SPD will das Thema erst nach der Wahl diskutieren.	Es werde mit ihr keinen Ausstieg aus dem gegliederten Schulsystem geben, heißt es im Programm der CDU.	Die Grünen fordern, eine gemeinsame Schule für alle nach skandinavischem Vorbild einzuführen.	Die FDP lehnt eine „Einheitsschule" ab.

	SPD	CDU	Grüne	FDP
Selbstständige Schule	Ab 2009 dürfen alle Schulen in NRW weitgehend frei über Personal und Pädagogik entscheiden.	Schulen sollen „im Rahmen der staatlichen Vorgaben [...] Erziehung, Unterricht, das Schulleben sowie ihre inneren Angelegenheiten selbstständig gestalten".	Schulgesetze, Erlasse und Richtlinien sind auf das Notwendigste zu reduzieren, „damit die Freiheit von Schulen überhaupt wirken kann".	Schulen sollen „in organisatorischen, personellen und finanziellen Belangen sowie für die Herausbildung des Schulprofils eigenverantwortlich entscheiden".
Freie Schulwahl/ Bildungswettbewerb	Keine Aussage im Wahlprogramm. Schulministerin Ute Schäfer (SPD) hat sich aber wiederholt gegen die freie Schulwahl für Eltern von Grundschülern ausgesprochen („Kurze Beine, kurze Wege").	„Die Schulen stellen sich dem Wettbewerb um die Verbesserung der schulischen Arbeit", so ist im CDU-Programm zu lesen. Aber: Eine Aufhebung der Grundschulbezirke ist laut CDU-Landeschef Rüttgers bislang nicht vorgesehen.	Keine Aussage im Wahlprogramm.	Die FDP „wird zu einem Wettbewerb zwischen den Schulen herausfordern, der endlich die individuellen Wünsche und Möglichkeiten der Schüler in den Mittelpunkt des jeweiligen Angebotes rückt". Schulbezirksgrenzen fallen weg.
Kontrolle von Lehrerleistung/Schulrankings	„Die Qualität unserer Schulen wird laufend überprüft und verbessert." Schäfer hat dafür bereits Lernstandserhebungen in den Klassen vier und neun eingeführt; einen öffentlichen Leistungsvergleich lehnt sie aber ab.	Die CDU will die Schulen regelmäßig überprüfen lassen, um die Leistungsentwicklung zu dokumentieren und die Qualität schulischer Arbeit zu sichern. „Die Ergebnisse der Evaluation werden veröffentlicht."	Die Schulaufsicht soll den Grünen zufolge „zu einem zentralen Instrument der Qualitätsentwicklung werden, damit die staatlich gesetzten Qualitätsziele eingehalten" werden.	„Die Schulaufsicht des Landes überprüft die Einhaltung der Curricula und Standards durch regelmäßige Evaluationsmaßnahmen." Deren Ergebnisse sollen in einem Bildungsbericht veröffentlicht werden.
Lehrerstellen	Keine Aussage im Programm. Ministerpräsident Steinbrück will aber 12 000 der 28 000 Lehrerstellen beibehalten, die bis 2013 durch sinkende Schülerzahlen wegfallen könnten.	Die CDU verspricht 4000 zusätzliche Lehrerstellen.	„Angesichts zurückgehender Schülerzahlen wird eine Entspannung in der Unterrichtsversorgung prognostiziert", heißt es. „Diese wollen wir zur Unterrichtsverbesserung nutzen."	Keine Aussage im Wahlprogramm. Nur so viel: Die FDP wolle erreichen, dass künftig ein Drittel des Landeshaushaltes in Bildung investiert werde.
Ganztagsschulen	Bis 2007 soll's 200 000 Plätze in „offenen Ganztagsgrundschulen" geben. Dazu: Betreuungsangebote am Nachmittag auch an weiterführenden Schulen, zunächst bis Klasse 7.	Die CDU will für den Auf- und Ausbau eines „echten Ganztagsschulsystems" nach einer Anlaufphase jährlich rund 120 Millionen Euro bereitstellen.	Die Grünen wollen die „offene Ganztagsgrundschule bedarfsgerecht und qualitativ ausbauen". Ganztagsplätze sollen mit der Jugendhilfe auch für ältere Schüler geschaffen werden.	Die FDP vermisst Qualitätsstandards bei der „offenen Ganztagsgrundschule". Sie fordert einen Betreuungswettbewerb um die Kleinen und dazu „echte weiterführende Ganztagsschulen".

(Zusammenstellung: Andrej Priboschek, in: Rheinische Post v. 10.5.2005)

Recherchieren Sie im Internet (www.bildungsportal.nrw.de) die Weiterentwicklung der Bildungspolitik nach dem Regierungswechsel in NRW und verfolgen Sie zu den o. g. Kontroversen die öffentliche Debatte in der Tagespresse.

Übung

Prioritätenspiel

(Spielidee nach U. Baer)

Bitte Fragebogen kopieren!

„Welche Schule für mein Kind?"

Wenn Sie sich vorstellen, als Mutter oder Vater eine weiterführende Schule für Ihr Kind aussuchen zu müssen, auf welche Dinge würden Sie besonderen Wert legen?
Füllen Sie individuell die beiden linken Spalten aus. Sammeln Sie die Kontrollabschnitte ein, dann können Sie das Gesamtergebnis für den Kurs ausrechnen.

Kontroll-abschnitt	Kontroll-abschnitt		Gesamt-ergebnis
A ○	○ A	Leistungsförderung und Leistungsforderung wird intensiv betrieben.	A
B ○	○ B	Ausländische und behinderte Kinder werden integriert und gefördert.	B
C ○	○ C	Ganztagsangebote mit Mensa und Freizeitbereich sind vorhanden.	C
D ○	○ D	Internet-Anschluss, Computer-Ausstattung auf neuestem Niveau wird genutzt.	D
E ○	○ E	Sehr differenziertes Sprachangebot mit mehreren internationalen Schulpartnerschaften wird gepflegt.	E
F ○	○ F	Handwerklich-praktisches Angebot von Tischlerei bis Autowerkstatt kann genutzt werden.	F
G ○	○ G	Die Schule sieht sich als Schulgemeinde mit vielen gemeinsamen Aktivitäten von Eltern, Lehrern und Schülern.	G
H ○	○ H	Besonders begabte Schülerinnen und Schüler werden in Spezialklassen mit verkürzter Schulzeit zusammengefasst.	H
I ○	○ I	Musik, Kunst und Theater haben einen besonderen Stellenwert.	I
J ○	○ J	Das soziale und pädagogische Engagement wird durch Kursangebote und Berufspraktika besonders gefördert.	J
K ○	○ K	Die Schülervertretung ist besonders aktiv und beteiligt sich am Projekt „Schule ohne Rassismus".	K
L ○	○ L	Das Lehrerkollegium macht einen besonders aufgeschlossenen und hilfsbereiten Eindruck.	L

Vorgehen: Werte von 1 bis 12 eintragen, dabei jeden Wert nur ein Mal vergeben (eine 1 für das Wichtigste – eine 12 für das Unwichtigste); Kontrollabschnitt abgeben

Grundbegriffe und Grundthesen

Institution Schule – Funktionen und kritische Anforderungen

Funktionen der Schule

Die gesellschaftliche Institution Schule ist ein Teilsystem des gesellschaftlichen Gesamtsystems und hat für das Funktionieren des Gesamtsystems folgende Aufgaben zu erfüllen:
- *Qualifikationsfunktion:* Die Schule übernimmt, ergänzt durch andere Bereiche des Bildungssystems, die Ausbildung der Menschen für alle Aufgabenbereiche der Gesellschaft. Je komplexer und differenzierter eine Gesellschaft organisiert ist, desto komplexer und differenzierter muss die Ausbildung in der Schule sein.
- *Integrationsfunktion:* Die junge Generation muss in das gesellschaftliche, kulturelle, politische und ethische System der Gesellschaft eingegliedert werden mit dem Ziel, dass die junge Generation sich aktiv an der Gestaltung und Erneuerung des gesellschaftlichen Lebens beteiligt.
- *Selektionsfunktion:* Das Bildungssystem verteilt über die unterschiedlichen Qualifikationen und die unterschiedlichen Bildungsabschlüsse auch den Zugang zu sozialen Positionen, Einfluss, Macht und Geld. Damit ist es Bestandteil einer sozialen Auslese.
- *Personalisation:* Eine weitere Funktion des Bildungssystems ist die Hilfestellung bei der Ausbildung der Persönlichkeit. Die umfassende Förderung aller menschlichen Entwicklungsbereiche begünstigt die Ausprägung von Individualität.

Diese vier Funktionen des Bildungssystems werden von allen Bildungssystemen wahrgenommen. Unterschiede ergeben sich aber in der ungleichen Gewichtung und der ungleichen Realisierung der Funktionen.

Der Pädagogik-Professor Peter Struck fordert in einer Veröffentlichung aus dem Jahre 1995 (Schulreport, Reinbek 1995, S. 207ff.), dass die Schule heute völlig neue Funktionen übernehmen müsse: eine kompensatorische Funktion, eine familienergänzende Funktion, eine diagnostische und therapeutische Funktion und eine die Einflüsse von Gleichaltrigen regulierende Funktion. Was meint er mit diesen Funktionen? Was meinen Sie dazu?

(Autorentext)

Institution Schule in der Kritik

Die Institution Schule ist in den letzten Jahrzehnten heftig in die Kritik geraten. Die Argumente pro und kontra Institution Schule lassen sich plakativ folgendermaßen gegenüberstellen:

Pro	Kontra
1. Die Schule ist zumindest im Bereich der Pflichtschulzeit eine staatlich verantwortete Zwangsveranstaltung, die mit hohem Mitteleinsatz gesellschaftlich notwendige Qualifikationen erbringen muss!	1. Die Schule soll zu einer anregungsreichen Begegnungsstätte werden, in der möglichst freiheitliche Lern- und Lebensbedingungen herrschen sollen!
2. Die Schule als abgesonderter, spezialisierter Ort des Lernens ist notwendig und sinnvoll, da in hochentwickelten Gesellschaften Lernen abstrakt und symbolisch und nicht durch Mittun und Nachahmen geleistet werden kann!	2. Die Trennung von Lernen und Leben soll möglichst aufgehoben werden und die Schule muss sich gegenüber ihrer sozialen Umgebung öffnen!

3. Massenlernprozesse mit objektivierter Leistungsüberprüfung und der Vergabe von Berechtigungs-Zertifikaten müssen standardisiert und reglementiert ablaufen!

3. Die Schule muss entinstitutionalisiert werden durch z. B. die Aufhebung von Jahrgangsklassen, Fächertrennung und 45-Minuten-Rhythmus!

(Orientiert an: Hans-Jürgen Lambrich, Kritik der Institution Schule/Hans-Georg Herrlitz, Lob der Institution Schule, in: Ilka Gropengießer u.a. [Hrsg.], Schule. Zwischen Reform und Routine, Friedrich Jahresheft XII, Velber 1994, S. 24ff.)

 Setzen Sie sich mit diesen Positionen auseinander, sammeln Sie konkrete Beispiele für Ihre Argumentation und führen Sie ein Pro- und Kontra-Streitgespräch.

Struktur und Besonderheiten des deutschen Bildungssystems

Überblick über das deutsche Schulsystem

Abbildung: Aufbau des Bildungssystems in der Bundesrepublik Deutschland

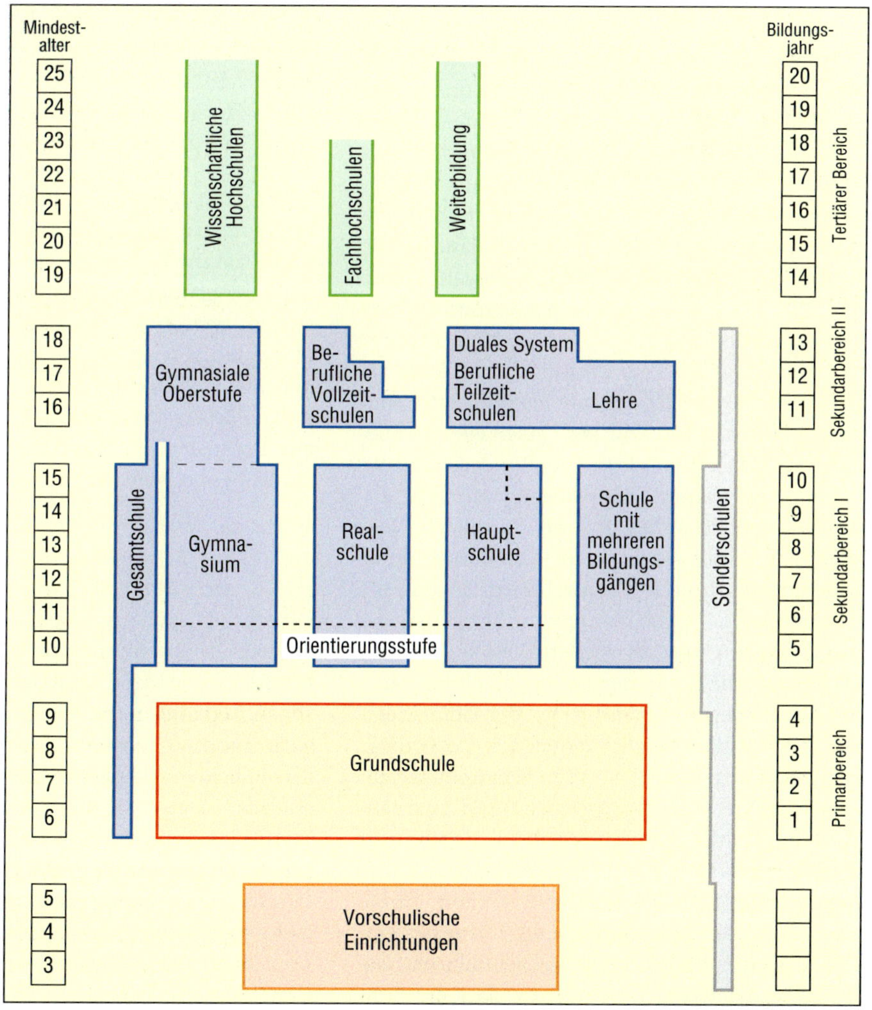

- Abgesehen von der Sonderschule bestehen bis zu fünf getrennte Schularten nebeneinander im Bereich der Sekundarstufe I, die auf die gemeinsame Grundschule folgen. [...] In einigen Bundesländern gibt es allerdings keine Gesamtschule, in anderen keine Hauptschule.

- Große Bedeutung hat die „duale" Form der beruflichen Bildung, die ihren Schwerpunkt in einer betrieblichen Ausbildung hat. Diese wird durch den obligatorischen Besuch einer öffentlichen Teilzeitberufsschule ergänzt. Die rein schulische Berufsausbildung (vollzeitschulische Ausbildung) spielt demgegenüber eine weit geringere Rolle als in den meisten europäischen Staaten.

- Die *föderalistische Staatsstruktur* der Bundesrepublik behält die „*Kulturhoheit*" den 16 Bundesländern vor. Das bedeutet, dass das deutsche Bildungswesen nicht zentral, sondern multizentral organisiert ist. Soweit das Schulwesen in Grundzügen seines Aufbaus, seiner Inhalte und seiner Abschlüsse dennoch mehr oder weniger große Einheitlichkeit aufweist, beruht dies nur in den wenigsten Fällen auf einer zentralstaatlichen Regelung, meist aber auf Absprache zwischen den Kultusverwaltungen der 16 Bundesländer, die hierfür ein eigenes Koordinierungsorgan haben: die Ständige Konferenz der Kultusminister der Länder (KMK).
Die Aufteilung der Verantwortlichkeiten kann als eine besondere Mischung von zentralisierter und dezentralisierter Struktur auf verschiedenen Ebenen beschrieben werden. Die Bundesregierung hat nur begrenzte und überwiegend indirekte Mitwirkungsmöglichkeiten in der Bildungs- und Wissenschaftspolitik, wenngleich ihr Einfluss unter anderem aufgrund der voranschreitenden europäischen Integration nicht zu unterschätzen ist. Die verfassungsmäßig abgesicherte Rolle der 16 Länderregierungen in der Bildungspolitik ist ausgeprägt; ihr gegenüber verbleiben den Gemeinden nur beschränkte Möglichkeiten der Gestaltung. Den einzelnen Schulen werden hingegen zunehmend erweiterte Handlungsspielräume zugestanden, die allerdings durch staatliche Regelungen klar begrenzt sind. Grob gesprochen ist das Bildungswesen auf der gesamtstaatlichen Ebene weitgehend dezentralisiert, auf der Ebene des einzelnen Landes dagegen deutlich zentralisiert. Dabei sollte nicht vergessen werden, dass die Bundesländer, und dementsprechend die 16 verschiedenen „Bildungssysteme" in der Bundesrepublik, sehr unterschiedliche Dimensionen haben: Während im Schuljahr 2000/01 in den allgemeinbildenden Schulen des größten Bundeslandes Nordrhein-Westfalen rund 2,3 Mill. Schüler unterrichtet wurden, hatte das kleinste Bundesland, der Stadtstaat Bremen, nur rund 74 000 Schüler.

- Die weit überwiegende Mehrheit der Schüler und Studenten besucht staatliche Bildungseinrichtungen. Privatschulen, die allerdings im Regelfall staatlich subventioniert werden, besucht nur eine kleine Minderheit (was allerdings bei den verschiedenen Schulformen erheblich streut). In den fünf neuen Bundesländern ist der Prozentsatz deutlich geringer, was in erster Linie darauf zurückzuführen ist, dass in der DDR keine Privatschulen zugelassen waren. So wie in den meisten west- und südeuropäischen Ländern sind Privatschulen in der Bundesrepublik zum größten Teil kirchlich. Es gibt aber kein Konkurrenzverhältnis und keine prinzipielle politische Spannung zwischen staatlichem und privatem Bildungswesen. Das beruht nicht nur auf den Zahlenverhältnissen, sondern vor allem darauf, dass sich Kirche und Staat im Bildungswesen der Bundesrepublik nicht in grundsätzlicher Opposition gegenüberstehen, wie etwa traditionell in Frankreich. Im Hochschulbereich, wo private Einrichtungen bisher nur auf Fachhochschulebene eine größere Rolle spielten, lässt sich insgesamt eine Tendenz zur Expansion und zu Neugründungen privater Institutionen beobachten.

- Für das Verhältnis von *Religion und Staat* sind drei Elemente wesentlich: Erstens gibt es zwei große, nach Mitgliederzahlen etwa gleich starke christliche Glaubensgemeinschaften, die römisch-katholische Kirche und die in der Evangelischen Kirche Deutschlands (EKD) zusammengeschlossenen regionalen protestantischen Kirchen; jeweils rund 40 Prozent der Bevölkerung gehören diesen beiden Glaubensgemeinschaften an. Dabei sind das relative Gewicht dieser Kirchen in den Bundesländern und die Geschichte ihres Verhältnisses zum Staat sehr unterschiedlich. Die Situation hat sich in den letzten Jahrzehnten merklich dadurch verändert, dass im Zuge der Immigration auch andere Bekenntnisse, vor allem muslimische Glaubensgemeinschaften, an Bedeutung gewon-

nen haben. Zweitens räumt der Staat den Kirchen einen Einfluss *innerhalb* der öffentlichen Schule ein (mit Ausnahme von Bremen, Berlin und Brandenburg); insbesondere ist Religion ein reguläres Fach im Curriculum der öffentlichen Schule. Allerdings tun sich die Landesregierungen bislang schwer, anderen Glaubensgemeinschaften gleiche Rechte zuzugestehen. Für die neuen Bundesländer gelten die gleichen Grundsätze für das Verhältnis von Staat und Kirche bei allerdings deutlich geringerer religiöser Bindung der Bevölkerung, sodass dort wie zum Beispiel in Brandenburg mit der Einrichtung von „Lebensgestaltung – Ethik – Religionskunde" neue Entwicklungsschritte eingeleitet worden sind. Drittens – und dies ist auch für die Rolle privater Bildungseinrichtungen wichtig – blieben in der Bundesrepublik gewisse öffentliche Aufgaben im Rahmen des sogenannten „Subsidiaritätsprinzips" weitgehend nichtstaatlichen Organisationen überlassen, insbesondere den Kirchen und anderen „freien Trägern". Dies traf zwar ausdrücklich *nicht* für die Schulen und Universitäten zu, wohl aber für Bereiche, die traditionell nicht als Teil des (allgemeinen) Bildungswesens betrachtet wurden. So spielten die Kirchen als Träger von Einrichtungen des Vorschulbereichs in Westdeutschland eine größere Rolle als der Staat. Erhebliche Bedeutung haben sie auch in der Erwachsenenbildung, doch teilen sie sich hier den Einfluss mit anderen gesellschaftlichen Kräften und Vereinigungen.

- Fast alle Schulen in der Bundesrepublik sind Halbtagsschulen. Staatliche Internatsschulen gibt es nur sehr wenige, und politische Versuche zur Förderung von Ganztagsschulen in Westdeutschland, die seit Ende der 1960er-Jahre unternommen wurden, hatten angesichts der wenig später einsetzenden Finanzprobleme der Bildungspolitik wenig Chancen. Darüber hinaus hat die häufig praktizierte organisatorische Verbindung von Gesamtschulen und Ganztagsschulen während der vergangenen Jahrzehnte beiden Initiativen im Grunde nicht gut getan, da der umstrittene Charakter der Gesamtschule auf die Ganztagsschule abfärbte. Inwieweit die bereits angelaufenen und durch die PISA-Befunde zusätzlich gestützten Maßnahmen zur Erweiterung des Ganztagsangebots in der Bundesrepublik einen substanziellen Wandel herbeiführen, bleibt abzuwarten. Wie die Koalitionsverhandlungen der 2002 wiedergewählten Bundesregierung gezeigt haben, ist eine bedarfsdeckende Versorgung angesichts der Haushaltslage kaum finanzierbar. Auch im Vorschul- bzw. Kindergartenbereich sind Ganztagseinrichtungen nach wie vor (wenn auch regional unterschiedlich) nicht die Regel. Hervorzuheben ist hier, dass die Versorgungsdichte mit Kindergärten und Horten in der DDR sehr viel höher war, sodass trotz der auch dort üblichen Halbtagsschule fast alle Kinder ganztägig betreut wurden. Angesichts der veränderten Familienstrukturen ist die Beseitigung des Mangels an qualitativ befriedigenden öffentlichen Angeboten zur Ganztagsbetreuung von kleinen Kindern und Schülern in der gesamten Bundesrepublik seit langem erforderlich. Dies schließt nicht nur vermehrte finanzielle Aufwendungen, sondern auch eine Umorientierung in den Schulen und bei der Lehrerschaft ein.

(Kai S. Cortina u. a. [Hg.], Das Bildungswesen in der Bundesrepublik Deutschland, Rowohlt, Reinbek 2003, S. 23 – 27)

1. Was unterscheidet unser Bildungssystem von den Bildungssystemen vieler anderer vergleichbarer Länder?

2. Stellen Sie Informationen über die Bildungssysteme von England, Frankreich oder den USA zusammen. Vielleicht können ehemalige Austauschschüler einen Bericht über ihre Erfahrungen beisteuern.

Die PISA-Studie 2000 – Schwerpunkt Lesekompetenz

PISA – dreizehn Fragen, dreizehn Antworten

„Müssen wir jetzt Deutschland rausreißen."
(Hauptschülerin, sehr ernst zu einer Studentin, die ihr einige Leseaufgaben aus der PISA-Studie vorgelegt hatte)

1. Was hat die PISA-Studie mit Pisa zu tun, und wer hat die Studie in Auftrag gegeben?
Mit der Stadt in Italien hat die PISA-Studie nichts zu tun. PISA steht vielmehr für **P**rogramme for **I**nternational **S**tudent **A**ssessment. Dieses Projekt versucht, Schülerleistungen im internationalen Vergleich zu erfassen. Durchgeführt werden diese und vergleichbare Untersuchungen durch die OECD, die Organisation für wirtschaftliche Zusammenarbeit und Entwicklung. Es ist die Absicht der beteiligten Staaten, über die Ergebnisse solcher Untersuchungen Anhaltspunkte zur Verbesserung von Bildung, Schule und Unterricht zu erhalten.

2. Was wurde im Jahr 2000 erfasst und wie geht es weiter?
PISA 2000 hat bei 15-Jährigen gegen Ende der Pflichtschulzeit drei Bereiche erfasst: die Lesekompetenz als Schwerpunkt sowie die mathematische und die naturwissenschaftliche Grundbildung. Vergleichbare Untersuchungen mit wechselnder Schwerpunktsetzung sollen künftig alle drei Jahre stattfinden (also 2003, 2006 ...).

3. Worin sehen die Autoren die Bedeutung der Studie – insbesondere der zur Lesekompetenz?
Hinreichendes Leseverständnis wird als notwendig erachtet, um eigene Ziele zu erreichen, das eigene Wissen und die eigenen Fähigkeiten weiterzuentwickeln und um am gesellschaftlichen Leben teilnehmen zu können.

4. Was versteht die Studie unter Lesekompetenz?
Die Studie geht davon aus, dass es für das Lesen – unabhängig vom jeweiligen Bildungssystem und von Lehrplänen – grundlegende Fähigkeiten gibt. Wer lesen kann, ist fähig, Informationen aus Texten zu entnehmen, Aussagen zu verstehen und auch den Inhalt sowie die Form von Texten zu deuten und zu bewerten. Das gilt für verschiedene Lesesituationen und Textsorten. Die Studie unterscheidet „kontinuierliche" und „nicht-kontinuierliche" Texte. Kontinuierliche Texte sind Texte, die man Wort für Wort, Zeile für Zeile liest (Beispiel: Sachtexte, Briefe); nicht-kontinuierliche Texte sind Texte, bei denen man die Informationen an verschiedenen Stellen entnimmt und wo der Text einen ersten Überblick über einen Sachverhalt ermöglicht (Beispiele: Tabellen, Schaubilder).

5. Kann die Befragung in Deutschland als repräsentativ bezeichnet worden?
Der Auswahl der befragten 15-Jährigen in Deutschland liegt ein sorgfältiges Verfahren zugrunde, das unserem stark gegliederten Schulsystem Rechnung trägt. Alle 220 Schulen, die nach einem Verfahren ausgewählt wurden, beteiligten sich an der Studie. Die Ergebnisse einer Schule blieben schließlich unberücksichtigt, weil sich dort zu we-

nig Schülerinnen und Schüler am Test beteiligten. Die Befragung ist trotzdem für Deutschland repräsentativ.

6. Wie ist die Studie durchgeführt und wie ist mit den Schulen zusammengearbeitet worden?

Organisation und Durchführung der Untersuchung wurden durch drei Gruppen vorgenommen. Die Leitung hatte in Absprache mit dem Max-Planck-Institut für Bildungsforschung ein unabhängiges Datenzentrum in Hamburg. Testleiterinnen und Testleiter waren Studierende höherer Semester (Lehramt, Psychologie, Erziehungswissenschaft), die zuvor von Mitarbeitern des Datenzentrums geschult worden waren. Beide Gruppen wurden durch Lehrer als Schulkoordinatoren unterstützt, die die Schulleitungen der beteiligten Schulen vorgeschlagen hatten. Der Test fand im Mai bis Juni 2000 jeweils an zwei Tagen im Beisein des Schulkoordinators oder der Schulkoordinatorin statt, wobei pro Schule im Durchschnitt je 23 per Zufall ausgewählte Schülerinnen und Schüler an den Tests teilnahmen.

7. Haben sich die Schülerinnen und Schüler bei dieser Untersuchung überhaupt angestrengt?

Nach den Ergebnissen einer Zusatzuntersuchung, die vor der PISA-Studie durchgeführt wurde, ist diese Frage zu bejahen. Schülerinnen und Schüler von drei Gymnasien und fünf Hauptschulen lösten ausgewählte Mathematik-Aufgaben unter vier unterschiedlichen Voraussetzungen: Einer Gruppe wurde gesagt, dass sie an einer Bildungsstudie mitwirke, einer zweiten wurde die Rückmeldung der Ergebnisse zugesagt, einer dritten wurde mitgeteilt, dass der Test eine Klassenarbeit ersetze und benotet würde, einer vierten wurde Geld (je 5 €) versprochen, wenn der Einzelne besser abschneide als sonst im Fach Mathematik. Weder unter den Gymnasiasten noch unter den Hauptschülern konnten Unterschiede in der Testmotivation festgestellt werden.

8. Über welche Lesekompetenz verfügen 15-Jährige an deutschen Schulen?

Die Ergebnisse wurden in allen Ländern auf fünf Lesestufen bezogen, wobei Lesestufe 5 auf hervorragende Lesefähigkeiten verweist. 15-Jährige an deutschen Schulen schneiden nicht gut ab: Lediglich 28 % erreichen die Stufen 4 und 5, womit insgesamt nur unsere besten Leserinnen und Leser das Niveau vorzüglicher Leserinnen und Leser jener Länder erreichen, die dem OECD-Durchschnitt entsprechen. 10 % der deutschen Schülerinnen und Schüler bewältigen noch nicht einmal Lesestufe 1, insgesamt 23 % bewegen sich mit ihren Ergebnissen unter Stufe 2. Zudem haben 26 % der deutschen Schülerinnen und Schüler große Schwierigkeiten, Gelesenes zu reflektieren und zu bewerten. Die Leseleistungen deutscher Schülerinnen und Schüler streuen beträchtlicher als in allen anderen Ländern.

9. Sagen die Ranglisten etwas aus zum jeweiligen Leistungsstand in den einzelnen Ländern?

Eher nicht. Da jede Messung einen (errechenbaren) Messfehler enthält, ist jede Rangliste nach Punkten problematisch – insbesondere dann, wenn die Werte dicht beieinander liegen. Außerdem setzt der quantitative Umfang der Stichproben solchen Ranglisten Grenzen. Aus dem Ländervergleich lässt sich lediglich ablesen, dass die Leseleistungen der deutschen 15-Jährigen deutlich unter dem OECD-Durchschnitt liegen. 15 von 31 Ländern schneiden beim Lesen deutlich besser ab als Deutschland, nur fünf Länder weisen eindeutig schlechtere Ergebnisse auf.

Darüber hinaus wären die kulturellen Unterschiede zwischen einzelnen Ländern bei einer angemessenen Würdigung zu berücksichtigen – etwa die im Vergleich mit vielen anderen Ländern längere Schulzeit in Deutschland, die unterschiedliche Entwicklung der Jugendlichen in einzelnen Gesellschaften, das Freizeitverhalten der Heranwachsenden oder der Stellenwert, der dem Lesen zugewiesen wird.

10. Haben die Verantwortlichen der PISA-Studie die schwierigen Bedingungen an deutschen Schulen berücksichtigt?

Bei der Ziehung der Stichprobe sind Bedingungen wie Klassengröße, Sitzenbleiber, Anteil an Migrantenkindern berücksichtigt worden. Von vornherein vom Test ausgeschlossen wurden zudem die Schülerinnen und Schüler, die als Zuwanderer weniger als ein Jahr in Deutschland am Deutschunterricht teilgenommen hatten.

11. Worauf sind die Ergebnisse zurückzuführen?

In einem ersten Schritt beschreibt die Studie lediglich, welche Leseleistungen zu einem bestimmten Zeitpunkt (2000) in über 30 Ländern ermittelt werden konnten. Ansonsten halten sich die Autoren streng an die mathematisch-statistische Grundregel: Selbst errechnete hohe Zusammenhänge (Korrelationen) müssen noch nichts über Ursache und Wirkung oder inhaltliche Beziehungen zwischen zwei Größen aussagen. Das heißt, dass der in der Studie zweifelsfrei ermittelte Zusammenhang zwischen Leseleistung und sozialer Herkunft nicht schlicht monokausal interpretiert werden darf. Etwa in die Richtung: Sozial schwache (oder überdurchschnittliche) soziale Herkunft bestimmt allein und ausschließlich den jeweiligen Grad der Lesekompetenz.

12. Ist die PISA-Studie wirklich unanfechtbar und über jeden Zweifel erhaben?
Natürlich nicht. Die PISA-Studie ist nur eine Momentaufnahme, die wie beim Fotografieren eine bestimmte Situation festhält. Dieser Schnappschuss bildet gewiss nicht die Realität in ihrer Komplexität ab, doch verzerrt sie diese auch nicht bis zur Unkenntlichkeit oder Beliebigkeit. Was das Konzept und die Aufgaben betrifft, ist die PISA-Studie außerdem ein Kompromiss hinsichtlich der Vorstellungen, die in den beteiligten Ländern akzeptiert werden. Die Vergleichsuntersuchung gilt demnach lediglich im Rahmen des vereinbarten Begriffs der Lesekompetenz.
Die PISA-Studie erfasst fächerübergreifende Kompetenzen und bezieht sich – psychologisch und pädagogisch inspiriert – vor allem auf das Lernen. Aus fachdidaktischer Sicht ist der Nutzen begrenzt, die Studie gibt allerdings wichtige Impulse, über das Lesen und den Deutschunterricht intensiver nachzudenken. Die Studie selbst kommt über einige Anregungen und Vorschläge nicht hinaus.

13. Welche Folgerungen werden in Deutschland aus der Studie gezogen, welche sollten Deutschlehrerinnen und -lehrer ziehen?
Ärgerlich ist der verbreitete Mechanismus, alles mit PISA in Verbindung zu bringen – die Familienverhältnisse, den Fernsehkonsum, die Lehrerschaft. Kaum weniger ärgerlich: Im bildungspolitischen Umfeld sucht sich jeder das heraus, was ihm in seine vertraute Einschätzung passt: Entscheidungen für oder gegen das gegliederte Schulsystem, für oder gegen eine straffe Auslese, für mehr Bildungsausgaben oder gegen die unsachgemäße Verwendung von Steuergeldern.
Und was ergibt sich ernstlich? Der Schock wirkt nach in einem Land, das sich aufgrund seines Wohlstands und seiner Bildungstradition anderen oft genug überlegen gefühlt hat. Für Deutschlehrerinnen und Deutschlehrer ist wichtig, was die Studie selbst an Konsequenzen erörtert:
• insbesondere die bessere Förderung schwacher Leserinnen und Leser;
• die Verbesserung von Lern-Lese-Strategien und des inhaltlichen Interesses beim Lesen;
• die Verbesserung der diagnostischen Fähigkeiten von Studierenden, Lehrerinnen und Lehrern;
• die Verbesserung der Lesemotivation und der Grundeinstellung zum Lesen.

(Jürgen Baumann, Die PISA-Studie: dreizehn Fragen – dreizehn Antworten, in: Praxis Deutsch Heft 176/2002, S. 10f.)

1. Stellen Sie aus den dreizehn Antworten einen Steckbrief des PISA-Untersuchungsansatzes zusammen.

2. Lesekompetenz gilt als Schlüsselkompetenz auch für naturwissenschaftliche und mathematische Kompetenz. Überlegen Sie, warum dies so ist und welche Konsequenzen man daraus ziehen muss.

Beispiel: Leseaufgabe aus der PISA-Studie 2000

Leseaufgabe: Graffiti

Text 1: Ich koche vor Wut, die Schulwand wird nämlich gerade zum vierten Mal gereinigt und frisch gestrichen, um Graffiti wegzubekommen. Kreativität ist bewundernswert, aber die Leute sollten Ausdrucksformen finden, die der Gesellschaft keine zusätzlichen Kosten aufbürden. Warum schädigt ihr den Ruf junger Leute, indem ihr Graffiti malt, wo es verboten ist? Professionelle Künstler hängen ihre Bilder doch auch nicht in den Straßen auf, oder? Stattdessen suchen sie

sich Geldgeber und kommen durch legale Ausstellungen zu Ruhm. Meiner Meinung nach sind Gebäude, Zäune und Parkbänke an sich schon Kunstwerke. Es ist wirklich armselig, diese Architektur mit Graffiti zu verschandeln, und außerdem zerstört die Methode die Ozonschicht. Wirklich, ich kann nicht begreifen, warum diese kriminellen Künstler sich so viel Mühe machen, wo ihre „Kunstwerke" doch bloß immer wieder beseitigt werden und keiner sie mehr sieht.

Helga

Text 2: Über Geschmack lässt sich streiten. Die Gesellschaft ist voll von Kommunikation und Werbung. Firmenlogos, Ladennamen. Große, aufdringliche Plakate in den Straßen. Sind sie akzeptabel? Ja, meistens. Sind Graffiti akzeptabel? Manche Leute sagen ja, manche nein. Wer zahlt den Preis für die Graffiti? Wer zahlt letzten Endes den Preis für die Werbung? Richtig! Der Verbraucher. Haben die Leute, die Reklametafeln aufstellen, dich um Erlaubnis gebeten? Nein. Sollten also die Graffiti-Maler dies tun? Ist das nicht alles nur eine Frage der Kommunikation – der eigene Name, die Namen von Banden und die großen Kunstwerke auf offener Straße? Denk mal an die gestreiften und karierten Kleider, die vor ein paar Jahren in den Läden auftauchten. Und an die Skibekleidung. Die Muster und die Farben waren direkt von den bunten Betonwänden geklaut. Es ist schon komisch, dass die Leute diese Muster und Farben akzeptieren und bewundern, während sie Graffiti in demselben Stil scheußlich finden. Harte Zeiten für die Kunst.

Sophia

Die beiden Briefe kommen aus dem Internet, und es geht in ihnen um Graffiti. Graffiti sind verbotene Malereien und Schrift an Wänden und anderswo. Beziehe dich auf die Briefe, um die anschließenden Fragen zu beantworten.

Frage: Die Absicht der beiden Briefe ist:

A. zu erklären, was Graffiti sind;
B. Meinungen zu Graffiti zu äußern;
C. die Popularität von Graffiti zu beweisen;
D. den Leuten mitzuteilen, wie viel ausgegeben wird, um Graffiti zu entfernen.

Frage: Warum verweist Sophia auf die Werbung?

(Deutsches PISA-Konsortium [Hg.], PISA 2000. Basiskompetenzen von Schülerinnen und Schülern im internationalen Vergleich, Leske + Budrich, Opladen 2001)

> Lösen Sie diese Aufgaben zunächst selbst.
> Die offizielle Lösung finden Sie auf unserer Internetseite www.dialogische-fachdidaktik.de.

Lesekompetenz als Schlüsselkompetenz

Lesen als Konstruktion
Lesen und Verstehen ist Interaktion zwischen den Lesenden und einem Text, bei der es zu einer Wechselwirkung zwischen den Informationen des Textes und unserem Wissen und Denken kommt. Das geschieht auf konstruktive Weise: Wir müssen Bedeutungen von Wörtern und Sätzen des Textes mit den Bedeutungen anderer Wörter und Sätze in der Textumgebung verbinden. Schon dafür brauchen wir unser Wissen und Können. Aber nicht nur das: Wir müssen Textinformationen auch mit unserem schon vorhandenen Wissen – unserem Sprachwissen, Weltwissen, Fachwissen – verbinden. Beides wird beim Lesen gebraucht, geschult und bereichert.

Eine wichtige steuernde Komponente unserer Bemühungen um den Aufbau von Bedeutungen ist das Leseziel. Wenn wir gründlich und hinreichend tief verstehen, dann bauen wir nicht nur Bedeutungen auf, sondern auch ein internes anschauliches und konkretes Modell des im Text dargestellten Sachverhalts. In der Wechselseitigkeit von Erfassen und Erschaffen, ausgehend zum einen von den sprachlichen Formen des Textes, zum andern von den Kategorien, die wir aus unserem Wissen und Denken beisteuern, bauen wir das Modell aus, reichern es an und modifizieren oder korrigieren wenn nötig. Das schließt Überwachung, Steuerung und Bewertung ein.

Der folgende Textabschnitt für eine „Probe" dieses Modellbaus ist einem tradierten und berühmten didaktischen Klassiker entnommen, Michael Faradays „Lectures on the Chemical History of a Candle", den Vorlesungen für Kinder und Jugendliche, die Faraday in den Weihnachtsferien 1860 in der Royal Institution in London gehalten hat und die es ab 1861 auch zu lesen gab:

(1) Ich hoffe, ihr werdet zu Hause eine mit ruhiger Flamme brennende Kerze genau betrachten. (2) Da seht ihr dann, wie sich auf der Kerze gleich unter der Flamme eine schalenförmige Mulde bildet. (3a) Die zur Kerze gelangende Luft steigt nämlich infolge der Strömung, (3b) die die Flammenhitze erzeugt, nach oben und kühlt dadurch den Mantel der Kerze, (3c) sodass also der Rand der Mulde gekühlt wird und weniger einschmilzt als die Mitte, (3d) wo die Flamme am meisten einwirkt, (3e) da sie so weit wie möglich am Docht hinabläuft. (4a) Solange die Luft von allen Seiten gleichmäßig zuströmt, (4b) bleibt die Mulde vollkommen waagerecht, (4c) sodass die geschmolzene Kerzenmasse darin stehen bleiben muss." („Die Zeit" Nr. 1, 1997)

Faraday leitet dazu an, etwas zu sehen, unabhängig davon, ob die brennende Kerze sichtbar vor uns steht. Wir brauchen ohnehin unsere Fähigkeit zur Imagination, denn der Text verweist auf Vorgänge, die zwar ersichtlich werden können, unmittelbar aber gar nicht sichtbar sind. Bis wir dahin gelangen, beschäftigen uns Sätze und dann Einheiten der Bedeutung, die – z.T. weit – über Sätze hinausgreifen.

Die erste Aufgabe ist die Erschließung der Wort- und Satzbedeutungen. Auf den sinnvollen Zusammenhang im Satz kommt es uns an. Dazu beachten wir die Bedeutungen der Inhaltswörter im Satzkontext, die der „satzbauenden" Funktionswörter, der Satzglieder nach der Ordnung ihrer Aufstellung und Beziehung. Wir lesen mit innerer gesprochener Sprache, gliedern, betonen, setzen Akzente, formen um, bilden Vorstellungen u.a.m., bis wir den Bedeutungszusammenhang unsererseits in die Sprache fassen können, die uns (nun) zur Verfügung steht. Wir haben erschlossen, wovon Satz für Satz die Rede ist und was ausgesagt wird.

Die zweite Aufgabe besteht darin, über den Wortlaut der Sätze hinaus Zusammenhänge herzustellen auf dem Weg zum konkret-anschaulichen Modell des dargestellten Sachverhalts. Es handelt sich um Beziehungen zwischen Textstellen, zwischen explizit im Text gegebenen Informationen und impliziten, zwischen Textinformationen und Informationen aus unserem Erfahrungswissen. Wir schaffen die Zusammenhänge durch Denken und Vorstellen. Wir bearbeiten sie zu passenden Bausteinen für das interne Modell. Das Weltwissen kann voll zum Zuge kommen. Um die Sprache, mit der wir diese Zusammenhänge ausdrücken, die nun zur Sprache des Textes gewissermaßen hinzutritt, ist unsere eigene Sprache. Wir schließen von Stellen des Textes aus zurück und voraus und folgern „über den Text hinaus". Wenn wir entdecken, wie der Text selbst vorgeht, welchem orientierenden Muster er folgt, können wir es in Vorstellungen und Denken übernehmen und entsprechend verfahren.

Das orientierende Muster des Faradayschen Textes heißt: „Phänomene sehen und begründen". Das „Phänomen" ist der unscheinbare, gerade noch feste Rand der Mulde direkt unter der Flamme einer brennenden Kerze. Was Faraday zu sehen aufgibt, kann die Vorstellung als anschaulichen Vorgang und das Denken als Erklärungs- bzw. Begründungsmodell konstruieren. Die Bestandteile werden sein: die heiße Flamme – die Mulde voll flüssigen heißen Brennstoffs – der dünne Rand aus derselben leicht schmelzenden Masse nahe der Flamme – die erwärmte aufsteigende Luft – die zuströmende kühle Luft [...]. Die logischen Partikeln werden sein: wenn – dann, weil, sodass, deshalb [...]. Wir sind unabhängig geworden vom Wortlaut des Textes und verfügen über ein Netz von Zusammenhängen, in dem wir uns frei bewegen können.

(Rudolf Steffens, Gelesen heißt noch nicht verstanden, in: forum schule Nr. 1/2002, S. 22–26 [Auszug])

1. Verdeutlichen Sie am Beispiel des Textes von Faraday, welche komplexen Leistungen hinter einem sinn-entnehmendem Lesen stehen.

2. Was „erschließt" Lesekompetenz? Diskutieren Sie.

3. Reaktivieren Sie Ihre lernpsychologischen Kenntnisse (vgl. „Phoenix", Band 1, Kapitel „Mein Hirn und Ich") und erläutern Sie die Überschrift „Lesen als Konstruktion".

Die PISA-Hauptstudie 2003

Beispielaufgaben Naturwissenschaften: Klonen und Ferienlager

KLONEN

Lies den folgenden Zeitungsartikel und beantworte die anschließenden Fragen.

Ein Kopierapparat für Lebewesen?

Hätte es Wahlen zum Tier des Jahres 1997 gegeben, wäre Dolly ohne Zweifel der sichere Sieger gewesen. Dolly ist das schottische Schaf, das Sie auf dem Foto sehen können. Dolly ist allerdings kein gewöhnliches Schaf. Sie ist ein Klon eines anderen Schafs. Ein Klon bedeutet: eine Kopie. Klonen heißt kopieren „von einem einzigen Original". Es ist Wissenschaftlern gelungen, ein Schaf (Dolly) zu erschaffen, das mit einem Schaf identisch ist, das als „Original" ausgewählt worden war.

Es war der schottische Wissenschaftler Ian Wilmut, der die „Kopiermaschine" für Schafe entworfen hat. Er nahm ein sehr kleines Stück vom Euter eines erwachsenen Schafs (Schaf 1). Diesem kleinen Stück hat er den Zellkern entnommen, den er in eine Eizelle eines zweiten (weiblichen) Schafs (Schaf 2) eingepflanzt hat. Zunächst entfernte er aber aus dieser Eizelle das ganze Material, das Eigenschaften von Schaf 2 in einem aus dieser Eizelle entstehenden Lamm bestimmt hätte.

Ian Wilmut implantierte die manipulierte Eizelle von Schaf 2 in ein weiteres (weibliches) Schaf (Schaf 3). Schaf 3 wurde trächtig und gebar ein Lämmchen: Dolly.

Manche Naturwissenschaftler glauben, dass es in wenigen Jahren möglich sein wird, auch Menschen zu klonen. Doch viele Regierungen haben bereits beschlossen, das Klonen von Menschen gesetzlich zu verbieten.

Frage 1: KLONEN

Mit welchem Schaf ist Dolly identisch?

A Schaf 1
B Schaf 2
C Schaf 3
D Dollys Vater

Frage 2: KLONEN

In Zeile 19 wird der Teil, der vom Euter verwendet wurde, als ein „sehr kleines Stück" bezeichnet. Du kannst dem Artikel entnehmen, was mit dem „sehr kleinen Stück" gemeint ist.

Dieses „sehr kleine Stück" ist
A eine Zelle.   C ein Zellkern.
B ein Gen.   D ein Chromosom.

Frage 3: KLONEN

Im letzten Satz des Artikels steht, dass viele Regierungen bereits beschlossen haben, das Klonen von Menschen gesetzlich zu verbieten.
Zwei mögliche Gründe dafür werden unten angegeben.
Beurteile, ob es sich hierbei um wissenschaftliche Gründe handelt.
Kreise jeweils „Ja" oder „Nein" ein.

Grund:	Wissenschaftlich?
Geklonte Menschen könnten für gewisse Krankheiten anfälliger sein als normale Menschen.	Ja / Nein
Menschen sollten nicht die Rolle des Schöpfers übernehmen.	Ja / Nein

FERIENLAGER

Die Gemeinde von Zedstadt organisiert ein fünftägiges Ferienlager für Kinder. 46 Kinder (26 Mädchen und 20 Jungen) haben sich für das Ferienlager angemeldet, und 8 Erwachsene (4 Männer und 4 Frauen) haben sich als Freiwillige gemeldet, um sie zu betreuen und die Freizeit zu organisieren.

Tabelle 1: Erwachsene
Frau Marjan
Frau Christen
Frau Grethen
Frau Karina
Herr Simon
Herr Niklas
Herr Wilhelm
Herr Peters

Tabelle 2: Schlafsäle	
Name	Anzahl der Betten
Rot	12
Blau	8
Grün	8
Lila	8
Orange	8
Gelb	6
Weiß	6

Regelungen für den Schlafsaal:

1. Jungen und Mädchen müssen in getrennten Schlafsälen schlafen.
2. In jedem Schlafsaal muss mindestens ein Erwachsener schlafen.
3. Der/die Erwachsene/n in einem Schlafsaal muss/müssen das gleiche Geschlecht haben wie die Kinder.

Frage 1: FERIENLAGER
Schlafsaalbelegung.
Vervollständige die Tabelle zur Verteilung der 46 Kinder und der 8 Erwachsenen auf die Schlafsäle. Beachte alle Vorgaben.

Name	Anzahl der Jungen	Anzahl der Mädchen	Name/n der/des Erwachsenen
Rot			
Blau			
Grün			
Lila			
Orange			
Gelb			
Weiß			

(OECD, PISA 2003 – Beispielaufgaben aus dem Naturwissenschaftstest sowie dem Problemlösetest, S. 4, 5, 7, 8; online verfügbar unter: http://pisa.ipn.uni-kiel.de, August 2005)

1. Lösen Sie die Aufgaben zunächst selbst und vergleichen Sie Ihre Lösungen dann mit den offiziellen Lösungen, die Sie auf der o. g. Internetseite einsehen können.
2. Welche Kenntnisse, Fähigkeiten, Fertigkeiten und Persönlichkeitseigenschaften werden hier erfasst? Recherchieren Sie auch die Rahmenbedingungen, unter denen der Test stattfindet.

PISA-Konsortium Deutschland: PISA 2003 – Kurzfassung der Ergebnisse

Das „Programme for International Student Assessment" (PISA)

Mit PISA informiert die OECD (Organisation für wirtschaftliche Zusammenarbeit und Entwicklung) ihre Mitgliedstaaten über Stärken und Schwächen der Bildungssysteme. PISA untersucht, wie gut die jungen Menschen auf Herausforderungen der Wissensgesellschaft vorbereitet sind.

Die Erhebungen werden mit einem abgestimmten Testprogramm in einem Abstand von drei Jahren durchgeführt. Die erste PISA-Erhebung fand im Jahr 2000 statt, die zweite, über die hier berichtet wird, im Jahr 2003. Die nächste Erhebung folgt im Jahr 2006.

PISA untersucht die Kompetenzen von fünfzehnjährigen Schülerinnen und Schülern in den Bereichen Mathematik, Lesen und Naturwissenschaften. In jeder Erhebungsrunde wird jeweils eine Domäne als Schwerpunktgebiet vertieft analysiert. In PISA 2000 stand die Lesekompetenz im Zentrum, in PISA 2003 ist es die Mathematik. Zusätzlich werden fächerübergreifende Kompetenzen erhoben: PISA 2003 untersucht die Fähigkeit, Probleme zu lösen. Erhebungen zu Lernstrategien, Lernmotivation und zur Vertrautheit mit Informationstechnologien ergänzen diesen Bereich.

PISA befragt darüber hinaus die Schülerinnen und Schüler über ihre Wahrnehmung von Schule und Unterricht sowie über Merkmale der familiären Umgebung. Auf diese Weise kann analysiert werden, inwieweit Merkmale der sozialen und kulturellen Herkunft mit Unterschieden in der Kompetenz verbunden sind. Über die Befragung der Schulleitungen gewinnt PISA Informationen über Unterschiede zwischen Schulen, etwa im Hinblick auf Ressourcen, Aktivitäten oder Aspekte eines lernförderlichen Schulklimas.

PISA 2003 in Deutschland

An PISA 2003 beteiligten sich 41 Staaten (30 OECD-Staaten und 11 Partnerländer). International wurden ca. 250 000 Schülerinnen und Schüler getestet. In Deutschland nahmen 216 Schulen und 4660 Schülerinnen und Schüler an den Erhebungen zum internationalen Vergleich teil. Die teilnehmenden Schulen und die Schülerinnen und Schüler wurden mit einem Zufallsverfahren für den Test ausgewählt.

Die Durchführung von PISA 2003 in Deutschland erfolgte im Auftrag der Kultusministerkonferenz nach einer Ausschreibung. Das PISA-Konsortium Deutschland unter Federführung des Leibniz-Instituts für die Pädagogik der Naturwissenschaften übernahm das nationale Projektmanagement, die nationale Auswertung und die Berichterstellung.

Die Kompetenzen der Jugendlichen in Deutschland im internationalen Vergleich

Die Leistungen der Schülerinnen und Schüler aus Deutschland liegen 2003 in den drei Kompetenzbereichen Mathematik, Lesen und Naturwissenschaften im internationalen Durchschnittsbereich, der für die OECD-Staaten errechnet wird. Der Mittelwert Deutschlands für die fächerübergreifende Kompetenz Problemlösen befindet sich signifikant über dem OECD-Durchschnitt.

In der Gesamtskala Mathematik erreicht Deutschland einen Mittelwert von 503 Punkten (OECD-Durchschnitt: 500 Punkte). Das Mittelfeld erstreckt sich von Österreich (506 Punkte) bis Norwegen (495 Punkte). Die Spitzengruppe der OECD-Staaten bilden Finnland (544 Punkte), Korea (542 Punkte) und die Niederlande (538 Punkte). Die Jungen erreichen in Deutschland im Mittel einen höheren Kompetenzwert als die Mädchen (Differenz 9 Punkte; international: 11 Punkte).

Für das Schwerpunktgebiet Mathematik wurden vier Teilskalen gebildet, die mathematische Inhaltsgebiete im Sinne „Übergreifender Ideen" erfassen. Die Gebiete „Quantität", „Veränderung und Beziehungen", „Raum und Form" sowie „Unsicherheit" weisen einige Beziehungen zu den herkömmlichen Stoffgebieten der Schulmathematik (Arithmetik, Algebra, Geometrie und Stochastik) auf, entsprechen diesen jedoch nicht.

Die Mittelwerte, die Deutschland auf diesen Teilskalen mathematischer Kompetenz erreicht, liegen für die Bereiche

- „Quantität" mit 514 Punkten signifikant über dem OECD-Durchschnitt,
- „Veränderung und Beziehungen" mit 507 Punkten im OECD-Durchschnitt,
- „Raum und Form" mit 500 Punkten im OECD-Durchschnitt,
- „Unsicherheit" mit 493 Punkten im OECD-Durchschnitt.

Die Befunde lassen für Deutschland relative Stärken und Schwächen der mathematischen Kompetenz bezogen auf Inhaltsgebiete erkennen.

Im Bereich der Lesekompetenz in PISA 2003 beträgt der Mittelwert für Deutschland 491 Punkte; der internationale Durchschnitt liegt bei 494 Punkten. Als Bezugspunkt für die Normierung dienten die in PISA 2000 erreichten Testleistungen. Der internationale Mittelwert hat sich aufgrund einer veränderten Länderzusammensetzung und Leistungsabnahmen in einigen OECD-Staaten gegenüber 2000 verringert. Das Durchschnittsfeld reicht in PISA 2003 von Norwegen (500 Punkte) bis zur Tschechischen Republik (489 Punkte). An der Spitze der OECD-Staaten befinden sich Finnland (543 Punkte), Korea (534 Punkte) und Kanada (528 Punkte). In Deutschland übertrifft die Lesekompetenz der Mädchen die der Jungen (Differenz 42 Punkte; international: 34 Punkte).

Die Ergebnisse zur naturwissenschaftlichen Kompetenz in PISA 2003 wurden am Test aus der ersten Erhebungsrunde normiert. Der OECD-Mittelwert beträgt 2003 ebenfalls 500 Punkte; die Schülerinnen und Schüler in Deutschland erreichen 502 Punkte. Sie liegen damit in einem Mittelfeld, das von Schweden (506 Punkte) bis zur Slowakischen Republik (495 Punkte) reicht. An der Spitze der OECD-Staaten befinden sich Finnland (548 Punkte), Japan (548 Punkte) und Korea (538 Punkte). Der Differenzwert zwischen Jungen und Mädchen in der naturwissenschaftlichen Kompetenz beträgt in Deutschland 6 Punkte zugunsten der Jungen (international: 6 Punkte) und ist statistisch nicht signifikant.

Im Bereich Problemlösen liegen die Leistungen der Schülerinnen und Schüler in Deutschland mit 513 Punkten signifikant über dem OECD-Mittelwert (500 Punkte). Nur sechs OECD-Staaten schneiden signifikant besser ab als Deutschland. In der OECD-Spitzengruppe sind Korea (550 Punkte), Finnland (548 Punkte) und Japan (547 Punkte) vertreten. Die Punktwerte der Mädchen in Deutschland liegen im Mittel 6 Punkte (international 2 Punkte) über denen der Jungen (nicht signifikant). Der bei PISA 2003 verwendete Test misst mit dem analytischen Problemlösen Fähigkeiten, die ebenfalls in den anderen Kompetenzbereichen eine wichtige Rolle spielen. Die mathematische Kompetenz und die Problemlösekompetenz hängen sehr stark zusammen (latente Korrelation $r = 0.89$). Bemerkenswert ist deshalb, dass die Schülerinnen und Schüler in Deutschland im Problemlösen deutlich bessere Leistungen erreichen als in der Mathematik.

Verteilung auf Kompetenzstufen

Die Streuung der Leistungen in den Kompetenzbereichen Mathematik, Lesen und Naturwissenschaften (nicht jedoch in der Problemlösekompetenz) ist im internationalen Vergleich relativ hoch. Die Zuordnung von Schülerinnen und Schülern zu Kompetenzstufen hilft, die Anteile im Spitzenfeld oder im unteren Leistungsbereich zu identifizieren. Für Schülerinnen und Schüler, die in den Bereichen Lesen, Mathematik und Naturwissenschaften auf bzw. unter der ersten Kompetenzstufe eingeordnet werden, sind die Prognosen für das weitere Lernen bzw. für eine berufliche Ausbildung ungünstig.

Im Bereich Mathematik liegen in Deutschland 9,2 Prozent der Jugendlichen unter der ersten Kompetenzstufe. Zusammen mit den Schülerinnen und Schülern auf der ersten Kompetenzstufe umfasst die sogenannte Risikogruppe in Deutschland 21,6 Prozent der Fünfzehnjährigen (im OECD-Mittel 21,4 Prozent). Die sechste und höchste Stufe mathematischer Kompetenz erreichen in Deutschland 4,1 Prozent, international 4,0 Prozent der Schülerinnen und Schüler.

Im Bereich Lesen beträgt der Anteil von Jugendlichen auf bzw. unter der ersten Kompetenzstufe in Deutschland 22,3 Prozent gegenüber einem Anteil von 19,1 Prozent im OECD-Durchschnitt. Der fünften und höchsten Stufe der Lesekompetenz zugeordnet sind 9,6 Prozent der Fünfzehnjährigen in Deutschland gegenüber 8,3 Prozent im OECD-Durchschnitt.

Für den Bereich Naturwissenschaften wurden international bisher keine Kompetenzstufen gebildet. Dennoch sind die Anteile der Schülerinnen und Schüler im oberen und unteren Leistungsbereich identifizierbar. Das untere Viertel der Leistungsverteilung in Deutschland erreicht im internationalen Vergleich relativ niedrige Kompetenzwerte. Bei einer Zuordnung der Schülerinnen und Schüler zu (nur für Deutschland errechneten) Kompetenzstufen liegt der Anteil auf bzw. unter der ersten Kompetenzstufe bei 23,6 Prozent. Der Anteil an Schülerinnen und Schülern mit sehr guten Naturwissenschaftsleistungen in Deutschland unterscheidet sich nicht vom internationalen Durchschnitt.

Im Bereich Problemlösen wurden international drei Kompetenzstufen unterschieden. Der Anteil von Schülerinnen und Schülern, der unterhalb der ersten Kompetenzstufe eingeordnet werden muss, beträgt in Deutschland 14,1 Prozent, gegenüber einem internationalen Durchschnitt von 17,3 Prozent. Auf der höchsten Kompetenzstufe liegen in Deutschland 21,8 Prozent der Fünfzehnjährigen, international 17,3 Prozent.

Veränderungen in der Kompetenz von 2000 zu 2003

Da über die verschiedenen Erhebungsrunden gleiche Aufgaben verwendet werden, kann bei PISA 2003 überprüft werden, ob sich die Kompetenzen der Fünfzehnjährigen seit PISA 2000 verändert haben.

Im Bereich der mathematischen Kompetenz kann dieser Vergleich nur für die beiden Teilskalen „Veränderung und Beziehungen" und „Raum und Form" vorgenommen werden, die zu beiden Zeitpunkten getestet wurden.

Die bei PISA 2003 in Deutschland getesteten Schülerinnen und Schüler erreichen in der Teilskala „Veränderung und Beziehungen" 507 Punkte, gegenüber 485 Punkten in PISA 2000. Dieser Zuwachs von 22 Punkten ist statistisch signifikant. Der Zuwachs von 14 Punkten im Bereich „Raum und Form" lässt sich statistisch dagegen nicht zufallskritisch absichern.

Im Bereich der Lesekompetenz liegt der Mittelwert für Deutschland 2003 bei 491 Punkten, gegenüber 484 Punkten in PISA 2000. Dieser Unterschied ist statistisch nicht signifikant.

Die Jugendlichen in Deutschland erreichen 2003 beim Test der naturwissenschaftlichen Kompetenz 502 Punkte. Der Zuwachs im Vergleich zu 487 Punkten bei PISA 2000 ist statistisch signifikant.

International sind für den Teilbereich „Raum und Form" in vier OECD-Staaten signifikante Zunahmen, in sechs Staaten Abnahmen zu verzeichnen. Zunahmen für den Bereich „Veränderung und Beziehungen" sind in zehn Staaten abzusichern. Eine signifikante Zunahme der Lesekompetenz konnte nur für einen Staat beobachtet werden, signifikante Abnahmen hingegen für sieben Staaten. In neun Staaten sind signifikante Anstiege der naturwissenschaftlichen Kompetenz abzusichern, in fünf Staaten ergeben sich signifikante Abnahmen.

Leibniz-Institut für die Pädagogik der Naturwissenschaften an der Universität Kiel Olshausenstr. 62, 24098 Kiel, E-Mail: pisa@ipn.uni-kiel.de, Homepage: http://pisa.ipn.uni-kiel.de

(M. Prenzel u.a. [Hg.], PISA 2003. Der Bildungsstand der Jugendlichen in Deutschland – Ergebnisse des zweiten internationalen Vergleichs, Waxmann, Münster 2004; http://pisa.ipn.uni-kiel.de)

PISA 2003 im Bundesländervergleich

Der aktuelle Pisa-Bundesländervergleich

☐ über dem Durchschnitt ☐ Durchschnitt ☐ unter dem Durchschnitt   **Pisa 2003** (Pisa 2000)

Mathematik		Lesen		Naturwissenschaften		Problemlösen	
Finnland	544 (536)**	Finnland	543 (546)	Finnland	548 (538)	Finnland	548
Niederlande	538 (–)	Bayern	518 (510)	Bayern	530 (508)	Bayern	534
Bayern	533 (516)	Niederlande	513 (–)	Niederlande	524 (–)	Sachsen	527
Sachsen	523 (501)	Baden-Württemberg	507 (500)	Sachsen	522 (499)	Baden-Württemberg	521
Baden-Württemberg	512 (512)	Sachsen	504 (491)	Baden-Württemberg	513 (505)	Niederlande	520
Frankreich	511 (517)	Frankreich	496 (505)	Frankreich	511 (500)	Frankreich	519
Thüringen	510 (493)	USA	495 (504)	Thüringen	508 (495)	Deutschland	513
Österreich	506 (515)	Thüringen	494 (482)	Saarland	504 (485)	Thüringen	511
Deutschland	503 (490)	Deutschland	491 (484)	Sachsen-Anhalt	503 (471)	Schleswig-Holstein	509
Sachsen-Anhalt	502 (477)	Österreich	491 (507)	Deutschland	502 (487)	Rheinland-Pfalz	508
Saarland	498 (487)	Schleswig-Holstein	488 (478)	Niedersachsen	498 (476)	Berlin	507
Schleswig-Holstein	497 (490)	Rheinland-Pfalz	485 (485)	Schleswig-Holstein	497 (486)	Hessen	507
Hessen	497 (486)	Hessen	484 (476)	Rheinland-Pfalz	497 (489)	Niedersachsen	506
Niedersachsen	494 (478)	Saarland*	485 (484)	Berlin	493	Österreich	506
Mecklenburg-Vorpommern	493 (484)	Sachsen-Anhalt	482 (455)	Mecklenburg-Vorpommern	491 (478)	Hamburg	505
Rheinland-Pfalz	493 (488)	Niedersachsen	481 (474)	Hessen	489 (481)	Brandenburg	504
Brandenburg	492 (472)	Berlin	481 (–)	USA*	491 (499)	Mecklenburg-Vorpommern	502
Berlin	488 (–)	Nordrhein-Westfalen	480 (482)	Österreich*	491 (519)	Sachsen-Anhalt	501
Nordrhein-Westfalen	486 (480)	Hamburg	478 (–)	Nordrhein-Westfalen	489 (478)	Nordrhein-Westfalen	500
USA	483 (493)	Brandenburg	478 (459)	Hamburg	487 (–)	Saarland	500
Hamburg	481 (–)	Italien	476 (486)	Italien	486 (476)	Bremen	491
Bremen	471 (452)	Mecklenburg-Vorpommern	473 (467)	Brandenburg	486 (470)	USA	477
Italien	466 (457)	Bremen	467 (448)	Bremen	477 (461)	Italien	470
OECD-Durchschn.	500 (500)	OECD-Durchschn.	494 (500)	OECD-Durchschn.	500 (500)	OECD-Durchschn.	500

* Aufgrund des Signifikanztests unterhalb des OECD-Durchschnitts eingeordnet
ZEIT-Grafik/Quelle: Vorinformation von Pisa 2003

Die Ranglisten enthalten die Ergebnisse von PISA 2003 für alle 16 Bundesländer sowie zum Vergleich die einiger OECD-Staaten. Hamburg und Berlin (wie die Niederlande) wurden bei PISA 2000 nicht gewertet, weil nicht genug Schüler am Test teilgenommen hatten. Eine Differenz von 40 Punkten entspricht in etwa dem Lernzuwachs eines Schülers in einem Schuljahr. Bayern ist Bremen bei den 15-Jährigen in Mathematik also etwa anderthalb Schuljahre voraus. Differenzen von weniger als 10 Punkten sind aufgrund der Messungenauigkeit nicht von Bedeutung. Deswegen verbietet sich die Angabe von Rangspitzen.

(DIE ZEIT v. 21.7.2005, S. 68)

Soziale, politische und ökonomische Kontexte in den Bundesländern

• Die Länder Hessen, Baden-Württemberg, Bayern und – abgeschwächt im Bereich der Indikatoren für Wirtschaft und Finanzen – Rheinland-Pfalz bilden eine Ländergruppe, die durchgängig eher günstige Rahmenbedingungen für schulisches Lernen aufweist. Alle vier Länder weisen allerdings bei den Fünfzehnjährigen mit Migrationshintergrund bundesdurchschnittliche (Bayern) bzw. deutlich überdurchschnittliche Anteilswerte auf. Dies kann für die in den Schulen dieser Länder erwartbaren Leistungen bedeutsam sein – insbesondere in den Ländern Rheinland-Pfalz, Baden-Württemberg und Hessen.
Ein typisches Land dieser Gruppe, Bayern, zeichnet sich durch die folgenden Merkmale aus: Der Anteil seiner Schüler und Schülerinnen mit Migrationshintergrund liegt in etwa im Durchschnitt aller Länder, aber unterhalb des Durchschnitts der alten Bundesländer. Es hat ein weit überdurchschnittliches Bruttoinlandsprodukt – bei einem zugleich niedrigen Schuldenstand und geringer Neuverschuldung. Das Land ist wirtschaftlich überdurchschnittlich stark und benötigt nur einen im Vergleich zu anderen Ländern geringeren Anteil seines obendrein höheren Steueraufkommens zur Bedienung seiner Schulden. Bei einem nur durchschnittlichen Kindergartenangebot erteilt das Land weit überdurchschnittlich viel Unterricht in eher großen Klassen. Dieser Unterricht richtet sich an Schüler und Schülerinnen aus Elternhäusern, die im Bundesvergleich wirtschaftlich überdurchschnittlich gut gestellt sowie immerhin durchschnittlich qualifiziert sind und die in nur sehr geringem Umfang öffentlicher Unterstützung bedürfen.

• Die Länder Niedersachsen, Nordrhein-Westfalen und das Saarland bilden eine, was die Rahmenbedingungen für Leistungserbringung angeht, schwächere Ländergruppe. Insgesamt finden sich bei diesen Ländern bei den Indikatoren eher mittlere (bis niedrige) Werte. Nordrhein-Westfalen unterscheidet sich von den anderen beiden Ländern durch seinen höheren Anteil an Fünfzehnjährigen mit Migrationshintergrund.
Für diese Gruppe kann – trotz dieses besonders hohen Migrantenanteils – Nordrhein-Westfalen als typisch angesehen werden: Das Land erwirtschaftet ein Bruttoinlandsprodukt, das im Bundesdurchschnitt liegt, trägt aber jetzt schon eine Verschuldungslast, die bei 110% des deutschen Durchschnitts liegt, und verschuldet sich mit einem Wert von 113% des bundesdurchschnittlichen Wertes weiter stark. Die Schülerinnen und Schüler werden in eher großen Lerngruppen unterrichtet. Die Elternhäuser der Schüler und Schülerinnen des Landes sind, was ihr Einkommen und was ihre Unterstützungsbedürftigkeit angeht, durchschnittlich.

• Zwischen den Stadtstaaten und der Ländergruppe Niedersachsen, Nordrhein-Westfalen sowie dem Saarland ist Schleswig-Holstein schwer einzuordnen: Im Bereich einiger Indikatoren liegt dieses Land dichter bei den Stadtstaaten, im Bereich anderer Indikatoren näher an den drei genannten westdeutschen Flächenländern. Die Indikatoren für Wirtschaft und Finanzen sind eher ungünstig, die zum familialen Hintergrund der Jugendlichen eher günstig.

• Die Gruppe der drei Stadtstaaten erweist sich insgesamt als recht heterogen. Diese Länder können durch überwiegend eher mittlere bis ungünstige Rahmenbedingungen für schulisches Lernen gekennzeichnet werden – zumal die günstigen Werte des Bruttoinlandsproduktes je Einwohner auf das verzerrende Berechnungsverfahren zumindest teilweise zurückgeführt werden müssen. Als Beispiel für die Stadtstaaten wird Hamburg vorgestellt: In den Schulen der Hansestadt lernen überdurchschnittlich viele Kinder und Jugendliche mit Migrationshintergrund. Das Bruttoinlandsprodukt und die Verschuldung der Stadt sind überdurchschnittlich. Hamburg bietet seinen Kindern eine unterdurchschnittliche Zahl von Kindergärten an, erteilt zugleich sehr viel Unterricht in durchschnittlich großen Klassen. Seine Schüler und Schülerinnen stammen aus durchschnittlich wohlhabenden und überdurchschnittlich qualifizierten Elternhäusern, unter denen der Anteil von Empfängern öffentlicher Hilfen durchschnittlich groß ist.

• Die fünf neuen Bundesländer bieten insgesamt – sieht man von den geringen Anteilswerten beim Migrationshintergrund ab – eher ungünstige Voraussetzungen beim leistungsmäßigen Wettbewerb ihrer Schülerinnen und Schüler – zumindest im Vergleich mit den übrigen Flächenländern. Hinsichtlich dieser Ländergruppe muss allerdings angemerkt werden, dass sich die Länder Sachsen und Thüringen deutlich von den anderen Ländern dieser Gruppe ‚abzusetzen' beginnen.

Sachsen-Anhalt wird hier zur Charakterisierung dieser Ländergruppe ausgewählt: Das Land hat sehr geringe Anteile der Schülerinnen und Schüler mit Migrationshintergrund, es erwirtschaftet ein weit unterdurchschnittliches Sozialprodukt, Sachsen-Anhalt verfügt über ein bedarfsdeckendes Angebot an Kindergartenplätzen und erteilt seinen Unterricht in eher kleinen Klassen. Seine Schülerinnen und Schüler stammen aus wirtschaftlich unterdurchschnittlich gestellten Elternhäusern, unter denen der Anteil von Empfängern öffentlicher Unterstützung sehr hoch ist und die unterdurchschnittlich qualifiziert sind.

Insgesamt zeigen die hier vorgestellte Übersicht und stärker noch die ausführlicheren Erläuterungen zu den einzelnen Indikatoren:

• Wenn es, bei allen methodischen Einschränkungen, die gemacht werden müssen, stimmt (und davon wird hier ausgegangen), dass die ausgewählten Indikatoren für die Entwicklung der Leistungsfähigkeit der Schulen der einzelnen Länder bedeutsam sind,

• wenn Schulentwicklung nicht nur von der Qualität des Unterrichts, von den Modalitäten der Steuerung des Schulsystems und von seiner Struktur abhängt,

• sondern auch von demographischen Voraussetzungen, von regionalen Arbeitsmärkten, von wirtschaftlichen Rahmendaten und deren Niederschlag in der Ausstattung der Schulen sowie vom familialen Hintergrund der Schülerinnen und Schüler,

dann tut sich zwischen den günstiger und den eher ungünstig ausgestatteten Ländern Deutschlands heute schon eine breite Lücke auf, die angesichts der Unterschiede bei den wirtschaftlichen Rahmendaten zwischen den Spitzenländern und den ihnen folgenden Ländern größer zu werden droht. Dabei wird das Anwachsen dieser klaffenden Lücke noch dadurch beschleunigt, dass der jetzt schon bestehende Rückstand der zurückliegenden Länder vergrößert wird, weil diese ihre Jugendlichen aufgrund ihrer im Ländervergleich schwächeren Wirtschaft nicht so wie die führenden Länder bilden und ausbilden können. So wird die Schulentwicklung das Auseinanderdriften der Bundesländer intergenerativ verstärken und beschleunigen. Von der ‚Gleichwertigkeit der Lebensverhältnisse' entfernen sich Deutschlands Regionen immer mehr – nicht nur in der Ost-West-, sondern auch in der Nord-Süd-Dimension.

(Rainer Block/Klaus Klemm, ‚Gleichwertige Lebensverhältnisse im Bundesgebiet'? Demographische, ökonomische, institutionelle und familiale Bedingungen des Lernens im Bundesländervergleich, Studie, Universität Essen Juli 2005, online verfügbar unter: http://www.uni-essen.de/bfp/forschung/online.php)

1. Block und Klemm wollen mit ihrer Studie darauf aufmerksam machen, dass man das PISA-Ranking der Bundesländer insofern relativieren muss, als sehr ungleiche Lebensbedingungen einen erheblichen Einfluss auf die Lernresultate der Schülerinnen und Schüler haben können. In welchen der von den Autoren analysierten Bereiche sehen Sie wichtige „Störvariablen"? Welchen konkreten Einfluss können diese auf die Lernergebnisse haben?

2. Welche politischen und pädagogischen Schlussfolgerungen kann man aus dieser Studie ziehen?

Vertiefung

Schulen der Zukunft – neue Ansätze

„Schüler sein ist ein Beruf"

Jürgen Oelkers, 57, untersucht an der Universität Zürich Bildungspolitik im internationalen Vergleich. In seinem Buch „Wie man Schulen entwickelt" (Beltz 2003) bewertet er die Situation nach PISA.

Wie wird sich Schule verändern? Und wie muss sie sich wandeln, um unsere Kinder für die Zukunft zu stärken? „Eigentlich bräuchten wir eine Art Revolution", fordert der Bildungsforscher Jürgen Oelkers. Seine Prognose ist düster: „Das neben dem Gesundheitswesen größte geschlossene System – rund 800 000 deutsche Lehrkräfte und mehr als zehn Millionen Schüler – können Sie weder mit Appellen noch mit einem Innovationsdruck verändern. Wir werden uns mit wenigen kleinen Reformen begnügen müssen." Damit aber wenigstens die funktionieren, müssten Eltern und Schüler enthusiastisch bei diesen Neuerungen mitmachen. FOCUS-SCHULE hat den Züricher Pädagogen gebeten, zu einigen wichtigen Thesen und Erkenntnissen Stellung zu nehmen.

Schüler sein ist ein Beruf.
In allen formalen Kriterien – Belastungen, Organisation, Anforderungen – ist es ein Beruf. Man bekommt nur kein Geld, und es ist nicht als Beruf anerkannt.

Aus Kindern werden Profis.
Ja, warum sollte man sonst neun oder 13 Jahre zum Unterricht gehen? Die Kinder werden von der Schule gefordert, übernehmen Aufgaben und erbringen Leistungen, darauf müssen sie sich lernend einstellen und sich wie Profis verhalten. Sie müssen ihre Rolle effizient ausfüllen; nur professionelle Lernbereitschaft bringt gute Resultate. Lehrer müssen zu Beginn des Schuljahrs sagen, was sie in diesem Jahr vermitteln wollen, und nicht Woche für Woche den Schülern irgendwas präsentieren. Die Lerneffizienz ist höher, wenn die Schüler wissen, worauf sie sich einstellen müssen. Schüler sind Profis, die sich ihre Zeit klug einteilen müssen.

Hausaufgaben müssen Sinn machen.
In allen Klassenstufen bekommen Schüler Hausaufgaben auf, deren Pensum nicht von Lehrern untereinander abgestimmt wurde. Schüler sind bei nicht genauer Vorgabe und Planung mit ihren Ressourcen schnell überfordert und machen dann nur das Notwendigste. Wenn sie Profis sein sollen, muss man ihnen Lernstrategien vermitteln, Zeitpläne vorstellen und sagen, was sie warum lernen sollen. Viele unserer Studien belegen, dass die Einsicht in die Sinnhaltigkeit entscheidend die Leistungsbereitschaft bestimmt.

Die Pisa-Studie zwingt zu Reformen.
Schulen werden in Zukunft daran gemessen werden, ob sie bestimmte Ziele erreichen oder nicht. Das ist für deutsche Schulen ungewöhnlich, international aber schon lange üblich. Wir haben die Organisationsentwicklung der letzten 20 Jahre verpasst: Zielsteuerung, Standards, Kompetenzentwicklung. Eigentlich brauchen wir einen Business-Plan. Mit welchen Mitteln wollen wir was in fünf Jahren erreichen? Wie kontrollieren wir den Erfolg? Die deutsche Pisa-Diskussion halte ich allerdings für reine Hysterie.

Schulen brauchen mehr Selbstständigkeit.
Unser Schulsystem kommt aus dem Kaiserreich. Das Obrigkeitsdenken haben wir zwar ideologisch verloren, aber die Strukturen sind im Bildungswe-

Schüler als Lernprofis: Sie wissen genau, was sie lernen müssen und warum. Diese Professionalität wünscht sich Jürgen Oelkers.

Neue Lehrerausbildung: Sie müssen lernen, mit veränderten Ansprüchen der Eltern und Schüler umzugehen.

Eltern brauchen mehr Mitspracherecht: Verträge zwischen Eltern und Schulen regeln die Leistungen der Parteien.

sen erhalten. Wir steuern das Ganze über ministerielle Erlasse und Gesetze. Schulen müssen nicht Rechenschaft ablegen und erfahren keine Kontrolle. Wir wollen noch mehr Autonomie, aber gleichzeitig eben bessere Kontrollen. Das ist der Weg der Zukunft.

Lehrer müssen genau wissen, wie gut oder schlecht ihr Unterricht ist.

In Zukunft ist das unabdinglich. Wer das Schulsystem verbessern will, muss die Unterrichtsqualität kontinuierlich verbessern. Deshalb müssen Lehrer besser werden. Aber dazu müssen sie auch wissen, ob sie gut oder schlecht sind. Der Berufsstand bekommt ein gutes Gehalt, Lehrer haben eine letztlich unkündbare Stellung, eine soziale Sicherheit, von der deutsche Bauarbeiter nur träumen können. Auf der anderen Seite ist eine stärkere Professionalisierung ein „Muss". Die Arbeitsbedingungen der Lehrer müssen besser werden, denn die meisten arbeiten mehr, als im öffentlichen Dienst üblich ist. Das sind keine faulen Säcke!

Schule und Eltern werden Partner.

Ich finde die Idee gut, wenn Eltern mehr als bisher beteiligt sind. Sie brauchen Kompetenzen; man muss ihnen etwas zu entscheiden geben. Die Schule sagt, was sie als Leistung von den Eltern fordert, und die Eltern erklären, wie sie mitentscheiden. Denkbar ist, dass sie auch bei der Einstellung der Lehrer mitsprechen. Eine Partnerschaft mit Verträgen, in denen man sich verspricht, auf beiden Seiten Leistungen zu erbringen und einen Kodex einzuhalten, ist absolut notwendig.

Bildung ist teuer.

Man erwartet von den Eltern, dass sie eine maximale Erziehungsleistung erbringen, die Kinder schulfähig machen und die Hausaufgaben kontrollieren, weil etwa ein Drittel der Kinder diese willkürliche Verteilung von oft opulenten Aufgaben nicht bewältigt. Diese Art der Ausbeutung ist bei uns eingeplant. Sonst bräuchte man mehr Personal. Eltern wissen auch, wenn ihr Kind zum Beispiel bei Siemens unterkommen will, muss es qualifiziertes Englisch können. Schulenglisch reicht nicht. Also geht das Kind ein Jahr im Ausland zur Schule. Das kostet Geld.

Eltern können mehr als Kaffee kochen.

Weit mehr. Ihr Beitrag besteht nicht allein im jährlichen Sommerbasar. Stattdessen sollten sich Lehrer überlegen, wie man die Kompetenzen der Eltern abrufen kann. Man kann sie auch in den Unterricht mit einbeziehen, denn sie sind eigentlich die besten Freunde der Schule. Da ist Zusammenarbeit gefragt und ein konstruktives Miteinander.

(Jürgen Oelkers, Schüler sein ist ein Beruf, in: FOCUS Schule Nr. 2/2005, S. 40f.; Interview: Gaby Miketta-Haak)

1. Beschreiben Sie ausgehend von Oelkers Thesen das Berufsbild „Profi Schüler".
2. Wie könnte ein darauf abgestimmtes Berufsbild „Profi Lehrer" aussehen?

Schulentwicklung *mit* Schülern

Mindestens fünf gute Argumente für Schulentwicklung mit Schülern:

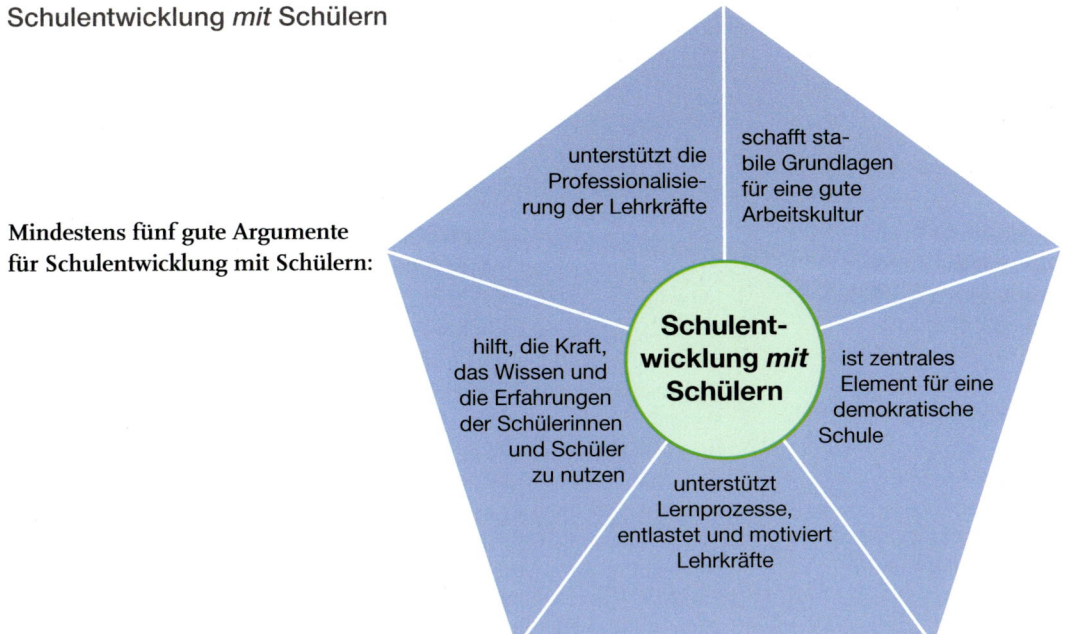

Auswahl für einen Fragebogen: Schulentwicklung mit Schülern? (nach: Skolveket 1992) Wie ist es in deiner Klasse/Schule?	
Wie dürfen Schüler deiner Schule mitbestimmen/für bestimmte Dinge Verantwortung übernehmen?	☐ Bei uns haben wir Schüler nur wenig Einfluss. Meist dürfen wir nicht mitbestimmen, wie es in der Schule zugeht. ☐ Bei uns haben wir Schüler wenig Einfluss, und auch dann nur, wenn es um unwichtige Angelegenheiten geht. Nur dann dürfen wir mitbestimmen, wie es in der Schule zugeht. ☐ Bei uns haben wir Schüler einen gewissen Einfluss. Wir können teilweise mitbestimmen, wie es in der Schule zugeht. ☐ Bei uns haben wir Schüler einen großen Einfluss. Wir können mitbestimmen, wie es in der Schule zugeht.
Wie sehr können Schüler deiner Schule den Unterricht mitgestalten und mitplanen?	☐ Meist planen die Lehrer den Unterricht allein und diskutieren darüber nicht mit den Schülern. ☐ Einige Lehrer dieser Schule diskutieren mit Schülern, wie der Unterricht gemacht werden soll. ☐ Eine Reihe von Lehrern diskutiert mit Schülern, wie Unterricht gemacht werden soll. ☐ Viele Lehrer diskutieren mit den Schülern, wie der Unterricht gemacht werden soll.
Die Lehrer meiner Schule erwarten von uns	☐ wenig. ☐ dass einige von uns gut in der Schule zurechtkommen. ☐ dass viele sich anstrengen und die Schule gut schaffen. ☐ dass fast alle sich anstrengen und die Schule gut schaffen.

Wie gehen Schüler um mit ehrgeizigen Kameraden?	☐ Sie finden das nicht gut. Sie zeigen ihr/ihm, dass sie das blöd finden. ☐ Sie finden es wohl nicht gut, aber sie zeigen das dem Schüler nicht. ☐ Jeder darf so sein, wie er möchte. Ob man ehrgeizig sein will, muss man selbst entscheiden. ☐ Wenn jemand ehrgeizig ist, finden wir das gut.
Wie kümmern sich Lehrer darum, wie es den Schülern in der Schule geht?	☐ Bei uns kümmern sich Lehrer nicht so viel darum, was wir lernen. ☐ Sie sprechen selten mit uns über unsere Fortschritte oder Schwierigkeiten. ☐ Bei uns gibt es einige Lehrer, die darauf achten, wie es den Schülern geht, und mit ihnen ihre Leistungen diskutieren. ☐ Bei uns gibt es recht viele Lehrer, die darauf achten, wie es den Schülern geht, und mit ihnen die Leistungen diskutieren. ☐ Bei uns sind so gut wie alle Lehrer interessiert, wie es den Schülern geht. Sie sprechen mit ihnen über Fortschritte und Schwierigkeiten.
Was geschieht, wenn man im Unterricht nicht mitkommt?	☐ Damit muss man meistens selber fertig werden. Die Schule kümmert sich nicht so sehr um die, die es schwer haben mitzukommen. ☐ Einzelnen Schülern wird geholfen, wenn sie große Probleme haben. ☐ Viele Schüler, die Schwierigkeiten haben, können Hilfe bekommen. ☐ Die Schule unterstützt. Sie hilft allen Schülern, die Probleme haben.
Lernt man in deiner Schule etwas, das in der Zukunft nützlich sein wird?	☐ Was wir hier lernen, ist hauptsächlich nur nützlich für die Schule. Außerhalb der Schule werden wir es wohl kaum anwenden können. ☐ Ein Teil der Dinge, die wir in der Schule gelernt haben, wird wohl nützlich sein. Aber viel kann man nur in der Schule anwenden. ☐ Viel von dem, was wir gelernt haben, wird wohl in der Zukunft nützlich sein, aber ein Teil davon ist nur für die Schule nützlich. ☐ Das meiste, was wir gelernt haben, wird sicherlich für uns im späteren Leben nützlich sein.
Die Schule soll den Schülern beibringen, Aufgaben und Probleme selber zu lösen. Wie ist dies deiner Schule gelungen?	☐ sehr gut ☐ ziemlich gut ☐ weder gut noch schlecht ☐ schlecht ☐ weiß nicht

(Christoph Burkard/Gerhard Eikenbusch/Mats Ekholm, Starke Schüler – gute Schule, Skriptor, Berlin 2003, S. 84ff. [Auszug])

1. Können Sie sich vorstellen, dass Schülerinnen und Schüler – im Sinne von professionellen Lernern – die Schule gemeinsam mit ihren Lehrerinnen und Lehrern entwickeln? Was spricht dafür, was dagegen?

2. Erproben Sie die beispielhaften Entwicklungselemente in Ihrem Kurs.

3. Welche Rolle könnten Pädagogikkurse im gemeinsamen Schulentwicklungsprozess spielen?

Die neue Lehrerrolle

Die Lehrerrolle im Wandel

Nach den 50er- und 60er-Jahren verblüfften erstmals Untersuchungen zur Arbeitszeit der Lehrer und Lehrerinnen die Öffentlichkeit: Trotz mancher Kritik am Verfahren der „Selbsteinschätzung" durch die Lehrkräfte ergaben die einschlägigen Untersuchungen ein weitgehend übereinstimmendes Bild: Die durchschnittliche Wochenarbeitszeit der Lehrer und Lehrerinnen betrug mindestens 45 bis 48 Stunden, in manchen Fällen noch mehr. Es folgten Untersuchungen zur Lehrerbelastung, die auf ein völlig verändertes Anforderungsprofil des Lehrerberufes hindeuteten und in Daten über Burnout, über Krankheiten und über die zahlreichen Frühpensionierungen von Lehrkräften gipfelten. Gleichzeitig kennzeichnete eine erhebliche Lehrerarbeitslosigkeit die Lage.

Diese Diskussion um die Lehrerarbeitszeit wurde sehr bald vertieft durch Analysen der Belastung, die sich auf strukturelle Bedingungen der beruflichen Tätigkeit bezogen. Schnell war Schluss mit dem Vorurteil vom bestbezahlten Halbtagsjob. Arno Combe zieht sinngemäß die folgende Bilanz: Der Eigensinn und die eigentümliche Anstrengung, die alltägliche Dauerspannung der Unterrichts- und Erziehungsarbeit liegt darin begründet, dass pädagogisches Handeln (eben auch im Unterricht) nie aufhört, immer wieder neu beginnt, ständig wechselnden Situationen ausgesetzt ist, nie zu einem sicheren, Erfolg verbürgenden Ende kommt und deshalb immer eine Bewährungsdynamik enthält, die in der Permanenz einer potenziellen Krisensituation nie endgültig gelöst werden kann. Lehrerarbeit ist Sisyphusarbeit. Dieser Sisyphuscharakter wird verschärft durch die Erfahrung, dass sich die Lebenswelten der Kinder und Jugendlichen gegenwärtig so stark wandeln, dass auch jüngere Lehrkräfte kaum noch mitkommen.

Vom Unterrichtsbeamten zur Lehrerpersönlichkeit

Angesichts enttäuschter Hoffnungen auf eine Verbesserung der Arbeitsbedingungen richteten sich die Erwartungen bald auf die (relativ kostenneutrale) Entwicklung der Lehrerpersönlichkeit. Kein Wunder also, dass Supervisionsgruppen, Lehrertrainings und Literatur zu Entlastungsstrategien Konjunktur hatten. Parallel dazu gab es eine Fülle von Versuchen, die „Lehrerpersönlichkeit" theoretisch zu durchdringen, um mit ihrer gezielten Entfaltung eine Antwort auf die sich wandelnden Verhältnisse zu finden. Psychoanalytische Untersuchungen, Perspektiven der Gestaltpädagogik, die Biografieforschung und eine Fülle von empirisch-psychologischen Arbeiten zeigten die Tendenz, den Lehrer in erster Linie als „Beziehungsarbeiter" (Ziehe) zu sehen. Aber nicht nur Untersuchungen zur Geschlechterdifferenz im Lehrberuf, sondern auch die Brüchigkeit des Konzeptes „Persönlichkeit" legten bald ein weiteres Nachdenken über Wandlungsprozesse im Lehrberuf und Möglichkeiten zu ihrer Bewältigung nahe. [...]

Neue didaktische Konzepte und der Wandel der Lehrerrolle

Vor allem aber sind es immer noch die innovativen didaktischen Konzepte, die als neue Herausforderungen der Unterrichtsentwicklung zu einem veränderten Verständnis der Lehrerrolle führten. Ob es sich um die Entwicklung von Ansätzen zum Offenen Unterricht, um Konzepte des Lernens in Projekten, um Freiarbeit oder um kleinere Ansätze wie Wochenplan oder Stationenlernen handelt – sie alle sind verbunden mit einem grundlegenden Wandel der Aufgaben, der Funktionen und der Rolle der Lehrkraft.

Zwar ergeben Untersuchungen zur Anwendung dieser Konzepte im Unterricht eine erhebliche Diskrepanz zwischen Idealbild und Praxis, aber der Wunsch nach einer Weiterentwicklung des Unterrichts ist unübersehbar. Dies gilt auch für die kleinen Schritte zu den großen Konzepten: Zum Statement „Die Schüler bearbeiten in Gruppen Aufgaben" antworteten die Lehrkräfte mit 22 Prozent, dass dies „sehr oft" geschehe (Ist-Zustand), mit 51 Prozent jedoch geben sie an, dass dies „sehr oft" geschehen solle (Soll-Zustand). Zum Statement „Schüler arbeiten selbstständig an selbstgewählten Aufgaben" zeigt sich ein ähnliches Bild: 10 Prozent der Lehrkräfte geben an, dass dies „sehr oft" praktiziert werde, als Wunsch aber geben sie an, dass dies mit 36 Prozent „sehr oft" praktiziert werden solle. Ähnliches ergibt sich für die Statements „Schüler führen eigene Untersuchungen durch" (Ist: 5 Prozent, Soll: 30 Prozent) oder „Experten von außerhalb der Schule stehen im Unterricht zur Verfügung" (Ist: 2 Prozent, Soll: 20 Prozent). Bei den parallel befragten Schülern sind die Ist-Soll-Differenzen z. T. noch deutlicher, sie zeigen aber in der Gesamttendenz die gleichen Wünsche nach offeneren, selbsttätigen Unterrichtsformen.

Vom Instrukteur zum Lernberater

Veränderungen des Unterrichtes in Richtung Offenheit, Selbsttätigkeit, Selbstständigkeit und Selbstverantwortlichkeit der Lernenden haben erhebliche Wandlungen der Lehrerrolle zur Konsequenz. Als Leitlinie formuliert Bastian (1993) eine Tendenz „vom Instrukteur zum Lernberater", wobei von ihm durchaus nicht übersehen wird, dass sich auch in schülerorientierten Lernformen die grundlegende Unterschiedlichkeit (Komplementarität) der Rollen von Lehrer und Schüler nicht einfach zugunsten einer „Symmetrie-Sehnsucht" auflösen lässt.

Zentrale Aspekte der neuen Rolle der Lehrkraft können mit einigen wenigen Beispielen markiert werden:

Anbieten (manchmal auch angesichts von Zweifeln an der Kompetenz und Souveränität im Umgang mit solchen Angeboten seitens der Schüler(innen!);

Bereitstellen von Lerngelegenheiten (auf die Individualität der Lerner zugeschnitten, mit unterschiedlichen Medien und Materialien, statt alles im frontalunterrichtlichen Gleichschritt und Einheitstakt selbst anzuleiten);

Beraten in den individuellen und kooperativen Lernprozessen (statt die Entscheidungen selbst vorwegzunehmen und die Schüler(innen) zu bloßen Ausführenden zu degradieren);

Unterstützen und Ermutigen auf der Grundlage gezielter Lernstandsdiagnosen (statt einfach nur produktorientierte Noten zu geben);

Anerkennen der eigenständigen Lernwege von Schülern (statt Lernen nach dem Bild des „Nürnberger Trichters");

Rückmelden (feedback) von persönlichen Wahrnehmungen (statt Verweis, vernichtender Kritik und Sanktionen) und

Besprechen und Auffordern (statt Lösungen vorzugeben und Vorschriften zu machen).

Diese Rollenanteile setzen eine erhebliche berufsbiografische Dynamik in Gang: Die in der bisherigen beruflichen Sozialisation habitualisierten Selbstverständnisse der „Lehrerrolle", methodische Vorstellungen, Muster von Beziehungsgestaltung, traditionelle Formen des pädagogischen Handelns und der ganze Schatz gesammelter Erfahrung mit gewohntem Verhalten stehen infrage. Kommt dann aber entgegen eigener Vorstellungen das Verlangen der Lernenden nach gewohnter „Häppchen-Didaktik" und nach traditionellem Unterricht („da lernt man wenigstens was") in die Quere, wird der Weg zur persönlichen Veränderung der Lehrkraft doppelt schwer.

Lehrkräfte stehen damit heute vor einem schwierigen Balanceakt: Die neue Rolle ist zu verorten zwischen dem Typus Lehrer als Dompteur (der nach dem klassischen frontalen Instruktionsmodell Schüler zum Lernen antreibt), Lehrer als Entertainer (der sie eher lockt, anzieht und durch seine geschickte Methodik verzaubert) und dem Neoromantiker (der von der natürlichen Neugier und dem unverdorbenen Wissensdurst der Kinder ausgeht und ihnen soviel Freiheit wie möglich gibt – nach Hargreaves. Eine solche griffige Typik zeigt anschaulich, dass alle Elemente zum Alltag der Lehrerrolle gehören, dass aber die aktuellen Entwicklungen in der Didaktik zugleich neue Dilemmata produzieren.

(Herbert Gudjons, Krisen als Wandlungen im Lehrberuf, in: Pädagogik Nr. 11/2002, S. 6ff.)

1. Welche Diskrepanzen zwischen öffentlichem Image und erforschter Wirklichkeit beschreibt der Verfasser, der Professor für Pädagogik an der Universität Hamburg ist?
2. Skizzieren Sie sein modernes Lehrerleitbild.
3. In welchen Punkten verhält es sich komplementär zum Bild des Schülerprofis von Oelkers?
4. Sind die beschriebenen Veränderungen der Schüler- und der Lehrerrolle die angemessenen Antworten auf die durch die PISA-Studie aufgezeigten Probleme? Formulieren Sie eine Stellungnahme.

Pädagogische Anwendung

Die Laborschule Bielefeld – Modell für die Schule der Zukunft?

Kurzporträt

Die äußeren Daten

Die Laborschule ist eine *staatliche Versuchsschule* des Landes Nordrhein-Westfalen und zugleich Wissenschaftliche Einrichtung der Fakultät für Pädagogik an der Universität Bielefeld. Sie umfasst die Jahrgänge 0 (Vorschuljahr) bis 10 und hat insgesamt 660 Schülerinnen und Schüler (60 je Jahrgang). Sie ist in 4 Stufen gegliedert: Stufe I (Jg. 0–2), Stufe II (Jg. 3–4), Stufe III (Jg. 5–7), Stufe IV (Jg. 8–10). Die Laborschule ist eine *Angebotsschule*. Sie nimmt Kinder aus ganz Bielefeld mit fünf Jahren nach einem Aufnahmeschlüssel auf. Dieser gewährleistet eine Schülerpopulation, die der gesellschaftlichen Schichtung entspricht. Weitere Aufnahmekriterien sind: Ausgewogenheit der Geschlechter, Entfernung zwischen Wohnung und Schule, soziale Härtefälle. Die Laborschule ist als *Gesamtschule besonderer Prägung* konzipiert, als eine Schule für alle Kinder ohne jegliche Selektion nach Leistungen. Sie ist eine *Ganztagsschule*. Für die Kinder der Jahrgänge 0–2 (Stufe I) dauert der Schulvormittag bis 12 Uhr; bis 15.30 Uhr wird Nachmittagsbetreuung durch Erzieherinnen angeboten. Für die Schülerinnen und Schüler der Jahrgänge 3–10 beginnt der Unterricht um 8.30 Uhr und dauert an zwei bis vier Nachmittagen (nach oben zunehmend) bis 15 oder 16 Uhr. Der Dienstagnachmittag ist für Konferenzen vorgesehen.

Das Unterrichtsangebot der Sekundarstufe umfasst neben dem Pflichtbereich auch einen nach oben hin zunehmenden Wahlbereich (bis zu einem Drittel der Unterrichtszeit), der die Voraussetzung für individuelle Lern- und Abschlussprofile bietet. Ihnen entspricht ein individualisierendes Beurteilungssystem, die „Berichte zum Lernvorgang". Erst ab Ende des 9. Schuljahrs erhalten die Schülerinnen und Schüler außerdem ein Notenzeugnis. Nach dem 10. (in Ausnahmefällen nach dem 9. Schuljahr) vergibt die Schule

die für Gesamtschulen üblichen *Abschlüsse*: Hauptschulabschluss oder Fachoberschulreife, letztere bei entsprechenden Leistungen mit dem Qualifikationsvermerk, der zum Besuch der gymnasialen Oberstufe berechtigt.

Träger der Versuchsschule ist das Land Nordrhein-Westfalen. Sie untersteht dem Kultusministerium. Sie arbeitet in enger Kooperation mit der Wissenschaftlichen Einrichtung der Fakultät daran, neue Formen des Lehrens und Lernens zu entwickeln. Diese Arbeit wird von einem Wissenschaftlichen Beirat begleitet. Eine Gemeinsame Leitung koordiniert und steuert beide Einrichtungen. Die Schule wird von einem aus fünf Personen bestehenden Schulleitungsteam unter Führung der

Schulleiterin, die Wissenschaftliche Einrichtung vom Wissenschaftlichen Leiter nach außen vertreten und geleitet.

Die pädagogischen Leitlinien

Schule als Lebens- und Erfahrungsraum: Die Laborschule möchte ein Ort sein, wo Kinder und Jugendliche gern leben und lernen. Sie möchte ihnen wichtige Grunderfahrungen ermöglichen, die viele von ihnen sonst nicht machen könnten. Leben und Lernen sollen, soweit dies möglich und sinnvoll ist, eng aufeinander bezogen sein. Der Unterricht folgt dem Prinzip, Lernen an und aus der Erfahrung (und nicht primär aus Belehrung) zu ermöglichen. Die Schule ist mit Lerngelegenheiten ausgestattet, die solches Erfahrungslernen begünstigen. Darüber hinaus versteht die Schule sich als In-die-Stadt-hinein-Schule, die die nähere und weitere Umgebung, die Natur, die Kommune, die Region als Lernmöglichkeiten in ihre Arbeit einbezieht.

Mit Unterschieden leben: Die Schule will die Unterschiede zwischen den Kindern bewusst bejahen und als Bereicherung verstehen. Daraus ergibt sich eine weitgehende Individualisierung des Unterrichts, die Rücksicht auf das unterschiedliche Lerntempo der Kinder und ihre individuell verschiedenen Bedürfnisse und Fähigkeiten nimmt. Laborschülerinnen und -schüler leben und lernen gemeinsam in leistungs-, teilweise auch altersheterogenen Gruppen. Die Schule will niemanden aussondern, es gibt auch kein „Sitzenbleiben" und keine äußere Leistungsdifferenzierung, an deren Stelle die Differenzierung der Angebote tritt.

Schule als Gesellschaft im Kleinen: Die Schule versteht sich zugleich als Gemeinschaft aller in ihr tätigen Personen, die einander in ihrer Unterschiedlichkeit akzeptieren und achten. Die Verhaltensweisen, die von erwachsenen Bürgerinnen und Bürgern unserer Gesellschaft erwartet werden, sollen hier im Alltag gelernt werden: das friedliche und vernünftige Regeln gemeinsamer Angelegenheiten. Solches Lernen geschieht durch Verantwortung und Beteiligung. In dieser „Gesellschaft im Kleinen" lernen die Einzelnen, für übernommene Aufgaben und zunehmend auch für den eigenen Lernweg verantwortlich einzustehen.

Stufung: Die Schule ist eine Brücke zwischen dem Leben des kleinen Kindes in der Familie und dem Leben des Erwachsenen in der Gesellschaft. Sie ist selbst in sich gestuft. Dieser Stufung entspricht auch die Gliederung des Lernfeldes. Die kleinen Kinder lernen ganzheitlich-ungefächert „am Tag entlang". Mit zunehmender Differenzierung des Lernens und der verschiedenen Zugänge zu seinen Gegenständen ergeben sich Erfahrungsbereiche, aus denen sich nach und nach gemäß der zunehmenden Spezialisierung der Lerntätigkeiten und -formen die herkömmlichen Fächer herausbilden.

Die vier Stufen und ihre Merkmale im Überblick

Stufe I (Jg. 0–2)

- Integriertes Vorschuljahr: Die Aufnahme der Kinder im Vorschulalter ermöglicht ihnen einen „sanften" Übergang vom Leben in der Familie zum Leben und Lernen in der Schule.

- Offener Unterricht in altersgemischten Gruppen: In den ersten drei Jahren leben und lernen die 5- bis 8-Jährigen zusammen. Die Kleineren lernen von den Größeren und nicht nur von den Erwachsenen. Jedes Kind lernt nach seinem eigenen Arbeitsrhythmus, ohne Zeit-, Leistungs- und Zensurendruck.

- Ganzheitliches Leben und Lernen „am Tag entlang": Für die Kinder dieser Altersstufe gibt es keinen Stundenplan. Der Unterricht ist ungefächert. Der Tageslauf folgt einem Rhythmus, der den Bedürfnissen der Kinder Rechnung trägt. Spielen und Nach-draußen-Gehen kommen darin ebenso vor wie Lernen und Üben. Ruhe und Bewegung, Konzentration und Entspannung stehen in einem ausgewogenen Verhältnis.

Stufe II (Jg. 3/4)

- Offener Unterricht: Beim Lernen und Üben der Kulturtechniken werden den Kindern Angebote und Hilfen entsprechend ihren unterschiedlichen Fähigkeiten und Bedürfnissen geboten.

- Projekte: Ein großer Teil der Schulzeit dient dem ganzheitlichen, praktischen Lernen in Form von Gruppen- oder Jahrgangsprojekten, deren Ergebnisse öffentlich vorgestellt werden (Beispiele: Zirkusaufführung, öffentliche Lesung selbstgeschriebener Märchen und Geschichten, Theaterrevue, Film, Produktvorführung ...).

- Spielerisches Lernen der ersten Fremdsprache: Alle Kinder lernen vom 3. Schuljahr an Englisch in altersgemäßer Form: spielend, agierend, kommunizierend.

Stufe III (Jg. 5–7)

- Lernen in Erfahrungsbereichen: Der Unterricht ist noch nicht in Fächer gegliedert, sondern in größere Einheiten, aus denen diese später hervorgehen: Umgang von Menschen mit Menschen (Sozialwissenschaft); Umgang mit Sachen: erfindend, gestaltend, spielend (Künste); Umgang mit Sachen: beobachtend, messend, experimentierend (Naturwissenschaft); Umgang mit Gedachtem, Gesprochenem und Geschriebenem (Sprache/n, Mathematik); Umgang mit dem eigenen Körper (Sport und Spiel).

- Angebotsdifferenzierung: An die Stelle von Leistungsdifferenzierung tritt an der Laborschule die der Angebote. Vom 5. Schuljahr an können die Kinder Französisch oder Latein als 2. Fremdsprache lernen. Französisch oder Spanisch wird auch ab Jg. 7 unterrichtet („Spätbeginn"). Parallel zur 2. Fremdsprache gibt es eine vielfältige Palette an Kursen aller Erfahrungsbereiche, in denen praktische Angebote überwiegen (Garten, Technik, Computer, Textilgestaltung, Sport, Musik und Kunst, Hauswirtschaft ...). Diese breite Fächerung ist möglich, weil die Kurse altersgemischt, also für die Jahrgänge 5–7 erteilt werden. Alle Schülerinnen und Schüler können in diesen „Wahlgrundkursen" ihre besonderen Fähigkeiten und Neigungen erproben und ausbilden.

- Projekte und Reisen: Der Unterricht in Erfahrungsbereichen und Fächern ist zum großen Teil zu übergreifenden, mehrwöchigen Einheiten zusammengefasst, die oft Projektform haben. Im 7. Schuljahr machen alle Schülerinnen und Schüler eine 2-wöchige Sportreise. Vorher haben sie in einem mehrstufigen Haushaltscurriculum die Grundlagen der Selbstversorgung gelernt. Im 7. Schuljahr findet auch das erste Praktikum statt: Alle Schülerinnen und Schüler verbringen eine Woche in einer Kindertagesstätte.

Stufe IV (Jg. 8–10)

- Individuelle Abschlussprofile: Die Angebotsdifferenzierung in Wahl- und Leistungskursen erlaubt den Jugendlichen unterschiedliche Profilierungen. Als gleichrangige Angebote gibt es neben den klassischen „Hauptfächern" auch Technik, Sport, Kunst, Theater.

- Einblicke in Arbeitswelt und Wirtschaftsstruktur: Laborschülerinnen und -schüler machen im 8.–10. Schuljahr drei Praktika: Im 8. Schuljahr sind sie drei Wochen in einem Produktionsbetrieb, im 9. in einem Dienstleistungsbetrieb, im 10. zwei Wochen in einem Betrieb eigener Wahl und eine Woche in der Schule, die sie später besuchen werden.

- Jahresarbeiten: Laborschülerinnen und -schüler fertigen in den oberen Jahrgängen insgesamt drei größere theoretische oder praktische Arbeiten an. Die Wahl des Themas und eines betreuenden Erwachsenen sowie die eigenständige Ausführung gehören zu dieser Aufgabe.

- Learning for Europe: Laborschülerinnen und -schüler verbringen im 9. Schuljahr drei Wochen in einem europäischen Land, wo Englisch die gemeinsame Verständigungsbasis ist. Für weitere drei Wochen sind ihre Partnerinnen und Partner in der Laborschule. Die Schulen sind im Rahmen der Comenius-Stiftung miteinander vernetzt. Sie führen beispielsweise während des Austauschs gemeinsame Projekte miteinander durch. Darüber hinaus können Laborschülerinnen und -schüler auf freiwilliger Basis weitere Lernerfahrungen im Ausland machen (Ökologie-Projekte im Ausland, Möglichkeiten individuellen Austauschs mit einer Schule in Italien, in Frankreich).

(Annemarie von der Groeben, Die Laborschule – ein Grundkurs, in: Susanne Thurn/Klaus-Jürgen Tillmann [Hrsg.], Laborschule – Modell für die Schule der Zukunft, Klinkhardt, Bad Heilbrunn 2005, S. 252–262 [Auszüge])

---

1. Verfassen Sie einen kurzen Steckbrief der Laborschule.

2. Welches Verständnis von Bildung und Erziehung steht hinter der Konzeption der Laborschule?

3. Wären Sie dort gerne zur Schule gegangen? Begründen Sie Ihre Entscheidung.

Weitere Beispiele für innovative Schulen finden Sie auf der DVD-Kassette „Treibhäuser der Zukunft", die im Beltz Verlag 2004 erschienen ist und die in Stadtbüchereien und Bildstellen zu entleihen ist. Sie können diese DVDs für eine arbeitsteilige Recherche nutzen und so die Schulporträts und Expertenstatements in die Kursarbeit mit einbeziehen.

Auch die Homepage des Autors und Herausgebers ist eine gute Fundgrube für Fragen der Schulreform:
http://www.reinhardkahl.de/index.php

Eine weitere Reformschule, die im PISA-Test sehr gut abgeschnitten hat, ist die Helene-Lange-Schule in Wiesbaden. Auf der Schulhomepage und der Seite des Stadtelternrates können Sie einen konkreten Einblick in die schulische Arbeit nehmen:
http://www.wuitbf.com/webdesign/index.php?id=280
http://www.stadtelternrat-hannover.de/wiesbaden.htm

Die Laborschule im PISA-Test

Die Laborschule hat das Max-Planck-Institut für Bildungsforschung, Berlin, gebeten, im Rahmen von PISA eine umfassende Untersuchung der Laborschule vorzunehmen. An dieser Untersuchung nahmen alle 15-jährigen Schülerinnen und Schüler der Laborschule sowie der gesamte 9. Jahrgang teil, sodass eine verlässliche Datenbasis zur Verfügung steht. Außerdem wurden an der Laborschule zusätzliche Instrumente aus anderen internationalen Schulvergleichsuntersuchungen eingesetzt, um insbesondere für den Bereich der politischen

Bildung aussagekräftige Befunde zu erhalten. Die Laborschule hat mit 90 Prozent eine leicht oberhalb des in PISA erzielten Durchschnitts liegende Teilnahmequote erreicht. Im Folgenden werden die zentralen Ergebnisse für die Laborschule berichtet.

Fachleistungen

Welches Kompetenzniveau haben die 15-Jährigen in der Laborschule im Lesen, in Mathematik und in Naturwissenschaften erreicht?

• Die durchschnittlichen Leistungen der 15-Jährigen in der Laborschule liegen in allen drei Bereichen deutlich über den Mittelwerten Nordrhein-Westfalens.

• Diese Unterschiede sind teilweise darauf zurückzuführen, dass die Schülerschaft der Laborschule tendenziell günstigere Lernvoraussetzungen besitzt. So verfügen beispielsweise die Eltern der 15-Jährigen in der Laborschule im Durchschnitt über deutlich höhere Schul- und Berufsabschlüsse als Eltern von Jugendlichen in anderen Schulen. Um Hinweise auf die Effektivität der Laborschule zu erhalten, müssen die dort erzielten Testleistungen mit denen von Schülerinnen und Schülern anderer Schulen verglichen werden, die über einen ähnlichen familiären Hintergrund und ähnliche kognitive Grundfähigkeiten verfügen.

• Dieser Vergleich zeigt, dass in den Bereichen Lesen und Naturwissenschaften die Leistungen der 15-Jährigen in der Laborschule ungefähr den Leistungen vergleichbarer Schülerinnen und Schüler anderer Schulen entsprechen. In Mathematik bleiben die Leistungen der Laborschülerinnen und -schüler dagegen etwas unter dem Mittelwert der Vergleichsgruppe.

• Für die Gruppe der Jugendlichen, die voraussichtlich in die gymnasiale Oberstufe übergehen wird, liegen die Lese- und Naturwissenschaftsleistungen in der Laborschule geringfügig über den Werten für vergleichbare Schülerinnen und Schüler. In Mathematik werden wiederum etwas weniger gute Leistungen erreicht.

Inwieweit gelingt es der Laborschule, Jungen und Mädchen gleichermaßen zu fördern?

• Ein Blick auf die Geschlechterunterschiede weist darauf hin, dass die Mädchen in der Laborschule bessere Ergebnisse erzielen als die Jungen. Dieser Vorsprung ist im Lesen ausgeprägt, aber auch in Mathematik und Naturwissenschaften erkennbar. Der Unterschied ist unter anderem darauf zurückzuführen, dass in der Laborschule mehr Mädchen als Jungen aus bildungsnahen Familien kommen. Die Laborschule scheint also bildungsnahen Familien vor allem für ihre Töchter attraktiv zu erscheinen.

• Tatsächlich stellt die Laborschule offenbar ganz besonders für Mädchen ein günstiges Lernumfeld dar. Die von den Mädchen in der Laborschule erzielten Leistungen entsprechen in den Bereichen Lesen und Mathematik denen vergleichbarer Mädchen in anderen Schulen; in Naturwissenschaften übertreffen die Laborschülerinnen die Vergleichsgruppe bedeutsam. Die Leistungen der Jungen liegen dagegen in Teilbereichen unter den erwarteten Werten.

Kooperation und demokratische Kompetenz

Der Förderung einer demokratischen Handlungskompetenz wird an der Bielefelder Laborschule eine ganz besondere Bedeutung beigemessen. Wie erfolgreich ist die Schule in diesem Bereich? Die Ergebnisse belegen, dass es sich hierbei in der Tat um eine besonders starke Domäne der Laborschule handelt.

• Der markanteste Unterschied besteht in der hohen Bereitschaft zur sozialen Verantwortungsübernahme und zu sozialem Engagement. Weiterhin bekunden Laborschüler eine deutlich höhere Bereitschaft zur Integration von Ausländern in die Gesellschaft.

• Wenige Unterschiede bestehen zu einer vergleichbaren Schülerschaft im Verhalten zwischen Schülerinnen und Schülern im Klassen- und im Gleichaltrigenkontext. Die Bereitschaft, sich in Mitschüler hineinzuversetzen, die Unterstützung von Mitschülern im Unterricht und die Einhaltung von Normen ist ähnlich ausgeprägt wie bei vergleichbaren Schülerinnen und Schülern.

• Laborschüler erzielen in einem Test zum politischen Verstehen bessere Leistungen und zeigen ein höheres politisches Informationsverhalten.

• Im Bereich demokratischen Denkens und Handelns finden sich Geschlechterunterschiede zugunsten der Mädchen, dies allerdings insgesamt auf hohem Niveau. Möglicherweise profitieren ganz besonders die Mädchen von den speziellen Lerngelegenheiten in der Laborschule.

Schulzufriedenheit

Wie beurteilen an der Laborschule die Schüler und ihre Eltern die Schule und ihre Lehrer?

- Insgesamt zeigt sich relativ zu den Vergleichsschulen eine hohe Zufriedenheit der Schüler und Eltern mit der Schule sowie mit den Lehrkräften.

- Die Jugendlichen berichteten von einem hohen Vertrauen in ihre Lehrer und von einem hohen Maß an Interesse, das die Lehrer hinsichtlich der Leistungs- und Persönlichkeitsentwicklung der Schüler zeigen. Nach eigenen Angaben fühlen sich die Schülerinnen und Schüler in ihrer Schule wohl.

- Auch die Eltern der Laborschule beurteilten die Schule überwiegend positiver als Eltern von Jugendlichen an Vergleichsschulen. Nach Einschätzung der Eltern geben sich die Lehrer der Laborschule besondere Mühe mit ihren Schülerinnen und Schülern.

- Die besondere Mühe, die sich die Lehrkräfte mit jedem einzelnen Schüler geben, findet sich auch in der Beurteilung des Unterrichts in Mathematik und Deutsch durch die Jugendlichen. Schülerinnen und Schüler der Laborschule berichten von mehr Unterstützung als ihre Altersgenossen an den Vergleichsschulen. Auch weitere Merkmale des Unterrichts weisen überwiegend positive Ausprägungen auf.

Vereinbarkeit von Persönlichkeitsentwicklung und fachlichem Lernen

Zusammenfassend belegen die Ergebnisse der Laborschule, dass es ihr gelingt, mit Erfolg die Persönlichkeitsentwicklung und die Entwicklung der Fachleistungen zu fördern. Dies kann als Beleg für die grundsätzliche Vereinbarkeit fachlicher und überfachlicher Ziele gelten.

(Max-Planck-Institut für Bildungsforschung [Hrsg.], Kompetenzerwerb und Persönlichkeitsentwicklung: Eine Untersuchung an der Laborschule Bielefeld im Rahmen von PISA, Presseinformation vom 14.11.2002, online verfügbar unter: www.mpib-berlin.mpg.de/pisa/laborschule.html)

1. Beschreiben Sie die Rahmenbedingungen der Untersuchung.

2. Recherchieren Sie auf der Website des Max-Planck-Instituts die Vergleichswerte der Untersuchung und formulieren Sie dann einen Ergebnisbericht. Sie können dort auch auf weitere Darstellungen der Untersuchung zurückgreifen.

3. Welche Konsequenzen kann man aus diesen Untersuchungsergebnissen für eine grundlegende Reform des deutschen Schulsystems ziehen? Berücksichtigen Sie hierbei auch die Materialien zur pädagogischen Konzeption der Schule.

Hauptsache, die Leistung stimmt?!
Ja, wenn dabei der Mensch nicht auf der Strecke bleibt. Hier scheint unser Schulsystem, scheint auch unsere Lehrerausbildung an Defiziten arbeiten zu müssen. Denn erfahrungsgemäß gewinnen Schüler, die in ihrer Einzigartigkeit ernst genommen werden, die auch mit ihren Problemen und Ängsten in der Schule Gehör finden, die in ihrem Klassenlehrer eine Vertrauensperson finden und nicht nur einen Wissensvermittler, Motivation, Selbstvertrauen und Neugierde. Aber über welches pädagogische Maßnahmenrepertoire verfügen wir, dieses Vertrauen zu schaffen, Auffälligkeiten, Zurückgezogenheiten, das Eindringen in eine Scheinwelt wahrzunehmen und zu korrigieren? Häufig sind sofort die einfachen, weil bequemen Lösungen zur Hand. Sie verschieben aber nur die Verantwortlichkeit und dringen selten zu den Wurzeln vor. Welcher Schulverweis hat jemals die Sozialkompetenz des Verwiesenen gesteigert, welches Verbot jemals den vernunftgeleiteten Umgang mit dem Verbotenen? Solche Maßnahmen lösen das grundlegende Problem nur oberflächlich und kurzfristig – und dann auch nur für die Schule, nicht für den Schüler. Besonnene Vieraugengespräche, die Einübung von Konflikt- und Streitfähigkeit, das Bemühen, die biografische und persönliche Umwelt von Schülern aus deren eigener Perspektive nachzuvollziehen und auch daran unterrichtsbegleitend zu arbeiten, kosten Zeit und Engagement, die gesellschaftlich – und inzwischen leider auch gelegentlich im Selbstverständnis des eigenen Berufsstandes – weder eingefordert noch gewürdigt werden. So brauchen wir uns nicht zu wundern, wenn sich Schüler zurückziehen, sich aus unseren Augen verlieren – und plötzlich unerwartet und zuweilen gewalttätig um Hilfe schreien. Denn dies ist – zumindest in der subjektiven Wahrnehmung – die einzige Chance, Aufmerksamkeit zu erlangen.
Wenn wir dem ehrlichen Herzens entgegensteuern wollen, dann müssen wir uns darauf zurückbesinnen, dass im Zentrum jeder pädagogischen Arbeit der Mensch steht, und dass wir als Lehrer die Schüler dort abholen müssen, wo sie sind, und nicht dort, wohin sie gelangen sollen. Das erfordert, dass Lehrer sich nicht hinter dem Lehrplan, den ach so erdrückenden Fachinhalten oder den vehement vorgetragenen Ansprüchen der Berufswelt verschanzen dürfen, sondern stets ebenso signalisieren müssen, dass sie an der Person des Schülers mit all ihren Facetten interessiert sind. Und dazu gehören auch Lernschwierigkeiten, Versagensängste, persönliches und familiäres Umfeld. Wer das von Lehrern erwartet, muss dazu jedoch schon in der Ausbildung befähigen und später im Berufsalltag Raum gewähren.
Statt einer stärkeren Leistungsorientierung tut also die erneute Orientierung am Menschen Not. Denn Selbstmorde und Verzweiflungstaten, Lethargie und Perspektivlosigkeit dürfen nicht als die gehobelten Späne unseres Bildungssystems akzeptiert werden. Andernfalls verlieren wir ganz allmählich, aber in jedem Einzelfall unwiderruflich den Respekt vor der Würde des Menschen.
Doch gerade die Entwicklung jedes Einzelnen, seine Persönlichkeitsfindung und Gesellschaftsintegration, sind die Elixiere des Lehrerberufs, sind Aufgabe, aber auch Befriedigung jedes Lehrers. Was deutlicher als das Vertrauen der Schüler stellt einerseits die pädagogischen Fähigkeiten und andererseits die persönliche Autorität eines Lehrers unter Beweis? Beides sind beste Voraussetzungen, Schüler zu motivieren und bessere Leistungen zu erzielen. Es ist nicht vermessen, vorauszusehen, dass darunter dann auch solche sind, die irgendwann in nächsten PISA-Studien abgefragt werden.

(Frank Bärenbrinker, Hauptsache, die Leistung stimmt? Anmerkungen zur Bildungsdiskussion nach der PISA-Studie. In: Lernwelten 3/2002, S. 131f.)

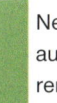

Nehmen Sie abschließend zu der Frage Stellung, wie das deutsche Bildungssystem auf den PISA-Schock reagieren soll, und beziehen Sie die Argumente von Frank Bärenbrinker in Ihre Überlegungen mit ein.

Projektvorschlag zum selbstständigen Weiterarbeiten

Das Abi naht! – Die Abiturreden auch! – Schreiben Sie Ihre Abschlussrede! – Hier ein literarisches Beispiel:

Direktor Iwan Ignatjewitsch, ein imponierender Mann mit athletischen Schultern, hielt seine pathetische Ansprache: „Vor euch liegen tausend Wege. Sie alle stehen euch offen, aber nicht jeder Weg wird für alle gangbar sein ..."

Juletschka, die Anführerin ihrer Mitschüler zu den ersehnten tausend Wegen, war als Rednerin für die Laudatio ausersehen. Wer, wenn nicht sie, hatte der Schule zu danken für all die mit ihrer Hilfe erworbenen reichen Kenntnisse, für die zehnjährige intensive Betreuung, für die unlösliche Verbundenheit mit der Schule, die alle mit so großer Wärme erfüllte.

„Mir wurde die Ehre zuteil, eine Rede zu halten. Ich werde sprechen – aber über mich, ausschließlich über mich ..."

Diese Erklärung, von der sich nie irrenden, nie Fehler begehenden Klassenbesten kategorisch ausgesprochen, erstaunte und beunruhigte niemanden. Der Direktor lächelte ermunternd, nickte zufrieden und setzte sich auf seinem Stuhl bequem zurecht. Wovon sollte sie schon sprechen wollen außer von Dankbarkeit, sie, die in der Schule nur Lob geerntet hatte, nur Bewunderung? Die Gesichter der Mitschüler zeigten daher auch bloß das übliche pflichtschuldige, höflich gelangweilte Interesse.

„Liebe ich die Schule?" In ihrer Stimme schwang ein aufgeregter Unterton mit.

„Ja, ich liebe sie! liebe sie sehr! ... Wie ein Wolfsjunges seine Höhle ... Und jetzt muss ich meine Höhle verlassen, die Geborgenheit, die Sicherheit. Und vor mir sind plötzlich tausend Wege! Tausend ... !"

Durch die Aula lief ein schwaches Flüstern. „Welchen soll ich gehen? Diese Frage stellte sich mir schon oft. Immer wieder. Ich habe sie immer wieder beiseite geschoben, mich vor ihr versteckt. Jetzt kann ich mich nicht mehr verstecken. Jetzt muss ich gehen, aber ich kann es nicht, habe es nicht gelernt, weiß nicht wohin ... Die Schule hat mich gezwungen, alles, was sie wollte, zu lernen und zu wissen. Nur eins hat sie mich nicht gelehrt: selbstständig zu urteilen, zu wissen, was *mir* gefällt, was ich liebe, was ich selber will. Mir hat manches Spaß gemacht, anderes nicht. Und wenn etwas keinen Spaß machte, dann war es ein bisschen schwieriger, das heißt, man musste sich etwas mehr anstrengen, um die „Eins" zu bekommen, die von der Schule gefordert wurde. Und ich habe der Schule gehorcht und ... und ich wagte nicht, irgendetwas wirklich stark zu lieben ... Jetzt schaue ich mich um, und es kommt mir vor, als liebte ich – nichts! Nichts, außer Mama, Papa und der Schule. Tausend Wege – für mich sind sie alle gleich dunkel, ich kann sie nicht unterscheiden! Sie glauben, ich müsste glücklich sein –. Mir ist schrecklich zumute. Ganz schrecklich." Juletschka hielt inne, blickte unruhig mit ihren wachsamen Vogelaugen um sich und in den schweigenden Saal. Aus der Turnhalle drang das Geräusch der Bankettvorbereitungen herauf.

„Mehr habe ich nicht zu sagen", erklärte sie und ging mit kleinen, zuckenden Schritten auf ihren Platz zurück.

(Wladimir Tendrjakow, Die Nacht nach der Entlassung, Frankfurt 1975, S. 7ff. [aus dem Russischen von Heddy Pross-Weerth]. Ort der Handlung ist eine zehnklassige russische Oberschule im Jahre 1941. Die Entlassung eines Jahrgangs steht an. Eine Schülerin hält ihre Abiturrede.)

Diese Erzählung eignet sich auch gut als Ganzschrift-Lektüre für den Unterricht. Vielleicht spricht Ihnen die Schülerin aus dem Herzen. Wir hoffen aber, dass Sie Ihre Schulzeit und hier vor allem den Pädagogikunterricht in anderer Erinnerung haben und behalten werden.

Formulieren Sie aus der Sicht Ihres Pädagogikkurses eine Abschlussrede, die konstruktiv-kritisch Bilanz zieht und Perspektiven für die Zukunft aufzeigt. Nutzen Sie dafür die Materialien dieses Kapitels. Sie können die Rede im weiteren Verlauf des Schuljahres fortschreiben und so auch die Ergebnisse des Halbjahres 13/2 nutzen. Die Rede wird dann genau zum richtigen Zeitpunkt fertig.

2.2 Waldorfpädagogik – eine Alternative?

Bochum-Wattenscheid, Eppendorf Waldorfschule

Rudolf-Steiner-Schule Hamburg-Wandsbek

Was fällt Ihnen an der architektonischen Gestaltung der Waldorfschule auf?
Lassen sich Schlussfolgerungen ziehen für das, was sich hinter den Mauern abspielt?

Einführung

Waldorf-Pädagogik – Voreinstellungen, Zeugnis, Lehrplan

Fragebogen zu Vorwissen und Voreinstellungen

1. Gibt es eine Waldorf-Schule oder einen Waldorf-Kindergarten in Ihrer Nähe?
2. Kennen Sie Kinder, die eine solche Einrichtung besuchen bzw. besucht haben?
3. Haben Sie eine Waldorf-Schule schon einmal von außen oder innen gesehen?
4. Was meinen Sie, was unterscheidet eine Waldorf-Schule von einer staatlichen Regelschule?
5. Was meinen Sie, warum schicken Eltern ihre Kinder auf eine Waldorf-Schule?
6. Würden Sie später Ihr Kind auf eine Waldorf-Schule schicken?
7. Auf welche Informationen gründen Sie die Antworten auf die letzten drei Fragen?

Fragen werfen oft noch mehr Fragen auf. Es gibt viele Vorurteile (Urteile vor dem Wissen) und falsche Einschätzungen über die Waldorf-Pädagogik.
Halten Sie daher fest:
Was müssten Eltern wissen, bevor sie eine Entscheidung für oder gegen die Waldorf-Pädagogik treffen? Dies könnten auch die leitenden Fragen sein, die Sie im Kurs mithilfe des Kapitels klären könnten.

Zeugnis – ein Beispiel

Heike hatte es auch in der zweiten Klasse sehr leicht, das aufzunehmen, was es zu lernen und zu üben gab. Mühelos gelang es ihr, den Zugang zur Rechtschreibung zu finden und ebenso mühelos rechnete sie. Es fällt Heike jedoch nicht leicht, dem Unterricht immer konzentriert und anteilnehmend zu folgen. Gern läßt sie ihre Gedanken herumspazieren und man wünscht sich von ihr vielmehr Gleichmaß in der Mitarbeit und viel mehr innere Anteilnahme.

Heikes Rechen- und Schreibhefte sahen zu Beginn des Jahres sehr schön aus. Im Laufe der Zeit wurde ihre Schrift jedoch etwas nachlässig und glitt zu schnell und flüchtig dahin. Sie sollte sich wieder mehr um ein bewußtes Gestalten der Buchstaben und Zahlen mühen. Denn Heike hat, wenn sie sich bemüht, gute Formkräfte, wie man an ihren sehr schönen Formenzeichnungen sehen kann. Auch beim Wasserfarbenmalen zeigt sie viel Geschick und schönes Farbempfinden. Bei unseren sprachlich-rhythmischen Übungen könnte sie noch viel tüchtiger mittun und die Klasse mehr stützen.

Bei all den schönen Fähigkeiten, sollte man nicht übersehen, daß Heike doch recht schwankend und unsicher in ihrem Wesen ist und es schwer hat, zu einer inneren Harmonie und Ordnung zu kommen. Teils sehr empfindsam und schüchtern, teils aber auch keck und vorwitzig mit dem Wort, ist sie dem Lehrer oft keine Stütze, sondern braucht selbst viel Hilfe, um sich sammeln und ordnen zu können und etwa nicht den Unterricht zu stören. —
Eine große Freude und auch eine Hilfe für sie selbst ist es, daß sie ganz ohne Ehrgeiz und Stolz ihrer Begabung erlebt und immer bereit ist, in netter Weise ihren schwächeren Mitschülern weiterzuhelfen. Hier findet sie ein Betätigungsfeld, das ihr hilft, ihre überschüssigen Kräfte, die sonst leicht vagabundieren, in sinnvoller, für alle hilfreicher Weise einzusetzen.

FACHUNTERRICHT

ENGLISCH

Heike hatte keine Mühe mehr, mutig und kräftig mitzusprechen. Sie hat sich sehr schön mit den fremden Lauten verbunden. In diesem Jahr wurde sie sogar oft recht übermütig, — das lenkt ab.

FRANZÖSISCH   RUSSISCH

Nach kurzer Zeit des Übens vermochte Heike Worte und Verse klar geformt und sicher wiederzugeben. Sie hat dies jedoch nicht sonderlich gern allein. Heike möge sich nur rechte Mühe geben, die anderen nicht zu stören, wenn sie längere Zeit zum Lernen brauchen!

EURYTHMIE

Nur selten ist es Heike gelungen, sich intensiv mit dem eurythmischen Tun zu verbinden. Sie sollte viel aufmerksamer bei der Sache sein, um zu einer harmonischen Bewegung zu kommen.

MUSIK

Heike flötet sicher und schön und nimmt an allem musikalischen Tun freudigen Anteil.

HANDARBEIT

Heikes liebstes Tun in der Handarbeitsstunde ist das Vorlesen, doch müssen wir aufpassen, daß auch die geschickten Hände, wenn sie fleißig arbeiten, von Geduld und Freude begleitet werden.

LEIBESERZIEHUNG

Religionsunterricht der Christengemeinschaft:
Heike ist ein stiller, aber aufmerksamer Zuhörer und malt schöne Bilder.

VERSÄUMNISSE: 28 Tage   VERSPÄTUNGEN:

(Charlotte Rudolph, Waldorf-Erziehung, Luchterhand, Darmstadt 1987, S. 27 – 29)

Der Lehrplan

Schuljahr	Unter- und Mittelstufe								Oberstufe			
	1	2	3	4	5	6	7	8	9	10	11	12
Erzählstoff	Märchen	Legenden Fabeln	aus dem Alt. Testam.	nordische Mythologie	griechische Mythologie	römische Geschichte	fremde Völk. Entdecker	Biografien				
Geschichte						Alte Kulturen Griechen	Römer Mittelalter	von der Renaissance bis zur Gegenwart	Kultur- und Wirtschaftsgeschichte			
Kunstgeschichte									Malerei/ Plastik	Poetik	Musik	Architektur
Sachkunde/Erdkunde				Ackerbau Hausbau	Heimatkunde	Geographie	Geographie/ Geologie	Geographie/ Astronomie	Geographie/ Klimatologie	Astronomie	Morphologie	Kartographie
Technologie und Praktika									z.B. Forst-, Landwirtschaft, Industrie-, Sozialpraktika			
Naturkunde				Mensch/Tier	Pflanze	Mineral	Anthropologie			Biologie		
Physik						Physik						
Chemie							Chemie					
Sprache	Sprechverse Erzählübung	Lesen	schriftliche Berichte	Grammatik				Stilistik, Geschäftsbriefe		Literaturgeschichte		
Fremdsprachen: Englisch Französisch Latein	Englisch/Französisch											
					Latein							
Mathematik/Geometrie			Rechnen mit ganzen Zahlen		Brüche	Sachrechnen						
					Algebra				Kombinatorik	Logarithmen	Sphärische Trigonometrie	Diff.- und Integralrech.
							Planimetrie	Stereometrie		Trigonometrie	Darstellende Geometrie	Analytische Geometrie
Zeichnen			Formenzeichnen		Freihandgeometrie		Geometrie	Geometrisches und Technisches Zeichnen	Feldmessen			
			Zeichnen aus Erzählstoffen und Realfächern			Kohlezeichnen	Perspektive	Schwarzweißzeichnen			Architekturzeichnen	
Malen			Farberleben, Übungen am Farbkreis				Aquarellmalen					
Plastizieren												
Singen							Chor					
Instrumentalmusik			Blockflöte		Spielgruppe andere Instrumente			Orchester				
Eurythmie			Laut- und Ton-Eurythmie				Leichtathletik/Sport					
Turnen			Spiel-Turnen	Gymnastik/Geräteturnen/Orientierungslauf								
Werkunterricht für Knaben und Mädchen						Holzbearbeitung	Schnitzen		Metallarbeit/ Schmieden	Schreinern/Korbern		Steinhauen
Handarbeit für Knaben und Mädchen									Schneidern Schustern	Spinnen Weben	Buchbinden	
Gartenbau												
Kochen/Hauswirtschaft												
Religion (nach Konfessionen)												

Der Waldorf-Lehrplan ist seit 1919 nahezu unverändert und ist auch an den Waldorfschulen von Tokio bis Castrop-Rauxel bis auf landestypische Besonderheiten gleich.

1. Wenn Sie Zeugnis und Lehrplan der Waldorfschule betrachten, welche Aspekte und Elemente sind an Waldorfschulen anders als im staatlichen Regelschulsystem?

2. An Waldorfschulen gibt es weder „Ziffernzeugnisse" noch Sitzenbleiben. Würden Sie lieber ein Zeugnis nach Waldorfart erhalten und nicht von einer Zwangswiederholung einer Klasse oder Jahrgangsstufe bedroht sein?

3. Welche Fragen und Thesen lassen sich für die weitere Arbeit aufstellen?

Grundbegriffe und Grundthesen

Informationen zum Gründer und zur Geschichte

Rudolf Steiner – ein Porträt

1892 schrieb der damals 37-jährige *Ferdinand Tönnis* über den damals sechs Jahre jüngeren *Rudolf Steiner*: „Herr Steiner geht in grober Unwissenheit spazieren ... (er) kennt nicht einmal das Abc der Weltgeschichte ... Dieses Maß an Unwissenheit und Unklarheit ist nicht bloß ein Mangel des Verstandes. Es ist einem moralischen Richterspruch verfallen."
21 Jahre später urteilte *Christian Morgenstern* über denselben, mittlerweile 52-Jährigen: „Es gibt in der ganzen heutigen Kulturwelt keinen größeren geistigen Genuss, als diesem Manne *R. Steiner* zuzuhören, als sich von diesem unvergleichlichen Lehrer ‚Vortrag halten zu lassen'. Da kulminiert eben das europäische Geistesleben von 1913, dergleichen einmal und unersetzlich."
Der erste Kritiker war einer der renommiertesten deutschen Soziologen; der zweite Deutschlands berühmtester Galgenliedersänger; und der Kritisierte ist wohl zu Recht als der umstrittenste Pädagoge der ganzen Welt zu bezeichnen – oder war er gar kein Pädagoge, sondern Philosoph, Theosoph, Maler, Dramatiker, Heilpraktiker, Politiker, Journalist, Privatlehrer u.a.m.? Und wenn wir seinen Biografien glauben dürfen, dann hätte er durchaus folgende Rechnung aufgemacht: Summe der Geburts- und Sterbedaten beider Kritiker, Differenz der beiden Summen, geteilt durch den Abstand der beiden Geburtsjahre, ergibt: das Geburtsjahr *Rudolf Steiners* ... Er hätte aber auch ebenso gut solche und ähnliche Zahlenmystiken in einem seiner über 6 000 Vorträge mit Leidenschaft und Ironie zurückgewiesen ... Was also war das für ein Mensch? Was also sind das für Schulen, die sich auf diesen Mann berufen?
Bereits sein Geburtstag ist mystisch umflort: Am 25. Februar 1861 kam *Rudolf Steiner* als ältestes von drei Kindern eines Bahnbeamten in Kraljevec, auf der damals zur österreichisch-ungarischen Monarchie und heute zu Kroatien gehörenden Mur-Insel zur Welt – er selbst bevorzugte sein Taufdatum: den 27. Februar 1861. Als Telegrafist wurde der Vater häufig versetzt, weshalb die Familie immer wieder umziehen musste: 1863 nach Pottschach in Niederösterreich; 1868 nach Neudörfl im Burgenland; ab 1872 besuchte er die Realschule von Wiener-Neustadt, an der er 1879 sein Abitur ablegte. Was war das für eine Kindheit? Alles deutet darauf hin, dass der Knabe *Rudolf* eine ökonomisch arme, eine emotional geborgene, eine sozial gesehen eher einsame und unter pädagogischen Gesichtspunkten eine geradezu bildungshungrige Kindheit erlebte. In einem Vortrag am 4.2.1913 sagte er: „Die Eltern haben ... stets die Bereitschaft gezeigt, ihre letzten Kreuzer für das hinzugeben, was dem Wohle ihrer Kinder entsprach, aber es waren nicht sehr viele solche letzten Kreuzer vorhanden." Und in seiner Autobiografie, die vom 9.12.1923 bis zum 5.4.1925 in 70 Beiträgen im Goetheanum erschien und in demselben Jahr von *Maria Steiner* in Buchform herausgegeben wurde, schreibt er, dass er schon als Kind „voller Fragen war, die ich unbeantwortet mit mir herumtragen musste. Ja,

diese Fragen über alles Mögliche machten mich als Knaben recht einsam."

Zum Wintersemester 1879/80 immatrikulierte sich *Steiner* an der Technischen Hochschule in Wien, belegte Biologie, Chemie, Physik und Mathematik – sein Vater wollte aus ihm einen Ingenieur machen und hatte sich sogar nach Inzersdorf vor Wien versetzen lassen. Es kam ganz anders, denn er begegnete dem Germanisten *Karl Julius Schroer*, der just zu *Steiners* Studienbeginn über „Deutsche Literatur seit Goethe" sowie über „Schillers Leben und Werke" las. Und man wird seinem Biografen *J. Hemleben* zustimmen, wenn er schreibt (1963, S. 28): „Diese Hingabe an Goethes Geistesart übertrug sich von Schroer auf seinen Schüler." Folgerichtig wandte sich der lernbegierige Studiosus nun der Germanistik und der Philosophie zu, verdiente sich den Lebensunterhalt als Hauslehrer (von 1884–1890 in der Familie *Specht*) und wurde 1882 (als 21-Jähriger!) mit der Herausgabe der Naturwissenschaftlichen Schriften *Goethes* für „Kürschners Deutsche Nationalliteratur" beauftragt. Zu diesem Zweck siedelte er 1890 nach Weimar über und gab dort als ständiger Mitarbeiter am Goethe-und-Schiller-Archiv die besagten Schriften der Goethe'schen Sophienausgabe heraus. 1891 erfolgte seine Promotion zum Dr. phil. (in Rostock), 1894 erschien seine „Philosophie der Freiheit", 1897 übersiedelte er nach Berlin, wo er redaktionell-publizistisch und von 1899–1904 als Lehrer bzw. Referent an der Arbeiter-Bildungsschule tätig war. 1899 heiratete er die fast 8 Jahre ältere *Anna Schultz*, verwitwete *Eunike*, kam mit theosophischen Kreisen in Berührung, wurde 1902 gar Generalsekretär der Theosophischen Gesellschaft und setzte zu einem beispiellosen öffentlichen Wirken an: Eine rastlose Vortragstätigkeit im In- und Ausland, zahlreiche Publikationen und – 1912/13 die Gründung der (eigenen) Anthroposophischen Gesellschaft. Von da ab lebte er abwechselnd hauptsächlich in Berlin, Dornach und Stuttgart, wenn er einmal nicht zu seinen zahlreichen Vortragszyklen unterwegs war. 1915 fand das Richtfest des ersten Goetheanums in Dornach statt, das aber am 31.12.1922 durch Brandstiftung vernichtet und erst nach seinem Tod neu aufgebaut wurde. 1914 schloss er eine zweite Ehe mit *Maria von Sievers*, widmete sich im Krieg dem Ausbau des Goetheanums, der Anthroposophie sowie der „Dreigliederung des sozialen Organismus" (Rechtsleben/Staatsverwaltung, Wirtschaftsleben/Ökonomie sowie Geistesleben/Bildungswesen). Und bereits hier findet sich eine ausführliche Begründung dagegen, dass „das Schulwesen eine vom Staat zu besorgende Angelegenheit sei".

Der 25.1.1919 schließlich darf als der Kairos [griech.: der „günstige Augenblick"] der späteren Waldorfschulen genannt werden. An diesem Tag meldeten sich bei *Steiner*, so sein Biograf G. *Wehr* (1987, S. 266), drei Männer an: „Emil Molt, Direktor der Waldorf-Astoria-Zigarettenfabrik, der Jurist Roman Boos und der ... für soziale Fragen engagierte, kaufmännisch tätige Hans Kühn." Zwei Vorhaben wurden in dieser Besprechung ins Auge gefasst: Ein Aufruf „An das deutsche Volk und an die Kulturwelt" sowie die Gründung einer „staatsfreien Schule". Beides realisierte sich: Im März erschien der besagte Aufruf; und nachdem *Molt* 100 000 RM zur Verfügung gestellt hatte, sagte *Steiner* zu, nicht nur die Vorbereitung zur Gründung der anthroposophischen Schule, sondern auch deren Leitung zu übernehmen. Noch im August 1919 hielt er den grundlegenden Kurs für die ersten Lehrer/innen der gewünschten Schule, und am 7. September wurde die erste Waldorfschule im vollbesetzten Stuttgarter Stadtgartensaal feierlich eröffnet. Die restlichen Jahre seines Lebens waren einerseits der Leitung dieser Schule und andererseits der publizistischen Verbreitung und der organisatorischen Festigung der – jetzt auch international wirksamen – Allgemeinen Anthroposophischen Gesellschaft gewidmet. Und auch sein Tod, am 30. März 1925, hat seine Rätsel: Er selbst und seine Frau ließen durchblicken, dass er vergiftet worden sei (und zwar bereits am 1. Januar 1924); die behandelnden Ärzte schwiegen (auch nach seinem Zusammenbruch am 28. September des Jahres); und die Vermutung liegt nicht fern, dass er einem ganz gewöhnlichen Magen- und Darmkarzinom erlag (denn die letzten Jahre und Monate waren vor allem von einer mitunter qualvollen Ernährungsproblematik gekennzeichnet). Wie auch immer: Ein ungewöhnliches, ein sich selbst verzehrendes, ein kulturell herausragendes sowie umstrittenes Leben ging zu Ende und – fand seine Fortwirkung.

(Rainer Winkel, Reformpädagogik konkret. Rudolf Steiner und die nach ihm benannten Schulen, in: Pädagogik 6/1992, S. 47f.)

Zur Geschichte der Waldorfschule

Die erste Waldorfschule wurde 1919 in Stuttgart begründet. Die Initiative zur Gründung ging von *Emil Molt* (1876–1936) aus, damals Leiter und Teilhaber der Waldorf-Astoria-Zigarettenfabrik, der *Rudolf Steiner* (1861–1925) gebeten hatte, die Schule aufzubauen und zu leiten. [...]
Die Schule wurde am 7. September 1919 feierlich eröffnet. In seiner Ansprache wies Emil Molt auf die Zielsetzung mit folgenden Worten hin: Der Gründungsgedanke „wurde geboren aus der Einsicht in die Notwendigkeit unserer Zeit. Es war mir einfach Bedürfnis, in Wahrheit die erste so genannte Einheitsschule ins Leben zu rufen und dadurch einem sozialen Bedürfnis wirklich abzuhelfen, sodass künftighin nicht nur der Sohn und die Tochter des Begüterten, sondern auch die Kinder der einfachen Arbeiter in die Lage versetzt werden, diejenige Bildung sich anzueignen, die heute notwendig ist zum Aufstieg zu einer höheren Kultur. [...] Es genügt heute ja nicht, eine bloße ‚Einrichtung' zu schaffen, sondern es tut Not, diese Einrichtung zu erfüllen mit neuem Geiste."
Die Schule begann mit 256 Schülern in acht Klassen, davon waren 191 Kinder von Arbeitern der Waldorf-Astoria, der Rest kam vornehmlich aus dem Kreis anthroposophisch orientierter Eltern. Die Schule war „angegliedert an eine industrielle Unternehmung", also zunächst rechtlich Teil der Waldorf-Astoria. Daraus erwuchsen grundlegende Schwierigkeiten, als im folgenden Jahr die Schülerschaft um 174 weitere Kinder zunimmt und die Waldorf-Astoria nicht mehr die Kosten – für Nichtwerksangehörige – tragen kann oder will. Das Kollegium sieht darin eine harte, aber gesunde Entwicklung in die volle – auch wirtschaftliche – Selbstständigkeit neben der schon bestehenden pädagogischen Selbstverwaltung; der Schulgründer Emil Molt betrachtet dies zunächst als ein Abweichen vom ursprünglichen Konzept. Indessen kommt unter R. Steiner dann zwischen beiden Seiten eine Einigung zustande, als Steiner verdeutlicht, dass in der Pädagogik ja stets die allgemein-menschliche Entwicklung und nicht nur die der Kinder des Werkes im Blicke stehe und dass es die ursprüngliche Hoffnung war, es würden sich gleichzeitig weitere Freie Schulen nach der neuen Pädagogik an verschiedenen Orten bilden. Das Letztere konnte aus politischen Gründen (zunehmende Inflation; Weimarer Verfassung, die in der Grundstufe ‚Privatschulen' nur unter erschwerten Bedingungen zuließ) zunächst nicht geleistet werden, sodass die Waldorfschule zum ‚Modell' wurde, von Steiner keineswegs gewollt. Die Entscheidung indessen, all jene Kinder aufzunehmen, deren Eltern um Aufnahme nachsuchten, schloss einerseits die Abtrennung von der Firma ein und machte notwendig, dass die Eltern selbst an den Kosten der Schule mitzutragen, ja sie ganz zu übernehmen hatten; andererseits hieß das aber auch, dass sich die Schule damit vom ursprünglichen Rekrutierungsfeld, der Arbeiterschaft im strengsten Sinn, zunehmend entfernte. Im Rückblick erwies sich die Entscheidung gleichwohl als sachgerecht, denn nicht nur sank der Anteil der ‚Werkskinder', sondern die Firma ging an andere

Die erste Waldorfschule in Stuttgart

Eigentümer über, die schließlich die Produktion in Stuttgart ganz einstellten, was auf die 1920/21 rechtlich selbstständig gewordene Schule dann keine direkte Auswirkung hatte. Molt selbst führte zu Steiners Lebzeiten den stellvertretenden Vorsitz innerhalb des Träger-Vereins, später dann diesen selbst bis zu seinem Tode (1936).

(Stefan Leber u.a., Die Pädagogik der Waldorfschule und ihre Grundlagen [Reihe: Die Erziehungswissenschaft], 4., gegenüber der 3. unveränd. Aufl., Wissenschaftliche Buchgesellschaft, Darmstadt 1996, S. 1, 20f.)

1. Skizzieren Sie Hintergrund und Zielsetzung der Gründung der ersten Waldorfschule.
2. Welche Zusammenhänge zwischen dem Lebensweg von Rudolf Steiner und der Gründung der ersten Waldorfschule lassen sich erkennen?

Die Grundlagen der Waldorf-Pädagogik

Erkenntnisse anthroposophischer Anthropologie

Für die anthroposophische Menschenkunde rückt das individuelle Wesen des Menschen in den Mittelpunkt des Erkenntnisinteresses: die von Rudolf Steiner als „Ich" bezeichnete ewige Entelechie. Dieses Ich des Menschen aber ist ein Werdendes, und von ihm werden alle Prozesse menschlicher Entwicklung bestimmt. Diese Bestimmung manifestiert sich besonders in dem Wechselverhältnis zwischen dem Seelisch-Geistigen und dem Körperlich-Leiblichen des Menschen. Dies soll an drei für die Pädagogik wesentlichen Zusammenhängen *aufgezeichnet* werden:

1. Das Ich verbindet sich im Prozess der individuellen Menschwerdung schrittweise mit dem Körperlich-Leiblichen, was von Steiner als Inkarnation bezeichnet wird, und es löst sich ebenfalls schrittweise, als Exkarnation. Dadurch kommt es zu aufeinander folgenden Perioden mit je spezifischer Lebensqualität, die sich oft in krisenhaften Umschwüngen ablösen. Die für die Pädagogik bedeutenden Perioden in Kindheit und Jugend haben unter anderem eine jeweils andere Qualität der Lernbefähigung und auch der Lernbedürftigkeit.

Diese Entwicklungsstufen umfassen kleinere und größere Zeitintervalle, sie markieren sich durch körperliche und seelische Veränderungen des Kindes. Die drei bedeutendsten, die schon sehr frühzeitig von Steiner dargestellt und von einer jahrzehntelangen Erziehungspraxis voll bestätigt wurden, werden durch den beginnenden Zahnwechsel (ungefähr 7. Lebensjahr) und durch die Pubertät (ungefähr 14. Lebensjahr) markiert. Die besondere Qualität jeder dieser drei Entwicklungs- und Lernstufen tritt vor Augen, wenn man sich verdeutlicht, in welcher Weise jeweils der Erzieher auf das Kind wirkt. [...]

2. Es gibt nicht nur eine individuelle Menschwerdung, sondern auch eine geschichtliche Menschheitsentwicklung. Ihre Periodität manifestiert sich in dem Auftreten immer neuer Leitkulturen. Wir stehen, seit dem 15. Jahrhundert, im Anfang einer neuen Kulturperiode; sie wird bestimmt durch das Aufkommen eines verselbstständigten individuellen Bewusstseins und daraus resultierender selbstbestimmter Handlungen. Für die Pädagogik folgt daraus:

– dass in unserer Zeit ein ganz neues, auf die Verwirklichung dieser neuen personalen Qualität gerichtetes Lernen konzipiert werden muss, also auf individuelle Freiheit gerichtete Lernprozesse;

– dass die damit notwendig eintretende Vereinzelung eine Qualität des Lernens fordert, durch die der Heranwachsende befähigt wird, diese Vereinzelung im Bewusstseins- und im Handlungsraum selbsttätig zu überwinden, also durch integrierende Lernprozesse z. B. in der Verbindung von Theorie und Praxis, von Lernen und Arbeiten, von „Freizeit" und Beruf;

– dass jedem Heranwachsenden, solange er noch nicht selbstbestimmend lernen kann, ein auf seine allseitige Menschwerdung gerichtetes Lernen ermöglicht werden muss, also eine Gesamtschule ohne Sitzenbleiben und mit allseitigen (praktischen, theoretischen, künstlerischen) Lernangeboten.

3. Geschichtliche und individuelle Menschwerdung sind auf Höherentwicklung gerichtet. Es ist möglich, dies als einen Lernprozess zu beschreiben. Das hat auch schon Lessing in seiner Schrift: „Die Erziehung des Menschengeschlechts" versucht, und er kam dabei zu der Auffassung, dass eine solche menschheitliche Lernentwicklung sinnlos wäre, wenn der einzelne Mensch an ihr nur mit einem Erdenleben beteiligt wäre. Er müsse *wiederholentlich* geboren werden, denn jedes neue Leben bedeute eine neue Stufe in der Teilnahme an der Höherentwicklung des Menschengeschlechts. Was so Lessing entwickelte, wurde von Rudolf Steiner als Ergebnis seiner Forschung bestätigt und konkretisiert.

Danach setzt die individuelle Menschenseele ihre lernende Entwicklung, die sie in ihrem irdischen Dasein vollzogen hat, nach dem physischen Tode fort, und zwar in einer Daseinsform, die außerhalb der Welt liegt, in der der Mensch im Körper lebt, wahrnimmt und denkt. Nach einer längeren Zeit rein geistigen Erlebens beginnt sie ein neues Erdenleben, in das sie die Ergebnisse der vorausgegangenen als Disposition und als Impulse zu weiterem Fortschreiten mitbringt.

Der sich wieder verkörpernde menschliche Wesenskern, sein Ich, ist in seiner Begabung von drei Faktoren bestimmt:

- den Ergebnissen der vorausgegangenen Erdenleben;
- den Erbanlagen des Leibes, die ihn in Zusammenhang bringen mit Volk, Rasse, Familie, Geschlecht;
- den Einflüssen der Umwelt mit ihren je besonderen kulturellen, sozialen und gesellschaftlichen Ausprägungen.

Zunächst erscheint der Mensch jedoch als Gattungswesen, das in die Erbanlagen des Leibes gebunden und durch die Einflüsse der Umwelt geprägt wird; würde der Mensch in seiner Entwicklung von den Erbanlagen und den Einflüssen der Umwelt allein bestimmt, so verwirklichte er sich auch nur als ein Gattungswesen. Die Verwirklichung des Menschen als Individualwesen ist jedoch als ein Lernprozess aufzufassen, der auch durch die sinnlich erscheinenden Grenzen von Geburt und Tod in der Erscheinung des Menschen nicht begrenzt ist, da das Selbstbestimmen (denkende Bestimmung) seinem Wesen nach ein nicht sinnlicher Prozess ist und damit jede individuelle Selbstbestimmung in das Wesen des Denkens aufgenommen wird und so in individueller Art mit seiner Wesenheit, seinem Ich, verbunden bleibt, d.h. also Ewigkeitscharakter hat.

(Peter Schneider, Erkenntnistheorie und anthroposophische Menschenkunde: Die Grundlagen der Praxis der Rudolf-Steiner-Pädagogik, in: Gerhard Krems [Hrsg.], Waldorfpädagogik. Selbstdarstellung, Zustimmung, Kritik, Katholische Akademie, Schwerte 1987, S. 17ff.)

Entwicklungspsychologische Grundlagen der Waldorfpädagogik

Das Vorschulkind von der Geburt bis zum Zahnwechsel

Das Kind dieses Alters ist vor allem ein *Willenswesen*. Der unbewusste Wille äußert sich in der kräftigen Motorik seines Leibes, der mit dem Fühlen und Denken noch eine Einheit bildet. Der sich bewegende Leib ist das Organ, mit dem das Kind die Welt aufnimmt, mit dem es lernt: Er ist ganz Sinnesorgan. [...] Es tut dies völlig schutzlos, offen, ohne kritische Distanz, vielmehr mit Zuneigung und Liebe, im sicheren Grundgefühl: *Die Welt ist gut*. Durch *Nachahmung* lernt es gehen, sprechen, ein erstes Nachfühlen und Denken. [...] Für den Erzieher des Vorschulkindes ergibt sich somit die anspruchsvolle Aufgabe: Lebe, empfinde, denke dem Kind vor, was es nachtun, nachempfinden, nachdenken darf! Es muss das Gute, Richtige, Wahre in seiner Umwelt verkörpert vorfinden können. [...]

Das Kind vom Zahnwechsel bis zur Erdenreife

[...] Das Kind will jetzt nicht mehr wie bisher nur unbewusst-leiblich nachahmen, sondern, wacher, sich seelisch hingeben an die Seele seiner Umgebung. Vor allem will es über das Wort des Erziehers in das Wesen der Menschen und Dinge eindringen. Es hat die Fähigkeit gewonnen, durch die Sprache hindurch aktiv zu lauschen, ‚hellhörig' fühlend das Wesen der menschlichen Persönlichkeit und der Dinge zu erfassen.

Es gewinnt jetzt auch die Fähigkeit, *Vorstellungen* zu bilden, die von den unmittelbaren Eindrücken aus der physischen Umgebung unabhängig sind, weshalb es sie auch willkürlich wieder in Erinnerung rufen kann. Und es entwickelt rasch ein ausgezeichnetes *Gedächtnis*. Was es innerlich schaut, prägt sich ihm tief ein, die vom Gleichklang des Reims und vom Reiz des Rhythmus getragen sind – auch wenn es deren Sinngehalt nicht versteht oder gar keiner vorhanden ist. [...] Es lebt in einem ahnenden, träumenden, erst langsam aufdämmernden *Bildbewusstsein*, das in der Mitte liegt zwischen dem noch schlafenden Bewusstsein des Vorschulkindes und dem wachen Bewusstsein des Erwachsenen. Denken, Fühlen und Wollen sind noch innig miteinander verbunden. Das Fühlen hat jedoch die Vorherrschaft. Das Denken ist erst ein denkendes Fühlen. [...] Es sucht Menschen, denen es sich ganz anvertrauen und hingeben kann, die es als *Autorität* empfindet.

Verehrung und *Liebe*, die es solchen Menschen entgegenbringt, sind die Kräfte, mit denen es in diesem Alter lernt. Es möchte durch den geliebten Erzieher erfahren, was gut und böse, schön und hässlich, wahr und unwahr ist. Wie er über die Dinge denkt und sie empfindet, so denkt und empfindet es mit. Was er liebt und verehrt, liebt und verehrt es auch. Es verleibt sich die sittlichen, intellektuellen und ästhetischen Maßstäbe des verehrten Erwachsenen ein und richtet sich daran innerlich auf, wie sich das Kleinkind an den Sprossen des Laufgitters aufrichtet. [...] Welche Seelennahrung bedeuten [...] beispielsweise für einen Fünftklässler die großartigen Bilder der griechischen Mythologie! Die Kinder lauschen mit ganzer Seele, werden warm und schöpferisch im inneren Bildschaffen, schwingen hin und her zwischen Hoffen und Bangen, Freud und Leid, Sympathie und Antipathie. [...] Was aber bleibt, ist die Sympathie mit dem Guten, die Antipathie gegen das Böse, die Liebe zur *moralischen Ordnung und Schönheit der Welt*. Die Vorbilder von Mut, Wahrhaftigkeit, Treue und so weiter senken sich tief in ihre Seele. [...]

Das Kind in der Erdenreife

Mit dem dritten Jahrsiebent treten stürmisch die spannungsgeladenen Seelenmächte und Triebkräfte auf, die für dieses Alter bekannt sind. Der seelische Kräfteorganismus – Rudolf Steiner nennt ihn Seelenleib – wird frei zu individueller Betätigung. Bisher lebte das Kind, gesunde Verhältnisse vorausgesetzt, in innerer und äußerer Harmonie: zuversichtlich, heiter, wohlwollend, die Seelenkräfte knospenhaft vereinigt, in einem wohlgestalteten Körper von großer Anmut. Es lebte ein naturhaft geschenktes Menschliches dar und wiederholte so gleichsam die Menschheitsstufe der Unschuld vor dem Sündenfall. Nun wird diese Harmonie zerstört um der Individualisierung willen, durch die der Mensch hindurch muss, um aus eigenen Kräften zu einer *selbst* geschaffenen Harmonie zu gelangen.

Ein ganz eigenes, persönliches Innenleben will jetzt entstehen. Der Jugendliche beginnt nach den geistigen Hintergründen des Daseins, seinem Sinn und Zweck, zu forschen. Er möchte die *Wahrheit* der Welt ergründen. Und dabei setzt er nun mehr und mehr seinen erwachenden Intellekt ein. Sein *Eigendenken* regt sich wie ein Keim, bedarf jedoch noch jahrelanger Ernährung und Pflege, bis es im 20./21. Lebensjahr zur eigentlichen Geburt kommt und den jungen Menschen geistig selbstständig, mündig macht.

Nun kann der Unterricht in zunehmendem Maße wissenschaftlich erteilt werden, wobei es vor allem darauf ankommt, die *Zusammenhänge* sichtbar zu machen: den Zusammenhang der Tatsachen sowohl als auch ihren Zusammenhang mit den aufbrechenden *Existenzfragen* der jungen Menschen. Der Unterricht muss die in der Tiefe ihrer Seele pochenden Fragen ins Bewusstsein heben und darauf eingehen.

(Heinrich Eltz, Ich-Entwicklung und soziale Verantwortung, in: Freie Pädagogische Vereinigung Bern [Hrsg.], Die anthroposophische Entwicklungslehre, Breisgau 1976, S. 33ff.)

1. Welche Aussagen zur Anthropologie und Entwicklungspsychologie werden hier gemacht?
2. Welche Konsequenzen haben solche Aussagen für die praktische Waldorfpädagogik?
3. Vergleichen Sie die hier getroffenen Aussagen mit entwicklungspsychologischen Erkenntnissen von Piaget, Kegan und anderen in Phoenix, Band 1 und Band 2, vertretenen Ansätzen.

Die anthroposophische Temperamentlehre

Das Wort *Temperament* stammt vom lateinischen Verb „temperare" (mischen) und bedeutet unter anderem „richtige Mischung", „rechtes Maß". Wenn wir Heinroth folgen, mischen sich im Temperament die Welt der Natur und die Welt der Freiheit, Physisches und Geistiges, und offenbaren uns eine weitere Qualität des Menschen als eines „Bürgers zweier Welten". Ein weites Spektrum von Phänomenen wird durch das Temperament beeinflusst. Es wirkt auf den Organismus, die physiologischen Prozesse, prägt mit Konstitution und Gestalt, beherrscht die Lebensgewohnheiten, das Verhalten, und übt selbst auf Intelligenz und Begabung einen merkbaren Einfluss aus.

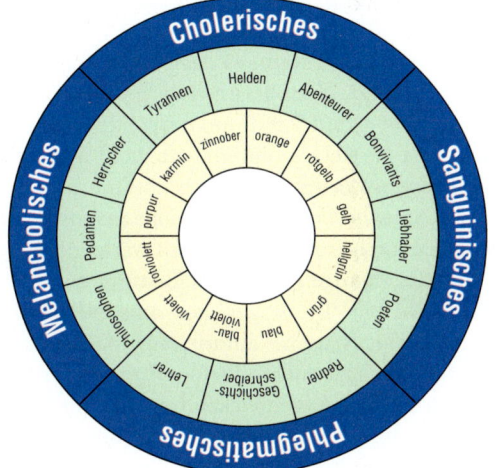

Temperamentsrose von Schillers Hand, mit Goethe erdacht, wahrscheinlich in Jena, Anfang 1799

Die Temperamentlehre wurde begründet durch den griechischen Arzt *Hippokrates* (460–375 v. Chr.). Wir knüpfen an diese Lehre an und versuchen zu zeigen, wie die Kenntnis der hippokratischen Temperamente in der Pädagogik und Menschenführung heute noch höchst fruchtbar ist. [...] Hippokrates baute die Temperamentlehre auf der von ihm begründeten Humoralpathologie (humores = Säfte) auf, der Heilkunde, die den Säftehaushalt im menschlichen Organismus als Ursache von Gesundheit und Krankheit erklärte. Von den vier Körpersäften, die Hippokrates annahm, leiten sich die Temperamentnamen ab:

1. cholerisch   von Galle (griechisch: chole)
2. phlegmatisch   von Schleim (griechisch: phlegma)
1. sanguinisch   von Blut (lateinisch: sanguis)
2. melancholisch   von schwarzer Galle (griechisch: melaina chole)

In der Hippokratischen Heilkunst nehmen die vier Elemente einen breiten Raum ein. Auch in der Temperamentlehre spielen sie eine wichtige Rolle. Die Beziehung zwischen Temperament und Element ist folgende:

Feuer = cholerisch
Luft = sanguinisch
Wasser = phlegmatisch
Erde = melancholisch

Inwiefern diese Zuordnung berechtigt ist, wird unsere Darstellung erhellen. Fassen wir die Beziehungen, die wir bis jetzt wahrgenommen haben, nochmals zusammen:

Temperament	Körpersaft	Element	Jahreszeit	Eigenschaften
cholerisch	gelbe Galle	Feuer	Sommer	warm/trocken
sanguinisch	Blut	Luft	Frühling	warm/feucht
phlegmatisch	Schleim	Wasser	Winter	kalt/feucht
melancholisch	schwarze Galle	Erde	Herbst	kalt/trocken

[...] Das cholerische Temperament

Man pflegt dieses Temperament, entsprechend der Etymologie des Wortes „cholerisch", auch das „gallige" zu nennen. Die Verwandtschaft zwischen dem Körpersaft der Galle und der Zornmütigkeit dieses Temperaments ist uns heute noch durchaus vertraut. Unser Organismus sondert mehr Galle ab, wenn wir uns ärgern. Darum sagt man zu Recht: „Die Galle lief ihm über." Und wenn Galle im Übermaß ins Blut kommt, verfärbt sich die Haut gelb: Der Mensch wird „gelb vor Wut". Die Galle ist der die Aktivität anregende Saft im Menschen. Sie überläuft, wenn der Mensch in Tätigkeit gerät. Und wo sie fehlt, fühlen wir uns matt, ohne Entschlusskraft und Unternehmungslust.

Kein anderes Temperament ist wegen seiner Zornesausbrüche, der Wutanfälle und heftigen, unmittelbaren Reaktionen so bekannt und gefürchtet wie das cholerische. Auch die Beziehung des Zorns zum Element des Feuers ist bekannt und erscheint in mannigfachen sprachlichen Anspielungen.

Der Choleriker besitzt eine etwas untersetzte, zusammengeballte, breite Gestalt mit ausladenden, deutlich sich abzeichnenden Schultern. Der breite, massige und hohe Rumpf beherrscht die ganze Konstitution, während die Gliedmaßen kurz und kräftig geformt sind. Der Choleriker ist eine Sitzgröße (wie Napoleon, Fichte, Gottfried Keller). Der breite, große, eher eckige Kopf sitzt tief auf dem kurzen, massigen Hals und erscheint vielfach wie in den Rumpf hineingezwängt, wodurch der starke, wulstige Nacken entsteht. Die den Choleriker kennzeichnende Haarfarbe ist schwarz. Ebenso charakterisieren ihn schwarze, leuchtende Augen. Wichtigen Aufschluss über die Temperamentform gewährt uns die Gestik. Der Choleriker macht schneidige, entschlossene, präzise Bewegungen. Sein Schritt ist fest und sicher. Man gewinnt den Eindruck, er wolle beim Auftreten den Fuß tief in den Boden hineinstemmen. Der energische, willengeladene Schritt verleiht dem Gang des Cholerikers etwas Kraftvolles, Eindruckerweckendes.

Von Bedeutung ist immer auch der Blick eines Menschen. Der Choleriker verfügt über einen scharfen, klaren und tiefen Blick. Wie er mit den Füßen sozusagen den Boden einstampfen möchte, so dringt er sein Adlerauge tief in das Gegenüber hinein. Etwas Durchbohrendes, Suggestives lebt im festen, entschlossenen Blick des Cholerikers. [...]

An sich ist ein Temperament weder gut noch schlecht. Eine moralische Wertung der Temperamenteigenschaften ist darum völlig fehl am Platz. Ob sich irgendein Temperament in der sozialen Gemeinschaft vorteilhaft oder nachteilig auswirkt, hängt weitgehend vom ganz individuellen Charakter des Menschen ab. [...]

Das cholerische Kind – es offenbart sich uns an seinem entschlossenen, zielsicheren und draufgängerischen Wesen – braucht kraftvolle, sichere *Erzieher und Lehrer*, die es als Autoritäten annehmen kann. Menschen, die wissen, was sie wollen, deren Ja ein Ja, deren Nein ein Nein bleibt. Schmerzlich ist es für einen Choleriker, unentschlossene und unsichere Erzieher zu haben. Vor einem cholerischen Kind darf sich der Erzieher keine Blöße geben. Ein sanguinisches Kind kann über eine Schwäche hinwegsehen, wenn die Erzieherpersönlichkeit nur lieb ist mit ihm. Das cholerische Kind jedoch verliert die Achtung, wenn es gewahr wird, dass der Erzieher dies oder jenes nicht kann. Von der Sache her soll ein solches Kind überzeugt und korrigiert werden. Es muss erleben: Vater und Mutter können Schwierigkeiten überwinden, an denen ich selbst gescheitert bin. Das cholerische Kind fordert die Erzieher geradezu heraus, sich in die Finger zu nehmen und fest zu bleiben. Eine klare Entscheidung tut ihm innerlich wohl, und wenn es nach außen hin noch so brodelt und schmollt. An einer gefestigten Autorität kann sich der in ihm knospende Kern entfalten wie die Rebe an ihrem Stab. Und wenn das Kind seinen Zornesausbruch bekommt und mitten im Spiel davonläuft, dann möge man es nicht schlagen, nicht schelten, sondern warten, bis der Anfall abgeklungen, der Seelenkrampf sich wieder gelöst hat. Im Augenblick affektiver Entladungen mit harten, autoritären Maßnahmen durchgreifen zu wollen, hieße Öl ins Feuer gießen. In solchen Augenblicken bewahre der Erzieher Ruhe und Gelassenheit. Jedoch hüte sich der Erzieher, sich durch solche Anfälle tyrannisieren zu lassen und das Steuer der Führung aus der Hand zu geben. Der Choleriker will aus den Tiefen seines Wesens heraus den Widerstand, will die Korrektur, will Maßstäbe, an denen er sich orientieren kann. Wie soll er eine starke Persönlichkeit werden, wenn seine Vorbilder vor seiner Trotzköpfigkeit kapitulieren und immer nachgeben? [...]

(Kurt Brotbeck, Der Mensch – Bürger zweier Welten. Menschenkunde als Erziehungs- und Führungshilfe, Frankfurt 1986, S. 115ff., 120ff., 150f., [Auszüge])

1. Zeigen Sie am Beispiel dieses Temperaments auf, wie die Waldorfpädagogik die kindliche Psyche betrachtet und welche erzieherischen Konsequenzen sie daraus ableitet.

2. Waldorf-Schulklassen umfassen in der Regel 40 Schüler und bei der Zusammensetzung wird auf eine ausgewogene Mischung der Temperamente geachtet. Klassenlehrer und anthroposophischer Schularzt ordnen die Kinder nach der Temperamentlehre ein und berücksichtigen die Ergebnisse bei der Klassenbildung und Sitzordnung. Wie beurteilen Sie die Temperamentlehre als zentrales Element der Waldorfpädagogik?

Darf man über frühere Erdenleben eines Schülers spekulieren?

Über das Privatleben eines Bekannten oder auch eines Freundes zu spekulieren ist unanständig. Die Privatsphäre und erst recht die Intimsphäre eines anderen Menschen gehen einen anderen nichts an. In sie seelisch eindringen zu wollen ist taktlos, aufdringlich und eine Art seelisch-menschliche Umweltverschmutzung. Dass dieses Eindringen heute normal ist, indem die Privatsphäre zahlreicher Menschen aus dem öffentlichen Leben einem voyeuristischen Publikum zum Fraß vorgeworfen wird, macht die Sache nicht besser, im Gegenteil.

Verglichen mit der Privatsphäre gehören die früheren Erdenleben einer Individualität in einem viel stärkeren Maße zum Intimsten, das man sich überhaupt vorstellen kann. Darüber zu spekulieren muss eigentlich jedes Gefühl der Achtung vor der Würde des anderen verbieten. Wer dieses Empfinden nicht hat, der wird freilich nichts dabei finden, über frühere Schicksale eines anderen Menschen zu spekulieren.

Auf der anderen Seite ist es bemerkenswert, dass Rudolf Steiner gerade für Pädagogen eine Art Ausnahme einräumt und ein behutsames Spekulieren über ein früheres Schicksal eines Kindes zubilligt. Allerdings ist diese Ausnahme an wesentliche und entscheidende Bedingungen geknüpft.

Steiner geht in seinem Beispiel von einer karmischen Gesetzmäßigkeit aus: Seelische Eigenschaften, die in einem Leben zu einer festen Gewohnheit geworden sind, wirken so auf die Individualität, dass diese sich den Leib ihrer nächsten Inkarnation in einer bestimmten Weise aufbauen muss. Die seelischen Eigenschaften werden zum Architekten des zukünftigen physischen Leibes. Jemand, der zum Beispiel habituell lügenhaft ist, prägt diese Eigenschaft in den Leib der nächsten Verkörperung ein. Was in einem Leben eine seelische Eigenschaft war, nämlich die ständige Deformation der Wahrheit, wird im nächsten Leben in den Leib eingeprägt: Jetzt *kann* der Mensch die Wahrheit nicht mehr richtig erfassen, er wird schwachsinnig.

Die Verwandlung von Lügenhaftigkeit über die Scheu zur Schwachsinnigkeit im nächsten Leben ist eine spirituelle Gesetzmäßigkeit, die der Geistesforscher Rudolf Steiner entdeckt hat. Darf nun ein Erzieher, der diese spirituelle Gesetzmäßigkeit nicht selbst erforscht hat, sondern sie als ein Ergebnis der Geistesforschung studiert, über ein schwachsinniges Kind die Vermutung anstellen, dass es im vorigen Leben lügenhaft gewesen ist? Steiner bejaht diese Frage, aber er knüpft daran moralische Bedingungen. Erstens muss sich der Erzieher dann selbst in dieses Schicksal des Kindes spekulativ mit einbeziehen: Er soll sich vorstellen, dass er selbst derjenige gewesen sei, der im früheren Leben belogen worden sei. Zweitens muss er dann aus dieser Spekulation eine moralische Handlungsweise erfolgen lassen: Er sollte dem Kinde verzeihen und es „mit dem Besten vergelten." Im Wortlaut heißt es bei Steiner: „Da [bei dem schwachsinnigen Kind] müssen wir uns denken, dass wir die Menschen sind, die von einem solchen Menschen oft belogen worden sind, und wir sollten uns dasjenige, was uns als Schlimmes zugekommen ist, mit dem Besten vergelten. Man muss versuchen, einem solchen Menschen recht viel von dem beizubringen, was Wahrheiten des geistigen Lebens sind, dann werden wir sehen, wie er aufblüht."

Durch diese Ausführungen kann deutlich werden, worum es bei der spekulierenden Berücksichtigung früherer Erdenleben nur gehen kann: Sie soll helfen, neue moralisch-pädagogische Ideen zu bekommen, die zu neuen pädagogischen Handlungen führen. Die bloße Spekulation allein ist hingegen zu nichts nütze. Sie schadet eher.

Zugleich zeigen die Ausführungen Steiners, wie durch die moralische Berücksichtigung des Gedankens der Wiederverkörperung und des Schicksals die Pädagogik neue, zuvor ganz ungeahnte Hilfsmittel erhalten kann, auf die man ohne den Gedanken der Wiederverkörperung niemals gekommen wäre. [...]

Und in Anlehnung an eine zentrale Gesetzmäßigkeit, die Rudolf Steiner in seinem Buch „Wie erlangt man Erkenntnisse der höheren Welten?" veröffentlicht hat, kann man sagen: Jede Beschäftigung mit Reinkarnation und Karma, die nicht meine Fähigkeit zum Mitgefühl, Mitleiden und Handeln aus tiefer Liebe erweitert, tötet eine Kraft in mir ab und steht in Gefahr, auf einen dunklen Weg zu führen. – Jede Beschäftigung mit Reinkarnation und Karma, die uns weiter bringt auf dem Weg aufrichtigen Mitgefühls und tätiger Liebe, führt uns voran auf dem Weg des Lichts der Erkenntnis und der Wärme der Opferkraft.

Zum Autor: Valentin Wember, geb. 1957. Besuch der Freien Waldorfschule Krefeld, Studium der Literaturwissenschaft, Philosophie, Geschichte, Musik und Pädagogik in Hamburg, Berlin und Stuttgart, Promotion 1984. Seit 1985 Oberstufenlehrer für Deutsch und Geschichte an der Michael Bauer Schule in Stuttgart. Weitere Tätigkeitsfelder: Lehrerbildung in Deutschland, Schweiz, Ukraine und USA, Organisationsberatung.

(Valentin Wember, Reinkarnation und Pädagogik, in: Erziehungskunst – Zeitschrift zur Pädagogik Rudolf Steiners, April 2004, S. 402ff. [Auszüge])

1. Welcher Zusammenhang zwischen „Reinkarnation" und Pädagogik wird hier skizziert?
2. Der Verfasser kennzeichnet seine Thesen als „Ergebnis der Geistesforschung". Nehmen Sie dazu kritisch Stellung.
3. Warum heißt Ihrer Meinung nach die Zeitschrift, aus der die Auszüge stammen, „Erziehungs*kunst*" und nicht „Erziehungskunde" oder „Erziehungsratgeber"?

Vertiefung

Waldorfpädagogik in der kontroversen Diskussion

Prof. Peter Paulig, Lehrstuhlinhaber für Schulpädagogik: Pro

Die Bedeutung der Waldorfschulen für das allgemeinbildende Schulwesen der Bundesrepublik sehe ich zunächst ganz allgemein darin, dass in diesen Schulen Wege beschritten werden, die sich von denen der Staatsschule positiv grundlegend unterscheiden. Damit beweisen diese Schulen täglich, dass das Schulleben und der Unterricht auch ganz anders gestaltet werden können, als man es aus den Regelschulen kennt. Nun ist diese Andersartigkeit nicht von vornherein etwas Gutes, aber vieles, was ich über Jahre hinweg in Waldorfschulen immer wieder beobachtet habe, halte ich aus pädagogischen Gründen für nachahmenswert und auch in der Regelschule für realisierbar. Kurzum: Ich sehe die Bedeutung der Waldorfschulen darin, dass sie den staatlichen Schulen wichtigste Anregungen, Beispiele, ja Vorbilder dafür geben können, wie Schule vom Kinde aus zu gestalten ist.

Unter drei Aspekten möchte ich nun das Beispielgebende der Waldorfschulen konkretisieren und dabei zugleich meine pädagogischen Leitideen zur Sprache bringen, die ich in den Waldorfschulen eher verwirklicht sehe als in den Regelschulen.

1. Auch in der Schule hat das Kind das Recht, ein Kind zu sein.

Diese grundlegende These bedeutet: Jeder Erwachsene, vor allem aber jeder Lehrer, muss wissen, dass nur über das Kind die Gesellschaft erneuert werden kann. Jeder muss auch wissen, dass Kinder neues Sein im Kontinuum des Lebens sind, und je sorgfältiger wir sie erziehen, je verständnisvoller wir uns ihnen in Elternhaus und Schule zuwenden und sie mit ihren kindgemäßen Bedürfnissen ernst nehmen, umso größer ist die Chance der Menschheit, sich kulturell weiterzuentwickeln. Aber je unaufmerksamer wir uns gegenüber dem Kind verhalten, desto größer ist die Gefahr des Rückfalls in Barbarei. Es liegt also allein an den Erwachsenen, und hier haben die Lehrer eine außerordentliche Verantwortung gegenüber jedem einzelnen Kind und der Gesellschaft, gerade in den Schulen einen Prozess des Umdenkens einzuleiten. Wir haben lernen müssen, dass der rücksichtslose Umgang mit unserer Umwelt die Existenz der Menschheit gefährdet. Ebenso müssen wir lernen, dass die Gesellschaft, in der wir leben, eine für ihren Fortbestand wichtige Funktion dadurch zu erfüllen hat, dass sie sich in verstärktem Maße dem Kinde zuwendet und jede erdenkliche Vorsorge trifft, um in Elternhaus und Schule einen möglichst ungestörten Ablauf seiner geistigen, seelischen, körperlichen und sozialen Entwicklung zu gewährleisten. [...]

Den Anspruch, dass das Kind auch in der Schule das Recht hat, ein Kind zu sein, erfüllen die Waldorfschulen auf pädagogisch sinnvollere Weise als die Regelschulen. Es sind Schulen, in denen auf spezifische Art *vom Kinde aus* gedacht und gehandelt wird, und insofern sind sie kindgerechtere Schulen. Diese Orientierung an der Entwicklung des Kindes und an kindgemäßen Bedürfnissen, wie sie Rudolf Steiner dargelegt hat und bis heute in den Waldorfschulen praktiziert wird, führt dazu, dass es in diesen Schulen besser als in den Staatsschulen gelingt, ein Gleichgewicht herzustellen von *einerseits* der Berücksichtigung *subjektiver* Interessen und Bedürfnisse der jungen Menschen und *andererseits* der *objektiven Ansprüche* und Forderungen der Gesellschaft, in der wir leben.

2. Die Schule ist keine Verteilungsstelle für sozialen Auf- oder Abstieg.

[...] Was in diesen Schulen gelehrt wird, wie zu erziehen ist, was die Lehrer zu tun haben und wie man die Eltern in diese Verantwortungsgemeinschaft von Elternhaus und Schule einbezieht, orientiert sich stets an einer einzigen Frage: Was ist in dem einzelnen jungen Menschen veranlagt, und was kann in ihm entwickelt werden? Der Lehrer hat sich einzig und allein in den Dienst der Lösung dieser Aufgabe zu stellen. Also nicht der Staat oder die Wirtschaft haben die Anweisung zu geben: So brauchen wir den Menschen für ein bestimmtes Amt, prüft daher die Menschen, wie wir sie brauchen, und sorgt dafür, dass sie das wissen und können, was wir brauchen. Diese Einflussnahme wird abgelehnt, und daher hat Rudolf Steiner schon 1919 die völlige Loslösung des Unterrichtswesens vom Staats- und Wirtschaftsleben gefordert. Andere sind nicht so weit gegangen, die völlige Auflösung des Regelkreises Schule-Wirtschaft zu fordern. Wenn ich mir aber ansehe, was in den Staatsschulen mit der nachwachsenden Generation geschieht, wenn ich mir ansehe, zu welchen Auswirkungen der Wahnsinn der Selektion Jahr für Jahr führt, und wenn ich wissenschaftliche Untersuchungen zum Thema „Die Schule in der Kritik der Betroffenen" studiere, dann muss ich ohne Wenn und Aber Rudolf Steiner zustimmen. [...]

3. Die pädagogische Freiheit des Lehrers ist unverzichtbar.

Aus pädagogischen Gründen, vor allem aber auch aus politischen Gründen bin ich der Überzeugung, dass jedem Lehrer weitgehende pädagogische Freiheit gegeben werden muss. Als Erzieher und Unterrichtender wird man seinen vielfältigen, seinen überaus schönen, aber auch oft sehr schwierigen Aufgaben – und ich vermute: zunehmend noch schwierigeren Aufgaben! – nur dann annähernd gerecht werden können, wenn man in einer freien, selbst-verantworteten, individuellen Weise dem zu Erziehenden und zu Unterrichtenden gegenüberstehen darf. Der Lehrer darf sich bei seinem Tun und Lassen nur abhängig wissen von den Erkenntnissen, die das Wesen der Erziehung und das pädagogische Verhältnis zu den ihm anvertrauten Schülern ausmachen, nicht aber von Vorschriften und Gesetzen, die von außen gegeben werden.

In den Waldorfschulen wird von diesem Grundsatz ausgegangen und dem entspricht, dass jeder Lehrer einer Waldorfschule weitgehende pädagogische Freiheit hat. Und trotzdem – oder sollte ich besser sagen: gerade deswegen? – geht es in diesen Schulen nicht, wie man so sagt, drunter und drüber – gibt es in diesen Schulen kein organisiertes Chaos.

Ich habe den Eindruck gewonnen, dass man in

den Waldorfschulen sehr genau weiß und Konsequenzen aus der Erkenntnis gezogen hat, dass Vorschriften und „einschlägige" Bestimmungen niemals eine Art Berufsethik-Ersatz sein können. Vielleicht liegt die hervorragende Bedeutung der Waldorfschulen für die Staatsschulen überhaupt darin, dass sie täglich den Beweis erbringen: Lehrer können durchaus mit der pädagogischen Freiheit eigenverantwortlich umgehen. Vielleicht weckt aber gerade diese Beweislage bei den für die Staatsschule Verantwortlichen Ängste, weil man fürchtet, der „Virus Freiheit" könnte sich ausdehnen. [...]

(Peter Paulig, Die Bedeutung der Waldorfschulen für das allgemeinbildende Schulwesen in der Bundesrepublik Deutschland, in: Gerhard Krems [Hrsg.], Waldorfpädagogik. Selbstdarstellung, Zustimmung, Kritik, Schwerte 1987, S. 35ff. [Auszüge])

Waldorfpädagogik in erziehungswissenschaftlicher Kritik

Die kritischen Aspekte der Waldorfpädagogik sind in den letzten Jahren so zahlreich von WissenschaftlerInnen vorgetragen worden, dass hier nur die wichtigsten genannt werden können: K. A. Wiederhold kritisiert u. a. das *„Mystische"* und damit das wissenschaftlich nicht Fassbare dieser Pädagogik. Was damit gemeint ist, mag folgender Ausspruch R. Steiners zur Begründung der ersten Waldorfschule 1919 verdeutlichen: „Wir müssen uns bewusst sein bei einer solchen Aufgabe, dass wir nicht arbeiten bloß als hier auf dem physischen Plan lebende Menschen. Daher wollen wir uns zu Beginn unserer Tätigkeit zunächst darauf besinnen, wie wir im Einzelnen die Verbindung mit den geistigen Mächten, in deren Auftrag und deren Mandat jeder Einzelne von uns gewissermaßen wird arbeiten müssen, herstellen. Wir haben diese Schulgründung als einen Akt der Weltenordnung zu betrachten. Wir wollen uns selbst betrachten als Menschenwesenheiten, welche das Karma an den Platz gestellt hat, von dem aus nicht etwas Gewöhnliches, sondern etwas geschehen soll, was bei den Mittuenden die Empfindung eines feierlichen Weltenaugenblicks in sich schließt." (Steiner 1975)

Hierin kommt Entscheidendes der anthroposophischen Pädagogik zum Ausdruck: Hier arbeiten nicht LehrerInnen wie sonst in irgendeiner Schule, nur kinderfreundlicher und mit weniger Leistungsdruck, sondern diese sehen sich im Auftrag überirdisch-geistiger Mächte. Hier sieht der Lehrer in den SchülerInnen Menschenleben, die schon viele Erdenleben durchlaufen und weitere Inkarnationen vor sich haben. Wie sich dies konkret auf den Unterricht auswirkt, erläutert Steiner so:

„Bei einem Kind, das fest im Leben drinsteckte in seiner vorhergehenden Inkarnation, kann man sehen, dass es sich für alles interessierte im vorausgegangenen Erdenleben. Man wird daher bei einem solchen Kind darauf sehen müssen, dass man die Dinge aus dem Kind herausholt, denn es bringt ja viel mit aus jenem anderen Leben. Anders sind die Kinder, die trippeln, mit der Ferse kaum auftreten, denn die haben in flüchtiger Weise das vorherige Erdenleben verbracht. Man wird bei ihnen nicht viel herausholen können" (Steiner 1963). Daraus wird deutlich: Erziehungswissenschaftliche Kategorien sind hier nicht maßgeblich, sondern kosmisch-übersinnliche Gesetze bestimmen die Handlungsweisen des Lehrers.

O. Hansmann verstärkt diese Kritik noch, wenn er die Waldorfpädagogik eine *„Intuitionspädagogik"* nennt, deren „erkenntnis- und menschenkundliche Begründung ... letztlich auf ein gegebenes absolut sicheres Wissen beruht." Daraus folgt für ihn, dass Pädagogik nur noch als „Anwendung gegebener Normen oder als Technik ihrer Verwirklichung verstanden wird". Das bedeutet nicht nur, dass ein prinzipieller Unterschied besteht zwischen dem technologischen Praxisverständnis der Waldorfpädagogik und dem erziehungswissenschaftlichen Bewusstsein von der Wechselwirkung von Theorie und Praxis, sondern es fragt sich auch, wie aus jenem intuitionistischen pädagogischen Standpunkt Erkenntnisse für die Paxis hervorgehen können? Die Antwort kann nur lauten: durch absolute Abhängigkeit von Steiner und durch totale Gläubigkeit gegenüber seinen übersinnlich gewonnenen Einsichten. Hansmann betont darum: Die Waldorfpädagogen kommen nicht darum herum, „den Zugang über den Schulungsweg Steiners offenzulegen und der prüfenden Bewährung auszusetzen".

H. Ullrich kritisiert u. a. die *Temperamentenlehre* Steiners, die für die Praxis der Waldorfschule fundamentale Bedeutung hat; denn die Anthroposophen sind davon überzeugt, dass sie mit dieser Lehre den Schlüssel für das Verständnis der SchülerInnen und für die Harmonisierung der Schulklassen in der Hand haben. Der heutige Waldorfdidaktiker Grosse verdeutlicht das so: „Wenn der Lehrer vor seiner Schülerschaft steht, dann sitzen links die Phlegmatiker, dann folgen die Melancholiker, ihnen schließen sich die Sanguiniker an und zum Schluss kommen rechts außen die Choleriker." So würden sich einmal die verschiedenen Temperamente miteinander und gegenseitig „abarbeiten", zum anderen kämen hier „große Weltkräfte kosmischen Ursprungs" zur Wirkung.

Die heutige Wissenschaft hält dagegen, dass das Werden des Menschen keineswegs so maßgeblich vom Temperament bestimmt wird, sondern hier sei eine Vielzahl von Faktoren wirksam: Naturell, Disposition, Charakter und vor allem das Wechselverhältnis von Individuum und Gemeinschaft, Einzelmenschen und Gesellschaft, Subjekt und Kultur. Wo also die Wissenschaft ein vielfältiges Geflecht individueller, sozialer und gesellschaftlicher Beziehungen sieht, glaubt der Anthroposoph an feste, unverrückbare, von Natur und Kosmos vorgegebene Kausalfixierungen, die ganz deterministisch verstanden werden.

F. Rest verweist auf den „*Antiintellektualismus*" der Waldorfpädagogik. Nach Steiners Entwicklungslehre – der sog. Vier-Leiber-Lehre – werden die Kräfte für Abstraktion und Reflexion erst nach dem 14. Lebensjahr frei. Darum kann und soll erst jetzt die Erziehung zu selbstständigem und eigenem kritischen Denken beginnen. Bis dahin soll das Kind nach den pädagogischen Wesensgesetzen Steiners „Nachahmung und Vorbild" sowie „Nachfolge und Autorität" wachsen und lernen. Denn nur wer vorher „in scheuer Ehrfurcht hat verehren dürfen", reift sinnvoll in die Phase der persönlichen Autonomie und der kritischen Mündigkeit hinein.

Die moderne Pädagogik betont dagegen: Es sollte von Anfang an ein zunächst elementares und immer entwicklungsgemäßes Hinführen und schrittweises Einüben von kindlicher Eigenständigkeit und jugendlicher Kritikfähigkeit geben. Rest – selbst Waldorflehrer (!) – sieht darum in der Waldorfpädagogik ein systematisches Verhindern solcher Erziehung: „Die Waldorfpädagogik widersetzt sich standhaft diesem intellektuellen Selbstständigkeitsstreben der Kinder, (sei es, dass) der Verlust der Kindlichkeit durch Konservierung der Kindlichkeit aufgehalten wird. (Dieses sei) einer eingehenden Revision bedürftig. Im Übrigen wird ein tendenzieller Antiintellektualismus bereits in frühen Jahren durch die herausragende Mythenbildung (Märchen, Sagen, biblische Geschichten) deutlich, welche ausdrücklich nicht in kritisches Hinterfragen ... münden soll". K. Prange hat die vielleicht schärfste Kritik formuliert: Waldorfpädagogik sei „*Erziehung zur Anthroposophie*", ja „Manipulation" (1985), nicht nur, weil Steiner vom „Hineinverpflanzen in die kindliche Seele" und vom „Infiltrieren des Autoritätsgefühls" spricht, sondern weil die „Waldorfschule zur Anthroposophie erzieht, und zwar umso nachhaltiger, als sie nicht direkt und kontrollierbar gelehrt, sondern gleichsam eingeflößt wird. Der Lehrplan steuert das Lernen, und die anthroposophische Weltanschauung den Lehrplan" (1985). Aber „eine Theorie, zu der es keinen nachvollziehbaren Beweis gibt, sondern nur die Evidenzbehauptungen eines Überzeugten, hat den großen Vorzug, immun gegen Äußerungen und Kritik zu sein" (1985). Letztlich münden die Analysen aller Kritiker – Ullrich, Prange, Beckmannshagen, Badewien, Winkel, Rutt, Rest, Wehnes – in die Feststellung: „Waldorfschulen sind *Weltanschauungsschulen!*" Dies hat zuletzt R. Winkel auf folgende Formulierung gebracht: Da sie sich zu dieser Tatsache nicht stellen, „muss (ihnen) die Kritik zugemutet werden, diese Grundlegung ihrer selbst nicht offen zu bekennen, sondern als die bessere Wissenschaft auszugeben. Damit wird sie zur Ideologie, denn sie verschleiert und täuscht etwas vor, was sie nicht ist". Wo aber „die Pädagogik aus der Kritik der Erziehungswissenschaft entlassen wird, ... betreibt sie Ideologie, graben sich dogmatische Züge in ihr Gesicht und wird sie letztlich zum Kult". [...]

(F. J. Wehnes, Waldorfpädagogik in erziehungswissenschaftlicher Kritik, in: Päd. extra & demokratische erziehung 10/1990, S. 7ff.)

„Das ist keine Sektenschule"

Walter Hiller vom Bund der Freien Waldorfschulen setzt auf Steiner

Focus: Herr Hiller, Kritiker werfen den Waldorfschulen antiquierte, teilweise unwissenschaftliche Methoden vor. Als Beispiel wird dabei häufig auf die Temperamentenlehre verwiesen.

Hiller: Diese Lehre kann das Wahrnehmungsvermögen der Lehrer differenzieren und zur harmonisierenden Handhabung der Kinder führen. Auch sind einzelne Methoden bereits von staatlichen Schulen übernommen worden.

Focus: Wissenschaftler beklagen, Rudolf Steiners Anthroposophie enthalte rassentheoretische Elemente. Hat das für Ihre Pädagogik Konsequenzen?

Hiller: Der Begriff der Rasse wird gerade auf seine historische Bedingtheit untersucht. Steiner in die Nähe des Rassismus zu stellen, ist absurd.

Focus: Dennoch scheinen viele Eltern Verständnisprobleme mit Steiners Anthroposophie zu haben.

Hiller: Die Vermittlung unserer Grundsätze ist nicht immer leicht. Bedauerlich ist, dass einige Eltern schwer Ansprechpartner finden. Es gibt ein Informationsdefizit. Aber auch die Eltern müssen sich intensiv bemühen.

Focus: Anti-Waldorf-Initiativen berichten von Schülern, die von Lehrern mit teilweise rüden Methoden zur Raison gebracht worden seien. Kennen Sie derartige Vorfälle?

Hiller: Rüde Methoden sind in keinem Fall Waldorfmethoden. An Hinwendung zu den Kindern und deren Interessen an der Welt sollte der Lehrer arbeiten. Deshalb sprechen sie auch von Erziehungskunst.

Focus: Einige Waldorfkritiker sehen in der anthroposophischen Bewegung eine „Sekte, die Schulen betreibt". Stimmt das?

Hiller: Nein. Wir sind keine Sektenschule. Waldorfschulen entstehen aufgrund der Initiative von Eltern, die die Waldorfpädagogik für ihre Kinder haben wollen.

Steinhart: Walter Hiller vom Bund der Freien Waldorfschulen hält an Steiner fest.

„Das Problembewusstsein fehlt"

Waldorfkritiker Paul-Albert Wagemann hält das Image der Privatschulen für falsch.

Focus: Herr Wagemann, Sie haben als Lehrer an einer Waldorfschule unterrichtet. Würden Sie Ihre Kinder dort anmelden?

Wagemann: Auf keinen Fall.

Focus: Was kritisieren Sie?

Wagemann: Lehrplan und Unterrichtsinhalte sind anthroposophisch bestimmt, damit anachronistisch und antiaufklärerisch. Es gibt wissenschaftlich nicht gesicherte Unterrichtsmethoden und -verfahren. Die Kinder werden zur Anthroposophie, nicht zur Freiheit erzogen.

Focus: Das passt nicht zum Image der Waldorfschule.

Wagemann: Die anthroposophischen Hintergründe sind den Eltern meist nicht bekannt. Auf Informationsveranstaltungen der Schule bleibt die Ideologie unproblematisiert. Das liegt an ihrem Nimbus, an dem die Waldorfschule mit vielen Werbeschriften mitgearbeitet hat.

Focus: Entzieht sich die Waldorfschule der Kontrolle?

Wagemann: Grundlegende pädagogische Titel werden geheim gehalten, sind nicht im normalen Buchhandel erhältlich. Es besteht der Verdacht, dass hier eine Sekte eigene Schulen betreibt. Und den Kultusministerien scheint das Problembewusstsein zu fehlen.

(Interviews: Axel Wolfsgruber, in: FOCUS Nr. 16/1995, S. 42ff. [Auszüge])

Versteinert? Ex-Waldorflehrer Paul-Albert Wagemann will Eltern aufklären. Denn: Steiners antiquierte Pädagogik bestimme alle Bereiche des Schulalltags.

Betroffene über Waldorfpädagogik

Rückblick einer ehemaligen Waldorfschülerin

„Ich bin 19 Jahre alt, war auf der Waldorfschule, habe einen fast dreijährigen Sohn und hole derzeit meine Mittlere Reife nach.

1973 wurde ich eingeschult. Meine beiden Geschwister waren schon auf der Schule, und mein Vater war selbst einmal Waldorfschüler. Im ersten Zeugnis wird mir bescheinigt, hochbegabt zu sein. Ich habe ein ‚vorbildliches diszipliniertes Verhalten', das mich zum ‚zuverlässigen und tüchtigen Träger der Klasse' werden lässt. In meinem künftigen Zeugnisspruch die Zeile: ‚Des Menschen Wille schafft noch mehr ...'

Die heile Welt überträgt sich nicht auf die Familie. Meine Eltern lassen sich scheiden. Im Zeugnis der zweiten Klasse werde ich dafür gelobt, dass ich meinen Mitschülern gerne und gut helfe, und dafür getadelt, dass ich die Klasse nicht mehr so oft stütze. Ich habe es (siebenjährig!) schwer, zu innerer Ordnung und Harmonie zu kommen. Ich bin ‚vorwitzig' und sage ein Jahr lang jeden Donnerstag ‚Mein Mund ist meiner Seele Tür'.

In den folgenden Jahren zeige ich schönste Anlagen auf allen Gebieten und erfreuliche Leistungen, aber ich bekomme keine Harmonie, weil meine Aufmerksamkeit wechselnd ist. Das ewige ‚Wenn sie nur' entmutigt mich. Ich täusche Mattigkeit und Migräne vor, die ich später tatsächlich habe, und ich bekomme meine ‚Schulkrankheit'.

In der Ecke stehen oder vor die Tür müssen, Strafarbeiten und Drohungen werden häufiger, je mehr ich zu verstehen versuche und Fragen stelle. Probleme mit der Schilddrüse treten auf. Ich leide an Apathie. Meiner Mutter wird nahegelegt, mich in eine anthroposophische Klinik zu geben. Cello spielen, was ich so gerne gemacht habe, wird mir dort verboten. Laut Arztbericht habe ich eine zu starke Helfermotivation und werde als präpsychotisch abgeurteilt. Ich bräuchte eine ‚geliebte Autorität'. Zur Konfirmation werde ich entlassen. In den Sommerferien verstärken sich meine Konflikte. Ich stürze mich aus einem Fenster und liege ein halbes Schuljahr im Krankenhaus. Im zweiten Halbjahr kann ich nur noch den Hauptunterricht mitmachen und habe große Lücken. Die Lehrer wollen mich nicht zurückversetzen, weil ich die Klassengemeinschaft nicht zerbrechen darf. Nach einigen Kündigungen der Schule wegen ‚Provokationen' kündige ich.

Erstaunlich, wie gut ich inzwischen zurechtkomme, war ich doch immer wieder gewarnt worden, es fehle „draußen" an Seelennahrung, Harmonie und Menschlichkeit."

(Rückblick einer ehemaligen Waldorfschülerin, aufgezeichnet am 25.1.1987, zit. nach: Charlotte Rudolph, Waldorf-Erziehung. Wege zur Versteinerung, Luchterhand, Darmstadt 1987, S. 170f.)

Eltern über Waldorfpädagogik

Meine ersten Begegnungen mit Waldorfschulen und anthroposophischen Einrichtungen haben mich irritiert. Die ganz besondere Stimmung, die von ihnen ausgeht, hat mich verunsichert, befremdet. Die ganz eigene Farbigkeit der Räume, die Architektur, die unverwechselbare künstlerische Gestaltung schafften unvertraute Bezüge. Ich musste vieles erst verstehen lernen, mich in vieles einfühlen.

Was hat mich trotzdem bewogen, den Schritt in diese „Welt" zu wagen? Den Anstoß gaben zunächst Menschen, deren Kinder die Waldorfschule besuchten.

Der private Charakter, der ja ein ganz bewusstes Engagement der Eltern verlangt, lockte uns, meinen Mann und mich, besonders. Wir waren aber auch ganz einfach neugierig. „Lernen ohne Leistungsdruck" – ist das den Kindern förderlich? Macht das pädagogische Menschenbild Rudolf Steiners junge Menschen tatsächlich selbstbewusster und angstfrei? [...]

In der Rückschau tauchen Bilder und Erinnerungen auf. Wie intensiv haben wir mit unseren Kindern die Ackerbauepoche erlebt: Da wurde gesät, geerntet, mit Flegeln gedroschen, Korn gemahlen und Brot gebacken. Oder die Hausbauepoche: Jedes gemeinsame Wochenende, an dem ein Gartenhaus nach den Plänen eines Architektenvaters gemauert wurde, war ein kleines Fest. Immer entstand auch ein schönes Epochenheft dazu; sorgfältig gestaltet, mit Zeichnungen geschmückt. Diese Hefte sind ein wichtiger pädagogischer Inhalt, tragen immer das Wesentliche des Gelernten zusammen und ersetzen den Kindern herkömmliche Schulbücher. Sie dienen auch nach Jahren noch als Nachschlagewerke. Im Erdkundeunterricht werden die Kartenbilder ebenso gezeichnet wie die Pflanzen und Tiere im Biologieunterricht. Unsere Kinder konnten noch nach Jahren markante Strukturen zeichnerisch wiedergeben.

Hervorheben möchte ich auch die Monatsfeiern. Die Themen des Unterrichts werden spielerisch oder vortragend allen Schülern der Schule, gelegentlich auch den Eltern, dargeboten. Da spielen auch die Sprachen eine große und beliebte Rolle. (Bekanntlich wird ab erster Klasse Englisch, ab zweiter Klasse Französisch nachahmend vermittelt). Das regelmäßige Auftreten wird zur Selbstverständlichkeit; bei unseren Kindern beobachtete ich kaum Lampenfieber.

Viele Feste schließen sich im Laufe eines Jahres zu einem Kreis mit immer wiederkehrendem Rhythmus. Das funktioniert natürlich nur, wenn die Arbeit der Vorbereitung auf vielen helfenden Schultern ruht. [...]

In der Rückschau komme ich zu einer positiven Bilanz. Unsere Kinder haben sich wohl gefühlt und fühlen sich noch wohl. Klassenarbeiten werden natürlich im Hinblick auf das angestrebte Abitur immer wichtiger, aber sie haben nie das Schul-Dasein unserer Kinder überschattet. Unsere älteste Tochter hat vor vier Jahren ihr Abitur abgelegt und für unsere weiteren Kinder sehe ich ganz zuversichtlich in die Zukunft. Die Ängste mancher Eltern, über die Waldorfschule nicht zu diesem Ziel zu gelangen, da ja der berühmte Leistungsdruck nicht ausreichend ausgeübt wird, teilen wir nicht.

Diese Jahre waren auch für uns Eltern ein Erfahrungsprozess hinsichtlich des Erlebens räumlicher Atmosphäre: Wie sehr die Architektur der Anthroposophen vom Menschen ausgeht, Raumgestaltung das seelische Befinden anspricht und positiv beeinflussen soll, konnten wir noch besser nachvollziehen, als ein eigener neuer Schulbau entstand. Von diesen Erkenntnissen möchte ich sehr viel in meine Staatsschulklassen mitnehmen.

(Brigitte Rotter, Unsere Kinder gehen auf die Waldorfschule. Ein Erfahrungsbericht, in: päd. extra & demokratische erziehung 10/1990, S. 11)

1. Stellen Sie die aus den Materialien entnehmbaren Argumente pro und kontra Waldorfpädagogik gegenüber.
2. Bereiten Sie die Kontroverse in Form einer Pro- und Kontra-Debatte auf.
3. Würden Sie, nachdem Sie alle Informationen und Stellungnahmen zur Kenntnis genommen haben, der Waldorfschule den Vorzug gegenüber staatlichen Regelschulen geben und Ihr (zukünftiges) Kind dort anmelden?

Pädagogische Anwendung

Von Waldorfschulen lernen?

Überprüfen Sie mithilfe der folgenden Quellen, ob einzelne Elemente der Waldorfpädagogik in das staatliche Regelschulsystem übernommen werden könnten und sollten.

1. Der künstlerisch-handwerkliche Unterricht

Webunterricht an der Waldorfschule in Magdeburg

Informieren Sie sich mithilfe des Waldorf-Lehrplans (s. S. 410) über das Angebot im künstlerisch-handwerklichen Unterricht und erörtern Sie, ob und was staatliche Schulen davon übernehmen sollten.

2. Eurythmie

Eurythmie-Probe an der Waldorfschule Stuttgart

Eurythmie (aus griech. *eu* = wohl, schön, gut und *rhythmos* = gleichmäßig gegliederte Bewegung. Das Wort wird nur mit „r" geschrieben, im Gegensatz zu „Rhythmus" und „Rhythmik"). Aus den Quellen der anthroposophischen Lebensgestaltung schuf Rudolf Steiner die Eurythmie, eine Ausdrucksweise durch die körperliche Bewegung, die als selbstständige neue Kunst neben Tanz, Musik, Dichtung, Theater, Malerei und Plastik getreten ist. Um ihre Prinzipien zu erklären, berief er sich auf Goethes Metamorphosenlehre. Wie im einzelnen Teil eines Organismus das Ganze enthalten ist, im Blatt beispielsweise die Pflanze, so steckt im Kehlkopf und in den zugehörigen lautbildenden Organen auch der ganze Mensch. Somit lässt sich aus dem Teil auch das Ganze gestalten, und das tut Eurythmie. Die durch die Sprech- und Gesangsorgane in der Luft und im Äther erzeugten Bewegungen und Formen können durch Mitwirkung des Körpers auf den ganzen Menschen erweitert werden. Laut und musikalischer Klang werden dabei allerdings nicht in ihrer alltäglichen Funktion als Kommunikationsmittel verstanden. Denn sie sind darüber hinaus ja auch akustische Kundgebung innerer Vorgänge. Vokale verkünden rein innerseelisches Erleben, zum Beispiel das Staunen, die Furcht, die Besinnung auf die eigene Wesenheit; Konsonanten und Konsonantengruppen sprechen vom Erleben äußerer Geschehnisse, vom Wehen und Sausen des Windes, dem Rollen eines Rades, dem Fließen und Wellen des Wassers. Diese Äußerungen der Sprache in Lyrik, Dramatik, Epik wie auch Betonung, Rhythmus, Reim, Strophe, Grammatik und ähnliche Elemente macht die Eurythmie durch die Bewegung des Körpers, Formen im Raum und das Zusammenwirken einer Gruppe sichtbar. Dasselbe gilt bezüglich Takt, Melos, Harmonie, Tonart usw. für das Musikalische. Je nachdem, ob Sprachliches oder Musikalisches eurythmisiert wird, spricht man von *Lauteurythmie* oder von *Toneurythmie*.

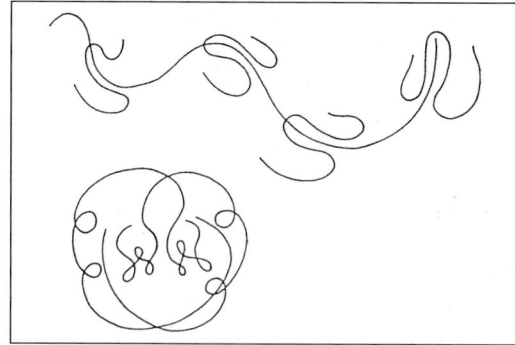

Zeichnungen von Rudolf Steiner zu eurythmischen Übungen

Die Eurythmie drückt nicht „etwas aus", sie stellt weder allegorisch noch symbolisch „etwas dar", sie spricht, ohne den rationalen Gedanken zu benötigen, ursprünglich und direkt zum Menschen. Eurythmie ist augenfällige Offenbarung eines objektiven ätherischen und seelischen Geschehens. Sie ist darum in keiner Weise Tanz, der eben gerade den subjektiven Ausdruck sucht oder zum Mindesten der individuellen Gestaltung durch Tänzer und Choreographen weiten Spielraum lässt.

Zweifel an der Objektivität der Eurythmie kann nur hegen, wer sich darin nie versucht hat. Einige Stunden Unterricht genügen, damit der für körperliche Bewegungen einigermaßen Begabte an der Belebung der Kräfteströme im Körper spürt, wie in dieser Kunst ein vom Menschen Unabhängiges sich im Körper einen Ausdruck sucht. Diese Belebung zeigt sich auch als langzeitige Wirkung auf den ausübenden Künstler. Eurythmistinnen werden in der Regel alt, und sie bewegen sich oft noch in hohen Jahren mit der Anmut und Leichtigkeit junger Mädchen. Der Körper verbraucht sich nicht wie beim Tanz, er verjüngt sich.

(Adolf Baumann, ABC der Anthroposophie. Ein Wörterbuch für jedermann, Hallwag Verlag, Bern 1986, S. 80ff.)

3. Epochenunterricht

Einrichtung der Epochen

Als Rudolf Steiner 1919 die Freie Waldorfschule in Stuttgart einrichtete, brach er mit der Gewohnheit des auch heute noch weitgehend üblichen Stundenplans, bei dem nach jeweils 45 Minuten der Übergang zu einem anderen Fachgebiet erfolgt, und führte das Unterrichten in *Epochen* ein.

Äußerlich gesehen verläuft der Epochenunterricht so, dass etwa durch vier Wochen hindurch ein und dasselbe Unterrichtsfach jeden Morgen zu Beginn eindreiviertel bis zwei Stunden lang ohne Pause behandelt wird. In dieser Zeit wird ein größeres Stoffgebiet oder der gesamte Stoff des Jahres durchgenommen. [...]

Ackerbauepoche einer 4. Klasse (Weizenernte) an der Freien Waldorfschule Essen

Die Aufeinanderfolge von Hauptunterrichtsepoche, Übungsunterricht in Einzelstunden und handwerklich-praktischer Epoche entspricht den wechselnden Arbeitsmöglichkeiten des Kindes und des jungen Menschen. In den frühen Morgenstunden vermögen sie am leichtesten die größere geistige Konzentration aufzubringen, welche die mehr wissenschaftlichen Fächer insbesondere beim Epochenunterricht fordern.

Nach der großen Pause schließen sich die bewegteren Arbeitsformen der mehr die Empfindung schulenden künstlerischen Fächer an; den gleichen Charakter haben die Sprachen, wenn sie tätig-übend im Sinne der Waldorfpädagogik gelernt werden. Während es in der Mittagszeit wenig Sinn hat, noch stärkere Anforderungen an das Bewusstsein der Schüler zu stellen, können sie in den handwerklichen Fächern die Kräfte des noch nicht verbrauchten Willens unmittelbar voll einsetzen, wobei die Regelmäßigkeit der Beanspruchung, wie sie die praktischen Epochen ermöglichen, gerade diese Kräfte besonders bildet.

Zeit	Unterrichtsform	Unterrichtsfolge	Größe der Gruppen	Fächer
8 – 10	Hauptunterrichts-Epochen	täglich	ganze Klassen	Deutsch, Geschichte, Erdkunde, Mathematik, Physik, Chemie, Biologie, Sachkunde, Kunstgeschichte
10 – 12	Übungsunterricht in 1. Einzelstunden oder 2. Blockstunden	unregelmäßig verteilt	1. ganze, halbe 2. drittel Klasse	1. Sprachen, Eurythmie, Turnen, Religion, Musik, Orchester 2. Malen, Zeichnen, Plastizieren (Kl. 6 – 8)
12 – 14 15 – 17	Epochen	2 – 3-mal wöchentlich als Blockstunden	drittel Klassen ganze Klasse	Handarbeit, Handwerk, Gartenbau, Praktischer Zug, Technologie, Gesundheitslehre
ganztägig	Voll-Epoche	1 – 3 Wochen lang	ganze Klassen	Feldmessen (eine Woche), Reisen (zwei bis drei Wochen), Praktika

Zeit	Unterrichtsform	Unterrichtsfolge	Größe der Gruppen	Fächer
an Nachmittagen	epochenartig	2–3-mal wöchentlich	ganze Klassen	Dramatische Aufführungen, Eurythmie-Aufführungen
verschieden:	Feiern, Verfügungsstunden	frei eingestreut	13 Klassen 5 Oberklassen	Monatsfeiern, Spiele usw., Referat von Gästen

(Stefan Leber u. a., Die Pädagogik der Waldorfschule und ihre Grundlagen [Reihe: Die Erziehungswissenschaft], 4., gegenüber der 3. unveränd. Aufl., Wissenschaftliche Buchgesellschaft, Darmstadt 1996, S. 285–287: Wilhelm Rauthe, Erfahrungen mit dem Epochenunterricht in der Waldorfschule [Ausz.])

4. Rolle des Klassenlehrers

Es gibt an der Waldorfschule eine besondere Einrichtung, die es sonst in dieser Form nicht gibt: den Klassenlehrer. Schon bevor die erste Klasse beginnt, in der Aufnahmesprechstunde, bei der schulärztlichen Untersuchung, ist er dabei und lernt so seine Kinder kennen. Er führt dann die Klasse von der ersten bis zur achten Klasse: Jeden Morgen gibt er von acht bis zehn Uhr der Klasse den „Hauptunterricht". Nicht alle Fächer werden „epochenweise" im Hauptunterricht erteilt. Fächer, die wie die Fremdsprachen Englisch und Französisch regelmäßige Übung erfordern, ebenso Eurythmie und Turnen, Handwerk und Handarbeit, Musik und später eventuell auch Malen und Zeichnen – das zunächst in den Hauptunterricht integriert ist –, werden in regelmäßigen wöchentlichen Übungsstunden erteilt. Zu den Fächern des Hauptunterrichts gehören also:
Schreiben
Rechnen/Mathematik
Deutsch
Menschenkunde
Grammatik
Tierkunde
Mythologie
Pflanzenkunde
Geschichte
Physik/Astronomie/Geometrie
Sachkunde
Ernährungslehre/Chemie
Heimatkunde, Erdkunde
Gesteinskunde

Während es sonst heute an den staatlichen Schulen üblich ist, dass in der Grund- und Hauptschule der Lehrer etwa jedes Jahr oder alle zwei Jahre wechselt, sodass der Lehrer sich auf einen bestimmten Stoff und eine bestimmte Methode spezialisieren kann (und es darin womöglich zu einer gewissen Meisterschaft bringt), ist die Idee beim Waldorfklassenlehrer nicht, dass er sich auf einen Stoff spezialisiere: Vielmehr soll er sich auf eine Kindergruppe „spezialisieren", oder besser gesagt, sich mit ihr auf acht Jahre verbinden.
Das ist eine ungemein schwere Aufgabe, die man eigentlich nur mit Herzklopfen beginnen kann. Und zwar nicht in erster Linie wegen der vielen Fächer, die zu unterrichten sind, obwohl es schwer ist, sich in alle diese Themen gründlich einzuarbeiten! Aber da hilft das System des Epochenunterrichts.

(Christoph Lindenberg, Waldorfschulen: angstfrei lernen, selbstbewusst handeln, Rowohlt, Reinbek 1975, S. 50f. [Auszug])

5. Fremdsprachenunterricht

In der ersten Klasse beginnt der Fremdsprachenunterricht in zwei modernen Sprachen, entweder Englisch/Französisch oder Englisch/Russisch.
„Der Sinn des Sprachunterrichts auf der Unterstufe liegt in erster Linie darin, dass die Kinder in regelmäßigen Abständen (2–3 Stunden pro Woche) möglichst ungestört in das Sprechen und rhythmische Bewegungen ‚eintauchen'. Die Erfahrung zeigt, dass, von der Klassengemeinschaft gestützt, auch konzentrationsschwache Kinder in das nachahmende Tun hineinfinden und ihre Lernkräfte dadurch stärken können."

(Brigitte Morgenstern, Fremdsprachenunterricht, in: Stefan Leber, Die Pädagogik der Waldorfschule und ihre Grundlagen, Wissenschaftliche Buchgesellschaft, Darmstadt 1992, S. 238f.)

Schluss-Punkt

Unter der Überschrift „Das Ende der Exorzisten" berichtete der SPIEGEL in seiner Ausgabe vom 30.08.2004 von der steigenden Nachfrage nach Waldorfschulen in der „Nach-PISA-Ära":

„Noch nie war die eigenwillige Privatschule, in der es in der Unter- und Mittelstufe weder Zensuren noch Sitzenbleiben gibt, so gefragt wie im neuen Schuljahr. Um ein Drittel, mancherorts sogar um die Hälfte stieg die Zahl der Anmeldungen – trotz eines Monatsbeitrags von durchschnittlich 125 Euro pro Kind. Bundesweit wollen Eltern weitere 20 Schulen gründen. Der Boom, sagt Walter Hiller, Geschäftsführer des Bundes der Freien Waldorfschulen in Stuttgart, sei ‚eine Folge der Pisa-Studie, die unseren Ansatz nachdrücklich bestätigt hat'. Das deutsche Bildungssystem kranke ‚an der Ideologie der homogenen Lerngruppe, die Schwache aussortiert, damit die Guten vorankommen'. Dies habe sich, so Hiller, ‚als überholt erwiesen'. [...] Immer mehr Eltern sind vom Lernmodell Waldorf überzeugt – mit der teils kruden Weltsicht des Schulgründers Rudolf Steiner, des Gurus der Anthroposophen, haben die meisten wenig gemein. Allenfalls zehn von hundert Elternpaaren und nur jeder fünfte Lehrer stehen, so schätzt die Bundesgeschäftsführung der Schulen, dieser Glaubensrichtung nahe. [...] So kann es den meisten Eltern schnuppe sein, ob ein paar Lehrer ihre Kinder für die soundsovielte Reinkarnation von irgendwem halten."

(DER SPIEGEL Nr. 36/2004, S. 50ff.)

> Wie beurteilen Sie nach der Arbeit an diesem Kapitel diese Aussagen?
> Ist die Waldorfschule die angemessene Antwort auf PISA?
> Spielt die Anthroposophie in der praktischen Arbeit der Waldorfschulen tatsächlich keine Rolle mehr?
> Würden Sie Ihr Kind an einer Waldorfschule anmelden? Ziehen Sie Ihr ganz persönliches Fazit!

Projektvorschlag zum selbstständigen Weiterarbeiten

A Nehmen Sie Kontakt zu Schülerinnen und Schülern von Waldorfschulen auf (Interview, Einladung in den Kurs) und/oder nutzen Sie „Tage der offenen Tür" an Waldorfschulen.

B Recherchieren Sie, wie Waldorfschüler auf das Abitur vorbereitet werden, das sie vor einer externen Kommission der Schulaufsicht ablegen müssen.

C Mögliches Exkursionsziel: das Institut für Waldorf-Pädagogik in Witten/Annen, an dem in NRW Waldorf-Lehrer ausgebildet werden (Annener Berg 15, 58454 Witten/Ruhr, Tel: 02302/96730). Informationsmöglichkeit: Bund der Waldorfschulen Deutschland im Internet: www.waldorf.de.

D An Waldorfschulen existiert kein Pädagogikunterricht, das Fach soll auch nicht in der Oberstufe angeboten werden. Was könnten die Gründe hierfür sein? Fragen Sie ggf. an einer Waldorfschule nach, warum dies so ist. In der zehnten Klasse wird aber ein Kurs „Kinderpflege" angeboten:

Da kann es einem schon passieren, dass man ahnungslos einen relativ wenig benutzten Raum der Schule betritt und sieht sich einer Gruppe von Zehntklässlern gegenüber, von denen zwei vor Säuglingsbadewannen stehen und eine große Puppe fachgerecht von Kopf bis Fuß baden. Auf dem Tisch steht alles für das Abtrocknen, Pudern, Wickeln und Anziehen des „Säuglings" vorbereitet.
Die Klassenkameraden stehen mit guten Ratschlägen zur Verfügung, wenn ein Hemdchen oder Jäckchen nur mühsam über die nicht genügend abgetrockneten Arme gehen will.
Die Kameras werden gezückt, um das arme Opfer mit seinem „Kind" zur Belustigung der ganzen Klasse auf's Foto zu bannen.
Man kann sich fragen, was das soll? Gibt es doch besser qualifizierte Kurse, wenn es einmal „so weit ist".
Im elften Schuljahr gehen alle Schüler für drei Wochen in ein Sozialpraktikum. Etwa die Hälfte der Klasse verbringt diese Zeit in einem Waldorfkindergarten. Der Kurs „Kinderpflege" soll sie am Ende der zehnten Klasse auf diese Aufgabe vorbereiten.
Zum Unterrichtsplan gehören Themen wie „Ein Kind will auf die Welt", „Die innere und äußere Vorbereitung der Eltern", „Schwangerschaft und Geburt", „Die Einrichtung eines Kinderzimmers", „Die Entwicklung des Kindes in den drei ersten Lebensjahren", „Das Spiel des Kindes", „Sinnvolles und unsinniges Spielzeug. Wie unterscheide ich ein gutes von einem schlechten Bilderbuch?", „Was mir Kinderzeichnungen erzählen", „Wie gehe ich mit trotzenden Kindern um?", „Das Leben im Kindergarten", „Das Märchen als seelische Nahrung für das Kind".
Eine Besichtigung des Kindergartens und ein Gespräch mit den Erziehern beenden diesen intensiven Kurs.
Es ist immer wieder erstaunlich, mit welcher Ernsthaftigkeit die Schüler die Inhalte angehen. Trotz der Fülle des Unterrichtsstoffes werden die schriftlichen Ausarbeitungen liebevoll gestaltet.
In die Skizzen für den Grundriss eines Kinderzimmers fließen oft die eigenen Wünsche und Vorstellungen ein, zarte Gedichte und selbstgemachte Schlaflieder lassen ahnen, was sich hinter den oftmals ruppigen und albernen Bemerkungen wirklich verbirgt.
Immer erweist sich dieser Kurs als eine Möglichkeit für die Sechzehnjährigen, ganz anfänglich über die eigene Biografie nachzusinnen. Wenn es dann in die Praxis geht, ist es der schönste Lohn für die Schüler, wenn der Einzelne erlebt, ja, es klappt, das Kind nimmt mich an.
Als Lehrer steht man immer wieder tastend vor der Frage „Was darf ich dieser Gruppe auch als pädagogisches Rüstzeug schon zumuten, was noch nicht?"
So kommt man gemeinsam das erste Mal bewusst in ein Tun für den anderen Menschen. Vielleicht liegt es daran, dass man sich nach diesem Kurs auf eine neue Weise begegnet.

(G. Klonk, in: Broschüre: 10 Jahre freie Waldorfschule Gladbeck, Gladbeck 1990, S. 22)

Vergleichen Sie die Herangehensweise an erzieherische Fragen mit Pädagogikunterricht an einem Gymnasium oder einer Gesamtschule.

2.3 Für Führer, Volk und Vaterland – Erziehung und Bildung im Nationalsozialismus

Tragen Sie Ihr Wissen über die politischen Ereignisse in der Zeit zwischen 1933 und 1945 zusammen.

Gibt es jemanden, der Ihnen persönlich über die Ereignisse der damaligen Zeit berichtet hat?

Entwerfen Sie eine Zeichnung, die diese Situation (die Art der Information und wie sie Ihnen mitgeteilt wurde) kennzeichnet.

Einführung

„Was geht mich das an ...?"

Kinder aus Nazifamilien berichten

„Ich erzähl dir alles, was dich interessiert. Frag mich nur", sagte er oft zu mir. Und dann kam immer wieder dieser entscheidende Satz: „Du musst es an deine Kinder weitergeben. Es darf nie wieder geschehen." Er machte mich verantwortlich für die Zukunft. Meine Kinder sollten seine Fehler nicht wiederholen. Problem für mich war nur: Was waren eigentlich seine Fehler? All diese historischen Darstellungen, diese Erzählungen waren immer so anonym. [...]

Als ich sechzehn war, fuhr er mit mir nach Auschwitz. Er kannte das Lager und hatte eine Zeit lang dort gearbeitet. Wir schlossen uns einer Gruppe an, die deutsch sprach, bekamen einen deutschen Führer, einen ehemaligen Häftling. Nie werde ich diese Bilder vergessen. In der Gruppe, die durch das Lager geführt wurde, waren viele in meinem Alter. Der einzige Unterschied: Es waren Kinder von Verfolgten. Mein Vater sprach während dieser Führung kein Wort. Später im Auto, auf dem Weg zurück in die Stadt, begann er, mir zu erklären, was seiner Meinung nach der Reiseführer falsch erklärt hatte. Er sprach über die Selektionen bei der Ankunft der Häftlinge und die Berechnungen, dass es immer zwischen 60 und 70 Prozent der Ankommenden waren, die sofort ins Gas mussten. Der Rest wurde zum Arbeiten abgeführt. Der Mann, der uns durch das Lager geführt hatte, sprach angeblich nur von wenigen, die nicht sofort vernichtet worden waren.

Und mein Vater blieb ganz ruhig dabei. Sprach und beendete seine Rede mit der Frage: „Kannst du dir überhaupt vorstellen, wie furchtbar das alles damals war?" Es war das Sachliche an ihm, wenn ich heute zurückdenke, was so erschreckend war. Dieses Berichten, Beschreiben, dieses sorgfältige Aneinanderreihen von Erlebnissen. Nie hatte ich ihn z. B. in Tränen gesehen. Nie hatte ich erlebt, dass er aufhörte zu reden, stockte, dass er nicht imstande war zu erzählen. [...]

Er war, wie ich schon sagte, ein ruhiger, freundlicher Mensch. Alles war seiner Meinung nach erklärbar und hatte seine eigene Logik. Begreift man erst, warum etwas geschehen ist, löst sich das Unverständnis und die grausame Fantasie in nichts auf. Alles, was damals geschah, war für meinen Vater ein System von Ursache und Wirkung. [...] Aber, wenn ich ehrlich bin: Mein Vater beschönigte nichts. Er sprach von Mördern und Verbrechern. Nie entschuldigte er oder versuchte zu erklären, dass vieles nicht stimmen würde, was heute durch die Presse geht oder in unseren Lehrbüchern stand. Aber schuldig, schuldig fühlte er sich selbst nie. Kein einziges Mal auch nur, dass er einen Fehler begangen hätte oder an einem Verbrechen beteiligt gewesen wäre. Er war ein Opfer der Umstände. Und ich, ich glaubte ihm immer alles. Glaubte seinen Beteuerungen und hielt alles, was geschehen war, für einen furchtbaren Unglücksfall.

(Bericht von Susanne, 42, in: Peter Sichrovsky, Schuldig geboren, Kinder aus Nazifamilien, Köln 1987, S. 83ff.)

Schade, dass Vater so wenig von damals erzählt hat. Er war ein stiller Mensch. In den vielen Jahren waren es nur ein paar Sätze, die er über seine Tätigkeit in Dachau weitergab. Eine zufällige Bemerkung über Experimente, eine zufällige über Häftlingsbehandlungen, eine andere über den Tod von Tausenden oder das rasche Ende, das keiner im Lager erwartet hatte.

Ob ich damals auch so gehandelt hätte? Ich glaube schon. Es war Krieg, und alle waren begeistert. Und Krieg war nicht nur an der Front zwischen zwei verfeindeten Armeen. Es war auch Krieg im eigenen Land. Der Feind war nicht nur der Russe und der Amerikaner. Es war auch der Kommunist, der Jude und der Zigeuner. Was ist daran absurd? Jeder Feind, jeder feindliche Mensch hat etwas Absurdes an sich. Da steht einer vor mir, der genauso aussieht wie ich, und ist plötzlich mein Feind. Entweder ich glaube es oder nicht. Und wenn ich es glaube, dann akzeptiere ich jeden als Feind. Den feindlichen Soldaten und die feindliche Rasse. So war damals die Ideologie. [...]

Vielleicht werden wir einmal die neue Intelligenz sein. Ich bin sicher, es kommt noch einmal eine ähnliche Zeit wie damals. Sie wird anders sein, aber auch anders als heute. Die Menschen können ohne Symbole und Leitfiguren nicht leben, zumindest auf die Dauer nicht. Die neuen Führer werden andere sein. Nicht mehr Krieg oder die Vernichtung Einzelner wird das Ziel sein, sondern die Macht ohne Krieg. Der Tod der einen wird nicht mehr Voraussetzung für das Leben anderer. Es wird eine Herrschaft geben ohne Opfer, nur durch Unterwerfung, positive Unterwerfung. Heute ist es nicht mehr so einfach, die Masse zu mobilisieren. Die Menschen sind kritischer geworden. Und kritische Menschen lassen sich nur begeistern, wenn sie einen Feind haben, der ihrem kritischen Bewusstsein entspricht. Das hat man bei der Friedensbewegung gesehen. Da konnte man sehen, dass sich der Deutsche immer noch mobilisieren lässt. Nur der Feind muss stimmen.

(Bericht von Egon, 26, in: Peter Sichrovsky, Schuldig geboren, Kinder aus Nazifamilien, Köln 1987, S. 137ff.)

1. Sammeln Sie Argumente für und gegen die Aussage:
Im Pädagogikunterricht ist es wichtig, sich mit den Ereignissen aus der Zeit des Nationalsozialismus auseinanderzusetzen.

2. Erkundigen Sie sich, wann das Thema ‚Nationalsozialismus' im Geschichtsunterricht behandelt wird.
Diskutieren Sie: Was kann der Pädagogikunterricht/was der Geschichtsunterricht zu diesem Thema beitragen?
Dieses Thema lässt sich auch im ‚fächerübergreifenden Verbund' Geschichte/Pädagogik bearbeiten. Dazu könnten Sie:
– sich gegenseitig Referate vortragen
– einen Film gemeinsam anschauen und auswerten
– eine gemeinsame Gesprächsrunde durchführen
– zu bestimmten Themen/Fragestellungen gegenseitig hospitieren
– mit den Schülerinnen und Schülern beider Kurse zu bestimmten Themen gemeinsam arbeiten (vgl. Sie z. B. die Projektvorschläge dieser Wabe).

Ein-Spruch

Das Gegenteil der Vergangenheit ist nicht die Zukunft, sondern deren Abwesenheit, das Gegenteil der Zukunft ist nicht die Vergangenheit, sondern deren Abwesenheit. Der Verlust einer der beiden Zeiten ist gleichbedeutend mit einer Opferung der anderen. […]
Die Menschheit, das Juwel seiner Schöpfung, hatte es geschafft, einen kopfstehenden Turm zu Babel zu errichten, der nicht in den Himmel, sondern in den Anti-Himmel reichte. Dort wurde eine Parallel-Gesellschaft kreiert – eine neue „Schöpfung" mit ihren eigenen Prinzen und Göttern, Gesetzen und Prinzipien, Kerkermeistern und Gefangenen. Eine Welt, in der die Vergangenheit nicht mehr zählte, keinerlei Bedeutung mehr hatte. Von ihrem Besitz beraubt und von menschlichen Bindungen losgelöst, fanden sich die Gefangenen in einer sozialen, kulturellen Leere wieder. „Vergesst" wurde ihnen befohlen. „Vergesst, woher ihr kamt, vergesst, wer ihr wart. Nur die Gegenwart zählt." Aber die Gegenwart war nichts als ein Augenzwinkern des Herrn. Der Allmächtige war selbst ein Schlächter, er war es, der entschied, wer leben und wer sterben sollte, wer gefoltert und wer belohnt wurde. Nacht um Nacht verschwanden scheinbar endlose Prozessionen in den Flammen, erleuchteten den Himmel. Angst beherrschte das Universum.

Aber dies war ein anderes Universum, in dem man die ursprünglichen Naturgesetze umgeformt hatte. Kinder sahen aus wie alte Männer, alte Männer wimmerten wie Kinder. Männer und Frauen aus allen Gegenden Europas waren plötzlich zu namen- und gesichtslosen Kreaturen reduziert, die verzweifelt auf die gleiche Brot- und Suppenration warteten, sich alle vor dem gleichen Ende fürchteten. Sogar ihr Schweigen unterschied sich nicht, denn es erklang mit der Erinnerung an die Toten. Das Leben war in diesem verfluchten Universum so verzerrt, so unnatürlich, dass sich eine neue Spezies entwickelt hatte. Wenn man unter den Toten wachte, fragte man sich, ob man überhaupt noch lebte. [...]

Es mag Zeiten geben, in denen wir kraftlos sind, die Ungerechtigkeit nicht verhindern können, aber es darf nie eine Zeit geben, in der wir es nicht schaffen zu protestieren. Der Talmud sagt uns, dass der Mensch die Welt retten kann, wenn er nur ein einziges menschliches Wesen rettet. Wir mögen zu schwach sein, all die Gefängnisse zu öffnen und all die Gefangenen zu befreien, aber wir klagen die Kerkermeister an, indem wir unsere Solidarität für die Gefangenen bekunden. Niemand von uns befindet sich in einer Position, die es ihm ermöglicht, den Krieg zu eliminieren. Aber es ist unsere Verpflichtung, ihn zu verurteilen und in all seiner Scheußlichkeit zu entlarven. Im Krieg gibt es keine Sieger, nur Opfer. [...]

Die Menschheit muss sich erinnern, dass der Friede nicht ein Geschenk Gottes an seine Geschöpfe ist; Friede ist unser Geschenk, das wir an unsere Mitmenschen weiterreichen müssen.

(Aus der Rede des Schriftstellers Elie Wiesel anlässlich der Verleihung des Friedensnobelpreises 1986 in Oslo, zit. nach: Frankfurter Rundschau v. 3.1.1987, S. 10)

Elie Wiesel wurde 1944 als Fünfzehnjähriger zusammen mit seinen Eltern und seiner Schwester nach Buchenwald und Auschwitz deportiert. Er überlebte als Einziger.

> Wer sagt
>
>   was
>
>   mit welchen Mitteln
>
>   und welcher Absicht
>
>   zu wem ???
>
> Ist das Gegenteil auch richtig?
>
> Mein Kommentar:

Grundbegriffe und Grundthesen

Walter – eine Kindheit und Jugend im Nationalsozialismus

1982 übernahm das Historische Museum in Frankfurt den Nachlass eines Frankfurter Jungen, Walter, der achtzehnjährig 1945 gefallen ist. Angesichts der außerordentlichen Geschlossenheit und Vielfalt an lebensgeschichtlichen Dokumenten wird das Leben des Jungen zum Thema einer einzigen Ausstellung gemacht und schriftlich dokumentiert. Die Autoren sind der Meinung, „dass das Leben des Jungen wie in einem Brennglas nationalsozialistische Lebens- und Sozialisationsbedingungen festhält".

Einige stichwortartige Bemerkungen zu den Eltern von Walter:

Vater: 1894 geboren, sechstes Kind einer 11-köpfigen Familie, 1914 zum Militärdienst eingezogen, Ausbildung (nur) zum Unteroffizier, bekommt eine Nervenentzündung, als er zur Front eingezogen werden soll, wird 1916 als kriegsuntauglich entlassen, Beamter bei der Stadtverwaltung (Vermessungstechniker), ab 1920 fest eingestellt; er lernt 1916 Walters zukünftige Mutter kennen, Verlobung Weihnachten 1919, Hochzeit 1921, war 1922 Mitglied der NSDAP (1923 wurde die NSDAP aufgelöst), 1924 erfolgreiche Prüfung zum Ingenieur der Fachrichtung Vermessungstechnik.

Mutter: 1899 geboren, jüngstes von vier Geschwistern, ab 1913 Lehre in einem Textilgeschäft, Ausbildung in einfacher Buchführung und kaufmännischem Rechnen, berufstätig bis 1925, Hochzeit 1921, Geburt von Walter im März 1926.

Walter, geboren 1926 ...

Auf den Fotos mit Mutter und Kind aus den ersten Lebensmonaten Walters verändert sich die Physiognomie der Mutter. Die glückliche Entspanntheit der ersten Tage nach Geburt und Klinikaufenthalt macht den Anzeichen zunehmender Erschöpfung Platz. Die Last der uhrwerksmäßig ablaufenden Pflege des Kindes trug sie allein. Ihr Asthmaleiden, das bald nach der Hochzeit auffällig geworden war, hatte sich verschlimmert, zwar langsam, aber unaufhaltsam. Es hatte auch die Mutterschaft infrage gestellt. Vor allem auf Drängen des Vaters hatte sie die Mühen der Schwangerschaft auf sich genommen. Es war für sie ein Glück, dass das Kind ein Sohn geworden war. Mädchen zählten für den Vater wenig und unter Umständen hätte er sie, trotz des chronischen Asthmas, zu einer zweiten Schwangerschaft gezwungen.

[...] Der Vater war schnell ungeduldig. [...] Erziehung war „Zucht" und „Förderung". „Zucht" war die möglichst frühe und schnelle Beseitigung kindlicher „Schwächen", „Förderung" war das Herausbilden positiver Eigenschaften, kurz gesagt bedeutete „Erziehung" möglichst frühe und intensive Herausbildung all dessen, was der erwachsen gewordene Sohn einmal brauchen würde. Ein bezeichnender Sektor, in dem der Vater auch Großzügigkeit bewies, war Spielzeug.

Der acht Monate alte Sohn, der gerade stehen konnte, bekam Weihnachten 1926 einen Fuhrbetrieb geschenkt, so hoch wie er selbst, mit Autos, Pferden und Wagen. Am Giebel stand, vom Vater aufgepinselt, „Auto- und Fuhrbetrieb" mit Walters Vor- und Nachnamen. Der „junge Unternehmer" vermochte es gerade, mit großer Konzentration das Gleichgewicht zu halten. Das Anspannen der Pferde oder gar das richtige Schieben der Autos überforderten bereits die altersspezifischen motorischen Kompetenzen völlig. 1927 standen und lagen ein Reitpferd, ein Reitbär, ein Ochsenfuhrwerk, ein Spielzeughund, ein Stehaufclown, eine Trommel und der Struwwelpeter (!) unter dem Weihnachtsbaum. Auf den Fotos, die zu diesem Fest entstanden, sitzt Walter auf dem Pferd, allein darauf konzentriert, nicht das Gleichgewicht zu verlieren, hat den Stehaufclown in den Händen oder versucht, altersgemäß zu trommeln. [...]

1928 gab es ein Geschenk, das Walter sofort akzeptierte und „sinnvoll" handhabe: ein Spielzeug-

Walter (2 Jahre, 5 Monate) zu Pferd in „vorschriftsmäßiger" Haltung, fotografiert vom Vater 1928

gewehr. Ein Foto, auf dem er mit Gewehr posiert, schickte die Mutter ihrem Bruder und dessen Frau und schrieb dazu: „Walter wie nebenstehend an Weihnachten. Gelt! Er ist groß geworden. Ohne angelernt, schwärmt er nur fürs Schießgewehr und Sonstiges."
[...] Bereits der Zweijährige grüßte auf Aufforderung durch den Vater vor der Kamera militärisch. Der erste Sonntagsanzug war ein Matrosenanzug. Im Struwwelpeter zeigte etwa die Geschichte vom Jäger am Beispiel des Hasen, wie einfach die Handhabung des Gewehrs ist, und suggerierte zugleich Waffenbesitz als Besitz von Stärke und Macht. Kriegsspielzeug war fester Bestandteil weihnachtlichen Schenkens. Der Fünfjährige erhielt Weihnachten 1931 eine Burg kombiniert mit Spielzeugsoldaten des 19./20. Jahrhunderts. [...]
Die Überforderung durch Spielzeug war Folge des Wunsches nach einem „fabelhaften" und „rekordverdächtigen" Sohn. Die „Förderung" des Sohnes geschah so von frühester Kindheit an im Zeichen der Konkurrenz. Dass Leben „Kampf" und „Auslese" sei, war für den Nationalsozialisten eine Binsenweisheit.
Von Überforderung wurde beim Militär ein positiver Einfluss auf Ausbildung und Lernen erwartet. Hier war auch die harte Bestrafung selbstverständlich, weil nicht selbstbewusstes Lernen, sondern „richtiges Funktionieren" Ausbildungsziel war. Die Regeln, nach denen Walter spielen sollte, waren die Regeln der Erwachsenenwelt, die der Vater anhand des Spielzeugs so früh wie möglich eingeübt sehen wollte. Ein Unglück auf der Spielzeugeisenbahn, womöglich begleitet von kindlicher Freude, brach mit unumstößlichen Regeln, barg in sich die Drohung späterer Nichtangepasstheit, war sprichwörtlich zu „bekämpfen", solange noch Zeit, Walter Kind und damit „formbar" war. [...]
Der „Führer" der NSDAP galt als Asket. Er rauchte nicht, trank keinen Alkohol, aß bescheiden und vegetarisch, mit Frauen hatte er wenig im Sinn, sein Lieblingskleid sei das Braunhemd des einfachen SA-Mannes, so sagte man jedenfalls. Die Nazi-Propaganda malte dieses Bild, das schlicht suggerieren sollte, dass der „Führer" sich bedingungslos, zuallerletzt an sich denkend, für die Zukunft des deutschen Volkes einsetze. Walters Vater rauchte gern Zigarren und verzichtete auf diese Leidenschaft auch nicht, trotz des Asthmas der Frau. Er trank auch gern mal einen, und materielle Güter, seien es Kleidung, Zelt oder Paddelboot, die Sommerfrische in Rothenfels hatten im Leben der Familie einen hohen Stellenwert. Die Konsumorientierung schloss die Mutter ein, auch den Sohn: Der teure Fuchspelz, die elektrische Eisenbahn sind dafür die anschaulichen Belege. Die Lust am Konsum hatte indes keine innere Begründung, zum Beispiel Genussfähigkeit oder Freude am Schenken. Konsum materieller Güter war untrennbar verbunden mit sozialer Demonstration und sozialen Zukunftserwartungen. [...] Konsum brachte Sozialprestige, demonstrierte Zugehörigkeit zu den besseren Kreisen. Der „fabelhafte Sohn" gehörte als Ausstattungsstück dazu. Die Festlegung des Sohnes auf einen bestimmten sozio-kulturellen Habitus war zugleich ein Wechsel auf die Zukunft. Der Lebensplan des Vaters für den Sohn war in seinen Grundzügen klar und eindeutig: Alles, was ihm versagt geblieben war, sollte der Sohn erreichen. An erster Stelle gehörten dazu Abitur, Studium und die Offizierslaufbahn. [...]
Mit fünf Jahren erhielt er sein erstes Fahrrad, das er sicher beherrschte, bevor er vom Sattel aus mit den Füßen den Boden erreichen konnte. Walter mochte Tiere, sein Leben lang. Darin glich er der Mutter. Das Verhältnis des Vaters zu Tieren war „herrenhaft", er mochte den Hund, der auf Kommando sprang und sich überschwänglich freute, wenn der Herr erschien. Auf Walter übertrug sich

Zelten am Main bei Fechenheim, Pfingsten 1931. Walter grüßt militärisch. Die Miene und die Handhabung des hinter ihm sitzenden Vaters verraten, dass er es auf dessen Aufforderung tat.

die zärtliche, eher partnerschaftliche Beziehung der Mutter zu vielerlei Getier. Er sah überhaupt ihr ähnlicher und erinnerte von Jahr zu Jahr mehr an ihre „Art". Der Vater war ungeduldig aufbrausend, zur Mutter gehörte, dass sie gelassen blieb, wenn er lospolterte. Sie wartete ab, sagte nur wenig, sie konnte ihn „nehmen", auch mithilfe eines trockenen Witzes, der ihr eigen war.

Zum 1. Schultag 1932 trug Walter einen Matrosenanzug. Auf dem Band der Mütze stand „Kreuzer Emden" zu lesen. Mit dem Kriegsschiff verband sich ein weiteres deutsches Heldenstück des 1. Weltkrieges. Der Matrosenanzug war verbreitetes kindliches Kleidungsstück in konservativen Elternhäusern mit politisch eindeutiger Symbolik. Die Kinder wurden als Kadetten der vergangenen großen Zeit des Vaterlandes ausstaffiert, erhielten mit dem Kleid symbolisch den Auftrag, diese Größe wiederzuerringen. Zu Walters Klasse gehörten etwa 50 Schüler. Auf dem obligaten Klassenfoto mit Lehrer vor dem Portal der Uhlandschule fällt ein Knabe auf, der nicht lacht, grinst oder feixt, wie die meisten, oder scheu und abweisend, sondern kindlich pflichtbewusst ernst in gerader Haltung in die Kamera schaut. Als Einziger trägt er eine Krawatte. Fast alle tragen einen Pony. Sein Kurzschnitt ist straff gescheitelt und pomadisiert: Walter. [...]

Die Reichstagswahlen September 1929, im Zeichen der Weltwirtschaftskrise, bescherten der NSDAP eine als Sensation empfundene Steigerung der Mandate von 12 auf 107. Ende 1931 gelangte die Zahl der Arbeitslosen bei fast 6 Millionen an, in Frankfurt allein stieg sie bis Ende 1932, dem Jahr, in dem Walter eingeschult worden war, auf 70 000. Auch die Stadtverwaltung entließ Mitarbeiter und führte Gehaltskürzungen durch. Walters Vater war gerade noch rechtzeitig verbeamtet worden. Im Unterschied zum Zusammenbruch des Kaiserreichs, den Walters Vater als persönliche Krise erlebt hatte, weil mit der alten autoritären Ordnung und der ihr zugehörigen Gesellschaft seine Orientierungs- und Identifikationsmuster zu zerbrechen, sein Lebensplan zu scheitern drohte, sah er dem Sterben der Weimarer Republik und den Wahlerfolgen der NSDAP mit angespannter Erwartung zu. [...]

In den gesellschaftlichen Vorstellungen des Vaters war kein Platz für objektive ökonomische und gesellschaftliche Gegebenheiten. Die Weltwirtschaftskrise war für ihn Machwerk von Spekulanten und Volksschädlingen. Er war ein kleinbürgerlicher Antikapitalist. Er hasste diejenigen, die ohne Arbeit und unverdient zu ihrem Reichtum gekommen waren, die sich alles leisten konnten, ohne dafür Opfer zu bringen. Ebenso wenig empfand er Sympathie oder gar Solidarität mit den Arbeitern. Klassenkampf, Arbeiterbewegung waren für ihn jüdisch-marxistische Erfindungen, erfunden zur Zerstörung der „Volksgemeinschaft", zur Paralysierung der natürlichen, rassisch-völkischen Urinstinkte, der Grundlage jeder Gemeinschaft. Sein antidemokratischer Affekt wurzelte in der Überzeugung, dass wirkliche Volksgemeinschaft eine Einheit von Führern, von in die Geheimnisse und Gesetze des Lebens Eingeweihten und der Gefolgschaft, der Organisation der für sich allein „bewusstlosen" Masse sei. Über Führerschaft entschieden nicht Herkunft, Besitz, Geld, entscheidend waren Charakter, Tugenden, „Talente", die, letztlich angeboren, sich im Daseinskampf durchzusetzen und zu bewähren hatten. Der entscheidende Punkt der Vorstellungen, die in seinem Inneren gärten, war eine bestimmte, festgefügte Ordnung des Ganzen, die sicherstellte, dass ein Talent sich durchsetzen konnte. [...]

In der privaten Perspektive des Vaters waren die „Machtergreifung" 1933 und die Etablierung der nationalsozialistischen Herrschaft die große politische und soziale Verwirklichung eines seinem Motto: „Freie Bahn dem Tüchtigen!" kovarianten Systems. Das galt sowohl für die eigene Person wie für die Hoffnungen betreffs des Sohnes. [...]

Zum 1.4.1933 war Walters Vater wieder Parteigenosse. Im Mai trat er in die SA ein. Seinen Sohn meldete er beim „Jungvolk" an, der Organisation der 10- bis 14-Jährigen innerhalb der „Hitlerjugend", der Parteijugend der NSDAP. Analog zum „Aufstieg" der Partei zur „Staatspartei" etablierte sich die Parteijugend als Jugendorganisation schlechthin, die ihren Monopolanspruch auf die Erziehung der deutschen Jugend im nationalsozialistischen Geist rigoros, mit Verboten traditioneller Jugendorganisationen, gewaltsamer Gleichschaltung, Repression, Terror und Verfolgung durchzusetzen suchte. Walters Anmeldung bei den „Pimpfen" (Jungvolk) erfolgte freiwillig und demonstrierte, der Sohn war gerade sieben Jahre alt geworden, die Tiefe des Bekenntnisses zu Bewegung und Führer. Die Frage, ob er nicht noch

zu jung sein könne, stellte sich dem Vater nicht. Das Prinzip des „Je früher, desto besser", das Walters familiäre Sozialisation von kleinauf bestimmt hatte, hatte ungebrochen Gültigkeit. Neben Familie und Schule trat in Walters Leben ein dritter Erzieher, ein dritter Erziehungsanspruch, der seinem Selbstverständnis gemäß die Jugend im „nationalsozialistischen Geist" formen, schon die Kinder auf den Führer einschwören und verpflichten wollte. [...]

Bekenntnis und Bekennertum offenbarten die Übereinstimmung mit Führer, Volk und Vaterland. An der Wand hinter dem Schreibtisch im Büro des Vaters prangte bald nach dem 30. Januar ein Karton, auf den er mit Ausziehtusche und Feder einen politischen „Sinn"-Spruch geschrieben hatte, der aus der 1923, während seiner Zugehörigkeit zur NSDAP erworbenen Broschüre „Schlageter" stammte: „Ich bin geboren, deutsch zu fühlen/Bin ganz auf deutsches Denken eingestellt/Erst kommt mein Volk/Dann all die anderen vielen/Erst meine Heimat, dann die Welt." [...]

Aufgabe der nationalsozialistischen Mutter war die „liebevolle Unterstützung" des Erziehungsprozesses, die Ausnutzung der emotionalen Bindung des Knaben zur Verstärkung der Verinnerlichung der Rollenerwartungen. Zum Zweiten hatte Walters Mutter auch ihren eigenen Kopf, war nicht einfach eine, die dem Sohn suggerierte, der Vater mache schon alles richtig. Allerdings musste sie „schlucken", dass der Nationalsozialismus, wie vom Vater erwartet, der Familie kräftige Vorteile bescherte. Der erste große Erfolg seiner Übereinstimmung mit Nationalsozialismus und III. Reich war ein Ereignis, das auch sie herbeigewünscht hatte. Sie erhielten eine neue Wohnung. Der Sieg der NSDAP hatte eine für solche Siege typische Konsequenz: Die zahlreichen arbeitslosen alten Kämpfer wollten die Belohnung für ihre zahllosen Opfer für die Bewegung. Auch in Frankfurt verfügte ein Runderlass des Oberbürgermeisters ihre Bevorzugung bei Neueinstellungen, Beförderungen und sozialen Leistungen. [...]

Das Mobiliar der Wohnung verriet durchweg konservativen Geschmack, hielt Stilformen fest, die im Kaiserreich ausgebildet worden waren. Der „altdeutsche Stil" der Wohnung implizierte politisch und gesellschaftlich die rückwärts gewandte Utopie. Der überreiche nationalsozialistische Bildschmuck versinnbildlichte die Versöhnung zwischen der „großen Vergangenheit", von der die Möbel ästhetisches Zeugnis ablegten, und einer „großen" Gegenwart und Zukunft, die sich im Wandschmuck, letztlich im Führerbild, personifizierte. Alles, was geschah, geschah unter den Augen des Führers. Die Wohnung war nicht in erster Linie Ort privater Lebensgestaltung. Die Allgegenwärtigkeit der Nazi-Herrschaft im Bildschmuck war eng mit der Funktion des Vaters als ihrem „Hohepriester" verknüpft. Wenn Walter am Klavier saß, stand über ihm das Porträt das Vaters, darüber hing der Führer. Mutter und Sohn hatten keine eigenen Zimmer, die ihnen wenigstens theoretisch die Chance einer Flucht in wirkliche Privatheit geboten hätten.

Zum Geburtstag 1933 erhielt Walter Pimpfe und SA-Männer aus Elastolin, dazu eine leibhaftige Führerfigur mit beweglichem rechtem Arm zur Ausführung des Hitlergrußes. Für den Achtjährigen gab es keinen relevanten Lebensbereich Familie, Schule oder Jungvolk, wo er nicht kontinuierlich mit dem Führer konfrontiert wurde. Dem kindlichen Gemüt konnte er als guter Freund des Vaters erscheinen. Die Allgegenwärtigkeit des Führers war austauschbar mit der Allgegenwärtigkeit des Vaters.

Die konsequente Nazifizierung des Privatbereichs hatte ihre Krönung im Schmuck des Weihnachtsbaumes mit kleinen Hakenkreuzen. [...]

Die Nationalsozialisten erklärten 1933, welches Wesen und welcher Charakter deutsche Jungen in Zukunft auszeichnen solle. Später fasste dies der Führer in der bekannten Kurzformel zusammen: „Zäh wie Leder, hart wie Kruppstahl und flink wie die Windhunde". Die gesamte deutsche Jugend sollte auf ihn als auch ihren Führer verpflichtet werden. Die Hitlerjugend war die einzige Organisation, die in ihrem Namen bereits die Bindung an den Führer ansprach. Adolf Hitler, der Führer, war zugleich der erste „Kämpfer", der Sieger, der Recke der Wiedergeburt, der Künder oder, aus der Perspektive eines kleinen Jungen, der „Übervater". Als bedingungsloser Kämpfer sollte er dem deutschen Jungen Vorbild sein. Kurz nach dem siebenten Geburtstag meldete der Vater Walter beim Jungvolk an. Die vom Führer benannten Erziehungsideale: Willensstärke, Kämpfertum und Leistungsvermögen entsprachen den väterlichen Vorstellungen einer jungenspezifischen Sozialisation seines Sohnes. Das Jungvolk war die Organisation der Zehn- bis Vierzehnjährigen innerhalb der Hitlerjugend. In der Aufbauzeit ab 1933 – bis zur „Machtergreifung" war die Jugendorganisation der Partei eine verschwindend kleine Gruppe – wurden auch Jüngere aufgenommen. [...]

Walter bereitete sich nach dem Beitritt ins deutsche Jungvolk auf die Pimpfenprobe vor. Erst nachdem er diese Prüfung bestanden hatte, wurde er auf den Führer verpflichtet: „Ich verspreche, in der Hitlerjugend allezeit meine Pflicht zu tun, in Liebe und Treue zum Führer und zu unserer Fahne. So wahr mir Gott helfe." Erst nach dem Ablegen des Eides war Walter in die Hitlerjugend aufgenommen. [...]

Die endgültige Festlegung der Pimpfenprobe von 1934 vermittelt einen Eindruck vom Charakter der Prüfung: Laufen: 60 m in 12 sec, Weitsprung: 2,75 m, Schlagballwerfen: 25 m; Tornisterpacken, Kenntnis der Schwertworte des deutschen Jungvolks, Kenntnis des Horst-Wessel- und des Fahnenliedes, „Uns're Fahne flattert uns voran".

Zum Zeichen dafür, dass es bei der Pimpfenprobe nicht um einen bloß äußerlichen Leistungsnachweis, sondern um die Verpflichtung auf den Führer ging, dem man sich durch die Leistung erst würdig erweisen musste, durfte die Pimpfenprobe nur im Beisein der höchsten HJ-Führer des Bannes Frankfurt abgelegt werden. Nach bestandener Prüfung und Ablegen des Eides wurde Walter feierlich das Recht verliehen, den „Ehrendolch", das Fahrtenmesser der „Hitlerjugend" mit der Aufschrift „Blut und Ehre", zu tragen. [...]

Die Uniform machte alle gleich und sollte es tun. Adolf Hitler wies schon in den Anfangsjahren 1933/34 darauf hin, dass die hohe Bedeutung der Jugend gerade darin bestehe, dass die Kinder noch nicht durch Standesdünkel und Klassenbewusstsein geprägt und insofern aufnahmebereiter für die nationalsozialistischen Normen seien. Die neuen Normen wurden als „natürliche", das hieß „deutsche" tituliert. Pointiert hieß es in einem schon vor 1933 gesungenen Lagerlied: „Blonde und braune Buben/passen nicht in die Stuben./ Buben, die müssen sich schlagen,/müssen Tollkühnes wagen,/Buben gehören ins Leben hinein,/ Buben sind stolz, ob sie groß oder klein."

Die Reichsjugend arbeitete altersspezifische Aktionsprogramme aus, um zum Beispiel die Scheu, sich im Zweikampf voll einzusetzen, abzubauen. Die Jungenschaftsführer der unteren Einheiten

Nationalsozialistische Kinderkultur: aus dem Besitz Walters, 1933/37

bezogen aus den Anordnungen der Reichsjugend ihre Stärke. Als Führer hatten sie sie durchzusetzen – ohne Wenn und Aber. Im gegebenen Rahmen sollte Kameradschaftlichkeit selbstverständlich sein. Alle hatten sie die Schwertworte des deutschen Jungvolks gesprochen:
„Jungvolkjungen sind hart, schweigsam und treu/ Jungvolkjungen sind Kameraden/Der Jungvolkjungen Höchstes ist die Ehre!" [...]
Ab 1937 gehörte die Wehrertüchtigung zum Dienst. Die Pimpfe wurden am Kleinkalibergewehr ausgebildet. Das Schießen machte Walter Spaß, und er galt schnell als guter Schütze. [...]
1940 wurde Walter 14 Jahre alt. Damit war die Jungvolkzeit zu Ende. Ihn erwartete die HJ, die Organisation der Vierzehn- bis Achtzehnjährigen. Der Übergang war durch Gesetz geregelt und somit verpflichtend.

(Cornelia Rühlig/Jürgen Steen, Katalog: Walter, Kleine Schriften Bd. 20, hg. vom Historischen Museum Frankfurt a. M., Frankfurt a. M. 1986, S. 26ff., 38ff., 43ff., 51ff., 62ff., 66ff.)

Walters Jungzug, angetreten zur Hessen-Nassau-Fahrt; fotografiert vom Vater, Sommer 1939

„Da die Menschen wohl kaum nur das einzige Bedürfnis hatten, ‚gut nationalsozialistisch' zu sein, ist zu fragen, welche Bedürfnisse und Interessen sahen sie erfüllt, welche historischen Konstellationen nutzten die Nationalsozialisten aus, wo waren sie aus welchem Grund erfolgreich und wo nicht." (Cornelia Rühlig/Jürgen Steen, Vorwort zu „Walter", a. a. O., S. 3)
Formulieren Sie zu diesem Zitat auf einem Flipchart-Bogen (oder einer Tapete oder Paketpapier) Arbeitshypothesen, sodass Sie diese im Laufe der Bearbeitung dieser Wabe immer wieder verändern bzw. ergänzen können.

Walter war kein begeisterter Pimpf gewesen, weder „hingerissen" noch „entflammt", wie es der Reichsjugendführer erwartet hätte. Der Konformitätsdruck belastete ihn sehr, was Walter z. T. mit schlechten Noten in der Schule zu kompensieren versuchte, um sich damit in eine Gegenposition zum Leistungsdruck (auch des Vaters) zu stellen. Walter hatte zwischenzeitlich Klavier gelernt und somit war sein Interesse für Musik geweckt.

Ein Foto, 1942 auf der Rennbahn in Niederrad entstanden, zeigt Walter in einer lässig gemeinten Pose auf einer Bank. Zum Anzug gehört eine Hose mit „Schlag", mit unten weit ausgestellten Beinen. Er gehörte ähnlich wie ein heller, möglichst weißer Mantel zu den modischen Details, die in der Kleidung Jugendlicher, wie Walter einer war, einen hohen Stellenwert hatten und dem Insider verrieten, ob jemand dazugehörte oder nicht. Was diese Jugendlichen sehr tief miteinander verband, war die Vorliebe für eine bestimmte Musik. Wenn die nationalsozialistischen Kulturwächter und Zensoren irgendetwas an ihren Vorlieben besonders unnachsichtig mit Verboten und Tabus verfolgten, dann war es diese Musik, „heiße" und im III. Reich verbotene Musik: Jazz, als Stil seit Ende der 30er-Jahre unter jungen Leuten in den USA, Frankreich, England und anderswo in der westlichen Welt am populärsten der „Swing". [...] Gegen Jazz und Swing polemisierte die gleichgeschaltete Presse immer wieder heftig als „Urwaldmusik", „Niggergedudel" oder schlicht als „undeutsch", wobei die Tatsache, dass viele schwarze Musiker Jazzgeschichte geschrieben hatten und weiterhin schrieben, Menschen also, die als rassisch minderwertig galten, ihre besondere Zuspitzung dadurch erhielt, dass Benny Goodman, der aktuelle „Superstar" des Swing, jüdischer Abstammung war. Der Swing war zugleich ein sehr freier Tanz mit viel Raum für individuelle Ausgelassenheit, im Jargon der Gegner „Gehopse", und einer speziellen Figur, nämlich dem „Mitswingen" des Taktes mit hochgerecktem Arm und ausgestrecktem Zeigefinger. Im nationalsozialistischen Alltagsritual besetzte diese Figur einen Platz, der für den Hitlergruß oder „Deutschen Gruß" (durch Sanktionen scharf gegen „Veralberung" geschützt) vorgesehen war. Die „Jazzer" benutzten den Swinggestus auch bei der Begrüßung auf der Straße. [...] Die öffentlichen Treffpunkte der Jugendlichen waren die Frankfurter Tanzcafés. Walters Notizbuch verzeichnet für das Jahr 1942 fast 70 Cafébesuche.

(Cornelia Rühlig/Jürgen Steen, Walter, a. a. O., S. 116f.)

Walter schloss sich einer Clique älterer Schüler und Studenten an, die sich an bestimmten Treffpunkten zusammenfanden und Platten austauschten oder Musik hörten. Am 4. Juli 1942 geriet Walter abends in eine Gestapo-Razzia und verbrachte eine Nacht im Gefängnis, am nächsten Morgen wurde er verhört. Doch Walter und seine Clique ließen sich nicht entmutigen: Sie mieteten eine kleine Wohnung an, um sich weiterhin treffen zu können. Dies blieb der Gestapo nicht verborgen und so kam es wiederum zu Verhaftungen und Verhören, wovon Walter auf Anraten seiner Mutter auch seinen Vater informierte. Walter meldete sich 1943 „freiwillig" unter dem Druck des Vaters und der Verfolgung durch die Gestapo zur Wehrmacht, worüber der Vater sicherlich froh war, weil er die Bedrohung durch den aufsässigen Sohn loswurde. Walter meldete sich nicht für die Offizierslaufbahn, sondern zur Luftwaffe.

 Welche soziokulturellen Barrieren gegenüber der Erwachsenenwelt und den nationalsozialistischen Sozialisationsstrategien baut Walter auf?

Nach einer zweimonatigen Ausbildung als Flakhelfer wurde Walter nach Holland verlegt. Seine Briefe nach Hause zeigten nicht die Spur eines Versuches, seinem Kriegseinsatz einen Sinn zu geben. Er beklagte sich über die „Schleiferei", woraufhin der Vater zurückschrieb, der Sohn sei wohl zu weich. Walter unterschrieb das Gelöbnis, sein ‚MG-Nest' bis zum letzten Mann zu halten, eine symbolisch erklärte Bereitschaft, die ihm auch den Gedanken an den eigenen Tod sehr nahe brachte. Walter bat seinen Vater,

ihm ein C-Telegramm zu schicken, ein von der Ortsgruppe oder der zuständigen Polizeiwache bestätigtes Telegramm, dass der Sohn aufgrund erlittener Bombenschäden dringend zu Hause gebraucht werde. Walter sah, dass andere derartige Telegramme erhielten und in Heimaturlaub fahren konnten. Sein Vater reagierte nicht. Walter wurde an die Ostfront im Raum Warschau verlegt, wo er dem Trommelfeuer sowjetischer Artillerie ausgesetzt war. Er wurde zum Sturmbataillon versetzt und mit seiner Division nach Ostpreußen verlegt. Walter schrieb mehrfach seinem Vater, er solle ihm ein C-Telegramm schicken, auch seine Mutter informierte er über seine Bitte an seinen Vater. Der Vater schrieb zurück, er fühle sich durch das ‚Ansinnen gequält', Walter solle sich seinen Urlaub lieber verdienen; er äußerte sich über das Heldentum und gab ihm zu verstehen, dass Walter feige sei. Er legte Walter nahe, eine Offizierslaufbahn einzuschlagen, was Walter aber ablehnte. Walter schrieb seinem Vater zum achten oder neunten Male, wie er bewerkstelligen müsse, ein C-Telegramm zu schicken. Das C-Telegramm kam nicht. Walter fiel am 16. Januar 1945 bei einem sowjetischen Großangriff. (Nach: Cornelia Rühlig/Jürgen Steen, Walter, a. a. O., S. 118, 120, 123, 125, 128, 138ff.)

Arbeitsdienst, militärische Ausbildung, HJ und BDM

‚Werkstätten' der Entmündigung

Arbeitsdienst und Militär. Der Arbeitsdienst im besetzten polnischen Gebiet hatte nichts mit Arbeit, nur mit Drill und Schikanen zu tun. Buchstäblich bis zur Bewusstlosigkeit (es gab viele Kollapse) mussten wir bei sengender Hitze mit Zierspaten (die nur blank sein mussten und nicht für Erdarbeiten benutzt wurden) „Griffe kloppen". Abiturienten durch schwere körperliche Sonderübungen zu drangsalieren, war eine methodische Strategie. Bis zu zehn Stunden wurde in Gluthitze exerziert: gerannt, marschiert, Spaten über-ab-präsentiert, gerannt, marschiert, gesungen, gerannt, ausgerichtet, Spaten über-ab.

Hirnleere Automaten sollten wir werden – willenlos biegsam nach jeder Richtung. Abgestumpft, total kritikunfähig, verdummt, blind hörig, wie die Graugänse der Verhaltensforscher auf die Vorgesetzten geprägt – welchen Unsinn die auch immer befahlen.

Nicht anders die folgende Rekrutenzeit, nur dass nun nicht mehr an Zierspaten, sondern an Waffen hantiert wurde. Nämlich an der „Feldhaubitze 18 mit Schubkurbelflachkeilverschluss, Wiederspannabzug und Rohrrücklauffahrbremse" oder so ähnlich. Solche Formeln auf Kommando herbeten zu können war ungemein wichtig. Am Silvesternachmittag 1941 musste ich mit zwanzig anderen strafexerzieren: in tiefem Schnee einen Hügel hinaufrobben, im Entengang hüpfen – und wieder hinunter. Dann mit Gasmaske kriechen, dabei singen, „Gewehr in Vorhalte". Keiner konnte noch durch die schweißbeschlagenen Gasmasken hindurchsehen. „Werden Sie wohl endlich lauter singen!" Wieder rennen, „Entengang", singen, rauf und runter. Wir waren unbeschreiblich erschöpft. „Wer das nächste Mal beim Robben als Erster auf dem Hügel ankommt, darf abtreten!" So hetzten sie uns noch gegeneinander auf, amüsierten sich über unsere verzweifelten Anstrengungen. Am Ende durfte keiner abtreten. Beim nächsten Mal, hieß es. Dann wieder: beim nächsten Mal. Die Entwürdigung war unerträglich.

Einer versuchte, sich hinterher umzubringen, ein junger Maurer. Es war die Beschämung, die Entmenschlichung, unter der er zusammenbrach. Für den hilflosen Versuch, sich zu erstechen (eigentlich hätte er wohl mit dem Messer auf unsere Peiniger losgehen wollen), bekam er Arrest, was – wie wir erfuhren – für das Delikt eine ungewöhnlich milde Strafe war.

Der junge Maurer war mein Nachbar im Kasernenzimmer. Wir anderen verstanden ihn nur zu gut. Wehe, wer noch so dünnhäutig war, dass er wehrlos die planmäßige Entwürdigung bis ins

Mark hinein fühlte. Dem blieb nichts anderes als der Zusammenbruch oder eine Verzweiflungstat. Die meisten von uns reagierten bereits, wie erwünscht, „abgehärtet". Wir empfanden nicht mehr in der Tiefe, was man uns auch immer an quälerischem Widersinn zumutete. Ich hatte mein Refugium, meine „Höhle des Innerlichen" – jeden Abend bei der Lektüre meiner Reclam-Bändchen kostete ich sie für einige Minuten aus. Andere waren konstitutionell oder schon durch frühere Gewöhnung hinreichend dickfellig. Aber was war diese „Abhärtung" eigentlich, über die man froh war, wenn man sie erreicht hatte? War sie nicht eine partielle innere Zerstörung? Hatte der Maurer nicht am menschlichsten von uns allen reagiert? War er oder nicht vielmehr die Institution psychopathisch, an der er zerbrach?

Dass ich es als Genugtuung empfand, diese und ähnliche Schikanen ausgehalten zu haben, dessen schäme ich mich nicht. Wohl aber dessen, dass ich mich seinerzeit in dem Maurer nicht wiedererkennen mochte. Er hatte nicht meine Bildung, nicht die Chance gehabt, eine innere Gegenwelt zu entwickeln. Er war seiner Sensibilität ganz ausgeliefert. Ich tröstete ihn wohl, aber mit der geheimen Befriedigung, dass ich mich nicht hatte unterkriegen lassen. Das war schon ein Erfolg der Verrohung, die uns gegen die uns bevorstehenden, noch um vieles schlimmeren Brutalitäten an der Front gefeit machen sollte. Jetzt galt eben schon eine andere Norm von Gesundheit.

Die Rekrutenausbildung verfolgte neben dem handwerklichen Training systematisch drei Hauptziele:

1. Es ging zunächst um unsere totale gefühlsmäßige und gedankliche Abstumpfung. Der tägliche Schliff strotzte von Widersinnigkeiten, sodass man ihn nur halbwegs aushalten konnte, wenn man daran nichts mehr innerlich ernst nahm. Die Summe planvoller Schikanen, Ungerechtigkeiten und leerer Exerzier-Formalismen sollte dazu verleiten, sich regelrecht zu entpersönlichen.

2. Jede Widerspruchsfähigkeit sollte abgetötet werden. Wer nicht marionettenhaft folgte, machte sich unverzüglich der „Befehlsverweigerung" schuldig, das heißt des gravierendsten aller Verbrechen.

3. Zur Kompensation der ausgelöschten persönlichen Identität sollte man entmündigt in dem Kollektiv-Ego der „Gemeinschaft" aufgehen. Den enteigneten individuellen Narzissmus hatte man in der Partizipation an dem heroischen Schicksal des Volkes auszuleben. Die unaustilgbaren moralischen Empfindungen wurden auf das neue äußere Über-Ich, Volk gleich Führer oder Führer gleich Volk, vereidigt. Ein völkisches Opferethos sollte alle menschlichen Rücksichten brechen; den narzisstischen Selbsterhaltungstrieb sowieso, speziell aber den Widerwillen gegen das Töten und alle Formen der Zerstörung, Mitgefühl, Mitleid, Karitas. Narzissmus und moralischer Heroismus sollten in der Fantasie dazu vereinigt werden, das eigene Leben dem Sieg des tausendjährigen Reiches und dem göttlichen Führer zu weihen. Auf diese Ziele hin wurden die Tugenden Hingabebereitschaft, Treue, Mut, Tapferkeit konditioniert. Dass eben diese Tugenden – Hingabebereitschaft, Treue, Tapferkeit – eigentlich, wie es ein intaktes Individualgewissen gefordert hätte, in allgemeiner Mitmenschlichkeit zu bewähren waren, musste aus den Köpfen getilgt werden. Die Benutzung der echten moralischen Empfindungen zur Prägung auf pervertierte Vorstellungen führte zu der bekannten Umkehr des Pflicht-Neigungs-Konfliktes: Nicht töten zu wollen, wurde zu einer bösen Versuchung, der man mit moralischer Kraft zu widerstehen hatte. Denn: „Du sollst töten!" war das neue moralische Gesetz.

Auf dieser Linie der Moral-Pervertierung dachte Himmler bekanntlich konsequent weiter, indem er 1943 in priesterlicher Attitüde seine SS-Vernichtungskommandos für ihre ruhmvolle Anständigkeit lobte, sich zu den befohlenen Massenmorden überwunden zu haben: „Von euch werden die meisten wissen, was es heißt, wenn 100 Leichen beisammen liegen, wenn 500 da liegen, oder wenn 1000 da liegen. Dies durchgehalten zu haben und dabei – abgesehen von menschlicher Schwäche – anständig geblieben zu sein, das hat uns hart gemacht. Dies ist ein niemals geschriebenes und niemals zu schreibendes Ruhmesblatt deutscher Geschichte." [Posener Rede]

Ich habe Zweifel, ob diese ideologische Indoktrination in den Köpfen nachvollzogen wurde. Entscheidend war wohl mehr das Brechen der Persönlichkeit und das Erzwingen totaler Hörigkeit. Mag sein, dass die Rückschau aus einem Abstand von 44 Jahren das Urteil beeinträchtigt. Aber bewusst erinnere ich mich nicht, dass in meiner Rekruten-Umgebung an viel mehr geglaubt worden

wäre als daran, dass man unbedingt zu gehorchen, zu „spuren" hatte, um nicht unterzugehen. Allerdings wurde auch allgemein fantasiert, dass der Krieg bald siegreich zu Ende gehen würde. Der Erfolg in Frankreich und der weite Vorstoß nach Russland nährten natürlich diese Erwartungen. Sie schürten eine diffuse euphorische Stimmung, welche die Verleugnung der vielfachen narzisstischen Kränkungen erleichterte. Aber diese wurden eben vor allem deshalb immer weniger empfunden, weil man auf eine regressive Verfassung schrumpfte, in der man sich hin und her schubsen lassen konnte, ohne sich noch aufzuregen. Ohne Gegenwehr erspart man sich viele Schmerzen.

(Horst Eberhard Richter, Die Chance des Gewissens: Erinnerungen und Assoziationen, Hamburg 1986, S. 26–29)

1. Horst E. Richter hat für diese Ausführungen die Überschrift: „In der Werkstatt der Entmündigung" gewählt.
Diskutieren Sie diesen Titel.
Suchen Sie auch nach anderen möglichen Überschriften.

2. Diskutieren Sie die Chance, sich zur Zeit des Nationalsozialismus eine ‚Höhle des Innerlichen' zu bewahren.
Ist dies Ihrer Meinung nach die ‚Chance des Gewissens' (vgl. Buchtitel von H. E. Richter)?

Hitler-Jugend

Die weltanschauliche Erziehung, die Erziehung zu einem pseudoreligiösen, inhaltsleeren, die Blut- und Rasse-Ideologie, die Idee der Gefolgschaft fördernden „Glauben" waren ganz wichtige Elemente der nahezu irreversiblen mentalitären Formung der Jugend. Das soldatisch-heldische Ideal wurde mit einem Glauben und einer Weltanschauung versehen, sodass es unverlierbar wurde, da auch die aussichtsloseste Situation den Gedanken einer Abkehr von diesem Ideal nicht aufkommen lassen sollte. [...]

Der Nationalsozialismus versuchte, nicht nur die Freizeit, die Lebenspraxis der Jugend zu besetzen und zu bestimmen, nicht nur die Gesinnung, sondern auch die weltanschaulichen, die religiösen Kräfte, um den Zugriff wirklich „total" zu machen.

Man versicherte sich freilich der Jugend auch auf besondere Weise im Vollzug ihres Alltags. Denn wenn die HJ auch vornehmlich die Freizeit der Jungen besetzte und es daneben ja durchaus Schule, Ausbildung usw. gab, so griff doch mit der Zeit die HJ tief auch in diese Lebensvollzüge außerhalb des unmittelbaren „HJ-Dienstes" ein. Die HJ wurde nicht etwa in einem eigenen ‚Jungenland', einem ‚Jugendreich' erzogen, sondern dicht an der nationalsozialistischen Gesellschaft. [...]

Die HJ besetzte die Freizeit und – weit mehr als nur die Freizeit – praktisch alle alltäglichen Lebensvollzüge des Jugendlichen. Er wurde mit Verantwortung und Einsatz konfrontiert, wobei er stets gleichsam geborgen war in einer lückenlosen Befehls- und Gehorsamsstruktur. Aber das Spiel war ihm praktisch verwehrt. Er stand unter Aufsicht, unter Kontrolle, er hatte bestimmte Dinge zu leisten, hatte sich in organisierter Ertüchtigung einsatzfähig und einsatzbereit zu halten. Was hier völlig zum Verschwinden gebracht war, war „Jugendzeit" als eigener Freiraum. [...] Die Hitlerjungen waren nichts anderes als kleine Erwachsene, die vom Aufstehen morgens bis zum Schlafengehen am Abend ihre Pflicht zu tun hatten; die Übernahme bündischer Formen für Fahrten und Lager – auf denen es im Übrigen ja durchaus militärisch zuging – war vielleicht das einzige Zugeständnis an das Lebensalter der Hitlerjungen. Dass am Ende Hitlerjungen das letzte Aufgebot gegen die einrückenden Alliierten darstellten, ist die grausige Vollendung dieser Tendenz im Nationalsozialismus, das Jugendalter, die Jugendzeit ganz zum Verschwinden zu bringen.

Die HJ-Jungen wurden freilich auch „belohnt". Hatten sie Verantwortung, so durften sie auch Macht ausüben. Das begann in der Schule gegen-

über der Institution Schule. Die HJ durfte auch während des Schulunterrichts Uniform tragen. Für den HJ-Dienst gab es bei zeitlicher Kollision Schulbefreiung. Schon 1934 wurde der HJ-Streifendienst eingerichtet, der vor allem der HJ-internen Überwachung und Kontrolle, insbesondere bei Fahrten, diente. Der relativ freie Fahrtenstil aus der bündischen Jugend wurde so mithilfe des Streifendienstes diszipliniert. Wer sich anpasste, konnte an der Macht teilhaben. [...]

Jugendpolitisch gesprochen war die HJ [...] eine umfassende Instanz der Jugendpflege und Jugenderziehung, die in ihrem Aktionsbereich Kompetenzen von ähnlichem Ausmaß hatte wie Schule und Elternhaus in dem jeweils ihren. [...] Jugend, wenn man so will, war in der nationalsozialistischen Gesellschaft ein eigener Stand innerhalb der Erwachsenenwelt geworden, aber sie war keine „Jugend" mehr. Sie war völlig in die nationalsozialistische Gesellschaft integriert, es gab nicht die leiseste Möglichkeit zu einem noch so zurückhaltenden, kalkulierten Nonkonformismus.

(Christoph Schubert-Weller, Hitlerjugend, Juventa, Weinheim 1993, S. 188ff.)

1. Setzen Sie sich mit den Thesen des Autors auseinander und versuchen Sie diese zu belegen bzw. zu widerlegen.

2. War die (männliche) HJ auch als eine ‚Werkstatt der Entmündigung' konzipiert, gelten für sie auch die drei von H. E. Richter formulierten Hauptziele der Rekrutenausbildung?

3. Studieren Sie Erlebnisberichte aus dieser Zeit und diskutieren Sie die Auswirkungen einer aktiven Mitgliedschaft in der HJ auf die Persönlichkeitsentwicklung der Heranwachsenden. Informieren Sie sich auch über den Aufbau und die Struktur der HJ (A. Hitler über die HJ: „Jugend muss durch Jugend geführt werden!").

Am 1. Juli 1933 nahm der Reichsjugendführer Baldur von Schirach eine grundlegende Neuordnung der HJ und des BDM (Bund Deutscher Mädel) vor:

Die Hitlerjugend gliederte sich nun als Gesamtverband in:

1. Deutsches Jungvolk in der HJ = DJ (Jungen von 10 – 14 Jahren)
2. Hitlerjugend = HJ (Jungen von 14 – 18 Jahren)
3. Jungmädel in der HJ = JM (Mädchen von 10 – 14 Jahren)
4. Bund deutscher Mädel in der HJ = BDM (Mädchen von 14 – 21 Jahren)

Seit 1938 wurden die 17- bis 21-jährigen Mädchen überdies im BDM-Werk „Glaube und Schönheit" zusammengefasst.

HJ und BDM

Baldur von Schirach über die Idee und Gestalt der HJ bzw. des BDM (Berlin 1934):

Die Jugendbewegung von einst scheiterte nicht zuletzt an der Mädelfrage. Was ich an anderer Stelle als Grundfehler der einstigen Jugendbewegung anführte, Mangel an Gestaltungskraft, wurde ihr in dieser Frage zum Verhängnis. Der klare Trennungsstrich zwischen Jungenbund und Mädelbund wurde oft nicht gezogen, und dort, wo er gezogen wurde, fehlte es an der Fähigkeit zur klaren Bestimmung des organisatorischen Verhältnisses der Einheiten zueinander. So wurde kein Gemeinsames daraus, sondern ein Gegeneinander. Und häufig endete der Schwung solcher Jugendbunde in einer Liebelei, die alle Kameradschaft löste. [...] Das Verhältnis zwischen HJ und BDM bedingt ge-

genseitige Achtung. Der Hitlerjunge soll das BDM-Mädel achten oder zum Teufel gehen. Wenn wir das nicht fertig brächten, wie könnten wir sonst die Zukunft sein?

Der BDM gehört zum Gesamtverband der HJ. Als Bund ist er selbstständig bis in die Spitze, in der alle nationalsozialistischen Jugendorganisationen zusammenlaufen. Auch er ist ein Teil des Ganzen. Aber seine Führerinnen stehen nicht als Untergebene den HJ-Führern gegenüber, obwohl diese die Richtung der politischen Arbeit auch des BDM bestimmen und die gesamte nationalsozialistische Jugend bei den Stellen des Staates und der Bewegung vertreten.

Die örtlichen Gliederungen des BDM nehmen an den gemeinschaftlichen Veranstaltungen teil, die der HJ-Führer für die gesamte Jugend festsetzt. Aber sie gestalten ihren eigenen Heimatabend und ihren eigenen Dienst, der eben ein Mädeldienst ist und kein Jungendienst. Der BDM soll den Mädchen ihren Lebenskampf zeigen, wie er wirklich ist, er soll ebenso wenig zu einem höheren Töchtertum erziehen wie zum Rowdytum. Wer im BDM organisiert ist, soll lernen, dass der neue Staat auch dem Mädchen seine Aufgabe zuweist, Pflichterfüllung und Selbstzucht fordert. Wie der Junge nach Kraft strebt, so strebe das Mädel nach Schönheit. Aber der BDM verschreibt sich nicht dem verlogenen Ideal einer geschminkten und äußerlichen Schönheit, sondern ringt um jene ehrliche Schönheit, die in der harmonischen Durchbildung des Körpers und im edlen Dreiklang von Körper, Seele und Geist beschlossen liegt. Diesem Ziel dient die immer größer werdende sportliche Arbeit des BDM, diesem selben Ziel die weltanschauliche Schulung. Jeder Heimatabend, jedes Lager stehe in diesem Zeichen. Die Generation, die einmal an der deutschen Zukunft mitgestalten will, braucht heroische Frauen. Schwächliche ‚Damen' und solche Wesen, die ihren Körper vernachlässigen und in Faulheit verkommen lassen, gehören nicht in die kommende Zeit. Der BDM soll die stolzen und edlen Frauen hervorbringen, die im Bewusstsein ihres höchsten Wertes nur dem Ebenbürtigen gehören wollen. Der Eintritt in den BDM verpflichtet die Mädels zu einem Leben, das anders ist als das aller anderen Jugend. Auch sie geloben sich der Gemeinschaft und stellen das Ziel der Gemeinschaft höher als ihr „Ich". Sie sollen tanzen und fröhlich sein, sollen aber wissen, dass es für sie kein Privatleben gibt, sondern dass sie Teil bleiben ihrer Gemeinschaft und ihres hohen Zieles.

(Baldur von Schirach, Die Hitlerjugend, Idee und Gestalt, Berlin 1934, S. 95–98; zit. nach: Gisela Schäfer-Koch, Frauen im Nationalsozialismus, nicht veröffentlichtes Arbeitspapier für Seminarteilnehmer der Friedrich Ebert Stiftung, Jan. 1984, S. 48)

> Charakterisieren Sie das Idealbild der nationalsozialistischen Frau und stellen Sie diesem das Idealbild des nationalsozialistischen Jungen gegenüber. Untersuchen Sie Lieder aus der damaligen Zeit!

Historische Einordnung der Frauenrolle

Der Erfolg der NS-Ideologie beruhte nun offensichtlich darauf, dass sie in diesem Widerspruch von traditioneller Familienorientierung und moderner Öffentlichkeitsorientierung eine Balance anbot. Die traditionelle Rolle wurde wieder aufgewertet, zugleich wurde der Frau aber auch eine öffentliche Bedeutung offeriert, – beides aufgehoben in der Idee der Volksgemeinschaft, wobei der Begriff des „Dienstes" für beide Rollen wenn auch in unterschiedlicher Weise gleichermaßen Sinn ergab. Die NS-Ideologie bot so eine Lösung für massenhafte Identitätskrisen an. Für die Männer war dies natürlich auch eine Lösung; sie wurden in ihrer alten, dominierenden Rolle beruflich wie als „politische Soldaten" bekräftigt und konnten so auch akzeptieren, dass den Frauen nun eine wenn auch begrenzte öffentliche Rolle zugestanden wurde. [...] Im Alltag des Dritten Reiches wurde Frauen mehr Respekt und Achtung entgegengebracht als vorher – was sich in den Kriegsjahren noch steigerte. [...]

Die weibliche Hitlerjugend [...] bot den Mädchen

neben Familie und Schule einen öffentlichen Raum für ihr Aufwachsen an, der einerseits durch die Intimität der Gleichaltrigkeit Geborgenheit ausstrahlen konnte, andererseits aber mit der Kategorie des „Dienstes" an der Allgemeinheit eine öffentliche Dimension bekam.

(Herrmann Giesecke, Hitlers Pädagogen – Theorie und Praxis nationalsozialistischer Erziehung, Weinheim und München 1993, S. 216f.)

Untersuchen Sie vor diesem Hintergrund die Rolle der Frau zur Zeit des Nationalsozialismus.

Politik und Erziehung

Nationalsozialistische Erziehung

Nationalsozialistische Erziehung ist [...] die Formung der Persönlichkeit im Sinne der Aktivierung derjenigen Kräfte, die den Gemeinschaftsorganismus erhalten und in der Nation zur Vollendung führen. Wie die Gemeinschaft der Inhalt, die Nation als vollendete Gemeinschaftsidee das Ziel der nationalsozialistischen Politik ist, so ist hiermit auch das Ziel der nationalsozialistischen Erziehung gegeben. Jede nationalsozialistische politische Funktion ist somit auch gleichzeitig nationalsozialistisch erzieherische Funktion. Beides, das Politische sowohl als auch das Erzieherische, ist eine organische Funktionseinheit, nur jedes Mal von einem anderen Blickpunkt betrachtet, das eine Mal von der Gemeinschaft her, das andere Mal von der Persönlichkeit her. Da der Na-

tionalsozialismus ein universales geistiges Lebensprinzip mit der Ausrichtung durch das Politische ist, ergeben sich daraus grundlegende Änderungen gegenüber der bisher herrschenden Erziehungsidee. Das Erziehungsziel kann nicht allein durch wesentlich intellektuelle Bildungsgehalte erreicht werden. Denn alle intellektuelle Bildung schafft trotz historischer, geistiger und charakterlicher Zugehörigkeit zur organischen Gemeinschaft nicht die Fähigkeit, die urgesetzte Grundrichtung, das Urlebensgesetz der Gemeinschaft ins klare Bewusstsein zu heben. Alle organische und organisierte Erziehung muss deshalb das unmittelbare Erlebnis der Gemeinschaftsverbundenheit im werdenden Menschen erstehen lassen. Dahin gehört die gemeinsame Erziehung jenseits der sozialen und wirtschaftlichen Unterschiede, ja in vielen erziehenden Organisationsformen auch jenseits der konfessionellen Gegensätze. Das Gemeinschaftserlebnis in seiner Totalität und Unmittelbarkeit hat den stärksten Einfluss auf die Willensbildung. In der Willensbildung liegt das Zentrum der Persönlichkeitsformung. Nationalsozialismus ist Durchführung und Vollendung der Gemeinschaftsidee, Entbindung des Gemeinschaftslebensgesetzes. Diese Kraft ist nur aus dem Willen der gemeinschaftsgebundenen und gemeinschaftsverbundenen Persönlichkeit zu gewinnen. Bei aller zuzugestehenden Differenzierung nach Anlage und Aufgabe muss die nationalsozialistische Erziehung dennoch diese Bildung eines einheitlichen, auf die Nationalgemeinschaft gerichteten Willens durchsetzen. Bloße Erkenntnis der Gemeinschaftslebensaufgabe und bloßes Erlebnis der Gemeinschaftsverbundenheit schaffen noch nicht die charakterliche persönliche Verpflichtung zum Dienst an der Gemeinschaft. Aus der Einheit der Erkenntnis und des Erlebens muss die Einheit des Willens erstehen. Derjenige stellt den absoluten Erziehungssinn der nationalsozialistischen Idee dar, der aus Bewusstsein und Erleben bei aller individuellen geistigen Besonderheit dennoch die charakterliche Größe und willentliche Kraft aufbringt, im Dienst an der Gemeinschaft der Nation die Sinnvollendung und Werterfüllung seines Lebens zu sehen. Inhalt der politischen Erziehung wird das Deutschtum sein, Ziel die Idee der Deutschheit. [...] Der deutsche Mensch findet die Sinnerfüllung seines Lebens in steter kämpfender Auseinandersetzung mit der empirischen Weltwirklichkeit und Tatsächlichkeit: in ihm das aufgegebene ungeborene Lebensgesetz, das nach Entbindung drängt, um ihn die Grenzen menschlicher und irdischer Vollendung. [...]

Nicht Objektivierung persönlicher Aufgaben und damit seelischer Befreiung, nicht Vergegenständlichung und Versachlichung ist der Sinn des deutschen Lebens; sondern tiefinnere persönliche Anteilnahme, Hineinnehmen der Welt in die Innerlichkeit, Assimilation und Verarbeitung. Eine Trennung von Person und Sache, von Schöpfer und Schöpfung ist im deutschen Leben nicht möglich. [...] Das ist der Sinn des deutschen Menschen und Volkstums: siegend oder sterbend, immer aber sich kämpfend mit der Lebenswirklichkeit auseinanderzusetzen und in allem Kampf so viel heldisches Ethos aufzubringen, das Kraft gibt zum Einsatz aller individuellen Existenz für die Idee der deutschen Nation. Aus dieser Grunderkenntnis deutschen Wesens und Lebens werden alle Disziplinen, alle erziehenden Geistesinhalte, mag es sich nun um Geschichte, Deutsch, Rassenkunde, Rassenpflege, Wehrkunde oder Religion oder Ähnliches handeln, ihre Formung, ihre Ausrichtung erhalten. Nur von hier aus kann sich die Organisation der werdenden politischen Bildung aufbauen. Erst wenn der Nationalsozialismus die Idee seiner Erziehung vollendet, hat er seinen Sinn, seine historische und ewige Mission erfüllt. Denn erst in der Bildung der nationalen Persönlichkeit, in der Bildung des deutschen Menschentums wird ihm die geistige Kraft gegeben, die unbedingte politische und nationale Stabilität gewährleistet. Erst hier wird in der Persönlichkeit der neue Typus des ewigen Deutschen erstehen, der unter allen Umständen, also unabhängig von materiellen Dingen, unabhängig von wirtschaftlichen Situationen dem nationalsozialistischen Staat dient, weil er in ihm die Lebensform der deutschen Schicksalsgemeinschaft sieht.

(Friedrich Adolf Beck, Geistige Grundlagen der neuen Erziehung, dargestellt aus der nationalsozialistischen Idee, Osterwiek 1933, zit. nach: Hans-Jochen Gamm, Führung und Verführung – Pädagogik des Nationalsozialismus, Campus Verlag, Frankfurt/New York 1984, S. 105ff.)

Dieses Ideologramm von Hans-Jochen Gamm kann Ihnen als zusammenfassende Übersicht dienen. Vergleichen Sie Ihren jetzigen Diskussions- und Erkenntnisstand mit den zu Anfang formulierten Arbeitshypothesen.

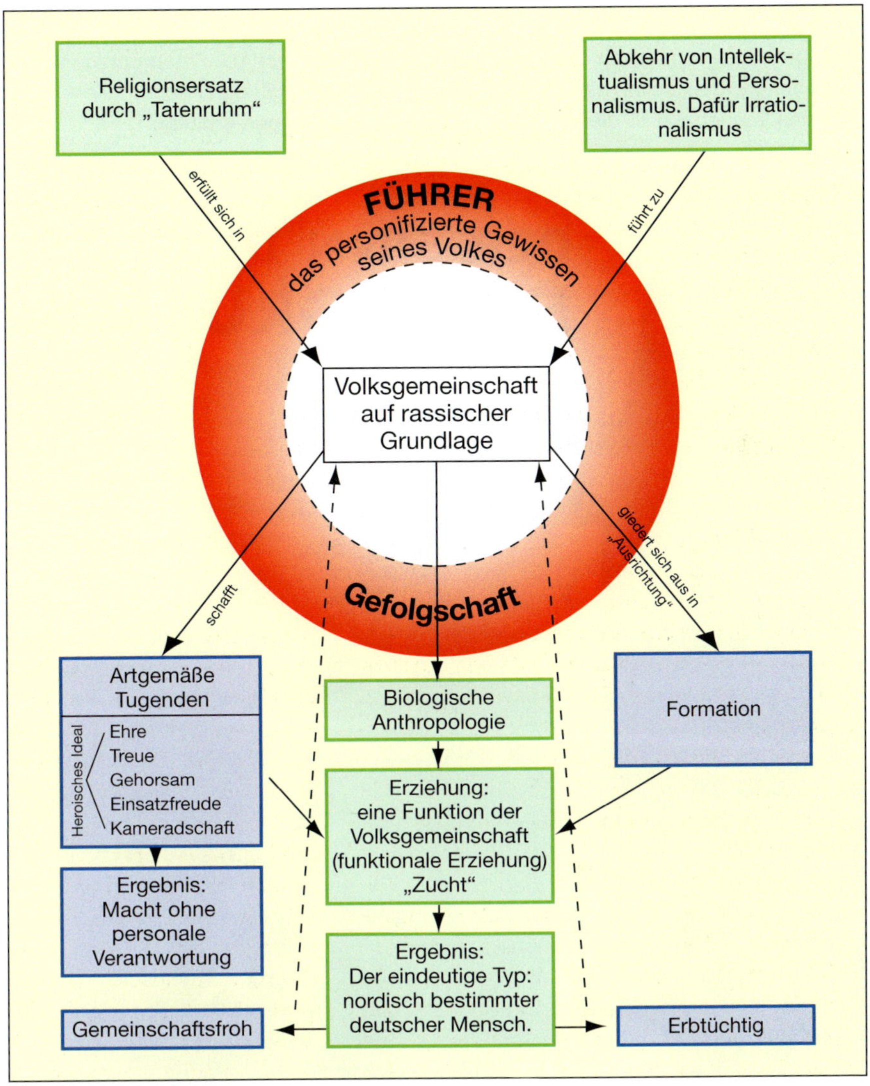

```
                    Religionsersatz              Abkehr von Intellek-
                    durch „Tatenruhm"            tualismus und Perso-
                                                 nalismus. Dafür Irratio-
                                                 nalismus

                         erfüllt sich in    führt zu
                              FÜHRER
                     das personifizierte Gewissen
                              seines Volkes

                            Volksgemeinschaft
                            auf rassischer
                            Grundlage
                                                    gliedert sich aus in „Ausrichtung"
                    schafft
                              Gefolgschaft

    Artgemäße                Biologische            Formation
    Tugenden                 Anthropologie

    Ehre
    Treue                    Erziehung:
    Gehorsam                 eine Funktion der
    Einsatzfreude            Volksgemeinschaft
    Kameradschaft            (funktionale Erziehung)
                             „Zucht"
    Ergebnis:
    Macht ohne               Ergebnis:
    personale                Der eindeutige Typ:
    Verantwortung            nordisch bestimmter
                             deutscher Mensch.     Erbtüchtig
    Gemeinschaftsfroh
```

(Aus: Hans-Jochen Gamm, Führung und Verführung – Pädagogik des Nationalsozialismus, Campus Verlag, Frankfurt/New York 1984, S. 17)

1. Erschließen Sie sich den Text mithilfe der Regeln verstehender Textauslegung (vgl. S. 507ff., Hermeneutische Methoden).

2. Untersuchen Sie, wie über Lehrpläne und Unterrichtsmaterialien versucht wurde, diese Überlegungen umzusetzen. Alte Schulbücher, Berichte von Zeitzeugen und eine vielfältig vorhandene Literatur könnten Ihnen helfen, ein entsprechendes Referat anzufertigen.

3. Diskutieren Sie den Titel des Buches von Hans-Jochen Gamm: „Führung und Verführung – Pädagogik des Nationalsozialismus".

Vertiefung

Erklärungsversuche

Ökonomisch und politisch orientierte Ansätze, wie sie durch die Fotomontage von John Heartfield angesprochen werden, sollen hier nicht berücksichtigt werden. In den Fächern Geschichte oder Sozialwissenschaften können Sie zu diesem Aspekt nähere Informationen erhalten.

„Der Sinn des Hitler-Grußes", Fotomontage von John Heartfield, 16. Okt. 1932

In diesem Abschnitt werden Ihnen sozialpsychologisch orientierte Erklärungsansätze vorgestellt, d.h. es wird nach dem Zusammenwirken von psychischen Mechanismen und gesellschaftlichen Bedingungen gefragt.

Ein psychoanalytisch orientierter Erklärungsansatz

Es bleibt [...] die wichtige Aufgabe, jene Motive herauszufinden, die zur Zeit Hitlers die Menschen sich ihm so grenzenlos gläubig anvertrauen ließen, was sie dann auch über die Grenzen des Verantwortbaren hinaustrug. Auch dieser Zustand der Exaltation, die Erinnerung an die Verliebtheit in den Führer, muss in der Wiederbegegnung Scham erwecken. In Massenpsychologie und Ich-Analyse hat Sigmund Freud in Fortsetzung älterer Beobachtungen, besonders derer von Le Bon, die Dynamik des psychischen Geschehens bei der Machtübernahme durch einen Massenführer geschildert. Dieser tritt an die Stelle des Ich-Ideals jedes Einzelnen, jenes seelischen Selbstbildnisses, das von den kühnsten Fantasien über eigene Bedeutung, Vollkommenheit und Überlegenheit, aber auch von den natürlichen Hoffnungen des menschlichen Lebens, wie und was man sein oder werden möchte, gezeichnet wird. Indem ich dem Führer folge, ihm Verehrung zolle, verwirkliche ich ein Stück dieses fantasierten Ich-Ideals. Ich nehme an diesem bedeutungsvollen Leben des Führers, an dessen historisch einmaligen Plänen unmittelbar teil, der Führer und seine Bedeutung werden zu einen Teil von mir.

Die ausschweifende eigene Fantasie und die Versprechungen des Massenführers gehen also eine Verschmelzung ein. Die Begabung des von Max Weber so genannten charismatischen Führers liegt recht eigentlich darin, die am schmerzlichsten, durch eine gegenwärtige Notlage getroffenen Idealvorstellungen seiner Anhänger anzusprechen und hier Abhilfe in Aussicht zu stellen, und zwar mit einer Sicherheit, die seine unerschütterliche Kraft erkennen lässt. Überspannte, wahnhafte, auf Vernichtung von Mitmenschen zielende Forderungen des Führers müssen die Massenglieder früher oder später aber auch zu schweren Konflikten mit ihrem eigenen Gewissen führen. Dabei ist besonders an solche Anhänger zu denken, die den Versprechungen erst als Erwachsener erliegen. Der Führer verlangt nun geradezu, dass das alte Gewissen der neuen, faszinierenden Aufgabe geopfert wird – was wir in Anlehnung an den Geheimdienstjargon die „Umkehrung" des Gewissens nannten. Der psychologische Mechanismus, der einen Massenführer zum Sieg führt, ist dadurch gekennzeichnet, dass im Streit zwischen diesem alten Gewissen und dem fetischhaft geschmeichelten Ich-Ideal das Gewissen unterliegt. [...]

Im Führer selbst bewirken die Massen, die ihm zujubeln, eine gewaltige Inflation seiner Machterlebnisse. Auch er kostet den Triumph des Zusammenfalls von Ich und Ich-Ideal aus. Für die Massenglieder ist der so idealisierte Führer das sichtbar existierende eigene Ich-Ideal: Sie haben das Objekt ‚Führer' an die Stelle des Ich-Ideals eingesetzt. Gleichzeitig fühlen sich die Menschen brüderlich geeinigt, die bisher in rivalisierenden Gruppen und Klassen einander gegenüberstanden. Sie können sich plötzlich miteinander identifiziert erleben, weil sie ein gemeinsames Ideal mit so großer Leidenschaft besetzt halten; sie sind alle mit dem Führer identifiziert.

Die Rivalität innerhalb einer so geeinten Gesellschaft ist nun zwar stark gemindert, aber die bisher in ihr gebundene Aggression macht sich bald wieder bemerkbar, indem nun regelhaft nach außen, auf eine Fremdgruppe, sei es ein Volk oder eine Minorität, aggressiv projiziert wird. Es ist geradezu ein signifikanter Zug an hochgestimmten Massenbewegungen, dass Aggression aus ihrem Binnenraum verschwindet und in der Verfolgung von Sündenböcken wieder auftaucht. Ein jeder wird automatisch als Feind empfunden, der diese Idealbildung und diese feindselige Haltung festgelegten Aggressionsobjekten gegenüber nicht mitmacht. Das hat nicht nur die Nazibewegung bewiesen, das ist weiterhin gültig geblieben. [...] Adolf Hitler hatte verlangt: „Deutschland erwache!" [...] Das Erwachen, das Hitler forderte, war jedoch ein paradoxes. Gemeint war ein Abdanken der bewussten Kritik zugunsten der Urahnungen von Blut und Boden. Das falsche Bewusstsein ist unter anderem durch den Abwehrmechanismus der ‚Darstellung durch das Gegenteil' gekennzeichnet. Es stellt sich zum Führer ein Hörigkeitsverhältnis, das heißt ein Verhältnis eines hohen Grades von Unfreiheit her. Im falschen Bewusstsein wird es aber als Selbstgefühl, als ein Gefühl der Befreiung erlebt. Dann vollzieht sich etwas Paradoxes: Im Zustand ihrer Hörigkeit erniedrigen sich Massen vor Führerfiguren, um neues Selbstgefühl zu erlangen. Das macht deutlich, dass zwei psychische Instanzen eine unnatürliche Bezie-

hung zueinander eingegangen sein müssen. Einem Ideal nachzugehen wird zur Obsession und dieser Zwang selbst wiederum zum Ideal. [...]

Ohne reale Frustrationen, ohne eine lang dauernde Enttäuschung an der sozialen Ordnung, die bisher geherrscht hat, ohne allgemeine Entwertungsgefühle ist die Macht der Hoffnung, die in den charismatischen Führer gesetzt wird, jedoch nicht zu verstehen. Was ihm die Liebe einträgt, ist die Ermunterung an das frustrierte Ich, wieder die Spannung zu einem neuen Ideal seiner selbst herzustellen. In diesem Überschwang sind die Massen zunächst fähig, die größten Strapazen zu ertragen, was wiederum die Selbstachtung steigert. Nach dem Kriege Hitlers blieben deshalb für das Erlebnis der meisten Soldaten [...] die Leistungen, die sie vollbrachten, das eigentlich Rühmenswerte, so, als wären sie unter einem gänzlich unbescholtenen obersten Befehlshaber erfolgt. [...]

Die Wahl Hitlers zum Liebesobjekt erfolgt also auf narzisstischer Grundlage, das heißt auf der Grundlage der Selbstliebe. Die Redewendung: „Liebe macht blind" hebt das charakteristische Moment der Realitätsvergessenheit narzisstischer Objektwahl hervor. Alles, was das vergottete Objekt, der Führer, befiehlt, wird ipso facto zur Wahrheit, zum Gesetz. [...]

Diese Form der hörigen Liebe unterscheidet sich wesentlich von einer reiferen, in der das kritische Ich seine Funktionen aufrechterhält. In dieser identifiziert sich der Liebende nur teilweise mit dem Liebesobjekt, sein Ich wird zwar um bestimmte Eigenschaften des Objektes bereichert, verändert sich partiell nach seinem Vorbild, setzt aber nicht, wie in der Hörigkeit oder auch vielen Formen der Verliebtheit, ein fremdes Objekt geradezu an die Stelle des Ichs oder Ich-Ideals. Im Unterschied zur einfühlenden, sich teilweise identifizierenden Liebe muss das Ich im Zustand solcher Verliebtheit verarmen. Zum Wesen der Hörigkeit gehört also, dass das Ich sich blindlings überantwortet. Die Möglichkeit zur Distanzierung zum Objekt geht verloren, die Person wird im wahrsten Sinn des Wortes akut überfremdet. [...] Nach dem Erlöschen dieses symbiotischen Zustandes können sich Millionen aus der Faszination entlassene Subjekte umso weniger erinnern, als sie den Führer eben nicht ihrem Ich assimiliert hatten, wie man sich etwa das Vorbild eines Lehrers einverleibt, sondern ihr Ich zugunsten des Objektes, des Führers, aufgegeben hatten. [...]

Der Titel dieser Abhandlung, der unsere Unfähigkeit zu trauern mit solcher Art zu lieben in Zusammenhang bringt, findet in dem soeben beschriebenen Vorgang seine Erklärung.

Der Tod des Führers brachte für die Massen eine Entblößung von Schutz. Vom Führer verlachte Mächte konnten ihn vernichten. Da sein Imago das Ich-Ideal seiner Anhänger ersetzt hatte, waren sie in seinen Untergang mit hineingezogen, der Schande preisgegeben. Mit diesem Zusammenbruch des Ich-Ideals hörte notwendigerweise die Möglichkeit der gegenseitigen Identifizierung im Führerglauben auf. Auch wenn man nicht reuelos gemordet, sondern nur indirekt an diesen Untaten mitgewirkt hatte, die bedingungslose Kapitulation nach so viel Hochmut musste ein intensives Schamgefühl auslösen. Das Ich der Verlassenen fühlte sich betrogen; jedermann versuchte, dieses gescheiterte und gefährliche Ideal wieder „auszuspucken", zu externalisieren. Jetzt hieß es: Die Nazis waren an allem schuld. Diese Verdrehungen der Wirklichkeit dienten, wie wir sahen, dem Schutz des eigenen Ichs, des eigenen Selbstgefühls vor schroffen Entwertungen.

(Alexander und Margarete Mitscherlich, Die Unfähigkeit zu trauern, Piper Verlag, München/Zürich 1985, S. 71ff.)

1. Erstellen Sie eine Mind-Map zu dem Schlüsselbegriff: ‚Führer = Ich-Ideal'.
2. Diskutieren Sie die Konsequenzen der ‚Unfähigkeit zu trauern' (vgl. Sie auch den Abschnitt Einführung).
3. Sind die Gedanken A. und M. Mitscherlichs auch auf die heutige Zeit übertragbar, wenn Sie den Begriff ‚Führer' z.B. durch ‚Fortschrittsglauben' ersetzen?
4. Diskutieren Sie Voraussetzungen für die ‚Fähigkeit zu trauern'. Welche Bedeutung hat die Pädagogik dabei?

Ein-Spruch

Anonyme Autorität – Konformismus

Von niemandem geht ein Befehl aus, weder von einer Person noch von einer Idee oder einem moralischen Gesetz. Dennoch passen wir uns alle an, weit mehr, als wenn wir in einer autoritären Gesellschaft lebten. In der Tat gibt es keine andere Autorität als „Es". Was ist Es?
Profit, wirtschaftliche Notwendigkeiten, der Markt, der gesunde Menschenverstand, die öffentliche Meinung – was ‚man' tut, denkt, fühlt. [...]
Das Verschwinden der offenen Autorität ist in allen Lebenssphären deutlich bemerkbar. Die Eltern befehlen nicht mehr; sie legen dem Kinde nahe, dass es dies oder das ‚tun möchte'. Da sie keine eigenen Grundsätze oder Überzeugungen haben, suchen sie die Kinder so zu führen, dass sie tun, was das Gesetz des Konformismus verlangt. [...]
Solange es bekannte Autorität gab, stellten sich Konflikte ein, und es gab Auflehnung, nämlich gegen die irrationale Autorität. Im Konflikt mit den Befehlen des eigenen Gewissens, im Kampf gegen die irrationale Autorität entwickelte sich die Persönlichkeit, und das Gefühl des Selbst bildete sich aus. Ich erlebe mich als „Ich", weil ich zweifle, weil ich protestiere, mich auflehne. Sogar wenn ich mich unterwerfe und eine Niederlage empfinde, erlebe ich mich als „Ich" – ich, der Unterlegene. Aber wenn ich mir keiner Unterwerfung oder Auflehnung bewusst bin, wenn ich von einer anonymen Autorität regiert werde, dann verliere ich das Gefühl meiner selbst, dann werde ich irgend-„einer", ein Teil des „Es".
Der Mechanismus, durch den die anonyme Autorität wirkt, ist der Konformismus.

(Erich Fromm, Der moderne Mensch und seine Zukunft, Europäische Verlagsanstalt, Frankfurt a. M. 1967, S. 137ff.)

Wer sagt
　　　was
　　　　　mit welchen Mitteln
　　　　　　　und welcher Absicht
　　　　　　　　　zu wem ???
Ist das Gegenteil auch richtig?
Mein Kommentar:

Identitätskrisen und Lösungsversuche

Ich wage folgende These [...]: Die Menschen, die Hitler folgten, waren auf der Suche nach ihrer verlorenen Identität, und Hitler versprach, diese wiederzufinden.
„Identität" meine ich nicht im Sinne einer der bekannten Identitätstheorien. Diese sind durchweg psychologischer Herkunft, viel später entstanden und beziehen sich deshalb auf andere historische Situationen. Ich folge hier überhaupt keiner besonderen Theorie, sondern verbleibe im alltagssprachlichen Erfahrungshorizont. Dann stellt sich Identität als ein bedeutsames soziales Phänomen dar, das vom Individuum her gesehen aus der subjektiv befriedigenden Antwort auf einige wenige

existenzielle Grundfragen resultiert, z. B.: Wer bin ich? Zu wem gehöre ich? Wozu bin ich da? Holt man sich die Antworten daraus aus der NS-Ideologie, dann bekommt deren konfuse, irrationale und widersprüchliche Kontur einen Sinn. Wer bin ich? Ein Deutscher. Zu wem gehöre ich? Zur deutschen Volksgemeinschaft. Wozu bin ich da? Um in dieser Volksgemeinschaft meine Pflicht zu tun. Diese Antworten schließen ein, dass der Betreffende mit einem sozial anerkannten Status in der Volksgemeinschaft rechnen kann.

Sie hätten damals auch anders lauten können: Ich bin ein Kommunist. Ich gehöre zur kommunistischen Internationale. Ich bin dazu da, im Rahmen meines Parteiauftrages an der Weltrevolution mitzuwirken. Die Nazis waren damals also nicht die einzigen Identitäts-Anbieter, und der wechselseitige Hass von Kommunisten und Nationalsozialisten mag auch darin begründet gewesen sein, dass sie gerade auf diesem Gebiet die schärfsten Konkurrenten waren. Rationale Argumentationen, Versuche zu einer kompromissorientierten Verständigung und Toleranz nicht nur zwischen diesen beiden „Identitätslagern", sondern allgemein in der politischen Auseinandersetzung der Weimarer Zeit waren deshalb kaum möglich, weil sie sofort die eigene Identität angegriffen hätten. Der politisch-ideologische Fanatismus der Auseinandersetzungen hatte etwas von psychosozialer Heimatverteidigung an sich, etwa nach dem Motto, dass, wenn die andere Seite Recht hat, die eigene soziale Heimat bedroht ist. [...]

Identität ist primär ein soziales Phänomen, das lässt sich aus der Betrachtung dieser Zeit lernen. Sie stellt sich ein, wenn der Mensch sich sozial zugehörig weiß und in dieser Zugehörigkeit auch anerkannt und geachtet wird. Als soziale Tatsache ist Identität immer auch auf Abgrenzung aus. Soziales unterscheidet sich von anderem Sozialen. Zu der Frage: „Wer bin ich"? gehört die Gegenfrage: „Wer bin ich nicht?" Üblicherweise ist eine solche Abgrenzung nicht mit Feindschaft verbunden. In besonderen Situationen jedoch, wo das Selbstwertgefühl wie in den Jahren vor 1933 erheblich angeschlagen ist, wird Feindschaft gegen andere zu einem wesentlichen Bestandteil des sonst zu schwachen Wir-Gefühls. Damals beruhte die Idee der „Volksgemeinschaft" von vornherein auf der Feindschaft zu anderen, vor allem zu Juden, Kommunisten oder linken Intellektuellen, deren Bücher als Symbole dafür verbrannt wurden, – nicht weil sie eine andere Meinung vertraten, sondern weil diese Meinung als eine Bedrohung der Identität empfunden wurde.

Toleranz, Respekt vor anderen Überzeugungen und Lebensstilen und verhandelnde Kompromissbereitschaft kann man im Allgemeinen nur erwarten von Menschen, die eine zumindest relativ stabile soziale Identität aufweisen. [...]

Prinzipiell gibt es zwei extreme Möglichkeiten der Identitätsfindung: Entweder durch weitgehende Anpassung an die vorgegebenen Normen und Regeln der sozialen Gemeinschaft, etwa im Sinne eines „Typus" [...]. „Ich bin einer von ..." könnte der so Angepasste dann auf die Frage antworten, wer er sei. Für individuelle Variationen wäre hier nur ein geringer Spielraum vorhanden. Die Anerkennung würde durch Rückmeldungen der anderen Gemeinschaftsmitglieder erfolgen: „Ja, du bist einer von uns!"

Das andere Extrem wäre die totale Individualisierung. Die Bindekraft der Gemeinschaften würde hier fehlen, ein „Typus" könnte nicht herausgebildet werden, der dadurch entstandene Freiraum müsste durch individuelle Entscheidungen bzw. Identifikationen gefüllt werden. Die soziale Rückmeldung würde weitgehend entfallen, der Maßstab für das Gelingen der Identität müsste in die je subjektive Innerlichkeit verlegt werden. [...]

Schirach hat eine Reihe von Gedichten Hitler gewidmet bzw. über ihn verfasst, in denen das Identitätsthema mit Händen zu greifen ist. Dafür ein Beispiel:

„Dem Führer.
Das ist die Wahrheit, die mich dir verband:
Ich suchte dich und fand mein Vaterland.
Ich war ein Blatt im unbegrenzten Raum,
Nun bist du Heimat mir und bist mein Baum.
Wie weit verweht, verginge ich im Wind,
Wärst du nicht Kraft, die von der Wurzel rinnt.
Ich glaub an dich, denn du bist die Nation,
Ich glaub an Deutschland, weil du Deutschlands Sohn." (Schirach: Die Fahne der Verfolgten, Berlin 1933, S. 38)

[...] Heute wissen wir, dass Identitätskrisen keineswegs nur mehr ein Problem des Jugendalters sind, sondern einen Menschen zu jedem Zeitpunkt seines Lebens treffen können. Identitätsfindung und -behauptung sind zu einem lebenslangen Prozess geworden.

Damals jedoch war eine solche Einsicht noch nicht möglich, sie wäre auch nicht akzeptabel gewesen. Wer als Erwachsener – vor allem als Mann! – sich sozial unbehaust und entfremdet fühlte, führte das auf Feinde zurück – Kapitalisten, Kommunisten, Juden, Parteibonzen –, die ihm das angetan hatten. In diesen Zusammenhang gehört auch das vorhin erwähnte Schirach-Zitat. Konnte man diese Feinde ausschalten, würden sich auch die ersehnten sozialen Geborgenheiten wieder einstellen. [...]

Das Individuum als solches kann keine Identität haben. Auch heute suchen die Menschen nach sozialen Beziehungen, die ihnen Rückmeldungen zur Bestätigung der Identität anbieten. Die Soziologie spricht z. B. von „Bezugsgruppen" und meint damit, dass wir alle in irgendwelchen informellen Gruppen leben – Freunde, Bekannte, Kollegen –, die keineswegs beliebig und zufällig zustande kommen, sondern normative Gemeinsamkeiten aufweisen, in diesem Sinne also den Pluralismus für sich selbst einschränken. Die Mitglieder vertreten bestimmte gemeinsame politische, feministische, religiöse usw. Grundüberzeugungen, und der Toleranzspielraum ist weit, aber doch auch begrenzt, weil sonst die Funktion dieser informellen Gruppen infrage stünde. Wir müssen uns also heute einen Kreis von Menschen suchen, deren Urteil uns wichtig ist, um unsere Identität sozial stabilisieren zu können.

Dabei können wir ähnliche Fehler machen wie die Generation derer, die auf Hitlers Identitätsangebot hereingefallen sind, indem wir nämlich die falschen sozialen Rückmelder wählen, z. B. extremistische Gruppen, autoritäre Sekten oder die sogenannte „Psychoszene" mit all ihren Merkwürdigkeiten. „Falsch" sind solche Lösungen in dem Sinne, dass sie nur innerhalb solcher Gruppen und Organisationen von Wert, für das Leben außerhalb aber kaum brauchbar sind. Ähnliches war auch bei der HJ zu beobachten, deren Tugenden und Verhaltensstile galten auch zunächst einmal nur in den eigenen Reihen, schon weniger in der Schule oder gar im Beruf. [...]

Wir wären gut beraten, wenn wir bei der Lösung sozialer und ökonomischer Probleme nicht nur an finanzielle Kosten-Nutzen-Rechnungen denken, sondern auch daran, dass die Menschen eine soziale Heimat brauchen. Die meisten Menschen schaffen sie sich, indem sie die durch Pluralisierung und Individualisierung gebotenen Freiheitsräume nutzen zur Herstellung entsprechender sozialer Felder, – sei es in Form verlässlicher Familien- und Freundschaftsbeziehungen, sei es im Rahmen von informellen Beziehungen unter Gleichgesinnten.

Es gibt aber auch eine nicht geringe Zahl von Menschen, die dies nicht schaffen, die z. B. den modernen Arbeits- und Leistungserwartungen nicht gewachsen sind, die randständig werden und sich soziale Nischen in der Gesellschaft suchen, wo sie eine wenn auch noch so labile Identität finden können. Wir sehen sie unter anderem in der radikalen Jugendszene. Bei der Beurteilung dieser Szenen und im Umgang mit ihr sollten wir deren psycho-soziale Funktion bedenken. Wenn wir z. B. eine neonazistische Jugendorganisation verbieten, haben wir die Probleme derer noch nicht gelöst, die sich dorthin geflüchtet haben.

(Hermann Giesecke, Hitlers Pädagogen, Weinheim und München 1993, S. 264ff.)

1. Erörtern Sie diesen Erklärungsansatz.
Vergleichen Sie ihn auch mit den anderen Erklärungsansätzen, indem Sie in einer Tabelle die wichtigsten Aspekte zusammentragen.
Suchen Sie vorab gemeinsam nach geeigneten Vergleichskriterien.

2. Welche Konsequenzen für die Pädagogik ergeben sich aus dem Ansatz von Hermann Giesecke?

Pädagogische Anwendung

Erziehung nach Auschwitz

Theodor W. Adorno: Die Forderung, dass Auschwitz nicht noch einmal sei ...

Die Forderung, dass Auschwitz nicht noch einmal sei, ist die allererste an Erziehung. Sie geht so sehr jeglicher anderen voran, dass ich weder glaube, sie begründen zu müssen, noch zu sollen. [...] Sie zu begründen hätte etwas Ungeheuerliches angesichts des Ungeheuerlichen, das sich zutrug. Dass man aber die Forderung, und was sie an Fragen aufwirft, so wenig sich bewusst macht, zeigt, dass das Ungeheuerliche nicht in die Menschen eingedrungen ist, Symptom dessen, dass die Möglichkeit der Wiederholung, was den Bewusstseins- und Unbewusstseinsstand der Menschen anlangt, fortbesteht. Jede Debatte über Erziehungsideale ist nichtig und gleichgültig diesem einen gegenüber, dass Auschwitz nicht sich wiederhole. [...] Man spricht von drohendem Rückfall in die Barbarei. Aber er droht nicht, sondern Auschwitz *war* er; Barbarei besteht fort, solange die Bedingungen, die jenen Rückfall zeitigten, wesentlich fortdauern. Das ist das ganze Grauen. [...] Unter den Einsichten von Freud, die wahrhaft auch in Kultur und Soziologie hineinreichen, scheint mir eine der tiefsten die, dass die Zivilisation ihrerseits das Antizivilisatorische hervorbringt und es zunehmend verstärkt. [...] Wenn im Zivilisationsprinzip selbst die Barbarei angelegt ist, dann hat es etwas Desperates, dagegen aufzubegehren. [...] Da die Möglichkeit, die objektiven, nämlich gesellschaftlichen und politischen Voraussetzungen, die solche Ereignisse ausbrüten, zu verändern, heute aufs Äußerste beschränkt ist, sind Versuche, der Wiederholung entgegenzuarbeiten, notwendig auf die subjektive Seite abgedrängt. [...] Die Wurzeln sind in den Verfolgern zu suchen, nicht in den Opfern, die man unter armseligsten Vorwänden hat ermorden lassen. Nötig ist, was ich unter diesem Aspekt einmal die Wendung aufs Subjekt genannt habe. Man muss die Mechanismen erkennen, die die Menschen so machen, dass sie solcher Taten fähig werden, muss ihnen selbst die Mechanismen aufzeigen und verhindern trachten, dass sie abermals so werden, indem man ein allgemeines Bewusstsein jener Mechanismen erweckt. Nicht die Ermordeten sind schuldig ... Schuldig sind allein die, welche besinnungslos ihren Hass und ihre Angriffswut an ihnen ausgelassen haben. Solcher Besinnungslosigkeit ist entgegenzuarbeiten, die Menschen sind davon abzubringen, ohne Reflexion auf sich selbst nach außen zu schlagen. Erziehung wäre sinnvoll überhaupt nur als eine zu kritischer Selbstreflexion. Da aber die Charaktere insgesamt, auch die, welche im späteren Leben die Untaten verübten, nach den Kenntnissen der Tiefenpsychologie schon in der frühen Kindheit sich bilden, so hat Erziehung, welche die Wiederholung verhindern will, auf die frühe Kindheit sich zu konzentrieren. [...] Spreche ich von Erziehung nach Auschwitz, so meine ich zwei Bereiche: einmal Erziehung in der Kindheit, zumal der frühen; dann allgemeine Aufklärung, die ein geistiges, kulturelles und gesellschaftliches Klima schafft, das eine Wiederholung nicht zulässt. [...] Ich möchte aber nachdrücklich betonen, dass die Wiederkehr oder Nichtwiederkehr des Faschismus im Entscheidenden keine psychologische, sondern eine gesellschaftliche Frage ist. [...] Vielfach wird von Wohlmeinenden, die nicht möchten, dass es noch einmal so komme, der Begriff der Bindung zitiert. Dass die Menschen keine Bindung mehr hätten, sei verantwortlich für das, was da vorging. [...]
Gerade die Bereitschaft, mit der Macht es zu halten und äußerlich dem, was stärker ist, als Norm sich zu beugen, ist aber die Sinnesart der Quälgeister, die nicht mehr aufkommen soll. Deswegen ist die Empfehlung der Bindungen so fatal. Menschen, die sie mehr oder minder freiwillig annehmen, werden in eine Art von permanentem Befehlsnotstand versetzt. Die einzig wahrhafte Kraft gegen das Prinzip von Auschwitz wäre Autonomie, wenn ich den Kantischen Ausdruck verwenden darf; die Kraft zur Reflexion, zur Selbstbestimmung, zum Nicht-Mitmachen. [...]

Der manipulative Charakter – jeder kann das an den Quellen kontrollieren, die über jene Naziführer zur Verfügung stehen – zeichnet sich aus durch Organisationswut, durch Unfähigkeit, überhaupt unmittelbare menschliche Erfahrungen zu machen, durch eine gewisse Art von Emotionslosigkeit, durch überwertigen Realismus. Er will um jeden Preis angebliche, wenn auch wahnhafte Realpolitik betreiben. Er denkt oder wünscht nicht eine Sekunde lang die Welt anders, als sie ist, besessen vom Willen of doing things, Dinge zu tun, gleichgültig gegen den Inhalt solchen Tuns. [...] Hätte ich diesen Typus des manipulativen Charakters auf eine Formel zu bringen – vielleicht soll man es nicht, aber zur Verständigung mag es doch gut sein –, so würde ich ihn den Typus des verdinglichten Bewusstseins nennen. Erst haben die Menschen, die so geartet sind, sich selber gewissermaßen den Dingen gleichgemacht. Dann machen sie, wenn es ihnen möglich ist, die anderen den Dingen gleich. Der Ausdruck „fertig machen", ebenso populär in der Welt jugendlicher Rowdies wie in der der Nazis, drückt das sehr genau aus. [...] Die Menschen sind geneigt, die Technik für die Sache selbst, für Selbstzweck, für eine Kraft eigenen Wesens zu halten und darüber zu vergessen, dass sie der verlängerte Arm der Menschen ist. [...] Keineswegs weiß man bestimmt, wie die Fetischisierung der Technik in der individuellen Psychologie der einzelnen Menschen sich durchsetzt, wo die Schwelle ist zwischen einem rationalen Verhältnis zu ihr und jener Überbewertung, die schließlich dazu führt, dass einer, der ein Zugsystem ausklügelt, das die Opfer möglichst schnell und reibungslos nach Auschwitz bringt, darüber vergisst, was in Auschwitz mit ihnen geschieht. Bei dem Typus, der zur Fetischisierung der Technik neigt, handelt es sich, schlicht gesagt, um Menschen, die nicht lieben können. [...]
Ich sagte, jene Menschen seien in einer besonderen Weise kalt. Wohl sind ein paar Worte über Kälte überhaupt erlaubt. [...] Jeder Mensch heute, ohne jede Ausnahme, fühlt sich zu wenig geliebt, weil jeder zu wenig lieben kann. Unfähigkeit zur Identifikation war fraglos die wichtigste psychologische Bedingung dafür, dass so etwas wie Auschwitz sich inmitten von einigermaßen gesitteten und harmlosen Menschen hat abspielen können. [...] Es war einer der großen, mit dem Dogma nicht unmittelbar identischen Impulse des Christentums, die alles durchdringende Kälte zu tilgen. Aber dieser Versuch scheiterte; wohl darum, weil er nicht an die gesellschaftliche Ordnung rührte, welche die Kälte produziert und reproduziert. [...] Wenn irgendetwas helfen kann gegen Kälte als Bedingung des Unheils, dann die Einsicht in ihre eigenen Bedingungen und der Versuch, vorwegnehmend im individuellen Bereich diesen ihren Bedingungen entgegenzuarbeiten. [...] Man möchte meinen, je weniger die Kindheit versagt wird, je besser Kinder behandelt werden, umso mehr Chance sei. Aber auch hier drohen Illusionen. Kinder, die gar nichts von der Grausamkeit und Härte des Lebens ahnen, sind, einmal aus dem Geschützten entlassen, erst recht der Barbarei ausgesetzt. Vor allem aber kann man Eltern, die selber Produkte dieser Gesellschaft sind und ihre Male tragen, zur Wärme nicht animieren. Die Aufforderung, den Kindern mehr Wärme zu geben, dreht die Wärme künstlich an und negiert sie dadurch. [...] Das Erste wäre darum, der Kälte zum Bewusstsein ihrer selbst zu verhelfen, der Gründe, warum sie wurde. [...] Wer heute noch sagt, es sei nicht so oder nicht ganz so schlimm gewesen, der verteidigt bereits, was geschah, und wäre fraglos bereit zuzusehen oder mitzutun, wenn es wieder geschieht. Wenn rationale Aufklärung auch – wie die Psychologie genau weiß – nicht gradewegs die unbewussten Mechanismen auflöst, so kräftigt sie wenigstens im Vorbewusstsein gewisse Gegeninstanzen und hilft ein Klima bereiten, das dem Äußeren ungünstig ist. [...] Aller politischer Unterricht endlich sollte zentriert sein darin, dass Auschwitz nicht sich wiederhole. Das wäre nur möglich, wenn zumal er ohne Angst, bei irgendwelchen Mächten anzustoßen, offen mit diesem Allerwichtigsten sich beschäftigt. Dazu müsste er in Soziologie sich verwandeln, also über das gesellschaftliche Kräftespiel belehren, das hinter der Oberfläche der politischen Formen seinen Ort hat. [...]
Ich fürchte, durch Maßnahmen auch einer noch so weit angespannten Erziehung wird es sich kaum verhindern lassen, dass Schreibtischmörder nachwachsen. Aber, dass es Menschen gibt, die unten, eben als Knechte das tun, wodurch sie ihre eigene Knechtschaft verewigen und sich selbst entwürdigen; [...] dagegen lässt sich doch durch Erziehung und Aufklärung ein Weniges unternehmen.

(Theodor W. Adorno, Erziehung nach Auschwitz [1966], in: Th. W. Adorno, Erziehung zur Mündigkeit, Suhrkamp Verlag, Frankfurt a. M. 1971, S. 88ff.)

1. „Wenn irgendetwas helfen kann gegen Kälte als Bedingung des Unheils, dann die Einsicht in ihre eigenen Bedingungen und der Versuch, vorwegnehmend im individuellen Bereich diesen ihren Bedingungen entgegenzuarbeiten."
Versuchen Sie auf der Grundlage dieser Aussage Forderungen an eine Erziehung zu stellen.

2. Hans Berner fasst die Auffassungen Th. W. Adornos wie folgt zusammen:
„Eine Erziehung zum Widerstand, zum Widerspruch und zum Nein-sagen-Können ist die Konsequenz der allerersten Forderung an Erziehung: dass Auschwitz sich nie mehr wiederhole. Nicht eine selbstverständliche Integration in vorgegebene gesellschaftliche Strukturen von Herrschaftsverhältnissen und Ordnungen ist das anzustrebende Erziehungsziel, sondern die Fähigkeiten, gesellschaftliche Gegebenheiten kritisch nach Fehlern zu analysieren, Traditionen zu hinterfragen und gegebenenfalls verändern zu können. Kritisch-emanzipatorische Erziehung ist eine Erziehung zum Widerstand gegenüber Unmündigkeit verursachenden Faktoren. Es geht darum, die gesellschaftlich bedingte Beschädigung des Menschen rückgängig zu machen. Die junge Generation soll nicht primär in Vorgegebenes eingefügt werden, sondern sie soll Selbstbestimmung realisieren können. In einer so verstandenen Erziehung stellen Konflikte, Kritik, Unabhängigkeit, Kreativität und der Wille zum politischen Handeln grundlegende Forderungen dar." (Hans Berner, Über-Blicke – Ein-Blicke, Paul Haupt Verlag, Bern/Stuttgart/Wien 1996, S. 76)
Diskutieren Sie diese Zusammenfassung. Haben Sie wichtige Ergänzungen?

Was kann Erziehung leisten ...?

Wenn wir uns die politische Kriminalität des NS-Regimes vor Augen führen, dann drängt sich die Frage auf, welchen Anteil die Erziehung daran gehabt haben mag. [...]
Das Nürnberger Tribunal hat die HJ-Erziehung freigesprochen von dem Verdacht der Kriegsvorbereitung: Schirach musste nicht wegen seiner HJ ins Spandauer Gefängnis. Und die Richtlinien für die Schulen im Nationalsozialismus zielen zwar auch auf Selbstrechtfertigungen des Regimes, auf mancherlei Indoktrination, auf rassische Verfälschung von Sachverhalten, aber eine Anleitung zur politischen Kriminalität lässt sich daraus nicht ablesen. Weder die Schule noch der außerschulische kultische Mummenschanz haben vermocht, das deutsche Volk kriegslüstern zu machen. Selbst das verbreitete antisemitische Ressentiment konnte nicht von selbst und folgerichtig in die neue Qualität des planmäßigen Völkermordes umschlagen. Der Glaube, durch Erziehung könne so etwas verhindert werden, mag denen schmeicheln und sie wichtig machen, die diesem Geschäft ihre Profession verdanken, aber er führt am Kern des Problems vorbei.

Nicht mit dem Begriff der Erziehung, wohl aber mit dem Begriff der Sozialisation können wir uns diesem Kern nähern.
Die Verbrechen wurden nicht durch eine bestimmte Erziehung vorbereitet, sondern durch das Arrangement von Handlungssituationen, die kriminelles Handeln nicht nur möglich machten, sondern auch positiv bewerten ließen, und in denen dem entgegenstehende Bedenken kaum soziale Resonanz mehr erhielten.
Der Soldat oder SS-Mann, der sich am Morden beteiligen sollte oder auch nur Zeuge wurde, geriet in eine tiefe soziale Isolierung, wenn er auch nur Bedenken geäußert, geschweige sich verweigert hätte. Das Morden setzt voraus ein dafür passendes soziales Milieu, das sich in der Heimat nicht herstellen ließ, sondern des Krieges und der Besetzung anderer Länder bedurfte. Im europäischen Osten ließen sich – pädagogisch gesprochen – Sozialisationsbedingungen arrangieren, die denjenigen, der nicht mitmachen wollte, schon wegen der militärischen Befehlsstrukturen wenn nicht physisch, so doch mit dem Entzug von Identität bedrohte.
Die Menschen, die diese Verbrechen begangen

haben, waren nicht nationalsozialistisch erzogen worden, sie hatten ihre Kindheit und Jugend ganz überwiegend vor 1933 verbracht, waren aufgewachsen in mehr oder weniger „normalen" Familien, hatten „normale" bürgerliche Schulen besucht. Die Erziehung in der Zeit zwischen 1933 und 1943 betraf eine Generation, die schon aus Altersgründen kaum Gelegenheit bekam, sich innerhalb der NS-Zeit an solchen Untaten zu beteiligen. Die meisten der in dieser Zeit Erzogenen wurden nach 1943 erst erwachsen und mussten den Wiederaufbau nach dem Kriege in die Hand nehmen. Sie taten dies bekanntlich mit erheblicher Energie und gliederten sich dabei in eine demokratische Staats- und Gesellschaftsverfassung ein, die sich als relativ stabil erwiesen hat. Welche Bedeutung dabei die in der NS-Zeit erlebte Erziehung hatte, ist kaum zu beurteilen. [...]
Der Blick auf die Erziehung darf den Blick auf die Politik nicht trüben. Zu lernen aus der NS-Zeit ist nicht, wie man Erziehung verbessern könne, um Ähnliches für die Zukunft zu vermeiden; zu lernen ist vielmehr, dass politische Verhältnisse verhindert werden müssen, in denen nur noch Helden moralische Prinzipien durchhalten können. [...] Der von Hitler mutwillig provozierte Krieg, der – an klassischen politischen Maßstäben gemessen – keinerlei Interessen der deutschen Bevölkerung diente, brachte jenes politisch-moralische Milieu hervor, in dem die politische Kriminalität nicht nur gedeihen, sondern sogar teilweise einen Schein von Rechtfertigung gewinnen konnte. Erpresst durch die scheinbare Notwendigkeit der Landesverteidigung und der Sicherung des Überlebens des eigenen Volkes wurden mehr und mehr Deutsche in die Verbrechen als Mittäter involviert, gleichgültig, wie und nach welchen Maßstäben sie vorher erzogen worden waren. [...]
Adornos Hoffnung, dass eine bessere Erziehung künftig so etwas wie Auschwitz verhindern möge, wird nur dann nicht trügen, wenn dies in erster Linie politisch verhindert werden kann, nämlich durch die *rechtzeitige* Klärung der Machtfrage. [...] Erziehung allein kann also die Barbarei nicht verhindern, wenn nicht zugleich die Politik dafür sorgt, dass die Alltagsverhältnisse die Menschen nicht zur Inhumanität zwingen oder diese ermutigen. Jedenfalls gilt dies für die Ebene des erkennbaren Verhaltens, die ja das Ergebnis der Erziehung am ehesten manifest werden lässt. [...]
Wer sich zur Distanz zum NS-Regime entschloss oder gar zum Widerstand, konnte dabei durchaus auf die moralischen Maximen seiner früheren Erziehung zurückgreifen. Man könnte sagen, dass diese Menschen jene Bewährungssituation einforderten, die ihnen ihre Erziehung versprochen hatte und die sie nun nicht vorfanden.
Diejenigen, die die Nazis unterstützten, hatten im Wesentlichen dieselbe Erziehung erfahren wie diejenigen, die sich zu widersetzen versuchten. Die Art und Weise der erlebten Erziehung erlaubt also keinerlei Prognose für das künftige Handeln und Verhalten. Deshalb sind alle Versuche illusorisch, mithilfe der Erziehung und durch deren Verbesserung Einfluss auf die Zukunft nehmen zu wollen. Ihre Möglichkeiten sind sehr viel bescheidener anzusetzen: sie kann über Natur und Gesellschaft aufklären, sozial bedeutsame Tugenden und Verhaltensweisen fördern, zur Identifikation mit positiven Vorbildern ermutigen. Was die so Erzogenen und Gebildeten später mit dieser Ausstattung anfangen werden, ist nicht antizipierbar, zumal damit kein Glücksversprechen verbunden werden kann. Aufklärung z.B. über die politisch-gesellschaftlichen Zusammenhänge entfremdet auch, kann Geborgenheit und Loyalitäten brüchig werden lassen. Das ist ein Teufelskreis, in dem wir uns immer noch befinden.
Spezifisch nationalsozialistisch war nicht die öffentliche Erziehung, sondern das Arrangement des öffentlichen Lebens: die geradezu kultischen Selbstinszenierungen der Machthaber; das Fehlen jeder politischen Kontrolle und Gegenmacht; die Gleichschaltung der veröffentlichten Meinung; die kulturelle Zensur auf allen Ebenen; das allgemeine Klima von Drohung und Einschüchterung. [...]
Zu lernen ist also, dass „Auschwitz" nicht pädagogisch, sondern nur politisch verhindert werden kann, aber die Pädagogik könnte diese Einsicht verbreiten.

(Hermann Giesecke, Hitlers Pädagogen: Theorie und Praxis nationalsozialistischer Erziehung, Juventa Verlag, Weinheim und München 1993, S. 279ff.)

1. Diskutieren Sie die Auffassungen Hermann Gieseckes bzgl. ihrer Konsequenzen für die Erziehung.

2. Stellen Sie sich vor, Th. W. Adorno und H. Giesecke würden sich im Fernsehen zu einem Gespräch zum Thema Erziehung nach Auschwitz treffen.
Bereiten Sie in Gruppen arbeitsteilig das Gespräch vor und simulieren Sie eine solche Situation. Der Diskussionsleiter sollte dabei entsprechende Fragen vorbereiten und das Gespräch steuern (eine Gruppe hilft ihm bei der Vorbereitung).
Entwickeln Sie anschließend eine Stellungnahme zu beiden Positionen!

Holocaust, Erziehung und Unterricht

Auseinandersetzung mit dem Holocaust

Es gibt einige wichtige Gründe zu nennen, warum sich Erzieherinnen, Erzieher, Lehrerinnen und Lehrer – wie auch Schülerinnen, Schüler und andere Jugendliche – intensiv mit dem Holocaust auseinandersetzen sollten.

Zuallererst geht es darum, sich selbst, die menschliche Art, kennenzulernen. Der Holocaust lässt einerseits erkennen, *wie* schlecht „schlecht" sein kann, zeigt aber andererseits auch, wie ein Mensch über sich hinauswachsen kann, wenn er anderen hilft.

Aggression kennen wir alle, sie steckt in jedem von uns. Erziehung kann uns lehren, die Aggression dafür zu benutzen, etwas zu schaffen statt zu vernichten, aufzubauen statt zu zerstören, oder Konflikte in Richtung eines Dialogs zu wenden (mit der Einschränkung, dass es Konflikte gibt, die unlösbar sind).

Eine weitere Begründung für die Beschäftigung mit dem Holocaust finden wir darin, dass es gilt, jeden, vor allem die Jugendlichen, vor Vergleichbarem zu warnen, das auch heute noch stattfindet. Oder in einer Formulierung des Auschwitz-Überlebenden Primo Levi:

„Es ist geschehen, also kann es wieder geschehen. Das ist der Kern dessen, was wir zu sagen haben."

Ein dritter Grund ist, dass wir uns nicht unter die Täter und Holocaust-Leugner reihen wollen. Über die Leugner sagte der französische Richter Roger Errera, dass es ihr Ziel sei,

„unsere Erinnerung, das einzige Grab der Toten, zu vernichten, und jede Spur des Verbrechens selbst aus unserem Gedächtnis auszulöschen."

„Erziehung nach Auschwitz"

Der Philosoph und Soziologe Theodor W. Adorno prägte den Begriff von der „Erziehung nach Auschwitz" in seinem gleichnamigen Aufsatz im Jahre 1966. Dort formulierte er:

„Die Forderung, dass Auschwitz nicht noch einmal sei, ist die allererste an Erziehung."

Erziehung nach Auschwitz bedeutet zweierlei: einerseits den Unterricht über den Holocaust, die Schoah oder die *„Endlösung"*, und andererseits Erziehung im Allgemeinen.

• „Erziehung nach Auschwitz" mit dem Nachdruck auf dem ersten Wort *Erziehung* bedeutet: Erziehung muss sich auf *Entbarbarisierung* richten. Barbarei – wie Auschwitz – ist ein Ergebnis des Fehlens von Liebe und Wärme, ist Kälte, das Unvermögen zur Identifikation: das Unvermögen, sich in jemanden anderes und in andere Situationen hineinzuversetzen. Mit anderen Worten: Barbarei ist das Unvermögen zur Empathie.

Erziehung nach Auschwitz bedeutet, *Empathie* (die Fähigkeit, sich in andere Menschen hineinzuversetzen) und *Wärme* (eine Atmosphäre von Geborgenheit, Sicherheit und Offenheit) zu fördern. Es gilt nicht nur, dass die/der Erzogene (das Kind, die/der Jugendliche) sich mit anderen Menschen und anderen Situationen beschäftigt, sondern reflektiert, nachdenkt, sich der genannten *Kälte* bewusst wird, Hass und Aggressionen in sich selbst nicht gedankenlos an anderen Menschen oder Dingen auslebt, sich selbst verwirklicht (eigene Entschlüsse fällt) und nicht automatisch der Mehrheit folgt. Das nennen wir Autonomie.

• Erziehung nach Auschwitz bedeutet, *Autonomie* zu fördern, das heißt, die Fähigkeit zum Nachdenken, zur Selbstbestimmung, zum Nonkonformismus.

„Erziehung nach Auschwitz" mit der Betonung des Wortes *nach* bedeutet: Das Grauen von Auschwitz ist das Grauen unserer Welt, und die Sinnlosigkeit der Grausamkeiten von Auschwitz ist die Sinnlo-

sigkeit aller Grausamkeiten. Wenn die Jugendlichen nicht erkennen, dass das Auschwitz von einst zu unserer heutigen Welt gehört, ist die Gefahr einer Wiederholung größer, als wenn sie es begreifen. Ein *zweiter Holocaust* muss nicht wieder Juden, Roma und Sinti, Homosexuelle, Behinderte oder andere Gruppen zum Ziel haben, die die Nazis damals als „Feinde" oder „minderwertig" betrachteten. Es können einfach *abweichende* Gruppen sein.

• Erziehung nach Auschwitz bedeutet, die Empathie für das Grauen von Auschwitz, das das Grauen unserer Welt ist, zu fördern; *Empathie* heißt hier: Auschwitz in sein Inneres vorzulassen, Auschwitz nicht zu verdrängen und Auschwitz – und andere vergleichbare Verbrechen und Grausamkeiten – als Teil unserer Welt anzuerkennen, es nicht außerhalb dieser Welt anzusiedeln. *Es ist geschehen und kann daher wieder geschehen* – das ist der zentrale Punkt.

„Erziehung nach Auschwitz" mit der Betonung auf dem letzten Wort, *Auschwitz*, bedeutet: Die Jugendlichen müssen sich in die Täter des Holocaust hineinversetzen. Neben den Tätern gab es zwei weitere wichtige Gruppen im Kontext des Holocaust: die *Opfer* und die *Zuschauer*. Unter *Zuschauern* verstehen wir in diesem Zusammenhang einerseits jene, die den Nazis halfen, und andererseits die anderen, die den *Verfolgten* (oder *Opfern*) halfen, aber auch die *Mitläufer* und *Widerständler*. Um den Holocaust verstehen zu können, müssen sich die Jugendlichen in alle hineinversetzen: sowohl in die *Täter* als auch in die *Opfer* und *Zuschauer*.

• Erziehung nach Auschwitz bedeutet, die *Empathie* mit den *Tätern*, *Opfern* und *Zuschauern* zu fördern.

Da Auschwitz zu einem Symbol für vielfältige Formen der Gräuel und Aggression geworden ist, bedeutet Erziehung nach Auschwitz auch die Förderung von Empathie mit Tätern, Opfern und Zuschauern im Allgemeinen. Keinem Menschen ist eine dieser drei Rollen wirklich fremd. Die Jugendlichen müssen versuchen, Einsicht in die Mechanismen, Strukturen und Umstände zu gewinnen, die Menschen während des Nationalsozialismus (und anderer ideologisch motivierter Mordgeschehnisse) zu Aggressoren und Mördern machten (beziehungsweise machen).

• Erziehung nach Auschwitz bedeutet, die Einsicht in Mechanismen und Umstände zu erwerben, die Menschen zu Aggressoren und Mördern machen, sowie in die Struktur der Vernichtung.

Dieses *Fünf-Punkte-Programm* legt für die Entwicklung pädagogischer Aktivitäten nahe, dass für den letzten Punkt zum Beispiel das Paradigma des Historikers Raul Hilberg für die *Struktur der Vernichtung* gewählt wird: *Definition, Enteignung* (Raub), *Konzentration, Vernichtung*.
Aber auch andere Schemata lassen sich zum besseren Verständnis verwenden.
Die pädagogischen Prinzipien des Fünf-Punkte-Programms sind *Wärme, Empathie* und *Autonomie*.

Für kleine Kinder: Erziehung nach Auschwitz ohne Auschwitz

Da sich mit dem Hamburger Verein *SterniPark* ein Kindergartenträger bereitgefunden hat, die *Forschungs- und Arbeitsstelle „Erziehung nach und über Auschwitz"* in ihrer Anfangsphase zu unterstützen, und da ich vor einem Jahr einer Tagung hier in Hamburg beiwohnen durfte, während derer die Frage diskutiert wurde, wann und wie man damit beginnen solle, Kinder mit der Geschichte des Holocaust zu konfrontieren, erlaube ich mir zu dieser Frage einige abschließende Bemerkungen:
Adorno zufolge muss Erziehung nach Auschwitz „schon in der frühen Kindheit", beginnen, aber er erwähnt nicht, wie denn eine solche Erziehung aussehen solle.

„*Ich kann mir selbstverständlich nicht anmaßen, den Plan einer solchen Erziehung auch nur im Umriss zu entwerfen.*"

Ausgehend von dem vorgestellten Fünf-Punkte-Programm kommen Abram und Mooren zu drei Punkten für die *Erziehung nach Auschwitz* für Kinder von 3 bis 10 Jahren. Es handelt sich dabei eigentlich um „*Erziehung nach Auschwitz ohne Auschwitz*", eine Erziehung, in der detaillierte Darstellungen extremer Grausamkeiten unterbleiben.
Die ersten zwei Punkte des Fünf-Punkte-Programms bleiben bestehen, der dritte und fünfte fallen fort und der vierte wird verkürzt. So entsteht das folgende Drei-Punkte-Programm:

• Erziehung nach Auschwitz bedeutet, *Empathie* (die Fähigkeit, sich in andere Menschen hineinzuversetzen) und *Wärme* (eine Atmosphäre von Geborgenheit, Sicherheit und Offenheit) zu fördern.

• Erziehung nach Auschwitz bedeutet, *Autonomie* zu fördern, das heißt, die Fähigkeit zum Nachden-

ken, zur Selbstbestimmung, zum Nonkonformismus.
- Erziehung nach Auschwitz bedeutet, die *Empathie* mit *Tätern, Opfern* und *Zuschauern* zu fördern. Keinem Kind ist eine dieser drei Rollen wirklich fremd.

Die pädagogischen Prinzipien des *Drei-Punkte-Programms* für drei- bis zehnjährige Kinder stimmen mit denen des *Fünf-Punkte-Programms* für ältere Kinder und Jugendliche überein: Es geht um *Wärme, Empathie* und *Autonomie*.

(Vortrag von Prof. Dr. Ido Abram, Amsterdam, aus Anlass der Gründung der Forschungs- und Arbeitsstelle [FAS] „Erziehung nach/über Auschwitz", 20. Mai 1998; IdoAbram@fasena.de; übers. von Matthias Heyl)

 Nehmen Sie Stellung: Was bedeutet für Sie heute „Erziehung nach Auschwitz"?

‚... einen unbeugsamen Geist und ein fühlendes Herz!'

„Zerreißt den Mantel der Gleichgültigkeit, den Ihr um Euer Herz gelegt habt. Entscheidet Euch, eh' es zu spät ist." Ein halbes Jahrhundert ist vergangen, seitdem die Weiße Rose diesen Aufruf in ihrem vorletzten Flugblatt verbreitete, kurz vor Verhaftung und Tod. Doch jede Zeit, zumal die unsere, erkennt auf ihre Weise sich selbst als Adressaten dieser Worte. Immer von neuem spüren wir in unserem Innern ein Echo auf das Zeichen der Weißen Rose.

Der Münchner Freundeskreis dachte, sprach und handelte aus der Tiefe der menschlichen Existenz heraus. Seine Mitglieder wollten nicht selbst den politischen Umsturz herbeiführen. Aber sie waren entschlossen, zu ihren Einsichten und Überzeugungen zu stehen. Sie nannten das Böse, das sie sahen und erkannten, bei seinem Namen. Und als die Gefahr sie unmittelbar bedrohte, da vollendeten sie ihren Weg mit beispielhaftem Mut, ohne sich durch die Flucht zu entziehen.

Nach dem Krieg war es für jede heranwachsende junge Generation am schwersten zu begreifen, wie es zu den unvorstellbaren Verbrechen hatte kommen können. Hatten eine Erziehung oder Überlieferung dazu geführt, daß sichtbares Unrecht geduldet, mitgetragen, von vielen gewollt, von mehr als nur einigen ausgeführt worden war? Wie konntet ihr Älteren zusehen, so fragten sie, daß der jüdische Nachbar stigmatisiert und quer über die Straße verschleppt wurde? Wie konntet ihr?

In der Haltung und Tat der Weißen Rose fand sich für die späteren jungen Generationen mehr Antwort auf ihre Fragen zum Nationalsozialismus als im hartnäckigen Schweigen verstörter Eltern und Erzieher. [...]

Die studentische Widerstandsgruppe der Weißen Rose geht nicht nur die sachverständigen Zeithistoriker, sondern jeden an – und nicht nur jüngere, sondern sehr wohl auch ältere. „Allen Gewalten zum Trutz sich erhalten", schrieb Hans Scholl auf seine Zellenwand, bevor er sich dem Vollstrecker des Todesurteils übergab. Woher waren er und sein Kreis so voller Lebensbejahung, ihrer selbst so gewiß? Wie hatten sie die Überzeugung gewonnen, dem nationalsozialistischen Unrechtsregime nicht zur Treue verpflichtet zu sein? Aus welchen Quellen kam die tiefe, innere Sicherheit, daß es kleinmütig ist, eine Politik einfach geschehen zu lassen, die böse ist? Sophie Scholl schreibt dazu in einem Brief: „Man hat uns eben politisch erzogen" (Briefe Seite 174). Aber das heißt nicht Erziehung zum Widerstand, sondern Erziehung zu geistiger Freiheit, zu eigenständigem Urteil, zum Willen, sich selbst zu entscheiden, wo nötig auch zum Widerstand.

Es waren Eltern und geistige Lehrer da, die es ernst meinten mit der verantworteten Freiheit. Sie verstanden den Grundkonflikt zwischen den Generationen, in dem die Jungen alles von Grund auf neu schaffen wollen, während die Alten die Jungen an das Geschaffene anpassen möchten. Mit Verstand und Geist und Liebe brachten sie, die Alten, es fertig, den jungen Menschen zuzutrauen, ihre eigenen Erfahrungen zu machen, ihren Augen, Gefühlen und Werten Glauben schenken zu dürfen. Daraus wachsen die innere Kraft und Gewißheit, sich allen Gewalten zum Trutz zu erhalten. Aber wieviel Zeit und Zuwendung und Souveränität von seiten der Älteren sind notwendig, um die Jungen so frei und unabhängig und gewissenhaft werden zu lassen! Wer sich für die

heutige Jugend solche Maßstäbe wünscht, wie sie den Studenten der Weißen Rose als Orientierung dienten, der frage zunächst nach den Maßstäben von Eltern und Erziehern in unserer Zeit.

Denken und Handeln waren bei der untereinander eng verbundenen Gruppe der Münchner Studenten eine Einheit, und sie empfanden das, was sie taten, als einen Beginn. „Einer muß ja doch mal schließlich damit anfangen", antwortet Sophie Scholl vor dem sogenannten Volksgerichtshof auf die Frage, was sie zu ihrem Handeln bewogen habe. Das ist die Herausforderung, mit der sie der Gefahr im Menschen entgegentrat, abzustumpfen gegenüber allem Leid und Unrecht und damit der ständig neuen Versuchung zum Konformismus zu erliegen. In ihrem Tagebuch und in einem Brief finden wir einen Satz des französischen Philosophen Jacques Maritain, der als eine Maxime für die Haltung der Weißen Rose gelten kann:

„Il faut avoir l'esprit dur et le cœur doux" – einen unbeugsamen Geist und ein fühlendes Herz. Die Worte gelten zu aller Zeit und für jede Generation. [...]

Die Mitglieder der Weißen Rose haben ihr Leben in Gewaltlosigkeit für die Grundwerte aller hingegeben. Sie haben ihr Leben bejaht und erfüllt. Das Politische an ihnen war ihr Ethos. Ihr Widerstand ist kein Scheitern, sondern er weist über ihre Zeit hinaus. Ihr Denken und Handeln ist ein Zeichen der Hoffnung und Mahnung. Die Courage jeder Generation entscheidet über unsere Zivilisation neu. Wir können sie nur bewahren mit unbeugsamem Geist und mit fühlendem Herzen, 1993 wie 1943.

(Rede des damaligen Bundespräsidenten Richard von Weizsäcker zum 50. Gedenktag an die Geschwister Scholl und die „Weiße Rose", zit. nach: Frankfurter Rundschau, 16. Febr. 1993, Nr. 39, S. 10; aus rechtlichen Gründen ist dieser Text nicht in reformierter Rechtschreibung gesetzt)

1. Informieren Sie sich über Widerstandsbewegungen während der Zeit des Nationalsozialismus (arbeitsteilige Gruppenarbeit).
   Woher nahmen diese Menschen die Kraft, sich gegen das Unrecht aufzulehnen?

2. Nehmen Sie Stellung: Ist ‚Widerstand lernen' eine pädagogische Aufgabe?

3. Erstellen Sie in Ihrem Kurs eine Liste von aktuellen Gegebenheiten, für die Ihrer Meinung nach der Satz gilt: ‚Einer müsste eigentlich damit anfangen, eine Veränderung herbeizuführen.'
   Diskutieren Sie die Schwierigkeiten, wirklich anzufangen!
   Ergeben sich Ihrer Meinung nach Aufgaben für die Pädagogik?

4. Suchen Sie nach Merkmalen einer Erziehung zu einem ‚unbeugsamen Geist und einem fühlenden Herz'.
   Diskutieren Sie: Trägt die (Erziehung in der) Schule zu diesem Ziel bei?

5. Immer wieder wurden empirische Untersuchungen zur Gehorsamsbereitschaft von Menschen vorgenommen, so z. B. das sogenannte Milgram-Experiment von 1963 und 1965 in den USA, die Versuche von David Mark Mantell 1960 in München (vgl. Sie dazu den Film: Abraham – Ein Versuch) und die Grazer Untersuchungen von Grete Schurz (vgl. dazu: Die innere Stimme der Unterwerfung, PSYCHOLOGIE HEUTE Nov. 85, S. 24ff.). Der Film ‚Die Welle' nimmt ebenfalls diese Problematik auf.
   Diskutieren Sie die Möglichkeiten der Pädagogik, „damit Menschen lernen, vernünftigen und notwendigen Gehorsam zu leisten, aber sich unreflektierten oder gar destruktiven Gehorsamsanwendungen zu widersetzen". (Grete Schurz)

„... flink wie ein Windhund, zäh wie Leder und hart wie Kruppstahl"

Die Wurzeln nationalsozialistischer Erziehung reichen ins 19. Jahrhundert. In den Werken der Kulturkritiker Paul Anton de Lagarde (1827–1891) und August Julius Langbehn (1851–1907) lassen sich Forderungen finden nach einem Führer, der die Einheit des Volkes erzwingen und alle inneren Streitigkeiten schlichten sollte. Bereits damals gipfelten ihre Vorstellungen von einem sauberen und zuchtvollen Deutschland in der Vision einer neuen deutschen Sendung als größte Macht der Welt. Nach dem verlorenen 1. Weltkrieg und dem Vertrag von Versailles wurden vor allem Heimatlose, Entwurzelte und politische Abenteurer von diesen Ideen ergriffen. Auch Adolf Hitler knüpfte daran an, als er im Jahre 1924 in der Festungshaftanstalt Landsberg am Lech die Grundzüge seiner nationalsozialistischen „Lehre" niederschrieb. In seinem Buch „Mein Kampf" fixierte Hitler auch seine Gedanken zur Erziehung der Jugend, die später zum Dogma des Nationalsozialismus wurden. Im Mittelpunkt stand ein „völkischer Staat", in dem das „Heranzüchten kerngesunder Körper" wichtiger sein sollte als das „Einpumpen bloßen Wissens". Die Stärkung von Entschlussfreudigkeit und Willenskraft, Disziplin, Wagemut, Angriffsgeist, Zähigkeit und Durchhaltevermögen war nach Hitler für eine Volksgemeinschaft wertvoller als die Ausbildung „geistreicher Schwächlinge". Körperliche Ertüchtigung sollte „jungen Volksgenossen die Überzeugung geben, anderen unbedingt überlegen zu sein". Hitler wollte die gesamte Bildungs- und Erziehungsarbeit darauf ausrichten, „Rassesinn und Rassegefühl instinkt- und verstandesmäßig in Herz und Gehirn der Jugend hineinzubrennen". Diese von Herwig Blankertz als „Unpädagogik" bezeichneten Erziehungsmaximen wurden im NS-Staat schrittweise verwirklicht. Nach der „Machtergreifung" schufen die Nationalsozialisten einen lückenlosen Erziehungsstaat, dessen vorrangiges Ziel die körperliche und seelische Vorbereitung der Jugend auf den als „Selbstbehauptungskampf des deutschen Volkes" propagierten Krieg war. Darum wurde Tugenden wie Treue und Opferwilligkeit zunehmend eine größere Bedeutung beigemessen als den Inhalten von Lehrplänen und in der jungen Generation des deutschen Volkes die Bereitschaft gefördert, das eigene Leben „für Führer und Volk" zu opfern.

Voraussetzung für den Erfolg der Nationalsozialisten war eine raffinierte Mischung von Propaganda und „völkischer Ideologie mit einem pseudo-christlich-religiösen Kern". Die Angst vor der Gestapo allein hätte den NS-Staat nicht ermöglicht. Eine festgefügte Weltanschauung und ein begeisternder Mythos gaben vielen Deutschen das Gefühl von Verbundenheit und Zugehörigkeit. Dazu kam ein systematisch aufgebauter Führer-Kult, der von Goebbels nach der „Machtergreifung" gefestigt und in neue Dimensionen getrieben wurde. Adolf Hitler war als „Führer" und Vorbild allgegenwärtig. Jeder hörte zwischen Erwachen und Schlafengehen ungezählte Male „Heil Hitler". Fahnen, Hakenkreuze und Uniformen prägten das alltägliche Bild. Plakate und Wandparolen sorgten für eine ständige gezielte Beeinflussung. Ein besonders ausgewählter Teil der Jugend wurde in Napola und Ordensburgen als zukünftige Elite ausgebildet, die Mehrheit aber erlebte die „Normalität" in Schule und Hitlerjugend.

(Barbara Hohmann; http://www.shoa.de/content/view/413/41/)

1. Nehmen Sie im Rückblick auf diese Wabe Stellung zu den hier genannten ‚Voraussetzungen für den Erfolg der Nationalsozialisten'.

2. Diskutieren Sie den Begriff der ‚Unpädagogik'.

3. Diskutieren Sie den Leitspruch der Website www.shoa.de: ‚Zukunft braucht Erinnerung'. Ist dies Ihrer Meinung nach ein Thema für die Pädagogik?

4. Ziehen Sie rückblickend auf das Kapitel ein Fazit: Erziehung – wozu?

P Projektvorschlag zum selbstständigen Weiterarbeiten

‚Oral History of Education'

Schauen Sie noch einmal rückblickend auf diese Wabe.
Welche Fragen sind offen geblieben? Wo fehlen Ihnen noch tiefer gehende Erklärungsansätze?
Bereiten Sie in Kleingruppen Interviewfragen vor und befragen Sie Zeitzeugen. Stellen Sie ihnen auch die Frage, ob sich ihrer Meinung nach ‚Auschwitz' noch einmal wiederholen könnte.

Hinweise

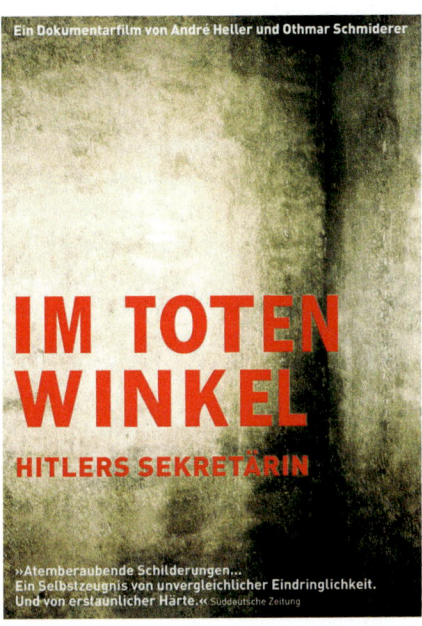

Vgl. auch: www.erinnern-online.de

Filmtipps:

- Der Untertan (nach dem Roman von Heinrich Mann), Regie: Wolfgang Staudte, Deutschland 1951
- Die Blechtrommel (nach dem Roman von Günther Grass), Regie: Volker Schlöndorff, Deutschland 1978/79
- Die Weiße Rose, Regie: Michael Verhoeven, Deutschland 1982
- Swing Kids, Regie: Thomas Carter, USA 1993

- **Sophie Scholl – Die letzten Tage (Deutschland 2004)**
  Das sensible Porträt einer der wenigen Heldinnen der deutschen Geschichte: Der Film schildert die letzten sechs Tage (17. – 22. Februar 1943) im Leben von Sophie Scholl aus ihrer ganz persönlichen Perspektive.

Februar 1943: Bei einer Flugblatt-Aktion gegen die Nazi-Diktatur wird die junge Studentin Sophie Scholl zusammen mit ihrem Bruder Hans in der Münchner Universität verhaftet. Tagelange Verhöre bei der Gestapo entwickeln sich zu Psycho-Duellen zwischen der Widerstandskämpferin und dem Vernehmungsbeamten Robert Mohr ...

Hintergrundinformationen zum Film, Interviews mit dem Regisseur und den Hauptdarstellern sowie mit Zeitzeugen können Sie auf einer DVD unter der folgenden Adresse bestellen: X Verleih AG, info@x-verleih.de.

- **NAPOLA – Elite für den Führer (Deutschland 2004)**

  Unter der folgenden Adresse kann das Begleitmaterial abgerufen werden: www.napola.film.de

  Die in dem Begleitmaterial gegebenen Hinweise (s. Auszug im Folgenden) für eine erste Auswertung nach dem Filmbesuch sind auch auf andere Filme übertragbar (vgl. auch Phoenix, Bd. 1, S. 31ff.).

Methodischer Hinweis: Stummer Dialog

Die Schüler/innen haben vier Plakate zur Verfügung, in deren Mitte jeweils einer der vier Aspekte zum Thema „Mein Filmerlebnis" steht. Der Kurs wird in vier gleich große Gruppen aufgeteilt. Jede Gruppe beginnt somit mit einem der vier Plakate. Die Schüler/innen der jeweiligen Gruppe schreiben parallel mit einem möglichst dicken Filzstift ihre Stellungnahmen, Gefühle, Meinungen bzw. Assoziationen auf das Plakat. Ist die Gruppe fertig, wandert sie zum nächsten Plakat. Es kann/soll von den Schüler/innen der nächsten Gruppe auf bereits Geschriebenes eingegangen werden. Sind alle Gruppen fertig, werden die Plakate aufgehängt und die jeweiligen Gemeinsamkeiten und Unterschiede der Kommentare auf jedem Plakat herausgearbeitet. Anschließend wird entsprechend dem obigen Gesamtschema das „Verstehen" des Mediums Film am Beispiel von „NAPOLA – ELITE FÜR DEN FÜHRER" in seiner „Eigen-Art" diskutiert und abschließend Kriterien entwickelt, welche unterschiedlichen Fähigkeiten „Film-Sehende" benötigen, um Filme zu „verstehen".

Ideenbausteine für den Unterricht: Erziehen – Lernen – Bilden: eine historische Spurensuche

Kurz nach dem Filmbesuch: Filme erleben oder von der Schwierigkeit, eine „Seherfahrung" in Worte zu fassen

„Ein guter Film hat überhaupt keinen literarischen ‚Inhalt'. Denn er ist ‚Kern und Schale mit einem Male'. Er hat so wenig einen Inhalt wie ein Gemälde oder eben ein Gesichtsausdruck. Denn was ‚innen ist, ist außen', der Film ist eine Flächenkunst. Nicht etwa ohne Psychologie. Doch diese Psychologie ist sichtbar, also an der Oberfläche. [...] Viele Seiten eines Schriftstellers wären nötig, um zu beschreiben, was ein flüchtiges Lächeln enthält, und da noch bliebe ein undefinierbarer, irrationeller Rest, das Wesentliche, das eben außerhalb des Begrifflichen und des Literarischen liegt. Dazu bedenke man noch das Tempo des Mienenspiels. Die Beschreibung einer Gebärde dauert viel länger als die Gebärde selbst. Man kann in derselben Zeit hundertmal mehr seelisches Erleben sehen, als man lesen könnte. Die Beschreibung kann das Wesentliche nicht vermitteln, nämlich den Originalrhythmus der Gefühle. Als Gefühlsausdruck

ist das Mienenspiel also viel polyphoner als die Sprache. [...] Denn hier, in der mimischen Offenbarung der Gefühle und in den Stimmungen der reinen Bildwirkung, etwa einer Landschaft, einer Beleuchtung, eines Schattenspiels, eines Wolkentreibens, einer Meeresbrandung, liegt das Spezifische der Filmkunst, sein Neuland, in das uns die Literatur nie führen kann."

(Béla Balázs, Bildungswerte der Filmkunst. In: Die Filmtechnik (Halle), Nr. 13, 5.11.1925, S. 277–279; zit. nach: Béla Balázs, Schriften zum Film, Band 1, hrsg. von Helmut H. Diederichs, Wolfgang Gersch, Magda K. Nagy, Budapest München Berlin 1982, S. 346–351)

Orientierungsschema für den subjektiven Austausch über NAPOLA – ELITE FÜR DEN FÜHRER:

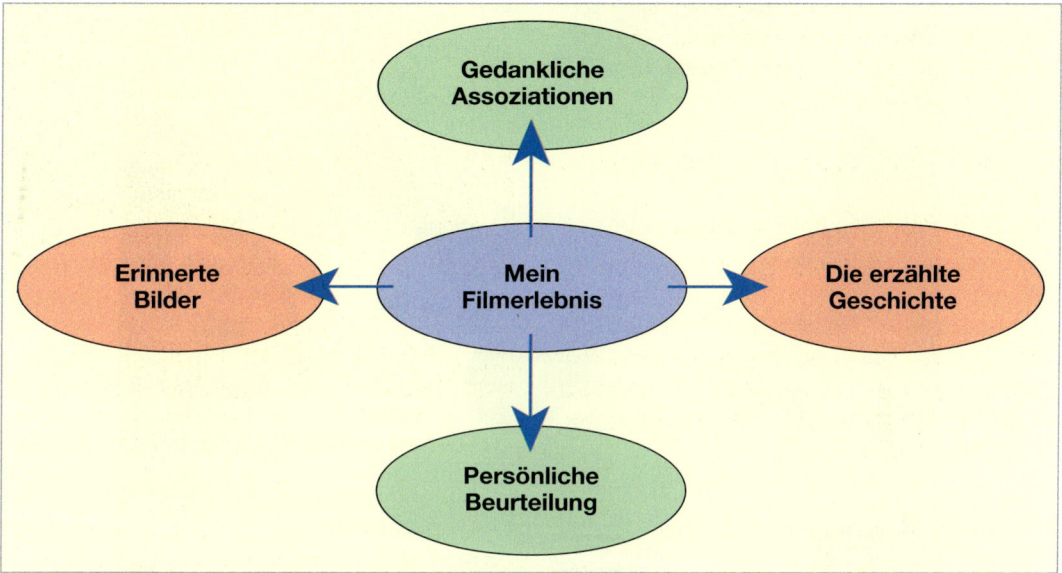

(Karin Springer/Bernhard Springer: NAPOLA – Materialien für den Unterricht. Kulturfiliale Gillner und Conrad, München 2005, S. 16f.)

Tipp: Rüdiger Steinmetz, Filme sehen lernen, DVD-Video, Verlag Zweitausendundeins

2.4 Die Pädagogik der Achtung – Janusz Korczak

Ehrgeiz des Erziehers sollte es sein, günstige Ergebnisse auf dem Weg geringster Verletzungen der Menschenrechte zu erzielen.

Janusz Korczak

Sind Sie mit dieser Aussage einverstanden oder würden Sie den Satz: ‚Ehrgeiz des Erziehers sollte es sein, ...' anders fortführen?

Ergänzen Sie den Satz von Korczak bzw. ‚Ihren' Satz durch einen zweiten, der mit der Formulierung beginnt:
Dazu sollte der Erzieher/die Erzieherin ... .

Diskutieren Sie Ihre Ergänzungen!

Einführung

Janusz Korczak – sein Leben und seine Zeit

Ein Zeitzeuge berichtet

Janusz Korczak, mit richtigem Namen Henryk Goldszmit, wurde 1878 in Warschau geboren. Sein Geburtsjahr kann auch 1879 gewesen sein, genau ließ sich das auch für J. Korczak nicht mehr feststellen, da sein Vater – er war Rechtsanwalt – sich jahrelang nicht um eine Geburtsurkunde bemüht hatte.
Ein Eindruck von dem Warschau der damaligen Zeit lässt sich durch die folgenden Ausführungen eines Zeitzeugen gewinnen:

Ich gehörte zu jener Generation Warschauer Juden, die zwischen den zwei Weltkriegen heranwuchs. Meine Kindheit und Jugend verbrachte ich in einem Haus in der Warschauer Altstadt.
⁵ Die Häuser waren immer dunkel und trübselig, in den Höfen und Zimmern waren Sonne und Licht nur seltene Gäste. Die Fenster unserer Wohnung blickten auf eine schmale Straße, auf viele Steintreppen. In dieser engen Gasse beleuchtete
¹⁰ die Sonne nur die Spitzen der Schornsteine, und dies nur im Sommer vor Sonnenuntergang. Im kleinen Hof voller Schmutz und Abfall stand ein offener Mülleimer, stets voller Katzen, und zwei Toiletten zum allgemeinen Gebrauch der Haus-
¹⁵ bewohner und ihrer Unzahl von Kindern. Wir jüdischen und etwa dreißig polnische Kinder lebten zusammen in größter Harmonie und Einigkeit. Da waren viele Dinge, die uns verbanden: Zusammen haben wir gehungert, alle waren wir blass,
²⁰ und gemeinsam haben wir uns gesehnt, aus dem engen Hof in Sonne und Licht zu entrinnen. In die Schule jedoch gingen wir getrennt: die jüdischen Kinder in die Schulen der jüdischen Gemeinde, die polnischen Kinder in öffentliche
²⁵ Schulen. Die Unterrichtssprache in beiden war Polnisch.
In dieser Zeit wurden wir mit dem Namen Janusz Korczak bekannt. Wir lasen seine Bücher, lauschten seiner Stimme am Radio, und von ihm lern-
³⁰ ten wir, das Kind zu achten, zu verstehen. Er lehrte uns auch, uns nicht nur auf uns selbst zu konzentrieren, sondern unseren Mitmenschen zu helfen. Der „Doktor", wie wir Korczak nannten, war für uns alles und brachte Licht in unser
³⁵ armseliges Leben. Mir selbst war das Glück beschieden, in seiner nächsten Umgebung zu leben, ein Glück, dessen ich mir in jenen Tagen wohl kaum bewusst war. Ich habe Janusz Korczak kennengelernt, als ich zwölf Jahre alt war. Wir haben einander Briefe geschrieben, deren größter Teil in ⁴⁰ der „Kleinen Rundschau"¹ veröffentlicht wurde.
Janusz Korczak leitete das jüdische Waisenhaus in Warschau, das sich in der Krochmalna befand, dort, wo der vorwiegend polnische Bezirk an die Gassen des jüdischen Viertels grenzte, die immer ⁴⁵ voller Menschen waren, als ob die Häuser den Überfluss an Bewohnern auf die Straßen ausleerten.
Die Häuser hatten viele Höfe, und die blockartigen Wohnungen dienten tagsüber als Werkstatt ⁵⁰ und nachts als Schlafstellen. In einem Zimmer hausten oft fünf bis zehn Menschen, Kinder und Erwachsene. Drei, häufig vier, mussten oft ein Bett teilen. [...] Armut, Not und Verzweiflung – das war die Lage eines großen Teils der Juden ⁵⁵ Warschaus in den Dreißigerjahren. Ich kann heute nur schwer verstehen, wie Menschen in dieser Armut und Enge leben konnten. Wasserhähne gab es nur in den Korridoren zwischen den Wohnungen; Toiletten in den Höfen, und immer eine ⁶⁰ Schlange von Wartenden. Doch an Betstuben fehlte es nicht, und sie waren immer voller Andächtiger.
Nahe an 400 000 Juden lebten in den Dreißigerjahren in Warschau, mehr als ein Drittel der Ge- ⁶⁵ samtbevölkerung. Ungefähr 40 % davon, das heißt fast 160 000, waren Kinder im schulpflichti-

---

¹ „Kleine Rundschau" – „Maly Przeglad" – Wochenschriftbeilage zu „Nasz-Przeglad" = „Unsere Rundschau"; „Maly Przeglad" wurde 1926 durch J. Korczak gegründet und erschien bis Ausbruch des Krieges im September 1939.

gen Alter, aber nur etwas mehr als die Hälfte besuchte Schulen. Die restlichen ca. 65 000 Kinder im Schulalter bekamen keinerlei Erziehung, sondern trieben sich in den Straßen herum, wurden für Hilfsarbeiten ausgenutzt, halfen den Eltern in den winzigen Werkstätten oder hausierten.

(Leon Harari, Janusz Korczak, wie ich ihn erlebte, in: Lothar Kunz [Hrsg.], Einführung in die Korczak-Pädagogik, Beltz, Weinheim und Basel 1994, S. 29ff.)

 Erstellen Sie eine historische Zeittafel zu den wesentlichen Ereignissen während der Lebenszeit Janusz Korczaks.

Pädagogische Erfahrungen in den Sommerkolonien und im Waisenhaus

J. Korczak entschied sich 1911, seine gute, angesehene und aussichtsreiche Stellung als praktizierender Arzt aufzugeben und die Leitung eines neu gegründeten Waisenhauses für ca. 100 Kinder zu übernehmen. Die meisten Kinder in dem Waisenhaus waren sogenannte ‚Straßenkinder', sie kamen oft aus ärmlichen Verhältnissen des jüdischen Stadtviertels von Warschau und waren froh, im Dom Sierot (Haus der Waisen) aufgenommen zu werden.

Erste Erfahrungen im pädagogischen Bereich sammelte Janusz Korczak in den sogenannten Sommerkolonien – Ferienheime auf dem Land –, die Kindern von Arbeiterfamilien die Möglichkeit preisgünstiger Ferien boten. Diese Sommerkolonien wurden von der ‚Warschauer Wohltätigkeitsgesellschaft' unterhalten, einer Vereinigung, die von wohlhabenden jüdischen Familien, insbesondere dem Arzt Dr. Eliasberg und seiner Frau, unterstützt und gefördert wurden. Diese privaten Wohlfahrtsunternehmen waren im Warschau der damaligen Zeit das einzig funktionierende System sozialer Fürsorge.

Janusz Korczaks erste Erfahrungen als verantwortlicher, ehrenamtlicher Betreuer in den Sommerkolonien waren eher deprimierend, wie das folgende Zitat verdeutlicht:

„Anfangs empfand ich einen brennenden Schmerz. Das gesamte Kristallgebäude meiner Träume stürzte ein, fiel in Trümmer. Zorn und beleidigter Ehrgeiz: Ich werde zum Gespött derer, die ich an Gemütswerten weit überrage, die ich überzeugen, durch mein Beispiel hinanziehen, denen ich vielleicht auch imponieren wollte." (Janusz Korczak, Wie man ein Kind lieben soll, Göttingen 1967)

1. Erstellen Sie eine Zeittafel über die Lebensgeschichte von Janusz Korczak, indem Sie unter den Stichworten: ‚Elternhaus, Tod des Vaters, schulische Erfahrungen, Krieg, Schriftsteller/Journalist, Arzt' Stichworte sammeln.

2. Spekulieren Sie über biografische Aspekte aus Korczaks Kindheit, die ihn dazu bewogen haben könnten, die Leitung eines Waisenhauses zu übernehmen.

3. Diskutieren Sie die folgende Aussage J. Korczaks hinsichtlich ihrer Konsequenzen für das pädagogische Verhältnis: „Erkenne dich selbst, bevor du Kinder zu erkennen trachtest. Leg dir Rechenschaft darüber ab, wo deine Fähigkeiten liegen, bevor du damit beginnst, Kindern den Bereich ihrer Rechte und Pflichten abzustecken. Unter ihnen bist du selbst ein Kind, das du zunächst einmal erkennen, erziehen und ausbilden musst." (J. Korczak, Wie man ein Kind lieben soll, Göttingen 1967, S. 156)

Das Warschauer Getto, ‚Der letzte Gang'

Am 26. Oktober 1940 kam es zur endgültigen Bildung des Warschauer Gettos. Da das Waisenhaus Dom Sierot außerhalb des Gettobezirks lag, mussten auch J. Korczak und seine Mitarbeiter und die ca. 100 Kinder das Waisenhaus, in dem sie 30 Jahre lang gelebt hatten, räumen. Die Zahl der Kinder im Getto-Waisenhaus war auf 200 angestiegen. Korczak versuchte durch Bittbriefe um Geldspenden den Lebensunterhalt der Kinder zu sichern. Über die Stimmung in dem Waisenhaus äußert sich J. Korczak folgendermaßen:

„Die Kinder schleichen umher. Nur die äußere Haut ist normal. Aber darunter sind Erschöpfung, Unlust, Zorn, Aufruhr, Misstrauen, Traurigkeit und Sehnsucht verborgen. Schmerzlich ist der Ernst ihrer Tagebuchnotizen. Wenn ich auf ihre vertraulichen Mitteilungen eingehe, dann spreche ich zu ihnen als Gleicher zu Gleichen. Wir haben gemeinsame Erlebnisse – sie und ich. Die meinen sind etwas verdünnter, verwässerter – aber sonst die gleichen."

(Aus: J. Korczak, Das Recht des Kindes auf Achtung, Göttingen 1994, S. 324)

Anfang August 1942 wurde das Getto-Waisenhaus von SS-Truppen umstellt, Kinder und Erzieher wurden gezwungen, das Haus zu verlassen:

„Diese Szene ist bekannt, sie ist oft beschrieben und rekonstruiert worden, nicht immer wahrheitsgetreu. Ich will kein Bilderstürmer sein, niemanden seines Nimbus berauben, aber ich muss sagen, wie ich das damals gesehen habe. Die Atmosphäre war durchdrungen von einer maßlosen Unordnung, einem Automatismus, von Apathie. Es gab keine sichtbare Erschütterung darüber, dass da Korczak ging, es wurde nicht salutiert (wie einige geschildert haben), es gab mit Sicherheit keine Intervention durch Abgesandte des Judenrats – niemand näherte sich Korczak. Es gab keine Gesten, keinen Gesang, keine stolz erhobenen Köpfe; ich erinnere mich nicht, ob jemand die Fahne des Waisenhauses trug, man sagt, ja. Es herrschte eine grauenvolle, erschöpfte Stille. Mühsam setzte Korczak einen Fuß vor den anderen, er wirkte irgendwie zusammengeschrumpft, murmelte hin und wieder etwas vor sich hin. Wenn ich mir diese Szene vergegenwärtige – selten verlässt sie mich – ist, als hätte ich ihn „warum" murmeln hören, ich war nah genug, um das Wort aufzuschnappen. Doch vielleicht spielt mir meine Einbildung einen Streich? Das waren nämlich keine Augenblicke philosophischer Reflexionen; das waren Augenblicke stumpfer, stummer, grenzenloser Verzweiflung, einer Verzweiflung längst ohne Fragen, auf die es keine Antworten gibt ... ."[1]

Das Vernichtungslager Treblinka wurde eigens für die Ermordung der Juden des Warschauer Gettos

errichtet. Die Deportationen erfolgten vor allem in den Monaten Juli, August, September [...] 1942. Insgesamt wurden in Treblinka 800 000 Menschen aus Polen, Österreich, Belgien, Bulgarien, der Tschechoslowakei, Frankreich, Griechenland, Jugoslawien, der Sowjetunion und Deutschland umgebracht.

Die systematische Vernichtung der Juden wurde, wie bekannt, auf der Wannseekonferenz am 20. Januar 1942 strategisch und konkret geplant. [...] Das Vernichtungslager wurde auf einer bewaldeten Anhöhe so angelegt, dass es weder von einer parallel verlaufenden Landstraße noch von der Eisenbahnlinie Sidlice-Malinkina her einsehbar war.

Täglich wurden in Treblinka 2000 Menschen vergast und anschließend verbrannt. Die gesamte Prozedur dauerte von der Ankunft im Lager bis zur Ermordung ca. zwei Stunden. Das Lager, das nur 600 m lang und 400 m breit war, wurde von

---

[1] Marek Rudnicki: Der letzte Weg Janusz Korczaks, in: Beiner/Dauzenroth: Auf dass nichts in Vergessenheit gerät – Zeugen und Zeugnisse ... Deutsche Korczak-Gesellschaft, 1989, S. 41ff.

ukrainischen und deutschen Posten massiv bewacht. Nur wenige Baracken dienten zur Aufbewahrung von Schmuck und Kleidern bzw. als „Umkleidekabinen". Das Wachpersonal und die zur Verrichtung der notwendigen Arbeiten am Leben gelassenen „Hofjuden" wurden im Wohnlager auf demselben Gelände untergebracht. Vier 8 m hohe Wachtürme und ein doppelter Stacheldrahtzaun, dazwischen ein breiter Graben machten nahezu alle Fluchtversuche unmöglich.

Janusz Korczak und die Kinder haben am Vormittag das Warschauer Getto verlassen. Man kann davon ausgehen, dass die Fahrt in den verplombten Güterwaggons etwa vier Stunden gedauert hat. Vermutlich waren sie am Abend des 5. oder 6. August 1942 schon nicht mehr am Leben.

Ein Jahr später, am Nachmittag des 2. August 1943, brach im Vernichtungslager Treblinka ein bewaffneter Aufstand aus, an dem sich 400 Häftlinge beteiligten. Die Wachposten konnten überrumpelt werden und es gelang zunächst die Flucht ins Umland. Doch in relativ kurzer Zeit wurden – bis auf 10 Häftlinge – von der SS alle eingefangen und getötet.

Im November 1943 wurde das Lager aufgelöst und dem Erdboden gleichgemacht. Lupinen wurden ausgesät, um den Eindruck einer friedlichen Landschaft zu suggerieren.

Heute ist das Vernichtungslager eine Gedenkstätte, in dessen Zentrum ein großer, behauener Granitstein und 17 000 kleinere Felssteine an die Massenvernichtung erinnern. Auf einem dieser Steine befindet sich die Inschrift „Janusz Korczak und die Kinder".

(Lothar Kunz, Janusz Korczak – 50 Jahre danach ..., in: Lothar Kunz [Hrsg.], Einführung in die Korczak-Pädagogik, Beltz, Weinheim und Basel 1994, S. 22ff.)

> Informieren Sie sich über die (Über-)Lebensbedingungen im Warschauer Getto. Im Geschichtsunterricht können Sie sicherlich auch nähere Informationen bekommen.

Von Igor Newerly ist folgender Bericht überliefert:

„Als die Kinder einwaggoniert waren, erfuhr der deutsche Platzkommandant, dass der hagere, alte Mann mit dem kurzen Bart, der die Kinder begleitete, Janusz Korczak hieß. Es fand dann folgendes Gespräch statt:
‚Sie haben den ‚Bankrott des kleinen Jack' geschrieben?'
‚Ja.'
‚Ein gutes Buch. Ich habe es gelesen, als ich noch klein war. Steigen Sie aus.'
‚Und die Kinder ...'
‚Die Kinder fahren. Aber Sie können hier bleiben.'
‚Sie irren sich', erwiderte Korczak, ‚nicht jeder ist ein Schuft', und er schlug die Waggontür hinter sich zu."

(Igor Newerly, zit. nach Wolfgang Pelzer, Janusz Korczak, rowohlt monographien, Reinbek 1994, S. 136, 137)

In seinen letzten Tagebuchaufzeichnungen vom 4. August 1942 schreibt Janusz Korczak:

„Ich wünsche niemandem etwas Böses. Ich kann das nicht.
Ich weiß nicht, wie man das macht."

(Zit. nach: J. Korczak, Das Recht des Kindes auf Achtung, Göttingen 1994, S. 345)

Grundbegriffe und Grundthesen

Janusz Korczak und seine „Pädagogik der Achtung"

Korczaks Vorstellungen über das pädagogische Verhältnis

Janusz Korczak leitete zusammen mit Stefania Wilczynska und einigen Helfern dreißig Jahre lang ein Waisenhaus für ca. 100 Kinder. Das Waisenhaus war verbunden mit einer Ausbildungsstätte für Erzieherinnen und Erzieher, war in engem Kontakt mit einer zweiten Einrichtung, dem ‚Nasz Dom', geleitet von Marayana Falska, und einer Sommerkolonie Rozyczka, die über eine Landwirtschaft und Gärtnerei verfügte und sich selbst versorgen konnte. Die Kinder der beiden Waisenhäuser verbrachten dort ihre Ferien, ab 1928 lebten dort die ‚Kleinen' des Waisenhauses.

Während dieser Zeit entwickelte Janusz Korczak als Praktiker zusammen mit seinen Mitarbeiterinnen und Mitarbeitern und den Kindern seine Vorstellungen über eine Pädagogik, die heute als ‚*Pädagogik der Achtung*' bezeichnet wird.

Das Kind hat eine Zukunft, aber auch eine Vergangenheit: denkwürdige Ereignisse, Erinnerungen, viele Stunden einsamen Grübelns über wesentliche Dinge. Es vergisst und erinnert sich genauso wie wir, schätzt oder missachtet, denkt logisch, doch irrt, wenn es nicht weiß. Es vertraut und zweifelt nicht unüberlegt.

Das Kind ist wie ein Fremdling, es versteht unsere Sprache nicht, weiß nicht, wohin eine Straße führt, kennt weder Gesetze noch Bräuche. Manchmal möchte es sich selber umtun; wenn es nicht weiter weiß, bittet es um Rat und Hilfe. Es braucht einen Menschen, der ihm freundlich alle Fragen beantwortet. Wir sollten Rücksicht nehmen und seine Unwissenheit achten!

Geschäftemacher, Spekulanten oder Spaßvögel nutzen die Unwissenheit von Fremden aus, geben ihnen unverständliche Antworten, führen sie absichtlich in die Irre. Ein grober Klotz gibt nur mürrisch Auskunft. Wir hadern, zanken mit den Kindern, rügen, tadeln, strafen, aber informieren sie nicht in freundlichem Tone. Wie beklagenswert kümmerlich wäre das Wissen unserer Kinder, wenn sie es nicht von den Altersgefährten schöpften, den Erwachsenen nicht ablauschten, ihren Worten und Unterhaltungen entnähmen?

Habt Achtung vor der Wissbegierde und dem Erkenntnisdrang des Kindes!

Habt Achtung vor Kummer und Tränen. Wir sollten nicht nur den zerrissenen Strumpf beachten, sondern auch das aufgeschürfte Knie, nicht nur über das zerschlagene Glas lamentieren, sondern die Schnittwunde am Finger sehen, den blauen Fleck, die Beule, den Schreck, den Schmerz.

Das Kind wächst heran, lebt intensiver, sein Atem geht rascher, sein Puls ist lebhafter, es nimmt Gestalt an, wird immer größer, wächst immer tiefer in das Leben hinein. [...]

Erschöpfung, Kopfschmerzen, Schnupfen, Hitzegefühle, Kälteempfinden, Schlafbedürfnis, Hunger, Durst, Überdruss, Mangel, schlechtes Allgemeinbefinden sind nur selten eine Laune, eine Ausrede, um nicht zur Schule gehen zu müssen. Wir sollten Achtung haben vor den Geheimnissen und Schwankungen der schweren Arbeit des Wachsens!

Wir sollten Achtung haben vor der gegenwärtigen Stunde, vor dem heutigen Tag. Wie soll das Kind imstande sein, morgen zu leben, wenn wir ihm heute nicht gestatten, ein verantwortungsvolles, bewusstes Leben zu führen?

Tretet es nicht mit Füßen, missachtet es nicht, entlasst es nicht in die Sklaverei des Morgen, hetzt es nicht, treibt es nicht an!

Wir sollten jeden einzelnen Augenblick achten, denn er vergeht und wiederholt sich nicht und immer sollten wir ihn ernst nehmen, sonst hinterlässt er schmerzliches Bedauern.

In unserer Naivität fürchten wir den Tod, wissen nicht, dass das Leben eine Folge vergehender und neu entstehender Augenblicke ist. Ein Jahr mit seinen Jahreszeiten ist nur ein schwacher Ver-

such, die Ewigkeit begreifbar zu machen. Ein Augenblick währt so lange wie ein Lächeln oder ein Seufzer. Eine Mutter glaubt, sie ziehe ein und dasselbe Kind groß, dennoch ist es immer ein anderes, das sie verabschiedet und begrüßt. Und auch sie ist immer eine andere.

Wir unterscheiden in unzureichender Weise die Jahre in mehr oder minder reife. Es gibt kein unreifes Heute, keine Rangordnung der Lebensalter, keine höhere und geringere Bewertung von Freud und Leid, Hoffnungen und Enttäuschungen.

Wenn ich mit einem Kind spiele oder mich mit ihm unterhalte, verknüpfen sich zwei gleichwertig reife Augenblicke seines und meines Lebens; wenn ich mit einer Schar Kinder zusammen bin, verabschiede oder begrüße ich immer ein Einzelnes für einen Augenblick durch einen Blick, durch ein Lächeln. Wenn ich ärgerlich bin, vergiftet und vergewaltigt mein böser Augenblick einen reifen, wichtigen Augenblick seines Lebens. Entsagen um des Morgens willen? Was hat es denn für Verlockungen bereit? Malen wir es ruhig in übertrieben düsteren Farben. Die Prophezeiung erfüllt sich: Das Dach stürzt ein, denn man hat das Fundament des Gebäudes nicht fest genug gefügt. „Was wird aus dem Kind, wenn es groß ist?", stellen wir uns die bange Frage.

Wir möchten, dass unsere Kinder einst vielseitiger, gebildeter sind als wir. Wir träumen von dem vollkommenen Menschen der Zukunft. [...]

Wir erlauben nicht, dass die Kinder uns kritisieren, und kontrollieren uns auch selber nicht.

Von allen Sünden also gereinigt, entsagen wir dem Kampf mit uns selbst und überlassen ihn den Kindern.

Der Erzieher übernimmt beflissen das Vorrecht der Erwachsenen: nicht sich selber zu prüfen und zu überwachen, nicht eigene Vergehen zu registrieren, sondern nur die Verfehlungen der Kinder.

Alles, was unsere Ruhe stört, unserem Ehrgeiz, unserer Bequemlichkeit zuwiderläuft, uns reizt und ärgert, gegen die Gewohnheiten verstößt, Zeit und Gedanken beansprucht, lasten wir den Kindern als Schuld an.

Dass es Verstöße ohne böse Absicht geben könnte, lassen wir nicht gelten. [...]

Unsere Befürchtungen, unsere Verdächtigungen, ja sogar seine Bemühungen finden tadelnde Worte: „Na, siehst du, wenn du willst, kannst du." Immer finden wir etwas an dem Kinde auszusetzen, stets verlangen wir mehr.

Halten wir uns taktvoll zurück? Meiden wir unnötige Auseinandersetzungen? Versuchen wir, das Zusammenleben zu erleichtern? Sind nicht gerade wir diejenigen, die trotzig, nörgelig, aggressiv und launisch sind? Ein Kind erregt unsere Aufmerksamkeit, wenn es stört und Unordnung macht. Nur diese Momente gewahren wir und erinnern uns ihrer. Wir übersehen, wenn es ruhig, ernst und konzentriert ist. [...]

Böse Taten böser Kinder übertönen lautstark das Flüstern des Guten. Doch es gibt tausendmal mehr Gutes als Böses. Das Gute ist stark und standhaft. Es ist nicht wahr, dass man Kinder eher verderben als zum Guten führen kann. [...]

Wir fordern Achtung vor ihren hellen Augen, glatten Stirnen, ihren Bemühungen, ihrem Vertrauen in die Zukunft. Warum sollte ihnen weniger Achtung gebühren als den erloschenen Blicken, den gerunzelten Stirnen, den grauen Haaren, der gebeugten Resignation?

[...] Eine neue Generation wächst heran, eine neue Welle erhebt sich. Sie kommt mit Fehlern und Vorzügen; lasst uns die Voraussetzungen schaffen, dass sie bessere Menschen werden können. [...] Wir sind keine Wundertäter – wir wollen aber auch kei-

ne Scharlatane sein. Entsagen wir also der trügerischen Sehnsucht nach vollkommenen Kindern. Nehmt euch in Acht: Der starke brutale homo rapax bestimmt das moderne Leben; er diktiert die Verhaltensweisen. Seine Zugeständnisse an die Schwachen sind eine Lüge, unehrlich ist die Ehrerbietung für den Greis, die Gleichberechtigung für die Frau und das Wohlwollen für das Kind.

Obdachlos irrt das Gefühl umher – ein Aschenbrödel. Kinder jedoch – in ihrem Empfinden sind sie Königskinder, Dichter und Weise. Wir sollten Achtung haben, wenn nicht gar Demut, vor der hellen, lichten, unbefleckten, seligen Kindheit.

(Janusz Korczak, Das Recht des Kindes auf Achtung [1928, 1929], in: Janusz Korczak, Das Recht des Kindes auf Achtung [Hrsg. Elisabeth Heimpel, Hans Roos], Göttingen 1994, S. 25ff.)

1. Vergleichen Sie die Aussage von Kant: ‚Der Mensch kann nur Mensch werden durch Erziehung. Er ist nichts, als was Erziehung aus ihm macht' mit der von Korczak 1899 getroffenen Aussage: ‚Kinder werden nicht erst zu Menschen – sie sind schon welche. Ja! Sie sind Menschen, keine Puppen. Man kann ihren Verstand ansprechen – sie antworten uns; sprechen wir zu ihren Herzen – fühlen sie uns. Kinder sind Menschen; in ihren Seelen sind Ansätze all der Gedanken und Gefühle, die wir besitzen. Also gilt es, diese Ansätze zu entwickeln, ihr Wachstum behutsam zu lenken.' (Aus: Janusz Korczak, Von der Grammatik und andere pädagogische Texte, Heinsberg 1991, S. 105)

2. Spinnwebanalyse:
Eine Fragestellung/ein Problem wird in die Mitte eines Blattes Papier geschrieben. Danach sammelt die Gruppe die direkten Ursachen des Problems. Diese werden in Kreisen um das Problem herum festgehalten (Ursachen erster Ordnung). Als nächster Schritt werden die direkten Ursachen der eben gefundenen Ursachen ausgemacht und wiederum festgehalten (Ursachen zweiter Ordnung), diese Ursachen werden wiederum auf ihre Entstehungsbedingungen zurückverfolgt (Ursachen dritter Ordnung), etc. So entsteht ein Ursachengeflecht, das vielfältige Querverbindungen aufweist und vielleicht auch einige der Hauptursachen nennt. (Nach: Günther Gugel, Handlungsmodelle und Methoden für politisch-soziales Lernen in Schule und Lehrerfortbildung, Landesinstitut für Schule und Weiterbildung NRW, Soest 1994, S. 98ff.)
Erstellen Sie eine Spinnwebanalyse zu der Frage: „Warum ist es schwierig, eine ‚Pädagogik der Achtung' zu praktizieren?"

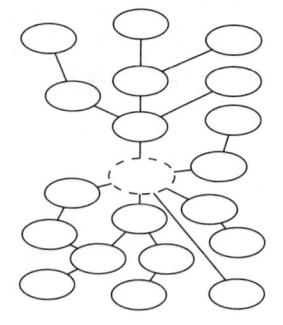

Eine demokratische Lebenswelt gestalten

Janusz Korczak war ein pädagogisch-literarischer Erzähler, aber vor allem ein Praktiker. Er versuchte durch entsprechende Einrichtungen seine Erziehungsvorstellungen umzusetzen (vgl. Sie dazu auch die Beispiele aus dem Abschnitt ‚Pädagogische Anwendung').

Das Recht, so zu sein, wie man ist, erfordert im Zusammenleben einer Gemeinschaft demokratische Regelungen zum Schutze aller. Korczak entwickelte dafür ein eigenes Gesetzbuch und ein Kameradschaftsgericht, vor dem sich nicht nur die Kinder, sondern auch die Erzieher rechtfertigen mussten. [...]
Korczak hatte zu Beginn seiner Erziehungstätigkeit die Beobachtung gemacht, dass innerhalb der Zöglingsschar typische Hierarchien ausgebildet

waren, nach denen ungebrochen das Recht des Älteren über die Jüngeren, der Starken über die Schwächeren galt. Es mangelte ihnen durchaus an gegenseitiger Achtung. Daher bemühte Korczak sich darum, Gleichberechtigung nicht nur gegenüber den Erwachsenen (Erzieher und Personal) herzustellen, sondern auch in den Reihen der Kinder. Gelernt werden sollten demokratische Verhaltensweisen, um die Rechte jedes Einzelnen in der Gemeinschaft zu schützen.

Als Erstes wurde zu diesem Zweck das sogenannte Kameradschaftsgericht gegründet. Hier konnte jedes Mitglied der Waisenhausgemeinschaft, das glaubte, Unrecht oder Missachtung erfahren zu haben, bei Gericht eine Anklage gegen den mutmaßlichen Täter erheben. Man konnte sich auch selbst anzeigen. Richter waren die Kinder. Dabei machten alle wichtige Erfahrungen: Sowohl als Kläger wie auch als Angeklagte und Richter entwickelten Kinder und Erzieher Sensibilität für Missachtung und das Bewusstsein der eigenen Würde! Sie erkannten, dass „Prüfstein für die Wichtigkeit eines Falles die Widerwärtigkeit ist, die man selbst erlebt, und das Gefühl erlittenen Unrechts, das der Klageführende hat. Warum ist die zerbrochene Fensterscheibe eine wichtige Angelegenheit, und die Zerstörung des privaten Eigentums eines Kindes soll eine ‚Dummheit' sein? Ist Betrug im Spiel um Kastanien nur deswegen keine strafwürdige Unredlichkeit, weil es um Kastanien und nicht um Geld geht?" (WL S. 346f.)
Jedes Mitglied der Gemeinschaft hat „ein Recht darauf, dass seine Angelegenheit ernsthaft und gebührend bedacht wird." (WL S. 304)
Das Gericht diente somit als Forum, auf dem man sich um gegenseitiges Verstehen bemühte; auf dem man bestrebt war nachzuvollziehen, warum ein Kind oder ein Erzieher so oder so gehandelt hatte. Aufgabe des Gerichtes sollte sein, „Recht und Ordnung zu wahren und dafür zu sorgen, dass der Erzieher nicht gezwungen wird, wie ein Hirt oder Pferdeknecht mit Knüppel und Geschrei Gehorsam zu erzwingen, sondern ruhig und verständig, gemeinsam mit den Kindern, erwägen, beraten und beurteilen kann, mit den Kindern, die oft besser wissen, wer Recht hat, oder auch, inwieweit einer nicht Recht hat. Aufgabe des Gerichtes ist es, wilde Szenen durch Gedankenarbeit zu ersetzen, Zornesausbrüche in pädagogische Einwirkungen zu verwandeln." (WL S. 339)

Seine Urteile fällte das Gericht auf der Grundlage des Gesetzbuches des Waisenhauses. Dies war kein gewöhnliches Strafgesetzbuch. Es gab dort 109 ausformulierte Paragraphen und viele Leerstellen für spätere Ergänzungen. Die Paragraphen waren in der Mehrzahl keine Strafparagraphen, sondern Paragraphen des Verzeihens. „Wenn jemand etwas Böses getan hat, so ist es am besten, ihm zu verzeihen", lautete die Devise.
Das Gericht, wie alle anderen fantasievoll entwickelten Hilfsmittel zur Einübung in Verstehen, Achtung und Demokratie, prägte Korczaks eigene Vorstellungen von einer angemessenen Pädagogik entscheidend. Er schrieb: „Ich selbst habe mich im Verlaufe eines halben Jahres fünfmal dem Gericht gestellt. Einmal, weil ich einem Jungen eines hinter die Ohren gegeben hatte, einmal, weil ich einen Jungen aus dem Schlafsaal hinausgeworfen hatte, einmal, weil ich einen in die Ecke gestellt hatte, einmal wegen Beleidigung eines Richters und einmal, weil ich ein Mädchen des Diebstahls beschuldigt hatte. In den ersten drei Fällen erhielt ich §23, im vierten §71, im letzten §7. [Die genannten Paragraphen des Kollegialgerichts lauten: §7: Das Gericht hat die Benachrichtigung über dieses Verschulden zur Kenntnis genommen; §23: Das Gericht meint, dass A den B nicht beleidigt hat; §71: Das Gericht verzeiht, denn A bedauert es, dass er so gehandelt hat (WL S. 312f.)] Jedes Mal legte ich eine umfangreiche schriftliche Aussage vor. Ich behaupte mit aller Entschiedenheit, dass diese wenigen Fälle Grundstein meiner eigenen Erziehung zu einem neuen ‚konstitutionellen' Pädagogen waren, der den Kindern kein Unrecht tut, nicht, weil er sie gern hat oder liebt, sondern weil eine Institution vorhanden ist, die sie gegen Rechtlosigkeit, Willkür und Despotismus des Erziehers schützt." (WL S. 353)
Die Pädagogik der Achtung lebt also nicht nur von der liebenden und wohlwollenden Respektierung der Rechte des Kindes, sondern sie ist auch angewiesen auf eine „konstitutionelle" (gesetzliche) Ordnung zur Einübung und Sicherung dieser Rechte.
Dass dieses kein einfacher Weg ist, zeigt sich z.B. an den vielen Veränderungen, die das „Gerichtswesen" im Laufe der Probezeit erfuhr. Nach anfänglicher „Prozesssucht" vieler Kinder wurde das Kameradschaftsgericht für vier Wochen ausge-

setzt, um dann mit neuen Elementen wie dem „Gerichtsrat" erneut eingesetzt zu werden.
Nach ca. zweieinhalb Jahren wurde auch ein Kinderparlament eingeführt. Seine Aufgabe war es, das Gesetzbuch weiter auszuführen, die vom Gerichtsrat beschlossenen Gesetze zu bestätigen oder abzulehnen. Durch die anfänglichen Erfahrungen mit dem Gericht ging Korczak diese Sache sehr vorsichtig an. Der rechte Umgang mit der Freiheit musste schrittweise gelernt werden.
Dennoch – trotz der Rückschläge auf dem Weg zur Demokratie schreibt Korczak 1918: „Ich weiß, das Gericht ist notwendig, und in fünfzig Jahren wird es keine einzige Schule und keine pädagogische Anstalt geben ohne ein Gericht." (WL S. 332)
Anmerkung: Der abgekürzte Literaturhinweis WL bedeutet: Janusz Korczak, Wie man ein Kind lieben soll, Göttingen 1967

(Aus: Friedhelm Beiner, Wer kann Erzieher sein, ..., in: Lothar Kunz [Hrsg.], Einführung in die Korczak-Pädagogik, Beltz, Weinheim und Basel 1994, S. 93ff.)

Ein Beispiel aus dem Tagebuch der Bursistin Sara Bibermann von ihrem ersten Arbeitstag zeichnet noch einmal ein Bild dieser Einrichtung:

„Das war so: Um ein Uhr nachmittags hatte ich im Saal Aufsichtsdienst. Damals war ein bewölkter Tag. Die Kinder spielten im Saal, und die älteren Jungen spielten Ball auf dem Hof. Plötzlich hörte ich einen Knall. Ich wusste nicht, was geschehen war, aber später merkte ich, dass eine Scheibe zerbrochen war. Ich war erschüttert, dass es dazu während meines Aufsichtsdienstes gekommen war. Ich lief schnell auf den Hof, und sofort nahm ich den Jungen den Ball weg. Die reagierten so, dass sie, ohne mit mir darüber zu reden, was passiert war, in den Saal liefen, wo sich die Liste der ‚Angelegenheiten' und Beschwerden befand, und schrieben ihre Beschwerde über mich auf, weil ich ihnen den Ball weggenommen hatte. Eines der älteren Mädchen merkte, dass ich wegen des Verhaltens der Jungen sehr bewegt war, und kam auf mich zu. Sie war mit dem im Haus existierenden Rechtskodex vertraut und erklärte mir, dass ich nach diesem Kodex kein Recht hatte, den Ball wegzunehmen, sondern selbst die Beschwerde über die Jungen für das Zerbrechen der Scheibe aufschreiben sollte."
Sara Bibermann schrieb diesen Vorfall in ihr Bursistenheft und wartete auf den Kommentar von Stefa Wilczynska oder Korczak. Korczak hat am Rand ihres Heftes angemerkt: „Sie sollen nicht der Richter des Kindes sein."

(Michael Langhanky, Die Pädagogik von Janusz Korczak, Neuwied 1993, S. 127)

1. Zwischen 1930 und 1935 besuchte Jean Piaget das Waisenhaus. Zu der Einrichtung des Kindergerichts schrieb er Folgendes:
„Die Berichte aus den Sitzungen und die Beschlüsse dieses merkwürdigen Gerichtes wurden in einer Hauszeitung veröffentlicht, die wir durch die Vermittlung einer unserer Assistentinnen kennenlernten. Es gibt nichts Faszinierenderes für einen Psychologen als dieses Dokument, das ohne Zweifel während des Krieges in Warschau zerstört wurde: Humanismus, Nachsicht und Feinfühligkeit des Urteils dieses jugendlichen Gerichts hatten etwas Rührendes und Ermutigendes. [...] An dieser Stelle möchten wir betonen, dass das Problem von Sanktionen einer der subtilsten Aspekte der Moralerziehung ist und zur größten Trennung zwischen den Methoden, die einerseits auf Autonomie und Gegenseitigkeit beruhen und andererseits der autoritären Methode angehören, führen muss. Es gibt Strafen, die erniedrigen und vom Kind als ungerecht empfunden werden; umgekehrt gibt es solche, die nicht auf dem Prinzip der Bestrafung beruhen, sondern auf Vertrauen und gegenseitiger Verantwortung gründen."
(Jean Piaget, zit. nach: Michael Langhanky, Die Pädagogik von Janusz Korczak, Neuwied 1993, S. 128)
Michael Langhanky nennt diesen Aspekt den ‚Diskurs der wechselseitigen Verantwortung'. Erläutern Sie diese Kennzeichnung.

2. Einige Paragraphen sollen noch einmal auf die Besonderheit dieser hier praktizierten Rechtsprechung aufmerksam machen:

„§ 80: Das Gericht verzeiht A, denn es ist der Meinung, dass nur Güte ihn bessern kann.

§ 81: Das Gericht versucht es mit einem Freispruch.

§ 82: Das Gericht verzeiht und gibt die Hoffnung nicht auf, dass A sich bessern wird.

§ 90: Das Gericht verzeiht, nachdem es erwogen hat, dass A so sehr von seinen Wünschen bestimmt war, dass es ihm an Kraft fehlte, um sich zu bezwingen.

§ 91: Das Gericht verzeiht, denn A ist erst seit kurzer Zeit bei uns und kann eine Ordnung ohne Strafanwendung noch nicht begreifen."

J. Korczak beschreibt in seinem Buch: Wie man ein Kind lieben soll (a. a. O., S. 304 bis 353) die Schwierigkeiten bei der Umsetzung der Idee eines ‚Gerichts des Verzeihens' in die Praxis.

Letztlich suspendierte Korczak das Gericht: „Das Gericht ist unbedingt notwendig und lässt sich durch nichts ersetzen. Das Gericht muss einen bedeutenden Platz in der Erziehung einnehmen. Wir waren leider dieser Aufgabe noch nicht gewachsen. Noch nicht, oder noch nicht in unserem Bereich" (J. Korczak, WL, a. a. O., S. 352).

Diskutieren Sie, warum es so schwierig war, die Idee des Kameradschaftsgerichtes umzusetzen.

3. Diskutieren Sie die Vor- und Nachteile eines konstitutionellen Organs der Rechtsprechung (ähnlich dem des Kindergerichts des ‚Dom Sierot') an Ihrer Schule.

Pädagogik der Achtung: Die Rechte der Kinder

In seinem Buch: ‚Wie man ein Kind lieben soll' (Göttingen 1995, S. 40) fordert Janusz Korczak drei Grundrechte für Kinder ein: „Ich fordere die Magna Charta Libertatis, als ein Grundgesetz für das Kind."
Der folgenden Übersicht können Sie die Formulierung dieser Grundrechte und weitere Interpretationen entnehmen:

Konstitutionelle Grundlagen der Pädagogik der Achtung nach Korczak

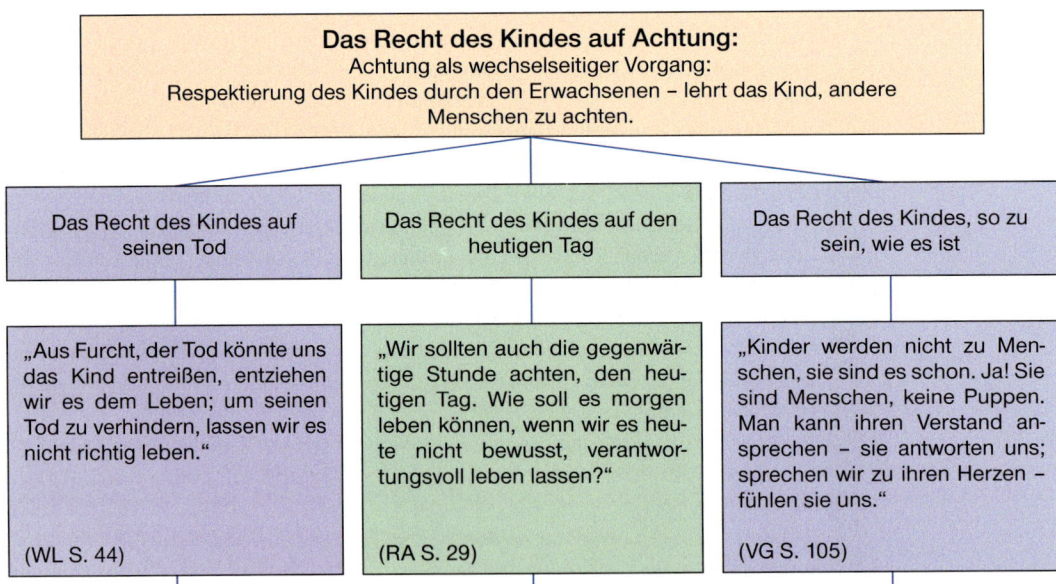

Förderung von Selbstständigkeit und Selbstbestimmung; impliziert die Forderung nach	Betonung des absoluten Wertes der Kindheit; impliziert die Forderung nach	Förderung von Individualität und Identität; impliziert die Forderung nach
- Spielraum für eigene Erfahrungen, die prinzipiell risikobehaftet sind - Möglichkeiten zur Welt- und Selbstentdeckung - Möglichkeiten zur Willensausübung und zum Willenstraining - Möglichkeiten, Erfahrungen „am eigenen Leibe" zu machen - Anerkennung des Rechts auf Fehler und Misserfolge	- Gleichberechtigung des Stadiums der Kindheit gegenüber dem Erwachsensein in Familie und Gesellschaft - Zubilligung der spezifischen Kinderperspektive, spezifischer Bedürfnisse und Wünsche im Hier und Jetzt (z. B. Bedürfnis nach Spiel, nach kindgemäßer Beantwortung von Fragen etc.) - Zubilligung altersadäquater Rechte und Pflichten	- Abbau eines überhöhten „Kindheitsideals" - Recht des Kindes auf „Mittelmäßigkeit" - Berücksichtigung von Veranlagung und Erziehungsmilieu als wichtige Erziehungsdeterminanten - freien Entfaltungsmöglichkeiten, aber mit Rücksicht auf soziale Bezüge, Bedingungen, Ansprüche - Gewährung eigener Ziele und Positionen

Recht auf demokratische Institutionen für das Gemeinschaftsleben: Parlament, Kollegialgericht, Betreuungskommissionen, Privateigentum, öffentliche Meinungsäußerung ...

Anmerkung: Die Abkürzungen bedeuten:
Aus: Janusz Korczak, RA: Das Recht des Kindes auf Achtung, Göttingen 1970
              WL: Wie man ein Kind lieben soll, Göttingen 1967
              VG: Von der Grammatik und andere pädagogische Texte, Heinsberg 1991

(Friedhelm Beiner, Wer kann Erzieher sein – Das Bild des Erziehers bei Korczak und anderen Reformpädagogen, in: Lothar Kunz [Hrsg.], Einführung in die Korczak-Pädagogik, Beltz, Weinheim und Basel 1994, S. 98, 99)

1. Interpretieren Sie die drei Grundrechte für Kinder als kritische Korrektive gegen spezifische erzieherische Grundeinstellungen und diskutieren Sie die Notwendigkeit solcher Korrektive.
Vergleichen Sie auch noch einmal die Ausführungen Janusz Korczaks zu Beginn dieses Abschnitts.

2. Aus den von Janusz Korczak formulierten Rechten für Kinder ergeben sich Folgerungen für das Erzieherverhalten und die Einstellung von Erzieherinnen und Erziehern.
So schrieb J. Korczak 1924: „Der Erzieher ist nicht verpflichtet, Verantwortung für die entfernte Zukunft auf sich zu nehmen – aber er ist voll verantwortlich für den heutigen Tag." (Aus: Janusz Korczak, Verteidigt die Kinder!, Gütersloher Verlagshaus, Gütersloh 1992, S. 17)
Nehmen Sie Stellung zu dieser Aussage und diskutieren Sie weitere Folgerungen.

3. Versuchen Sie Beispiele für ‚demokratische Institutionen für das Gemeinschaftsleben' zu finden, die dem Ansatz J. Korczaks entsprechen würden.
Sind diese Beispiele Ihrer Meinung nach Utopien?

4. Diskutieren Sie die Kennzeichnung ‚Pädagogik der Achtung' für die Erziehungsauffassung Janusz Korczaks.
Führen Sie vorher ein ‚Brainstorming' zum Begriff ‚Achtung' durch.

Ein-Spruch

Ihr sagt: "Der Umgang mit Kindern ermüdet uns."
Ihr habt Recht.
Ihr sagt:
"Denn wir müssen zu ihrer Begriffswelt hinuntersteigen.
Hinuntersteigen, uns hinabneigen, beugen, kleiner machen."
Ihr irrt euch.
Nicht das ermüdet uns. Sondern – dass wir zu ihren
Gefühlen emporklimmen müssen.
Emporklimmen, uns ausstrecken, auf die Zehenspitzen
stellen, hinlangen.
Um nicht zu verletzen.

(Janusz Korczak, Wenn ich wieder klein bin und andere Geschichten von Kindern, Göttingen 1973, S. 7)

Wer sagt
    was
        mit welchen Mitteln
            und welcher Absicht
                zu wem ???
Ist das Gegenteil auch richtig?
Mein Kommentar:

Vertiefung

Der dialogische Erziehungsbegriff

Die Erziehung des Erziehers durch das Kind

Der folgende Artikel erschien 1926 in der polnischen Zeitschrift „Szkola Spejalna".

Illusorisch und naiv ist die Meinung eines jungen Erziehers, dass er, wenn er auf die Kinder aufpasst, sie kontrolliert, lehrt, ihnen etwas beibringt oder sie von etwas abbringt, sie gestaltet, selbst nicht unter dem Einfluss des Milieus, der Umgebung der Kinder steht, erwachsen, standhaft, also unveränderlich ist. Wer die Verantwortung für die Kinder auf sich nimmt und selbst keine kritische Einstellung gegen sich selbst hat, gerät in eine Gefahr, auf die ich aufmerksam machen möchte, umso intensiver, als die berufliche Psychohygiene der Allgemeinheit wenig bekannt ist. Bei seinen Bemühungen um das Verständnis des Menschen – des Kindes und der Gesellschaft – in einer Kindergruppe kommt der Erzieher zu wichtigen und wertvollen Erkenntnissen; wenn er nicht wachsam genug ist und die Selbsterziehung bagatellisiert, scheitert er. Durch das Kind sammle ich Erfah-

rungen, es hat Einfluss auf meine Anschauungen und auf die Welt meiner Gefühle; vom Kind bekomme ich Anweisungen an mich selbst, ich stelle Anforderungen, ich beschuldige mich, bin nachsichtig oder vergebe. Das Kind lehrt und erzieht. Für den Erzieher ist das Kind das Buch der Natur; indem er es liest, reift er. Man darf das Kind nicht geringschätzen. Es weiß mehr über sich selbst als ich über das Kind. Es befasst sich mit sich selber in allen Stunden des Wachseins. Ich kann es nur erraten. Deshalb ist es ein Irrtum, wenn ich versuche, seinen Nutzen und seine Mängel einzuschätzen. Es ist faul, unartig, kapriziös, lügt, stiehlt – das ist wenig positiv. Wie ist seine Meinung über sich selbst, sein Verhalten gegenüber der Gruppe und dem Erzieher; was für Erfahrungen hat es gemacht, zu welchem Kraftaufwand und zu welchen Zugeständnissen ist es fähig? Wie lange kann es etwas aushalten? [...]
Die Kinder belehren den Erzieher, aber sie tadeln und strafen ihn auch, sie schließen wieder Frieden, vergessen oder vergeben bewusst, aber rächen sich auch.
Sie hetzen einen Hitzköpfigen auf, lachen ihn aus, verdrehen ihm den Kopf und machen ihn rebellisch oder schieben einen Dummkopf vor (deshalb muss ein Unschuldiger so oft leiden). Sie fordern dickköpfig: Sei uns ein Vorbild und – ganz der Hauptforderung jeder Erziehungstheorie entsprechend – gib uns ein Beispiel, nicht mit Worten, sondern mit Taten. Der Erzieher steht vor dem Dilemma: entweder beginnt er die beschwerliche, mühsame und unendliche Arbeit an seiner eigenen Unvollkommenheit, oder er verbannt – was wesentlich bequemer ist – die Theorie. [...]
Den Weg zur Selbsterziehung und zum Kampf gegen dich selbst findest du, junger Erzieher, nur in dir.

(Janusz Korczak, Die Erziehung des Erziehers durch das Kind [1926], zit. nach: Das Kind neben dir [Hrsg. Barbara Engemann-Reinhardt], Volk und Wissen Verlag, Berlin 1990, S. 29ff.)

> Welche Vorstellung von Erziehung wird hier deutlich? Beziehen Sie die nachfolgenden Zitate von Janusz Korczak in Ihre Überlegungen ein und versuchen Sie eine kennzeichnende Definition zu formulieren!
> - „Erzieher ist nicht, wer sich empört, wer schmollt, wer einem Kind grollt, weil es das ist, was es ist, wie es geboren ist oder wie die Erfahrung es erzogen hat. [...] Man muss glauben, dass ein Kind nicht schmutzig, sondern nur beschmutzt sein kann. Ein kriminelles Kind bleibt ein Kind. Das darf man keinen Augenblick vergessen." (Janusz Korczak, Verteidigt die Kinder!, Goldmann Taschenbuch Verlag, Gütersloh 1978, S. 15, 16 – Original aus Szkola Specjalna, Warszawa 1927, Nr. 4)
> - „Das Kind ist wie ein Fremdling ..." (Janusz Korczak, Das Recht des Kindes auf Achtung, a. a. O, S. 25)
> - „Die pädagogische Arbeit ist ein Spiel auf einer blinden Klaviatur. Nicht an uns ist es zu urteilen, ob und wie viel Nutzen sie bringt." (Janusz Korczak w getcie. Nowe zrodla, Warszawa, S. 53, zit. nach: Aleksander Lewin, So war es wirklich, Gütersloher Verlagshaus 1998)
> - „Meine dreißigjährige Erfahrung hat mich in der Überzeugung gestärkt, dass ohne die Beteiligung der Kinder eine erzieherische Arbeit undenkbar ist." (Janusz Korczak w getcie. Nowe zrodla, Warszawa, S. 37, zit. nach: Aleksander Lewin, a. a. O., 1998)

Erziehung als Dialog

Das diesem Begriff zugrunde liegende Verb – dialegesthai – besagt, dass sich zwei oder auch mehrere Personen im Wechselgespräch gemeinsam um den logos, den Wahrheitsgehalt eines Sachverhalts, bemühen.

Ein solcher Dialog wird folglich immer dort wichtig, wo Wertorientierungen und Handlungsnormen nicht mehr fraglos von Generation zu Generation übernommen werden können, wo vielmehr argumentativ gemeinsame und insofern

allgemeine Maximen für eine vernünftige statt routinemäßige Lebenspraxis erst noch gefunden werden müssen. Das dialogische Prinzip kann daher in der Erziehung immer dann Aktualität beanspruchen, wenn die vorherrschenden Erziehungstraditionen ihren allgemeinen Geltungsanspruch einbüßen und die Erziehungsaufgabe grundlegend neu durchdacht werden muss. [...]

Die „sokratischen" Frühdialoge Platons werden heute als Anfänge und erste Höhepunkte einer „logosbezogenen", griechisch-humanistischen Dialogtradition angesehen, in der es zentral um die Wahrheitsfrage geht. Diesem Dialogverständnis wird dann mit Martin Buber die jüdisch-christliche Erziehungsphilosophie des Dialogischen vergleichend gegenübergestellt, die sich auf die Du-Beziehung zum Mitmenschen konzentriert und der auch Janusz Korczak zugerechnet wird. In der Perspektive dieses „Du-bezogenen" Dialogverständnisses wird der Mitmensch als eigenständiges Gegenüber angesehen, über das nicht nach eigenem Gutdünken verfügt werden darf. Indem die Gesprächspartner vielmehr die Personalität und Freiheit des jeweils anderen anerkennen, ihn nicht nach ihren mitgebrachten Maßstäben beurteilen, um ihn darauf festzulegen, eröffnet der Dialog beiden Seiten die Möglichkeit, sich in Auseinandersetzung mit dem Du selbst zu entfalten und eine eigene Gestalt zu finden.

Die Entstehungsbedingungen beider Dialogversionen aber weisen eine gewisse Übereinstimmung auf; sie entstehen nämlich als Protest gegen die Verdinglichung und Verzweckung des Menschen als Objekt politischer Herrschafts- und wissenschaftlicher Verfügungsinteressen: Die „logosbezogene" Dialogvariante entsteht aus der Erfahrung des Platon-Sokrates, dass die mythische Glaubenswelt der Heroenzeit, in der die Götter für alle natürlichen und sozialen Phänomene allein verantwortlich waren, als Grundlage des öffentlichen Lebens unter der Aufklärungsarbeit der Sophisten und ihrer machtpolitischen Verzweckung des wissenschaftlichen Wissens immer mehr zerbricht. Die „Du-bezogene" Dialogvariante wiederum findet vor allem nach der schockierenden Erfahrung der Materialschlachten des Ersten Weltkriegs in der Pädagogik größere Beachtung; denn mithilfe wissenschaftlicher Technologie wurden hier Menschen erstmals massenhaft vernichtet. Angesichts dieser Erfahrung wird mit der Forderung nach Achtung des anderen als Selbstzweck vor der Entmenschlichung des Menschen als Folge politisch-militärischer Herrschaftsansprüche und wissenschaftlich-technischer Anwendungsinteressen gewarnt. Beide Dialogversionen versuchen also, wenngleich mit unterschiedlicher Gewichtung, auf die gefährlichen Folgen wissenschaftlicher Rationalität im Dienste von Machtpolitik und Herrschaftsstreben eine kritisch-konstruktive Antwort zu entwickeln, indem sie rationales Denken und sittliches Handeln miteinander verschränken. Denn ohne Rückbindung an eine dialogische Verständigung über seinen Sinn und Zweck wird wissenschaftliches Wissen, wie die Krisenerscheinungen in den modernen Industriegesellschaften besonders eindringlich zeigen, immer mehr zu einer Bedrohung für den Menschen als Einzelindividuum und Gattungswesen.

In diesem Problemzusammenhang von Macht und Wissenschaft aber heißt „Erziehung als Dialog", dass die Frage des richtigen Handelns weder in der wissenschaftlichen Theorie vorweg noch von den Älteren stellvertretend für die Jüngeren geregelt werden kann, dass vielmehr die Beantwortung dieser Frage der Erziehungspraxis selber überlassen bleiben muss bzw. den daran Beteiligten aufgegeben ist. In diesem Sinne hat Korczak ebenso wenig wie Sokrates eine vollständige, systematisch vorgehende Erziehungstheorie entwickelt. Ihre gemeinsame, radikale Ablehnung jedes wissenschaftlichen wie politischen Verfügungsinteresses am Menschen und ihr daraus folgendes Dialogverständnis aber haben viel mit ihrer Biografie bzw. ihrem beruflichen Werdegang zu tun. [...] Dabei sind beide zu der gleichen grundlegenden Überzeugung gekommen: Wenn über die Aufgaben und Möglichkeiten der Erziehung nicht in der Theorie verfügt werden kann, diese vielmehr nur in der Praxis selbst erfahren werden können, dann kann die Richtigkeit des erzieherischen Handelns nicht an der Theorie, sondern nur am Handeln der Beteiligten überprüft werden. Daraus folgt für den Pädagogen, dass er das, was er in der Erziehungspraxis als wahr und richtig erkannt hat, auch mit dem Einsatz seiner ganzen Person und Existenz bestätigen muss. Nur das persönliche Zeugnis kann folglich in der Erziehung allgemeine Geltungsansprüche begründen.

In diesem Sinne hat der jüdische Arzt und polnische Schriftsteller Janusz Korczak seine glän-

zende berufliche Doppelkarriere aufgegeben, um sich der verwahrlosten Jugend in den Armenvierteln Warschaus anzunehmen. Als Heimleiter hat er die Kinder seines jüdischen Waisenhauses 1942 aus dem Warschauer Getto in das Konzentrationslager Treblinka begleitet und ist mit ihnen darin umgekommen, obwohl er wiederholt die Möglichkeit einer rechtzeitigen Flucht gehabt hätte.

(Herwart Kemper, Erziehung als Dialog: Anfragen an Janusz Korczak und Platon-Sokrates, Juventa Verlag, Weinheim und München 1990, S. 33ff.)

1. Erschließen Sie sich mithilfe einer Mind-Map die wichtigsten Aussagen des Textes.

2. Informieren Sie sich über Sokrates (Philosophieunterricht) und versuchen Sie den hier angesprochenen Vergleich mit Korczak nachzuvollziehen.

3. Setzen Sie sich vor dem Hintergrund des Textes mit dem folgenden Zitat auseinander:
„Geben wir Acht, dass wir, indem wir alles erlauben, nicht umso nachdrücklicher die Willenskraft drosseln, je mehr wir den Gelüsten nachgeben. Hier schwächen wir den Willen, dort vergiften wir ihn. [...] Das kindliche ‚Gib her' und sogar nur die wortlos ausgestreckte Hand müssen auf unser ‚Nein' stoßen; und von diesem ersten ‚Du bekommst es nicht', ‚Das kann man nicht', ‚Das darf man nicht', ‚Das ist verboten' hängt ein sehr großes Stück Erziehung ab.
Die Mutter will diese Frage beiseite schieben; sie möchte das alles – bequem und schwachherzig – lieber auf die lange Bank schieben, auf später vertagen. Sie möchte nicht wahrhaben, dass sich in der Erziehung der tragische Zusammenstoß von unbilligen, nicht realisierbaren und unreifen Wünschen mit einem auf Erfahrung beruhenden Verbot nicht vermeiden lässt, und ebenso wenig kann der noch weit tragischere Zusammenprall von zwei verschiedenen Wünschen, von zwei Rechten auf einem gemeinsamen Aktionsfeld vermieden werden. [...] Wir müssen die Grenzen seiner und meiner Rechte abstecken." (Aus: Janusz Korczak, Das Kind in der Familie [1914–1916], in: Janusz Korczak, Wie man ein Kind lieben soll, Göttingen 1995, S. 46, 47)

4. Nehmen Sie Stellung zu folgendem Zitat:
Lob heißt so viel wie: „Du bist so, wie ich dich haben möchte. Ich bin einverstanden mit dir. Du funktionierst in meinem Sinn. Wenn du dich in meinem Sinn verhältst, dann hast du auch nichts zu befürchten."
Das Prinzip von Lob und Tadel verhindert den Weg, Selbstbewusstsein zu erlangen. [...] Wenn wir nicht mehr loben, dann hören wir auf, andere Menschen unseren Bedürfnissen entsprechend zu beurteilen und zu manipulieren. Wir machen uns auf den Weg, sie zu verstehen, und dabei lernen wir uns selbst zu verstehen. [...] Anerkennung ist die Überwindung von Lob und Tadel. Anerkennung bedeutet, dass sich ein Mensch am anderen Menschen erkennen kann. Ich erkenne an dir mich selbst – du bist mein Spiegel, wie ich ein Spiegel für dich bin. [...]
Wenn ich Anerkennung erfahre, erfahre ich mich selbst. Wenn ich gelobt oder getadelt werde, höre ich, wie jemand anders über mich denkt. Ich erfahre ihn. Es gibt viele Möglichkeiten, sich anderen Menschen mitzuteilen: Freude – Anerkennung – Erstaunen – Verständnis – Betroffenheit – Kritik – Sprachlosigkeit – usw. Alle Äußerungen haben aber nichts mit Lob und Tadel zu tun. (Aus: Iris Mann, Lernen können ja alle Leute: Lesen-, Rechnen-, Schreibenlernen mit der Tätigkeitstheorie, Beltz Verlag, Weinheim/Basel 1995, S. 25, 26)

5. Eine wichtige Voraussetzung für die Dialogfähigkeit ist die Empathie:
„Es ist ein sensibles, einfühlendes, vorurteilsfreies, nicht-wertendes und genaues Hören der inneren Welt des anderen. Ein Bemühen, gleichsam unter die Haut des ande-

ren zu schlüpfen, in seinen Schuhen ein Paar Schritte in seiner Welt zu gehen. [...] Eine in dieser Form verstehende Person hört, welche Bedeutung die berichteten Erfahrungen und Erlebnisse für das Selbst, für die Person des anderen haben, was sie für sein Fühlen bedeuten." (Tausch & Tausch, Erziehungspsychologie, Hogrefe Verlag 1999, S. 179)

Empathie darf nicht verwechselt werden mit Mitgefühl, Sympathie oder sogenannter Gefühlsansteckung. Auch entspricht sie nicht dem Begriff der Identifikation. Mitgefühl und Mitleid liegen auf einer anderen Bezugsebene. Empathie ist keineswegs nur die Fähigkeit, die Gefühle des anderen nachzuvollziehen. Die Betonung liegt nicht so sehr auf dem Begriff Gefühl, sondern dem Einfühlungsvermögen in die innere Erlebniswelt des anderen.

 6. Versuchen Sie in einem Rollenspiel das dialogische Prinzip zu verdeutlichen, und diskutieren Sie die Bedeutung des dialogischen Prinzips für die Erziehung in der heutigen Zeit.

Ein-Spruch

„Wir verabschieden uns von euch und wünschen euch auf eurer langen Reise in ein fernes Land alles Gute. Diese eure Reise hat nur einen Namen und ein Ziel: euer Leben. Wir haben lange nachgedacht, wie wir uns von euch verabschieden sollten, welchen Rat wir euch mitgeben sollten. Leider können wir es mit Worten nicht ausdrücken, weil sie zu armselig und zu schwach sind. Daher können wir euch nichts mit auf den Weg geben.

Wir geben euch keinen Gott, weil ihr in eurer Seele suchen müsst mit eigenem Bemühen. Wir geben euch kein Vaterland, weil ihr dieses mit den Anstrengungen eures Herzen finden müsst und durch eure eigenen Gedanken. Wir geben euch keine Liebe zu euren Mitmenschen, weil es keine Liebe ohne Vergebung gibt und die Vergebung eine mühevolle Aufgabe ist, bei der jeder selbst entscheiden muss, ob er sie auf sich nehmen will. Wir geben euch nur eines: die Sehnsucht nach einem besseren Leben, das noch nicht existiert, das es aber eines Tages geben wird, ein Leben der Wahrheit und der Gerechtigkeit. Vielleicht wird auch die Sehnsucht danach zu Gott führen, zu einem wahren Vaterland und zur Liebe. Lebt wohl, vergesst es nicht."

Abschied von Zöglingen in Dom Sierot – Krochmalna 92. Sehr oft, wenn Janusz Korczak sich von Zöglingen verabschiedete, benutzte er diese Formulierungen.

(Zit. nach: Leon Harari, Janusz Korczak, wie ich ihn erlebte – Bericht eines israelischen Zeitzeugen, in: Lothar Kunz [Hrsg.], Einführung in die Korczak-Pädagogik, Beltz, Weinheim und Basel 1994, S. 40)

Wer sagt
    was
        mit welchen Mitteln
            und welcher Absicht
                zu wem ???
Ist das Gegenteil auch richtig?
Mein Kommentar:

Wer ist das Kind?

„Das Wichtigste in der Medizin ist die Diagnose. Der Medizinstudent untersucht ganze Reihen von Menschen, lernt erkennen, Symptome wahrzunehmen und sie zu erklären, sie zusammenzufassen und aus ihnen Schlüsse zu ziehen. Wenn die Pädagogik den von der Medizin geebneten Weg gehen will, muss sie eine Erziehungsdiagnostik ausarbeiten, die sich am Erfassen von Symptomen orientiert. Was Fieber, Husten, Erbrechen für den Arzt, das sind Lachen, Tränen, Erröten für den Erzieher. Es gibt kein Symptom ohne Bedeutung. – Man muss alles aufschreiben und sich darüber Gedanken machen, Zufälliges beiseite lassen und nach Gesetzmäßigkeiten suchen. Es geht nicht darum, sich Gedanken zu machen, was und wie man etwas vom Kind verlangt, was ‚man ihm befiehlt oder verbietet‘, sondern darum, was ihm fehlt und wovon es zu viel hat, was es von sich aus geben kann."

(Aus: J. Korczak, Erziehungsmomente, Warszawa 1901, S. 1, zit. nach: Michael Langhanky, Die Pädagogik von Janusz Korczak, Neuwied/Kriftel/Berlin 1994, S. 96)

Diesen forschenden Ansatz der teilnehmenden Beobachtung charakterisiert Michael Langhanky wie folgt: „Die Be-ob-achtung wird dabei zur vorsichtigen, Obacht nehmenden Beachtung in Achtung." (Aus: Michael Langhanky, a. a. O., S. 148)

Lesen Sie sich die folgenden Ausführungen von Michael Langhanky genau durch. Versuchen Sie anschließend Ihrem Nachbarn/Ihrer Nachbarin die wesentlichen Aussagen zu erklären.

Die Grundfrage in der Geschichte der Erziehungswissenschaft war das „Wie" der Erziehung. Wie kann ein Kind erzogen werden, wie können seine Fähigkeiten entwickelt, es in seinem Tun unterstützt, es für sein Tun sanktioniert werden? Die Reformpädagogik hatte durch das Einläuten des ‚Jahrhunderts des Kindes‘ dieses „Wie" nicht ersatzlos gestrichen, sondern an dessen Stelle die Diskussion um das „Was" hinzugefügt. Erziehungsziele wurden diskutiert, reformiert und alt-neu entworfen. Das „Wie" folgte auf dem Fuß. Es war und blieb die Kardinalfrage der Pädagogik. Bis in die 1970er-Jahre blieb die Frage nach dem „Wie" der Vermittlung, dem „Wie" man ein Ziel erreicht, Dreh- und Angelpunkt in der Diskussion der Pädagogen aller Couleur. Ob es die antiautoritäre Bewegung war oder die sozialistische Erziehung, sie alle kreisten mehr oder minder um diese Frage herum.
Mit der Frage nach dem „Wie" und dem „Was" in der Pädagogik blieb eines dieser Wissenschaft immanent, es haftete ihr umso subtiler an, je mehr sie versuchte, es abzuschütteln: Das Kind blieb weiterhin Objekt der Bemühungen der Erwachsenen, Objekt einer Wissenschaft und Erfüllungsgehilfe der erwachsenen Zielvorstellungen.
Korczak stellt an die Stelle des „Wie" die simple Frage nach dem „Wer". Wer ist das Kind, wer ist das Gegenüber in der pädagogischen Begegnung? Er behauptet, dass die Psychologie und die Pädagogik diese Frage keineswegs gelöst haben, sondern nur Fragmente zusammengetragen haben. [...] Das Kind wird Subjekt der Begegnung, nicht Objekt der Prägung. Pädagogik wird von der Wissenschaft der Erziehung zur Wissenschaft über das Subjekt Kind. Der wesentliche Kern, der diesem Wechsel in Korczaks Pädagogik aber erst seine Sprengkraft verleiht, ist das, was Korczak als das Geheimnis des Kindes bezeichnet. Korczak geht keineswegs davon aus, das Kind durch eine genaue Diagnostik erfassen, objektiv abbilden zu können. Das Kind bleibt für ihn unergründbares Geheimnis des Lebens, dem sich Wissenschaft zwar annähern kann, das sie aber nie erfassen wird.

(Michael Langhanky, Die Pädagogik von Janusz Korczak, Neuwied/Kriftel/Berlin 1994, S. 99)

1. Formulieren Sie aus der Sicht des Erziehers/der Erzieherin für die Begegnung zwischen Erzieher/Erzieherin und Kind je drei ‚Leitfragen‘ beginnend mit „Wie ...?" bzw. „Was ...?", drei ‚Leitfragen‘ mit „Warum ...?" (vgl. Sie auch den Themenkreis 2.1, Wabe 2) und drei mit „Wozu ...?".
Diskutieren Sie die jeweils unterschiedlichen Konsequenzen für den Interaktionsprozess Erziehung.

2. Charakterisieren Sie die Besonderheit der Leitfrage: „Wer ist das Kind?" für die Begegnung zwischen einem Erzieher/einer Erzieherin und einem Kind (schauen Sie sich auch noch einmal die Aufmacherseite dieser Wabe an).
Betrachten Sie in diesem Zusammenhang auch den Begriff ‚auseinandersetzen'.

Pädagogische Anwendung

Beispiele aus Korczaks pädagogischer Praxis: Tagebuch und Parlament

Das Waisenhaus Dom Sierot war nach dem Prinzip der Selbstverwaltung aufgebaut; nur so ist es auch zu erklären, dass ca. 100 Kinder von nur zwei Personen, nämlich J. Korczak und Stefa Wilczynska, betreut und von dem Küchenpersonal versorgt werden konnten. Später kamen noch weitere Helfer dazu, die sogenannten Bursisten, die in der Bursa, ein dem Dom Sierot angeschlossenen Ausbildungsseminar für Erzieherinnen und Erzieher, lebten.

Das Tagebuch

Im Waisenhaus wurde das Tagebuch zu einem halböffentlichen Reflexionsinstrument erklärt. Die Kinder und später, nach dem Entstehen der Bursa, die Bursisten führten Tagebücher.
Jedes Kind führte ein Notizbuch mit seinen Überlegungen, das es in seiner Schublade verwahrte, wie „ein im Archiv verwahrtes Geheimdokument."
Dieses Tagebuch war aber keineswegs privates Geheimdokument, sondern Mitteilungs- und Reflexionsorgan zwischen dem jeweiligen Kind und seinem Beschützer, einem älteren Kind der Einrichtung. Jedes neu hinzugekommene Kind wurde nicht etwa von einem Erzieher in die Regeln und den Alltag des Waisenhauses aufgenommen, sondern von einem wesentlich kompetenteren Begleiter, einem Kind, bei seinen ersten Schritten beschützt. Diese „Beschützer", wie sie Ida Merzan nennt, hielten in den ersten Wochen mit ihrem Schützling ständigen Kontakt über das Tagebuch. Sie schrieben zu den Überlegungen der Neuen ihre Anmerkungen in das Tagebuch, gaben Erklärungen, spiegelten und verglichen mit ihren Ideen und Erfahrungen. In „Wie man ein Kind lieben soll" zitiert Korczak ausführlich aus einem solchen Tagebuchdialog zweier Kinder. Ein kleiner Ausschnitt daraus: Das neue Kind schreibt über seine Pläne:

„Das soll nun so sein: Wenn ich von meiner Reise zurückkomme, dann heirate ich. Bitte rate mir, ob ich Dora, Helia oder Mania heiraten soll. Ich weiß nämlich nicht, wen ich zur Frau nehmen soll."
Anmerkung der Beschützerin: „Dora hält dich für eine Rotznase, Helia ist sich nicht sicher und Dora hat gelacht."
Über das Tagebuch wurden die älteren Kinder zu Beratern und Erziehern, die viel dichter an der Situation des neuen Kindes waren, als es die Bursisten, Korczak oder Stefa Wilczynska hätten sein können. Sie verfügten über detaillierte Kenntnisse des Heimwehs, des Staunens und der Verunsicherung, die ein Kind nach seiner Ankunft im Waisenhaus überfielen.
In fast derselben Art führten die Mitglieder der Bursa ihre Tagebücher. Die Bursa, als eine Art Wohn-, Praxis- und Reflexionsstelle zukünftiger Erzieher geplant, war im Waisenhaus untergebracht und zur überwiegenden Zahl wohnten dort ehemalige Zöglinge des Waisenhauses. [...] Korczak hielt die Bursisten zu Notizen über ihre Praxis im Waisenhaus an und versuchte darin auszubilden. Hier sollten sie „sich im Inneren klären, das Zufällige aus den Gedanken ausspucken, in der stillsten Stille noch einmal das Gesehene und Gelesene erleben", wie er es für sich selbst formuliert.

Stefa Wilczynska, die die „eigentliche Leiterin der Bursa war, [...] las die Tagebücher [der Bursisten], analysierte sie und schrieb Bemerkungen an den Rand."

In ihren Erinnerungen an den ersten Dienst im Waisenhaus schreibt die Bursistin Lucja Gold: „Wir schrieben täglich am Abend einen Bericht aus unserem Arbeitstag in unser Heft. Am nächsten Tag fand ich in meinem Heft fast eine ganze Seite, die Frau Stefa geschrieben hatte." [...]

Josef Arnon (Halpern) schrieb 1930 mit 19 Jahren in sein Bursistenheft:

„Spiele. - Lolek, durch den Wettlauf und die Spiele aufgebraust, tritt mir versehentlich auf den Fuß. Ich bin nach einer schlechten Nacht müde und nervös und spaziere im Saal mit dem schmerzenden Bein, will mir aber nichts anmerken lassen. ‚Du Tölpel', sage ich damit, ‚warum bist du so unvorsichtig; schau, du bist mir auf den Fuß getreten.'

Lolek blieb verlegen stehen. Ist es seine Schuld, dass er mir versehentlich auf den Fuß getreten ist? Hat er sich das verdient, was ich ihm mitteilte? Wollte er mich auf diese Weise provozieren, wie es die Kinder oft zu tun lieben? Wäre es unter anderen Umständen, wenn ich ausgeruht gewesen wäre, auch dazu gekommen? Ich schaue ihn an. Er steht abseits mit gesenktem Kopf und wortlos. Ich besinne mich. Ich ziehe ihn an mich und entschuldige mich mit einem Kuss bei ihm. Erst jetzt wird er rot, bis an die Ohrenspitzen. Er stellt sich an die Seite und sieht mich an. Erst jetzt schämt er sich. Warum? Ich reflektiere darüber: Nachdem ich ihn angemuffelt hatte, entstand bei ihm nicht das Gefühl der Reue, sondern des Zorns und zugleich eine blöde Situation: Was soll man jetzt machen? Aber in dem Augenblick, als ich ihn küsste und sagte ‚Sei künftig vorsichtiger', verschwanden alle in ihm aufgebrochenen Gefühle. Als Reaktion kam Scham, Röte, Verlegenheit; er möchte um Verzeihung bitten, aber dessen schämt er sich schon. Es ist also meine Schuld: Du sollst dich nicht ärgern."

Das Tagebuch wurde im Alltag des Waisenhauses in der Krochmalna-Straße wichtiges Reflexionsinstrument. In ihm wurden die Chronik der Ereignisse aus persönlicher Sicht, die eigenen Schwierigkeiten und die Überlegungen über Veränderungen festgehalten. Pläne zur Umgestaltung der Arbeit oder des Alltages, Entwürfe über Neuerungen und die Unzufriedenheit mit den Ergebnissen der derzeitigen Situation wurden hier aufgeschrieben und nicht unter der „Matratze versteckt", sondern öffentlich als Möglichkeit zur Kommunikation mit einem Gegenüber genutzt. Es gab, neben den Tagebüchern der Bursisten und der Kinder, noch das Tagebuch des Alltages im Waisenhaus. Es war eine Art Dienstbuch, wie es in vielen Einrichtungen geführt wird. Im Waisenhaus war dieses Dienstbuch aber nicht Mitteilungsorgan der Mitarbeiter untereinander, sondern eine Art öffentlicher Rechenschaftsbericht, der öffentlich zugänglich auf einem Regal stand. [...]

Korczak meinte, dass das Tagebuch durch die schlichte Notwendigkeit zur Notiz das Verhalten des einzelnen Erziehers verändern kann. Wenn ein Erzieher ein Kind schlägt und dies danach in einem öffentlichen Tagebuch notieren und begründen muss, wird er wahrscheinlich von dieser Sanktion sehr schnell Abstand nehmen. Das Tagebuch übt dabei eine Form der Selbstkontrolle aus, die es erst durch die öffentliche Auslegung oder den Dialog in den Aufzeichnungen bekommt.

(Michael Langhanky, Die Pädagogik von Janusz Korczak, Neuwied 1993, S. 112, 113, 116, 117)

1. Ein neu aufgenommenes Kind im Waisenhaus ‚Dom Sierot' wurde von einem älteren Kind (‚Beschützer') zu Anfang betreut und mit dem Leben im Waisenhaus bekannt gemacht.
Können Sie sich eine solche Einrichtung, dass ältere Schülerinnen und Schüler Neuankömmlinge an Ihrer Schule im Verhältnis 1:1 für eine gewisse Zeit betreuen, vorstellen? Wäre dies eine naheliegende Aufgabe für die Schülerinnen und Schüler eines Pädagogikkurses?

2. Suchen Sie eine alltägliche, möglichst aktuelle, zeitlich kurze Situation aus, in der Sie mit einer Person (Geschwister, Eltern, Verwandte, ...) eine Konfliktsituation erlebt ha-

ben (auch versteckte Konflikte oder Meinungsverschiedenheiten sind zulässig). Schreiben Sie aus Ihrer Sicht diese Situation möglichst detailliert auf und reflektieren Sie sie anschließend. Ein Mitschüler/eine Mitschülerin schreibt nun einen Kommentar zu Ihren Äußerungen, auf den Sie wiederum antworten. Reflektieren Sie anschließend gemeinsam, welche neuen Gesichtspunkte sich durch dieses Verfahren ergeben haben und ob Sie für künftige Verhaltensweisen Hinweise bekommen haben.
Eine Facharbeit zu diesem Thema könnte z.B. lauten: Das Prinzip der Selbstreflexion – Theorie und Praxis des Tagebuchs als Selbstreflexionsinstrument.

3. Nehmen Sie Stellung: Alle Erzieher und Erzieherinnen, insbesondere Lehrerinnen und Lehrer, sollten ein ‚Tagebuch' schreiben.

4. Beobachten Sie sich im Kontakt mit Kindern in verschiedenen Situationen und fertigen Sie eine Notiz ähnlich der von Josef Arnon an.
Beschreiben Sie dazu möglichst alle Details, die Ihnen auffallen.

5. In ‚Dom Sierot' hing ein Briefkasten, wir würden ihn heute als ‚Kummer-' bzw. ‚Meckerkasten' bezeichnen. Janusz Korczak schrieb dazu:
„Es ist oft leichter, etwas niederzuschreiben als etwas auszusprechen. Es gibt wohl keinen Erzieher, der nicht schon Briefe mit Fragen, Bitten, Klagen, Entschuldigungen und Geständnissen erhalten hätte. Das war immer so, und der Briefkasten macht diese Gewohnheit zur ständigen Einrichtung." (J. Korczak, Wie man ein Kind lieben soll, a. a. O., S. 288)
Sollte an Ihrer Schule auch ein Briefkasten aufgehängt werden?
Könnten Sie sich vorstellen, diesen als Pädagogikkurs zu betreuen?
Oder/und können Sie sich vorstellen, dass an Ihrer Schule eine Wandzeitung mit einer ähnlichen Funktion wie das ‚Tagebuch des Alltags' hängt?

Das Parlament

Das Parlament (der „Sejm") des Waisenhauses
Die Tagesdienste haben im Waisenhaus bereits eine siebenjährige Geschichte und in vielen Internaten ihre Feuerprobe bestanden. Küche, Wäscherei, Inventar, Heimpflege und Aufsicht über die jüngeren Kinder sind den Zöglingen anvertraut, wobei aus zehnjährigen Diensthabenden ein Hauspersonal im Alter von vierzehn bis fünfzehn Jahren geworden ist. Die Heimzeitung erscheint regelmäßig, das Gericht ist seit zwei Jahren ununterbrochen tätig. Wir sind herangereift, um es mit der Selbstverwaltung zu versuchen. Auf diese Weise entstand der Sejm, von dem noch nichts Bestimmtes gesagt werden kann. Der Sejm zählt zwanzig Abgeordnete. Fünf Kinder bilden einen Wahlkreis, wer vier Stimmen auf sich vereinigt, wird Abgeordneter. An der Abstimmung nehmen alle Kinder teil, Abgeordneter kann aber nur jemand werden, gegen den kein einziges Gerichtsverfahren wegen Unredlichkeit stattgefunden hat; Unehrlichen (Diebstahl, Betrug) steht das Recht auf Rehabilitation zu. Der Sejm bestätigt die vom Rat des Gerichts erlassenen Gesetze oder er lehnt sie ab. Der Sejm fasst Beschlüsse über besondere Kalendertage und billigt das Recht auf Erinnerungspostkarten zu. Wenn das Gericht bevollmächtigt ist, über die zwangsweise Entfernung eines Zöglings zu beschließen, so sollte der Sejm bestrebt sein, die Aufnahme neuer und das Ausscheiden älterer Kinder, ja auch des Personals von seiner Entscheidung abhängig zu machen. Dabei ist Vorsicht geboten. Die Befugnisse des Parlaments dürfen nur allmählich erweitert werden. Es mag ruhig zahlreiche Einschränkungen und Ermahnungen geben, aber sie sollten eindeutig und offen genannt werden. Andernfalls sollten wir keine Wahlen veranstalten, keine Spielerei mit einer Selbstverwaltung inszenieren und weder uns noch die Kinder irreführen. Denn ein solches Spiel wäre abgeschmackt und schädlich zugleich.

(J. Korczak, Wie man ein Kind lieben soll, a. a. O., S. 353, 354)

1. Können Sie sich die Einrichtung eines solchen Parlamentes an Ihrer Schule vorstellen?
Welche Bedeutung sollte die Schülerverwaltung dabei haben?

2. Das Parlament hatte die Befugnis (§ 6), besondere Kalendertage einzurichten; so galt z. B. für den 22. Juni die Losung: ‚Es lohnt sich nicht hinzulegen. Wer will, kann die ganze Nacht wach bleiben. Bei schönem Wetter Nachtmarsch durch die Stadt.' (Aus: J. Korczak, Wie man ein Kind lieben soll, a. a. O., S. 355)
Diskutieren Sie die Einführung solcher Kalendertage!

Hinweis

Das Portrait eines der größten Humanisten des letzten Jahrhunderts

Ein Film von Andrej Wajda

KORCZAK

Nach dem Drehbuch von Agnieszka Holland
Ehrenoscar 2000 für diesen Film!

Schluss-Punkt

Schreiben Sie einen Antrag an die Schulkonferenz Ihrer Schule zu einer Namensänderung in

„Janusz-Korczak-Schule der Stadt ..."

oder

„Stefania-Wilczynska-Schule der Stadt ...".

1. Welche Argumente dafür können Sie im Sinne der Pädagogik der Achtung anführen?
2. Würden Sie einen solchen Antrag unterschreiben?
3. Hätte ein solcher Antrag Ihrer Meinung nach Aussicht auf Erfolg?

Projektvorschlag zum selbstständigen Weiterarbeiten

Im Kindergarten der evangelischen Auferstehungsgemeinde Frankfurt-Praunheim wird versucht, organisatorische Konsequenzen aus dem Ansatz J. Korczaks zu ziehen. In einem von der Elternvertreterin und einer Erzieherin geschriebenen Artikel wird dies wie folgt formuliert:

Wer sich die Rechte des Kindes nach Korczak zur Grundlage seines pädagogischen Handelns macht, lässt sich mit Kindern auf eine dialogische Beziehungsebene ein. Für die Arbeit im Kindergarten heißt das:
- Die Selbstachtung des Kindes, die sich noch stark in der Entwicklung befindet, wird respektiert und gepflegt.
- Das Kind wird als gleichberechtigter Partner gegenüber dem Erwachsenen anerkannt.
- Die Autonomie des Kindes, also seine Fähigkeit zu selbstständigem Entscheiden, Handeln und Wahrnehmen seiner Befindlichkeit, wird zugetraut und gefördert.

[...]

Damit die Kinder von ihren Rechten Gebrauch machen können, ist es erforderlich, die Gruppen zu öffnen und die Räume so auszustatten, dass sie für die Kinder Aufforderungscharakter haben. Unsere Räume sind wie folgt gestaltet:
- Turn- und Vielzweckraum mit dem Schwerpunkt Bewegungsbaustelle: Mit Materialien einer tatsächlichen Baustelle wie Leitern, Holzblöcken, Rohren, Brettern, Rollwagen, Kisten und vielem mehr können Kinder kreativ spielen und sich bewegen.
- Gelber Raum mit dem Schwerpunkt Bauen: Lego, Holzbausteine, Eisenbahn und viele andere Baumaterialien stehen den Kindern in einem großen Raum zur Verfügung
- Grüner Raum mit dem Schwerpunkt Malen und Werken: Werktisch, Staffeleien, Matschtisch, Holz, Papier und Farben bieten die Möglichkeit zu freiem Gestalten.
- Roter Raum mit dem Schwerpunkt Rollenspiel: Spielhaus, Puppenecke, bewegliches Podest zum Theaterspielen, großes Holzschiff zum Besteigen, großes Spielauto und etliches Spielzeug regen die Kinder zum spontanen und fantasievollen Spiel an.
- Spielstraße mit fünf Schwerpunkten: An- und Ausziehen mit Kleiderablage und Einzelfächern, Tischgruppe mit wechselnden Angeboten, Leseecke, Kinderküche mit Esstischen, Maltische für Bunt- und Wachsfarben.
- Garten mit Möglichkeiten zum Toben, Spielen, Bauen, Turnen und sich Verstecken: Sandkästen, Rutsche, Schaukeln, Wasserturm, Hütten und Berge, Wiese mit Kräuterschnecke, Urwald für geheimnisvolles Spielen.

Die Achtung vor dem Kind im Alltag umsetzen heißt, mit dem Kind zu leben. Dies aber bedeutet, die Gegenwart als die wichtigste Stunde leben und dafür Verantwortung übernehmen. Das Kind heute als gleichberechtigten Partner annehmen und mit ihm im Dialog stehen, so, wie Korczak es uns mit seiner Pädagogik ans Herz legt: „Wenn ich mit einem Kind spiele oder spreche – dann haben sich zwei gleichwertig reife Augenblicke in meinem und in seinem Leben verbunden." (J. Korczak, Das Recht des Kindes auf Achtung, a. a. O., S. 28)

(Birgit Schmäh/Andrea Dohmen, Über die Rechte der Kinder im Kindergarten, Korczaks Pädagogik als Basis für die Konzeption einer Einrichtung, in: TPS 4/92, S. 240ff.)

1. Gibt es Kindergärten oder Schulen in Ihrer Nähe, die ein ähnliches Programm haben?

2. In Deutschland gibt es über 60 Institutionen, die den Namen „Korczak" tragen, außerdem sind auch Straßen und Plätze nach ihm benannt. Sind Ihnen solche Einrichtungen in Ihrer Nähe bekannt? Wenn ja, erkundigen Sie sich, warum die Namensgebung erfolgte. Schlägt sich die Namensgebung auch im pädagogischen Profil dieser Einrichtungen nieder?

3 Reflexionen: Persönlichkeitsbildung als gesellschaftliche Aufgabe

1. Ist Bildung der Schlüssel zur Persönlichkeit?
2. Wer hält den Schlüssel in der Hand?

Menschen-Bildung

Macht Bildung moralisch?

„Wer zusammen Beethoven gespielt hat, kann sich nicht anschließend an die Gurgel gehen."
Mit diesen Worten hat der Pianist und Dirigent Daniel Barenboim in einem Fernsehinterview für ein Orchester geworben, in dem Araber und Israelis gemeinsam musizieren. Doch so schön und erhebend zum Beispiel die Pastorale von Beethoven klingt – erreicht der Gedanke sein Ziel? Macht Musizieren moralisch? Trifft nicht eher das Gegenteil zu? Rührt Musik nicht Emotionen auf? Blasen Fanfaren nicht zur Schlacht?
Trotz aller Einwände – Barenboims Idee scheint etwas anzusprechen, das man sofort versteht und akzeptieren möchte. Kultivierte Menschen, die sich in Gemeinschaft einem höheren Gut wie der klassischen Musik widmen, die sich in gebildeten Kreisen bewegen, ins Theater gehen oder in einem Museum Kunstwerke betrachten, scheinen stärker gefeit gegen Aggressionen und friedensfähiger zu sein.
Die Frage bleibt nur: Lässt sich diese These tatsächlich verallgemeinern? Hilft Bildung der Moral auf die Sprünge? Werden wir moralischer, wenn wir uns mit Kultur umgeben?
Wer dies beantworten will, muss zumindest annäherungsweise festlegen, was er unter Bildung versteht. Dieser urdeutsche Begriff bezeichnet kein Spezialwissen, wie es für die Ausübung eines Berufs nötig ist. Gebildet ist – so ein Konversationslexikon aus dem Jahre 1903 –, wer sich anständig anzuziehen und zu benehmen weiß und über alle Dinge mitreden kann, über die in Gesellschaft gesprochen wird. Das klingt auf den ersten Blick albern und banal, bezieht jedoch zwei entscheidende Dinge mit ein, die neben den Bildungsinhalten zu Unrecht meist zurücktreten: die Ästhetik und vor allem den Dialog.
Bildung hat demnach vor allem mit der Fähigkeit zu tun, sich auf die Umwelt und sein Gegenüber angemessen einzulassen, andere Menschen als Individuum wahrzunehmen. Doch so vergleichsweise leicht es ist, sich auf eine solch simple Definition eines gebildeten Menschen zu einigen, so schwer fällt es, mit ebenso wenigen Worten festzuhalten, was moralisch sein soll.

Moralische Maßstäbe festzulegen ist alleine deshalb so schwierig, weil sie sich je nach gesellschaftlichen Umständen verschieben. Es mag aus heutiger Sicht merkwürdig klingen, aber zur Zeit des Ersten Weltkriegs bescheinigten sowohl die Intellektuellen als auch die veröffentlichte Volksmeinung in Deutschland gerade jenen Wissenschaftlern hohe moralische Sensibilität und Verantwortung, die etwas heutzutage Verfemtes wie Chemiewaffen entwickelten – etwa Fritz Haber. Der Physikochemiker war zweifellos ein hochgebildeter Mann, der die alten Sprachen so gut beherrschte wie die neuen Wissenschaften und griechische Verse nicht nur las, sondern auch schrieb. Klassische Autoren wie Caesar oder Homer mit ihren Schlachtenschilderungen haben ihn vermutlich sogar angespornt, sich nach dem Beginn des Krieges mit Riesenfleiß auf die Entwicklung chemischer Kampfstoffe zu stürzen. Unter seiner persönlichen Leitung wurden tödliche Gase wie Chlor, Phosgen und Senfgas an der Front eingesetzt. All dies hinderte die Schwedische Akademie der Wissenschaften nicht daran, Haber unter dem Beifall der gesamten Wissenschaft 1918 mit dem Nobelpreis für Chemie zu adeln – für die Ammoniaksynthese, die zur Grundlage wurde für die Herstellung von Kunstdünger, aber eben auch von Sprengstoff.
Dass ein gebildeter Chemiker vorgeblich moralisch handelte, indem er half, Menschen umzubringen, sollte allerdings nicht gegen die Wissenschaft als Ganzes gewendet werden. Vielmehr haben deren frühe Vertreter mit dafür gesorgt, dass die abendländische Moralität in moderner Form überhaupt erst entstehen konnte. Die aufkommenden Naturwissenschaften im 17. Jahrhundert in Europa waren dem Ziel verpflichtet, die Lebensbedingungen der Menschen zu verbessern, so wie Brecht es seinen Galilei sagen ließ: „Ich halte dafür, dass das einzige Ziel der Wissenschaft darin besteht, die Mühseligkeit der menschlichen Existenz zu erleichtern." Was könnte moralischer sein?
Die Pioniere der Wissenschaft haben dieses Attribut jedenfalls eher verdient als die Vertreter der

Kirche, die ihre Gemeinde vielfach nur auf das Jenseits vertrösteten. Moralische Menschen brachte eine christliche Unterweisung nicht unbedingt hervor. Aber gibt es überhaupt irgendeine Form von Unterricht, die dies vermag? Bekommt man Moral zum Beispiel dort vermittelt, wo Bildung pflichtgemäß auf dem Stundenplan steht, also in der Schule? In seinem Buch „Der Vater eines Mörders" erzählt der Schriftsteller Alfred Andersch eine Begebenheit aus der Zeit des Dritten Reiches. Im Zentrum steht ein Schuldirektor, der mit der griechischen Sprache und ihren Klassikern vertraut ist – also im konventionellen Sinne als gebildet gilt. Doch trotz seiner Verehrung für Sokrates malträtiert er die Schüler gnadenlos und verhindert auch nicht, dass sein Sohn einer der schlimmsten Massenmörder der Geschichte wird.

Gemeint ist Gebhard Himmler, Vater von Heinrich Himmler und Leiter eines humanistischen Gymnasiums. Andersch zieht den Schluss, dass die dort vermittelte Bildung vor keinem moralischen Versagen schützt. Und welchen anderen Schluss hätte er auch ziehen sollen? Schließlich hat das Bildungsbürgertum Hitler und seine Mannen mit großer Mehrheit gewählt. Zu den Nazis gehörten zahlreiche Promovierte – so etwa die Herren Dr. Goebbels und Dr. Mengele –, die zweifelsohne ihren Caesar zitieren konnten. Im Berliner Reichssicherheitshauptamt, der Zentrale für die Verfolgung und Vernichtung der Juden, hatten von den 220 Männern des Führungskorps zwei Drittel studiert und ein Drittel hatte einen Doktorgrad.

Schützt Bildung also im Grunde genommen nicht vor Unmoral? Bringt humanistisches Gedankengut keine Humanität hervor? Oder gibt es vielleicht doch Umstände, unter denen Bildung dieses Ziel erreicht und ihre Schüler Mores lehren kann?

Wer fragt, ob Moral lehrbar ist, muss über das Hindernis klettern, das Sokrates errichtet hat, als er in dem Dialog mit Menon dem Problem auswich und stattdessen von der Tugend sprach, die er als Eigenschaft des Verstandes für lehrbar hielt. Moral hingegen hatte für Sokrates offenbar wenig mit Argumenten zu tun. Als Grieche der klassischen Zeit ging er ganz selbstverständlich von einer bestimmten gedanklichen Basis aus: der Annahme, dass das Böse mit dem Fehlen von Verstand zu tun hat, während das Rationale nur zum Guten führen kann, begreifbar und demnach auch lehrbar ist. Zwar hat dieses Vertrauen in den Verstand viele Jahrhunderte überdauert, aber spätestens seit den Zeiten von Fritz Haber taugt dieser Gedanke nur noch wenig – und das bedeutet, dass auch die Weisheit des Sokrates nicht weiterhilft, wenn nach der Lehrbarkeit von Moral gefragt wird.

Die heutige psychologische Forschung lässt sich dadurch nicht entmutigen. Sie unterscheidet die affektiven Aspekte der Moral wie Ideale, Werte und Motive von den kognitiven Dimensionen, zu denen jene Fähigkeiten gehören, die zur Lösung moralischer Konflikte nötig sind. Psychologen haben festgestellt, dass sich Menschen nur im Hinblick auf den zweiten Aspekt unterscheiden und auch nur hier dazulernen können.

Tatsächlich haben – so zeigen zumindest Untersuchungen in Deutschland – jugendliche Straftäter dieselben moralischen Wertvorstellungen wie nicht straffällig gewordene Altersgenossen. Daraus lässt sich nicht nur eine Bildungsmöglichkeit der Moral, sondern vor allem die Hoffnung ableiten, dass Erziehung dafür sorgen kann, dass „Auschwitz nicht noch einmal sei", wie der Philosoph und Soziologe Theodor Adorno geschrieben hat.

Allerdings – alle Erziehung kommt an Grenzen, wenn ihre Regeln keine Verankerung in den Gehirnen der Personen finden, denen sie gepredigt werden. Es gibt zweifellos keine Gene für Moral, aber offenbar doch so etwas wie eine physische Basis, eine Art moralische Kontrollinstanz. So haben Hirnforscher eine Region ganz vorn im Kopf – den präfrontalen Kortex – ausgemacht, deren Verletzung durch Unfälle oder Tumoren zu moralischer Blindheit führt. Bei solchen Patienten schwinden Gefühle wie Schuld, Empathie und Verantwortung, sie verhalten sich oft dreist und hemmungslos. Ist das Denkorgan an dieser Stelle geschädigt, können auch andere Eigenschaften verlorengehen, die gebildete Menschen ausmachen: etwa die Fähigkeit, soziale Beziehungen aufzubauen und sich in andere einzufühlen.

Wenn Psychologen nach den Quellen fragen, aus denen humanes Verhalten gespeist wird, interessieren sie sich jedoch nicht für Hirngewebe, sondern für Verhalten, und zwar am liebsten unter extremen Situationen, zum Beispiel im Krieg. Dabei ist ihnen aufgefallen, wie Menschlichkeit schon mit einigen wenigen „Kunstgriffen" systematisch zum Versiegen gebracht werden kann. Es gehört zu den Regeln solcher Auseinandersetzungen, die beteiligten Soldaten uniformiert und mit kurz geschorenen Haaren in die Schlacht zu schicken, sie also zu entpersönlichen.

Denn nur wer in der Lage ist, das Besondere eines ihm entgegentretenden Menschen wahrzunehmen, nur wer die Einzigartigkeit seines Gegenübers erfassen kann, fühlt diesem Mitmenschen gegenüber eine moralische Verpflichtung. Zahllose Berichte aus Kriegen belegen, dass es Soldaten leichter fällt, sittliche Gebote zu missachten, wenn sie es mit einem Gegner zu tun haben, den sie nur in Uniform kennen. Zeigt ein Gegenüber sein individuelles Gesicht, regt sich oft auch das moralische Empfinden, auf gesichtslose Massen finden moralische Grundsätze hingegen keine Anwendung. Das wird auch deutlich am Beispiel der Sextouristen, die zwar einzelnen Frauen gegenübertreten, sie aber als austauschbare Objekte wahrnehmen. Erst wenn der Mann trotz seiner Abstumpfung doch den Menschen hinter der Rolle erkennt, unternimmt er womöglich einen Versuch, die Frau ihrem Schicksal zu entreißen oder ihr einen Heiratsantrag zu machen.

Hinzu kommt, dass uns die Evolution offenbar ermöglicht hat, nur die Gesichter der eigenen Gruppe gut auseinanderhalten zu können, während uns die Angehörigen anderer Rassen meist sehr ähnlich erscheinen. Vom ersten Botschafter Japans in London wird erzählt, dass er nach einigen Wochen darum bat, in seine Heimat zurückkehren zu dürfen: Alle Weißen sähen gleich aus, und in einer derart entpersönlichten Atmosphäre könne er nicht leben.

Wenn wir dieser Quelle der Moral, der sinnlichen Wahrnehmung von einzigartigen Menschen, einen griechischen Namen geben wollen, so bietet sich das Wort Ästhetik an. „Aisthesis" meint die Wahrnehmung der Welt mit den Sinnen, wobei Aristoteles schon früh aufgefallen war, dass Menschen Freude an diesem Zugang zur Natur und zu anderen Menschen haben und er sie dazu bringt, nach Wissen zu streben, gebildet zu werden. Nicht das sinnlose – eingepaukte – Wissen, sondern die sinnliche – als sinnvoll empfundene – ästhetische Bildung, so die These, kann Menschen moralisch handeln lassen. Daraus hat der mit dem Nobelpreis für Literatur ausgezeichnete russisch-amerikanische Dichter Joseph Brodsky einen wunderbaren Schluss gezogen und ihn einprägsam formuliert: „Die Ästhetik ist die Mutter der Ethik."
Von der Ästhetik wiederum ist es nicht weit zur Schönheit und so ließe sich sagen: Bildung macht moralisch, wenn zu ihr die Erfahrung der Schönheit gehört.

Wenn dies so ist, dann lässt sich auch erklären, was der humanistischen Bildung fehlt, um uns beim Pauken von lateinischen Vokabeln moralisch werden zu lassen: der Einsatz der Sinne und die Anschauung der Welt. Als Kronzeuge dafür kann der Forschungsreisende Alexander von Humboldt dienen, der Zeit seines Lebens vor der Weltanschauung von Leuten gewarnt hat, welche die Welt nie mit eigenen Augen angeschaut haben. Dies war auch gegen seinen Bruder gerichtet, den Bildungsreformer Wilhelm von Humboldt, und den Philosophen Hegel, die – ohne von ihren Büchern aufzusehen – edlere von weniger edlen Volksstämmen unterschieden und daher kaum Einwände gegen die Sklaverei erhoben.

Für Alexander von Humboldt war dies unerträglich. Auf seinen vielen Reisen vor allem durch Nord- und Südamerika war er zu der Überzeugung gekommen, dass es „keine höheren und niederen Menschenrassen" gibt und alle „Volksstämme gleichmäßig zur Freiheit bestimmt" seien. Ihnen dazu zu verhelfen, war sein Ziel – und das darf ohne jeden Zweifel „moralisch" genannt werden. Was können Menschen mehr wünschen, als das Gefühl der Freiheit zu empfinden und „ihren ästhetischen Hauch" zu spüren, wie Humboldt es nannte.

(Ernst Peter Fischer, Macht Bildung bessere Menschen? In: GEO WISSEN Nr. 31, Lernen – Wissen – Bildung, 2003, S. 132ff.)

Nehmen Sie Stellung: Unter welchen Bedingungen macht Bildung bessere Menschen? Welchen Beitrag kann Erziehung dazu leisten?

Die Bildung des Menschen: der Bildungsplan 2004

[...] Ein „Bildungsplan 2004" unterscheidet sich von den bisherigen Lehrplänen zunächst durch den Singular – er fasst zusammen, Lehrpläne legen auseinander. Er unterscheidet sich von diesen sodann durch einen in dem deutschen Wort „Bildung" mitgeführten Anspruch: Sie soll junge Menschen in der Entfaltung und Stärkung ihrer gesamten Person fördern – so, dass sie am Ende das Subjekt dieses Vorgangs sind.

Lehrpläne geben an, was „gelehrt" werden soll. Ein Bildungsplan gibt an, was junge Menschen im weitesten Sinne des Wortes „lernen" sollen: auf welche Anforderungen und Ziele hin sie sich am besten an welchen Erfahrungen formen und welche Mittel zur Gestaltung ihres Lebens, welche Übung in welchen Fähigkeiten dabei dienlich sind – Mittel und Fähigkeiten, die ihnen ermöglichen, als Person und Bürger in ihrer Zeit zu bestehen. Dieser Vorgang vollzieht sich weitgehend in Schulen und durch die in ihnen tätigen Lehrerinnen und Lehrer. Insofern enthält ein Bildungsplan auch, „was gelehrt wird", stellt dies aber in den Dienst eines umfassenden Erziehungs- und Bildungsauftrags, den sich die Gesellschaft erteilt.

Die Absichten, die die Landesregierung (Baden-Württemberg) mit dem Bildungsplan 2004 verfolgt, gehen weit über eine „Antwort auf die Ergebnisse von Timss und Pisa" und anderer internationaler Vergleichsuntersuchungen hinaus. In einer sich schnell verändernden Welt sind gerade die Einrichtungen zu aufmerksamer Beobachtung und sorgfältiger Berücksichtigung der Entwicklungen verpflichtet, denen die Gesellschaft beides aufgetragen hat: die Wahrung der Kontinuität und Identität ihres Bewusstseins und die Ermöglichung von geordnetem und ersprießlichem Wandel. In den Schulen werden die Menschheitserfahrungen und die in ihnen erworbenen Maßstäbe für das „gute Leben" weitergegeben – an den Schulen werden zugleich die Instrumente für eine noch unbestimmte Zukunft bereitgestellt. Es geht in ihnen immer um eine Balance zwischen Verantwortung und Unvoreingenommenheit, von Bewahrung und Bewährung.

Hier sieht die Landesregierung Anlässe zu maßvollen, aber deutlichen Veränderungen der Gegenstände, Verfahren und Gewohnheiten der Schule. [...]

Der Auftrag der Schule

Die neuzeitliche Pflichtschule verdanken wir der Reformation und dem Merkantilismus – alle Menschen sollten die Bibel lesen können und alle sollten einem für das Gemeinwesen nützlichen Gewerbe nachgehen können. Die Adelskultur, in der sich praktische und politische, gelehrte und gesellige, zeremonielle und schöne Künste vereinten, lernte man bei Hofe, bei eigens dazu berufenen Hofmeistern und am Ende auf den ökonomischeren Ritterakademien. Das nachdrängende Bürgertum begnügte sich mit Schreibschulen und später mit Gelehrtenschulen, die den gesellschaftlichen Aufstieg ermöglichten und deren Ergebnis, die Schulbildung, bezeugte, dass man „dazugehörte". Der Nationalstaat sorgte dafür, dass auf allen Schulstufen und in allen Schularten die gewünschte patriotische Gesinnung gelehrt wurde. Erst im 20., im republikanischen Jahrhundert bildete sich ein Bewusstsein von „politischer" Bildung, die die öffentliche Schule dem Staatswesen und den jungen Bürgerinnen und Bürgern schuldet. In neuester Zeit wird aus diesen das Zukunftpotenzial, die *human resource,* von der die Standortsicherheit der jeweiligen Gesellschaft abhängt.

Aus diesem Gemenge von Absichten und Aufträgen muss die Bildungsplanung eine Auswahl treffen und diese in eine begründete Ordnung bringen, die allgemeine Zustimmung findet. Im vorliegenden Bildungsplan 2004 sieht das so aus:

Die von der Schule zu erbringende Leistung sei „Bildung".

● Bildung hat drei Bestimmungen. Sie ist *erstens* das, was „der sich bildende Mensch" aus sich zu machen sucht, ein Vorgang mehr als ein Besitz. Diesem Streben folgt er auch unabhängig von der Gesellschaft. Selbst Robinson gibt sich Rechenschaft über die vergehende Zeit; er pflegt seine Erinnerungen; er macht sich Gesetze/Regeln; er beobachtet und erklärt die Natur; er liest, dichtet, singt – und vervollkommnet sich darin; er bildet Vorstellungen aus – Hoffnungen auf Rettung und einen „Sinn" für den Fall, dass diese ausbleibt. Das ist die *persönliche Bildung*, die, wie man sieht, stark von der Kultur bestimmt wird, in der einer aufgewachsen ist, die aber auch ohne sie Geltung hat.

- Bildung ist *zweitens* das, was den Menschen befähigt, in seiner geschichtlichen Welt, im *état civil*, zu überleben: das Wissen und die Fertigkeiten, die Einstellungen und Verhaltensweisen, die ihm ermöglichen, sich in der von seinesgleichen ausgefüllten Welt zu orientieren und in der arbeitsteiligen Gesellschaft zu überleben. Das ist die *praktische Bildung*.
- Bildung ist *drittens* das, was der Gemeinschaft erlaubt, gesittet und friedlich, in Freiheit und mit einem Anspruch auf Glück zu bestehen: Sie richtet den Blick des Einzelnen auf das Gemeinwohl, auf die Existenz, Kenntnis und Einhaltung von Rechten und Pflichten, auf die Verteidigung der Freiheit und die Achtung für Ordnung und Anstand. Sie ist für die richtige Balance in der Gesellschaft zuständig. Sie hält zur Prüfung der Ziele, der Mittel und ihrer beider Verhältnisses an. Sie befähigt zur Entscheidung angesichts von Macht und begrenzten Ressourcen in begrenzter Zeit. Das ist die *politische Bildung*.

Alle drei Bildungsaufgaben haben wir der Schule übertragen. Keine darf der anderen geopfert werden. Angesichts der Entwicklungen in der Weltwirtschaft, auf dem Arbeitsmarkt, in der Technologie liegt es nahe, die unmittelbar verwertbaren Ergebnisse von Bildung, die *marketable skills*, besonders zu fördern.

Der Bildungsplan 2004 muss auf der Gleichgewichtigkeit aller drei Aufträge bestehen – der Ausbildung der Gesamtpersönlichkeit der Schülerinnen und Schüler, der Überlebensfähigkeit der Gesellschaft und der Übung der jungen Menschen in der Rolle des Bürgers unserer Republik, des entstehenden Europa, der zukünftigen Weltgemeinschaft. Der Schule freilich fällt es nicht leicht, sie in Einklang und Gleichgewicht zu halten. Es gibt – meist durch äußere Umstände und Entwicklungen begünstigt – mal ein Übergewicht der einen, mal der anderen Aufgabe. Dann müssen die Verantwortlichen korrigierend eingreifen und die Ausgeglichenheit wiederherstellen. [...]

Ziele, die die Schülerinnen und Schüler erreichen sollen [...]

(a) Einstellungen

Die erstrebten, von der Schule zu fördernden Einstellungen umfassen Haltungen, Bereitschaften, Hemmungen, Gewohnheiten, Überzeugungen, Gewissheiten und Zweifel; sie werden gestützt und erhellt durch Vorstellungen – vom Menschen, von der Gemeinschaft, von Lebensaufgaben und Lebenssinn, von Befriedigung und Glück, von Frieden und Gerechtigkeit, von Schuld und Vergebung, von Geschichtlichkeit und Natur, von Gesundheit, Schönheit, Endlichkeit, Schicksal, von Gott. [...]

1. Schülerinnen und Schüler gewinnen Lebenszuversicht, überwinden mitgebrachte Ängste, haben Freude am Lernen, an *trial and error*; sie entfalten ihre Neugier und lenken sie in befriedigende Bahnen, erwerben die Bereitschaft, immer weiter zu lernen.

2. Schülerinnen und Schüler gewinnen nicht weniger Freude am Bewahren und Schützen gefährdeter Güter der Natur, des Kleinen, Schwächeren, Verletzlichen, der vorgefundenen guten Ordnung, der ihnen selbst gewährten Freundlichkeit, Sicherheit und Rechte.

3. Schülerinnen und Schüler erfreuen sich der Verlässlichkeit anderer und bringen diese darum selber auf; sie übernehmen ihren Part in der arbeitsteiligen Welt; sie verbinden damit die Befriedigung, gebraucht zu werden; ihre Leistungsbereitschaft steigert sich mit der Wahrnehmung guter Leistung.

4. Schülerinnen und Schüler entwickeln erst ein Gefühl, dann eine Pflicht für die Gestaltung und Verbesserung der gemeinsamen Lebensverhältnisse, für deren Voraussetzungen und Ziele; sie wollen nun aktiv am Leben erst der kleineren, dann der großen Gemeinschaft teilnehmen; sie stellen sich der Verantwortung für ihr Handeln.

5. Schülerinnen und Schüler lernen, dass sie dazu Überzeugungen, Wertvorstellungen, Maßstäbe brauchen, dass ihnen zusteht, Kritik zu üben, und dass sie Konflikte wagen müssen; sie entwickeln Gelassenheit und Leidenschaft im öffentlichen Streit; sie erfahren, dass es lohnt, „durchzuhalten" – sie lernen, wann es gut ist, nachzugeben; sie erkennen die der Demokratie zugrunde liegenden schwierigen, aber heilsamen Prinzipien; sie erkennen die Not von Randgruppen, beziehen sie ein, geben ihnen Hilfe.

6. Schülerinnen und Schüler lernen, der Gewalt zu entsagen – der physischen wie der psychischen; sie nehmen die friedens- und sicherheitsgebende Funktion des Rechtes und des staatlichen Gewalt-

monopols wahr; sie erfahren die Notwendigkeit und außerordentliche Wirksamkeit der Zivilcourage – oder die Scham darüber, dass sie sie nicht aufgebracht haben.

7. Schülerinnen und Schüler gewinnen ein klares Verhältnis zum eigenen und zum anderen Geschlecht, zu den biologischen und seelischen Funktionen der Geschlechtlichkeit, zu Freundschaft und Familie, zu den Lebensphasen, zu den Alten und deren Eigenarten, zu den ganz Jungen, die sie selbst eben noch waren; sie lernen den Unterschied zwischen privatem und öffentlichem Leben und wie man das erstere abschirmt; sie erfahren ihre „Identität", indem sie sich entscheiden; sie erfahren auch, dass die Stärke ihrer Entscheidung in der Wahrhaftigkeit der Begründung liegt: Ohne sie ist Ich-Stärke eher eine Schwäche.

8. Schülerinnen und Schüler lernen genießen: Ruhe, Bewegung, Spiel, Schönheit, Natur, Kunst; sie lernen, wie man Genuss dosiert und verfeinert.

9. Schülerinnen und Schüler weiten ihren Blick über die Nachbarschaft, die Stadt, die Republik hinaus zu Nachbarländern, zu Europa, zur Welt – sie gewinnen mit der weltbürgerlichen Freiheit einen Sinn für die Besonderheit ihres eigenen Volkes, ihrer eigenen Sprache, ihres eigenen Landes.

10. Schülerinnen und Schüler lernen, sich „letzten Fragen" zu öffnen – sie entscheiden sich zwischen Aufklärung und Glaube oder für eine Verbindung von beidem.

Einstellungen gibt es nicht „absolut". Sie sind immer von Fähigkeiten abhängig und mit Sachverständnis verbunden, wenn sie wirksam sein sollen. Sie dürfen diesen aber nicht nachgestellt oder geopfert werden, nur weil sie sich nicht in gleicher Weise „operationalisieren" lassen. Sie stehen dann hier an erster Stelle.

b Fähigkeiten [...]

c Kenntnisse [...]

(Professor Dr. Hartmut von Hentig im Auftrag des Bildungsrates Baden-Württemberg, Einführung in den Bildungsplan 2004; http://www.bildung-staerkt-menschen.de/service/downloads/Sonstiges/Einfuehrung_Bp.pdf; http://www.bildung-staerktmenschen.de/service/downloads/Bildungsplaene/Gymnasium/Gymnasium_Bildungsplan_Gesamt.pdf)

1. „Die Menschen stärken und die Sachen klären – so, mit der Kopula statt eines Kommas, hätte man meine Formulierung des Auftrags der Schule vielleicht richtig verstanden." (Hartmut v. Hentig, Bildung – Ein Essay, München/Wien 1996, S. 57) Für von Hentig gilt es, zuerst die Menschenkinder zu sehen und dann die Sache statt nur die Sache. Hier spiegelt sich Hentigs Idee von der Selbstbestimmung des Menschen wider: „Ich habe immer mehr auf die Stärkung der Einzelnen gesetzt, die freilich lernen sollten, wie man sich zusammenschließt, ohne sein Selbst zu verlieren" (ebd., S. 67). Die Menschen sollen sich gegen die Verzweckung behaupten können durch die Stärkung ihrer Person, die sich aber eben auch durch die Klärung und Aneignung der Sachen, der Welt vollzieht. Für die Schule heißt das, dass jedes Kind die Erfahrung machen soll, dass es zählt, dass es gebraucht wird (vgl. v. Hentig, Die Schule neu denken, München/Wien 1983, S. 183ff.).
Diskutieren Sie: Welche Impulse zur Umsetzung der Idee der Selbstbestimmung des Menschen von Hartmut v. Hentig gibt der Bildungsplan 2004?

2. Im März 2004 wurde der Bildungsplan 2004 an einem sogenannten Bildungstag mit dem Titel: ‚Bildung stärkt Menschen' vorgestellt; er ist seitdem für die schulische Arbeit aller Schularten in Baden-Württemberg eine verpflichtende Orientierung (vgl. auch http://www.bildung-staerkt-menschen.de/). Nehmen Sie den gesamten Text der Einführung in den Bildungsplan zur Kenntnis (vgl. Sie die weiter oben angegebenen Internetadressen) und diskutieren Sie: Kann Bildung die Menschen stärken?

3. Der Bildungsplan stellt Leitfragen zu den einzelnen Leitaufträgen der Schulen auf (nach: www.bildung-staerkt-menschen.de):

Lernen und Arbeiten
Welche Möglichkeiten eröffnet die Schule für eigenverantwortliches Lernen und Arbeiten? Wie werden wir der Rolle der Sprache (insbesondere der deutschen) in allen Unterrichtsfächern und Fächerverbänden gerecht? Mit welchen schulinternen Konzepten stärken wir die muttersprachlichen und fremdsprachlichen Kompetenzen der Schülerinnen und Schüler? Wie tragen wir der Vielsprachigkeit im Hinblick auf die Bedeutung der Herkunftssprachen der Schülerinnen und Schüler Rechnung? Wie unterstützen wir bilinguales Lernen und Arbeiten? Wie können leistungsstarke und leistungsschwache Schülerinnen und Schüler erkannt, beraten und differenziert gefördert werden? Wie wird das kreative künstlerische Potenzial (zum Beispiel durch Chor, Orchester, Theater) gefördert? Wie gestalten wir ein schulspezifisches Curriculum zur Entwicklung der Kompetenzen?

In Gemeinschaft leben
Welche Vereinbarungen treffen wir, um die Beziehungen untereinander zu gestalten und Orientierung zu geben? Welche pädagogischen Möglichkeiten nutzen wir zur Lösung von Konflikten? Welche Hilfen bieten wir zur Bewältigung von Lebensproblemen unserer Schülerinnen und Schüler? Wie kann die schulische Gemeinschaft besonderen Lebensumständen von Schülerinnen und Schülern und unterschiedlichen Lebenswelten im schulischen Umfeld Rechnung tragen? Wie kann in der Schule erreicht werden, dass Mädchen und Jungen sich bei aller Verschiedenheit als gleichberechtigt und gleichwertig wahrnehmen, um zu einer geschlechtlichen Identität zu finden?

Demokratie lernen
Welche Formen der Mitsprache und Mitgestaltung gibt es auf der Ebene der Klasse und der Schule? Wie fördern wir die Übernahme von Verantwortung und die Sprachfähigkeit so, dass Schülerinnen und Schüler an der Ordnung der gemeinsamen Angelegenheiten mitwirken können und wollen? Welche Unterstützung erhält die Schülermitverantwortung? Welche Anschauung geben wir von der politischen Demokratie „draußen"?

Mit Eltern und außerschulischen Partnern kooperieren
Wie gestalten wir die Erfüllung des gemeinsamen Erziehungsauftrags mit den Eltern? Wie beteiligen wir Eltern und außerschulische Partner an der Entwicklung und Umsetzung unseres Schulkonzepts? Wie wird die außerschulische Jugendarbeit in den Unterricht/in die Schule integriert?

Zentrale Themen und Aufgaben der Schule
Wie setzt die Schule die folgenden zentralen Themen altersgerecht um? Hier nur in zehn ausgewählten Beispielen vertreten:
berufliche Orientierung und Arbeitswelt; Dialog der Generationen; Europa; Geschlechtserziehung; Gesundheitserziehung und Suchtprävention; Konfliktbewältigung und Gewaltprävention; Leseförderung; Medienerziehung; Umwelterziehung und Nachhaltigkeit; Verbrauchererziehung und Freizeitgestaltung.
Nutzen Sie die Leitfragen als Checkliste zu einer Bestandsaufnahme des Profils Ihrer Schule und diskutieren Sie das Ergebnis.

4. Diskutieren Sie: Ist die Persönlichkeits-Bildung eine gesellschaftliche Herausforderung?

Exkurs: Schule im Film

Das Kino greift alltägliche Schuldramen gerne auf und bereitet sie hollywoodgemäß auf. Im hier vorgestellten Film geht der Lehrer neue Wege, um Schule zu revolutionieren:

„Der Club der toten Dichter" (Dead Poets Society) – frei sein für sich selbst

Regie: Peter Weir – Produktion: USA (Touchstone Pictures) 1989 – Länge: 129 Min. – Verleih: Warner Bros. (35 mm, synchronisiert) – FSK: ab 12 Jahren.

„Hinüber wall ich und jede Pein wird einst ein Stachel der Wollust sein." (Novalis)

Peter Weirs Film hat erstaunlich viel mit Novalis zu tun. Im Gegensatz zu der mythischen Verklärung, die den deutschen Romantiker im vergangenen Jahrhundert umgab, hat die jüngere Novalis-Forschung in Georg Friedrich von Hardenberg mittlerweile einen Vorläufer der Moderne entdeckt. Das Lebensgefühl der Entfremdung und die verstellte Wahrnehmung, so Novalis, können nur aufgebrochen werden, wenn das Alltägliche und Gewöhnliche mit dem Geheimnisvollen und Rätselhaften konfrontiert wird. Diese Verfremdung macht die scheinbar enträtselte Welt wieder auffällig: der Blick wird freigegeben. So ähnlich könnte man auch das Kino Peter Weirs beschreiben.

Zu einem verstellten Blick gehören auch die „toten Wiederholungen" (Novalis) von Sprache und Wissenschaft, die das Verstehen so konditionieren, bis Spontanität und Fantasie vollständig gelähmt sind. In Peter Weirs Film ist es die Theorie des Versmaßes, mit der die Schüler eines amerikanischen Internats traktiert werden. Mit dieser obskuren Gebrauchsanweisung für Poesie lässt sich der inhaltliche und künstlerische Wert eines Gedichts ganzflächig auf einer x-y-Koordinate abbilden, um zum Beispiel die Überlegenheit der Shakespeare'schen Versform gegenüber einem Gedicht von Byron wissenschaftlich zu beweisen.

Gelehrt wird dieser Nonsens an einer Eliteschule Ende der Fünfzigerjahre und die Schüler, die für Führungsaufgaben der Gesellschaft programmiert werden, treten noch mit Bannern in die Aula des Lehrinstituts, auf denen „Tradition", „Honor", „Discipline" und „Excellence" stehen.

In „Der Club der toten Dichter" wird das Fremdartige durch John Keating repräsentiert, einen Englischlehrer, der an das Internat seiner Jugend zurückkehrt und durch unkonventionelle Lehrmethoden beharrlich die fortschreitende Konditionierung seiner Schüler aufbricht. Keating führt konsequent sein Motto „carpe diem" (Nutze den Tag) in den reglementierten Schulalltag ein. Sein Vorbild ist Walt Whitman, der demokratische Vorbereiter einer amerikanischen Nationalliteratur, der in seinen Gedichten einen radikalen Bruch mit dem traditionellen Versmaß vollzog. Whitmans Plädoyer für ein Leben im Hier und Jetzt, für Individualität und Freiheit wird von Keating konsequent in die Praxis umgesetzt. Vor den endlosen Jahrgangsfotos längst vergangener Generationen erklärt er den Schülern, dass sie ohne den Mut zum „carpe diem" banales Futter für die Würmer werden. Das Herausreißen der Gebrauchsanweisungen für Lyrik aus dem Englischbuch wird zur lustvollen Befreiung vom kruden fantasietötenden Kulturvollzug. Körper und Geist werden als Ganzes erlebt: Fußballspiel und Gedichtrezitation können in John Keatings Unterricht simultan vollzogen werden.

Keatings Methoden werden Schritt für Schritt zur Umsetzung eines lyrischen und damit schließlich in der Realität spontan erlebten Lustgefühls. Zunächst zaghaft, dann aber mit zunehmendem Selbstbewusstsein, lösen sich die Schüler aus ihren programmierten Biografien. Heimlich treffen sie sich in einer Höhle und gründen dort erneut den „Club der toten Dichter", ein Rezitationstreffen, bei dem sich anarchisches Lebensgefühl in harmlosen Gesten des Widerstandes äußert. Langsam wird die Konditionierung aufgeweicht: Neil, der nicht Medizin studieren will, sondern Schauspieler werden möchte, nimmt heimlich eine Rolle in einer Amateuraufführung des „Sommernachtstraums" an. Todd, der nicht frei vor der Klasse sprechen kann, erfährt, dass er wie viele Schüchterne eigentlich viel mehr zu sagen hat als die Extrovertierten. Knox findet heraus, dass die sensible Aura des Poeten auch bei den ersten erotischen Gehversuchen zu vielversprechenden Ergebnissen führt. Charlie schließlich, der mokantzynische Pragmatiker, verwandelt sich in einen literarischen Guru, der offen den Aufstand wagt. Als Neil in der Rolle des Pucks die Premiere des „Sommernachtstraums" zu einem Erfolg werden lässt, kommt es zur Katastrophe. Der ehrgeizige Vater will seinen Sohn auf die Militärakademie schicken, Neil erschießt sich noch in der gleichen Nacht. Von den Eltern und der Schulleitung moralisch erpresst, müssen die Schüler Falschaussagen über Keatings Lehrmethoden unterzeichnen. Keating wird entlassen, kehrt aber noch einmal in sein altes Klassenzimmer zurück, und gemäß Whitmans Überzeugung, dass die moralische Kraft des Menschen stärker ist als die Unfreiheit, springen einige Schüler auf die Bänke, um sich solidarisch zu ihrem Lehrer zu bekennen.

(Ortwin Thal, in: Merz [= Medien und Erziehung] 3/1990, Leske, Opladen 1990, S. 164ff. [Auszug])

Zum Einsatz von Filmen im Pädagogikunterricht haben wir in Phoenix Bd. 1 einen kleinen methodischen Exkurs geschrieben, auf den wir an dieser Stelle verweisen wollen (S. 33ff.).

Wenn Sie den Film gesehen haben, können Sie detaillierte Aspekte herausarbeiten:

1. Welche Kritik an der Institution Schule wird geübt?
2. Welche Utopie von Schule verkörpert Mr. Keating?
3. Welche Erziehungsziele und Erziehungsmethoden werden in Kritik und Utopie deutlich?
4. Wie werden unterschiedliche Schülertypen charakterisiert?
5. Wie kann man das Ende der Geschichte interpretieren?

Nach dem Film „Der Club der toten Dichter" ist auch eine Buchversion entstanden: Nancy H. Kleinbaum, „Der Club der toten Dichter", Bastei-Lübbe-TB, Bergisch-Gladbach 2005.

Der Film kann Schülerinnen und Schüler inspirieren, selbst Gedichte zu verfassen; hier Beispiele aus der Gesamtschule Dorsten-Wulfen:

Jutta Giebel
Das Leben leben

Ich möchte mein Leben leben,
möchte Sonne, Wind und Wasser spüren,
möchte merken, dass all dieses mich
kann noch berühren,
ich möchte Entscheidungen nach Gefühlen treffen,
ohne alles lange zu berechnen,
möchte hinlaufen, wo es mir gefällt
brauche trotzdem einen, der mich hält,
möchte mich kennen und auch andere,
möchte fühlen ohne Schranken,
möchte lieben und geliebt werden,
dankbar sein für's Leben,
für alle guten Freunde,
die mich mitnahmen,
wenn ich scheute

Antje Abenhardt
Das innere Ohr

Es hört auf dich selbst
auf dein Selbst, was ganz tief in dir
vergraben liegt
es steht in direkter Verbindung
mit deinem Hirn
es wartet nur darauf, dass du
du selbst wirst
und
Wünsche
Träume
Ängste
ganz einfach erkennst und auslebst
Auch du hast dieses Organ
es schwimmt in deiner Seele
lass es nicht untergehen
dein inneres Ohr

Rück-Blick

1. Von Albert Einstein stammt der Satz, dass jede Wissenschaft eine Verfeinerung des Alltagsdenkens darstellt. Trifft dies Ihrer Meinung nach auch auf die Erziehungswissenschaft zu?
2. Welche Zusammenhänge sehen Sie zwischen den Begriffen: Erkennen, Wissen, Verstehen, Weisheit?
3. Setzen Sie sich mit dem folgenden Zitat auseinander:

Die Frage, was eigentlich heute die richtige Erziehung ist, bewegt immer noch die Studierenden, aber auch die Lehrerinnen und Lehrer. Ihr liegt eigentlich das Problem zugrunde, durch welche sicheren Normen und Werte die gewünschte richtige Erziehung legitimiert und orientiert werden kann. [...] Normen sollen das Handeln orientieren, und man erwartet seitens der Studierenden von der Erziehungswissenschaft, dass sie die richtigen Werte begründet und vermittelt, sodass der Einzelne dann auch richtig handeln kann und wird. [...]
Der konstruktive Kerngedanke ist demgegenüber der, dass aus den Erfordernissen des Lernens selbst schon so viele Wertorientierungen entspringen, dass also das Lernen ein Ethos und einen Eigensinn hat, der eigentlich so weitgehend ist, dass die Orientierung an spezifischen gesellschaftlichen Werten und Normen nicht nötig ist. Das Entscheidende ist meiner Ansicht nach die Entwicklung einer Pädagogik, die vom menschlichen Lernen und den Grundlagen und Erfordernissen des Lernens ausgeht und von dort aus auch den Großteil der Werte begründet, die in der Erziehung zugleich vorauszusetzen und zu realisieren sind.

(Bernhard Koring, Vom Verlust der (r)einen Wahrheit, PÄD Forum August 1996, S. 388, 390)

4 Perspektiven: Wege erziehungswissenschaftlicher Erkenntnis

1. Beschreiben Sie die Zeichnung möglichst genau.
2. Wenn man einmal annimmt, die abgebildete Person sei ein Ornithologe (Wissenschaftler, der sich mit der Welt der Vögel beschäftigt), wie lassen sich die Möglichkeiten und Grenzen dieses Wissenschaftlers beschreiben, die Welt der Vögel wissenschaftlich zu erfassen?
3. Wie stellt sich das Problem der Erfassung seines Gegenstandsbereiches für einen Erziehungswissenschaftler dar?
4. Wie sind die Aussagen dieses Großkapitels „Schule" zustande gekommen? Mit welchen Methoden sind Thesen, Daten, Werte, Ziele u.Ä. wissenschaftlich untersucht worden?

Forschungsmethoden

Hermeneutische Methoden

Wir gehen von der Überlegung aus, dass Forschungsmethoden weniger für sich von Interesse sind denn als mehr oder weniger taugliche Hilfsmittel, Strategien und Techniken zur Beantwortung konkreter Fragen über eindeutig bestimmte Probleme. Über Methoden zu sprechen, ohne auf die Probleme zu blicken, die sie lösen sollen, könnte leicht zu dem Ergebnis führen, dass man Lösungen erhält für Probleme, die man gar nicht hat. Dementsprechend macht es auch wenig Sinn, über den Einsatz von Methoden zu reden, wenn man nicht zugleich über die Fragestellung spricht, die untersucht werden soll, und den Analysegegenstand, der Thema wird.

Eine Zeit lang haben vor allem Wissenschaftstheoretiker die Hoffnung und den Glauben genährt, mit einer einzigen Gestalt von Wissenschaft und einer einzigen Methode der Forschung alle Probleme des Wissens und Handelns lösen zu können. Am Modell der so überaus erfolgreichen Naturwissenschaften schien man lernen zu können, welchen Standard Theorien, Fragestellungen und Methoden haben müssten, welche Qualität man von den Operationen erwarten darf, in denen Wirklichkeit repräsentiert wird, und dass erst präzise Messungen, möglichst mit Ergebnissen, die sich in Zahlen ausdrücken lassen, die eigenen Annahmen prüfbar machen. Zu den Hoffnungen zählte auch, dass es nur ein Schema der Erklärung gibt, mit dem alle wissenschaftlichen Fragen in allen Disziplinen beantwortet werden können. Die anderen Wissenschaften, vornehmlich solche, die für eigene Probleme und Methoden, z.B. für das „Verstehen" plädierten, schienen hoffnungslos veraltet, eher Aberglaube als Wissen darzustellen. Heute sind diese hohen Ansprüche der einheitswissenschaftlichen Programme selbst historisch geworden. Es gibt nicht nur eine Ernüchterung über die überspannten Erwartungen, sondern auch – angesichts der Praxis der Wissenschaften – genauere Einsichten in die Gemeinsamkeiten und Unterschiede zwischen den Wissenschaften, und sie sind anders verteilt, als man früher gedacht hatte: Zu den Gemeinsamkeiten zählt u.a., dass jede Wissenschaft theoretisch strukturiert ist, das Thema ihrer Erkenntnis und die Verfahren seiner Bearbeitung konstruktiv entwirft, mit passenden Methoden der Repräsentation von Wirklichkeit und der Prüfung von Behauptungen arbeitet, eingebettet in die logische Struktur einer Argumentation. Aber dieses gemeinsame Gefüge von Merkmalen erzeugt zugleich die Unterschiede: die Vielfalt präzise gegeneinander abgegrenzter Themen, die offene Menge an Methoden, mit denen die Wirklichkeit oder die theoretischen Probleme erzeugt und dokumentiert werden, die Fülle an Verfahren, mit denen Realität „gemessen" und Befunde dargestellt und geprüft werden können. Mit anderen Worten: Das, was ich jeweils beobachte, hängt davon ab, was ich überhaupt wissen möchte, mithilfe welcher Methode ich hinsehe und welches Material (z.B. Fragebögen, Interviews, Dokumente) ich analysiere. Wer etwas über die Rituale jugendlicher Gangs erfahren möchte, ist schlecht beraten, wenn er mit einem ausgefeilten Fragebogen anrückt. Besser wäre es, teilnehmend zu beobachten. Und umgekehrt ist es wenig ergiebig, Jugendliche tagelang zu beobachten, wenn man etwas über ihre politischen Einstellungen erfahren möchte; hier könnten Fragebögen oder Interviews erfolgversprechender sein.

(Heinz-Elmar Tenorth/Christian Lüders, Hermeneutische Methoden, in: Dieter Lenzen [Hrsg.], Erziehungswissenschaft. Ein Grundkurs, Rowohlt, Reinbek 1994, S. 520ff. [Auszüge])

1. Vergleichen Sie die Ausführungen der Autoren mit Ihren Überlegungen zum methodischen Zustandekommen der Aussagen im Schulkapitel.

2. Was meinen die Autoren mit der Aussage, dass „... jede Wissenschaft theoretisch strukturiert ist ..."? Sehen Sie einen Zusammenhang mit der Karikatur?

Hermeneutik – Verstehen als Methode

Im Unterschied zum Erklären in den Naturwissenschaften bezieht sich Verstehen auf die *Bedeutung* von menschlichen Lebensäußerungen: von geschriebenen Texten, Filmen, Bildern, aber auch Musik – kurz von „Zeichen". Die Fallgesetze erklären das Fallen eines Steines; die mangelhafte Konzentration eines Schülers bei einem Mathe-Test im vierten Schuljahr hat natürlich auch ihre Gründe, – aber diese muss ich zu *verstehen* suchen. Das Verhalten des Kindes ist z. B. nicht einfach mit „Gleichgültigkeit" erklärt, sondern es bedeutet etwas: z. B. Angst vor Strafe bei Versagen oder Ausdruck einer Beziehungsstörung zur Lehrerin. „*Verstehen* ist das Erkennen von etwas *als* etwas (Menschliches) und gleichzeitig das Erfassen seiner *Bedeutung*" (Danner 1979).

Dilthey hat eine zentrale Definition von „Verstehen" gegeben, die die wesentlichen Momente des Verstehens benennt: „Wir nennen den Vorgang, in welchem wir aus Zeichen, die von außen sinnlich gegeben sind, ein Inneres erkennen, Verstehen" (Dilthey 1958). Verstehen meint allerdings nicht lediglich das psychologische Sich-Einfühlen, sondern vorrangig das Sinn-Verstehen.

Die Bedeutung erfassen können wir nur, weil wir durch „eine Sphäre von Gemeinsamkeit" (ebd.) verbunden sind: unsere Sprache, Kultur, Sinndeutungen etc.

Der hermeneutische Zirkel

Niemand geht „voraussetzungslos" an das Verstehen eines Textes oder einer Szene heran, jeder bringt immer schon ein Vorverständnis mit ein. Eine Forscherin, die die Sozialisation von Mädchen in der Schule untersucht, war ja selbst einmal ein Mädchen und hat entsprechende Erfahrungen gemacht; diese können das Verstehen der Mädchen in der heutigen Schule erleichtern oder behindern, auf jeden Fall aber hat sie ein Vorverständnis der Situation, die sie erforscht.

Indem wir von diesem Vorverständnis her einen Text (oder eine Szene) nachvollziehen, erweitert sich unsere (Er-)Kenntnis, mit dieser gehen wir an einen andern Text heran (oder an denselben), wir bewegen uns im Grunde in einer Art Kreis oder Spirale: dem *hermeneutischen Zirkel*. „Als hermeneutischer Zirkel wird die Gebundenheit jedes Verstehens von Ganzheiten und ihrer Teile an

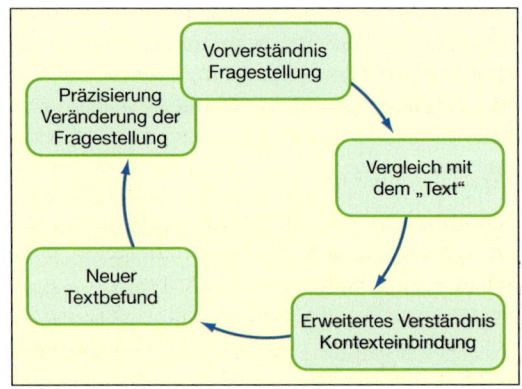

Hermeneutischer Zirkel

Voraussetzungen verstanden, von denen jedes Verstehen seinen Ausgang nimmt und wieder zu ihm zurückkehrt. Man muss immer schon in der Sprache leben und die anderen Menschen verstehen, bevor man über die Sprache nachdenkt" (Tschamler 1978).

In unserem Beispiel eines unkonzentrierten Schülers bei einem Test in Mathematik gehen wir von einem Vor-Verständnis der Situation aus: Wir wissen, was ein Test ist und wie sehr jeder dabei auf sich allein gestellt ist, kennen die Wichtigkeit des letzten Halbjahrs im vierten Grundschuljahr, haben eine Vorstellung von weiterführenden Schulen usw. – Und die wahrgenommenen Zeichen (unruhiges Wippen auf dem Stuhl, Kauen auf dem Bleistift, Herumgucken in der Klasse, Wackeln mit dem Kopf) interpretieren wir von diesem Verständnis der Gesamtsituation her nicht etwa als fröhlichen Bewegungsdrang, sondern als Konzentrationsschwäche: Wir geben ihnen eine Bedeutung. Dabei verstehen wir das Einzelne (z. B. die einzelnen Bewegungen, die Mimik) aus dem Ganzen (Konzentrationsproblem in einer Prüfungssituation) und das Ganze (eben diese Szene) aus den Einzelheiten (abgelenkte Einzeltätigkeiten).

Das eine vom andern her zu verstehen, sei es den Text vom Vorverständnis her oder die Einzelheit aus dem Ganzen oder das Ganze von den Einzelelementen her, – das meint die Figur des „hermeneutischen Zirkels". Es ergibt sich als Konsequenz: Hermeneutisches Verstehen ist nie abgeschlossen, denn das „Verstehen als Ziel her-

meneutischer Bemühung hat nicht Produkt-, sondern Prozesscharakter" (Roth 1991).
Manche Wissenschaftler haben deshalb vorgeschlagen, von einer hermeneutischen „Spirale" zu sprechen, aber die Bezeichnung „Zirkel" hat sich nun einmal eingebürgert ... Lassen wir es also dabei.

Regeln der Auslegung

Natürlich hat die Hermeneutik – denkt man allein an die jahrhundertealte philologische Wissenschaft – eine Fülle von z.T. akribischen Regeln hervorgebracht. Wolfgang Klafki (1971) hat in einem klassischen Beispiel der Interpretation eines Humboldt-Textes Regeln verstehender Textauslegung erarbeitet, z.B.: Vorverständnis des Autors beim Interpreten, Befunde aus der Quellen- bzw. Textkritik, Begriffsbedeutungen, Entstehungssituation des Textes, weitere Quellen, die zum Textverständnis nötig sind, Kontext der einzelnen Aussagen, gedankliche Gliederung des Textes, hermeneutischer Zirkel, Ideologiekritik usw.

Nach neueren Arbeiten zum Verstehen als Methode (Lenzen 1984, Uhle 1989, Hitzler/Hohner 1997, Rittelmeyer/Parmentier 2001) bezieht sich Verstehen nicht nur auf Texte, sondern auch auf Dinge, Personen, Handlungen, Werke etc. An einem kleinen Beispiel (in einem Eltern-Kind-Gespräch geht es um Süßigkeiten) entwickelt Uhle folgende *sieben Schritte zum Verstehen:*

1. Texterstellung (Was fällt z.B. bei der Übersetzung mündlicher Rede in schriftsprachliche Form weg, etwa der drohende Unterton des Vaters, wenn er auf die Schädlichkeit von Süßigkeiten hinweist?)

2. Kontextbeschreibung (Wie ist die Stimmung der Situation: vor dem drängenden Zu-Bett-Gehen oder entspannt am Sonntagnachmittag beim gemütlichen Plausch?)

3. Explikation der Deutungsfragestellung (Was will ich eigentlich wissen, woraufhin untersuche ich oder andere die Gesprächssequenz? Geht es mir um die Schädlichkeit von Süßigkeiten für Kinder oder um die Beziehungsaspekte eines Vaters zu seiner Tochter?)

4. Vergewisserung der Deutungsgemeinsamkeit (Meinen die Beteiligten in ihren Äußerungen dasselbe, was ist der Sinn der zu verstehenden Gegebenheiten, sprechen sie dieselbe Sprache, verfügen sie über dieselben Situationsdeutungen etc.?)

5. Verwendung des hermeneutischen Zirkels (Wie kann man das Einzelne aus dem Gesamten verstehen und umgekehrt?)

6. Idiographisches Vorgehen (Ist dieser Vater ein Sonderling oder gar ein Spinner oder sagt sein Verhalten und das der Tochter etwas über typische Kommunikationsstrukturen in Kleinfamilien?)

7. Hermeneutische Kritik (Kann das Gegebene „entlarvt" werden als Resultat determinierender Bedingungen und Einflüsse, seien es biologische, psychische oder soziologische, kann man von daher die Szene aus Zwängen heraus „besser" verstehen als aus dem unmittelbaren Verstehen dessen, was direkt gemeint ist ...?)

Wer jemals ein pädagogisches Dokument unter solchen und ähnlichen Fragestellungen interpretiert hat, bekommt eine Vorstellung von der Fruchtbarkeit des „Verstehens". Ich kann daher dem Fazit Roths (1991) nur zustimmen: „Historisch-hermeneutische Analysen gehören in vielen Wissenschaften zum konstitutiven Repertoire; sie sind für die Erziehungswissenschaft unverzichtbar."

Zur Kritik am Verstehen als Methode

Zentrale Vorwürfe lauten:
- Das Verstehen sei spekulativ, subjektiv, unexakt, willkürlich, empirisch nicht nachprüfbar. Trotz gewisser Regeln seien völlig unterschiedliche Deutungen möglich. Verstehen sei eine Methode der Intuition (wie man es Dilthey vorgeworfen hat).
- Grundsätzlich ist das Verstehen auf etwas Vorgegebenes angewiesen, das ausgelegt werden soll. Daraus hat man der Hermeneutik den Vorwurf gemacht, sie könne von sich aus nicht *produktiv* werden, sondern sei traditionalistisch bis konservativ, denn sie setze Tradition immer schon als gegeben (und sinnvoll) voraus.
- Angesichts der Komplexität moderner Gesellschaften und angesichts der Notwendigkeit, den Makrobereich von Erziehung und Bildung zu analysieren und zu planen (Schulentwicklung, Bildungsplanung), gerät die Hermeneutik vollends an ihre Grenzen, weil sie schlechterdings keine quantitativen Instrumente dafür bereitstellen kann. Dazu bedarf es weiterer Methoden.

(Herbert Gudjons, Pädagogisches Grundwissen, Klinkhardt Verlag, Bad Heilbrunn 2003, S. 57–60)

1. Wenden Sie die Vorgehensweise des hermeneutischen Zirkels und der Regeln für die Auslegung arbeitsteilig auf Textquellen aus dem vorliegenden Buch an.
2. Wenden Sie die sieben Schritte des Verstehens auf ein Beispiel aus Phoenix, Band 2, an.
3. Welche der vom Autor angeführten Kritikpunkte teilen Sie, welche nicht?

Empirische Methoden

Sie haben in der Einführung in den Bereich Entwicklungspsychologie und im Kapitel Klassische Lerntheorien bereits detaillierte Informationen über empirische Methoden erhalten. Daher wollen wir hier nur noch vertiefende Informationen und den Aspekt der kritischen Betrachtung empirischer Methoden anführen.

Worum geht es bei empirischen Methoden?

„Die Prüfung von Hypothesen an der Realität ist das charakteristische Merkmal empirischer Forschung ..., um Zusammenhänge, Bedingungen, Wechselwirkungen, Abhängigkeiten von Variablen im Bereich von Erziehung und Unterricht konkret *erklären* zu können." (Roth 1991) Forschungsleitende Hypothesen müssen, um empirisch überprüft werden zu können, *operational definiert* sein, d.h., die zu untersuchenden Merkmale bzw. Merkmalsausprägungen müssen erhebbar und quantifizierbar sein. (Man hat daher auch von quantitativen Methoden gesprochen.) Der Begriff „Schulerfolg" z.B. könnte operational definiert werden als das, was sich in Zensuren, Zeugnisnoten, Schulabschluss ausdrückt; diese sind erhebbar, man kann sie messen und Zusammenhänge statistisch auswerten.

Generell ist bei den empirischen Forschungsmethoden zu unterscheiden zwischen Verfahren des Forschungsarrangements (also der Anlage eines Gesamtdesigns, z.B. der Planung einer Längsschnittuntersuchung über mehrere Jahre oder Planung eines Experiments), Verfahren der Datenerhebung (z.B. Beobachtung, Befragung, Test) und Verfahren der Datenanalyse (z.B. Statistik).

Das Forschungsarrangement

Die Planung eines empirischen Forschungsvorhabens weist (trotz einer Fülle unterschiedlicher Möglichkeiten für ein „Design") ein gewisses formales Grundmuster auf (Merkens 1989):

1. Formulierung einer Fragestellung; theoriebezogene Entwicklung von Hypothesen und deren forschungsbezogene Operationalisierung;

2. Auswahl/Kombination von Methoden (Beobachtung, Befragung, Test), Sammeln von Daten (bei repräsentativen Untersuchungen auch die sorgfältige Zusammenstellung einer Stichprobe aus der Grundgesamtheit);

3. die Aufbereitung dieser Daten (in der Regel mithilfe statistischer Verfahren);

4. Interpretation und Herausarbeiten des Kerns der Aussage, die als Resultat Annahmen bestätigt oder widerlegt. [...]

Zur Kritik empirischer Methoden

Der berühmte Soziologe Karl Mannheim (1893–1947) soll darauf aufmerksam gemacht haben, dass man die Genauigkeit eines Forschungsergebnisses nicht mit seiner wirklichen Bedeutung verwechseln dürfe. Jede Standardisierung des Umfeldes, die um der Exaktheit und Kontrollierbarkeit willen nötig ist, führt nämlich unweigerlich zu einer Reduktion der Erkenntnismöglichkeiten (Reduktionismusvorwurf). [...] Einwände [gehen] vor allem dahin, dass eine Fragestellung aus ihrem Kontext zu stark isoliert wird, dass das Subjekt „vergleichgültigt" wird und dass aus dem Durchschnitt kaum gültige Aussagen über den Einzelfall zu machen sind.

„Deshalb muss der häufig naiv vorausgesetzte Glaube, mittels der empirischen Forschung werde

Wirklichkeit in der Weise angemessen in Aussagen transformiert, dass die Aussagen die Wirklichkeit wiedergäben, als obsolet erscheinen, denn offensichtlich findet im Prozess des Forschens eine Idealisierung der Praxis auf einen fiktiven Durchschnitt oder eine für richtig angenommene Sichtweise statt (vgl. Habermas 1971). Das, was zur Aussage über die Praxis erklärt wird, entpuppt sich bei genauerem Hinsehen als deren Rekonstruktion auf der Aussagenebene." (Lenzen 1989)

(Herbert Gudjons, Pädagogisches Grundwissen, Klinkhardt, Bad Heilbrunn 2003, S. 60f., 65)

1. Suchen Sie arbeitsteilig im vorliegenden Buch Beispiele für empirische Vorgehensweisen und empirische Ergebnisse und wenden Sie die von Merkens beschriebene Abfolge von Untersuchungsschritten darauf an.
2. Listen Sie die unterschiedlichen empirischen Methoden mit ihren jeweiligen Vorzügen und Schwächen auf.
3. Welche der vom Autor angeführten bzw. zitierten Kritikpunkte teilen Sie, welche nicht?

Qualitative Forschungsmethoden

Grenzen der strengen Empirie

„Empirisch-pädagogische Forschung am Ausgang ihrer ‚realistischen Phase'", so überschreiben die Herausgeber des Bandes 2 „Methoden der Erziehungs- und Bildungsforschung" der Enzyklopädie Erziehungswissenschaft (1984) ihr Vorwort. Sie wollen damit ausdrücken, dass die von H. Roth 1962 eingeläutete „realistische Wendung" der Erziehungswissenschaft sich heute ihrem Ende nähert. „Eine Erosion ursprünglich für sicher gehaltener ‚harter' Sozialforschung hat stattgefunden und die Probleme intersubjektiver Überprüfbarkeit und begründeter Relevanz komplizierter gemacht." (Ebd.) Die strenge Empirie erwies sich als „Zwangsjacke" (ebd.), denn die quantitative Datenauswertung zeigte sich eher als Hemmnis für einen differenzierten Einblick in die Erziehungswirklichkeit, die stark von Wechselwirkungen, Interaktionen und vor allem Widersprüchen bestimmt wird.

Die Folge – ein „Zurückdrängen der klassisch-quantitativen Verfahren durch qualitative, im weiteren Sinn hermeneutisch-interpretative Verfahren" (Köckeis-Stangl). Alternative Forschungsmuster, die teilweise die bisher dargestellten Methoden verbinden, teilweise quer zu ihnen liegen und mit ganz andern Begriffen und Paradigmen arbeiten, haben Kontur gewonnen. [...]

Handlungsforschung

Dieser Umbruch kündigte sich bereits in den 1970er-Jahren an, als unter dem Begriff Handlungsforschung a) das Ziel und der Verwertungszusammenhang von Forschung und b) die Rolle des Forschers neu definiert wurden. Handlungs- (oder auch Aktions-)forschung will *als Forschung* (und nicht erst nach vollzogenem Forschungsprozess) in die Praxis verändernd eingreifen (Haag u. a. 1972, neuerdings unter dem Begriff „Praxisforschung", Moser 1995). Sie versteht sich als gesellschaftskritisch und dem Ziel der individuellen wie kollektiven Emanzipation sowie der Demokratisierung der Gesellschaft verpflichtet.

Das bedeutet vor allem eine veränderte Beziehung zwischen Forschern und Praktikern: Beide sind – idealtypisch gesehen – gleichberechtigt; während des Forschungsprozesses besteht kein Subjekt-Objekt-Verhältnis (zwischen Forschendem und „Erforschtem"), sondern eine Subjekt-Subjekt-Beziehung. Damit soll Forschung für beide zur Selbstaufklärung, Selbstkontrolle und Selbststeuerung dienen. Der Forscher ist also mitsamt seinen Methoden auf völlig andere Weise engagiert und in das Praxisfeld involviert.

Diese Grundtendenzen, nämlich Datengewinnung mit pädagogischer Intervention zu verbinden und sich als Mitakteur selbst einzubeziehen,

haben sich in den folgenden Jahren bis in die Gegenwart hinein verstärkt.

Merkmale qualitativer Methoden

Sie zielen darauf, „*Lebenswelten* und soziales Handeln im *Alltag* der verschiedensten Bereiche von Erziehung und Bildung zu untersuchen." (Roth 1991) Es gibt eine Reihe von synonym gebrauchten Begriffen wie interpretative Forschung, pädagogische Aktionsforschung oder kommunikative Bildungsforschung. Der Begriff *qualitativ* meint zum einen eine Wiederanknüpfung an hermeneutisches Verstehen und Sinnauslegung, zum andern aber eine stärkere Berücksichtigung der strengeren Maßstäbe der empirischen Methoden auf intersubjektive Nachvollziehbarkeit, Prüfbarkeit und qualitatives Niveau der Aussagen (Flick u. a. 1991, 1995; Bilanz bei König/Zedler 1995 und Friebertshäuser/Prengel 1997). (Ein typischer Beleg dafür ist Oevermanns Bezeichnung „Objektive Hermeneutik" für sein Verfahren der Interpretation von „Protokollen" = Texten, Videoaufzeichnungen u. a. m.)

Nach Hopf/Weingarten (1984) sind vor allem diese typisch qualitativen Vorgehensweisen zu unterscheiden:

● *Unstrukturierte oder wenig strukturierte Beobachtung*, die mit einer *Teilnahme des Forschers* verbunden ist (so wie der Ethnologe für eine Zeit bei einem Naturvolk lebt).

● *Qualitative Interviews*, insbesondere das „narrative (= erzählende) Interview", bei dem in einer ersten Phase der Erzähler unter biografischer Perspektive frei und unstrukturiert spricht und erst in einer zweiten Phase auf Rückfragen des Interviewers eingeht, um schließlich in einer dritten Phase die vom Interviewer herausgearbeiteten Deutungsmuster gemeinsam zu reinterpretieren (kommunikative Validierung).

● *Analyse von (z. B. biografischen) Dokumenten aller Art* entsprechend dem interpretativen Ansatz des Alltagshandelns, um die Sicht des Betroffenen (gleichsam sein Skript oder Drehbuch zur Bewältigung von Handlungszusammenhängen) zu rekonstruieren: Tagebücher, Fotografien, (Auto) Biografien, Briefe, Familienrituale, u. a. m., aber auch von zeitgenössischen Berichten, Protokollen etc. [...]

● Weiterhin wäre die *Lebensweltanalyse* zu nennen (Schütz, Berger/Luckmann), das Herausarbeiten von Interaktionsmustern (Wie sind die Koalitionen in einer Familie?), von Statuspassagen (Wie wird ein biografischer Einschnitt erlebt?), von Skripten (Nach welchen Handlungsmustern „funktionieren" die Eltern in der Familie?), von Legitimations- und Deutungsmustern (Wann bin ich ein gutes Kind, ein erfolgreicher Schüler? Oder die Selbstdeutung eines „verwahrlosten" Mädchens als „Ich bin jemand, der nicht weiß, was eine Beziehung ist." – Kieper 1980, 127).

● Schließlich auch das *psychoanalytisch ausgerichtete Tiefenwissen*, wie es z. B. H. Brück in seinen Studien über die Lehrerangst (1978) verwendet hat, oder insgesamt biografische Verfahren (Krüger/Marotzki 1999, Garz 2000).

(Herbert Gudjons, Pädagogisches Grundwissen, Klinkhardt, Bad Heilbrunn 2003, S. 65 – 67)

1. Suchen Sie arbeitsteilig im vorliegenden Buch Beispiele für den Einsatz qualitativer Methoden.

2. Welche methodischen Probleme sind mit diesen Methoden verbunden?

Themenkreis 3.2

Wie bin ich geworden, wie ich bin? Menschenbilder und ihre Bedeutung für die Personalisation

1 Einführung: Wege zum ‚großen Ich' 514

Der eigene Weg (zum ‚großen Ich') 515
Erziehung zur Autonomie 518
Erziehung zur Verantwortung 523
Solidarischer Individualismus 529
Blick-Richtung 532

2 Wabe: Modelle des Menschen und ihre pädagogischen Implikationen 533

Modelle des Menschen 534
Menschenbilder – Bilder vom Menschen 535
Der Mensch auf der Suche nach Selbstbewusstsein, Identität und Persönlichkeit 550

3 Reflexionen: Der Blick auf das Ganze – Standortbestimmung 558

Standortbestimmung 560

4 Perspektiven: Entspannt und gut vorbereitet in die Prüfung 561

Übungen 562
Methode: Prüfungsvorbereitung 564
Was nun? – Lebens- und Berufsplanung 566
Perspektive Lehrerin/Lehrer 567
Perspektive Studium und Beruf 569
Rückblick und Abschied 571

Kopiervorlagen 573
Sach-, Personen- und Methodenregister 575
Bildquellenverzeichnis 578

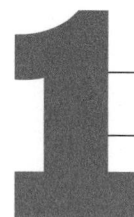

Einführung:
Wege zum ‚großen Ich'

Der Zeichner Zygmunt Januszewski gibt seiner Karikatur den Untertitel ‚Institut für die Wissenschaft vom Menschen, Gesellschaft für die Beantwortung schwieriger Fragen.'
Welches Problem bringt er damit auf den Punkt?
Ist es auch ein Problem der Pädagogik?

Der eigene Weg (zum ‚großen Ich')

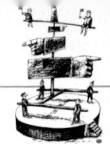

Einleitende Überlegungen

Ich bin nicht Stiller! – Tag für Tag, seit meiner Einlieferung in dieses Gefängnis, das noch zu beschreiben sein wird, sage ich es, schwöre ich es und fordere Whisky, ansonst ich jede weitere Aussage verweigere. Denn ohne Whisky, ich hab's ja erfahren, bin ich nicht mehr ich selbst, sondern neige dazu, allen möglichen guten Einflüssen zu erliegen und eine Rolle zu spielen, die ihnen so passen möchte, aber nichts mit mir zu tun hat, und da es jetzt in meiner unsinnigen Lage (sie halten mich für einen verschollenen Bürger ihres Städtchens!) einzig und allein darum geht, mich nicht beschwatzen zu lassen und auf der Hut zu sein gegenüber allen ihren freundlichen Versuchen, mich in eine fremde Haut zu stecken, unbestechlich zu sein bis zur Grobheit, ich sage: da es jetzt einzig und allein darum geht, niemand anders zu sein als der Mensch, der ich in Wahrheit leider bin, so werde ich nicht aufhören, nach Whisky zu schreien, sooft sich jemand meiner Zelle nähert. Übrigens habe ich bereits vor Tagen melden lassen, es brauche nicht die allererste Marke zu sein, immerhin eine trinkbare, ansonst ich eben nüchtern bleibe, und dann können sie mich verhören, wie sie wollen, es wird nichts dabei herauskommen, zumindest nichts Wahres. Vergeblich! Heute bringen sie mir dieses Heft voller leerer Blätter: Ich soll mein Leben niederschreiben! wohl um zu beweisen, daß ich eines habe, ein anderes als das Leben ihres verschollenen Herrn Stiller.
„Sie schreiben einfach die Wahrheit", sagt mein amtlicher Verteidiger, „nichts als die schlichte und pure Wahrheit. Tinte können Sie jederzeit nachfüllen lassen!"

(Max Frisch, Stiller, Suhrkamp Verlag, Frankfurt a. M. 1973, S. 9; aus rechtlichen Gründen ist dieser Text nicht in reformierter Rechtschreibung gesetzt)

Sind Sie sie selbst oder ein ‚Verschollener', der erst zu sich selbst finden muss?
Ist man überhaupt in der Lage, sich selbst als (bewusstes) Ich wahrzunehmen?
Ist die Erkenntnis des eigenen Werdegangs eine Garantie, sich selbst zu erkennen?

Die nachfolgenden Übungen sind eine Entdeckungsreise.
Ob Sie sich dadurch besser verstehen, eine genauere Lebensperspektive gewinnen können? Beantworten Sie sich diese Fragen selbst, indem Sie sich anschließend mit Ihren Mitschülerinnen und Mitschülern dazu austauschen.
Wir bieten Ihnen mehrere Übungen an, die Sie alternativ oder auch kombiniert durchführen können.
Klären Sie bitte vorher genau, wer an den Übungen teilnehmen möchte und wie Sie sich anschließend über die Ergebnisse austauschen wollen.
Auch sollten Sie genau die Rolle des Kurslehrers/der Kurslehrerin festlegen: Macht er/sie mit, steht er/sie als Gesprächspartner/Gesprächspartnerin zur Verfügung, ... ?

Übungen

Imaginationsübung/Fantasiereise: „Bühne des Lebens"

Vorbereitung: entspannte Sitzhaltung, Schreibzeug unter dem Stuhl; mit offenen Augen – Punkt im Raum fixieren – oder mit geschlossenen Augen
Durchführung: Stell dir vor: Du gehst ins Theater. Du hast dich bereits entsprechend gekleidet und freust dich auf den Abend. Es ist ein schönes großes Jugendstiltheater und du bist im Foyer und bewunderst die schönen Räumlichkeiten.
Langsam gehst du in den Zuschauerraum. Du zählst die Stufen bis hinab zu deiner Stuhlreihe: 1, 2, 3, 4, 5, 6, 7, 8, 9, 10. Dein Platz ist ein schöner, bequemer Armlehnensessel und du versinkst in

dem bequemen Polster. Deine Arme ruhen ganz entspannt auf den Lehnen ... Der Zuschauerraum ist halb dunkel, Licht fällt auf den großen roten Bühnenvorhang ...
Nach einem Gong öffnet sich langsam der schwere rote Vorhang und das erste Bühnenbild taucht auf. Es kommt dir alles sehr bekannt vor: die Möbel, die Menschen ... In der Mitte der Bühne siehst du dich ... im Kleinkindalter. Sieh dir genau an, wie es auf der Bühne aussieht: die Personen, was sagen sie, ... was machst du ..., welche Stimmung herrscht? ... Langsam senkt sich der Vorhang. In der kleinen Pause hast du die Bilder noch vor Augen ... Nach einer Weile öffnet sich der Vorhang wieder ... Du bist wieder im Mittelpunkt des Geschehens ... nun bist du 14 Jahre alt ... wie hat sich die Umgebung verändert ... wie siehst du aus ... was machst du gerade ... was sagen die Menschen um dich herum? ... Der Vorhang senkt sich wieder ... Nach einer Pause öffnet er sich wieder ... nun bist du in der Gegenwart ... wie hat sich deine Umgebung verändert ... wie hast du dich verändert ... was machst du da auf der Bühne ... wer ist bei dir ... was sagen sie zu dir? ... Und während du noch schaust, schließt sich der rote Samtvorhang wieder ... Als er sich wieder hebt, siehst du dich in 5 Jahren ... wie siehst du aus ... wer ist mit auf der Bühne ... was machst du? ... Und während du noch auf deine Zukunft schaust, senkt sich der Vorhang ... das Publikum applaudiert ... Alles hast du dir aus der Distanz angeschaut ... es war nur ein Theaterstück, dein Theaterstück; das Licht im Zuschauerraum geht wieder an und langsam erhebst du dich aus dem bequemen Sessel ... beim Hochgehen zählst du wieder die Stufen ... 1, 2, 3 ... und nach einem tiefen Durchatmen öffnest du die Augen und kehrst langsam wieder in den Kursraum zurück.

Nachbereitung: Solange die inneren Bilder noch frisch sind, alles stichpunktartig notieren. Gibt es einen roten Faden, der die einzelnen Bühnenbilder verbindet?
Austausch zu zweit: Was will ich dem Partner mitteilen? Gemeinsamkeiten/Unterschiede? Versuch, den anderen zu verstehen.
Austausch zu viert: Welche allgemeinen Fragen, Thesen, Impulse wollen wir im Plenum diskutieren? Welche Faktoren haben unseren Lebensweg beeinflusst?

(Autorentext)

Mein Mobile

Mir brummte der Schädel. „Die ganze Nacht kaum ein Auge zugemacht", stöhnte ich und stieß das Kopfkissen aus dem Bett. Es tat einen dumpfen Schlag. Das kam von dem Stein, der darin lag.
Es war nicht irgendein gewöhnlicher Stein, nein, das war mein Problem-Stein.
Und der entstand immer so:
Abends vor dem Schlafengehen nahm ich mein Tages-Problem fest in beide Hände, spuckte dreimal darauf, zerrieb alles zu einem Brei, formte einen Kloß daraus, der im Nu hart wurde wie ein Stein. Den versteckte ich dann in meinem Kopfkissen, um einmal darüber zu schlafen.
Manchmal war mein Problem-Stein am nächsten Morgen tatsächlich verschwunden, hatte sich einfach aufgelöst. Aber meistens drückte er mich so sehr, dass ich nicht richtig einschlafen konnte. Ich wälzte mich im Bett hin und her und stieß mir dauernd den Kopf an diesem harten Brocken.
Eine solche Nacht hatte ich wieder einmal hinter mir. Ich saß auf der Bettkante und schwor mir wieder mal: „Das muss aufhören mit dem verrückten Stein. Von jetzt an werde ich das Problem an dem Tag anpacken, an dem es mich bedrängt."
Ich knipste das Licht an und schimpfte weiter: „Die Idee mit dem Überschlafen ist wohl überholt. Einen Knoten löse ich ja auch nicht dadurch, dass ich ihn einfach liegen lasse."
Da krächzte jemand: „Stimmt, mein Lieber. Aber sieh mich an – was glaubst du wohl, wie ich aussähe, wenn jeder wild entschlossen an mir herumzerren würde?"
Die Stimme kam anscheinend aus dem Mobile, das an der Lampe baumelte. Jetzt, als ich die Fäden sah, die sich zu einem Knäuel verheddert hatten, erkannte ich auch mittendrin den Knotenpunkt, der entrüstet weiter zeterte: „Mit Schrecken denke ich an das Schicksal meines gordischen Ur-Ahnen. Und wenn es schon sein muss, dann lass dir gesagt sein: Einen Knoten kann man vielleicht kurz entschlossen durchhauen – Probleme aber lassen sich so nicht lösen."
Ich stieß mit dem Fuß nach meinem Problemstein und fragte ärgerlich: „Welche Lösung schlägt der Herr Knotenpunkt denn vor?"

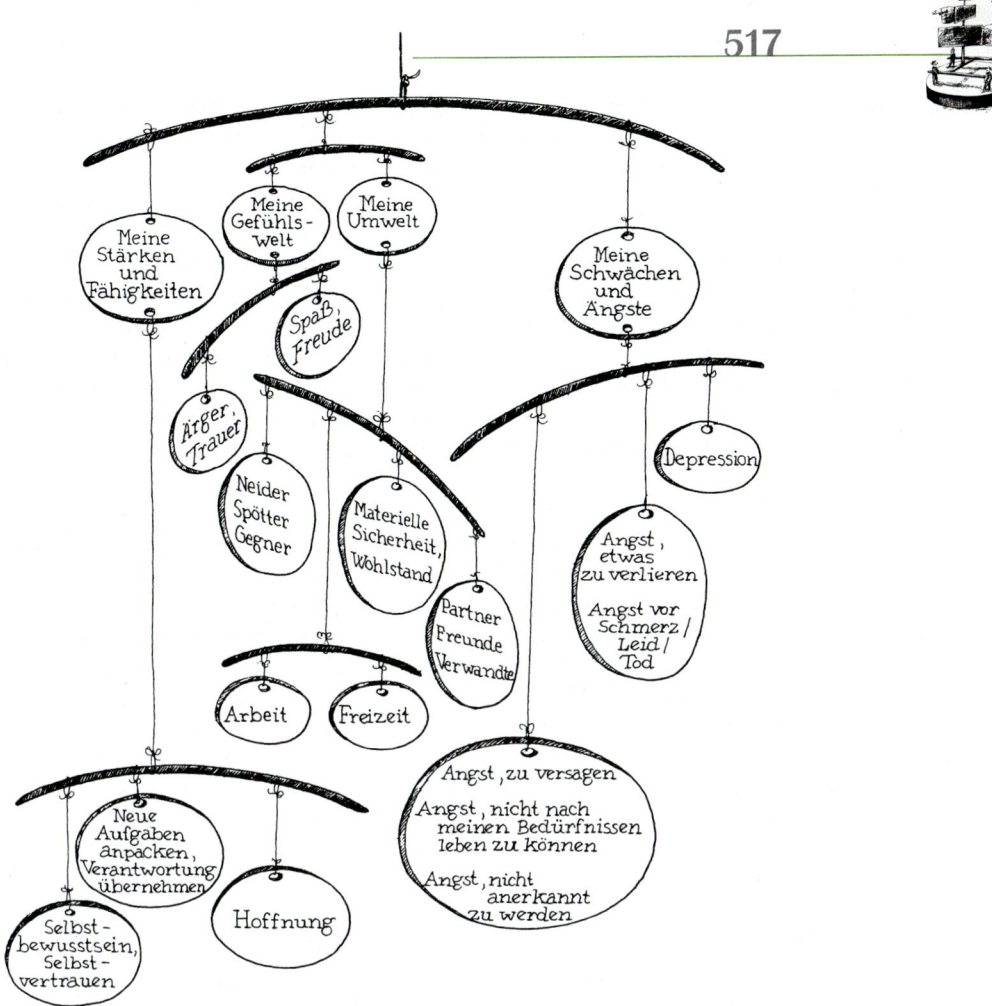

Er drehte sich zu mir hin und sagte schon viel freundlicher: „Keine, auf die du nicht selber kommen kannst. Du musst nur dir selbst zuhören, in dich hineinhören. Dein Bauch kennt manche Antwort, von der dein Kopf nichts weiß."
Ich wickelte den Stein aus dem Kissen und legte ihn neben mich. Nicht zu dicht und nicht zu weit weg, gerade so, dass ich ihn gut von der Seite betrachten konnte.
Und da gab mein Bauch mir tatsächlich Antwort: „Kein Wunder, dass du Kopfweh hast. Ein solcher Stein drückt sich durch jedes Kissen. Über*schlafen* heißt nicht: über*legen*. Lass den Kopf mal aus dem Spiel. Dann löst man Probleme manchmal besser."
Ich schaute wieder zu dem Mobile. Mich störte, dass es so schief an der Lampe hing. Mit einem Ruck schlug ich die Bettdecke zurück. Der Wind brachte alles noch mehr aus dem Gleichgewicht.
Ich begann, die Fäden neu zu ordnen und den Knotenpunkt hin- und herzuschieben. Das schien ihm zu gefallen. Freudestrahlend erklärte er: „Wenn das Mobile nicht mehr im Gleichgewicht hängt, musst du nicht unbedingt das verschobene Gewicht dahin zurückschieben, wo es vorher war. Das Gleichgewicht lässt sich auch wieder herstellen, wenn du irgendwo ansetzt und die anderen Gewichte verschiebst. So kannst du das ganze Mobile neu ausbalancieren."
Ich ging ans Werk. Das wirbelte ziemlich Staub auf; immerhin wollte ich genau lesen, was auf den Anhängern stand.

(Wolfgang Endres/Markus Olivieri, Der Große Punkt – Bewusster-leben lernen, Kösel Verlag, München, 4. Aufl. 1993, S. 62ff.; Grafik: S. 65)

Nehmen Sie Ihr Journal zur Hand und zeichnen Sie Ihr Mobile.

Erziehung zur Autonomie

Das kleine und das große Ich

Im Jahre 1989 erhält der Soziologe Leo Löwenthal, Freund und Weggenosse Adornos, den Theodor W. Adorno-Preis der Stadt Frankfurt. Seine Dankesrede (Löwenthal, 1989) ist überschrieben mit „Das kleine Ich und das große Ich". Löwenthal erinnert daran, dass „die Ohnmacht des Subjekts in der modernen Welt" ein wichtiges theoretisches Anliegen der Kritischen Theorie gewesen sei. Die Wissenschaftler, die in ihren theoretischen und empirischen Arbeiten der Kritischen Theorie verpflichtet gewesen seien, hätten immer wieder darauf hingewiesen, „wie eine entfesselte instrumentelle Vernunft zur Ursache zivilisatorischer Katastrophen wurde". Sie hätten ihre Analysen erstellt „vor dem Hintergrund der, wenn auch verzweifelten, Hoffnung auf einen besseren gesellschaftlichen Zustand". Im weiteren Verlauf seiner Rede spricht Löwenthal vom „kleinen Ich" und dem „großen Ich". Das kleine Ich sei das instrumentelle, das auf das „Nächste" ausgerichtete, grob lustbezogene subjektive Verlangen, mit dem der Einzelne in einer nicht als solidarisch konzipierten Gesellschaft sich rein auf sich selbst bezogen zu bestätigen versuche. Das große Ich enthülle demgegenüber die Blindheit der vereinzelten Individuen als Verblendung, von der befallen die Realität verleugnet werde: „Realität leugnen heißt aber […] Abwendung von der Realität des Leidens der menschlichen und außermenschlichen Kreatur." Löwenthal plädiert für Veränderung, für den auf radikale Kritik gerichteten politischen Willen. Er beschwört das jüdisch-messianische Erbe der utopischen Hoffnung und erinnert an die klassische Treue zur Heilung des beschädigten Lebens, von der Adorno gesprochen habe.
Das kleine Ich und das große Ich Löwenthals scheinen sich wechselseitig auszuschließen. Da aber die Defizite des kleinen Ichs beim großen Ich als Potenzen zu entdecken sind, muss es um eine stufenweise Entwicklung von einem zum anderen gehen.
Das kleine Ich setzt alle verfügbare Kraft zur eigenen Selbsterhaltung ein, koste es, was es wolle. Wenn ich ausschließlich mich selbst im Blick habe, nehme ich außer mir nur noch das wahr, was für mein eigenes Überleben und Wohlleben von Bedeutung ist. Nur das ergibt Sinn für mich. Pure Selbsterhaltung realisiert sich über Gleichgültigkeit bis hin zur Aggressivität fremdem Leid und fremden Schicksalen gegenüber (rechtsradikale Ausschreitungen gegenüber Roma und anderen Asylanten 1992). Die angestrebte Autonomie wird erst dann zum mitmenschlichen Wert, wenn ihr Gegenbegriff, das Angewiesensein auf den anderen und des anderen auf mich, mitgedacht wird.
Die Rede vom kleinen Ich und vom großen Ich enthält Bewertungen des Subjekts, Bewertungen im Hinblick auf den angestrebten Fortschritt des Nachdenkens und der Mündigkeit. Demgegenüber betont der Mainzer Student Bernd Neis im Sommersemester 1991 in einer Seminardiskussion über den Subjektbegriff, dass auch schon Kinder mit ihren viel gelobten Eigenschaften von Spontaneität, Wahrheit, Ehrlichkeit und Offenheit Subjekte seien und dass man ausgerechnet bei für unmündig Erklärten, Kindern, Greisen und Verwirrten eine ausgesprochene Neigung zur Selbstbestimmung feststellen könne. Von daher gesehen erscheine das mündige Subjekt als das gezähmte Subjekt.
Ich teile diese Einschätzung. Löwenthals kleinem Ich muss ein Subjektstatus zugeschrieben werden. Schließlich kann man von jedem sagen, dass er sein Leben „führe". Unter der Perspektive von Subjekt als Idee, als Prozess, als Hoffnung, als Auftrag, als ‚Institut der Steigerung' (Ebeling 1991) möchte ich die Subjektform des kleinen Ichs, sofern sie nicht menschenverachtend ausgeübt wird, als normale Realität werten. Das „kleine Ich" erscheint als Vorbedingung für weitere Entwicklungen, mittels derer in eigener Verantwortung unrealisierte Möglichkeiten realisiert, Festgefahrenes gelockert, Unerschlossenes erschlossen werden kann.

(Erhard Meueler, Die Türen des Käfigs, Klett-Cotta, Stuttgart, 2. Aufl. 1998, S. 90f.)

Autonomie, Heteronomie und Erziehung

Die Wirklichkeit nach der Eigenart des (eigenen) Denksystems erkennen und in ihr sinnvoll (gut) handeln lernen, ist eine Funktion von *Autonomie*. Sie vollzieht sich als Selbstorganisation und Selbstregulation, aber nicht für sich, sondern stets, also unablösbar, im unmittelbaren Bezug zur Umwelt und ihren Einflüssen, ihren Zwängen und Chancen. Ein Selbst, das nur auf sich bezogen wäre, ist demnach nicht denkbar. Es ist eingebunden in die Korrespondenz mit seiner Umwelt, was letztlich auch *Heteronomie* bedeutet. Ein Kind kann sich über seine Natur, z. B. einen Körperfehler, hinwegsetzen, sich ihm gänzlich ausliefern oder das Beste daraus machen. Es kann seinen Vater, seine Mutter, seinen Lehrer, seine Altersgenossen ablehnen oder akzeptieren bzw. auf sie einzuwirken versuchen. Gänzlich ausgeliefert ist es nicht, es sei denn, es gibt sich *selbst* auf.

Ohne Zweifel gibt es heute sehr verbreitet dieses Zerrbild ichbezogener „Selbstverwirklichung", also eine Lebensauffassung, die dominant von bloßen Eigeninteressen, vom Eigennutz, bestimmt ist, vom Bedürfnis nach purer Unabhängigkeit und Selbstbestimmtheit. Wir würden solche Einseitigkeiten aber nicht mit Autonomie gleichsetzen, sondern eher von einer Verzerrung dieses Begriffes sprechen. Wenn allerdings der Begriff *autonom* deshalb verworfen würde, weil man ihn mit einem bloßen Aus-sich-selbst-Existieren identifizierte, also mit einer grenzenlosen Mächtigkeit des Subjekts, so fällt diese begriffliche Verzerrung in sich selber zusammen, denn so etwas gibt es überhaupt nicht. Keiner kann aus sich und für sich allein existieren.

Der Begriff Autonomie erscheint uns zu wichtig, als dass er einer bloßen Verflachung zum Opfer fallen sollte. Wir gehen deshalb zunächst von der Wortbedeutung aus. In Autonomie steckt „autos" (selbst) und „nomos" (das Gesetzte, das Rechte, das, was für alle gelten soll). Das Rechte ist das, was um der Menschen willen geboten oder verboten ist. Gemeint ist eine notwendige Ordnung für das Dasein der Dinge und Menschen, im moralischen Bereich das „Sittengesetz" (*Kant*). Nach *Kant* ist die Vernunft selber das Gesetz, also nicht der Einzelne. Er hat sich in seinem Willen und in seinen Handlungen in „freiem Selbstzwang" (*Kant, Bd. VIII, 512*) zu unterwerfen. Autonomie meint also in diesem Sinne einen gebundenen Menschen, einen Menschen, der *sich selbst* in sittlicher Entscheidung an das Rechte bindet. Autonomie ist dann die *Selbsteinbindung in das Rechte*. Im menschlichen Zusammenleben geht es um die sinnvolle Ko-Existenz autonomer Systeme.

Autonomie in erzieherischer Kopplung

[...] Es wurde bereits darauf hingewiesen, dass Autonomie nicht für sich gesehen werden kann, dass sie nur in *sozialer Koppelung* oder *Bindung* gedeihen kann. Wer nur sich selbst verwirklichen will, brauchte die anderen nur als Mittel zu diesem Zweck. Es wurde auch bereits aufgezeigt, dass das Kind nicht nur Autonomieansprüche stellt, sondern genauso Wert auf Bindung, Geborgenheit und Halt legt.

Pädagogisch bedeutet dies kurz gesagt, wenn von der Autonomie des Kindes die Rede ist, ist immer auch der Erzieher im Spiel, und das heißt: *seine* Autonomie. Im Erziehungsprozess stehen sich stets autonome Systeme in irgendeiner Koppelung gegenüber oder miteinander in Verbindung. Wir haben es immer mit einer Beziehung zweier oder mehrerer autonomer Systeme zueinander zu tun (siehe Abbildung). Man könnte von einer *inter-autonomischen* oder *ko-autonomischen* Beziehung reden.

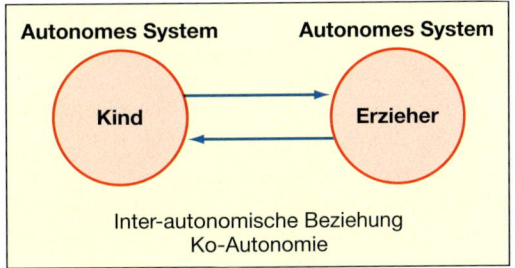

Jeder Teilhaber an einer pädagogischen Beziehung ist ein eigenes System, stellt autonome Ansprüche an den anderen und erwartet, dass diese respektiert werden. – Während früher in den autoritär bestimmten erzieherischen Verhältnissen der Erzieher dominant („autonom") war, hat man heute eher den umgekehrten Eindruck: Die „Selbstverwirklichung" des Kindes bestimmt vielfach die Erziehungsszenerie. Von den Autonomieansprüchen der Erziehenden ist nur sekundär die Rede.

Wenn destruktiv-chaotische Verhältnisse, z.B. in Schulklassen, dominant werden, so ist jede Autonomie verlorengegangen.

Grundsätzlich wäre nach unserer vorausgegangenen Ableitung des Begriffes Autonomie festzustellen: Der Autonomie-Anspruch des Kindes trifft auf den *Autonomieanspruch des Erwachsenen* und findet an ihm seine Begrenzung bzw. seine Entsprechung. Wie das Kind hat (auch) der Erwachsene im Erziehungsprozess das Recht auf Beachtung und Respektierung seiner Eigensphäre, seiner Gefühle, seiner Interessen, seines Wertsystems, seines autonomen Willens. Er hat ein Recht auf Achtung vor seiner Menschenwürde und seiner Freiheit. Er hat das Recht und die Pflicht, in bestimmten Situationen Entscheidungen – auch gegen Widerstand – zu treffen und durchzuhalten, wenn er sie für notwendig ansieht und sie verantworten kann. Seine *Souveränität* wird dabei nicht Selbstzweck willkürlicher Machtausübung, sondern sie hat dienende Funktion: Sie klärt kritische Situationen, gibt Orientierungsrückhalt, u.U. auch direkten psychischen Halt. [...]

Die Autonomie des erziehenden Erwachsenen wird zu dem, was man auch seine persönliche *Autorität* als *anerkannte* Gültigkeit im erzieherischen Verhältnis bezeichnet. Ihr liegen bestimmte Charaktereigenschaften und Kompetenzen zugrunde, wie z.B. Verlässlichkeit, Echtheit, Verbindlichkeit u.a., die eine hinreichende stabile innere Integration als gefestigtes Selbstbewusstsein konstituieren. Negativ ausgedrückt: Ist diese eigene Autonomie nicht genügend ausgeprägt, so wird nicht nur das erzieherische Verhältnis, sondern auch die Autonomie-Entwicklung des Kindes belastet. Die entstehenden Erziehungsschwierigkeiten sind dann als *Autonomieschwierigkeiten* des *Erwachsenen* zu werten. Sie drücken sich vielfach in erzieherischer Hilflosigkeit, Ängstlichkeit, Sinnverwirrung, Beziehungslosigkeit (man ist zu sehr mit sich selbst beschäftigt), in Vernachlässigung, dominanter Distanziertheit oder darin aus, dass das eigene System „durchdreht", was sich in Panik, Aggressivität oder Unterdrückung niederschlagen kann.

Im *erzieherischen Verhältnis* treten nun nicht etwa monadisch geschlossene psychische Systeme (Individuen) einander gegenüber, sondern es entsteht zugleich eine soziale Kopplung, ein *soziales* System und damit eine eigene Qualität, eine soziale. Damit verändert sich die Eigenposition. Jedes Mitglied des sozialen Systems wird ein anderes; es wird vom Ganzen abhängig.

(Otto Speck, Chaos und Autonomie in der Erziehung, München 1991, S. 131ff.)

1. Zeigen Sie Parallelen zur Argumentation von Erhard Meueler auf.
2. Was für ein Verständnis von Erziehung hat der Autor? (Vgl. auch Phoenix, Bd. 1.)
3. Diskutieren Sie die Bedeutung des kategorischen Imperativs für das ‚erzieherische Verhältnis'.

„Ein jeder Mensch hat rechtmäßigen Anspruch auf Achtung von seinen Nebenmenschen und wechselseitig ist er dazu auch gegen jeden anderen verbunden. Die Menschheit selbst ist eine Würde, denn der Mensch kann von keinem Menschen (weder von anderen noch sogar von sich selbst) bloß als Mittel, sondern muss jederzeit zugleich als Zweck gebraucht werden, und darin besteht eben seine Würde (die Persönlichkeit), dadurch er sich über alle anderen Weltwesen, die nicht Menschen sind und doch gebraucht werden können, mithin über alle Sachen erhebt. Gleich wie er also sich selbst für keinen Preis weggeben kann (welches der Pflicht der Selbstschätzung widerstreiten würde), so kann er auch nicht der ebenso notwendigen Selbstschätzung anderer als Menschen entgegenhandeln, das ist:

Er ist verbunden, die Würde der Menschheit an jedem anderen Menschen anzuerkennen, mithin ruht auf ihm eine Pflicht, die sich auf die jedem anderen Menschen notwendig zu erzeigende Achtung bezieht.

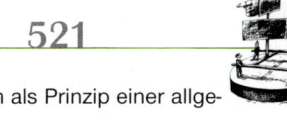

> Handle so, dass die Maxime deines Willens jederzeit zugleich als Prinzip einer allgemeinen Gesetzgebung gelten könnte!
> Die Pflicht gegen sich selbst ... besteht ... darin, dass der Mensch die Würde der Menschheit in seiner eigenen Person bewahre. Er tadelt sich, wenn er die Idee der Menschheit vor Augen hat. Er hat ein Original in seiner Idee, mit der er sich vergleicht.
> (Immanuel Kant, Werke XI. [Hg. W. Weischedel], Suhrkamp, Frankfurt a. M. 1968, S. 53f.)

Komponenten der Autonomiebildung

Welche Bedingungen muss die Erziehung bieten, damit sich eine freie sittliche Persönlichkeit bilden kann? Negativ gesprochen: Welche Bedingungen sind es, die das Erziehungsziel der selbstständigen und guten Lebensführung verbauen können?
Die Inhalte und die Art und Weise dieser Kommunikation bestimmen das Lernen. Ohne Selbstbeteiligung wird nicht gelernt. Die Erziehung hat also dieses Selbst, die *Eigeninstanz* der Lernenden, zu beobachten, zu stützen und zu fördern. Man kann durchaus auch vom *eigenen Sinn* sprechen, den der Einzelne seinem Leben zu geben hat. [...] Um diese eigene Weise, gut und glücklich zu werden, und darum, dass der Einzelne seinem Leben eigenen Sinn und Inhalt zu geben hat, muss es pädagogisch zentral gehen. Die pädagogischen Ängste vor solcher Autonomie aber sind nach wie vor unübersehbar. [...]
Eine Erziehung zur Autonomie kann nicht so verstanden werden, dass ein Kind autonom zu *machen* sei. Es muss seine Autonomie vielmehr selber suchen und verwirklichen. Erziehung kann nur Hilfe zur Selbsthilfe sein. [...] Die dienende Funktion der Erziehung, um die es dabei geht, bringt ein Gedicht von *Kahlil Gibran (1973)* zum Ausdruck:
„Eure Kinder sind nicht eure Kinder.
Es sind die Söhne
und Töchter von des Lebens
Verlangen nach sich selber.
Sie kommen durch euch, doch nicht von euch:
Und sind sie auch bei euch, so gehören sie euch doch nicht.
Ihr dürft ihnen eure Liebe geben, doch nicht eure Gedanken.
Denn sie haben ihre eigenen Gedanken.
Ihr dürft ihren Leib behausen, doch nicht ihre Seele.
Denn ihre Seele
wohnt im Hause von Morgen,
das ihr nicht zu betreten vermöget,
selbst nicht in euren Träumen."
[...] Es ist davon auszugehen, dass ein beachtliches Ausmaß der heutigen Erziehungsschwierigkeiten auf eine vernachlässigte oder fehlgelaufene Autonomiebildung zurückzuführen ist, also auf eine falsch verstandene oder falsch praktizierte Erziehung. Im Sinne seiner Autonomiebildung muss das Kind konstruktive Erfahrungen in folgenden Bereichen machen:

Eigenaktivität
Der kindliche Organismus äußert und entwickelt von Anfang an seine „Lebenskräfte", seine Antriebe, sich zu behaupten, seine Umwelt und sich selbst kennenzulernen und sich zu erproben. Seine Neugier, seine „Umtriebigkeit", sein Bedürfnis, alles möglichst „allein" oder „selber" machen zu wollen, sich durchsetzen zu wollen (Trotz), sich nicht jedem Wunsch von außen zu fügen, sich zu wehren, sind Äußerungen einer Eigenaktivität, ohne die sich die Persönlichkeit bei der Fülle ihrer Möglichkeiten nicht aufbauen könnte. [...] Über die Eigenaktivität und ihre „Objekterfahrungen" entwickeln sich Subjekt und Objekt in ihrer Getrenntheit, also das eigene System in Abhebung zur Umwelt. [...]

Eigenkompetenzen
Das Kind will etwas können; es will immer mehr können. Es ist darauf angelegt, seine Fähigkeiten zu Fertigkeiten auszubauen. Es lernt stehen und gehen, es lernt die Dinge und Menschen seiner Umgebung kennen und sich auf sie einzustellen,

es erwirbt Kenntnisse und erprobt diese im aktiven Umgang mit den Dingen und Menschen. Es ist ihm viel wert, dass es etwas und immer mehr kann. Es ist dazu bereit, mit unendlicher Geduld zu üben und auch viele Misserfolge einzustecken. Es braucht aber zugleich auch Zuspruch und Anerkennung, vor allem aber die entsprechenden Gelegenheiten, seine Fertigkeiten, sein Können, selber einzuüben.

Eigenräume und Eigenheiten

Jeder braucht auch seinen geschützten Raum, seine ökologische Nische, wo er unbehelligt ist, wo er bei sich zu Hause sein kann, wo man nicht ohne weiteres eindringen kann, wo die eigenen intimen Dinge unangetastet bleiben und respektiert werden. Erni spricht vom „Autonomieraum"; wenn dessen Grenzen beachtet werden, entstünde ein wohliges Gefühl der eigenen Freiheit. Jedes Eindringen, sei es auch ein „freundschaftliches", wird als Kontrolle und Verletzung empfunden und normalerweise abgewehrt. [...] Es sind wahrscheinlich die infamsten Verletzungen des Selbstwertgefühls und der Autonomie, die ein Kind treffen können, wenn es immer wieder erleben muss, dass andere unbefugt in sein „Eckerl", in seine Schubladen, in sein Briefgeheimnis, in sein Zimmer, in sein intimes Wissen eindringen und es entblößen. Ähnlich verhält es sich mit der Respektierung von Eigenheiten, die jedes Kind hat, seien es solche des Temperaments, der Sprache oder der kulturell bedingten Lebensart, z.B. bei ausländischen Kindern. Auch die spezifische Beachtung und Berücksichtigung des Geschlechts ist eine wesentliche Bedingung für die Entwicklung von Identität und Autonomie. Mädchen wollen als Mädchen und Jungen als Jungen bestätigt sein.

Eigene Gefühle

[...] Die eigenen Gefühle bilden sich nicht einfach aus sich selbst, sondern im Kontakt mit den Gefühlen, die das Kind in der Begegnung mit anderen erlebt. Das Kind hat durchaus ein Bedürfnis, sich mit den Gefühlen seiner Bezugspersonen zu identifizieren; es muss aber auch die Chance haben, anders als diese zu fühlen und sich zu äußern. Nur wenn es seinen eigenen Gefühlen trauen darf, bildet sich sein Selbstwertgefühl, die Achtung vor sich selber, und damit auch sein Selbstvertrauen. Zentrale Voraussetzung dafür ist es, sein eigenes Dasein geachtet und bestätigt zu erleben durch die Gefühle seiner Eltern und Erzieher.

Eigener Wille

[...] Das Kind soll und will Regeln respektieren, aber u.U. auch kritisch prüfen. Es muss wissen und spüren, dass es gut ist, einen eigenen Willen zu haben. Es soll auch selbst wählen dürfen, und es muss auch „Nein" sagen dürfen. „Das Neinsagen gibt das triumphale Gefühl, selbst jemand zu sein" (Erni). Das kindliche Urteilsvermögen braucht Stützen und Ermutigung, auch wenn es Fehler macht. Es wird unterdrückt, wenn das Kind autoritär eingeschüchtert, wenn ihm allzu viel vorgeschrieben wird, wenn eine bindende Identifikation mit der Autorität eingefordert wird, oder wenn aus Überbehütung alle Verantwortung für das Kind elterlicherseits übernommen wird. Rechthaberei und Befehlstyrannei, aber auch Überfürsorge können Angst und Schuldgefühle erzeugen und so das Erstarken eines eigenen freien Willens, aus dem sich ein autonomes Gewissen bilden soll, untergraben. Dieses erfordert vielmehr eine wohlwollend begleitende Autorität, die darauf beruht, dass das Kind ernst genommen wird, und die es das tun und entscheiden lässt, was ihm als Tun und Entscheiden zuzutrauen ist. [...]

Erfahren von Gerechtigkeit

Das Kind, das sich Regeln unterwirft, erhebt natürlicherweise Anspruch darauf, auch selbst gerecht behandelt zu werden, sowohl von Gleichaltrigen als auch von Erwachsenen. [...]

Achtung der eigenen Würde

Autonomie ist in der Würde des Menschen begründet. Er muss die Achtung dieser Würde erfahren, wenn er andere und ihre Rechte wahren soll. Das Kind will erleben, dass es anderen einen Wert bedeutet, einen Wert, der verteidigt wird gegen Beleidigung und Misshandlung, einen Wert als Mensch, den der andere nicht für eigene Zwecke verwenden, d.h. missbrauchen darf. [...]

Eigener Lebenssinn

Das, was den Sinn eigenen Existierens und konkreten Verhaltens ausmachen könnte, muss der Einzelne selbst suchen und zu bestätigen versuchen. Lebenssinn ist nicht vorgefertigt. Es gibt bestimmte weltanschaulich oder kulturell gefasste Konzepte, Sinnsysteme bzw. Deutungen dessen, was das Leben zu einem sinnerfüllten werden lassen kann. Der Einzelne aber muss darin seine eigene Form, seine eigene Ausprägung finden können. Sinnsuche und Sinnrealisierung sind autonom konstituiert. [...] Die persönliche und autonome Sinn- und Wertantwort wird erschwert, wenn sich in der Umwelt Egoismus und Orientierungslosigkeit ausbreiten. [...]

(Otto Speck, Chaos und Autonomie in der Erziehung, München 1991, S. 130ff.)

 Diskutieren Sie die hier vorgetragenen Bedingungen einer Erziehung zur Autonomie im Hinblick auf ihre Umsetzungsmöglichkeiten.

Erziehung zur Verantwortung

Entwicklung von Verantwortlichkeit

Ein wesentliches Ziel der Bemühungen der älteren Generationen um die heranwachsenden Kinder und Jugendlichen besteht darin, die jungen Menschen auf die Verantwortung vorzubereiten, die sie sowohl für ihr eigenes Leben als auch das gemeinsame Leben der Generationen übernehmen sollen. Auch für Kinder und Jugendliche ist Verantwortung ein bedeutsames Ziel. Letztlich werden ihre Anstrengungen, sich Sinn, Werte und Regeln anzueignen sowie Wissen und Können zu erwerben, von ihrem Willen angetrieben, einen Platz im Leben unter und mit anderen Menschen eigenverantwortlich ausfüllen zu können. Entwicklung, Erziehung und Lernen sind der Weg zu mehr Verantwortlichkeit. Dieser Zusammenhang ist nicht nur ein Gedanke von Philosophen, Pädagogen und Psychologen. In ihm liegt ein mächtiges Motiv für Kinder und Jugendliche, an Entwicklungsaufgaben zu arbeiten und sich an Regeln sowie kulturelle Erfordernisse auch dann anzupassen, wenn Lernen und Erziehung sich mit Zumutungen und Mühen verbinden.

Verantwortung ist deswegen ein grundlegendes Element menschlichen Handelns, weil sich in ihr die individuelle und die soziale Natur des Menschseins verbinden:

- Verantwortung verlangt, dass der einzelne Mensch sich sein Handeln zurechnet und sich dessen Konsequenzen stellen muss. [...]
- Was zu verantworten ist, kann jedoch niemand allein bestimmen. Durch die Auseinandersetzungen darüber, was zu verantworten ist, werden die Heranwachsenden zu Mitgliedern ihrer Gesellschaft, an deren Sinn- und Werttraditionen sich jeder abarbeiten muss, der verantwortlich handeln will.
- Verantwortlich handeln kann man immer nur unter konkreten Bedingungen. Folglich führt das Streben nach Verantwortung die jungen Menschen in Positionen und Situationen, in deren Rahmen erst deutlich wird, was man wissen und können muss, um sein Handeln verantworten zu können.
- Verantwortung konfrontiert die Handelnden aber auch immer mit den Ansprüchen des Ganzen, mit den unerreichten Idealen und den nicht befriedigten Sehnsüchten, webt sie daher in die Prozesse ein, in denen Menschen bessere Lösungen für Ungerechtigkeit, mangelnde Solidarität und Lieblosigkeit zu finden versuchen. [...]

Es fällt auf, dass in Zeiten, in denen Haushaltsmittel knapp werden oder in denen schmerzliche Entscheidungen zu treffen sind, gern Verantwortung „nach unten" delegiert wird. Da liegt der Verdacht nahe, dass Menschen die Konsequenzen von Fehlentwicklungen, bei denen sie nicht gefragt wurden, mittragen und selber für Hilfen in Notlagen sorgen sollen.

In ähnlicher Weise wird oft von Kindern gefordert, sie sollten „selbstständig" irgendwelche Aufgaben erledigen, wenn Eltern, Erzieher oder Lehrer nur Entlastung suchen. [...] Wir halten es für wichtig, das Thema „Wachsende Verantwortung der Kinder" von Verantwortungsappellen und funktionalisierenden Selbstständigkeitsforderungen freizu-

halten, die lediglich die Verantwortungsbereitschaft der Kinder und Jugendlichen ausnutzen, ohne die subjektiven und objektiven Voraussetzungen für wirkliche (Mit-)Verantwortung zu schaffen. Es wäre gut, wenn Kinder das Wort Verantwortung nicht zuerst in Verbindung mit Schuld, Strafe und Wiedergutmachung hörten. Dies ist eine Einengung, der eine konstruktive Perspektive von Verantwortung gegenübergestellt werden soll, die nicht von der Verletzung einer Norm ausgeht, sondern von der gemeinsamen Anstrengung für Fairness, Gerechtigkeit und Füreinander-Einstehen. Gerade durch die Übernahme von Verantwortung für ein Handeln zur Verwirklichung dieser Ziele gestalten Menschen ihre Lebensverhältnisse befriedigender. Wer Verantwortung für diese Ziele anerkennt, erklärt sich für zuständig, erläutert seine Absichten, gibt Begründungen und eröffnet damit die Möglichkeit, sich gemeinsam darüber zu verständigen, wie Angelegenheiten gut zu regeln sind.

Kinder können diese konstruktive Seite von Verantwortung bereits in frühen Lebensjahren kennenlernen, nämlich dann, wenn sie Bereiche, für die sie sich zuständig betrachten, nach eigenen Vorstellungen zu gestalten beginnen. [...]

Nach Büchner, Fuhs und Krüger (1996) beziehen inzwischen nach Angaben der Kinder zwei Drittel der Eltern in Ost und West kindliche Äußerungen in ihre Überlegungen mit ein. Das ist zwar abhängig vom Sozialstatus der Eltern, aber auch in den unteren Statusgruppen sind es noch 60%. [...]

Vermehrte Verantwortung wird in dieser erzieherischen Haltung den Kindern nicht aus Gleichgültigkeit zugeschoben. Die Eltern geben ihren Kindern vielmehr aus innerer Überzeugung mehr Einfluss auf das Erziehungsgeschehen. Je nach Entwicklungsstufe wird angemessene Verantwortung zugestanden. In diesem Wandel steckt folglich nicht ein reduzierter, sondern ein kommunikativ zu verwirklichender Erziehungsanspruch. [...] Eltern, die so erziehen, sind überzeugt, dass sie ihre Kinder auf diesem Weg am besten auf die sozialen und moralischen Risiken vorbereiten, die diese in eigener Verantwortung bewältigen müssen.

Es sind oft sehr alltägliche Themen, an denen sich Fragen nach Verantwortung stellen. So werfen nach Goodnow und Warton (1992) Diskussionen in Familien darüber, wer bestimmte Aufgaben im Haushalt übernimmt, komplizierte Fragen auf, die Kinder ganz von allein dazu bringen, Regeln der Zuständigkeit untereinander oder mit ihren Eltern zu klären und Rechtfertigungen oder Entschuldigungen für ihr Verhalten zu finden. In mehr als der Hälfte der Familien gibt es über diese Probleme häufig Streit (Büchner/Fuhs 1996). Hier ist anzumerken, dass Mädchen wie Jungen zur Mithilfe im Haushalt angehalten werden, mehr allerdings die Kinder in den neuen Bundesländern als in den alten und mehr die Mädchen als die Jungen (aber auch unter den 10- bis 13-jährigen Jungen im Westen beteiligen sich 80% an Hausarbeiten).

Andere Themen, die Fragen der Verantwortung aufwerfen, sind zum Beispiel das Aufräumen des eigenen Zimmers, Versorgung des Haustiers, Arbeiten für die Schule, Kleidung oder Verabredungen mit Freunden. Fast alle Kinder und Jugendlichen nennen Themen, über die sie mit ihren Eltern nicht einig sind (Zinnecker 1985).

Diese Aushandlungsprozesse müssen nicht zu heftigen Konflikten führen. Dennoch gibt es immer wieder Diskrepanzen zwischen dem, was Kinder allein regeln wollen, und dem, was Eltern ihnen zutrauen. Nach Smetana (1996) haben solche Auseinandersetzungen zwischen Kindern und ihren Eltern über Themen dieser Art keine negativen Folgen. Wenn allerdings selbstständiges Handeln der Kinder allein der Entlastung der Eltern dienen soll und nicht ihren Überzeugungen entspringt, kann dies die Entwicklung des Kindes zu Verantwortung belasten.

(Bundesministerium für Familie, Senioren, Frauen und Jugend, Zehnter Kinder- und Jugendbericht, Bonn 1998, S. 144ff.)

1. Wie sollte entsprechend der Argumentation der Autoren eine Erziehung zur Verantwortung gestaltet werden, welche Abgrenzungen werden vorgenommen? Formulieren Sie eine Begriffsbestimmung einer Erziehung zur Verantwortung im Sinne der Ausführungen dieses Textes.

2. Welcher Erziehungsstil fördert Ihrer Meinung nach am besten die Entwicklung eines Verantwortungsgefühls bei Kindern?

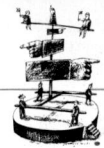

Verantwortung übernehmen

Das Thema der Verantwortung nimmt unser In-der-Welt-Sein als Person umfassend in den Blick: Es betrifft das Problem der Identität unter dem Aspekt der ethischen Verbindlichkeit und der Verpflichtung zwischen Menschen. Verantwortung fragt nach unseren Entscheidungen, die Tun und Lassen vorbereiten und begleiten, die Verpflichtung und Bindung nach sich ziehen, das Handeln bestimmen; der Begriff fragt danach, ob diese Entscheidungen richtig waren, was unser Handeln, das Tun und Lassen, bewirkt hat, welche Folgen, welches Verdienst, welche Schuld daraus erwachsen, ob wir unsere Möglichkeiten wahrgenommen haben und ihnen gerecht geworden sind oder nicht. Unsere moderne Kultur mit ihrem institutionalisierten Individualismus verwendet außerordentlich viel Zeit und Arbeitskraft auf dieses Thema: Ganze Komplexe von Institutionen beschäftigen sich mit der Vorbereitung von Entscheidungen, mit der Zuweisung von verbindlicher Kompetenz, der Verleihung von Verdienst, der Klärung von Haftungsfragen, von Schuld. Verantwortung ist also ein schwieriges, Thema, umfassend, unabschließbar, komplex, wie das Problem der Identität überhaupt. Schon das deutsche Wort selbst verbreitet, ähnlich wie das Wort „Erziehung", so Waldenfels, einen „unangemessenen Geist der Schwere". Die Schwere der Sache wird durch die typisch deutsche Wortbildung noch verstärkt. Der Begriff der „Antwort" wird durch die Nachsilbe „ung" und die Vorsilbe „ver" aus der alltagsnahen Ebene des Dialogs, aus dem konkreten Hin und Her von Frage und Antwort, herausgehoben. Wie bei der sprachlichen Transformation vom „Wandel", zur „Verwandlung" oder vom „Fehler" zur „Verfehlung", so führt diejenige von der „Anwort" zur „Verantwortung" zu etwas Umfassendem, Endgültigem; „Verantwortung" ist ein Synthesebegriff, der Prozess und Ergebnis einschließt. Wer zur Verantwortung gezogen wird, muss sich allen möglichen Fragen aussetzen.
Diese Perspektive rückt die Bedeutung von „Verantwortung" als Zurechnungsfrage in den Mittelpunkt. Dabei ist zum einen die Klärung eines Sachverhalts angesprochen, etwa von der Art: „Wer hat heute Nacht im Wohnzimmer das Licht brennen lassen (und ist zu rügen)?", oder: „Wer hat dem Hausmeister heute diesen wunderschönen Blumenstrauß gebracht (und verdient gelobt zu werden)?" Zugleich kommt damit die weiter gehende und schwierige Frage nach den Bedingungen der Möglichkeit von Zurechnung in den Blick, einfach gesagt, die Frage danach, ob und wie wir überhaupt zu verbindlichen, rational nachvollziehbaren Zurechnungen kommen können.
[...]
Neben der Frage nach der Zurechnung enthält der Begriff der Verantwortung jedoch noch eine andere Bedeutungsdimension – diese ist angesprochen, wenn der Begriff vom Handeln her aufgefasst wird. Es geht dann nicht primär um die Fragen von Schuld und Verdienst, nicht um Zurechnung, sondern um die Bereitschaft, sich zu engagieren, Aufgaben verlässlich zu übernehmen, sich verbindlich für eine Sache im Interesse des Gemeinwohls einzusetzen. Anders als im Deutschen, gibt es in der angelsächsischen Welt für diese zweite Dimension einen eigenen Begriff, der dem pragmatischen Sinn der Verantwortung mehr entspricht: Neben dem Wort „responsibility", das wörtlich der „Verantwortung" entspricht, steht das Wort „coininitment", mit dem die entschiedene, bindende Übernahme einer Aufgabe oder Funktion gemeint ist. (Auch das deutsche Wort „Verpflichtung" hat durch die typische Wortbildung einen anderen Klang.) Wir können also Verantwortung als Zurechnungsbegriff und als Handlungsbegriff auffassen – eine analytische Unterscheidung allerdings von begrenzter Reichweite; denn wenn wir die Frage der Zurechnung untersuchen, ist dies immer ein Aspekt im Zusammenhang menschlicher Handlungsverhältnisse. Die Frage nach der Verantwortung läuft ohne die Voraussetzung einer Handlungsmöglichkeit ins Leere – und umgekehrt gilt: Verantwortlichkeit betrachten wir als eine notwendige Qualität menschlichen Handelns im vollen Sinne.
[...]
Die Frage lautet: Wie können wir die Bereitschaft von Kindern und Jugendlichen fördern, Aufgaben zu übernehmen und sie verlässlich zu erledigen, und wie werden Kinder und Jugendliche frei, selbst zu denken, zu urteilen, zu handeln, für das eigene Tun selbst geradezustehen, abzuschätzen, was aus dem eigenen Wollen resultiert und nicht aus dem der Eltern oder Lehrer? Mir kommt es

hier auf einen ganz bestimmten Punkt an. Nicht auf das Problem der Freiheit als philosophisches Grundproblem, sondern auf die Frage, wie sich der Einzelne so aus dem Zwang oder der Verwicklung bestehender Verhältnisse herauslösen kann, dass er sein Denken und Handeln als eigenes und zu verantwortendes wahrzunehmen vermag. [...]

Die Entwicklung vom kindlichen zum erwachsenen Weltverständnis ist von Anfang an pädagogisch mitbestimmt, d.h. von der Qualität personaler Zuwendungen abhängig. Lebensgeschichtlich lässt nämlich eine als verlässlich erfahrene personale Beziehung, mit Eriksons Begriff, das Urvertrauen bzw. Grundvertrauen entstehen, das die Voraussetzung für die spätere Hinwendung zur äußeren Welt bildet. Man kann sogar sagen: Die spezifische Leistung, auf der die neuzeitlichen – objektiven – Weltverhältnisse beruhen, also die naturwissenschaftliche, technische, instrumentelle oder moralische Gegenstellung zu Natur und Gesellschaft, durch die wir uns als individuelle Subjekte von der uns umgebenden sozialen und natürlichen Welt zu unterscheiden und zu trennen suchen, diese Leistung muss zuerst in der Sphäre der Personalität ermöglicht werden. Grundlage ist die Ablösung des Kindes aus der symbiotischen Beziehung zur Mutter und die Wiederannäherung, das lebenslange Wechselspiel zwischen Trennung und subjektiver Wiederaneignung, oder, mit den Begriffen der kognitiven Entwicklungspsychologie, der Akkommodation und Assimilation. Das Kind muss die Erfahrung machen können, dass es sich von der als Teil des eigenen Selbst besetzten Mutter trennen kann – dass es sie zum „Objekt" machen darf –, ohne dass die Mutter und mit ihr die Welt verschwindet und das Selbst zusammenbricht. Erst dann kann es sich in eine überdauernde objektive Haltung zur Welt begeben, wie sie auch Schule, Recht und Moral als selbstverständlich unterstellen.

Eine solche Objektivität und die Freiheit eigener Stellungnahme, eigenen Handelns und eigener Verantwortung beruht also lebensgeschichtlich – und übrigens auch anthropologisch – auf einer tiefer liegenden pädagogischen Voraussetzung. Pädagogisch bedarf dies einer Verbundenheit, die das lernende Ich existenziell absichert. Lernen will Veränderung und erfordert die Preisgabe des sicheren Standes – das ist in gesteigerter Weise der Fall, wenn Kinder und Jugendliche verantwortlich eigene Aufgaben übernehmen und dann für deren Erfüllung Rede und Antwort stehen sollen. Erwachsene müssen bei diesem Gang ins Ungesicherte eine Kontinuität der Verbundenheit sichern, die die Lernenden über die Veränderung hinweg in ihrer Identität bestätigt und damit ein Anerkennungsverhältnis begründet. Freiheit des Handelns als Basis persönlicher Verantwortung setzt die Freigabe zum Handeln voraus. Grundlage dieser Freigabe ist ein generatives Verhältnis der Anerkennung, das Grundvertrauen zur Welt stiftet anstelle des Grundmisstrauens, das, wie wir vor allem aus der Hospitalismusforschung wissen, zur Abwendung von der Welt und zum psychischen und physischen Tod führt. Der Zusammenhang zwischen Freiheit und befreiender Zugehörigkeit bzw. Anerkennung ist übrigens auch wortgeschichtlich belegbar. „Frei" und „Freie" werden etymologisch mit „lieb" und „Freund" zusammen gesehen und bezeichnen die Zugehörigkeit zu einer schützenden Gemeinschaft.

Was hier für das Verhältnis zwischen Mutter und Kind erläutert worden ist, gilt, wie wir aus den Untersuchungen zur sozialen und moralischen Entwicklung wissen, auch im Blick auf die späteren Formen der Zugehörigkeit und kritischen Distanz. Die elterliche Autorität und moralische Heteronomie, die damit etabliert ist, kann nicht verlassen werden, wenn diese Beziehung nicht zugleich Verbundenheit auch in der Distanzierung gewährt. Die Normen und Regeln der Freundes- oder Gleichaltrigengruppe werden erst kritisierbar auf der Grundlage der Erfahrung, als Partner und Mitglied der Gruppe anerkannt zu sein; wir können uns nicht loyal und zugleich kritisch zu den größeren und kleineren Gemeinschaften verhalten, wenn diese uns nicht ein Anerkennungsverhältnis gewähren.

So gesehen sind Freiheit, kritisches Denken und Verantwortungsfähigkeit auf entscheidende Weise erfahrungsbasiert. Dieser Gedankengang lässt sich mit einem Zitat abschließen, in dem Krappmann und Kleineidam entsprechende Einsichten aus ihren Forschungen zum Interaktionsverhalten zwischen Kindern eindrucksvoll zusammenfassen: „Der Blick in die Sozialwelt der Kinder relativiert die Hoffnung, eine intensivere Erziehung, eine Klärung der Werte oder vermehrte Kontrolle würden ausreichen, um Kinder zu kompetenten und verantwortlichen Lebenspartnern, Erwerbstätigen und Mitbürgern zu machen. Sie brauchen das soziale Feld, in dem sie aus Erfahrungen bei der Verfolgung von vielfältigen und zum Teil widersprüchlichen Zielen pragmatische Urteils- und Handlungsrepertoires konstruieren. Kein noch so lern- sowie wert- und rollenübernahmewilliges Objekt von Unterweisung und Belehrung könnte die Voraussetzungen erwerben, in diesen sozialen Prozessen seinen Part zu spielen. Vielmehr sind es die Erfahrungen in diesen Prozessen selber, welche die Handelnden zwingen, Stellung zu nehmen und sich darin als Subjekt zu offenbaren" (Krappmann & Kleineidam 1999).

(Peter Fause, Verantwortung und Identität. Bemerkungen zu einem pädagogischen Problem. In: Harald Uhlenhoff und Hans Oswald, Wege zum Selbst – Soziale Herausforderungen für Kinder und Jugendliche, Lucius & Lucius Verlag, Stuttgart 2002, S. 285f., 292, 294f.)

Nehmen Sie Stellung: „Erziehung zur Verantwortung – Erziehung zur Autonomie": Wo würden Sie den Schwerpunkt setzen?

Erziehung zur Selbstverantwortung

Friedrich Schleiermacher formulierte in seinen pädagogischen Vorlesungen in den Zwanzigerjahren des 19. Jahrhunderts:

„Die Erziehung soll so eingerichtet werden, dass beides in möglichster Zusammenstimmung sei, dass die Jugend tüchtig werde einzutreten in das, was sie vorfindet, aber auch tüchtig, in die sich darbietenden Verbesserungen mit Kraft einzugehen."

Ein antinomisches Erziehungsverständnis in der Tradition von Friedrich Schleiermacher basiert auf dem Spannungsverhältnis von Anpassung und Widerstand, Autonomie und Interdependenz, Führen und Wachsenlassen.

Dieses Verständnis beruht auf einem bestimmten Menschenbild.

Der Mensch bedarf – wie das Emil E. Kobi prägnant zusammengefasst hat –, um als Subjekt existieren zu können,
- der Möglichkeit zur Entfaltung und Expansion,
- des Schutzes und der Sicherung seiner Existenz,
- der Achtung und Anerkennung,
- der Bindung und des Kontakts,
- der Förderung und Anregung,
- der Ordnung und der Strukturen,
- des Geleits und der Führung,
- des Vertrauens und der Verlässlichkeit,
- der Ziele und Perspektiven,
- der Mündigkeit und Selbstständigkeit.

Erziehung hat einen Beitrag zu leisten zum Mündigwerden der Menschen. Dieser traditionellen Forderung der Aufklärung stimmen die meisten Pädagoginnen und Pädagogen – mit mehr oder weniger Überzeugung und mit mehr oder weniger „Aber ..." – zu.

Mündigkeit umfasst zwei Bedeutungskomponenten: Unabhängigkeit (vom vergangenen Zustand) und Selbstständigkeit (gegenwärtiger Zustand). Der mündige Mensch verfügt über verschiedene Kompetenzen (im Sinne von Sachverstand und Fähigkeit in Bezug auf ...), die ihrerseits durch eine antinomische Grundstruktur geprägt sind:
- Selbstkompetenz und Sozialkompetenz,
- Wertkompetenz und Verantwortungskompetenz,
- Erhaltungskompetenz und Innovationskompetenz,
- Kulturkompetenz und Naturkompetenz.

Selbstkompetenz als Fähigkeit zu selbstständigem Denken, Urteilen und Handeln;
Sozialkompetenz als Fähigkeit, Rechte und Pflichten der Gemeinschaft wahrzunehmen und mit zu gestalten;
Wertkompetenz als Bewusstsein für eigene und fremde Werthaltungen auf dem Hintergrund ihres Entstehungszusammenhangs;
Verantwortungskompetenz als Fähigkeit, das eigene Verhalten vor sich und in Gemeinschaften verantworten zu können;

Erhaltungskompetenz als Fähigkeit der Pflege einer dynamischen Ordnung zwischen inneren Kräften und äußeren Möglichkeiten;

Innovationskompetenz als Fähigkeit, alternative Entscheidungen und neue Wege überlegen, verwirklichen und Folgen antizipieren zu können;

Kulturkompetenz und *Naturkompetenz* als Fähigkeit zum Verständnis des Verwobenseins von Natur und Kultur im eigenen Leben und in der Umgebung.

(Hans Bemer, Über-Blicke, Ein-Blicke, Haupt Verlag, Bern/Stuttgart/Wien 1996, S. 155ff.)

1. Beantworten Sie entsprechend *den obigen Ausführungen* die Frage: Wie viel Anpassung ist nötig, wie viel Freiheit ist möglich?

2. Diskutieren Sie den Fall, dass nur einer der Aspekte des hier benutzten Mündigkeitsbegriffs (Unabhängigkeit versus Selbstständigkeit) von Bedeutung wäre. Welche Kompetenzen wären in diesen Fällen vorauszusetzen?

3. Vergleichen Sie diese Ausführungen mit den Überlegungen Adornos zum Mündigkeits- und Autonomiebegriff, wie sie sich in der Niederschrift ‚Erziehung nach Auschwitz' wiederfinden.

4. Nehmen Sie zu dem folgenden Zitat Stellung:
„Erziehung ist ein prinzipiell antinomischer Prozess, der in der unauflöslichen gegenseitigen Verschränkung des Führens und Wachsenlassens erfolgt. Erziehung allein als Wachsenlassen hebt sich selbst auf, Erziehung allein als Führen schafft keine Mündigkeit und wird totalitär." (Herbert Gudjons, Pädagogisches Grundwissen, in: PÄDAGOGIK 7 – 8/1993, S. 76)

Solidarischer Individualismus

Die Gesellschaft leidet am Egoismus, klagen viele. Jeder sei sich selbst der Nächste. Pflichtgefühl? Unbekannt! Diesem kritischen Befund setzt Ulrich Beck seinen Traum vom solidarischen Individualismus entgegen.

Ohne Ich kein Wir

Dieses Wertesystem des *eigenen Lebens* ist massiver Kritik ausgesetzt, wobei vor allem in der Politik häufig von „Anspruchsinflation" und „Ellenbogengesellschaft" die Rede ist. Wer so klagt, verkennt, dass die Philosophie des eigenen Lebens, die im Alltag Wurzeln schlägt, gerade die Geburtsstätte einer Querköpfigkeit ist, welche die geschenkte Demokratie in Deutschland noch bitter nötig haben kann.

Die Moral des eigenen Lebens bejaht, was öffentlich beklagt wird: ohne Ich kein Wir. Wir nur als selbstbestimmtes Wir, nicht als Vorgabe, nicht als Summe, nur als Zustimmung der Individuen. Die Ethik des eigenen Lebens leistet damit zunächst eine Kritik der herrschenden Wir-Definition – Klasse, Stand, Familie, Geschlechtsrollen, Gemeinwohl, Partei, Nation und so weiter.

Das eigene und globale Leben muss sich grenzübergreifend orientieren. Will es als eigenes Leben überleben, muss es sich Fremdes zu eigen machen. In einer Welt der Widersprüche muss der Einzelne ein hohes Maß an *Autonomie* anstreben und herstellen. Autonomie bedeutet aber nicht Egoismus. Sie setzt die Fähigkeit voraus, mit Unsicherheiten und Abhängigkeiten umgehen zu können. [...]

So ist das eigene also auch ein sozialmoralisches Leben, ein Leben auf der Suche nach einem Dasein mit anderen und für andere. Das allerdings darf nicht mit den Ladenhütern der Geschichte – Klasse, Familie, Nation – verwechselt werden. Die Solidarität der eigenen Leben entsteht und kräftigt sich vielmehr aus dem, was Anthony Giddens „aktives Vertrauen" nennt. Das ist eine Form des Vertrauens, die gerade nicht vom hohen Ross der Institutionen herab eingeklagt werden kann, sondern *gewonnen* werden muss. Aktives Vertrauen erkennt und anerkennt die Sorge um das eigene Leben, statt sie zu verurteilen.

Im Kontext der Familie heißt aktives Vertrauen: Sorge für andere. Sie ist keineswegs mit der Verpflichtung auf die traditionalen Geschlechtsrollen, Familienrollen, Familienmitgliedschaften zu verwechseln. Im Gegenteil: Diese Sorge (nicht Dauerbesorgtsein!) erwächst aus der Kritik der traditionalen Kleinfamilienordnung und -hierarchie und zielt auf die wechselseitige Befreiung aus ihr. Was gemeint ist, lässt sich in fünf Punkten andeuten:

Erstens ist die selbst gewählte Sorge für andere eine Selbstbegrenzung und Selbstsinngebung des eigenen Lebens. Sie setzt die Bejahung des eigenen Lebens voraus. Sie entsteht überhaupt nur als Sorge zweier oder mehrerer eigener Leben füreinander. Damit ist *zweitens* die Sorge für andere nicht in feste, sondern in offene Identitäten und Handlungsprogramme eingebunden. Die Solidarität, die hier möglich wird, ist nicht abrufbar, sondern muss im Gespräch, im wechselseitigen Nachfragen und Hinhören, immer wieder hergestellt werden und für alle nachvollziehbar gerecht sein. Erst dadurch wird die Sorge für den anderen zu einer gegenseitigen Sorge *füreinander*.

Das eigene Leben füreinander ist damit *drittens* auch ein experimentelles Leben: Gemeinschaft als Suchgemeinschaft. Die Veränderung der Identität wird gewollt, sie wird gegenseitig gestützt und gefördert. Hier brechen mehrere mit- und gegeneinander zu anderen Ufern auf, führen ein Entdeckungs- und Abenteuerleben in eigener Sache. Sie wissen, dass Einbrüche und schwere Wetter drohen und verkraftet werden müssen. Glück wird nicht mit Harmonie verwechselt, Glück wird vielmehr in der Erfahrung der Verschiedenheit und der Vielfalt gesehen, die konfliktfähig ist.

Dieses Sorgen füreinander setzt *viertens* eine Balance zwischen Gewissheit und Zweifel voraus. Die Gewissheit betrifft die Aktivität des schier unerschütterlichen Vertrauens, das der andere in den eigenen Augen genießt. Dessen kann er oder sie – was immer geschehen mag – sicher sein. Es schließt das Verständnis und die Vergebung selbst schwerer Irrtümer und Vertrauensbrüche mit ein (nicht die Zustimmung dazu).

Diese tragende und schätzende, radikale, fast

menschenunmögliche Gewissheit wird *fünftens* – vielleicht – ermöglicht und begleitet von der Fähigkeit zu zweifeln und der Gnade des Selbstzweifels. Das eigene Mangel- und Mängelbewusstsein öffnet die Tür in die Gemeinsamkeit der eigenen Leben. *Dubito, ergo sum.* Ich zweifle, also bin ich. Ich zweifle, also gebe ich dir Raum.

Die Kultur des Zweifelns öffnet Raum für andere (eigene) Leben, andere Erfahrung für mich und mein eigenes Leben. So wird die Sozialmoral des eigenen Lebens zu einer aktiven Sorge für andere – kann, könnte es werden. [...]

Das eigene Leben schließt also kosmopolitische Werte und Identitäten keineswegs aus. Im Gegenteil, es ist die erste historische Vergesellschaftungsform, in der das Schicksal jedes Einzelnen und das Schicksal aller im Umgang mit produzierten Gefahren und Unsicherheiten für jeden in Grenzfällen (Katastrophen wie Tschernobyl) wahrnehmbar wird. Der Werthorizont, der sich hier öffnet, lässt sich am ehesten in den Worten von Hans Jonas als „Heuristik der Furcht" begreifen. Er wird zunächst bewusst unter negativem Vorzeichen als Bedrohung, welche die Menschheit für sich selbst geschaffen hat. „Das Dringlichste ist", sagt Jonas, „die Notwendigkeit einer Ethik der Erhaltung und Abwendung, nicht des Fortschritts und der Perfektion." Man möchte hinzufügen: der Vor-Sorge. Werte der Unverletzlichkeit des menschlichen Lebens, universelle Menschenrechte, die Erhaltung des Lebens und die Sorge für die lebenden sowie noch ungeborenen Generationen mögen auf diese Weise durch ihre Verletzung bewusst werden. Es sind aber keineswegs nur negative Werte. Sie enthalten vielmehr eine Ethik individueller und kollektiver *Verantwortung*, die einen in die Lage ‚versetzen' könnte, unterschiedliche Interessen zu überbrücken. Verantwortung meint nicht Pflicht. Im Unterschied zur *Pflicht* setzt Verantwortung das Ausbuchstabieren der Gründe voraus, schließt abrufbare Gefolgschaft oder blinden Konsens aus.

Verantwortung ist das Gegenteil von Fanatismus, entwickelt aber eine eigene Ansteckungskraft. Denn sie beruht auf Freiwilligkeit, und Freiwilligkeit kann – jedenfalls in Kulturen des eigenen Lebens – durchaus mehr Überzeugungs- und Bindungskraft entwickeln als erzwungene, von oben gesetzte Vorgaben.

(Ulrich Beck, Ohne Ich kein Wir. Die Demokratie braucht Querköpfe. Plädoyer für eine Sozialmoral des „eigenen Lebens", in: DIE ZEIT Nr. 35 v. 23.8.1996, S. 10)

1. Kontrastieren Sie: ohne Wir kein Ich?
2. Wie würde Ulrich Beck eine Erziehung zur Identität verstehen?
3. Welche Schlussfolgerungen für Erziehung und Bildung ergeben sich aus Becks Thesen?

Schule als Verantwortungsgemeinschaft

In Compassion-Schulen haben sich Eltern, Schülerinnen und Schüler, Lehrkräfte und Schulträger an einen Tisch gesetzt und die Frage eines sozialen Praktikums diskutiert. Dass Schülerinnen und Schüler 14 Tage ein soziales Praktikum leisten, wird gemeinsam entschieden und getragen. Die Jugendlichen wählen aus einem vielfältigen Angebot der Schule ihren Einsatzort oder sie finden über Eltern und Freunde das für sie passende Praktikum. Sie entscheiden selbst. Vertreter sozialer Einrichtungen kommen in die Schulen, Lehrerinnen und Lehrer besuchen ihre Schülerinnen und Schüler während des Praktikums in Kindertagesstätten, Altenheimen, Krankenhäusern, betreuten Werkstätten u.a. Vor- und nachbereitender Unterricht in den verschiedenen Fächern und über die Fachgrenzen hinaus ist keine garnierende Zutat des Projekts, sondern die zweite Säule der im Compassion-Projekt gelebten Verantwortung. [...]

Compassion als Schulprofil

Dieses Schulprofil unter dem Stichwort Compassion hat eine Geschichte. 1994 wird erstmals ein Konzept vorgestellt, das sich das Ziel gestellt hat, sozialverpflichtete Haltungen und Einstellungen bei Jugendlichen zu entwickeln und zu stärken. Die Schülerinnen und Schüler der 11. Klassen des Gymnasiums bzw. der Klassen 9 bei Haupt-, Real- und Förderschulen verlassen in der Regel für zwei Wochen die Schulräume und übernehmen Verantwortung in Altenheimen, Sozialstationen, Einrichtungen für Obdachlose, Flüchtlinge usw. Der Dienstplan der sozialen Einrichtung tritt an die Stelle des Stundenplans. Die Lehrerinnen und Lehrer besuchen ihre Schülerinnen und Schüler am Praktikumsort, halten Kontakt und erarbeiten im Unterricht Fragestellungen, die mit den Praktika verknüpft werden können. Dabei besteht Compassion-Unterricht gerade nicht nur in der Besprechung der Erlebnisse. Compassion-Unterricht bedeutet vielmehr die Aufnahme relevanter Themen und Unterrichtsformen in den Ablauf des Unterrichts der jeweiligen Fächer. [...]

Sorge um ein anderes Sein

Es ist zu fragen, ob die Motivierung für die Übernahme von Verantwortung nicht die Möglichkeiten von Schule überfordert und ob sich für Lehrer und Erzieher eine homogene Wertevermittlung unter dem Hinweis auf die Verantwortung des Pädagogen auch pädagogisch rechtfertigen lässt. Ob es also legitim ist, bei Schülerinnen und Schülern prosoziale Dispositionen sozusagen als Auftragsarbeit herzustellen. Wenn aus den Kindern und Jugendlichen damit ein außengesteuertes Produkt würde, dann würde sich das gegen die Würde des Menschen richten.

Verantwortung nehmen statt Verantwortung haben

Dass der Begriff der Verantwortung ein dynamisches Element beinhaltet, entspricht seinem Ursprung im Rechtsbereich. Dort wurde „Verantwortung" als Rede und Gegenrede der Verteidigung und Rechtfertigung vor Gericht bezeichnet. Aber Verantwortung ist nicht mit dem Tun des sachlich oder juristisch Gebotenen gleichzusetzen, Verantwortung bedeutet, sich sowohl antizipierend den eigenen Handlungsmöglichkeiten zu stellen als auch das eigene Handeln aufgrund von Folgen zu reflektieren, sich selbst und anderen Antworten zu geben. Konstitutiv für die Verantwortung des Menschen ist die ihm wesenhaft zuzusprechende Freiheit. Freiheit ist aber in diesem ethischen Zusammenhang nicht als das Fehlen von Bindungen zu verstehen, sondern als die menschliche Fähigkeit, sich zu entscheiden. Fragen der moralischen, der ethischen Lebensführung sind zu ver-antworten, jedoch nicht endgültig zu be-antworten. Gefundene Antworten unterliegen nicht nur dem Bewährungsvorbehalt, sondern, auch dem Vorbehalt des besseren Arguments. Solche Verantwortung bedeutet nicht statisch Zuständigkeit für die Erfüllung bestimmter Aufgaben, sondern die dynamische Frage nach dem Guten, nach dem ethisch Richtigen als Frage des eigenen Handelns zu stellen und für sich zu beantworten. Dieses dynamische Verständnis von Verantwortung hat pädagogische Konsequenzen. Der Weg der Konditionierung bleibt damit verwehrt. Schülerinnen und Schüler würden sonst zu unmündigen und damit verantwortungslosen Opfern von Entscheidungen Dritter. Auch deshalb bleibt das Compassion-Praktikum mit zwei Wochen relativ kurz. Die Praktikanten sollen einen Einblick in die Lebenswirklichkeit sozialer Einrichtungen gewinnen. Sie sollen nicht durch das Erleben gefangen werden. Wenn Schule konditioniert – und das funktioniert möglicherweise sogar –, dann besteht die Gefahr, dass die Kinder und Jugendlichen nicht nur soziales Verhalten, sondern grundlegend die unreflektierte und heteronome Übernahme von Werten lernen. Wenn Schule sich im Compassion-Projekt der dynamischen Verantwortung verschreibt, dann wird sie Schülerinnen und Schülern helfen wollen, selbst Wertentscheidungen zu treffen, um eigenverantwortlich ihr Leben zu gestalten, d.h. in Freiheit Verantwortung zu leben und damit der allgemeinen Aufgabe der sozialen Lebensgestaltung nachzukommen.

(Stefan Gonnheimer, Schule als Verantwortungsgemeinschaft. Soziales Praktikum und Unterricht verbinden. In: PÄDAGOGIK 5/2004, S. 24f.)

1. In der Einleitung zu diesem Artikel werden folgende Fragen aufgeworfen: „Ist es gerechtfertigt, junge Menschen zu sozialen Diensten zu verpflichten? Welche Erwartungen darf Schule haben, wenn Verantwortungsübernahme in sozialer Arbeit auf dem Lehrplan steht? Wie sind Gesprächssituationen zu gestalten, wenn Lehrer(innen) und Schüler(innen) über verantwortliches Handeln nachdenken?" Versuchen Sie eine Antwort zu geben. Nehmen Sie dabei auch Bezug auf das Modell von Lawrence Kohlberg.

2. Diskutieren Sie: Halten Sie ein solches Schulprofil an Ihrer Schule für erstrebenswert?

Blick-Richtung:

Die Zeichnung ist ein Selbstbildnis des 6-jährigen Jan, der sich bei der Aktion einer Tageszeitung um einen kostenlosen Ferienplatz auf Teneriffa beworben hat. Ein Selbstbild von einem ‚kleinen Ich', welches bereits einen langen Weg hinter und auch noch vor sich hat und irgendwann mal ein ‚großes Ich' sein wird.

In diesem Buch haben Sie viele Überlegungen über die Schrittfolge, das Wachsen, den Weg mit seinen vielen Möglichkeiten, Hindernissen und Sackgassen kennengelernt, auch haben Sie einen Blick auf die Orientierungsschilder am Rande eines solchen Weges vom ‚kleinen Ich' zum ‚großen Ich' geworfen.

Dieses ‚kleine Ich' ist nicht allein, es hat Wegbegleiter, die es laufen und seinen Weg selbst bestimmen lassen oder es in eine bestimmte Richtung drängen wollen oder einreden wollen, dass es nur einen Weg gibt oder helfen wollen oder ...

Auf jeden Fall muss dieses ‚kleine Ich' selbst seine Beine bewegen, sich selbst anstrengen, um seinen Weg zu gehen, wozu es viele Fähigkeiten und Kraft benötigt.

Wir wollen Ihnen in diesem Themenkreis die Möglichkeit geben, die von Ihnen im Laufe dieses Buches bearbeiteten unterschiedlichsten ‚Wegbeschreibungen' und ‚Ich'-Erklärungen rückwirkend zu reflektieren – insofern bietet Ihnen dieser Themenkreis insgesamt einen **Rück-Blick:** auf die vorherigen Themenkreise an.

Sie bekommen dazu die unterschiedlichsten Materialien angeboten, aus denen Sie eine sinnvolle Auswahl je nach zurückgelegtem Benutzerpfad durch dieses Buch treffen sollten.

Das Strukturmodell am Ende des Abschnittes: ‚Menschenbilder – Bilder vom Menschen' eignet sich besonders zur Systematisierung der bisher von Ihnen behandelten Modelle, da daran die Möglichkeiten und Grenzen der verschiedensten Modelle und Theorien deutlich werden können; es ist daher auch für eine einordnende Wiederholung sehr geeignet. Entwickeln Sie Ihren Stand • Punkt!

Am Ende dieses Buches bitten wir Sie um Ihre Einschätzung der Arbeit mit ‚Phoenix'. Würden Sie dem kleinen Jan empfehlen, in der Schule das Fach Pädagogik zu wählen? Würde dies auf den Lebensweg von Jan einen großen Einfluss haben und ihm helfen, *sein* ‚großes Ich' gestalten zu können?

Wie sieht wohl das Selbstbildnis des großen Jan aus, was würden Sie ihm wünschen?

2 Wabe: Modelle des Menschen und ihre pädagogischen Implikationen

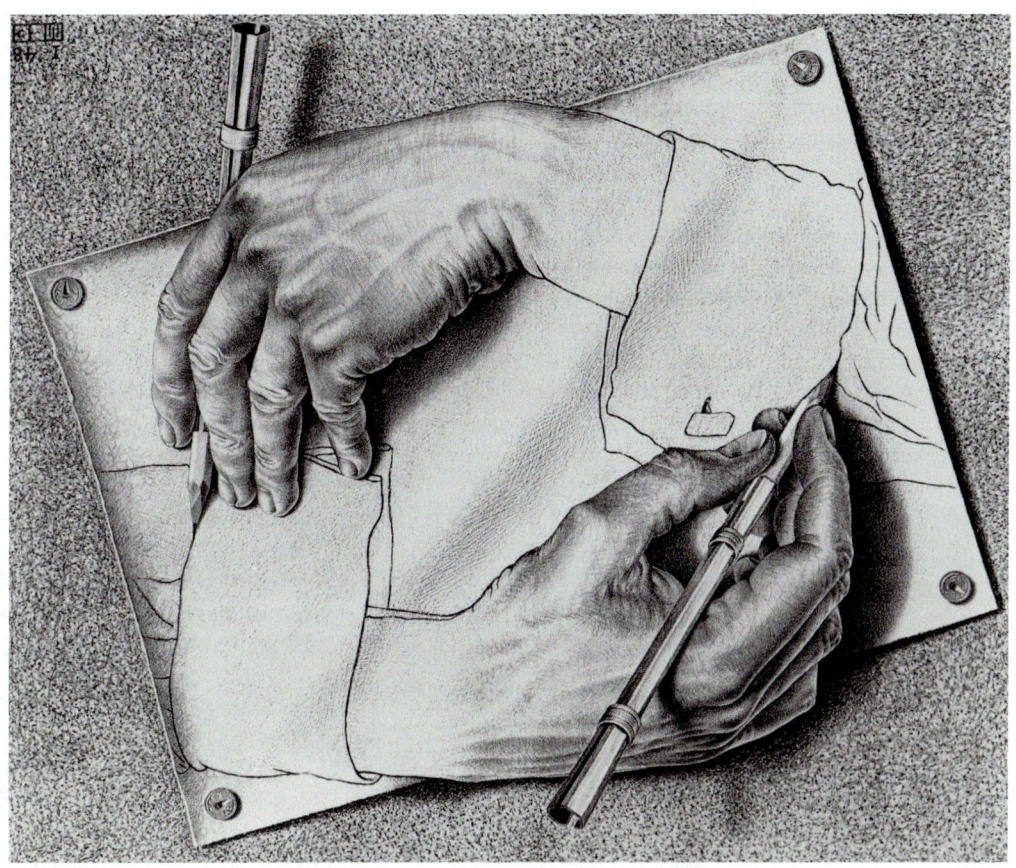

M. C. Escher: Hände, die sich gegenseitig zeichnen – ein autopietisches System

„Wenn wir, um das Instrument einer Analyse analysieren zu können, eben dasselbe als Instrument benutzen müssen, so bereitet uns die dabei entstehende Zirkularität ein schwindelerregendes Gefühl. Es ist, als verlangten wir, dass das Auge sich selbst sieht. In dem Bild des holländischen Malers M.C. Escher ist dieses Schwindelgefühl besonders deutlich durch die Hände zum Ausdruck gebracht, die sich gegenseitig so zeichnen, dass es unmöglich ist zu wissen, wo die Grundlage des gesamten Prozesses liegt, das heißt, welche die ‚wirkliche Hand' ist". (Humberto R. Maturana/ Francisco J. Varela, Der Baum der Erkenntnis, Scherz Verlag, Bern/München 1987, S. 29f.)

Modelle des Menschen

Wie viele Chancen wir dem Menschen einräumen, ein „großes Ich" zu erlangen, zu welchen Polen sich die Balancen von Subjekt und Objekt, Autonomie und Heteronomie in unserer Sichtweise verschieben, welche Chancen und welche Grenzen wir einer subjektstärkenden Erziehung einräumen, dies alles hängt davon ab, wie wir den Menschen sehen, auf welche wissenschaftlichen Modelle vom Menschen wir uns stützen und nicht zuletzt welches Bild wir von uns selbst und unseren Möglichkeiten haben. In seinem Buch „Modelle des Menschen" macht Charles Hampden-Turner zunächst auf Probleme der Modellbildung aufmerksam und benutzt dabei ein Gleichnis und eine visuelle Darstellung des Problems:

Was ist das – der menschliche Geist? Diese Frage hat den Menschen seit Anbeginn beschäftigt, seit er die Möglichkeit eines Geistes überhaupt in Erwägung gezogen hat. Es war die erste echte philosophische Frage, die mit der Entwicklung des Bewusstseins entstand. Doch sie verfängt sich bald in einer anderen, irritierenden Frage: Wie kann das Erkennende sich selbst erkennen? Jede Darstellung des Erkannten, die den Erkennenden ausschließt, ist notgedrungen unvollständig.

Sechs weise Männer aus Indien trafen einen Elefanten. Sie tasteten sorgfältig seine Gestalt ab, denn sie waren alle blind. Der Erste befühlte den Stoßzahn: „Mir scheint, dass dieses Prachtstück von einem Elefanten sehr stark einem Speer ähnelt." Der Zweite tastete die Flanke der Kreatur ab, die sich hoch und flach anfühlte. „Aha!", rief er und kam zu dem Schluss: „Dieses Tier ist wie eine Wand." Der Dritte hatte ein Bein ergriffen und meinte: „Ich weiß schon, was wir da alle vor uns haben; dieses Geschöpf ist wie ein Baum." Der Vierte bekam den Rüssel zu fassen und sprach: „Dieser sogenannte Elefant ist in Wirklichkeit nur eine Schlange". Der Fünfte hatte das Ohr des Tieres in Händen und ließ seine Finger darübergleiten. „Ich hab' die Antwort: Dieses Wesen ist wie ein Fächer!" Der Sechste stieß auf den Schwanz und tastete ihn ab: „Hört meine Entscheidung, dieses Geschöpf ist wie ein Seil." Und so stritten die Männer, die nicht sehen konnten, lange und heftig über die Gestalt des Elefanten, und obwohl jeder teilweise Recht hatte, irrten sich alle. Aber selbst diese Geschichte vereinfacht unser Problem, da sie darauf beruht, dass es „da draußen" ein unförmiges dreidimensionales Wesen gibt; der Geist lässt sich aber noch schwerer definieren, da sich die „Fühler" und das Erfühlte überschneiden.

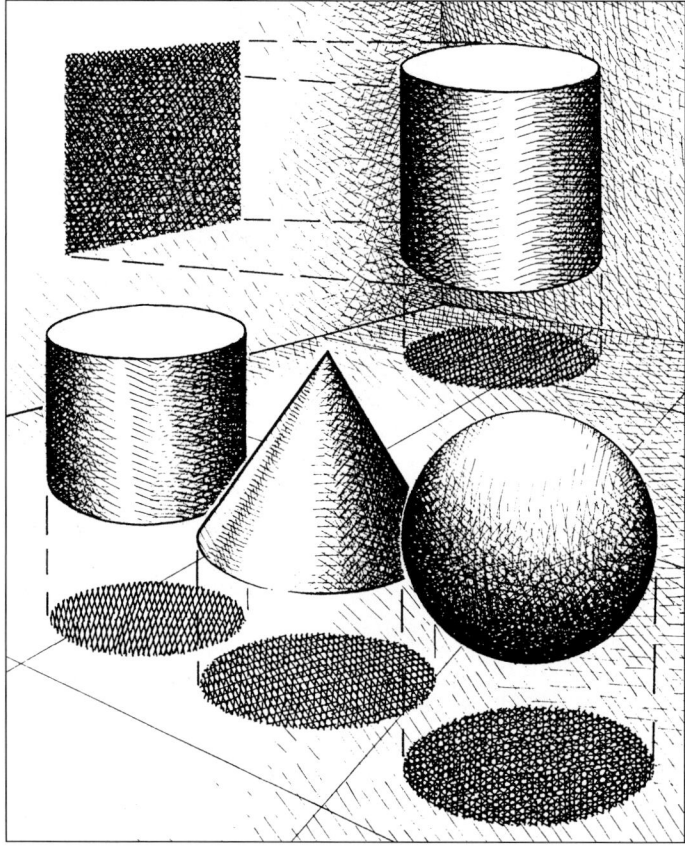

(Charles Hampden-Turner, Modelle des Menschen. Dem Rätsel des Bewusstseins auf der Spur. Weinheim: Psychologie Verlags Union, 1996, S. 8ff.; Abbildung: S. 9)

1. Auf welches Problem macht das Gleichnis aus Indien aufmerksam?
2. Welcher Aspekt wirkt erschwerend, wenn das zu Erklärende der menschliche Geist ist?
3. Alles, was wir wahrnehmen, sehen wir aus einer von vielen möglichen Perspektiven. Welche wundersamen Dinge dabei geschehen können, zeigt die Grafik. Beschreiben Sie, was beim Wechsel der Perspektiven geschieht.
4. Unser Kontext ist ein pädagogischer, kein anthropologisch-philosophischer. Welche Problemdefinition ist aus pädagogischer Perspektive möglich?

Die Bearbeitung der im Folgenden dargestellten Menschenbilder sollte immer mit der Wiederholung zentraler Inhaltsbereiche verknüpft werden, dies dient nicht zuletzt der intensiven Abiturvorbereitung. Für die Ermittlung der jeweiligen Perspektive des Menschenbildes könnten folgende Prüfkategorien hilfreich sein:
- Welches Verständnis von Persönlichkeit und Identität lässt sich dem Menschenbild entnehmen?
- Wie wird das Verhältnis von Autonomie und Dependenz, von Objekt- und Subjekt-Sein gesehen?
- Welche Chancen, Grenzen und Gefahren werden bezüglich einer das Subjekt stärkenden Erziehung gesehen?

Menschenbilder – Bilder vom Menschen

[...] Welche Relevanz haben die Forschungen über die Anfänge der menschlichen Subjektivität für die pädagogische Anthropologie?

Pädagogische Anthropologie hat den Menschen als Kind, als sich entwickelndes, lernendes, sich selbst bildendes Wesen zum Gegenstand. Alles Nachdenken darüber, wie die persönlichkeitsprägenden Entwicklungs-, Lern- und Bildungsprozesse beschaffen sind, welchen relativen Einfluss die genetischen Anlagen, die ermöglichenden und beschränkenden sozialen Erfahrungen bzw. die eigenschöpferischen und spontanen Leistungen dafür haben, verweisen auf das Subjekt, das diese verarbeitet bzw. das diese hervorbringt. Und wenn man dieses realitätsverarbeitende Subjekt nicht einfach als metaphysische Gegebenheit betrachten will, sondern realistischerweise davon ausgeht, dass es selbst wiederum eine Entwicklung durchmacht, gerät der Blick fast zwangsläufig in jene regressive Spirale, an deren Ende die Frage nach den Anfängen der menschlichen Subjektivität und die Frage nach der Genese der komplexeren Formen des Selbst- und Welterlebens stehen. [...]
Die neueren Ergebnisse der Kleinkindforschung scheinen somit geeignet, die von verschiedenen anthropologischen Positionen eher axiomatisch bzw. intuitiv vorgetragenen Thesen, dass der Mensch zu keinem Zeitpunkt einfach als Produkt innerer oder äußerer Determinanten zu verstehen sei, sondern dass er von Anfang an aktiv und schöpferisch seine eigene Entwicklung vorantreibe und dass Erziehung nicht als kausales Einwirken, sondern nur als dialogisches Geschehen zwischen zwei Subjekten zu verstehen sei, einerseits der Grundaussage nach zu bestätigen, sie jedoch gleichzeitig in vielfacher Hinsicht zu differenzieren und zu präzisieren.
Während im Allgemeinen in der Pädagogik das „Dialogische" im Eltern-Kind-Verhältnis eher postuliert, gefordert, beschworen wird, aber weniger Interesse dafür besteht, wie denn de facto solche Dialoge ablaufen, haben die Kleinkindforscher sehr nachdrücklich ihren forschenden Blick auf diese interaktive Wirklichkeit gerichtet.
Und das Zustandekommen und Funktionieren dieses Dialogs ist keineswegs selbstverständlich angesichts der „... ungeheuren Inkongruenz der beiden Partner – hier ein Baby, das die Sprache nicht versteht und das effektiv nur durch sein

Schreien auf sich aufmerksam macht, – und dort die Mutter, mit ihrem unendlichen Vorsprung an integrierter Erfahrung und ihrer unwiderstehlichen Neigung, mit dem Baby zu sprechen" (Papoušek 1989).

Und dennoch funktioniert dieser Dialog in einer harmonischen Mutter-Kind-Beziehung so erstaunlich subtil und fein abgestimmt, dass die Säuglingsforscher, die die Zeitlupenaufnahmen solcher Interaktionssequenzen auswerten, gelegentlich ins Schwärmen geraten und Metaphern verwenden, die aus dem Bereich der Choreographie und des Balletts stammen. Dabei beschränkt sich die mütterliche Reaktion auf die Affektausdrücke des Kindes, auf die mimischen, gestischen und lautlichen Impulse, die es in diesen „Dialog" einbringt, keineswegs auf ein bloßes „Spiegeln", sondern ist weit komplexerer Natur. Es handelt sich eher um ein „Resonanzgeben", ein „Verstärken durch Mitschwingen" (Bittner 1981), ein Deutlichmachen durch die „Übersetzung" in eine andere Ausdrucksform. An zahlreichen äußerlich ganz simpel und alltäglich anmutenden Beispielen hat Stern dargestellt, wie diese sogenannte „Affektabstimmung" zwischen Mutter und Kind funktioniert: Die Mutter erkennt aufgrund des Situationskontextes, der Mimik und Gestik intuitiv das momentane affektive Geschehen in ihrem Kind und antwortet ihm mit einer verbalen oder mimischen Reaktion, die keineswegs ein Spiegelbild seines äußerlichen Verhaltens ist, die aber dennoch sehr deutlich signalisiert, dass sie sein Entzücken, seine Verwunderung oder seinen Protest verstanden hat.

Gerade diese neuen, detaillierten Forschungen zu den frühen Eltern-Kind-Dialogen sind jedoch andererseits auch geeignet, neben dem Staunen über die Eigenaktivität und die „kommunikative Kompetenz" des Säuglings sowohl den Respekt für die „natürlichen", biologisch verankerten Aspekte der menschlichen Entwicklung zu fördern als auch in neuer und differenzierter Form die Aufmerksamkeit auf die soziale Abhängigkeit und Ausgeliefertheit des Kleinkindes zu lenken. [...]

Das Kleinkind ist für seine psychische Entwicklung natürlich in elementarer Form auf diese elterliche „Resonanz" angewiesen. Die sogenannten „Stillface"-Experimente, bei denen Mütter angewiesen wurden, mitten in der Interaktion plötzlich ein starres, unbewegtes Gesicht zu machen und dem Kind nicht mehr direkt in die Augen zu blicken – woraufhin die Säuglinge mit Verwunderung und Bestürzung und dem Versuch, den teilnahmslosen Partner erneut zur Kommunikation zu aktivieren, reagieren –, lassen ein wenig erahnen, wie schlimm etwa die Situation für den Säugling einer Mutter sein muss, die nach der Geburt für längere Zeit in eine ernsthafte Depression gerät und dadurch kaum mehr zur emotionalen Einfühlung und Resonanz fähig ist.

Ferner hat Dornes gezeigt, wie die Fantasien der Eltern über ihr Kind in subtiler Form die konkreten Interaktionen mit ihm beeinflussen und damit mitbestimmen, was in dieser Beziehung möglich ist und was nicht. Von daher bleibt es wohl trotz aller Begeisterung über den „neuen", den „aktiven", den „kompetenten" Säugling auch weiterhin notwendig, die oben gestellten, auf die eigenschöpferischen Momente abzielenden Leitfragen dialektisch zu ergänzen durch Fragen wie etwa die folgenden: Was passiert, wenn das, was das Kind *selbst will*, von seinen Bezugspersonen gar nicht erkannt wird? Was ist, wenn seine Umwelt so anregungsarm ist, dass es kaum etwas zu *wählen* gibt? Was bedeutet es für seine Entwicklung, wenn das, was es *selbst hervorbringt*, auf keine Resonanz stößt? Wenn das, was es *selbst* gestaltet, einfach ignoriert wird? Wie abhängig ist also letztlich doch das, was das Kind *selbst aus sich machen* kann, von dem, was andere in den ersten Monaten und Jahren seines Lebens *mit ihm machen*?

(Rolf Göppel, Anfänge der menschlichen Subjektivität, in: Zeitschrift für Pädagogik 2/1994, S. 259ff.; der Autor lehrt am Institut für Pädagogik der Universität Würzburg.)

1. Welche Kernaussage formuliert der Autor für eine neue pädagogische Anthropologie? Beziehen Sie diese Aussage auf die eingangs formulierten Prüfkriterien für die zu untersuchenden Menschenbilder (S. 535).

2. Belegen Sie seine These mit Erkenntnissen der neuen Säuglingsforschung.

3. Der Autor macht selbst in seinem Artikel auf Probleme und Grenzen dieses Menschenbildes aufmerksam. Diskutieren Sie die Reichweite dieser Bedenken im Kurs.

Skinner – ein überzeugter Behaviorist

Das Ding sieht aus wie eine Kreuzung aus Schiffskoje und Tiefkühltruhe. Rechteckig, aus leuchtend gelbem Stahl, mit einem Ziehharmonikavorhang an der Längsseite. „Kriechen Sie ruhig mal rein", sagt der Professor.
Er drückt auf einen Schalter, und ein Licht geht an im Innern des Kastens. Er wartet, bis ich es mir auf der Steppdecke bequem gemacht habe. Dann zieht er – ratsch – den Vorhang zu.
Hier liegt er also, Abend für Abend, und starrt an die gelbe Decke, die kaum einen halben Meter über der Stirn hängt. Immerhin, er kann die Beine ausstrecken, die Arme bequem im Nacken verschränken; dort in der Nische über dem Fußende steht sogar ein Fernseher. Aber wie kann einer schlafen in dieser stockfinsteren, stickigen Kiste? Und was ist das für ein Erwachen, wenn man mitten in der Nacht aus einem Alptraum hochschreckt und spürt, dass man ringsum von stählernen Wänden eingeschlossen ist?
„Na, was ist", ruft der Professor von draußen, „kriegen Sie Platzangst?"
Er zieht den Vorhang beiseite. Das Ding kommt aus Japan, erklärt er, eine Schlafbox, man stellt sie dort zu Dutzenden an Flughäfen auf und vermietet sie stundenweise an müde Geschäftsreisende. Eine Firma bat ihn, ihr Modell zu testen, und er fühlte sich auf Anhieb so wohl darin, dass er es gleich behielt.
Was fasziniert ihn denn so an dieser Box?
„Ich hatte schon immer eine Vorliebe für überschaubare, kontrollierbare Räume", sagt der Professor. „Als ich klein war, habe ich mir immer Schachteln und Kästen ..." Er bricht plötzlich ab und sieht mich scharf an. „Ich weiß, was Sie jetzt denken. Freud und so, ‚unbewusster Wunsch nach Rückkehr in den Mutterleib' ... nein, nein, vergessen Sie's. Damit hat es gar nichts zu tun." Bei dem Namen „Freud" ziehen sich seine Mundwinkel spöttisch nach unten, dumpf und bedeutungsvoll tönt das „uuu" in Mutterleib, man sieht förmlich, wie es sich langsam von den Lippen löst, eine aufgedunsene, schwer verdauliche Worthülse.
Nein, von der sogenannten Psychoanalyse hält er gar nichts.
Sigmund Freud gegen Burrhus Frederic Skinner. Der Entdecker des Unterbewussten gegen den Erbauer der Skinner-Box. Der Erforscher der Seele gegen den Begründer einer Technologie zur Formung menschlichen Verhaltens. Manchmal ist es wirklich ein Jammer, dass man sich nicht über den Lauf der Zeit hinwegsetzen und zwei historische Kontrahenten an einen Tisch bringen kann, in diesem Fall die beiden wohl bedeutendsten Psychologen unserer Zeit. Was gäbe das für ein denkwürdiges Streitgespräch! Was würde Freud wohl erwidern, wenn ihm einer Sätze ins Gesicht sagte wie: „Träume sind Schund." „Kognitive Psychologie ist ein Schwindel und ein Jux." „Gefühle sind wissenschaftlich irrelevant."
Vielleicht würde Freud, mit solchen Thesen konfrontiert, weit ausholen und Skinner all das an den Kopf werfen, was Psychologen, Philosophen, Biologen und Linguisten im Lauf der Jahrzehnte zum Werk und zur Person des mittlerweile 84-jährigen Forschers eingefallen ist. Unwissenschaftlicher Technokrat. Naiver Positivist, von cäsarischem Größenwahn besessen. Fragwürdiger Verfechter einer Pseudo-Theorie. Befürworter totalitären Denkens ...
Vorwürfe wie die letzten wurden vor allem nach Erscheinen eines Buches laut, das den Titel „Jenseits von Freiheit und Würde" trägt. Es ist nichts weniger als der Vorschlag zur Rettung der Menschheit durch die praktische Anwendung einer Wissenschaft, die den Namen „Behaviorismus" trägt – Lehre vom Verhalten.
Seit Jahrhunderten, sagt B. F. Skinner, versuchen wir „uns selbst zu erkennen", die Triebfedern unseres Tuns und Lassens aufzuspüren. Und was haben wir herausgefunden? Nichts.
Das liegt einzig daran, dass wir immer nur in den unsichtbaren, unmessbaren, unbegreiflichen Gründen unserer Seele herumgeforscht haben. Wir sollten aber den Blick auf unsere Umwelt lenken. Denn „Seele", das, was wir „Persönlichkeit" nennen, ist letztlich nichts weiter als das Produkt einer langen Reihe äußerer Einflüsse. Wir handeln nicht, weil uns etwas „in den Sinn kommt", sondern weil wir irgendwann etwas erlebt haben, das uns jetzt zum Handeln veranlasst.
Fort also mit dem Ideal des „freien, würdigen, verantwortlichen Individuums". Es ist nicht nur eine Illusion, sondern eine Gefahr. Wohin haben wir es denn gebracht, wir angeblich so freien und selbstbewussten Menschen? Wir haben eine Gesell-

schaft begründet, die von rücksichtslosem Leistungsstreben geprägt ist, wir haben unseren Planeten durch Krieg, Überbevölkerung, Raubbau an der Umwelt verwüstet.

Es wird Zeit, dass wir umdenken und eine „Technologie zur Formung menschlichen Verhaltens" entwickeln. Wir müssen unsere Umgebung so verändern, dass sie neue Menschen hervorbringt, Menschen, die friedfertig, maßvoll und zu Selbstkontrolle fähig sind. [...]

„Es gibt keinen entscheidenden Unterschied zwischen Tauben und Menschen." Er spricht auch diesen ungeheuerlichen Satz so unbekümmert daher, als handle es sich um eine Alltags-Weisheit.

„Ein Beispiel. Kennen Sie Las Vegas? Wo Leute zu Dutzenden an diesen Slot machines rütteln und immer wieder Münzen reinwerfen? Die tun im Prinzip nichts anderes als Tauben. Nur dass der positive Verstärker im einen Fall aus Geld, im anderen aus Körnern besteht."

Aber die menschliche Existenz besteht doch nicht nur aus Glücksspiel! Gedanken, Empfindungen, Sprache – all das lässt sich doch nicht mit dem simplen Schema von Reiz und Reaktion erklären!

„Zugegeben", sagt der Professor, „es gibt Unterschiede in der Komplexität der Gehirne. Und die Taube kann nicht sagen, es tut weh, wenn ich ihr auf die Zehen trete, weil sie nicht mit der erforderlichen Sprechmuskulatur ausgerüstet ist. Aber der Schmerz, den sie spürt, ist der gleiche. Und was wir Gefühl nennen, ist letztlich auch nur eine Reaktion des Körpers auf Umweltreize." Er lächelt. „Natürlich unterscheide zum Beispiel ich mich in vieler Hinsicht erheblich von einer Taube. Sie kann viel besser sehen als ich. Und im Fliegen ist sie mir absolut über."

Der Professor hat sich in seinem Sessel zurückgelehnt, mit einem Ausdruck verschmitzten Triumphes: Na, jetzt noch Einwände? „Wissen Sie", sagt er, „es kränkt mich nicht, wenn jemand den Behaviorismus für Unsinn erklärt. Ich amüsiere mich bloß. Besonders über die Leute, die beim Argumentieren immer in Rage geraten".

„Einmal hab' ich mir einen kleinen Scherz erlaubt. Da saß ich in einer Diskussionsrunde unter anderem mit Erich Fromm, und der griff mich heftig an, meine Theorien seien inhuman; man könne Menschen nicht programmieren ... Daraufhin habe ich spontan ein kleines Experiment gestartet: Immer wenn er beim Reden die Hand hob, wandte ich mich um und lächelte ihm freundlich zu. Nach einer Viertelstunde sauste seine Hand nur so auf und ab, wie ein kleines Fallbeil. Es war sehr komisch."

Wenn es tatsächlich so einfach ist, Menschen zu beeinflussen – warum hat noch niemand das dringende Projekt einer Umerziehung der Menschheit durch behavioristische Technologie in Angriff genommen?

Für einen Moment schlägt der verschmitzte Ausdruck auf dem Gesicht des Professors in Resignation um. „Ich bin entmutigt", sagt er. „Wir haben es nicht geschafft, unsere Probleme in den Griff zu kriegen. Und ich fürchte, es ist jetzt zu spät dazu."

Trotzdem – er hat noch nicht alle Hoffnungen begraben. Er glaubt noch immer an sein Paradies, an die Vision einer idealen Gemeinschaft, die er im gleichen Jahr niederschrieb wie Orwell sein „1984". Skinner nannte sein Buch „Walden Two" – in Anlehnung an Henry David Thoreaus berühmten Einsiedler-Roman. „Walden Two" ist ein Ort irgendwo in Amerika, an dem Menschen miteinander leben. Es gibt keine sinnlose, entfremdete Arbeit, keine Verschwendung von Ressourcen. Es gibt auch keine Strafen, weil ein System von Belohnungen und Ermutigungen, „positiven Verstärkern", sozial unerwünschtes Verhalten gar nicht erst aufkommen lässt.

Manchmal fällt den Menschen der Kommune das Wort für „Glück" nicht mehr ein, weil ihnen das Gegenteil so gut wie unbekannt ist. Alles, was unglücklich macht, haben sie aus ihrem Alltag verbannt: Hass, Neid, Angst, Eifersucht, Liebeskummer. „Gefühle", sagt einer der Hauptdarsteller, „sind nutzlos und schlecht für den Blutdruck."

Besteht nicht die Gefahr, dass sich die Bewohner dieses behavioristischen Paradieses auf die Dauer zu Tode langweilen?

Zum ersten Mal blickt der Professor verständnislos drein. Aber das ist doch mit das Hauptanliegen seiner Wissenschaft, die Menschen glücklich zu machen! Wie kann sich jemand danach sehnen, auch nur einen Moment seines Lebens traurig zu sein.

(Johanna Romberg, Von einem, der auszog, das Glück zu lehren, in: GEO 5/1988, S. 136ff.)

1. Welches Bild vom Menschen hat Burrhus Frederic Skinner? Orientieren Sie sich an den vereinbarten Prüfkriterien (S. 535).
2. Erläutern Sie diese allgemeinen Aussagen über den Menschen mithilfe Ihrer lerntheoretischen Kenntnisse. Benutzen Sie das entsprechende Kapitel in diesem Buch.
3. Simulieren Sie ein Streitgespräch, wie es die Autorin vorschlägt, und lassen Sie Herrn Freud, Frau Satir oder andere mit Herrn Skinner über seine Ideen diskutieren.

Erik Erikson – Lebenszyklen

„Reif sein heißt, mit dem Hauptkonflikt jeder Lebensphase fertigzuwerden"

Erik Erikson, Psychoanalytiker und Entdecker der Identitätskrise, spricht über Lebenszyklen, Alter, Gewaltfreiheit, Sexualität und die neue Identität der menschlichen Art. Er beschreibt das eigene Alter als ein Stadium der Verwunderung, in dem Staunen, Freude und Verspieltheit der Kindheit entdeckt werden.

Ist es so, dass nach der erfolgreichen Überwindung einer Krise die unterlegene Eigenschaft nicht verschwindet, sondern sich das Gleichgewicht nur verschiebt und die positive Eigenschaft das Übergewicht gewinnt?

Ja, es ist eine Frage des Gleichgewichts. Wir vermeiden jedoch die Begriffe „positiv" und „negativ". Manchmal kann eine Eigenschaft, die in unserer Terminologie unter die „dystonischen" (mit einer Tendenz zum Ungleichgewicht) fällt, positive Aspekte haben. Die Lebenskrise im Alter schließt beispielsweise den Konflikt zwischen Integrität und Verzweiflung ein. Wie wäre es denn möglich, integer, also aufrichtig zu sein, und nicht gleichzeitig auch über die menschlichen Bedingungen allgemein zu verzweifeln? Selbst wenn Sie ein wunderschönes Leben geführt haben, müsste Sie die Tatsache, dass so viele Menschen ausgebeutet oder vernachlässigt wurden, verzweifeln lassen.

Die Menschen sollten also nicht erwarten, dass sie durch acht rosarote Stadien gehen, wenn sie ihr Leben nach der Erikson'schen Theorie ausrichten. Kann man das, was Sie die „syntonische" (ausgeglichene) Qualität jedes Lebensstadiums nennen, entwickeln, ohne zugleich die entsprechende „dystonische" Qualität zu besitzen? Gibt es Generativität ohne Stagnation, Vertrauen ohne Misstrauen?

Bleiben wir beim Letzteren: Es beschreibt die psychosoziale Krise der Kindheit. Urvertrauen heißt, dass das Kind gelernt hat, sich auf seine Bezugspersonen zu verlassen, zu wissen, dass sie da sein werden, wenn es sie braucht; es heißt aber auch, dass es sich selbst für vertrauenswürdig hält. Aber stellen Sie sich vor, wie jemand sein würde, der überhaupt kein Misstrauen kennt.

Leichtgläubig, gelinde ausgedrückt. Wir würden wahrscheinlich annehmen, dass er nicht ganz helle ist.

Aus dem Konflikt zwischen Vertrauen und Misstrauen entwickelt das Kind Hoffnung. Das ist die früheste Form dessen, was beim Erwachsenen nach und nach zu Glauben, Gewissheit wird. Wenn Sie sagen, ein Erwachsener hat Hoffnung, dann würde ich antworten: „Na, hoffentlich", wenn Sie aber sagen, ein Baby habe Gewissheit oder Glauben, dann würde ich antworten: „Das muss aber ein tolles Baby sein." Glaube, wirklicher Glaube, ist eine sehr reife Haltung.

Sie meinen, die verschiedenen im Alter vorherrschenden Züge nehmen andere Formen an, weil sie von einer Kraft im Alter gemildert oder beherrscht werden – der „Weisheit".

Ja. Alt ist man, wenn eine gewisse Weisheit möglich, wenn nicht gar notwendig ist, solange man nicht so tut, als sei man schon gar nicht mehr auf dieser Welt.

Das Gebot des Franz von Assisi lautete: Ändern, was man ändern kann, und nicht verändern, wo es keine Hoffnung auf Veränderung gibt – aber weise genug sein, den Unterschied zu erkennen.

Ja, obwohl man zögert, es alles zu einfach zu machen.

Wenn man das Leben sieht wie einen gewebten Teppich, jedes Stadium in einer anderen Farbe, dann würde das Muster, das letztlich bei jedem Einzelnen herauskommt, immer unterschiedlich sein. Kann jemand die Krise des Alters, den Kampf zwischen Integrität und Verzweiflung, erfolgreich durchstehen, wenn

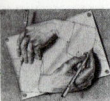

er die vorangegangenen Stadien nicht zufriedenstellend hinter sich gebracht hat?

Es ist unmöglich, sich einen Menschen vorzustellen, der alle sieben Lebensstadien gleich gut meistert – um es offen zu sagen, ich hoffe, nie einem solchen Menschen zu begegnen. Am Ende des Lebens macht man den Versuch, eine existenzielle Identität für sich zu finden. Es mag hochtrabend klingen, aber diese existenzielle Identität muss aus der psychosozialen Identität hervorgehen.

(Heiko Ernst [Hrsg.], Innenwelten. Gespräche mit Psychologen, Heyne, München 1994, S. 43ff. [Auszüge])

1. Was heißt „Reife" nach Erikson in den einzelnen Lebensphasen? Erläutern Sie den Begriff der Reife in unterschiedlichen Entwicklungsphasen.
2. Welche Vorstellungen von Autonomie und Identität hat Erikson?
3. Welche Konsequenzen kann man aus diesem Menschenbild für Erziehung gewinnen?

Sigmund Freud: Die unbewussten Triebansprüche als das eigentliche Subjekt menschlichen Handelns

Freud erweitert das Spektrum des Subjektbegriffs um die Facette unbewusster psychischer Prozesse, deren Aufklärung Aufgabe der Psychoanalyse als Wissenschaft sei. In der 18. seiner Vorlesungen zur Einführung in die Psychoanalyse spricht Sigmund Freud davon, dass die Menschheit im Laufe der Zeiten seitens der Wissenschaft drei massive Kränkungen ihrer naiven Eigenliebe habe erdulden müssen. Die erste, als sie erfahren habe, dass die Erde nicht der Mittelpunkt des Weltalls sei, sondern nur winziges Teilchen eines in seiner Größe kaum vorstellbaren Weltsystems. Die zweite, als die biologische Forschung das angebliche Schöpfungsvorrecht des Menschen zunichte gemacht und ihn auf die Abstammung und die Untilgbarkeit seiner animalischen Natur verwiesen habe. Die dritte und empfindlichste Kränkung aber erfahre die menschliche Größensucht durch die heutige psychologische Forschung, welche dem Ich nachzuweisen versucht, dass es nicht einmal Herr im eigenen Haus sei, sondern auf kärgliche Nachrichten angewiesen bleibe von dem, was unbewusst in seinem Seelenleben vor sich gehe (Freud 1969). Freud stellt fest, dass das „leibgebundene, sprechende und handelnde Subjekt" (Habermas 1985) nur vermeintlich innerlich autonom und frei sei. Verstand und Intelligenz des Menschen seien meistens nur die Mägde der größtenteils unbewussten Affekte: „Diese Affekte bestehen größtenteils aus der Mischung von Ableitungen zweier Triebe, des Aggressiven und des Sexuellen. Der aggressive Trieb dient der Abgrenzung des eigenen Ich vor der Besitznahme durch andere und anderes, der sexuelle Trieb der Öffnung des eigenen Ich zur Schaffung größerer Einheiten, bei denen das eigene Ich über das Individuum hinausgehend andere und anderes in Besitz nimmt" (Bielecki 1991). [...]

Während „Es" für das Unbewusste steht, wird demgegenüber mit dem „Ich" eine dem Bewusstsein verbundene Instanz bezeichnet, die zwischen den Forderungen aus dem Unbewussten und den Normen der Außenwelt vermittelt. Um die Herrschaft über die Triebansprüche des „Es" zu gewinnen, entscheidet das Ich nach Freud darüber, ob es die Triebansprüche zur Befriedigung zulassen soll, ob es „diese Befriedigung auf die in der Außenwelt günstigen Zeiten und Umstände verschiebt oder ihre Erregungen überhaupt unterdrückt" (Freud 1960). Freud vergleicht das „Ich" im Verhältnis zum „Es" mit „dem Reiter, der die überlegene Kraft des Pferdes zügeln soll [...] Wie dem Reiter [...] oft nichts anderes übrigbleibt, als es dahin zu führen, wo es gehen will, so pflegt auch das Ich den Willen des Es in Handlungen umzusetzen, als ob es der eigene wäre" (Freud 1960).

Mit dem „Über-Ich" benennt er verinnerlichte gesellschaftliche Verhaltensmuster, Forderungen, Normen und Verhaltensregeln vor allem der Eltern, aber auch der durch sie weitergegebenen Traditionen aus Familie und Gesellschaft. Immer

wieder kommt es zu Konflikten im Gegeneinander von Triebansprüchen einerseits und von gesellschaftlichen Forderungen, diese Antriebe zu unterdrücken, andererseits. Da diese Unterdrückung vom Individuum mit der Konsequenz verinnerlicht wird, dass es sie ganz von alleine gegen sich selbst richtet (z. B. Gewissen als eigene Zensurinstanz), muss es notwendigerweise den im Unbewussten rumorenden Konflikt als Leiden erleben, als Ungleichgewicht, als Neurose. Alles Subjekthandeln, sei es gedanklich reflexiv, verbal, nonverbal und körperlich zum Ausdruck gebracht, ist immer durch eine interne Balance zwischen diesen psychischen Instanzen bestimmt, die oft genug gelingt, aber auch in krisenhaft erlebter Form misslingen kann. Das äußerst wilde „Pferd" der Triebansprüche ist nun einmal schwer zu zähmen und auf dem Kurs zu halten, der von unserer Umwelt vorgegeben, eingefordert und kontrolliert wird. Das Ich hat zwischen Lust- und Realitätsprinzip ebenso zu vermitteln wie zwischen dem „Es" und den Geboten des „Über-Ichs" (vgl. Tillmann 1989) Eine Handlung des „Ichs" ist „dann korrekt, wenn sie gleichzeitig den Anforderungen des Es, des Über-Ichs und der Realität genügt, also deren Ansprüche miteinander zu versöhnen weiß" (Freud 1960).
Für Freud ist letztlich jede menschliche Aktivität durch organisch verankerte Bedürfnisspannungen verursacht, denn die „Macht des Es drückt die eigentliche Lebensabsicht des Einzelwesens aus. Sie besteht darin, seine mitgebrachten Bedürfnisse zu befriedigen [...] Die Kräfte, die wir hinter den Bedürfnisspannungen des Es annehmen, heißen wir *Triebe*. Sie repräsentieren die körperlichen Anforderungen an das Seelenleben." (Freud 1960)
Freud koppelt die Entwicklung des Ichs als Instanz des Bewussten an die Entwicklung des Unbewussten. [...]
Die Methode der Psychoanalyse soll der Ichwerdung, die mit Subjektentwicklung gleichgesetzt werden kann, dienen: „Ihre Arbeit ist es ja, das Ich zu stärken, es vom Über-Ich unabhängiger zu machen, sein Wahrnehmungsfeld zu erweitern und seine Organisation auszubauen, sodass es sich neue Stücke des Es aneignen kann. Wo Es war, soll Ich werden. Es ist Kulturarbeit etwa wie bei der Trockenlegung der Zuydersee." (Freud 1960)
1927 schreibt Freud in „Die Zukunft einer Illusion" (Freud, Gesammelte Werke, S. 972): „Es macht schon etwas aus, wenn man weiß, dass man auf seine eigene Kraft angewiesen ist. Man lernt dann, sie richtig zu gebrauchen [...] Dadurch, dass (der Mensch) seine Erwartungen vom Jenseits abzieht und alle frei gewordenen Kräfte auf das irdische Leben konzentriert, wird er wahrscheinlich erreichen können, dass das Leben für alle erträglich wird und die Kultur keinen mehr erdrückt".

(Erhard Meueler, Die Türen des Käfigs, Klett-Cotta, Stuttgart, 2. Aufl. 1998, S. 30ff.)

1. Welche Bedeutung haben die Triebe laut Freud für das Menschsein? Welche Rolle spielen die Triebe für geistiges, soziales und kulturelles Handeln?
2. Wie lässt sich das Bild, das Freud in seiner Theorie vom Menschen entwirft, zusammenfassen?
3. Welche Probleme sehen Sie im Zusammenhang mit dem psychoanalytischen Menschenbild?

Anthroposophie

Das höchste Wesensglied des Menschen, sein Wesenskern, ist das Ich. Es bestimmt seine körperliche Erscheinung, es ist in jeder Äußerung anwesend, und doch ist es als Wahrnehmungsobjekt im gewöhnlichen Selbstbewusstsein nicht zu finden. Körperteile und körperliche Organe dienen dem Ich dazu, sich zu manifestieren, doch sind sie nicht das Ich. Gefühle können den Menschen durchströmen, erfüllen, wärmen oder frieren machen; aber der Mensch ist nicht seine Gefühle, er hat sie. Schließlich zeigt die genaue Beobachtung sogar, dass der Mensch mit seinen Gedanken

nicht identisch ist. Schon die intensive Schulung des Denkens durch die Philosophie und die Mathematik, erst recht aber die Verstärkung des Seelenlebens durch meditative Übungen führen zur Erkenntnis, dass nicht das Gehirn die Gedanken hervorbringt, sondern nur das Organ ist, die objektiv in der Welt vorhandenen Gedanken aufzufangen. Rudolf Steiner formulierte diese Erfahrung mit den Sätzen: „Nicht ich denke bloß, sondern es denkt in mir; es spricht das Weltenwerden in mir sich aus; meine Seele bietet bloß den Schauplatz, auf dem sich die Welt als Gedanke auslebt".

Sucht man das Ich im gewöhnlichen Alltagsleben und mit den Mitteln, die uns hier zur Verfügung stehen, so zieht es sich gewissermaßen immer weiter ins Unbekannte zurück. Verstärkt und entwickelt der Mensch jedoch durch geistige Schulung sein Seelenleben, dann kann er zu wahrer Selbsterkenntnis, das heißt zu immer wesentlicherer Wahrnehmung seines Ichs in den übersinnlichen Welten kommen. Das gewöhnliche Alltags-Ich eingeschlossen, unterscheidet Steiner verschiedene Manifestationsformen des Ichs:

1. Im Leben, das der spirituell ungeschulte Mensch in der *physisch-sinnlichen* Welt führt, steigt das Ich als Selbstbewusstsein aus dem Bewusstsein auf. Es erfüllt sozusagen die Leere, die dadurch entsteht, dass der Mensch Bewusstsein entfaltet und dabei den physischen und den Ätherleib abbaut. Doch dieses Ich bleibt schattenhaft, ist ein blasser „*gedankenhafter Abglanz*" (Steiner) einer höheren, verborgenen Wirklichkeit.

2. Verstärkt der Mensch sein Seelenleben durch meditative Schulung, dann betritt er zunächst mit Bewusstsein die „*elementarische Welt*", der er mit seinem Ätherleib angehört. Er holt die sonst nur im Traum oder im Fieber erscheinenden Bilder ins wache Erleben herein und gewahrt nun auch sein Ich als *Bild* unter Bildern. Dieses Bild ist Abbild einer höheren Wirklichkeit, der der Mensch begegnet, wenn er sein Bewusstsein durch fortgesetzte meditative Schulung weiter verstärkt.

3. Gelingt es dem Menschen, auch seinen Astralleib mit Bewusstsein zu durchdringen, so betritt er die „*geistige Welt*" oder das „*Geistgebiet*". Er findet sich in einer Welt von lauter Gedankenwesenheiten – Wesen, die ganz aus Gedankensubstanz bestehen –, und als ein solches *Gedankenwesen* taucht aus den „Seelenfluten" ein höheres Ich des Menschen auf, das Steiner das „*andere Selbst*" nennt. Dieses ‚andere Selbst' ist ein „Dauerwesen", das heißt, es führt den Menschen von Inkarnation zu Inkarnation. Aus dem Wissen um unsere vergangenen Lebensläufe heraus inspiriert es das Schicksal unseres gegenwärtigen Lebens, und aus der Kenntnis der Gegenwart wird es das Schicksal unseres kommenden Daseins auf Erden gestalten.
Die Art, wie dieses andere Selbst sich wesenhaft aus den ‚Seelenfluten' erhebt, sei für die verschiedenen Menschenindividualitäten ganz verschieden, sagt Steiner.

4. Das „andere Selbst" ist noch nicht die höchste Form der menschlichen Eigenwesenheit, sondern sozusagen nur ihr Statthalter. Führt der Geistesschüler seine meditativen Übungen weiter, so eröffnet sich ihm eine noch höhere Welt, die Steiner die „*übergeistige Welt*" nennt. War er in der „geistigen Welt" noch von seinen Erinnerungen umgeben, so muss er sich jetzt auch von ihnen trennen und alles, was ihn an Erlebnissen seines Denkens, Fühlens und Wollens noch mit der irdischen, der elementarischen und der geistigen Welt verbinden könnte, mit dem eigenen Willen austilgen. Er muss sich selber auslöschen. Die Seele steht dann buchstäblich als ein Nichts vor dem Nichts. Hat der Mensch die nötige Seelenstärke erworben, um diesen Schritt bewusst zu tun, „dann taucht ihm aus dem selbst hervorgerufenen Vergessen die wahre Wesenheit des ‚Ichs' auf" (Steiner). Dieses „wahre Ich" existiert in der übergeistigen Welt als eine von seiner Umgebung „relativ unabhängige, selbstständige geistige Wesenheit". Dieses ohne meditative Schulung nur unbewusst im Schlaf und im Leben nach dem Tod erst in den höchsten erreichbaren Regionen des Jenseits zu erfahrende Ich ist der wahre Kern des Menschen. Es inkarniert sich nicht, sondern wirft nur seinen als irdisches Ich erscheinenden Schatten in das Leben zwischen Geburt und Tod.

(Adolf Baumann, ABC der Anthroposophie, Hallwag, Bern und Stuttgart 1986, S. 138ff.)

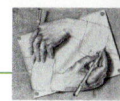

1. Welches Bild vom Menschen und seinem „Ich" wird deutlich?
2. Ziehen Sie wiederholend noch einmal das Kapitel zur Waldorfpädagogik heran und stellen Sie dar, welche Konsequenzen dieses Bild vom Menschen in der pädagogischen Praxis hat.
3. Simulieren Sie eine Gesprächsrunde, in der Rudolf Steiner auf Sigmund Freud oder andere in diesem Buch vertretene Pädagogen oder Psychologen trifft. Über welche Fragen würden sie sich unterhalten? Wo lägen die großen Kontroversen? Bereiten Sie dieses Streitgespräch in arbeitsteiliger Gruppenarbeit vor und versuchen Sie die jeweils anderen Positionen zu antizipieren und sich argumentativ darauf einzustellen.

Klaus Dörner – ein Psychiatriereformer

Mosaiksteine für ein Menschen- und Gesellschaftsbild

● Der Mensch ist zuerst ein soziales Wesen, nicht ein Individuum.

Denkansätze, die den Menschen als Individuum beginnen lassen, kommen zu dieser Ansicht nur durch Absehen von der Gesamtwirklichkeit, durch eine technische Abstraktion, abgeleitet etwa vom Modell des freien Marktes. Wegen dieses verfehlten individualistischen Ansatzes sind auch die klassischen psychiatrischen Systeme unbrauchbar, da sie vom isolierten Individuum und seiner individuellen Krankheit ausgehen. Auch die Psychoanalyse baut das Individuum von einer naturhaften Gegebenheit auf und bewertet seine sozialen Bezüge als sekundären Überbau von Sublimationsleistungen. In Wirklichkeit ist der Mensch schon von der befruchteten Eizelle an jemand, der Teil eines sozialen Beziehungsgeflechtes ist, der Bedeutung für eine Mehrzahl von Menschen hat. Der Mensch ist primär mit anderen, für andere, auf andere angewiesen, tut etwas gemeinsam mit anderen, verwirklicht sich im anderen, noch bevor er in ihm auch Grenzen findet. Wenn wir psychiatrisch Tätigen einem potenziellen Patienten erstmals die Hand geben, so geben wir nur scheinbar einem Individuum die Hand; in Wirklichkeit gewinnen wir Bedeutung für eine Mehrzahl von Menschen, übernehmen wir Verantwortung für mehrere Menschen in ihren materiellen Bedingtheiten. Wir psychiatrisch Tätigen haben dies erst ziemlich spät gelernt, spätestens und am wirksamsten, seit wir systematisch mit Angehörigen und Angehörigengruppen arbeiten, Patient und Angehörige uns gleichermaßen bedeutsam geworden sind – ebenso wie wir selbst nur im Rahmen unseres eigenen Beziehungsgeflechts tätig und wirksam werden können. Es ist etwas völlig anderes, wenn wir gewissermaßen im Schutz dieser vollständigen Wahrnehmung des Menschen als eines sozialen Wesens für bestimmte Zwecke ihn auch einmal als isoliertes Individuum betrachten, etwa unter dem Aspekt eines biochemischen Stoffwechsels oder seiner Teilhabe am freien Markt.

● Selbstverständliche Gleichheit aller Menschen
Das Menschsein des Menschen und damit die selbstverständliche Gleichheit aller Menschen drückt sich in schwerstbehinderten Menschen nicht weniger deutlich als in Menschen ohne Behinderung aus.
Der Pädagoge Siegenthaler (1983) macht diese „anthropologische Grundentscheidung", dass jeder Mensch der ganze Mensch ist, gerade am Beispiel des geistig Schwerstbehinderten fest, dem er – wie allen anderen Menschen – folgende Kriterien zuordnet:

– Der Mensch ist ein dauernd sich wandelndes, sich veränderndes Wesen;
– ist angewiesen auf mitmenschliche Zuwendung;
– ist empfänglich für Stimmungsqualitäten, hat ein inneres Echo, also Emotionalität;
– erscheint uns stets unter dem Aspekt der „offen gebliebenen Möglichkeiten";
– verweist über seine empirische Erscheinung stets über sich selbst hinaus auf anderes.

Zusätzlich zu diesem anthropologischen Grundcharakter, der jeden Menschen zur Person macht, ihm seine Würde gibt, kann man sämtliche Menschen in ihren sämtlichen übrigen Eigenschaften hinsichtlich des Grades der Behinderung und Nicht-Behinderung skalieren, sodass jeder von

uns bezüglich jeder seiner Eigenschaften sich als unterschiedlich stark oder schwach behindert erweist: Es gibt also nicht den vollständig nichtbehinderten und nicht den vollständig behinderten Menschen.

- Ich brauche für mein Menschen- und Gesellschaftsbild alle Menschen, am dringendsten die randständigsten.

Der Philosoph Jean Paul Sartre hat in allen seinen Werken, in denen immer wieder gerade besonders abweichende oder randständige Menschen die Helden sind, nicht unbeeinflusst von der Nazi-Zeit, immer wieder Folgendes gezeigt: Wenn ich bei der Konstruktion meines Menschenbildes vom idealen Menschen oder auch nur vom Durchschnittsmenschen ausgehe, klammere ich dabei von vornherein alle davon abweichenden Menschen aus meinem Menschenbild aus. Wenn ich das nicht will, kann ich das nur dadurch verhindern, dass ich mit dem abweichendsten und randständigsten Menschen beginne, ihn ins Zentrum rücke. Hierzu gibt es aus zwei Gründen keine Alternative:

1. weil sonst den randständigen Menschen ihr Menschsein aberkannt, sie als Sachen wahrgenommen und bei Gelegenheit über den Tellerrand der Gesellschaft hinausgeschleudert und vernichtet werden;

2. weil ich sonst zu den fundamentalsten Aussagen über den Menschen nicht kommen kann, also z. B. nicht zur Aussage der existenziellen Randständigkeit aller Menschen.

Deshalb kann ich bei meinem Menschenbild auf keinen Menschen verzichten. Am dichtesten ist Sartre das in seiner Biografie über Jean Genet gelungen, der als Dieb, Homosexueller, Verräter usw. als besonders extrem abweichend geschildert wird. Von ihm sagt Sartre: „Denn man muss schon wählen: Wenn jeder Mensch der ganze Mensch ist, muss dieser Abweichler entweder nur ein Kieselstein oder ich sein." (1982)

Nach diesen grundsätzlichen Vorgaben für unser Menschen- und Gesellschaftsbild können die nächsten Mosaiksteine sich konkreter auf unser psychiatrisches Denken und Handeln beziehen.

- Psychiatrische Verantwortung beginnt bei den Schwächsten.

Ich habe bei meiner psychiatrischen Arbeit, bezogen auf meinen Verantwortungsbereich, mit den schwächsten, ältesten, hoffnungslosesten Menschen zu beginnen.

Unser am Nutzwert der Menschen orientiertes System schlägt das gegenteilige Vorgehen vor, hat dabei unsere eigene Bequemlichkeit auf seiner Seite: die meiste Zuwendung für die, bei denen es sich am meisten lohnt. Selbst unser Sozialsystem ist also in Wirklichkeit nach den Kriterien des Wirtschaftssystems organisiert. Man denke nur an die Verteilung psychotherapeutischer Chancen. Beschäftigt man sich nun stets mit denen, für die man die meisten Hoffnungen hat, ist man schon dadurch gut ausgelastet und hat für die anderen „leider" keine Zeit mehr und hilft auf die Weise mit, dass Großkrankenhäuser entstehen, worüber man sich dann am Feierabend beklagt. Beispiel: In Gütersloh entstand im Krankenhaus eine „Intensiveinheit" für die sechs schwierigsten, verhaltensauffälligsten Patienten, über die sonst das Krankenhaus immer nur gestöhnt hat, mit den komfortabelsten Wohnbedingungen und dem „luxuriösesten" personellen Begleitaufwand aufgrund der Einsicht, dass diesen Leuten dieser Sonderaufwand zusteht, damit sie Chancengleichheit mit den anderen Patienten haben.

- Meine Beziehungsaufnahme betrifft die Person, nicht die Störung des anderen.

Das Sozialsystem oder sein Teilsystem Psychiatrie interessiert sich für Menschen wegen einer Störung, einer Behinderung, eines Defektes. Umso mehr gilt, dass ich die Würde eines Menschen als gesamtgesellschaftliches Gattungswesen nur respektieren kann, wenn meine Beziehungsaufnahme zu ihm zunächst ausschließlich seiner Person gilt, nicht seiner Beeinträchtigung, was schwer ist, da es bedeutet, schon in der ersten Begegnung die Zwänge des Sozialsystems zu sprengen. Beispiele: Ich beginne die Beziehung damit, dass ich mich für die Heimat oder für den Beruf des anderen interessiere. Nur über solche Wege kann er für mich bedeutsam werden, was die Voraussetzung für eine personale Beziehung ist. Erst wenn die Dialoge auf diese Weise aus Therapeut-Patient-Experten-Gesprächen zu öffentlichkeitsfähigen Diskursen zwischen Subjekten werden, haben wir das Sozialsystem wirklich gesprengt. Zurzeit ist es noch so, dass Körperbehinderte in zunehmendem Maße öffentlich für sich selbst, aber auch für geistig Behinderte und psychisch Kranke sprechen. Es liegt an uns, uns so zu verhalten, dass auch geistig Behinderte und psychisch Kranke öffentlich für sich selbst sprechen, was wir durch unser Verhalten während der letzten 150 Jahre zu verhindern gewusst haben.

● Menschen sind stets in unberechenbarer Entwicklung befindlich.
Das Nachdenken über unser eigenes Leben genügt, um uns aus Anamnese-Erhebern für die psychisch Kranken in Begleiter bei der Rehistorisierung des eigenen Lebens zu verwandeln; denn nur aus der Aneignung der eigenen Geschichte eröffne ich mir neue Perspektiven für die Zukunft. Dabei haben wir davon auszugehen und zu lernen, dass Krankengeschichten in Lebensgeschichten zu verwandeln sind, in denen es typische und besondere Übergänge gibt von einer Lebensphase in eine andere, die notwendigerweise als Krise erlebt, unterschiedlich genutzt werden und auch zu psychotischen oder neurotischen Problemlösungsversuchen führen kann. Eine psychische Störung gewinnt auf diese Weise ihren biografischen Sinn, sodass das Krankheits-Denkmodell bestenfalls noch für bestimmte technische Details einen Wert behält. Die grundsätzliche Unberechenbarkeit menschlicher Entwicklung macht deutlich, dass jeder Mensch buchstäblich zu jedem Zeitpunkt einen neuen Weg finden, sich neue Ziele setzen kann, je nach der Lebensphase mal mehr Unabhängigkeit, mal aber auch mehr Abhängigkeit, mal mehr Freiheit, mal mehr Sicherheit und soziale Wechselhaftigkeit benötigt. Ökologische Denkansätze wie die von Bronfenbrenner (1980) oder Kegan (1985) helfen uns, damit wir bei unserer Begleitung die gleich hohe Wichtigkeit sozialer Bezüge und materieller Bedingungen der Entwicklung von Menschen berücksichtigen. [...]

(Klaus Dörner, Mosaiksteine für ein Menschen- und Gesellschaftsbild, in: Thomas Bock/Hildegard Weigand [Hrsg.], Handwerksbuch Psychiatrie, Düsseldorf 1992, S. 38ff. [Auszüge])

1. Wenden Sie die Prüfkriterien (S. 535) auf das Menschenbild von Klaus Dörner an.
2. Wie sieht es mit Freiheit, Gleichheit und Brüderlichkeit in unserer Gesellschaft aus? Welche Zusammenhänge zwischen Menschenbild und politischen, ökonomischen und sozialen Rahmenbedingungen sieht der Autor?
3. Klaus Dörner betont das Recht auf Gleichheit und das Recht auf Differenz. Welche neuen pädagogischen Perspektiven eröffnen die Kategorien Gleichheit und Differenz?

Das Self-Mandala von Virginia Satir

Der vorliegende Artikel beschreibt das von Virginia Satir entwickelte Self-Mandala, ein metaphorisches Kosmosbild des Menschen. Unterschieden werden darin acht Ebenen/Anteile der Person: Körper, Geist, Gefühl, Verstand, Ernährung, Sinne, Interaktion und Kontext; diese können blockiert sein oder hilfreiche Ressourcen für uns darstellen. [...]

Virginia Satir entwickelte das Mandala als eine Hilfestellung dafür, dass wir uns als ganz erleben, zentriert und in Harmonie mit uns selbst und unserer Umgebung. Es ist ein Kosmosbild des Menschen, in dem jeder von uns sich wiederfinden kann. Das Mandala stellt dar, wie wir auf acht Ebenen leben und erleben:
Jedes ‚Ich' existiert auf

– der physischen Ebene	= der Körper mit seiner Haltung und Beweglichkeit, seiner inneren und äußeren Befindlichkeit;
– der intellektuellen Ebene	= Gedanken und Gedächtnis, unsere linke Gehirnhälfte, ‚der Kapitän unseres Schiffs', unsere Fähigkeit zu analysieren;
– der gefühlsmäßigen Ebene	= emotionales Erleben, unsere rechte Gehirnhälfte; der ‚Treibstoff unseres Selbst'

– der Sinnes-Ebene	= unsere sensiblen Körperöffnungen, durch die Reize und Botschaften hinein- und hinausgehen; unsere Fähigkeit zu sehen, zu hören, zu riechen, zu schmecken, zu berühren und berührt zu werden; die „fünf Freiheiten", die uns Orientierung geben;
– der Interaktions-Ebene	= denn wir leben niemals ohne andere in der Welt; die Art unserer Kommunikation mit anderen, „ich und du";
– der Ernährungs-Ebene	= Flüssigkeiten und feste Substanzen, die wir zu uns nehmen; die Luft, die wir atmen;
– der Kontext-Ebene	= wir sind zu jeder Zeit an einem bestimmten Ort mit einer Absicht oder zu einem Zweck (bewusst oder unbewusst); es gibt im „Hier und Jetzt" Licht, Ton, Farbe, Temperatur, Bewegung; ich bin ein Teil meiner Mitwelt, sie ist ein Teil von mir;
– der spirituellen Ebene	= das Leben und unsere Vorstellung von seinem Sinn, die Lebenskraft, ohne die keiner der anderen Teile existieren würde.

Diese acht Ebenen werden von der Gesellschaft wie von Einzelnen unterschiedlich in ‚bedeutsam' oder ‚unwichtig' aufgespalten. Wir zeigen uns lieber mit den von unserer Umgebung positiv bewerteten Teilen und vernachlässigen die anderen, obwohl sie auch zu uns gehören und genauso viele Energien besitzen.

Das Mandala ist eine Metapher für ein Persönlichkeitsmodell. Auf den verschiedenen Ebenen vollzieht sich jeweils eine eigene Entwicklung. Doch beeinflussen sich die einzelnen Ebenen gegenseitig und sind miteinander dynamisch in Beziehung. In der Mitte steht das ‚Ich', der Name einer Person.

(Margret Klockmann, Mandala – Das Rad der persönlichen Hilfsquellen, in: Gaby Moskau/ Gerd F. Müller [Hrsg.], Virginia Satir – Wege zum Wachstum, Paderborn 1995, S. 243ff.)

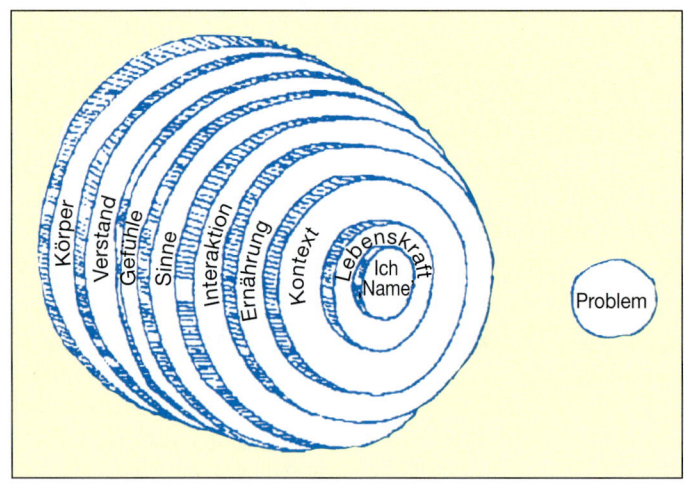

1. Die fünf Freiheiten werden von Virginia Satir folgendermaßen formuliert:
„1. Die Freiheit zu *sehen* und zu *hören*, was JETZT ist, anstelle von dem, was sein sollte, sein könnte, gewesen ist oder sein wird.
2. Die Freiheit zu *empfinden*, was man JETZT empfindet, anstelle von dem, was sein sollte, sein könnte, gewesen ist oder sein wird.
3. Die Freiheit zu *sagen*, was JETZT ist, statt davon zu reden, was sein sollte, sein könnte, gewesen ist oder sein wird.
4. Die Freiheit, sich zu *nehmen*, was man haben will, unabhängig davon, was man zu wollen hat, und ohne darauf warten zu müssen, dass man es von irgendjemandem angeboten bekommt.

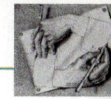

5. Die Freiheit, eigenverantwortlich *Risiken einzugehen*, anstatt ständig nur darauf zu hoffen, dass man von den durch andere bewirkten Veränderungen profitiert."
(Aus: Richard Bandler/John Grindler/Virginia Satir, Mit Familien reden, übers. von Hannelore Lochmann, Pfeiffer bei Klett-Cotta, Stuttgart 1978, S. 12)
Vergleichen Sie diese Freiheiten mit den in verschiedenen Zusammenhängen formulierten ‚Rechten der Kinder'.

2. Virginia Satir sagt selbst über das Mandala:
„Bei jedem Menschen gibt es in jedem Augenblick ein dynamisches Zusammenspiel aller acht Ebenen [...]. Alle Teile addieren sich zum Selbst, obwohl das Selbst mehr ist als die Summe seiner Teile. Jeder Mensch ist ein System. Wir können zwar jeden Teil einzeln untersuchen und besprechen, aber alle Teile funktionieren nur gemeinsam, wie jedes System." (Aus: V. Satir/M. Baldwin, Familientherapie in Aktion, Paderborn 1988, S. 150)
Welche Konsequenzen für das erzieherische Handeln ergeben sich aus diesem Modell?

Das Menschenbild des Nationalsozialismus

Zehn Gesetze der studentischen Erziehung (vom 9.9.1937):

1. Deutscher Student, es ist nicht nötig, dass du lebst, wohl aber, dass du deine Pflicht gegenüber deinem Volk erfüllst! Was du bist, werde als Deutscher!

2. Oberstes Gesetz und höchste Würde ist dem deutschen Mann die Ehre. Verletzte Ehre kann nur mit Blut gesühnt werden. Deine Ehre ist die Treue zu deinem Volk und zu dir selbst.

3. Deutscher sein, heißt Charakter haben. Du bist berufen, die Freiheit des deutschen Geistes zu erkämpfen. Suche die Wahrheiten, die in deinem Volk beschlossen liegen!

4. Zügellosigkeit und Ungebundenheit sind keine Freiheit. Es liegt im Dienen mehr Freiheit als im eigenen Befehl. Von deinem Glauben, deiner Begeisterung und deinem kämpferischen Willen hängt die Zukunft Deutschlands ab.

5. Wer nicht die Fantasie besitzt, sich etwas vorzustellen, wird nichts erreichen, und du kannst nicht anzünden, wenn es in dir nicht brennt. Habe den Mut, zu bewundern und ehrfürchtig zu sein!

6. Zum Nationalsozialisten wird man geboren, noch mehr wird man dazu erzogen, am meisten erzieht man sich selbst dazu.

7. Wenn etwas ist, gewaltiger als das Schicksal, dann ist es dein Mut, der es unerschütterlich trägt. Was dich nicht umbringt, macht dich nur stärker. Gelobet sei, was hart macht!

8. Lerne in einer Ordnung zu leben! Zucht und Disziplin sind die unerlässlichen Grundlagen jeder Gemeinschaft und der Anfang jeder Erziehung.

9. Als Führer sei hart in deiner eigenen Pflichterfüllung, entschlossen in der Vertretung des Notwendigen, hilfreich und gut, nie kleinlich in der Beurteilung menschlicher Schwächen, groß im Erkennen der Lebensbedürfnisse anderer und bescheiden in deinen eigenen.

10. Sei Kamerad! Sei ritterlich und bescheiden! In deinem persönlichen Leben sei Vorbild! An deinem Umgang mit Menschen erkennt man das Maß deiner sittlichen Reife. Sei eins im Denken und Handeln!
Lebe dem Führer nach.

(Paul Michael, Der neue deutsche Erzieher, 1939; zit. nach: Kurt Zentner, Das Dritte Reich, München 1966, S. 359)

1. Welche Erziehungsgrundsätze und welches Menschenbild des Nationalsozialismus werden durch diese zehn Gesetze studentischer Erziehung deutlich?

2. Wie würde entsprechend dieser Grundsätze der Begriff ‚Autonomie' definiert?

Janusz Korczak und das Generationenverhältnis

Die widersprüchliche Doppelrolle, die Kinder in der Erwachsenengesellschaft angesichts der dort vorherrschenden Doppelmoral zu spielen haben, lässt folglich das erzieherische Verhältnis zwischen den Generationen zu einem bloßen Kontrollmechanismus verkümmern, der schließlich das genaue Gegenteil von dem bewirkt, was die Erwachsenen mit ihrem Vollkommenheitsideal bei den Kindern eigentlich erreichen wollten. Denn Erziehung als Verhaltenskontrolle begriffen, kann keine bessere Zukunft heraufführen, weil die Erwachsenen mit ihrer Hilfe den Kindern lediglich jene Handlungsmaximen einprägen, die ihrer eigenen mangelhaften Lebenspraxis immer schon zugrunde liegen. Ein solches Erziehungsverständnis spiegelt außerdem nur das traditionelle Herrschaftsverhältnis zwischen den Generationen wider und führt zu jenen ständigen Auseinandersetzungen zwischen Älteren und Jüngeren, für die Korczak das Wort vom „Krieg der Generationen" geprägt hat. Die verhängnisvollste Wirkung eines derart auf Verhaltenskontrolle reduzierten Erziehungsbegriffs aber besteht darin, dass die Kinder, wenn sie die erzwungene Verhaltensanpassung schließlich zeigen, für diesen „Lernerfolg" von den Erwachsenen auch noch bestraft werden.

Wenn sich die Kinder nämlich ähnlich durchtrieben verhalten, wie die Erwachsenen dies zu tun gewohnt sind, indem sie scheinbar die Verhaltenserwartungen der Erwachsenen erfüllen, gleichzeitig sich aber hinter ihrem Rücken für die damit verbundenen Frustrationen schadlos halten, dann entspricht dieses angepasste Verhalten der Kinder zwar den Lebenserfahrungen der Erwachsenen, nicht aber mehr deren Vollkommenheitsideal. Das aber heißt, dass die Erwachsenen im Grunde zwei unvereinbare Verhaltenserwartungen an die Kinder richten: Kinder sollen sein wie die Erwachsenen und gleichzeitig ganz anders, nämlich besser als sie. So ist nicht nur der Umgang der Erwachsenen miteinander, sondern auch das Verhältnis der älteren Generation zur jüngeren für Korczak durch eine fragwürdige Doppelmoral gekennzeichnet.

„Unser Spiel mit den Kindern ist ein Spiel mit gefälschten Karten; die Schwächen des Kindesalters stechen wir mit den Assen der Erwachsenen. Falschspieler, die wir sind, mischen wir die Karten so, dass alles, was gut und wertvoll ist, gegen ihre schwächsten Stellen steht. Wo bleiben dann Nichtstuer und Leichtfüße, die genusssüchtigen Feinschmecker, die Dummköpfe, die Faulpelze, die Schurken, die Abenteurer, die Gewissenlosen, die Betrüger, die Säufer und Diebe, wo bleiben unsere Gewalttätigkeiten und Verbrechen, die öffentlich bekannten und die, die nie aufgedeckt werden; ... Und wir wagen es, zu beschuldigen und anzuklagen?! Dabei ist die Gesellschaft der Erwachsenen schon sorgfältig gesiebt und gefiltert. Wie viel ist schon auf Friedhöfen, in Gefängnissen und Irrenhäusern versickert ..."

Indem die Erwachsenen den Kindern den Status gesellschaftlicher Minderwertigkeit und moralischer Unterlegenheit zuschreiben, hindern sie sich zudem gleichzeitig selber an der Einsicht, dass die soziale Praxis der Kinder mitunter ihrer eigenen weit überlegen ist. Denn in der Lebenswelt der Kinder hat der Widerspruch der Erwachsenenwelt zwischen der Beherrschung der Natur und ganzer Völker einerseits und der sozialen Ungerechtigkeit in der eigenen Gesellschaft andererseits Korczak zufolge noch nicht Platz gegriffen.

„Die offenkundig demokratische Gesinnung des Kindes kennt keine Hierarchie. Das Schicksal eines Tagelöhners in seinem Schweiß, eines hungrigen Altersgenossen, eines gequälten Pferdes und eines geschlachteten Huhnes machen es eine Zeit lang traurig. Hund und Vogel, Schmetterlinge und Blume stehen ihm nahe, in einem Steinchen oder in der Muschel sieht es seinen Bruder."

Diese ursprüngliche Solidarität der Kinder mit der Natur und Kreatur aber ist den Erwachsenen in dem Maße abhandengekommen, wie der wissenschaftliche Erkenntnis- und wirtschaftliche Produktionsfortschritt die Menschen der Neuzeit in ein instrumentelles Verhältnis zur Natur, zu ihren Mitmenschen und zu sich selbst gebracht hat. Doch wird die unmittelbare Solidarität des Kindes mit seiner natürlichen und sozialen Umwelt von den Erwachsenen keineswegs als ein besonderer Vorzug angesehen. Vielmehr wird dem Kind diese Solidarität als ein Mangel an Lebenserfahrung ausgelegt, der den Erwachsenen nur noch einmal mehr den minderwertigen Charakter von Kindheit bestätigt. Damit aber bringen sie sich um die

Gelegenheit, in solcher Solidarität Möglichkeiten von Lebensfreude zu entdecken, die sie selber längst nicht mehr wahrnehmen.

100 „Uns drückt die Mühsal unserer eigenen Schritte, die Belastung durch unsere eigennützigen Regungen, die Engherzigkeit unserer Wahrnehmungen und Empfindungen. Das Kind läuft und springt herum, ohne Notwendigkeit schaut es um-
105 her, wundert sich und fragt; es weint leicht, aber es freut sich auch häufig. Ein sonniger Tag im Herbst ist ein richtiges Geschenk, weil die Sonne um diese Jahreszeit selten scheint. ... So, wie es ist, ist's ihm genug, es braucht nur wenig, um sich zu freuen,
110 wozu sich besonders anstrengen? Eilig und ohne uns viel Mühe zu machen fertigen wir es ab. Wir nehmen die Vielfalt seines Lebens und die Freude, die wir so leicht geben können, nicht ernst".

Indem die Erwachsenen den Kindern diese Le-
115 benseinstellung als Unwissenheit und Naivität aus Mangel an Lebenserfahrung auslegen, entziehen sie nicht nur ihr eigenes Verhalten von vornherein jeder kindlichen Kritik. Dass sie sich den Kindern gegenüber auf ihren Erfahrungsvorsprung und
120 moralische Überlegenheit berufen, hat vielmehr vor allem auch die Folge, dass sie die Möglichkeiten menschlicher Höherentwicklung nicht erkennen können, die in der unmittelbaren Solidarität des Kindes mit seiner natürlichen und sozialen
125 Umwelt vielleicht angelegt sind und bei einer grundsätzlich anderen Erziehungseinstellung zu entwickeln wären. So verhindern die Erwachsenen am Ende selber jene mögliche, bessere Zukunft, die sie gerade in den Kindern zu erreichen hoffen.
130 Stattdessen wird den Kindern die widersprüchliche Doppelrolle eines gesellschaftlichen Hoffnungsträgers und Sündenbocks zugeschrieben. Diese Zuschreibung aber besitzt für die Erwachsenen Korczak zufolge eine doppelte Entlastungsfunktion: Die Lebens- und Zukunftsoffenheit der 135 Kinder wird von ihnen einerseits zum Anlass genommen, in Zukunftsvisionen eines anderen Lebens in einer besseren Welt frühkindliche Machtfantasien auszuleben, wie sie Korczak selbst angesichts der lieblosen Atmosphäre seines El- 145 ternhauses schon früh entwickelt hatte. Dies wiederum ermöglicht es den Erwachsenen andererseits, alles das, was sie gemeinsam an ihrem Ich-Ideal und Traum vom besseren Leben an sich selbst zu bemängeln haben, auf die Kinder zu pro- 150 jizieren, um es an ihnen stellvertretend zu bestrafen. Auf diese Weise wird das Generationengefälle zu einem besonderen Gewaltverhältnis, das den Erwachsenen die einzigartige Möglichkeit bietet, sich von ihrer Verantwortung für den Zustand der 155 Welt, in der sie leben, und damit von jeder Selbstkritik und -kontrolle zu entlasten. Gleichzeitig nutzen sie die Abhängigkeit der Kinder dazu aus, sich für die entgangene Befriedigung ihrer eigenen Lebenserwartungen und Zukunftsentwürfe 160 schadlos zu halten, indem sie die Kinder nach ihrem persönlichen Vollkommenheitsideal zu erziehen versuchen.

Damit aber werden die „gut gemeinten" Erziehungsabsichten der Erwachsenen vollends in ihr 165 Gegenteil verkehrt: Indem die Erwachsenen die Kinder für eine bessere Zukunft zu erziehen behaupten, nehmen sie diesen gerade jede Möglichkeit dazu.

(Herwart Kemper, Erziehung als Dialog, Juventa, Weinheim 1990, S. 52 – 55)

1. Welche Möglichkeiten ergeben sich durch das ‚dialogische Prinzip' nach Korczak dafür, das Verhältnis zwischen den Generationen zu verändern?

2. Wenden Sie die Prüfkriterien (S. 535) auf das Menschenbild von Janusz Korczak an.

Der Mensch auf der Suche nach Selbstbewusstsein, Identität und Persönlichkeit

Selbstbewusstsein als soziales Ereignis

Erst durch die Beziehung auf den anderen erhalte ich ein Bild von mir selbst, werde mir selbst bewusst. Auch Selbstbewusstsein ist somit ein soziales Ereignis. Es entsteht genetisch nicht immanent, sondern individuell im Aneignungsprozess von symbolischer Kultur. Denn auch hier ist die Sprache, ist ein bestimmtes Deutungssystem usw. das Medium, welches etwas spezifisch Menschliches realisiert, nämlich die Selbstaneignung. Damit ist erst die Möglichkeit der reflektierenden Distanz des Menschen zu sich selbst, zur Welt und zu seiner eigenen inneren Natur gegeben. Wenn sich die Menschen mit sich selbst auseinandersetzen, können sie sich auch mit ihren Bedürfnissen und Gefühlen auseinandersetzen. Oder anders ausgedrückt: Die individuelle Aneignung symbolischer Kultur eröffnet Möglichkeiten, einiges von dem zu reflektieren, was unsere „Innenseite" ausmacht, wie Emotionen und Bedürfnisse.

Die individuelle Aneignung von symbolischer Kultur ist, wie bisher gezeigt wurde, mehrdimensional zu beschreiben. Der Aneignungsprozess symbolischer Kultur impliziert vorgreifende Widerspiegelung, soziale Beziehungen, Selbstbewusstsein und Selbstaneignung.

Diese Implikationen ermöglichen aber auch, dass der Mensch Selbstbewusstsein durch sich ganz allein, durch seine Aktivität erhält. Man braucht sich ja nur vorzustellen, wie stolz Kinder auf ihre Bastelergebnisse sind; oder Erwachsene, wenn sie eine Reparatur im Haus oder am Auto erfolgreich selbst durchgeführt haben. Die Anerkennung von Außenstehenden ist hierbei gar nicht notwendig. Es ist die gegenständliche Tätigkeit, die eine Grundlage für die Konstitution von Selbstbewusstsein, von Selbstwertgefühl bildet. Die Bildung von Selbstbewusstsein ist im Sozialisationsprozess demnach nicht nur in der Aneignung von symbolischer Kultur gegeben, sondern ebenfalls in der Aneignung von materieller Kultur.

Die genannten Implikationen weisen aber auch noch auf einen weiteren interessanten Sachverhalt: Man wird nicht nur sozialisiert, man sozialisiert sich zum Teil auch selbst.

Es gibt eine Menge an Umständen im Sozialisationsprozess, die wir selbst wählen können, wo wir selbst entscheiden können; z.B. entscheiden wir, zumindest im nichtberuflichen Bereich, zu welchen Personen wir eine intensive persönliche Beziehung aufnehmen wollen und zu welchen nicht. Wir richten unsere Wohnung nach einem eigenen Geschmack ein.

Es lassen sich unzählige Beispiele anführen, wie man sich selbst sozialisiert. Aber ebenso viele Beispiele dafür, dass die Umstände der Sozialisation nicht selbst gewählt werden können. [...]

Formen des Widerstandes sind so gesehen also auch Formen der Selbstsozialisation.

(Hans-Günter Rolff/Peter Zimmermann, Kindheit im Wandel, Beltz, Weinheim und Basel 1993, S. 50f.)

1. Diskutieren Sie Beispiele für die Mehrdimensionalität der Aneignung symbolischer Kultur.
2. Erstellen Sie eine Mind-Map zum Thema ‚Selbstbewusstsein'.
3. Reflektieren Sie die Bedeutung von ‚Widerstand' für die pädagogische Praxis.

Identitätsprobleme des postmodernen Menschen

Psychologie Heute: Man hat den Eindruck, dass für viele Menschen heute nichts dringlicher ist als die Beantwortung der Frage: Wer bin ich? Sie empfinden eine innere Leere, ein vages Unwohlsein darüber, keinen Ort für sich in der Gesellschaft gefunden zu haben. Identitätssuche ist ein Dauerthema in Literatur und Psychotherapie. Warum ist diese Suche heute so wichtig geworden?

Zygmunt Bauman: Ihre Identität bleibt den meisten Menschen unbewusst, sie werden gar nicht gewahr, dass sie so etwas wie eine Identität besitzen – bis sie zum Problem wird. Ja, man könnte geradezu sagen, sie taucht im Bewusstsein eigentlich nur als Problem auf. Die Idee einer „Identität" wurde gleichsam als eine zu lösende Aufgabe geboren. In prä-modernen Zeiten dagegen war Identität schon deshalb kein Thema, weil das Schicksal der meisten Menschen von Geburt an für den Rest des Lebens vorgezeichnet war – durch Stand, Klasse, Kaste oder Geografie, in die sie hineingeboren wurden. Nur sehr wenige waren mobil in dem Sinne, dass sie ihre vorgezeichnete Lebensbahn oder Rolle verlassen konnten; eigentlich ermöglichte nur der Klerus oder die Armee eine gewisse soziale Mobilität. Das Problem der Identität – Wer bin ich? Wo gehöre ich hin? – stellte sich für die meisten einfach nicht.

PH: Diese historische Phase dauerte jahrhundertelang, jahrtausendelang. Aber irgendwann ging diese fest gefügte Form des „problemlos" vorgegebenen Lebensentwurfes zu Ende ...

Bauman: Mit der Heraufkunft der Moderne änderte sich die Situation grundlegend – sie zerschnitt die Bande, mit denen die Individuen an ihren Stand, ihre Klasse oder auch ihren Ort gefesselt waren. Ihre Stellung in der Gesellschaft, ihre Rolle, ihr Charakter wurde nun „verhandelbar", eine veränderliche Größe. Weil nichts mehr auf Lebenszeit festgeschrieben war, wurde der Lebensentwurf aber auch unsicher, unbestimmt – und das Problem der Identität tauchte auf.

PH: Die soziale Mobilität, die mit der Moderne kam, ist also der Auslöser für das Identitäts-Problem?

Bauman: Auch die geografische Mobilität spielte sicher eine Rolle – man konnte sein Glück nun leichter woanders suchen –, aber vor allem die soziale und psychologische Mobilität waren ausschlaggebend für das Auftauchen des Identitätsproblems.

Die Menschen waren nicht mehr an *ein* verbindliches System bestimmter religiös oder politisch verbindlicher Werte gebunden, sie wurden nun mit einer Vielzahl von solchen Wert-Systemen konfrontiert. Auch Familienbande und Loyalitätsbande lockerten sich. Und mit der Mobilität kam der Zwang zu vergleichen, zu wählen und sich zu fragen: Wer bin ich? Was will ich, was kann ich sein? Wo ist mein Platz in dieser Gesellschaft? Von Anfang an musste der Einzelne selbst eine Antwort auf diese Fragen finden – er musste seinen Platz, seine Rolle in der Gesellschaft selbst definieren, selbst erkämpfen. Identität ist das Problem von Menschen, die noch nicht sicher sind, wohin sie gehören und ob sie mit ihrer selbst definierten Einordnung auch von den anderen akzeptiert werden. Ja, man könnte geradezu definieren: Das Streben nach Identität ist unser Bemühen, dieser Unsicherheit zu entkommen.

PH: Dieses Streben hat zu unterschiedlichen Zeiten der Moderne unterschiedliche Formen und Sozialcharaktere hervorgebracht, denken wir nur an den Tellerwäscher-Mythos, den *selfmade-man*, den Parvenu und Neureichen. Aber die sogenannte Postmoderne hat das Problem offenbar noch verschärft. Ein einmal eingeschlagener Lebensweg garantiert noch lange nicht „Identität".

Bauman: Wenn wir heute so viel über Identität diskutieren, dann nicht deshalb, weil der Inhalt, die Bedeutung dessen, was wir unter „Identität" verstehen, sich geändert hat. Bis zur Mitte unseres Jahrhunderts war Identität vor allem das Problem, sich als konsistenter, kohärenter, stabiler Charakter zu etablieren, der entschlossen ein einmal definiertes Lebensprogramm verwirklicht. Zwar gab es in der Moderne eine Vielzahl von möglichen Rollen, aber diese selbst waren sehr genau definiert. Jeder wusste genau, ob er einem bestimmten Verhaltensmuster entsprach oder nicht. Das größte Problem war deshalb das der Konformität – entspreche ich der Rolle, die ich anstrebe? Kann ich sie ausfüllen? Und die größte Furcht war, nicht-konform zu sein und von der verbindlichen Norm abzuweichen. Heute dagegen ist die Situation anders – und noch komplizierter: Zwar wollen die Menschen noch immer eine klare, verlässliche, solide Identität – aber zugleich fürchten sie nichts so sehr wie eine Festlegung für den Rest ihres Lebens. Es ist die Angst, mit 20 bereits das „Ende der Fahnenstange" erreicht zu haben, abgeschnitten zu sein von allen Veränderungsmöglichkeiten und Chancen. Es ist beispielsweise die Angst, dass man ewig im selben, langweiligen Job bleiben muss, dass nichts mehr passieren wird und alles vorhersagbar verläuft.

Das neue Problem lautet also: Wie kann ich diese beiden widersprüchlichen Strebungen miteinander versöhnen – die Sehnsucht nach Sicherheit

und sozialer Anerkennung meiner Identität einerseits und den Wunsch nach Mobilität, nach Weiterentwicklung andererseits? Anders ausgedrückt: Wie kann ich „identisch" sein und gleichzeitig offen bleiben für neue Herausforderungen, Abenteuer – und neue Identitäten? Die „Furcht vor Fixierung", *Fixeophobie*, liegt im Streit mit der „Furcht vor Formlosigkeit", *Proteophobie*. [...]

PH: Aber das Verlangen nach Identität, das die in der Jetzt-Zeit lebenden Zeitgenossen spüren, bedeutet doch auch, Ziele in der Zukunft anzustreben. Auch in der Postmoderne geht es nicht ohne zumindest befristete Verpflichtungen und Festlegungen.

Bauman: Sicher. Aber Identität bedeutet immer: Noch nicht. Es gibt eine Diskrepanz zwischen dem gegenwärtigen und dem angestrebten Zustand. Wer eine Identität schon hat, braucht nicht darüber nachzudenken. Die Frage ist aber heute: Wie weit reichen diese Ziele in die Zukunft hinein? Geht es um eine Identität, die die ganze Lebensspanne umfasst, oder um mittelfristige Projekte – „bis auf Widerruf? Selbst wenn eine Form der Identität dann doch länger beibehalten wird, leben die Menschen so, als ob sie täglich zur Disposition stünde. Niemand geht davon aus, dass er im Jahre 2010 noch dieselbe Person ist wie heute. Identitätsziele werden also in der sehr nahen Zukunft gesetzt.

Um das Bild des Pilgers aufzugreifen: Die relativ fest gefügte Welt der Moderne brachte bei den meisten Angehörigen der Mittelschichten Lebensstrategien her vor, die einer Pilgerfahrt gleichen – da gibt es ein Heiligtum, ein großes Ziel, das angestrebt wird. Und jeder Schritt, jede Etappe auf dem Weg dorthin wurde danach gemessen, ob er den Menschen diesem Ziel näher brachte.

PH: Und heute haben wir die postmodernen „Kurzurlauber"?

Bauman: In diesen komplexen und konfusen Zeiten gibt es nicht die eine Metapher, die die Lebensstrategien der Mehrheit beschreibt – weil es auch die eine, richtige Logik des Planens nicht mehr gibt. Deshalb sind wir manchmal *Vagabunden*, werden herumgestoßen und sind an vielen Orten unerwünscht, so wie früher die Zigeuner. Manchmal sind wir aber auch reiche *Touristen*, die nach eigenem Gusto herumreisen und so viel wie möglich „mitnehmen". Dann sind wir auch *Flaneure*, die betrachtend an verschiedenen Orten herumspazieren, ohne aber zu diesen Orten zu gehören. Schließlich sind wir manchmal *Spieler*, die an diversen Spielen teilnehmen – wobei wir weder an objektive Gesetze noch an völligen Zufall glauben – es kommt nur darauf an, sein „Blatt" richtig auszuspielen. Die „Spiele" sind also eine Mischung aus Glück und eigener Anstrengung. – Aus Anteilen dieser vier Typen setzt sich die Persönlichkeit des heutigen Durchschnittsmenschen zusammen. [...]

(Identität bedeutet immer: noch mehr; Heiko Ernst interviewt Zygmunt Bauman, in: Psychologie heute, Aug. 1995, S. 54–58)

1. Veranschaulichen Sie sich die Ausführungen Zygmunt Baumans an einem Schaubild (Tipp: Verwenden Sie Collageelemente).

2. Nehmen Sie Stellung zu den Thesen Zygmunt Baumans.

3. Diskutieren Sie Konsequenzen für ein Verständnis von Erziehung.

Im Supermarkt der Identitäten – Von Sinn- und Stilelementen im globalen Angebot

Viele Erwachsene, aber auch Kinder und Jugendliche, empfinden die allgemeinen Tendenzen zu Individualisierung und Verflachung von Traditionen als Verlust, als Sinnleere und als *Krise der Persönlichkeit*, andere erkennen den Zugewinn bezüglich der spielerisch-kreativen, schöpferischen Seiten ohne puristischen Identitätszwang. Das fragmentarisch-widersprüchliche *Recherche-Ich* oder hochkomplexe *Zufalls-Ich*, das sich stets neu suchen muss, geht nicht mehr in einer fest gefügten, endgültigen und abgeschlossenen biografischen Ganzheit auf. Diese Suchbewegung im Rahmen der verlängerten Phase der Identitätsfindung ist keineswegs mit dem Beginn des Erwachsenenalters oder der Altersreife (so noch in der deutschen Klassik etwa bei Goethe) abgeschlossen.

Identitätsaufweichungen

Zu Anfang des 21. Jahrhunderts scheint sich eine Entwicklung allgemein durchgesetzt zu haben: Identität ist kein stabiler Sinnmittelpunkt mehr, sondern scheint nur noch eine Übergangserscheinung zu sein – als *Augenblicks-, Situations-* oder *Patchworkidentität*.

Insbesondere Kinder und Jugendliche entwickeln einen experimentellen Umgang mit unterschiedlichen Lebensentwürfen und der eigenen Biografie. Neben dem zweifelsohne vorhandenen Wunsch nach emotional verlässlichen Bindungen, Gemeinschaften und eindeutigen Identitäten gibt es heute eine Fülle von Variationen und Vermischungen verschiedener Stil- und Ausdruckselemente. Der Bezugsrahmen, in dem wechselbarer und vergänglicher Sinn konstituiert wird, ist oft medial und inszeniert. Aber gerade in Übergängen werden die Sinnfragen akut und können manchmal ironisch fruchtbar gemacht werden.

Familie und Verwandtschaft, Dorf- und Religionsgemeinschaften sowie klassen- und schichtspezifische Lebensmilieus fungierten als traditionelle Zentren der Lebensführung mit je eigenem Wertgefüge. Das Aufweichen traditioneller Lebensbindungen hat auch dazu geführt, dass ein ganz *fragloses Zu-Hause-Fühlen* bei den meisten Menschen abgenommen hat. Vertrautheits- und Schutzräume wurden eingeschränkt. Stattdessen erhalten die Einzelnen mehr Wahlmöglichkeiten (und -pflichten) für ein Leben in Übergängen, ein inszeniertes *eigenwilliges oder eigensinniges* Leben.

Vor diesem Hintergrund entstand und entsteht eine Art medialer und kultureller Supermarkt für Sinnangebote aller Art. Denn mit dem Verblassen (nicht Verschwinden!) der großen religiösen und säkularen Weltdeutungen wurden und werden Sinnangebote zu immer kurzlebigeren Modeerscheinungen. Das schließt auch ein, dass der aus Traditionen entlassene Mensch heute typischerweise mental im Freien steht und mit vielen Dingen vor allem im Konsum- und Medienbereich berieselt und überschüttet wird. Dies hat zweifellos Auswirkungen auf das Aufwachsen von Kindern und Jugendlichen.

Jugendkulturen zwischen Sinnpluralität und Suche nach Gewissheiten

Die Lebensgefühle des virtuellen und simultanen Übergangs und des Patchwork können gleichzeitig einen Gegentrend entstehen lassen, der bei Nicht-Bewältigung komplexer Wirklichkeitsdimensionen so etwas wie fundamentalistische Züge annehmen kann. Die Sehnsucht nach Prägnanz und Abdichtung, nach Re-Mythisierung, letzten Gewissheiten und fundamentalistisch austarierten Ordnungsprinzipien und nach stabilen Bindungen ist weit verbreitet. Die grenzenlosen Möglichkeiten des Individualismus und das Ich-Fieber scheinen manche zu erschöpfen. Der Dauerstress der Ich-Suche kann Sehnsüchte wecken nach Ankommen in Eindeutigkeit. Im schlimmsten Fall führt diese Schubumkehr zur Suche nach einfachen vorgegebenen Antworten in dumpfer Eintracht und Gemütlichkeit oder zur mentalen Einigelung. Hier werden schwer auszuhaltende und auszubalancierende Ambivalenzen zugunsten von Eindeutigkeiten aufgegeben. Alte Schwarz-Weiß-Schemata kommen dann wieder aus der Mottenkiste: entweder dazugehören oder ausgeschlossen sein, entweder einheimisch oder fremd, entweder gut oder schlecht, entweder Freund oder Feind, entweder Liebe oder Hass usw. Die müden Sinn-Sucher bedienen (neue) fundamentalistische Gruppierungen verschiedenster Art. Sie bieten mithilfe von Symbolen leicht nach außen zu präsentierendes Selbstwert- und Zugehörigkeitsgefühl, das mit Ab- und Ausgrenzung sowie Intoleranz erkauft wird.

Das permanente Ausbalancieren von instabilen Werten und Welten (zuweilen mit Selbst-Ironie und paradoxem Humor) erfordert einen weiten Interessenhorizont und diverse Fähigkeiten. Verschiedene Sinnsysteme und Wirklichkeitskonstellationen sind auch als Mischformen wahrzunehmen und man muss zwischen ihnen „zappen", die Dinge müssen von mehreren Seiten aus betrachtet werden, damit die multiplen Wahlmöglichkeiten gesehen und ausgelebt werden können.

Indem Jugendliche sich stilistisch und teilweise in Kampfarenen rivalisierender Sinnwelten von anderen abgrenzen, neigen sie oft nicht nur sozialräumlich zu einer ego- bzw. ethnozentrischen Gruppenhaltung, sondern auch in geschlechtsspezifischer Hinsicht, die andere kulturelle Lebens- und Ausdrucksmöglichkeiten aggressiv ausschließt. Die Ab- und Ausgrenzung kann also keineswegs als nur spielerisches Mittel mit kreativem und experimentellem Charakter zum Erreichen einer phasenweise stabilen Gruppenidentität

angesehen werden, sondern hat in bestimmten Lebensmilieus auch eine existenzielle Dimension (zum Spiel mit Versatzstücken überkommener Geschlechterrollen).
So gesehen hat die Pluralität der Jugendszenen nicht notwendig Liberalität im Gefolge, noch weniger Verstehen und Akzeptieren von Andersartigem.

Sinnmodule als Marken

Die besonders über den Medienverbund von Pop-Musik, Pop-Film, Computerspielen und Videoclips transportierten Stilelemente (Vorbilder, Idole, Helden und Stars) können als einzelne Marken im Supermarkt der Identitäten betrachtet werden. Diese Elemente funktionieren jenseits geschlossener und uniformierter Sinn-Systeme. Sie sind nicht mehr umfassend oder *multifunktional*, sondern nur begrenzt verpflichtend, hingegen offener und beweglicher, nur lose mit einander verknüpft, relativ beliebig kombinierbar und immer wieder anzupassen. Durch Erprobung neuer Lebensformen ohne geschlossene Sinngestalt kann es crossover-artig zu einem schnellen Wechsel von Identitätsmontagen kommen, die aber materieller und sozialer Ressourcen und Abstützungen bedürfen.
Und das Angebot der Marken im Identitäten-Supermarkt hat sich stark erweitert. Jugendkulturen haben sich mit den und via Medien vervielfältigt, pluralisiert und individualisiert. Man kann feststellen, dass die Zahl der „wählbaren Selbstdarstellungsformen" und Gruppen- bzw. Szenezugehörigkeiten erheblich zugenommen hat: von den manieristischen Schönen und Coolen der Diskotheken und Raves über die Action-Szenen der wilden Cliquen, Rapper und Skater auf den Straßen ganz unterschiedlicher Couleur, von den religiösen und politischen Fundamentalisten bis zu den sozialen Bewegungen der Engagierten und den institutionell-integrierten Jugendlichen der Vereine und Verbände.
Jugendliche stellen sich in ihren ausdifferenzierten Jugendkulturen freilich kulturell nie autonom oder puristisch dar. Wer im selben Supermarkt einkauft, trägt teilweise die gleichen Marken mit nach Hause wie der Nachbar an der Kassenschlange, ohne in jedem Fall dasselbe zu essen, zu trinken, zu tragen oder zu hören wie dieser. Insbesondere über die neuen Helden der Sport-, Medien- und Musikkulturen, die heute durchaus neben strikten femininen und harten, rohen und rauen Machismo-Zügen (im Fußball zuletzt Wayne Rooney) auch androgyne bzw. metrosexuelle Züge (etwa vom GlamRock der frühen 1970er-Jahre bis zu David Beckham) aufweisen dürfen, durchdringen und durchmischen sich mittlerweile alle Szenen und Lebensstilgemeinschaften.

(Friedrich Jahresheft Schüler: Auf der Suche nach Sinn, Okt. 2005; Friedrich Verlag, Seelze 2005; Verf.: Wilfried Ferchhoff)

Nehmen Sie Stellung:
„Individualisierung bedeutet in diesem Sinne, dass die Biografie der Menschen aus vorgegebenen Fixierungen herausgelöst, offen, entscheidungsabhängig und als Aufgabe in das individuelle Handeln jedes Einzelnen gelegt wird. Die Anteile der prinzipiell entscheidungsverschlossenen Lebensmöglichkeiten nehmen ab und die Anteile der entscheidungsoffenen, selbst herzustellenden Biografie nehmen zu. Individualisierung von Lebensläufen heißt also hier: Sozial vorgegebene Biografie wird in selbst hergestellte und herzustellende transformiert, und zwar so, dass der Einzelne selbst zum Gestalter seines eigenen Lebens wird und damit auch zum ‚Auslöffler der Suppe, die er sich selbst eingebrockt hat'." (Ulrich Beck, Jenseits von Stand und Klasse? Soziale Ungleichheiten und die Entstehung neuer sozialer Formationen und Identitäten. In: R. Kreekel [Hrsg.], Soziale Ungleichheiten, Sonderband 2 der ‚Sozialen Welt', Göttingen 1993, S. 58)

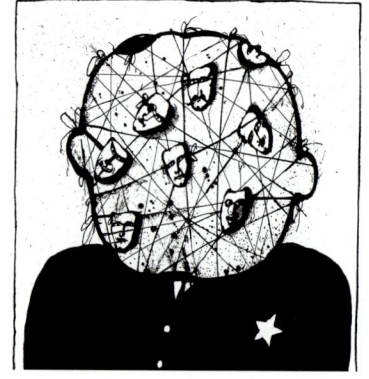

Person und Persönlichkeit – der personzentrierte Ansatz von Carl Rogers

Worin besteht nun der Unterschied zwischen „Person" und „Persönlichkeit"? Wann nennen wir eine Person auch eine Persönlichkeit? Das hat – folgt man dem allgemeinen Sprachgebrauch – offenbar mit ihrer Entwicklung zu tun. In der individuellen Lebensgeschichte und Entwicklung gewinnt die Person Gestalt: „Person von der Entstehung des Lebens her, wird der Mensch durch seine Haltung im Leben Persönlichkeit." Person ist jeder Mensch von Anfang an, Persönlichkeit muss er erst werden.

Der Begriff der „Persönlichkeit" – und damit zusammenhängend „persönlich" im Unterschied zu „personal" – zielt also nach dieser Charakterisierung auf die „Einmaligkeit" des Menschen, insofern das Individuum ‚ich' sagen kann und seiner selbst bewusst ist. Die Entwicklung der Person zur Persönlichkeit schließt neben konstitutionellen Faktoren die soziale Umwelt mit ein. „Die Einbeziehung der Umwelt in die Persönlichkeitslehre" lässt „die Persönlichkeit selbst als eine dynamische Beziehung zwischen Person und Umwelt verstehen, sodass das Wachstum der Persönlichkeit geradezu von der günstigen Umwelt abhängt, in der sich die Individualität, ihre Spontaneität und Schöpferkraft entfalten und integrieren kann". [...] Streng genommen ist es also bei solcher Wortverwendung nicht richtig, von „Personwerden" zu sprechen, sondern nur vom Werden der Persönlichkeit, doch ist hier der Gebrauch der Worte nicht immer sauber getrennt.

(Peter F. Schmid, Souveränität und Engagement – Zu einem personzentrierten Verständnis von ‚Person'. In: Carl R. Rogers/ Peter F. Schmid: Person-zentriert, Matthias-Grünewald-Verlag, Mainz 2004, S. 28)

Einer der bekanntesten personzentrierten Ansätze in der Psychotherapie wurde von Carl R. Rogers entwickelt:

Was meine ich mit einem klientenzentrierten oder personzentrierten Ansatz? Für mich bedeutet er das vorrangige Thema meines ganzen Berufslebens, wie es sich durch Erfahrung, Einfluss durch andere und auf andere und Forschung immer deutlicher herausgebildet hat. Dieses Thema wurde in vielen Bereichen angewendet und hat sich dort als erfolgreich herausgestellt, bis es dann unter der umfassenden Bezeichnung „ein personzentrierter Ansatz" seine wohl zutreffendste Beschreibung gefunden hat.

Die zentrale Hypothese dieses Ansatzes kann in wenigen Worten erläutert werden. Sie lautet: Der oder die Einzelne besitzt in sich selbst unermessliche Hilfsmittel für das Verständnis seiner oder ihrer selbst, für die Änderung des Selbstkonzepts, der Einstellungen und des selbstbestimmten Verhaltens – und: Diese Mittel können erschlossen werden, wenn nur ein definierbares Klima förderlicher psychologischer Haltungen zur Verfügung gestellt werden kann.

Drei Bedingungen sind es, die ein solches entwicklungsförderndes Klima schaffen, ob wir nun von der Beziehung zwischen Therapeut und Klient, Eltern und Kind, Leiter und Gruppe, Lehrer und Schüler oder zwischen Chef und Belegschaft sprechen. Tatsächlich treffen die Bedingungen für jede Situation zu, in der ein Ziel die Entwicklung der Persönlichkeit ist. Ich habe diese Bedingungen ausführlich in früheren Veröffentlichungen beschrieben. Hier gebe ich eine kurze Zusammenfassung aus der Sicht der Psychotherapie; aber die Beschreibung trifft auf alle oben genannten Beziehungen zu.

Das *erste* Element ist Aufrichtigkeit, Echtheit oder Kongruenz. Je mehr der Therapeut oder die Therapeutin in der Beziehung er oder sie selbst ist, keine professionelle Front oder äußere Fassade aufrichtet, desto größer ist die Wahrscheinlichkeit, dass sich der Klient verändern und in konstruktiver Weise entwickeln wird. Aufrichtigkeit bedeutet, dass der Therapeut offen das ist, was an Gefühlen und Einstellungen in ihm in diesem Moment fließt. Dabei besteht eine enge Übereinstimmung oder eine Kongruenz zwischen dem, was gerade im Bauch erlebt wird, dem, was im Bewusstsein gegenwärtig ist, und dem, was dem Klienten gegenüber zum Ausdruck gebracht wird.

Die *zweite* wichtige Einstellung zur Schaffung eines Klimas für Veränderung ist Akzeptieren oder Anteilnehmen oder Wertschätzen – eine unbedingte positive Zuwendung. Wenn der Thera-

peut eine positive, nicht urteilende, annehmende Haltung gegenüber allem empfindet, was der Klient in diesem Augenblick ist, ist die therapeutische Entwicklung oder Veränderung wahrscheinlicher. Akzeptieren schließt die Bereitschaft des Therapeuten mit ein, für den Klienten zu sein, was immer an unmittelbaren Gefühlen in ihm vorgeht – Verwirrung, Unmut, Angst, Zorn, Mut, Liebe oder Stolz. Es ist ein nicht besitzergreifendes Sorgen. Wenn der Therapeut den Klienten in einer ganzheitlichen statt in einer an Bedingungen geknüpften Weise Achtung entgegenbringt, ist eine nach vorne gerichtete Entwicklung wahrscheinlich.

Der *dritte* förderliche Aspekt der Beziehung ist empathisches Verstehen. Das bedeutet, dass der Therapeut genau die Gefühle und persönlichen Bedeutungen spürt, die der Klient gerade erlebt, und dass er dieses akzeptierende Verstehen dem Klienten mitteilt.

[...] Praxis, Theorie und Forschung machen deutlich, dass der personzentrierte Ansatz auf einem Grundvertrauen in die Person aufbaut. Dies ist vielleicht das schärfste Unterscheidungsmerkmal gegenüber den meisten Institutionen in unserer Gesellschaft. So ziemlich alles im Bereich der Erziehung, der Verwaltung und des Geschäftslebens sowie vieles im Bereich der Religion des Familienlebens und der Psychotherapie gründet auf einem Misstrauen gegenüber der Person. Ziele müssen aufgestellt werden, weil die Person als unfähig angesehen wird, sich selbst passende Ziele zu wählen. Der Einzelne muss auf diese Ziele hingeführt werden, weil er sonst vom vorgegebenen Pfad abweichen könnte. Lehrer, Eltern, Supervisoren müssen Verfahren entwickeln, die sicherstellen, dass der Einzelne auch wirklich auf das Ziel hinstrebt – Prüfungen, Inspektionen, Verhöre. Der Einzelne wird als von Geburt an sündig, destruktiv oder träge oder all dies zusammen gesehen – als einer, der ständig überwacht werden muss.

Der personzentrierte Ansatz stützt sich im Gegensatz dazu auf die Selbstverwirklichungstendenz, die in jedem lebenden Organismus vorhanden ist – die Tendenz zu wachsen, sich zu entwickeln, alle seine Möglichkeiten zu verwirklichen. Diese Lebensweise [way of being] vertraut dem konstruktiven, zielgerichteten Fluss des Menschen zu immer komplexerer und vollständigerer Entwicklung. Es ist dieser zielgerichtete Fluss, den wir freizusetzen trachten.

(Carl R. Rogers, Ein klientenzentrierter bzw. personzentrierter Ansatz in der Psychotherapie. In: Carl R. Rogers/Peter F. Schmid, Person-zentriert, Matthias-Grünewald-Verlag, Mainz 2004, S. 239ff.)

1. Erziehung zur Persönlichkeit – was ist Ihrer Meinung nach vor dem Hintergrund dieser Ausführungen darunter zu verstehen?

2. Was würden die in diesem Abschnitt aufgeführten Autoren unter einer Erziehung zur Persönlichkeit verstehen?

3. In einem Interview (http://www.erich-fromm.de/d/index.htm) unterscheidet Erich Fromm (vgl. auch in Phoenix, Band 1, die Ausführungen von Erich Fromm zur Seinsautorität, S. 91) das autoritäre Gewissen vom humanistischen Gewissen. Diskutieren Sie: Welchen Beitrag kann die Erziehung zur Bildung eines humanistischen Gewissens leisten?

4. Welche Vorstellung mit der Personwerdung des Menschen verbinden Sie persönlich? Welche Folgerungen für eine gelungene Erziehung ziehen Sie daraus?

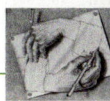

Ein-Spruch

*Die falschen Selbst entstehen in Konformität
mit den Intentionen oder Erwartungen des anderen
oder mit dem, was wir für die Intentionen
und Erwartungen des anderen halten. [...]
Das wesentliche Merkmal der konformen Komponente
im falschen Selbst lässt sich ausdrücken als eine Reaktion auf das,
was ich in den Augen der anderen Leute bin.
Diese besteht darin, gemäß den Definitionen anderer Leute,
was man ist, zu handeln, anstatt die eigene Definition,
wer oder was man sein möchte, in Aktion zu übersetzen.
Sie besteht darin, so zu werden,
wie die anderen Personen möchten oder erwarten, dass man wird,
während man ‚selbst' ist nur in Imagination
oder im Spiegel vor dem Spiegel.*

(Ronald D. Laing, Das geteilte Selbst, Kiepenheuer & Witsch, Köln 1992, S. 121f.; Titel der Originalausgabe: The Divided Self – An existential study in sanity and madness, 1960 Tavistock Publications)

Wer sagt
    was
        mit welchen Mitteln
            und welcher Absicht
                zu wem ???
Ist das Gegenteil auch richtig?
Mein Kommentar:

3 Reflexionen: Der Blick auf das Ganze – Standortbestimmung

Strukturmodell

Das folgende Strukturmodell kann Ihnen eine Hilfe sein, die Grundannahmen und Zielperspektiven der im Wabenkapitel vorgestellten Modelle einzuordnen.
Sie können sich so eine eigene Stellungnahme dazu erarbeiten, welches Modell Ihnen für welche Fragestellung besonders aussagekräftig erscheint.

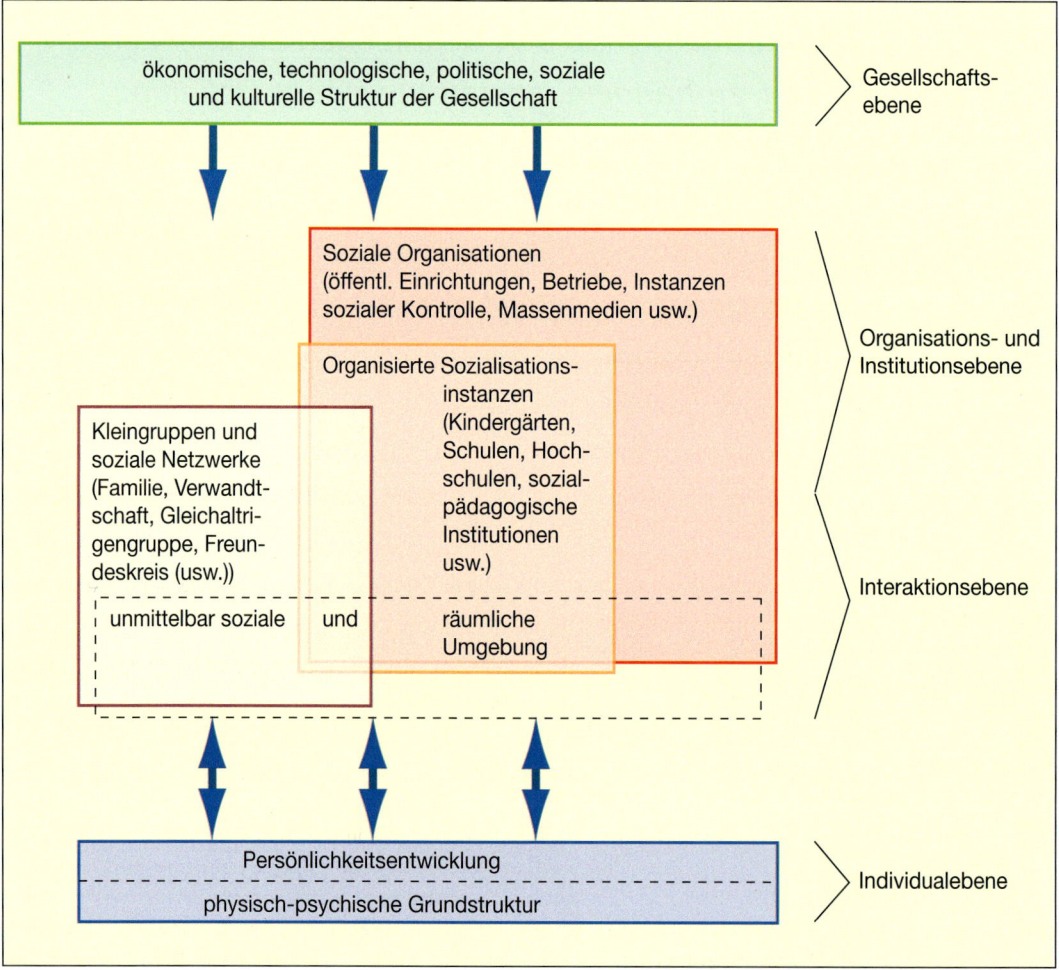

Komponenten und Ebenen eines Strukturmodells der Sozialisationsbedingungen
(Aus: Dieter Geulen/Klaus Hurrelmann, Zur Programmatik einer umfassenden Sozialisationstheorie, in: K. Hurrelmann/D. Ulich [Hrsg.], Neues Handbuch der Sozialisationsforschung, Beltz, Weinheim und Basel, 4. Aufl. 1991, S. 65)

1. Versuchen Sie, durch eine entsprechende Kennzeichnung in diesem Strukturmodell die Aussagefähigkeit und Grenzen der zuvor behandelten Modelle und implizierten Menschenbilder einzuordnen.

2. Erklären Sie sich zu einem Vertreter/einer Vertreterin eines Modells, welches Sie besonders überzeugt, und diskutieren Sie mit Ihren Mitschülern und Mitschülerinnen, indem Sie sie von Ihrem Modell zu überzeugen versuchen.
Welche Auffassung haben zum Schluss die meisten Vertreter/Vertreterinnen? Entwerfen Sie eine Resolution mit einer entsprechend markanten Überschrift, die dieses Meinungsbild wiedergibt. Vielleicht wollen Sie ja auch Ihre Resolution veröffentlichen oder dafür Unterschriften sammeln?

Zur Systematisierung und Konzentration der Vielfalt möglicher Begriffsbestimmungen von Erziehung schlägt Hans Berner das folgende ‚Wertequadrat' vor:

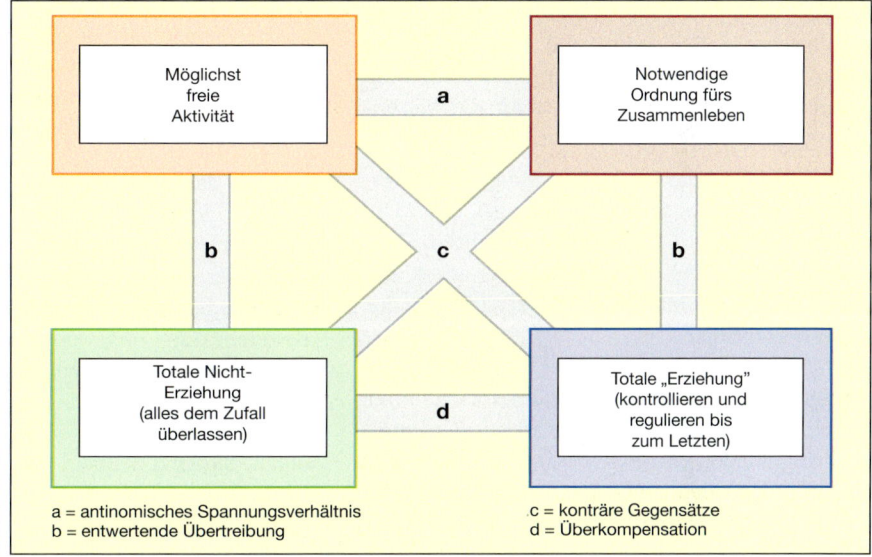

(Hans Berner, Über-Blicke – Ein-Blicke, Paul Haupt Verlag, Bern/Stuttgart/Wien 1996, S. 155)

1. Suchen Sie zu jedem farbigen Feld eine Begriffsbestimmung von Erziehung, die Ihnen dafür typisch erscheint.

2. Wie würden Sie für sich persönlich nach drei Jahren Pädagogikunterricht Erziehung definieren?

3. Welche Modelle, die Sie im Laufe der Zeit im Unterricht behandelt haben, kommen Ihren Vorstellungen am nächsten?

4. Legen Sie das Wertequadrat symbolisch auf dem Boden aus und stellen Sie sich an die Stelle, wo Sie sich mit Ihrer Begriffsbestimmung selber zuordnen würden. Nehmen Sie die (wahrscheinlich) unterschiedlichen Positionen in Ihrem Kurs wahr und klären Sie durch gezielte Fragen die Stand-Punkte der anderen Teilnehmer. Wollen Sie nach einer ersten Fragerunde Ihre Position verändern? Gelingt es Ihnen, eine gemeinsame Kursdefinition zu erarbeiten, die jeder Teilnehmer/jede Teilnehmerin unterschreiben würde?

5. In der Einleitung zu den Phoenix-Bänden (besonders zu Band 1) haben wir – die Verfasser – Ihnen unser Verständnis von Erziehung offengelegt. Nehmen Sie Stellung!

Standortbestimmung

Beziehen Sie Ihren Stand • Punkt!

Ich meine, der Pädagoge hätte von sich aus so zu fragen:
- Was braucht ein (junger) Mensch, um in dieser Gesellschaft überhaupt frei, würdig, für andere nützlich zu leben?
- Was hat er für Gaben, die ohne Schutz und rechtzeitige Förderung nicht zur Entfaltung kommen? Und: Welche Förderung kann ich ihm zukommen lassen?
- Was davon muss die Gemeinschaft, der Staat gewährleisten? Was muss und kann der junge Mensch selber dafür aufbringen? Was sollten die späteren Nutznießer – die Wirtschaft, die Wissenschaft, die einzelnen Einrichtungen – beisteuern?
- Welches sind die geeigneten Mittel für die Erfüllung des pädagogischen Auftrags: die wirksamsten Anlässe, Gegenstände, Verfahren, Zeiteinteilungen, Orte – und welches sind die vernachlässigten Maßstäbe für den Erfolg des ganzen Vorgangs?

Pädagogik ist nicht dazu da – und hat also in ihrer Geschichte nicht gelernt –, die Welt in Ordnung zu bringen oder gar zu verbessern. Sie hilft vielmehr der kommenden Generation, in ihre Kultur hineinzuwachsen und diese zu verstehen; sie ist genötigt, diese Anstrengung für jedes einzelne Kind zu unternehmen – nach dem Maß seiner Möglichkeiten, seiner bisherigen Erfahrung, seiner Anlagen, seiner Lebenssituation. Sie wird es darum schwer haben, einer Idee brauchbare Dienste zu leisten, die sich weit vom Einzelnen und seinem Leben zu entfernen scheint: der Verzögerung oder Bekämpfung eines „allgemeinen Werteverfalls", der Verwirklichung der Menschenrechte, der Erfüllung von Menschheitspflichten, der Entwicklung eines Weltethos. [...]
Pädagogik und Unterricht haben nichts mit Heilung zu tun. Sie gehen mit ihren Bemühungen von den Menschen (den Kindern) und den Verhältnissen (der Gesellschaft) aus, wie diese sind. Sie reparieren kein Objekt, sie helfen einem Subjekt. [...]

Ich konstruiere hieraus einen dreifachen Auftrag:
- Pädagogik müsste in den Kindern das gemeinte Ethos (die Haltung und Tatkraft) ins Leben rufen, das in den Erwachsenen erstorben ist.
- Sie müsste dies tunlichst erreichen, ohne mit dem Weltuntergang oder einer Katastrophe oder auch nur einer dramatischen Verschlechterung der Lage zu drohen, weil das entmutigt.
- Sie müsste den Kindern verständlich machen, warum, obwohl das Ethos als Einsicht da ist, die Erwachsenen nicht danach leben, jedenfalls keinen Erfolg damit haben; und dieses Verständnis darf ihren eigenen Bemühungen nicht im Wege stehen.

Kann sie das? Das Dilemma, dass die Pädagogik in den Kindern, in der kommenden Generation etwas wecken soll, was in der alten Generation erstirbt oder vernachlässigt wird, mag den Erziehern, für deren Zeit dies zutrifft, die Aufgabe erschweren. Ganz ungewohnt kann es ihnen nicht sein. Eine wichtige *raison d'être* ihres Berufsstandes ist doch: Die Erwachsenen leben nicht so, dass die Kinder unmittelbar von ihnen lernen können/ sollten. Sie sind bequem, undiszipliniert, wollen sich in ihren eigenen Freiheiten nicht ausgerechnet durch pädagogische Rücksichten einschränken lassen. Sie beauftragen darum *professionals* damit – Leute, die gegen Bezahlung darauf achten, dass möglichst nur erziehliche Wirkungen von ihnen ausgehen. [...]
Wirksam wird die Pädagogik auf diesem Feld nur unter vier Bedingungen:
- Die ‚Sache' muss den Erziehenden und Lehrenden selber wichtig sein.
- Nichts, was bleiben soll, kommt schnell.
- Alles Lernen ist mit Erfahrung zu verbinden, wenn es schon nicht immer aus ihr hervorgehen kann.
- Die Person der Erziehenden oder der Lehrenden muss ins Spiel kommen, ja, sie ist ihr stärkstes Mittel.

(Hartmut von Hentig, Ach, die Werte! Über eine Erziehung für das 21. Jahrhundert, Hanser Verlag, München 1999, S. 51ff.)

4 Perspektiven: Entspannt und gut vorbereitet in die Prüfung

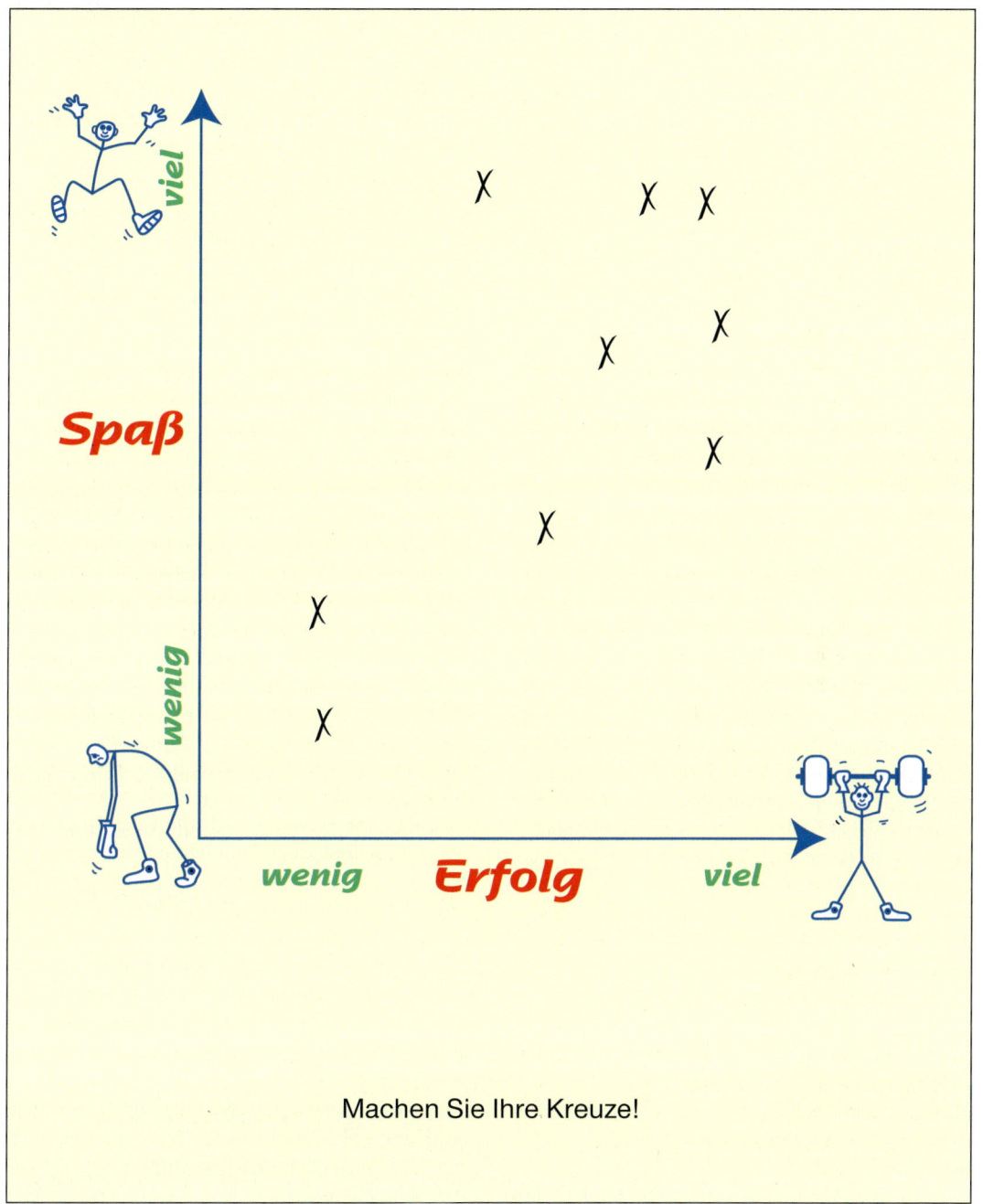

Machen Sie Ihre Kreuze!

Einleitende Überlegungen

Die im Folgenden beschriebenen Übungen sollen Ihnen helfen, entspannt in die Prüfung zu gehen. Wir wollen Sie dazu nicht ‚traumatisieren', sondern Ihnen anbieten, sich ein wenig selbst zu entdecken, Ängste aufzuspüren, aber auch ‚Ressourcen' zu finden, sodass Sie die eigenen Anspannungen wahrnehmen und lernen, damit konstruktiv umzugehen.

Wählen Sie aus den folgenden Übungen die Ihnen am geeignetsten erscheinende aus. Die Übungen können sowohl vom Lehrer/der Lehrerin als auch von Ihren Mitschülern/Mitschülerinnen angeleitet werden. Sie können sich auch in Kleingruppen auf die Anleitung und Auswertung einer Übung vorbereiten! Denken Sie daran: Ihre Erfahrungen gehören Ihnen; was Sie anderen mitteilen wollen oder nicht, ist einzig und allein Ihre Entscheidung!

Übungen

Mehr schaffen

Übung (5 – 10 Minuten)

Die Teilnehmer/innen werden aufgefordert, sich mit so viel Raum um sich herum hinzustellen, dass sie einen Arm in die Waagerechte heben können und sich dabei frei drehen können, ohne irgendwo anzustoßen.
Der Anleiter gibt jetzt folgende Anweisungen:
„Stelle dich bequem hin, sodass die Beine etwa in Schulterbreite fest auf dem Boden stehen. Raste die Knie nicht ein, sondern stehe leicht federnd. Bleibe während der Übung die ganze Zeit in dieser Fuß- und Beinstellung ... Hebe jetzt einen Arm waagerecht in die Höhe und behalte die ganze Zeit deine Hand im Auge ... Drehe jetzt den Arm so weit es geht nach hinten, lasse Schultern und Kopf langsam folgen. Gehe so weit du kannst bis zur Schmerzgrenze, und merke dir im Raum einen Punkt, bis zu dem du gekommen bist ... Drehe dich zurück und lasse die Arme hängen ... schüttele sie leicht aus ...

Schließe jetzt die Augen und mache dieselbe Übung zehnmal nur in Gedanken... Lasse dir so viel Zeit dabei, dass deine Aufmerksamkeit dieses gut verfolgen kann. Öffne die Augen, wenn du fertig bist."
Der Anleiter wartet, bis alle Teilnehmer/innen die Augen geöffnet haben. Sie werden dann aufgefordert, die Übung von vorher real zu wiederholen. In der Regel werden alle feststellen, dass sie sich ohne Mühe erheblich weiter drehen können.

Intentionen

Es findet ein wechselseitiger Transfer von körperlichen zu mentalen Erfahrungen statt. Die meisten Teilnehmer/innen erkennen, dass sie sich nach diesem mentalen Training weiter drehen können, als sie dachten. Dieses hat nachhaltige pädagogische Wirkungen, da die Erfahrungen gemacht und die Lernenden nicht belehrt werden.

Die Prüfung schaffen

Übung (ca. 15 Minuten)

Die Lerngruppe wird von dem Anleiter gefragt: „Wer will die Prüfung bestehen?"
Meistens kommt dann aus der Lerngruppe ein mehr oder weniger zögerliches „Ich".
Jetzt wird gesagt:
„Wer die Prüfung bestehen will, hebe den Arm bitte mit dem Daumen nach oben, waagerecht oder nach unten!"
Hier ist die Resonanz schon deutlicher, dass alle bestehen wollen, wenn auch einige Daumen noch zögerlich nach oben gerichtet sind.
Jetzt folgt die Frage:

„Wer will die Prüfung gut bestehen? ... Der hebe bitte wieder den Arm mit Daumen nach oben, waagerecht oder nach unten!"

Hier ist das Bild meistens eher positiv. Auf jeden Fall ist der Wunsch, körperlich symbolisiert, schon sehr stark, gut zu bestehen.

Jetzt wird gefragt, ob jeder bereit ist, heute etwas dafür zu tun, indem er sich auf eine kleine Übung einlässt. Alle wollen in der Regel.

Jetzt wird folgende Tranceinduktion durchgeführt:

„Bitte setzt euch bequem hin, möglichst aufrecht, sodass die Atmung frei fließen kann, der Atem bis in den Bauch gelangt ... Lege eine Hand auf deinen Bauch und spüre, wie der Atem hinein- und herausfließt ... Schließe deine Augen ... Stelle die Füße so zu Boden, dass du einen guten Kontakt zur Erde hast ... Nimm drei bis vier tiefe Atemzüge und lasse den Atem entweichen, ... lasse alles, was dich belastet, mit dem Ausatmen los ...

Jetzt lasse den Atem wieder von ganz allein fließen. Stelle dir jetzt vor, es ist Juni (Zeitpunkt, wenn die Prüfung vorbei ist!) und die Prüfung ist geschafft. Du triffst deine Freundin, deinen Freund, deine Mutter, deinen Vater, deine Kollegin oder deinen Kollegen und erzählst voller Freude von der bestandenen Prüfung.

Entscheide dich für eine Situation, wo du von der bestandenen Prüfung erzählst ... Wie sieht die Situation aus? ... Schaue sie dir genau an ... In welchem Raum befindest du dich? ... Welche Menschen sind mit dir im Raum? ... Wie klar siehst du die Situation? ... eher verschwommen oder ganz scharf? ...

Wenn du willst, stell dir vor, du schaust durch einen Fotoapparat und stellst die Schärfe des Bildes ein ... Wie nah siehst du die Menschen in dem Raum? ... Sind sie weit weg? ... oder kannst du sie gut erkennen? ... Wenn du möchtest, hole dir die Situation mit dem Zoom deines Fotoapparates näher heran ... oder du schiebst sie weiter weg ... Spiele einmal mit dem Zoom ... Siehst du das Bild eher schwarz-weiß oder farbig? ...

Lege, wenn du magst, einen Farbfilm ein. Welche Farben siehst du jetzt? ...

Hörst du etwas? ... Musik? ... Stimmen? ... oder andere Geräusche? ... Riechst du etwas? ... Schmeckst du etwas? ... Isst du vielleicht gerade deine Lieblingsspeise? ... Fühlst du etwas? ... Wirst du vielleicht in den Arm genommen ... oder bist du so voller Freude, dass du dauernd lachen musst?

Genieße die bestandene Prüfung mit den Menschen, die dir lieb sind ... Jetzt speichere diesen angenehmen Zustand in deinem Gehirn ab ... Stelle dir vor, wie sich das Gehirn mit allen diesen schönen Empfindungen langsam füllt ...

Wenn du das Gefühl hast, dass du dein Gehirn angefüllt hast, so öffne langsam deine Augen und komme mit deinen Gedanken wieder hier in den Raum. Strecke dich, spanne einige Muskeln kurz an und lasse sie wieder entspannen."

Nach einem Moment der Ruhe wird gefragt:

„Wollt ihr jetzt die Verantwortung dafür übernehmen, dass euer Ziel erreicht wird?"

In der Regel ist jetzt eine hohe Motivation da.

Intentionen

Diese Übung kann gut vor Prüfungssituationen eingesetzt werden, wenn Lerngruppen zur Panik, zu Angst und negativer Orientierung tendieren. Der Vorteil der suggestiven Motivation liegt darin, dass die völlig natürliche Prüfungsangst, die sehr lähmend auf den mentalen und physischen Energiehaushalt wirkt, durch eine positive Orientierung ersetzt werden kann. Dieses ist besonders notwendig in Lerngruppen, wo starke Negativorientierungen geballt vorkommen. Die Schuld für das eigene Versagen wird oft in anderen Umständen oder bei anderen Personen gesehen. Eine Eigenverantwortung wird häufig abgelehnt.

(Übungen S. 562f. aus: Uwe Schüler, lehren – lieben – lernen, Hamburg 1994, S. 88f., 48, 84, 71f.)

Fragen fragen, auf das Wesentliche konzentrieren

Zur guten Vorbereitung einer Prüfung gehört natürlich auch eine solide fachliche Kompetenz. Wir hatten Ihnen ja bereits zu Anfang des Buches empfohlen, zu jedem Kapitel eine Wiederholungs-Mind-Map anzufertigen.

Ein bloßes Auswendiglernen wird Ihnen kein tiefgreifendes Verständnis eines Stoffes ermöglichen. Fragen Sie daher sich und Ihre Mitschüler/Mitschülerinnen ab und stellen Sie dabei auch Fragen, deren Antworten Ihnen nicht geläufig sind. Auch den Kurslehrer/die Kurslehrerin sollten Sie befragen; das ‚Fragenstellen' ist kein Privileg von Lehrern!

Wenn Sie dabei auf Probleme stoßen, die Ihnen unlösbar erscheinen, wo es keine ‚richtigen Antworten' gibt, tröstet Sie vielleicht die folgende Feststellung: ‚Ein gutes Problem bemisst sich daran, dass es auch unlösbar sein kann.' (Jürgen Oelkers).

Methode: Prüfungsvorbereitung

Die Abiturvorbereitung stellt Sie, neben der möglicherweise stressenden Wirkung – gegen die wir Ihnen Entspannungs- und Stärkungsübungen anbieten –, vor neue Anforderungen, auf die Sie sich einstellen und vorbereiten können.

1. Die Bewältigung der Stoff-Fülle

Sowohl in der schriftlichen wie auch in der mündlichen Abiturprüfung sind Sie ein erstes Mal damit konfrontiert, über den gesamten Stoff der Qualifikationsphase verfügen zu müssen.
Folgende Strategien haben sich als hilfreich erwiesen:

- Da Sie mit einem Kompaktband für die gesamte Oberstufe gearbeitet haben, können Sie die damit verbundenen Vorteile nutzen und das Inhaltsverzeichnis daraufhin durchgehen, welche Teile Sie gemeinsam bearbeitet haben und welche über das Buch hinausgehenden Quellen Sie benutzt haben. So können Sie eine **Liste des gesamten Prüfungsstoffes** erstellen.
- Wenn Sie im Kurs **Protokoll** geführt haben, können Sie Ihre Liste damit überprüfen und sich die Inhalte und Methoden in Erinnerung rufen. Aber Achtung: Der Spruch „Kopieren geht über Studieren!" ist trügerisch. Das bloße Kopieren und Abheften der Protokolle macht viel Arbeit und gibt nur eine trügerische Sicherheit.
- Erstellen Sie **Mind-Maps** zu den thematischen Großeinheiten (Themenkreise). Dies hilft einen strukturierten Überblick zu gewinnen und ermöglicht durch die Bild-Text-Kombination ein langfristiges Behalten.
- Wenn Sie Karteikarten angelegt haben, nutzen Sie diese als **Lernkartei**.
- Fangen Sie rechtzeitig, etwa ein halbes Jahr vor Prüfungsbeginn, mit der Wiederholung an und portionieren Sie den Stoff in **kleine Häppchen.**
- Lernen Sie möglichst **gemeinsam** mit einer Partnerin/einem Partner oder einer kleinen Gruppe. Das macht mehr Spaß, erhöht das Durchhaltevermögen und ist auch effektiver.

2. Übergreifende Aufgabenstellungen

Im Abitur werden Sie in der Regel das erste Mal mit halbjahresübergreifenden Fragestellungen in Prüfungsaufgaben konfrontiert. Dies soll ein Denken in komplexen Zusammenhängen fördern und dieses auch einfordern. Im Themenkreis 3.2 haben wir dies über die Diskussion um Menschenbilder und Identität häufig trainiert. Dies ist auch eine beliebte Art, Prüfungsaufgaben zu konstruieren, also z.B. eine Aufgabe zur Intelligenzentwicklung zu kombinieren mit einem Menschenbildvergleich Piaget/Skinner. Mithilfe der vielen Querverweise im Buch haben Sie im Laufe der Zeit schon häufiger die Gelegenheit

gehabt, themenübergreifend zu arbeiten. Daher können Sie versuchen, die Kombinationsmöglichkeiten Ihres Kurses durchzuchecken.

3. Selbstständiges Darstellen und Argumentieren

Im ersten Teil der mündlichen Prüfung müssen Sie in einem freien Vortrag die Ihnen gestellten Aufgaben lösen. Sie haben für die Vorbereitung eine halbe Stunde Zeit. In dieser Zeit müssen Sie das Material unter der gegebenen Aufgabenstellung bearbeiten. Für den freien Vortrag sollten Sie sich ein Stichwortkonzept machen. Der freie Vortrag will geübt sein. Nutzen Sie hier unseren Lerntechnik-Hinweis zum Referat und üben Sie den 10-Minuten-Kurzvortrag. Auch um ein Gefühl für die Zeit zu bekommen, sollten Sie dies mit dem Stoppen der Zeit trainieren.

Im zweiten Prüfungsteil soll ein Prüfungsgespräch stattfinden, in dem Sie, geleitet durch die Fragen der Lehrerin/des Lehrers, Ihre Fähigkeit des Denkens in Zusammenhängen und Ihre Fähigkeit der begründeten, differenzierten und durch Fachwissen untermauerten Stellungnahme unter Beweis stellen. Auch dies sollten Sie im Kurs trainieren. Ein rollenspielartiges Szenario mit Prüfungskommission: Vorsitzende(r), Prüfer(in), Protokollant(in) und Fachbeisitzer(in), die auch hinterher über die Qualität der Leistung berät, kann Sie mit dem Prüfungsritual vertraut machen und Ihnen damit auch ein Stück Prüfungssicherheit geben.

Das Phoenix-Team wünscht Ihnen alles Gute für die Prüfung!!!

Was nun? – Lebens- und Berufsplanung

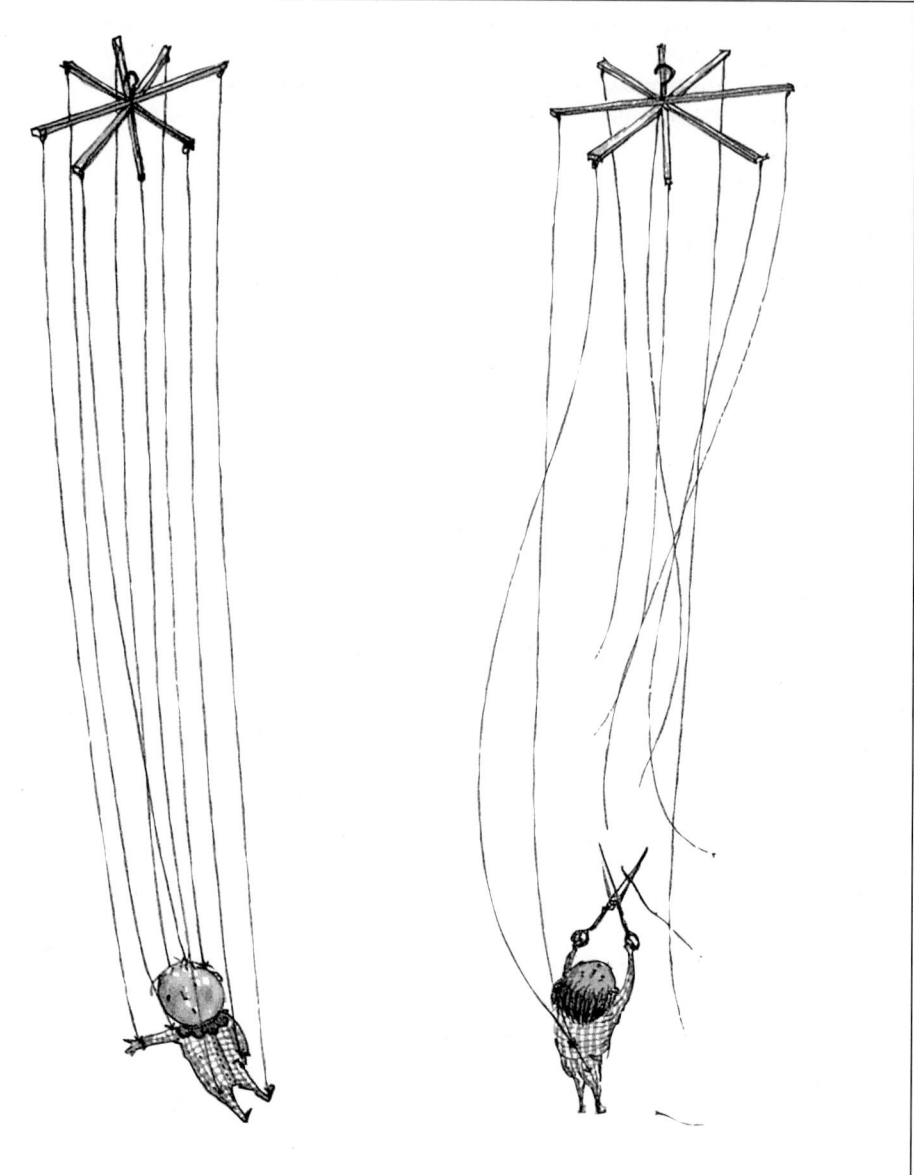

Teilen Sie sich in zwei Gruppen und beschäftigen Sie sich arbeitsteilig mit den folgenden Fragen:
- Welche reale Geschichte könnte zwischen diesen beiden Bildern liegen?
- Entwerfen Sie ein Märchen für Kinder und Erwachsene, in dem diese beiden Bilder vorkommen!

Bald haben Sie es geschafft; doch wie soll es weitergehen?
Haben Sie sich bisher eher an der kurzen Leine gefühlt und freuen sich auf die Freiheiten?
Oder hatten Sie auch viele Sicherheitsleinen gespannt und fühlen sich zu Beginn eines neuen Lebensabschnittes eher unsicher?
Freuen Sie sich erwartungsvoll auf die Zukunft und wollen vielleicht neue Fäden spannen?
Brauchen Sie viel Kraft für das Durchschneiden bisheriger Seile, bleiben Sie vielleicht irgendwo noch an einem Faden hängen?
Nachdem Sie sich so lange Zeit mit pädagogischen Fragestellungen beschäftigt haben, wollen wir Ihnen noch einige Perspektiven aufzeigen, wie Sie diesen beschrittenen Weg weitergehen können.

Perspektive Lehrerin/Lehrer

Vorbemerkung zum „Sokratischen Eid" (Hartmut von Hentig)

„Für uns heutige Menschen ist der Eid befremdlich. Wir kennen ihn in unserem öffentlichen Leben in zwei Funktionen: als verbindliches und unverbrüchliches Versprechen, etwas zu tun oder zu lassen, und als Versicherung der Wahrheit einer Aussage – beidemal unter feierlicher und formalisierter Anrufung einer höheren, zu fürchtenden Macht. Diese soll, wie in alter Zeit, über die Einhaltung des Versprechens wachen und den Meineid bestrafen – auch dann, wenn Menschen den Betrug nicht erkennen. Ob die Vereidigten heute an eine solche Macht glauben, kann man nicht wissen; man muss eher voraussetzen, dass sie es nicht tun. Dann aber ist der Eid ein leerer Akt und gefährlich, sofern man sich auf ihn verlässt. In der säkularisierten Welt können Eidbruch und Meineid nur unter der Androhung einer besonders harten menschlichen Strafe die erwartete Wirkung tun.

Der hier vorgeschlagene Sokratische Eid soll für die Pädagogen die gleiche Rolle spielen wie der Hippokratische Eid für die Mediziner. Wo dieser heute seinen Zweck noch erfüllt, geschieht das nicht, weil (ein) Gott angerufen wird, und nicht, weil seine Verletzung Strafe nach sich zieht. Strafe folgt auf eine Verletzung von Gesetzen. Was dagegen in unseren beiden Fällen – der Verletzung des Sokratischen wie des Hippokratischen Eides – droht, ist einfach Schande. Wer den von ihm freiwillig geleisteten Eid bricht, muss sich vor sich selbst, vor seiner ‚Zunft', vor der Öffentlichkeit schämen – oder ausdrücklich rechtfertigen. Er hat ein von diesen drei „Instanzen" geprüftes, für richtig gehaltenes, bestätigtes Prinzip gebrochen.

Dies gilt natürlich unausdrücklich für alle allgemeinen Handlungsgrundsätze. Dennoch vergehen sich die Menschen dauernd gegen sie. Sie vermeiden nicht zuletzt deshalb auch öffentliche – feierliche und verbindliche – Beteuerungen. Der eigentliche Wert eines solchen Berufseides – der öffentlichen Selbstverpflichtung – liegt in dem Schutz, den er der eigenen Überzeugung gewährt: Ich will nicht nur so handeln – ich muss es hinfort auch. Wenn andere – ein Verband, eine Schulbehörde, ein Gesetzgeber – etwas verlangen, was den im Eid festgelegten Grundsätzen widerspricht, kann sich der Pädagoge auf den Eid berufen. Das wird ihm nicht in jedem Fall gegen die anderen oder die Verhältnisse zum Recht verhelfen, aber es stärkt seine Position und wird die anderen vorsichtiger handeln lassen.

Hätten wir einen Sokratischen Eid unter den Nazis, in der DDR, im Alltag der nach unpädagogischen Gesichtspunkten vorgenommenen Reformen und Gegenreformen der Schule gehabt, er hätte manche tapfere Lehrerin, manchen tapferen Lehrer geschützt.

Es ist nie zu spät für das Richtige. Machen wir einen Versuch mit diesem Mittel jetzt in einer Zeit, in der es kaum angefochten werden wird und in der wir es in unserem Handeln und Denken einüben können. [...]

Ich stelle mir vor, dass Lehrer und Erzieher bei der Übergabe ihrer Einstellungsurkunde – noch einmal sei es gesagt: freiwillig – diesen Eid sprechen und dass dies in der Urkunde bestätigt wird."

SOKRATISCHER EID

HARTMUT VON HENTIG

„So werde ich's mit Jung und Alt halten ... So nämlich befiehlt es der Gott ... Ob ihr mich freisprecht oder nicht. Ich werde nicht anders handeln – und müsste ich noch so oft den Tod über mich ergehen lassen." (Aus der Apologie des Sokrates)

Als Lehrer und Erzieher verpflichte ich mich:
- die Eigenheit eines jeden Kindes zu achten und gegen jedermann zu verteidigen;
- für seine körperliche und seelische Unversehrtheit einzustehen;
- auf seine Regungen zu achten, ihm zuzuhören, es ernst zu nehmen;
- zu allem, was ich seiner Person antue, seine Zustimmung zu suchen, wie ich es bei einem Erwachsenen täte;
- seine Anlagen herauszufordern und zu fördern;
- es zu schützen, wo es schwach ist, ihm bei der Überwindung von Angst und Schuld, Bosheit und Lüge, Zweifel und Misstrauen, Wehleidigkeit und Selbstsucht beizustehen, wo es das braucht;
- seinen Willen nicht zu brechen – auch nicht, wo er unsinnig erscheint; ihm vielmehr dabei zu helfen, seinen Willen in die Herrschaft seiner Vernunft zu nehmen; es also den mündigen Verstandesgebrauch und die Kunst der Verständigung wie des Verstehens zu lehren;
- es bereit zu machen, Verantwortung in der Gemeinschaft und für diese zu übernehmen;
- es die Welt erfahren zu lassen, wie sie ist, ohne es der Welt zu unterwerfen, wie sie ist;
- es erfahren zu lassen, was und wie das gemeinte gute Leben ist;
- ihm eine Vision von der besseren Welt zu geben und die Zuversicht, dass sie erreichbar ist;
- es Wahrhaftigkeit zu lehren, nicht die Wahrheit, denn „die ist bei Gott allein".

Damit verpflichte ich mich auch,
- so gut ich kann, selber vorzuleben, wie man mit den Schwierigkeiten, den Anfechtungen und Chancen unserer Welt und mit den eigenen immer begrenzten Gaben, mit der eigenen immer gegebenen Schuld zurechtkommt;
- nach meinen Kräften dafür zu sorgen, dass die kommende Generation eine Welt vorfindet, in der es sich zu leben lohnt und in der die ererbten Lasten und Schwierigkeiten nicht deren Ideen und Möglichkeiten erdrücken;
- meine Überzeugungen und Taten öffentlich zu begründen, mich der Kritik – insbesondere der Betroffenen und Sachkundigen – auszusetzen, meine Urteile gewissenhaft zu prüfen;
- mich dann jedoch allen Personen und Verhältnissen zu widersetzen – dem Druck der öffentlichen Meinung, dem Verbandsinteresse, der Dienstvorschrift –, wenn diese meine hier bekundeten Vorsätze behindern.

Ich bekräftige diese Verpflichtung durch die Bereitschaft, mich jederzeit an den in ihr enthaltenen Maßstäben messen zu lassen.

(Hartmut von Hentig, Die Schule neu denken – Eine Übung in praktischer Vernunft, Carl Hanser Verlag, München, 3., bearbeitete und erweiterte Aufl. 1994, S. 256ff.)

1. Welches Menschenbild hat der Verfasser?
2. Welches Verständnis von Erziehung, Bildung und Schule wird deutlich?
3. Halten Sie diesen Eid für sinnvoll, notwendig, überflüssig? Erörtern Sie die Frage im Kurs.
4. Könnten Sie sich vorstellen, als zukünftige Lehrerin/zukünftiger Lehrer diesen Eid abzulegen?

Perspektive Studium und Beruf

Arbeitsmöglichkeiten und Aufgabenschwerpunkte

Für Diplom-PädagogInnen gibt es keinen klar abgrenzbaren Arbeitsmarkt, sie konkurrieren häufig mit AbsolventInnen benachbarter Disziplinen (z. B. mit Sozialpädagogik/Sozialwesen auf dem Gebiet der sozialen Arbeit, mit Psychologie auf dem Gebiet der Beratung/Therapie, mit Soziologie auf dem Gebiet der Erwachsenenbildung/Bildungsplanung, mit BWL auf dem Gebiet der beruflichen Bildung), wobei die weniger berufspraktische Ausrichtung des Pädagogik-Studiums sich beim Berufseinstieg als Nachteil erweisen kann. Zusatzqualifikationen wie Kenntnisse im Bereich EDV, BWL, Fremdsprachen und Personalmanagement erhöhen die Chancen auf dem Arbeitsmarkt deutlich. Die Studienschwerpunkte „Betriebliche Aus-/Weiterbildung" und „Medienpädagogik" gewinnen zunehmend an Bedeutung, d. h. StudienanfängerInnen öffnen sich für wirtschaftsnahe Arbeitsfelder wie Multimedia, Call-Center, Personaltraining etc. Tendenziell werden für Diplom-PädagogInnen zwei Grundmuster pädagogischen Handelns immer wichtiger: Beratung und Organisationsentwicklung.

Die meisten Diplom-PädagogInnen sind weiterhin im außerschulischen Bildungswesen (vor allem Arbeitslosenprojekte) und im Bereich der Kinder- und Jugendhilfe (Heime, Kindertageseinrichtungen etc.) beschäftigt. Die Betreuung von psychisch Kranken sowie die Tätigkeit in Beratungsstellen sind Arbeitsgebiete, bei denen AbsolventInnen mit therapeutischer Zusatzqualifikation zum Zug kommen. Das Spektrum beruflicher Einsatzmöglichkeiten (durch Nischenbesetzung) hat sich allerdings immer weiter differenziert, z. B. arbeiten Diplom-PädagogInnen auch in den Bereichen Gesundheitswesen, Medien, Freizeit, Kultur und Tourismus. Der Aufgabenschwerpunkt liegt in vielen Berufsfeldern im Bereich Organisation und Verwaltung, d. h. der direkte Kontakt zu den Klienten ist relativ gering.

Aufgabenschwerpunkte

Beratung und Vermittlung
- Suchtberatung
- Schulberatung
- Studien-/Bildungs-/Berufsberatung
- Erziehungshilfe/-beratung, Familienhilfe/-beratung
- Ausländerberatung

Sozialarbeit
- Arbeit mit Behinderten (Berufsförderung, integrative Beratung, Angehörigenberatung, ambulante und stationäre Behindertenhilfe etc.)
- Jugendarbeit/-pflege, Kinder- und Jugendschutz
- Arbeit mit MigrantInnen
- Frauenförderung/Gleichstellungspolitik

Kultur- und Freizeitarbeit
- Medienpädagogik (bei Verlagen, Medienzentren, Herstellern von technischen Unterrichtsmedien, Rundfunk und Fernsehen etc.)
- Freizeitpädagogik (bei Reiseunternehmen, Freizeit- und Erholungsstätten, Sportzentren etc.)
- Pädagogische Arbeit in sozio-kulturellen Zentren, Kulturpädagogik
- Veranstaltungsmanagement

Organisation und Verwaltung
- Personal- und Organisationsentwicklung/Personalleitung
- Tätigkeit in Beschäftigungsprojekten, Arbeitslosenbetreuung
- Tätigkeit in Geschäftsstellen von Vereinen, Verbänden, Stiftungen
- Heimleitung (soziale Wohnheime, Freizeit- und Erholungsheime etc.)
- Schulleitung/-aufsicht, Bildungsplanung

Unterricht, Ausbildung, Lehre
- Tätigkeit in Jugend-/Erwachsenenbildungsstätten (Volkshochschulen, Heimvolkshochschulen, Familienbildung)
- Verkehrserziehung (Fahrlehrerausbildung, Jugendverkehrsschulen)
- Tätigkeit in Fortbildungsinstituten
- Tätigkeit in (über)betrieblichen Ausbildungsstätten, Umschulungszentren, Berufsförderungswerken
- Training von Call-Center-Agents

Mögliche Arbeitgeber

- Kultur-/Medienbetrieb
- Behörden (z. B. Jugendämter)
- Gewerkschaftliche Einrichtungen
- Bildungsträger
- Non-Profit-Organisationen in freier Trägerschaft (Verbände, Vereine, Dachorganisationen)
- Kirchliche Einrichtungen
- Privatwirtschaftliche Betriebe

(http://studienportal.uni-lueneburg.de/perspektiven/uni/erziehung.php#arbeitgeber)

Weitere aktuelle Informationen (z.B. zu den Abschlüssen ‚Bachelor' und ‚Master') erhalten Sie über die Datenbank BERUFEnet der Arbeitsagentur für Arbeit (Stichwort: Erziehungswissenschaft bzw. Pädagoge/Pädagogin): http://infobub.arbeitsagentur.de/berufe/index.jsp

Der Arbeitsmarkt für Sozialpädagogen wird in der Zeitschrift uni 5/2004 beschrieben (ebenfalls online abrufbar: http://www.uni-magazin.de).

Hier zwei Berichte aus der Praxis:

Susanne Korsmeier, wissenschaftliche Mitarbeiterin am Lehrstuhl und Institut für Arbeitswissenschaft der RWTH Aachen:

Susanne Korsmeier, 30, hat während vieler Jobs und Praktika neben dem Studium zahlreiche Praxiserfahrungen gesammelt: An der Volkshochschule und an der Akademie des Deutschen Beamtenbundes beispielsweise hat die Diplom-Pädagogin EDV-Trainings betreut, bei der Deutschen Krankenversicherung in Köln und bei Miele in Gütersloh achtwöchige Praktika absolviert. Sie war Teilnehmerin diverser Veranstaltungen der Arbeitsmarktinitiative der Uni Köln und schätzt daran vor allem die „Netzwerkfunktion", die sehr nützlich für Kontakte zu potenziellen Arbeitgebern ist. Am Lehrstuhl für Fertigungsmesstechnik an der RWTH Aachen beschäftigt sie sich mit der Qualifizierung von Mitarbeitern in mittleren und kleineren Unternehmen, in denen das Qualitätsmanagement eingeführt werden soll. „Ich arbeite in einem Projekt zur Einführung eines QM-Systems auf der Grundlage der TQM-Prinzipien zur kontinuierlichen Verbesserung der Bildungs- und Erziehungsprozesse an einer Berufsbildenden Schule", erklärt Susanne Korsmeier. Erziehungswissenschaften würde sie noch einmal studieren: „Wenn ich mir angucke, wie mancher Betriebswirtschaftler oder Ingenieur die Welt betrachtet, bin ich froh über meine pädagogische Brille!"

Cornelia Wolf, Einzelfall- und Familienhilfe, Berlin:

Als freie Mitarbeiterin betreut Cornelia Wolf, 33, für das Jugendamt Steglitz in Berlin-Süd verhaltensauffällige Kinder und deren Familien, führt Gespräche und organisiert gemeinsame Freizeitaktivitäten. Acht bis zehn Stunden pro Woche verbringt sie in der Regel mit einem Kind oder einer Familie, meist wird die Betreuung für ein halbes oder ganzes Jahr bewilligt. In der gemeinsamen Zeit versucht sie, die Interessen des Kindes zu fördern und ein gewisses Selbstvertrauen aufzubauen. „Ich habe sehr viel direkten Familienkontakt, diese Praxisnähe ist mir wichtig", meint die Diplom-Pädagogin, die auf Honorarbasis arbeitet. „Von der Bezahlung her ist es allerdings kein Traumjob." Als Mutter einer zweijährigen Tochter ist es ihr jedoch wichtig, Arbeitsaufwand und Zeiteinteilung selbst bestimmen zu können. „Zurzeit betreue ich nur eine Familie, da bleibt mir genügend Zeit für die eigene." In Fortbildungen eignet sie sich Zusatzqualifikationen beispielsweise in der Gesprächsführung oder Kenntnisse der Problematik von Scheidungskindern an. Später möchte sie ihr Wissen und ihre Berufserfahrung umsetzen und sich selbstständig machen. „Ich könnte mir gut vorstellen, gemeinsam mit einer Psychologin eine Beratungsgruppe für Scheidungskinder anzubieten."

(UNI Nr. 4/1998, S. 15; http://www.uni-magazin.de/199804/02.pdf)

Rückblick und Abschied

Die Schatzkiste

KCILBKCÜR

Eine Idee, eine Erkenntnis, eine Erfahrung, die mir persönlich am wichtigsten war ...

Füllen Sie Ihre persönliche Schatzkiste!

Abschied nehmen

Nachdem Sie nun einige Jahre gemeinsam gelernt und gearbeitet haben, heißt es für Sie bald Abschied nehmen. Das bewusste Abschiednehmen von Vertrautem ist auch ein Thema, das in der Pädagogik von Bedeutung ist. Um noch einmal bewusst zurückzublicken und nach dem Abitur mit neuem Mut voranzuschreiten, stellen wir Ihnen einige Übungen vor, die diesen Prozess begleiten sollen.

Koffer packen

Material:
Für jeden Schüler und jede Schülerin einen großen Bogen Papier und je einen Stift.
Durchführung:
Zeichnen Sie auf einem großen Bogen Papier den Umriss eines Koffers. Schreiben oder zeichnen Sie die Dinge in den Koffer, die Sie aus dem Unterricht und aus der Zusammenarbeit bzw. dem Zusammensein mit Ihrem Kurs mitnehmen wollen. Was möchten Sie lieber nicht in den Koffer packen?
Zeigen Sie sich anschließend gegenseitig Ihre (hoffentlich!) gefüllten Koffer und tauschen Sie sich auch über die Dinge aus, die Sie nicht mitnehmen wollen.

Abschiedsmusik

Material:
Musik
Durchführung:
Setzen Sie sich mit dem Gesicht nach außen in einen Kreis. Berühren Sie sich dabei an den Schultern, schließen Sie die Augen und hören Sie sich gemeinsam ein passendes Musikstück an, das Sie vorher gemeinsam ausgewählt haben.
Tauschen Sie sich anschließend darüber aus, was Ihnen durch den Kopf gegangen ist.

(Autorentext nach: Ulrich Baer, 666 Spiele für jede Gruppe, für alle Situationen, Kallmeyersche Verlagsbuchhandlung, Seelze 1994, S. 35)

Abschiedsbrief

Für diese sehr schöne und unter Umständen bewegende Übung brauchen Sie etwas Zeit und einige Mühe. Nehmen Sie sich einige Tage Zeit und schreiben Sie jedem Mitschüler und jeder Mitschülerin sowie dem Lehrer bzw. der Lehrerin einen Abschiedsbrief, in dem Sie der betreffenden Person zu folgenden Punkten etwas schreiben:
Was ich an dir/Ihnen schätze
Was ich dir/Ihnen für die Zukunft wünsche
Auch wenn es im Einzelfall nicht immer leicht fallen mag, diese Briefe zu formulieren, so sollten Sie sich doch die Mühe machen und eine Weile nachdenken. So wird Ihnen noch einmal das Besondere an jedem Mitschüler und jeder Mitschülerin und der Lehrperson bewusst. Vereinbaren Sie einen geeigneten Zeitpunkt zum Austausch der Briefe, vielleicht im Rahmen einer Kursabschiedsfeier oder dgl. Am Ende sollte jeder bzw. jede mit einem dicken Stapel Briefe und guter Wünsche nach Hause gehen können!

(Autorentext)

Kopiervorlage

Sieben intime Fragen an die Leserin bzw. den Leser:

♀ oder ♂ :

Alter:

Schule:

Stufe/Kurs:

Kursgröße:

Ihr Lieblingsfach:

Ihr pädagogisches Motto:

Kopiervorlage

Was ich zu diesem Buch noch loswerden möchte:

Über Antworten würden wir uns freuen:
Postanschrift: Schöningh Verlag, Jühenplatz 1 – 3, 33098 Paderborn
Fax: 05251/127 – 860
E-Mail: info@schoeningh-schulbuch.de
Internet: www.schoeningh-schulbuch.de oder www.dialogische-fachdidaktik.de

Sach- und Personenregister

Abwehrmechanismen 79ff.
abweichendes Verhalten 350ff.
Alter 323ff.
Alzheimer 329f.
Amoklauf Erfurt 234ff.
Amok-Typologie 259ff.
Anomietheorie 255f.
Anthroposophie 541f.
Autonomie 518ff.

Belastungs-Bewältigungs-Modell 223
Bildung 16, 495ff.
Bildungsplan (von Hentig) 498
Bildungssystem 369ff., 372f., 377ff.
Bildungserfahrungen (frühe Kindheit) 99ff.

Coolness-Training 276

Depression 146ff.
Dörner, Klaus 543ff.

Eisbergmodell 68
Empowerment 343
Enkulturation 16
Entwicklung
– Definition 13
– Jugendphase 93f.
– kognitive (Jean Piaget) 43ff., 55
– moralisches Urteilen 49ff.
– psychosexuelle 76ff.
– psychosoziale 89ff.
Entwicklungsaufgaben 17, 206ff., 318, 331ff.
Entwicklungsstufen des Selbst 38f.
Erikson, Erik 87, 539f.
Erziehung
– dialogische 482ff.
– nach Auschwitz 458ff.
– nationalsozialistische 449ff., 547
– Wertequadrat 559
Erziehungsstile 214
Erziehungsverständnis, entwicklungszentriertes 185ff.
Etikettierungstheorien 256f.

Förderpädagogik 352ff.
Freud, Sigmund 74, 105, 540f.

Geragogik 336f.
Gerontologie 338f.
geschlechtsspezifische Erziehung 107ff.
Gewalt 232ff.

Hentig, Hartmut von 560, 568
Hurrelmann, Klaus 162, 215

Ich-Identität
– E. Erikson 97f.
– Rollentheorie 118
Ich-Stärke (Freud) 95f.
Identität 550ff.
Integration (Schule) 352ff.

Jugend (Lebensphasen) 208, 217ff.
Jungenförderung 133ff.
Jungenkonferenz 135f.
Jungensozialisation 128ff.

Kegan, Robert 35
Kindertherapie 156f.
kognitive Verhaltenstherapie 154f.
Kohlberg, Lawrence 48, 57
Korczak, Janusz 271

Laborschule Bielefeld 399ff.
Lehrerrolle 397f.
Lesekompetenz 383f.

Modelle des Menschen 534ff.
Moralentwicklung 59ff., 64f.

Nationalsozialismus
– Ideologramm 451
– Kindheit und Jugend 436
Neurobiologie 150ff.

Pädagogik der Achtung 475ff., 548f.
pädagogisches Handeln (Strategien) 226f.
Persönlichkeit 15
Piaget, Jean 43
PISA-Studien 380ff., 385ff., 390
produktive Realitätsverarbeitung (Modell) 215
Psychiatrie 160ff.
psychischer Apparat (Freud) 74

psychische Gesundheit   163ff.
psychische Krankheiten   139ff.
Psychoanalyse   69ff., 82ff.
Psychoanalyse und Hirnforschung   85

Rechte der Kinder (Korczak)   480
Rogers, Carl   555
Rollentheorie   114ff.

Salutogenese   344ff.
Säuglingsforschung   21ff.
Satir, Virginia   545
Schule im Film   502
Schulentwicklung   395f.
Schülerrolle   393f.
Self-Mandala   545f.
Skinner, Burrhus F.   537
solidarischer Individualismus   529
Sozialisation (Definition)   15

Sozialisationsmodell   249
Sozialisationsprozess   100ff.
sozialökologischer Ansatz   257ff.
Straßenkinder   193f.
Streitschlichtung   268ff.
Strukturmodell   559
Studium und Beruf   569
Symptom   176
systemisches Denken   173ff., 178f.

Temperament   417f.
Trainingsraumprogramm   270ff.

Urvertrauen   92f.

Verantwortung   523ff.

Waldorfpädagogik   407ff.

Methodenregister

Abiturrede   406
Ampelspiel   278

Bildassoziation   139, 192, 318
biografisches Lernen   11, 110, 140ff., 233, 319, 362

Eigenschaftslistenprofil   111f.
empirische Methoden
– quantitativ   219ff., 222f.
– qualitativ   510f.

Facharbeit   28ff.
fächerübergreifendes Lernen   366f.
Fallanalysebeispiele aus erziehungswissenschaftlicher Perspektive   197ff.
Filmanalyse   502ff.
Filmnachbereitung   468
Fish-Bowl   55

hermeneutische Methoden   507ff.

Instant Aging   320

Interview   31

Jigsaw (Gruppenpuzzle)   53

konstruktive Kontroverse   105

Meditation   163
Methoden der Entwicklungspsychologie   21ff.

Partnerübung   232
Prioritätenspiel   375
– qualitativ   511f.
– quantitativ   122ff., 219ff., 222f.
Prüfungsvorbereitung   564f.

reziprokes Lernen und Lehren   20f.

schriftliches Bewertungs-Brainstorming   232
Spinnwebanalyse   477

Wahlverfahren Waben   27

Zukunftswerkstatt   359ff.

Bildquellenverzeichnis

S. 1, 87 und 343: © 2006 Estate of Keith Haring. www.haring.com; **S. 10:** „Wendeltrap", 1955, Zeichnung: Gerd Arntz, © VG Bild-Kunst, Bonn 2006; **S. 11:** Fotos: Wolfgang Kunz/Bilderberg; **S. 17:** Foto: © epd-Bild/Cathia Hecker; **S. 19:** Foto: © David Ausserhofer/JOKER/epd-Bild; **S. 22 und 24:** Fotos: Enrico Ferorelli/Agentur Focus; **S. 23:** Fotos: © Charles E. Maurer; **S. 25 l.:** Foto: Courtesy Dr. Carolyn Rovee-Collier, Rutgers University; **S. 25 r.:** Foto: The Arizona Daily Star; **S. 27, 196, 365 und 532:** Foto: E. Stiller/Verlagsarchiv Schöningh; **S. 33 o.r., 41, 42 und 60:** Zeichnungen: Aus: Michèle Lemieux, Gewitternacht, Beltz Verlag, Weinheim und Basel 1997, Programm Beltz & Gelberg, Weinheim; **S. 33:** Zeichnung: Markus/STERN; **S. 48:** Fotos: Enno Kapitza/Agentur Focus; **S. 57 und 502:** Fotos: INTERFOTO-ARCHIV; **S. 67:** Cover: DER SPIEGEL Nr. 51 vom 16.12.1959; **S. 68 o.:** Foto: Matthias Kulka; **S. 70:** Foto: Sigmund Freud Copyrights/Mary Evans Company; **S. 71:** Courtesy of Robert and Shana Parke-Harrison and Bonni Benrubi Gallery, New York; **S. 73:** Aus: Lawrence A. Pervin, Persönlichkeitstheorien, UTB Ernst Reinhard Verlag, München/Basel 1993, S. 106; **S. 74:** Zeichnung: Aus: Hampden-Turner, Charles (1996), Modelle des Menschen. Dem Rätsel des Bewusstseins auf der Spur. Weinheim, Psychologie Verlags Union, S. 41; **S. 75:** Sigmund Freud, Zeichnung auf Seite 252. In: Ders., Gesammelte Werke, Band XIII., © 1940 by Imago Publishing Co., Ltd., London; Abdruck mit freundlicher Genehmigung der S. Fischer Verlag GmbH, Frankfurt am Main; **S. 81 und 473:** Fotos: ullstein bild; **S. 81:** Zeichnung: Martin tom Dieck; **S. 84:** Foto: © Freud Museum Publications Ltd.; Photography by Nick Bagguley; **S. 86:** Grafik: New Scientist/novakonzept; **S. 102:** Zeichnungen: Aus: Karin Grossmann, Klaus E. Grossmann. Bindungen – das Gefüge psychischer Sicherheit. Klett-Cotta, Stuttgart 2004; **S. 102 u.r. und 174:** Zeichnungen: Michel Meyer; **S. 105:** CD-ROM „entnommen der CD-ROM Sigmund Freud", © Navigo in der United Soft Media Verlag GmbH, München; **S. 106 o. und 131 l.:** Fotos: age fotostock/mauritius images; **S. 106 M.:** Foto: BRIDGEMANART.COM/Freud Museum, London; **S. 107:** Zeichnung: © Marie Marcks, Heidelberg; **S. 110 o.l.:** Foto: plainpicture/By; **S. 110 o.r.:** Foto: www.BilderBox.com/Erwin Wodicka; **S. 110 u.l. und u.r.:** Fotos: picture-alliance/dpa-Bildarchiv; **S. 121/122:** Fotos: Janine Antoni, „Mom and Dad", 1994"/Solomon R. Guggenheim Museum, New York, Purchased with funds contributed by the Young Collectors Council, 1996 (96.4515 a–c); **S. 127:** Cover: DER SPIEGEL Nr. 21 vom 17.05.2004; **S. 128–130:** Fotos: Hartmut Schwarzbach/argus; **S. 128–132:** Grafiken: Aus: DER SPIEGEL Nr. 21 vom 17.05.2004, S. 82–84, 90–95; **S. 131 r.:** Foto: M. Harvey/Wildlife; **S. 138:** Zeichnung: Aus: Nikolaus Heidelbach, Was machen die Jungs, 2000 Beltz & Gelberg in der Verlagsgruppe Beltz, Weinheim & Basel; **S. 139:** Zeichnung: Fritz Arnold; **S. 163/164:** Mandala-Zeichnungen: Aus: Uschi Neidhardt, Meditative Spiele Copyright © 1991 by Rowohlt Taschenbuch Verlag GmbH, Reinbek, S. 22–27; **S. 171:** Cover: Verlag Kiepenheuer & Witsch; **S. 172:** Zeichnungen: Aus: Philip Graham/Carol Hughes, Traurige Kinder verstehen, übers. von Luise Poustka, Beltz, Weinheim 1998, S. 30, 33, 40, 57 und 96; Zeichnerin: © Christine Roche/co Gaskell Publications/West London Health Promotion Agency; **S. 68 u. und 173:** H. Dorlöchter/Verlagsarchiv Schöningh; **S. 182:** Cover: westermann multimedia/frederic vester GmbH; **S. 183:** Foto: age/mauritius images; **S. 192–194:** Fotos: Mannesmann Mobilfunk; **S. 195:** Cover: S. Fischer Verlag; **S. 199:** Zeichnung: Katharina Joanowitsch; **S. 204:** Foto: Julia Stichel/Deutscher Jugendfotopreis 2002; **S. 223:** Cover: Bundeszentrale für politische Bildung, www.bpb.de/grafstat; **S. 230 M.:** Cover: Ullstein Buchverlage; **S. 230 u.:** Cover: S. Fischer Verlag; **S. 231:** Cartoon: © Art Spiegelman 2002; **S. 234:** Foto: Thueringer Allgemeine/Sascha Fromm/ddp; **S. 234/235:** Grafik und Cover: DER SPIEGEL Nr. 19 vom 6.5.2002, Cover und S. 136/137; **S. 235, 237 und 393:** Fotos: Sven Döring/VISUM; **S. 240:** Foto: SPIEGEL TV; **S. 260:** Foto: SV-Bilderdienst/AP; **S. 267:** Foto: SuperStock/mauritius images; **S. 268:** Zeichnungen: H. P. Murmann; **S. 269:** Zeichnungen: Niklas Holling und Martina Penner/Gymnasium Laurentianum Warendorf; **S. 280 o.r.:** Prokino Filmverleih GmbH; **S. 280 M.l.:** Kinowelt Home Entertainment; **S. 281:** Cover: Verlag Schöffling & Co./© Umschlagmotiv: David Finck; **S. 281:** Cover: Morton Rhue, ICH KNALL EUCH AB, Umschlagentwurf: init, Bielefeld © 2002 by Ravensburger Buchverlag Otto Maier GmbH, Ravensburg; **S. 282:** © 1996 by Holger Urmoneit; **S. 312:** Foto: Daniel Roth/far; **S. 316:** Cover der Broschüre „Mutig fragen – besonnen handeln" (Informationen für Mütter und Väter zum sexuellen Missbrauch an Mädchen und Jungen) des Bundesministeriums für Familie, Senioren, Frauen und Jugend; **S. 317:** DonnaVita pädagogisch-therapeutischer Fachhandel; **S. 318:** Foto: Mike Schröder/argus; **S. 320:** Foto: Pöhlmann/mauritius images; **S. 322:** Foto: Charlotte Thege/Das Fotoarchiv; **S. 330:** Foto: © Werner Krüper Fotografie; **S. 331:** Cover: © Alzheimer Forschung; **S. 334:** Foto: picture-alliance/ZB-Fotoreport; **S. 335 o.:** Foto: P. Usbeck/plainpicture; **S. 335 u.l.:** Foto: Kruell/laif; **S. 335 u.r.:** Foto: M. Dodd/mauritius images; **S. 341:** Cover: © Sanofi-Aventis, Paris; **S. 350:** Foto: David Ausserhofer/Intro; **S. 351:** Foto: Marcus Gloger/JOKER; **S. 358:** Zeichnung: Wilhelm Busch; **S. 367:** Cartoon: Karl-Heinz Brecheis/Baaske Cartoons Müllheim; **S. 368:** Zeichnung: Hans Traxler; **S. 372, 394 M. und 427 o.:** Fotos: picture-alliance/dpa-Report; **S. 380:** Cover: DER SPIEGEL Nr. 50 vom 10.12.2001; **S. 385:** Foto: picture-alliance/dpa-Fotoreport; **S. 390:** Grafik: Aus: DIE ZEIT vom 21.7.2005, S. 68, Grafik: Renate Dobratz; **S. 394 l.:** Foto: Wolfgang Lenders; **S. 394 r.:** Foto: David Ausserhofer/JOKER; **S. 399 und 404:** Fotos: Rolf Zuckett/Laborschule Bielefeld; **S. 402 o.:** Cover: Beltz Verlag/© Reinhard Kahl; **S. 402 M.:** Foto: Frommann/laif; **S. 402 u.:** Foto: Rainer Drexel/Bilderberg; **S. 407 o.:** Foto: Cornelius Paas/Das Fotoarchiv; **S. 407 u.:** Foto: Modrow/laif; **S. 411:** Zeichnung: Robert Hoffmann; **S. 413:** Foto: Aus: Martina Kayser/Paul-Albert Wagemann, Wie frei ist die Waldorfschule?, Ch. Links Verlag, Berlin 1993, S. 33; **S. 420:** Cover: Verlag Freies Geistesleben; **S. 424:** Foto: © Karl Holzner/Zeitenspiegel; **S. 425:** Foto: J. P. Boening/AGENTUR ZENIT; **S. 427 u.:** Foto: Reinhardt/Zeitenspiegel/VISUM; **S. 429:** Foto: Manfred Vollmer/Das Fotoarchiv; **S. 431:** Foto: Peter Frischmuth/argus; **S. 433:** Zeichnung: Walter Hanel/CCC, www.c5.net; **S. 437/438 und 441/442:** Fotos: © Historisches Museum Frankfurt a. M.; **S. 449 l.:** Aus: Frauen unterm Hakenkreuz, Elefanten Press Berlin 1983, S. 23; **S. 449 r.:** Plakat: Hessisches Landesmuseum Darmstadt; **S. 452:** Foto: Archiv für Kunst und Geschichte, Berlin; © The Heartfield Community of Heirs/VG Bild-Kunst, Bonn 2006; **S. 466:** Foto: SV-Bilderdienst/ullstein bild; **S. 467 o.l.:** „Erinnern für Gegenwart und Zukunft – Überlebende des Holocaust berichten", © Cornelsen Verlag, Berlin 2001; **S. 467 o.r. und 491:** absolut MEDIEN GmbH, Berlin; **S. 467 u.:** Foto: X Verleih/CINETEXT. **S. 468:** Kulturfiliale Gillner und Conrad/Constantin Film; **S. 470:** Zeichnung: Wolfgang Würfel/© VG Bild-Kunst, Bonn 2006; **S. 476:** Umschlagfoto der karton. Ausgabe von J. Korczak, Wie man ein Kind lieben soll, 11. Aufl. 1995, Vandenhoeck & Ruprecht, Göttingen; **S. 494:** Illustration: Source/Marc Bruce/Picture Press; **S. 504 u.l.:** Zeichnung: Jutta Giebel, Gesamtschule Dorsten-Wulfen; **S. 504 o.r.:** Zeichnung: Antje Abenhardt, Gesamtschule Dorsten-Wulfen; **S. 506 und 514:** Zeichnungen: Zygmunt Januszewski/CCC, www.c5.net; **S. 528:** Zeichnung: Erik Liebermann/CCC, www.c5.net; **S. 533:** Zeichnung: M. C. Escher´s „Drawing Hands"; © 2006 Cordon Art B.V. – Baarn – Holland. All rights reserved; **S. 554:** Zeichnung: Zygmunt Januszewski/Kerber Verlag; **S. 561:** Aus: Wolfgang Endres u.a., Werkstatt: Lernen, Beltz, Weinheim und Basel, 4. Aufl. 1994, S. 56; **S. 566:** Aus: Sara Midda, Großwerden und andere Unarten, Hanser Verlag München/Wien 1996, o.S.; **S. 574:** Zeichnungen: Hajo Bücken, Arbeitsstelle für neues Spielen, Bremen

Wir haben uns in allen Fällen bemüht, den jeweiligen Urheber ausfindig zu machen. Sollte dabei ein Irrtum unterlaufen sein, bitten wir darum, sich mit dem Verlag in Verbindung zu setzen, damit wir eventuelle Korrekturen vornehmen können.